U0940250

中国社会科学年鉴

中国民族研究

CHINA'S YEARBOOK OF ETHNIC RESEARCH

中国社会科学院民族学与人类学研究所 编

中国社会科学出版社

图书在版编目（CIP）数据

中国民族研究年鉴：2013－2014／中国社会科学院民族学与人类学研究所编．
—北京：中国社会科学出版社，2018.7
ISBN 978－7－5203－3097－8

Ⅰ.①中…　Ⅱ.①中…　Ⅲ.①民族工作—中国—2013－2014—年鉴　Ⅳ.①D633－54

中国版本图书馆CIP数据核字(2018)第200799号

出 版 人　赵剑英
责任编辑　张靖晗
责任校对　林福国
责任印制　郝美娜

出　　版　中国社会科学出版社
社　　址　北京鼓楼西大街甲158号
邮　　编　100720
网　　址　http://www.csspw.cn
发 行 部　010－84083685
门 市 部　010－84029450
经　　销　新华书店及其他书店

印刷装订　三河市东方印刷有限公司
版　　次　2018年7月第1版
印　　次　2018年7月第1次印刷

开　　本　889×1194　1/16
印　　张　43.5
插　　页　2
字　　数　1228千字
定　　价　278.00元

凡购买中国社会科学出版社图书，如有质量问题请与本社营销中心联系调换
电话：010－84083683

《中国民族研究年鉴》编辑委员会

《中国民族研究年鉴》编辑部

编辑说明

《中国民族研究年鉴》是由中国社会科学院民族学与人类学研究所负责编写，反映有关民族问题研究年度性进展情况的最权威出版物。其集学科发展状况、前沿动态、学术评价、资料介绍、大事记于一体，是了解掌握中国民族问题研究现状的最佳工具书。

《中国民族研究年鉴 2013—2014》在年鉴编委会的指导下，在各位撰写者、审稿专家以及《年鉴》编辑部编辑的共同努力下，即将付梓出版。本卷《年鉴》编辑出版因故多有延迟，在此特向广大读者表示由衷的歉意。

2013 年以来，中国社会科学院民族学与人类学研究所根据国家发展战略和现实问题需要，新增一些学科研究部门（如新疆历史与发展研究室、藏学与西藏发展研究室、资源环境与生态人类学研究室等），并承担了重大课题项目“21 世纪初中国少数民族地区经济社会发展综合调查”。这些专门研究及成果都在本卷《年鉴》中得到了充分反映，使本卷《年鉴》的学科领域进一步拓宽，学科特色更加鲜明。

《中国民族研究年鉴 2013—2014》由 7 个栏目组成：“学科进展”反映了民族理论、民族经济、民族文化、民族社会、民族史、生态人类学、民族语言文字、民族教育、影视人类学、语音学与计算语言学，以及藏学和当代西藏研究、新疆研究；世界民族研究、民族古文字文献研究的学科研究概况与评价；“特约稿件”展示了民族研究领域的重大学术项目和学术成果；“学者学人”推介和追忆了民族学与人类学大家的治学之道和学术积淀；“网络开发与发展”介绍了中国民族地区互联网与网络舆情的发展情况；“学术活动”汇集了国内外民族学与人类学相关会议的基本情况；“新书·学术论文索引”囊括了民族研究领域产出的翔实著述资料；“大事记”记录了与民族事项有关的事件。

在这里需要着重说明的是，《年鉴》原常务主任赵明鸣研究员及其团队为本卷《年鉴》设计了总体框架并落实了部分撰写工作，为后续合刊年鉴的操作奠定了坚实的基础。在审稿阶段，方勇、王延中、尹虎彬、王希恩、龙远蔚、徐世璇、斯钦朝克图、江桥、苏发祥、赵明鸣、江荻、色音、张继焦、刘正寅、曾少聪、管彦波、郑信哲、周竞红、庞涛、呼和、孙伯君、周学文、陈杰、乌云格日勒等专家学者对稿件严格把关，保证了本卷《年鉴》的政治、理论导向和学术水准。此外，李耕和蒋尉两位同志承担了本卷《年鉴》中有关英文事项的翻译和校对工作。在此一并致谢！

近年来，我院高度重视年鉴出版工作。蔡昉副院长在 2015 年 7 月 31 日院图书出版培训班上已把本院学术年鉴工作提高到与皮书等同的高度。在 2015 年 12 月 15 日年院组织召开的中国社会科学院创新工程 2015 年重大成果系列发布会暨“中国社会科学院年鉴系列”（15 部）发布会上，李培林副院长着重指出，要打造学术年鉴精品和年鉴数据库。如何根据院里的精神，把《中国民族研究年鉴》打造成学术年鉴精品，需要各方集思广益和共同努力。

本卷书稿由乌云格日勒、吴凤玲、张姗、李耕、张少春、燕海雄编辑，吴家多统编，方勇主任审定。

最后，本卷《年鉴》在学术表达、编撰体例和编校质量上存在的不足之处，敬请批评指正。

《中国民族研究年鉴》编辑部

2018 年 5 月

目　录

第一篇　学科进展

第二篇　特约稿件

第三篇　学者学人

· **学者访谈**

第四篇 网络开发与发展

第五篇 学术活动

第六篇 新书·学术论文索引

第七篇 大事记

Contents

Development in the Disciplines

Special Contributions

Scholars

Interviews with Distinguished scholars

An Biography of Li Shulan

Internet Development

Academic Events

New Books · Indexes of Research Papers

Chronicle of Events

第一篇
学科进展

2013—2014 年民族理论研究综述

刘　玲　陈建樾　周竞红

经过半个多世纪的成长与发展，中国民族理论研究现已逐渐发展为马克思主义民族基本理论研究、民族政策与民族政治研究、民族法治研究、民族关系研究等多个研究领域。在研究实践中，研究者分别沿着历史的纵向脉络和国别的横向脉络各自延展，传统的民族理论研究逐渐发展为既具有历史纵深又着眼现实政治和国际比较的研究。在中国民族理论研究发展的进程中，政治学、社会学、民族学、人类学、民族经济、国际关系、民族史、思想史等多学科的知识与理论逐渐发生互动，形成了多学科、综合性的“学科群”。由于中国民族理论研究还在快速的成长过程当中，同一事项在不同学科的知识谱系中有不同的解读范式和分析方法，形成了更多元的观察维度，丰富和延展着民族理论研究的知识架构、研究手段、研究视野、现实功用和理论阐释能力，对于民族理论的现实和未来无疑都是大有裨益的。

2013—2014 年民族理论仍然属于热点研究领域，公众对民族理论和民族政策问题关注度也较往年高，历史学、社会学、政治学、人类学、民族学、思想史等多学科应用拓展民族理论研究深度和广度的特点更为显著。民族地区的社会治理面临的难题、各民族人口全国性流动和面临问题等都使民族理论研究和创新面临着更为紧迫的社会需求和繁重的研究任务。

自中国共产党第十八次代表大会提出道路自信、理论自信和制度自信后，尽管仍有不同认识和声音出现，但民族理论相关研究方向更加明确，民族理论研究成果量大增，公开出版的主要成果形式为著作和论文，关涉的讨论主题十分广泛。2013—2014 年度民族理论学科主要围绕以下主题展开研究。

一　马克思主义经典作家民族理论研究

经典作家理论研究是民族理论研究的基础，也属于基础理论研究。2013 年度有四部关于马克思主义民族理论研究的著作，即《中国化马克思主义民族观研究》（唐建兵，民族出版社 2013 年版）、《民族高校推进马克思主义大众化研究》（阎占定，中国社会科学出版社 2013 年版）、《新中国成立初期马克思主义民族观教育研究》（斯琴格日乐，中国政法大学出版社 2013 年版）。2014 年度有三部新著作较为重要，分别为张三南的《马克思主义经典作家关于民族主义的论述及当代意义研究》（时事出版社 2014 年版），该书通过对马克思主义经典作家关于民族主义的论述的全面整理与研究，梳理出经典作家关于民族主义的具体观点和举措等。作者指出，马克思主义是民族主义研究的重要学派，尤以马克思主义经典作家相关论述弥足珍贵。然而，目前学界对于这份历史遗产似乎重视力度不足，不免产生了“困难对话论”这一广为存在的认识和现象。对此，该书结合对社会主义国家理论与实践及当代诸多重大全球性问题的考察，挖掘经典作家相关论述的当代意义，同时对“困难对话论”进行了批判性评析。字振华的《马克思主义民族理论中国化研究》（人民出版社 2014 年版）是在博士论文基础上出版的专著，该书着眼于对新形势下民族问题的理论思考和实践发展，探讨了马克思主义民族理论的科学体系和基本特征，回顾了马克思主义民族理论在我国的运用与发展，分析了马克思主义民族理论中国化的基本条件，梳理和展示了马克思主义民族理论中国化的历史轨迹，从更普遍的意义上论述了马克思主义民族理论中国化的创新成果和基本经验。同时，拓展了国际化的横向研究视野，阐释了苏联解体对马克思主义民族理论中国化的挑战，力求从历史与现实、学理性与实践性的有机结合与辩证统一中去认识当前中国的民族问题与发展趋势，探寻解决问题的基本原则和具体路径。张胥的《马克思恩格斯民族理论及其当代价值》（人民出版社 2014 年版）认为马克思、恩格斯民族理论是随着马克思、恩格斯世界观的转变，民族运动实践的推动及其唯物史观的深化而逐步确立、发展和完善的。整体上看，从无产阶级的政治立场出发，把无产阶级革命与民族运动相结合、国际主义与爱国主义相结合，反对狭隘民族主义思想，把民族理论牢牢建立在唯物史观的基础上，是马克思、恩格斯解决民族理论问题的正确方向与道路。随着时代的发展，马克思、恩格斯的民族理论需要关注当代的现实境遇，关注各国民族理论的沟通与对话，提升中华民族精神的价值诉求，以丰富马克思、恩格斯民族理论的生命力。

王希恩主编的《马克思恩格斯列宁斯大林论民族》（中国社会科学出版社 2013 年版）按专题摘编马克思、恩格斯、列宁和斯大林有关民族的论述，摘编内容总体上反映了马克思主义经典作家关于民族问题的基本立场、观点和方法。该书由中国社会科学院民族学与人类学研究所民族理论研究室五位学者合作完成，作为院马工程项目的重要成果，被列为“中国社会科学院马克思主义理论学科建设与理论研究系列丛书”，并获得中国社会科学院创新工程学术出版资助。该书的出版将为我国民族理论学科建设本身，为民族理论界和其他作者研读马克思主义经典作家的民族理论，更好地认识当前的民族问题，指导我国的民族工作实践，提供最新的基础性学术资料。

相关的论文有：王希恩的《从多元文化主义到多元一体主义的思考》（《世界民族》2013 年第 5 期）回溯了多元文化主义的思想脉络和社会背景，揭示了多元文化主义与多元一体理念之间的逻辑发展关系，并提出多元一体主义的理论主张。他认为，多元一体主义的提出基于如下三个理由：第一，应对民族问题和文化问题增多的理论需求；第二，表明与多元文化主义的对应关系，多元文化主义是西方社会对当代民族和文化问题的应答，代表了西方在此问题上的理论前沿和实践效果，我们的理论应答需与之相对应，在充分吸收其合理性的基础上“取长补短”；第三，多元一体理论有着广泛的影响和扩展余地。多元一体主义应是一种文化观、历史观、教育理论并融入公共政策，是对多元文化主义的借鉴和超越，是一种能够体现中国学界在民族和文化问题上的基本共识，能够为实现中华民族伟大复兴增添正能量的“主义”。

二 中国共产党民族理论和中国民族政策宏观研究

（一）对党的十八大报告精神的解读与阐释

中国共产党第十八次代表大会报告对包括民族关系、民族自治地方与中央政府的关系在内的中国特色社会主义事业中的重大关系诸领域进行了具体的原则阐释，对十八大报告精神的解读既有民族工作阐述，也有政策理论探讨，既涉及整体布局，又涉及理论创新，取得了不错的成绩。丹珠昂奔指出，要贯彻落实十八大报告关于民族问题的重要精神，我们必须确立“三个自信”，即马克思主义民族理论自信、党创立的民族区域自治制度自信、党和国家民族政策自信（《确立“三个自信”做好民族工作》，《中国民族报》2013 年 5 月 31 日）。毛公宁认为制度自信离不开制度自身的不断完善，新形势下应着力完善民族自治地方的自治权问题，完善和落实上级国家机关的职责问题，完善民族自治地方的立法权和变通权。坚定对民族区域自治的制度自信，需要全面贯彻落实《民族区域自治法》，加快建立民族地区生态建设和环境保护补偿机制，切实帮助少数民族和民族地区加快经济社会发展，进一步加强民族团结，维护国家统一（《制度自信是坚持和完善民族区域自治制度的重要保证——学习党的十八大报告的几点体会》，《中南民族大学学报（人文社会科学版）》2013 年第 3 期）。针对十八大报告中提出的“全面正确贯彻落实党的民族政策”的要求，郝时远认为这是党对中国民族事务领域基本国策的凝练和阐述，也是党在解决中国民族问题的道路、理论和制度方面承前启后的政治宣示。他从坚定道路自信、理论自信、制度自信，坚持和完善民族区域自治制度，促进各民族和睦相处、和衷共济、和谐发展三个方面，论述了对报告的理解和体会（《关于全面正确贯彻落实党的民族政策的若干思考》，《民族研究》2013 年第 1 期）。金炳镐、杨文顺以十八大报告体现的包容性思想为切入点，撰文分析了中华民族、中国民族政策和民族关系的包容性，认为要协调和处理好中国复杂的民族关系和民族问题，必须坚持“尊重差异、包容多样”的世界观和方法论，并通过具体的民族政策、法律法规和措施，在政治、经济、文化、社会等各个领域践行“包容”“多元”的平等、团结和发展理念，实现中华民族的伟大复兴（《文德、教化与和合精神——中国民族政策和民族关系的包容性分析》，《学术前沿》2013 年第 1 期）。孙懿研究员对中国特色解决民族问题道路的理论内涵和实践特点做了系统阐述。她认为坚持民族平等，促进民族团结，实行民族区域自治，促进各民族共同繁荣发展构成了中国特色解决民族问题道路的理论内涵。这条道路还很漫长，在前进的道路上需要我们不断探索，不断以新的实践促进理论创新，以理论创新促进实践发展，只有这样才能使中国特色解决民族问题正确道路越走越宽广（《中国特色解决民族问题的道路理论内涵和实践特点》，《满族研究》2013 年第 1 期）。

（二）对中国共产党民族理论历史的研究

金炳镐、王瑜卿、吕洋的《中国共产党民族理论 90 年》（辽宁民族出版社 2014 年版）系统梳理了中国共产党民族理论 90 年的发展进程，全书共分为上、下两编，共十九章，主要内容包括：马克思主义民族理论在中国的传播；毛泽东民族理论是中国特色；邓小平民族理论与中国特色等，研究了中国共产党在革命、建设和改革各个时期的民族理论内容。而陈夕《中国共产党与中国民族问题 1921—1949》（中共党史出版社 2014 年版）主要内容包括新民主主义革命时期的中国民族问题、党的创立和大革命时期中国共产党的民族工作、土地革命战争时期中国共产党的民族工作、全国抗日战争时期中国共产党的民族工作等。除了历史性的研究外，金炳镐还主编了《民族理论前沿研究》（中央民族大学出版社 2014 年版），作者围绕什么是民族、如何促进民族发展、什么是民族问题、如何解决民族问题、如何协调民族关系等中国特色社会主义民族理论体系的基本问题，围绕民族平等、民族团结、民族区域自治、民族发展繁荣等中国特色社会主义民族政策体系的根本政策，阐述了中国特色社会主义民族理论的主要内容，提出以“族群”替代“民族”、“民族（族群）问题去政治化要文化化”、实行所谓“第二代民族政策”等是干扰中国特色社会主义民族理论的理论观点。

（三）对中国共产党民族政策实践的研究

中共广西壮族自治区委员会党史研究室编著的《中国共产党民族工作的伟大实践·广西卷》（广西人民出版社 2014 年版）一书分为综述、文献资料、专题资料、大事记四个部分，重点围绕中国共产党在广西开展民族工作过程中所发生的重大历史事件，集中展示中国共产党在民族地区实践民族政策的历程和经验，以及广西在执行党的民族政策过程中各个时期的重大成就。教育部哲学社会科学研究重大课题攻关项目成果《坚持和完善中国特色民族政策研究》

（雷振扬等著，中国社会科学出版社 2014 年版）研究了中国特色民族政策的形成和发展、坚持中国特色民族政策的必要性、完善中国特色民族政策的重要性。考察了中国特色民族政策形成发展的历史进程、体系结构、基本特点，阐明了中国特色民族政策是马克思主义中国化的产物，总结了中国特色民族政策形成发展的基本经验。研究了中国特色民族政策面临的新情况、新问题、新挑战，阐明了完善民族政策的重要性，以及建立健全民族政策评估制度的必要性。同时，对一些具体民族政策的由来与发展、政策的基本内容与实践效果、政策面临的问题及可能造成的影响、政策问题形成的原因等进行了研究，并提出了政策完善的对策建议。

王希恩研究员在《中国民族报》发表的理论文章《发展仍是解决我国民族问题的关键》（2013 年 1 月 18 日）和《民族问题研究还是要尊重客观规律》（2013 年 9 月 27 日），分别就民族问题的理论研究和实践工作阐述观点。王希恩撰文回顾了民国时期的边疆民族地区开发，认为这些开发有成绩，成为边疆地区步入近代文明的基础；这些开发也很有限，并没有改变边疆民族地区的落后和差距。而这些成绩、局限及其经验都是我们的历史遗产，值得珍惜和总结（《民国时期边疆民族地区的开发及局限》，《中央民族大学学报》2013 年第 2 期）。其他理论文章有：周竞红的《在深化改革中激发民族区域自治活力》（《中国民族报》2013 年 12 月 20 日），刘玲的《执法公正与多民族国家的民族平等实践》（《中国民族报》2013 年 1 月 25 日），杨华的《四大经学家对伊斯兰伦理的贡献》（《伊斯兰文化研究》2013 年第 3 期）。

2013 年度关于民族政策的研究中，有两篇研究成果值得注意：一是朱朝晖的《冲突与调适——“倒逼”势态下非民族自治地方享受民族区域自治政策研究》（《中国民族报》2013 年 9 月 6 日），该文聚焦于非民族自治地方享受民族政策的问题，认为在政策与现实需求发生冲突的情况下，民族工作实践在一定程度上突破了政策界线，给予一些非民族自治地方一定范围的民族自治地方待遇，以一种“倒逼”姿态推动着民族区域自治政策作出调适。这一问题需要研究人员关注。另一篇是哈正利和从蓉的《中国民族政策系统论》（《广西民族研究》2013 年第 2 期），该文将系统分析方法引入民族政策研究，讨论了民族政策的价值系统、理论系统、工具系统和组织系统。系统方法是实现民族政策决策科学化的重要方法，不容忽视。这两篇文章分别从民族政策与民族工作现实需求的冲突与调试以及方法论角度深化了对民族政策的研究。相关代表性文章还有：李吉和、晏玲的《论新世纪我国民族政策发展的特点》（《西南民族大学学报（人文社会科学版）》2013 年第 5 期），崔成男的《深化拓展中国特色民族平等研究》（《中国民族报》2013 年 7 月 26 日）等。

（四）民族理论的反思性与创新性研究

2013 年的民族理论反思性和创新性研究更为突出。常宝回溯和总结了新中国民族政策与理论体系的发展、演变过程，梳理了近年来对中国民族政策与理论反思的多元政策与理论主张，回应了政府、学界对现有的民族政策与理论的合理性、有效性和实践性进行的深入探究。文章认为，近代以来变化多端的世界政治格局、民族—国家角色和区域社会文化功能变迁等因素构成了我国民族政策与民族理论体系形成与发展的外在条件和发展趋势（《社会转型与反思中的中国民族政策与民族理论》，《中央民族大学学报（哲学社会科学版）》2013 年第 3 期）。

关于民族理论的创新，学者们围绕生态民族理论、民族平等理论、民族问题的过程分析等展开讨论。党的十八大报告对推进中国特色社会主义事业作出了“五位一体”的总体布局，并提出“把生态文明建设放在突出地位”。李乔杨、肖锐、黎岩就此提出“生态民族理论研究”，认为生态民族理论研究是以生态的视角与方法研究中国少数民族发展和民族问题，作为解决中国少数民族发展与民族问题的马克思主义民族理论政策，无论从其研究的内容还是任务上，都离不开生态文明思想的指导（《试论生态民族理论研究》，《黑龙江民族丛刊》2013 年第 2 期）。

崔明昆撰文对民族生态学的概念和分类、起源和方法论、发展困境和研究领域的拓展及其发展趋势等问题阐述观点，认为民族生态学的理论方法及其研究成果在中国的西部大开发中可以发挥积极的借鉴作用，而民族地区社会经济的发展规划也需要民族生态学的指导（《民族生态学：从方法论看发展趋势》，《广西民族大学学报（哲学社会科学版）》2013 年第 4 期）。

高奇琦的《论西方政治哲学平等思想与民族平等理论的发展》（《民族研究》2013 年第 3 期）在马克思主义的民族理论基础上整合西方平等理论的核心内容，提出复合民族平等的观念。他认为，复合民族平等观主要体现为理论复合、知行复合、要素复合、层级复合、向度复合等五方面内容，这种复合是各种要素及各种维度以一定的逻辑有机地结合在一起。侯发兵撰文指出，长期以来，我国民族问题研究领域对结构分析比较重视，但是对过程分析有所忽略。创新民族理论，深化对民族问题的认识，进而探求破解当前民族问题研究困境的新路径，深化对民族问题的认识和理解，强化对结构分析和过程分析的结合应用可以说是创新中国民族理论研究的应有之义（《论民族问题的结构分析与过程分析》，《西北民族大学学报（哲学社会科学版）》2013 年第 3 期）。相关文章还有：金炳镐、肖锐、杨斯斐的《中国特色民族理论的若干问题》（《大理学院学报》2013 年第 2 期），金炳镐、朴盛镇、公铭的《民族和睦相处、和衷共济、和谐发展的理论发展》（《中南民族大学学报（人文社会科学版）》2013 年第 3 期），孙振玉的《西方民族理论范畴辨义》（《中南民族大学学报（人文社会科学版）》2013 年第 1 期）等。

此外，学者们还就民族融合与民族同化、民族属性等问题阐述观点，相关论文有：马平的《"融合"或"同化"：对中国民族关系问题的一点认识——兼论回族的形成途径问题》（《中南民族大学学报（人文社会科学版）》2013 年第 4 期），陈茂荣的《文化民族与政治民族：由民族属性所衍生的话题》（《广西民族研究》2013 年第 1 期）。主要关注点亦分布于马克思主义经典著作关于民族和民族问题的研究、中国共产党民族理论研究、民族区域自治制度及民族法制研究、民族关系以及各项具体民族政策研究等。在中央民族工作会议召开之前，民族问题成为全社会关注的热点，延续了前些年不断出现的各种不同声音。民族理论民族政策"过时论""取消论""淡化论"影响广泛，少数民族考生高考加分、民族地区计划生育等一些具体政策与一系列社会问题裹挟在一起，在某种程度上成为否定中国共产党民族理论和民族政策的证据。尽管如此，绝大多数科研人员都本着实事求是的态度，踏实开展研究工作。

2014 年度民族理论研究最为重要的论文包括：郝时远的《坚持和完善民族区域自治制度就是坚持宪法原则》（《西北民族大学学报（哲学社会科学版）》2014 年第 1 期）指出，在长期的发展中，民族区域自治制度很好地推动了少数民族地区各项事业的健康发展，同时，增强了中华民族的凝聚力。因此，坚持民族区域自治制度就是坚持和完善中国特色社会主义制度和宪法原则；《坚定不移走中国特色、新疆特点的科学发展之路》（《中国民族》2014 年第 7 期）执行第二次中央新疆工作座谈会精神，以推进新疆治理体系和治理能力现代化为引领，以经济发展和民生改善为基础，以促进民族团结、遏制宗教极端思想蔓延等为重点，坚持依法治疆、团结稳疆、长期建疆的战略任务，"走具有中国特色、新疆特点的科学发展路子"，建设团结和谐、繁荣富裕、文明进步、安居乐业的社会主义新疆；《中国的民族政策在世界范围具有先进性》（《中国统一战线》2014 年第 8 期）则从分析 2014 年 4 月 24 日，英国政府正式承认康沃尔人（Cornish）享有与威尔士人、苏格兰人和北爱尔兰人同等地位的少数民族身份入手，在比较中说明中国的民族政策具有先进性。香港科技大学人文社会科学学院教授、长期关注中国民族问题的国际知名民族问题专家沙伯力先生的《中国民族政策能否采用美国/印度模式》（上、中、下，《中央民族大学学报》2014 年第 4、5、6 期）则从根本上否定了美国/印度模式对中国民族政策的适用性，并指出以美国和印度的民族政策为模型，恰恰没有这些学者所标榜的民族平等和谐特性，因为这两个国家的少数民族地位低下且持续恶化；中国的民族政策并非必须在纯粹个体权利与维持系统现状之间仅取其一。少数民族权利的扩展而不是收缩，反而能给中国带来更大的民族平等和社会稳定。

2014 年度民族理论研究重要历史文献则有《毛泽东民族工作文选》（中央文献出版社 2014 年版）的出版，收入 1938 年 10 月至 1963 年 9 月，毛泽东关于民族工作的讲话、谈话、电报、书信、批示等，共 155 篇。其中有一部分文稿是首次公开发表。编者对收入本书手稿以及电报、书信、批示的抄件，只订正有误的文字和标点；对讲话、谈话的记录稿，只作技术性的整理。文末的刊印说明，注明了所据版本或稿本情况。为方便读者理解正文，作了简要注释。此外，《上海市对口支援新疆喀什四县投资白皮书》（上海人民出版社 2014 年版）、《安徽对口支援新疆和田地区皮山县前方工作纪实》（安徽人民出版社 2014 年版）、李娟的《天山潮：新一轮对口援疆大纪实》（新疆美术摄影出版社 2014 年版）为人们了解国家援疆政策实施进程提供了重要的信息。潘玉君的《中国民族地理》（科学出版社 2014 年版）则运用马克思主义民族理论和人地关系理论以及人地关系地域系统协调共生理论，系统阐述了中国民族地理问题，进一步拓展了民族理论的应用和研究范畴。此外，还有关于民族语言、信息开发等研究成果的出版。

三　对中国共产党在民族地区实施的具体政策研究

（一）文化政策

李资源的《中国共产党与少数民族传统文化保护和发展研究》（人民出版社 2014 年版）。该书主要有五方面内容：一是对中国共产党历史文献中相关纲领政策的研究。从党的初创到十七届三中全会，这方面的资料很丰富。二是对党的几代领导人提出的理论观点的研究。毛泽东等党和国家领导人都有深刻论述，是我党重要的指导思想。三是对党领导下的各级人民政府制定的相关法律法规的研究。从《中华苏维埃共和国宪法大纲》第一次将党发展民族文化教育政策的有关规定写入宪法，到《陕甘宁边区施政纲领》《内蒙古自治政府施政纲领》《中国人民政治协商会议共同纲领》颁布；从《中华人民共和国宪法》到《民族区域自治法》等一系列法律法规中都有相关规定。四是对中国共产党在保护和发展少数民族语言文字、文化遗产（包括文物古迹、民间艺术遗产、民族医药等）、宗教信仰、风俗习惯、民族教育、民族特需品生产和开发等方面的实践活动以及取得的巨大成就分专题进行研究。五是党关于少数民族传统文化保护和发展的基本经验、存在的困难问题和对策研究等。与此相关主题的研究还有刘源泉的《中国共产党少数民族文化政策研究》（人民出版社 2014 年版）等。

（二）教育政策

在民族教育方面，2014 年度有一份重要报告出版，即张诗亚主编的《中国民族教育发展报告》（第 1 辑）（人民教育出版社 2014 年版），该报告由教育部人文社会科学重点研究基地西南大学西南民族教育与心理研究中心领衔，并组织全国长期从事民族教育发展问题研究的专家学者撰写，全书分为总报告及趋势预测、现状研究、理论研究、政策研究、资料汇编、大事记等六个部分，全方位展示了民族教育发展的年度特征与未来趋势。区域性的相关研究则有孙炎的《云南省少数民族地区农村教育公平发展研究》（云南大学出版社 2014 年版），该书依据对云南省少数民族地区典型区域所进行调查和走访所获信息和数据，分析和研究云南省少数民族地区农村教育公平发展的经验，提出构建云南省少数民族地区农村教育公平发展的模式。此外，王凌、罗黎辉、曹能秀的《欠发达民族地区农村教育变革研究——以云南省若干民族自治县乡镇为个案》（人民出版社2014年版）则将研究视角聚焦于民族省区的民族自治县、乡、镇，以个案形式呈现民族地区农村教育改革的现状与问题。

（三）经济政策

经济政策研究最为引人注目，成果也更多，其中有系统性研究成果，如张冬梅的《中央支持民族地区经济政策体系研究》（社会科学文献出版社2014年版）研究探索了现行中央支持民族地区政策存在的关键问题根源以及如何构建系统完善的对民族地区经济社会带有全局性、战略性、倾向性的中央支持政策体系等，以形成中央政府与地方建立激励相容的政策体系，最终实现两方良性互动并不断修正从而通向最优的均衡路径。相关研究还有，胡晓东的《民族地区产业结构优化与税收政策研究》（中国社会科学出版社2014年版），梁强、张巨勇、包和平的《中国少数民族特需用品发展研究》（电子工业出版社2014年版），单德朋、郑长德的《民族地区贫困的测度与减贫因素的实证研究》（经济科学出版社2014年版），李红的《西部民族地区农机购置补贴政策的经济效应研究》（中国农业科学技术出版社2014年版）等。

（四）生态政策

对于民族地区生态建设的研究，多与具体民族的传统文化传承关联起来。相关研究成果主要有：薛达元主编的《中国民族地区生态保护与传统文化》（科学出版社2014年版）主要以案例研究形式来揭示民族地区传统文化与生态保护之间的密切联系。张广裕的《西北民族地区生态文明建设研究》（四川大学出版社2014年版）探讨了生态文明建设的基础条件、难点障碍，并着力探索了西北民族地区生态文明建设的具体途径和特殊模式，以及从理念和理论转变为指导经济社会实践行动纲领的实现途径，实现西北民族地区经济社会的可持续发展，提出了加强西北民族地区生态文明建设的具体措施。王永平、周丕东、黄海燕的《生态移民与少数民族传统生产生活方式的转型研究——基于贵州世居少数民族生态移民的调研》（科学出版社2014年版）选择苗族、布依族、侗族等三个在国内具有代表性的贵州世居少数民族作为研究对象，通过依托城镇集中安置、依托旅游资源开发安置、依托产业结构调整安置和依托调整土地安置四种模式对少数民族生态移民传统生产生活方式转型开展了深入调研。此外，还有肖青的《西南少数民族地区村寨生态文明建设研究》（科学出版社2014年版）等。

（五）减贫政策

减贫政策也是中国共产党民族政策的重要组成部分，近年来政策执行力度更大。相关研究主要有：陈全功、程蹊的《少数民族山区长期贫困与发展型减贫政策研究》（科学出版社2014年版）研究了少数民族山区长期贫困的主要特征、形成原因，并对已有减贫政策的有效性进行分析。

（六）社会保障政策

黄维民的《完善我国西部农村少数民族社会保障的战略考量》（中国社会科学出版社2014年版）对我国西部地区少数民族社会保障制度和战略问题进行了深入细致的研究。特别从文化因素研究了少数民族社会保障问题的特殊性和特殊要求，分析了文化因素、民族性与社会保障的内在逻辑。并从西部大开发的角度分析了民族社会发展问题，回顾和总结了西部少数民族社会保障的发展与经验教训，提出了进一步发展和完善的对策性建议，对实际工作和相关学术研究具有重要的参考价值。

四 民族区域自治及民族法制研究

作为国家一项基本政治制度，民族区域自治相关研究在这两年间不断深入。2013 年度关于民族法制的研究成果显著，既涉及少数民族权利保护的价值理念层面，也涉及基本概念的厘清，既包括立法和法学研究范式层面的理论探讨，又包括民族地区纠纷解决机制的实践探索。周少青通过对威斯特伐利亚体系建立以来相关国际（人权）公（条）约的文本、语义和背景分析，指出少数民族权利保护与国家安全之间存在着历史同源性和逻辑相关性；少数民族权利保护和国家安全之间不存在绝对的正相关或负相关的对应关系；实践中少数民族权利保护能否产生有利于国家安全的后果，取决于若干中介性变量（《少数民族权利保护与国家安全问题——以国际（人权）法为观察视野》,《世界民族》2013 年第 1 期）。针对“民族自治地方”概念在法律表述上的含混与混乱现象，沈寿文认为这主要是因为现行法律性文件同时从行政建制和行政辖区两种角度对“民族自治地方”内涵进行界定。这不仅是如何正确理解“民族自治地方”的认识问题，而且涉及获得国家特殊政策和优惠待遇的地域范围的实践问题（《“民族自治地方”的两层涵义》,《贵族民族研究》2013 年第 1 期）。张殿军就民族法学研究范式与民族法立法体制机制阐述观点，认为我国民族法律法规体系虽已初步形成，但在体系的完整性、内容的全面性和可操作性、凸显民族和地方特色等方面仍然存在不足。民族法学研究应注重研究范式和研究方法的转变。现行民族自治地方自治立法的体制机制在一定程度上限制了立法自治权的有效行使，进一步形成权限、程序配置科学的民族立法体制，是完善我国民族法律法规的重要环节（《民族法学研究范式转型与民族法立法体制机制探析》,《河北法学》2013 年第 5 期）。何真通过对新型德古调解的原因和过程的分析，展现了社会合意下个人合意形成的过程，这一过程是国家与社会通力合作的结果，国家通过新型德古调解找到了现代化政权与传统社会精英联合进行“会通治理”来破解彝族地区治理困局的道路。新型德古调解是国家和社会联合起来将传统德古调解加以改造后，将其吸收进人民调解的一种大胆的制度创新，它为我们提供了社会转型期西部少数民族对法律现代性命题进行回应的一种样本（《合意与治理：彝族地区的纠纷解决机制——新型德古调解的实证分析》,《四川师范大学学报（社会科学版)》2013 年第 1 期）。其他代表性文章还有：沈子华的《中国宪法中“民族区域自治”概念的厘清》（《黑龙江民族丛刊》2013 年第 3 期）、李金池的《一个被忽视而又必须解决的重大问题——关于统一多民族国家的法理界定》（《中国民族》2013 年第 7 期）等。

戴小明、潘弘祥的《统一·自治·发展单一制国家结构与民族区域自治研究》（中国社会科学出版社 2014 年版）主要由国家结构形式与自治权的基础理论研究、民族区域自治制度的正当性研究、自治机关自治权配置的科学化研究、民族自治地方自治权行使的有效性研究、上级国家机关履行法定职责问题研究、民族自治地方行政区划建置和变更的规范化研究共六章构成，力图对我国民族区域自治制度及相关现行政策进行价值诠释和实践评估。具体研究路径是：首先，科学定位单一制国家结构形式下民族区域自治制度的性质和地位，并在此基础上，解析民族区域自治制度的历史原意及其承接的核心价值，完整准确地确立其在少数民族地区政治、经济、文化及社会发展中的基础性地位和作用。其次，基于国家发展的新形势和少数民族地区发展的新要求，探讨民族区域自治制度在自身发展、实践中的完善，以及少数民族地区依赖这一制度发展时所需要完善和创新的任务和内容。还有任新民、邓玉函的《民族区域自治制度和民族基层组织执行状况问题研究》（知识产权出版社 2014 年版），吕永红的《民族、国家与制度：历史制度主义视域下的民族区域自治制度研究》（世界图书广东出版公司 2014 年版），付明喜的《中国民族自治地方立法自治研究》（社会科学文献出版社 2014 年版），田艳等的

《民族文化补偿论》（中央民族大学出版社 2014 年版），司马俊莲的《少数民族文化权利的法理研究》（中国社会科学出版社 2014 年版），杨雅妮的《少数民族权利救济机制研究》（中国社会科学出版社 2014 年版），以及关于民族习惯法的研究，如吴大华等的《中国少数民族习惯法通论》（知识产权出版社 2014 年版）、邹渊的《贵州少数民族习惯法调查与研究》（中央民族大学出版社 2014 年版）等。

五　民族政治理论和民族认同研究

2013 年度民族政治理论研究涉及族际政治价值理念、认同与整合、民族政策与民族法制等内容，产生了大量的成果。马俊毅从族格的角度探讨族际政治，并提出族格视阈下族际政治的价值理念，即：基于族格自然权利的预先制度安排；基于族格平等和尊严的社会公正；基于族格平等和尊严的多元文化权利；族格与人格的双重保障——民族成员更完整的人权；国格、族格、人格的统一——宪政制度下共享政治认同（《论多民族国家族际政治及其价值理念》，《中央民族大学学报（哲学社会科学版）》2013 年第 1 期）。相关论文还有：于春洋的《论民族个体身份的双重性》（《理论与现代化》2013 年第 1 期），张会龙、杨天强的《论当代中国族际政治整合的基本原则与价值取向》（《湖北行政学院学报》2013 年第 4 期），兰青松、王茂美的《多民族国家政治认同整合机制的实践思考》（《中共福建省委党校学报》2013 年第 8 期）等。

2013 年度关于民族认同的研究不断深化。黎相宜、周敏以美国洛杉矶海南籍越南华人为个案，提出了族裔身份认同的一种特殊类型——抵御性族裔身份认同。文章认为，这种类型的身份认同建构，不仅受到传统“侨”文化的影响，还与其多国的跨境经历、在不同移居国的社会地位和被接受的程度等结构性因素密切相关。抵御性族裔身份认同，可以理解为“离散”文化的一个组成部分，也是对既往的族裔身份认同理论——情境论与建构论的一种完善与补充（《抵御性族裔身份认同——美国洛杉矶海南籍越南华人的田野调查与分析》，《民族研究》2013 年第 1 期）。关凯从文化分析的维度，分析族群认同的社会特性以及在社会互动与民族—国家建构过程中的作用，并通过对公民民族主义与族群民族主义的分析，探讨如何在承认族群文化差异的基础上协调社会成员多重身份认同中的国家认同与族群认同（《基于文化的分析：族群认同从何而来》，《甘肃理论学刊》2013 年 1 期）。张燚认为，国家认同的生成源于法律制度对社会资源再分配的主导，在现代民族国家的建构过程中，国家认同应在政治认同体系中占据主导地位。在目前中国某些边疆多民族地区，国家认同与民族认同出现了错位，其根源是相关制度出现了权利型失衡和义务型失衡，重新恢复制度平衡也就成为重塑国家认同的必然选择（《制度均衡：边疆多民族地区国家认同的基础》，《中南民族大学学报（人文社会科学版）》2013 年第 2 期）。张萌萌通过对 1980 年至 2011 年《人民日报》国庆头版的实证考察，通过定量与定性相结合的分析方法，对国庆报道中的民族认同因素加以提炼；在对各种认同因素和认同标签的分析中，研究揭示了民族认同的构建机制和演变过程，揭示了中国民族认同的内核和边界，其存在方式和未来走向。此项研究视角独特，观点新颖（《中国民族认同的媒体构建——对〈人民日报〉1980—2011 年国庆头版的语料库辅助话语分析》，《社会科学》2013 年第 6 期）。相关论文还有徐平、张阳阳的《五个自治区国家认同的调查与研究》（《民族研究》2013 年第 4 期），王云芳、谢胜君的《民族认同和国家认同关系的静动态模式分析》（《民族论坛》2013 年第 2 期）等。

六　民族关系历史、理论与实践研究

2013 年民族关系研究成果既包括历史上民族关系的研究，更多的则是关于民族关系宏观研究和具体区域民族关系评估的研究，如《中西部“过渡地带”的民族关系与和谐社会建设：怀化市民族工作的实践经验与理论启示》（青觉，《中央民族大学学报》2013 年第 1 期）、《民族关系和社会主义和谐社会建设的规律分析》（《广西民族大学学报》2013 年第 5 期）、《对如何处理好当前民族关系问题的一点看法：多年实地调查后的思考》（杨圣敏，《社会科学战线》2013 年第 7 期）等。《回藏民族关系史》（杨作山，宁夏人民出版社 2013 年版）、《中国西南民族关系史纲要》（龙晓燕，云南大学出版社 2013 年版）、《中东部地区城市民族关系研究》（李吉和，民族出版社 2013 年版）、《滇黔桂交界地区的民族结构与民族关系》（黄家信等，广西师范大学出版社 2013 年版）等著作从不同的视角层面对民族关系的历史与现状进行了系统研究。

2014 年度民族关系研究著作有历史、现实和具体区域等不同角度的研究成果发布，其中包括：郑信哲、周竞红主编的《民族主义思潮与国族建构——清末民初中国多民族互动及其影响》（社会科学文献出版社 2014 年版）以清末民初民族主义传播兴起为切入点，着重挖掘整理和分析当时作为王朝中国藩属臣民的区域和居民在清末民初这一历史时期参与国族构建的历史进程、历史事件等资料，追溯边疆民族社会民族主义思潮生成和影响，以及最终走向中华民族认同的历史轨迹，其意义在于显现中国少数民族在近代国族构建中的历史角色与作用。与此相关，周竞红发表论文《“共和”包容“五族”——辛亥革命前后变局与民族关系建构》（《满族研究》2013 年第 1 期），该文讨论了辛亥革命前后民族关系的建构和整合问题，认为在王朝政治统治下运行数千年的中国，在辛亥革命前后的国体变革中，不仅以“共和”为开端终结王朝政治，而且并未如西方人设想的那样以省裂解成几个小国，而是在不同政治势力斗争中，均选择以“共和”包容“五族”的发展道路。尽管“共和”未充分实现，“五族”包容却历史性地延续下来，成为今天统一多民族当代中国的历史基础。到民国初期，“五族共和”已成为极具社会影响力的社会目标，可以说正是“五族共和”从根本上校正了革命派建立汉民族国家的历史偏差，较为全面继承了清王朝在领土、人民的遗产，为平等民族关系的建构开辟了历史道路。与此主题相关的成果还有张媚玲的《中国近代西南边疆的政治关系——以民族国家认可为基点》（民族出版社 2014 年版）等。区域民族关系的研究成果主要有：练铭志等的《广东民族关系史》（广东人民出版社 2014 年版）是我国第一部较为全面、系统、深入阐述广东民族关系历史的专著。张丽娟的《中亚地区民族问题与中国新疆民族关系——基于地缘政治的视角》（社会科学文献出版社 2014 年版）从马克思主义民族理论和民族政策角度出发，结合地缘政治的相关理论学说，系统探讨中亚民族问题对中国新疆的影响。此外，云南成为民族关系研究成果较多的省区，其中，徐畅江的《民族关系的国家建构——以云南为例》（知识产权出版社 2014 年版），张刚、伍雄武的《云南民族关系的历史与经验》（社会科学文献出版社 2014 年版），以及中国社会科学院“云南省民族团结进步边疆繁荣稳定示范区建设研究”课题组编著的《民族团结云南经验：“民族团结进步边疆繁荣稳定示范区”调研报告》（社会科学文献出版社 2014 年版）从不同角度展示了云南民族关系和民族团结状况。在民族关系研究中杨建新、马戎、周平等均有往年已发布论文结集出版。

七　多学科、多地域视野的民族理论研究

郑信哲继续关注城市民族工作和朝鲜族经济社会发展，发表了一系列成果。2013 年度主要

成果有：《论新时期城市民族关系发展态势》（《满族研究》2013 年第 2 期）、《城市民族工作面临的新问题及其对策》（《民族论坛》2013 年第 6 期）、《加快经济社会发展实现边疆民族地区长治久安——以吉林省长白朝鲜族自治县为例》（《黑龙江民族丛刊》2013 年第 3 期）、《关于提高朝鲜族经济力的思考》（《中国民族（朝鲜文）》2012 年第 6 期）、《关于朝鲜族文化产业发展》（《中国民族（朝鲜文）》2013 年第 2 期）。

2013 年度台湾地区民族问题研究也有新的突破，郝时远、陈建樾主编的《台湾民族问题：从“番”到原住民》（社会科学文献出版社 2012 年版），全书 44 万字，作为中国社会科学院社会政法学部集刊第 3 卷出版。其中收入陈建樾论文 7 篇，涉及 16—17 世纪西方殖民者在中国的殖民活动、林惠祥与翦伯赞对台湾原住民的研究、20 世纪 80 年代前的台湾政策述评、20 世纪 80 年代以来的台湾原住民运动与政策研究、影响大陆高山族人口变动的几个因素、20 世纪 50 年代台湾原住民地区的政教关系等内容，是其台湾民族问题研究的集大成之作。杜世伟的《内迁的闽营：河南邓州高山族历史背景初探》一文也被收入该书。

2014 年中央民族工作会议深入分析了我国的多民族国情，以及我国民族工作面临的新形势、新任务，提出了新判断，深刻阐释了中国特色解决民族问题的道路的科学内涵，肯定了这一经验的理论和实践价值，同时，也科学回答了当前民族工作中一系列重大理论和实践问题，并提出深入探索民族工作的新理念新方法，对加强和改进民族工作做出了重大战略部署，提出了新要求。随着中共中央、国务院《关于加强和改进新形势下民族工作的意见》的印发，党中央关于民族工作的重要部署也将逐步落实，民族理论和民族政策研究亦将面对社会更高的要求，多学科参与、多地域视野、理论与实践相结合的特色也将持续为民族理论研究增加养分。

（刘玲，副研究员；陈建樾、周竞红，研究员，中国社会科学院民族学与人类学研究所民族理论研究室）

2013—2014 年民族经济研究综述

丁　赛

民族经济研究既属于经济学范畴又属于民族学研究的范畴，这一交叉学科的特点使得其与我国经济学和民族学的研究领域有所不同，而在理论和方法上两者兼容，以经济学为主。长期以来，民族经济的主要研究对象是西部地区特别是少数民族聚居区，该地区总体上属于资源丰富、生态环境多样、文化有特色但又地处边疆的贫困地区，所以经济社会发展存在的困难很多，在发展模式上不同于东中部地区。民族经济研究也不同于一般性的经济学研究，在应用性研究时需考虑生态环境、可持续发展、民族文化特点、传统产业的现代化转型、如何充分利用当地资源消除贫困、建成小康社会等方面的特殊因素。与此同时，民族关系在西部地区尤其是民族地区也具有特殊的重要地位。此外，多样性的宗教信仰、风俗习惯等都是民族经济的影响因素，也是民族经济研究的应有之义。本文对 2013—2014 年民族经济研究的综述将主要基于 2013 年和 2014 年《中国社会科学院科研评价指标体系权威期刊与核心期刊名录》中 73 份经济学期刊和 14 份民族学期刊所涉及的民族地区和少数民族的有代表性的经济研究论文。

一　关注全面建成小康社会进程和地区发展

作为目前世界第二大经济体的中国，在改革开放的 30 余年里创造了“中国奇迹”。更进一步的，许多经济学家预测，中国在经济总量上很快会超过美国。2013 年我国国内生产总值（GDP）增速为 7.7%，与 2012 年持平，但同 2000—2011 年的 GDP 持续快速增长期相比，原有保持经济高速增长的内外部条件都已发生了根本性的改变，表明我国经济进入了新的发展阶段。中国经济的“新常态”不仅说明了现阶段的经济发展特征与之前有所不同，同时也意味着将选择与之相匹配的宏观经济政策。因而经济学领域密切关注全国和不同区域的经济增长与发展。

（一）聚焦于民族地区的经济发展

在民族经济研究领域，主要从宏观和中观两个维度研究民族地区的小康社会建设进程和西部地区发展现状，分析地区经济发展差距，寻找经济发展的问题。

未来的五年是小康社会建成的关键时段，少数民族地区是重点也是难点。丁赛、刘小珉、龙远蔚的研究论文《全面建成小康社会指标体系与民族地区发展》，对全面建设小康社会指标体系和地区发展与民生指数进行了比较研究。全面建设小康社会指标体系是为了衡量小康社会建设的进程，与小康社会目标相互对应，地区发展与民生指数则更侧重于展示不同地区更广泛的发展领域和民生状况。两套指标在一定程度上不仅相互印证，而且具有可比性，展示了经济、政治、文化、社会和生态建设“五位一体”发展要求的实现程度。虽然地区发展与民生指数已经拓展了全面小康建设指标的内容，更加适应当前的发展要求，但从民族地区的角度来看，依然有值得商榷和完善之处，并就此从生态环境保护、扶贫工作及成效、少数民族发展和民族关系方面进行了具体论述。①

王德强和涂勤从社会生产力跨越式发展的视角，利用近30年的统计数据，从经济增长、产业结构水平、基础设施建设、人力资本和教育、固定资产投资增长及人类发展指数等六个方面全面描述了云南藏区跨越式发展的现实状态。通过回归分析和对固定资产、教育、劳动力总量的偏微分的边际效益估计，得到2010年迪庆州的固定资产投资额已经达到了最高点，在产业结构和要素配置不变的前提下，固定资产投资对GDP的拉动作用将逐步削减；人均受教育年限的提高对迪庆经济增长的贡献十分显著；在现有的产业结构和要素投入条件下（尤其是劳动力素质不变的条件下），仅仅增加劳动力总量并不能带来GDP的增长，反而会削减GDP总量。总体上，1999以来云南藏区经济社会发展呈现出跨越式发展的格局，但以高投入、高资源消耗为代价的经济增长已难以为继，转变发展方式，实施可持续发展战略是云南藏区经济社会发展的内在要求。②

董继红、陈秀山通过回顾1999—2010年的经济增长态势，认为西部大开发战略的贯彻实施引领西部地区经济进入了新的快速发展阶段；同全国经济发展差距有所缩小。并从效率、动力结构、协调性对西部地区经济增长进行了分析。主要结论为：西部地区的劳动和土地产出效率都有明显改善，但资本的产出效率显著低于全国平均水平，并呈现逐年下降的发展态势；西部地区的投资率和投资率的增长率明显偏高，消费率明显偏低且下降速度较快；西部大开发战略的实施缩小了西部地区城市内部收入差距，但西部地区的农村内部收入差距却不断扩大，特别是西北地区农村内部收入差距更为明显。③

经济发展与社会稳定休戚相关，尤其是民族地区的经济发展，更需要稳定和谐的社会环境。王延中从西藏高度重视维护社会稳定在西藏工作全局中的战略地位出发，认为需要构建维护社会稳定的新型社会组织保障，同时要探索寺庙管理新体制，以积极引导宗教与社会主义社会相适应，并建立高效统一的维稳领导体制和工作机制。④

钟海燕利用民族八省区2000—2010年的统计数据，对民族地区城镇化率和工业化率进行了比较，发现民族地区城镇化率落后于工业化率的差距正在逐步缩小。并提出新型工业化和新型城镇化互动，推动民族地区经济发展的产业优化转型、经济空间集聚、推动城镇等级序列协调和城市群发展以及低碳经济的发展。⑤

佟玉权在《贵州少数民族地区经济发展的空间关联性分析》中认为，民族地区的经济发展受制于多种复杂因素的作用，这些因素在空间上具有关联性并与地区民族人口数量及构成形成多种耦合关系。通过贵州省级层面的统计数据，发现贵州少数民族构成比例高与经济发展滞后的地区集聚密切相关，农业产业经济状况对贵州少数民族聚集地区经济发展水平的提高具有基础性制约作用。⑥

黑龙江省民委课题组基于黑龙江省边境民族地区和西部民族地区经济发展、项目投入边际

---

① 丁赛、刘小珉、龙远蔚：《全面建成小康社会指标体系与民族地区发展》，《民族研究》2014年第4期。

② 王德强、涂勤：《云南藏区跨越式发展的实证研究》，《民族研究》2013年第6期。

③ 董继红、陈秀山：《西部地区经济增长的效率、动力与协调性分析》，《西南民族大学学报（人文社会科学版）》2013年第1期。

④ 王延中：《西藏社会稳定新机制建设探索》，《民族研究》2013年第6期，第27—38页。

⑤ 钟海燕：《城镇化、工业化与民族地区经济发展方式转变》，《广西民族研究》2013年第2期。

⑥ 佟玉权：《贵州少数民族地区经济发展的空间关联性分析》，《西南民族大学学报（人文社会科学版）》2014年第12期。

效益等方面的实地调研，发现从经济总量看，西部地区较边境地区总量大；从经济增速角度看，西部民族地区 GDP 增速略高于边境民族地区。西部民族地区和边境民族地区经济发展中存在的问题主要表现在少数民族发展资金投入不平衡、边际增长不明显、产业单一，发展后劲不足、输血型扶持放大负效应、投资拉动效果递减，消费经济有待培育等方面。①

尽管十多年来西部经济社会发展取得了很大成就，但是我国区域发展差距仍然较大。重新评估青藏区域经济发展阶段对促进我国区域协调发展具有重大的现实意义。冯海英在《西部区域经济发展差异比较研究——以青藏地区为例》一文中，借鉴西方发展经济学理论，从经济总量和经济结构两个维度，对青藏区域经济发展阶段进行了分析研究，并给出了明确的判断。②

还有不少学者撰文对经济增长中的产业发展予以关注。邓文英利用西部 12 省区在“十一五”期间的统计数据，从第一、第二、第三产业的产业结构与重点产业的发展和相互关系入手，总结了“十一五”期间农业、工业和服务业在西部 12 省区的发展经验，展望了“十二五”西部 12 省区的战略性新兴产业的发展方向，认为重点要加快推动资源性产业转型升级和区域产业合作。③

张秀萍、杨倩、李冈根据西部 12 省区的统计数据，采用了平稳性检验、协整性检验和格兰杰因果检验方法，发现西部地区的公路建设投资与经济增长之间存在很强的相关关系。通过面板数据的回归分析，得到公路投资对经济增长的拉动作用是促进西部地区经济快速增长的重要因素的结论。④

田晓娟对宁夏、青海、甘肃、新疆和陕西的清真产业企业数量、产值、市场需求规模以及发展的优劣进行了阐释，分析研究了五省区在企业规模、产品质量、竞争力、创新能力、质量监管方面存在的发展问题。⑤

此外，还有学者从可持续发展的视角、民族地区发展的对策层面以及人口红利对西部民族地区经济增长的积极促进作用等方面展开对西部民族地区经济增长与发展的分析研究。

（二）宏观经济发展政策和战略的研究

兴边富民行动开始于 1999 年，周民良、马博、刘云喜通过对内蒙古自治区呼伦贝尔市与兴安盟五旗市的调研发现，“十二五”期间兴边富民政策取得了突出成效，两市在基础设施建设、民生改善、民族团结、对外开放和发展特色优势产业等方面都有长足进展。与此同时，由于对地方发展程度差异性考虑不足，兴边富民补助资金配置不尽合理；各地在推进兴边富民进程时普遍热衷于特色优势产业，并且直接补助企业或者私人的做法值得商榷。此外，资源型城市转型遗留问题也值得关注。作者认为，兴边富民政策需要转型，并在此基础上提出了转型方向与政策建议。⑥

张嘉斐、李俊杰运用定性与定量的数据包络分析（DEA）法，以广西龙州、东兴两地为例，在兴边富民行动的政策内容和实施效果上进行了中越比较。通过分析 2004—2012 年的数

---

① 刘明等：《调整经济发展方式发挥边际增长效应——黑龙江省边境及西部民族地区经济发展研究报告》，《黑龙江民族丛刊》2014 年第 1 期。

② 冯海英：《西部区域经济发展差异比较研究——以青藏地区为例》，《经济问题探索》2014 年第 10 期。

③ 邓文英：《西部各省（市、区）“十二五”产业发展比较研究》，《新疆社会科学》2013 年第 5 期。

④ 张秀萍、杨倩、李冈：《我国西部地区公路建设投资与经济增长之关系研究》，《中央民族大学学报（哲学社会科学版）》2013 年第 1 期。

⑤ 田晓娟：《西北五省区清真产业发展现状及对策研究》，《回族研究》2013 年第 4 期。

⑥ 周民良、马博、刘云喜：《兴边富民政策实施效果与转型问题研究——关于呼伦贝尔市与兴安盟五旗市兴边富民政策实施的调研报告》，《民族研究》2014 年第 6 期。

据，发现与国内东兴、龙州和广西三地相比较，越南相关政策的平均有效性值最高，即投入产出比最高，我国三地的高投入对经济的拉动作用逐渐减缓，投资对边境地区各项贡献越来越少。[①]

王飞也利用了广西统计数据以“自然实验”方法分析了广西边境县市、区和毗邻县市、区的兴边富民行动的实施效果。对1999—2011年的时间序列数据进行回归分析后发现，兴边富民行动的实施对广西边境县、市、区经济发展确实起到了显著的促进作用，地区生产总值、财政收入以及固定资产投资增长率都有了明显的增长，尤其是固定资产投资大幅增加。但基础设施和民生事业发展滞后，数据显示广西边境地区公路里程增长率反而在此期间大幅下降。[②]

张丽君和吴凡以云南省为研究案例，在较全面梳理国家沿边开放政策及云南省相关配套政策实施历程基础上，运用因子分析对政策实施后沿边开放总体效果进行综合测度，并详细分析了存在的问题及其影响，在此基础上提出了一系列进一步完善沿边开放政策的政策建议。[③]

还有学者分析了民族地区经济发展过程中边境政策的杠杆作用和中央支持民族地区政策体系的理论基础。

总体上，有关民族地区经济发展的研究成果既有对民族地区整体和局部区域差异性的现实关注，也有运用实地调查获得数据的描述性展现和人口普查或省级层面统计数据的较为深度的计量分析。虽然基于数据的研究成果越来越多，但在计量方法的选择和运用上与同类经济学的研究前沿和优秀研究成果存在一定的差距。

二　新型城镇化建设的民族和文化研究视角

城镇化研究在2013—2014年不仅是经济学也是民族经济研究的热点之一，与经济学研究成果相比，民族经济研究富有特色的研究视角既有农区、牧区以及边境口岸的地域细分，也有对城镇化进程中的民族差异和文化建设的关注。

焦开山基于第五次全国人口普查和年第六次全国人口普查数据资料，利用空间统计分析方法，发现少数民族人口的城镇化水平相对较低，但已处于城镇化快速发展阶段。同时，少数民族人口的城镇化水平及其发展趋势具有显著的地区差异和空间关联性。要实现《国家新型城镇化规划（2014—2020年）》提出的城镇化率达到60%的目标，必须高速推进少数民族人口的城镇化，城镇化率须年均提高2.7个百分点，由此带来的风险需要引起有关部门的足够重视。少数民族人口城镇化的发展需要根据不同地区的实际情况制定科学合理的规划。[④]

刘晓春在论文《牧区城镇化的问题与对策——以新疆和布克赛尔蒙古自治县为个案》中，以游牧文化的发展为主线，以新疆和布克赛尔蒙古自治县为个案，论述了牧区城镇化的目的、意义和成就，对牧区城镇化普遍存在的问题：搬进城里的牧民如何适应城市生活、牧民的心理困惑、就业不稳定、城镇化下生态环境面临破坏、民族传统文化无法很好地传承等，进行了深

---

① 张嘉斐、李俊杰：《中越兴边富民政策比较研究——以龙州、东兴两地为例》，《云南民族大学学报（哲学社会科学版）》2014年第4期。

② 王飞：《广西兴边富民行动的实施效果评估——基于自然实验的面板数据分析》，《广西社会科学》2014年第3期。

③ 张丽君、吴凡：《民族地区沿边开放效果及政策研究——以云南省为例》，《黑龙江民族丛刊》2014年第1期。

④ 焦开山：《中国少数民族人口的城镇化水平及其发展趋势》，《民族研究》2014年第4期。

入的阐述和剖析，最后针对问题提出了理性思考和建议。①

王平以甘肃省临夏回族自治州临夏市为个案，指出民族地区实现城镇化的路径和模式不是单一的，而是多元的，它应是在保护和传承少数民族特色文化的基础上，整合一切有利于民族地区新型城镇化建设的有效资源，并在全面贯彻经济建设、政治建设、文化建设、社会建设和生态文明建设五位一体的总体布局基础上建设民族地区新型城镇。②

民族地区沿边口岸城镇是我国扩大对外开放的战略支点，是国家新型城镇化体系建设的重要组成部分。张丽君、董益铭、拓俊杰着重以具有典型性的二连浩特口岸城镇为例，通过因子分析界定二连浩特口岸城镇发展的动力因素，并通过脉冲响应函数进一步分析明确二连浩特口岸城镇发展的动力机制。最后提出要科学定位口岸城镇的功能和产业发展方向，合理选择口岸城镇发展方式、积极推动加快口岸城镇的社会发展、注重民族地区口岸城镇发展的民族特性问题。③

王文长撰文认为各国、各民族的城市化道路存在具体形态的差异，并具体阐述了中国与欧洲之间不同的历史传统对城市化具体形态的不同影响，以及中国国内各地区各民族的不同生存环境对城市化的影响。研究最后提出，中国政府积极推进的城市化应冷静观照到自身的历史基础及城市化过程的民族差异，避免城市化急躁和利益安排的不公正。④

此外，邢启顺以凯里市为例探讨了当地苗族文化产业化的转型再构问题。⑤

上述研究成果虽然从不同视角对城镇化进行分析研究，但都关注到了民族文化和民族特性，而这也恰恰是经济学对城镇化研究的缺失。

三　深入研究贫困和收入差距问题

西部民族地区是贫困人口最多、贫困面积最大、贫困发生率最高的地区。我国城乡之间、城市和农村内部收入差距在不断扩大，贫困状况实际是收入差距的一种反映。从收入分配的角度看，收入分配不平等程度越大意味着越多的贫困。

民族经济领域有关民族地区和少数民族的贫困和收入差距研究持续深入。2014 年，有关民族地区贫困问题的研究论文数量依然位居前列。

刘小珉采用西部民族地区经济社会发展问卷调查数据，探讨了广西、贵州和湖南农村贫困的民族差异和贫困影响。其研究发现，在上述三个地区少数民族农户的贫困发生率、贫困深度和贫困强度总体上都高于汉族农户。被调查农户的人力资本、经济资本和社会资本均在不同程度上对贫困发生率产生影响。⑥

宁亚芳利用中国社会科学院民族学与人类学研究所《21 世纪初中国少数民族地区经济社会

---

① 刘晓春：《牧区城镇化的问题与对策——以新疆和布克赛尔蒙古自治县为个案》，《沈阳师范大学学报（社会科学版）》2014 年第 5 期。

② 王平：《民族地区新型城镇化的路径与模式探究——以甘肃省临夏回族自治州临夏市为个案》，《民族研究》2014 年第 1 期。

③ 张丽君、董益铭、拓俊杰：《民族地区新型口岸城镇发展动力机制研究——以内蒙古自治区二连浩特市为例》，《民族研究》2014 年第 1 期。

④ 王文长：《城市化道路的民族差异》，《中央民族大学学报（哲学社会科学版）》2014 年第 3 期。

⑤ 邢启顺：《城镇化进程中少数民族城市文化产业化转型再构——以贵州凯里为例》，《云南民族大学学报（哲学社会科学版）》2014 年第 6 期。

⑥ 刘小珉：《民族视角下的农村居民贫困问题比较研究——以广西、湖南、贵州为例》，《民族研究》2013 年第 4 期。

发展综合调查》2013 年农村家庭数据，发现农村低保制度在缓解贫困和收入不平等中均发挥了积极但较为有限的作用，这些作用在地区间和民族间存在显著差异。尽管如此，低保家庭成员对农村低保制度给予了较高评价。在缓贫效应方面，低保待遇缩小贫困差距的作用要大于降低贫困发生率的作用。并且，低保待遇对少数民族家庭的缓贫效果要好于民族地区汉族家庭。在收入分配效应方面，总体上，低保待遇仅能使农村家庭基尼系数和人均家庭收入离散系数分别降低 3.5% 和 3.2%；但低保待遇缩小少数民族家庭收入不平等的作用好于汉族家庭，缩小民族之间收入差距的作用则大于缩小地区之间的收入差距的作用。此外，低保家庭成员的主观评价也反映出了农村低保制度在管理运行中存在的问题。①

吴忠军和邓鸥以南岭民族走廊的 34 个贫困县（市）作为研究对象，用三个反映地区贫困程度的人均值，即人均国内生产总值、人均地方财政一般预算收入以及农民人均纯收入等来评析此地区的贫困状况，分析了导致该地区贫困的原因。②

刘小珉的《滇桂黔石漠化区扶贫开发成效研究——以贵州黔东南凯里为例》一文着眼于滇桂黔连片特困地区之一的黔东南凯里市的扶贫工作，通过扎实的田野调查，分析了凯里市扶贫开发的整村推进、产业化、劳动力培训、贫困地区基础设施建设小额扶贫到户贷款、对口支援、异地搬迁、乡村旅游这八大方面的扶贫成效，指出了扶贫开发工作现实存在的问题，并针对这些问题以及扶贫开发进入新阶段后面临的新难点，提出了针对性建议。③

吴群和张艾力认为内蒙古牧区贫困致因很多，其中心理影响是不可忽视的重要因素。蒙古族牧民的心理因素影响牧民对贫困问题的认知、解决贫困问题的态度和脱贫致富的意志。这是影响内蒙古牧区贫困的深层次原因，也是内蒙古牧区脱贫致富需要解决的重要问题。④

李继刚和雷宏振提出西藏牧区草场产权制度缺陷较易引发贫困。畜牧业大户对小户草场产权利益的侵占、政府与社会目标的冲突、家庭人口增加与草场继承问题、维护草场产权费用过高等都有可能造成部分牧民陷入长期贫困。解决好草场产权及其相关问题，才有可能实现西藏农牧民的富裕。⑤

我国收入差距的不断扩大是改革以来的基本特征，也已经引起了学术界、国际组织、政府机构、媒体和公众的广泛关注。丁赛依据 2006 年和 2011 年宁夏经济社会调查数据，对宁夏回族自治区农村、城镇家庭人均收入在回族与汉族之间的差异，汉族、回族内部收入差距以及 2006 年、2011 年的变动状况进行了分析研究。主要结论和发现有：宁夏农村、城市以及农村和城市中的汉族和回族的收入差距在 2006 年至 2011 年都明显扩大。利用基尼系数分解和泰尔指数分解后表明，农村汉族和回族居民的财产性收入和家庭经营净收入具有收入不平等的扩大效应。工资性收入和转移收入具有不平等的缩小效应。宁夏城镇中汉族和回族的工资性收入具有扩大家庭人均可支配收入不平等的效应。泰尔指数分解结果证实了宁夏城乡汉族和回族之间的收入差距对总的收入差距贡献非常小，汉族内部和回族内部的收入差距是形成宁夏城乡居民

---

① 宁亚芳：《农村最低生活保障制度缓贫效应：来自西部民族地区的证据》，《贵州社会科学》2014 年第 11 期。

② 吴忠军、邓鸥：《南岭民族走廊贫困现状与扶贫开发研究》，《广西民族研究》2014 年第 6 期。

③ 刘小珉：《滇桂黔石漠化区扶贫开发成效研究——以贵州黔东南凯里为例》，《云南农业大学学报》2014 年第 5 期。

④ 吴群、张艾力：《内蒙古牧区贫困牧民的心理因素分析》，《黑龙江民族丛刊》（双月刊）2014 年第 1 期。

⑤ 李继刚、雷宏振：《西藏牧区草场产权与贫困问题的探讨》，《西北民族大学学报（哲学社会科学版）》2014 年第 1 期。

收入差距的主要原因。①

日本学者佐藤宏同样依据2006年的宁夏经济社会调查数据，从社会资本入手分析了其对收入分配的影响。研究发现，在民族间相互往来程度较低的宁夏农村地区，对社会网络中以不同民族信任和穆斯林信任衡量的民族社会资本和宗教资本影响了回族家庭收入，但对宁夏城市回族家庭收入却不产生作用。此外，这两种社会资本相结合会形成双重效应，对农村回族家庭收入起到积极的正影响。②

2014年，别雍·古斯塔夫森和丁赛（Bjorn Gustafsson and Ding Sai）发表在SSCI *China Quarterly* 上的"Why Is There No Income Gap between the Hui Muslim Minority and the Han Majority in Rural Ningxia, China?"通过对2006年宁夏回族自治区家庭调查数据的分析，发现宁夏回族自治区农村中的回族较之于汉族在教育、家庭人均收入和家庭人均财产上存在弱势，但宁夏回族自治区农村中的回族与汉族在人均可支配收入上几乎不存在差距，贫困发生率也基本一致。究其原因主要是回族家庭和汉族家庭相比，回族家庭获得了更多的非农收入，特别是贫困村落中的年轻回族男性外出流动比例很高，其外出务工收入对家庭的贡献导致了上述结果。

与经济学针对贫困和收入分配的研究相比，民族经济的研究更集中在民族地区，将少数民族文化的影响作用纳入到研究内容，这是经济学研究贫困和收入分配问题时关注不够或没有关注到的视角。但民族经济领域整体对于贫困和收入分配研究方法的运用水平落后于国内经济学相关研究水平，更落后于国际前沿水平。

四 生态环境研究不断拓展

民族地区大多生态环境脆弱，且位于边疆，是我国大江大河的主要源头，其生态环境保护的重任较之东中部地区又有所不同，其生态环境保护对于全国都有举足轻重的作用。如民族八省区的国防林、国家自然保护区等无法用于经济发展的土地面积占比明显偏高，而财政转移支付力度不足。因而生态环境保护的溢出效应与生态保护地的高成本低收益形成了矛盾。③

李俊杰和刘丽娜基于民族地区人口历史演变及区域差异的系统描述，以及未来单独二孩政策等因素，运用Leslie人口模型预测了我国民族地区2014—2025年人口变化趋势，结果显示，人口总量环比增速呈现逐年下降态势。进一步依据P-R-E模型测算民族地区资源环境承载力，结果表明：民族地区整体资源环境承载力有限，区域间存在较强异质性。青海、新疆的资源环境人口容量较富余，但面临生态风险；内蒙古、广西和云南的人口容量变化趋势较稳定，处于相对富余状态；贵州、宁夏的资源环境超载现象突出；西藏的理论人口容量大，但实际承载力有限。④

张冬梅的研究证实了自然资源丰富、生态环境脆弱的民族地区经济发展尚未摆脱以资源型产业为主的状况；环境容量稀缺是民族地区经济发展与环境保护的矛盾起点；环境容量产权明晰是民族地区经济利益与生态利益协调的突破口。为实现民族地区利益，作者提出了基于民族

---

① 丁赛：《宁夏回族自治区收入分配的民族差异及其变化》，《民族研究》2013年第3期。

② ［日］佐藤宏：《民族视角下社会资本对收入的影响——以宁夏回族自治区为例》，成刚译，《民族研究》2013年第3期。

③ 丁赛、刘小珉、龙远蔚：《全面建成小康社会指标体系与民族地区发展》，《民族研究》2014年第4期。

④ 李俊杰、刘丽娜：《基于人口预测的民族地区资源环境承载力趋势研究》，《民族研究》2014年第5期。

地区特殊性的差别化环境容量产权安排；同时，财税政策、法律要与环境容量产权安排协调联动。①

杨春学从产权的角度，运用专家主观评估法，对影响金沙江两岸藏区“超载”现象的各类因素进行了量化估算，并结合实地调查中的观察和相关文献中的讨论，分析了这些因素的变化趋势。在此基础上，重点探讨了这样一个问题：如何改革牧区产权制度，才能有效地缓解“超载”现象？基本结论是：“使用权承包到户”只能解决利益的初始分配问题，并不能自动消除公地悲剧现象；只有“因地制宜”，尊重牧民根据“特定时空”的经验知识所进行的理性选择，产权制度的改革才可能实现其政策初衷。②

荆炜从环境经济学的视角对西部地区生态建设的补偿机制进行了分析，提出只有切实推动西部地区建立和实行科学的生态建设补偿机制，才可实现大力发展西部地区的目标，进而改善我国整体的生态环境。③

还有学者从碳排放、如何评价环境保护、民族文化中的生态观、生态经济系统的投入产出等方面对民族地区的生态环境保护与经济发展的关系进行了分析研究。

近年来，国家对生态保护、生态文明建设越来越重视，民族经济学中就环境保护所涉及的经济成本收益和经济行为进行了相应的分析研究，上述代表性的成果就是一定的体现。目前正在进行的大气污染治理主要依据《大气污染防治行动计划》开展实施，随之，水污染、土壤污染防治工作也将在全国范围铺开，与之相应的生态研究视角也将越来越拓宽。

五　旅游经济发展持续成为热点

近年来，民族地区以其原生态的优美环境和浓郁的民族风情而吸引人们前往，旅游业在诸多民族地区以支柱产业的形式有力推动了民族地区经济的发展。旅游经济对我国民族地区的发展做出了重大贡献，而且有着良好的发展势头和前景。但和东中部地区相比，西部民族地区的旅游业目前依然处于起步阶段，还存在诸多不利因素，制约着民族地区旅游经济的深入发展。④

陈思莲以贵州、云南的民族村寨为例，阐释了民族地区旅游业兴起对民族村寨的生产生活方式、交往习俗、思想观念的影响，并分析了发展旅游使民族村寨出现了多元文化并存、村寨权威新体系形成的现象。作者认为民族文化并非一成不变的“固体”，而是随着社会发展变迁而不断变化的“流体”。民族文化保护也不是将其“冻结”起来，只有将文化保护和传承与旅游村寨经济社会发展结合起来，与城乡一体化结合起来，才能真正保护和传承民族文化。⑤

朱德亮认为挖掘藏传佛教文化及其各种艺术表现形式并应用于旅游开发，将会更好地促进藏区旅游业发展。为此，其研究中着重探讨了藏传佛教文化旅游开发中应该处理好的关系、旅游开发中对藏传佛教文化的运用。⑥

周杰、杨兮、张凤太认为少数民族村寨社区在参与旅游发展时，“参与不足”与“过度参

---

① 张冬梅：《环境容量产权与民族地区利益实现》，《民族研究》2014 年第 5 期。

② 杨春学：《“超载”现象、制度选择和政策思考：以金沙江两岸藏区为案例的研究》，《中国藏学》2014 年第 1 期。

③ 荆炜：《西部地区生态建设补偿机制及补偿类型区划研究》，《新疆社会科学》2014 年第 6 期。

④ 张文瑞：《我国民族地区旅游经济的开发与创新发展研究》，《黑龙江民族丛刊》（双月刊）2014 年第 4 期。

⑤ 陈思莲：《旅游开发与民族村寨社会变迁》，《中南民族大学学报（人文社会科学版）》2013 年第 4 期。

⑥ 朱德亮：《藏传佛教文化旅游资源开发研究》，《中央民族大学学报（哲学社会科学版）》2013 年第 2 期。

与”并存，导致民族村寨旅游可持续发展难以为继。为促进少数民族村寨社区参与旅游发展的有效进行，需对社区参与旅游发展的内涵进行全面的解析。少数民族村寨社区参与旅游发展包含对资源的利用和控制、对决策与选择过程的介入、利益分享、承诺与贡献、能力建设、自组织能力、乡土知识的应用与创新等。①

何昭丽、孙慧、杨素利用2001—2011年新疆和全国的统计数据，通过主成分分析法，得到了新疆旅游开放度的全国排名，并发现2001—2011年新疆旅游开放的总体状况呈上升趋势，但是自然环境建设状况在2008年以后却出现下降趋势。研究的主要结论是：对新疆旅游开放影响程度最大的是全社会固定资产投资、外商直接投资、第三产业生产总值。②

王汝辉利用优秀旅游目的地评价指标体系SMED方法，从西藏旅游吸引物、可进入性、旅游设施等方面诊断了西藏建设世界级旅游目的地的差距。在此基础上，分析了西藏建设世界级旅游目的地的瓶颈及战略选择。③

陈兴分析了我国西部发展山地旅游的客观条件，发展山地旅游的特殊性，提出山地旅游是我国西部广大地区发展的必然选择，西部山地旅游发展应树立“国家公园”的理念，围绕生态保护、旅游体验、社区参与三大核心要素，依托“智慧旅游”平台，以“产品—品牌”为载体、“安全—环保”为保障、“文化保护—社区发展”为目标，来制定可持续发展战略。④

耿选珍选取了自驾车旅游的研究视角，阐释了西南少数民族聚居区自驾车旅游的现状，通过问卷调查的方式着重分析了随着自驾车旅游者的增多，西南少数民族聚居区的自驾车旅游市场所出现的配套基础设施不完善、旅游安全存在隐患、旅游信息系统缺乏或不完善等问题。⑤

王汝辉、柳应华、马志新和邓攀通过梳理国家对西藏六大战略定位与旅游产业之间的逻辑关系，发现旅游业是西藏实现国家六大战略定位的最佳选择。其研究还结合西藏自治区区情和旅游产业特性，选取收入弹性、产业增长、关联效应、社会效益、比较优势和竞争优势六大指标，科学测度了西藏旅游产业战略的主导性。结果表明，在西藏发展旅游及其相关产业具有天然的竞争优势。⑥

马东艳的研究聚焦于旅游村寨居民对旅游的抵触情绪，以案例分析的研究方法探寻了民族村寨居民抵制社区旅游发展的深层次机理。其研究发现，虽然民族旅游的开展为民族地区带来了巨大的经济利益和财富空间，但有些当地居民却因种种原因不能公平分享本属于自己的权益，由此导致当地居民与政府或开发商之间频繁出现各种矛盾和纠纷，很多地方甚至因矛盾激化而演变成群体性的冲突事件。矛盾存在的原因是：政府或开发商对旅游发展拥有绝对控制权；农民集体法人资格缺失使集体所有权虚置；现有条例和法律对居民权益的界定有失公平；产权的激励作用无法发挥；合法的利益诉求长期得不到满足。⑦

民族经济领域对于民族地区旅游经济研究的成果，关注到了民族文化、生态环境、经济利

---

① 周杰、杨兮、张凤太：《少数民族村寨社区参与旅游发展的特征及内涵解析》，《黑龙江民族论丛》（双月刊）2013年第5期。

② 何昭丽、孙慧、杨素：《新疆旅游开放水平的评价研究》，《新疆大学学报（哲学人文社会科学版）》2013年第4期。

③ 王汝辉：《西藏建设世界级旅游目的地差距诊断及战略选择研究》，《中国藏学》2013年第3期。

④ 陈兴：《中国西部山地旅游可持续发展战略思考》，《西南民族大学学报（人文社会科学版）》2013年第2期。

⑤ 耿选珍：《西南少数民族聚居区自驾车旅游市场调查及发展研究——以凉山彝族自治州为例》，《黑龙江民族丛刊》（双月刊）2014年第1期。

⑥ 王汝辉、柳应华、马志新、邓攀：《西藏旅游产业的战略主导性分析》，《中国藏学》2014年第4期。

⑦ 马东艳：《民族村寨居民抵制社区旅游的内在机理及对策研究》，《云南社会科学》2014年第3期。

益以及旅游市场中的供需要求，研究视角越来越多元，研究内容也越来越深入。

六　人口流动与劳动力就业

经济学认为规范的劳动力市场是完全竞争的，劳动力可以在不同部门间自由转移。但是，在中国由于有相当多的制约因素（如户籍制度），使得农村劳动力在城市劳动力市场受到各种歧视，劳动力自由迁移的条件并不满足（蔡昉等，2001；何英华，2004）。即便如此，在西部地区加快发展甚至是跨越式发展的进程中，少数民族聚居区将迎来前所未有的人口流动高潮：一是当地农牧民向城镇流动；二是内地农民工向这些地区流动；三是当地农牧民向内地、东部地区流动。[①②]

2010 年人口普查数据公布之后，不少学者利用该数据及之前的人口普查数据对少数民族人口的流动进行了比较分析研究。

邓作勇、高文进通过对 2000 年第五次全国人口普查和 2010 年第六次全国人口普查数据的比较，分析了我国西部少数民族人口的聚居和流动情况。研究发现，我国少数民族依然聚居于西部地区，但集中程度已经有所减轻；西部少数民族呈现向东部经济较为发达地区转移的趋势；同时西部少数民族人口城镇化进程加快，表现出明显的由农村向城镇转移的趋势。[③]

王朋岗利用 2010 年全国第六次人口普查、2000 年第五次人口普查和 1990 年第四次人口普查资料，分析了我国少数民族人口和 100 万人口以上各民族人口的发展情况。研究发现，“五普”到“六普”的十年间，少数民族人口增速略低于汉族，因而在全国人口中的比重略有下降；人口在 100 万以上的不同民族人口增长情况表现出差异；经济发达地区和本身少数民族人口较多的地区增长较快；全国少数民族人口即将进入老龄化阶段，但是 100 万人口以上少数民族中除朝鲜族外，其他民族人口都更趋向年轻型；少数民族整体受教育程度有较大提高，而各民族差异较大；在人口的婚姻构成方面，15 岁以上人口中少数民族人口未婚比例较汉族偏高，有配偶比例较汉族偏低，离婚比例较汉族高，表现出少数民族婚姻构成的稳定性较汉族差。[④]

马戎通过对历次人口普查数据的梳理，对近 20 年来我国人口在 125 万人以上的 17 个少数民族的职业结构、未就业人员的原因结构进行了分析与讨论，并专门探讨了维吾尔族和藏族的跨地域流动发展趋势。在 2000—2010 年，新疆的维吾尔族除了农业劳动者比例和人数显著增加，商业服务业人员比例略有增加之外，其他重要职业的就业比例都在下降。藏族和维吾尔族在 1990—2000 年与全国人口的流动大趋势一样，有一定规模的流动人口自发来到内地和沿海城镇寻求就业机会和发展空间，但在 2000—2010 年，这一跨地域流动趋势明显放缓，甚至在相当一部分省市出现了人数下降的逆转现象。[⑤]

生态移民是民族地区人口流动的另一种类型。由于该种人口流动具有政府组织的特点，因而规模大、相关政策存在差异而且在实际操作层面存在一定的问题。

---

① 蔡昉、都阳、王美艳：《户籍制度与劳动力市场保护》，《经济研究》2001 年第 12 期；何英华：《户籍制度松紧程度的一个衡量》，《经济学（季刊）》2004 年第 S1 期。

② 郝时远：《中国共产党怎样解决民族问题》，江西人民出版社 2011 年版，第 152 页。

③ 邓作勇、高文进：《西部少数民族人口流动趋势分析——基于 2010 年第六次全国人口普查数据》，《广西民族研究》2013 年第 3 期。

④ 王朋岗：《我国少数民族人口发展分析：来自“六普”数据的初步分析》，《广西民族研究》2013 年第 1 期。

⑤ 马戎：《我国部分少数民族就业人口的职业结构变迁与跨地域流动——2010 年人口普查数据的初步分析》，《中南民族大学学报（人文社会科学版）》2013 年第 6 期。

张丽君基于青海和内蒙古的实地调研案例，认为生态移民是国家为实现“生态”与“发展”双赢而实施的一项复杂的系统工程。牧区生态移民作为我国生态移民工程的重要组成部分，主要表现为“危机—应对”式自上而下的政府主导型行为。对存在的问题主要从牧民的观念、迁出牧民的后续产业、安置地的选择、生态移民政策框架和体系方面展开分析，探讨了我国牧区生态移民实现可持续发展的路径和对策。①

韦仁忠从社会学的研究视角分析研究了三江源藏族移民在经济层面、社会层面、心理和文化层面的融合状况与存在的问题，并在此基础上提出了相应的政策建议。②

邓艾利用甘南藏族自治州合作市藏族、回族和汉族居民调查数据，分析了该区域的族际就业差距及影响因素。主要发现包括：第一，扣除教育等因素的影响后，民族身份存在一个影响个人职业获得的净效应。在获得高层次职业方面，藏族拥有明显优势，汉族居中，回族处于劣势。第二，甘南藏区高层次白领职业领域的藏族—汉族差距很小，该结果不支持有些西方研究者所说的汉族不成比例地占据了少数民族聚居地区高层次职业岗位的观点。第三，受教育水平、年龄、城镇户口等因素对个体的职业获得有重要影响。第四，民族区域自治制度和民族政策有助于提升民族自治地方的主体少数民族群体（藏族）的职业获得水平。③

同其他研究专题的成果相比，民族地区少数民族人口流动和劳动力就业的研究中使用实证分析方法的比例最高，其中不少研究成果利用了2010年少数民族人口普查数据。总体上，目前国家层面对于民族地区的统计数据相对完备，但缺少对不同族别的统计数据，而自行搜集数据的困难较大，这也直接导致了针对少数民族族群的人口流动、就业等劳动经济学范畴的研究成果还不多见。

上述六大方面的研究概述主要是依据2014年《中国社会科学院科研评价指标体系权威期刊与核心期刊名录》中73份经济学期刊和14份民族学期刊所涉及的民族地区和少数民族的经济研究论文数量的排序而定。

值得一提的是，民族经济领域的研究视野在2013—2014年逐渐从国内发展到国际比较，并呈现出了跨学科的优势，其中王剑锋的《美国族裔经济的社会学研究：理论与局限》一文指出，美国族裔经济理论来源有三：一是早期欧洲历史社会学家的思想；二是有关少数人中间商的研究文献；三是早期黑人运动领袖布克·华盛顿的经济思想。在这些理论传统基础上，衍生出族裔经济或族裔所有经济、族裔飞地经济、族裔控制经济三个理论取向。族裔经济研究的社会学意义要远远大于其经济学意义，因为族裔经济为处于弱势的族群成员提供就业机会，从而避免或减少失业，并为个人乃至整个群体的向上的社会流动提供可能的路径。④

在现代经济社会发展中，大数据已然成为人们生活的重要组成部分，无论是日常决策还是战略规划都越来越依赖基于数据的分析成果。民族经济领域的大样本调查也越来越受到重视并付诸实践。《21世纪初民族地区经济社会发展综合调查》在2013—2014年完成了37个调查点的问卷调查，撰写完成了2013年16个调查点的数据统计描述报告（2015年出版）。此外，中央民族大学经济学院与中国社会科学院民族学与人类学研究所民族经济研究室在2012年共同完成了《中国西部少数民族地区经济社会家庭问卷调查》，获得城乡10516户家庭样本和城乡个人样本41733个。课题组已出版《中国少数民族地区经济社会住户调查（2013）》，该书共八

---

① 张丽君：《中国牧区生态移民可持续发展实践及对策研究》，《民族研究》2013年第1期。

② 韦仁忠：《藏族生态移民的社会融合路径探究——以三江源生态移民为例》，《中国藏学》2013年第1期。

③ 邓艾：《族际就业差距及其影响因素：甘南藏区合作市调查与研究》，《民族研究》2013年第2期。

④ 王剑锋：《美国族裔经济的社会学研究：理论与局限》，《世界民族》2014年第3期。

章内容，分别分析了新疆、内蒙古、宁夏、青海、广西、湖南、贵州黔东南州的农村、城镇居民家庭的收入支出状况及不同地区、不同民族间的现实差异；城乡劳动力在不同地区和不同民族间的就业状况；城乡教育、公共服务和儿童的语言教育和健康状况等。①

上述两套数据都对少数民族和民族地区进行了一定规模的经济社会调查，具体过程不仅耗资巨大，而且克服了许多难以想象的困难，在一定程度上缓解了少数民族和民族地区经济社会发展研究缺乏数据的问题。微观数据调查是民族经济研究的基础，从微观数据中能发现我们关心和研究的问题答案，基于数据建立的理论才更为坚实和令人信服。

除此之外，民族地区的贸易、产业结构转型、社会保障、金融、财政等方面的研究成果也不乏精彩之作，但限于篇幅无法一一呈现。

纵观民族经济领域在2013—2014年的研究，依然体现了对民族文化的重视，对经济学宏观、微观计量分析方法的更多运用，国内、国际不同区域以及不同族群比较研究的视野不断拓展。与此同时，田野调查和案例研究方法作为有别于经济计量方法的有效研究手段而广为应用。但必须面对的是，经济学前沿的发展相对于民族经济研究的发展要更快。越来越多的经济学家致力于经济理论在实践中的运用以及对经济政策制定的影响，使得经济学研究的内容与现实经济社会具有同步性的同时兼具前瞻性。最具代表性的是2014年，法国经济学家让·梯若尔（Jean Marcel Tirole）教授因其对市场力量和规制（Market power and regulation）问题研究所做出的贡献获得了诺贝尔经济学奖。《欧洲时报》报道称，梯若尔获奖被法国政界认为是对法国图卢兹经济学派的认同。该学派的主张恰好支持法国政府的改革愿望。同年，美国经济学会将克拉克奖授予芝加哥大学商学院经济学家马修·根茨科（Matthew Gentzkow）教授，以表彰他“对于人们理解媒体产品生产背后的经济驱动力、数字环境下媒体不断变换的角色以及媒体对于教育和公民参与的作用的理解所做出的颠覆性的贡献”。②③

近年来，社会学、人类学、心理学以及脑神经科学的研究对新古典经济学中人的假设提出了巨大的挑战，指出人并不是新古典经济学所说的那样，具有完全理性、追求效用最大化并且能够进行自我控制；行为经济学、实验经济学应运而生并得到了快速发展，与此同时，非主流经济学、健康经济学、劳动经济学、福利经济学、慈善经济学等，这些经济学大树上的学科分枝不断增加，大大拓宽了传统经济学的研究范围和研究方法。④

民族经济领域目前的研究远没有经济学开疆辟土的气势和成就，这既是挑战和危机同时也是机遇。如何发挥民族经济领域的研究特长，不断学习、运用经济学最新的研究方法，以深化民族经济的研究，提升整体研究水平是所有民族经济研究领域同仁共同面临的任务。

（丁赛，研究员，中国社会科学院民族学与人类学研究所民族经济研究室）

① 李克强、龙远蔚、刘小珉主编：《中国少数民族地区经济社会住户调查（2013）》，社会科学文献出版社2014年版。

② 梁俊兰：《国际视域中的2014年度诺贝尔经济学奖》，《经济学动态》2014年第12期。

③ 王力为：《2014年克拉克奖揭晓》，财新网，http：//economy. caixin. com/2014－04－28/100671465. html，2014年4月28日。

④ 张苏：《行为福利经济学前沿理论及其未来》，《经济学动态》2014年第8期。

2013—2014 年民族文化研究综述

色 音

2013—2014 年，人类学民族学研究领域中除了继续开展有关学科基本理论方法和学科建设的讨论之外，民族志写作范式创新、人类学民间信仰研究的结构范式与视角创新、非物质文化遗产保护等应用研究已成为人类学民族学界普遍关注的热点问题。在这样一个学术背景下，中国的人类学民族学研究取得了令人瞩目的成就，成果颇丰。

一 民族学人类学理论方法与学术史

王利兵在《人类学视野下的技艺与技术》（《中国农业大学学报（社会科学版）》2013 年第 3 期）一文中指出，技艺和技术历来就是人类学研究中的重要内容，并被看作文化的主要内容。通过对诸多人类学家的研究进行梳理，可以发现技术在这些研究中大体上扮演了两个角色：一是技术是文化的核心，二是技术是文明发展的一个标识。与很多人类学家不同，莫斯认为技艺与技术应该区别开来，他利用自己著名的“整体性”概念，通过对各种技艺的详细分类和分析，揭示了作为一种整体性社会现象的技艺所蕴含的诸多含义和内容。

王铭铭的《文明，及有关于此的民族学、社会人类学与社会学观点》（《中南民族大学学报（人文社会科学版）》2014 年第 4 期）一文全面系统地梳理和考察了文明概念在西学中的不同定义，特别是其在 18—19 世纪被赋予的“一与多”两种意义，以及 100 年后民族学、社会人类学及社会学在两种意义之间游移的面貌，旨在梳理一个既存概念的历史，但这并不意味着这一历时性梳理，并不包含作者在解释上的倾向。借助这一梳理，将文明界定为超社会体系，并对超社会体系的含义加以重点说明，同时还以隐含的方式指出，因超社会体系也内在于所有社会中，故国族面对的问题是双重的——其与超越于它的地区和世界体系之间关系、其与内在于它但超越于它的文明之间关系，都给它带来沉重的负担。他认为人类学家有将“未开化民族”割裂于欧亚大陆文明之外的倾向。然而，他们运用的概念和理论，却时常来自对印欧、闪米特文明制度的研究——如无论是政治人类学还是宗教人类学，都凭靠着穆勒在印欧神话和宗教研究中提出的命题，以及斯密（Robertson Smith，1846—1894）在闪米特—阿拉伯图腾与祭祀仪式中提出的社会理论。

2013—2014 年，有关民族志方法论创新问题成为学界讨论的热点。蔡华在《当代民族志方法论——对 J. 克利福德质疑民族志可行性的质疑》（《民族研究》2014 年第 3 期）一文中指出，20 世纪 60—80 年代是美国人类学界向解读人类学转折的时期。克利福德《论民族志的权威性——作为文学文本的人类学游记》作为该时期的一篇代表性文献，从西方文化的“主体/主观性”出发，通过演绎推理，对“民族志者是否能够认识异文化？”做出了否定的回答。作为汉文化（非西方文化）背景的民族志学者，作者依据亲历的田野案例，从实践和知识论两个维度与克利福德的有关见解展开对话，以期推进当代科学民族志方法论的建设。

朱炳祥的《三论“主体民族志”：走出“表述的危机”》（《民族研究》2014 年第 2 期）一文认为，“表述的危机”是后现代人类学对经典人类学，特别是经典民族志的批评术语，但后现代人类学为走出危机所进行的民族志实验亦存在着诸种困境。解释人类学与实验民族志为走出“表述的危机”做了种种努力，但这些努力终因对叙事合法性的质疑、掌握笔杆子的人的话语霸权、民族志陷于自白与忏悔之中等诸多原因而无法摆脱困境。该文在“表述者”问题上提出“自律性”要求，提出了一些走出困境的路径。

张小军、木合塔尔·阿皮孜在《走向“文化志”的人类学：传统“民族志”概念反思》（《民族研究》2014 年第 4 期）一文中通过对“民族志”这一中译名词及这一概念的理论反思，指出了“民族志”译法在学理上的不足，主张以“文化志”的译名取而代之。同时，该文反思了过往民族志研究方法论上的“文化”缺失，即缺乏对“文化”之“信息”本质的理解，致使当今民族志在面对后现代理论的挑战中表现乏力甚至失语。作者从回归文化志、文化的真实与歧义性、互主体性与“文化的经验”三个方面展开讨论，强调了在文化认知的基础上，训练有素的人类学家通过深入的田野工作和“互经验文化志”研究，能够不断揭示和呈现人类基于“经验”之上的“文化的真实”。

彭兆荣在《体性民族志：基于中国传统文化语法的探索》（《民族研究》2014 年第 4 期）一文中指出，人类学对民族志范式的求索始于学科诞生之日。民族志范式，如哲学之认识论、本体论和方法论，本为一体，难分泾渭。人类学降于西方，西方范式引领在先。以学科史上几个阶段的讨论观之，“科学/艺术”“客观/主观”“实证/阐释”“客位/主位”等二元对峙的阴影一路伴随；今日“身体—介体”似有超越，值得深究。中国文化自成一体，“天地人”三才、三维、三位的形制为文化体性的根本。中国民族志“本土化”讨论已有时日，仍步“西方范式”后尘，只在“表象”上求解，未达“脉理”之本。该文从中国本位体察，以“王”“参”“品”为关键词，以体性之于民族志关系进行了讨论。

近年来学界提倡文化转型的人类学，2014 年度发表的论文中赵旭东的《人类学与文化转型——对分离技术的逃避与“在一起”哲学的回归》（《广西民族大学学报》2014 年第 2 期）一文具有代表性。作者指出，伴随着权力支配方式转变，文化形态亦在发生着一种根本性的转变。它意味着一种跟各文化相关联在一起的转型人类学的出现。这是以自我的文化体验为判准的一种文化内生的人类学，它的基础在于去深度考察那些为西方现代理性所切断联系的文化的逐步恢复与重塑。一种文化的转变需要人们认识到人不再是一种功能论式的理性的再生产模式的造物，它还是一种能动的自我的生成机制，它为激情留有足够的空间，并使之与理性有了一种最为完美的结合：那就是告别单纯的反思，直面多样性的文化的表达，并在欣赏和培育文化情调中去拒绝一种无中生有的批评与嘲讽。文化是促进社会凝聚的黏合剂。文化的不转变，只能意味着文化自身的“化石化”。作为社会之灵的文化，其存在大多是隐而不显的，文化若不是以这样的方式存在，文化也便难以成为其自身。

纳日碧力戈的《“体物”之人类学观察》（《新疆师范大学学报》2014 年第 2 期）一文提出，“体物”者，身体和物象之简称，相当于皮尔士三元理论中的“象似”，兼及“标指”；也相当于中国古代的形气神三元说的“形”，兼及“气”。失去象似和标指依托的象征是“无源之水”“无本之木”；失去“形”和“气”的“神”是“死神”。“体物”出自“草根”，出自生动而富于变化的民众生活，因此也是社会文化人类学研究的最直接对象。人本身的“种的繁衍”既有生物学的现实，也有符号学的延伸，分别表现为“性别”和“社会性别”。中国的亲族制度主要表现为“社会性别”，与礼仪制度密切关联；拟制亲属制至今是社会交往的重要框架，也是国家治理和民间秩序的重要制度参照系。

二 文化人类学分支学科的发展

2013—2014 年，人类学、民族学的各个分支学科得到了进一步的发展，发表了大量相关论文，其中艺术人类学和宗教人类学领域的成就较突出、成果颇丰。

作为一门新兴学科，艺术人类学在近年受到学界瞩目，相关的学术活动以及学术成果逐年增多，显示出强劲的发展势头。可以说，艺术人类学为中国艺术学注入了一股鲜活的力量。李修建在《2013 年度中国艺术人类学学科发展研究报告》（《民族艺术》2014 年第 4 期）一文中全面系统地梳理和评述了中国艺术人类学学科发展现状，指出 2013 年的艺术人类学研究，具有如下几个特点：第一，艺术人类学基础理论研究渐趋成熟，对于艺术人类学的研究对象、研究方法和研究历史等问题进入了深入的探讨，既出现了体系性的理论著述，又注重对国外艺术人类学理论的译介。第二，各艺术门类研究者具有了方法论的自觉，充分认识到人类学方法对于艺术研究的必要性和重要性。其中，音乐人类学研究最为突出，在理论建构和个案研究等方面的成果皆斐然可观。第三，艺术人类学学科建设稳步推进，多所学校开设相关专业，进行教学与科研。研究者注重学术活动的开展，以及与国内外同行的交流与合作。同时应该看到，艺术人类学的基础理论研究有待深入拓展，以形成普遍性的学科共识。田野与个案研究更需加强，进一步深化田野基础之上的理论探索，以期出现具有典范性的田野研究成果。作者认为，一门新学科的确立，同样需要来自学科外部的支撑。

李修建在另一篇论文《论艺术人类学与艺术学学科建设》（《云南艺术学院学报》2014 年第 4 期）中指出，自 2011 年艺术学升级为门类以来，艺术学学科建设成为一个热点话题。虽然艺术学的独立地位及学科划分在体制上获得认可，不过，一方面由于人类的艺术活动无比悠久，艺术涵盖领域甚广，研究对象庞大，并且随着艺术活动的不断拓展而时有更新；另一方面艺术学与美学、文艺学以及心理学、考古学、社会学、管理学等诸多学科关联密切，甚或存在纠缠。凡此诸种，使得艺术学学科建设这一话题非常复杂，短时间内难有定论，只能在学科建设的实践中总结经验，逐渐丰富和完善。由于艺术学与诸多学科相关，所以跨学科研究是其学科建设中经常论及的一个问题。作者认为，国内艺术人类学研究在近年的热起，原因很多，从大的外部环境来说，全球化背景下地方性文化的自觉意识是一大原因，而艺术学本身的研究亦面临方法论的突破，人类学不失为一个好的视角。就近因而言，主要有两大原因：

第一，由国家力量强力推行的如火如荼的非物质文化遗产保护活动，极大地推动了对民族民间艺术的研究。艺术人类学以人类学的方法研究艺术，它以民族民间艺术为主要研究对象。由于非物质文化遗产主要以口头传统、表演艺术、礼仪节庆、传统技艺等形式存在，这就使得艺术人类学的研究对象与非物质文化遗产多有重合。可以说，非物质文化遗产是艺术人类学的重要研究内容。不仅如此，人类学的田野调查方法，以及语境研究视野，正好契合并满足了非物质文化遗产研究的方法论需要。因为对非物质文化遗产的研究，正需要走向民间，走向田野，以局内人的眼光，观察它们，记录它们，并感同身受地领会它们，探究它们。因此，中国的艺术人类学与非物质文化遗产保护之间有着内在的姻亲关系，二者相互促进，共同发展。

第二，中国艺术人类学学会的活动同样很大地推动了国内艺术人类学的发展。从知识社会学的角度说，任何学科或学术派别的发展，都是通过课程、学位、课题、学术会议、期刊、出版物等，不断获取学术资源，拓展学术权力，扩大影响力的结果。从这个角度说，中国艺术人类学学会对于国内艺术人类学的研究起到了很好的助推作用。中国艺术人类学学会成立于 2006 年年底，目前有会员 500 余名，会长为中国艺术研究院艺术人类研究所所长方李莉研究员。作为一门跨学科研究领域，会员的学科背景非常多元，涉及人类学、各门类艺术、美学、民俗学、社会学、宗教学等，以研究各类民间艺术者居多。学会成立之后，基本上每年都要召开国际学术研讨会，参会人数逐年增多，近几年皆超过 150 人。英国人类学家罗伯特·莱顿、荷兰人类学家范丹姆、日本民俗学家菅丰与社会学家荻野昌弘等国外学者，以及国内人类学界、艺术学界的众多知名学者，经常与会。会后都会正式出版论文集。自 2013 年起，学会设立“费孝通艺术人类学奖”，从参会论文中评选优秀论文，给予一定经济奖励。中国艺术人类学学会的一系列活动，极大地促进了国内艺术人类学研究者的学术热情，推动了国内学界对于艺术人类学的田野研究方法和理论视野的认知。近十年来，艺术人类学领域出现了大量田野研究成果，大大提升了艺术人类学的学科建设，这与中国艺术人类学学会的推动作用是直接相关的。概括而言，对艺术的研究就是对人的研究，是对人类的心理与情感、历史与文化、社会与生活的研究，由于这些因素的丰富性、复杂性、多元性、变异性，所以对艺术学的研究，需要多个角度进行。艺术人类学的引入，将会拓展和深化艺术学的研究视野。

艺术人类学比较注重艺术与巫术、宗教、民俗等其他文化事项之间的关系和互动。李世武在《国外巫术与艺术之界限研究述评》（《世界宗教文化》2014 年第 3 期）一文中指出，巫术与艺术的界限问题在国外学术界引发了旷日持久的争鸣。该文认为，事实上，历经艺术考古学、文化人类学和艺术哲学的持久争论之后，巫术与艺术的界限依然未得到有效的区分。对这一谜题的研究有着认识论上难以克服的障碍：巫术、艺术这些概念是现代以来在理性知识观和逻辑实证主义影响下出现的术语，二者本身尚且面临着本质与非本质的区分困境；由于理论预设的存在，我者对他者文化的研究面临着进化论和相对论的双重风险，比如二者是否是文化进化链上的一个片段，研究者如何克服 18 世纪晚期建立起来的以“无功利”艺术审美观和艺术创作的天才观、艺术欣赏的“博物馆式”在意识或无意识中的潜在影响等。艺术和巫术的界限难以确定暴露出了自笛卡尔以来西方现代哲学主客体二元对立模式的局限。晚近的学者对巫术与艺术的界限问题多采取规避或迂回的理路，比如特纳对仪式的研究来涵盖包括巫术、艺术在内的多种文化事象，或直接采用“表演人类学”的视角；格尔茨视艺术为一种文化体系；迪萨纳业克用“原美学”（protoaesthetic）来挑战西方传统美学的合法性，用“使其特别”（making special）作为艺术的核心。学术界似乎已经厌倦了非此即彼的论争。李世武在《巫术传统视阈下的“艺术”概念》（《中国社会科学报》2014 年 8 月 8 日）一文中进一步指出，在巫术活动中，时常有艺术的参与，这种参与从形式上看，几乎涵盖了人类社会的主要艺术门类。巫术和艺术的区别在于：巫术事关信仰，而且常和超验事物相关，这一点对艺术而言却不是必需的；艺术可以依附于信仰而存在，也可以相对独立地存在。巫者在从事艺术创作时，总伴随信仰心理，艺术的介入增强了巫术的功效。巫术是人类缺乏足够的科学技术手段来实现愿望时，因全能妄想而试图控制超自然力量来缓解焦虑的信仰和行为活动的总和。但是，按照弗洛伊德的观点，艺术的发生也和白日梦、全能妄想相关联，艺术也是缓解焦虑的手段，是满足愿望的途径。与巫术相伴生的艺术所具有的艺术特质是确信无疑的，这种艺术是在其独特的文化环境中存在的艺术。原始艺术哲学和行为学、艺术人类学都在积极地论证这一观点。

总之，中国艺术人类学研究日益蓬勃，中国艺术人类学学会的规模逐渐壮大。据李海云的《艺术人类学的田野实证与学术自觉——2013 年中国艺术人类学国际学术研讨会述评》（《民族艺术》2014 年第 2 期），2013 年 10 月 25 日至 28 日，中国艺术人类学学会与山东大学联合主办了“2013 年中国艺术人类学国际学术研讨会”，会议由山东大学文化遗产研究院承办，《民族艺术》杂志社协办。此次会议主题为“艺术人类学与文化遗产研究”，参会人数近 200 人，包括中、英、法、荷、日、新（加坡）等各国学者。会议提交论文 148 篇，分别从艺术人类学的基本理念、田野研究以及当下非遗实践反思等维度入手研究。众多学者的学科背景不一，使得这次会议具有了跨学科对话的性质。而关注当下现实社会实践，挖掘各地艺术个案的独特价值，强调艺术与整体性的生活与文化的相关性，重视国家政治、文化精英和民间社会的互动等，使这次会议显现出多个亮点。

2013—2014 年，宗教人类学研究的特点是专题性实证研究的成果较多，理论方法论方面的论著偏少。近年来宗教人类学研究领域萨满教一直受到重视，相关成果也逐渐增多。萨满教的研究一向是在国际人文学科理论发展的大背景下不断开展的，由于这个学科资源丰厚，现象形态复杂，来自不同方面的研究始终不断、研究队伍不断壮大、培养了大批青年学者。据乌云格日勒的《中国萨满教文献信息计量分析》（《中国萨满教文献信息计量分析》，中国社会科学院民族学与人类学研究所重点课题结项报告，2013 年 12 月）一文，截止到 2014 年，国内萨满教研究专著共有 139 部，署名成果 139 部。其中作者独立撰写专著 82 部，合作专著 57 部。以 1914 年至 2014 年公开发表的有关萨满教研究中文期刊论文为数据源，据不完全统计，共有 1603 篇（其中 41 篇是年鉴论文）有关萨满教研究的期刊论文在中国 386 种期刊上发表。尤其是 2000 年至 2010 年的 10 年之内共有 717 篇有关萨满教研究期刊论文在全国各地的学术杂志上发表，从此萨满教研究进入空前活跃的崭新阶段。

2013—2014 年，有关萨满教研究的代表性论著如下：

色音的《萨满医术：北方民族精神医学》一文发表在《广西民族大学学报》2014 年第 6 期，主要从宗教人类学、心理人类学、医学人类学等多种角度阐释了萨满医术，认为萨满医术是一种精神医术和心灵医术。萨满主要是治心因性的精神疾病，其主要治疗手段也是一种心理治疗。在萨满医术中包含着现代精神医学中使用的一些治疗方法和治愈机制。萨满的精神医术之本质在于通过各种方式使患者的心理得到平衡，与此同时让患者振作起来，对自己的病情持乐观的态度，确立战胜病魔的信心。萨满精神医术就是一种典型的宗教性心理——生理调控术。萨满医术主要是“超自然”取向的民俗心理辅导，从现代自然医学的角度来看，它是一种调整和强化人体自我康复能力的辅助疗法。在国际人类学界早已把疾病现象以及卫生保健观念与社会文化间的关系问题列入了文化人类学的重点研究范围之内。如日本学者大平健、町泽静夫的《精神医学与文化人类学》，波平惠美子的《疾病与治疗的文化人类学》，荻野恒一的《文化摩擦与精神病理》，布施丰正的《心灵危机与民族文化疗法》，以及美国学者 A. 基甫的《迷狂文化精神医学》等，都是探讨社会文化与精神病理间的关系之专著。而在我国民族学、人类学界有关这方面的研究可以说刚刚起步。

吴凤玲的专著《萨米人萨满文化变迁研究》（社会科学文献出版社 2014 年版）是作者走出国门进行海外民族志研究的成果。该书从历史学、宗教学和人类学的角度进行萨米人萨满文化变迁的研究。作者认为萨米人的文化变迁是具体的文化现象，它发生在具体历史语境之中，由于这样的具体环境，它表现出种种鲜明的特点。该书旨在说明萨米人的历史道路和生计方式变迁的前提下，探讨萨米人的萨满文化如何从狩猎社会的文化原型渐变到放牧驯鹿时代的信仰状况，以及如何在基督教传播下发生巨变的过程。

孟慧英、吴凤玲合著的《人类学视野下的萨满医疗研究》（社会科学文献出版社 2014 年版）一书，主要通过以萨满神召疾病为主的疾病表现来揭示“患病”的生物的、心理的、社会的多维视角，在此基础上就萨满文化的病因观念以及与此相关的疾病防御方法和治疗模式，探讨萨满—医者的特殊性和社会作用以及社会群体互动和公开的治疗仪式在治疗疾病方面的价值。该书从文化的视角对人类疾病的复杂性作了独特的分析，对我们认识医疗文化的多样性和现实作用有所推动。

吴凤玲在《试论萨满文化的疾病观与治疗方法》（《世界宗教文化》2014 年第 5 期）一文中指出，世界各民族都有关于疾病产生原因和相应的治疗方法的自身理解，这些理解促成了各自的文化医疗系统。该文以信仰萨满教的族群和民族为例，论述了萨满文化中四种核心的疾病观和治疗方法，并指出在生物医疗的体系之外，各个族群在漫长的文化实践中发展出来的独特疾病观和治疗方法作为一个文化医疗系统，值得人类学家们进行深入的发掘和理解。她在题为《达斡尔族萨满文化传统的当代变迁——以斡米南仪式为例》（《中国社会的家族、民族、国家的话语及其动态——东亚人类学者的理论探索》，National Museum of Ethnology，Osaka，2014）一文中以近几年在内蒙古自治区呼伦贝尔盟达斡尔族地区跟踪考察的斡米南仪式为基础，探讨达斡尔族传统文化的重要组成部分——萨满教信仰与文化在新时期的复兴与变迁，其中关注这种复兴的契机，人们对于传统的继承与创新，以及这种复兴与变迁对于达斡尔族萨满文化传承的意义。此外，吴凤玲《考古发现与萨满教解释》（《社会科学战线》2014 年第 6 期）一文中指出，考古学发现的古老宗教信仰文化遗迹与萨满教解释的结合，已经成为很多学者采纳的分析方法，他们主要借助由伊利亚德开创的普遍化的萨满教理论趋向，将萨满的一般特点和萨满教的普遍元素作为解释的参照系。该文对这种方法进行了评论。

基督教的复兴以及家庭教会的活动引起了人类学者的普遍关注。刘正爱的《城市家庭教会的组织过程研究——以 B 市高校园区为例》（《社会发展研究》2014 年第 2 期）一文以新型城市家庭教会和校园团契为调查对象，从其形成和发展来窥视包括大学生在内的北京市基督教群体发展的特征。北京新型城市家庭教会的形成与发展有一个共同的特点，即某个皈信基督教的人在家里组织查经班或在校园里组织校园团契，随着规模由小到大，逐步形成初具规模的教会。另一种情况是，因种种原因从某个教会脱离出来的信徒，另起炉灶，重新组织家庭聚会点或查经班，然后逐步将其发展为教会。大学生基督徒的信仰成因主要有两点：一是人生遇到了某种危机；二是寻找人生的目标，即认知探索，而人际网络是致使他走入基督教信仰的关键。北京市大学生基督教信仰的主要传播渠道是校园团契和新型城市家庭教会。

刘正爱在《内蒙古呼和浩特市天主教、基督教发展状况研究》（《宗教信仰与民族文化》第六辑，社会科学文献出版社 2014 年版）一文中写道：内蒙古呼和浩特市包括 8 区 4 县 1 旗，新城区，玉泉区，回民区，赛罕区，如意开发区，金桥区，金山区，金川区，和林县，武川县，清水河县，托县，土左旗。根据呼和浩特市民宗局提供的数据，呼市地区人口有 280 万人，加上流动人口共 300 多万人。呼市地区五大教（天主教、基督教、佛教、伊斯兰教、道教）信教总人数约 30 万人，2006 年统计约 20 余万人，在不到十年的时间里，信教人数迅速增加，尤其是基督教和天主教。伊斯兰教和道教的信教人数相对稳定，例如，道教信徒 1 万多人，伊斯兰教信徒 4 万多人的数字一直没有大的变化。佛教信徒约 19 万人。根据呼市民宗局的大概统计，目前呼市地区的天主教信徒近 5 万人，基督教信徒近 7 万人。民宗局相关人士强调，天主教和基督教信教人数很难统计出一个准确的数据，因为统计标准很难确定，是按有无备案，还是按去教堂次数来定？有的信徒很虔诚，每周甚至每天都去教堂，有的信徒一年只去数次。况且信徒的流动性较大，信徒人数每年都在变。因此，实际信徒人数远远超过官方统计。天主教和基督教的堂点数量可按是否登记来计算，因此堂点数据较为准确。目前，呼市旗县区的基督教堂点（包括固定点和临时点）有 480 处，其中，有“正式宗教活动场所许可证”的 67 处（简称“正式教堂”），其余都是临时聚会点（即有“临时宗教活动场所许可证”的）。天主教正式教堂有 17 座（即由“两会”管理的），其中市区有 3 座，固定教堂有 10 座（自行民主选举，自备神职人员，分布在周边旗县区，大型节日时，主堂的牧师也会到固定堂点）。上述堂点基本上为官方所认可。此外还有相当数量的未在政府登记注册的教会，在政府看来，这些教会均为非法教会。政府在加大取缔力度的同时，也在规范临时聚会点，尝试以堂带点的整合工作。该项工作起始于 3 年前，2013 年上半年刚做完一次大规模的堂点调查，民宗局指导各个旗、县、区做上述整合工作，目前正在加紧各聚会点的登记注册。尤其是城市近郊，随着呼市大规模的城市改造，有很多地区面临拆迁、搬迁的问题。政府借此机会，对一些不符合政府要求的教会，尝试就近合并，实行以堂带点。不过，整合工作也遇到一些困难，政府相关部门认识到这项工作需要有一个过程。因为要考虑教会与教会之间的距离、人员的构成等问题，有些信徒年龄较大，距离远了，会有行动不便之难。这是全国范围内面临的共同问题。根据作者调查，呼和浩特市 2013 年有一大批未曾登记注册的家庭聚会点得到了政府的认可，办理了临时宗教场所许可证。关于临时教会如何向正式教会转化的问题，政府的态度是，从临时到正式有一个过渡期，逐步地将那些符合要求的、规模较大的临时教会过渡到正式教会。其他小规模的教会或家庭聚会点，只要官方认可，接受政府的管理便不算违法。区分正式和临时的标准通常包括教会的规模、布局、场所的固定性或教会产权的归属（有的是租赁，有的产权归“两会”，有的产权归个人）、组织者身份，神职人员是否是“两会”所派（神职人员的资质）等。堂点规模较大并归属“两会”的，便属于正式教会。聚会点举荐的，且规模小一点的（10—20 人）则属于临时教会。大部分情况是，在周边教区，由信徒合资租赁房屋，有的具备一定条件的，还将自家空余房产奉献给教会。在基督教国外渗透方面，韩国的渗透较为明显。他们常常以企业、公司的名义举办培训班，注入资金，派人到中国扩展信徒，呼和浩特市也不例外。

吴凤玲在《基督教冲击下的萨米文化变迁》（《世界民族》2014 年第 1 期，该文被《中国社会科学文摘》2014 年第 7 期转载）一文中写道：萨米人在基督教冲击下的文化变迁，构成了萨米人文化变迁一个重要特点，它是我们认识由于强势文化影响而造成的文化涵化的一个极佳的例证。该文深入萨米人萨满文化与基督教文化之间的互动历史，探讨处于弱势的萨米文化如何变迁，以期更深入地认识文化变迁理论。

佛教文化研究方面的成果也不少。廖旸在《“天降塔”辨析》（《故宫博物院院刊》2014 年第 1 期）一文中指出，在成熟的藏传佛教善逝八塔建筑体系中，塔座部分设四层阶级、各面当中凸出并设阶梯的类型被称为“天降塔”，阶梯被比拟为纪念佛在忉利天为母说法后降下阎浮提时所踏的三道宝阶。它并非根据印度的某座塔而仿建，而是塔所体现的象征体系的重构。藏传佛教后弘期早期西藏西部流行四面具阶梯的塔，照此标准被认定为天降塔。不过，在当时这种塔与忉利天降下的佛传情节显然并没有直接的联系，因此现阶段把它们视作“具阶梯塔”更为确切。方形塔基的具阶梯塔最早见于犍陀罗，随着犍陀罗佛教文化的传播，也见于阗、龟兹、梵衍那、迦湿弥罗等地。西藏西部的地理位置与上述地方邻近，文化交流的结果之一就是涌现出具阶梯塔，这可以解释为何同时期在卫藏以及受藏传佛教强烈影响的西夏等地区很少看到这种塔的影子。根据文献可知，具阶梯塔的阶梯象征四圣谛或四不护，被认为是塔的重要构件。天降塔最初形成之时，其建筑形制借鉴了包括西藏西部在内的内陆亚洲流行的具阶梯塔，而为了强化它与忉利天降下故事的呼应关系，阶梯改用并列的三道，这也可以看作具阶梯塔与真正意义上的天降塔的一个分水岭。

廖旸的《11—15 世纪佛教艺术中的神系重构——以炽盛光佛为中心》（《沈卫荣主编：《大喜乐与大圆满——庆祝谈锡永先生八十华诞汉藏佛学研究论集》，中国藏学出版社 2014 年版）一文认为，11—15 世纪佛教艺术作品中，炽盛光佛在整体图像程序中所处的位置颇多尚未揭示之处。有时他作为东方诸佛之一，与药师佛对置并分处金刚界五佛中东方阿閦佛左右。而在另一些例子中，炽盛光佛被理解为过去佛迦叶佛，出现在三时佛或者过去七佛的体系当中。由炽盛光佛的身份及其在神系中的位置着眼，可以观察到当时佛教神系的变化，从而寻求这些变化的特征。该时期中佛教具有地方化与国际化的两极倾向，由此经调适形成显密圆通的新神系。为了将在内地久享崇信的炽盛光佛安插到这个新神系中，信徒赋予其在空间或时间维度上的全新内涵。

神道教等外国民族宗教也引起国内学界的关注。色音在《日本神道教的历史与现状》（《世界宗教文化》2014 年第 6 期）一文中指出，神道教是日本自古以来的民族宗教，它是在日本民族固有的神灵信仰的基础上发展起来的宗教。神道不仅包括有关神与神灵的信仰及传统的祭祀，也包括内容广泛的生活习俗和思维方式等。神道教作为日本的民族宗教，是在日本的自然风土和社会环境中孕育并成长起来的。它从一种基于万物有灵论的原始信仰、原始神道，在与外来宗教文化的拒纳互动中，实现了自身的理论化、制度化，并曾在特定的历史条件下一度成为政教合一的、凌驾于一切宗教之上的国教。神道教的这种发展变化的轨迹，既确定了其与外来宗教文化的结构关系，又奠定了其在日本文化中的功能地位，并且还表征了日本民族文化的成长历程。神道教在两千多年的历史进程中所形成的神灵观、生死观、伦理价值观乃至于天皇观等，已积淀为日本民族的文化心理，成为决定日本民族价值取向、行为方式的决定性因素，以至于决定着日本在全球化时代的文化乃至政治走向。

民间信仰是人类学研究的传统领域之一，近年来学者们主要关注民间信仰研究的结构范式与视角创新的相关问题。如刘芳在《人类学、社会学民间信仰研究的结构范式与视角创新》（《广西民族研究》2014 年第 4 期）一文中指出，民间信仰是中国文化和价值体系的重要组成，有着悠久的传承历史。该文回顾了民间信仰进入人类学和社会学学术视野的历程，对这一领域中极具影响力的“弥漫性宗教—制度性宗教”范式进行了系统解读，凸显了民间信仰的结构特性和主体价值，探讨当代民间信仰的概念范畴、互动结构和变迁机制上面临困境和挑战。通过引入“嵌入性”等新的理论概念和分析进路，可以推动这一学术领域的视角转换与研究创新。在人类学、社会学等具有浓郁田野实证取向的学科影响下，近年来中西学术界的民间信仰研究有了更多的对话与互动，研究者亦对宗教概念的内涵、外延和民间信仰的宗教属性有了新的认识。

在人类学各分支学科中，医学人类学在中国的发展比较迅速。严格地讲，过去 20 年是中国医学人类学的蓬勃发展期。之前，只有个别学者通过介绍性文章倡导中国人类学对医学人类学的重视。进入 20 世纪 90 年代后，医学人类学在中国的发展迹象开始明显，千禧年后更为如此。到中国人类学民族学研究会召开 2011 年和 2012 的年度会议，所举办的诸多专题和圆桌会议，包括了 3 个属于医学人类学范畴的论文宣读会议，共收到论文 40 多篇，而且绝大多数论文以田野调查为基础。景军、薛伟玲在《医学人类学与四种社会理论之互动》（《思想战线》2014 年第 2 期）一文中指出，医学人类学研究同人类学其他分支学科的研究一样，需要清晰的理论框架，同时需要结合人类学学科自身和其他社会科学学科发展出来的理论和方法，展开研究的设计和实施。在诸多的社会理论中，有四种理论与医学人类学的研究有较紧密的关联，对医学人类学研究有指导意义，分别是社会阶梯理论、社会建构理论、生物权力理论以及未预结局理论。在具体案例中，这四种理论的内涵和意义得以展示。该文认为，医学人类学并非生物医学的一个分支，而是以人类学特有的视角和方法，研究人类的健康问题，包括人类的疾病、健康行为或理念、卫生保健制度以及人类的生物文化适应过程或结果。作为应用人类学最为活跃的一个学科分支，医学人类学尤其关注社会和文化如何影响人类的健康，同时还关注健康问题对社会和文化的作用。因而，医学人类学关心的宏观问题，是人类健康与社会或文化之间的互动。

从中国大陆业已发表的医学人类学研究之选题判断，两大领域受到高度关注：一是与少数民族紧密相关的健康理念、医疗多元化、民族医学、村医与现代医学的实践，以及生态环境与健康的关联；二是与艾滋病相关的风险观念、风险行为、人口流动、高危人群的社会组织、血液买卖、吸毒与戒毒等问题。目前，在这两个领域中所发表的论文最多，高度体现了研究议题的社会相关性。其他相对比较集中研究过的题目，包括就医行为、自杀问题、疾病歧视以及临终关怀。毫无疑问，推动中国医学人类学发展的力量，不仅限于中国大陆，而且包括港台同仁、外国学者，以及大多数时间在海外做研究的大陆学者。海外的推动力表现在大量翻译著作、介绍海外研究的文章、合作研究项目、机构建设或共同发表的期刊论文或论文集之中。

同其他社会研究一样，医学人类学研究需要清晰且实用的理论框架，还需要结合人类学学科自身发展出来的理论和方法，展开研究的设计和实施。该文以社会阶梯理论、社会建构理论、生物权力理论以及未预结局理论为例，说明医学人类学借鉴社会理论的途径和必要性。

三 近期热点问题与学术动态

2013—2014 年，非物质文化遗产研究方面取得了重要研究成果，为今后的研究奠定了理论和方法基础。

刘正爱的《谁的文化，谁的认同？——非物质文化遗产保护运动中的认知困境与理性回归》（《民俗研究》2013 年第 1 期）一文认为，在当今国内文化保护运动中，如何界定需要保护的“传统文化”？“传统文化”由谁来界定？是我们（学者抑或政府）还是他们（实践者）？界定的标准又是什么？这一系列问题既是文化保护运作者面临的实际问题，也是人类学（民俗学）需要思考的深层理论问题。于实践者而言，生活场域的所有文化，无论新的还是旧的，都具有同等价值，包括外部界定者认为的所谓无用或糟粕的东西。而在非物质文化遗产保护工程中，虽不能否定实践者的主体表达，但界定的主体主要还是学者（地方精英、人类学家、民俗学家）和政府（地方政府和国家相关部门）。因此，纳入非物质文化遗产保护范围的“文化”更多的是学者界定、政府承认的文化，在人类学的语境中，文化本质主义早已遭到相当程度的质疑。然而，面对种种政治主张，实践者的文化认同，恰恰基于文化本质主义。尽管他们所主张的本质性文化是建构出来的，但仍采取本质化的形式。随着全球化与后现代的到来，有更多的人走出国门去体验异文化，回到家乡后，他们带着各自的体验向亲朋好友讲述他们的故事。文化，曾经给人类学带来了荣光，也带来了无尽的烦恼。与殖民地、新殖民地统治的共犯关系，与种族主义的共谋关系，民族志描述中的男性优先主义、现实主义表象的骗局等，面对种种质疑，人类学逃过了一次又一次的危机。如今，文化概念在全世界被广泛使用，这个原本是人类学的专利产品，已经不再是它的专属，人类学与文化的蜜月也已宣告结束。为了摆脱均质化和一元化的文化本质主义陷阱，人类学几度反思，甚至试图放弃文化概念，另辟蹊径，寻找一个可替代的分析工具。实践层面的文化概念常常带有政治性，本质主义在政治主张面前代表的是正义的立场。否定了它，就等于否定了生活实践者的主体性，陷入另外一个错误的陷阱。因为人类学当初反思本质主义的目的就是为了挽回调查对象（当地社会）的尊严，赋予他们自己讲述文化的权力。因此，有必要区分谁是本质化的主体，要看清其中是否隐含着权力的不平等。忽视现实层面的讨论只会是一场空论，尽管人类学家做过许多尝试，但是均难以摆脱理论与现实脱节的困境。本质主义的性质是固化，建构主义的性质是漂移不定，如何超越两者相互对立的局面，超越非此即彼的二元论模式，答案或许就在常被人们所忽视的日常生活中，在承载着文化的历史脉络中。面对当代中国如火如荼的非物质文化遗产保护，亦当作如是观。

彭雪芳在《人类学视野下的非物质文化遗产研究——以台江苗族姊妹节为例》（《云南民族大学学报》2014 年第 3 期）一文中指出，21 世纪以来，非物质文化遗产研究作为一个新兴的学术研究领域引起了中国学术界的广泛关注。在现阶段“非遗”研究缺少理论支持的背景下，人类学独特的学科视角和方法论为构建“非遗”研究的理论体系起到了重要作用。在参与观察贵州省台江县官方及民间举办的苗族姊妹节活动的基础上，运用文化整体观和文化相对主义的观点分析，揭示了苗族姊妹节由于内部的发展、民族间的接触以及自然环境和社会文化环境的变化，出现了节庆活动的参与者不再局限于特定对象、部分传统习俗消失、节庆活动的内容和社会功能呈现多样化等变迁现象。有鉴于此，应做好姊妹节的整体规划，在合理利用这一民俗文化资源时必须尊重文化主体的权益，以激发他们参与保护文化遗产的热情。

2013—2014 年，还出版了几本研究非物质文化遗产的学术专著。乌云格日勒的《信仰的薪火相传——成吉思汗祭奠的人类学研究》（北京大学出版社 2013 年版）一书是研究国家级非物质文化遗产——成吉思汗祭奠的学术专著。一代天骄成吉思汗于 1227 年病逝，780 多年来，对他的祭奠活动在草原上一代接一代地进行着。成吉思汗祭奠是在蒙古族古老的萨满教观念、祖灵信仰和传统民俗文化的基础上形成的全体蒙古人共同信仰的精神民俗，是成吉思汗八白室和苏勒德等成吉思汗所有圣物祭奠的总称。传至今天的蒙古族祭祖活动中成吉思汗祭奠是比较完整地保存古老传统的祭祖形态。进入 21 世纪，成吉思汗祭奠作为蒙古族代表性的民族文化经典登上了第一批国家级非物质文化遗产名录。《信仰的薪火相传——成吉思汗祭奠的人类学研究》一书中，作者以成吉思汗祭奠的仪式活动和传承主体——达尔扈特人为主线，较为系统地梳理了成吉思汗祭奠产生、发展、演变的历史轨迹，并展现了成吉思汗祭奠在新时期的真实面貌，挖掘其深层次文化内涵，并重点关注了旅游业和现代化背景下成吉思汗祭奠的发展和变化趋势。作者充分利用人类学参与观察、深度访谈的方法和仪式理论、口述史相关成果，重点探讨了成吉思汗祭奠的各种仪式和仪式承载者——达尔扈特人。以达尔扈特人作为切入点，深入探讨了成吉思汗祭奠内部结构、组织方式和传承机理。在整理和爬梳前人研究成果的基础上，重点关注和论述了成吉思汗祭奠现状，深入探讨了旅游开发对成吉思汗祭奠的影响以及传承主体——达尔扈特人目前所面临的问题。作者采用人类学研究由近及远的方法——以当前传承人和黄金家族后代为线索推向古代历史，并结合文献资料由远及近——从古代溯源逐渐回归到当前的方法，比较熟练自如地运用了人类学田野调查和文献资料相结合的方法，广泛利用文献资料的同时，更加重视了田野调查的第一手资料，调查研究比较深入细致，显示了作者深厚的人类学素养和严谨的治学态度。作者借助人类学仪式研究的相关理论，分析和阐述了成吉思汗祭奠的结构、功能以及象征意涵，为成吉思汗祭奠研究注入了新的活力，提出了颇有新意的学术观点，将该领域的研究推向了一个新的高度。例如，作者借助历史人类学和新社会史研究领域的“无事件境”等概念和分析视角，在丰富的田野调查和历史文献的相互参证的基础上对达尔扈特人的司祭生活进行解读，提出了自己的新观点，提升了成吉思汗祭奠研究的理论高度。

在《信仰的薪火相传——成吉思汗祭奠的人类学研究》中，作者还关注到对成吉思汗祭奠的旅游开发和人文资源化现象。近些年，随着成吉思汗陵旅游业的快速发展，成吉思汗祭奠和达尔扈特人的民俗文化成为一种人文资源。成吉思汗祭奠的人文资源化过程是在西部大开发的宏观背景下产生和发展的。2000 年，为了平衡东西部的经济发展，国家开始实施西部大开发战略。人们在关注到西部自然资源的同时，又关注到了西部丰富的人文资源。对于西部的人文资源，如何在保护的基础上，进行开发利用就成了学者们研究的重点。非物质文化遗产保护和开发利用之间的矛盾，一直是令人纠结的一道难题。任何民族对待自己传统文化和文化遗产的态度往往是较复杂的。既想保存传统文化，又想发展传统文化是各民族中普遍存在的矛盾心理。然而所谓的“传统”都是在社会历史发展的过程中逐渐形成的，任何民族的传统文化都是在不断创新的过程中逐步地累积而形成的。把传统文化看作停滞不前、一成不变的观念本身是一种错误的观念，在文化遗产保护的实践中应不断克服这种牢固观念，用发展的观念来对待“活态文化遗产”，不能够以“保存”“保护”的名义来阻挡或阻碍一些民族和相关族群的传统文化的合理发展。在《信仰的薪火相传——成吉思汗祭奠的人类学研究》中，作者虽然关注到对成吉思汗祭奠的旅游开发和人文资源化现象以及旅游开发对成吉思汗祭奠及其仪式传承者——达尔扈特人的影响，但对如何解决成吉思汗祭奠的旅游开发和保护传承之间的矛盾、如何保持成吉思汗祭奠的“本真态”等问题的研究略显薄弱。不过，这并不影响该书的整体水准和学术价值。

总体而言，该书视角广阔，资料翔实，论证充分，结构严整，方法新颖，逻辑严谨，行文缜密，环环相扣，体现了作者对成吉思汗祭奠的深入理解和较强的分析阐释能力。该书具有很高学术价值和现实意义，是一部极有见地的好书。《信仰的薪火相传——成吉思汗祭奠的人类学研究》一书对于中国人类学及非物质文化遗产学的学科建设是一个有力的推进。

张景明所著《东北民间美术遗产研究》一书，自 2014 年 10 月由中国社会科学出版社出版以来，已经引起非物质文化遗产研究领域同行的关注。这部著作以图文并茂的形式，系统地研究了我国东北地区民间美术类非物质文化遗产，包括民间绘画、民间剪纸、民间雕塑、民间皮影、民间刺绣与服饰、民间陶瓷、民间木作、民间编结、民间玩具、民间音乐舞蹈等其他艺术形式的美术道具等内容。从国内的研究现状看，学术界对东北地区非物质文化遗产的研究已经取得一些成果，主要集中在保护、开发、利用等方面，而没有放到某一个学科之中，从而缺乏理论上的指导和支持。对东北民间美术类的非物质文化遗产研究成果更是相对较少，或者将东北民间美术置之著作的一部分，或者是针对某一类民间美术进行论述，不能代表整个东北地区民间美术的内涵。因此，该著作充分挖掘东北地区民间美术类非物质文化遗产资源，通过美术表象去分析隐藏在背后的深层次文化内涵，进而促进非物质文化遗产的保护工作。在研究的基本思路上是以东北民间美术遗产为基点，并予以文化的象征表意，在内涵和外延上扩大民间美术的文化寓意，其中包括了对民间美术类非物质文化遗产的论述。在研究方法上，先做文字的资料收集，然后进行实地调查，对东北民间美术类非物质文化遗产予以分类，最后上升到理论方面，探讨其主要内涵、传承、交流、变迁、文化象征等，以及与现代民族教育的关系。东北民间美术作为美术的一种形式，首先要运用美术学中的综合研究方法，必须以哲学的思考，勾画出民间美术研究的理论基础以及整体角度，把握学科的研究方法。民间美术学是一个跨学科的综合体，没有哲学的理论思考，就不可能了解其他学科与民间美术学的相互作用和相互关系。作为社会意义上的民间美术，它是哲学的、生活的、文化的和大众的，其民众阶层也是多元的、变化的，它既是社会的民众、历史的民众，也是作为阶级阶层的民众，其意义无法用一个概念来包括。综合研究方法打破交叉学科之间的限定，将有利于民间美术自身学科框架的充实和加固。另外，除对民间美术本体研究之外，对民间美术相关的社会结构、经济结构、文化传承因素、习俗因素以及民众审美心理的取向，都是综合研究所涉及的问题，将促使民间美术学科不仅在艺术的圈子里展现，而且向学术的深度和广度进取。也就是说，综合性的研究将打破单学科的约定俗成的戒规，使民间美术学步入人文学科的领域，同时用哲学的观点提出民间美术学的整体框架。

该书中论述东北民间美术遗产，尤其是着力探讨了民间美术的概念界定、民间美术学的理论与方法。作者首先对十年来的非物质文化遗产研究状况进行了梳理，还对东北地区非物质文化遗产的研究成果进行了分析，认为目前的研究成果多停留在对非物质文化遗产的保护、传承、利用等方面，缺乏理论的指导和系统性研究，进而明确了自己选题的意义以及所要研究的主要内容。其次，作者针对学术界关于民间美术概念的问题，认为还没有形成准确的界定，因而总结了国内外学术界对民间美术的认识和理解，提出了民间美术学的定义，以供学术界讨论和参考。即“民间美术学是一门相对于宫廷美术、文人美术、宗教美术而言，借助于美术学、文化人类学、民族学、历史学、民俗学等多学科的理论与方法及资料，研究广大劳动群体美术创作以及文化现象的学科。它包括民间绘画、剪纸、皮影、雕塑、刺绣、陶瓷、玩具、编结、织锦、印染等种类，通过物质载体来表现美术造型、手工技艺、传承流变、审美思想、艺术价值、社会功能、文化象征等精神文化内涵，具有大众的、生活的、民俗的艺术特征”。从民间美术学的定义来看，既有学科理论的指导和研究对象，又有具体的研究内容和艺术特征，应该是目前学术界比较全面的一个定义，必将促进民间美术学学科建设的发展。

著作的主要内容包括绪论、民间美术学的学科构建、东北民间美术类非物质文化遗产的状况、东北民间美术的分类与文化特征、东北地区民间绘画、东北地区民间剪纸、东北地区民间雕塑、东北地区民间皮影、东北地区民间刺绣与服饰、东北地区民间陶瓷与木作、东北地区民间编结与玩具以及其他艺术形式的美术道具、东北民间美术的文化生态观、东北民间美术的传承流变与发展、东北民间美术的文化象征与社会文化功能、东北民间美术遗产的保护对策与利用、东北民间美术在民族教育中的作用。大体上可分为四大部分，第一部分是关于民间美术的概念界定和学科理论与方法的构建，认真梳理了国内学术界的观点，提出了新的概念，并以多学科的理论与研究方法来支撑。第二部分是东北民间美术的分类研究，将理论与方法具体运用在民间美术创作的实践中，进而探讨了民间美术的文化内涵。特别是对民间美术的重新分类，作者站在东北地域视角下对创作形式进行分类，基本上包括了民间美术的种类，并从民间美术的时空去考察归纳了六个方面的文化特征。第三部分是东北民间美术研究的进一步延伸，与文化生态观、传承与创新、文化象征、社会文化功能、民族教育结合起来，扩大了民间美术的外延。第四部分是关于东北民间美术的历史发展和保护现状，提出了当今保护的对策，并充分利用其丰富的资源发展文化产业，对文化产业发展的途径提供了新的思考。

在书中作者提出的一些具有新意的学术观点，值得引起重视。例如，论证了民间美术和民间美术学的概念、研究对象，分析了东北民间美术在中国民间美术体系中的地位。作者按照地域和民族探讨了东北美术文化遗产的起源和发展过程，进而分析了民间美术遗产的出现和流变，以历史的视野论述了民间美术遗产的传承与变迁。指出民间美术的内容和实用性，能够反映东北地区不同民族的艺术风格、审美情趣、风俗习惯。提出了民间美术在大众教育、中小学教育和高等学校教育中的重要性，在广大民众中推广民间美术教育的深度，更好地贯彻执行国家的民族教育方针。重视东北民间美术遗产的抢救与保护工作，有助于充分发掘民间美术遗产的优势资源，以促进民间美术的创新和发展等。

该书作者具有美术学、民族学、考古学的专业学术背景，该书中凸显了其在跨学科交叉研究方面的优势。作者立足于美术学，同时又大量地参鉴和利用人类学、民族学、考古学、历史学等学科或专业的理论视野和研究方法，打破学科界限的藩篱，这就使得该书的研究没有停留在资料梳理和作品介绍的层面之上，而是致力于进行综合性的描述和分析，从而使其结论具有了一定的历史深度。因此，在学术命题、研究方法、资料整理和梳理等方面，均有不少创新的亮点，读来令人欣喜。该书作者较为系统地论述了东北民间美术遗产的历史与现状，涉及民间美术的理论与方法论、历史渊源、分类研究、文化象征、社会文化功能、传承与交流等诸多内容，并通过种种美术现象去挖掘隐藏在表象背后的深层次文化涵义，可以说是近年来我国非物质文化遗产研究的一项新的重要收获。

总之，《东北民间美术遗产研究》是目前学术界关于非物质文化遗产研究方面的一部力作，书中并不是简单地对民间美术的罗列或介绍，而是在多学科理论与方法指导下完成的，无论是内容和结构、运用理论与方法、使用的资料，还是学术观点、作者自身的学术功底等，都给人以一种耳新目悦的感觉。不但对美术学、考古学、民族学、历史学等研究者有重要的参考价值，还可在广大的读者中普及民间美术的文化知识，让世人更多地了解中国非物质文化遗产的文化真谛和精髓。

（色音，研究员，中国社会科学院民族学与人类学研究所民族文化研究室）

2013—2014 年民族社会研究综述

杜倩萍

近年来，国内民族社会的实践在不断扩大其服务范围，而对于民族社会的研究也呈现一种急速上升的趋势。2013—2014 年我国民族社会研究的重点是：以经济社会结构转型、社会文化变迁为背景，对少数民族和民族地区的社会管理、城镇化、社会保障、人口流动、教育、民间组织、族际婚姻、医疗健康等几个方面进行理论性和基础性研究，开展一些与城乡社会保障体系建设、社会管理体制建设、城市民族关系与城市民族工作、和谐社会建设等有关社会政策的应用性探讨，发表了不少颇有见地的论著。

2013 年

2013 年，有关民族社会理论与实践方面的研究成果颇多，在国内核心和重要期刊上发表的相关论文约有 400 篇，专著及博士毕业论文也数以百计。现择其中部分成果，拟从三个方面进行综述。

（一）国内学术研究动态

我国是一个多民族国家，在进行社会建设的过程中，少数民族和民族地区的社会稳定和建设，无疑成为我国政府尤其是少数民族地区各级政府关注的重要内容之一。而少数民族地区的发展关乎全面建成小康社会大局。很多学者关注民族地区发展与小康社会建设进程，民族地区的社会保障、教育、社会建设、城市化与社会发展，以及少数民族的就业与劳动力市场等问题。他们在调查研究的基础上，结合民族社会学理论，提出了不少真知灼见。

1. 民族地区的社会建设。在我国民族地区进行社会建设的过程中，有几个方面值得深入思考：民生问题应该成为我国民族地区社会建设的根本；民族地区的社会建设必须高度重视民族特点；必须注意充分保护少数民族文化；必须对少小民族予以重点关注。

董军明、居来提在《边疆民族地区社会主义核心价值体系建设特殊规律研究》（《社会科学研究》2013 年第 3 期）中提到，边疆民族地区由于其特殊的地域性和民族性，决定了在建设社会主义核心价值体系过程中具有特殊性，体现出价值观具有多元性和不稳定性、民族文化具有多样性和差异性、民族意识具有浓厚性和易走向偏执、地缘关系的敏感性和民族关系的易受波动性的特点，而且存在着特殊的规律。只有深入研究边疆民族地区建设社会主义核心价值体系的特殊规律，才能有针对性地推进边疆民族地区社会主义核心价值体系的整体建设。这对于增强社会主义意识形态的安全、维护国家统一、推进边疆民族地区的发展和实现中华民族的伟大复兴具有重大的战略意义。

杨文顺的研究显示：在社会转型的加速期，云南民族地区迫切需要解决的民生问题就是就业、教育、社会保障、医疗卫生、收入分配等人民群众最关心、最现实、最直接的利益问题。

大力保障和改善民生与各族群众幸福安康息息相关，必须在经济发展的基础上，优先发展民族教育事业，建立健全就业保障机制，扎实推进公共医疗卫生服务体系建设，建立健全社会养老保障体系，加快少数民族地区安居环境建设，建立健全基本生活保障体系（《试论云南民族地区突出的民生问题及解决对策》，《中南民族大学学报（人文社会科学版）》2013 年第 2 期）。

马伟在《文化民生视野下的民族地区社区文化建设研究》（《青海社会科学》2013 年第 4 期）中强调要建设氛围良好的少数民族社区不能忽视民族社区文化建设。一般而言，民族地区社区文化建设是通过政府协调指导，不同群体的人们在相对集中的环境中，致力于一个共同目标的社会行为，是一种民间性很强的活动。由于观念上的模糊，导致行动上的错位，实际操作中很多社区工作者认为只有政府才有能力充当社区文化建设的决策者，居民只能在这种文化活动中充当被动的参与角色，只能自发地组织一些自娱自乐的文化活动。这样一来，一方面使社区文化建设过度依赖政府而缺乏灵活度和自主性，另一方面也挫伤了居民社区文化建设的积极性和创造性。因此，民族地区的社区文化建设必须立足国情和少数民族地区的实际，坚持以民为本，确立社区群众个人有主动选择和自我发展权利的思想，把满足社区群众的各方面需求作为开展社区各项文化活动的核心工作和行动指南，使广大居民群众真心诚意地关心和参与社区的文化建设，树立起强烈的主人翁意识。

苏凤兰等在《论网络信息时代舆论安全与西部边疆民族地区的社会稳定》（2013 2nd International Conference on Education Reform and Management Innovation（ERMI 2013），USA，2013：5）中指出，网络是信息时代舆论战的主战场，网络舆论安全直接关系到国家的安全。对于西部边疆民族地区，由于周边国家局势动荡不安、境外三股势力分裂活动比较猖獗，再加上内部民族问题、宗教问题和文化问题比较复杂，这些问题交织在一起使该地区成了我国舆论安全链条中最薄弱的环节。作者强调通过法律规范舆论秩序是维护网络舆论安全的一个重要手段。运用法律手段规制网络舆论，维护国家舆论安全必须要处理好以下几个基本问题：（1）处理好法律的秩序与政治自由之间的平衡问题；（2）加强网络舆论安全的立法工作，建立健全网络舆论安全维护的法律体系，依法惩治破坏网络舆论安全的不法行为；（3）积极参与国际立法，运用国际法维护我国舆论安全。

王旭辉、包智明在《脱嵌型资源开发与民族地区的跨越式发展困境——基于四个关系性难题的探讨》（《云南民族大学学报（哲学社会科学版）》2013 年第 5 期）中指出：依托丰富的自然资源和西部大开发政策，我国民族地区逐步进入“跨越式发展”阶段。但客观来讲，民族地区的社会经济发展水平仍相对滞后，而资源依赖型发展模式也呈现“脱嵌”的典型特征。与此相应，当前我国民族地区的“脱嵌型”资源开发面临四个关系性难题——开发与保护、整体利益与局部利益、外部主导与地方参与、经济增长与社会发展。而要想真正实现我国民族地区的跨越式发展，就需要充分考虑民族地区在生态环境、制度环境及文化环境这三个层面的特殊性，强化资源开发过程的“社会嵌入”，并从理顺政府职能、强化政策及制度执行、实施参与式开发以及强化基层社会组织等多方面努力，破除上述四个关系性难题，进而推动民族地区的内生型、包容性发展。

2. 少数民族的劳动力与就业。就业是民生之本，就业能力对社会稳定具有十分重要的意义，对少数民族地区而言，由于复杂的民族关系、独特的地理环境、脆弱的生态系统、相对封闭的社会形态以及滞后的劳动力市场发育，世居少数民族就业水平普遍偏低。

比如，陈书伟从世居少数民族就业能力的角度，分析了藏区社会稳定问题。他通过构建藏区世居少数民族就业能力的理论分析框架，利用第六次人口普查数据对藏区世居少数民族就业能力客观现实和由此产生的负效应进行了分析。他认为，该地区世居少数民族就业能力弱、就业稳定性差、就业收入低等因素是核心影响因素。提出解决藏区社会稳定问题的关键是提升藏区世居少数民族就业能力（《藏区世居少数民族就业能力对社会稳定的影响研究》，《西北人口》2013 年第 5 期；《青藏地区世居少数民族就业能力及其社会稳定效应研究》，《西北民族大学学报（哲学社会科学版）》2013 年第 3 期）。

又比如，李俊英认为：近年来，新疆的就业问题是影响社会稳定的关键因素之一，由就业所引发的社会问题阻碍了新疆的社会经济发展。大量非自愿失业现象的存在以及由此导致的贫富分化加剧、社会各阶层利益分层化、社会弱势群体社会地位沉降等，皆影响社会的稳定（《破解边疆少数民族地区就业难题的思考与路径——以新疆为例》，《经济研究参考》2013 年第 5 期）。

我国社会经济发展受地域差异、历史和文化传统不同的影响，给各地区农村劳动力的转移打上独特的烙印。马红梅等人以社会资本为视角，研究贵州省作为一个贫困、多民族的地区对农村劳动力转移的影响，并通过实证分析社会资本对不同民族间农村劳动力转移的影响差异，从而为贵州少数民族这一特殊群体的社会资本自我积累提出有益建议，同时也对二元经济结构下的就业有促进作用（《社会资本对民族地区农村劳动力转移决策的实证研究——基于贵州省民族对比分析》，《经济与管理评论》2013 年第 2 期）。

农村劳动力转移就业，是统筹城乡经济发展，增加农民收入、脱贫致富的重要途径，是实现农村现代化的必然趋势，是全面建设小康社会的重要内容。西部民族地区随着西部大开发的实施农村就业结构发生了积极的变化，第一产业就业比重有所下降，第二、三产业就业比重明显提高。但总体来说，就业结构仍然不够合理，农牧区剩余劳动力转移就业困难。简安以四川省甘孜藏族自治州为例，分析目前西部民族地区劳动力转移就业的现状和制约因素，探索充分发挥西部民族地区优势，建立适合西部民族地区农村劳动力转移就业模式的途径，并结合各地先进经验提出有效的解决途径（《拓展西部民族地区农村劳动力转移就业新途径——以四川省甘孜藏族自治州为例》，《经济研究导刊》2013 年第 2 期）。

平等就业机会保障不仅有利于促进少数民族大学毕业生获得就业机会，而且对少数民族地区的经济建设及和谐发展具有重要意义。王丽平认为，随着少数民族大学生数量的迅猛增长，其毕业生就业问题日益突出，构建保障少数民族大学毕业生平等就业机会的公共就业服务体系，需要政府、高校、社会组织等各方面的共同参与和积极努力（《我国少数民族大学生平等就业机会保障机制探析》，《民族教育研究》2013 年第 4 期）。廖娟认为：高等教育的快速发展，使许多偏远贫困地区的少数民族学生走出大山，鲤鱼跃龙门的同时，也使高校出现了一个特殊的贫困生群体（《西部少数民族地区贫困大学生就业状况研究》，《贵州民族研究》2013 年第 1 期）。随着绝对数量的逐年增加，这一群体在生活上、心理上的贫困受到关注的同时，就业问题更是关系到方方面面。西部少数民族地区贫困大学生就业有其特殊性和复杂性，处理不好导致的社会影响不可忽视，更需要政府、社会以及学校从多角度出发促进和提高少数民族贫困生的就业能力和就业率。

陈万、关志强在《浅析制约边境县山区贫困乡少数民族劳动力转移就业的因素》（《新疆农垦经济》2013 年第 10 期）中指出，边境县山区乡由于其所处地域的特殊性和民族的特殊性，导致贫困文化因素成为制约边境县山区乡少数民族劳动力转移的首要因素。所谓贫困文化，简而言之，就是贫困环境下产生的文化。具体而言，是指贫困者面对贫困现实而无能为力时所产生的消极、悲观的意识。贫困文化使得少数民族农民有时缺乏进取心。不少人对外界的生活，往往有一种惧怕和拒绝的心理，心理承受力也显得十分脆弱，不少人宁愿在家里受穷，也不愿出去竞争和冒险。在今后制定促进少数民族劳动力转移措施和政策时要充分考虑这一因素。

3. 民族地区的教育。近年来，民族地区的教育取得了可喜的发展，但仍存在不少亟待解决的问题。

欧阳雪梅认为：改革开放以来，党和政府十分重视民族地区教育事业的发展，实行公共教育资源向民族地区倾斜；民族教育以育人为本；以全面实现“两基”目标为标志，实现了少数民族教育跨越式发展，形成了比较完整的少数民族教育体系；保护和发展少数民族语言文字，传承民族文化；提高少数民族人口素质，培养了大量少数民族人才，适应了民族地区经济社会发展的需要，成就令人瞩目（《改革开放以来我国少数民族地区教育发展述略》，《西部学刊》2013 年第 6 期）。

满忠坤通过对四川凉山彝族自治州和贵州黔东南苗族侗族自治州的教育调查发现，民族地区义务教育普及中存在普九达标存有失实、撤点并校与就近入学实有矛盾、教师生存状况有待改善、学生被迫弃学、民族文化“被传承”等问题。对民族教育特殊性、义务教育法规、民族教育与民生改善依存关系的认识与执行误区，是上述问题的重要原因。应在全面把握民族教育特殊性的前提下，协调民族文化传承与教育公平、教育均衡与民生改善之间的关系，提升民族地区义务教育发展质量（《民族地区义务教育发展中存在的问题及对策分析——基于四川、贵州的教育调查》，《教育发展研究》2013 年增刊第 2 期）。

为了民族地区全面建成小康社会的战略需要，教育扶贫攻坚不但要起到先导性、基础性和全局性作用，而且是少数民族群众更新观念、提高自身文化素质及推动地方经济社会实现跨越式发展的现实需要。谢君君针对海南少数民族地区教育移民的实施背景、教育移民的方式和影响，结合海南扶贫开发的现状和存在的问题进行阐述，以期对全国其他地区的教育扶贫提供借鉴（《海南少数民族地区教育扶贫移民的调查研究》，《海南大学学报（人文社会科学版）》2013 年第 2 期）。而孙华认为，由于历史与现实的原因，各民族地区面临着跨地区协调难、教育发展不平衡及扶贫攻坚资金严重不足等问题（《关于我国民族地区教育扶贫攻坚的梯度思考》，《黑龙江民族丛刊》2013 年第 3 期）。对于上述问题，应针对民族地区教育扶贫攻坚发展实际，采取架构顺畅有效的工作协调机制、拓宽教育扶贫攻坚资金来源渠道并探索教育均衡化发展的有效实现形式等步骤措施，不断推动民族地区教育扶贫攻坚工作实现新跨越。

土非在《少数民族聚居区山寨留守儿童教育的现状思考》（《黑龙江科学》2013 年第 12 期）中，从教育分层的角度，探讨了加强少数民族聚居区山寨留守儿童教育研究的重要性。她指出留守儿童是中国社会转型时期出现的特殊现象，而少数民族聚居区山寨留守儿童在特定的地域环境下所孕育的聚落空间特征，注定其在整个社会中居于少数人中的少数地位，注定少数民族聚居区山寨留守儿童教育有着不同于汉民族甚至其他少数民族族群的特点。必须根据他们的特点，加以分析和观察。作者通过细致的田野调查，提出对山寨留守儿童的多中心治理模式。

陆春萍从研究范式的角度指出：马克思主义民族教育思想是中国民族教育政策制定的指导思想，强调国家统一和爱国主义。多元文化教育范式在中国体现为多元一体化教育。民族认同研究范式强调民族文化的传承。民族地区教育不均衡发展研究范式认为，在中国，地区差别、城乡差别和阶层差别所造成的教育不平等要远远显著于族群差别。民族地区学校教育质量研究范式从教育学的角度研究了中国少数民族教育面临的困难和存在的问题（《1980～2010 年中国少数民族教育研究范式综述》，《西北民族研究》2013 年第 3 期）。

这些研究范式充分反映了 30 年来少数民族教育的发展变化。少数民族教育越来越受到关注，国家在不断改进少数民族教育政策，旨在更好地促进少数民族教育发展。

4. 民族地区的社会保障。健全、稳妥的社会保障体系，是促进少数民族地区社会发展的关键因素。

王延中等对中国整体的社会保障制度的发展与现状进行了深入调研（《中国社会保障制度的发展与现状分析》，《第一资源》2013 年第 6 期；王延中、龙玉其《社会保障与收入分配：

问题、经验与完善机制》，《学术研究》2013 年第 4 期）。他们指出社会保障是调节收入分配的重要工具，社会保障调节收入分配的功能体现在收入分配的多个层次中。覆盖范围、筹资机制、补偿机制、融合性与便携性、转轨方案等因素不同程度地影响其收入分配调节作用。我国社会保障制度的发展在调节收入分配中发挥了一定的作用，但还存在诸多问题，如覆盖面不足、发展不均衡、制度设计不完善，不利于社会保障调节收入分配作用的发挥。未来需要完善社会保障财政投入机制，完善社会保障的制度设计，扩大社会保障制度的覆盖面，改进社会保障的管理与服务。

安华认为，民族地区社会保障是民族政策与公共政策的交叉领域，民族地区社会保障的发展既受制于民族地区的经济社会发展水平，又会对民族地区经济社会发展起到促进的作用。民族地区具有特殊的社会风险特征和民族文化特征，民族地区社会保障的差异化需求决定了民族地区社会保障差异化制度供给的必要性。政府主导的差异化制度设计是促进民族地区社会保障可持续发展的现实路径。安华还认为，民族地区农村牧区社会保障曲折发展的历史轨迹、政策与法律依据、文化根基以及现实差异化需求，是其社会保障体系设计的依据。民族地区农村牧区社会保障体系设计，要妥善处理好传统保障手段与现代社会保障制度、社会保险与社会救助、缴费型制度与非缴费型制度、制度统一性与差异性的关系（《社会保障促进民族地区经济社会发展的机理研究——兼论民族地区社会保障的模式选择》，《西南民族大学学报（人文社会科学版）》2013 年第 4 期；《民族地区农村牧区社会保障体系的设计及其实施》，《理论探索》2013 年第 4 期）。

石金群、王延中在《试论老年精神保障系统的构建》（《社会保障研究》2013 年第 2 期）一文中对养老保障进行了专题探讨。他们认为养老保障应是一个全面的完整的老年人支持体系。“经济支持、生活照料和精神慰藉”是养老的三个基本内容。论文利用国内相关的实证材料和研究以及国外相关的理论和经验对我国老年精神保障的三个争议焦点——现阶段需不需要保、保什么和谁来保进行分析和讨论：（1）需要的满足并不只取决于经济发展水平，还取决于一个社会的文化价值观念和社会发展状况。快速转型所带来的文化和社会结构尤其是家庭结构的变迁削弱了我国传统的老年人精神支持模式。我们应该建立精神保障系统以维护老年人的生存健康和生活质量。（2）老年人是由不同年龄、性别、收入和教育程度等组成的群体，老年人的基本精神需要的界定需建立在社会福利的视角下——适度的、具备一定条件的需要，且与一定的文化和社会结构相适应。（3）结合对福利多元各级在我国老年人精神支持中的作用和现状的分析，我国现阶段应建立一个政府主导的多种社会力量参与的老年精神保障体系，建立双层多支柱养老保障体系。

于红梅、张艾力在《民族地区脱贫与农牧民养老保障对策研究——以内蒙古为例》（《湖北民族学院学报（哲学社会科学版）》2013 年第 6 期）一文中，以内蒙古为例，对民族地区贫困现状及农牧民养老保障面临的问题进行了深入调查和分析。他们认为我国民族地区大多地处边疆，自然环境恶劣，经济发展落后，贫困人口众多，社会保障薄弱，广大农牧民养老保障面临严峻挑战。加快民族地区脱贫致富，改变贫困落后状况，对实现农牧民老有所养将产生重大影响。对策为：大力发展民族地区经济，提高农牧民养老保障能力；加大国家扶持力度，帮助农牧民尽快脱贫；加快基础设施建设，改善农牧民生存环境；巩固家庭养老基础，充分发挥家庭养老功能；完善社会保障体系，实现基本公共服务均等化；强化土地养老功能，使农牧民从土地上获得更多养老支持；建立居家养老为主、社区养老为依托、机构养老为补充的“多元”养老体系。

王晶等人则对新疆伊犁地区霍城县清水河镇二道河乡及伊犁地区霍城县惠远镇新城村农村社会保障现状进行调查，发现伊犁地区农村社会保障运行中还存在一些问题，如报销起点不合理、农村居民对农村社会保障制度的了解不够等。因此，今后应加大新型农村合作医疗政策的宣传教育力度，加强政府与居民的互动，加强监管，并不断加强农村社会保障制度的法制建设（《和谐社会视角下完善新疆农村社会保障制度探讨——基于伊犁地区的社会调查》，《新疆财经大学学报》2013 年第 2 期）。

5. 民族地区的医疗卫生与健康保健。民族地区乡村医疗卫生服务是我国医疗卫生服务体系的重要组成部分，是建设社会主义新农村的重要内容。近年来，许多学者在深入田野调查的基础上，提出不少颇有见地的观点和对策性建议。

郭青青、钟海燕通过对现有卫生统计数据的对比分析，发现我国民族地区乡村医疗卫生服务在卫生资源、基本医疗保障、基层医疗卫生服务等方面快速发展，政府卫生费用支出不断增长。但与国内其他地区相比，民族地区乡村医疗卫生事业仍然存在基础设施差、卫生技术人员匮乏、卫生支出不足、新农合的逆向选择等问题。针对这些问题，两位学者提出国家应继续加大扶持力度，加强卫生人员的培养，提高乡镇和村卫生室人员的补助水平，并全面推进新型农村合作医疗制度等相关政策建议（《民族地区乡村医疗卫生服务发展研究》，《兰州商学院学报》2013 年第 5 期）。

来有文等人分析了西藏 3 个地区当前医疗卫生资源配置的效率状况，为进一步合理配置西藏卫生资源提供依据。他们利用数据包络法对西藏样本地区 40 家乡镇卫生院、13 家县级和 8 家地区级医疗机构的卫生资源配置状况进行了分析。研究结果显示：西藏当前医疗卫生资源配置严重低下，基层乡镇一级配置效率最低。结论：应加大对基层卫生资源的投入力度，并提高现有资源的利用率（《西藏三地区医疗卫生资源配置的效率分析》，《中国卫生经济》2013 年第 1 期）。

任光祥等人运用文献分析法和问卷调查法，对贵州少数民族地区卫生人力资源状况和卫生服务质量与效率进行分析。结果显示：贵州 3 个少数民族自治州每千人口卫生人员数、每千人口卫生技术人员数、每千人口执业医师（含助理）数、每千人口注册护士数分别为 3. 74、2. 54、1. 83 和 0. 86 人；入院与出院诊断符合率、住院手术前后诊断符合率、病理检查与临床诊断的诊断符合率分别为 98. 17%、99. 05% 和 89. 98%，医院感染率为 0. 91%，急危重症抢救成功率为 95. 68%，医师人均每日担负诊疗 5. 16 人次、住院床日为 2. 86。结论：贵州少数民族地区卫生人员总量偏低，卫生技术人员、医院管理人员学历、职称层次偏低，结构不合理；等级医院人均床位占有量偏低，卫生服务质量与效率有待进一步提高（《贵州少数民族地区卫生人力资源现状及卫生服务质量、效率分析》，《中国卫生经济》2013 年第 6 期）。

李中凯、蔡小艳对新疆基层农牧民的调查研究显示：越来越多的基层农牧民意识到了自身健康和疾病防控的重要性，对看病就医的需求不断增加，对享受新农合医保待遇的要求不断提高，这就产生了基层农牧民面临看病难、看病贵的问题。两位作者提出了发展中医药和边疆民族地区民族医药事业，重视疾病的健康教育，建立和完善预防为主的农牧区卫生保健体系，制定和落实好新疆新农合政策、让政策发挥好主导作用，建立全科医师首诊负责制度和不同等级医院之间的“双向转诊制度”等具体工作探讨（《新疆基层农牧民看病难、看病贵探讨》，《中国医院》2013 年第 9 期）。

刘杨在《少数民族地区医疗保障制度问题研究及完善建议》（《青海民族研究》2013 年第 4 期）中指出，通过立法规范医疗保障筹资机制。少数民族地区医疗保障制度缺乏资金支持，除了本身地区经济发展水平不高的原因之外，还受其缺乏完善的医疗保障资金筹集规范的影响。缺乏有力的立法作为自己筹集机制的保障和限制，就会使得大量资金被浪费甚至会滋生贪污腐败等问题。因此，应当本着筹资的公平性、合理性原则设计科学的方式，并用法律的形式将其确定下来，明确医疗保障体系，特别是新农合制度中政府、医疗机构、集体以及个人的权利和义务，明确规定资金使用的各项程序规范，用法律的形式完善少数民族地区医疗保障制度的筹资机制。

朱新武、雷霆建议充分挖掘和发挥中医药和民族医药在新农合中的作用。他们认为在我国不仅中医药历史悠久，而且在民族地区还有独具特色、应用广泛的蒙药、藏药、苗药、维药等民族医药。中医药和民族医药以其低廉的价格、良好的疗效对降低医药费用、减轻农村居民的看病负担起着十分重要的保障作用。中央与地方各级政府应加大对中医民族医药的投入力度，将民族医疗机构纳入新农合定点医疗机构。设立中医、民族医药事业专项补助经费，加强对贫困县、边境县、民族自治县的中医民族医院基础设施项目和专病专科建设，对民族医药的秘方要及时挖掘和开发利用，加强民族医药科研能力开发、民族药制剂研发、民族医药文献的收集整理和配方的筛选工作，不断提高民族医药研发能力、诊疗规范程度和诊疗水平。县、乡新农合报销医药目录应纳入治疗常见病和地方病的医药和民族药，为民族地区提供优质的传统医药服务。通过充分发挥中医药、民族医药适应少数民族农村居民生活习惯和诊疗费用低廉的优势，有效缓解部分农村居民尤其是贫困地区农户看病难、看病贵的问题（《完善民族地区农村医疗保险制度的探讨》，《新疆大学学报（哲学·人文社会科学版）》2013 年第 3 期）。

6. 民族地区的社会问题和社会管理。肖应明在《马克思主义民族观在少数民族地区社会管理创新中的实践意义》（《贵州民族研究》2013 年第 6 期）中指出，少数民族地区社会管理创新，是相对一般社会管理创新而言，其特点是结合少数民族地区特殊性与社会管理创新一般规律，其目标是促进民族团结，维护地区稳定，推动少数民族地区经济社会科学发展、和谐发展、跨越发展，为少数民族地区实现全面小康社会提供坚强保障，其指导思想是马克思主义民族观及中国化理论成果，实现路径是认真贯彻落实党的民族政策和民族区域自治制度，大力发展少数民族地区政治、经济、文化，全面提升民族素质，促进少数民族地区全面和谐可持续发展。

王彦斌、谢和均、吕文义等人基于云南、贵州和广西的调查认为，西南边疆多民族地区政府社会管理关系到边疆地区的稳定及和谐社会的建设。目前，其社会管理的主体主要是党委和政府，由此而致的是政府关于社会管理的理念往往存在错位、政府作用不断向非政府领域渗透，而且其社会管理的手段以行政管理方式为主，这已经严重影响到了西南边疆多民族地区社会管理的良好发展。良好的政府社会管理应该是政府主导下的多元社会治理和多手段的综合管理方式（《西南边疆多民族地区政府的社会管理及手段——基于云南、贵州和广西的调查》，《贵州社会科学》2013 年第 4 期）。

张姝、徐向文根据对西北民族地区基层社会管理的研究指出：中国已经进入社会矛盾的凸显期，西北地区更是具有独特的社会、民族问题，社会管理创新成为刻不容缓的时代要求。随着社会结构快速转型，有关部门应从社会学的视角和理论入手，探讨西北民族地区独特的社会民族问题，深入剖析民族地区社会管理的特征，并在此基础上提出创新民族地区社会管理体系的基本原则与方向（《西北民族地区基层社会管理创新探讨——以甘南藏区为例》，《公安研究》2013 年第 2 期）。

李若芳认为：伦理道德、风俗习惯、宗教信仰、家族观念等非正式制度对边疆少数民族地区社会管理活动具有重要影响力，却又经常被我们忽略。探索非正式制度对边疆少数民族地区社会管理活动所产生的影响及其变迁轨迹，将使国家的社会管理制度在边疆少数民族地区社会建设中发挥更大的作用，促进边疆少数民族地区的发展、和谐与稳定（《边疆少数民族地区社会管理中的非正式制度约束研究——以云南省临沧市为例》，《中共云南省委党校学报》2013 年第 4 期）。

白维军在《民族地区社会风险与社会管理创新研究》（《贵州民族研究》2013 年第 2 期）

中提到，为规避民族地区的社会风险，需结合民族地区民族性与区域性特征，从民族地区社区管理、社会组织管理、公共事务管理方面进行社会管理的理论和政策创新，以构建中国和谐稳定的民族区域。他认为公共事务是指无法通过市场化资源配置方式得到有效解决的社会事务，具有社会性、公共性、共享性和非营利性的特点。民族地区的公共事务除具有上述特征外，还具有一定的区域性和民族性，这就要求政府不能以全国普适性的思维和方式来治理民族地区的公共事务。民族地区公共事务管理创新思路包括：一是为实现党和政府在民族地区“善治”的政治愿望，民族地区政府首先必须进行理念创新，要以社会公共事务中的民生为第一要务，牢固树立民生政府理念，最大限度地满足民族群众合理的利益诉求。二是为提高施政效率和效果，民族地区政府综合应用一些传统和现代治理手段，提高各项惠民政策的执行力度。三是创新民族群众参与民族地区社会公共事务的途径与手段，本着“社会事务社会参与”的原则，通过流动服务、基层现场办公等方式，增加民族地区群众对社会事务的参与机会，这既为广大民族群众表达利益诉求提供了合理的渠道，也为积弊已久的官民沟通困境提供了破解之策。

另外，白维军在《民族地区社会风险与公共危机：内涵、逻辑、治理》（《内蒙古社会科学（汉文版）》2013 年第 4 期）中提出，民族地区的社会风险主要表现为生存风险、稳定风险、认同风险和治理风险。风险一旦转化为现实，就表现为危机。民族地区的“风险—危机”之间存在着一种逻辑对照关系，即生存风险是显性的生存危机，稳定风险是显性的社会危机，认同风险是隐性的合法性危机，治理风险是隐性的政治危机。为规避风险化解危机，国家需推动民族地区经济发展，创新民族地区社会管理，加强民族地区认同教育，优化民族地区治理结构。

王海娟等在《基于社会管理创新的社会稳定风险测定及预警建议——以西部民族地区为例》（《内蒙古师范大学学报（哲学社会科学版）》2013 年第 6 期）中，通过问卷调查法制定了民族地区社会稳定风险评估体系，并运用层次分析法，对西部民族地区社会稳定的风险进行测定。结果显示政治风险在二级指标中权重最大，政治风险中比重大的是腐败及对政策的满意度。作者建议通过建立官员绩效评估制度、建立完善的利益表达机制、整合政府民生管理职能等措施作为维护社会稳定的预警机制。

尹素琴在《民族地区公共决策过程中的公众参与探析》（《新疆财经大学学报》2013 年第 2 期）中，提出对民族地区来说，在政府公共决策过程中扩大公众参与，对于构建地方服务型政府、实现民族区域自治、维护民族地区社会稳定具有特殊重要的意义。当前，受经济发展相对落后、公众文化素质较低以及特殊的行政文化等因素制约，民族地区公共决策过程中的公众参与仍然处于较低水平。今后应当从政府、公民、制度等层面采取措施，切实把公众参与融入公共决策过程中。

董国菊在《边疆少数民族地区基督教参与和谐社会建设的思考》（《云南社会主义学院学报》2013 年第 1 期）中提到，在新形势下充分认识中国基督教在构建和谐社会进程中的积极意义，深入分析当前基督教在发挥其积极作用过程中的阻碍因素，有利于我们进一步探索充分发挥宗教在构建社会主义和谐社会中的积极作用的有效途径和方法。

杨英姿在《民族贫困地区社会管理问题研究》（《华章》2013 年第 13 期）中，分析了民族贫困地区社会管理存在的主要问题和诱发因素。例如矛盾多发多样、社会管理信息不对称、基本公共服务非均等化和社会管理领域功能弱化。并从夯实管理基础、缩小管理空间、优化管理机制、提升管理效能、构造管理杠杆及构建管理体系等方面提出加强民族贫困地区社会管理的对策措施。

张玉磊在《社会管理创新与新型城镇化的内在机理探析》（《南方论丛》2013 年第 6 期）中，指出传统的“物本”型城镇化发展模式带来了系统性的社会风险和社会问题，由此，作为“人本”型城镇化的回归，新型城镇化成为中国未来城镇化发展模式的战略选择。社会管理创新作为城镇化进程中的一项基础性工作，与新型城镇化之间存在着天然的耦合关系：社会管理创新契合了新型城镇化“以人为本”的价值理念，是解决城镇化引发的社会问题的有效途径，是破除新型城镇化发展障碍的重要方式，是迎接新型城镇化带来的挑战的必然选择。然而，现有的社会管理体系无法满足新型城镇化的发展要求，需要通过社会管理的理念、体制、制度、机制、手段等方面的系统性创新来构建与新型城镇化相适应的社会管理体系。

蒋兴飞、杨晓对民族地区青少年犯罪问题进行了探讨。他们认为宗教信仰的不同、生存环境的恶化、经济的相对落后、社会模式的变动等因素都可能导致民族地区青少年接受高等教育、获取前沿社会信息、学习先进理念受到诸多阻碍。因此应将各民族的特色优秀文化和习俗与法律法规结合起来教育青少年，使青少年从中获得真善美的品质和精神（《民族地区青少年犯罪问题探究——以宁夏回族自治区银川市 X 镇为例》，《宁夏社会科学》2013 年第 4 期）。

7. 民族地区新农村建设。加强新农村建设，是关系民族地区社会稳定和进步的重大问题，不少学者在这方面提出自己的新见解。

胡建华在《渝东南少数民族地区新农村社区建设模式探析》（《内江师范学院学报》2013 年第 3 期）中，提出部分少数民族地区新农村建设应采取混合型模式，并提供严格的制度保障和法制保障。例如渝东南民族地区是以土家族、苗族为主的少数民族聚居地区，集“老、少、边、穷”于一体，该地区的新农村社区建设不能简单地采取政府主导型模式或者自治型模式，必须坚持实事求是、具体问题具体分析的原则，既要保障该地区的经济发展，又要体现该地区的特殊性及享有的法定自治权。混合型社区建设模式是渝东南民族地区新农村社区建设理想的模式选择，此种模式的选择与实施通过发挥少数民族新农村社区自治组织的主导地位，不仅能充分体现渝东南民族地区实施的民族区域自治政策在调动新农村社区广大民众参与新农村建设的积极性与主动性，而且通过政府的引导、指导和监督为渝东南民族地区新农村建设社区建设提供强有力的政治保障，从而共同促进渝东南民族地区新农村建设，促进民族地区经济发展和社会和谐稳定。

韦磐石、赵燕在《民族地区农村居民收入满意度与幸福感的相关性研析》（《农业经济》2013 年第 10 期）中，以民族地区农民幸福感与农村居民收入水平的相关性研究为衡量民族地区农村社会发育水平的新视角。作者阐述剖析以农民幸福感为切入点来探析促进民族地区农民收入增长相关研究的内涵及其意义；从需求升级、群体对比、欲望变迁及创富能力等角度剖析影响民族地区农村居民收入水平与幸福感关联度的关键因素；给出以城镇化为动力，以提升农民素质为基础，以农业产业化为切入点等策略来同步增强民族地区农村居民收入与幸福感水平。

杨勇、冯霞在《民族地区社会主义新农村建设问题研究——以广西壮族自治区河池市东兰县为例》（《东北农业大学学报》2013 年第 1 期）中，通过在广西壮族自治区河池市东兰县做的田野考察与个案分析，梳理和总结了当前我国民族地区社会主义新农村建设的一般状况、发展模式及存在问题，并重点关注民族地区新农村建设中因地制宜地评估和选择适合当地经济社会域情的发展模式问题。文章认为遴选和培养经济合作组织的管理与科技能人，走可持续发展的生态文明建设之路，是民族地区社会主义新农村建设的重中之重。

范文舟在《浅析民族地区新农村建设中的法治问题——以宁夏回族习俗与宁夏地方行政执法的关系为中心》（《经济研究导刊》2013 年第 32 期）中，通过对宁夏回族习俗与宁夏地方行政执法的关系为中心进行考察，民族地区新农村建设中的法治问题至少包括两个方面：一是要想以行政执法推动民族地区特色产业发展，使民族地区既要保持其民族特色，又要发展经济，就必须以其民族特色产业为支柱。二是如何利用民族传统中的纠纷解决机制，保障新农村建设过程中的和谐社会建设。对于民族地区来说，其传统的纠纷解决机制往往具有巨大的优势。

8. 民族地区城市化问题。当前，边疆民族地区社会问题的新动向是受城市化的影响较大。社会稳定有助于较为后进的民族地区顺利进行城市化，在维护社会稳定过程中，要考虑政治、经济、文化、社会、民族意识、利益结构、政府治理能力、国际地缘政治的因素。城市化进程在推动民族地区社会发展的同时，也给该地区直接或间接地带来了较为突出的社会问题。探析城市化进程中民族地区社会问题，对维护该地区民族团结及社会稳定具有重要的现实意义。

陈纪在《城市化进程中民族地区社会问题探析》（《湖北民族学院学报（哲学社会科学版)》2013 年第 3 期）中指出，城市化进程在推动民族地区社会发展的同时，也给该地区直接或间接地带来了较为突出的社会问题。对民族地区来说，城市化进程在一定程度上促使或引发了该地区就业问题、流动人口管理问题、社会保障问题及宗教问题。尤其在宗教问题上，宗教问题不是指由宗教信仰本身，如信仰对象、教义、仪式等不同产生的信仰问题，而是指与宗教信仰有关的社会问题，是社会问题的宗教表现形式。就是说，流入民族地区城市的民族成员与城市民族成员在社会交往中使相互间经济、文化和社会生活存在着的差距与差异得以彰显，由此引发的社会矛盾或冲突常常表现为宗教问题。宗教极端主义者的煽动与蛊惑，伴随城市化进入城市的民族成员，尤其是那些没有固定职业或生活来源的民族成员，都可能成为宗教极端主义者鼓动甚至是争夺的对象，成为该地区民族突发事件的参与者或肇事者。更为严重的是，极少数流入城市的民族成员受宗教极端主义者的影响，甚至出现宗教信仰极端化倾向，使宗教问题这一社会问题所产生的危害更为严重。这些都是我们必须认真面对的难题。

9. 民族地区贫困问题。如何持续有效地解决民族地区贫困问题，是建设民族社会重中之重。

胡阳全在《社会工作介入民族地区农村社区贫困问题的思考》（《云南民族大学学报（哲学社会科学版)》2013 年第 4 期）中认为，目前我国社会学者对贫困问题的研究，主要集中在社会工作介入城市反贫困中的政策、领域和作用等方面，而对社会工作介入民族地区农村社区贫困问题的研究甚少。这不仅制约了民族地区农村社区的建设与发展，更严重的是影响到我国在 2020 年全面建设小康社会的目标。因此，在这篇论文中，作者运用社会工作的个案、小组、社区等方法，从经济发展、基础设施建设、社会层面的发展三个角度，来探讨其社会工作介入民族地区农村社区的贫困问题。并提出应依托政府支持，通过宣传倡导，组织动员充分调动社会各界力量和一切社会资源，来参与解决社区的贫困问题。

10. 少数民族人口流动。随着改革开放的更加深入，城市化的逐步开展，民族地区人口流动问题也日益突出。

汤夺先、李静在《论少数民族人口流动对民族地区发展的负效应》（《宜春学院学报》2013 年第 8 期）中指出，少数民族人口流动对民族地区的经济、政治、社会、文化等都有一定的负面效应。在经济层面上，导致民族地区人力资源的缺失以及对农业劳动态度的消极进而影响了民族地区的经济发展；在政治层面上，导致基层政治参与主体缺失、基层干部队伍建设不力以及非正式权力组织功能弱化从而影响到民族地区基层政治生活开展；在文化层面上，带来民族语言使用空间萎缩、非物质文化的传承主体流失与断层、民族传统文化受到冲击等问题，使得民族文化传承发展受到影响；在社会层面上，出现“娶妻难”问题、家庭稳定问题以及留守妇女与儿童问题、老年人问题与贫富分化问题、违法犯罪问题等影响民族地区社会稳定的因素。因此，要正确认识消极影响并采取措施予以消减。

张晓颖在《广州城市少数民族流动人口社会融入与社会管理创新》（《广东技术师范学院学报》2013 年第 2 期）中，以广州市白云区三元里一带的少数民族作为调查对象，从经济、文化和心理三个方面对广州城市少数民族流动人口社会融入状况进行了分析。指出少数民族流动人口进入城市后能否适应进而融入新的社会，与社会和谐及民族关系稳定密切相关。

李皓、钟海燕在《民族地区“三农”问题与新农村建设再认识——基于农村人口能力扩展的视角》（《西北人口》2013 年第 3 期）中认为，民族地区“三农”问题的核心是农牧民群众能力缺失，而民族地区新农村建设可以理解为以农牧民能力扩展为取向的实践行为。现阶段民族地区农村人口的能力扩展有其优先次序和侧重点。免于贫困和健康生活的能力始终应该是赋予每个公民的基本能力，也是各级政府责无旁贷的义务；知识获取和技能提升的能力则是关键性的能力，它不仅是基本能力的重要保障，也是进一步扩展能力的前提；而社会参与能力和政治参与能力是农村群众获得归属感和价值实现感的基本要求。因此，要更加重视民族地区的贫困治理，充分保障少数民族群众免于贫困和健康生活能力的获得；逐步提升农牧区群众的社会参与和政治参与能力，努力为他们融入现代社会创造各种条件，培养既能享受传统文化所带来的精神满足，也能够在观念上和行为上融入现代社会，在社会参与中享受现代文明成果，兼有传统文化和现代意识的新型农牧民。

李吉和等在《当前中国城市少数民族流动人口基本特征——基于中、东部地区穆斯林群体的调查》（《云南民族大学学报（哲学社会科学版）》2013 年第 5 期）中，通过对东、西部地区穆斯林群体的调研，总结出城市少数民族流动人口呈现的新的时代特征，主要表现为大多数城市的少数民族流动人口数量超过了世居少数民族；少数民族流动人口中男女两性比例趋于平衡；家庭化迁移和定居化趋势增强，但少数民族流动人口在城市长期居住意愿并不高；少数民族流动人口以青壮年为主，但受教育程度比较低；少数民族流动人口经济收入略低于全国平均水平；少数民族流动人口找工作的途径以亲友介绍为主，自己寻找为辅，且从业特征具有高度的同质性；少数民族流动人口社会保障缺失等。

陆海发《多元主体参与治理少数民族自发移民问题研究——以云南 K 县为例》（《云南行政学院学报》2013 年第 2 期）一文，是将治理理论引入我国少数民族自发移民问题进行分析的一种尝试。随着我国西部边疆少数民族自发移民问题的凸显，很多组织和社会力量围绕着少数民族自发移民问题展开了颇有成效的治理，在云南 K 县就形成了一个涵盖地方政府、社会组织及民族精英的多元主体参与的治理格局。但由于少数民族自发移民问题治理有着难以逾越的制度障碍，导致参与治理的主体间尤其是政府与社会组织间缺少有效的合作，严重制约了治理的效能。为了实现少数民族自发移民问题的有效治理，必须突破原有的制度藩篱，推动多元治理主体间合作机制的构建。

（二）国内外学术会议动态

近期，中国新一轮的城市化、工业化浪潮受到社会学、人类学、民族学、经济学等几门相关学科学者的共同关注，并进行了一次跨学科的研讨。比较有代表性的会议主要有以下两个：

中国人类学民族学 2013 年年会

在“中国人类学民族学 2013 年年会”（西南民族大学承办，于 10 月 26—27 日在四川成都举行）期间，中国人类学民族企业人类学委员会和都市人类学委员会联合组织了一个题为“中国新一轮的城市化、工业化”的专题会议。比如，张继焦在论文《新一轮的城市化、工业化：产业转移角度的分析》中指出：过去 30 年，中国的城市化进程在突飞猛进的同时，也产生了大量的资源和环境问题。未来 5—10 年，在实施“十二五”规划和下一个 10 年的西部大开发战略期间，中国新一轮的城市化进程还将不断加速，城市发展与资源、环境之间的矛盾不但会继续存在，而且会愈演愈烈。甘肃省民族研究所刘魏文的论文《我国各民族城镇化差异影响因素实证研究》研究显示：当前我国少数民族总体上处于城镇化初期向中期过渡的阶段，43 个少数民族的城镇化水平低于全国水平，城镇化最高和最低的民族相差近 8 倍。云南师范大学社会学系曲凯音在论文《新型城镇化进程中历史文化名村的文化变迁与文化生态建设——以云南诺邓村为例》中，剖析了历史文化名村在新型城镇化进程中的文化变迁以及所要进行的文化生态建设等问题，提出了以村民为主体、博物馆保护、电子档案保护以及适度的旅游开发等文化生态建设的观点。海南省三亚学院社会发展学院区缵在论文《走进社区“新”时代——城镇化过程中岛屿社会边缘群体的生活》中提出：三亚旅游城市规划，让三亚疍家人陷入了物理空间的远离与社会空间的疏离。三亚要建设国际旅游城市，以旅游经济促进城市发展，这自然是一件好事。以目前来看，在旅游开发中注重当地人的合理利益，当是重中之重。一座没有温情的旅游城市，绝不是我们所要走进的社区新时代。改革开放后，城市社区管理模式逐渐由街—居体制向社区体制转变。对于这一类型的社区及其治理，学术界已经做了大量研究。但是以往的研究很少考查农场这类迅速转型的特殊社区类型。广州市社会科学院社会学与社会政策研究所陈杰博士的论文《华侨农场转型中的社区治理：基于广州南涌农场的考察》，从社区日常治理的层面，着重分析广州南涌街（前身为南涌华侨农场）在转型与城市化加剧的进程中，社区内部的不同人群（马来西亚归难侨、客家人为主体的越南难侨、本地人）在这个进程中的利益不均衡分配以及历史遗留问题导致了目前南涌街在基层治理上面临的种种难题。

国际人类学与民族学联合会第 17 届世界大会

国际人类学与民族学联合会第 17 届世界大会（简称“第 17 届人类学大会”）于 2013 年 8 月 5 日至 10 日，在英国曼彻斯特大学举行。这次大会的参会代表来自 69 个国家，共 1340 人，提交了 1480 篇论文。中国社会科学院民族学与人类学研究所王延中所长及张继焦研究员等也应邀赴会。这次大会共举办了 212 个专题会议、2 场名家讲座、3 场公开辩论会、1 场开放式研讨会、1 个图书展览、1 个图片展览、多场影视片展播等。大会组委会主席、曼彻斯特大学人类学教授约翰·格勒希尔（John Gledhill）在向全世界人类学者发出邀请时，讲道：“尽管曼彻斯特是与工业革命紧密相连的城市，但是，如今曼彻斯特已经开始再次思考自己作为后工业化的城市。当代人类学需要再次定位自己的学科内容，以适应快速变迁的世界，我们的会议主题为‘培养人文精神、面对现实世界（Evolving Humanity，Emerging Worlds）’。”

在访问英国期间，中国学者感受到了英国人类学家对当代经济社会发展的关注。目前，英国社会人类学研究的两个主要特点是：对现代科技革新的研究较多；对现代市场经济的变化关注较多。有的英国学者还特别提出人类学家应该正视现实社会经济问题的重要性，使参会者得以从更新的角度考虑民族学与人类学未来的发展方向。

2014 年

2014 年民族社会领域的研究呈现多样化、实证化、交叉化的新趋势。尤其是有关民族地区城镇化、民族地区社会治理、民族地区社会经济、族际交往以及社会保障等方面的探讨更加深入，出现了不少引人深思的论著和文章，值得诸位学人共同关注。

（一）国内学术研究动态

1. 民族地区城镇化程度日益深化。近年来，随着社会和经济的发展，现代化、全球化的浪潮不断从经济较发达地区向边疆民族地区蔓延。民族地区新型城镇化发展战略已成为我国经济社会发展的新引擎，而伴随城镇化进程的推进，少数民族群体在融入城市社会过程中也面临着一系列问题与障碍。刘洋等学者基于包容性民族融合理念的多维度诠释，通过对民族地区新型城镇化发展与包容性发展、慢城理念、民族传承、民族融合的分析，探索民族地区新型城镇化进程中民族交融与和谐民族关系的实现路径（《民族地区新型城镇化模式选择与民族交融问题研究》，《贵州师范学院学报》2014 年第 11 期）。

城镇化是推动区域协调发展的有力支撑，中国特色新型城镇化道路的关键是质量的全面提升。在民族地区实现新型城镇化的过程中，需要探究具有少数民族特色的新型城镇化路径和模式。这种路径和模式不是单一的，而是多元的，它是在保护和传承少数民族特色文化的基础上，整合一切有利于民族地区新型城镇化建设的有效资源，并在全面贯彻经济建设、政治建设、文化建设、社会建设和生态文明建设五位一体的总体布局基础上建设民族地区新型城镇。魏丽莉、王平等学者以甘肃省临夏回族自治州为例，从经济发展、社会发展、人民生活、城乡发展和生态环境五个维度构建了衡量西北民族地区城镇化质量的综合指标体系，运用熵值法为各个具体指标赋以权重，对临夏州七县一市的城镇化质量进行了测度与评价，提出了可供西北民族地区城镇化发展借鉴的对策与建议（魏丽莉：《西北民族地区城镇化质量的测度与评价——以甘肃省临夏州为例》，《兰州学刊》2014 年第 12 期；王平：《民族地区新型城镇化的路径与模式探究——以甘肃省临夏回族自治州临夏市为个案》，《民族研究》2014 年第 1 期）。

当然，许多学者也注意到我国民族地区存在着一定的盲目城镇化现象，盲目城镇化对乡村聚落形态造成破坏的同时，也改变了少数民族的生产生活方式和文化生态环境，导致民族文化破坏严重。包括节庆在内的各种少数民族文化日益受到冲击，少数民族节庆的原生性受到挑战。城镇化进程的加快，许多民族的传统节庆开始逐渐消亡，传统节庆文化已经失去了其赖以生存的自然条件和社会环境，一些得以保留的传统节日也在文化内涵、形态和形式等方方面面发生了较大改变。马伊等学者选取基诺族最重要的传统节日特懋克节为个案研究，通过对特懋克节的由来、文化内涵、活动内容、现代性变迁，分析了城镇化进程中特懋克节的文化变迁，特懋克节与城镇化进程的现代性融合，调适以及再生，找出了城镇化与节庆文化的表征、内在关系及城镇化与节庆文化的相互作用及影响（吴毅、张小军：《多民族地区的乡市化与文化区发展》，《北方民族大学学报（哲学社会科学版）》2014 年第 6 期；马伊：《城镇化进程中基诺族特懋克节的文化变迁》，《云南社会主义学院学报》2014 年第 3 期）。

另外，学者焦开山基于 2000 年第五次全国人口普查和 2010 年第六次全国人口普查数据资料，利用空间统计分析方法，对各地区少数民族人口的城镇化水平及其发展趋势进行了分析。结果发现，少数民族人口的城镇化水平相对较低，但城镇化率年均提高 1 个百分点左右，已经处于城镇化快速发展的阶段。同时，他也发现，少数民族人口的城镇化水平及其发展趋势具有显著的地区差异和空间关联性。要实现《国家新型城镇化规划（2014—2020 年）》提出的城镇化率达到 60% 的目标，必须高速推进少数民族人口的城镇化，城镇化率须年均提高 2.7 个百分点，由此带来的风险需要引起有关部门的足够重视。少数民族人口城镇化的发展需要根据不同地区的实际情况制定科学合理的规划（《中国少数民族人口的城镇化水平及其发展趋势》，《民族研究》2014 年第 4 期）。

2. 民族地区社会治理更具创新性和多样性。民族地区社会治理是我国和谐社会建设的重要内容，国家社会治理创新体系的重要组成部分，加强民族地区社会治理创新对于民族地区的经济发展、社会稳定以及政治文明的培育都具有重要的意义。由于民族地区民族多样性、社会环境和民众治理能力的差异性，民族地区社会治理有一定特殊性。周晓丽等学者主张民族地区社会治理不仅要坚持民族平等、公民参与、社会正义和以人为本的治理理念，而且要严格落实民族区域自治制度，提升民族地区公务员治理能力，培养当地公众公民精神以及建立民族地区公共事务政民协商对话机制（《基于民族地区特殊性下的社会治理理念及路径》，《南京社会科学》2014 年第 11 期；吴开松、杨芳：《社会组织在西部民族地区社会治理创新中的价值研究》，《贵州民族研究》2014 年第 9 期）。

学者羌洲认为在经济社会大发展的今天，民族地区社会治理亟须创新。社会管理逐步转变为社会治理，而这种转变过程也存在着诸多的社会风险，民族地区更是如此。他在分析未来治理模式的基础上，构建了以民众敏感度、经济发展和转变成本为维度的民族地区社会治理体系创新风险测量模型，以便对其社会治理体系创新选择进行甄别选择。羌洲还以甘肃省九甸峡水电工程为个案，分析了当前我国民族地区社会治理存在的风险，指出当前的社会治理虽然对经济的发展起到了推动作用，但忽视民众的敏感而带来的社会风险正在累积，需要在转变成本可控的基础上进行创新（《我国少数民族地区社会治理体系创新探析：基于社会风险的测度》，《西北民族研究》2014 年第 2 期）。

另外，社会治理要求形成政府引导、社会多元主体共同参与的治理模式，这必然需要多种社会规范共同发挥作用，民族习惯法就是这样一种社会规范体系。习惯法在民族地区社会治理中具有相当程度的价值正当性和实践合理性。民族习惯法在社会治理中具有参与协商、民意认同、灵活变通、成本低廉等优势，但在社会治理中也会产生负面的影响，因此，必须引导习惯法自身与国家治理现代化的进程相适应（杨平、李乐：《社会治理视阈下的民族习惯法》，《兰州交通大学学报》2014 年第 5 期）。

行政法在法律系统内处于重要位置，是全面调整行政权力行使及产生的行政关系法律规范系统。随着社会的发展与现代化进程的加快，使人与自然、人与人之间的关系更为复杂，多种社会关系与事务进一步增加，权力作为管理能力之一，成为开展社会治理的重要手段。行政法不仅能很好维护社会正常秩序，实现公共利益，还能确保相对人的合法权益。因此，在行政法语义范畴内探索民族地区公共治理模式，对提升民族地区治理水平，具有重要的现实价值（罗鑫：《行政法语义下的民族地区公共治理模式解构》，《贵州民族研究》2014 年第 12 期）。

西部民族地区属于多民族共同聚居的族际社会，族际社会的矛盾既具有一般社会矛盾的共性特征，同时又具有多民族关系构成的特殊性，矛盾特殊性的现实体现为民族和宗教两个维度。运用客观指标和主观指标法对民族地区基层矛盾加以监测，可有针对性地缓和或化解矛盾，以防矛盾积压危及秩序稳定。学者陆益龙认为通过社区矛盾综合调处室、群众意见处理反馈中心、民族宗教事务协调中心三个社会设置，可建立民族地区维稳的“安全阀”机制。解决西部发展与稳定和安全的关系问题，民族融合政策、基层社会治理、法治建设和综合协调推进策略会发挥重要作用（《族际社会的基层矛盾化解与维稳机制——兼论民族地区的和谐社会建设》，《甘肃社会科学》2014 年第 6 期）。

学者马仲荣以甘肃藏区传统基层组织“盖布甘苏木”为例，考察了作为地方性知识的传统协商民主在现代社会的传承与创新，分析了其在新形势下发挥社会治理功能的积极性和局限性，指出在民族地区社会快速转型的背景下，要从发展现代民主的视角出发，以法理依据为根本，以合作、互利、共赢为社会治理目标，合理汲取民族传统协商民主的积极要素，在传承中积极创新，建设符合民族地区时代发展需要的基层协商民主（《传承与创新：民族地区基层协商民主的实践路径》，《西南民族大学学报（人文社会科学版）》2014 年第 6 期）。

3. 注重国内外民族关系的研究。云南是我国民族种类分布最多的省份，团结友爱、互惠共生、共同发展始终是云南各民族间民族关系发展的主流。云南省不断创新民族工作思路和方法，创造了民族团结、边疆稳定的“云南经验”“云南模式”，受到社会各界的高度肯定。王延中、管彦波等学者在总结云南民族团结示范区建设的实践特色及基本经验的基础上指出，民族团结、边疆稳定是一个动态的过程。在民族团结进步边疆繁荣稳定示范区建设的推动下，和谐的民族关系与“示范区”建设形成了良性互动，并产生了云南民族地区经济社会和谐发展和完善民族关系的内生驱动力。各民族成员是“示范区”建设的参与主体，基于他们的主观认知和评价视角的实证分析表明，云南各民族成员在主观上认同了云南当前民族关系的和谐现状，以开放、包容、互信的态度和行动积极参与到民族间的交流，并且对云南和谐民族关系做出了积极评价（王延中、管彦波：《云南建设民族团结示范区与和谐民族关系的基本经验及启示》，

《民族研究》2014 年第 3 期；王延中、宁亚芳：《云南民族关系现状调查与评价》，《云南社会科学》2014 年第 4 期）。

有些学者还对国外的民族关系做了一些有益的调研。如学者高晓川对奥匈帝国的民族与民族关系治理进行了探讨。因具有“欧洲之必需”重要地缘政治意义，奥匈帝国确立了在欧洲的大国地位。帝国社会结构最突出特点是 11 个民族和最少 7 种宗教文化共处一体，民族关系与治理是帝国治理的重中之重，这也决定了帝国走上了不同于其他西欧大国的对内扩张和殖民的道路。帝国在民族关系的治理上主要采取了“扶强压弱”的不平衡方式，即主要以牺牲众多弱势民族的利益来维护日耳曼人和匈牙利人的强势政治地位，以达到维持帝国统一的目的，但这也使得帝国中一些地区的民族运动朝着脱离帝国的方向发展，为帝国在“一战”后解体埋下了伏笔。作为中欧地区的多民族政治体，奥匈帝国在民族关系治理上的一些做法给现代中东欧地区的民族关系带来了深远的影响（《奥匈帝国的民族与民族关系治理》，《世界民族》2014 年第 4 期）。

张小敏、王延中等学者考察了爱努人国民化、民族意识与国家意识张力的动态过程，认为实施加速产业转型的土地政策、建立塑造现代国民的教育政策、将爱努人纳入户籍制度和社会福利体系、依法治理国民事务与区域发展事务四个方面的国家政策，主导了爱努人国民化过程。然而，同时实施的禁止爱努文化等歧视性民族政策，导致了“二战”后民族意识与国家认同张力的凸显。因此，20 世纪末日本政府在国际大趋势下，颁布实施了爱努传统文化保护法律，承认了爱努人的原住民身份，缓解了民族认同与国家认同之间的张力（《近代日本爱努人国民化措施与当前文化保护政策》，《世界民族》2014 年第 6 期）。

而吴晓黎则对印度的部落进行了深入的实地调研。她认为部落是 19 世纪西方人类学所确立的一个学术范畴，在当代世界的很多地方，它作为一个分析性概念已经被放弃。但在印度，部落概念通行至今，这与它在印度同时是一个国家治理中的应用范畴密切相关。部落成为针对特定少数群体的法律和政治范畴，使印度的部落研究更关心实践问题；它的双重身份，也对替代性概念产生制约（《印度的“部落”：作为学术概念和治理范畴》，《世界民族》2014 年第 5 期）。

学者杜倩萍主要从文化人类学及多元文化视角，探讨华人移民加拿大的曲折历程，以及在加拿大多元文化政策下，新移民的宗教信仰和文化认同之变迁等问题（《多元文化视野下的加拿大华人移民及宗教信仰变迁》，《汉民族与荆楚文化研究》，中国社会科学出版社 2014 年版）。

4. 民族地区社会保障研究理论与实证并重。中国社会保障制度建设取得了很大进展，基本上实现了制度的全覆盖，主要社会保障制度的覆盖人群越来越大，已经初步建成世界最大规模的社会保障体系。但受城乡分割二元体制的影响，我国社会保障体系也是城乡分割的。为了建立更加公平、可持续的社会保障体系，必须加快改革城乡二元分割的社会保障制度，促进社会保障制度的城乡统筹发展。王延中等学者指出，中国快速人口老龄化使老年保障体系建设迫在眉睫。与主张完善以社会保险为重点的养老保障制度的主张相比，中国老年保障制度体系，不仅应当完善养老保险和老年津贴为重点的资金保障制度，而且必须宏观考虑老年服务保障制度和老年精神保障制度建设问题，使其与资金保障制度共同构成三位一体的老年保障体系。中国目前三个体系发展很快但很不平衡，需要宏观协调、整体推进（《构建三位一体中国老年保障体系的基本构想》，《社会保障研究》2014 年第 3 期；王延中、龙玉其：《社会保障城乡统筹发展四论》，《行政管理改革》2014 年第 8 期）。

李新辉等学者也基于新疆新源县哈拉布拉乡和库尔勒市哈拉玉宫乡维吾尔族和哈萨克族居民问卷调查数据、相关人员深入访谈资料和当地政府社会养老保障相关制度文件和数据，分析了新疆农村维吾尔族、哈萨克族老年人社会养老保障制度安排和制度可得性与可及性，发现制度设计和实施过程存在一些亟待改进的地方，提出了针对性建议并肯定养老保障差异化制度安排的必要性，以期为新疆农村维吾尔族、哈萨克族等少数民族地区的社会养老保障制度政策和具体实施工作的完善提供参考依据（《新疆农村维吾尔族、哈萨克族老年人社会养老保障制度安排研究——以新疆新源县哈拉布拉乡和库尔勒市哈拉玉宫乡为例》，《社会保障研究》2014 年第 4 期）。

随着社会经济的发展，残疾人社会保障，尤其是少数民族地区的残疾人社会保障问题越来越引起人们的重视。王丽华等学者对伊犁州直属县市残疾人的实证调查，主要包括对残疾人的基本特征以及教育和经济收入等状况的调查，作者运用二元 Logistic 模型分析了影响残疾人社会保障的主要因素。通过模型分析结果，对少数民族地区残疾人的社会保障发展提出可行性的建议（《少数民族地区残疾人社会保障影响因素与对策分析——以新疆伊犁哈萨克自治州直属县市为例》，《社会保障研究》2014 年第 4 期）。

此外，我国民族地区农村社会特殊的政策环境，形成了对流动性公共服务的特殊需求。目前，民族地区农村社会保险、社会救助、社会福利供给中存在着明显的流动性缺失。政府需创新民族地区农村公共服务理念，在社会保障服务机构、服务项目、服务管理方面进行科学的流动性构建，从而让民族地区农村社会保障公共服务顺畅地流动起来（白维军、季璐：《流动性社会保障：民族地区农村社会保障公共服务新思路》，《西南民族大学学报（人文社科版）》2014 年第 1 期）。

总之，民族地区养老保障是民族政策与公共政策的交叉领域，民族地区养老保障的发展受民族地区经济社会发展水平的制约，总体发展滞后。因西部民族地区具有特殊的社会风险特性与民族文化特征，从而形成了民族地区养老保障的差异化需求，政府主导的差异化制度设计是促进西部民族地区养老保障制度可持续发展的现实路径（安华：《西部民族地区农牧区养老保障差异化制度设计研究》，《西南民族大学学报（人文社会科学版）》2014 年第 5 期）。

5. 族际交往和族际婚姻的研究广泛而深入。族际通婚一般分为境内各民族通婚和跨境通婚。

关于境内各民族通婚的研究论文有：高颖等学者基于对 2004—2012 年北京婚姻登记数据的分析，表明北京近十年的族际通婚在新婚群体中占比约 10%，其中以少数民族与汉族的通婚为主，也有相当数量的少数民族之间的族际通婚。与民族地区相比，北京的族际通婚的特点表现出显著差异：北京族际通婚的人口平均初婚年龄高于汉族通婚，夫妇平均学历水平也高于族内通婚的情况，少数民族之间的族际通婚人群中有很大比例的迁移人口和流动人口；婚姻稳定性方面，族际通婚夫妇的离结率（即当年的离婚数量与结婚数量之比）大大低于族内通婚夫妇。新婚人群的特征对比映射出北京对于少数民族精英人口的强大吸纳力（《北京近年族际通婚状况的实证研究》，《人口学刊》2014 年第 1 期）。

改革开放以来，西南地区的许多少数民族妇女以婚姻形式流迁至东部沿海地区。郑信哲等学者在以实地调查，系统、全面地了解和把握婚进东部沿海农村的西南少数民族妇女现状的基础上，探讨少数民族妇女的嫁入途径、原因及其在当地的适应情况，并指出她们及其家庭面临的问题与困难，最后提出了相关的对策建议（《婚进东部沿海地区的西南少数民族妇女现状研究》，《云南民族大学学报（哲学社会科学版）》2014 年第 2 期）。

此外，在我国性别比例失调的背景下，男性婚姻挤压程度不断加重。“城汉 + 乡少”的婚姻流动使得城镇地区的汉族往往把婚姻挤压的后果转嫁到少数民族乡村地区。何生海等以阿拉善左旗三年族际通婚的数据为依据，解读这种婚姻流动对当地社会产生的效应，并对其族际离婚的现状及特点进行研究（《内蒙古西部地区族际婚姻的流动模式研究——以阿拉善左旗为例》，《内蒙古社会科学（汉文版）》2014 年第 3 期）。

关于跨境婚姻的研究论文有：跨国通婚在边境少数民族聚居地区非常普遍，其缘由及影响引发了众多人类学、社会学学者的关注，尤其是跨国通婚中“跨国者”的归属感问题应该是我们关注的重点。学者曹薇娜通过对云南省马关县老刘寨的参与式观察、与越南苗族妇女交流，发现该特殊群体有明显的国家认同缺失或混乱问题，当地越南苗族妇女国家认同意识的变迁受到多种因素的影响，但根本上来自于政治上的疏离、经济上的失衡和当地文化融入的程度。跨国通婚是长期以来边境民族通婚传统在遭遇现代民族国家时的一个适应性挑战，涉及边疆治理一系列政策措施的制定及边疆繁荣稳定，我们应充分尊重边境民族社会的复合多样性特点，以体制机制创新实现对边疆少数民族地区的多元化治理（《越南苗族妇女跨国通婚及国家认同意识变迁研究》，《云南社会主义学院学报》2014 年第 3 期）。

部分学者对国外的跨族婚姻进行了关注。例如金斗燮等观察到居住在韩国的婚姻移民女性的社会活动和适应类型的重要因素——邻里效应。尤其是针对居住在同一个市、郡、区的外国妻子以及同民族人口比重对婚姻移民女性的社会活动和适应类型的影响进行分析。结果表明：居住地区的外国人妻子比重越高，越能促进婚姻移民女性的社会活动，并且属于孤立类型的可能性也越高。这样的边缘化效果在中小城市及农村地区比在大城市地区体现得更为明显。同时，居住地区同民族人口越多，和他们的接触和互动就越多，但是比起同化于韩国社会，属于孤立类型的婚姻移民女性较多（金斗燮、杨洋：《居住地区民族构成对婚姻移民女性社会活动和适应类型产生的影响：邻里效应的检验》，《贵州大学学报（社会科学版）》2014 年第 6 期）。

6. 在“社会认同”视域下研究民族地区流动人口。“社会认同”是社会成员共同拥有的信仰、价值和行为取向的集中体现。而广义的“社会认同”，则指包括政治、民族、宗教、文化和经济活动方式的认同，其中社会文化价值认同是其核心要素。在中华文明的发生、发展过程中，尤其是中国古代周边地区逐渐从“化外”转为“化内”的过程，或者是经济、文化中心逐渐从北向南的转移，或中原文化由中部、东部向西部渐浸的过程中，大规模人口迁移是其十分重要的载体（李禹阶：《“社会认同”视域下的跨区域移民及意义》，《中国史研究》2014 年第 4 期）。

而如今，我国流动人口在出现由少数民族聚居区的西部落后地区向东部沿海发达地区大规模迁移流动的同时，也有局部的逆向流动。这种逆向流动的规模尽管不如前者显著，但却涉及更复杂的民族关系，而各民族的居住格局又是影响民族关系的一个重要因素。李灿松等学者以西部云南省迪庆州为例分析发现，总体上流动人口中汉族与其他少数民族整体居住分离程度还是比较低，反映了民族之间的居住融合比较理想，但分民族来看，汉族与藏族、回族的居住分离程度较高，远远大于白族、纳西族和傈僳族。有效地进行居住迁移调整不仅可以减少各民族流动人口内部的矛盾，而且也能促进各民族流动人口之间、各民族流动人口与原住居民之间的融合，从而推动民族地区社会与经济的和谐发展（《西南边疆民族地区流动人口的族群关系研究——以迪庆藏族自治州建塘镇为例》，《西北人口》2014 年第 3 期）。

7. 民族地区教育更具保障且日益多元化。儿童教育关系着民族未来的发展，儿童时期的教育状况直接关系着民族地区未来的人口素质水平。建立于社会经济基础之上的区域儿童教育保障体系的构建和运作与民族地区教育活动的发展直接相关，是民族地区儿童教育活动开展的保障，当前多数民族地区的儿童教育保障体系有所发展，但还需要进一步完善。学者陈妍立足教育和区域民族发展的密切关系，从西南民族贫困地区未来发展出发，对当地儿童教育保障体系的完善趋势进行了深入探讨（《西南民族贫困地区儿童教育保障体系探究》，《贵州民族研究》2014 年第 12 期）。

此外，多元文化教育理论与实践是当今世界各国教育改革与发展的重要趋势（李学民：《多元文化教育对民族地区高校教师专业发展的促进》，《内蒙古师范大学学报（教育科学版）》

2014 年第 10 期）。世界多民族国家都普遍面临民族建构与国家建构的双重任务。冯江英等学者通过批判性反思多元文化主义理论，指出多民族国家的民族教育政策必须在“多元”的民族建构与“一体”的国家建构双重价值之间保持必要的张力。同时，以新疆双语教育政策作为我国民族地区双语教育政策的典型案例，分析其政策目标，指出我国民族地区双语教育政策充分体现了“以人为本的多元化”“以国家公共利益为重的一体化”和“以弱势补偿为先的公平正义”三个突出的价值取向（《我国民族地区双语教育政策的价值取向分析——基于多元文化主义的反思》，《新疆社会科学》2014 年第 6 期）。

8. 民族地区非政府组织之功能呈多样性和规范性。民族地区社会治理创新使当代社会呈现多元化发展的态势，社会治理创新的主体不仅包括政府部门，也包括民间社会组织。社会组织所具备的资本实力雄厚、资源动员能力强、协调能力过硬等特点，在民族地区社会治理创新中可以发挥独特的作用，其与政府部门彼此协作，与广大群众直接接触，有利于解决好民族地区农村经济社会发展中遇到的难题，不断创新社会治理方式和手段，提升民族地区社会治理创新水平。社会组织参与民族地区社会治理创新既有极大的必要性，又蕴藏着无限的可能性（吴开松、杨芳：《社会组织在西部民族地区社会治理创新中的价值研究》，《贵州民族研究》2014 年第 9 期）。

建立于政府—市场失灵理论基础之上的非政府组织，是时代的产物，是推动公民社会发展的相对独立于国家与市场之外的第三部门。非政府组织利用非传统形式、非政治的手段整合社会，在多元价值方面体现了独特的作用，争取了较多民众的支持，有很好的群众基础。由于多种因素制约，包括旅游产业在内的民族地区的各个领域存在更多的政府—市场失灵的灰色地带，非政府组织的定位和立场使得其在民族地区旅游产业发展中有更多的发挥空间。以非政府组织的相关理论为基础，探讨了非政府组织在民族旅游产业发展中的参与领域、方式、角色等方面的创新和实践问题，以此为非政府组织在民族地区旅游产业的工作深入提供新的思路（吴祖梅：《非政府组织参与民族地区旅游产业的探索和创新》，《贵州民族研究》2014 年第 10 期）。

境外非政府组织在西北地区民族地区存在形式多样，背景复杂，目的政治性明显。美国等西方国家的非政府组织以民族问题、人权问题为借口，以非政府组织为工具，向中国输出西方价值观念，挑起中国少数民族分离情绪，煽动民族仇恨，进而达到破坏国家安全与稳定的战略目的。因此必须高度重视境外非政府组织插手民族地区民族宗教事务、干涉基层政权，防止非政府组织异化为影响国家安全稳定的力量（闫文虎：《境外非政府组织在西北民族地区的活动及对我国安全的影响》，《西安政治学院学报》2014 年第 5 期）。

9. 民族地区医疗个案研究受到重视。现代医疗卫生体系的建立与科学预防和治疗疾病观念的传播可以说是现代化给人类社会带来的最大福祉。人类学认为，看似简单的对疾病原因的解释和不同的就医行为，其背后是一整套的地方性知识和传统观念。因此，建医院易，改变观念难。现代医疗卫生体系如何与根深蒂固的传统疾病观和就医观相结合，从而真正改善民众的健康状况，是目前西藏所面临的严峻挑战之一。2012 年 7 月和 2013 年 7 月，苏发祥等学者先后两次赴西藏日喀则地区南木林县艾玛乡进行人类学田野调查，对当地村民们的疾病观及就医行为进行了比较系统的调查。调查显示，在当地村民看来，现代化医疗体系与传统的疾病治疗方法并不相互抵牾、彼此冲突，可以同时采用，相互补充。这从一个侧面反映出，面对现代化，村民们并不总是处于被动应付的地位，而是自有一套主动应对的智慧（《论西藏乡村社会的疾病观及村民的求医行为——以西藏南木林县艾玛乡牛村为例》，《西北民族研究》2014 年第 4 期）。

而马克坚等学者在田野调查的基础上，就阿昌族、傈僳族、瑶族、黎族、羌族等少数民族医药的现状进行分析，讨论了民族医药的传承问题，指出民族民间医生累积的社会地位和当地人的信任是民族医药传承的社会氛围，对医术的习得及借助其获得一定的社会身份则是驱动力

(《西南少数民族传统医药调查》,《广西民族大学学报(哲学社会科学版)》2014 年第 6 期)。

新型农村合作医疗是改善农村居民医疗水平,改善民生的重要举措。近年来,民族自治地区的新型合作医疗的参合率、统筹基金使用率以及实际补偿比例等方面有了很大的提高。但是,由于经济发展水平、民族文化和宗教信仰等方面的原因,民族自治地区在新型农村合作医疗的实施上仍存在着一些问题。贺明宇等试图通过对凉山彝族自治州美姑县的分析寻求问题解决的对策(《试论民族地区新型农村合作医疗存在的问题及对策——以凉山彝族自治州美姑县为例》,《经营管理者》2014 年第 7 期)。

10. 其他相关领域的研究也取得了巨大的进展。2014 年与民族社会学相关的领域研究也取得了很大进展,出现许多新观点、新主张。

在企业人类学方面,学者张继焦提出"伞式社会"的概念。他指出,改革开放 30 多年以来,为什么中国可以快速发展起来?由此,需要思考几个相关的问题:中国经济崛起与巨大的经济社会结构转型有什么关系,政府与企业在其中起到了什么样的作用。尽管中国未来"全面深化改革"的目标和方向是市场或市场主体充当"运动员"和起决定性作用,政府主要充当"裁判员"的角色。但是,通过对"地方"和"企业"两类案例分析,他发现在很大程度上,过去 30 多年中国经济崛起的推动力和发展方式之一是:尽管发生了大规模的经济结构转型,但是,在属地经济和"官本位"体制下,地方政府与当地企业的关系依然是原有的"庇护"与"被庇护"伞式关系。在中国各地经济的发展中,在大大小小的各种庇护伞状结构下,当地的资源配置和经济社会发展表现出明显的"伞式社会"特点(《"伞式社会"——观察中国经济社会结构转型的一个新概念》,《思想战线》2014 年第 4 期)。

在汉民族研究方面,曾少聪学者主张,历史上,除了元代和清代等少数几个朝代外,汉族在我国的政治、经济、社会和文化等方面长期处于优势地位,从历史学视角展开的汉民族研究可谓成果丰硕,而从民族学视域开展汉民族研究的重要性虽然不断地得到强调,也产生了诸多极富建设性的成果,却仍然存在着诸如把汉民族的历史等同于中国历史、各学科对汉民族的研究代替了民族学的汉民族研究、以少数民族研究代替汉民族研究等问题。因此,民族学视域中的汉民族研究应该把汉民族作为一个民族实体进行研究,重视研究当前汉族与少数民族关系新特点,加强研究汉民族海外移民历史和现状,加强对汉民族社区的田野调查,尤其是要加强从少数民族的视角来研究汉民族,以促进对汉民族形成更全面的认识(《民族学视野中的汉民族研究》,《云南民族大学学报(哲学社会科学版)》2014 年第 3 期)。

而学者杜倩萍则从社会文化人类学的角度,采用文化传播模式分析方法,透过对屯垦的历史记忆,撷取高昌文化圈之形成和辐射;诸族生产生活方式的交融与变迁;养蚕织绢、纸张及印刷术、汉文书籍、建筑艺术等在西域地区的传播及交融;同时,西域棉花、果蔬等栽培技术和马驴骡等驯养方法及音乐舞蹈传入内地等实例,进一步阐明屯垦(当然还有其他各种途径)对汉族与西域地区其他诸族文化互动的影响(《屯田与汉文化在西域的传播》,《西域研究》2014 年第 4 期)。

(二)2014 年学术会议动态

2014 年,各地学术机构及高校召开了许多关于民族社会发展及治理的学术会议。

中国社会科学论坛(2014 年)——民族地区社会治理理论与实践国际会议

2014 年 11 月 16—17 日,"中国社会科学论坛(2014 年)——民族地区社会治理理论与实践国际会议"在云南民族大学雨花校区开幕。来自美国、加拿大、日本、印度、马来西亚、中国内地和中国香港特别行政区等 7 个国家和地区的 100 余名专家学者参加此次会议。此次学术研讨会由中国社会科学院主办,中国社会科学院民族学与人类学研究所、云南民族大学承办,邀请国内外从事西部民族地区社会治理、社会稳定研究的知名专家学者参会，有助于宣传西部少数民族地区的社会治理成绩，系统总结社会治理经验，研究存在的问题和对应的解决措施、政策建议，对于提高西部少数民族地区的社会治理水平、维护长治久安具有非常重要的现实意义。

党的十八大以来，中国政府提出了构建现代国家治理体系的重大发展目标，社会治理成为近年来国内社会科学界讨论的热点。论坛从以下方面进行了深入讨论：国内外社会治理的理论与实践、民族地区社会治理的中国经验、民族区域自治、传统地方社会自治、宗教信仰、国内外移民、民族关系、性别问题、城镇化、社会冲突与社会治理等。这场跨学科的学术讨论汇集了民族学、人类学、社会学、公共管理学、宗教学、政治学、法学等不同领域的学者，涉及四川凉山彝族、云南三江并流区域傈僳族、西盟阿佤山佤族、西双版纳哈尼族、布朗山布朗族、湘西苗族、海南黎族、甘南藏区藏族、宁夏回族、新疆维吾尔族等不同地域的少数民族。国际上流行的几种类型的民族主义，北美地区加拿大民族多样性与社会治理，东南亚地区马来西亚的多民族性与国家政策，中美洲地区危地马拉的土著民族政策，南亚地区印度的森林政策与土著部族问题，以及中国西藏社会治理机制的变革和云南民族工作经验等都成为与会学者热烈讨论的内容。这样的研讨无疑有助于政府、学界、智库深化对中国民族地区多种面向的社会治理的认识，有利于总结凝练出民族地区社会治理的理论与政策。

社会转型与中国民族问题学术研讨会

2014 年 11 月 15—16 日，中央民族大学中国民族理论与民族政策研究院在北京成功举办“社会转型与中国民族问题”学术研讨会。这次研讨会有来自中央民族大学、中国社会科学院、西南民族大学、广西民族大学、中南民族大学、国家民委、《中南民族大学学报》编辑部、《中国民族报》等全国 20 多所高校、科研机构、民族工作部门、媒体的 40 多名学者及媒体工作者参加。参会者多是来自民族理论与民族政策研究领域有影响的专家和中青年学者。会议分主题报告和主题研讨两个大的板块，共六个场次。主题报告是对中央民族工作会议精神的学习。研讨会则围绕四个方面开展：社会转型与民族理论；社会转型与民族治理理念、理论；社会转型与民族治理实践、场域；制度自信与区位实践。研讨会旨在以学习贯彻中央民族工作会议精神为契机，结合社会转型这一特殊时空环境深刻探究当前中国民族问题的特点、规律及其应对方略。

边疆民族地区城镇化论坛

为适应国家城镇化战略需要，更好地破解边疆民族地区城镇化建设发展这个重大命题，2014 年 4 月 25—27 日，由中国西南民族研究学会和红河学院主办、云南省民族研究所协办的边疆民族地区城镇化论坛在红河学院举行。来自全国 15 个省区市 50 多个单位的近百名专家学者参加了论坛，提交近 60 篇论文。红河学院校长甘雪春教授，国家民委巡视员、民族问题研究中心副主任黄忠彩先生在论坛开幕式上致辞；会议由红河学院副校长安学斌教授主持；中国西南民族研究学会会长何耀华研究员对研讨会作了总结。

此次会议有较强现实意义。会议提交的论文涵盖边疆民族地区城镇化的理论、经验和个案，涉及国家政治、族群关系、生态文明、文化保护、旅游、双语教育、经济发展等领域，关注少数、弱势和边缘族群社会，凸显人文主义关怀，充分体现了“人”的城镇化主题思想，具有难能可贵的换位思考、自下而上的视角和反思精神。

（杜倩萍，副研究员，中国社会科学院民族学与人类学研究所民族文化研究室）

2013—2014年民族史学科综述*

刘正寅　方素梅　彭丰文

2013—2014年中国民族史学科继续保持平稳、良好的发展态势，取得了丰硕的研究成果，学科建设显著推进，研究的深度和探索的广度均有拓展与创新。

一　研究成果述评

2013—2014年，中国民族史研究取得了丰硕的成果，出版学术专著共一百余部，发表了大批学术论文，内容广泛涉及传统中国民族史各个研究方向，并有所突破和创新。

（一）2013年研究成果述评

2013年，中国古代民族史研究领域成果卓著，出版了相关学术专著30余部，刊发了大批学术论文，内容涉及中国古代各民族的族源、族称、民族关系、民族文化、民族迁徙、民族志文献整理与研究、民族观念与国家认同、民族政权兴衰演变等方面，内容广泛，涵盖了民族史研究各个领域。

该年度有关中国民族史研究通论性、贯通性研究数量不多。蔡美彪的《中华史纲》（社会科学文献出版社2013年版）系统而简明地呈现了中华民族自上古至清代的形成和发展历史。汪高鑫的《中国民族史学思想的新探索》（《史学理论研究》2013年第1期）从理论层面探讨了中国民族史学。刘正寅的《交融与发展：历史进程中的华夏民族》（《学术前沿》2013年第10期下）探讨了中华民族整体性不断加强、多元一体的民族格局逐渐形成的历史进程及其历史意义。许辉的《北京民族史》（人民出版社2013年版）则是一部综合性地域民族通史。此外还有方铁的《边疆民族史新探》（知识产权出版社2013年版）、林文勋的《“贝币之路”及其在云南边疆史研究中的意义》（《中国边疆史地研究》2013年第1期）从不同侧面对西南边疆民族史进行了探讨。有关先秦民族史的研究，袁建平的《中国早期的邦国与方国》（《历史研究》2013年第1期）、罗卜特·索普的《青铜时代早期的中国：商文明》（Robert L. Thorp, *China in the Early Bronze Age: Shang Civilization*, University of Pennsylvania Press）、石朝江的《上古“东方夷人”是中华文明中华民族的一个重要源头》（《西部学刊》2013年第11期）从不同侧面对中华民族早期形成史作了探讨，而王洪军的《新史料发现与“秦族东来说”的坐实》（《中国社会科学》2013年第2期）则讨论了先秦民族迁徙中的重要个案，认定秦之先祖是被周人迁徙至甘陕一带的商盖（商奄），来自东方，与商朝王族有亲缘关系。

2013年度有关两汉魏晋南北朝时期民族史的研究专著中，范恩实的《夫余兴亡史》（社会

* 本文2013年古代民族史内容由彭丰文、刘正寅撰写，近代民族史内容由方素梅撰写，由刘正寅统稿、修订完成；2014年内容由彭丰文撰写。全文由彭丰文编定。

科学文献出版社 2013 年版)，是一部有关我国东北地区古代族群夫余历史研究的填空、创新之作，取得了许多与前人不同的新认识。张安福的《汉唐屯垦与吐鲁番绿洲社会变迁研究》（中国农业出版社 2013 年版）探讨了汉唐时期吐鲁番绿洲社会的屯田等重要问题。有关论文主要有王子今、乔松林的《“译人”与汉代西域民族关系》（《西域研究》2013 年第 1 期）、李大龙的《汉武帝“大一统”思想的形成及实践》（《北方民族大学学报》2013 年第 1 期）、王希隆的《魏、晋、前凉西域屯田述论》（《西域研究》2013 年第 3 期）、彭丰文的《试论两晋时期的“中国”认同》（载《中国社会科学院民族学与人类学研究所青年学术论坛（2011 年)》，社会科学文献出版社 2013 年版)、王欣的《高昌汉人的族属认同》（《西域研究》2013 年第 4 期)、罗新的《高句丽国名臆测》（《中华文史论丛》2013 年第 1 期)、张鹤泉的《北魏赠爵制度考》和王永平《北魏孝文帝太子拓跋恂之死及其原因考析》（二文均载《史学集刊》2013 年第 1 期)、约翰·基利格鲁（John W. Killigrew）的《北朝〈晋书〉和〈魏书〉中的谋士》（“The Role of the Moushi in the Jin Shu and Wei Shu During the Northern Kingdoms Period, 309 – 450 AD”, *Journal of Asian History*, Vol. 47, No. 2 (2013), pp. 151 – 196)。

隋唐辽宋金时期是中国民族发展史上的重要历史阶段，有关这一时段民族史的研究成果丰硕。王义康的《唐代边疆民族与对外交流》（黑龙江教育出版社 2013 年版）对唐代周边民族的发展以及唐王朝与东、西方的交流等方面的问题进行研究。朱悦梅、杨富学的《甘州回鹘史》（中国社会科学出版社 2013 年版）以地下出土材料与史书的记载相印证，尽可能全面地重构甘州回鹘的历史。拓和提·莫扎提的《中世纪维吾尔社会》（人民出版社 2013 年版）对回鹘西迁之后的发展及伊斯兰教的东传、中亚地区的突厥化等重大历史性事件进行了探讨。主要的论文有王培新的《渤海早期王城研究中的几个问题》（《中国边疆史地研究》2013 年第 2 期)、程妮娜的《唐朝渤海国朝贡制度研究》（《吉林大学学报》2013 年第 3 期)、苗威的《大祚荣族属新考》（《中国边疆史地研究》2013 年第 3 期)、赵心愚的《从 P. T. 1287 卷赤德祖赞传记看南诏与吐蕃关系的变化》（《西藏大学学报》2013 年第 1 期)、叶拉太的《历史时期“吐蕃”概念的时段分析——兼论吐蕃时期政治历史进程》（《思想战线》2013 年第 2 期)、李鸿宾的《唐朝胡汉关系研究中若干概（观）念问题》（《北方民族大学学报》2013 年第 1 期)、管彦波的《历史民族地理学视阈下的舆地之图研究——以两宋时期传世地图为考察重点》（《中国社会科学院民族学与人类学研究所青年学术论坛（2011 年)》，社会科学文献出版社 2013 年版)、周峰的《金代张仲宾墓志铭考释》（《中国社会科学院民族学与人类学研究所青年学术论坛（2011 年)》，社会科学文献出版社 2013 年版)、白玉冬的《〈苏吉碑〉纪年及其记录的“十姓回鹘”》（《西域研究》2013 年第 3 期)、高福顺的《契丹皇族儒家经史教育考论》（《中国边疆史地研究》2013 年第 3 期)、崔明德和孙政的《辽初期民族关系思想的两大流派》（《齐鲁学刊》2013 年第 2 期）以及《金代聂宗家族两方碑铭考释》（载刘宁主编《辽金史论集》第 13 辑，中国社会科学出版社 2013 年版)、史金波的《西夏的汉族和党项民族的汉化》（《中南民族大学学报》2013 年第 1 期)。

蒙元史研究一直具有很强的国际性，该年度蒙元史的研究正体现这一特点。重要专著有：陈得芝的《蒙元史与中华多元文化论集》（上海古籍出版社 2013 年版）从中华文化的高度探讨了蒙元史、民族史研究中的一些重要问题，既有专题研究，也有学科理论阐发。刘迎胜的《蒙元帝国与 13 至 15 世纪的世界》（生活·读书·新知三联书店 2013 年版）运用英文、德文、波斯文、阿拉伯文、蒙文、突厥文等文献资料，重现了 12—15 世纪蒙元帝国的社会文化图景，并着重对蒙元时代的内外交流进行了探讨。国外有关蒙元史的著作主要有罗依果（de Igor Rachewiltz）《蒙古秘史》第三卷（*The Secret History of the Mongols*, Volume 3 (Supplement): A Mongolian Epic Chronicle of the Thirteenth Century)，是对作者已有研究的订正与补充。重要论文有：李治安的《元明西藏“政教合一”制度与“活佛转世”制度》（《史学集刊》2013 年第 6 期）、姚大力的《元乡试如何确定上贡人选及其次第——读〈三场文选〉札记》、乌兰的《王国维的〈元朝秘史〉校勘与其蒙元史研究之关系》、金浩东（韩国）的《蒙古帝国与“大元”》（以上三篇论文均载于姚大力、刘迎胜主编《清华元史》第二辑，商务印书馆 2013 年版）、李鸣飞的《蒙元时期的札撒孙》（《西域研究》2013 年第 2 期）、尚衍斌的《元代江南一个畏兀儿家族的宗教信仰》，（《民族研究》2013 年第 5 期）、刘正寅的《〈史集·部族志·乞儿吉思部〉研究》（《中国边疆史地研究》2013 年第 1 期）、党宝海的《昔里吉与元越战争》（《西部蒙古论坛》2013 年第 4 期）、马晓林的《元朝太庙演变考——以室次为中心》（《历史研究》2013 年第 5 期）、邱轶皓的《十四世纪初斡儿答兀鲁思的汗位继承危机——相关波斯语、阿拉伯语史料的对比研究》（《西域研究》2013 年第 4 期）等。另有斯维尔德鲁普（Carl Fredrik Sverdrup）的《速不台·把阿秃儿：无名军事家》（“Sübe'etei Ba'atur, Anonymous Strategist”）一文发表于《亚洲史杂志》（*Journal of Asian History*, Vol. 47, No. 1（2013）, pp. 33－49）。

2013 年明清民族史成果亦很突出。专著主要有：赵文的《明朝后期对蒙古策略研究》（中央民族大学出版社 2013 年版）探讨了自万历年间开始一直到明朝末期明蒙关系中的诸多政策性因素对博弈各方的生存发展产生的重要影响。齐光的《大清帝国时期蒙古的政治与社会——以阿拉善和硕特部研究为中心》（复旦大学出版社 2013 年版）考察了清朝时期阿拉善和硕特部社会的具体面貌及清朝与蒙古诸部间关系的实质。徐毅的《绥服远人——清帝国治理广西的教化策略》（社会科学文献出版社 2013 年版）则从中央王朝对边疆的治理入手，描述了清政府在广西推行文教政策的发展轨迹，着重分析清政府文教政策的利弊得失。主要论文有：张文德的《明代士大夫眼中的回回形象》（《西域研究》2013 年第 3 期）、罗群的《云南土司制度发展与嬗变的制度分析》（《中国边疆史地研究》2013 年第 1 期）、武沐的《明代“土流参治”再研究》（《中国边疆史地研究》2013 年第 1 期）、成臻铭的《武陵山片区明代金石碑刻所见土家族土司的“中华情结”》（《青海民族研究》2013 年第 1 期）、王双怀的《明清“狼兵”新探》（《中国边疆史地研究》2013 年第 3 期）、那顺达来的《卫拉特杜尔伯特部起源考》（《内蒙古师范大学学报》2013 年第 1 期）、张杰的《清代盛京满族与朝鲜中江贸易新论》（《中国边疆史地研究》2013 年第 2 期）、陈宝良的《清初士大夫遗民的头发衣冠情结及其心理分析》（《安徽史学》2013 年第 4 期）、高健的《〈乌鲁木齐政略〉文献再探》（《西域研究》2013 年第 3 期）。

2013 年度中国近代民族史研究的基本态势是延续近年形成的热点，主要围绕近代民族国家建构下的各种思想流派的论争、边疆治理和民族整合、地方社会发展等，展开更为广泛深入的研究。在研究方法上更加突出多学科结合的特点，历史人类学得到广泛传播，史料运用方面也向民间谱牒、碑铭和口述历史等扩展。

首先，史学史研究持续开展。近年来，中国近代史学发展历程的研究受到学界广泛重视。2013 年度出版的美国学者李怀印的《重构近代中国》（中华书局 2013 年版）、中国学者叶建的《中国近代史学理论的形成与演进（1902—1949）》（中国社会科学出版社 2013 年版）可谓代表性著作。前者系统地回顾了 20 世纪初以来，中国知识分子在各个时期的中国近现代史历史书写；后者着重对中国近代史学理论发展的时代特征进行了剖析。其中都涉及 20 世纪上半叶中国民族史向现代学科转变的历程。

其次，区域研究和边疆研究蓬勃开展。国外学者对中国边疆地区的研究一直怀有极大热情，发表了大量成果。董玥主编的《走出区域研究（西方中国近代史论集粹）》（社会科学文献出版社 2013 年版）收录了 12 篇过去 20 年里发表在重要英语出版物上的关于中国近现代史的文章，文章的作者是美国、加拿大、澳大利亚以及英国仍然活跃在学术界的学者，其中杜赞奇、周锡瑞、裴宜理、墨磊宁等学者的研究内容都与中国近代民族史密切相关。国内学者的区域研究也成果斐然。如王田的《从内陆边疆到民族地方——杂谷脑河流域的市场演化与族群互动》（商务印书馆 2013 年版）梳理了清代以来 300 余年时间里，川西北岷江上游支流杂谷脑河流域市场体系的演变过程，以及与之相伴随的族群接触与互动的生动故事，由此考察宏观政治经济体系场景中的区域社会嬗变历程。王海兵的《康藏地区的纷争与角逐（1912—1939）》（社会科学文献出版社 2013 年版）将 1912—1939 年发生在康藏地区的一系列大小战事置于康藏问题的发展脉络中来加以全面系统的考察，力图在近代中国特殊的历史环境中和多元一体的政治格局下，还原这段波澜曲折的康藏局势变迁史。胡兴东的《治理与认同：民族国家语境下社会秩序形成问题研究——以 1840—2000 年云南边疆民族为中心》（知识产权出版社 2013 年版）对近代以来云南边疆民族地区社会组织结构变迁的动因及过程进行探讨，认为云南边疆民族地区近代在民族国家的影响下，出现了国家治理与认同的复杂进程关系。

再次，专题研究类型多样。由于中国近代民族史研究领域广泛，各类专题研究涵盖面广，每年发表的著述数量巨大，难以细细列举。其中，暨爱民的《民族国家的建构——20 世纪上半期中国民族主义思潮研究》（社会科学文献出版社 2013 年版）对 20 世纪上半期中国语境下民族问题的形成，民族主义的表现形式、结构及具体运作等进行了初步考察。段友文的《走西口移民运动中的蒙汉民族民俗融合研究》（商务印书馆 2013 年版）通过历史文献、地方资料、口述史记录多种材料的综合运用，对走西口移民运动进程中蒙汉民族民俗融合的性质、特点及其规律进行了探讨。杨作山的《回藏民族关系史》（宁夏人民出版社 2013 年版）对青藏高原及其周围地区回、藏民族间经济文化交流的途径、形式、内容和过程进行了分析。刘祥学的《壮族地区人地关系过程中的环境适应研究》（广西师范大学出版社 2013 年版）通过对壮族与地理环境适应关系的研究，探讨中国民族地理学研究的理论与方法问题，力图进一步完善民族地理研究的理论框架。郭小东等的《失落的文明——史图博〈海南岛民族志〉研究》（武汉大学出版社 2013 年版）对德国教授史图博于 20 世纪 30 年代所撰写的《海南岛民族志》相关内容进行评析，并依据当年史图博路线进行实地调研，对相关错讹之处进行证伪，重新提出自己的观点。马雪峰的《从教门到民族：西南边地一个少数社群的民族史》（社会科学文献出版社 2013 年版）通过对西南一个少数社群近代某一历史侧面的考察，探讨了晚近“革命”与“Nationalism”背景下中国人群分类的轨迹。吕一燃主编的《中国近代边界史（上、下卷）》（人民出版社 2013 年版）主要是叙述 1840 年鸦片战争后至 1949 年中华人民共和国建立前中国边界变迁的历史，书中大部分内容都涉及民族地区。

（二）2014 年研究成果述评

2014 年民族史学科研究成果十分丰富，出版专著 60 余部，发表了大批学术论文，涉及中国古代少数民族的起源和迁徙、民族关系的发展演变、民族政权的兴衰、民族文化的影响与变迁、民族志文献整理与研究、民族观念与国家认同、近代民族主义与国家建构、近代边疆民族发展变化等各个方面，研究的广度和深度都有较大的推进。

2014 年度有关中国民族史研究的通论性成果十分丰富，其中较有代表性的专著有：张勇的《历史时期西南区域民族地理观研究》（中国文史出版社 2014 年版）。该书综合运用历史学、民族学、地理学等学科的研究理论和方法，系统论述不同历史时期人们的西南区域民族地理观的产生背景、内容、特点及变化，并探讨其发展演变规律。2014 年 4 月，青海人民出版社出版了《青海世居少数民族简史丛书》，包括《青海蒙古族简史》（芈一之、张科著）、《青海藏族简史》（先巴著）、《青海撒拉族简史》（芈一之著）、《青海回族简史》（马小琴著），另外《青海土族简史》也在出版计划中。这五部简史共同构建了青海政治史的基本框架，共同构建了青海生动的民族关系史和丰富的民族文化史。姜维公主编的《中国东北民族史》（吉林文史出版社

2014年版）共3卷8编，近100万字，以东北民族族系即汉族、东胡、肃慎三大族系的嬗变为基本线索，对东北诸民族的源流及其政治、经济、文化形态，以及民族政权、民族分布格局及其与中原、周边民族之间关系等进行全景式的梳理和研究。郑维宽的《历代王朝治理广西边疆的策略研究——基于地缘政治的考察》（社会科学文献出版社2014年版）从地缘政治的研究角度，考察了广西高层政区与广西边疆的历史形成过程。可见，在民族史通史撰述方面，地域性民族通史成果有显著的增长，体现了民族史学界越来越重视历史上地域与民族之间的关系。民族史通论性的学术论文成果集中以政治与文化为主题。其中较有代表性的论文有：叶帅、刁书仁的《北方少数民族政权初期汉臣入仕问题初探》（《黑龙江民族丛刊》2014年第5期），史振卿的《儒化与征伐——古代政府治黎策略述要》（《贵州民族研究》2014年第9期），李大龙的《游牧行国的内涵及其特点——多民族国家视角下游牧和农耕族群互动研究》（《烟台大学学报》2014年第5期），汪高鑫、郭倩的《二十四史民族史撰述与中国多民族国家历史的构建》（《郑州大学学报》2014年第4期），关志国的《论中国古代史籍对四夷的体系化记述模式》（《史学集刊》2014年第5期），黎小龙的《传统民族观视域中的巴蜀“北僚”和“南平僚”》（《民族研究》2014年第2期）等。

2014年度先秦两汉民族史的研究较为关注两个方面。

1. 族别史研究。这方面的代表性专著有张合荣的《夜郎文明的考古学观察——滇东黔西先秦至两汉时期遗存研究》（科学出版社2014年版）。该书借助该地区已发现的先秦至两汉时期考古遗存资料，结合文献史料和地理生态，对夜郎文明的形成与发展去向进行了综合性的考古学观察。论文方面的成果以夜郎、楚人等族群的起源与发展、消失轨迹为研究热点。较有代表性的成果有：王明贵等的《夜郎族属新证——从贵州省赫章县可乐出土夜郎时期铜镜新发现铭文译释切入》（《毕节学院学报》2014年第10期）、桑耀华的《滇民族消失之路探索》（《学术探索》2014年第10期）。关于楚人起源的代表作有两篇，一篇是杨邓旗的《楚王族起源与〈天问〉中所见夏王朝初期事迹的关系》（《重庆科技学院学报》2014年第2期），另一篇是徐杰舜的《汉民族五帝时代的族群态势》（《重庆文理学院学报》2014年第1期）。围绕匈奴民族的研究是2014年度的重要热点之一，探讨内容广泛涉及匈奴民族的政治、经济、军事、文化以及民族的兴衰轨迹，代表性成果有：李春梅的《论匈奴政权的分封制》（《内蒙古社会科学（汉文版）》2014年第1期）、王海的《论匈奴社会中的定居因子》（《河北学刊》2014年第1期）、王绍东的《冒顿单于的战争策略透视》（《西北民族大学学报》2014年第5期）、牧仁的《论匈奴帝国解体的阶段性》（《内蒙古社会科学（汉文版）》2014年第2期）。乌桓、鲜卑等民族的历史活动和影响也是学者关注的对象之一，例如崔向东的《乌桓、鲜卑南迁西进与北方民族关系演变》（《内蒙古社会科学（汉文版）》2014年第4期）。

2. 民族问题与边疆地域性研究相结合的研究。代表性的论文成果有：赵红梅的《汉代边疆民族管理机构比较研究——以度辽将军、护羌校尉、使匈奴中郎将为中心》（《黑龙江社会科学》2014年第5期），杨丽华的《两汉王朝对安宁河流域的经略与渐进式汉化》（《中华文化论坛》2014年第10期），陈金生、张郁萍的《两汉张掖属国述论》（《敦煌研究》2014年第5期）。此外还有学者关注了秦汉时期的国家认同问题，如彭丰文的《秦始皇东巡与秦王朝国家认同的建构》（《东岳论丛》2014年第9期）。

魏晋南北朝民族史研究的重点之一仍然是族别史。鲜卑、高句丽、铁勒、羌族等民族是关注的焦点。由于鲜卑、高句丽在魏晋南北朝处于活跃期，因此围绕二者的研究成果尤为显著。其代表性专著有罗新的《黑毡上的北魏皇帝：北魏即位仪式研究》（海豚出版社2014年版）。作者从北魏皇帝即位仪式中的代北因素入手，既考察了拓跋鲜卑政治传统与华夏传统的遭遇、碰撞及变异，又考察鲜卑旧俗（所谓代都旧制）与内亚政治传统间的联系，以此揭示中国历史发展的独特性。论文代表作有：曾顺岗、张宏斌的《鲜卑政治、文化背景下的儒士命运——对北魏崔浩被诛的深层解读》（《天府新论》2014 年第 5 期），高然的《慕容鲜卑早期历史考论》（《地方文化研究》2014 年第 4 期）、《民族历程与慕容改姓》（《西华师范大学学报》2014 年第 4 期），张芳的《〈魏书·高句丽传〉疆域与人口史料辨析》（《北方文物》2014 年第 1 期），《高句丽与北魏关系史料辨析——以〈魏书·高句丽传〉为中心》（《佳木斯大学社会科学学报》2014 年第 1 期），包文胜的《铁勒族名考——兼谈史料中的狄系诸族名》（《西北民族研究》2014 年第 1 期），魏长青、杨铭的《魏晋南北朝时期羌族部落考》（《青海民族研究》2014 年第 1 期），胡玉春的《铁弗匈奴迁居朔方考》（《西夏研究》2014 年第 3 期），陈开颖的《北魏中原文化思维战略》（《中州学刊》2014 年第 10 期），李克建的《历史上的文化整合与民族认同——以北朝后期为分析中心》（《中南民族大学学报》2014 年第 6 期）。

2014 年度隋唐宋辽金时期民族史取得了丰硕的成果。族别史研究代表性专著有：荣新江的《中古中国与粟特文明》（生活·读书·新知三联书店 2014 年版），该书深入探讨了入华粟特人的迁徙路线、聚落分布、生活形态、社会变迁等问题，并阐发安禄山的种族、宗教信仰及其叛乱基础，强调入华粟特人的多元文化特性。夏宇旭的《金代契丹人研究》（中国社会科学出版社 2014 年版），该书主要是从金代契丹人的军事、政治、文化等的活动，契丹人的社会组织，周边政权对契丹人的影响及金廷对契丹人的统治政策等加以论述，从而全面地廓清金代契丹人的生活状态以及对金政权的影响。杨珩的《女真统治下的儒学传承——金代儒学及儒学文献研究》（四川大学出版社 2014 年版）叙述并评价了金代的儒学政策以及儒学发展、传承情况。代表性成果有：段丽波等围绕南诏时期乌蛮史研究发表了系列论文，例如《南诏时期的寻传蛮》（《学术探索》2014 年第 10 期）、《南诏时期的和蛮》（《云南师范大学学报》2014 年第 5 期）、《南诏时期的磨些蛮》（《思想战线》2014 年第 5 期），推动了西南民族史的研究。另外还有杨铭的《有关吐蕃“九大尚论”的若干问题》（《历史研究》2014 年第 1 期）、周伟洲的《〈唐故突骑施王子志铭〉补考》（《中国历史地理论丛》2014 年第 1 期）、乔梁的《关于靺鞨族源的考古学观察与思考》（《吉林大学社会科学学报》2014 年第 2 期）等。唐朝边疆民族问题也是 2014 年度研究重点之一，代表性成果有：刘炬的《试论唐朝东北边疆经略政策的演变及影响》（《北方文物》2014 年第 3 期），王文光、李艳峰的《隋唐时期西部边疆的昭武九姓研究三题》（《云南师范大学学报》2014 年第 2 期），范香立、张金铣的《唐与回鹘和亲原因解析》（《青海民族大学学报》2014 年第 2 期）。关于民族志文献的研究代表作有王文光、陈燕的《〈新唐书〉的“四夷传”与唐代的民族史志研究》（《学术探索》2014 年第 1 期），张勇的《唐宋三重格局西南区域民族地理观的形成与演变》（《贵州民族研究》2014 年第 2 期），裴一璞、张文的《宋代西南“极边”地理认知与国朝应对》（《思想战线》2014 年第 2 期）探讨了宋代西南“极边”概念的政治、文化内涵，指出“极边”是宋朝建立“华夏与非我”意象、凝聚内部认同的重要分界线。关于金代女真民族的代表性论文有：熊鸣琴的《金人“中国”观特质新论》（《江西社会科学》2014 年第 8 期），杨珩的《儒学文化在女真民族统治地域内的传播与传承——兼论儒学文化的北传》（《贵州民族研究》2014 年第 4 期），陈晓伟、孙昊的《释〈金史〉“豪剌唐古”》（《民族研究》2014 年第 1 期），雷信来的《大理国对宋王朝的国家认同》（《吉首大学学报》2014 年第 3 期），王耘的《金代女真的政治认同与对辽政策的转变》（《北方文物》2014 年第 2 期），周峰的《张宁墓志所见唐朝与党项的战争》（载杜建录主编《西夏学》第九辑，上海古籍出版社 2014 年版）等。

蒙元史是民族史研究的重要领域，相关研究成果十分丰富。代表性专著有：刘迎胜的《蒙元史考论》（上、下册）（兰州大学出版社 2014 年版）从相关文献、专题等方面对蒙元史进行了一定的研究。李治安的《元史十八讲》（中华书局 2014 年版）以时间为主要线索，讲述了从铁木真统一蒙古诸部开始，到元顺帝亡国为止蒙元帝国的兴衰历程，并对诸如蒙元时期的经济、文化、政治制度和民族政策，马可·波罗来华等问题进行了专门论述。莫日根巴图的《〈蒙古秘史〉逻辑思想研究》（辽宁民族出版社2014年版）以逻辑与文化的关系和广义逻辑理论为基础，研究古代蒙古族的逻辑思想。代表性论文有：罗贤佑的《西方教士出使蒙古之目的试析》（《西部蒙古论坛》2014年第3期），王明荪的《元代几种方志中的官职问题初探》和申万里的《元朝国家政权内部的沟通与交流——以宣使为中心的考察》（二文均载于李治安主编《元史论丛》第十四辑，天津古籍出版社2014年版），陈得芝的《藏文史籍中的蒙古祖先世系札记》（《中国藏学》2014年第4期），刘正寅的《〈史集·部族志〉巴儿忽惕诸部研究》（载刘迎胜主编《元史及民族与边疆研究集刊》第二十六辑，上海古籍出版社2014年版），毛海明的《元代的一个阿儿浑人家庭》（《民族研究》2014年第2期），毛海明、张帆的《史彬事迹钩沉》（《中国史研究》2014年第1期），刘迎胜的《元代主流文化南北界限的消失——以耶律楚材、陈时可与东坡铁柱杖为题》（载刘迎胜主编《元史及民族与边疆研究集刊》第二十八辑，上海古籍出版社2014年版），陈高华的《元成宗与佛教》（《中国史研究》2014年第4期），周峰的《元代西夏遗民杨朵儿只父子事迹考述》（《民族研究》2014年第3期），周思成的《蒙元初期“汉人无统蒙古军”之制发微》、苏航《西夏文〈御驾西行烧香歌〉中西行皇帝身份再考》（二文均载于《民族研究》2014年第4期）。

明清时期民族史研究不仅内容丰富，而且在多个方面形成研究热点，研究的深度和广度都大为拓展。2014年度明清民族史研究的重要论著有：张永江的《清代藩部研究：以政治变迁为中心》（黑龙江教育出版社2014年版）探讨了清代藩部的形成和政治变迁。乌云高娃的《明四夷馆鞑靼馆及〈华夷译语〉鞑靼来文研究》（中国社会科学出版社2014年版）探讨了明四夷馆及鞑靼馆的设立、鞑靼馆的蒙古语教学、蒙古语译官在明朝与蒙古的边贸活动中所起到的作用等问题。2014年度明清民族史研究的重要著作还有葛兆光《想象的异域——读李朝朝鲜汉文燕行文献札记》（中华书局2014年版），王东平的《清代回疆法律制度研究（1759—1884）》（黑龙江教育出版社2014年版）。2014年度明清民族史研究热点集中在民族思想观念、民族政策与土司制度等三个方面。民族思想观念方面的代表性论文有：刘浦江的《元明革命的民族主义想象》（《中国史研究》2014年第3期），杜洪涛的《“再造华夏”——明初的传统重塑与族群认同》（《文化纵横》2014年第5期），邓云、崔明德的《略论杨一清“持重守御”的民族关系思想》（《中南民族大学学报》2014年第6期），廖小波、李禹阶的《关于明代西南土家族国家认同的再认知》（《重庆师范大学学报》2014年第4期），彭福荣的《国家认同视野下的土司文教制度：乌江流域例证》（《广西民族研究》2014年第4期），刘正寅的《清朝前期民族观的嬗变》（《史学集刊》2014年第4期），李大龙的《转型与“臣民”（国民）塑造：清朝多民族国家建构的努力》（《学习与探索》2014年第9期）。明清民族政策方面的代表性论文有：沙勇的《传统边疆治理理论相关问题的思考——基于明朝治理北部边疆及其与蒙古关系的反思》（《求索》2014年第8期），王希隆的《乾隆、嘉庆两朝对白山派和卓后裔招抚政策得失述评》（《兰州大学学报》2014年第2期），张云的《清朝西藏治理中的若干问题》（《史学集刊》2014年第1期），马晓军的《论清代的回族政策及其影响》（《民族论坛》2014年第4期）。由上可知，在2014年度关于历史上民族政策的讨论中，历史反思占据了重要篇幅。明清是土司制度形成发展的重要时期，关于这方面的研究也十分丰富，代表性论文有：武沐、王素英的《明代藏族僧官不属于土官考》（《中南民族大学学报》2014年第1期），杨洪林、陈文元的《明清之交容美土司的对外策略》（《长江师范学院学报》2014年第3期），方铁的《土司制度与元明清三朝治夷》（《贵州民族研究》2014年第10期）等。

2014年度近代民族史研究呈现平稳发展的趋势，研究重点主要有两方面，一是民族主义思潮与近代国家建构的理论探讨，特别是关于“中华民族”概念的形成发展和民族复兴的讨论；二是对近代边疆民族地区发展状况的研究。

有关民族主义思潮与近代国家建构的研究，是近年来近代民族史研究的持续性热点，其代表性专著有：汪洪亮的《民国时期的边政与边政学（1931—1948）》（人民出版社 2014 年版）。该书在前人研究基础上，参阅大量时人论著，对民国边政学兴起的原因、过程和主要内容及其成就与局限进行了系统的研究。郑信哲、周竞红主编的《民族主义思潮与国族建构——清末民初中国多民族互动及其影响》（社会科学文献出版社 2014 年版）以“清末民初中国民族主义思潮与国族构建中的民族互动”为主题，整理和分析了近代边疆少数民族在这一时段参与国族构建的历史进程，追溯其最终走向中华民族认同的历史轨迹，显现中国少数民族在近代国族构建中的历史角色与作用。王敏的《从土货到国货：近代消费行为政治化与民族主义思潮》（知识产权出版社 2014 年版）系统阐述了鸦片战争以后近代中国消费行为政治化与民族主义思潮之间的密切互动关系。关于民族主义思潮与近代国家建构的论文数量众多，其中较有代表性的论文有：罗志田的《国家目标的外倾——近代民族复兴思潮的一个背景》（《近代史研究》2014 年第 4 期），张健的《民族国家构建与国家民族整合的双重变奏——近代中国国族构建的模式与效应分析》（《思想战线》2014 年第 6 期），冯建勇的《近现代中国民族国家构建之历程——民国中央政府统合边疆民族地区的理论探讨》（《社会科学》2014 年第 2 期），郑大华的《中华民族自我意识的形成》（《近代史研究》2014 年第 4 期），王希恩的《中国近代以来的三种民族国家设想》（《西北师范大学学报》2014 年第 1 期），俞祖华、赵慧峰的《近代中华民族复兴观念的生成及其衍化》（《天津社会科学》2014 年第 3 期）。此外还有不少学者关注了近代著名政治家、思想家的民族思想，例如朱其永的《晚清时期梁启超民族主义思想的演进》（《山西师大学报》2014 年第 4 期），周靖程的《论孙中山“民族主义”思想的历史发展》（《齐齐哈尔大学学报》2014 年第 5 期）。

2014 年度关于近代边疆民族地区发展状况的研究成果众多，其中尤以对新疆、西藏两个边疆民族地区的成果居多，同时也不乏对其他边疆民族地区如东北、西南等地区的关注，其探讨内容广泛涉及边疆地区的政治、经济、文化、社会等诸多方面。代表性专著有：许建英的《近代英国和中国新疆（1840—1911）》（黑龙江教育出版社 2014 年版），该书系统地研究了从 1840 年到 1911 年期间英国和中国新疆的关系。张媚玲的《中国近代西南边疆的政治关系——以民族国家认同为基点》（民族出版社 2014 年版）站在“民族性”的原则立场之上，以“全球化”的视点，对近代中国西南边疆民族关系中的重中之重——政治关系进行了梳理和探讨。代表性论文有：周泓的《晚清民国新疆汉人主体文化——新疆汉人社会研究之三》（《云南师范大学学报》2014 年第 3 期），李瑞君的《近代中国统一多民族国家建构进程中的新疆》（《中央民族大学学报》2014 年第 4 期），何一民、邓真的《清代民国时期西藏寺院经济嬗变及对城市的影响》（《兰州学刊》2014 年第 3 期），梁忠翠的《论清驻藏大臣有泰在九世班禅赴印度事件中的应对》（《西北民族大学学报》2014 年第 4 期），张凯峰的《论清末民初东北的中华民族认同性构建》（《东北史地》2014 年第 2 期），谷跃娟的《民国时期民族国家视角下西南彝族的整合与认同》（《云南民族大学学报》2014 年第 2 期），方素梅的《雾社事件及其余生遗族的历史记忆》（《青海民族研究》2014 年第 4 期）。此外还有不少论文探讨了近代边疆民族地区的经济、教育、家庭婚姻等内容，例如马磊的《论清至民国时期甘青藏区的市场体系》（《西北师范大学学报》2014 年第 4 期），周晶、田晓娟的《试论清末民国时期社会各界眼中的新式回民教育》（《回族研究》2014 年第 1 期），何一民、赵淑亮的《清代民国时期西藏地区多种婚姻家庭形态论析》（《贵州民族研究》2014 年第 8 期）。

综合以上研究成果可以看到，2013—2014 年，中国民族史研究领域成果斐然，研究内容广泛深入，每个研究领域都形成了特有的研究重点和焦点，研究选题既立足于历史研究的基础之上，又有对现实的关怀；研究的结论既有对传统史学成果的传承，又体现了充分的创新精神，展示了民族史学科顺利平稳发展的良好状态。

二 学术活动

2013—2014 年，中国民族史研究领域举行了一系列学术会议，开展了多种形式的学术活动，起到了交流信息、切磋学问、提高研究水平的作用，推动了民族史学科的发展。

（一）国内学术活动

2013 年，中国民族史研究领域开展了学术会议、座谈会、讲座、研读班等多种形式的学术活动，呈现出跨领域、多学科交叉的态势。

2013 年 10 月 25—28 日，为促进中国民族史研究的深入发展，同时为纪念中国民族史学会成立三十周年，中国民族史学会和云南大学在云南省昆明市联合举办了中国民族史学会第八届会员代表大会暨第十六次学术研讨会。来自 20 多个省、直辖市、自治区，分属 10 多个民族的代表 150 余人出席了会议，提交论文 110 余篇。会议选举产生新一届即第八届理事会及新一届领导集体，举行了中国民族史学会第十六次学术研讨会，研究主题为“历史视野下的边疆与民族”。

2013 年有关中国民族史研究的重要学术会议还有“蒙古族源与元代帝陵综合研究”首届学术研讨会（呼伦贝尔，2013 年 6 月）、中国朝鲜史研究会 2013 年学术年会（北京，2013 年 7 月）、中国百越民族史研究会第十六次年会暨岭南民族文化学术研讨会（广州，2013 年 12 月）、中韩第五届宋辽夏金元史国际学术研讨会（保定，2013 年 8 月）、纪念王锺翰先生百年诞辰暨清史民族史国际学术研讨会（北京，2013 年 8 月）、第三届西夏学国际学术论坛暨纪念王静如先生诞辰 110 周年学术研讨会（北京，2013 年 9 月）、“波斯语文献与蒙元时代”国际学术研讨会（北京，2013 年 11 月）、“民族史视角下的国家、人群与地域社会”学术研讨会（上海，2013 年 11 月）、“多学科视野下的中国南方边疆民族研究”学术研讨会（南宁，2013 年 11 月）等，这些学术会议从中国民族史研究的不同领域、不同层面、不同视角，进行切磋探讨，推动了中国民族史研究的深入发展。此外，与中国民族史研究相关的重要会议还有中国古代边疆问题研讨会（长春，2013 年 8 月）、“中国历代边疆治理研究”学术研讨会（伊宁，2013 年 8 月）、首届中国边疆学论坛（北京，2013 年 11 月）、“中国的边疆及边疆治理理论的挑战与创新”高端论坛（昆明，2013 年 12 月）、第十届中国灾害史年会暨“灾害与边疆社会”国际学术研讨会（乌鲁木齐，2013 年 6 月）、中国中外关系史学会第八届会员代表大会暨“历史上中外文化的和谐与共生”学术研讨会（石家庄，2013 年 10 月）、暨南中外关系史高层论坛（珠海，2013 年 12 月）等。由于中国少数民族主要分布在边疆地区，有关边疆社会和中外关系史研究与民族史研究密不可分，这些会议也从不同侧面对中国民族史研究有所探讨，对中国民族史学科的发展具有重要的促进作用。

2014 年，民族史研究领域学术活动保持活跃状态，各研究机构和团体围绕民族史学科开展了会议、讲座、学科培训、研讨班等各种丰富多彩的学术活动。其中较为重要的学术会议有：2014 年 7 月 9—11 日，由中国民族史学会和烟台大学共同举办的“中国民族史学会第十七次学术研讨会”在烟台大学举行，来自全国 16 个省、自治区、直辖市的 50 余位中国民族史研究领域的专家学者围绕“中国历史上的族际互动与文化认同”这一主题进行了广泛而深入的探讨，发表了很多有价值的见解，提出了一些值得重视的建议。

2014 年 8 月 5—8 日，由中国民族史学会辽金暨契丹女真史分会主办、大安市春捺钵文史研究会承办的“第十二届中国辽金契丹女真史学术研讨会”在吉林省大安市举行。来自北京、上海、河北、河南、湖北、内蒙古、辽宁、吉林、黑龙江、台湾等省市地区以及韩国的 150 余名辽金史学界的专家学者及相关方面的人士参加了会议。与会者共提交学术论文 110 余篇，对辽代春捺钵、辽金地理、考古、经济、社会史等方面的课题进行了广泛交流和深入探讨。

2014 年 9 月 22 日至 24 日，由《新疆通史》编委会主办的“新疆民族史学术研讨会”在乌鲁木齐举行。来自全国各地的 110 多位专家学者向大会提交了 82 篇论文，有 5 位学者作大会发言，48 位学者在小组会上发言，就新疆民族史研究中的一些重要问题进行了广泛深入的探讨。

2014 年 8 月 18—19 日，由中国少数民族哲学及社会思想史学会和中国石油大学（华东）联合主办的草原文化国际论坛暨中国少数民族哲学及社会思想史学会在内蒙古呼和浩特市举行，会议由内蒙古农业大学经管学院和内蒙古草原文化研究所承办。此次会议以草原文化为中心议题，研讨了少数民族生态意识与草原文化视角下的中华文明。

2014 年 8 月 19—22 日，由中国社会科学院历史研究所和广西壮族自治区忻城县人民政府联合举办的“第四届中国土司制度与土司文化国际学术研讨会”在广西忻城召开，会议进一步推动了土司问题研究的深化，为第二年的土司遗址申遗活动做了必要的学术准备。来自海内外的学者及与申遗有关的领导和专家共 200 余人参加了会议。

2014 年 10 月 11—12 日，由中国中外关系史学会主办、郑州大学历史学院承办的“全球视野下的中外关系史”学术研讨会在郑州大学举行，来自中国社会科学院、南开大学、北京师范大学、中国人民大学等 74 所国内高校及科研院所的 150 余名专家、学者参加了研讨会。

2014 年 10 月 25—26 日，由中国朝鲜史研究会主办、上海外国语大学东方语学院承办的中国朝鲜史研究会 2014 年学术年会，在上海外国语大学松江校区召开。会议主题为“朝鲜半岛历史与文化变迁与中国”，出席会议的有来自北京、上海、天津、辽吉黑、广东、广西、河南、山东、江浙、江西、安徽、香港等 14 个省、直辖市、自治区 40 余所大专院校、科研机构的 70 余位专家学者，提交论文 65 篇。

2014 年 4 月 29 日中国社会科学院民族学与人类学研究所召开第四次民族发展论坛，邀请哈萨克斯坦科学院院士、著名中亚民族史专家布拉特·库麦科夫（Bulat Kumekov）教授作题为“中古时期关于中国的穆斯林语文民族志文献与苏联及独联体国家的整理与研究”的主题报告。报告结束后，来自中国社会科学院民族学与人类学研究所及中央民族大学等单位的专家和学者与库麦科夫院士展开了积极的互动。会后库麦科夫教授与中国社会科学院民族学与人类学研究所互赠书籍，并与所领导及专家就今后进一步的合作计划进行了讨论，对于加强中哈两国的学术交往起到了积极的作用。

2014 年 7 月 4 日，中国社会科学院民族学与人类学研究所创新工程子项目“少数民族与中国近代国家建构”在北京召开“近代中国的民族与地方社会”学术讨论会，此次会议聚集了中央民族大学、中国社会科学院研究生院和本所历史室、理论室、《民族研究》编辑部近 20 位学者。

2014 年 7 月 5 日至 7 日，由国家社科基金特别委托项目“西夏文献文物研究”项目组主办的“第三届西夏文研修班暨西夏文献研讨会”在宁夏大学召开。此次研修班由项目首席专家史金波先生担任主讲人，来自中国社会科学院民族学与人类学研究所、宁夏大学西夏学研究院、敦煌研究院、复旦大学、西南交通大学、西安交通大学、甘肃省博物馆、武威市博物馆等单位的近 20 人提交了研讨论文与习作，此外还有众多人员全程旁听。

2014 年 7 月 9 日，由国家社科基金特别委托项目“西夏文献文物研究”资助、中国社会科学院西夏文化研究中心与宁夏大学西夏学研究院主办的西夏文物学术研讨会在宁夏大学召开，出席会议的有来自中国社会科学院民族学与人类学研究所、宁夏大学西夏学研究院、宁夏博物馆、宁夏文物考古研究所、敦煌研究院、甘肃省博物馆、武威博物馆、复旦大学、南通大学等单位的30余位学者，提交了论文26篇。这是首次针对西夏文物举办的学术研讨会。

2014年11月1日，中国民族史学会、中国社会科学院民族学与人类学民族历史研究室、国家社科基金重大项目“中国古代民族志文献整理与研究”项目组联合举办了“中国民族史研究回顾与展望暨杜荣坤先生学术思想研讨会”，庆祝中国社会科学院荣誉学部委员杜荣坤八秩华诞及民族研究所研究员白翠琴从事民族史研究五十周年。来自全国高校和科研机构的80余位学者出席会议。与会者围绕“多语种民族志文献与民族史研究”的主题展开了热烈的讨论，取得了良好的效果。

（二）国际学术活动

2013—2014年，国外学者有关中国民族史的研究亦表现活跃。他们除积极参与上述在中国举办的国际会议外，也举办了多种层面的学术活动。

2013年，中国民族史研究领域比较重要的国际学术活动有2013年7月在土耳其举办的国际常设阿尔泰学大会第56届会议（The 56th Meeting of the Permanent International Altaistic Conference）、2013年8月在蒙古国举办的国际藏学会第13届年会（The 13th Seminar of the International Association for Tibetan Studies）、2013年10月在美国威斯康星举行的中部欧亚学会第14次年会（The 14th Annual Conference of the Central Eurasian Studies Society）、2013年6月在以色列希伯来大学举办的游牧与定居文化研讨会（Between Nomad and Sedentary Cultures：New Perspectives in Inner Asian Archaeology）以及该校秋季举办的系列讲座“蒙古欧亚的民族迁徙与知识转移”（Migrations and Knowledge Transfer in Mongol Eurasia）等。

2014年中国民族史研究领域比较重要的国际学术活动有2014年1月10—11日在德国波恩举办的“中国和亚洲地理学、舆图学视域下的中亚及其相邻地区”（Chinese and Asian Geographical and Cartographical Views on Central Asia and its Adjacent Regions）国际学术会议。会议由德国波恩大学、中国南京大学和美国纽约城市大学联合举办，并得到了中国“汉办”的经费资助。来自中国、德国、美国、法国、比利时、日本、韩国、以色列、伊朗、哈萨克斯坦、乌兹别克斯坦等国的30位学者出席了会议，并发表了学术论文；中国社会科学院民族学与人类学研究所刘正寅研究员在会上作了题为“On Moghulistan in Muslim Literature”（“穆斯林文献中的Moghulistan”）的学术报告。

此外较为重要的学术活动还有：2014年5月5—6日，在德国波恩举办了法德“17—20世纪西藏社会史”研究项目学术会议“Commerce and Communities：Social Status and the Exchange of Goods in Tibetan Societies”（“贸易与社区：西藏社会中的社会地位与物质交换”）研讨会，会议由波恩大学承办，来自世界各国20余位学者参加会议并宣读论文。2014年11月24—25日，波兰华沙大学举办了第四届国际东方学大会，会议主题是“亚洲和非洲的手稿与书籍文化”。2014年5月，在日本东京举行了日本满族史学会第29届年会。这些活动不同程度地关注了中国民族史领域论题，对中国民族史研究起到了一定的推动作用。

三　研究特点与不足

2013—2014年中国民族史研究成果和学科发展状况具有以下特点：1. 从成果数量来看，成果丰富，涉及议题十分广泛，体现了中国民族史学科平稳良性发展的特点。2. 从研究方法来看，既有传统史学理论与方法，也有政治学、心理学、民族学、历史人类学等多学科的交叉结合使用，体现了民族史学科的不断发展创新。既有通论性的、高瞻远瞩的宏观理论探讨，又有大量深入细致的专题研讨，体现了研究方法宏观与微观的良好结合。3. 从研究内容来看，不仅广泛深入，全面涉及民族史研究的各个方面，而且出现了一批反思历史上民族关系、民族政策的论著，体现了民族史学者继承中国史学的优良传统，拥有关注现实、心系国家民族命运的责任感和使命感，把学术取向与社会需要有机地结合起来。4. 从学术风气来看，现有成果不乏对以往学术观点的质疑或批评，体现了学术争鸣的良好学风；同时注重对以往学术成果的继承和利用，体现了中国民族史研究在继承基础上创新的良好发展势头。5. 从研究队伍来看，既有成熟稳健的老一辈学者，也涌现了大量优秀的中青年学者，体现了民族史学科队伍已形成良好的梯队，民族史研究事业后继有人。

不过，2013—2014 年中国民族史研究也存在不足，主要表现为：1. 理论性探讨的研究成果总体数量不足，对民族史学理论研究关注不够；2. 研究成果质量参差不齐，部分成果研究深度不够，缺乏创新；3. 民族史研究中对非汉语历史文献的利用不够，多语种民族志文献的整理、研究需要进一步加强；4. 对中国古代民族认同与国家认同，特别是对唐宋以前的民族认同与国家认同关注不够，从而使得关于中华民族认同形成史的追溯出现明显的薄弱环节，不利于当代中华民族认同和当前中国国家认同的建构。这些问题，是中国民族史研究学术界同行今后共同努力的方向。

（刘正寅、方素梅、彭丰文，研究员，中国社会科学院民族学与人类学研究所民族历史研究室）

2013—2014 年藏学和当代西藏研究综述

王剑峰　卢　梅

藏学（Tibetology）是研究藏族历史、宗教、文化、经济、政治、社会、地理等各个领域的综合学科，藏族主体在中国西藏及四川、青海、甘肃、云南等四省藏区，因而中国为藏学研究提供了广阔的田野和天然的土壤。当然，国际学界也把藏学研究的地理范畴扩大到环喜马拉雅地区。无论如何，我国是藏学的故乡，素有藏学研究的传统与根基，占有藏学研究得天独厚的优势。本文仅论述 2013 年至 2015 年国内外藏学与当代西藏研究的最新进展。

一　学科发展的总体状况

从学术史来看，藏学分传统藏学和现代藏学。传统意义的藏学，亦称“十明学”（大五明和小五明），它以藏传佛教为核心内容，至今仍然是藏学的重要部分；现代学术意义上的藏学，已大大超越大、小五明的范围，其内容已扩展至有关藏族历史、宗教、文化、经济、政治、社会、生态等各个领域，它作为一门的综合性学科，既包括人文社会科学内容，也包括自然科学内容。

严格来说，在现代意义上，藏学是一个起源于西方的概念，当然现代学术本身就是一个西方的传统。匈牙利学者乔玛为国际藏学研究之父，并把近代藏学的诞生归因于匈牙利民族主义和西方帝国主义的结合。① 中国藏学之父的于道泉先生（1901—1992 年）早年远赴法、德、英等国留学，新中国成立前夕回国，先后在北京大学、中央民族学院开设藏语文教学课程，培养出了王尧先生等一批弟子，开创了现代意义上的中国藏学研究。如此看来，中国的藏学研究在时间上比西方的藏学研究起步晚至少一百年，但在学术传统上应与西方藏学一脉相承。

当代中国的藏学研究基础扎实而厚重。20 世纪 50 年代中国科学院西藏社会历史调查组进行的藏族社会历史文化调查，对西藏地区藏族政治、经济、社会、历史、文化、语言进行了广泛的调查，获得珍贵的一手田野资料，为中国藏学的发展奠定了深厚的基础。20 世纪 50—70 年代，藏学研究以老一辈民族、社会、宗教学者于道泉、闻宥、喜饶措、法尊、张克强、贡嘎活佛、东嘎、洛桑赤未、才旦夏茸、王森、李有义、柳坠祺、王静如、林耀华、牙含章、韩镜清、黄奋生、段克鑫、王沂暖、张怡荪、任乃强、李安宅、贾题韬、刘家驹等人为骨干。这些人主要分布在科研院（所）、高校、新闻出版等机构。社科院（所）以科研见长，而高校突出培养藏学人才。中央民族学院、西南民族学院、西北民族学院、青海民族学院、西藏民族学院等高校开设藏语文、藏族历史课程或系科。中国社会科学院民族研究所也开展了大量有关藏族历史、语言文字的研究。民族翻译及民族出版机构进行了大量的藏族历史文化和语言的翻译和

① 张明扬、沈卫荣谈藏学和“西藏热”，观察网，http：//www. guancha. cn/ShenWeiRong/2014_06_28_240836. shtml，2014 年 6 月 28 日。

图书编辑出版工作。

这一时期，以藏区社会历史调查、政策研究、资料文献的搜集、整理、出版为主要内容，重在培养和集聚人才，各院校藏语文、历史专业的师生大都参与其中。代表性的科研成果有：编写出版了《藏族简史》《藏族简志》《藏族社会历史调查资料》、《藏文大辞典》；藏族历史、宗教研究专著，如王忠著《新唐书吐蕃传笺证》、林耀华等著《西藏社会概况》、牙含章著《达赖喇嘛传》、王森著《关于西藏佛教史的十篇资料》（后经作者修订以《西藏佛教发展史略》书名出版和再版）、更敦群培著《白史》；一批藏族语言、历史等藏文名著也排印发行。此外尚有一批研究论文在报刊上发表。这些成就为学科的建立、人才的培养奠定了基础。但是，这一时期的研究大都限于平面的、单线条的宏观叙述，而深层次的微观研究乏力。使用的藏文资料非常有限。加之一些从事藏学研究的学者受所谓“阶级斗争”观念的束缚，藏学的很多领域未能涉及，只能以“藏族研究”或“西藏研究”的名义进行。

“文革”十年，我国的藏学研究活动被迫停止，学者改行，资料散失，机构撤并，我国藏学研究遭受重挫，与海外藏学研究的差距进一步拉大。

“文革”结束，我国藏学研究事业得到复苏并进入发展时期。尤其是20世纪80年代我国进行了全面的抢救、搜集、整理、出版、研究少数民族古籍的工作，在西藏及四省藏区搜集、整理、出版大量藏文古籍，在很大程度上达到了“救人、救书、救学科”的目的。以此为契机，北京和全国有关省区纷纷恢复和组建藏学研究机构，专业人员陆续归队，藏学研究活动逐渐开展，各类专题或综合性的藏学研讨会接连举行。《西藏研究》《中国藏学》等藏汉文版的大、中型专业学术刊物及有关院校学报的藏学专栏先后创建，藏学专著、论文集不断推出，对外学术交流活动日益活跃。国内每年都要接待来自世界各地的藏学同行，互相参究学问，我国各民族藏学家也一批又一批地走出国门，登上国际藏学论坛。到20世纪80年代中期，一个以我国藏族的语言文字、历史、政治、经济、法律、哲学、宗教、文学、艺术、民俗等人文社会科学以及藏族的医药、天文历算、地理、科技、工艺等自然科学的部分学科为研究内容，借鉴人类学、民族学、社会学、历史语言学等学科的基础理论和方法的多学科立体交叉的综合研究方法的研究领域开始形成，学界一般称之为藏学。1993年7月1日实施的《中华人民共和国国家标准学科分类与代码》中，正式将藏学列为国家二级学科，标志着我国现代藏学学科体系的建成。①

目前，我国已建立藏学研究机构逾50家，主要分布在北京、西藏及其他四省藏区，集中在科研院所、高校等机构。以这些专业研究机构为核心，遍布全国有关省区的大专院校的藏学及相关学科的教学单位、民间学术团体、藏学研究会、藏学书院及佛学院的科研机构等与之共同形成了一个庞大的藏学研究网络。据估算，目前全国从事藏学研究的专业人员有3000多名。中央民族大学、四川大学、西藏大学、西南民族大学等高校，已在民族学一级学科下，设立有关藏族史、藏族文化等相关的硕士点、博士点。中国社会科学院宗教研究所招收宗教学专业藏传佛教方向博士研究生。

此外，2015年华东地区成立两家藏学研究机构，一个是浙江大学成立了汉藏佛教艺术研究中心，另一个是上海师范大学成立了“藏学研究中心”。

进入21世纪，伴随中国崛起和中华民族伟大复兴的历史进程加快，西方反华势力对我实施“西化”“分化”战略，与达赖分裂主义势力沆瀣一气，不时打“西藏牌”蛊惑人心，误导国际舆论，煽动反华情绪。因此，加强藏学研究，特别是加强西藏重大现实问题研究，提高研

---

① “850民族学”下，《中华人民共和国国家标准学科分类与代码》（2009年版）改为“民族学与文化学”下的“850.40藏学”。

究质量与水平，不断推出贴近藏区新形势、新态势、新情况的新成果，不仅是学术发展的需要，还是反对分裂、维护国家统一的一项战略任务，直接关系到我国西藏和四省藏区社会的长足发展和长治久安。为此，2016 年中国社会科学院响应党中央加强新型智库建设的战略指示，委托民族学与人类学研究所成立了专业智库——“西藏智库”，受到中央及西藏和四省藏区的高度重视，成为藏学由基础性研究向应用型研究范式转变的典范。西藏自治区社会科学院作为地方智库，也积极主动地为西藏地方经济社会发展建言献策，服务于自治区党委和政府。同时，西藏自治区社会科学院和青海社会科学院也都与中国藏学研究中心建立联系机制，加强学术合作。面向 21 世纪国家战略的需要，依托藏学研究的国家队伍，中国藏学研究网络正在优势互补，形成新的格局。

近年来公开出版的研究成果也亮点频现。2009 年，为研究西藏发展与稳定问题，国家社科基金设立特别委托课题“西藏历史与现状综合研究项目”（简称“西藏项目”），并于 2013 年始由社会科学文献出版社推出“西藏历史与现状综合研究项目”丛书，其中 2013—2015 年出版了 23 本，内容涵盖历史、文化、政治、经济、社会、宗教信仰等，是近 3 年比较重要的藏学研究文献之一。

另外，近三年中国社会科学院民族学与人类学研究所王延中研究员主持的国家社科基金特别委托项目“21 世纪初中国少数民族经济社会发展调查”，在西藏及其他四省藏区相关市县进行了调查，相关成果陆续出版，是继 20 世纪 50 年代以来规模最大的一次少数民族经济社会发展大调查，对五省藏区经济社会发展进行了较为全面的摸底，集中反映了进入 21 世纪以来五省藏区经济社会发展的新进展、新成就和新挑战。此外，2013 年以来，民族所还承担了中央交办的涉藏研究和外宣任务，以及五省藏区委托的重大现实问题研究课题，在现实问题研究领域取得瞩目成就。

中国藏学界如何与国际藏学界对话，从而在国际藏学界占一席之地，首先要知道国外学者在研究什么，研究到怎样一个程度。全面梳理 19 世纪上半叶西方藏学正式诞生以来，国外藏学研究尤其是欧美、日俄等国家和地区的藏学研究发展历史、重要代表人物和学术成果，对于中国藏学良性发展及其与国际的全面接轨具有重要的理论和实践意义。可以说，对国外藏学研究的经典著述进行全面的搜集整理和系统的分析研究，已然成为学术界迫在眉睫的时代需要。陕西师范大学王启龙教授提出了“近代以来域外中国藏学研究经典整理与研究”这一重大研究课题，于 2014 年获得国家社科基金立项资助，填补了对国外藏学研究系统梳理的空白。

西藏及四省藏区为中国藏学研究提供了得天独厚的广阔田野，有逾 500 万说藏语的群众，有丰富的藏文文献和汉文古文献，这些都是藏学研究必不可少的资源。如何把这些潜在的优势化作现实的优势，在国际藏学界占主导地位，我国的学术界尚需进一步努力。中国的藏学研究既要重视西藏历史，特别是西藏和历代中央政府关系史的研究，更要重视藏传佛教、艺术、社会研究，重视整理和研究藏传佛教文献。在研究方法上，重视语文学（Philology）训练，这是现代学术的基础。另外，根据国内外环境条件的变化，针对重大现实问题，还要加大跨学科的综合研究。

当下的国际藏学研究早已呈多元发展、全面开花的趋势。有识之士指出，如果中国有意打造一个世界级的藏学研究中心，那么就应当首先致力于培养出一批世界级的藏学研究人才，并建立可以超越美国“藏传佛教资料中心”的一个藏文图书资料中心。①

---

① 张明扬、沈卫荣谈藏学和“西藏热”，观察网，http：//www. guancha. cn/ShenWeiRong/2014_06_28_240836. shtml，2014 年 6 月 28 日。

二　国内外藏学与当代西藏研究的新进展

（一）我国藏学与当代西藏研究的新进展

1. 研究领域逐步拓展。与国际藏学研究相比较，中国的藏学研究具有独特的发展路径，突出表现在这个学科所兼具的学术文化功能和社会政治功能。特别是在与近代史、当代史和现实问题相关的研究领域，中国藏学工作者承担着维护国家统一和民族团结，为藏区的经济建设、政治建设、文化建设、社会建设和生态建设服务，以及弘扬藏族文化、繁荣祖国藏学事业的重大使命。这种使命感反映在方法论上，就体现为藏学研究领域比较特殊的学术关怀。广大学者一方面秉承传统的研究方法，以史料为基本素材，推动微观领域研究的细化，同时越来越多地吸收人类学、社会学、经济学以及其他多种学科的理论方法，不断推进藏族近代史的研究。在专门从事藏学领域的研究者不断向其他学科借鉴研究方法的同时，其他学科的学者也越来越多地关注并加入到藏学领域的研究队伍中来。这种变化和发展特别突出地表现在现实问题的研究中。西藏的发展离不开中央的决策，历次西藏工作座谈会成为西藏经济社会发展的风向标。2011 年，恰逢中央第五次西藏工作座谈会召开的第二年，也恰好是“十二五”（2011—2015 年）开局之年；而 2015 年 8 月中央召开了第六次西藏工作座谈会，又恰逢“十二五”收官之年。中央第五次西藏工作座谈会对做好西藏工作提出了明确要求，即“一个中心”“两件大事”“四个确保”，为今后五年西藏的经济社会发展指明了方向，也成为学界的关注重点。因此，2011—2015 年，发展与稳定两件大事遂成为当代西藏研究领域重点关注的重大议题。

2. 环境保护与生态移民。从 20 世纪 90 年代起，我国西部地区开始将生态移民作为生态环境建设和扶贫开发的重要举措，逐步实施并广泛推行，在理论界引起了极大的关注。学者从生态移民的概念界定、分类及安置模式、移民的适应性、生态移民工程存在的问题及可持续发展、生态移民的效果评估等各方面进行了探讨研究，成为近十年来的重要学术话语。

从中国社会科学院民族学与人类学研究所召开了关于“生态移民与环境影响评估”的国际研讨会开始，“生态保护”已逐渐被视为生态移民概念的核心内涵，对它的理解也从最初单一的人口迁移行为扩展为涵盖经济以及文化层面的人与自然关系的重新调整，进一步厘清了生态移民的内涵和外延。基于对实践中生态移民安置模式的多样性的分类，越来越多的学者开始认识到，在不同的移民安置模式下，生态移民在社会适应和文化适应方面的能力存在显著的差异性。移民的生产生活场所在空间位置上的变化包含着移民在生存环境、人际交往、生活生产方式以及心理等各方面适应的过程。学者们从各个不同领域、不同视角对生态移民问题展开研究，已经取得了丰硕的成果，其总结出的经验、发掘出的问题、提出的对策措施也为各地生态移民工程的进一步开展提供了政策和实践方面的建设性意见。

3. 公共政策与社会发展。公共政策是政府实现施政目标、民众表达和实现利益诉求的重要途径，是实现社会公正的重要载体。从西藏和平解放时开始，中央政府就采取了一系列措施帮助西藏发展公共服务事业，促进西藏社会的发展。中央政府为了促进西藏公共服务事业的发展，不仅提供了巨额的财政支持，而且几乎在每一项公共服务领域都采取了针对民族地区或者专门针对西藏的特殊优惠政策，以便调动西藏各级政府和社会参与公共服务的积极性。改革开放以后，特别是进入 21 世纪以来，西藏包括公共教育、公共卫生、社会保障、公共基础设施等各项公共事业取得了飞速发展。学界对于公共服务均等化的研究，是伴随着藏区各项社会事业的发展逐步展开的。

在内地大部分地区尤其是欠发达地区基本公共服务供给不足和分配不平等加剧的情况下，

西藏地方政府却保证了农牧业生产支持系统的正常运转，加强了对基础教育和基本健康服务的公共投资，并保证了对弱势群体的重点救助。朱玲在《西藏农牧区基层公共服务供给与减少贫困》中指出：其中的主要原因，一是在于大规模的外来援助使得当地政府具有执行公共职能所必需的财政资源；二是由于外在的监督促使地方政府保持足够的政治意愿，向低收入群体提供廉价或免费的基本公共服务。这实质上是一种投资取向的收入再分配，无论在短期还是在长期内，都有助于减少市场机制运行带来的经济不平等，或者说有助于缩小地区之间、行业之间和社会群体之间的经济差距。

随着中国社会经济转型的突飞猛进，就业市场已经高度开放，藏区经济和社会已经不可能是一个封闭的体系，通用语言的重要性日益凸显。由于各种原因，在民族地区以政府部门和第二、三产业为代表的语言应用环境以汉语为主。这就使主要使用母语和接受母语教育的少数民族学生在就业和发展中遇到语言障碍。如何掌握民族语言与汉语汉文之间的平衡关系，是多年以来包括藏区在内的少数民族聚居地争议较多的问题。

公共卫生事业在西藏的发展，有十分特殊的轨迹。藏区不仅建立了各级卫生院、妇幼保健站、防疫站等公共卫生机构，传统的藏医藏药事业也取得了可喜的成就。一些学者以统计数据和田野调查为基础，追溯西藏公共医疗卫生事业的发展进程、发展成果和发展效用，分析了目前西藏农牧民所享有的基本医疗保障和医疗服务水平、农牧民的满意度以及有关农村合作医疗在政策措施实施过程中的成功经验和不足之处，特别是研究了藏医学与补充货币的问题，角度十分新颖。

受历史和现实条件的双重制约，西藏与我国其他地区的公共服务仍存在着较大差距。公共财政体系构建和转移支付能力对西藏社会事业发展的意义，以及实现公共服务均等化的路径和方法问题，是公共服务研究的热门话题。

4. 环境脆弱性与减灾问题研究。藏区由于受地理环境影响属于灾害高发地区，大量不同类型的自然灾害给藏区人民的生命财产造成不同程度的损失。早期对灾害的研究主要依托于从事自然科学研究的专家学者。近年来，社会各界越来越意识到，在人类抵御自然灾害的过程中，除了国家政策层面的主导作用，受灾地区的社会结构和文化心理因素，都会直接影响减灾的效果。近年来，灾害的风险管理受到越来越多的学者关注。有关减灾的公共政策研究和灾害社会学受到越来越多的重视。灾害和减灾研究以应用性、交叉性、综合性为其学科特点，以社会调查、统计分析为工具，研究自然灾害对人类社会的经济结构、科技发展、社会组织、角色行为、生活方式等方面的影响；揭示灾害与社会的关系；探讨预防、控制或减轻灾害的措施和对策。研究的切入角度，一方面是从国家宏观政策层面探讨减灾防灾的政策法规、制度建设、配套措施等；另一方面是从社区的微观角度探讨灾害中的各种行为和互动关系，重点是研究可能的预防和自救方式。在社会科学研究领域，大量有关灾害研究的成果，出自博士、硕士论文。这种现象说明，年轻一代的学人在现实关怀和理论探索中，已经开始逐步超越前辈，正在形成一种新的研究力量。

（二）方法论的拓展

1. 藏族社会研究中的人类学取向。藏学研究的转型变化与对多学科方法论的借鉴密不可分。人类学、民族学有注重田野调查、注重经验研究、注重对一个微观社区进行细腻深描的学科特点。人类学家运用参与观察、访谈、搜集口承文献、个案调查、专题研究等人类学实地调查方法获取第一手资料，特别强调在对调查资料进行理论分析、建构，检验、完善、突破前人的理论，以期更深入、更透彻地把握人类社会各种复杂的文化现象，对藏族文化做出描述。

国内借助人类学方法对藏族文化开展的实证、个案研究起始较晚。随着人类学学科的恢复和发展，从20世纪80年代开始，学者们开始越来越多地将人类学、民族学的方法论引入国内藏学研究领域，索端智、刘志扬等人曾将相关研究归纳为藏学人类学。学者们借助人类学、民族学的研究手段和理论，把西藏的村庄或特定的微观社区作为田野点，在田野调查的基础上，观察藏族文化和社会结构，对当代藏区的社会和文化现状进行分析和研究，理解西藏文化变迁、宗教仪式以及宗教寺庙和村落人民之间的共生关系，有关微观社区专题研究的专著开始不断涌现。北京大学、中山大学、四川大学、西南民族大学在对藏区的人类学研究过程中培养起了一批青年学者。

人类学家对微观社区的调查研究有明确的理论框架，同时也更加重视人类学服务于现实，服务于国家利益和西藏社会发展的目标，致力于解决西藏和其他藏区现实问题的各种应用型课题。徐平、刘志扬和旦增伦珠的研究与当时在中国人类学研究领域里盛行的变迁研究相关，着眼于藏族社区的变迁研究。他们关注国家力量在社区变迁中的主导作用，认为西藏的现代化可以看作是来自以国家为主导的外部力量推动的过程，在变化的过程中被接受者进行了选择性的创造加以重构。

历史人类学的研究转向包括对平民史、口头史的注重，对地方知识重要性的关注，对文化批判力量的借助等。这些新手段丰富了历史学研究内容与方法论。

2. 区域研究和比较研究的发展。区域研究中比较引人关注的是有关民族走廊研究。藏彝走廊是费孝通先生提出的一个民族区域新概念。近10年来，西南学术界以李绍明先生为首发起的藏彝走廊研究，在学者们的不断努力下，出现了一大批具有标志性意义的成果，并带动了其他民族走廊和区域研究的发展，开辟了从“走廊”角度认识研究东部藏区各民族历史、社会、经济、文化的学术方向。与藏彝走廊相关联的西北民族走廊大体位于青藏高原东北边缘，由甘青两省之间的河西走廊和陇西走廊组成。西北民族走廊的研讨尚处在开始阶段，学者们对西北民族走廊的概念、范围、特征进行探讨，达成了一些共识。

一部分学者从地方史和观念史的视角，研究藏区各地方的社会变迁，取得了不俗的成绩。丰富的汉、藏、满、英多种语言的历史文献，特别是大量鲜为人知的档案和藏文史料，为系统梳理喜马拉雅山区域史所特有的深度与内涵提供了丰富的资料。

学者们对走廊地带和区域史的研究继承了人类学“地方性知识”研究传统，着眼于地方政治与文化的重新阐释，注重“草根政治”与“平民话语”，挑战传统藏学的历史研究框架，不再单纯强调汉藏族群互动与文化接触，将走廊地带看作是不同族群间文化、经济、政治交融的重要“接触区域”。在学术界，有学者进一步提出了“藏边社会”的概念，将研究拓展至相对于传统藏文化中心的卫藏地区而言处于青藏高原周边或外围并受藏文化影响的地区，研究范式也从地理空间向文化空间转变。

综上所述，由于独特的学科背景，藏学研究越来越注重基础研究与应用性研究相结合的方法。基础研究是藏学发展的根基，是藏学体系建设的支撑。研究解决涉藏工作的现实问题，是藏学研究的目的，是促进藏学发展繁荣的动力。藏学研究工作者积极探索以基础带应用、以应用促基础的科研新路，推动了中国藏学研究在研究深度、广度和学术关怀上的不断发展，中国藏学的研究正处于良好的发展环境中。

（三）国外藏学与当代西藏研究的新进展

藏学作为国际性学科，其研究领域正在不断扩大。特点之一是藏传佛教研究仍占主导地位。国外藏学研究，集中在欧美，以美国、英国、德国、法国为代表，近年来捷克也异军突起。国外的藏学研究最大的一个分支就是藏传佛教研究。如果说在20世纪80年代以前，国际藏学研究依然偏重对藏族历史、语言和古藏文文献研究的话，那么自20世纪90年代以来的藏学研究，对藏传佛教的研究占绝对的主导地位，这种情形在美国和日本尤其明显。晚近出版的藏学研究的著作绝大多数是藏传佛教研究的著作。中国最缺乏的对藏传佛教哲学思想、密教修习仪轨的研究，恰巧是海外藏学研究中最有成绩的部分，对这些成果的吸收和利用，应当是我们加强对藏传佛教研究力度的一个起点。特点之二是当代西藏研究日益得到关注，其影响力逐渐扩大。自2008年以后当代西藏研究的逐渐兴起，其原因一方面是海外藏独势力活动日益猖獗，突出表现在推动所谓“西藏问题”国际化，争取国际力量的支持；另一方面，2008年全球性金融危机以后，美国为代表的西方国家经济衰退明显，中国崛起进程加速，国际利益竞争加剧，引起一些西方国家的不满和敌视，“疆独”“藏独”成为它们叫板中国、压制中国、分化中国的棋子。因此，研究当代西藏成为西方大众传播、外交政策制定、非政府部门等机构的需求。第三个特点是影视题材的纪录片不断涌现。这些纪录片多为国内独立制片人和摄影人创作，也有一些商业机构运作。这些纪录片经常在藏学研究机构展演，甚至成为大学讲课的素材。

国外有影响力的藏学机构，主要分布在美国、英国、德国、法国，尤以美国藏学最具活力、最具吸引力。美国藏学机构中最有声誉的当属弗吉尼亚大学西藏中心（The UVA Tibet Center）、纽约哥伦比亚大学宗教系和东亚研究所当代西藏项目、哈佛大学梵文和印度学系、哈佛神学院、费正清东亚研究中心、哈佛燕京学社等都有藏学研究的相关机构和研究人员。

弗吉尼亚大学西藏中心以大卫·杰玛诺（David Germano）为代表，他主要研究藏传佛教宁玛派，藏传佛教哲学思想，西藏的历史、文化与教育。

纽约哥伦比亚大学宗教学系和东亚语言和文化所在美国藏学研究领域赫赫有名。其代表人物分别是宗教系的罗伯特·瑟曼教授（Robert Thurman）、东亚研究所的格里·塔特尔教授（Gray Tuttle）、罗伯特·巴奈特博士（Robert Barnett）。罗伯特·瑟曼主要研究佛学，而东亚研究所则侧重近现代特别是当代西藏的研究。格里·塔特尔的主要代表是《现代中国诞生中的藏传佛教徒》（*Tibetan Buddhists in the Making of Modern China*）。罗伯特·巴奈特是哥伦比亚大学当代西藏项目（Modern Tibetan Studies Program）的负责人，这是西方第一个致力于教授现代西藏社会、历史、文化和经济的项目，得到了亨利·鲁斯基金会（Henry Luce Foundation）的资助。

哈佛大学梵文和印度学系、哈佛神学院、费正清东亚研究中心、哈佛燕京学社等都有藏学研究的相关机构和研究人员。代表人物范德康（Leonard W. J. van der Kuijp），主要研究藏语文学，特别是13、14世纪印藏佛教、佛教哲学方面；杰尼特·嘉措（Janet Gyatso）在西藏传记、西藏妇女研究方面成就显著，最近她也开始研究藏医；约翰·克纳斯（John Kenneth Knaus）是客座研究员，主要研究美国的西藏政策。

在美国中部，印第安纳大学和凯斯西储大学引领着涉藏议题研究的藏学传统，这两所大学迄今也是美国藏学研究最重要的阵地。印第安纳大学中央欧亚系曾经由史伯岭（Elliot Sperling）等知名藏学家为引领（2016年受聘于哈佛大学）。俄亥俄州的凯斯西储大学西藏研究中心（The Center for Research on Tibet at Case-Western Reserve University）虽然在美国藏学界不被看作藏学研究，但以梅尔文·戈尔斯坦博士为代表的社会人类学取向的西藏研究，成就斐然，其声望主要来自历史研究，他的四卷本《西藏现代史》奠定了他在现代西藏研究方面的地位，其中第一卷 *A History of Modern Tibet, 1913 – 1951: The Demise of the Lamaist State*（Berkeley: University of California Press, 1989）、第二卷 *A History of Modern Tibet, Volume Two, 1951 – 1955: The Calm Before the Stor*（Berkeley: University of California Press, 2007）、第三卷 *A History of Modern Tibet, Volume Three, 1955 – 1957: The Storm Clouds Descend*（Berkeley: University of California Press, 2014）已经出版，目前他正在创作第四卷 *A History of Modern Tibet, Volume Four, 1957 –*

1959：In the Eye of the Storm。

进入21世纪以后，随着国际政治形势的变化和美国藏学研究的异军突起，只有英国和德国的藏学研究还在延续，尤其是英国的藏学研究，虽然参与人数、研究队伍和研究成果已大不如昔，但依然吸引着世界各地的藏学家和有志于藏学研究的莘莘学子，在国际藏学研究领域中，仍发挥着不可忽视的作用。意大利的藏学研究机构并不多，象雄学院、中远东研究院和那不勒斯东方大学是目前意大利三个最重要的藏学研究中心。

三　本所学科发展的新进展及地位和作用

民族学与人类学研究所的藏学研究历史悠长，底蕴深厚，硕果累累。可以说，藏学研究是民族所的传统优势学科之一，建所以来在藏族史、西藏农奴制社会形态、藏传佛教史等研究领域，取得了丰硕的成果，产生了王森、柳升祺、李有义、牙含章等一批国内外著名的学术大家，后一代学者如黄颢、姚兆麟、祝启源、伍昆明等在国内外藏学界也颇具影响。经过两代学人的辛勤耕耘、薪火相传，推出了一大批具有较高学术水平的藏学研究成果。进入21世纪，特别是2013年，民族所新一届领导班子，薪火传承，继往开来，审时度势，成立藏学与西藏发展研究室，在继承和发扬民族所传统藏学研究的基础上，更加关注和研究西藏重大现实问题，更加响应和紧跟中央的战略部署，并为国家的治藏方略和西藏的长治久安提供重要的决策咨询。这是中国社会科学院历史上第一个从事藏学和当代西藏研究的专业研究室。以王延中研究员等为代表的新一代西藏研究专家正异军突起，紧贴当代社会现实，紧跟国家重大关切，面向西藏未来发展，开拓耕耘着新的田野，其诸多成果赢得了积极的社会效果和学界评价。同时，民族所积极承担中央交办的外宣任务，每年组织专家队伍和少数民族精英进行国际交流，以学术的视角和话语，阐释当代西藏发展的最新成就，展示中国藏学研究的最新进展，努力扩大中国藏学话语的影响力。

为了响应中央《关于加强中国特色新型智库建设的意见》，更好地发挥中国社会科学院在中央治藏战略领域“思想库”“智囊团”的作用，深入挖掘、整合利用民族所深厚的藏学研究底蕴，依托社科院的整体力量，2016年6月成立了当代西藏研究专业智库——“西藏智库”，得到中央统战部、中央宣传部以及西藏自治区党委的支持。“西藏智库”以西藏及四省藏区政治、经济、社会、文化、生态建设为基本研究领域，以围绕大局、服务中央对西藏及四省藏区的工作方针为导向，强化对全局性、前瞻性、战略性、综合性问题的研究，提出有建设性的对策建议和研究成果。另外，“西藏智库”的成立为民族所藏学和当代西藏研究的发展提供了更广阔的平台，建立了高效的应用研究机制，网络了全国主要藏学机构的顶尖西藏研究专家，为社科院新时期的藏学发展提供了新的契机，为民族所藏学研究再铸辉煌提供了重要条件。

近年来“西藏问题”成为国际某些势力遏制中国的棋子和手段，涉藏国际斗争形势不可小觑，对西藏现实问题的对策性研究成为一个重要方向。民族所的藏学研究在重视传统的同时，强化并突出现实问题导向，向有关决策部门提供施政咨询和理论支持。在专业结构方面，在充分发挥藏族史、藏传佛教史研究的深厚基础上，更加突出多学科的优势，目前藏学和西藏发展研究室已有史学、宗教学、政治经济学、社会学、生态学等专业研究团队。

藏学和西藏发展研究室成立以来，特别是“西藏智库”成立以来，民族所的藏学研究已经踏上雄风重振之路，成为中国藏学研究的一个重要的学术阵地，一支多学科合力的专家队伍，一个具有决策影响力的智囊机构。民族所的藏学研究已经走上一个新阶段，迈上一个新台阶。

民族所的藏学研究虽然有自己的特色和传统，但由于东西方学术话语体系不同，在国际藏学界的影响需要进一步加强。在构建自己的话语体系，坚定自己的学术自信的同时，我们也应该走出去，请进来，逐渐提升和扩大中国藏学家在国际藏学界的影响力。从未来发展来看，民族所藏学研究仍然需要多出精品，扩大影响。同时，学术队伍老化问题也需引起重视，学术梯队建设任务也已提上日程。

2013 年至 2015 年本所承担的相关项目主要有西藏自治区党委的委托课题《西藏社会稳定与长治久安研究》、中央西藏工作领导小组委托课题《新时期西藏创新社会治理工作研究》、国家社科基金课题特别委托课题“21 世纪初中国少数民族地区综合调查”子课题“西藏洛扎县调查”“察隅县调查”“白朗县调查”，以及中国社会科学院创新工程项目“西藏社会稳定重大问题研究”“中国近代民族认同与国家建构研究”中国社会科学院国情调研西藏基地项目等。

方素梅主持国家社科基金特别委托项目“西藏历史与现状综合研究”课题“西藏乡村 50 年社会变迁——对扎囊县朗赛岭乡和拉孜县柳乡的回访研究”，2010—2015 年，已完成。

2013—2015 年主要学术成果有：出版的专著《民族团结云南经验：“民族团结进步边疆繁荣稳定示范区”调研报告》（王延中主编，社会科学文献出版社 2014 年版）、《青海省创建民族团结进步先进区的理论与实践》（青海省委统战部编，人民出版社 2014 年版）、《族群冲突与治理——基于国际政治的视角》（王剑峰，社会科学文献出版社 2014 年版）。

公开发表的论文逾 15 篇，主要有《西藏社会稳定新机制建设探索》（王延中，《民族研究》2013 年第 6 期）、《云南建设民族团结示范区与和谐民族关系的基本经验及启示》（王延中、管彦波，《民族研究》2014 年第 3 期）、《创建民族团结进步先进区促进民族地区社会稳定的青海模式》（王延中，《青海民族研究》2015 年第 1 期）、《清季十三世达赖喇嘛与塔尔寺阿嘉呼图克图失和经过考述》（秦永章，《青藏高原论坛》2013 年第 1 期）、《当代西藏农户的宗教生活考察——以扎囊县朗色林村、拉孜县柳村为例》（秦永章，《沈阳师范大学学报（社会科学版）》2014 年第 6 期）、《试析日本涉藏政策的演变及特点》（秦永章，《中国藏学》2015 年第 1 期）、《教育公平与促进青海牧区教育发展》（方素梅，《青藏高原论坛》2013 年第 2 期）、《西藏乡村的土地改革及经济变迁——以朗塞岭村为中心的考察》（方素梅，《中国藏学》2015 年第 3 期）、《当代国际准则框架不支持民族分离主义运动》（王剑峰，《青海民族研究》2015 年第 4 期）、《工珠与伏藏》（李晨升，《青海民族研究》2014 年第 4 期）、《利美运动中的工珠和钦则》（李晨升，《中央民族大学学报（哲学社会科学版）》2015 年第 6 期）。

在建言献策、发挥智囊团作用方面，主要表现在撰写要报、信息专供，研究专供等方面，据不完全统计，在三年时间里提供 30 余篇，其中有的《要报》成果获得党和国家领导人的批示或决策机构的采纳，获得多项中国社会科学院对策信息奖。例如《藏族僧人自焚事件的特点及防范建议》（2013 年二等奖）、《西藏流亡政府的“首相”选举及其未来走向分析》（2011 年三等奖）、《关于恢复“西藏自治区宗教事务管理局”的建议》（2014 年三等奖）、《关于在藏区寄宿制学校设立后勤管理人员编制的建议》（中国社会科学院对策信息对策研究类二等奖）。

此外，王延中研究员多次应邀到统战部、宣传部以及西藏自治区做咨询报告，产生了重要的积极影响，得到中央和西藏的高度肯定。

民族所的藏学学科建设和发展正在有条不紊地持续进行，正在铸造新的辉煌。当下，民族所的藏学研究突出的特点和贡献集中体现在当代西藏研究，特别是当代西藏发展稳定的重大现实问题，这也是中央和西藏特别重视的问题，其他领域尤其是纯学术的藏传佛教研究还有待进一步加强。

四 学科的发展方向与发展规划

本学科的总体发展方向是基础研究与应用研究相结合，在重视传统藏学研究的同时，加强和突出现实问题研究，系统研究所谓“西藏问题”的历史演变、当前西藏的社会经济发展，尤其是如期全面建成小康社会、当前的涉藏国际斗争及其反分裂等问题，推出一批高质量的调研报告及学术著作，为社会各界提供系统深入的背景知识，向有关决策部门提供咨询和理论支持。

具体来说，一是加强基础研究。继续做好藏族历史、宗教、古籍整理等传统领域的研究工作。二是针对重大现实问题，突出应用对策研究。运用多学科理论与方法，加强对涉藏重大理论与现实问题的研究，系统研究所谓“西藏问题”的由来及历史演变过程，揭露“藏独”势力在境外操弄国际舆论，在境内进行宗教渗透、煽动民族情绪的方法与手段，探索西藏及四省藏区长治久安之策。同时运用经济学、人类学、社会学等方法对西藏的经济社会发展进行多专题的调研，有针对性地对“藏独”势力提出的各种攻击中国的谬论进行驳斥。

未来五年的研究计划，主要是借助“西藏智库”和我院创新工程两个平台，在兼顾各自的传统研究领域的同时，重点研究“涉藏重大理论与现实问题研究”，包括反分裂斗争前沿报告、主要大国涉藏外交政策演变、社会转型期藏传佛教与社会主义相适应问题、西藏如期实现全面建成小康社会、大数据时代藏区社会冲突预警和管控研究、藏族族群认同和国家认同的历史与现实问题研究等。

（王剑峰，研究员；卢梅，助理研究员，中国社会科学院民族学与人类学研究所藏学与西藏发展研究室）

2013—2014 年新疆研究综述*

周 泓 郭宏珍 马 艳 王 耀 孙 嫱

2013 年

（一）国外新疆研究与国际交流

1. 国外新疆研究。国外学界对新疆的关注呈现多视角、多学科特点，论题涵盖历史文化、社会发展、现实政治与国际问题等，学科领域涉及历史学、经济学、人类学、宗教学等及其交叉学科。然而由于研究出发点不同和学术立场差异，特别是资料占有不全，某些国外学者在新疆研究中表现出主观性，选择性地使用资料，致使其观点有失偏颇。同时，国外的相关研究往往碎片化，缺乏体系化的集中研究和长期学术关注。但是，国外学术界的讨论视角、研究方法以及某些合理看法值得国内学界借鉴。

新疆历史文化方面有代表性的译著，如［苏］K. A. 阿奇舍夫、R. A. 库沙耶夫的《伊犁河流域塞人和乌孙的古代文明》（孙危译，兰州大学出版社 2013 年版），汇集伊犁河下游大量考古发掘资料，对考古学遗存的族属、年代以及考古资料所反映的古代人类经济形态、社会组织形态等问题予以较深入探讨。广中智之的《汉唐于阗佛教研究》（新疆人民出版社 2013 年版），在西行纪的基础上，参考出土佛教写本的记载，讨论两汉以前、魏晋南北朝、隋唐（吐蕃占领以后从略）三个阶段的于阗佛教史内容。

大卫·布罗菲（David Brophy）的《清代新疆准噶尔蒙古的遗产》（“The Junghar Mongol Legacy and the Language of Loyalty in QingXinjiang”）一文根据学术界对清帝国对待境内不同民族和宗教的方式的已有认识，探讨清帝国时期新疆伊斯兰教和穆斯林。该文认为，清代多语制和意识形态多元化很少延伸到新疆穆斯林的语言和信仰中，清王朝认识到亚洲内陆穆斯林充当着与准噶尔蒙古人之间外交和贸易的角色，于是在这些穆斯林中寻找到合作者。这些穆斯林可以按照蒙古人的统治理念满足清王朝的要求，因此，清王朝感到没有必要在新疆形成一种明显不同的伊斯兰统治方式。①

2. 国际交流。2013 年中央民族大学哈萨克语文系举办系列海外学者讲座，邀请阿勒法拉比大学和古米廖夫大学等教授，讲授哈萨克语用修辞学、传统句法学向功能句法学的转向，哈萨克文学的前沿问题；主办“青格斯·艾特玛托夫座谈会”，与哈萨克斯坦阿勒法拉比大学合作组织《当代语言学前沿与突厥世界》国际学术会议和“哈萨克文字问题北京圆桌会议”，参与“中国周边国家语言文化论坛”。张定京教授分别做《哈萨克语的语法单位》《哈萨克文字

---

* 2013 年部分撰稿：周泓、郭宏珍、马艳、王耀、孙嫱；周泓、孙嫱并补充、修改、梳理。2014 年部分撰稿：孙嫱、王耀、马艳；孙嫱并补充、修改、梳理。

① David Brophy，“The Junghar Mongol Legacy and the Language of Loyalty in Qinxinjinag”，*Harvard Journal of Asiatic Studies*，Vol. 73，No. 2，December 2013，pp. 231 – 258（Article）.

改革的拉丁化走向》和《中国的哈萨克文字的改革进程与拉丁化问题》专题和主题报告。哈萨克斯坦举行“文化对话中的语言文学与新闻国际研讨会”，中国社会科学院少数民族文学所黄忠祥研究员做“特定文化语境中的民间演唱艺人的学艺特点”主题发言，并参加乌克兰“民间故事国际研讨会”，做“哈萨克族幻想故事与其史诗比较研究”主题发言。

（二）国内新疆研究重要项目与学术交流

近年新疆研究除新疆维吾尔自治区社会科学基金和中国西部项目资助外，国家社科基金也有重大委托和资助项目。2012 年中国社会科学院民族学与人类学研究所王延中研究员主持国家社科基金重大委托项目“21 世纪中国少数民族经济社会发展综合调查”，2013 年 6 月新疆组到乌鲁木齐，与自治区民族宗教事务委员会和自治区政府各部委座谈，随即调研新疆喀什市、墨玉县、塔什库尔干塔吉克自治县、和布克塞尔蒙古族自治县，随后将调研阿勒泰地区富蕴县、吐鲁番地区鄯善县和柯尔克孜族自治州乌恰县。另何星亮研究员的“新疆若干珍贵文物、文书调查与研究”、周泓研究员的“新疆多元文化生态的保护与多族体和谐研究”，少数民族文学所黄忠祥研究员的“语言与文化研究：哈萨克族习俗歌的调查研究”等，新疆社会科学院木拉提·黑尼亚提的“近代新疆基督教研究”，亦得到国家社会科学基金资助。同时中国社会科学院重点资助新疆研究项目如“新疆双语教学调查研究”（何星亮主持），“喀什老城区改建的民族学研究”（周泓主持）。中央民族大学民族学与社会学学院新疆调查持续，博士生孙嫱等的“新疆少数民族大学生就业问题的调查与分析”，语言文化学院张定京教授的“实体语法理论研究”和“新疆多民族语言有声调查与数据库建设”，托汗教授的“《玛纳斯史诗》唱本传统诗章《阔阔托依的祭奠》的比较研究”，均得到国家社科基金资助；阿力肯教授的“跨境哈萨克语”研究，托汗“《玛纳斯》史诗与柯尔克孜民俗研究”得到教育部专项基金资助。

2013 年 11 月初，复旦大学暨《中国学研究》和《学术月刊》“多维视野下的中国研究”国际学术会议，有关新疆研究的论文有周泓的《近代新疆汉人主体研究》、毛颖辉的《从三区革命到新疆解放：1944—1949 年民族主义框架下的话语建构》、黄达远的《地缘政治与民国新疆》、白京兰的《清代新疆民族法律研究》、金玉萍的《当代新疆地县传媒研究》。随即中国民族学年会在银川召开，有关新疆研究的论文有周泓的《新疆多元地缘性与地域性文化演变》、王耀的《美国国会图书馆与“台北国家图书馆”藏清代新疆总图比较研究》。同期中国民族史年会在昆明召开，有关新疆的论文有王耀的《清代乌什城市形态及格局演变探析》等。内地有关中亚—新疆文学研讨会有“格斯（萨）尔与口传史诗国际研讨会”“国际乌孙文化暨哈萨克文化研讨会”“纪念库尔曼别克逝世两周年暨阿肯阿依特斯研讨会”和“哈萨克语文学国际学术研讨会”等。关于新疆民族文学研究有黄忠祥的《母题与派生母题》《乌孙文化与哈萨克文化的地域特征》《阿尔泰语系突厥语族口传史诗的地域特点》《哈萨克族阿肯弹唱的群众性特征》等论文，该研究员获得首届新疆“文化遗产优秀研究奖”。

2013 年 9 月新疆社会科学院历史研究所主办“《新疆通史》修订评议暨民国时期的新疆”学术研讨会。议题包括民国新疆重要人物杨增新、金树仁、樊耀南、盛世才、马仲英、和加尼牙孜、吴忠信、张治中等的研究与评价；民国新疆重大事件评价：清末“新政”；辛亥迪化起义、伊犁起义，新伊塔城谈判，新疆辛亥革命在全国辛亥革命中的位置，哥老会研究；哈密农民起义，策勒村事件，1928 年“7·7”事变，1933 年“4·12”事变，“三区革命”研究；民国新疆与中央政府关系，民族、宗教政策；民国新疆的经济、人口与环境，教育、文化与社会思潮；民国新疆研究的新史料、新问题、新视角、新方法。会议肯定了《新疆简史》的严谨文风，但质疑单一观点分析。肯定杨增新、盛世才保卫疆土功绩和盛世才执新的历史选择，质疑苏联援助三区革命的政治企图。蔡锦松认为盛世才具有马列主义意识，新疆现代史自盛世才时期；纪大椿论述《苏联与新疆三区革命》及其影响，指出1949年中共中央文件将三区民族军写为“维族军”。周泓的《民国新疆：民族主义与国家民族主义并悖》认为，西方民族国家思想与中国多民族国家历史整合未完成，并提出研讨国际共运与国家主权关系。中国社会科学院中国边疆史地中心许建英的《近代英国与中国新疆》考述英国未支持20世纪30年代南疆“东突厥斯坦伊斯兰共和国”。部分学者关注新疆汉族商人与信仰，周泓论释“晚近新疆汉人社会的生成”，另有学者考察北疆汉人寺庙遗存。民国新疆民族社会得到关切。哈萨克族专家强调各族本族而非汉族角度的民国研究，以重视西域世居土著族体；木拉提·黑尼亚提研究员以档案影像资料重现瑞典喀什传教团考察的维吾尔社会；另有维吾尔族学者讨论晚近乌孜别克族商人的跨境贸易作用。蔡锦松以档案价值质疑记忆的主观性，周泓则审视文献记载的局限与主观取舍，呼吁抢救民国新疆活体资源。2013年新疆石河子大学召开关于新疆屯垦历史与文化研讨会，中国汉民族学会参加。

2013年内地重点院校参与新疆研究。北京大学社会学系所、浙江大学人文学院相继展开新疆调研，分别侧重新疆穆斯林社会和新疆佛教文化研究；清华大学社会学系和复旦大学相继成立人类学民族学中心，继而关注新疆问题。新疆师范大学人文学院邀请北京大学、中央民族大学、内地民族院校及民族学人类学中心学者，召开“跨文明互动”学术会议。中央民族大学哈萨克语文系举办国内专家学者系列讲座，探讨非物质文化遗产与民族语言，哈萨克民间叙事长诗演唱传统，从认知角度看哈萨克语的智力类词语等。内地研究生有关新疆历史文化研究毕业论文有中央民族大学2013届研究生孔杜孜的《杂散居柯尔克孜族文化变迁——塔什库尔干塔吉克自治县科克亚尔柯尔克孜族民族乡的民族志》等。

（三）国内新疆历史研究要述

新疆历史研究历来是学界热点，诸多学者倾注心力。荣新江等学者利用出土文书研究西域问题多有创获，沈志华等学者致力于档案整理，为后人研究奠基。2013年新疆历史研究成果丰硕、种类多样。就研究内容而言，涉及西域文化、行政建制、移民、城市、文书、宗教、贸易等方面；就研究成果的形式而言，主要有论文、论文集、专著、译著、资料集等；就研究对象的时间而言，大致集中在汉唐时期和清朝民国年间①。

1. 汉唐元时期的西域。汉唐时期的西域一直以来是学界关注热点，相关先行学术积淀深厚。不少学者在前人研究的基础上，利用新获出土文书、考古材料、历史文献等，展开进一步研究。林梅村的《大月氏人的原始故乡——兼论西域三十六国之形成》（《西域研究》2013年第2期），指出汉代大月氏、小月氏的两次迁徙，导致西域诸国在天山南北的重新分布，最终形成东汉年间西域五十五国的态势。施新荣、刘振伟主编的《西域历史与文献论丛》第一辑（学苑出版社2013年版），收录有《西汉戊己校尉的名和实》等文章，其他学者②从宗教、商贸、交通等方面展开研究。西域佛教史方面，2013年的重要研究为王建林、朱英荣的《龟兹佛教艺术史》（上海文化出版社2013年版），以龟兹石窟为基础，描述了龟兹佛教艺术从开端、发展到兴盛和衰落的全过程。元代西域人研究主要有：王希隆的《略论〈长春真人西游记〉在蒙元时期丝绸之路汉语文学中的价值》（《西域历史与文献丛刊》第1辑）、《〈明史·西域传〉

---

① 其他时间段的新疆历史研究成果较少，比如：朱磊的《试论魏晋南北朝时期新疆的北斗信仰》（《西域研究》2013年第2期）；王希隆的《魏晋、前凉西域屯田述论》（《西域研究》2013年第3期）。

② 殷小平：《唐元景教关系考述》，《西域研究》2013年第2期；高荣：《魏晋十六国时期河西与西域间的商业贸易》，《西域研究》2013年第2期；陆水林：《贾帕尔桑河谷及其交通初探》，《西域研究》2013年第3期；周燮藩：《苏非主义初入新疆述略》，《西域研究》2013年第1期。

纠误一则》(《西域历史与文献丛刊》第 1 辑)。

通过深入研究各类文书来释读历史，是研究该时期西域历史的重要方法。刘后滨、王湛的《唐代于阗文书折冲府官印考释——兼论于阗设置折冲府的时间》(《西域研究》2013 年第 3 期)、程喜霖的《论唐代西州镇戍——以吐鲁番唐代镇戍文书为中心》(《西域研究》2013 年第 2 期)、陈明的《书写与属性——再论大谷文书中的医学残片》(《西域研究》2013 年第 2 期)，皆利用文书进行历史研究。荣新江主编的《黄文弼所获西域文献论集》(科学出版社 2013 年版)，录有马雍的《吐鲁番的"白雀元年衣物券"》等 26 篇文章，大部属于此类。殷晴主编的《中国国家图书馆藏西域文书：梵文、佉卢文卷》(中西书局 2013 年版)，整理、诠释中国国家图书馆所藏的来自新疆和田的梵文、佉卢文文书。

2. 清朝、民国年间的新疆。清代新疆行政区划、宗教、移民、城市等问题，学界多有研究。在清朝新疆的行政区划、法律制度方面，有邢蕾的《试论清代回疆的法律控制与伯克管理》(《新疆大学学报》2013 年第 3 期) 和《新疆建省之前的郡县制建设》(《西域研究》2013 年第 1 期)；白京兰的《清末新疆建省与法律的一体化推进》(《西域研究》2013 年第 1 期) 和《一体与多元：清代新疆法律研究 (1759—1911 年)》(中国政法大学出版社 2013 年版)，探究民族法律史。在传教士研究方面，木拉提·黑尼亚提与迪木拉提·奥迈尔的《近代瑞典传教团喀什噶尔传教之旅——〈中亚的传教与变革〉评述》(《西域研究》2013 年第 1 期)，利用瑞典文献呈现喀什噶尔瑞典传教团的事迹。清季民国新疆汉人研究有周泓的《晚清民国杨柳青理教信仰及其组织西延》(《民族论坛》2013 年第 4 期)。祁美琴、褚宏霞的《清代嘉道时期新疆移民落籍方式初探》(《西域研究》2013 年第 2 期)，探讨清中期内地移民进入新疆后的身份转换为新疆民户的方式问题。在新疆城市方面，黄达远撰《"西力"与"东力"的交织与竞争：新疆城市早期现代化的曲折展开》(《和田师范专科学校学报》2013 年第 32 卷第 1 期)。有关民国时期的论文继续述及新疆"三区革命"和杨增新治新问题①，如王晓峰著《民国时期新疆地方宪政研究》(中国政法大学出版社 2013 年版)。《西域历史与文献论丛》第一辑收录涉及清代新疆灾害、交通等文，如《乾隆时期新疆自然灾害研究》《新疆伊犁通库车及喀喇沙尔路史实钩沉》等。此外，刘坎龙、孙文杰②从诗歌入手研究新疆历史。

国内外新疆档案整理方面成果显著。沈志华的《俄国解密档案：新疆问题》(新疆人民出版社 2013 年版)，收入涉及新疆问题的俄国解密档案 265 件，档案以时间排序，起讫 1931 年 4 月至 1969 年 9 月，包括联共 (布) 中央政治局会议记录、中苏双方高层的会谈记录、中苏双方边界勘分、苏联对新疆政策讨论等，涉及中苏两国三方政治、经济、军事、外交、民政等诸多内容，是民国新疆史、中苏关系史等研究的第一手资料。吐娜的《民国新疆焉耆地区蒙古族档案选编》(新疆人民出版社 2013 年版)，对新疆和静、和硕、焉耆 3 个县，有关民国时期和硕特蒙古族社会、历史、经济、文化等诸方面的近 500 份档案文献进行了整理。锋晖编著的《广禄回忆录：时任民国驻中亚总领事的回忆》(社会科学文献出版社 2013 年版)，对研究清末及民国时期执政当局的内外政策等问题，具有第一手史料的珍贵价值。

(四) 国内新疆族际交往关系研究

2013 年以来有关新疆族际关系研究的文章主要有：马秀萍的《第三文化：族际关系的新解

① 邵玮楠：《动荡之源：新疆三区革命的国际背景》，《西域研究》2013 年第 3 期；刘国俊：《杨增新对阿勒泰的经营》，《西域研究》2013 年第 3 期。

② 刘坎龙：《清代西域屯垦戍边诗的纪实性手法》，《西域研究》2013 年第 1 期；孙文杰：《和瑛诗歌与新疆》，《西域研究》2013 年第 2 期。

读——以乌鲁木齐市回族与维、汉民族的关系为例》（《新疆社会科学》2013 年第 6 期），文章通过回族的视角审视了维吾尔族和汉族的民族关系，并对回族之所以能与维吾尔族和汉族两民族均建立比较和谐的民族关系的原因作了探讨，最终作者得出的结论是：由于回族在与维吾尔族和汉族两民族的互动中构建了第三种文化，从而使回族能在维吾尔族和汉族间充当中介身份，发挥桥梁作用。李静和刘继杰的《影响新疆族际交往的心理因素分析》（《新疆社会科学》2012 年第 5 期）认为新疆自古以来就是多民族、多元文化交汇共存的地区，这一特点对新疆各民族之间的族际交往产生深刻的影响力，使其族际交往表现出复杂性的特点。而狭隘的民族意识、民族认知上的偏差、民族间经济发展的不平衡、民族语言文化心理上的差异以及宗教信仰上的差异是影响新疆各民族族际交往时心理差异的主要因素。只有对影响民族交往的主要心理因素进行研究和分析，才能促进新疆各民族间交往顺利进行。此外，李晓霞的《合作与竞争——新疆南部维汉农民的生产交往调查》（《西北民族研究》2011 年第 3 期），是李晓霞主持的国家社科基金项目“新疆南疆维吾尔族聚居乡村的汉族居民”的阶段性成果。该文试图以谢里夫（1966）的群际冲突理论为理论基础，从其理论核心，即“群体成员的群际态度与行为，反映了他们的群体与其他群体的客观利益”出发，对新疆南部（南疆）维吾尔族聚居乡村中的维吾尔族和汉族农民在生产交往时的利益冲突或合作的种种表现展开深入透视，进而分析利益对族际关系的影响作用。

（五）国内新疆宗教信仰研究

2013 年以来有关新疆宗教研究的文章主要有：郭泰山的《当今新疆宗教现状及发展趋势评析》（《实事求是》2014 年第 1 期），文中指出新疆现有伊斯兰教、佛教、天主教、东正教、基督教和道教 6 种宗教，其中伊斯兰教是新疆信奉人数最多的宗教。新疆宗教的特点表现为“五多”，即信教群众多、宗教活动场所多、宗教教职人员多、少数民族信仰群众多、宗教活动多。从世界格局来看，国际政治中宗教因素的影响明显上升，给新疆的稳定带来更加复杂的影响。因此，新时期新疆宗教发展将面临更加复杂的局面。董西彩的《论宗教文化在构建新疆现代和谐文化中的积极作用》（《新西部（理论版）》2013 年第 10 期）认为新疆的宗教文化在构建和谐社会中具有重大作用：一是新疆宗教文化是构建现代和谐文化的来源之一；二是新疆宗教文化是构建现代和谐文化的有益补充；三是宗教丰富了人们的精神文化生活，缓解人的心理压力和慰藉人的心灵；四是宗教文化具有独有的文化交流和展示作用。刘仲康的《新疆宗教问题怎么看，怎么办?》（《新疆社会科学》2012 年第 6 期）对目前新疆宗教工作面临的问题作了论述，认为：一是绝对不能把敌对势力利用宗教和宗教本身混为一谈；二是当今和今后一个时期，宗教工作的主要任务是团结广大信教和不信教的群众为实现我们共同的政治目标而奋斗；三是新疆宗教问题具有复杂性和特殊性，宗教工作需要结合新疆实际；四是现在新疆宗教工作既要加强管理，又要宽严相济；五是要立足经济社会发展，从根本上解决问题；六是新疆宗教工作需要加强干部管理。陈旭的《中国共产党宗教政策在新疆的运用与实践》（《宗教学研究》2014 年第 1 期）认为宗教问题是马克思主义理论中的重要问题，新疆作为多民族地区，多种宗教长期并存，宗教问题常常同政治、经济、文化、民族、外交等历史和现实的各个方面相互交织，宗教的影响十分深远。

（六）新疆社会经济与文化研究

1. 新疆民族社会经济变迁研究。主要包括少数民族聚居区社会经济发展调查、少数民族生计方式变迁等。加·奥其尔巴特的《新疆蒙古族社会现状报告——和静县和乌鲁木齐市等地蒙古族社会经济发展的调查与分析》（社会科学文献出版社 2013 年版）一书，调研新疆巴音郭楞蒙古自治州两县、伊犁哈萨克自治州三县和乌鲁木齐市的蒙古族社会经济、生活质量和文化教育与存在的问题。马海寿、刘贡南的《绿洲上的新月：当代新疆昌吉地区回族生计方式变迁研究》（民族出版社 2013 年版）一书，对天山北坡绿洲一个典型回族村落的“生计方式”，从生态、教育、消费、国家屯垦制度与可持续生计等方面分析探讨，就新月社区未来的生计途径提出“公司＋农户”模式的发展框架。阿迪力·买买提的《转型期新疆经济发展平衡问题研究》（社会科学文献出版社 2013 年版）一书，关注新疆少数民族弱势群体。指出转型期的新疆经济增长迅速，但受自然、社会历史条件的影响，一定程度上加深了新疆弱势群体，特别是少数民族弱势群体的弱势化程度。作者从少数民族农民弱势群体和城镇弱势群体两个层面，研究其存在的必然性、人口分布及现状、改变弱势群体的对策等。《区域发展不平衡的影响因素实证分析——以新疆南北疆为例》（《新疆大学学报（哲学·人文社会科学版）》2013 年第 2 期）一文，分析资源禀赋、区域政策、区位条件等因素对新疆南北疆区域经济发展不平衡的作用。另有杨圣敏的《新疆如何实现经济与社会同步跨越式发展》、孙岿的《族际互动模式：自发合作、契约合作与指导合作》、刘明的《新疆民族学人类学理论与实践》撰述。《生育文化与社会再生产——以新疆阿克苏、喀什地区为例》（《新疆大学学报（哲学·人文社会科学版）》2013 年第 2 期）一文，通过生育知识、生育目的及生育性别偏好等分析认为，新疆阿克苏、喀什地区的生育文化是以宗教为基础的、有别于现代医学观念的一套观念体系，在现代化中，当地生育文化的变迁对社会再生产机制产生内在影响。

2. 新疆文化的多样互动研究。此类成果比较集中于语言文化领域，即少数民族语言与汉语的互动、交流及相互影响研究。赵江民的《新疆民汉语言接触及其对世居汉族语言的影响》（北京语言大学出版社 2013 年版）一书，以语言接触理论，归纳新疆语言接触规律，勾勒民汉语言接触的历史轨迹，探寻以维吾尔语为代表的少数民族语言对世居汉族语言本体及其语言使用情况的影响。《语言接触对新疆南部地区汉语方言的影响》（《新疆社会科学》2013 年第 2 期）一文，指出南疆汉语方言基础较薄弱，由于广泛的语言接触，导致以喀什地区为代表的南疆汉语方言在词汇上大量借鉴维吾尔语，同时在语音上不断被其他汉语方言感染，使南疆汉语产生大量语音、词汇和语法的变异。同期，阿尔斯兰·阿布都教授、胡毅教授对维吾尔语中汉语词汇的借用研究，均表明新疆文化多元共存的特性。

3. 新疆少数民族文化现代化研究。（1）少数民族现代教育发展研究。朱远来的《新疆哈萨克族现代教育发展研究》（知识产权出版社 2013 年版）一书，调查发现哈萨克族聚居区具代表性的伊犁哈萨克自治州尼勒克县、伊犁师范学院等所属不同学校教育层次和类型，以哈萨克族教育所处经济、社会、文化、自然生态等环境的历时与共时比较，提供了哈萨克民族教育面临机遇与挑战应做出的教育改革选择和设计的实证依据。（2）民族传统语言与双语教育研究。第一，从语言能力、语言态度和语言使用状况方面，探讨新疆不同少数民族的语言文化现状和现代化背景下民族语言的传承与保护。如《锡伯族家庭语言保持现状透析》（《新疆师范大学学报（哲学社会科学版）》2013 年第 6 期）一文，认为应弘扬民族优良传统，缩短代际语言使用和语言能力的差距，坚守家庭语言使用的阵地；改变传统语言的工具观，重视语言的文化属性和认知属性；改变自上而下的线性语言规划观，建立多领域、多主体共同配合的立体语言规划观。《新疆喀什古城的语言生活——高台民居社区居民的语言使用和语言态度调查》（《新疆社会科学》2013 年第 1 期）一文调查显示，维吾尔语是当地主要交际语，汉语掌握程度体现代际差异；居民对相关语言的主观评价与实际行为不一致，中学生学习汉语的积极性不高，传统手工业制作对母语保持和汉语推广有影响。多数人认为维吾尔语对自己较重要，普通话对后代较重要，希望后代接受维汉双语教育。《新疆伊宁市维吾尔族城市居民的语言能力、语言使用与语言态度调查》（《西北民族研究》2013 年第 3 期）一文，指出伊宁市维吾尔族城市居民普遍具有维汉双语能力，但高比例的双语人口和较低水平的汉语使用能力并存。维吾尔语与家庭、友谊、学校等方面相连，维汉双语使用模式与社会生活、工作相连，场合越正式，汉语使用比例越高。现时维吾尔居民既注重语言的实际效用，也强调语言和语言学习的象征意义，对学校族群结构和教学语言类型的期待是多样化的。第二，讨论少数民族对双语教育的学习意愿、双语教师的从业意愿、双语教育的体制机制。《基于文化理解的双语教学——以新疆高校预科汉语教学为例》《新疆师范大学学报（哲学社会科学版）》2013 年第 4 期）一文认为，语言的传授过程蕴含丰富的文化教育因素，阐述了汉语教学中文化教学的意义和方法。《生态语言学视阈下的柯尔克孜族语言教育选择——以新疆克孜勒苏柯尔克孜自治州为例》（《新疆社会科学》2013 年第 4 期）一文，梳理了柯尔克孜族基于民族发展的基本价值观及其语言功能所做的语言教育选择历程：从曲折前行的母语教育、适时调整的二语教育、长远战略的双语教育层面，从积极的语言态度和良好的多语能力角度，分析柯尔克孜族的语言生态环境，注意基础教育与高等教育智力衔接。《新疆双语教师从教意愿调查研究——以新疆某师范大学小学教育专业为例》（《新疆社会科学》2013 年第 3 期），调查了新疆不同民族、不同生源地区、不同学习类型（民考民、民考汉）、不同专业大学生的双语教师从教意愿，提出双语教师的培养主体应该是维吾尔族及哈萨克族学生及民考汉学生，高等师范院校应该设置培养双语教师的专业。《新疆双语教育工作体制机制研究》（《新疆社会科学》2013 年第 1 期）一文指出，新疆双语教育存在投入不均衡，行政机制、法律保障机制和用人机制不健全等问题。《和田地区维吾尔族幼儿汉语学习兴趣现状调查》（《新疆师范大学学报（哲学社会科学版）》2013 年第 3 期）一文，以课堂观察与问卷调查结合分析，指出维吾尔族幼儿汉语学习存在学前双语师资数量不足，整体素质不高；汉语语言环境薄弱，小学化倾向较为严重等问题。认为培养少数民族幼儿的汉语学习兴趣，是实施少数民族学前双语教育的重要目标。（3）少数民族文化现代化与国家认同。李瑞君的《当代新疆民族文化现代化与国家认同研究》（中国政法大学出版社 2013 年版）一书，关注社会转型的利益格局调整和不同文化之间的碰撞与冲突，认为中央与地方、个人与社会、政府与社会、不同文化群体之间的关系调整，应该由以往的重维稳、重反恐向重发展、重民生转换。相关研究有《新疆高校少数民族大学生中华文化认同教育探析》（《新疆大学学报》（哲学・人文社会科学版）2013 年第 2 期）、《浅谈新疆多民族高校开展公民意识教育问题》（《新疆大学学报（哲学・人文社会科学版）》2013 年第 1 期）等文。（4）新疆文化建设研究，如《积极挖掘新疆文化的现代价值》（《新疆师范大学学报（哲学社会科学版）》2013 年第 5 期）、《论新疆生态文化的发展与建设》（《新疆大学学报（哲学・人文社会科学版）》2013 年第 2 期）、《新疆文化强区面临的挑战和实现路径探究》（《新疆师范大学学报（哲学社会科学版）》2013 年第 1 期）等。（5）少数民族特色文化产业研究。《新疆少数民族传统体育开发中的企业主导型模式经营策略研究》（《新疆社会科学》2013 年第 4 期）一文，以维吾尔族达瓦孜、麦西来甫项目为目标市场，提出适合开发的经营策略。另如《旅游业对民族传统社区居民现代化的影响——基于吐鲁番葡萄沟风景区的实证研究》（《贵州民族研究》2013 年第 3 期）。（6）“援疆”项目研究。《援疆工程项目社会影响评价探析》（《新疆大学学报（哲学・人文社会科学版）》2013 年第 1 期）一文论述援疆工程项目由来与现状。依据社会影响评价基本理论，分析确定各评价指标的权重，表明社会和谐与促进区域经济发展在援疆工程项目中具有同等重要的地位。强调立足新疆政治、经济、文化、地域特点，建立援疆工程项目社会影响评价的指标体系。

（七）新疆族属语言与文化研究

维吾尔语言文学与思想研究，如力提甫・托乎提的《现代维吾尔语参考语法》（中国社会科学出版社 2012 年版）、乌买尔・达吾提的《麻赫穆德・喀什噶里与比较语言学》（《新疆大学学报》2011 年第 3 期)、吐尔逊托合提·阿塔吾拉的《论玉素普·哈斯·阿吉普的政治思想》(《新疆大学学报》(维文版)2011 年第4 期)等。哈萨克族语言研究，如张定京的《哈萨克语情态系统研究语料》(《阿尔泰语系语言情态系统的功能—类型学研究》，中央民族大学出版社 2013 年版)，张定京的《Грамматиканың бірліктері жөнінде》(《论语法单位》,《“Қазіргі тіл білімінің басымдықтары жә не түркі ә лемі” атты халықаралық ғылыми-теориялық конференцияның мақалалар жинағы》, Алматы: Арыс, 2013.(《当代语言学发展趋势与突厥世界国际学术理论研讨会论文集》，阿拉木图 Arïs 出版社 2013 年版))。哈萨克文学研究，如黄忠祥的《哈萨克族口头文学的游牧式传承方式》(《草原文学研究》论文集，民族出版社 2013 年版)、《哈萨克族叙事诗〈阔孜库尔佩西与芭艳苏露〉瓦·拉德罗夫版本的结构特征》(《民族文学研究》2013 年第 3 期)等。另有热和甫·阿巴斯、周建华的《中国塔塔尔族》(黄河出版集团、宁夏人民出版社 2012 年)等。

(八)新疆汉人社会和新疆兵团研究

由上可见近年新疆研究的两大基本特点：一是大多数学者仍立足民族学人类学的多元理念，使新疆社会、经济、文化(语文、教育、信仰、习惯法等)研究尚未为现代文化引领全然建构；二是新疆汉人社会已成为一个新的研究领域。如许学诚的“巴里坤汉文化”研究，齐清顺撰文《清代哈密至北疆汉民间节庆习俗》；周泓接续 2004 年博士后研究“新疆汉人的历史人类学：杨柳青新疆帮溯源——农商、行商与绅商”，发表论文《边政学与近代新疆主体研究》《近代新疆汉人主体研究》《晚近新疆汉人社会的生成》《清季民国杨柳青理教信仰及其组织西延》《清末民国杨柳青商绅文化在新疆的衍生》。继而有崔保新的邓缵先研究等。新疆兵团研究，继 2008 年北京大学博士生兵团调查和周泓的《新疆生产建设兵团调研》(中国社会科学院国情调研项目)后，有赵茜的《市场经济下新疆生产建设兵团青年就业问题研究——对 102 团实地调查》《改制与生存：新疆生产建设兵团社会保障制度研究》，刘文远等的《新疆兵地关系研究》，以及李豫新等的《新疆生产建设兵团城镇化综合发展水平实证分析》。

(九)中国社会科学院民族学与人类学研究所新疆研究室成立

2013 年 9 月中国社会科学院民族学与人类学研究所成立新疆历史与发展研究室，这是中国新疆研究的重要机构。成员有何星亮研究员、周泓研究员、郭宏珍副研究员、马艳博士、王耀博士和孙嫱博士、杜娟博士，专业构成为历史学、民族学、社会学、人类学。何星亮研究员指出基础研究与对策研究的构成体系。周泓提出研究框架分为西域研究、新疆省研究和新疆维吾尔自治区研究，各部分包含族体历史、政制、社会、文化、经济、族际、跨境、生态等研究，认为历史人类学、民族学与社会学方法为该研究领域的基本方法。主要论题有国外新疆研究，新疆族体源流，西域地方政权与中原王朝管辖体制，西域文化(语言文学与思想、宗教信仰与教派、教育形态、习惯法，工艺、医药等)及其变迁交融，新疆历史上的族际与宗教政策，西域“丝路”贸易，新疆建省与新政，新疆辛亥革命与会党，新疆汉民间商帮，跨境族体，新疆人口较少民族的权利保护，新疆非物质文化遗产，新疆生境可持续发展，新疆城市史，新疆双语教育与援建，新疆社团组织与社会保障，新疆兵团研究，近代民族主义研究等。

2014 年

(一)新疆历史研究

2014 年刊出的新疆历史研究著述主要集中于边疆治理、社会生活等领域。

1. 边疆治理。

这一领域的成果涉及官制研究、行政建置、司法管理、政权建设等内容。

周卫平在《清代新疆官制边吏研究》（新疆人民出版社 2014 年版）一书中，对清代新疆官制进行了全面细致的爬梳和研究。刘文鹏撰写的《清代南疆办事大臣职权考》（《中国边疆史地研究》2014 年第 1 期），指出南疆的办事大臣基本是由三品以上的官员出任，在品级、资历上与喀什噶尔参赞大臣没有高低之分，和其他地区的办事大臣可互相调任，在权力行使上有很强的独立性。这种状况不仅是由当时的交通、通信及军队的后勤补给、驻防兵力不足等条件限制造成的，也是清朝分区有效管辖思想的体现。刘传飞的《清代新疆建省前镇迪道部分职官、建置考》（《西域研究》2014 年第 2 期）则探讨了新疆建省前镇迪道的官制状况。

鲁靖康在《清代新疆行省体制下政区建置的几个问题》（《西域研究》2014 年第 2 期）中认为，行省体制下的新疆政区建置变动频繁，并没有达到成熟状态，与建省前相比，新疆政治格局延续了“以北制南”的传统方针。白京兰在《军府体制下清代新疆的司法体系及运作》（《西域研究》2014 年第 3 期）一文中指出，在军府体制下，因多种行政管理模式的施行以及民族、文化的多样，清代新疆的司法体系与运作呈现出有别于其他地区的多元性和复杂性，而军府衙门在司法体系当中的核心和主导地位又显现出清代新疆司法体系与运作的一体性。

王东平在司法管理领域做了更为深入的研究，刊发了三篇相关论文，其中《清代天山南路地区的钱币私铸案》（《新疆大学学报（哲学·人文社会科学版）》2014 年第 1 期）指出，乾隆、道光、咸丰年间发生在喀什噶尔、英吉沙尔、叶尔羌等地的几起钱币私铸案件，反映出这一时期天山南路铜钱私铸现象虽时有发生，但私铸数量不大，波及范围不广，未对该地区社会生活与经济秩序造成较为严重的影响。《清代天山南路地区的刑案现场勘验人员》（《西域研究》2014 年第 3 期）认为，天山南路地区负责现场勘验的多是印房处、粮饷局和回务处的官员，法医学著作《洗冤录》被运用到天山南路司法实践中，成为各城官员进行勘验现场的重要依据。在《清代天山南路穆斯林社会民事纠纷的审理——以色提巴尔第家人遗产纠纷案为中心》（《中国边疆史地研究》2014 年第 2 期）一文中，依据档案材料并结合清代地方文献，对色提巴尔第家人遗产纠纷案的审理及相关问题进行了研究，论述清代天山南路地区穆斯林社会的婚姻家庭伦理、财产关系及民事纠纷的调处，对穆斯林习惯法与大清律的关系也做了探讨。

清末民初，新疆社会进行了更为深入的建设和管理，这也为研究者所关注。何荣在《清代新疆常平仓的发展与管理》（《新疆大学学报（哲学·人文社会科学版）》2014 年第 2 期）认为，常平仓的设置与管理体现了新疆与内地基层行政建置渐趋一致，反映了清政府对新疆基层社会管理的高度重视。王东撰写的《边疆危机与清末新疆电报线的建设》（《西域研究》2014 年第 1 期），指出 1891 年俄国、英国蚕食帕米尔地区的边疆危机出现后，清政府才决定建设由甘肃通往新疆省城的电报线。随着帕米尔危机日趋严重，清政府又将电报线设至新疆其他重要地区，以应对边境危局。边疆危机成为新疆电报线建造的重要推动力。黄建华的《民国时期维吾尔族聚居区的区村长选举——主要基于和阗区的考察》（《西域研究》2014 年第 2 期）一文，考察了民国时期维吾尔族聚居区在区村长选举制度中经历的三个阶段。

2. 社会生活。

近年来，新疆汉人社会及其信仰等问题较受关注。周泓的《晚清民国新疆汉人主体文化——新疆汉人社会研究之三》，针对边政学与边域研究中汉人主体的缺失，以清末民国新疆汉人研究，补缺边政研究和汉人社会研究，论述近代新疆汉人源流及其文化认同。王鹏辉则刊发了两篇文章，分别为《清代至民国前期吐鲁番的佛寺道观庙宇考实》（《新疆大学学报（哲学·人文社会科学版）》2014 年第 6 期）和《清代至民国前期新疆奇台县域的庙宇与民间信仰》（《云南师范大学学报（哲学社会科学版）》2014 年第 3 期），探讨吐鲁番及奇台的民间信仰状况。此外，许建英的《坛庙与神祇：清代新疆汉族移民的社会文化构建》（《云南师范大学学报（哲学社会科学版）》2014 年第 3 期）和徐溪的《移民社会的信仰：清代镇西民间信仰之考察》（《新疆大学学报（哲学·人文社会科学版）》2014 年第 3 期）也进行了相关探讨。

诗歌、音乐等同样是社会生活史的重要组成部分。玉努斯江·艾力与玉苏甫江·艾买提合写的《清代塔兰奇人的历史见证——挖渠歌》（《新疆大学学报（哲学·人文社会科学版）》2014 年第 2 期），采用历史文献和民族音乐学的理论方法，对《挖渠歌》进行研究。徐溪撰写的《清代新疆流放文人精神特质探析》（《西域研究》2014 年第 4 期）则注重精神特质的归纳和探索。王佑夫的《西域诗学论略》（《西域研究》2014 年第 3 期）、吴华峰的《萧雄西域事迹考》（《新疆大学学报（哲学·人文社会科学版）》2014 年第 3 期）都是对西域诗歌的研究。

关于社会管理、社会生活的研究，还有王志佩、管守新的《晚清民国时期中外旅行家笔下的哈密社会》（《新疆大学学报（哲学·人文社会科学版）》2014 年第 1 期），以及许序雅的《从敦煌吐鲁番文书刊唐朝对来华九姓胡人的管理》（《西域研究》2014 年第 2 期），分析了唐朝对留居中国的四类九姓胡人的不同管理方式。

3. 外交、外事。主要是涉及近代以来英国、俄国、日本在新疆的政策和活动。

许建英的《1933 年前后英国对中国新疆政策述论》（《西域研究》2014 年第 4 期），利用英国印度事务部档案，梳理了 1933 年“东突厥斯坦伊斯兰共和国”伪政权出笼前后英国对中国新疆的政策，认为英国政府对新疆的基本政策是稳定和连贯的，其核心是支持中国对新疆的主权，尽力利用新疆地方政府遏制苏联渗透。赵剑锋的《晚清俄国驻新疆领事馆考述》（《新疆大学学报（哲学·人文社会科学版）》2014 年第 4 期）认为，俄国在清末新疆伊犁、塔城、喀什、吐鲁番、乌鲁木齐等地建立了领事馆和总领事馆，有助于其在新疆的侵略活动。曹伟、杨恕撰写的《20 世纪 30 年代苏联红军两次出兵新疆及其原因》（《西域研究》2014 年第 4 期）指出，20 世纪 30 年代苏联两度大规模出兵新疆，帮助盛世才消灭了反政府的武装力量，巩固了其在新疆的统治。苏联的政治、经济、军事力量同时大规模渗透新疆，为更多介入新疆事务创造了条件。文章认为评价这两次出兵新疆的行动，必须将其放在当时苏联的国家对外战略的背景下考虑，这是苏联企图在其周边建立亲苏缓冲地带、维护国家安全的整体战略的一部分。杨文炯、柴亚林的《清末至民国时期日本在我国新疆的阴谋活动述略》（《中国边疆史地研究》2014 年第 4 期），利用第一手的日本文献，探讨了 19 世纪末至抗日战争时期日本在我国新疆绘制地图、组建谍报网络、结交军政要员等活动。

4. 区域史研究探讨。

［苏］C. B. 吉谢列夫著《南西伯利亚古代史》（王博译，新疆人民出版社 2014 年版）一书，由作者经过长时间考古调查、发掘和研究的基础上完成，讲述的是以努辛斯克盆地以及南邻阿尔泰山地为中心的地理单元古代居民的历史。包括古代史前史，匈奴——萨尔马特时代早期草原民族史，以及国家的形成——公元 5 世纪突厥汗国的建立开始一直到公元 11 世纪的黠戛斯民族历史。此外，在《新疆师范大学学报》刊出两篇关于区域史研究的讨论，有助于从宏观上更为清晰地把握和建构新疆历史研究。黄达远的《多维视野下的西域——以 1759—1864 年的天山史为例》（《新疆师范大学学报（哲学社会科学版）》2014 年第 6 期），认为区域史观提供的多维度时空叙事成为当今研究内亚史的重要学术取向。天山具有地理、地形的特殊性与复杂性，同时具有内陆亚洲典型的地理环境的基本要素。对于天山的区域史的研究不仅可以突破王朝史、民族史的叙述范式，丰富边疆史的视角，而且可以在区域的统一性与多样性之间的关系中，重新考察边疆纳入中华文明体制的更深层次需求。李如东的《试论区域关系史视域下的“西域”》（《新疆师范大学学报（哲学社会科学版）》2014 年第 6 期），认为以区域关系史事业

叙述“西域”有助于展示其内在丰富性与外在关联性。

5. 史料整理、研究与考古报告刊布。

关迪《和田博物馆藏佉卢文判决书考释》（《西域研究》2014 年第4 期），考证了和田博物馆新征集的一件佉卢文木牍的写作年代和地点，对木牍内容进行了拉丁字母转写和翻译，判定这是一件针对长达八年的跨国买卖纠纷的判决书。付马的《回鹘时代的北庭城——德藏 Mainz354 号文书所见北庭城重建年代考》（《西域研究》2014 年第2 期），结合传世史料和出土文书，考证出西州回鹘的北庭城曾经在 866—869 年的战事中被毁，而 Mainz354 号文书所记北庭城的重建之事可能发生在公元 900 年前后。此后直到蒙元时代初期，北庭城一直作为西州回鹘的都城发挥着重要的作用。

古地图在新疆历史研究中受到重视。席会东的《清代地图中的西域观——基于清准俄欧地图交流的考察》（《新疆师范大学学报（哲学社会科学版）》2014 年第6 期）指出，新疆在清朝政府、清朝学者和准噶尔汗国等绘图主体不同立场、不同知识体系的地图中，呈现出历史与现实、故土与新城、中心与边缘交错更迭的地理景象。王耀的《台北“国家图书馆”藏清代〈新疆地舆总图〉研究》（《中国典籍与文化》2014 年第 3 期）通过研究指出，《新疆地舆总图》是一幅反映乾隆三十八年前后新疆状况的珍贵图像史料。

苗普生、赵海林主编的《甘肃省档案馆藏清末新疆档案》（凤凰出版社 2014 年版）共收录档案 73 份，主要是清朝末年办理甘肃新疆粮台、甘肃新饷所和甘肃新疆布政使司布政使留下的账目清册，时间从光绪二十一年（1895）至宣统二年（1910）。

古墓沟墓地位于新疆孔雀河下游北岸台地上，是罗布淖尔荒原上一处保存完好的原始社会遗存，距今约 3800 年，是新疆青铜时代考古文化的典型代表。王炳华的《古墓沟》（新疆人民出版社 2014 年版）是这一墓地的考古发掘报告，书中首先记述了墓地位置和所处的地理环境及当年墓地调查情况，然后逐一介绍了全墓地 42 座墓葬的发掘情况及出土文物，在此基础上，作者对古墓沟的墓葬形制、葬具、葬式和葬俗、随葬器物进行了分析，对墓地的时代、居民及其社会经济生活状况、墓地呈现的文化现象和生态环境进行了初步研究。

（二）国内新疆族际交往关系研究

张丽娟著《中亚地区民族问题与中国新疆民族关系：基于地缘政治的视角》（社会科学文献出版社 2014 年版）一书，从地缘政治学的角度出发，结合马克思主义民族理论与民族政策的相关理论学说，分析梳理出了不同历史时期中亚民族问题的由来、发展和表现形式，并进一步分析了在地缘政治环境的影响下不同历史时期中亚民族问题对中国新疆民族关系所产生的重要影响。

疆内族际交往关系研究方面：一是从不同角度切入呈现现状，如冯浩楠的《新疆少数民族族际通婚的调查与研究》（《边疆经济与文化》2014 年第 10 期）从族际婚姻入手研究民族关系发展情况；而罗意的《共生关系的构建与发展——新疆阿勒泰草原一个微型多民族社区的个案》（《西南民族大学学报（人文社会科学版）》2014 年第 12 期），通过研究阿勒泰草原一个微型多民族社区族群共生关系构建与发展的过程，指出共生是新疆民族关系的一个基本特征，形成于特定的自然、社会与历史情境中，以族群差异化与互补的经济生产模式和社会分工为基础，也受到制度安排和族群实践之影响。二是直接从民族关系中的问题入手，张岳嵩的《试论信任和谐民族关系的理论与实践——以新疆地区为例》（《民族论坛》2014 年第 11 期），指出对于信任和谐民族关系的构建，从不同的理论视角切入会得出不同的认识，以资源竞争理论、交往行动理论和马克思主义民族理论用于对新疆构建信任和谐民族关系实践的分析，可以发现新疆民族关系中问题的出现与民族间的资源分配、政府主导下的社会经济发展方式和个体的社会交往行为这三个方面的问题呈现出较为明显的相关性，并且这些问题的解决也需要从这三个方面入手。刘长星《交往、教育与共同文化——论新疆民族关系中的信任问题》（《沈阳大学学报（社会科学版）》2014 年第 3 期）一文则通过研究新疆民族关系发展中存在的问题，认为解决其中各民族之间的信任问题，就要加强不同民族间的交往，提倡共同文化观，主张主体间性的文化交往，深化双语教育实践。

（三）新疆宗教研究

有关新疆宗教研究的文章主要有：郭蓓的《从行政到法制：1949 年以来新疆宗教事务管理模式的嬗变》（《新疆社会科学》2014 年第 5 期），文章总结了自 1949 年以来 60 多年间新疆在宗教事务管理方面发展转变的主要过程，及各个不同历史阶段宗教事务管理的政策法规的主要内容及其特点。作者主张通过对这一重大历史进程的回顾，反思党和政府运用不同模式处理宗教问题的利弊、总结经验和教训、改革管理体制、转变执法观念、依法加强宗教事务管理，以实现宗教和谐和新疆长治久安，使新疆宗教事务管理模式最终实现从政治运用到行政管理再到实现法治的转变。作者在最后提出虽然自 1988 年《新疆宗教活动场所管理暂行规定》出台至今，新疆在宗教法制的探索中走过了 26 年的历程，尽管以行政方式处理问题为主的宗教管理体制还在运转，法制观念淡漠、宗教法制化进程以及现状仍不能让人满意，但与过去相比，这是一种真实、不可逆转、渐近的前进，宗教事务的管理模式和管理成效必然会发生历史性的转变。贾友军和赵爽的《当代新疆宗教极端主义的三个基本理论问题辨析》一文通过对宗教极端主义内涵的界定，厘清新疆宗教极端主义的三个基本理论问题，即宗教极端主义与正道宗教、宗教极端主义与原教旨主义、民族分裂主义、暴力恐怖主义关系问题；李雪梅、张传辉的《地域自治与协调发展的同存——中国共产党治理新疆的历史经验研究》以地域自治与协调发展相共存的视角探讨新疆治理的得与失所取得的经验教训；张全峰、闫韶华的《文化建构视域下引导宗教和社会主义社会相适应——以新疆为例》从文化学视角分析了宗教影响强化对社会主义文化建设的“消解”作用，提出了在推进宗教“现代化”进程中，引导宗教与社会主义价值精神相适应的三个维度；李国良、冯锰和吴敏的《新疆高校抵御和防范宗教渗透之调查》是基于实地基层调查基础上的调查报告，相关调研以调查问卷、个别访谈和针对 15 所高校广泛调研所取得的大量一手材料的基础上，对新疆高校宗教极端思想渗透现状提出了相关对策研究。

此外，贺灵等编著的《柯尔克孜族民间信仰与社会研究资料汇编》（民族出版社 2014 年版）一书，是关于柯尔克孜族原始崇拜、原始信仰文化、古代宗教信仰、萨满教文化、神话传说、史诗《玛纳斯》、柯尔克孜族宗教与文化等研究的资料汇编，具有较高的学术和资料价值。

（四）新疆社会文化研究

1. 新疆文化的多元性与多样性。关于新疆文化多元性与多样性的讨论大多以历史与现实相结合的视角展开。

如周泓在《多元生成文化区论说——以新疆历史地缘文化区为例》（《北方民族大学学报（哲学社会科学版）》2014 年第 6 期）一文指出，从历史看，新疆的多元历史文化区主要以地缘文化圈为特点，每一地缘文化圈都有族体和信仰文化叠合其上，形成了多元叠合的文化区形态。在当今“民族文化”和“宗教文化”被加以不同强调的情况下，重新思考被忽略的“地缘文化”，或许对理解新疆的多元文化生成基础具有重要意义；她在《新疆多元地缘性与地域性文化演变》一文中，进一步论述了新疆文化的多元性与其地域性和地缘多元性之关联，探讨了西域多元文化的结构过程，主张新疆文化的四元极说，讨论汉文化与新疆族属文化互动低弱的政治历史原因，认为结构与历史互为动态。指出，历史上的南疆绿洲文化与北疆行国文化，迄今仍是新疆农耕与游牧两大生态文化系列。其次，在南疆绿洲文化区，因分别与中亚和内地的地缘关系，形成以喀什与库车为中心的西南疆伊斯兰教文化圈、以吐鲁番为中心的东南疆汉佛和穆斯林文化交融圈；北疆近代俄罗斯文化与蒙哈文化并行。再次，晚近及现代大批汉人随军或兵团与中央企事业入疆，逐渐形成新疆主要族体，汉文化与穆斯林文化及俄罗斯文化并存，形成有别于内地汉文化的新疆汉文化特征。近年，当地汉族又显现出基于认同当地的老新疆汉人与认同家乡的现代入新汉人之别。马合木提·阿布都外力的《从曲曼遗址看新疆文化的多样性》一文指出，在伊斯兰教传入新疆以前，新疆有一个较长的拜火教盛行时期，充分证明了新疆文化的多样性；维吾尔族在信仰伊斯兰教以前，有过比较长的信仰拜火教的历史，充分证明了维吾尔族宗教信仰的多元性。而尚衍斌《对拜火教及新疆现阶段历史文化教育的思考》一文则指出，拜火教是新疆古代民族共同奉行的宗教之一。在进行新疆历史文化宣传教育时，一定要使新疆各族人民族群众清楚新疆自古以来就是多民族聚居的地区，“你中有我，我中有你”是历史上形成的一个鲜明特点。必须强调新疆是祖国不可分割的一部分，“平等、团结、包容、进步”是新疆现阶段和以后文化宣传教育的永恒主题。马迎胜的《新疆一体多元文化的历史明证》一文透过袄教遗俗在新疆各民族中延续的情况，指出在一定地缘范围内，由于人类及其文化的长期交流与融合，最终由多元区隔走向一体多元是世界范围的人类历史规律。白关峰、张彦的《论新疆古代屯垦文化的多元性》一文认为多元文化共同发展是历史上新疆文化发展的一个显著特征。在新疆多元文化格局发展过程中，自西汉以来的屯垦，既为新疆多元文化发展注入了丰富的内涵，也为多元文化在差异中交流、整合创造了条件。张朋娟、高吉的《新世纪以来新疆本土电影的发展及文化特质分析》一文指出新疆多元文化特质为新疆木土电影的发展提供了资源优势。新疆木土电影要想在发展与创新中实现跨越式发展应从深挖新疆多元文化特质、转变传统思维模式和借助多方外力等角度进行探索。

2. 少数民族传统文化。

关于少数民传统文化的讨论主要集中在两方面，一是对传统文化的仪式呈现、内容解读和功能分析，如艾买提江·阿布力米提的《新疆罗布人的人生礼仪及其文化内涵——基于轮台县草湖乡的田野调查》（《西北民族大学学报（哲学社会科学版）》2014 年第 2 期）重点关注了罗布人的人生礼仪，指出从形式上看，其与周边地区的其他维吾尔族大致相似，但却有着很多不一样的内涵，其中表现出来的社会伦理观、渔猎生活以及歌谣对唱习俗，不仅反映了他们在生活进程中自然形成的生活习惯与文化传统，而且体现了罗布人独特的历史风貌和文化意义。刘洁、屠健的《新疆阿勒泰地区图瓦人仪式研究》则论述图瓦人仪式形式及其目前状况。周宁宁的《新疆民族传统文化的社会功能初探》一文指出，新疆的民族传统文化是一种“活”文化、“特色”文化、“感性”文化和“共享”文化，具有价值认同、娱乐交流、凝聚团结、形塑及信息传递的功能。二是关于少数民族传统文化传承、保护与发展的研究，如庞辉著《传统与现代之间：全球化视域下的新疆少数民族传统体育》（北京体育大学出版社 2014 年版）一书对新疆少数民族传统体育历史发展、现状困境和未来发展三个层面存在的问题展开研究。刘志敏《援疆建设契机下新疆少数民族传统体育文化的保护与利用研究》一文，分析了援疆建设对新疆少数民族传统体育文化保护与利用可能带来的影响并提出建议。肖金昆、马诚的《新疆锡伯族刺绣文化的历史继承及前景探析》一文在对新疆锡伯族刺绣的文化内涵、艺术特征和发展现状进行分析的基础上，多角度地阐述了多元融合和现代工业化生产方式给传统刺绣的生产与发展带来的机遇和困惑并提出见解。王永亮的《新疆维吾尔族民间工艺文化内涵及其价值分析》一文，通过对维吾尔族民间工艺的多角度探析来研究其传承的文化内涵，进而为维吾尔族民间工艺的合理发展提供更多的人文理论支撑。马暄盈、刘洁的《新疆阿勒泰图瓦人民间音乐文化传承路径探究》一文则从旅游开发对新疆阿勒泰图瓦人民间文化的影响、民俗文化支撑、民间艺人留存现状三方面进行阐述，进而提出保护、传承根植于民间的、具有图瓦人民族乡上特色的音乐文化，提高图瓦人对自身文化的认同感。叶芳芳的《法律视阈下少数民族非物质文化遗产新型分类与保护范式——以新疆哈萨克族为例》一文指出，少数民族非物质文化遗产整体性保护在现阶段不具备取得实效的条件，对非物质文化遗产从法律角度进行重新分类有利于法律保护法律视阈下应以非物质文化遗产的生存状态和濒危程度为标准对其进行分类，并通过国家立法干预以及市场调节的方式进行相应的保护。

3. 文化与认同研究。

张建江著《身份认同中的法律与政策研究：以新疆为视角》（中国政法大学出版社 2014 年版）一书，通过比较法的视野、历史梳理和现状分析，认为在多民族国家，公民才是各族群最大的公约数，公民平等是实现一切平等的基础。新疆地区少数民族法权设置应当以“差异性公民权”为理论基点，以包容差异、寻求认同为目标，建构以公民为连接的民族团结法律机制。这其中，在具体分配公民权利、义务时，需要理解和调适成员之公民认同的强度，承认少数族群要求主流族群承认自己在民族—国家体系中应得的权益和福利。黄燕、魏铭静《新疆民族文化融合增强国家认同对策研究》一文指出，新疆的民族问题实质上是民族分裂分子借民族认同而走向极端民族主义、蓄意破坏国防、分裂国家的行为。在新疆并不缺少民族认同，而是缺少国家认同。要有效提升国家认同，就必须处理好国家认同与民族认同之间的关系，使两者处于平衡状态。文化认同是促进民族认同与国家认同统一的纽带。文化融合是增加新疆各族人民文化共性基础，促进各族人民文化认同的根本途径。张振华、蒋萌萌的《新疆文化安全略论》一文认为新疆的稳定与发展离不开文化安全，坚持马克思主义的指导地位，构建社会主义核心价值体系，加大对“三股势力”打击力度，揭露其反动本质，加强文化的认同感以及发扬“新疆精神”，对筑牢新疆文化安全的铜墙铁壁具有极其重要的战略意义。

还有很多学者不约而同将认同研究的视角投向少年儿童，王欢的《儿童文学接受与少数民族的心理认同——以新疆南疆少数民族少年儿童为例》一文从国家认同、文化认同、自我认同三个角度，阐述儿童文学接受与少数民族少年儿童心理认同的密切关系，而少数民族少年儿童阅读资源的稀缺与儿童文学接受的不畅将导致其对中华民族、中华文化以及自我情感与心理认同的淡薄。陈小娇、肖新燕的《新疆伊犁地区锡伯族儿童民族文化认同研究》，旨在了解多元文化背景下锡伯族儿童对于本民族文化认同的现状，研究发现新疆伊犁地区锡伯族儿童民族文化认同水平较高，突出体现在其情感与评价维度上。在诸多因素方面，父母受教育水平对其民族文化认同影响显著。

4. 文化与社会发展。

马幸荣著《新疆多民族地区城镇社区思想政治教育长效机制构建研究》（知识产权出版社 2014 年版）一书以伊宁市的街道社区为田野对象，总结了伊宁市居民社区在思想政治教育方面的成功经验，亦对其中存在的问题进行了细致的分析，探寻和分析了存在问题的成因，提出了新疆多民族城镇社区思想政治教育长效机制构建的策略。高静文编著的《新疆民族文化民族心理与社会长治久安》（经济科学出版社 2014 年版）一书对新疆四个主要民族：维吾尔族、汉族、哈萨克族、回族的历史发展、生活方式、文化特点和心理特征进行了深入的社会调查，研究了新疆民族文化发展历史、主要特征及其现代化进程中的境遇，以及现代化进程中新疆民族心理的特点和嬗变，着重分析影响民族关系和社会稳定的文化因素和心理因素，提出以现代文化为引领，推进新疆社会长治久安的方略。闰炜炜的《新疆社区建设中社会稳定的文化因素分析研究》一文指出，制度文化建设有助于构建和谐社区文化，维护社会团结稳定；以人为本的社区行为文化，有利于构建新型社区文化和和谐安定局面；社区精神文化有助于和谐的社区建设和社会的良性发展。董西彩的《新疆农村文化建设与社会稳定》一文指出，只有进一步推动文化建设与经济建设、政治建设、社会建设以及生态文明建设协调发展，才能为推进新疆农村社会的稳定和谐提供强大的精神力量和智力支持。王玉刚、周丽的《新疆南疆三地州文化产业发展研究》一文，指出南疆三地州文化产业发展处于培育、起步阶段，需要冷静审视其中面临的机遇与严峻挑战，并提出具体的对策建议。

5. 少数民族文化与现代化、城镇化。

郭兰瑛等著《新疆哈萨克民族文化现代化研究》（知识产权出版社 2014 年版）一书以伊犁州哈萨克民族在现代化进程中的问题作为出发点，结合伊犁州哈萨克居民的生活、学习轨迹，研究哈萨克民族传统文化与现代化相适应的路径选择，主要观点包括应注重培育现代文化主体，建构文化认同教育范式；大力革新传统型政治文化，建立现代型政治文化；树立现代法理念，破解传统法律文化面对的现代化难题；强化社会支持，缩短哈萨克民族现代化文化认同的社会距离；探索伊斯兰文化与现代化相适应的可能性元素，缩短哈萨克民族现代化的“心理距离”，利用文化资源，繁荣文化产业。马远著《新疆特色城镇化路径研究》（中国农业出版社 2014 年版）一书指出，新疆具有多民族聚居，多宗教并存，多文化、多生态、多资源、多体制共生的人文地理特点。新疆的城镇化既要成为转移农村剩余劳动力、实现经济集聚的重要渠道，更要成为保护脆弱的绿洲生态环境、促进民族融合与社会稳定的有效手段。新疆特殊的人文地理特征、特殊的城镇化功能、特殊的外部环境使得新疆的城镇化路径不同于内地，要走具有新疆特色的差异性城镇化道路。沙彦奋的《新疆哈萨克族城市文化适应探析——基于“人口流动”和“文化流动”两种不同适应模式》一文，指出哈萨克族存在“人口流动”和“文化流动”两种不同的适应模式进行城市文化适应，并结合农牧区哈萨克族的城市文化输入及适应情况，呈现哈萨克族实现城市化的过程。黄适远的《变迁与融合：哈萨克族传统生产生活方式转变中保留的“记忆”——以新疆玛纳斯县清水河乡团庄村为例》一文，指出新疆玛纳斯县清水河乡定居的哈萨克族和汉族在生产生活方式上互为影响，但各自又保留着不同的习俗，哈萨克族记忆着自己祖先有关部落、符号、印记等，也巧妙地把游牧和农耕两种经济方式和文化样式融为一体，反映了新时期游牧生活的特点。

（五）新疆语言文化与教育研究

1. 多语环境中的语言关系及使用现状。

刘启超、洪勇明的《新疆民汉语言关系发展探微》（《新疆社会科学》2014 年第 5 期）一文以新疆民汉语言关系的发展规律为基础，预测了新疆民汉语言接触关系所导致的各种影响和变化，旨在为进行语言规范和双语教学，制定民族政策和语言政策，促进文化保护和经济增长提供借鉴。李文亮的《维吾尔族语言文化对新疆杂话的影响》（《语言与翻译》2014 年第 3 期）一文以大量的新疆杂话作品的语料为例证分析了维吾尔族语言文化对新疆杂话的影响，由此展现新疆各民族语言文化水乳交融的历史与现状。李遐的《新疆维吾尔族网络语言生活调查分析》一文以维吾尔族在网络这一虚拟环境中的语言生活状况为研究对象，通过调查指出其基本状况主要体现为双语的语言生活、维吾尔语口头流行语的使用、汉语乌鲁木齐方言的影响及汉语网络语言的渗透，并在此基础上分析了维吾尔族网络语言态度，即对国家通用语言文字持肯定态度，坚持学习和使用国家通用语言文字，对本民族语言有深厚的感情。希日娜依·买苏提的《新疆“民考汉”群体维汉语语言接触的社会变量分析——以“民考汉”维汉双语使用为例》一文阐述了“民考汉”的语言背景、语言使用习惯，分析了“民考汉”实际应用中的维汉语语言接触情况。胡炯梅、汤允凤的《民族杂居区维吾尔族语言使用情况调查——以新疆博州为例》一文对新疆博州民族杂居区维吾尔族语言使用情况展开研究，总结了其语言使用的四大特点，认为多民族杂居是双语社会形成的基础条件，社会需求为双语社会发展提供原动力，语言规划为双语社会发展提供政策保障，双语教学对双语社会发展产生催化作用，语言态度对双语社会发展产生积极影响。洪勇明的《试析新疆接触语言的规范办法》一文指出，新疆是语言接触频繁的地区，因此接触语言常出现偏离其本体的现象，并提出了6条规范办法。另有海峰的《中亚东干书面语言与新疆伊犁回民方言的联系》一文，对中亚东干书面语言和伊犁地区回民方言在语音、词汇、语法等方面的异同进行了对比，并结合此区域民间文学的传播内容，以及回民跨境迁徙的历史事实，说明了这两种语言的历史密切联系和区别。

2. 双语教育。双语教育一直是学界关注的热点，相关研究多以具体案例为基础，从不同角度进行探讨。

邢欣等的《新疆锡伯族多语使用及双语教学现状的调查分析》（《双语教育研究》2014年第1期）一文通过对察布查尔县锡伯族多语使用模式的变化及锡伯族语言教学现状的调查，总结了其双语教学的现状和特点，论证了锡伯族双语教育中的母语保护举措，提出多语使用策略和多语教育策略是保护母语的重要途径。王兆憬、黄非非的《维汉双语教学现状及有效策略研究——基于新疆阿克苏地区的调查》一文，通过对新疆阿克苏地区双语教学中学生的学习情况、教师的教学情况以及双语教学实施效果和困难的分析，提出加强族际交流、根据学生语言水平实施分层教学、以学生母语为基础逐步推进双语教学、针对教师需求进行双语培训、根据学生需要开发双语教材等解决策略。张梅、滕红的《双语班课堂教学现状分析——以新疆伊犁州直新源县为例》一文指出，课堂教学对教育质量起决定性作用，新疆双语教育因其教学对象、教学环境、教学目标的特殊性，学生对课堂教学的依赖性更加明显，课堂教学对学生学业成绩的影响更加直接。并以新疆伊犁州新源县小学段数学课堂与汉语课堂为分析个案，提出从教育教学理念、教师专业化建设、教师语言能力培养、教学管理和监督等方面进行改进的措施。卡米力江・阿不都克力木的《从语言态度探析新疆双语教育中的问题与对策——以阿克苏中小学少数民族教师为例》一文指出新疆双语教育中存在双语教育师资队伍力量薄弱、语言环境较差、对双语教育认识不统一等问题，并提出改进对策。古丽夏・阿克巴尔、张京鱼的《新疆哈萨克族儿童哈汉双语的语言发展特点》一文根据哈萨克语和汉语这一对语言组合，使用定量研究的方法对10名在乌鲁木齐居住的哈萨克族儿童0—3岁的纵向语料进行实证研究，指出其中所涉及语法领域都是以母语哈萨克语为基础的句法转移，第二语言汉语对母语哈萨克语几乎没有影响，认为哈萨克族双语儿童习得汉语中出现一些特殊问题，原因是新疆地区混合民族家庭比例很低，汉语使用环境差，且哈汉语言差异大。王洋、刘春艳的《论新疆双语教育中的汉语课程建设》一文认为，在汉语课程中要突出包括交际优势、文化优势、经济优势和认知优势在内的双语优势，加强汉语课程建设研究。赵建梅的《英国威尔士双语教育对新疆双语教育的启示》一文认为，威尔士双语教育“破坏—重建”路径值得借鉴，新疆双语教育应始终坚持双语双文化人培养目标；充分认识模式二在社会及家庭语言环境单一地区的价值；双语教育作为微型、优质教育时相对容易获得成功，但成为普及教育时则困难增大数倍；双语教育是一种成本很高的教育类型，但无论怎么花钱，都是值得的。靳众的《双语教育与新疆各族群间的文化协同》一文也阐明了多民族社会语言协同和文化协同的重要性，指出了文化协同在多民族社会共同基本价值观的形成、对于异族群文化所应秉持的态度、跨民族语言交际与民族团结、超族群文化对新疆文化的发展等方面的重要意义。

3. 新疆少数民族大学生教育。

李敏编《新疆稳定视域下大学生思想政治教育研究》（知识产权出版社2014年版）一书在深入调查研究的基础上针对新疆特殊的区情，研究了大学生思想政治教育的内容及其方法的对策。相关论文则主要集中在语言教育方面，骆惠珍、万维强的《新疆少数民族预科生文化学习观察与分析》一文通过对新疆六所高校预科教师与学生的问卷调查发现，学生的文化能力明显滞后于语言能力。提出预科教育教学中应加大文化教学的比重，培养学生宽容开放的文化态度，将文化测试内容更多地纳入评价体系中。杨文革的《新疆高校维吾尔族预科生汉语学习指称关系偏误分析》一文，则以新疆五所主要高校维吾尔族预科生的作文习作等为依据，归纳了指称关系偏误类型并分析原因，提出在预科汉语教学中树立篇章教学理念、强化维汉语指称对比研究、加强教材建设、重视教师篇章语言知识的积累等对策。尹桂丽的《功能视域下的新疆高校少数民族汉语教学研究》一文，对新疆高校少数民族汉语的语言教学现状进行了理论分析，并从功能语义体系的角度提出了教学改革的路径。油小丽、刘懋琼的《基于语文教育视角的新疆少数民族大学生语言态度研究》一文，从语言态度的认知、情感和行为倾向三个维度出发，对喀什和伊犁两地高校的少数民族大学生进行语言态度调查，以此为依据遵循学生语言学习发展规律和情感选择对高校语文教育提出合理建议。

4. 少数民族语言文化发展。

吴倩的《新疆少数民族语言数字资源建设研究》（《双语教育研究》2014 年第 3 期）一文通过对新疆少数民族语言数字资源建设现状的分析，发现了少数民族数字资源建设在非数字资源采集和非数字资源数字化方面存在的一系列问题。针对这些问题，文章提出了具体的建设方案并预测了少数民族语言数字资源建设未来的发展方向。

（六）新疆兵团研究

由中共中央文献研究室、中共新疆生产建设兵团委员会合作编辑的《新疆生产建设兵团工作文献选编（1949—2014）》（中央文献出版社 2014 年版）展示了新疆生产建设兵团成立 60 年来的发展历程。姚东、伍维模的《新疆生产建设兵团团场老年人口分布研究》一文基于 2010 年第六次人口普查数据，指出兵团团场的人口年龄结构属于老年型，老年人口比重、老少比和老年抚养比的空间分布不均衡，北疆团场比南疆和东疆团场高，人口老龄化对北疆团场经济社会发展和养老保障的压力将不断增大，对兵团承担屯垦戍边及保障提出了新的挑战。张彦、白关峰的《新疆兵团节庆文化的内涵及其功能分析》一文指出新疆兵团是一个多地域文化和多民族文化交流的空间。兵团节庆文化是兵团文化表达的一种重要方式，它从各个不同的角度和侧面反映着兵团的历史风貌和社会生活。兵团地处边疆，自然环境恶劣，然而兵团人对植物有着特殊的感情。竞技比赛始终是兵团节庆文化的重要事项。兵团节庆文化作为兵团屯垦戍边文化的一部分，具有自身的特征与内涵，同时也被赋予了新的历史使命。此外，刘贡南等编的《新疆生产建设兵团第八师少数民族经济社会调查》（民族出版社 2014 年版）是在对紫泥泉种羊场和一三三团七连、九连的传统社会组织、民族教育、婚姻与生育文化、社会保障、民族关系、民族经济、民族教育等调查的基础上形成的调研报告。

（周泓，研究员；郭宏珍、马艳、王耀、孙嫱，副研究员，中国社会科学院民族学与人类学研究所新疆历史与发展研究室）

2013—2014 年生态人类学研究综述*

张　姗

20 世纪五六十年代兴起于西方，80 年代在中国初露端倪的生态人类学开始受到中国学界越来越多的关注，并在近几年呈现出蓬勃发展之势，研究成果数量丰富，2013 年至 2014 年，除一系列相关论著出版外，在中国知网上可查询到的以“生态人类学”为主题的相关论文就有几百篇之多。对于这些研究成果进行搜集、整理、归纳，不仅具有一定的文献意义，而且还能为今后的生态人类学研究打好基础、理清思路、定好方向。

一　研究回顾及综述类成果①

崔明昆、崔海洋的《近三年来中国生态人类学研究综述》② 在时间上延续了尹绍亭的《中国大陆的民族生态研究（1950 ~ 2010 年）》③ 一文，对 2010—2012 年三年内的研究新成果进行了总结介绍。文章首先从立项的国家课题、专著论文、研究人员的数量、研究中心、内部刊物等多个方面概括总结了三年期间中国生态人类学取得的成果，特别提到了成立于 2012 年 11 月，研究中心设在吉首大学的中国人类学民族学研究会生态人类学专业委员会。其后，文章从关注国计民生重大课题的应用研究，加强各民族本土知识、技术、技能的发掘和整理的研究，深化学科理论建设与推动学科中国化，提升学科社会影响力等四个方面，将三年内的研究成果分类进行了推介。最后，文章指出了三个需要关注的问题：“缺乏对国外相关成果的介绍与研究；在都市化建设的背景下如何在吸取各民族本土生态知识的同时消除都市生态副作用；中国的海洋文化生态研究有待加强。”

与生态人类学有着千丝万缕联系的环境人类学④逐渐引起学者的注意，牟桃的《环境人类

* 关于 2013 年中国生态人类学的研究状况，笔者已发表拙作《2013 年中国生态人类学研究综述》（《民族学刊》2014 年第 6 期），本文是在其基础上补充而成，特此说明。

① 有关 2013 年之前的中国生态人类学研究综述的论文已有：李继群、和红灿：《中国生态人类学的现状和展望》（《云南社会科学》2008 年第 6 期，第 15—19 页），祁进玉：《生态人类学研究：中国经验 30 年（1978—2008）》（《广西民族研究》2009 年第 1 期，第 47—52 页），杨曾辉、李银艳：《昨天和今天：生态人类学在中国》（《青海民族研究》2012 年第 3 期，第 17—22 页），尹绍亭：《中国大陆的民族生态研究（1950—2010 年）》（《思想战线》2012 年第 2 期，第 55—59 页）等。

② 崔明昆、崔海洋：《近三年来中国生态人类学研究综述》，《中央民族大学学报（哲学社会科学版）》2013 年第 4 期。

③ 尹绍亭：《中国大陆的民族生态研究（1950 ~ 2010 年）》，《思想战线》2012 年第 2 期。

④ 关于环境人类学是从生态人类学衍生而来为其分支，还是两者属于独立平行的学科，目前学术界还未有定论。

学的由来、特征及中国经验》[①] 首先介绍了环境人类学的理论来源，认为环境人类学以关注现实环境问题为其鲜明特色，解决当今突出的环境问题是其发展的直接动力，具有“历史唯物主义的理论指导，以当地人为主体的人文关怀，应用性和对策性研究，与环境社会学不同”四点特征。其后，文章回顾了自20世纪90年代中国学者所做的环境人类学研究，引用王铭铭的《没有后门的教室》[②] 一书中的观点，指出这些研究所存在的三点局限性：过多集中于民族地区的小型封闭社会；大多沿袭传统的研究题材，较少涉足现实问题；很少触及实质问题，没有从自然主义的环境论转入自然文化合一的世界观。最后，文章列举了沙漠化、农村农民参与不平等、乌托邦式的环境决策三个案例，表明环境问题所具有的社会性以及社会发展对于环境人类学的需要。张雯的《近百年来环境人类学研究》[③] 把20世纪80年代作为一个时间分水岭将环境人类学分为前后两个阶段，其中前期阶段被分为侧重于“自然”的研究取向与侧重于“文化”的研究取向两个阵营，后一个阶段则被分为聚焦于“权力分析”的后结构主义研究取向和聚焦于“实践认知”的实践理论取向两个派别。文章在对各个阶段各个阵营、派别的代表性学者及观点进行系统梳理的基础上，总结了环境人类学与人类学传统生态研究的五点不同：力图以辩证和互动的方式看待自然与文化的关系并对其进行整合，缩小长期存在于人类学内部的“自然”和“文化”的鸿沟；将分析单位从原来的“地方”和“区域”进一步扩展到“国家”和“世界”，关注全球化和现代化的作用；具有综合性的分析视角；研究方法上除了传统的民族志，开始使用高科技手段；带有鲜明的政治批判性与参与性。

随着近些年自然灾害的频发与社会关注的加强，灾害人类学[④]也成为生态人类学学者越来越重视的一个方向。李永祥、彭文斌的《中国灾害人类学研究述评》[⑤] 对中国灾害人类学进行了回顾和述评，认为系统的灾害人类学研究源于2008年汶川大地震，目前已取得了丰硕成果，比如：灾害田野调查取得的成就，国外灾害人类学论著的翻译数量，灾害人类学为主题的会议和交流，以灾害人类学为主攻方向的硕士和博士研究生，相关专著和论文，多学科的团队与合作都在越来越多。其后，文章把人类学对于灾害类型的研究分为地震、泥石流与滑坡等地质灾害，干旱，雨雪冰冻，石漠化，流行病，生物灾害和食品安全方面等不同类型，对其相关研究成果进行了概括介绍。同时，文章还分别介绍了灾害概念化，灾害与文化变迁和保护，灾害与媒体，灾害与性别及弱势群体，灾害与旅游，灾害的文学人类学研究，灾害灾荒史，灾害与民族关系等不同方面的研究成果。最后，文章探讨了理论解释框架和方法论问题，认为多种灾害类型的研究、多学科多领域的视角、多种研究方法论，特别是跨地区、跨文化的比较方法是中国灾害人类学的发展趋势。

最后，还有学者对于某个民族或者某个地区的相关研究进行了总结，比如：王藜颖、谷勇、吴昊、黄小波、王鲜艳的《独龙族文化与生态环境保护研究综述》[⑥] 运用生态学和少数民族文化学原理，探讨独龙族及其农耕文化与生态环境保护的关系，认为独龙族文化系统中的积极因素构建了独龙族文化与生态环境保护模式，提高了自然保护成效，促进了人与自然协调发

---

① 牟桃：《环境人类学的由来、特征及中国经验》，《民族论坛》2013年第9期。

② 王铭铭：《没有后门的教室》，中国人民大学出版社2006年版。

③ 张雯：《近百年来环境人类学研究》，《广西民族大学学报（哲学社会科学版）》2013年第6期。

④ 同环境人类学一样，灾难人类学与生态人类学是从属关系还是并列关系，目前学术界还存有争议，尚未有定论。

⑤ 李永祥、彭文斌：《中国灾害人类学研究述评》，《西民族大学学报（人文社会科学版）》2013年第8期。

⑥ 王藜颖、谷勇、吴昊、黄小波、王鲜艳：《独龙族文化与生态环境保护研究综述》，《安徽农业科学》2013年第4期。

展。李鹏飞、严奇岩的《清水江流域林业文化研究的回顾与展望》① 从物态和行为文化、林业制度文化、林业生态文化三个方面对目前的清水江流域的林业文化研究进行了总结，点出其在材料运用与研究内容上的不足，指明今后借鉴文化人类学与生态人类学理论方法的必要性。

二　理论探讨仍在继续

生态人类学自20世纪产生至今，有关理论问题的讨论从未停止，并且在新的时代背景下，不断增加新的内容。2012年党的十八大报告首次将生态文明摆在总体布局的高度进行了单篇论述，这也引发了生态人类学学者们对于生态文明问题的关注与探讨。尹绍亭的《人类学的生态文明观》② 从人类学的角度探讨了生态文明的定义，对历史时期不同文化类型的生态文明内涵进行了梳理，进而指出在新时期的生态文明建构中，必须正确认识人与自然的关系，学习人类适应自然的历史，正视和包容现实世界文化的多样性，汲取不同文化传统知识的精华。同时，作者在其后的《从人类学透视生态文明》③ 中开篇就引用学者费孝通的“各美其美，美人之美，美美与共，天下大同”重申了上述观点，并且从“文化适应是生态文明的重要视点、文化多样性是生态文明的丰富内涵、和谐共生是生态文明的核心理念”三个方面对其进行了进一步的阐释。王慎、龚喜林的《福斯特的生态道德观及对我国生态文明建设的启示》④ 借助美国学者福斯特对马克思主义生态道德观点的阐发，从中总结出其对我国生态文明建设的四点启示：倡导“以人为本”的生态价值观；树立人与人、人与自然和谐发展为目标的生态道德观；用生态道德观念引导适度消费、绿色消费；发挥生态道德原则和规范的调节功能作用。李乔杨、肖锐、黎岩的《试论生态民族理论研究》⑤ 则以“生态民族学”来代替“生态人类学”，探讨了生态民族理论研究的必要性、现有基础、现实意义，强调在未来的生态文明建设中，要以马克思主义民族理论作为指导思想，以生态的视角和方法研究中国的少数民族发展和民族问题。

从学科角度对生态人类学进行的讨论也依然在继续，作为云南大学“生态人类学丛书”系列之一的崔明昆的《民族生态学理论方法与个案研究》⑥ 认为民族生态学以传统生态知识与生态环境之间的相互关系为研究对象，是生态人类学或人类生态学的分支科学，具有较强的跨学科性，阐述了民族生态学的概念、理论、研究方法以及其与生态人类学之间的关系，并通过介绍国内外的具体案例展现了民族生态学学者的调查研究过程。论文方面，杨曾辉、李银艳的《论文化生态与自然生态的区别与联系》⑦ 以澄清学科概念、深入进行学科讨论为目的，将“文化生态”与“自然生态”进行了横向与纵向的比较，认为两者的区别是“自然生态是纯自然的客观存在，靠自然规律运行，价值呈中性，而代表文化生态的‘民族生境’则是文化干预的产物，靠民族文化去维持，价值属于特定的民族”；两者的联系是“文化生态脱胎于自然生态，是人类社会加工和改造自然生态的产物”。罗桥的《中国环境社会学与生态人类学的跨学

① 李鹏飞、严奇岩：《清水江流域林业文化研究的回顾与展望》，《原生态民族文化学刊》2013年第4期。

② 尹绍亭：《人类学的生态文明观》，《中南民族大学学报（人文社会科学版）》2013年第2期。

③ 尹绍亭：《从人类学透视生态文明》，《中国社会科学报》2013年5月31日。

④ 王慎、龚喜林：《福斯特的生态道德观及对我国生态文明建设的启示》，《新疆社会科学》2013年第1期。

⑤ 李乔杨、肖锐、黎岩：《试论生态民族理论研究》，《黑龙江民族丛刊》2013年第2期。

⑥ 崔明昆：《民族生态学理论方法与个案研究》，知识产权出版社2014年版。

⑦ 杨曾辉、李银艳：《论文化生态与自然生态的区别与联系》，《云南师范大学学报（哲学社会科学版）》2013年第2期。

科演绎》[①] 把环境人类学与生态人类学作为两个分支学科，从学科区分和还原各自特征的角度出发，对环境与生态的概念进行辨析，在总结国外环境社会学与生态人类学产生发展历史的基础上，从学科发端、研究导向、分析单位、范式等方面论述两者的学科区隔，并重点阐述了中国环境社会学研究与生态人类学相互借鉴、补长取短、走向融合的必要性。崔明昆的《民族生态学：从方法论看发展趋势》[②] 提到民族生态学的概念在中国有广义和狭义之分：广义民族生态学是从生态学角度去理解生态文化问题，而狭义民族生态学则是把生态文化看成生态人类学的另一种表述，是生态人类学中的理论流派，其学理渊源出自认知人类学，除了田野调查法、参与观察法等基本的人类学研究方法，还采用了主位研究法与语言学方法。文章梳理了狭义民族生态学的起源、方法论、成型、困境、研究领域的拓展、发展趋势等问题，指出强调文化适应、生态意识、自我更新的可持续发展是其未来发展的新模式。戴嘉艳的《文化人类学研究的生态视域对农耕文化的学术观照》[③] 把生态人类学和民俗学作为文化人类学的两个分支，结合其自身发展情况，探讨其对农业社会与农业民俗所做的相应研究和关照。

三　案例分析不断涌现

在延续理论层面对生态人类学的探讨之外，不少学者以生态人类学视角进行具体地区特别是民族地区的案例研究，其中尤其以相关专业研究生们的毕业论文为代表。石庭明的《生态人类学视野下的侗族稻作文化研究——以贵州省榕江县宰章村为例》[④] 一文，以贵州宰章侗寨的稻作文化为研究个案，运用生态人类学理论对稻作种植的文化内涵及其衍生的文化事象进行了探讨，希望由此引起人们对地方性生态知识与民族民间生态知识的重视与思考。王永锋的《云南哈尼族鱼塘的生态人类学分析——以元阳县全福庄村为例》[⑤] 选取全福庄村鱼塘为研究对象，从鱼塘的生态功能、社会文化内涵、市场化背景下的哈尼梯田与鱼塘三个方面进行生态人类学视角的分析，指出目前哈尼梯田生态文化系统所面临的诸多问题主要是人们单纯追求经济增长以及在理解人与自然关系问题上出现偏差所致。韩汉白的《漆树与怒族社会的生态人类学研究》[⑥] 从生态人类学的文化适应理论出发，以怒族对漆树的种植利用及其相关文化内涵为基础，对漆树与怒族社会构建的关系进行了政治和经济两方面的分析，运用跨文化比较理论和方法证明怒族漆树传统利用知识与汉族以及彝族的关系。李婷婷的《哈尼族梯田祭祀变迁的民族生态学研究——以元阳县果期村为例》[⑦] 运用民族生态学分析元阳县果期村哈尼族梯田祭祀文化，认为其为果期村哈尼族生态文化的核心，目前所面临的问题是无法避免，只有得到外界的正确

---

① 罗桥：《中国环境社会学与生态人类学的跨学科演绎》，《南京工业大学学报（社会科学版）》2013 年第 2 期。

② 崔明昆：《民族生态学：从方法论看发展趋势》，《广西民族大学学报（哲学社会科学版）》2013 年第 4 期。

③ 戴嘉艳：《文化人类学研究的生态视域对农耕文化的学术观照》，《黑龙江民族丛刊》2013 年第 6 期。

④ 石庭明：《生态人类学视野下的侗族稻作文化研究——以贵州省榕江县宰章村为例》，硕士学位论文，中央民族大学，2013 年。

⑤ 王永锋：《云南哈尼族鱼塘的生态人类学分析——以元阳县全福庄村为例》，硕士学位论文，云南大学，2013 年。

⑥ 韩汉白：《漆树与怒族社会的生态人类学研究》，硕士学位论文，云南大学，2013 年。

⑦ 李婷婷：《哈尼族梯田祭祀变迁的民族生态学研究——以元阳县果期村为例》，硕士学位论文，云南大学，2013 年。

引导才能保留下去。余有勇的《茶与景迈傣族社会文化变迁研究》[①] 以出产普洱茶的景迈山为研究区域，通过茶这种媒介，探讨在市场经济的作用下，当地传统文化、生计模式、生活方式、家庭婚姻、文化教育、宗教信仰所发生的变化。蒋志远的《生态人类学视角下的农牧互动研究——以新疆玛纳斯县为例》[②] 运用生态人类学的相关理论，考察了当地的哈萨克族和汉族在生态环境变化后的农牧互动现状，总结了其存有特点并对其未来走向进行了一定的预测。除了上述几篇硕士学位论文，由博士论文修改而成的生态人类学专著也在 2013 年、2014 年陆续出版。付广华的《生态重建的文化逻辑：基于龙脊古壮寨的环境人类学研究》[③] 以环境人类学的视角，在长期的田野调查基础上，考察了龙脊古壮寨生态重建的历史场景、国家支持、知识体系、外部力量，并对其未来走向进行了思考。由于此书研究视角新颖，田野调查资料丰富，把传统孤立的区域人类学研究放入全球化的背景之中，出版之后引起了学术界较大的关注。袁理的《堤垸与疫病：荆江流域水利的生态人类学研究》[④] 以荆江流域为研究范围，以湖沼洲滩平原为基础修筑起来的堤垸所代表的水利文化与以血吸虫病为代表的地方疫病作为主要研究对象，选择石首为田野调查区域，对这一区域的生态适应特征进行了探讨。吴振南的《海岸带资源开发与乡民社会变迁——以竹塔村为中心的生态人类学研究》[⑤] 从东南沿海的环境特点入手，以闽南地区沿海村庄竹塔村为田野调查地区，通过对这一区域历史沿革、经济活动、社会组织、民间信仰等方面的研究，进而探讨人类社会实践和文化现象之间的关系以及自然环境在社会文化变迁中的作用。陕锦风的《青藏高原的草原生态与游牧文化：一个藏族牧业乡的个案研究》[⑥] 以青藏高原地区的一个藏族牧业乡为研究对象，通过田野调查所搜集的资料，从物质、精神、制度等不同层面对藏族游牧文化与草原生态环境之间的关系问题进行了考察。赵文娟的《生态人类学丛书・仪式・消费・生态：云南新平傣族的个案研究》[⑦] 以一个环境退化严重而仪式消费突出的傣族社区为个案，通过对当地仪式生活和消费模式的考察，解析不同时期仪式行为与自然生态环境的相关互动，进而探寻加速当地生态蜕变的深层文化内因以及实现生态和文化和谐发展的可能途径。乌尼尔的《与草原共存：哈日干图草原的生态人类学研究》[⑧] 以哈日干图草原生态变迁为土线，追溯当地文化变迁和生态环境变迁的脉络，研究当地原住牧民、外来移民以及国家政策之间的相互作用关系，分析了哈日干图草原文化复合体中的多重矛盾，提出不同文化之间以及传统文化与国家政策之间的和谐才是维护草原良好生态环境的保障。

以论文或者专著形式对某些地区进行的生态人类学案例研究还有：周旺的《民族生态视角

---

① 余有勇：《茶与景迈傣族社会文化变迁研究》，硕士学位论文，云南大学，2014 年。

② 蒋志远：《生态人类学视角下的农牧互动研究——以新疆玛纳斯县为例》，硕士学位论文，石河子大学 2014 年。

③ 付广华：《生态重建的文化逻辑：基于龙脊古壮寨的环境人类学研究》，中央民族大学出版社 2013 年版。

④ 袁理：《堤垸与疫病：荆江流域水利的生态人类学研究》，中国社会科学出版社 2014 年版。

⑤ 吴振南：《海岸带资源开发与乡民社会变迁——以竹塔村为中心的生态人类学研究》，中国社会科学出版社 2014 年版。

⑥ 陕锦风：《青藏高原的草原生态与游牧文化：一个藏族牧业乡的个案研究》，中国社会科学出版社 2014 年版。

⑦ 赵文娟：《生态人类学丛书・仪式・消费・生态：云南新平傣族的个案研究》，知识产权出版社 2013 年版。

⑧ 乌尼尔：《与草原共存：哈日干图草原的生态人类学研究》，知识产权出版社 2014 年版。

下的京族饮食文化》[①] 从民族文化生态的视角解读京族饮食文化的成因、现状，中越两国京族饮食文化的关联、生态适应，并以此为基础提出了未来的发展建议。孙洁的《基于生态人类学视角的南疆“民族团场”维汉族际互动》[②] 从“小生态环境”与“小人文环境”的固化，生态的适应利用与科学技术的进步，土地的人口承载力三方面初步解析新疆生产建设兵团四十七团的维汉族际互动变迁的生态人类学因素。戴嘉艳的《人与自然适应状态和互动关系的生态人类学阐释——基于达斡尔族农业发展个案的讨论》[③] 结合内蒙古莫力达瓦达斡尔族自治旗的农业发展个案，分析其文化多样性的价值、文化与环境的适应关系、文化支持体系的调适作用，进而对如何实现资源的合理开发，实现农业可持续发展等问题进行了探讨。张明波的《生态人类学与民族地区经济发展——以恩施土家族苗族自治州为例》[④] 认为探讨人与环境的良性发展是生态人类学的主旨，这种价值诉求为民族地区经济发展指明了方向，并以恩施土家族苗族自治州为例，概括介绍了其发展生态农业、生态工业、生态文化旅游的概况。高文的《文化适应与生计选择：彝族地区畜牧经济的生态人类学研究》[⑤] 从环境与人的互动关系入手，认为彝族历史上因适应环境而形成半农半牧的生计模式，其中畜牧业既受到客观自然条件及主观文化因素影响，同时其又体现了地域及彝族文化的特征，并对彝族的器物文化及宗教思维产生了深远影响。陈祥军的《回归荒野：准噶尔盆地野马的生态人类学研究》[⑥] 以准噶尔盆地野马野放实践为研究对象，运用生态人类学和恢复生态学的理论与方法，通过探寻野马野放中环境与社会的复杂关系，进而探索生态系统恢复过程中的社会、文化因素与自然因素的互动关系，并对生态系统的恢复进行新的思考。

除此之外，也有学者从生态人类学的角度对旧问题或者热点问题进行新解读，比如：单辉的《生态人类学视野下庄子“理想国”的建构》[⑦] 从生态学图景、人类学依据、哲学建构三个方面对庄子理想国进行理论与实践相结合的阐释。张楠的《解读〈菊与刀〉——生态人类学视角的新思考解读》[⑧] 以生态人类学的视角，在利用《菊与刀》的研究成果及其他研究资料的基础上，从日本独特的地域环境所形成的等级制度观念出发，诠释日本民族的性格特点与国民性格的复杂性。尹松的《民族影视语言的新方向——论纪录片〈云之南〉中的生态人类学视角》[⑨] 分析了由生态学出身的导演阿格兰特拍摄的 BBC 纪录片《云之南》中的生态人类学视角，认为此片可谓是能载入史册的生态人类学画卷，并对此后的纪录片拍摄具有可借鉴意义。

---

① 周旺：《民族生态视角下的京族饮食文化》，《南宁职业技术学院学报》2013 年第 2 期。

② 孙洁：《基于生态人类学视角的南疆“民族团场”维汉族际互动》，《民族论坛》2014 年第 11 期。

③ 戴嘉艳：《人与自然适应状态和互动关系的生态人类学阐释——基于达斡尔族农业发展个案的讨论》，《青海民族研究》2014 年第 4 期。

④ 张明波：《生态人类学与民族地区经济发展——以恩施土家族苗族自治州为例》，《安徽农业科学》2014 年第 15 期。

⑤ 高文：《文化适应与生计选择：彝族地区畜牧经济的生态人类学研究》，《黑龙江畜牧兽医》2014 年第 15 期。

⑥ 陈祥军：《回归荒野：准噶尔盆地野马的生态人类学研究》，知识产权出版社 2014 年版。

⑦ 单辉：《生态人类学视野下庄子“理想国”的建构》，《广西民族大学学报（哲学社会科学版）》2013 年第 1 期。

⑧ 张楠：《解读〈菊与刀〉——生态人类学视角的新思考解读》，《现代交际》2013 年第 7 期。

⑨ 尹松：《民族影视语言的新方向——论纪录片〈云之南〉中的生态人类学视角》，《当代电影》2013 年第 12 期。

四　挖掘整理传统生态知识成为研究热点

民族地区乡土社会中的传统生态知识一直是诸多学科关注的研究领域，相关的研究成果也非常丰富，但各学科研究的重点有所不同。大体而言，传统的民族学和人类学界把重点主要放在不同民族的生产生活技能与自然资源的利用关系上。

专著方面，孟和乌力吉的《沙地环境与游牧生态知识：人文视域中的内蒙古沙地环境问题》① 以内蒙古沙地地区本土知识和环境变迁互动为线索，分析当地传统文化与生态知识传承的断层化对生态环境产生的影响，建议治理当地的环境问题时应该兼顾当地生活者的文化传承，注重蒙古族游牧生态知识和环境智慧的本土现实意义。黄绍文、廖国强等的《云南哈尼族传统生态文化研究》② 在介绍哈尼族分布区域与地理环境的基础上，介绍了哈尼族服饰、农耕、饮食、营造村落环境、制度文化中所蕴含的生态文化，以及哈尼族的自然宗教观、生物多样性、传统生态伦理观，丰富了“民族生态文化学”的理论和实践。徐晓光的《清水江流域传统林业规则的生态人类学解读》③ 以目前所存的40万份黔东南契约文书为基础，对黔东南清水江流域苗族侗族传统生态观念、生态行为、生态制度、生态补偿等方面进行了生态人类学的解读，是近些年从历史文献进行生态人类学研究的代表。

论文方面，数量众多，其中李全敏的《语言采集与德昂族的茶叶世界》④ 通过展示德昂族民族语言对茶的分类、认知以及相关的地方性知识，从生态人类学的角度提出语言采集不是对语言决定论的实践，而是对人类在生存环境中适应和选择模式的探索。田红的《论民族文化在“生态移民”中的定位与价值——以凉山州生态恢复为例》⑤ 立足于文化生态观和适度干扰理论，对生态移民政策的实质进行再认识，以审视生态移民过程中的诸多问题。崔海洋、张琳杰的《侗族梯田构建智慧与生态安全》⑥ 分四类描述了侗族梯田的构建方法和特点，介绍了侗族梯田的制度保障及农耕习俗，探讨了侗族梯田在区域生物多样性和水资源维护上的作用，认为其蕴含的构建智慧和生态安全价值对当今的生态建设具有重要的借鉴意义。罗康隆的《族际文化制衡与生态环境维护：我国长江中上游山区生态维护研究》⑦ 认为，在19世纪以前，长江中上游的彝、汉、苗等民族在资源利用方面形成的文化制衡格局，不仅对该区域的资源实现了高效利用，而且对该区域的生态环境实现了较好的维护。19世纪以后，族际文化制衡格局逐渐被打破并导致失衡，以至于诱发了该区域的生态灾变，因此，唯有从生态文化角度出发，建立起新时期的族际文化制衡格局，才能实现对水土资源的良性维护。同样是关于乡土知识对于水土资源的认识与保护，管彦波的《水文生态视野下的“神山森林”文化研究——以西南民族村落

---

① 孟和乌力吉：《沙地环境与游牧生态知识：人文视域中的内蒙古沙地环境问题》，知识产权出版社2013年版。

② 黄绍文、廖国强、关磊、袁爱莉：《云南哈尼族传统生态文化研究》，中国社会科学出版社2013年版。

③ 徐晓光：《清水江流域传统林业规则的生态人类学解读》，知识产权出版社2014年版。

④ 李全敏：《语言采集与德昂族的茶叶世界》，《广西民族大学学报（哲学社会科学版）》2013年第2期。

⑤ 田红：《论民族文化在“生态移民”中的定位与价值——以凉山州生态恢复为例》，《云南师范大学学报（哲学社会科学版）》2013年第2期。

⑥ 崔海洋、张琳杰：《侗族梯田构建智慧与生态安全》，《贵州大学学报（社会科学版）》2013年第4期。

⑦ 罗康隆《族际文化制衡与生态环境维护：我国长江中上游山区生态维护研究》，《云南社会科学》2013年第3期。

为例》[①] 认为，在西南复杂的地理环境和多族群传统之中，神山森林作为一种独具乡土认识价值的生态遗产，蕴藏着多重的民族宗教与社会文化内涵，对实现区域性的生态价值转化，尤其是对生物多样性的保护、水土资源的保持和村落生态系统的稳定发挥着不可低估的作用。在当下的村落生态文明建设中，应对神山森林的生态潜能进行充分挖掘。《西南民族村域用水习惯与地方秩序的构建——以水文碑刻为考察的重点》[②] 把西南民族村落中的水文碑刻作为研究对象，研究其所体现的习俗惯制、用水规范以及公共关系，并且指出其在规范村落社会秩序，调整村落水资源的分配与使用，保护村落水环境中起到的重要作用值得当下的村落生态文明建设借鉴。《饮水井：村落社会与生态伦理——以西南民族村落水井为例》[③] 认为西南地区的水井特别是某些古井不仅是微型的水利设施，也是一种典型的文化器物，更是村落物质构成的要素之一，通过分析传统村寨对水井的管理维护与水井碑刻的记载，可以研究其蕴涵的生态、人文内涵以及在围聚村落空间和构建社会秩序中所起的作用。《西南民族乡土传统中的水文生态知识》[④] 通过介绍乡土知识中的多重生态与文化内涵，西南传统生态知识对水文环境的各种认识，认为每个民族在对生存环境认知过程中都会形成独特的水文环境观念，并根据环境的变化而进行相应的文化调适，这些水文生态知识对于当下的生态文明建设具有重要参考价值。孙九霞、刘相军的《地方性知识视角下的传统文化传承与自然环境保护研究——以雨崩藏族旅游村寨为例》[⑤] 以雨崩藏族旅游村寨为具体案例，采用“地方性知识”理论视角，分析其传统文化传承和自然环境保护的关系，认为在当地的旅游开发中，藏族传统文化与地方性知识的传承对自然具有一定的保护作用，但同时也具有其局限性，需要辩证地认识和发挥其功效。闫红霞的《藏区宗教神山朝圣现象的生态人类学解读》[⑥] 通过研究地域集团生产生活方式与生息环境相互关系的基本方法，对藏区宗教神山朝圣进行生态人类学解读，认为这一习惯对当地文化传承与自然环境都具有保护作用。曹津永、宫珏的《差异、局限与传统视域的反思——云南省德钦县明永村气候、环境的改变及村民的认知与应对》[⑦] 介绍了云南省德钦县明永藏族村村民对于气候变化的认知解释与应对，与以往生态人类学研究中从少数民族传统文化中寻求保护生态多样性经验有所不同，文章认为传统知识在现实中也存有一定的局限，需要对其反思并结合现状建立新的适应体系。杨成、孙秋的《苗族传统生态知识保护与产业扶贫——以宗地乡中蜂传统饲养的田野调查为依据》[⑧] 指出在麻山苗族文化生态共同体的延续和运行的基础上，当地传统养蜂的本土生态知识及其制度保障得以保留，其经验可以在中华蜜蜂养殖地区进行推广，进而实现

① 管彦波：《水文生态视野下的“神山森林”文化研究——以西南民族村落为例》，《贵州社会科学》2013 年第 6 期。

② 管彦波：《西南民族村域用水习惯与地方秩序的构建——以水文碑刻为考察的重点》，《西南民族大学学报（人文社会科学版）》2013 年第 5 期。

③ 管彦波：《饮水井：村落社会与生态伦理——以西南民族村落水井为例》，《青海民族研究》2013 年第 2 期。

④ 管彦波、李凤林：《西南民族乡土传统中的水文生态知识》，《贵州社会科学》2014 年第 11 期。

⑤ 孙九霞、刘相军：《地方性知识视角下的传统文化传承与自然环境保护研究——以雨崩藏族旅游村寨为例》，《中南民族大学学报（人文社会科学版）》2014 年第 6 期。

⑥ 闫红霞：《藏区宗教神山朝圣现象的生态人类学解读》，《贵州民族研究》2014 年第 8 期。

⑦ 曹津永、宫珏：《差异、局限与传统视域的反思——云南省德钦县明永村气候、环境的改变及村民的认知与应对》，《云南社会科学》2014 年第 5 期。

⑧ 杨成、孙秋：《苗族传统生态知识保护与产业扶贫——以宗地乡中蜂传统饲养的田野调查为依据》，《广西民族研究》2014 年第 3 期。

脱贫致富。赵霞的《维吾尔族传统生态伦理观及其现代意义》[①] 归纳了维吾尔族传统文化中的生态理论观，分析了其在协调人与自然、人与人、人与自我三方面关系中的积极作用与现代意义。阮友山、阮小虹的《生态人类学视野下的越南瑶族森林和水源的使用》[②] 基于近几年多民族居住的越南西北部中瑶族地区连续爆发山洪的背景下，回顾了越南瑶族保护森林、水源的传统知识和习惯，分析了民主改革以来越南瑶族地区自然环境的变迁原因及其引发的自然灾害后果，最后从保留传统生态习惯等角度提出了应对措施。除此之外，梁艳的《藏传佛教中的生态理念和生态实践》[③]，姜爱的《少数民族地方性生态知识的传承机理研究——以武陵山区土家族为例》[④]，切排、陈海燕的《藏族传统生态观的体系架构》[⑤]，魏建中、吴波的《侗族古俗文化的生态伦理意蕴及其现代启示》[⑥]，柴荣怡、罗一航的《西南少数民族自然崇拜折射出的环保习惯法则》[⑦] 等文也是对少数民族传统文化的挖掘整理。

五　灾害人类学研究[⑧]呈现走强趋势

汶川大地震后，灾害人类学的研究引人关注，2013 年四川省哲学社会科学重点研究基地羌学研究中心召开了“灾难人类学成都论坛”，云南省社会科学院和中国社会科学院民族学与人类学研究所《民族研究》编辑部等机构共同举办了“2013 灾害人类学及防灾减灾国际学术研讨会”。论坛、会议成果既包括理论问题的探讨也包括具体问题的解析，既有对国外灾害人类学成果的翻译也有对中国当下生态问题的思考。

《西南民族大学学报（人文社会科学版）》开设的“灾难人类学专栏”，是发表灾难人类学研究成果的重要平台。刘芳的《“灾害”、“灾难”和“灾变”：人类学灾厄研究关键词辨析》[⑨] 通过辨析中英文中“灾”的多重语义，结合中国学界目前对于“灾害人类学”“灾难人类学”的分歧，提出了“灾变人类学”一词才能更加准确地界定人类学下的这一分支学科。杰·特伦斯·麦凯布（J. Terrence McCabe）著，刘源译，彭文斌校的《图尔卡纳游牧民对干旱的冲击与回应：人类学理论和灾害研究的启示》[⑩] 是一篇有关肯尼亚西北部的图尔卡纳牧民如何认识应对干旱的译作，证明了人类学中的灾害研究能够具有重要的理论贡献和实践应用性，而灾害的地方应对是灾难研究与人类学地方性知识建构的重要环节。此栏目另有张曦的《地震灾害与文

---

① 赵霞：《维吾尔族传统生态伦理观及其现代意义》，《西北民族研究》2014 年第 3 期。

② 阮友山、阮小虹：《生态人类学视野下的越南瑶族森林和水源的使用》，《广西民族师范学院学报》2014 年第 4 期。

③ 梁艳：《藏传佛教中的生态理念和生态实践》，《青藏高原论坛》2014 年第 1 期。

④ 姜爱：《少数民族地方性生态知识的传承机理研究——以武陵山区土家族为例》，《广西民族师范学院学报》2014 年第 6 期。

⑤ 切排、陈海燕：《藏族传统生态观的体系架构》，《吉首大学学报（社会科学版）》2014 年第 3 期。

⑥ 魏建中、吴波《侗族古俗文化的生态伦理意蕴及其现代启示》，《贵州民族研究》2014 年第 9 期。

⑦ 柴荣怡、罗一航：《西南少数民族自然崇拜折射出的环保习惯法则》，《贵州民族研究》2014 年第 11 期。

⑧ 关于“灾害人类学”“灾难人类学”“灾变人类学”这些称谓，目前学界还有争议与分歧。

⑨ 刘芳：《“灾害”、“灾难”和“灾变”：人类学灾厄研究关键词辨析》，《西南民族大学学报（人文社会科学版）》2013 年第 10 期。

⑩ ［美］杰·特伦斯·麦凯布：《图尔卡纳游牧民对干旱的冲击与回应：人类学理论和灾害研究的启示》，刘源译，彭文斌校，《西南民族大学学报（人文社会科学版）》2013 年第 6 期。

化生成——灾害人类学视角下的羌族民间故事文本解读》①，张原、马浪的《知识图景中的灾难考察——人类学灾难研究的关键路径》②，李全敏的《灾害预警与德昂族农耕活动中的物候历》③，张楠的《灾难人类学视角下的人祸研究——以艾滋病为例》④，安东尼·奥利弗－斯密斯著，彭文斌译的《人类学对危险与灾难的研究》⑤ 等文，限于篇幅，不再一一介绍。另外，《西南边疆民族研究》也以专栏方式不定期刊出一些灾害人类学的文章，比如：代启福的《救灾项目的面纱——四川孟村灾后房屋重建案例省思》⑥、刘婷的《灾害与休闲：一种新的灾害人类学研究视角》⑦ 等。

除上述两本杂志的专栏文章，灾害人类学的研究学者在其他刊物也发表了一系列文章。李永祥的《灾害管理过程中的矛盾冲突及人类学思考》⑧ 从人类学的视角，分析国内目前灾害管理中存在的矛盾冲突，指出只有健全而又透明的矛盾处理方法与政策，尊重社区传统和文化规则，才能确保救灾的社会公平和稳定，实现可持续发展。《干旱灾害的跨文化比较研究——以非洲干旱与云南干旱的比较研究为例》⑨ 将非洲与云南部分地区的干旱灾害进行了跨文化比较研究，总结了两地对于干旱灾害应对方式的差异性与共同性，前者应对以市场为基础，解决牧场、水资源、食品等生存问题；后者应对则以政府为中心，解决人畜饮水、生产农用水和工业用水问题，不同地区的干旱灾害应对经验对于其他灾区都有一定的启发意义。崔明昆、韩汉白的《云南永宁坝区摩梭人应对干旱灾害的人类学研究》⑩ 运用生态人类学的理论与方法，以云南宁蒗县永宁乡的摩梭人为调查对象，研究了摩梭人社区的旱灾情况和当地人应对干旱的传统知识，以期提供一种将民间应对措施与政府的抗旱措施相结合的新思路。苏珊娜·M. 霍夫曼、安东尼·奥立弗－斯密斯著，彭文斌译的《人类学与灾难研究的范式》⑪ 认为人类学将灾难中的环境、生物、社会文化三个因素纳入思考范畴，形成了“考古与历史”“政治生态学”“社会文化与行为”“应用与实践”几种相互关联的范式，并吸取其他学科的灾难研究经验，以人类学整体观的视野和微观的民族志田野方法对灾难研究做出了独特贡献。

---

① 张曦：《地震灾害与文化生成——灾害人类学视角下的羌族民间故事文本解读》，《西南民族大学学报（人文社会科学版）》2013 年第 6 期。

② 张原、马浪：《知识图景中的灾难考察——人类学灾难研究的关键路径》，《西南民族大学学报（人文社会科学版）》2013 年第 8 期。

③ 李全敏：《灾害预警与德昂族农耕活动中的物候历》，《西南民族大学学报（人文社会科学版）》2013 年第 10 期。

④ 张楠：《灾难人类学视角下的人祸研究——以艾滋病为例》，《西南民族大学学报（人文社会科学版）》2013 年第 12 期。

⑤ ［美］安东尼·奥利弗－斯密斯：《人类学对危险与灾难的研究》，彭文斌译，《西南民族大学学报（人文社会科学版）》2014 年第 1 期。

⑥ 代启福：《救灾项目的面纱——四川孟村灾后房屋重建案例省思》，《西南边疆民族研究》2013 年第 2 期。

⑦ 刘婷：《灾害与休闲：一种新的灾害人类学研究视角》，《西南边疆民族研究》2013 年第 2 期。

⑧ 李永祥：《灾害管理过程中的矛盾冲突及人类学思考》，《云南民族大学学报（哲学社会科学版）》2013 年第 2 期。

⑨ 李永祥：《干旱灾害的跨文化比较研究——以非洲干旱与云南干旱的比较研究为例》，《云南师范大学学报（哲学社会科学版）》2013 年第 6 期。

⑩ 崔明昆、韩汉白：《云南永宁坝区摩梭人应对干旱灾害的人类学研究》，《云南师范大学学报（哲学社会科学版）》2013 年第 5 期。

⑪ ［美］苏珊娜·M. 霍夫曼、安东尼·奥立弗－斯密斯：《人类学与灾难研究的范式》，彭文斌译，《云南民族大学学报（哲学社会科学版）》2014 年第 1 期。

最后关于石漠化灾害的治理，是灾害人类学研究中相对集中的一个领域，代表论文有：罗康隆的《喀斯特石漠化灾变区生态恢复与水资源维护研究》①，罗康隆、彭书佳的《民族传统生计与石漠化灾变救治——以广西都安布努瑶族为例》②，田红、彭书佳的《西南喀斯特石漠化灾变区生态恢复与水资源维护——以麻山苗族地区为例》③，刘建民的《生态与生计：广西大石山区石漠化治理研究——以马山县古寨瑶族乡古朗屯为例》④ 等。

六　生态人类学期刊

国内目前还未有以"生态人类学"为名的专业杂志，但是在刊登人类学、民族学成果的期刊上都有相关研究论文发表，而比较集中推介生态人类学研究成果的有《生态·环境人类学通讯》《原生态民族文化学刊》《吉首大学学报（社会科学版）》《广西民族大学学报（哲学社会科学版）》。

《生态·环境人类学通讯》是目前国内唯一有关生态人类学研究的专业学术刊物，最初是2004年云南大学、新疆师范大学、吉首大学三家机构所办的内部刊物，每年一期，现由吉首大学人类学与民族学研究所主办，办刊周期也有所缩短，截至2016年4月已经编印了19期，常设栏目有：研究综述、专题研究、海外研究、学术快递、书香品读，但由于其目前还为内部刊物，因此查阅起来较为不便。⑤《原生态民族文化学刊》是由凯里学院2009年创办的季刊，其中的"本土知识与生态建设""清水江流域文化"刊登了不少生态人类学视野下的研究成果，比如肖冬平的《当代少数民族地方性知识的传播与习得途径研究》⑥、马国君的《我国西南干热河谷灾变研究的回顾与展望——兼论本土生态知识在生态维护中的价值》⑦、崔明昆的《稻作文化的生态史——生态人类学的视野》⑧。双月刊《吉首大学学报（社会科学版）》在2013年第1期专设"生态人类学"栏目，除了上文提到过的《民族传统生计与石漠化灾变救治——以广西都安布努瑶族为例》，还刊登了马国君、李红香的《传统生计与生态安全——以金沙江流域氐羌族系各民族"耕牧混成"为例》⑨。双月刊《广西民族大学学报（哲学社会科学版）》2013年第4期也开设了"生态人类学"专栏，发表了杨庭硕的《麻山地区频发性地质灾害的

---

① 罗康隆：《喀斯特石漠化灾变区生态恢复与水资源维护研究》，《贵州大学学报（社会科学版）》2013年第1期。

② 罗康隆、彭书佳：《民族传统生计与石漠化灾变救治——以广西都安布努瑶族为例》，《吉首大学学报（社会科学版）》2013年第1期。

③ 田红、彭书佳：《西南喀斯特石漠化灾变区生态恢复与水资源维护——以麻山苗族地区为例》，《云南社会科学》2013年第3期。

④ 刘建民《生态与生计：广西大石山区石漠化治理研究——以马山县古寨瑶族乡古朗屯为例》，《广西民族研究》2013年第3期。

⑤ 前六期的目录可参考中国生态人类学网站：http：//eaoc. jsu. edu. cn/Article/ShowClass. asp？ID =482。

⑥ 肖冬平：《当代少数民族地方性知识的传播与习得途径研究》，《原生态民族文化学刊》2013年第1期。

⑦ 马国君：《我国西南干热河谷灾变研究的回顾与展望——兼论本土生态知识在生态维护中的价值》，《原生态民族文化学刊》2013年第2期。

⑧ 崔明昆：《稻作文化的生态史——生态人类学的视野》，《原生态民族文化学刊》2014年第2期。

⑨ 马国君、李红香：《传统生计与生态安全——以金沙江流域氐羌族系各民族"耕牧混成"为例》，《吉首大学学报（社会科学版）》2013年第1期。

文化反思》①，崔明昆的《民族生态学：从方法论看发展趋势》②，罗康隆、吴声军的《民族文化在保护珍稀物种中的应用价值》③，杨曾辉的《川西南彝族厩肥处理与生态维护》④ 等文。

七 结语

2014 年 3 月 5 日十二届全国人大二次会议上，国务院总理李克强在政府工作报告中提到："生态文明建设关系人民生活，关乎民族未来。雾霾天气范围扩大，环境污染矛盾突出，是大自然向粗放发展方式亮起的红灯。必须加强生态环境保护，下决心用硬措施完成硬任务"⑤，显示了中国生态文明建设势在必行，但是除了政府号召、民众响应、社会参与，正确的理论指导与丰富的经验支持也必不可少。因此，生态人类学必将迎来一个新的发展时机。在新的机遇面前，除了展望，更有必要总结过去的研究成果并反思其存在的问题，以期未来有更长远的发展。

（一）理论探讨仍在继续，学科概念依旧存有不明

对于一门产生历史未超过百年的年轻学科，有关生态人类学理论的探讨一直在继续，并且随着新问题的产生，不断有新的理论出现，如任国英在《生态人类学的主要理论及其发展》中所言："在生态人类学的发展过程中，由于受不同人类学学派的影响形成了不同的理论观点。最初，生态人类学思想地理环境决定论色彩很浓。到 20 世纪 50—60 年代，情况发生了变化。在这个时期，社会科学家纷纷反对因果关系的解释，对此人类学家也力求建立新的方法来分析和理解所搜集的资料，进而上升到新的理论观点。20 世纪 90 年代以后，生态人类学又出现了新的变化，其影响和发展趋势目前尚不明朗。"⑥ 正因为此，有些学科概念依旧未得以澄清，专业术语的使用也未达成一致，比如：生态人类学、生态民族学、环境人类学、灾害人类学、文化人类学的生态视域等术语的含义与范围，它们是对等关系、并列关系还是从属关系？这就不免造成了使用过程中的学术理解不同，甚至造成某些词语因是热门词语而被不当地滥用。虽然学术争论非常必要，但从学科规范建设的角度，应该尽早地确立统一标准的专业术语及学科划分。

（二）成果数量突飞猛进，研究区域较不平衡

最近几年生态人类学发展迅速，不少大学设立了生态人类学的研究方向，从事生态人类学研究的研究生、学者数量显著增长，仅从成果数量来论，可谓是突飞猛进、硕果累累，但若从质量而言，也存在良莠不齐的现象，不乏搭研究热点顺风车的重复之作，造成了学术资源的浪

---

① 杨庭硕：《麻山地区频发性地质灾害的文化反思》《广西民族大学学报（哲学社会科学版）》2013 年第 4 期。

② 崔明昆：《民族生态学：从方法论看发展趋势》，《广西民族大学学报（哲学社会科学版）》2013 年第 4 期。

③ 罗康隆、吴声军：《民族文化在保护珍稀物种中的应用价值》，《广西民族大学学报（哲学社会科学版）》2013 年第 4 期。

④ 杨曾辉：《川西南彝族厩肥处理与生态维护》，《广西民族大学学报（哲学社会科学版）》2013 年第 4 期。

⑤ 李克强：《像对贫困宣战一样坚决向污染宣战》，人民网，http：//lianghui. people. com. cn/2014npc/n/2014/0305/c376646 - 24533743. html。

⑥ 任国英：《生态人类学的主要理论及其发展》，《黑龙江民族丛刊》2004 年第 5 期。

费。从研究内容来看，目前的研究对象还主要围绕在中国的西南地区与内蒙古、新疆的个别地区，且多为少数民族地区，而生态人类学本应以全人类为研究对象，研究区域不应该只限制于特定的少数民族地区，特别是在当下推进生态文明建设，建立美丽中国的时代背景下，生态人类学不仅要研究少数民族也要研究汉族，不仅要研究边疆村落也要研究城市社区，不仅要研究陆地也要研究海洋，其实用价值应该体现得更加全面而深入。

（三）本土化研究得以推进，与国外的专业交流还相对较少

在生态人类学引进中国后的几十年里，本土化研究不断得以推进，越来越多的学者愈加重视地方性知识、民族文化对生态保护的作用，除了前文中提到的研究成果，艾菊红的《宗教圣境与生物多样性保护》①，王剑峰的《环境保护的民间镜像——传统游牧社会的环境知识及其当代价值》②，罗康隆、刘海艳的《从水资源利用与维护看民族传统知识的价值》③ 都是2013年试图从当地的宗教文化、民间文化、传统知识寻求解决当下环境问题的新作。在肯定本土化研究的同时，也应该看到国内生态人类学研究与国外同行交流的不足。翻阅国外生态人类学相关论著的翻译作品，不难发现多为20世纪的成果，近十年鲜有新的专著译作问世，而中国学者对国外的生态人类学问题研究更是少之又少。因此，在推进本土化研究的同时，加强国内外生态人类学研究的交流成为未来的发展期待。

（四）成果发布平台有所增加，专业期刊值得期待

如前文介绍，有些国内的学术期刊已经开始设置“生态人类学”专栏，以供专业内学者的交流学习，但是目前仍未有一本专门的“生态人类学”期刊。《生态·环境人类学通讯》虽然在一定程度上解决了这个问题，但毕竟是未公开发表的内部刊物，查阅起来多有不便。随着研究成果的不断涌现，创办一本专门刊登生态人类学研究新作的学术期刊已经成为一种需要。

总之，作为一门引进时间不长但发展迅速的外来学科，生态人类学在中国既取得了突出成绩，同时也存在不少问题。我们在提出、反思这些问题的同时，也需要用宽容的态度来期待它今后的发展，毕竟任何学科的发展都不是一蹴而就的。我们深信，未来的中国生态人类学无论在学术研究方面还是在社会实践领域都将大有作为。

（张姗，助理研究员，中国社会科学院民族学与人类学研究所资源环境与民族生态研究室）

---

① 艾菊红：《宗教圣境与生物多样性保护》，《民族学刊》2013年第2期。

② 王剑峰：《环境保护的民间镜像——传统游牧社会的环境知识及其当代价值》，《黑龙江民族丛刊》2013年第4期。

③ 罗康隆、刘海艳：《从水资源利用与维护看民族传统知识的价值》，《西南民族大学学报（人文社会科学版）》2013年第3期。

2013—2014 年南方民族语言文字研究综述*

张海燕　鲁美艳

2013—2014 年中国南方民族语言文字的研究以语言结构系统的共时研究为主，这一点明显表现在成果的数量上，关于语言本体共时描写的论文数量在所有成果中接近 2/3。从出版的专著和重要刊物发表的论文来看，显示出以下几个显著特点：

1. 无论是在共时研究中还是在历时研究中，语法和语音都是研究的主要内容，其中语法研究涉及面广，方法多样，研究成果在数量上占绝对优势。语音研究中除了传统描写性分析外，运用实验语音学方法对元音或辅音进行声学分析的论文在 2013—2014 年也占了相当分量。和语法、语音相比，词汇和文字的研究略显单薄，成果屈指可数。

2. 语言使用情况和跨境语言的调查研究仍是热点话题。近年来，少数民族语言文字使用情况调查受到相当的重视，这是由当今社会语言关系和使用状况日益复杂的客观现实决定的。与此相关，随着语言研究的进一步深化，跨境语言研究，成了不少学者关注的焦点。2013—2014 年关于语言使用情况和跨境语言的调查分析体现在多部专著和多篇论文上。

3. 研究内容和研究视点多样化。语言研究中对一些现象的观察常常不局限于单个语言内部，往往同汉语、其他民族语言中的相关现象联系起来思考，运用类型学的研究方法，从多种语言的同类结构或形式中寻找共性，以探求具有广泛意义的普遍性规律。

下面按照研究内容分为“共时描写研究”“历时比较研究”“语言应用、语言使用情况及其他研究”几个章节分别详述。

一　共时描写研究

语言本体共时系统的研究既是民族语言研究的基础领域，又是我国民族语言学界具有深厚基础的优势领域。2013—2014 年共时方面的研究成果在数量上仍然占据首位，内容上以专题研究为主，可以分为语言整体性概况描写和语言特点的专题性探讨两个方面分别来看。

（一）语言概况描写研究

介绍某一语言概貌或某些语言现象概况的研究成果，在 2013—2014 年有以下几部专著和数篇论文。

对具体语言进行整体性探讨的 3 部专著都属于戴庆厦主编的“中国少数民族语言参考语法研究系列丛书”，分别是朱艳华、勒排早扎的《遮放载瓦语参考语法》（中国社会科学出版社 2013 年版），全书对遮放载瓦语的词法、句法进行详细的分析研究。李春风的《邦朵拉祜语参考语法》（中国社会科学出版社 2014 年版）以云南澜沧江县拉祜语的邦朵拉祜纳方言为研究对

* 本文在写作过程中得到了徐世璇研究员的悉心指导，谨致谢忱。文中疏漏之处一律由作者负责。

象，对其语法结构的特点进行全面、深入的共时描写与分析。银莎格的《银村仫佬语参考语法》（中国社会科学出版社 2014 年版）以广西罗城银村仫佬语为研究对象，描写仫佬语的音系、词类、短语结构、基本句类和复杂结构等现象。

对语言整体面貌进行概述的论文有关于史兴语和沙阿鲁阿语的两篇。史兴语是 20 世纪 80 年代初发现的一种藏缅语族羌语支语言，内部有一定差异。孙宏开的《论史兴语的内部差异——兼论语言识别的通解度方法》（《民族语文》2013 年第 2 期）从语音、词汇和语法三个方面比较史兴语内部的异同点，并与本民族语感差异进行对照，试图说明语言结构差异到何种程度会影响相互沟通的问题。沙阿鲁阿语分布在台湾高雄市桃源区桃源、高中两村，隶属南岛语系。潘家荣的《沙阿鲁阿语概况》（《民族语文》2014 年第 5 期）对台湾高山族沙阿鲁阿语的基本情况作了简要介绍，并且指出目前能流利地使用沙阿鲁阿语的母语人士仅 10 位左右，此语言已经丧失语言活力，或将成为下一个在台湾岛上消失的南岛语言。

对众多语言中所具有的共同现象进行概括归纳的研究成果主要有如下两篇论文。一篇是瞿霭堂、劲松的《中国藏缅语言中的代词化语言》（《民族语文》2014 年第 4 期）。代词化语言（pronominalized languages）是指代词语法化后，作为一种前缀或后缀黏附到名词或动词上，体现事物和动作与人的关系。代词化语言是中国藏缅语言中的一类具有明显语法结构特征的语言，受到国内外藏缅语言研究者的关注和重视。该文从代词化的性质、范围、形式、结构和类型五个方面，对中国代词化语言进行类型学的探讨，重新认识代词化和代词化语言，代词化语言和人称化语言，为语言识别、方言划分和类型学分类提供了新的依据。另一篇是孙宏开的《汉藏语系语言的共同创新》（《民族语文》2014 年第 2 期）。文章指出语言发生学分类的论证需要满足两个条件，一个是该语言集团的共同遗存，包括同源词和同源形态的遗存；另一个条件是该语言集团的共同创新。二者缺一不可。过去汉藏语系发生学分类主要关注前者，后者讨论得少。文中列出声调、清送气塞音、塞擦音、量词、亲属称谓名词词头、重叠 6 个问题为汉藏语系语言的共同创新，说明汉藏语系分为汉语、侗台语族、苗瑶语族和藏缅语族的学术观点在理论上是有根据的。

（二）语言现象专题研究

2013—2014 年对语言中某一特点进行深入探讨的研究成果主要集中在语法和语音两个方面，其中语法研究主题多样，涵盖词类、句法结构、句型等多个方面，在数量上占绝对优势；语音研究以传统的描写性分析或实验语音学的方法为主；词汇和文字的研究成果较少。

1. 语法研究

对语法结构的专题分析以词类、语法范畴、语法标记、句型、类型学研究等为内容，其中句型的研究成果最为丰富。

（1）词类研究涉及动词、代词、量词、助词等多个词类。

动词是语言中语法意义和语法形式最为丰富的词类之一，在词类研究中颇受关注。戴宗杰的《汉藏语动词重叠式的形式—意义匹配格局》（《中央民族大学学报》2013 年第 2 期）指出除汉语外，我国境内的藏缅语言、苗瑶语言、壮侗语言等很多语言的动词都可以重叠，构成多种重叠形式，表达不同的语法意义。根据动词重叠式的语法意义，汉藏语言可分为“多量义优势型语言”和“少量义优势型语言”两种类型。不同语言的动词重叠式有不同的形式—意义匹配格局。汉语属于“少量义优势型语言”。莫超、班旭东在《白马语动词的人称变化》（《民族语文》2014 年第 2 期）一文中，讨论了甘肃与四川交界的文县、平武、松潘、九寨沟一带白马语动词因主语人称不同而发生的形态变化，以及人称变化与动词体范畴之间的密切关系。黄阳、郭必之的《壮语方言“完毕”动词的多向语法化模式》（《民族语文》2014 年第 1 期）就壮语“完毕”义动词所具有的语义特征和多功能性作了详细描述，勾画了壮语“完毕”义动词的多向语法化模式。林幼菁、尹蔚彬、王志的《吕苏语的助动词》（《民族语文》2014 年第 1 期）以时体形态分析为基础，探讨了冕宁吕苏语助动词的词类划分及演变。文章通过考察和研究助动词的分布特点与结构性质，认为助动词隶属动词，看作动词中的一个次类。同时，探讨了两个与助动词相关的语言演变现象。

代词的研究集中在人称代词上，何彦诚的《红丰仡佬语的人称代词系统》（《民族语文》2014 年第 1 期）认为红丰仡佬语的人称代词系统较为复杂，主要表现为三身代词除了普通形式（基式）外还有两套较为整齐系统的形式，而不同人称代词形式的选择使用除了受句法条件的限制外，很多情况下还受到可及性（accessibility）、话题延续性（topic continuity）、主观性（subjectivity）和交互主观性（intersubjectivity）等各种篇章—语用因素的制约。石德富、杨振辉的《黔东苗语人称代词探源》（《语言科学》2014 年第 5 期）发现，苗语黔东方言人称代词的单数形式和一些复数形式都是直接继承自原始苗瑶语，有的继承自原始苗语，双数范畴和一些复数范畴形式是后来创新的。原始苗瑶语甚至原始黔东苗语缺少第三人称复数代词，这正好成了各语言、方言土语甚至小土语创新的原动力，由此类推，导致了第二和第一人称复数代词的创新形成了固有形式和创新形式共存的状态。指示词是代词中一个比较特殊的次类，陆天桥的《侗台语指示词的语音交替及句法特征》（《民族语文》2013 年第 3 期）分析了壮语指示词的语音交替现象和周边的侗台语言指示词的句法互补现象，探讨了这种语法手段的发展趋势。

量词的研究以经典的两篇论文为代表，一篇是《碧约哈尼语反响型名量词的特点及其演变》（《民族语文》2013 年第 6 期），一篇是《碧约哈尼语反响型动量词来源问题初探》（《中央民族大学学报（哲学社会科学版）》2014 年第 2 期）两篇文章都以云南省墨江县的哈尼语碧约话为例，前者通过与哈尼族其他支系语言的比较，分析了碧约话反响型名量词不同于其他语言或方言的特点，探讨反响型名量词在碧约话中的产生、演变和发展的过程和方向。后者认为碧约话中反响型动量词的产生和发展与语言中的反响型名量词和宾动同形结构有关，两者是促使反响型动量词产生的必要条件，也是推动其发展的语法化和类推机制。关于量词研究的还有冀芳的《黔东苗语名量词研究》（《贵州民族研究》2013 年第 4 期），文章对苗语名量词的语义、语法和语用作了分析研究，梳理出苗语名量词的种类、语义和语法的特征，并对其来源和发展规律进行了探讨。

助词是分析型语言重要的语法手段之一，大多数语言都有功能不同的助词。周毛草的《安多藏语玛曲话里的ལ（la）类助词》（《民族语文》2013 年第 6 期）对玛曲话中的ལ（la）类虚词进行了详尽的共时描写和分析，指出ལ（la）类助词在藏文中是重要的虚词，在现代藏语中依然是活跃的语法标记，在体系、功能、解释和使用中已经比较明确。

四音格词是我国境内大部分汉藏语系语言所共有的一种固定词组模式。班弨、宫领强的《壮语四音格及其类型学意义》（《民族语文》2013 年第 4 期）在分类讨论壮语四音格基本结构的基础上，运用语言类型学理论讨论了汉藏语言中四音格形式与声调、单音节语的蕴涵性关系。曾宝芬的《居都仡佬语四音格研究》（《广西民族大学学报（哲学社会科学版）》2014 年第 2 期）则从语音、结构和语义三个方面探讨了居都仡佬语四音格形式的特点。

探讨词类的文章还有：陈娥、周国炎的《布依语否定词 mi^{11}（不）和 fi^{33}（未）的语义和语法功能》（《民族语文》2013 年第 5 期）运用共时描写和对比分析的方法，对布依语这两个否定副词的语义和语法功能进行探讨，指出布依语中表示“不”和“未”两个意义的否定词，其语义和语法功能既有对立，又部分交叉，在与其他词类和结构组合的范围上，两个词有明显差别，而它们的前置性语序都具有类型学特征。余德芬的《傈僳语亲属称谓二元关系词》（《民族语文》2013 年第 5 期）指出傈僳语有一组出现于量词位置的特殊的亲属称谓词，表现出一般量词的语法特点和语义功能，但这种亲属称谓词只与数词“二”结合，表达两个亲属成员间的二元关系及结构特征，还具有区分亲属成员间的辈分、长幼、性别、亲疏程度和能否通婚的关系。杨忠秀、刘亭园的《凉山彝语“mu”的语义和词法功能初探》（《西南民族大学学报（人文社科版）》2013 年第 12 期）对凉山彝语“mu”的语义和词法功能进行了详细的描写，指出在不同的语境中具有不同的词性、多种语义和词法功能。杨将领的《独龙语偏正式合成词的中心语位置》（《民族语文》2013 年第 5 期）从词的结构类型角度分析了独龙语偏正式合成词的两种结构形式：一是“名词 + 名词”，中心语在后，即“修饰语 + 中心语”；二是“名词 + 不及物动词（形容词）”，中心语在前，即“中心语 + 修饰语”。该文从词源、词汇构成结构的角度讨论独龙语的偏正式合成词及相关问题。

（2）语法范畴、语法标记的研究。

语法范畴是对语法形式所表示语法意义的概括，在不同的语言中，语法范畴及其表现的形式往往不同。

刘丹青在《显赫范畴的典型范例：普米语的趋向范畴》（《民族语文》2013 年第 3 期）一文中，用语言库藏类型学和显赫范畴的观念，讨论了普米语（及羌语支语言）主要用前缀表达的趋向范畴。作为典型范例，普米语的趋向范畴符合显赫范畴的五条指标：1）语法化程度高或功能强大；2）具有向其他范畴的扩张力；3）具有该语法形式的原型范畴或核心范畴的地位；4）富有类推性、能产性和使用强制性；5）心理上可及性高，容易激活。尹蔚彬的《拉坞戎语动词的人称范畴》（《民族语文》2013 年第 4 期）指出，拉坞戎语业隆方言动词有人称和数的区别，人称分为第一、第二和第三人称，数有单数、双数和复数，两种语法意义的表现形式黏着在一起，形成有特色的人称范畴。在另一篇《拉坞戎语动词的态范畴》（《广西民族大学学报（哲学社会科学版）》2013 年第 6 期）中，尹蔚彬对拉坞戎语动词自动态、使动态、自身态、反身态以及互动态 5 种表现形式加以介绍，探寻了拉坞戎语态范畴的特点和发展趋势。韦景云的《壮语黄齐话人称代词的格范畴初探》（《中央民族大学学报（哲学社会科学版）》2013 年第 5 期）指出壮语黄齐话通过词根的辅音、元音、声调等屈折手段将人称代词分为“本格”和“变格”，分别表现为“话题”与“非话题”的语法特征。文章详细介绍了黄齐话人称代词的格范畴形式，分析了格范畴的语法功能，并就格范畴与其他语言的关系作了深入探讨。李春风的《拉祜语动词使动态探析》（《民族语文》2014 年第 3 期）指出拉祜语动词有自动和使动的对立。拉祜语动词使动范畴的语法形式主要有屈折式、分析式、屈折与分析兼用式三种。武鸣壮语动词经常后附—aɯ、—a：k 一类固定音节，以往的研究称之为“后附音节”。薄文泽、李旭练、依常生的《壮语的粘着型动词范畴标记——一组“后附音节”的结构分析》（《民族语文》2014 年第 6 期）通过形式和意义两方面的分析，认为这些后附音节形式上属于黏着型附加成分，表达的语法意义是处置，其中—aɯ、—a：k 是表达处置的构形标记。这说明除语序、虚词外，壮语还存在黏着型动词后缀。

空间概念是人类认知范畴中的重要成果，也是各种语言表达内容中不可缺少的重要部分，虽然人类对空间范畴的认知具有普遍性的法则，但由于各个族群在认知和思维方式上的不同，对于认知结果的表达必然有所差异，因此各种语言对空间的估测、定位和表述存在一定的特色，形成各具一格的空间范畴的表述系统。2013—2014 年有多篇文章对具体语言的空间范畴进行研究。徐世璇的《土家语空间概念的语法和语义表征》（《民族语文》2013 年第 1 期）主要从空间概念的类别、位格标记和方位后置词、空间拓扑的表达特点等几个方面对土家语的空间概念及其表示特点进行分析，揭示了其空间范畴和空间方位关系的表述特点。普忠良的《纳苏彝语的空间认知系统》（《民族语文》2014 年第 4 期）则从拓扑空间和参照框架两个方面讨论纳苏彝语的空间关系，指出其空间拓扑关系主要用“焦点 + 方位词 + 观察点”的方式来表示，拓扑空间范畴中有“东、西、南、北”绝对空间方位词，和以太阳、河流流向、房屋、火塘等物体为内在和相对参照框架的“上、下”“前、后”“左、右”等方位词。尹蔚彬在《拉坞戎语的空间范畴》（《语言科学》2014 年第 3 期）一文中认为，拉坞戎语的空间认知与其文化存在明显的对应关系。

语法标记作为表示语法意义的形式手段，不管是在跨语言对比还是在对单一语言的分析中都具有举足轻重的地位，是语法研究的重要内容之一。田静的《藏缅语宾语句法标记比较研究》（中国社会科学出版社 2014 年版）一书，以藏缅语言宾语的句法标记为研究对象，通过共时分析和历时考察以及跨语言的类型学比较，揭示藏缅语宾语句法标记的共性与个性特征，对宾语格助词、动词形态变化和句尾词、人称代词和名词的宾格形式、宾语的语序、类型学视野下的藏缅语宾语句法标记进行分析。论文方面有余成林的《藏缅语的假设关联标记》（《民族语文》2013 年第 5 期），该文通过对 38 种藏缅语言或方言假设关联标记的考察，从语序类型、语源关系、功能特点以及语言接触等几个方面，理出藏缅语言假设复句关联标记的演变脉络。徐世璇、鲁美艳的《土家语动词体标记—ɪ 的来源和语法化过程》（《民族语文》2014 年第 6 期）对黏附在谓语动词或形容词之后的将行体标记—ɪ 进行探源溯流的研究。在以分析型手段为主的土家语中，这一表将行体的标记以其独特的形式和悬疑的来源备受关注，论文从两种趋向结构的分析入手，探寻土家语体标记—ɪ 的来源；并通过对—ɪ 的多种用法的剖析，探讨其语法化过程和所经历的三个演变阶段。

对话题标记的关注也是语法标记研究的内容之一。2013—2014 年相关的论文有：赵燕珍的《论白语的话题标记及其语用功能》（《中央民族大学学报（哲学社会科学版）》2013 年第 3 期），文章以白语南部方言云南省大理市下关西窑话为例，对白语的话题标记及其语用功能进行分析，指出白语是一种话题优先的语言，除了在其句法结构的语序类型上有表现外，还有一些具有话题标记功能的词既可标记话题，也有较强的语用功能。李洁、李景红的《拉祜语的话题句》（《民族语文》2014 年第 1 期），文章认为拉祜语中助词 $lɛ^{33}$ 为话题标记，构成“话题—述评”结构，主语、宾语、状语均可做话题。判断句、受事居前施事句、拷贝话题句等多种特殊句式中也用 $lɛ^{33}$ 来标示话题。张鑫的《豪尼哈尼语的话题句》（《中央民族大学学报（哲学社会科学版）》2014 年第 3 期），文章指出豪尼哈尼语是一种话题凸显的语言，话题句通过话题标记体现，其特点是由其分析型特点决定的。话题标记有主副标记之分，能够充当话题的有主语、宾语和状语。

（3）句法结构、句型的研究

这是语法描写的一个重要部分，主要包括两方面的内容，一是对语言句法结构的描写，二是对语言中特殊句型的分析。

描写语言句法结构的论文有：朱艳华的《载瓦语宾动同形短语的特征及形成机制》（《民族语文》2013 年第 3 期），文章指出载瓦语宾动同形短语的宾语有真性、假性名词之分，宾语与动词的结合有松式、紧式两种类型，并细分析了宾动同形短语在韵律机制、语言经济原则、类推机制等的共同作用下逐步扩散的各种类型。李泽然的《哈尼语的连动结构》（《民族语文》2013 年第 3 期）就哈尼语连动结构的类型和语法化现象进行探讨，指出哈尼语的连动结构分为窄式和宽式两种：窄式连动结构中间不能插入其他成分，宽式连动结构中间可以插入其他成分。布依语作为 SOV 语言，其名词短语语序具有典型的蕴含共性。周国炎、孙新乐在《布依语名词短语语序研究》（《中央民族大学学报（哲学社会科学版）》2014 年第 4 期）一文中，指出作为名词短语修饰（限定）成分的量词、数词（除“ʔdeu1，〈一〉”以外）、数量短语、副词等在布依语中前置于名词中心语，其他均后置，多重修饰（限定）成分修饰（限定）名词中心语时，后置的情况占绝对优势。

除了结构特点的分析外，部分文章还从语义、语法化的角度对民族语言中一些特殊的句法结构作了研究。潘立慧的《上林壮语致使结构》（《中央民族大学学报（哲学社会科学版）》2014 年第 4 期）指出上林壮语致使结构可以根据两个语义参项分为三种类型：一是以来源于被动义的 te：ŋ¹ 为标记的结构，说明致使者无意导致某种不幸结果；二是以来源于动词“给予”义的 həŋ¹ 为标记的结构，说明致使者有意促使或有意不阻止某种结果；三是以来源于动词“做”的 ku⁶ 为标记的结构，说明致使者有意程度比较强。吴早生的《苗语主观非数量评价性的“NP1 + i³³ + 量 + NP2”》（《中央民族大学学报（哲学社会科学版）》2014 年第 3 期）指出，苗语领属结构被领者上无定标记词不仅具有数量和不定指用法，还有非数量、非不定指的主观数量评价语用意义。这种用法在词汇上表现出被领有者的所属关系具备唯一性或整体唯一性特征，句法语义上表现为可删略性，篇章上表现出语境的评价性匹配。梁敢的《武鸣壮语“名词 + naŋ²（每）”结构的词汇化及相关语法化》（《语言科学》2014 年第 3 期）考察武鸣壮语 naŋ²（每）在“名词 + naŋ²”结构中的词汇化，认为 naŋ² 来源于壮语动词“到”和“天、日”的同化音变，在合成“每天”的意义后发生语法化，与“名词结合后 naŋ² 逐渐成为固定结构，从而发生了词汇化。

句型方面的论文主要有：李启群、鲁美艳的《土家语的差比句》（《民族语文》2013 年第 1 期），文章指出土家语差比句的固有格式为比较主体位于比较基准之后，基本上属纯语序差比句，这一格式在藏缅语言中具有特殊性。李泽然的《哈尼语的强调式施动句》（《中央民族大学学报（哲学社会科学版）》2013 年第 4 期），文章指出哈尼语没有被动态和被动句，但有强调式施动句，揭示了哈尼语强调式施动句的语法标记、结构类型的特点，并探讨与汉语被动句的关系。谭晓平的《苗瑶语正反问句的来源》（《语言研究》2014 年第 3 期），该文指出苗瑶语正反问句有六种句法形式，其中 VP—neg—VP 疑问格式是多种问句形式的中枢环节，是苗瑶语句法结构内部发展的产物。梁敢的《武鸣罗波壮语 ʔdo：i¹ 被动句的形成及其句法特征》（《中央民族大学学报（哲学社会科学版）》2013 年第 1 期）运用句法构拟、重新分析等方法对武鸣罗波壮语被动句的形成及其句法特征、语法化程度进行分析。冀芳的《黔东苗语差比范畴研究》（《贵州民族研究》2013 年第 2 期）则对黔东苗语差比句的结构类型作了分析。

（4）语法现象的类型学研究

对某一语法现象在不同语言中的类型表现和共性特征的探讨，是近年来语法研究的热点，2013—2014 年这方面的研究成果有：

张军的《藏缅语系词的分布与来源》（《民族语文》2013 年第 4 期）从亲缘和区域关系上比较藏缅语言系词的分布特点，认为它们只存在局部的、低层次的发生学关系，藏语支语言系词的共同特点来自于地理上的扩散。从来源上看，藏缅语言系词的动词性特征表明它们很可能是由某些动词演化而来的，对原始藏缅语系词的构拟需要更多的证据支持。黄成龙的《藏缅语存在类动词的概念结构》（《民族语文》2013 年第 2 期）从认知语言学、语言人类学和认知心理学的角度，分析和讨论 62 种藏缅语言和方言存在类动词的形式及其功能分布。通过跨语言的对比探讨存在动词概念结构的相似性和差异性。他在另一篇题为《藏语和喜马拉雅语言中存在类动词的概念结构》（《语言科学》2014 年第 5 期）的文章中进一步讨论藏语系词（yin 与 red）“是”和处所/存在动词（yod、dug、yog、red）“在、有”的功能分布，并与喜马拉雅语言的存在类动词进行比较。

有的文章就部分句法结构和句型作类型学的探讨。康才畯、龙从军的《藏语方式状语的语义类型与句法标记》（《民族语文》2014 年第 4 期）概括了藏语方式状语的七种语义类型，并对每种类型的句法标记作了具体分析。江荻的《藏东南藏缅语的领属结构》（《语言研究》2014 年第 4 期）指出藏东南地区的达让语、格曼语、义都语等藏缅语言的领属结构普遍采用不带标记和带标记的两种类型，从藏语来看，并置领属结构可能来自带标记领属结构的音变。达让语定中短语区分领格标记和修饰标记，但又混用，这种现象在邻近的景颇语、克蔑语和克木语中也存在。致使概念是人类概念化中最基本的认知范畴，黄成龙的《类型学视野中的致使结构》（《民族语文》2014 年第 5 期）介绍了致使结构的分析框架和研究思路，认为研究致使结构既要从共时跨语言类型的角度分析其形式类型、语义机制和句法特征，还要从历时类型学的视角讨论其来源以及与动词及物性、受益标记、被动结构等语法范畴之间的相互关系。藏缅语言是分析性较强的 SOV 语言，格助词是组织句法结构、标注语义角色的重要手段。大多数藏缅语族语言要靠施受助词来区分施受关系。闻静的《壮侗语族“的”字结构的类型学特征》（《语言研究》2013 年第 1 期），通过对不同的壮侗语言“的”字结构的共时描写，分析“的”字结构有别于其他语族语言的基本特征，讨论壮侗语言定语助词的历史层次和类型学特征。王跟国的《藏缅语受动助词分布的类型特征》（《民族语文》2014 年第 1 期）一文，通过综合考察 41 种藏缅语言或方言受动助词的分布，认为受动助词的主导功能是标注动作的有生性对象，其分布受句法位置的影响或制约较小，是典型的语义格类型，这种特征是由藏缅语 SOV 语序类型特征决定的。

跨语言对比研究是语言类型研究常用的方法。唐贤清、罗主宾的《程度副词作补语的跨语言考察》（《民族语文》2014 年第 1 期）通过跨语言考察发现，汉语各方言、少数民族语言里都存在程度副词后置于动词作补语的现象，从类型学上解释，是优势语序原则、和谐原则、历时发展以及汉语南方方言与壮侗语言接触等相互影响的结果。杨作玲的《先秦汉语的类型指向》（《民族语文》2014 年第 4 期）指出先秦汉语由动词范畴所决定的相关句法—形态现象与藏语具有高度的相似性，且不能用语言的普遍性来阐释，说明两种语言间存在非偶然的联系，具有相同的动词范畴。藏语是语义作格型语言，使动和结果相对的动词系统对藏语的作格标记具有决定作用，这意味着更早期的汉语也应该是语义作格型语言。许巧云、打西阿且的《汉彝量词比较——兼论英语中量的表达》（《西南民族大学学报（人文社科版）》2013 年第 12 期）对汉彝语中量词的用法进行对比，指出汉语和彝语量词丰富，属于印欧语系的英语没有量词但有自成系统的表量结构。

此外，由戴庆厦、汪锋主编的译文集《语言类型学的基本方法与理论框架》（商务印书馆 2014 年版），作为《语言类型学名篇译丛》的第一辑，收录了 13 篇基础性的类型学经典论文。这些论文分别就类型学研究的历史前景、原则方法、标记和结构等进行探讨。

2. 语音研究

对语音现象的共时研究从研究方法上可以分为传统的描写性分析和实验性的声学分析两类，后一类相对以往的研究大大增加，占有相当的分量。

（1）描写性分析

传统描写性分析集中在对特定语言中某一类或某一些音的分析上，下面分别以元音/韵母、辅音/声母和声调为主题分别进行论述。

对元音或韵母特征的描写成果有：蓝利国的《壮语元音系统的类型学特征》（《民族语文》2013 年第 2 期），文章对壮语元音系统进行类型学探讨，指出壮语各个土语的元音系统分别有六、七、八、九、十个元音的五种类型，其中七个元音型和八个元音的土语最多；元音音位的平均数目是 7.6 个，较平均数 8.7 个的普遍共性要少。元音音位分布位置几乎都是三角形，只有文麻土语黑末话的元音分布是矩形。壮语 50 个方言点共有 14 个元音音位。徐世梁的《卓仓藏语中的元音高化和高顶出位》（《语言科学》2014 年第 1 期）指出，在安多藏语农区话的卓仓话中，高元音 i、u 高顶出位，主要变为央元音、舌尖元音或唇齿半元音，少数变为复元音。这一音变拉动半高元音、低元音也发生相应的高化。汉语方言中有一种比较特殊的音变现象，即原阴声类韵母增生一个鼻音韵尾而变为阳声类，并和原有的阳声类韵母合流。这种音变现象在藏、仡佬等语言中也很常见。王双成在《汉藏语言的鼻音韵尾增生现象》（《民族语文》2014 年第 5 期）一文中对这种音变现象作了详细的描写，指出藏语鼻音韵尾增生的主要原因是鼻音声母的同化、高元音导致的口鼻耦合。韦景云、梁敢的《阳朔鹤岭壮话韵尾的创新》（《民族语文》2013 年第 1 期）在介绍鹤岭壮话音系的基础上，讨论其语音创新问题，指出阳朔鹤岭壮语韵尾创新的几个特征。

对南方民族语言辅音特征的探讨主要集中在 2013 年的论作中。陈宏的《大兴苗语的鼻冠音》（《民族语文》2013 年第 3 期）分析了大兴苗语鼻冠音声母的两个特点：一是鼻冠音声母构成的音节结构接近一个半音节；二是鼻冠音常常使前边的开音韵母鼻化带上鼻音韵尾，形成以鼻音收尾的韵母。赖云帆的《俄热话的辅音重叠》（《民族语文》2013 年第 6 期）介绍拉坞戎语俄热话中最新发现的辅音重叠形式，描写了其丰富的音系学变化以及各种用途，强调这一形式对拉坞戎语音系研究的重要性。吴雅萍的《仡央语言的小舌音》（《民族语文》2013 年第 6 期）分析了小舌音在现代仡央诸语言中的保留情况以及演变特点，认为小舌音是仡央语言固有的一个声类，并构拟了原始仡央语的小舌音系统。民族语言和汉语的对比研究有助于对某些语言现象的深入认识和解释。曹志耘的《通道侗语声母的不送气化现象——兼与赣语比较》（《民族语文》2014 年第 3 期）指出湖南通道黄土侗语的送气声母正处于“不送气化”的过程中，该变化是以声调“送气调—不送气调”对立为条件的一种音系简化方式。赣语部分方言古次清声母和古全浊声母在合流之后的演变中也发生“不送气化”，但赣语的“不送气化”是以声母“浊—清”对立为条件的。侗语和赣语声母的“不送气化”都是在两组区别性特征平行存在的情况下，舍弃老特征，保留新特征。

声调是汉藏语言的重要特征，也是汉藏语言研究的传统内容。王艳红、毕谦琦的《养蒿苗语汉借词的声调》（《广西民族大学学报（哲学社会科学版）》2013 年第 6 期）全面分析了养蒿苗语五百多个汉借词的语音特点，总结出现代汉借词、中古汉借词、上古汉借词的声调与相应时代汉语声调的对应规律。连读变调的研究是民族语调查中不可或缺的重要环节，龙国贻、唐红英在《论民族语的连调规则分析——以藻敏瑶语油岭土话为例》（《民族语文》2014 年第 2 期）一文中，以藻敏瑶语油岭土话为例，探讨民族语连读变调研究的具体方法。

此外值得一提的还有，李云兵的《语音变异与音系裂变：对西部苗语的真实时间观察和显象时间观察》（《民族语文》2014 年第 6 期），文章采用真实时间观察和现象时间观察的语言变异研究方法，考察近三十年来西部苗语的语音变化，发现其呈现出一系列有规则的语音变异并已经导致音系裂变。通过与其他方言土语的比较，认为西部苗语的语音变异是苗语音变的方向，将来很可能会形成新的方言土语。杨士宏、第五淳、班旭东的《白马藏语与周边其他藏语方言的层次关系研究》（《中央民族大学学报（哲学社会科学版）》2014 年第 5 期）认为，白马藏语的主要特点是辅音由繁到简或彻底消失，复合元音由少变多，声调从不区别词义到区别词义，据此对白马藏语在藏语方言中的地位进行了讨论。

（2）实验性分析

实验语音学作为语音研究的一种有效手段，近年来有很大进展。在 2013—2014 年南方语言研究中，运用实验性方法对元音或辅音进行声学分析的成果有：周学文的《凉山彝语松—紧喉元音的声学特征》（《民族语文》2013 年第 2 期）基于彝语声学参数数据库，讨论彝语男发音人的两对松—紧喉元音/u/、/y/和/ur/、/yr/在 CV 音节中的元音时长、音强、音高和共振峰。潘晓声的《彝缅语中的近音与浊擦音》（《民族语文》2014 年第 3 期）通过实验与比较，论证了彝缅语中的一些浊擦音实际上是一个带有摩擦成分的近音；把它们处理为浊擦音还是近音，要结合音系分析与历史比较，以使音位处理具有更强的解释力。蒙有义的《布努语气声分析》（《民族语文》2013 年第 5 期）对龙关布努语气声的声学性质和使用功能进行声学分析，认为布努语中所谓清音和浊音的差别是发声态上的差异：清音是一种常态的发声，而浊音则是气嗓音。符昌忠、王轶之的《来语中的嘎裂发声态韵母》（《民族语文》2013 年第6 期）指出，来语语音最大特点是高降调 42 的音节中存在两套发声方式不同且语义对立的韵母，其中一套为正常嗓音，另外一套为嘎裂嗓音（creaky），并通过实验的方法研究其声学性质，阐述这种发声方式影响声调和韵母演变的方式。韦名应的《文马壮语阴调类再分化的原因》（《民族语文》2014 年第6 期）指出文马壮语的送气音声母音节，系统地由第 1 调变读为第 2 调，7 短调变读为 8 短调，原因在于发声态和声门气压发生了变化，阴低阳高的调头音高和降调调拱为音变发生提供了音法学条件。戴庆厦、王玲的《景颇语弱化音节语音性质的实验研究》（《中央民族大学学报（哲学社会科学版）》2014 年第 5 期）通过语音实验证明，判断景颇语弱化音节特征的主要参考指标是音长而不是音强，音节弱化使元音央化，弱化音节的声调有高（4）、低（2）两类。黄玉雄的《壮语南部方言第 4 调的声学表现与共时比较——兼评与侗台语研究有关的声调起源理论》（《广西民族大学学报（哲学社会科学版）》2013 年第6 期）指出壮语中部分南部方言的第 4 调伴随喉塞成分，并描述了与之相关的语音表现和制约条件，对壮语各方言和部分侗台语言的第 4 调进行对比，认为降调与喉塞成分有着密切关系。

越南语声调曾为一些重要研究提供过例证，所以一直深受国内外学界重视。2014 年有两篇论文用实验语音学的方法对越南语的声调作了研究。易斌、阮氏发在《越南语单音节词声调特征的实验统计分析》（《民族语文》2014 年第 3 期）一文中，对声学数据的统计结果分析，显示出越南语声调内部稳定性是渐变的，声调内有相对的稳定成分和动态成分，稳定段、过渡段、动态段构成一个连续体，声调点与声调段是构成声调的层级结构成分。目前定义的最小声调结构单位并非最小。朱晓农、阮廷贤的《越南语三域八调：语音性质和音法类型》（《民族语文》2014 年第 6 期）详尽描写越南河内音八个声调的基频走向，澄清嘎裂声在问、跌、重三个声调中的作用，论证了两个短调的独立音法学地位，并最终在一个包括 45 种调型的“普适调型库”中确定了这八个声调的调型。

3. 词汇、文字研究

2013—2014 年南方民族语言在词汇、文字方面的研究成果较少。词汇方面的代表性成果是 2 部工具书和 1 篇论文。关仕京主编的《壮语俗语集成（上林篇）》（广西民族出版社 2014 年版）收录了广西上林壮语 2845 条俗语。普梅丽、张辉、普梅笑编著的《云南规范彝文彝汉词典》（云南民族出版社 2014 年版）是一部彝汉双解词典。石德富的论文《苗语身体部位词的本义褪变与词汇链变》（《民族语文》2014 年第 4 期），文章指出黔东苗语中一些表达身体部位的基本词通过转喻和隐喻引申出大量新义项而被过度运用，致使新义项不断扩张和本义褪变、丧失或萎缩，引起词汇所含语义的链变。

文字方面研究成果有 2 篇论文。刘悦的《景颇图画文字初步研究》（《中央民族大学学报（哲学社会科学版）》2014 年第 1 期）对景颇族的原始图画文字作初步研究，指出该文字的结构方式以象形和会意为主，早期文字的属性特征明显，对探索文字的起源极具价值。邓章应、常丽丽的《纳西东巴经特殊字序研究》（《中央民族大学学报（哲学社会科学版）》2014 年第 4 期）则对东巴经中部分不符合“从上往下、从左往右”规律的特殊书写现象作了探讨。

此外，共时研究方面还有文章从语言接触和影响的角度，对特定语言中的语言变异或借用现象进行分析。如李锦芳、阳柳艳的《多语言接触下的隆林仡佬语变异研究》（《民族语文》2014 年第 5 期），文章指出广西隆林仡佬语在长期的多语言环境中，受到区域强势语言汉语，以及壮语、苗语等的影响，在语音演变取向、词汇系统、语法结构等方面出现了变异。王文艺的《杂居地区布依语对汉语语法的影响——以四音格动词重叠词语的借用为例》（《中央民族大学学报（哲学社会科学版）》2014 年第 2 期）则就布依语四音格动词的重叠形式对汉语语法的影响进行了探讨。

二　历时比较研究

2013—2014 年南方民族语言的历时研究主要集中在语音的历时演变、词汇的源流考释和语言的系属关系三个方面。

1. 语音的历时演变

对声母历时演变加以考证的有金理新的《苗瑶语族的划分与“雷母”的构拟》（《民族语文》2013 年第 2 期），文章认为“雷母”是苗瑶语族诸语言或方言之间语音对应关系十分独特的一个声母，通过语音比较对苗瑶语“雷母”的古音形式进行构拟，并依据“雷母”的语音形式把苗瑶语族分为两个语支，苗语支只有一种语言，瑶语支有五种语言，提出了与以往划分不同的新观点。王艳红在《养蒿苗语和开觉苗语见、溪、群母中古汉借词的读音类型及其来源》（《民族语文》2014 年第 2 期）一文中，指出黔东苗语方言的养蒿苗语和开觉苗语汉借词非常丰富，对见、溪、群母三等汉借词的主要读音及其来源，非三等汉借词的主要音及其来源进行了讨论。谭晓平的《苗瑶语塞擦音的来源与演变》（《中央民族大学学报（哲学社会科学版）》2013 年第 1 期）指出，在苗瑶语的六种塞擦音中，齿/龈塞擦音为古苗瑶语原生音位，其他五种塞擦音都是后起的，并且讨论了三个主要的来源。曾晓渝的《水语浊塞音声母的内部差异及演变》（《民族语文》2013 年第 2 期）对水语浊塞音声母在三个土语之间的共时差异作了描述，总结出 6 条音变规则，进而设想水语浊塞音声母的历时演变序列。龙国莲的《三江侗语声母的历史层次》（《广西民族大学学报（哲学社会科学版）》2013 年第6 期）利用邢公畹记录的三江侗语材料，通过潘悟云的“汉语方言计算机处理系统”对三江侗语声母的各个历史层次进行讨论。王锋的《白语南部方言中来母的读音》（《民族语文》2013 年第 3 期）以白语南部方言大理话中的来母关系词为例，通过对其语音对应关系的揭示，探讨白语中白—汉关系词语音的历史发展，指出白语中有数量较多的白汉关系词，其读音与汉语有较为复杂的对应关系。

对元音演变情况进行描写的论文有占升平的《布依语元音系统的链式音变》（《语言科学》2014 年第 6 期），文章对布依语元音的音变现象进行分析，指出布依语从原始台语中分化出来后，元音系统发生了一系列的音变，包括元音高化、分化、合并、转移等链式音变，并探讨了音变的过程。韦远诚、李佳在《台语元音的高化、低化及复化演变》（《广西民族大学学报（哲学社会科学版）》2013 年第 6 期）一文中，认为台语同源词中的元音在各方言中都不同程度地发生过高化、低化或者复化音变，这些演变类型都遵循拉波夫的元音链移通则。台语元音系统的演变规则可以解释台语比较研究中的一些疑难问题。

2. 词汇的源流考释

对同源词的辨析，金理新的《苗瑶语的“手”及相关问题》（《语言研究》2013 年第 3 期）一文通过具体例证的分析，说明有些同源词不能形成语音对应关系的原因在于语音的特殊变化，例如苗瑶语中多音节语词向单音节语词缩减的过程中，并非只有单纯的起首音节失落，还存在音节的融合，不同的语言，音节缩减的路径并不相同，核心词“手”在苗瑶语族诸语言、方言中有多个彼此不能构成语音对应关系的形式，就属于这种情况。词语的考释方面，依常生在《云南省壮语地名 taau^4（道）源流考》（《民族语文》2014 年第 1 期）一文中，指出文山州广南的壮族侬支系名称与唐朝岭南道的“道”字具有音义对应关系。中古汉语词“道”在台语里最早用来指羁縻地区的世袭首领。潘立慧的《壮语 te：ŋ^{1}/tɯk^{8}/ŋa：i^{2} 及汉语“着/捱”情态义、致使义的来源》（《民族语文》2014 年第 2 期）认为这些词语所表示的必要性情态义很可能来源于被动义和动词“用、需要”，致使可能来源于被动义。

3. 语言的系属关系研究

不同语族、语支和语言之间核心词汇的比较研究，是探讨语言系属关系的主要方法之一。吴安其在《东亚的语言和印欧语》（《民族语文》2014 年第 3 期）一文中，认为东亚太平洋地区语言及美洲印第安语“这”“圆的”和“小的”可能来自早期东亚的几种语言。欧亚语言“土、地”“舌”“肩”“手”“脚”“种子”“年”、第一人称代词和“人”等基本词的对应说明它们有共同的主要源头和接触关系。汉台语亲缘关系历来是一个有争议的问题。郑张尚芳的《汉泰身体词同源比较五十词例》（《民族语文》2014 年第 3 期）以 50 个汉泰语言中的身体词为例，讨论了汉台语言的亲缘关系。叶晓锋的《上古楚语中的南亚语成分》（《民族语文》2014 年第 3 期）就上古楚语中“观”“邛”“危”“淈”“篁”“党”“凭”等部分词语和南亚语的关系进行初步讨论，推断一些上古楚语特征词来自南亚语。

三　语言应用、语言使用情况及其他研究

（一）语言应用

语言应用的成果主要有语言信息化处理、双语和双语教学两方面内容。

1. 语言信息化处理

当代语言文字应用的时代性大课题是语言信息化处理，我国的少数民族语言应用也不例外，语义角色标注已成为信息处理研究的热点问题。在语言分区研究中，特征选取和权重量化向来是难点。张梦翰、李晨雨的《壮语分区的特征选取和权重量化》（《广西民族大学学报（哲学社会科学版）》2013 年第 6 期）通过对壮语 59 个代表点 19 个音系特征的科学计算，验证了前人对壮语分为南北两个方言的结论，得出了不同音系特征在计算过程中所占的权重，为语言特征的选取和权重定义及科学计算进行了有益的实践。祁坤钰的《基于依存关系的藏文语义角色的标注研究》（《西北民族大学学报（哲学社会科学版）》2014 年第 1 期）分析了传统藏文文法中的逻辑格以及接续特征的语义映射关系，制定了藏文语义角色标注体系，提出了建立高质量的藏语句法树库 TTB（TrameNet、PropBank）、藏语动词语义框架库 TVN（Tibetan VerbNet）等知识库的方案，运用依存句法分析方法建立句法分析模型，阐明了藏语语义角色标注的理论和原理。台语支的语言分类是一个长期争论的问题，韦远诚、张梦翰的《台语支语言的计算分类及其传播方向》（《民族语文》2014 年第 5 期）试图以大样本的同源语素作为分类特征，对其进行量化计算，构建台语支邻接树和系统发生图，同时借助代表点的特征差异度来揭示台语支语言的变化（传播）方向，并采用移民史、分子人类学等研究成果为其结论提供佐证。

2. 双语和双语教学研究

在现代社会的语言使用中双语成为普遍现象，使用双语是各族群兼顾同外界广泛交流和保留母语的最佳途径，因此这种语言使用模式成为当前不可忽视的研究主题。

阿呷热哈莫的《全球现代性视野下的凉山彝区双语教育思考》（《中央民族大学学报（哲学社会科学版）》2013 年第 4 期）一文认为，凉山彝区曾辉煌一时的双语教育走向衰落，少数民族文化在逐渐衰退，面对这一挑战，应该顺势应变，正视少数民族双语教育的必要性和重要性，采用三语教学，从以往倡导的“民汉兼通”转变为适应全球化背景需要的“民汉外兼通”。郗卫宁的《云南民汉双语教学的实践和建议》（《民族翻译》2014 年第 1 期）从基本情况、经验体会、存在的问题和建议等方面介绍、探讨云南民汉双语教学。徐世璇在《汉民双语文教学的发展和转型——湖南湘西汉苗双语文教学的回顾和启示》（《民族翻译》2014 年第 3 期）一

文中，通过对湘西汉苗双语文教学历程的回顾和特点分析，揭示这一范例的典型意义，阐述了南方民族地区小学双语文教学在不同时期、不同社会背景下，对民族地区提高基础教育质量、促进文化建设、加强民族语言文化传承等多方面的作用和意义。尤其是在传统文化和母语传承面临严峻挑战的当今时代，民汉双语文教学顺势应变，从辅助汉语文教学向维护和传承母语文化及时转型，对南方民族地区双语文教学有着重要的启示。

（二）语言使用情况

随着时代的发展变化，各民族地区的经济文化、语言关系和使用状况都发生了巨大的变化，当前民族地区语言文字使用情况的调查研究，对新时期国家的语言规划、语言政策和民族政策的制定有着重要的现实意义。

2013—2014 年有两本书以南方民族语言使用现状及其变化的调查研究为主题。一部是戴庆厦主编的《云南玉龙县九河白族乡少数民族的语言生活》（商务印书馆 2014 年版），全书以多民族分布的九河白族自治乡为研究对象，展现了白族、纳西族、普米族的语言使用现状，包括母语、兼用语的使用特点和规律，并就目前现状的成因和条件作了解释。一部是张兰仙、彭新有编著的《德宏世居少数民族语言使用现状调查》（云南大学出版社 2014 年版），该书对云南德宏傣族景颇族自治州境内的傣族、景颇族（景颇支和载瓦支）、阿昌族、傈僳族和德昂族五个少数民族的语言使用情况作了细致的调查和描写。

相关的论文主要有：戴庆厦的《论开展全国第二次民族语言使用现状大调查的必要性》（《民族翻译》2014 年第 3 期），文章结合多年来作者参加民族语言大调查的实际体会，从为什么要开展全国少数民族语言使用现状大调查、怎样开展使用现状大调查、调查的难点及其对策三个方面，论述开展全国第二次少数民族语言大调查的必要性。瞿霭堂的《中国少数民族语言文字使用情况的调查和研究》（《语言翻译》2014 年第 4 期）对多语言国家的语言使用关系进行理论阐述，在此基础上，对调查和研究我国少数民族语言文字使用情况这一主题进行系统全面的论述。

我国与周边国家跨境分布约 50 种语言，随着国家间经济贸易往来的日益频繁，跨境语言的调查研究成为学者们关注的话题之一。戴庆厦主编的《泰国优勉（瑶）族及其语言》（中国社会科学出版社 2013 年版），对跨境的勉（瑶）语在泰国的情况及泰国的民族语言政策作了全面的介绍。通过四个不同类型的个案调查，系统地描写了优勉人的母语使用状况和兼用泰语的情况，分析了原因，并对泰国优勉族语言生活的走向进行了预测。他的论文《跨境语言研究的历史和现状》（《语言文字应用》2014 年第 2 期），根据近年来跨境语言调查的实践经验，对跨境语言的概念定义、研究内容、研究理念和构想等进行论述。指出跨境分布的民族和语言，存在族群内部语言文化认同和不同国家语言文化认同的问题，和不同国家语言本体规划和语言地位规划方面的差异。黄行、许峰的《我国与周边国家跨境语言的语言规划研究》（《语言文字应用》2014 年第 2 期）通过具体跨境语言案例和数据分析，认为我国的语言状况和影响力与周边国家相比，在语言身份认同、文字书面语体制的完善、语言社会使用等级等语言本体和地位规划方面，总体上处于劣势。因此应将我国复杂丰富的语言文化资源放到特定的国际环境视野，重新审视和调整现行的民族语言功能规划，在国家语言规划的国际战略方面更加有所作为。

（三）其他研究

濒危语言的研究和保护是民族语言研究的重点内容之一。2014 年《民族翻译》发表了多篇与濒危语言保护相关的文章：孙宏开的《从语言的性质和功能看保护濒危语言的必要性和可能性》（《民族翻译》2014 年第 2 期）从语言的性质和功能角度，讨论语言保护的必要性，指出语言除了交际和交流思想的显性功能外，还有一些人们不太注意的隐形功能，这些功能会随着社会的发展和进步越来越凸显。保护濒危语言需要国家或政府的投入、本民族的文化自我觉醒和专业人员的指导。戴庆厦的《“科学保护各民族语言文字”研究的理论方法思路》（《民族翻译》2014 年第 1 期）根据我国的语言实际和国家的语文方针政策，对“科学保护各民族语言文字”的理论方法进行了初步思考，论述了以下几个问题：我国新时期的语言国策；必须处理好的几个关系；调查研究涉及的内容。黄行的《科学保护语言与国际化标准》（《民族翻译》2014 年第 2 期）提出当前需要在参考濒危语言认定的国际标准的前提下，根据中国的国情，开展濒危语言标准的调研、论证及制定工作。薄文泽的《濒危语言保护中的分工与合作》（《民族翻译》2014 年第 4 期）认为保护各民族语言文字，需要政府、专家和语言社区的通力合作。政府是语言抢救、保护工作的有力支持者和领导者，专家是政府判定语言生态环境的顾问，也是语言保护工作的科学设计者和语言资料的记录者和评判者，语言社区则是语言保护工作实施的主体。王锋的《试论科学保护各民族语言文字的思想认识基础》（《民族翻译》2014 年第 3 期）指出科学保护各民族语言文字的政策有着深刻的思想认识基础：一是对语言国情的科学认识和判断，即对当前各民族语言文字使用和发展总趋势的客观认识；二是树立和深化了以资源、权利、生态为视觉的新的语言观。此外，邓彦的《南亚濒危语言的调查和复兴》（《广西民族大学学报（哲学社会科学版）》2014 年第 1 期）、何丽的《濒危语言保护与语言复兴》（《云南民族大学学报（哲学社会科学版）》2014 年第 3 期）也分别对濒危语言的重灾区南亚的濒危语言研究现状和我国实施濒危语言保护、实现语言复兴时应注意的问题作了分析。

其他研究成果还有：根呷翁姆的《道孚语在藏缅语族语言研究中的地位和价值》（《中央民族大学学报（哲学社会科学版）》2013 年第 5 期），文章指出道孚语作为川西藏区道孚藏族使用的一种语言，其语法、词汇、语音中有许多与原始藏缅语相关的遗存，具有古代语言“活化石”的价值。黄思贤的《从稻作词汇看黎族稻作文明的源头与发展》（《中央民族大学学报（哲学社会科学版）》2014 年第 1 期），该文通过黎族稻作词汇的分析，指出黎族稻作文明源于南方的古百越民族，后来在一个相对封闭的环境中独立发展，近百年来又深受汉语的影响。戴庆厦的《中国民族语言文字研究成果的全面回溯与科学展望——〈中国民族语言文字研究史论〉评介》（《民族语文》2014 年第 2 期），全文从内容、方法、出版意义等几个方面对《中国民族语言文字研究史论》一书作了介绍和评价。卿雪华的《佤语研究述评》（《民族翻译》2014 年第 1 期）就国内外的学者对佤语的研究成果及存在的问题作了介绍说明。黄行的《当前我国少数民族语言政策解读》（《中南民族大学学报（人文社会科学版）》2014 年第 6 期）对当前国家调整和实施新时期民族语言政策规划的内容进行概括说明。

（张海燕，讲师，天津师范大学文学院；鲁美燕，讲师，吉首大学文学与新闻传播学院）

2013—2014 年北方民族语言文字研究综述

曹道巴特尔

北方民族语言学科主要研究分布于我国北方地区的突厥语族的 8 种语言、蒙古语族的 7 种语言、满－通古斯语族的 5 种语言以及系属未定的朝鲜语，共 21 种语言。其中蒙、维、哈、朝四种语言的使用人口多，各有传统文字，语法体系比较整齐，而且研究发端久远，起点高，成果多，在传统框架内难以出现突破性进展，不易产生更多的理论和方法创新。因此，近些年的研究重点由基础理论研究和描写研究，逐渐转向应用语言学、计算语言学、实验语音学等方向，网络、短信软件开发等成为热门话题。满语已成为严重濒危的语言，但它留下了丰富的文献遗产，研究整个清代的历史、文化，离不开满文文档。目前，抢救保存、解读满文文档，通过满文文献研究复原满族昔日的衣食住行文化样式等成为主要方向。

因为北方民族语言的活力不同，社会功能不同，每一个具体语言的研究重点也不同。就 2013—2014 年的学科发展情况看，随着加强周边国家外交和国家文化安全，语言使用和文化安全等问题研究被重视起来，跨境语言本体研究在描写、比较、文献语言研究等方面取得新的进展，某些语族语言的词源、词汇研究取得重要成就。一些弱小语言，比如鄂温克语、达斡尔语、锡伯语、土族语等小语种日趋濒危，抢救记录和保护性研究已经成为最重要的工作，尤其是赫哲语、鄂伦春语、康家语等更处于严重濒危状态。

一　蒙古语族语言研究

蒙古语族语言包括蒙古语、达斡尔语、土族语、东部裕固语、东乡语、保安语、康家语等 7 种语言。综览 2013—2014 年国内外研究，呈现以语言本体、语言教学、语言应用、语言接触、语言信息化、文献语言研究为主的趋势，虽没有出现新的理论和方法突破，但各相关微观领域的研究仍在深入。

2013 年度蒙古语语音语法词汇研究、中世纪蒙古语研究、蒙古语方言土语研究、蒙古语言文化研究等稳步发展，蒙古语的信息化、智能化、实验语音学研究逐渐增多，网络、微信语言逐渐成为热点。主要有以下 6 个方面的表现：（1）内蒙古语委组织庞大的调查组正在实施以 10 万人为对象的详细调查，内蒙古大学、内蒙古师范大学在研究生论文选题中设计语言使用情况的相关内容，多份学位论文都以蒙古语言使用状况调查为选题。（2）各级舆论工具空前重视语用问题，中央人民广播电台派出《母语的追寻》专题采访报道组，形成 51 份专题报道，系统反映了蒙古语言教育所面临的机遇和挑战问题。（3）中国社会科学院民族学与人类学研究所创新工程课题组开展《北方边境地区民族语言文字使用现状和发展趋势研究》，关注蒙古语跨境使用和发展趋势问题，对内蒙古、新疆、蒙古国进行相关调查。（4）民族语言教学、双语教育、蒙古族学生外语教学等研究相对活跃，民族语言自身特点、语言思维、语言心理等因素成为 2013 年度的主要热点。（5）蒙古语族的达斡尔语、东部裕固语的抢救研究成就突出。

（6）语言信息工程发展进入新阶段，蒙古语句法结构自动分析程序的建立、蒙古文办公软件的升级开发、电话语音等日常用语的语料库建设等都是本年度的重要进展。

蒙古语言使用和发展问题是近期关注热点之一，曹道巴特尔发表于《蒙古语文》2013 年第 7 期的《关于中国蒙古语所面临的问题》、发表于《中国民族（蒙古文版）》2013 年第 2 期的《中国蒙古语现状与发展趋势》等论文，从蒙古语言文字自身的特点、周边语言文字的互动与影响、全球化背景等角度提出其在使用和发展方面所面临的问题，综合蒙古语言文字历史发展过程、目前现状和动态变化，预测其发展趋势。哈申格日乐在《中国社会科学报社科院专刊》（2013 年 8 月 23 日）上发表了《加强新名词术语研究促进蒙古语持续发展》一文，主要着眼于政治、经济、文化、社会变迁、意识形态等领域的名词术语，描述和分析了社会转型时期蒙古语中形成的名词术语及其对蒙古语的影响等问题。

蒙古语语法研究方面主要有以下几篇论文。斯钦朝克图的《蒙古语巴林土语形动形可能体及其变体》一文发表于《民族语文》2013 年第 2 期，该文描写和分析了蒙古语巴林土语形动形可能体及其变体，通过比较相关方言土语和同语族语言解释其结构及来源。曹道巴特尔在《满语研究》2013 年第 2 期发表《无序背后的有序：论蒙古语格形态》一文，通过格形态深层结构分析，讨论蒙古语语法形态的潜在规律性，指出蒙古语用不同语法形态表达相同或相似语法语义的现象并不是语法理论所说的“例外”现象，而是因为句子中主题或主要词语被省略而在句子表层结构剩下了不同的形态成分。语言学可以通过还原方法显现出被省略成分的原型，从而能够证明无序的表象是有序语法规则在表层结构上的残留，“例外”现象蕴含着严密的潜在规律。

在文化语言学方面，哈申格日乐连发《关于现代蒙古语亲属称谓之语义研究》（《蒙古语文》2013 年第 3 期）、《试析满语亲属称谓》（《满族研究》2013 年第 4 期）两篇论文，探讨相关语言亲属制度问题，前者主要分析和论述了蒙古语亲属称谓所具有的风格色彩和感情色彩等附加义，并探讨了蒙古语亲属称谓附加义的使用与蒙古族人民爱憎、褒贬、敬重、感恩、崇尚大自然（天地、日月、星辰、土木、水火、生灵）、崇尚祖先及其图腾文化等民族信仰及民族心理之间的关系问题。后者通过对满语亲属称谓的描写和分析，概括出满语亲属称谓的特征及内涵。即满语拥有一整套比较完整的亲属称谓体系。满语亲属称谓在构成形式及结构上可以分为单纯词与合成词两种类型，其构词方式完全符合满语构词规律。满语亲属称谓的文化内涵充分体现了满族所拥有的十分严谨的家族观念、长幼排序、伦理道德意识以及家族及其家庭成员之间的阶层概念、辈分等级制度。满族与周边各民族之间语言文化方面的交往和渗透，对其交际双方都起到了积极作用。高莲花的《蒙古语形容词化短语》（《内蒙古民族大学学报（社会科学版）》2013 年第 5 期）一文采用句法结构理论和方法，根据形容词化短语在阿尔泰语系语言的独特地位，对蒙古语的形容词化短语的内部结构及其句法功能进行深入分析。

在 2013 年，蒙古语的信息化、智能化、实验语音学研究进一步升温，成为蒙古语研究的一个主要方向。主要成果有《中央民族大学学报（哲学社会科学版）》2013 年第 2 期刊发的呼和、周学文的《基于 PAS 的蒙古语标准话辅音气流气压研究》（合著），《内蒙古大学学报（自然科学版）》2013 年第 3 期刊发的飞龙、高光来、鲍玉来的《蒙古语电话语音语料库的建立》（合著）以及赵建东、高光来、飞龙的《蒙古语语音合成语料库标注规则的设计》（合著），《计算机科学》2013 年第 9 期刊发的飞龙、高光来、闫学亮、王炜华的《基于分割识别的蒙古语语音关键词检测方法的研究》（合著）等。鉴于另有相关综述文章叙述，这里不再一一赘述。

2014 年度的蒙古语族语言研究发表了 300 余篇论文，硕、博士生完成了 21 篇学位论文。内容涉及语言现状与发展、语言信息化、语言本体、文献语言、语言教学、语言应用、语言接触等领域。在国内，期刊论文有 200 余篇，包括 20 多篇中文期刊论文和 180 余篇蒙古文期刊论文。中文期刊论文主要以《民族语文》《满语研究》《中央民族大学学报（哲学社会科学版）》等为阵地，蒙古文期刊论文主要以《蒙古语文》《内蒙古社会科学》《中国蒙古学》《内蒙古大学学报》《内蒙古师范大学学报》《内蒙古民族大学学报》《蒙古学研究》《语言与翻译》等为阵地。其中，《蒙古语文》杂志每年发表120篇以上的蒙古语族语言语音、语法、词汇、语用、教学等方面的论文，已经成为最具代表性的专业学术刊物，该刊物2014年举办了创刊60周年庆典。

据观察，2014年度蒙古语族语言期刊论文主要涉及以下7个方面：（1）超越单纯的语言研究，开展了跨越语言学和音乐发声学、语言和文化要素的综合性领域研究；（2）语料库研制范围进一步扩大，蒙古语熟语资源库正在着手建立，在保护、开发和利用蒙古语熟语等资源，扩展蒙古语机器翻译、语料库加工、文本校对工程领域等方面取得了进一步的进展；（3）开展跨语系、跨语族的语法学、文化学比较研究，发表了就蒙古语英语亲属称谓比较、蒙古语维吾尔语语法形态的句法功能比较等的论文；（4）借鉴新的研究理论与方法，开展认知语言学领域的研究，首次采用空间认知概念，分析研究蒙古语语法形态的拓扑空间表达功能，尝试对蒙古语空间拓扑关系进行系统研究；（5）重视以语言自身特点为基础的理论创新，在蒙古语构词法形态、短语结构等领域取得了新的进展，蒙古语本色语法研究正在悄然兴起；（6）重视文化走出去，出版了北方民族诸语言的会话读本，为读者提供了简便的学习民族语言的读物；（7）有关达斡尔语、土族语、东乡语、保安语、东部裕固语、康家语等其他蒙古语族语言的研究成果相对少一些。

语法学研究仍然是2014年度蒙古语研究的主要方面，认知语言学方法、多视角考察研究等得到运用。曹道巴特尔在《民族语文》2014年第3期和《蒙古语文》2014年第2期分别发表《蒙古语空间拓扑关系》和《蒙古语某些动词构词后缀来源之考》两篇论文，从新的视角审视蒙古语的相关语法形态。前者采用认知语言学空间认知概念，分析研究了蒙古语方位词、方向词、时间词以及位格在空间范畴表示中的主要作用，论文对于蒙古语语法形态研究具有理论和方法的创新价值。曹道巴特尔在第二篇文章中分析研究［-hira］、［-gi］等15套动词构词后缀，通过语言事实证明这些构词后缀都源于实实在在的复合词演变过来，并指出了演化机制，提出了在句法单位或者派生词环境中通过深层结构还原方法来解释表层结构所体现的构词后缀的真实来源的有效途径。该文对蒙古语本色语法理论体系的建立将起到关键性的理论价值。曹道巴特尔在《中国社会科学报》2014年9月19日版刊发《蒙古语族语言多视角多层级研究势在必行》一文，提出根据蒙古语族诸语言不同生存状态，采取不同的研究视角和研究方法，呼吁要深入开展蒙古语方言土语、达斡尔语、土族语新一轮的全面调查和描写研究，同时要开展东部裕固语、东乡语、保安语、康家语的濒危语言抢救记录研究。陈新义的《蒙古语和维吾尔语句首时间义离格结构的比较》（《沈阳师范大学学报（社会科学版）》2014年第1期）一文通过比较指出，蒙古语和维吾尔语的时间义离格结构位于句首时，既可以由时间词构成，又可以由非时间词构成。这两种语言的句首时间义离格结构在句法方面具有主句时间参照点、很强独立性、平衡句子结构等功能。在语义功能上又有贯通句子整体、能够管辖后面的事件结构等功能。两者主要区别在于蒙古语中句首时间义离格结构可以由“动词/指示词＋离格”构成，而维吾尔语是“人名或时间义名词＋离络”结构，可以在句首表示时间义。

词汇学研究方面也有几篇论文讨论语言相互影响和借词问题。其中，赵龙的《东乡族语言中的蒙古语词汇》（《西部蒙古论坛》2014年第4期）一文对东乡语中的蒙古语借词进行分析，指出东乡语中有很多蒙古语借词，其数量之多可以表明东乡语受蒙古语影响的深刻程度。阿如娜的《蒙古语科尔沁土语中的汉语东北方言借词》（《满语研究》2014年第2期）指出，蒙古语科尔沁土语受汉语东北方言的影响较为深刻，借用了较多的汉语词语，而且因为蒙古族和汉族的历史文化特点的差异，科尔沁土语中的汉语借词发生了语义演变，出现了词义缩小、词义转移或词义扩大的现象。

计算语言学成果有赵建东、高光来、飞龙的《基于 HMM 的蒙古语语音合成技术研究》（《计算机科学》2014 年第 1 期），该文是一份蒙古语语音合成研究成果。作者首次将基于马尔科夫模型的语音合成方法用于蒙古语语音合成，成功进行语音合成实验，合成的语音整体稳定流畅，可懂度高，而且节奏感比较强，主观平均得分为 3. 80，为深入开发基于马尔科夫模型的蒙古语语音合成技术奠定了基础。

社会语言学成果有金双龙的《正蓝旗蒙古语言文字使用情况调查研究》（《赤峰学院学报（汉文哲学社会科学版）》2014 年第 10 期），该文通过调查研究发现，正蓝旗蒙古族 81. 04% 的人经常使用蒙古语言文字，13% 的人偶尔使用蒙古语言文字，5. 96% 的人不使用蒙古语言文字或者转用了汉语。

文化语言学成果有曹道巴特尔的《蒙古语言文化源流及其变迁》（载汪立珍主编《蒙古族及呼伦贝尔诸民族族源关系研究》，中国社会科学出版社 2014 年版）一文。该文作者根据蒙汉文历史文献资料，指出蒙古人是从西伯利亚森林走出后进入蒙古草原开始了游牧文化，其语言文化由狩猎文化向畜牧业文化转变，当前的蒙古语言文化是蒙古人经历狩猎、游牧以及定居务农等不同时期、不同地区、不同族群的往来中逐渐形成的。邢莉、赵月梅发表于《中央民族大学学报（哲学社会科学版）》2014 年第 6 期的《蒙古语：原游牧文化的镜像》一文指出，语言不只是思想的对应符号，且语言是人们思维方式和行为方式的表述。蒙古语不仅是蒙古族交流的工具，而且是一类民俗事象。蒙古语是游牧的蒙古族建构思想和行为极为重要的方式。蒙古语是我们了解蒙古族游牧习俗与生态意识的活化石，它的产生和传承负载着蒙古族游牧生活的深刻的历史记忆，传承着牧人的知识谱系。

曹道巴特尔在《中国民族研究年鉴 · 2010—2012》（中国社会科学出版社 2014 年版）上刊发的《2010—2012 年北方民族语言文字研究综述》，从学科发展总体状况、国内外学科前沿动态、语言本体研究、语言文化学研究、社会语言学研究等几个方面较系统地介绍了最近两年中国阿尔泰诸语言研究所取得的成就。

哈申格日乐的专著《现代蒙古语常用亲属称谓词的语义分析》2013 年 9 月由内蒙古人民出版社出版，全书 14 万字。书中运用现代语义学、词汇结构学、社会语言学、文化语言学、民族语言学的全新理论方法，对现代蒙古语常用亲属称谓进行了全面系统的语义分析和理论探讨，从而科学阐述了现代蒙古语常用亲属称谓产生的历史原因、社会因素、生产生活环境、民族思维原则、语言表述形式等方面的学术问题。

以朝克、李云兵等署名出版的中国社会科学院民族学与人类学研究所民族语言学家们的集体成果《中国民族语言文字研究史论》三卷本于 2013 年 3 月由中国社会科学出版社出版，其第一卷 · 北方卷中的"蒙古语族语言文字研究史"和第三卷 · 索引卷中的"蒙古语族语言文字研究论著索引"由曹道巴特尔研究员撰写，全面总结了 21 世纪之前中国蒙古语族语言文字研究的历史，汇编了 21 世纪之前中国蒙古语族语言文字研究成果，包括著者、著作（论文）、出版社（期刊）、出版年份（发表年份）等信息。通过该书，研究者或读者可以清楚地掌握 21 世纪之前中国蒙古语族语言文字研究的历史的整个脉络，也可以查到重要的研究成果的基本信息。

朝克主编的民、汉、英、俄、日五种语言对照的"中国少数民族会话丛书"于 2013—2014 年由社会科学文献出版社陆续出版。该丛书包括了中国 55 个少数民族的语言，是满足学用中国民族语言需求的最具应用价值的科普读物，尤其是对外国读者提供了极好便利，可成 2013—2014 年民族语言文字研究出版物的一个亮点。中国 55 个少数民族语言的生存状况各异，有的语言具有强大的文字体系和稳定的使用人群，从幼儿园到大学、研究生院的教学体系很完善，广播影视事业十分发达，但大部分语言处于缩小状态，没有文字体系，使用范围很小，使用人口很少，甚至有些语言处于严重的濒危状态。“中国少数民族会话丛书”的出版具有宣传、传承、发展、抢救、记录相关民族语言的重要作用，分别由中国社会科学院民族学与人类学研究所科研人员、中央民族大学教职工、民族出版社编辑人员等专家学者撰写完成。丛书采用统一文本，统一编写规则。以朝克的《鄂温克语 366 句会话句》为例，是一部鄂、汉、英、俄、日五种语言对照的鄂温克语日常用语会话读本，由前言、凡例、鄂温克语语音系统、鄂温克语 366 句会话句、鄂温克语基础词汇 300 例、鄂温克族节日、后语等组成。其中，鄂温克语 366 句会话句包括了问候、家庭、餐饮、学校、工作等十五个领域的简短会话。丛书中包括了曹道巴特尔的《蒙古语 366 句会话句》、布日古德的《土族语 366 句会话句》、布日古德与锡莉合著的《达斡尔语 366 句会话句》、哈申格日乐的《保安语 366 句会话句》、哈申格日乐的《东乡语 366 句会话句》等蒙古语族语言系列。

二　突厥语族语言研究

我国突厥语族语言包括维吾尔语、哈萨克语、柯尔克孜语、乌孜别克语、撒拉语、西部裕固语、塔塔尔语、图瓦语 8 种语言。在 2013—2014 年以《民族语文》《西北民族大学学报》《语言与翻译》《和田师范专科学校学报》等学术期刊为阵地，在生成语法、语料库研究、文献语言学、类型学研究和语码复制理论、词典学、词源学等方面发表了不少的论文，维吾尔语、哈萨克语和汉语之间的对比研究也成为重要焦点。也有重要专著出版，包括传据模式、句法结构、语言对比或比较研究。

维吾尔语语法研究论文有新的起色。木再帕尔发表于《怀化学院学报》2013 年第 1 期的《维吾尔语名词化短语的修饰作用和表语功能》一文以实例解释维吾尔语三种名词化短语在句子中能够充当修饰语和表语的语法功能。张玲在《维吾尔语宾格标记隐现成因的类型学分析》（《民族语文》2013 年第 6 期）一文中试图用类型学理论分析现代维吾尔语宾格标记的隐显与受事宾语在“生命度等级”“有定性”以及“距离—标记对应律”方面的内在关系。力提甫·托乎提的《论现代维吾尔语人称语缀与主语和语气力度间的一致关系》（《语言科学》2014 年第 4 期）一文认为，维吾尔语在人称上有非常严格的一致关系，它不但体现在领属者和从属语缀之间，而且更多体现在句子主语的人称、数和称呼以及时态、语气等与人称语缀之间。该文在生成语法框架内用乔姆斯基探针与目标的关系以及特征复制与删除等理论探讨维吾尔语的人称语缀与主语和语气力度间的一致关系后提出，“就像英语的 that、if、for 等标句词构成标句词短语（CP）一样，维吾尔语的人称语缀也会构成语气力度—人称短语（Force-PersP）。这也体现了语言普遍语法（UG）某些原则在不同语言中体现的不同参数”。阿不都热依木·热合曼、阿布里克木·亚森的《维吾尔语人称代词考释》（《民族语文》2014 年第 6 期）一文根据突厥语碑铭所显示的古突厥语人称代词的形式，赞同古代突厥语的单数第一人称代词形式为 * bi，进而提出“早期的第二人称代词复数形式 siz 在后来的语言成为单数的尊称，早期的第三人称单、复数形式到了现代的语言中有较大的变化”的观点。古丽斯坦·买买提依明的《现代维吾尔语的歧义短语转换生成语法分析》（《语言文化》2014 年第 3 期）一文采用转换生成语法解释产生歧义短语的原因，并在此基础上分析得出了歧义短语的 6 个不同分类及所对应的树形图。曹鹏的《议现代维吾尔语的后置词》（《和田师范专科学校学报（汉文版）》2014 年第 1 期）一文总结归纳了维吾尔语后置词的来源、定义、分类以及语法特征。木再帕尔在《新疆社会科学（维文版）》2014 年第 4 期发表了《粟特语和吐火罗语在古代维吾尔语中的一些痕迹》

一文，通过对维吾尔语中若干个词语的来源考，找到这些词语的粟特语和吐火罗语来源，解释了这些语言对古代维吾尔语所起到的作用。

维吾尔语文献语言研究出现了一些新成果，其中不乏硕、博士学位论文。硕士学位论文主要有赵曼的《〈红楼梦〉中汉语仿词的维译研究》（喀什师范学院，2014 年），吐尼沙古丽·艾山的《〈两种语言之辨〉的语言初步研究》（喀什师范学院，2014 年），博士学位论文有巴克力·阿卜杜热西提的《古代维吾尔语医学文献的语文学研究》（中央民族大学出版社 2013 年版）等。《红楼梦》是中国四部经典文学名著之一，是中国古典小说语言艺术的典范。人物形象的刻画、对话的构拟、故事情节的安排和叙述都有着高度的思想性和艺术性。赵曼的学位论文以《红楼梦》的维译本为研究对象，现将《红楼梦》中的仿词妙语搜集整理，对汉语仿词分类、归纳并分析，比较汉维语仿词的差异，从不同类别对《红楼梦》中汉语仿词的维译方法进行研究。《两种语言之辨》是 15 世纪学者纳瓦依用察哈台文写成的一部突厥语和波斯语比较语言学著作，也包含纳瓦依主要著作目录和简介汇编。吐尼沙古丽·艾山对语文学文献《两种语言之辨》进行语音、语法、词汇分析。古代维吾尔医学文献发现不多，一般都是零散的残片保存。巴克力·阿卜杜热西提的博士学位论文以《杂病医疗百方》（残片）、《医理精华》（残片）等 6 部文献残片为对象，分析、归纳这些文献所包含的语音、语法、词汇结构。

在维吾尔语信息处理方面的研究成果有阿孜古丽·夏力甫、麦热哈巴·艾力、吐尔根·伊布拉音的《维吾尔语动词构形规则的形式化描述》（《中央民族大学学报（哲学社会科学版）》2013 年第 3 期）。作者发现，维吾尔语动词形态可分为 7 种层次、64 种形态形式。产生多层形态层次的主力是“ghan”型静词化词尾，它是各种词尾连接的枢纽。作者指出，“采用上下文无关语法的形式来描述维吾尔语动词多层形态层次，能够为维吾尔语动词词干提取及其形态自动生成服务，从而推动维吾尔语信息处理的研究”。

传据模式是近期引进的流行的语言学研究理论与方法。部分阿尔泰语言学研究者，采用传据模式理论对相关语言进行分析研究，阿不都热西提·亚库甫等主编出版了《阿尔泰语系语言传据范畴研究》（中央民族大学出版社 2013 年版）一书。该著作是采用传据范畴理论研究北方民族语言的论文集成果，对于审视北方民族三个语族语言之间类型差异和共同点具有新视角意义。其中，不同学者对传据有不同的理解，对具体语言类型的认识也不同，有学者不用“传据”术语，另用诸如信源、传信、示证等概念；有学者虽然从传据视角分析问题，但保留使用阿尔泰语言学常用术语陈述式、陈述语气。据编者介绍这是一部相对宽松的初期成果，将为今后的更加严密成熟成果的出现做好初步准备。

作为突厥语族语言研究重要成果之一，木再帕尔的《维吾尔语的静词化短语》一书于 2014 年 6 月由民族出版社出版，全书 29 万字，是一部句法学研究力作。该书采用生成语法理论与方法，全面、系统地描写、分析和解释现代维吾尔语静词化短语的结构和特点，从新的角度深入地研究静词化短语的构造特征，这种研究对维吾尔语语法理论的完善有所增益。这部著作的出版对深入研究维吾尔语等突厥语族语言中的静词化短语有着很大的促进作用。

国内外语言比较研究也取得新的进展。买提热依木·沙依提的《现代维吾尔语与现代土耳其语语法比较研究》（民族出版社 2014 年版）一书是作者毕生研究的结晶，用丰富的资料系统比较了维吾尔语与土耳其语的语法体系。硕、博士生论文也在比较语言学取得新进展，主要有阿依努尔·图尔荪的《汉维形象词语对比研究》（喀什师范学院，2014 年），米海古丽·艾山江的《俄罗斯谚语和维吾尔谚语文化内涵的对比研究》（上海外国语大学，2014 年），热依拉·艾比不拉的《汉语—维吾尔语颜色词翻译对比研究——以小说〈红楼梦〉汉维文本对比为例》（中央民族大学，2013 年）等学位论文。主要期刊论文有艾合买提江·塔西发表于《湖北民族学院》（哲学社会科学版）2014 年第 2 期的《英语—维吾尔语使役结构及形态句法结构的对比研究》，徐春兰、陈玉梅发表于《语言与翻译》（汉文版）2014 年第 1 期的《汉语 SVO 句与维吾尔语相对应句型的语义对比分析》等重要论文成果，探讨维吾尔语、汉语、英语这些不同类型语言语法结构差异，对语言教学探索提供了有益的启发。

哈萨克语语法研究也有一些成果发表。帕提曼·比都拉发表《试析古代突厥语文献中的格词尾在哈萨克语中的演变》（《兰州教育学院学报》2013 年第 1 期）、《语法术语词汇意义的解释对讲授哈萨克语语法意义的效益初探》（《内蒙古师范大学学报（教育科学版）》2013 年第 8 期）两篇论文。第一篇论文通过对古突厥语中出现的格词尾在现代哈萨克语中的演变情况来研究现代哈萨克语对古突厥语格词尾的继承与发展，在格词尾的微观比较中挖掘现代哈萨克语的发展历史。第二篇论文是关于语法教学技巧的文章。作者从哈萨克语教学多年的经验，强调为了有效地提高语言学习的效益，可以通过具体的语言实例和一些背景知识将语法术语的词汇意义与语法意义联系起来，让学生从具体语言交际语句事例当中掌握语法知识。孟毅、雷云的《哈萨克语宾语生成机制与特性辨识》（《伊犁师范学院学报（社会科学版）》2013 年第 3 期）一文认为，前人对哈萨克语宾语的研究主要集中在分类、宾格标记形式、动词和宾语的关系等问题上的研究上，没有形成统一的认识，其关键在于不是十分清楚哈萨克语宾语的生成理据和环境需求。作者在该文中讨论哈萨克语宾语的相关内容，以求发现哈萨克语宾语的产生机制和环境条件及其特性，探讨哈萨克语宾语的本质特征及机制。

王发利的《维吾尔语与哈萨克语主格与领属格比较初探》（《赤子》（中旬）2014 年第 2 期）一文指出突厥语族语言的比较研究最初侧重于历史比较研究，目的是找出古代突厥语文献语言和现代诸民族语言在语音、语法结构、基本词汇等方面的相似或相近的共同语言特征，从而佐证突厥语族诸语言的同源关系和漫长历史长河中相互接触与融洽的脉络。

哈萨克语社会语言学与应用研究方面也有一些论文发表。赛迪努尔·毛兰、阿力肯·阿吾哈力发表于《民族语文》2014 年第 4 期的《20 世纪五六十年代哈萨克语社会政治新词术语的构成特点》一文，以搜集、归纳、整理的 1950—1965 年哈萨克文版《新疆日报》为主要依据，讨论哈萨克语社会政治词汇的构成特点。

三 满－通古斯语族语言研究

满－通古斯语族语言包括满语、锡伯语、赫哲语、鄂温克语、鄂伦春语等 5 种语言，基本上都处于濒危状态，抢救保护研究仍然是 2013—2014 年的研究重点。成果涉及词汇、方言、词典、文献、语言接触、语言相互影响、语言符号与文化意向之间的关系等问题，民族学、社会语言学、文化语言学、传播学、混沌学等理论与方法被广泛运用。

因为满语有丰厚的文献遗产，挖掘文献语言资源一直是满语研究的主要方面。江桥的《“清文鉴”类目名称用语考》发表于《满语研究》2013 年第 2 期。作者指出：“清文鉴”是清代官修大型语义分类辞书的统称，据观察，从康熙朝《御制清文鉴》至乾隆朝《御制五体清文鉴》，7 种御制“清文鉴”在基本保持康熙朝分类体系基础上，类目名称用语发生了变化。作者认为，“清文鉴”类目语是当今解释清代满语词义的重要依据，其变化反映着清代“国语骑射”政策和社会文化演变的一面。该刊同期发表了吴雪娟的《〈同文广汇全书〉满语俗语研究》之文献语言研究。《同文广汇全书》是清康熙年间刊刻的汉满分类词典，其中辑录了 43 条满语俗语，并借用一些汉语俗语对其喻义进行解释。吴雪娟在文章中指出：《同文广汇全书》所辑录的这些满语俗语来源丰富，音韵和谐，句式简单，其字面意义和喻义与满族宗教信仰、民间传说、渔猎生活等密切相关，具有鲜明的满族历史文化特色。翻译满语俗语时，注重传达满族历史文化要素，方能揭示满语俗语的喻义，单纯地用汉语俗语解释，或许会掩盖满语俗语的特点和文化内涵。另一个文献语言成果是庄吉发发表于《满语研究》2013 年第 1 期的《文献足征：以康熙朝满文本〈起居注册〉为中心的比较研究》一文。作者经过比较分析指出：康熙朝满文本《起居注册》与康熙朝《宫中档》同为原始史料，史料价值远远高于《清圣祖仁皇帝实录》，康熙朝满文本《起居注册》与雍正年间编撰的《圣祖庭训格言》部分内容相近，个别词语的运用有所差异。康熙朝满文本《起居注册》是雍正朝编撰《清圣祖仁皇帝实录》主要的史料来源，其所记录的接近口语的满语语句、简单质朴的书写形式等重要特色，与《清圣祖仁皇帝实录》或有差异。

语言接触、词语借用是语言学研究老话题，仍有很多问题可以发现。戴光宇的《试论鲜卑语、契丹语和满语的关系》（《满语研究》2014 年第 2 期）一文涉及中世纪几个北方民族的民族关系和语言相互影响问题，指出鲜卑人和契丹人的语言中，除了蒙古语和突厥语外，与满语相关的成分较多，其中有些成分的语音形式和音节结构与满语更为接近。鲜卑、契丹等部族的发源地相近，他们与满族先世融合，使较多的鲜卑语和契丹语的词语融入了女真语。作者最后指出“满语和古代北方部族语言之间的关系需要进一步探讨”。长山的《满语中梵语借词研究》（《满语研究》2014 年第 1 期）是从另一个方面探讨借词的成果。作者通过观察发现梵语词汇在蒙古语和满语的情况有所不同，满语中梵语借词相对少一些，而且其多数是通过古代维吾尔语借入满语和蒙古语。这是因为随着清朝宗教政策的推行和佛教文献的翻译，清代满语借用了一些佛教相关的梵语借词。据该文作者观察，总体上梵语借词在满语中的构词能力较弱，使用范围较狭窄，多见于清代编纂的满文辞书或满译佛经中。胡艳霞、贾瑞光的《满族与蒙古族语言文化互动研究》（《满族研究》2013 年第 2 期）也是语言文化接触方面的研究成果。该文作者指出，满族与蒙古族在语言文化上的相互影响源远流长，在不同的历史发展阶段，满族蒙古族的语言文化地位是不同的，其语言文化接触与互动主要分为三个阶段：女真人借用蒙古文字阶段；满族、蒙古族语言文化互相影响阶段；满族、蒙古族语言文化接触弱化——满语受到汉语影响迅速汉化的阶段，反映了不同民族历史环境的积淀，折射出民族交往、发展的轨迹和社会文化的影响。另外，关辛秋的《汉语虚字研究对满语语法研究的影响》（《满语研究》2013 年第 1 期）一文对《清书指南·翻清虚字讲约》《清文启蒙·清文助语虚字》和《重刻清文虚字指南编》三部清代最具影响力的满语文教材为依据，探讨汉语虚字的研究成果对满语语法研究的影响。在清代满语语法教材编写者、讲授者和学习者看来，满语的各种语法现象均如同汉语的虚字。清代满语语法研究者已能区分实词和虚词概念，且重要汉语虚词著作对清代满语语法类文献的编撰影响至深。

濒危语言的生存和文化传承是满 - 通古斯语言的实际问题，尤其是满语、赫哲语值得关注。高荷红、石君广的《黑龙江省三家子村满语传承人调查研究》（《满语研究》2013 年第 1 期）一文在对黑龙江省富裕县满达柯友谊乡三家子村 16 位满语口头传承人的录音采访资料的基础上，得出黑龙江省富裕县三家子村是目前满语口语保存较好的地区的结论。从目前的调查来看，三家子满语传承人都出生在三家子。据 2012 年的调查，年龄最大的 87 岁，最小的 36 岁；他们的父辈多有当兵的经历；他们都提到满族不分家，分家的是少数，其满语多半是受爷爷奶奶辈的影响。他们多为被动的传承者，而少数的主动传承人将延缓满语消亡的速度。张宏玉的《赫哲族语言传承的教育策略研究》（《民族教育研究》2013 年第 2 期）一文关注的是赫哲语问题。作者发现赫哲语传承正遭遇赫哲族传统文化支撑基础的退化与丧失、家庭教育中赫哲族语言传承的缺失、学校教育以主流文化为主、赫哲族人口的“稀释效应”、赫哲人语言观念的开放等现实困境。就语言传承的教育策略，作者指出，学校是人类文化和语言的最主要传承场，应该通过自身的辐射作用，带动家庭和社区的语言传承，以达到发挥学校、家庭和社区教育三者的合力，实现以教育促进赫哲族语言的传承。

锡伯语是满－通古斯语的一种，能够保护锡伯语不仅是锡伯族语言文化问题，而且作为与满语最接近的语言对满语文化的解读也有重要的价值。伊小荣、崔巍合著的《双语教学模式：察布查尔锡伯语保持影响因素调查》（《新疆大学学报（哲学人文社会科学版）》2013 年第 1 期）一文指出，目前察布查尔锡伯语的保持状况良好，其中双语教学模式是影响因素之一。文章通过双语教学模式的作用分析，指出对锡伯语这样的语言要采取发展保持式模式。作者指出，“建国以来察县双语教学模式经历了双元式、过渡式、发展保持式和静态保持式。研究发现过渡式双语教学不利于语言能力的保持，相反保持式模式对语言能力和语言功能有积极的作用。在多民族聚居区，双语教学应更多地关注社会公共领域。双语社区建设应是政府、社区、学校、家庭及个人之间形成一个多方面、多层次的连动机制。在语言态度的教育上既要体现和谐的民族观，也要保持独立的民族身份。全局观有助于形成积极的语言态度。”佟加·庆夫的《锡伯语新词术语规范问题研究》（《伊犁师范学院学报》2013 年第 2 期）一文阐述了锡伯语规范工作开展情况，锡伯语新词术语规范原则，规范工作中遇到的相关问题及其解决方案和体例，对于了解锡伯语新词术语规范工作开展情况具有参考价值。

赵阿平、郭孟秀、何学娟的《濒危语言》（《当代语言学》2014 年第 4 期）一文是东北濒危语言方面的近期调查研究成果。作者对黑龙江省满语、赫哲语现存地区进行了广泛而深入的田野调查，对濒危满语和赫哲语的现状进行全面、系统的科学分析和理论探讨。同时对满语、赫哲语发生变化的社会背景进行考察分析，揭示满语和赫哲语的濒危原因及其濒危过程中存在的差异与联系。

2014 年满－通古斯语言研究方面的重要成就应该属《文学语言研究系列·中国社会科学院文库》资助出版的一套三卷本专著。2014 年 1 月，中国社会科学出版社隆重推出由朝克撰写的《满通古斯语族语言词源研究》《满通古斯语族语言研究史论》《满通古斯语族语言词汇比较》三本具有划时代意义的重要成果，并召开发布会。该成果的出版，将填补阿尔泰语言学研究中存在的缺憾与空白，从而对阿尔泰语系诸语言乃至东北亚诸民族语言与历史文化来源、相互关系、相互接触、相互影响及发展研究均会产生重要的学术影响和作用。其中，《满通古斯语族语言词源研究》是从词源学的理论视角，对我国境内满语、锡伯语、鄂温克语、鄂伦春语、赫哲语五种语言的 3000 余条基本词汇及历史上的女真语有关的词汇，在 20 余年持之以恒而艰苦卓绝的田野调查、搜集整理、科学研究的基础上，撰写完成的该学术领域的第一部巨著。《满通古斯语族语言研究史论》是第一部对中国的满语、锡伯语、鄂温克语、鄂伦春语、赫哲语、女真语等 6 种语言以及女真文、满文、锡伯文 3 种文字的研究成果与文献资料进行全面系统分析的学术成果。《满通古斯语族语言词汇比较》则首次对上述 6 种语言中的 5000 条基本词汇作了全面比较。在满－通古斯语族语言中，女真语作为一种消失的语言已经不被使用，满语、赫哲语、鄂伦春语都已成为严重濒危语言，锡伯语、鄂温克语也即将进入严重濒危状态。在这样的紧迫形势面前，对这些濒危及严重濒危语言的词源、研究历史、基本词汇进行全面系统研究，对于我国民族语言和文化资源的抢救与保护，具有非常重要的意义和价值。

四 朝鲜语研究

在 2013—2014 年朝鲜语本体研究的成果中，无论是共时研究还是历时研究，基本以微观研究为主，单个的词语、单个的语音、单个的形态成为主要研究对象。

共时研究方面主要有以下几篇论文。黄玉花的论文《朝鲜语－ni 和－ni kka 的语用差异》（《民族语文》2013 年第 4 期）通过实例区分朝鲜语－ni 和－ni kka 两个形态的功能区别，指出“朝鲜语句子中－ni 属于传信范畴，ni kka 则属于情态范畴。－ni 句在使用上严格遵循时间顺序原则，因句在前果句在后，顺序一般不能随意颠倒；而 -ni k1a 句语序则比较灵活”。而刘英明的《朝鲜语“pota”语法化的共时分析》（《云南民族大学学报（哲学社会科学版）》2013 年第 3 期）则从共时的角度分析朝鲜语视觉动词“pota”的语法化，指出视觉动词“pota”被当作补助动词、补助形容词、与格助词、差比标记助词用的时候，都把实词“pota”语法化，而副词“pota”是以“差比标记助词“pota”为基础进一步语法化而形成。“pota”的语法化动因及机制主要是句法位置的改变、认知隐喻及重新分析。黄丙刚的《朝鲜语未来时制语尾“ket”的语义分析》（《语文建设》2013 年第 18 期）一文逐步分析朝鲜语未来时制语尾 ket 的时制性意义以及 ket 表示的推测、意图、可能和谦逊/恭敬等其他意义。千玉花的《15 世纪朝鲜语 s 系词首辅音丛的音值问题》（《民族语文》2014 年第 6 期）是中古朝鲜语个别语音的分析研究成果。作者认为 15 世纪朝鲜语中有两组词首辅音丛，包括 s 系词首辅音丛与 p 系词首辅音丛。经过分析研究，作者指出“s 系词首辅音丛的音值就是复辅音，现已演变为紧辅音”。

历时研究方面也有几篇论文发表。侯玲文、王艳红发表于《民族语文》2013 年第 3 期的《朝鲜语核心词“石”探源》一文认为，朝鲜语有 to：l（石头）和 pa-wi（岩石）两个指称“石”的固有词，其中 to：l（石头）与上古汉语、阿尔泰语有语源关系，pa-wi（岩石）与藏缅语有联系。作者在文中探讨了上古汉语复辅音词根与朝鲜语、阿尔泰语多音节词根的语音对应规律。陈艳平的《朝鲜语格体系的历时性研究》（《外语与外语教学》2014 年第 3 期）一文从历时语言学角度分析研究朝鲜语不同时期文献中格助词形态特点，梳理描写朝鲜语格助词。作者发现“朝鲜语格助词有由复杂走向简单的发展轨迹；朝鲜语格助词的变异形态体现了语言发展中语义传达最佳化的态势；朝鲜语格助词的演变过程中体现出社会政治制度和心理因素的影响”。朴美玉的《延边朝鲜语词汇变异研究——以朝鲜语汉字词和外来词的使用为例》（《云南师范大学学报（哲学社会科学版）》2014 年第 4 期）是语言接触与语言演变方面的研究成果。作者认为，在延边朝鲜语词汇变异中语言接触充当了重要因素，源于汉语和境外朝鲜语的词通过语言接触聚集与融合在延边朝鲜语词汇系统中，不同言语社区形成不同社会分布和不同的发展趋势。金光洙的《解放后中国的朝鲜语研究及前瞻》（《东北亚外语研究》2013 年第 2 期）较全面地回顾了中国的朝鲜语发展过程，展望中国朝鲜语发展，提出中国的朝鲜语今后发展的重点，可以作为一段时间内对朝鲜语研究选题的指南。随着学习境外朝鲜语、韩国语人员的增多，朝鲜语、韩国语基础教学引起注意。严英爱的《朝鲜语词汇教学》（《语文学刊》2013 年第 15 期）强调词汇教学在朝鲜语教学中的重要地位，提出有助加强学生词汇记忆和语言能力的几种有效的词汇教学方法。总之，2013 年朝鲜语的研究成果数量、篇幅不多，大多研究成果局限于境外朝鲜语—韩国语的教学方面，国内朝鲜语研究越来越少，值得关注。

近年来的硕博毕业论文成为朝鲜语研究中的一个主要力量。比较代表性的有许闰星的博士学位论文《朝鲜语—蒙古语单元音和韵律特征的实验语音学对比研究》（延边大学，2013 年）、崔松虎的《15 世纪朝鲜语固有合成词的构词方式研究——以〈杜诗谚解〉词汇为中心》（延边大学，2014 年）等。上述两篇论文分别代表语音、语法研究的新动态，内容涉及朝蒙两种语言元音和谐律，中古朝鲜语的派生、合成两种构词法等，较好采用了实验语音学手段和语法化理论。

此外，还有一些研究阿尔泰语言的论文等，如斯钦朝克图的《关于阿尔泰语语音屈折》一文（《万水千山走遍——中国民族语言语法研究暨孙宏开先生 80 华诞论文集》，民族出版社 2103 年版）通过蒙古语族、满 - 通古斯语族、突厥语族等阿尔泰语系诸语言语音、语法、词汇的实际描写和比较，分析其语音屈折特征，证明了所谓的典型黏着型语言也有语音屈折现象或分析型综合型特征。语言特征并不是单一的，也不是一成不变的。

（曹道巴特尔，研究员，中国社会科学院民族学与人类学研究所民族文字文献研究室）

2013—2014 年民族教育研究综述

杨 华

2013—2014 年发表的有关民族教育研究方面的论文数量较多，研究内容涉及民族基础教育、民族高等教育、双语教育、民族教育史、外国民族教育、教育人类学等，其中教育平等问题及与此相关的教育均衡发展以及少数民族高考加分政策等研究是这两年的热点。从研究方法上来看，对多学科尤其是一些新兴学科及交叉学科的研究方法的借鉴仍是特点和亮点，比如一些学者运用教育人类学、教育社会学、教育经济学等学科的研究方法和研究视角来进行民族教育研究。

一 民族基础教育研究

（一）教育公平研究

教育公平是社会公平的重要基础，是推动民族发展进步必不可少的重要因素，促进教育公平是我国教育改革与发展的重点之一。关于少数民族教育公平的问题，在建设和谐社会及实现社会公平正义的时代背景下具有十分重要的现实意义。

民族基础教育作为民族地区社会公共服务的重要组成部分，其公平性问题一直受到社会各界的热烈关注。与此相关，在民族基础教育领域出现了很多论述教育平等及教育均衡发展的论文。一些学者对我国民族基础教育领域的教育不公现象进行了理论分析或实证研究，一些学者给出了解决教育不公现象的对策和建议。李长安和龙远蔚的《民族地区教育公平问题研究——基于 2011 年广西调查数据的实证分析》（《民族研究》2013 年第 5 期）是一篇实证性的研究成果。该文利用 2011 年对广西壮族自治区调查的微观数据，应用基尼系数分析法和泰尔指数分解法，研究了我国民族地区的教育公平问题。作者认为，努力解决少数民族内部的教育不公问题应当作为民族地区实现教育公平的重点，要尽快缩小少数民族人口在城乡、性别以及代际教育差距。同时，还应该特别关注少数民族女性的教育问题。宁亚萍、王平和徐世英的《基于普查数据的我国 18 个少数民族受教育程度及公平性统计分析》（《中央民族大学学报》2014 年第 2 期）基于第五次和第六次人口普查数据，以平均受教育年限这个总体指标对我国 18 个百万人口以上少数民族的受教育程度进行了多方面的分析；并且通过计算教育基尼系数来衡量各民族教育公平程度，用数据呈现了少数民族的教育发展和教育公平现状。最后分析了受教育程度对教育公平的影响，说明了发展民族教育事业的重要性。与此相类似，孙百才、张洋和刘云鹏的《中国各民族人口的教育成就与教育公平——基于最近三次人口普查资料的比较》（《民族研究》2014 年第 3 期）使用 1990 年、2000 年、2010 年全国人口普查的数据，计算了全国各民族人口的平均受教育年限和教育基尼系数，并对教育基尼系数在性别间进行了分解。研究发现，各民族人口的女性和性别间教育基尼系数相对贡献率有小幅度上升，需引起决策部门关注。上述三篇研究论文及研究报告都是基于数据统计基础之上的实证分析，虽然得出的结论有所不同，但都有各自的研究价值。

学者们对与教育公平相关的问题进行了理论阐述。何林和蓝蔚的《合理性视域下西部民族地区教育公平的思考》（《前沿》2013 年第 19 期）对教育公平进行了界定，认为教育公平并非每个人都要享有相同的教育资源，而是要正视差距，区别对待，从社会整体的发展和稳定以及社会成员的个体发展出发，尊重受教育者的基本权利，对教育资源进行合理配置，实现教育成功机会和教育效果的相对均等。教育公平可以区分为横向公平和纵向公平两种，教育的横向公平包含教育的区域公平、民族公平、城乡公平、性别公平、学校类别公平和社会阶层公平等多个维度；教育的纵向公平包括起点公平、过程公平和结果公平三个方面。作者对我国民族地区教育公平缺失现象及原因进行了分析，认为我国民族地区教育不公主要表现为：教育起点不公平、教育过程不公平、教育结果不公平。在此基础上，作者提出了改善民族地区教育不公的对策性建议。曹清波在《公平视角下的少数民族教育发展对策研究》（《内蒙古师范大学学报》2014 年第 1 期）中也从教育起点、教育过程、教育结果这三个方面对我国少数民族基础教育中存在的教育不公问题给出了理论阐述，认为造成少数民族教育公平缺失的原因有历史原因、现实原因和政策原因。作者提出了公平视角下发展少数民族教育的对策建议，主要有：1. 加大教育经费投入；2. 加强民族教育法治建设；3. 完善少数民族教育优惠政策。

与教育平等问题紧密相关的是教育的均衡发展问题，可以说教育均衡发展是实现教育平等的重要前提，教育均衡发展也是学者关注的热点问题。马丽君和曹新蕊的《教育均衡发展：西部民族地区教育公平的实现基础》（《青海师范大学学报》2014 年第 3 期）认为，民族地区基础教育均衡发展对于促进民族教育发展、实现教育公平具有重要的作用。国家通过实施西部大开发战略以加快基础教育尤其是义务教育的均衡发展，为西部民族地区教育公平的实现提供了社会基础；相关法律法规中有关基础教育均衡发展的内容规定为西部民族地区教育公平的实现提供了法律基础；而合理配置教育资源更是从根本上为促进西部民族地区基础教育的均衡发展，实现教育的公平提供了物质基础。戴文亮的《民族地区基础教育服务均等化及其路径探讨》（《新疆社科论坛》2013 年第 2 期）从民族地区基础教育服务均等化入手对民族地区基础教育的平等问题进行了探讨。作者认为提高民族地区基础教育服务均等化的关键是提高基础教育服务质量。要实现民族地区基础教育服务均等化，应采取五种措施：1. 做到系统统筹；2. 强化政府基础教育服务职能；3. 政府提供政策补偿；4. 创新基础教育资源配置机制；5. 动员社会力量，促进公共服务参与主体、服务形式多元化。

值得关注的是，一些学者运用教育社会学的方法对教育公平问题进行研究。按照教育社会学的基本理论，教育机会的不平等也体现在家庭对社会资源和文化资本的占有上，并最终反映在教育的代际传递和流动上。马骍的《教育代际流动的民族差异》（《中南民族大学学报》2014 年第 3 期）从教育社会学的研究方法入手，通过实证分析，利用“西部民族地区经济社会发展问卷调查（2011 年）”研究教育的代际传递与流动，并比较了汉族和少数民族之间的异同。作者认为，在继续坚持已有教育政策大方向的基础上，应适当调整少数民族教育政策，增强少数民族青年一代的教育代际流动性。

（二）女童教育研究

女童教育研究不是这两年的重头戏，但由于女童教育问题对民族基础教育发展有着重要的现实意义，且多年来对该问题的研究从未中断，因此仍然值得关注。丁月牙的《民族村寨家长的女童教育观分析——基于凉山彝族 L 乡的调查》（《民族教育研究》2014 年第 5 期）通过对四川凉山彝族 L 乡的教育人类学田野调查发现，彝族家长的女童教育观是教育观和女性观的结合，具有实用与发展、传统与现代等双重特征。女性观和教育观的多元差异以及二者的交织融合，构成了家长女童教育观的复杂性。同时，家长的女童教育观及其对女童教育实践的影响，既受制于村寨环境，又有个体性特征，呈现为动态的发展和变迁。为了提出本土化的理解框架，该文最后建构了立足于村寨现实环境的家长女童教育观解释模型。另一篇研究彝族女童教育的论文是李树翠的《滇东南彝族聚居区女童教育问题及对策研究——以东山彝族乡女童教育为例》（《云南社会主义学院学报》2014 年第 2 期），该文主要针对滇东南彝族聚居区女童教育现存的问题进行研究，并尝试思考相应对策，以促进彝族聚居区女童教育的发展。此外，李海红和程淑华的《藏族女童自我教育意识的觉醒与藏民族传统文化的超越》（《齐齐哈尔大学学报》2014 年第 4 期）、雷湘竹的《广西瑶族女童教育问题的社会性别分析》（《广西师范大学学报》2014 年第 4 期）分别就藏族女童教育和瑶族女童教育做出了相关的研究。

二　民族高等教育研究

在民族高等教育领域，有关少数民族高考加分政策的研究是热点问题。少数民族高考加分政策是民族优惠政策的重要组成部分，实行了很多年，为民族地区培养了大批人才。近些年来，因个别人在高考过程中在民族成分上弄虚作假以及“高考移民”现象的频繁出现，使一些人认为高考加分政策存在严重的不公平，提出取消少数民族高考加分政策，以便还教育公平和高考公平。有人大代表和政协委员也在“两会”上提出取消高考加分政策，使这一问题受到全社会的关注，并引起了热烈争论。

近两年来关注这一问题的学者较多。杨怡、京生、平伟和覃鹏的《新世纪以来少数民族高考照顾政策的回顾与展望》（《民族教育研究》2013 年第 3 期）对新中国成立以来至 20 世纪末的少数民族高考照顾政策进行了回顾与梳理。在对相关政策研究的基础上作者提出少数民族高考照顾政策的未来发展应坚持三个基本原则：长期坚持、因地制宜、慎重稳进。周冰、赵清玲、杨春艳和包春雨的《对我国少数民族高考加分政策的分析与思考》（《法制博览》2013 年第 8 期）也对我国少数民族高考加分政策的发展历史进行了回顾。

就少数民族高考加分的现实合理性和法理基础而言，学者们基本持认同态度。张学众的《高等教育少数民族学生招生优惠政策分析》（《内蒙古财经大学学报》2014 年第 5 期）和闫欣媛的《浅议少数民族高考加分政策和教育公平》（《学术研究》2014 年第 10 期）对此给出了充分的论述。学者们普遍认为，由于我国经济发展水平的限制，我国高等教育仍属于非义务性教育。加之我国地区经济发展的水平差异，经济相对滞后的边远少数民族地区的教育水平与经济相对发达的东中部地区相差较大。因此，如果在高考招生中仍坚持分数面前人人平等的绝对公平原则，那么由于地区教育水平限制的少数民族学生将在接受高等教育的竞争中处于弱势。正是由于少数民族受教育机会处于相对弱势而教育资源又相对不足，制定优惠政策才成了必然的选择。从民族地区发展的实际来看，少数民族高考加分的制定有政策依据。其出发点是大力帮助少数民族加速经济、文化的发展，逐渐消除历史上遗留下来的民族间的不平等，从而改善民族地区的生活条件，发展民族地区的文化教育水平。从法律依据上来看，《中华人民共和国宪法》《中华人民共和国教育法》《中华人民共和国高等教育法》《民族区域自治法》等都对国家帮助少数民族学生接受高等教育权作出了法律规定。从理论依据来看，罗尔斯的《正义论》及美国学者科尔曼的《教育机会均等》等有影响的著作都对社会公平和教育平等有着充分的论述。

总体来看，学者们对少数民族高考加分政策争论的焦点在于少数民族高考加分政策在实施过程中引发的教育平等问题。具体而言，围绕加分依据、加分对象及加分分值等问题都会引发有关教育平等的热议。就加分分值而言，教育部关于少数民族高考加分政策的标准规定是原则性和指导性的，适用于全国范围而缺少具体操作价值，使得各地出台的相应政策千差万别，并让一些人有了可乘之机，损害了教育平等。从加分对象和加分依据来说，各地的政策也有很大差别，并直接引发了有关教育平等的争论。闫欣媛的文章认为，对于同处于少数民族地区的汉族学生而言，他们与当地少数民族学生接受同样的教育，相较于东中部的汉族学生，少数民族地区的汉族学生同样处于弱势地位。因此，少数民族高考加分政策对少数民族身份的限制是对同处于少数民族地区的汉族学生的不公平。其次，由于经济的发展，少数民族地区大中城市的教育水平也在不断提高，区域教育水平差异减小，但是部分地区高考加分的幅度并未调整，这直接影响高考公平。同时，部分少数民族身份学生流动到北京、广州等一线城市，接受较好的教育，那么单纯依据少数民族身份而加分显然是不公平的。高岳涵在《少数民族高考加分政策效果调查研究》（《广西民族大学学报》2014 年第 3 期）中也对此类观点进行了评介，文中提到有学者认为对少数民族实行高考优惠政策是对西部地区汉族居民的“反向歧视”。另一方面，文中也引用了一些学者的观点，认为取消少数民族优惠待遇、淡化民族身份的“去政治化”主张，不仅不会促进民族团结和民族融合，反而会强化民族发展差距和民族矛盾。少数民族高等教育招生政策是对少数民族学生因先天历史社会环境所导致的不利地位的补偿，是少数民族应获得的权利，不能轻易地取消这一政策。

提出问题的目的是更好地解决问题。对少数民族高考加分政策研究的最终目的是进一步改进这一政策，使其有更好的实施效果，在促进教育公平的同时，为民族地区培养更多的高级人才。为此，学者们从各自不同的角度提出了自己的建议。杜世智在《少数民族高等教育招生研究》（《经济研究导刊》2014 年第33 期）中认为，要制定与完善少数民族高等教育招生政策相配套的机制，规划、制定严格的受益对象审查制度，各级政府与民族事务管理机构联合制定少数民族地区高等教育招生政策，确保政策实施的信度与效度。同时，要建立健全完善的监督评价体系，以此遏制各种弄虚作假行为的出现。闫欣媛的文章认为，要明确少数民族高考加分的标准，针对当前少数民族高考加分标准较模糊的问题，国家教育部应当进一步明确各省份的加分幅度和符合加分的条件。作者提出，可以依据我国区域教育能力的水平排名确定各省份对少数民族高考加分的幅度。同时，作者提出对加分对象的界定要注意地区差异。从实施方法上讲，作者认为可以考虑全国统一，各省均将少数民族考生分为四个加分梯度：省会城市、地级市城市（及民族自治州）、县（及民族自治县）和民族自治乡，分别进行不同程度的加分。同时，为了体现对受教育条件较差的汉族考生的照顾，民族自治县的汉族考生，可考虑也加 5 分，作为自然地理条件的补偿性加分。

三　双语教育研究

双语教育是我国民族教育体系的重要组成部分，直接关系着民族教育质量的提升，影响着民族教育事业的发展进程。2013—2014 年，双语教育研究在两个层面上展开，一个层面是侧重于有关双语教育的基本理论及政策研究；另一个层面是对特定地区的特定民族的双语教育进行具体研究或个案研究，就具体族别来看，涉及蒙古族、藏族及新疆的有关民族。

双语教育问题从来就不是一个简单的教学用语问题，而是直接关系到民族国家的统一和民族文化的发展，尤其对多民族国家的政治整合有着重要的意义。冯江英和石路的《我国民族地区双语教育政策的价值取向分析——基于多元文化主义的反思》（《新疆社会科学》2014 年第6 期）通过批判性反思多元文化主义理论，指出多民族国家的民族教育政策必须在“多元”的民族建构与“一体”的国家建构双重价值之间保持必要的张力。同时，作者对新疆双语教育政策进行分析，强调新疆双语教育政策既要重视少数民族学生母语学习和本民族文化的保存与传承，又要强调少数民族成员作为中国公民必须学好国家通用语言。作者认为，新疆双语教育政策的实施应保持一种文化心理上平等、平和的心态，不仅体现为对不同民族文化的尊重、包容和欣赏，增进不同民族间的相互理解与交流，同时体现在中国这个一体多元的大国框架下，各族群众自觉正确认识其作为中国公民在地区和国家建设发展中的地位和作用，增强其作为公民的社会责任感和使命感，共同参与国家建设与发展，共享国家与社会发展的成果。

如果说上文是侧重于从政治功能来探讨双语教育政策的价值取向，苏德的《以多语教育促进和谐社会与文化建设——兼论少数民族双语教育研究范式》（《民族教育研究》2013 年第 3 期）则从理论角度探讨了双语教育的研究策略等问题。作者对少数民族学校实施双语教育的重要意义和作用进行了分析，把双语教育的意义归纳为以下几点：1. 保持语言和文化的多样性；2. 促进不同民族间的了解与合作；3. 使少数民族儿童具备平等的生存技能；4. 培养学生对不同文化的积极态度；5. 维护国家的统一；6. 是实施多元文化教育的最佳途径；7. 巩固民族团结教育成果；8. 为国家文化繁荣发展与和谐社会建设培养后备人才等。在对双语教育理论基础进行研究的基础上，作者提出了双语教育研究的主要策略：系统论的策略、跨学科的策略、行动研究的策略、民族志研究的策略。对于双语教育研究范式和研究策略的探讨、分析，不仅对少数民族双语教育的健康发展有重大的现实意义和战略意义，从长远来看，有利于推动我国现代化教育可持续发展，并能够为我国语言和文化的多样化做贡献，从而进一步促进我国和谐社会和文化建设。

滕星和海路的《语言规划与双语教育》（《新疆师范大学学报》2013 年第 3 期）认为语言规划取向是指人们对语言及语言多样性问题所持的态度和看法。语言规划取向视角下的语言观有三种：1. 将语言作为问题；2. 将语言作为权利；3. 将语言作为资源。从语言规划取向的视角审视中国少数民族双语教育，发现在对待双语教育的认识上存在忽视母语和忽视国家通用语的片面认识；在开发利用民族母语资源时部分地区存在“急功近利”现象。促进双语教育的健康发展需要继续坚持“民汉兼通”的目标，树立“多元文化整合教育”的语言教育观。同样是对双语教育的研究，滕星和海路的另一篇文章《壮汉双语教育的价值取向及实现路径》（《广西民族研究》2013 年第 2 期）对壮汉双语教育的价值取向进行了研究，认为壮汉双语教育价值取向的内涵是：1. 促进国家统一、民族团结，有利于社会融合；2. 促进民族文化传承和民族地区社会的发展；3. 促进个体和谐发展，提高其文化适应能力。壮汉双语教育价值取向具有多元性、互补性和时代性。壮汉双语教育价值取向的实现路径主要有实施多元文化整合教育，培训多元文化教师，改革教学和评价方式。

我国使用双语教育的民族主要有蒙古族、藏族、朝鲜族及新疆的维吾尔族等少数民族。这两年关注蒙古族双语教育的学者较多。目前，内蒙古自治区已形成从幼儿园到大学极具特色的双语教育体系。黎明的《内蒙古蒙——汉双语教育现状分析》（《贵州民族大学学报》2014 年第 1 期）从双语教育模式、双语教育衔接、双语师资队伍和教材建设等方面对内蒙古自治区蒙—汉双语教育成就进行了总结。分析了内蒙古双语教育取得成就的主要原因，从以下方面提出了内蒙古自治区蒙汉双语教育仍面临的挑战：双语师资队伍发展的均衡程度有待加强；适用的、高质量的双语教育配套资源有待丰富；双语教育学科理论建设和双语教师评价体系有待完善。高红梅和郝青云的《蒙汉双语专业课程建设的回顾与思考——以内蒙古民族大学为例》（《民族高等教育研究》2014 年第 6 期）以内蒙古民族大学为例，对蒙汉双语专业课程的建设进行了研究。蒙汉双语专业以培养蒙汉兼通的人才为目标，而人才的培养主要靠课程教学。专业课程体系的构建对专业人才的培养意义重大，课程教学的质量也直接影响人才培养的质量。因此，提高人才培养的质量就必须搞好课程建设工作。在回顾该校蒙汉双语专业课程建设历程的基础上，结合课程建设的最终目标，作者从教学队伍、教学内容、教学条件、教学方法与手段、教学效果等几个方面，对蒙汉双语专业课程建设的现状进行了比较分析，总结经验，并思考了下一步发展的方向。

此外，还有一些学者对藏区及新疆的双语教育进行了研究，如：雷莉和倪亮的《边远藏区少数民族学生汉语学习动机模型及其启示——四川省甘孜州 Y 藏文中学调查分析》（《民族教育研究》2014 年第3 期）、肖建飞的《新疆学前双语教育现状、问题及对策研究》（《民族教育研究》2014 年第6 期）、曹春梅和买买提吐尔逊·阿布都拉的《新疆中小学少数民族双语教师国家通用语言文字培训教材现状探析》（《民族教育研究》2014 年第2 期）等。

四　外国民族教育研究

2013—2014 年，在外国少数民族教育领域，针对美国、英国、加拿大、澳大利亚以及阿根廷的少数民族教育问题均有学者涉猎。

作为世界上最强大的国家，美国的民族教育一直都是学者们关注的热点，这两年研究美国民族教育的学者仍然较多，尤其是有关美国教育公平的研究仍然是热点和焦点。郭起飞和吕志霞及孙苓的《从“机会公平”到“结果公平”——美国基础教育公平理念与实践的嬗变及启示》（《教育求索》2013 年第2 期）认为西方自由主义公平观的发展是美国基础教育公平理念变化与发展的思想根源。古典自由主义时期的美国基础教育推崇抽象的教育权利平等和机会公平。在新自由主义时期，美国社会逐步将建立在差别与补偿原则基础之上的对弱势群体的关照及结果作为评价基础教育政策与行为正义与否的重要标准。美国基础教育公平理念与联邦政府基础教育政策的转变也为我国的义务教育改革与发展提供了镜鉴。陈敏的《美国少数民族高等教育机会的困境和对策》（《大学教育》2013 年第6 期）发现美国高校扩招以后，少数民族学生的高等教育机会数量大幅提高，但少数民族学生仍然面临着各种困境。面对少数民族高等教育机会的公平问题，美国政府从法律、招生政策、经济援助和教育干预的角度采取措施保障和改善少数民族学生的高等教育权利。虽然不乏争议，但是对促进和改善少数民族教育机会有着积极的正面作用，对我国少数民族高等教育事业具有启示作用。

同样是研究教育机会均等，陈敏的另一篇文章《中美少数民族学生高等教育机会比较：现状与对策》（《科技信息》2013 年第5 期）从中美少数民族学生比较的角度研究了教育平等问题。在目前的高等教育入学体制下，中美少数民族学生的高等教育机会大幅增加，但两国少数民族学生面临的困境既有相似也有不同之处。面对高等教育机会的公平问题，两国均从法律、招生政策、经济援助和教育干预的角度采取措施保障和提高少数民族学生的高等教育权利，但在广度、力度、操作性上存在差异，美国立法机构、政府部门和教育机构的经验值得我们借鉴。同样是进行中美之间的比较，徐艳君的《补偿，还是照顾？——美国照顾政策与我国少数民族教育优惠政策的比较》（《湖南大学学报》2013 年第4 期）认为美国照顾政策与我国少数民族教育优惠政策间存在诸多异同。美国对黑人种族实行的照顾政策多是出于补偿正义的考虑，因为历史上的歧视是导致黑人种族发展滞后的重要原因。我国少数民族优惠政策不是由于少数民族在历史上受到歧视，而是由于少数民族地区发展滞后。中美两国实施照顾政策或优惠政策的原因不一样，但政策采用的手段类似。通过对比中美政策，将有利于我国少数民族教育优惠政策的改进与发展。

黄艳和奥斯卡·吉梅内斯·卡斯特利亚诺斯的《有关美国少数族裔高等教育政策探析——以亚利桑那州三所大学为例》（《民族教育研究》2014 年第6 期）以亚利桑那州的三所大学为例，对美国少数族裔的高等教育政策进行了探析。美国为了调和社会矛盾，对高等教育政策特别是针对少数族裔的高等教育政策，在不同历史时期进行了多次调整。美国少数族裔高等教育政策的调整对我国发展民族教育有如下启示：1. 健全我国民族高等教育法律法规体系；2. 构建健康和谐的民族高等教育政策体系；3. 逐步完善有关少数民族学生的支助体系。曹兰胜的《美国“社会研究”课程对我国民族地区国家认同教育的启示》（《民族教育研究》2014 年第 5 期）研究了美国在义务教育阶段设置的社会研究课程教育体系。作者认为，该课程将美国精神与多元文化相互融合，帮助公民形成美国价值理念，认同并热爱美国，缓和了种族冲突。我国是多民族国家，正处于社会发展转型的重要阶段。美国“社会研究”课程教育的经验，有助于我国进一步加强民族地区国家认同教育，有利于维护中华民族大团结，践行社会主义核心价值观，凝聚全国各族人民的力量，积极投身到实现中华民族伟大复兴的实践中去。

与大多数学者对美国少数民族教育采取借鉴的态度不同，蓝寿荣和周韵秋的《制度的法律形式及其形成的政治因素——美国民族教育制度的法社会学分析》（《民族教育研究》2014 年第 6 期）从对美国民族教育制度的法社会学分析入手，揭示了隐藏在教育公平现象背后的种族歧视。作者认为，美国民族教育方面的相关法律制度，由法律文本和司法判例共同构成，是美国司法建构体系及其运行机制的体现，也反映出美国社会政治经济发展的实际。其表面趋向于教育公平的现象，掩盖了长期存在的种族歧视思想，其实质是社会各种利益群体角逐、博弈后的结果，直接动力是美国执政者或政治家的政治利益驱动。作者分析了美国民族教育制度的法律形式，发现其没有把民族教育问题当作独立的问题。不贴民族标签，民族问题国家化而非民族化，是美国民族教育制度的一个重要特征。

五　民族教育史研究

在民族教育史研究领域，对近代以来的民族教育研究较多，尤其是民国时期的少数民族教育问题引起了较多学者的关注。

刘亚妮的《南京国民政府时期边疆教育探析》（《兰州大学学报》2013 年第 1 期）对南京国民政府推行边疆教育的历史与实践进行了梳理，认为南京国民政府推行边疆教育大致经历了四个阶段：1. 准备阶段（1927—1934 年）；2. 草创阶段（1935—1938 年）；3. 发展阶段（1939—1945 年）；4. 停滞阶段（1946—1949 年）。张立军的《新中国成立前民族高等教育政策 40 年历程》（《教育与考试》2014 年第 3 期）针对新中国成立前民族高等教育政策 40 年（1908—1948 年）的发展过程进行系统的回顾与分析，将这一历程分为以下三个历史阶段进行阐述与总结：1908—1911 年民族高等教育政策的肇始；1911—1941 年民国时期的民族高等教育政策；1941—1948 年解放区的民族高等教育政策。作者努力厘清新中国成立前我国民族高等教育政策 40 年的发展脉络，为当今我国民族高等教育政策的制定和民族高等教育事业的发展提供一定的史学参考价值。

王景、赵志纯和盛莉波的《民国中央少数民族教育政策研究述评》（《学术探索》2014 年第 2 期）介绍了民国时期学者们对国民政府少数民族教育政策的研究，是一篇综述性文章。该文从边疆教育史、民族教育史、地方断代史、政策专题研究四条研究路径概述了当时的学界对民国中央少数民族教育政策研究的进展情况。王景和王凌的《政治统治维持与边疆国防巩固——国民政府时期边疆教育政策考述》（《云南师范大学学报》2013 年第 1 期）对民国时期的边疆教育政策进行了研究。民国时期的边疆教育政策是南京国民政府出于政治统治维持和边疆国防巩固的目的，针对边疆民族地区现代新式教育发展所创制的一系列特殊性和优惠性的少数民族教育法令措施，主要包括创设边疆教育行政管理机构、促进边地读物编译、建设国立边疆学校系统、筹措边疆教育经费、优待边疆学校教师和学生六个方面的措施。尽管南京国民政府在推行边疆教育的过程中受到一些不利因素的影响，存在许多问题，没有完全实现其初衷，但是这一策略顺应了历史潮流。经过近 20 年的努力，将现代化的教育初步推向了边疆地区，对边疆的开发、国防的巩固、人才的培养等具有一定的积极意义。

就具体地区而言，对民国时期西北、东北及西南地区的民族教育都有涉及。燕慧和张学强的《民国时期西北民族教育问题二十年研究述评》（《贵州民族研究》2014 年第 1 期）对 20 世纪 90 年代以来学界对南京国民政府时期西北民族教育的研究进行了梳理。作者发现，学者们的研究领域涉及民国时期西北民族教育的发展、民族教育政策的确立及演变、促进西北民族教育发展的群体与个体、西北开发与民族教育的关系等几个方面。学界充分认可南京国民政府时期是西北地区民族教育近代化的重要发展阶段，学者们从对局部地区民族教育发展的研究扩展到多领域的研究，初步构建起了对南京国民政府时期西北地区民族教育研究的基本框架。青克尔的《民国时期东北蒙古族师范教育述略》（《民族教育研究》2014 年第 2 期）研究了民国时期东北地区的蒙古族教育。作者认为，民国时期东北地区蒙古族教育的发展比同时期其他少数民族地区发达，并有其自身的特点。这一时期蒙古族师范教育的发展在蒙古族近代教育史上占有重要地位。除此之外，凌永忠的《论民国时期的云南边地教育》（《教育文化论坛》2013 年第 5 期）、张振霞和徐丹的《民国时期甘宁青地区民族教育发展及其影响》（《民族高等教育研究》2013 年第 2 期）、何腾的《民国时期西南民族地区教育述论》（《贵州民族研究》2013 年第 2 期）也都对民国时期的各地民族教育进行了研究。

此外，吴明海的《古代中国政府多民族教育政策文化模式研究》（《民族教育研究》2013 年第 1 期）从文化模式视角总结了古代中国民族教育政策的历史经验。万红的《乡土教育视阈下的土司文化及其价值》（《民族教育研究》2014 年第 6 期）对土司文化与乡土教育进行了研究。刘额尔敦吐的《台湾平地化时期高校少数民族招录政策的历史考察》（《民族教育研究》2014 年第 6 期）从台湾平地化时期高校少数民族政策形成的历史背景与政治目的入手，梳理与归纳其实行的具体内容，并对其利弊进行评析。赵桅的《改土归流后鄂西土家族地区官学教育的历史考察》（《民族教育研究》2014 年第 6 期）介绍了鄂西土家族地区在清代尤其是改土归流之后官学教育的发展。

六　教育人类学研究

教育人类学研究在国内的历史不长，但近些年此领域的研究呈现出一派欣欣向荣的景象。学者们不仅关注教育人类学理论的阐述，还从事相关的田野工作。教育人类学的研究成果主要集中在 2014 年。

甘永涛和刘倩的《当代中国教育人类学研究热点及其演化的知识图谱》（《民族教育研究》2014 年第 4 期）在 CNKI 数据库中，以“教育人类学”为关键词搜索，选取 1998 年至 2013 年间引用频次最高的前 80 篇文章进行教育人类学领域的知识图谱研究。数据经过预处理后，借助于知识图谱的可视化技术手段，得出教育人类学研究趋势的知识图谱的演变，展示了近 24 年以来教育人类学的研究热点及其发展态势。陈学金的《论教育人类学的三种研究取向及在不同国家的特点》（《民族教育研究》2014 年第 1 期）对教育人类学的基本研究取向进行了探讨。作者发现，教育人类学有三种研究取向：一是从思辨的、形而上的角度阐释人与教育的问题，具有强烈的哲学思辨色彩；二是从生理、心理的角度研究教育问题，具有较强的自然科学性质；三是从社会—文化的角度研究教育，具有人文社会科学的性质。教育人类学的发展不仅与各国“人类学”的传统有关，还与各国“民族—国家”的构建紧密相连。作者认为，“教育人类学”的内涵是一个多线的、动态的历史构建过程。不同国家的教育人类学形成了不同的传统与特色。纳日碧力戈的《教育人类学：美美与共的学问》（《民族教育研究》2014 年第 4 期）认为教育人类学是一门美美与共的学问。它对弱势群体持有人文关怀，以语言和文化的中层相对主义呼应国家治理和市场运行的高层普遍主义，能够以形、气、神通观的立场，沟通国家治理和社群需要之间的利益诉求，达到“致中和”的效果。教育人类学要研究民族教育中“爱民族”和“爱国家”如何互补共存，如何协调一致。教育人类学通过民族教育的田野工作和理论升华，能够以不可替代的独特视角，为建设公平正义和人道美德的现代文明国家提供学术支持。吴明海的《一核多元中和位育——中国特色多元文化主义及其教育道路初探》（《民族教育研究》2014 年第 3 期）认为，多元文化的结构是多种多样的，多元文化观及其教育观也是多种多样的。作者提出，多元文化观是一核多元文化观，其具体要点是：多元一体，体中有核；一核多元，多元一核，相互生成，永不枯竭；多元互动，中和位育，相互尊重，相互制约，美美与共，良性和谐。

对教育人类学来说，田野工作非常重要。海路、张旭东和降初卓玛的《维吾尔族随迁子女的人际交往与文化适应策略——基于北京市 XZ 打工子弟学校的教育人类学研究》（《民族教育研究》2014 年第 6 期）应用教育人类学田野工作的方法，进入北京市 XZ 小学考察维吾尔族随迁子女的人际交往与其文化适应策略间的关系。研究结果表明：师生和谐交往有利于维吾尔族随迁子女更好地实现“整合”的文化适应策略；同伴友好交往是维吾尔族随迁子女实现文化适应“整合”策略的必要途径；日常化的亲子交往有利于维吾尔族随迁子女保持民族文化身份认同，使其避免选择“同化”或“边缘化”的适应策略。王希辉和李亮宇的《民族文化教育传承中存在的问题及其对策研究——基于重庆市酉阳县民族完小个案调查分析》（《民族教育研究》2014 年第 1 期）通过对重庆市酉阳县民族完小师资队伍、校本课程设置进行实地调查，发现了民族文化在学校教育传承中面临的诸多困境，并提出了民族文化教育传承得以持续发展的相关对策。向瑞和张俊豪的《湘西苗族传统文化在家庭教育中的传承特性》（《民族教育研究》2014 年第 2 期）结合湘西古丈县龙鼻嘴村、毛坪村两个苗寨田野调查结果，试图探讨湘西苗族传统文化在家庭教育传承中的几个特性，包括传承程度的不平衡性、传承范围的隔代性、传承内容的选择性以及对现代社会的适应性。

总体来看，多元文化教育的理念与实现路径、少数民族传统文化与学校教育的关系及民族文化教育传承中存在的问题等都是本年度学者们普遍关注的问题。

（杨华，副研究员，中国社会科学院民族学与人类学研究所民族理论研究室）

2013—2014年世界民族研究综述

刘　泓

自“冷战”结束后，多民族国家内部民族问题“增多趋强”的态势十分明显。在一些国家，民族问题经常成为引发社会动乱和政治危机的重要因素；而在六七十个国家里，还存在民族分裂主义组织；包括当今国际社会严厉打击的恐怖主义，也大多与民族分裂主义有关；在一些国家的民主化浪潮下，民族问题常成为反对派举事的缘由；西方一些国家以防止人道主义灾难为名对他国内政的干涉，也常借民族问题做文章，甚至故意挑起民族冲突。民族问题的重要性、复杂性、长期性、普遍性和国际性特点，越来越为人们所认识和重视。

世界民族学科建立30多年来，跟踪民族问题研究的国际前沿理论和前沿课题，在对当代世界民族问题的特点和发展趋势研究方面，在对民族主义、民族—国家和地区联盟研究方面，在对多民族国家民族问题治理政策和理论研究方面，在对国际移民问题和跨界民族问题研究方面，都取得了一些重要成果。在2013—2014年度中，有些成果所展示的新观点、新角度、新方法、新材料，不仅得到民族问题研究界的承认，也引起其他相关学科的关注。[①]

随着学界对民族问题关注力度的加大，民族学、人类学与政治学在研究民族问题上的汇合点日渐增多，作为交叉学科的政治人类学和民族政治学随之问世。它们通常据方法和视角的不同被列为上述相应的传统学科的二级学科。以民族学的方法和视角开展的研究，重点关注的是少数民族内部政治结构和行为，以及对各种不同形态的人们共同体的政治实践的比较。以政治学的方法和视角开展的研究，通常的研究重点是不同民族之间的政治关系以及对这种关系的调控。[②]

一　国外学科理论与研究动向

近年来，国外学术界对国别族裔政策模式及其学说，形成了一种引人注目的综合比较和深入反思的研究态势，并从理论根源上对自由主义传统和马克思主义立场进行对比研究与评价，试图在思想认识上有新的发展和突破。主要观点包括：第一，现代化进展导致的国际社会多元化以及政治经济进程的复杂化，必然要求对族际关系的演进进程进行必要的宏观管理，这亦是集体安全逻辑的自然延伸。第二，从某种意义上说，在自由经济模式和共和主义的理论中，“公共的”意味着政治的。在自由经济模式中，政治意味着行政管理，共和主义的政治意味着

---

① 参见郝时远、朱伦主编《世界民族》（8卷），中国社会科学出版社2013—2014年版。

② 参见Touval，Saadia，*Somali Nationalism*：*International Politics and the Drive for Unity in the Horn of Africa*，2013；N. Johnson，*Islam and the Politics of Meaning in Palestinian Nationalism*，2013，books. google. com；A Spektorowski，*The Origins of Argentina's Revolution of the Right*，2013，undpress. nd. edu；RC Lee，SC Wong，*Asian America. Net*：*Ethnicity*，*Nationalism*，*and Cyberspace*，2013，books. google. com。

公民参与及社团活动。第三，当今世界发生的族际冲突、恐怖主义活动，凸显目前践行的各种治理模式的困境。

从研究方法上看，学科之间，以及学科内部不同的分支之间交叉、合流现象比较显著。比如政治学与民族学、历史学的交叉、合流，国际政治学与国际安全、比较政治经济学以及政治经济学出现的交叉和合流。研究方法的这种发展态势，无疑将推动世界民族学科内部资源更好地整合，致力于新领域的扩展，让世界民族的研究具备更强的理论基础，也能更好地在新的议题上与其他学科进行合作。

近年来，多元文化主义与少数人权利保护始终是国外学界关注的话题。作为自由主义政治理论发展中的一项主要成果，用“自由主义包容社群主义和文化多元主义的少数族群权利”理论比较具有影响力。这种“少数族群权利理论”，不仅关注少数民族，还把其他形式的文化群体纳入讨论范围。认为，文化少数族群可以分为不同种类。除了少数民族外，鉴于西方民主国家中的多元文化主要是由少数民族文化和移民文化构成，移民群体遂亦成为其关注的重点。同时，有学者开始着手通过多元文化主义视角检验西方国家族际关系治理的实际效果。

关于分裂权利的研究，一直是国际学界在分裂主义研究中重点关注的一个问题。许多西方学者基于“自由民主”的角度，对分裂权利的正义性进行辩护。这些为分裂权利进行辩护的理论大体可以分为自决权理论、基本权利理论和唯一补救权利理论三类。这些关于分裂权利正义性的论述对相关国家的反分裂工作造成了消极的影响。相关理论往往打着自由民主的旗号，但在理论上却是反自由、反民主的，而且在实践上也是矛盾和缺乏解释力的。同时，这些理论把握分裂主义的本质性要素，即领土的因素，无视这种单方的领土分裂诉求对所在国领土和主权完整乃至于国际秩序的冲击，它们也忽视了分裂主义常常表现出来的暴力性和恐怖性以及这种极端政治诉求对人权、和平与自由的践踏。事实上，在分裂主义的领土性和暴力性的挑战下，分裂并非解决民族冲突、保护少数权利的可行路径。

二 国内学科研究基本状况

借鉴和汲取国外民族问题治理方式的有益经验和失败教训，使民族政策顺应时代民族问题的发展变化，是我国世界民族学科多年来一直重视的问题。

我国世界民族学科学科归属和主攻方向是民族政治学，兼及世界民族史志。它们所关注的问题包括当代世界各种民族问题、治理方式和理论学说。其中，问题研究包括现代民族主义与民族—国家建设问题，种族主义与种族问题，多民族国家的民族关系问题，跨界民族（people）问题，国际移民问题，民族—国家间的地区联盟问题等；治理研究主要是就各国政府的民族政策，国际组织有关少数民族群体权利保护的约法，以及民族民间组织和跨民族民间组织的存在与行为，对处理和协调民族关系的绩效和影响进行分析；理论研究侧重于认识和揭示当代各种民族问题的本质，通过研究自由主义有关民族问题的传统论说和当代发展，通过研究马克思主义有关民族问题的基本理论和国情化运用，结合民族问题的时代表现和特点，以期为中国民族问题治理提供具有思想启发意义和实际应用价值的新观点、新理念和新思路。比如民族文化，可视为一种文化民族主义的观点声称，西方文化已经进入了死胡同，资本理性和科技理性已经走向末路，我们要实现中华文化的伟大复兴，就要回到中国传统文化尤其是“前孔子”中去寻找出路。民族认同与国家认同是多民族国家内部的重要认同形式，两种认同之间的冲突与张力直接促进了各种认同的共生，两者之间协调与否关系着民族与民族、民族与国家之间能否和谐统一的重要问题。

有人用跨学科的方法，结合社会语言学、社会学、政治学和法律科学等，讨论了学术上语言和民族认同的相互关系，并将这些讨论与在法律定义中作为民族认同标志的语言的作用进行了比较。有人认为，民族利益与国家利益是民族国家最具实质意义的两种利益形态，它们既对立又统一，既相互依存又彼此分殊。如何协调两者关系，是当今世界一切民族国家必须面对和加以解决的基本问题。民族意识与民族心理素质的关系，既不等同也不包容，而是在一定程度上相互联系相互区别，同时又在不同的历史时期凸显其主次地位。有学者从分类的角度梳理了民族主义这一概念，区分了民族主义的两种理想类型：以对理性和个人自由的强调为基础的自由主义（或称公民的民族主义），以对非理性的浪漫主义和作为群体权利的强调为基础的族裔民族主义。①

同时，学科的研究成果还涉及国外民族主义著作的翻译评介、学科研究资料的收整理、工具书的修订、教材的编写、杂志的编撰等工作。

在国内世界民族学科研究领域，中国社会科学院民族学与人类学研究所世界民族研究室科研人员发挥着举足轻重的引领作用（近年科研成果详见文末附录），并通过中国世界民族学会的学术影响力，不断加强学科人才队伍建设，共同推动国内世界民族学科的发展。

---

① 王红：《文化民族主义与民族文化》，《中共四川省委党校学报》2014 年第 2 期；Sametova Fauziya、桂亮：《民族性格特点初探》，《河北广播电视大学学报》2014 年第 3 期；伍小涛：《关于“民族”和“民族主义”问题的辨析》，《青海民族大学学报（社会科学版）》2013 年第 3 期；蒋红王超品：《多民族国家民族认同与国家认同整合路径探析》，《思想战线》2014 年第 2 期；路宪民：《美国的民族认同模式及其启示》，《西北师大学报（社会科学版）》2014 年第 2 期；严庆、马宝华：《浅谈反对民族分裂的主张与依据》，《西南民族大学学报（人文社会科学版）》2014 年第 1 期；祁美琴；滕传婉、金炳镐：《跨界民族的经济文化互动与民族关系发展——以西双版纳州勐腊县南浪村为例》《云南民族大学学报（哲学社会科学版）》2014 年第 2 期；丁龙召：《民族文化屏障对民族关系影响论析》，《中南民族大学学报（人文社会科学版）》2014 年第 4 期；宋鑫华：《论民族冲突的内在张力》，《云南民族大学学报（哲学社会科学版）》2014 年第 6 期；张世均、白珍：《印度政府解决民族问题的政治举措及其启示》，《北方民族大学学报（哲学社会科学版）》2014 年第 5 期；姚惠娜、黄民兴：《试论巴勒斯坦民族主义发展阶段及特征》，《史学理论研究》2014 年第 2 期；尹可丽、张丽蓉、陆亚：《国外民族认同发展理论对中国少数民族儿童民族认同研究的启示》，《学术探索》2014 年第 10 期；祁美琴：《论民族符号与国家象征的关系》，《广西民族研究》2014 年第 5 期；傅钱余：《民族文学“民族性”的研究范式新议》，《天府新论》2014 年第 4 期；周平：《论多民族国家民族问题的治理》，《晋阳学刊》2013 年第 5 期；钟贵峰：《论多民族国家的族际关系治理》，《湖北民族学院学报（哲学社会科学版）》2013 年第 12 期；于春洋：《外观与内核：论现代民族国家的双重建构》，《中央民族大学学报（哲学社会科学版）》2013 年第 3 期；张春林：《民族国家与民主国家的融合——张君劢民族国家观简析》，《社会科学论坛》2013 年第 8 期；李彦冰：《民族国家间差异性对国家形象塑造的制约——以政治价值观与民族文化为讨论基点》，《哈尔滨工业大学学报（社会科学版）》2013 年第 3 期；王金利：《全球化视域下的国家建构——试论哈贝马斯后民族国家结构》，《学理论》2013 年第 9 期；于春洋、李瑞君：《论民族利益与国家利益》，《广西民族研究》2013 年第 3 期；梁成意、汤蕾：《论民族国家、欧洲共同体与现代宪法历史观的重建》，《云南师范大学学报（哲学社会科学版）》2013 年第 5 期；宋欣欣：《秘鲁民族主义的演变及其特点》，《世界近现代史研究》2013 年第 11 期；王慧芝：《阿根廷民族主义的演变与特点》，《世界近现代史研究》2013 年第 11 期；胡景朝：《全球化背景下的民族主义问题研究》硕士学位论文，内蒙古大学，2013 年；伍小涛：《关于“民族”和“民族主义”问题的辨析》，《青海民族大学学报（社会科学版）》；张立夫：《朝鲜民族主义与朝鲜半岛的统一》，硕士学位论文，山东大学，2013 年；姚历：《法兰西民族国家的确立》，《法国研究》2013 年第 2 期。

三　学科主要研究成果

（一）理论研究

西方对于民族主义的研究也是国内学界关注的重点。如民族主义的含义及起源、分类及主张，及其“现代主义”理论、“族群—象征主义”理论、公民民族主义与族群民族主义等理论流派等。有学者指出，民族主义既是构建民族国家、推进民族政治发展的重要力量，又是破坏国家统一、阻碍民族政治发展的重要因素。马克思主义民族殖民地理论是马克思主义关于资本主义殖民地问题与民族解放运动的理论。当今世界的民族—国家大都面临着多元文化背下的国家建构问题，这是由族群和文化多样性决定的，并且由于国家一体化与族群自我发展之间的内在张力使得这个问题变得更为复杂。从政治学意义上来看，民族冲突是一种民族政治关系的不和谐模式。国家相对于民族群体而言，是大社会组织与小社会组织之间的关系，也是国家与社会之间的关系，民族群体内部的和谐是构成国家和谐的基础；民族群体为个体责任感培育、道德意识构建、秩序维护、情感滋养提供着现实而生动的场域。有学者回顾了族群冲突理论在西方的发展脉络，并对领域内的几个主要理论流派——现代论、原生论、建构论、工具论、制度论的基本假设、观点进行概括和对比，逐一分析几个流派的贡献和局限。[①] 有人明确指出，全球正义的核心理念是，人们应公平地对待世界上的每一个人，不论他是自己的民族同胞还是国界之外的“陌生人”；而在民族主义者看来，人们可以合理地偏袒自己的民族同胞。[②] 有人认为，当今时代最显著的特征之一是全球化，全球化是指各种生产要素或资源在世界范围内自由流动以及实现生产要素或资源在世界范围的最优配置。全球化是一把双刃剑，既给民族国家带来发展机遇，也给其带来挑战，全球化与民族国家是并行不悖的。[③]

民族主义是近现代备受关注的重大理论话题和全球性实践问题。马克思主义是民族主义研究的重要学派，尤以马克思主义经典作家相关论述弥足珍贵。然而，在对待这份历史遗产方面，目前学界似乎重视力度不足，不免产生了“困难对话论”这一广为存在的认识和现象。对此，有学者通过对马克思主义经典作家相关论述进行全面的整理与研究，梳理出了经典作家关于民族主义的具体观点和举措，结合对社会主义国家理论与实践及当代诸多重大全球性问题的考察，挖掘了经典作家相关论述的当代意义，同时对“困难对话论”进行了批判性评析。指出，马克思主义和民族主义均位居近现代影响最为深远的思潮之列。马克思主义经典作家在基本立场上对民族主义持批判态度，但这并非经典作家所持观点的全部，马克思主义和民族主义并非决然对立。在对待马克思主义和民族主义间关系和思想碰撞问题上，学界普遍存在“困难

---

① 宋鑫华：《论民族冲突的内在张力》，《云南民族大学学报（哲学社会科学版）》2014 年第 6 期；张三南：《马克思主义经典作家民族主义论述的再认识：“困难对话论”评析（上）》，《世界民族》2014 年第 3 期；魏国红、龚维维：《社群主义视角下的民族关系和谐研究——兼论“淡化民族意识”与“强化公民意识”》，《中南民族大学学报（人文社会科学版）》2014 年第 5 期；杨须爱：《马克思主义民族殖民地理论的形成与发展》，《民族研究》2014 年第 2 期；吴楚克：《民族理论研究中的“苏联模式”问题》，《思想战线》2014 年第 3 期；胡赣栋：《民族、民族主义与国家建构》，《国外社会科学》2014 年第 2 期；张建新：《资源民族主义的全球化及其影响》，《社会科学》2014 年第 2 期；陈明富：《马克思“共同体”思想视域下民族主义研究的意义》，《江淮论坛》2014 年第 4 期；杨光斌、杨洪晓：《民主主义、民族主义与现代国家建设》，《行政科学论坛》2014 年第 4 期；胡玲：《民族主义的伦理边界》，《探索与争鸣》2014 年第 6 期。

② 胡玲：《民族主义的伦理边界》，《探索与争鸣》2014 年第 6 期。

③ 王乐：《全球化时代的民族国家认同》，《党政研究》2014 年第 4 期。

对话论”的观点和现象，放大了二者间差异，忽视了其思想碰撞和交集，尤其在对待经典作家关于民族主义的论述时往往采取回避、揶揄甚至否定与批判的态度。马克思主义对民族主义虽多有批判，但二者在思想渊源和现实基础方面存在交集，并非“困难的对话”。经典作家关于民族主义的论述内容丰富，既彰显宏观性唯物史观，又涉及众多微观个案；既体现为着重于“人类解放”历史意蕴的“长时段理论”和“大理论”，又从无产阶级立场出发剖析了民族主义的“两重性”，论述了“两种民族主义”问题，并在从“工人没有祖国”到“祖国之歌如何唱起”的民族国家实践中体现了国际主义和民族主义的互动。经典作家相关论述具有当代意义，契合了“反帝”“反殖”“反霸”“反极端”的世界政治文明发展的正义方向，对中国等社会主义国家处理社会主义与民族主义的关系具有启示意义。“困难对话论”缘由需要再审视，经典作家相关论述需要再认识，这对于我们辩证认识民族主义同样甚为必要。①

一些学者还就一些国外的民族主义理论观点和经典作家理论观点进行了分析评述。比如，有学者指出土耳其—伊斯兰合一论是当代土耳其思想界对凯末尔民族主义和世俗主义做出的重大理论修正。该理论政治影响力上升的过程，也是土耳其宗教政策日趋宽松，民族主义保守势力日益强大的过程。土耳其—伊斯兰合一论反映了现代土耳其宗教和阶级矛盾。② 有人指出，对于民族宽容的探讨是将心理学中的宽容概念应用于民族社会学研究中的全新视角。从这一角度看来，民族问题以及由此引发的社会问题都是民族之间不宽容的表现。③ 长期以来，国内学术界关注更多的是列宁的民族问题理论，而对关于马克思、恩格斯民族问题理论的文本研究却相对较少。实际上，马克思、恩格斯通过众多的论述阐述了民族问题的基本理论。所不同的是，马克思、恩格斯不是对民族问题进行单独考察的。④

有学者从族际政治的角度，对西方民主制度进行了分析。指出，随着族际关系的变化，当代西方的民主政治不断调整，包括自由民主、结盟民主、协商民主在内的主流民主模式带有深刻的族群问题的烙印。这些民主模式在主体要求、制度设计和价值导向等多个方面存在着差异，具体表现在个体权利和群体权利，多数制与比例制，同化共识、交叠共识、底线共识、协商共识等多个问题上。⑤

民族问题能否得到妥善解决，事关世界上大多数多民族国家的统一和领土的完整，决定着国家的前途命运。但是，对于“什么是社会主义民族问题”，学界认识不一。目前学界大致有三种观点：一是由民族压迫引起的民族不平等及其派生出来的一系列民族之间的关系问题；二是与民族直接相联系的一切现象和问题的总称；三是民族之间的矛盾问题”。对此，有学者指出，社会主义民族问题是一个动态的发展过程，社会主义民族化是指社会主义国家坚持把马克思主义民族理论与本国的实际相结合，在坚持民族平等的前提下，根据不同历史时期的历史任务，与时俱进，形成科学的民族理论和政策，逐步解决民族间存在的事实上的不平等，最终实

---

① 张三南：《马克思主义经典作家民族主义论述的再认识：“困难对话论”评析（上）》，《世界民族》2014 年第 3 期；张三南：《马克思主义经典作家民族主义论述的再认识：“困难对话论”评析（下）》，《世界民族》2014 年第 4 期；张三南、谢丽萍：《马克思主义经典作家民族国家观三题》，《兰州学刊》2014 年第 10 期。

② 敏敬：《转型时期的政治与宗教：土耳其—伊斯兰合一论及其影响》，《北方民族大学学报（哲学社会科学版）》2014 年第 1 期。

③ 王莉：《俄罗斯民族宽容问题研究》，《世界民族》2014 年第 1 期。

④ 胡键：《资产阶级现代民族的形成与落后民族的解放——基于马克思恩格斯关于民族问题阐述的文本》，《世界民族》2013 年第 6 期。

⑤ 佟德志：《当代西方族际民主模式的比较研究》，《民族研究》2013 年第 6 期。

现各民族的共同繁荣。①

（二）政策研究

值得注意的是，国内学术界对民族政策研究给予了越来越多的关注。指出，民族—国家应推行积极的民族政策，引领民族完成其现代建构，即从文化认同走向文化自觉。在这一过程中，出现了主张“以族群替代民族”、民族问题“去政治化”、民族关系“去政治化”等观点，还有人主张实行所谓“第二代民族政策”等，在学术领域和社会上都引发了一些争议和讨论，甚至造成思想、理论上的混乱。围绕“第二代民族政策”说展开的讨论，使得以往聚焦于民族识别、民族关系、民族区域自治政策和操作层面的问题上升到了基本理论和方法论的层面。主要观点：“第二代民族政策”在有关改变中国民族政策的若干依据，就中国民族政策的核心原则、少数民族地区经济社会发展水平、反恐反分裂斗争的基本原则、民族区域自治制度的法律地位等方面，存在一系列理论和实践误区；所谓“国际经验教训”基本不符合事实，违背民族发展规律；应排除干扰，坚持和完善现行民族政策。有学者还在评析以“去政治化”为内涵的“第二代民族政策”设计的同时，对相关文章存在的思想方法、学风等方面的问题提出质疑和批评。② 指出，民族—国家应推行积极的民族政策，引领民族完成其现代建构，即从文化认同走向文化自觉。在这一过程中，出现了主张“以族群替代民族”、民族问题“去政治化”、民族关系“去政治化”等观点，还有人主张实行所谓“第二代民族政策”等，在学术领域和社会上都引发了一些争议和讨论，甚至造成思想、理论上的混乱。围绕“第二代民族政策”说展开的讨论，使得以往聚焦于民族识别、民族关系、民族区域自治政策和操作层面的问题上升到了基本理论和方法论的层面。

“第二代民族政策转型”论者把少数民族的差异性存在视为影响中华“国族—国家”统一建构的消极因素，建议党和国家对少数民族要进行制度性的同化主义“整合”政策。有学者对此指出，这种源于200多年前的“同质化的国族—国家”（homogeneous nation-state）观，早已被历史发展所抛弃。国际社会对民族差异和文化多样性现在普遍持尊重差异、包容多样的“多元文化主义”（multiculturalism）和“交融文化主义”（interculturalism）理念，尽管其在实践中仍存在一些争议问题，但因其具有倡导民族人格平等的思想品质，具有主张保护弱势民族群体权益的高尚道义，具有化解同化主义和分离主义两极化对立的工具作用，现已成为绝大多数国家制定民族政策和文化政策的基本理念。我国现行的以民族区域自治制度为基础的各项民族政策，也是从这些基本理念出发制定的，虽说其实践过程尚有不尽如人意之处，需要根据民族问题的新情况进行发展和调整，但要说向同化主义方向“转型”，则是逆当今时代潮流而动的思想行为。

外国治理民族问题的经验和教训，一直是世界民族研究的重要主题。比如，有学者指出，多民族国家的社会和政治秩序在很大程度上取决于民族认同与国家认同的平衡和整合，如何在维持原有民族认同的基础上实现国家认同是其关键。以移民为主体、民族极为多元的美国，在

---

① 钟瑞添：《社会主义民族化：解决社会主义民族问题的视角》，《科学社会主义》2013年第6期。

② 马戎：《如何进一步思考我国现实中的民族问题——关于“第二代民族政策”的讨论》，《中央民族大学学报（哲学社会科学版）》2013年第7期；唐建兵：《“第二代民族政策”真的可行吗？——与胡鞍钢、胡联合两位教授商榷》，《西南民族大学学报（人文社会科学版）》2013年第4期；杜敏、李泉：《文化民族与“承认”：民族理论的再思考》，《西南边疆民族研究》2013年第3期；宋德茂：《评“第二代民族政策”》，《边疆经济与文化》2013年第6期；黄立茀、刘凡：《中国“第二代民族政策”思路与俄罗斯民族政策的异同》，《俄罗斯学刊》2013年第10期。

民族认同上采取的是以族群为核心的文化策略，而对国家认同则采取了以“美国精神”为核心的政治化策略，并通过民族建设、国家建设以及公民意识培养等举措予以大力强化，从而实现了文化多元基础上的政治一体。[①] 有学者根据印度政府解决少数民族问题的经验，指出我们应通过加强国民意识的教育，增强对国家的认同感、保障少数民族参政议政权，提高少数民族参政议政的质量、落实民族教育政策，大力发展民族教育、完善对少数民族社会救助等，加强我国的民族团结，建立和谐民族关系，维护社会稳定。[②] 民族区域自治制度作为多民族国家处理国内民族问题、协调族际关系的重要手段，已被不少国家采用。该制度的实施有效缓解了民族间的紧张关系，在一定程度上实现了民族和解。有学者以西班牙巴斯克民族区域自治制度为考察对象，通过对民族区域自治制度在巴斯克地区的运行情况来阐明民族区域自治制度对于西班牙解决巴斯克民族问题的积极意义及其制度本身存在的局限性。[③]

自冷战结束后，伴随着“和平与发展”的主题，世界各国的重心都在倾力于发展，对于偶发的民族冲突的解决方式也从以往的“以暴制暴”转变为和平方式。“和解”一词自然地也被引入到民族政治研究中。“民族和解”虽被频繁使用，但学界却没有对其进行清晰且权威的界定。为了将“民族和解”从案例上升到系统的学理分析，有学者在对已有的关于“民族和解”学术研究的成果进行梳理和分析的基础上，尝试着“集各家之所长”，厘定“民族和解”，并试图归纳总结出民族和解的基本路径。[④]

民族、民族主义、族群民族主义、公民民族主义以及国家建构一直是学者们关注的话题。有学者认为，在现代政治中，民族共同体的想象总是和国家建构关联在一起。不同的精英主体有不同的共同体想象。不同的共同体想象，即关于民族不同的认知孕育不同的民族主义。精英主张的不同民族主义影响国家建构方式的选择。[⑤] 针对民族同化、民族融合、民族交融、民族关系等概念，有学者认为，概念是理论的基点。“民族交融”这一概念，是对不同民族在交往交流中共同性因素增加的现象的准确概括，也标示出了中国当前各民族的关系朝着更加包容、亲近、认同发展的趋势。这一概念的提出丰富了中国民族理论的概念体系。[⑥] 社会主义民族化是指社会主义国家坚持把马克思主义民族理论与本国的实际相结合，在坚持民族平等的前提下，根据不同历史时期的历史任务，与时俱进，形成科学的民族理论和政策，逐步解决民族间存在的事实上的不平等，最终实现各民族的共同繁荣。[⑦] 民族和民族性是欧洲民族学史上的两大核心概念，民族（ethno）一词来源于希腊语，后来被用来指代作为民族学的研究对象的人类群体。马克斯·韦伯最早提出了“族群”的定义，并在想象的群体和真实的群体之间加以区分。[⑧] 作为民族个体能否认同一个民族，或归属于民族？针对这一问题，有学者指出，这类问题的出现并非无缘无故，根源在于认同基础，民族认同的强烈程度和持久长度往往与其基础是否夯实有着一种正相关的关联性。一般而言，民族认同的基础有三种，即族裔基础、文化基础

---

① 路宪民：《美国的民族认同模式及其启示》，《西北师大学报（社会科学版）》2014 年第 2 期。

② 张世均、白珍：《印度政府解决民族问题的政治举措及其启示》，《北方民族大学学报（哲学社会科学版）》2014 年第 5 期。

③ 彭谦、李聪：《试析巴斯克民族区域自治制度及其功能》，《世界民族》2014 年第 3 期。

④ 严庆、胡芮：《民族和解的厘定和路径探究》，《广西民族研究》2014 年第 2 期。

⑤ 胡赣栋：《民族、民族主义与国家建构类型》，《国外社会科学》2014 年第 2 期。

⑥ 杨须爱：《“民族交融”的科学内涵及实践意义》，《贵州民族研究》2014 年第 2 期。

⑦ 钟瑞添：《社会主义民族化：解决社会主义民族问题的视角》，《科学社会主义》2013 年第 6 期。

⑧ ［德］白瑞斯：《从民族和民族性到文化认同——欧洲民族学核心概念的转变》，吴基诚、马倩霞译，王霄冰校，《江西社会科学》2013 年第 11 期。

和政治基础。[①] 而费希特在《对德意志民族的演讲》中建构共同的德意志民族精神，运用的是一种建构民族共同性与民族之间差异性的民族认同二元建构模式。建构民族的共同性与民族之间的差异性，既建构出了万众一心的德意志民族精神共同体，为近代德意志国家的统一提供了精神支柱，同时也还建构出了德意志民族对于他者民族的敌对情仇，并为近现代德意志民族主义思想的蜕变埋下了思想根源。[②]

（三）民族问题研究

有学者认为民族问题因差异而生，突发或现存的民族问题，不会对社会造成实质性影响。但有些地区的族际冲突使主权国家直接面对非传统安全的威胁挑战。有学者认为，民族认同与国家认同是多民族国家内部的重要认同形态。两种认同之间的冲突与张力直接促进了各种认同的共生。两者之间协调与否关系着民族与民族、民族与国家之间能否和谐统一的重要问题。民族和解是减少民族冲突发生和医治民族冲突创伤的重要方略。多民族国家的社会和政治秩序在很大程度上取决于民族认同与国家认同的平衡和整合，如何在维持原有民族认同的基础上实现国家认同是其关键。民族文化屏障是指不同的民族人们在交往中，基于民族性格和民族自我意识等文化特点和差异，以隐蔽或显现方式反映出的民族之间的相互排斥和对自身保护的现象。它对民族关系具有积极和消极双重作用，应当通过教育等途径克服和消减民族文化屏障。[③]

另外，从近年研究的总体态势来看，随着典型的多民族国家内部族际冲突的和缓，体现民族国家时代特征的地区性的、属于国家民族范畴的矛盾日益彰显，学界对后者的关注日渐增多。“东亚岛屿争端”“中韩岛屿争端”“日韩岛屿争端”“南海岛屿争端”“中日岛屿争端”“南海争端”“北极地区领土争端”“中印领土争端”“中菲领土争端”“伊拉克地区领土争端”等相关话题成为学者关注的题目。跨界民族问题、欧盟等地区人们共同体的建构问题，也一直吸引着学界。相关研究既有个案分析，也不乏理论探讨和政策研究。

对于民族宽容的探讨，是将心理学中的宽容概念应用于民族社会学研究中的全新视角。从这一角度看来，民族问题以及由此引发的社会问题都是民族之间不宽容的表现。俄罗斯学者面对苏联解体后的一系列民族问题，从民族宽容角度展开了多方面卓有成效的研究，在增进民族团结、维护社会稳定方面取得了显著成果。[④]

有学者认为资源民族主义是资源丰裕型国家从“廉价资源时代”向“高价资源时代”转变的产物。北非阿拉伯国家兴起的资源民族主义浪潮，不仅增大了国际能源安全风险，也给加快

---

① 陈茂荣：《民族认同与国家认同何以和谐共生——基于民族认同基础理论的分析》，《青海民族研究》2014 年第 2 期。

② 唐书明：《费希特的民族认同二元建构》，《贵州民族研究》2013 年第 6 期。

③ 丁龙召：《民族文化屏障对民族关系影响论析》，《中南民族大学学报（人文社会科学版）》2014 年第 4 期；刘务、贺圣达：《缅甸完成民族国家构建所面临的挑战和机遇》，《南亚研究》2014 年第 1 期；崔健：《日本经济民族主义新论——兼论“安倍经济学”的民族主义特征》，《日本学刊》2014 年第 2 期；田烨：《法国民族主义理念下的多元文化主义》，《世界民族》2014 年第 2 期；吕耀东：《论日本政治右倾化的民族主义特质》，《日本学刊》2014 年第 3 期；敏敬：《转型时期的政治与宗教：土耳其—伊斯兰合一论及其影响》，《北方民族大学学报（哲学社会科学版）》2014 年第 1 期；宋欣欣：《秘鲁民族主义的演变及其特点》，《世界近现代史研究》2013 年第 11 期；王慧芝：《阿根廷民族主义的演变与特点》，《世界近现代史研究》2013 年第 11 期；张立夫：《朝鲜民族主义与朝鲜半岛的统一》，硕士学位论文，山东大学，2013 年；姚历：《法兰西民族国家的确立》，《法国研究》2013 年第 2 期。

④ 王莉：《俄罗斯民族宽容问题研究》，《世界民族》2014 年第 1 期。

“走出去”的中国能源企业带来巨大压力。[①] 有学者使用 Phinney 多群体民族认同量表和 Valk & Kuar 民族认同量表，以 3905 名云南跨境民族学生为对象，调查研究了跨境民族学生的国家认同和民族认同问题。[②]

（四）国际移民、海外华人研究

国际移民的国家认同问题是关乎主权和民族国家的国家认同和国家安全战略的重要课题。国际移民与国家认同之间存在着复杂的逻辑关系。有学者根据国际移民的目的不同可以将其分成改善生活型、寻求发展型、家庭团聚型、寻求庇护型四类，而根据国际移民的生活状况可以将其分成迁移型（其又可分为归化型和断裂型）、跨国型、母居型三类。国际移民的国家认同具有异质性、多元性和可塑性等基本特征。它包括公民身份和国籍的认同、意识形态和宪政的认同、文化和情感的认同三个层次，其中文化和情感的认同包括语言、宗教信仰、民族情感、风俗习惯、领土边界等方面的认同。国际移民国家认同的分层研究可以为国家认同问题研究探索一条新的分析路径。[③]

国际移民的动因可划分为经济因素和非经济因素，其中非经济因素又包括政治因素、社会因素、文化因素和情感因素。有学者指出，新移民的回流呈现出有别于国内跨区域流动和普通跨境外迁的特点。在跨境移动和迁徙的空间化和趋于全球化的今天，回流有可能只是整个迁徙计划的一部分。交通与移民息息相关，一方面，两者相互“成就”与“促进”。另一方面，被缚的交通势必抑制移民的活力，移民活动过于密集可能“导致”交通堵塞，交通堵塞也可能在短期内唤起移民大潮。以教育为主导的移民社会融合实践模式，不仅有效地提升了移民的政治认同、经济参与，缩短了群体间的文化差距，而且有效地实现了对多元文化群体的新型社会管理，建构起独特的教育社会管理路径。社会融合是国际移民和国内移民（或流动人口）面临的共同问题。美国和欧盟对移民的社会融合问题高度重视，形成了各自的理论体系。中国这方面的研究才刚刚起步。流动人口问题的研究打上了鲜明的时代烙印，折射出学界和政府部门在不同时期对“流动”这一人口现象、对“流动人口”这个群体的认识历程。早期的相关研究主要探讨流动人口的总量、结构、特征、空间轨迹，以及流出地和流入地的社会影响。[④] 美国是由移民组成的社会大熔炉，在数百年发展中形成了以教育为主导的移民社会融合实践模式，不仅有效地提升了移民的政治认同、经济参与，缩短了群体间的文化差距，而且有效地实现了对多元文化群体的新型社会管理，建构起独特的教育社会管理实践体系，这对走向现代化的中国具有重要的借鉴意义。[⑤]

（五）少数人权利保护研究

主要集中于少数人的定义、少数人保护的正当性、策略等方面的研究。也有学者从多元文化主义与民族国家建构视角，解读少数人权利保护问题。指出，民族自决权在推动民族独立、

---

① 肖洋：《北非阿拉伯国家的资源民族主义及其影响》，《和平与发展》2013 年第 6 期。

② 原源、范庆江、原一川：《“三语背景”下云南跨境民族学生国家认同与民族认同研究》，《学术探索》2014 年第 6 期。

③ 钟坛坛、金太军：《国际移民国家认同的分层研究》，《江汉论坛》2014 年第 10 期。

④ 陈程、吴瑞君：《回流视野的大陆新移民》，《广西社会科学》2014 年第 10 期；李枫：《1942—1972 年云南人滇缅陆路迁徙》，《南洋问题研究》2014 年第 2 期；杨菊华：《流动人口社会融合：“双重户籍墙”情景下何以可为?》，《人口与发展》2014 年第 3 期。

⑤ 张运红、冯增俊：《美国移民社会融合的教育实践模式探讨》，《比较教育研究》2014 年第 3 期。

建立民族国家，以及殖民地人民摆脱殖民统治的运动中发挥过巨大作用。虽然它已发展成一项国际法基本原则，从国际法律文件和国际法院的实践来看，其适用和行使有严格限制。民族国家包含民族与国家两种人类共同体形式，其理论原则也存在内在张力，这导致现代民族国家建构面临内在的悖论和紧张。传统的现代国家建构基于自由主义的理论原则，其政策倾向于“同化主义”。在法治国家建设进程中，美国对原住民少数族裔——印第安人权利的保护日趋制度化。其中，印第安人团体被内政部认定为印第安人部落是印第安人获得联邦政府对其施以特殊保护、服务以及利益保障的前提。多元文化主义公民身份是基于多元文化的诉求，在批判自由主义公民身份普适性基础上提出的差异公民身份。它以族群差异为基点，强调少数族群的特殊权利和对族群的文化认同，培养公民的多元文化身份。①

（六）国外民族史志研究

民族主义一直是思想史研究中的重大课题，目前研究主要侧重世界史和作为意识形态的民族主义，往往忽视了民族主义的思想史纬度。从早期民族意识和近代民族主义的区别来看，前者近似于文化共同体，是基督教世俗化进程中的产物。② 民族主义发端于中世纪欧洲。民族归属感的比喻可回溯到中世纪和近代早期。现代民族与前现代时期的民族截然不同。18 世纪后半叶，制度化和职业化的历史研究出现，科学的历史学兴起。历史学家成为民族叙述发展的重要因素。③

同时，对一些多民族国家的民族历史研究也在不断深入。比如，有学者指出，回溯历史，至少在 1988 年以前，国际社会和苏联境内无人预测到苏联即将解体。④ 有学者通过对弗吉尼亚·伍尔夫作品的研究，认为伍尔夫在所其处时代目睹了英国文明社会的建设进程，并意识到了文明社会背后所暗藏的各种暴力冲突。伍尔夫的作品批判了人类制造的战争暴力、性别暴力和种族暴力，洞悉到父权文化、民族主义、黩武主义是暴力产生的根源。⑤ 有学者认为，20 世纪 50 年代，各民族文化被纳入“统一的多民族国家”的建构之中。国家对各民族民间文学的搜集、整理，对各民族文化资源的发现与重构，在客观上确立了各民族文化与文学的合法性，少数民族文学文化民族主义话语由此激活。⑥ 有学者指出，费希特在《对德意志民族的演讲》

---

① 龚微：《欧洲债务危机与欧盟少数群体权利保护》，《世界民族》2014 年第 1 期；张颖军：《国际法上的民族自决权原则：基于〈联合国宪章〉和国际法院的解释》，《武汉大学学报（哲学社会科学版）》2014 年第 5 期；黄其松：《少数民族权利与多民族国家建构——以金里卡的多元文化主义理论为中心的考察》，《贵州社会科学》2014 年第 2 期；戴小明：《美国印第安人部落的法律认定》，《中央民族大学学报（哲学社会科学版）》2014 年第 5 期；张慧卿：《金里卡论自由的多元文化主义模式国际化的可能性》，《云南行政学院学报》2014 年第 1 期；冯建军：《多元文化主义公民身份与公民教育》，《比较教育研究》2014 年第 1 期。

② 姚惠娜、黄民兴：《试论巴勒斯坦民族主义发展阶段及特征》，《史学理论研究》2014 年第 2 期；马丁：《“一个多民族的非民族国家”——近现代瑞士国家的生存、建立与发展》，《世界历史》2014 年第 2 期；张欲晓：《美国早期白人弱势群体的民族意识分析》，《广西民族研究》2014 年第 4 期；祁涛：《从自然解释到历史叙事——思想史视域下的民族主义观念演变》，《南京政治学院学报》2014 年第 3 期；王春英：《“民族”与“民生”的互见：以战时美亚公司为例》，《学术界》2014 年第 4 期。

③ ［德］斯坦凡·贝格尔：《民族历史的权力：19—20 世纪欧洲的民族历史编纂》，孟钟捷译，《学术研究》2013 年第 6 期。

④ 马忠才：《苏联解体之迷思：从“不可能”到“不可避免”——读贝辛格〈民族主义动员与苏联解体〉》，《西北民族研究》2014 年第 1 期。

⑤ 朱海峰、申富英：《论弗吉尼亚·伍尔夫作品中的反暴力思想》，《外语教学》2014 年第 2 期。

⑥ 李晓峰：《集体记忆·文化符号·民族形象——论 1950 年代少数民族文学文化民族主义话语》，《民族文学研究》2013 年第 6 期。

中建构共同的德意志民族精神，运用的是一种建构民族共同性与民族之间差异性的民族认同二元建构模式。建构民族的共同性与民族之间的差异性，建构出了万众一心的德意志民族精神共同体，为近代德意志国家的建构做出了理论支持。[①]

围绕全球史观等关键词，有学者以民族主义为切入点给予了关注，认为随着全球化时代的来临，重新反思历史、审视现实、展望未来成为知识界和学术界的一种“时尚”。在世界史领域，一个引人注目的现象是，“在1990年代和本世纪的头十年里，全球史的思想和实践得到了越来越广泛的承认”。[②] 有的学者指出，《虚构的犹太民族》（*The Invention of the Jewish People*）是施罗默·桑德撰写的一部专门探讨犹太民族起源的历史学著作。该书批判了以色列史学界传统的犹太历史编纂学，分析了犹太民族传统的历史记忆。[③]

此外，从近年研究的总体态势来看，随着典型的多民族国家内部族际冲突的和缓，体现民族国家时代特征的地区性的、属于国家民族范畴的矛盾日益彰显，学界对后者的关注日渐增多。“岛屿争端”“公投”“独立”等相关话题成为学者关注的题目。跨界民族问题、欧盟等地区人们共同体的建构问题，也一直吸引着学界。相关研究既有个案分析，也不乏理论探讨和政策研究。

从学科研究视角和方法上，也提出了一些新的思考。有学者指出，开展海外民族志研究标志着新时期中国民族学与人类学的一个新开端，即以全球各区域的民族、社会和文化为研究对象，通过实地调查和理论分析，为中国的社会科学界、政府决策部门以及公众提供关于当今世界的鲜活知识。认为，在世界各国的民族或族群研究中，“原住民”（indigenous people）或“土著人”议题的出现与受到社会关注，与近代殖民主义的出现和工业化在全球的扩展有关，也与人权运动的发展有关。[④] 有的学者还从文学艺术等领域关注少数族裔的权利问题。比如以人类学和社会学中“文化”概念之间的互动关系为切入点，把多元文化主义在美国少数族裔文学中的表现划分为文化主义文学、同化主义文学、文化民族主义文学三个阶段，为理解美国少数族裔文学提供了新的思路。[⑤] 有学者指出，民族学在欧洲大陆、前苏联和中国均为独立学科，与英国社会人类学和美国文化人类学也都属于同等性质的学科。在形式与生成逻辑上，民族志与民族学的关系要优先于民族学与社会人类学、文化人类学的关系，且是它们形成与发展的共同源头和动力。[⑥]

附录：

朱　伦：

1.《世界民族》(8卷本)(第二主编)，中国社会科学出版社2013年版。

2.《民族主义——当代欧洲学者的观点》（与陈玉瑶合编），社会科学文献出版社2013

---

① 唐书明：《费希特的民族认同二元建构》，《贵州民族研究》2013年第6期。

② 任东波：《全球史观与民族主义历史叙事》，《史学集刊》2013年第6期。

③ 肖文超：《犹太民族历史记忆的拆解与重构——施罗默·桑德的〈虚构的犹太民族〉》，《史学理论研究》2014年第1期。

④ 王延中：《海外民族志研究大有可为》，《世界民族》2014年第1期；马戎：《民族研究中的原住民问题（下）》，《西南民族大学学报（人文社会科学版）》2014年第1期。

⑤ 赵文书：《美国文学中多元文化主义的由来——读道格拉斯的〈文学中的多元文化主义系谱〉》，《当代外国文学》2014年第1期。

⑥ 肖洋：《北非阿拉伯国家的资源民族主义及其影响》，《和平与发展》2013年第6期；孙振玉：《民族学辨析》，《西北师范大学学报（社会科学版）》2014年第2期。

年版。

3.《民族与民族主义——苏联、俄罗斯、东欧学者的观点》（与陈玉瑶合编），社会科学文献出版社 2013 年版。

4.《民族—国家建构与民族政治理论发展》（访谈人之一），《当代世界与社会主义》2013 年第 5 期。

王建娥：

1.《多民族国家建构认同的制度模式分析：以加拿大为例》，《民族研究》2013 年第 2 期。

2.《多元文化主义的价值再审视》，《世界民族》2013 年第 4 期。

3.《主体互动：多民族国家政治发展的重要动力》，《学术界》2013 年第 9 期。

4.《昭君文化的政治学蕴含》，《昭君文化》2013 年第 2 期。

5.《世界民族：文明与文化》（第二主编），中国社会科学出版社 2013 年版。

6.《民族冲突治理的理念、方法与范式》，《中央民族大学学报（哲学社会科学版）》2014 年第 6 期。

7.《欧洲一体化进程中的国家、地区关系以及地区民族主义的嬗变》，《西北师范大学学报（社会科学版）》2014 年第 1 期。

刘　泓：

1.《民族关系与地区合作》，《世界民族》2013 年第 1 期。

2.《世界民族的当前发展》，《人民论坛》2013 年第 3 期。

3.《世界民族：历史与现实》（第二主编），中国社会科学出版社 2013 年版。

4.《英国的民族与民族问题》，载郝时远、朱伦主编，穆立立、赵常庆分卷主编《世界民族：欧洲卷》，中国社会科学出版社 2013 年版。

5.《德国的民族与民族问题》，载郝时远、朱伦主编，穆立立、赵常庆分卷主编《世界民族：欧洲卷》，中国社会科学出版社 2013 年版。

6.《苏格兰民族主义政治思想》，《世界民族》2014 年第 6 期。

7.《2013 年民族主义发展态势》，《人民论坛》2014 年第 2 期。

8.《不应倒退至狭隘民族主义》，《人民论坛》2014 年 9 月 25 日。

9.《风险太大，让大多数人说“不”》，《中国社会科学报》2014 年 9 月 22 日。

10.《阿富汗的民族与民族问题》，载郝时远、朱伦主编，王树英分卷主编《世界民族：亚洲卷》，中国社会科学出版社 2014 年版。

曾少聪：

1.《中华民族多元一体格局视野下的清代新疆屯垦》（合著），《石河子大学学报》2013 年第 5 期。

2.《民族学视野中的汉民族研究》，载段超、张昌东主编《汉民族与荆楚文化——汉民族学会 2012 年会暨荆楚文化学术研讨会论文集》，中国社会科学出版社 2013 年版。

3.《闽文化与少数民族文化》，《光明日报》2013 年 6 月 7 日。

4.《加强世界民族学科建设　为民族工作提供参考》，《中国社会科学报》2013 年 5 月 24 日。

周少青：

1.《“不再坐视”什么？——加拿大土著民族的困境》，《中国民族报》2013 年 4 月 26 日。

2.《当前世界各主要（多）民族国家民族政策的事实缩略》，载金炳镐主编《评析“第二代民族政策”说》，中央民族大学出版社 2013 年版。

3.《少数民族权利保护与国家安全问题》，《世界民族》2013 年第 1 期。

4.《自由多元文化主义假说的检视：规范理论和社会科学的证据》（译文），《世界民族》2013 年第 3 期。

5.《云南民族区域自治实践中的协商民主政治》，《民族研究》2014 年第 3 期。

6.《国家安全的实质是人民安全》，《中国民族报》，2014 年 7 月 11 日。

7.《荣誉谋杀与伊斯兰法》，《中国民族报》2014 年 8 月 1 日。

8.《云南民族区域自治制度实践》，载中国社会科学院“云南省民族团结进步边疆繁荣稳定示范区建设研究”课题组编著《民族团结云南经验》，中国社会科学出版社 2014 年版。

9.《从两个案件看法美两国的宗教信仰自由》，《中国民族报宗教周刊》2014 年 11 月 13 日。

10.《多民族国家的多元文化公民》（译文），《世界民族》2014 年第 1 期。

于 红：

1.《苏丹》，载郝时远、朱伦主编，葛公尚、于红分卷主编《世界民族：非洲卷》，中国社会科学出版社 2013 年版。

2.《南苏丹》，载郝时远、朱伦主编，葛公尚、于红分卷主编《世界民族：非洲卷》，中国社会科学出版社 2013 年版。

3.《南非肯定性行动评析》，《世界民族》2014 年第 6 期。

4.《从族类象征的角度看民族认同》，《世界民族》2014 年第 6 期。

陈玉瑶：

1.《法国的科西嘉民族问题》，《世界民族》2013 年第 5 期。

2.《共产主义与民族主义》（译文），载朱伦、陈玉瑶编《民族主义——当代西方学者的观点》，社会科学文献出版社 2013 年版。

3.《法兰西移民问题》，《黑龙江民族丛刊》2014 年第 5 期。

4.《法兰西 nation：从观念到现实》，《法国研究》2014 年第 5 期。

5.《国族是什么?》（译文），《世界民族》2014 年第 1 期。

（刘泓，研究员，中国社会科学院民族学与人类学研究所世界民族研究室）

2013—2014年影视人类学学科综述

邓卫荣

2013年

影视人类学在现代视听技术发展下，不仅得到了主流人类学的接纳，随着学科和跨学科联系的不断加强，影视人类学的研究方法也在与其他学科的不断整合的研究过程中备受瞩目。2013年，可以说是影视人类学发展具有划时代意义的一年。

（一）国内学科发展最新动态

1. 人类学影片作为学术成果初步获得承认。中国社会科学院民族学与人类学研究所对人类学影片作为学术成果初步给予承认，并初步制定了具有中国特色的影视人类学学科发展所需的成果评判和审定标准，为影视人类学的繁荣发展铺垫了具有划时代意义的一步。

2. 新型人类学影像志作品探索迈出坚实的一步。中国社会科学院民族学与人类学研究所影视人类学室探索的“新人类学影像志”，意在突破传统影像民族志重文化记录而弱文化研究，大而全却难以深入等难点，以“问题意识”转而关注社会文化变迁、族群和国家认同、民族政策问题、社会组织与社会控制等，研究具有现实意义的课题，以期形成学术思想突出的新型人类学影像志。基于“新人类学影像志”理念，中国社会科学院民族学与人类学研究所影视人类学室申请实施中国社会科学院创新项目《喜马拉雅山地民族影像志系列》项目。项目主持人为庞涛，成员为影视人类学室邓卫荣、雷亮中。三人2013年5—6月、10—11月两次前往西藏自治区林芝地区察隅县对僜人进行了分别为期一个多月的田野调查和拍摄工作，收集相关材料、照片，完成近100盘人类学素材拍摄。僜人是我国未识别族群，其人口主要在印度非法占领区域，我国现有1600多人。僜人是新中国建立后官方对他们的统称。由《喜马拉雅山地民族影像志》课题组制作整体式民族志《察隅河谷僜巴人》（庞涛负责编辑），分为6集，每集35分钟左右，是对我国喜马拉雅南麓山地跨界族群之一的僜人进行的全面的影像化的文化描述和民族志研究。作品对僜人的社会经济文化现状和变迁进行表现，以区域化的视角关注传统山地生计方式与近代农业的关系、僜人身份的现代重构问题、区域内各族群的互动关系、传统宗教的意义与现状、多种婚姻形式的混合状态、族群认同和国家认同、民族心理、象征与历史记忆等多方面问题。作品尝试对传统影像民族志撰写方式进行创新，摸索新的影像民族志表达方式。在表达方式上以复式结构描述文化中的各种存在与关系，在表达方法上依然延续我们尝试的观察—参与—分享的方法，探索学术性与可视性、可传播性兼得的模式，拓展受众群体，以学术化视角传播人文知识；另外，《喜马拉雅山地民族影像志》课题组以学术专题的形式制作的影片《兄弟》（邓卫荣负责编辑，80分钟），反映了僜人现实存在的问题，影片着重在民族关系、身份认同等方面进行深入探讨。《喜马拉雅山地民族影像志》课题组制作的影片《神圣的治疗者：僜人的信仰与治疗》（雷亮中负责编辑，60分钟），通过巫师的治疗活动和僜人的传统信仰展现当地人寻求巫师帮助这一行为背后的文化逻辑和现实考虑，反思小民族文化生存的困境和现实意义。此系列作品也为此类区域山地民族的比较研究打下了基础。

3. 影像表现与文字撰写并重。中国社会科学院创新项目《喜马拉雅山地民族影像志系列》第一期项目撰写了调研报告《西藏僜人经济社会文化变迁》(邓卫荣执笔，5 万字)。

4. 与国家大众传媒的合作中展现了人类学影片的优势。影视人类学者，只有较好掌握了影视语言之后，他们的人类学素养才能更好地在影片展现，才能显现出他们的实力和优势。邓卫荣等参与了中央新影与光明传媒联合制作的《民族故事》大型文化纪录片，完成影片《哈节的日子——关于京族哈节的仪式与生活》。影片不仅记录了京族哈节的仪式过程，同时记录了两个主要人物在哈节的日常生活。一个是为躲避捕鱼风险而一辈子造船的船老大，一个是具有闯劲的京族商人梁绍德。商人梁绍德因为不满海鲜收购人对其海鲜的压价，毅然自己叫车运海鲜到南宁去卖，第一次成功的海鲜贸易从此开启了他的海鲜贸易生涯。然而新的职业又有新的风险。一次，在运海鲜到广东的路上，堂哥被吸毒者抢劫并杀害。八年了，凶手找到了但一直没有判决结果。影片有仪式中的传统，也有生活中的变迁，以及生活变迁对仪式的影响。在京族社会的转型中，京族的职业变迁中，他们还要重新熟悉海洋捕鱼以外种种新的社会规则和潜规则。

5. 理论探讨更深入。影视人类学的探索，特别聚焦在影像作为人类学研究方法和传播媒介的探索上。

(1) 中国社会科学院的雷亮中在 1 月参加民族学与人类学研究所第二届青年学术论坛时发表的论文《影像民族志：作为人类学研究方法》(1.4 万字) 获所二等奖。文章探讨了作为人类学研究方法，影像提供了一种新的人类学知识的生产方式，人类学从一门言语性的学科向图像或形象思维的学科上扩展，民族志电影不再是文字文本的简单复制或是替代品。

(2) 云南大学西南边疆少数民族研究中心讲师徐菡发表在《思想战线》第 2 期的文章《电影、媒介、感觉：试论当代西方影视人类学的转向与发展》谈到，当代西方影视人类学在民族志电影制作、媒体应用、感觉研究三个方面与人类学学科之间的相互联系和影响表现在：其一，作为电影的民族志，影视人类学以电影制作为民族志实践的核心，为人类学学科提供了新的知识的生产途径；其二，作为以媒体运用与研究为主的应用人类学，通过对新旧视觉媒体的兼容并包，影视人类学在专业学术和广泛的大众领域之间建立了沟通桥梁；其三，作为一种交流与批判的声音，影视人类学呼吁视觉、感觉研究与人类学的密切结合。

(3)《影视人类学论坛》电子版由中国社会科学院社会学研究所社会文化研究中心与清华大学新闻与传播学院清影工作室联办，6 月组稿完成。《影视人类学论坛》内容丰富，梳理了影视人类学的理论，介绍了影视人类学机构、国内外专家及影展等方方面面的情况。

6. 人类学影展海内外影响力日益扩大。(1) 由中国社会科学院社会学研究所鲍江组织的 2013 年国际民族学与人类学联合会 (IUAES) 世界大会影像展映中国单元展映了 4 部作品。大会在英国曼彻斯特举行，主题为“人类的演进，新兴的世界”。中国单元部分则以“相处之道”为主题，着重对跨文化“相处之道”的探讨。包括影片《麻与苗族》(47 分钟)，通过记录生活在云南的苗族如何利用麻制作生活必需品，讲述了麻与苗族生命仪式的关系，体现了麻在苗族生活中的重要意义；《献牲》，讲述了帕米尔高原著名的公格尔峰下，布伦口山地一带有一个仅有 5 户人家的阿寅勒 (牧村)，最早带着全家迁居于此的匹勒穆胡力·波洛希老爷爷今年已是 91 岁高龄，公格尔大型水电站的修建将使他家和众乡邻都面临搬迁的命运，公格尔山地柯尔克孜族人延续了十几个世纪的游牧生活方式也将面临彻底的改变，孙女的婚礼和这一年的古尔邦节都让匹勒穆胡力·波洛希老爷爷觉得有与往年不同的意蕴。随着季风的到来，羊群开始由秋牧场转往冬牧场，溪谷被每天拉矿石过往的大卡车卷起的浓浓风尘遮蔽，渐渐被湮没……这部影片通过影像的方式记录了正在变迁的活态文化；《克钦难民》记录了克钦人为躲避战乱，流亡到中国境内在难民营地的生活。《拴娃娃石狮狮》是关于陕北文化中的拴狮风俗。从英国放映回来后，影片又在清华大学新闻与传播学院清影工作室发起的免费影像放映活动“清影·放映”中做了专场，四位导演到场与观众进行了交流。

（2）两部中国纪录片《叠像》（*Chimeras*）、《上海老爵士》（*As Time Goes by in Shanghai*）10 月 19 日参加了美国自然历史博物馆玛格丽特·米德电影节的放映。影片从不同角度展示了改革开放 30 年来中国文化发生的巨大变革，受到纽约观众的热烈欢迎。《叠像》为中芬合拍纪录片，片名的英文原意为传说中有两个脑袋的怪兽，在影片中既表达影片是记录两名中国艺术家的故事，又表达影片反映的是西方现代艺术与中国传统文化的结合和反思。《上海老爵士》首次将享有盛誉的上海和平饭店老年爵士乐队搬上大银幕，记录了乐队远赴荷兰鹿特丹参加全球最大的室内爵士音乐节“北海爵士音乐节”，赢得音乐爱好者的爱戴的旅程。

（3）2013 年云南大学西南边疆少数民族研究中心影视人类学实验室与白玛山地文化研究中心、北京山水自然保护中心、圆通国际影城联合举办了“乡村之眼：第三届纪录影像年度论坛”。

（4）广西民族博物馆与广西各地建立的 10 座生态博物馆组成“1 + 10 工程”，对各生态博物馆进行业务指导与支持，并特别重视以摄影摄像纪录当地民族文化的“文化记忆工程”工作。2013 年初成功举办了“首届生态博物馆纪录片影展”，展出纪录片 30 多部。

（5）中国台湾：台湾民族志影像学会 10 月 4 日至 10 月 8 日在台北市举办了第七届台湾国际民族志影展“跨界人生”（beyond borders），呈现当代人类在历史、现今与未来面对快速变化的外在环境与内心世界时所经验的跨越。

（二）国外学科发展最新动态

当代西方影视人类学处于西方背景的学术传统、人类学理论范式的变迁以及现代视听技术飞速发展的多维动力之下，既有对传统影视人类学领域的继续和深入研究，又有对新的相关研究领域和研究方法的应用、丌拓和创新。

1. 2013 年 11 月美国影视人类学学会在伊利诺伊州芝加哥召开了第 29 届年会“影视研究研讨会”。加州大学 Robert B. Lemelson 的《精神病理学跨文化研究中的影视人类学和心理人类学的融合：系列电影“痛苦：印尼的文化和精神疾病”》文章重点讨论在关于心理和医疗主题的长期的民族志影片拍摄过程中所涉及的一些问题。这些问题包括主题的选择，故事情节的设计，人物的发展，对隐私和敏感话题的处理、种族问题、文字或学术材料与叙事和角色驱动的故事的融合，电影制作与制作后期涉及的技术问题等。影视、视觉等人类学研究方法正在跨学科和多学科之间搭建广阔的交流平台。旧金山州立大学 Douglass W. Bailey 的《挖掘影视档案》讨论了关于影视档案能动性、档案内容方面积极潜力以及照片档案的物质性以及这项工作对影视人类学潜在影响。旧金山州立大学 Peter Biella 的《超媒体的归宿?》针对 20 世纪 90 年代末曾蓬勃兴起民族志超媒体在教学媒体运用进行了研究。佛罗里达大学的 Richard Freeman 的《伏都教和影视人类学家：建立伏都教档案》展示了专门为伏都教收集的开放的数字档案包括视频、图片、音频等，记录海地的伏都教和迈阿密的海地人族群。Richard Freeman 他们还计划出版多种格式的多媒体出版物和纸质出版物；撰写图像论文；编辑一部学术论文集；制作一个带有视频和图像材料的 DVD；制作一个互动的 DVD 或在线演示以及拍摄一部纪录片。此外，讨论论题还有：阿肯色大学 Jonathan S. Marion 和约克大学 Sara Perry 的《创造性与实验？学术实践中的影视制作》，Carol Hendrickson 的《影视人类学实验：视觉野外记录和人类艺术家之书》，作者考察人类学知识产生和传播过程中的各种实验。这些实验是物质性的，并介于影像和书面相交叉的范围之内，特别考察了知识产生的不同手段，以及民族志生产过程中对影视/书面材料在两个关键点的使用情况：田野调查和生产（或者从更广泛的角度说，收集和分享田野调查材料的不同方式）；德雷塞尔大学的 Brent Luvaas 的《街头风格的民族志：图像记录城市时尚的时代精神》，通过展示一系列的图像和截图，包括作者自己在费城、纽约、雅加达街头自己拍摄的图片，讨论了他从这些街头风格的博客中得到的思考，以及为影视人类学家开启实践的可能性等。

2. 2013 年国际民族学与人类学联合会（IUAES）世界大会于 2013 年 8 月 5—10 日在英国曼彻斯特举行，主题为“人类的演进，新兴的世界”。影视人类学展映由国际影视人类学委员会主办。展映分为喀麦隆、日本、拉美和中国四个单元，每个单元展映一下午的时间，放映了四部影片并邀请作者与观众进行交流。

3. 其他影展还有：2013 年让·鲁什国际电影节、第 13 届皇家人类学学会国际民族志影展、2013 年民族志电影日、德国哥丁根国际民族志影展、亚太国际民族志纪录片展、美国玛格丽特·米德纪录片影展等。

2014 年

影视人类学是人类学体系中方兴未艾且交叉广泛的一门分支学科。它既通过视觉载体（如影视、图片等）对人类社会的文化现象和变迁进行纪录和阐释，也对影像与人类学的互动关系进行学理研究与理论建构。2014 年可以说是影视人类学在社会光彩亮相的一年，一方面表现在成熟的好作品的出现，一方面在跨界交流中人类学影片表现出的内涵和影响力日益得到社会认可。然而，影视人类学这一具有无限生机的人类学分支却依然受制于学术评估体系束缚而难以舒展，亟待学科管理评价体系创新，从而促进人类学学科的全面发展，激发学术活力。

（一）三大影视人类学会议影展获得广泛社会赞誉

1. “第七届中国影视人类学学术研讨会暨 2014 年中国影视人类学学会年会”展现了影视人类学学科的学术性和权威性。该会议于 2014 年 8 月 10—12 日在贵州贵阳顺利召开，并圆满闭幕。会议由中国社会科学院民族学与人类学研究所、贵州师范大学联合主办，中国影视人类学会、贵州师范大学国际旅游文化学院共同承办。贵州师范大学校长伍鹏程，我所党委书记、中国影视人类学学会会长张昌东，国家民委政策研究室巡视员、副主任、中国人类学民族学研究会秘书长黄忠彩，贵州省文联主席顾久，文化部民族民间文艺发展中心主任李松，以及来自日本、韩国，来自中国社会科学院、北京大学、清华大学、中山大学、浙江大学、云南社会科学院、云南大学、贵州师范大学、贵州民院、西北民院、西南交通大学、新疆师范大学等国内外知名高校和相关机构的共 90 余名专家学者参加了会议。

此次会议以“生态、文化与影像表达”为主题，旨在进一步探讨影视人类学和人类学影片记录、参与、反思当代社会发展进程中的生态与文化适应问题。主旨发言有文化部李松主任的《作为国家文化档案的影视记录》，中国社会科学院民族学与人类学研究所影视人类学研究室庞涛主任的《学者电影的主张和气质》，清华大学张小军教授的《看文化：互经验的视觉文化志》，日本佐佐木利和教授的《从绘画看爱努族的文化》。会议共设四个分会场，分别以“文化生态与影像呈现”“影像志与非物质文化遗产”“文化·旅游与影像表达”和“数字民族志与影像人类学田野工作方法”为分论坛主题，《察隅河谷僜巴人》系列（中国社会科学院，庞涛）、《神圣的治疗者——僜人的信仰与医疗》（中国社会科学院，雷亮中）、《侗布》（云南，李丽及村民）、《灵魂附体》（日本民族学博物馆，川赖慈）、《觉颂》（四川，刘广宇）、《活袍梁其美》（云南大学，赵倩）、《学者对谈》（中国社会科学院，罗红光）、《新疆街怀想》（浙江大学，庄孔韶)、《一张宣纸》(清华大学，梁君健、雷建军)、《难产的社头》(中国社会科学院，吴乔)、《冬季牧场》(西北民院，李克)、《滇池东岸》(北京大学，朱晓阳、李伟华)、《桥——成都藏文化一条街的汉语班》(中国社会科学院，张小敏) 等40余部人类学影片参加了展映和讨论，同时论文《民族志电影的真与拟真》(北京大学，蔡华)、《超越影视民族志的多维度多媒体对话》(中山大学，邓启耀)、《超越边界还是回归本位》(中央民族大学，李德君)、《爱努民族的“现在”——论原住民身份在日本的意义》(日本，让落合研一)、《人类学影片的新特征——从影像化到学术化的再回归》(中国社会科学院，邓卫荣)、《网络时代艺术人物口述历史的微影像化记录》(天津艺术研究所，郝天石)、《影视人类学在中国发展的“西南现象”》(马秋晨)、《人类学方法在纪录片中的应用》(中国传媒大学，陈刚)、《非物质文化遗产影像志探索》(浙江大学，阮云星) 等从不同角度探讨了影视人类学学科定位和人类学影片的特征。

此次会议影片《察隅河谷僜巴人》开启了新型民族志影片的类型，展现了课题组成员对题材内容和影像表达的成熟驾驭，获得与会专家同仁高度评价。《察隅河谷僜巴人》是中国社会科学院创新工程“21世纪少数民族发展系列影像志”的第一个系列，是中国社会科学院民族学与人类学研究所“喜马拉雅山地民族的影像民族志系列”项目的第一部作品，此系列以区域为着眼点，尝试以规模化系列化方式拓展人类学影片的方法手段和扩大社会影响力。《察隅河谷僜巴人》影片围绕僜人的身份问题、宗教、婚姻、山地经济、族群认同、情感与象征等主题进行了整体式的影像民族志写作。《贵州日报》记者李丽倡导成立的贵州乡土文化社带来的由年轻村民拍摄的作品《侗布》也成为此次会议亮点，成为拍摄技艺类影片的优秀作品。同时，影片《侗布》还激发了村民对自己熟悉的民族文化的重新认识和热爱，扭转了老年人对年轻人的认识，加强了社区文化氛围中人与人的互动。

2. 第一届“视觉人类学与当代中国文化论坛”扩大了影视人类学社会跨界影响力。该论坛于2014年6月21—22日举行，由中央民族大学民族学与社会学学院主办，由清华大学新闻与传播学院清影工作室、中国社会科学院社会学研究所、云南大学西南边疆少数民族研究中心影视实验室、云南省社会科学院白玛山地中心以及广西博物馆协办。

论坛共分为“人类学电影的内在动力”“视觉人类学理论与方法”“乡村与社区影像”“视觉人类学与文化遗产保护”“视觉人类学与影像传媒”五个单元，集中放映超过20部人类学纪录片，举行四场学术会议。台湾影视人类学家胡台丽制作的《让灵魂回家》、北京大学人类学教授蔡华制作的《摩梭转山节》等，都是在国内(大陆地区)的首映。2013年入选第17届世界民族学与人类学大会影展中国“相处之道”单元的多部作品，如《克钦难民营》(李伟华、柯晓作品)、《献牲》(刘湘晨作品)等，也参加到本届论坛的展映片目之中，成为引人注目的观影亮点。除了人类学者们的民族志影像作品之外，云南省德钦县藏族村民此里卓玛与李卫红拍摄的《卡瓦格博》和《葡萄》等“乡村之眼”作品，更是凸显出视觉人类学所倡导的基于“主位”表达的村民社区影像，已成为当代中国最富于启示性的一种文化源流。参会者不仅有罗红光、朱晓阳、乔晓光、郁丹等知名学者，也包括鲍江、陈学礼、雷建军、冯莉、李昕、朱靖江等在这一领域十分活跃的中青年学人，此外，文化部、中央电视台、北京电视台、云南电视台均有主要负责人参加讨论，还有“乡村之眼”“青年行动影像”等乡村与社区纪录片作者到场交流。这些来自海内外的知名人类学家、政府官员、NGO代表、媒体人士、独立制片人、社区影像作者，都共同参与到了这些既具有理论研讨价值，又直面中国社会与文化现实的议题当中，从各自的角度切入，展开了全方位的讨论与交流，达成了以视觉人类学为核心的文化共鸣。

首届“视觉人类学与当代中国文化论坛”意在揭示这样一种学科愿景：视觉人类学作为一

门将影像实践与学术研究、文化创新、媒体传播、社会教育等领域有机结合的交叉学科，不仅与日益影像化、视觉化的当代社会关联日渐紧密，也能够作为共同的交流平台，将相关领域的各方力量聚合在一起，共同探讨富于社会与文化建设意义的重要议题，进而学人们拎起摄像机，投身于田野灵光的采摄之中，为视觉人类学的学科发展，开辟一条虽荆棘丛生，却风光壮美、视野恢宏的学术通途。

3. 第三届广西国际民族志影展凸显了国际区域性。该影展由广西民族博物馆主办，以广西为核心，是一个主要辐射东南亚各国的国际性影展。影展共征集到来自中国、美国、泰国、马来西亚等国家作者的原创影片150余部，分主展映、乡村影像、新锐和特邀4个单元。经组委会初评，主展映单元入围作品19部，乡村影像单元入围作品53部，新锐单元入围作品25部，特邀单元作品5部。涵盖壮、汉、瑶、苗、侗、京、黎、藏、傣、蒙古、土家、阿昌、傈僳、赫哲、纳西等民族，涉及手工艺、戏曲、节庆、信仰、饮食、生计等题材。影展于11月29日至12月3日期间公开播映了入围作品，除广西民族博物馆主会场外，还在广西民族大学、广西师范学院设立分会场，在南宁民族影城设立放映点。

除以上三大影展外，优秀的人类学影片还不断被邀请到各种学术会议中进行展映和研讨。2014年9月20日，中国人类学民族学研究会宗教人类学专业委员会成立大会暨国际学术研讨会在浙江大学隆重举行。在此次大会上，中国社会科学院民族学与人类学研究所影视人类学研究室庞涛、邓卫荣、雷亮中共同拍摄，由雷亮中担任本集编导的人类学电影——《神圣的治疗者——僜人信仰与治疗》引起了与会者的热烈讨论和赞赏。

另外，特别值得一提的还有纪录片导演周浩拍摄的影片《棉花》。《棉花》前所未有地揭示了中国的一粒棉花籽最后如何成为美国零售店里的一条牛仔裤？该片跟随那些被紧紧捆绑在绵延5000公里长的棉纺产业链上的人们，以棉花为线索，讲述他们的故事，描述中国人完成“中国制造”的整个接力过程。反映了工贸链条上的当代中国农民、企业工人、纺织品商人等形形色色人群之间不同生活的内在联系。该片荣获金马奖纪录片大奖。金马奖评论《棉花》：“银幕上呈现今日中国棉花史，也是一页农工生活史。”

（二）影视人类学主要著作《田野灵光》

由学苑出版社2014年5月出版的《田野灵光》由中央民族大学朱靖江博士撰写。该书对人类学影像民族志（人类学片）的定义、特征、理论框架、文本类型、研究方法进行了系统阐述、归纳和总结。该书梳理了国内外影像民族志的不同发展阶段，用具体案例分析了各阶段的不同影片的指导方法和特点。全书分为两大部分，第一部分主要着眼于全球视野与历史语境中的影视（视觉）人类学理论和影像民族志方法，论述了这一人类学的视觉研究方法如何从简单、稚拙到复杂、精妙的嬗变历程。第二部分则落脚于中国的影像民族志创作实践，通过对20世纪50—70年代的“中国少数民族社会历史科学纪录电影”、20世纪80—90年代的“新纪录运动”以及20世纪90年代至今的“中国学院派影像民族志”和2000年以来的“社区影像民族志”的研究，呈现中国人类学影像民族志半个世纪以来的发展与建构之道。

（三）学术成果评价体系亟待与时俱进的创新

在数字影像飞速发展的当代，影视人类学在中国社会发展与文化实践中起到了非常重要的作用，在非物质文化遗产的影像记录与保护、运用影像媒体对中国文化深度表述，以及乡村影像的文化传承与社会赋权等领域，影视人类学都发挥着深远的学术影响力，产生了积极的社会价值。2014年影视人类学的繁华仅是少数学者带来的。在繁华表象的背后，是这门人类学边缘学科人才整体流失的濒危现状。由于影视人类学在人类学的教学体系中仍旧可有可无，在学术科研体系中以影片形态呈现的影像民族志从还未被正式纳入到学术评价系统之中，导致即便影像的文本足以展现学者的人类学的学术观察和研究成果，但是在科研主管部门的评估表中，仍然没有列入项目栏。各个高校、研究机构的大多数影视人类学的教师、学者在购置了影像器材后，没几年就放弃了影像的学术表达而倒回到传统的学术评价所要求的论文专著写作中。影视人类学专业人才极其匮乏，与社会发展对学科的强烈要求形成巨大的反差。

（邓卫荣，副研究员，中国社会科学院民族学与人类学研究所影视人类学研究室）

2013—2014 年语音学与计算语言学研究综述

哈斯其木格　龙从军

语音学研究

（一）研究概况

1. 研究成果

2013—2014 年度是我国民族语言实验语音学学科发展较快的阶段，共发表了 2 部专著、30 余篇期刊论文和 20 多篇学位论文。其中，除《民族语文》上发表 11 篇外，其余在《中央民族大学学报（哲学社会科学版）》《内蒙古大学学报》《西北民族大学学报》《西南民族大学学报》《西藏民族学院学报》《清华大学学报（自然科学版）》《北京大学学报（自然科学版）》等高校学报和《声学学报》上发表。该年度召开了 2 次全国性实验语音学学术会议，即 2013 年的“第十二届全国人机语音通讯学术会议（NCMMSC2013）”和 2014 年的“第十一届全国语音学学术会议（PCC2014）”。这两次会议所收录的 100 余篇学术论文中，包含了十几篇关于民族语言实验语音学研究方面的论文。

从所涉及的民族语言看，仍然是蒙古语、维吾尔语、藏语等人口较多民族语言研究方面的论文占多数。另外还有哈萨克语、土族语、保安语、锡伯语、鄂温克语、朝鲜语、彝语、景颇语、苗语、布努语、状语、来语等十多种语言的实验研究成果；作者主要来自中国社会科学院民族学与人类学研究所、内蒙古大学、新疆大学、西藏大学、中央民族大学、西北民族大学、西南民族大学等科研机构和高校。

2. 主要研究议题

（1）在音段研究方面。以音段声学和生理特征描写研究、音段之间的协同发音类型、音段演变轨迹和特征研究为主，采用了声学、生理数据统计分析方法。

在音段声学特征描写研究方面的主要成果有：《蒙古语实验语音学研究》（白音门德，内蒙古人民出版社 2014 年版）。该专著利用蒙古语察哈尔土语、巴林土语、科尔沁土语、鄂尔多斯土语等十几种方言土语的语音声学参数，对这些方言土语进行了对比研究。《鄂温克语前高元音声学分析》（乌日格喜乐图，《民族语文》2014 年第 5 期）用定量和定性分析相结合的方法，归纳和确定了鄂温克语前高元音的分布格局和音位归属。把鄂温克语 6 个前高元音，归纳为 4 个音位的同时提出了它们之间的阴阳对立关系。《维吾尔语清塞音［p］的声学分析》（阿里木·玉苏甫、帕提古力·麦麦提，《西北民族大学学报（自然科学版）》2013 年第 3 期）一文对维吾尔语清塞音［p］在不同音节中的声学参数进行了统计分析；《维吾尔语浊塞音的声学特征分析》（艾斯卡尔·艾木都拉等，《清华大学学报（自然科学版）》2013 年第 6 期）对维吾尔语浊塞音声学参数进行统计分析，归纳了其共振峰、音强、时长、嗓音起始时间和无声段的分布模式。《凉山彝语松—紧喉元音的声学特征》（周学文，《民族语文》2013 年第 2 期）讨论了彝语两对松—紧喉元音/u/、/y/和/ur/、/yr/在CV音节中的元音时长、音强、音高和共振峰；《彝缅语中的近音与浊擦音》（潘晓声，《民族语文》2014年第3期）用声学语音学的方法论证了彝缅语中的一些浊擦音是带有摩擦成分的近音；《景颇语弱化音节语音性质的实验研究》（戴庆厦、王玲，《中央民族大学学报（哲学社会科学版）》2014年第5期）基于语音实验证明，判断景颇语弱化音节特征的主要参考指标是音长，而不是音强。

《基于动态腭位图谱的蒙古语辅音研究》（哈斯其木格，中国社会科学出版社2013年版）基于96电极动态腭位参数，对蒙古语标准音辅音的发音姿态、语流变体、辅音格局等进行了实证研究，并在书后附了蒙古语辅音生理和声学对应图谱。《基于EPG的藏语夏河话舌尖后音腭位研究》（段燕华等，《西北民族大学学报（自然科学版）》2013年第1期）利用62电极动态腭位参数，对藏语夏河话3个舌尖后音后接元音进行了分析并提出它们的舌腭接触特征。《基于PAS的蒙古语标准话辅音气流气压研究》（呼和，《央民族大学学报（哲学社会科学版）》2013年第2期）根据气流值把蒙古语辅音分成强辅音和弱辅音两个层级；根据气压值也可以把蒙古语辅音分成大气压辅音和小气压辅音两个层级。蒙古语辅音气流和气压之间接近强相关。但从辅音清浊的视角看，清辅音的气流气压有一定相关，浊辅音几乎不相关。词（或音节）中的位置对辅音本身气流、气压值的影响不太显著，不影响蒙古语辅音气流、气压值的总体分布格局。《藏语夏河话文本驱动唇形参数合成系统》（郑文思，硕士学位论文，西北民族大学，2013年）采用Matlab软件搭建参数提取平台，从唇形AVI视频信号中提取出10个唇部动画参数来描述唇形，运用聚类方法将夏河话声韵母共分为16个基本静态唇位，最后通过标注方法得到音素时间信息实现了藏语夏河话的唇形合成。《布努语气声分析》（蒙有义，《民族语文》2013年第5期）对龙关布努语气声的声学性质和使用功能进行了声学分析，认为布努语中所谓清音和浊音的差别是发声态上的差异，清音是一种常态的发声，而浊音则是气嗓音。《来语中的嘎裂发声态韵母》（符昌忠、王轶之，《民族语文》2013年第6期）通过实验语音学的方法研究来语嘎裂嗓音声学性质，并阐述这种发声方式如何影响声调和韵母的演变。

与音段声学和生理特征研究相比，音段之间协同发音研究相对少见。《藏语夏河话音节内协同发音声学研究》（马宁，博士学位论文，西北民族大学，2013年）用声学分析方法研究藏语安多方言夏河话的协同发音问题。《蒙古语辅音在词中不同位置的发音问题》（包桂兰，《内蒙古大学学报（哲学社会科学版）》2014年第4期）基于腭位数据，对部分蒙古语标准音辅音的发音特征进行比较系统的研究，发现蒙古语辅音在词中不同位置有不同的舌位活动空间。

（2）在超音段研究方面。2013—2014年，超音段研究主要集中在声调、词重音、韵律等几个方面。

在声调描写方面的主要研究成果有：《建塘藏语声调实验》（赵金灿、李玉朋，《四川民族学院学报》2014年第1期）通过声调实验分析，确定了建塘藏语的调型、调值和调类；《论民族语的连调规则分析——以藻敏瑶语油岭土话为例》（龙国贻、唐红英，《民族语文》2014年第2期）以瑶语莱敏方言油岭土话为例，探讨了民族语连读变调研究的具体方法；《湘西苗语声调实验研究》（曾红，硕士学位论文，湖南师范大学，2014年）用语音实验方法，分析归纳了苗语声调问题；《文马壮语阴调类再分化的原因》（韦名应，《民族语文》2014年第6期）提出文马壮语的送气音声母音节，第1调变读为第2调，7短调变读为8短调，其语音学上的原因在于发声态和声门气压发生了变化，阴低阳高的调头音高和降调调拱为音变发生提供了音法学条件。

在词重音描写研究方面的成果有：《再论蒙古语词重音问题》（呼和，《民族语文》2014年第4期）认为，蒙古语词重音分绝对重音和相对重音；非词首音节中含有短元音的多音节词的重音为绝对重音，非词首音节中不含短元音的多音节词的重音为相对重音；蒙古语词重音是整个音节语音四要素变化的综合效应；词重音属自由重音，但不完全是自由的，其位置与长元音（或复合元音）有关。《藏语拉萨话双音节词重音的实验研究》（陈小莹，《西藏民族学院学报（哲学社会科学版）》2014 年第 2 期）统计分析了藏语拉萨话不同声调类型的双音节词内部的韵律参数（包括音节时长、音高和音强特征），从而提出词重音模式。《锡伯语三音节词重音的实验语音学研究》（李兵、贺俊杰、汪朋，《民族语文》2014 年第 2 期）根据基频、音强、音长等参数，提出锡伯语三音节词重音在第一音节，其语音表征为音高凸显。

在语调描写研究方面的成果有：《蒙古语韵律短语的分类研究》（敖敏、熊子瑜、白音门德，《民族语文》2014 年第 1 期）提出在蒙古语的朗读语句中，有必要进一步划分韵律大短语和韵律小短语。《藏语韵律词和韵律短语的时长特征研究》（马宁等，《西北民族大学学报（自然科学版）》，2014 年第 3 期）对藏语韵律词和韵律短语两层韵律单元的时长特征进行了研究。《韵律焦点的实现与感知——藏语拉萨话、羌语比较研究》（张夏夏，硕士学位论文，中央民族大学，2013 年）通过严格控制的语音实验分析韵律焦点的产生和感知，比较藏语拉萨话和羌语，以及藏族人和羌族人所说的汉语普通话、羌族人说的四川话等话语中的韵律焦点。《维吾尔语焦点的韵律实现及感知》（王蓓等，《声学学报》2013 年第 1 期）分析了维吾尔语陈述句中焦点对音高和音长的调节作用。《现代哈萨克语表达语气意义的句调实验研究》（魏炜，博士学位论文，中央民族大学，2013 年）以单由句调手段来表达语气意义的现代哈萨克语常用口语体 188 个单句为研究对象，用实验方法对现代哈萨克语 18 种语气意义的句调、时长、强度进行测定与描写，寻找句调形式与语气意义之间的对应规律。

（3）在言语工程研究方面。民族语言言语工程研究包括利用以往和新的语音合成及语音识别的理论和方法进行民族语言合成和识别尝试，以及建设面向言语工程的语料库建设等方面。

在语音合成研究方面的成果有：《基于 HMM 的蒙古语语音合成技术研究》（赵建东等，《计算机科学》2014 年第 1 期）把隐马尔科夫模型的语音合成方法用于蒙古语语音合成，进行了语音合成实验；“基于声韵母的藏语语音合成研究”（公保才让，《信息与电脑（理论版）》2014 年第 1 期）根据安多藏语的特点，提出了以声母、韵母为语音基元的藏语语音合成方法，并尝试以声韵母进行组合来生成音节。

在语音识别研究方面的成果有：《基于音节的维吾尔语大词汇连续语音识别系统》（努尔麦麦提·尤鲁瓦斯等，《清华大学学报（自然科学版）》2013 年第 6 期）提出基于音节的维吾尔语语言模型，引入最大匹配分词算法评价音节语言模型在大词汇连续语音识别任务中的单词识别性能。《维吾尔语大词汇语音识别系统识别单元研究》（努尔麦麦提·尤鲁瓦斯等，《北京大学学报（自然科学版）》2014 年第 1 期）针对维吾尔语大词汇连续语音识别系统中的识别单元选择问题，设计更适合维吾尔语的子词识别单元，提出维吾尔语单词和子词相结合的组合识别单元构建方法，并对单词、子词和组合识别单元的语言模型和语音识别性能进行了评价。

在语料库建设方面的成果有：《蒙古语电话语音语料库的建立》（飞龙等，《内蒙古大学学报（自然科学版）》2013 年第 3 期）详细讨论了“蒙古语电话语音语料库”的录制整理、语音切分和语音标注等问题。《蒙古语语音合成语料库标注规则的设计》（赵建东等，《内蒙古大学学报（自然科学版）》2013 年第 3 期）提出一种蒙古语语音合成语料库的标注规则，并用按此规则标注的蒙古语语料库进行了基于隐马尔科夫模型的蒙古语语音合成实验。

（4）理论探索以及其他研究。2013—2014 年，民族语言实验语音学研究主要以描写和对比研究为主，理论探索较少。

在理论探索研究方面的成果有：《基于语音声学模型的阿尔泰语系语言亲属关系初探》（呼

和，《民族语文》2013 年第 3 期）一文提出用语音声学模型检验和判断语言之间发生学上的同源关系和类型学上的相似性的思路和方法，并以阿尔泰语系蒙古、维吾尔和鄂温克 3 种语言的音段和超音段声学模型进行了验证。主要结论是蒙古语和鄂温克语可能存在发生学上的同源关系，而它们与维吾尔语之间在单词声学模型方面所呈现的相似性是属类型学上的相似性，可能是由相互接触和相互影响所造成的，并非同源关系。

《再论蒙古语词重音问题》（呼和，《民族语文》2014 年第 4 期）一文提出了从音段音色结构的视角，用音段四要素（音高、音强、音长和音质）声学参数判断法，结合感知实验，确定蒙古语词重音种类、位置、性质和类型的思路和方法。

在其他研究方面的成果有：《鄂温克语元音和谐律研究》（乌日格喜乐图，《中央民族大学学报（哲学社会科学版）》2014 年第 5 期）基于语音声学参数，对鄂温克语元音和谐律进行量化研究，提出鄂温克语的元音和谐与元音舌位高低分布具有较好的对应关系。《藏语拉萨话元音格局的研究》（陈小莹、刘泽国、郭小丹，《甘肃科技纵横》2014 年第 2 期）通过实验语音学的方法，运用语音格局理论分析归纳藏语拉萨话元音，考察元音的定位特征、内部变体的表现以及整体的分布关系。

3. 人才培养

2013—2014 年，共培养了 20 多位硕士和博士。他们分别毕业于内蒙古大学、西北民族大学、中央民族大学、新疆大学、延边大学、上海师范大学、湖南师范大学等院校。论文主要集中在蒙古语、藏语等语言的方言土语音段声学分析、生理分析、协同发音研究、韵律特征研究和语音合成识别技术辅助研究等方面。例如，《蒙古语鄂尔多斯土语及标准音声学比较研究》（查娜，博士学位论文，内蒙古大学，2013 年）主要归纳和阐述了蒙古语鄂尔多斯土语语音和蒙古语标准音的区别和共同点。《蒙古语语音识别相关问题研究》（牧仁高娃，博士学位论文，内蒙古大学，2013 年）运用实验语音学和计算语言学的理论和方法，分析讨论了朗读文本语料库设计、蒙古语标准音语音库建立、注音词典的建立、自动注音器的建立、语音库的注音、建立蒙古语语音识别系统等语音识别研究相关的问题。《藏语夏河话音节内协同发音声学研究》（马宁，博士学位论文，西北民族大学，2013 年）用声学分析方法研究了藏语安多方言夏河话的协同发音问题。《现代哈萨克语表达语气意义的句调实验研究》（魏炜，博士学位论文，中央民族大学，2013 年）用实验方法对现代哈萨克语 18 种语气意义的句调、时长、强度进行了测定与描写。《朝鲜语—蒙古语单元音和韵律特征的实验语音学对比研究》（许闰星，博士学位论文，延边大学，2013 年）对朝鲜语和蒙古语单元音共振峰和韵律特征进行了对比研究。

4. 总体特点

（1）所涉及的语种有所增加。除蒙古语、维吾尔语和藏语 3 种语言的研究成果外，还发表了哈萨克语、土族语、保安语、锡伯语、鄂温克语、朝鲜语、彝语、景颇语、苗语、布努语、状语、来语等语言方言的实验研究论著。

（2）研究领域有所拓。除音段声学或生理特性分析研究外，还涉及词重音、声调、韵律、语音合成和识别技术研发、基础语料库建设以及语料标注、语言亲属关系探索、语音格局、元音和谐律等研究领域。

（3）研究方法进一步多样化。在基础研究方面，除声学语图分析、共振峰参数分析、基频数据分析、音长数据分析外，还使用了生理仪器设备，如动态腭位仪、唇位仪、声门仪、气流气压仪等；在应用研究方面，除应用 HMM、HTK、DDBHMM、Julius、SVM 等语音合成或语音识别模型和方法外，还尝试了大型语料库或统计方法。

（二）主要进展

1. 主要热点问题

（1）民族语言韵律特征研究已成为民族语言学界和言语工程界的热点问题。随着我国民族地区经济社会的发展和民族语言语音产品需求量的提高，人们的关注点逐渐转向了民族语言言语声学工程。言语声学工程的应用领域是人机智能交互。近年来，随着深度机器学习方法和大数据计算能力等方面技术的突破，语音技术成为国内外科学界和产业界的关注焦点，并在世界范围内取得了关键技术突破。经过数十年的努力，汉语普通话语音合成和语音识别研究已有了长足的发展，文语转换系统、语音转写系统、翻译系统、多媒体教学软件、听写器和语音翻译系统等各种应用成果大量地推向市场，在导航系统、呼叫应答、信息查询、新闻播报等社会生活领域得到了广泛应用，并且基本上满足了人们的日常应用需求。与此相比，民族语言言语声学工程进程相对缓慢、滞后，瓶颈在于民族语言语音、语言资源建设落后，存在“分布不均”、资源建设“更新缓慢”、基础资源“内容老化”等问题。为此，尽快投入人力和财力，搭建“民族语言人机交互平台”，去填补汉语和民族语言信息化之间的数字鸿沟已成为民族语言学界和言语工程界最紧迫和最热点问题。

目前，民族语言言语工程研究焦点集中在蒙、藏、维、哈和朝等几个有文字的语言，但要搭建成熟的“民族语言人机智能交互平台”需要走较远的路。从强势语言言语工程发展历程看，韵律研究是言语工程的一项重要的支撑点。为此，该项研究会成为民族语言学界和言语工程界的热点。

（2）在应用基础研究方面，特殊语音现象研究和语音共性研究也是我国民族语言学界和言语工程界的另一个热点问题。我国55个少数民族中，除回族和满族外，其他53个少数民族都有自己的语言，有些民族内部甚至还使用着多种语言。《中国的语言》（孙宏开等，商务印书馆2007年版）一书就收集了我国129种语言资料（包括汉语和台湾南岛语系15种语言），这些语言中包含着丰富多彩的语音现象，是世界语言资源的富矿。为此，特殊语音现象研究和语音共性研究，如协同发音研究、嗓音机理研究、语音发音声学全空间比较研究和语音类型学（语言类型学研究分支）研究等也是我国民族语言学界和言语工程界的另一个热点问题。

2. 代表性成果

（1）《基于动态腭位图谱的蒙古语辅音研究》（哈斯其木格，中国社会科学出版社2013年版）基于大型的蒙古语语音生理和声学参数库，用生理和声学语音学的理论和方法，对蒙古语标准音辅音进行较全面系统的定量和定性分析的基础上，揭示了蒙古语辅音姿态、音质、音变和格局特点。主要创新点有：①从发音姿态视角较全面系统分析蒙古语辅音，并阐述了蒙古语辅音格局特点；②根据动态腭位实际数据和图谱，较系统阐述了蒙古语辅音舌面高度和约束度问题；③根据动态腭位实际数据和图谱，较详细阐述了蒙古语辅音的腭化问题；④对蒙古语语音过渡特征进行了初步分析和归类。

该专著对其他蒙古语族语言乃至整个阿尔泰语系语言的语音生理实验研究和协同发音研究具有较高的参考价值和借鉴作用。

（2）《再论蒙古语词重音问题》（呼和，《民族语文》2014年第4期）该文的主要创新点有：①从音段音色结构的视角，把蒙古语词重音分成绝对重音和相对重音。其中，在非词首音节中含有短元音的多音节词的重音叫作绝对重音，在非词首音节中不含短元音的多音节词的重音叫作相对重音。②确定蒙古语单词的重读规则，即如果多音节词中只有一个长元音（或复合元音），含长、复元音的音节为重读音节。如果含有两个或两个以上长元音（或复合元音），含长、复元音音节中的最前面的音节为重读音节。如果不含长元音（或复合元音），即只含短元音，含短元音的第一音节为重读音节。③利用音段四要素（音高、音强、音长和音质）参数和感知实验确定了蒙古语词重音性质。认为蒙古语词重音不是基于某一个要素上的单一性质的重音，而是整个音节语音四要素（两个或多个要素）变化的综合效应。④从类型学的视角归纳了蒙古语词重音。本文认为，蒙古语词重音属自由重音，而不是固定重音，但不完全是自由的，它的位置与词中长、短元音的分布有着密切的关系。

该研究思路和方法对其他蒙古语族语言乃至整个阿尔泰语系语言的韵律描写研究具有较高的参考价值和借鉴作用。

（3）《藏语韵律词和韵律短语的时长特征研究》（马宁、于洪志、李永宏、何向真，《西北民族大学学报（自然科学版）》2014 年第 3 期）一文通过分析藏语韵律词和韵律短语单元的时长特征，提出了藏语韵律词和韵律短语的基本特点。认为，在单句层面上，把藏语韵律词分为 4 ±2 个音节，韵律短语分为 6 ±3 个音节。虽然藏语韵律单元的总体时长分布差异较大，但不同韵律单元的时长伸缩幅度差异较小。藏语韵律单元的时长分布类型以尾长型为主；在藏语韵律单元边界处呈现边界前音节延长，边界后音节缩短是较普遍的规律。

（4）《维吾尔语焦点的韵律实现及感知》（王蓓、吐尔逊·卡得、许毅，《声学学报》2013 年第 1 期）一文通过严格控制的语音实验（包括感知实验），研究维吾尔语陈述句中焦点对音高和时长的调节作用。认为在音高方面，维吾尔语陈述句焦点词音高升高，音域扩大，焦点后音高骤降，而焦点前的音高变化不大。在音长方面，焦点词和焦点前词都会延长，而焦点后词音长无明显变化。通过感知实验发现，维吾尔语陈述句焦点感知的准确率可达 90%，表明焦点的韵律编码方式是有效的感知线索。维吾尔语“中性焦点”的语调特征与英语和汉语不同，更接近句首焦点，而不是句末焦点。

（三）存在的问题以及发展趋势

1. 存在的问题

2013—2014 年，我国民族语言语音实验研究成果较多，涉及多个语言，研究对象和方法也正在多样化。但不可忽略的是，民族语言实验语音学研究依然存在诸多问题。

（1）虽然民族语言实验研究论著在逐年增多，研究水平有了长足的提高，但与汉语、英语等强势语言实验研究相比，在理论探索、语音产品的研发和语言资源的保护等方面仍存在较大差距。

（2）与汉语实验研究相比，国家和相关部门对民族语言实验研究方面所投入的财力和人力相对少。

（3）民族语言实验研究存在发展不平衡现象。与蒙、藏等人口较多民族相比，从事该项研究的其他少数民族母语人相对少，研究水平也处于起步或初步阶段。

（4）在基础研究与应用研究之间、语音实验研究与语言学其他分支之间所存在的脱节，严重影响着民族语言言语声学工程的发展。

2. 发展趋势

通过近 30 年的努力，民族语言实验语言学学科有了较快的发展，形成了一定的规模。在声学实验和生理实验基础研究方面，特别是在音段特征描写研究方面取得了一定的成绩。近几年，随着民族语言实验研究的发展和民族语言语音产品需求量的提高，人们的关注点逐渐转向了民族语言言语工程，特殊语音现象，实验音系学，语音、语法和语义之间的关系，韵律与语法之间的关系等研究领域。

（1）与汉语、英语等强势语言相比，民族语言的言语工程研究相对滞后，与实际应用仍存在一定的距离。近几年，随着讯飞等大型语音产品研发公司参与，民族语言言语工程研究已逐渐成为大家关注的热点和焦点。相信在言语工程界和民族语言学界的密切合作与共同努力下，在不久的将来蒙、藏、维、朝、哈等人口较多民族语言语音应用产品会真正走上产品化的道路，充实人们的日常生活，推动民族语言信息化进程，为民族地区经济、社会和政治的稳定与发展做出应有的贡献。

（2）随着民族语言言语工程研究的发展和声学与生理实验仪器的不断更新和改进，越来越多的大专院校和研究机构建立民族语言实验室，购置大量的声学和生理实验仪器设备。其中，生理实验仪器设备会更广泛地应用于语言实验研究。如动态腭位仪、喉头仪、气流气压仪、鼻流仪、脑波仪等。生理实验仪器设备的广泛应用会弥补声学实验仪器的不足，使语言实验研究更接近语音实际并促进人们进一步研究人类语音特征的共性。例如，殊语音现象是民族语言独有的语音特点，该项研究会给民族语言语音、音系领域带来新的增长点，也会推动民族语言类型学研究。

（3）语音学和音系学研究是相辅相成的两种学科，是语言学的重要组成部分。语音研究为音系研究提供实证，而音系研究为语音研究提供理论依据。实验音系学是实验语音学基础上发展起来的分支，也是结合实验语音学和音系学的综合学科。随着民族语言实验语音学的发展，尤其是随着音段声学和生理特征描写研究的不断深入，实验音系学的地位和作用会逐渐凸显，将成为民族语言实验研究重要的组成部分。

（4）语音、语法和语义之间的关系研究。语言是由语音外壳、语法框架和语义内涵组成的庞杂系统，语音、语法和语义是语言三大支柱，也是互相作用、互相依赖的三个研究领域。以往的民族语言实验研究，很少关注语音、语法和语义之间的关系。近年来，人们逐渐意识到语音、语法和语义之间的复杂而紧密的关系，开始尝试把语音问题放在语言整体框架内进行分析，从更广、更深的视角去观察语音性质和特征，从而揭示表层语音现象的底层结构以及缘由。以连续语流和口语对话为对象，利用多学科理论和方法，去探讨语音、语法和语义之间的关系问题将会成为语音学研究的新的视角和热门课题。

计算语言学研究

（一）研究概况

1. 主要成绩

国内主要期刊发表情况：民族语言计算语言学研究论文主要发表在《中文信息学报》上，该期刊2013年刊登民族语论文18篇，2014年刊登民族语论文20篇。

顶级会议发表情况：刘汇丹等在COLING 2014学术会议上发表1篇藏文计算语言学论文；马龙龙等在2013文本分析和识别国际会议和2014手写体识别国际会议上分别发表1篇藏文字符识别论文。

重要的学术会议包括：自然语言处理领域顶级国际会议COLING 2014于8月24—29日在爱尔兰首都都柏林召开；2014年在美国马里兰州的巴尔的摩召开国际计算语言学联合会议（ACL）。ACL是自然语言处理领域最重要的会议之一，在计算语言学、人工智能领域具有较大影响力。2013年10月10—12日在苏州大学、2014年10月18—19日在华中师范大学召开第十二、十三届全国计算语言学学术会议（CCL 2014），CCL着重于中国境内各类语言的计算处理，为传播计算语言学最新的学术和技术成果提供了广泛的交流平台。

2013年5月10—13日在郑州大学召开第十四届汉语词汇语义学国际研讨会（CLSW 2013），大会关注互联网环境下语义研究、语义资源构建以及借助于互联网的中文研究及应用。

2014 年 9 月 13 日在西北民族大学召开第十四届中国少数民族语言文字信息处理学术研讨会，该会集中讨论民族语言信息处理的各种问题。

民族语言计算语言学研究离不开人才队伍的建设。2013—2014 年，蒙、藏、维语计算语言学专业毕业的博士研究生超过 10 名，硕士研究生数百名。

2. 总体特点

民族语言计算语言学研究以词法研究为核心，字符识别、编码标准、句法语义，机器翻译等研究全面开展；民族语言工业产品研究十分热门；民族语言基础研究与应用研究不相适应。

（二）主要学术进展

1. 主要研究内容

2013—2014 年，民族语言计算语言学研究领域中的主要研究问题有民族文字字符识别研究、民族文字输入法研究、民族语言词法分析研究、民族语言句法语义研究、民族语言信息技术产品开发等。

（1）民族文字字符识别研究。字符识别是字处理研究的重要内容。藏文、蒙古文、维吾尔文等历史文献比较丰富，这些传统文献的电子化不能仅依靠人工录入，要借助计算机自动识别处理；同时手机移动互联网的广泛使用，民族文字的手写体字符识别也越来越受到研究者和使用者的关注。尤其是手写体识别研究成为民族文字处理研究的热点。蒙、藏、维文等手写体识别研究继续深入。马龙龙等人提出以半自动的方法和特定的标注模板对藏文识别部件进行反复标注，可以减少标注开销和提高标注效率（马龙龙等，2013）；在此基础上，他们进一步提出以深层网络方式自动学习部件特征，并加入音节特征模型，提高了藏文手写体识别效率（马龙龙等，2014），基本上达到实用水平。

（2）民族文字输入法研究。研究民族语言的学者都明显感到一些民族文字输入不方便，如藏文输入法，根据国家键盘布局标准，一个主键盘，四个辅助键盘，操作便利性差。输入方法也停留在字符层面，缺乏以词为单位的联想输入。其根本原因是语言文本处理的基础工作没有完全跟上，不利于开展以词为单位的输入法研究。基于此，一些学者努力尝试开发新的输入法。白双成提出以音节为编码单位的、支持模糊输入的输入码方案，该方案顺应人的思维和记忆的同时可保证较高的录入速度（白双成，2013）。智能输入法受到使用者的欢迎，研究者力图开发不同文字的智能输入方法。在维文方面，袁廷磊等通过构建智能输入法所需要的资源库解决词库结构问题（袁廷磊，2014）。米日姑等提出以二元语法模型来提高输入速度（米日姑等，2014）。

（3）民族语言词法分析研究。字处理是语言信息处理的前提，词处理是语言信息处的基础。根据我国民族语言的语言类型不同，词法分析的方法也不同，大体上可以分成两个类：一是具有丰富词形变化的民族语言，如蒙古语、维吾尔语，需要进行词干、词缀切分和提取，然后进行词性标注；二是词形变化不丰富的民族语言，如藏语、彝语等，则需要进行词边界识别和词性标注。词干词缀切分的方法主要有基于规则的方法（塔依尔 · 阿不都外力等，2013）、基于统计的方法（康才畯等，2014），多策略方法（早克热 · 卡德尔等，2013）。在词语边界识别研究方面，基于统计模型的分词研究占主要地位，开发的藏语分词软件基本上达到实用化水平，研究者基本上采用了词位标注的方法，把词边界识别问题转换为对构词的字所占位置的标注问题，但在具体标注方法上不同的研究者有不同的处理策略（康才畯，2013，2014；李亚超，2013；刘汇丹，2013；龙从军，2014）。

在词性标注研究方面，各民族语言的词性自动标注进展缓慢，在标注体系和标注方法上都没有太多成熟的研究。通拉嘎讨论了蒙古语词性标注的体系（通拉嘎，2014）；赵建东讨论了蒙古语词性标注的历史模型（赵建东，2013）；康才畯（2014）、华却才让（2014）、于洪志（2014）等讨论了藏语词性标注。但是总体上，词性标注还不能达到语言工程应用研究的要求。

（4）民族语言句法语义研究。我国民族语言句法、语义研究方面的成果比较有限，可供计算机使用的、形式化的句法、语义研究成果更少。但是为了适应语言信息处理的要求，从事自然语言处理的研究者努力探索民族语言的句法、语义表征方法和表示体系。句法分析需要有一套合理的语法体系和简洁的推导规则，以便自动地推导出句子的语法结构和语法关系，最终将一个句子转化为一棵结构化的语法树。从目前已有的研究来看，最受计算语言学欢迎的是短语结构文法和依存文法。苏向东等基于最大生成树模型进行了蒙古文依存句法分析（苏向东，2014）；华却才让提出了融合丰富特征的词对依存分类模型和依存边标注模型，实现藏语依存树库构建。

民族语言句法基础研究薄弱，完全句法分析困难较大，如果能够采用部分句法分析方法化整体为部分，更适合现阶段句法分析的技术特点，局部句法分析主要是组块分析。龙从军提出不同颗粒度的两种组块划分体系：基于句法成分的组块体系和基于语义角色的组块体系，并进行了一系列的组块边界和类型识别研究，取得了比较好的效果（李琳，2013；王天航，2013；龙从军，2014）。

语义角色标注对计算机理解语言具有重要意义。民族语言的语义角色标注研究也出现一批成果，包晓荣等研究制定了蒙古语语义角色分类系统及其标记集（包晓荣，2013）；阿里甫·库尔班研制了维吾尔语的框架语义角色标注规范集（阿里甫·库尔班，2013）；龙从军制定了藏语语义角色标注体系，并采用规则和统计融合的策略进行自动语义角色标注研究（龙从军，2014）；祁坤钰采取了基于依存关系的藏语语义角色标注方法（祁坤钰，2014）。

（5）民族语言信息技术产品开发。民族语言字符研究成果使人们可以利用计算机、手机等电子产品输入、显示和传输民族文字文本、图像和声音。在网络传输中，需要对民族文字信息监测、过滤、分类，对图像和语音进行识别，因此民族语言的语音识别、机器翻译和舆情监测等成为热门的研究领域。天津大学与中国社科院民族所合作开展藏语语音识别，讯飞与新疆大学、青海师范大学和西藏大学合作开发藏、维语语音识别产品；蒙、藏、维三种语言的机器翻译系统参加了第九届全国机器翻译评测（赵红梅，2013）；以民族语言为对象的舆情分析研究受到关注（江涛，2014）。由于基础研究薄弱，民族语言信息技术产品缺陷明显，实用化水平不高。

2. 主要代表性成果

根据民族语言计算语言学研究的阶段性特点，我们选择了讨论字符识别、分词、句法和语义相关的四篇成果进行介绍。

（1）马龙龙："A Tibetan Component Representation Learning Method For Online Handwritten Tibetan Character Recognition"，ICFHR2014（第14届国际手写识别会议）。

研究内容：采用三层的DBN（深度信念网）自动学习藏文部件的特征，RBM（限制波尔兹曼机）构建隐藏层，逐层贪心算法（greedy algorithm）用于优化网络中的参数；基于自学习特征，修正的二次判别函数MQDF对特征进行建模，获得部件分类模型；在集成的分割与识别框架中，部件分类融合多种知识信息来提升藏文字符识别的精度。

基本观点：克服传统的人工设计特征的方法，采用目前较流行的深度学习的思想，通过多层神经网络自动学习高层的特征信息，并采用统计分类模型来提升部件识别的精度。

创新之处：首次提出藏文部件的表示学习方法，并与经典的统计分类器融合来构建部件模型。

学术或应用价值：通过实验表明部件表示学习方法的有效性，进一步丰富了藏文字符识别领域的研究；同时部件表示学习方法改进了藏文字符识别的精度，有助于提升藏文手写输入法的用户体验，推广基于本文方法在手写输入法的应用。

社会影响：研究内容作为构建藏文手写输入法的关键技术之一，拟在青海班智达信息科技有限公司的平板电脑进行试用并推广，将便于藏族用户对这类电子产品的使用；基于手写输入法的电子设备推广将对藏族地区的信息化建设做出重要贡献，对这些市场的开发无疑也会带来一定的经济效益。

（2）刘汇丹：《藏语分词及文本挖掘研究》，博士学位论文，中国科学院研究生院，2013 年。

主要内容：研究藏文分词中遇到的主要问题，包括切分消歧、未登录词识别、紧缩词识别和藏文数字的识别等。

基本观点：在基于规则和词典的藏文分词方法中，采用双向切分检测交集型歧义字段并使用预先统计的词频信息进行消歧。实验结果表明，格助词分块和临界词识别方法可以将分词速度提高 15% 左右，但格助词分块对分词效果没有明显提高或降低。在基于条件随机场的藏文分词方法中，将藏文分词转化为对藏文音节的词位标注问题，并比较了两种特征模板集 TMPT－6 和 TMPT－10 对分词性能的影响，结果表明 TMPT－6 更适合藏文分词。

创新之处：规则分词研究验证了传统认为有效的格助词分块对藏文分词结果没有明显影响。提出了将藏文分词转换为藏文音节的词位标注问题进行藏文分词的方法，在国内外较早地将统计方法应用于藏文分词中。

学术或应用价值：解决了藏文信息处理中的分词这一基础性问题，为对藏文进行更上层的词法分析、句法分析、语义分析、信息检索和机器翻译等方面的研究铺平了道路。

社会影响：该研究已经为国内外学术圈所知，并得到了众多研究人员的认可，已经在多个单位应用。

（3）苏向东、高光来、闫学亮等：《蒙古文依存句法分析》，《计算机科学》2014 年第 8 期。

基本观点：蒙古文的格主要用于体现单词在句中的成分作用。该文将格与词干切分开来作为独立的成分，在此基础上来标注句子的依赖关系。

创新之处：该文构建了蒙古文依存树库，并对基于最大生成树模型的句法分析方法所有使用的 8 种特征进行了比较，确定了最适合用于蒙古文句法分析的特征组合。

学术价值：该文提出了蒙古文句法分析的有效方法，将蒙古文中的格在句法分析中的作用有效地发挥出来。

社会影响：该文推动了蒙古文自然语言处理，特别是蒙古文句法分析的研究。

（4）龙从军：《藏语语义角色自动标注研究》，博士学位论文，中央民族大学，2014 年。

基本观点：藏语句子中有一些功能标记，把一个句子天然地分成不同的语义块，如果能够自动地实现语义块的语义角色标注，不仅可以提高规则机器翻译的效果，还可以实现句法树库的构建。

创新之处：该文初步构建了藏语语义角色的分类体系，从规则和统计两个方面进行了实验，语义角色标注准确率超过了 80%，提出从语义角色标注到构建藏语短语结构句法树库设想。

学术或应用价值：该文率先开展藏语语义角色标注，构建了藏语组块边界和语义角色标注语料库，在藏汉机器翻译研究中发挥了积极的作用；整个研究思路与树到串和串到树的最先进的翻译技术相吻合，标注的语料可以直接应用于统计翻译模型。

社会影响：藏语计算语言学研究主要集中在词法分析，该文研究藏语句法语义，拓展了研究领域；同时它也是今后藏语计算语言学研究的热点问题。

3. 主要的突破性进展

2013—2014 年，民族语言计算语言学方面取得的突破性进展体现在词法分析上。采用统计技术开发的蒙、藏、维等大语种的词法分析工具基本上可以在语言工程研究中使用，这一进步，改变了过去数十年民族语言计算语言学停留在词法分析层次的局面，为后续句法、语义分析奠定了良好的基础。

民族语言工程应用研究需求不断扩大，蒙、藏、维等语音识别、机器翻译、网络文本过滤都成为研究热点；一些大型企业也参与到民族语言工业产品的研究和开发中。

（三）存在的问题和发展趋势

1. 存在的问题

（1）民族语言计算语言学研究人员少，基础薄弱，研究成果仍然不能满足需求。

（2）研究深度不够，研究论文、研究论著停留在就事论事浅层水平，难以对具体问题深入分析，缺乏理论创新。

2. 发展趋势

（1）民族语词法分析技术基本成熟，今后会加强句法、语义方面的资源库建设和分析技术。

（2）以民族语言为基础的应用产品开发需求较大，但资源建设严重不足，应用研究和基础研究脱节。

参考文献

Long C.，Kang C.，Jiang D.，The Comparative Research on the Segmentation Strategies of Tibetan Bounded-Variant Forms，Asian Language Processing（IALP），2013 International Conference on. IEEE，2013：243－246.

Ma L. L.，Wu J.，Semi-automatic Tibetan Component Annotation from Online Handwritten Tibetan Character Database by Optimizing Segmentation Hypotheses，2013 12th International Conference on Document Analysis and Recognition，IEEE，2013：1340－1344.

Ma，Long Long，and J. Wu，A Tibetan Component Representation Learning Method for Online Handwritten Tibetan Character Recognition. Frontiers in Handwriting Recognition（ICFHR），2014 14th International Conference on IEEE，2014：317－322.

Wang T.，Shi S.，Huang H，et al.，Research on Recognition of Semantic Chunk Boundary in Tibetan，Asian Language Processing（IALP），2014 International Conference on. IEEE，2014.

阿里甫·库尔班、吾买尔江·库尔班、房鼎益：《维吾尔语框架语义角色标注标记集研究》，《中文信息学报》2013 年第 2 期。

白双成、张劲松、呼斯勒等：《蒙古文输入法输入码方案研究》，《中文信息学报》2013 年第 6 期。

包晓荣、华沙宝、达胡白乙拉：《基于依存语法的蒙古语语义角色分类及其标记研究》，《中文信息学报》2013 年第 4 期。

华却才让、刘群、赵海兴等：《判别式藏语文本词性标注研究》，《中文信息学报》2014 年第 2 期。

江涛：《藏文舆情云分析系统平台研究》，载中国计算机学会计算机安全专业委员会主办《第 29 次全国计算机安全学术交流会论文集》，2014 年 3 月。

江涛、江静、戴玉刚、李艾林：《藏文舆情云分析系统平台研究》，载中国计算机学会计算机安全专业委员会主办《第 29 次全国计算机安全学术交流会论文集》，2014 年 3 月。

康才畯：《藏语分词及词性标注》，博士学位论文，上海师范大学，2014 年。

康才畯、龙从军、江荻：《基于词位的藏文黏写形式的切分》，《计算机工程与应用》2014 年第 11 期。

李琳、龙从军、江荻：《藏语句法功能组块的边界识别》，《中文信息学报》2013 年第 6 期。

李亚超、加羊吉、宗成庆、于洪志：《基于条件随机场的藏语自动分词方法研究与实现》，《中文信息学报》2013 年第 4 期。

刘汇丹：《藏语分词及文本挖掘关键技术研究》，博士学位论文，中国科学院大学，2013 年。

龙从军、康才畯、李琳、江荻：《基于多策略的藏语语义角色标注研究》，《中文信息学报》2014 年第 5 期。

米日姑·肉孜、吐尔根·依布拉音、麦热哈巴·艾力等：《维吾尔文智能输入法研究》，《中文信息报》2013 年第 2 期。

祁坤钰：《基于依存关系的藏文语义角色标注研究》，《西北民族大学学报（哲学社会科学版）》2014 年第 1 期。

苏向东、高光来、闫学亮等：《蒙古文依存句法分析》，《计算机科学》2014 年第 8 期。

塔依尔·阿不都外力、艾山·吾买尔、吐尔根·伊布拉音等：《基于标注词典和规则的维吾尔文动词词干提取方法》，《新疆大学学报（自然科学版）》2013 年第 1 期。

通拉嘎：《论语料库用现代蒙古文标注规范》，《内蒙古民族大学学报（社会科学版）》2014 年第 4 期。

于洪志、李亚超、汪昆等：《融合音节特征的最大熵藏文词性标注研究》，《中文信息学报》2013 年第 5 期。

袁廷磊、吾守尔·斯拉木、邓俊等：《维吾尔文智能输入法词库结构的研究与应用》，《计算机工程与用》2014 年第 16 期。

早克热·卡德尔、艾山·吾买尔、吐尔根·依布拉音、帕里旦·吐尔逊、吴小川：《混合策略的维吾尔语名词词干提取系统》，《计算机工程与应用》2013 年第 1 期。

赵红梅、吕雅娟、赉国生、黄云、刘群：《第七届全国机器翻译研讨会机器翻译评测总结》，《中文信息学报》2012 年第 1 期。

赵建东、高光来、飞龙等：《基于历史模型的蒙古文自动词性标注研究》，《中文信息学报》2013 年第 5 期。

（哈斯其木格，副研究员；龙从军，副研究员，中国社会科学院民族学与人类学研究所语音学与计算语言学研究室）

2013—2014 年民族古文字文献研究综述

木仕华

2013—2014 年中国民族古文字文献研究在以往的基础上，各文种和文献均有进展，尤其是藏文文献、西夏文文献、黑水城文献、蒙古文文献、突厥语族文献、印欧语系文献、纳西东巴文等的研究论文、著作数量依旧保持了上扬的趋势。此外契丹文研究、南方新发现的各民族文字文献亦成为新的热点和亮点，持续得到关注。相较而言，南方民族文字文献中的彝文文献、水书文献等则注重于探讨数字化、输入规范、文献刊布、保护策略等方面的较多，而对文字文献本体的研究相对较少。从整体的学术水准而论，印欧语系文字文献研究、藏文文献研究、突厥语族文献的研究水平起点高，国际化程度也较高，研究精深、范式严谨，古今中外相融一体，已经实现了中外学界的对接。相对而言，南方民族文字文献的研究则有较大的局限性，严格意义的语文学研究有待提升，对国外学界的相关研究进展关注较少，研究范式尚未实现规范化。有的文字文献虽然研究论著众多，但研究的深度和视野的广度、方法论都有待完善。以下谨按语言系属分类，分别对 2013—2014 年中国境内各民族古文字文献研究进行简要综述。另外，伴随着“一带一路”建设的推进，国内发现的与海上和陆上丝绸之路历史有关联的境外文字文献的收集整理编纂、研究和释读也得到空前的重视，不少文献与国内多民族文字文献之间有交叉和关联，为了反映古文字文献研究领域这一最新变化，谨在本文篇末对这些作为历史证据的境外文字文献的研究进展略作评述，以期有助于在中西文化交流历史大视野中深化对中西文明互鉴的认知，促进学界对国家陆海一体对外发展新战略的理解。

一　汉藏语系民族古文字文献研究

（一）藏文文献研究

苯教作为前佛教时期藏民族的信仰系统，其影响力持续深远，至今在藏彝走廊—喜马拉雅区域的诸多族群中以各种形态留存传扬。研究苯教文献、文化关乎藏文化原型的重构，近年来持续得到学界的重视。同美的《西藏本教文化与纳西东巴文化的比较研究：以〈十三札拉神〉中的“威玛”与〈东巴文化真籍〉中的“尤玛”为例》（《民族学刊》2013 年第 1 期）从比较和关联视角探讨西藏本教文化与纳西东巴文化的深刻关系。同美、泽丹卓玛的《“仲”、“迪乌”、“苯”及其分类：藏族传统学科分类研究之一》（《中国藏学》2013 年第 4 期）认为纵观藏族传统学科发展史，其历史至少可以追溯到吐蕃第一代赞普时期，先后涉及“仲迪乌苯”“五大学说”“印度十明”等分类。为了更好地梳理藏学学科的发展脉络，本文重点研究了“仲”“迪乌”“苯”及其分类情况。

《唐蕃会盟碑》亦称“长庆和盟碑”或“甥舅和盟碑”，系（823 年）为纪念长庆元年至二年间唐蕃会盟所立，至今挺立在西藏拉萨大昭寺前，属西藏保存下来的历史名碑之一，自 9

世纪保存至今，已有1100多年的历史，是见证藏汉两个民族源远流长友好关系的珍贵历史文物。中外学者一直十分注重对此通碑铭的研究。杨学东的《唐蕃会盟碑唐廷与盟官员名单补证》（《西藏研究》2014年第1期）认为唐穆宗长庆元年，吐蕃派使者到长安请盟。是年十月十日，唐蕃结盟于长安西郊，包括宰相在内的唐朝十七名重臣参与了会盟。次年五月六日，又结盟于逻些（拉萨）。唐蕃会盟碑便是这两次结盟的见证。该碑立于长庆三年三月十四日。此碑四面有字。碑阳（向西）文字为汉藏两体对照，记录盟约之辞；碑阴（向东）全为藏文，记录吐蕃的起源、唐蕃友好关系史以及此次会盟的经过等；碑之北侧刻有吐蕃之宰相及官僚名位，共17人；碑之南侧则刻有唐之宰相及官僚名位，共18人。关于此碑正面（碑阳）、背面（碑阴）盟辞之研究，国内外诸家已给予了很多关注，尤其是背面全藏文部分。对于碑两侧唐蕃与盟宰相及官僚名位的研究似不多见，仅有王尧的《唐蕃会盟碑疏释》及李方桂、柯蔚南的《唐蕃会盟碑研究》有所涉及。关于碑文所刻唐廷官员名单及职衔与两唐书《吐蕃传》所载略有出入，王尧先生的《疏释》一文已提到，并进行了一定的论证。该文认为王尧《疏释》的论证尚有未尽之处，通过重新考察碑文与两唐书《吐蕃传》所载唐廷参与会盟官员名单及职衔，认为，二者所记也有细微差异，原因是大唐为国体计，不想在番邦有失颜面，凡有高阶决不低就，故职衔降格的，碑文则仍沿用降格前的官衔；未正式拜授的检校官衔，碑文将使其坐实并排在首位。两唐书《吐蕃传》均如实载录，这是二者所记略有出入的一个重要原因。江荻的《〈唐蕃会盟碑〉西面碑文藏语语法标注及翻译释读》（《中国藏学》2014年第S1期）从语法标注的视角入手，对碑铭的藏文一侧作了全新的翻译释读。西面碑文虽为藏汉对照，却不完全是藏汉互译的关系。迄今，该碑文的藏文仅有李方桂先生的英文译文和吴玉贵先生从英文转译的汉文。鉴于古代藏语涉及较复杂的语法现象，文章尝试利用详尽的语法分析解读该文，部分补足拓片斑驳脱落之处，并从藏语直接翻译为汉语。翻译时借鉴了《钦定大清一统志·吐蕃国·唐碑》。文章在李方桂和王尧的译文和注解的基础上，采用国际通行的现代语言学的隔行对照方式逐句分析古藏语词法和句法，然后进行语法标注，涉及实词的描述和虚词变形的分析，乃至断句和时态等语法范畴。最终的翻译文本可与附录的唐代汉语碑文以及《钦定大清一统志·吐蕃国·唐碑》对照，有助于对该碑铭文的精深理解。卓嘎的《〈唐蕃会盟碑〉碑底纪年方式研究》（《西藏研究》2014年第5期）通过对吐蕃时期藏族纪年方式的考证，认为唐蕃会盟碑上采用藏、汉两种文字铭刻全文，碑底纪年方式采用藏汉甲子纪年法，而这一纪年方式曾引起相关学者的极大关注。碑文纪年方式记录如下："结大和盟于唐之京师之西，兴唐寺前，时大蕃彝泰七年，大唐长庆元年，即阴铁牛年十月十日也；又盟于吐蕃逻些之东，哲堆园，时大蕃彝泰八年，大唐长庆二年，即阳水虎年五月六日也；其立石于此，为大蕃彝泰九年，大唐长庆三年，即阴水兔年二月十四日事也。"对《唐蕃会盟碑》纪年方式的研究一直是一个热点问题。关于碑文的纪年方式学界历来形成两种意见，一种观点认为碑文纪年方式表明此期吐蕃已经采用干支纪年法，即唐朝历法已传入吐蕃；一种认为干支纪年法尚未传入。

敦煌吐蕃古藏文文献作为发现于敦煌藏经洞的珍贵历史文献，关乎吐蕃王朝的方方面面，流失异域，历来受国际藏学界的看重，学者云集。英藏与法藏敦煌古藏文文献是敦煌吐蕃文献的两大组成部分。法藏敦煌古藏文文献由法国藏学家巴考（Jacques Bacot，1890—1967）和拉露（Marcelle Lalou，1890—1969）女士完成编目和整理，并分别于1939年、1950年和1961年刊出了三卷本的《国立图书馆所藏敦煌藏文写本注记目录》，之后又在1978—1979年，由法国藏学家埃·麦克唐纳夫人（Ariane Macdonald）和日裔藏学家今枝由郎（Yoshiro lmaeda）合作编辑了《国立图书馆所藏藏文文书选刊》两卷本，与此同时，法国在20世纪70年代末公布了全部敦煌藏卷的微缩胶卷。法藏敦煌吐蕃文献的公开，为各国学者提供了基础资料，给研究工作带来了极大的便利，国内外学者针对法藏敦煌古藏文文献的研究和以其为基础材料的相关研究蓬勃兴起，法藏古藏文文献的研究取得了丰硕的成果。目前对敦煌古藏文文献的研究也仍然集中在法藏文献上。相比之下，英藏敦煌古藏文文献的研究还很滞后，主要原因是英藏敦煌古藏文文献一直没有得到有效的公开刊布，致使大多数学者几乎见不到文献原文，在没有得到原文资料的情况下很难开展文献研究。卓玛才让的《英藏敦煌古藏文文献中三份相关经济文书之解析》（《西藏研究》2013 年第 3 期）解析了三份经济文书。索南的《英藏敦煌藏文文献〈普贤行愿王经〉及相关问题研究》（《西藏研究》2013 年第 6 期）认为《普贤行愿王经》作为一部重要的佛教显宗经典，在藏传佛教各派中，尤其受格鲁派的重视，将其列为发愿文类经典之首，并有“发愿王”之称。根据藏文《大藏经》的分类，这部经典收录在《大方广佛华严经》（又名《耳饰经》）中。“本来《大方广佛华严经》共计十万偈，一百品，但因印度那烂陀寺失火之后仅存留了二十九品。”后来佛教学者们将金刚胜幢品、十地品、普贤行品等相关的内容汇集在其名下才有了四十五品。《普贤行愿王经》是普贤行品的一部分内容，列在《大方广佛华严经》第四十五品之中。另外，在藏文《大藏经 · 丹珠尔》的最后有汇集祈愿和吉祥类经、论的惯例，其中《普贤心愿王经》列在首位，其重要性可见一斑。从藏文史书的记述和藏文《大藏经》的收编情况来看，除有《大方广佛华严经》中的《普贤行愿王经》译本和《丹珠尔》祈愿、吉祥类中的译本外，还有印度学者的《普贤行愿王经》注疏藏译本五部。

武内绍人著，杨铭、杨公卫译的《敦煌西域古藏文雇佣契约研究》（《西域研究》2013 年第 4 期）系武内绍人所著《敦煌西域古藏文契约文书研究》中的第四章，其中引用敦煌、新疆出土的古藏文雇佣契约，探讨了吐蕃雇佣契约的基本格式，以及部分变体格式的不同内容和写作背景。

牛宏的《英藏敦煌藏文密教文献编目状况述评》（《西藏研究》2014 年第 1 期）评述了英藏敦煌文献的编目现状，认为英国国家图书馆中所藏的敦煌藏文文献极为丰富和宝贵，其中所藏的藏文密教文献颇为复杂，内容主要涉及金刚乘、瑜伽、大瑜伽、阿迪瑜伽、禅等方面，这批文献的写作题材有密经、密续、咒语、仪式、祈祷文、手记等多种形式。因此，对这类文献的研究成为学界了解印度佛教金刚乘的重要文献之一，并对了解密教藏化的早期过程有积极的意义。对于这批文献，最早由比利时著名佛学专家瓦雷 · 普散（Louis de la Vallée Poussin）进行整理编目，他的研究成果出版为《印度事务部图书馆藏敦煌藏文写卷目录》，共整理出佛教文献 765 号，取得了开创性的成果。其后由日本学者榎一雄、山口瑞凤在此基础上进一步整理编出《斯坦因收集的藏语文献解题目录》达 2500 多号，取得了重要的进展。由英国国家图书馆和伦敦大学亚非学院合作提供资金，由 Jacob Dalton 和 Sam van Schaik 博士合作进一步重新整理、比定一些散卷和无法认读的写卷，推出了最新的研究成果《敦煌藏文密教文献：关于大英图书馆斯坦因收藏品的编目叙述》（*Tibetan Tantric Manuscripts From Dun-Huang*）。

陈楠的《吐蕃统辖敦煌时期之藏文抄经活动考述》（《中国藏学》2013 年第 S2 期）认为抄写佛经内容的敦煌的吐蕃文献，涉及社会历史的内容很少，主要是佛教写经。写经的文本形式，主要有两种：卷轴装与梵夹装。卷轴式系中国传统形式；梵夹装本是传自印度，古印度佛经一般书写于叶片宽大的贝多罗树叶上，因而被称为贝叶经。隋唐时期汉地佛教也采用梵夹装的装帧形式，但材料因地而宜使用汉地的黄麻纸而非贝多罗树叶。据“叙录”所述，《大乘无量寿宗要经》一般采用卷轴装，《般若颂》一般采用梵夹装。

阿旺嘉措的《法藏敦煌藏文文献中的苯教写卷判定及内容解析》（《中国藏学》2014 年第 3 期）指出 10 世纪以前的藏文文献保存量极其有限，因此敦煌文献中的藏文写卷有着极高的资料价值和研究价值，其中的苯教文献尤为珍贵。国际上，石泰安（Rolf Alfred Stein）、麦克唐纳夫人（A. MacDonald）、斯奈戈洛夫（Snellgrove）等知名专家对此问题进行过关注，并有相关成果问世；而国内有关敦煌苯教文献的研究相对滞后。学界对敦煌文献中苯教写卷的认定存有分歧，麦克唐纳夫人认为在法藏文献中有9篇是属于非佛教写卷，王尧则认为有10篇属于苯教文献，作者根据文献内容基本确定有13篇苯教写卷。前贤对法藏敦煌苯教写卷的认定及解析结论认定属于苯教写卷的13篇法藏敦煌藏文写卷的编号分别为：P. T. 126、P. T. 239、P. T. 733、P. T. 1039、P. T. 1040、P. T. 1042、P. T. 1060、P. T. 1068、P. T. 1134、P. T. 1136、P. T. 1194、P. T. 1285以及P. T. 1289等，其内容主要涉及卦辞、宗教祭祀、丧葬礼仪等方面。该文作者确定了13篇文献，属于苯教文献，涉及打卦施医、招福招魂，主持殡葬仪轨等，属于苯教四因乘的内容。法藏敦煌藏文文献中苯教写卷的数量极其有限，法藏敦煌藏文文献中出现的苯教文献属于司巴苯教，未受到佛教的影响。

巴桑旺堆的《一份新发现的敦煌古藏文吐蕃兵书残卷解读》（《中国藏学》2014年第3期）对新近发现的一份古藏文文献的解读认为，此写卷并非出自阿里，而是一份十分珍贵的敦煌古藏文遗书。更令人惊奇的是，此写卷系第一次发现的有关吐蕃军事文书，作者称作吐蕃兵书残卷。敦煌古藏文遗书问世百余年，根据法藏、英藏以及国内业已刊布并已被敦煌学学界熟知的敦煌古藏文文书内容涉及领域有历史、佛教、苯教、语言、文学、艺术、医学、经济、法律、书函、星相、历法、占卜、民间故事、格言等，但无论是法藏、英藏，还是留存国内的上万写卷中并无一份关于吐蕃兵书的写卷。因此，巴旺认为此份兵书的重见天日是藏学界和敦煌学界值得庆贺的学术新发现。赵青山的《5件文书所反映的敦煌吐蕃时期写经活动》（《中国藏学》2013年第4期）解读了5件敦煌吐蕃文书，复原揭示了吐蕃统治敦煌时期进行了大规模的写经活动。进而认为敦煌汉文文献S. 2711、S. 7945、P. 3205、S. 6028就是对经坊同一次写经活动的记录，再现了寺院抄经生选派流程和经坊运作。

黄明的《八思巴遗宝“大朝国师统领诸国僧尼中兴释教之印”考》（《西藏研究》2013年第3期）指出，1985年程竹敏先生撰《西藏文管会收藏的元代印章》，首次报道了一枚木质的“大朝国师统领诸国僧尼中兴释教之印”。近年，有人对之进行了“印的真伪”和“国师何许人”等方面的研究、考释。作者认为“大朝国师印”是复制的实用品，在探讨“大朝国师印”的真伪之前，有必要给真品、复制品和伪造品作一界定，以避免无谓的歧义之争。该文所称的真品，指的是元（包括蒙古汗国时期）中央政权正式颁发的封印原件；复制品是按真品（原件）原大复制而成，并得到当时中央政府首肯，且能起真品作用：签署官方文件行使国师职权的实用件；伪造品，即仿品，是后世出于各种目的制造出的赝品。“大朝国师印”最早见诸文献报道时，误将“大”释读为“元”。《元代印章》强调指出文中涉及的各印，唯独本印为木质，且形制也与众不同：如意头纽、造型、纹饰具“浓厚的宗教色彩和民族特色，故推测应是一方当时复制的印章”。

刘凤强的《敦煌吐蕃历史文书的“春秋笔法”》（《中国藏学》2014年第1期）认为吐蕃时期是藏族史学的起步阶段，史书的编纂主要以神化王权，建立、稳定悉补野氏的统治秩序为宗旨，敦煌吐蕃历史文书主要围绕着历代赞普与大臣的活动，较为详细地叙述了吐蕃王朝兴起的历史。藏族史书为了神化王权，彰显赞普的地位，在某些词汇运用上，严格区分等级，在史料取舍与编排上，惩恶扬善，塑造德政形象，这种编纂方法明显具有汉族史书“春秋笔法”的特征，反映出吐蕃时期藏族史书的编纂深受内地的影响，证明史学与社会政治之间有着密切的关系。陈践的《我与古藏文文献研究》，叙述了作者学习研究古藏文的艰辛历程和创获及心语。巴桑旺堆的《吐蕃石刻文献评述》（《中国藏学》2013年第S2期）则评述了现存吐蕃石刻文献的发现、分类、研究现状。

藏文佛教典籍的编目分类和有关专题研究是人们深入认知藏传佛教的根本依凭。刘凤强、曾汉辰的《西夏大黑天传承初探——以黑水城文书〈大黑求修并作法〉为中心》（《中国藏学》2014年第1期）认为藏传佛教的每个教派所信奉的大黑天的具体类型是不同的，比如萨迦派信奉宝帐怙主，噶举派信奉智慧怙主，夏鲁派信奉持梃护法。有些形态的大黑天还是好几个派别的供奉对象，比如六臂速行智慧大黑天，按意大利藏学家图齐所说，不仅为宁玛派及苯教徒所熟知，其实格鲁派也很重视此护法。四臂智慧怙主有龙树传规和寂隐传规以及止贡传规和噶玛噶仓传规之分。此外，还讨论了黑水城出土的汉文大黑天法本有《大黑求修并作法》《大黑根本命咒》《大黑赞》《黑色天母求修次第仪》《慈乌大黑要门》等。其中《大黑求修并作法》是一部大黑天仪轨集合，由一系列求修仪轨、密咒、赞词组成，内容庞杂，有不少重复，利用其中一段传承次第对西夏大黑天的来源进行初步探讨。

日本学者辛岛静志的《论〈甘珠尔〉的系统及其对藏译佛经文献学研究的重要性》（《中国藏学》2014 年第 3 期）认为，先对《甘珠尔》的历史及各种写本、版本的系统做了扼要介绍。随后指出，瑞典斯德哥尔摩民俗学国家博物馆收藏有一部新疆和田出土的《法华经》藏译本写本。该写本可能写于世纪左右，于《甘珠尔》中《法华经》的藏译本。作者把这一古藏译《法华经》与各种《甘珠尔》进行对比时注意到，是后代的版本越是“修正”古老的读法，这些古老的读法往往与梵文本一致。换而言之，后代的编纂者往往抛开原文，望文生义。所以对于文献学者来说，尽可能利用早期的版本或写本。作者认为中国藏学界及佛教学界还没有充分意识到这一点。搞清《甘珠尔》系统的问题，能够站在一个崭新的高度上进行更加准确、深入和系统的藏译佛经文献学研究。

历代藏文文献学传统的研究、藏文经典名著的汉译或译注一直是藏学界的一大重要领域。白玛措的《金·史密斯先生与西方藏学研究》（《民族学刊》2014 年第 2 期）。介绍了纽约国际藏传佛教文献中心的创始人——藏学家金·史密斯（E. Gene Smith）先生毕生致力于藏学文献的收集、整理、研究工作，身后更是慷慨地将其所收藏的藏学文献赠予了西南民族大学。金·史密斯先生对当代藏学的贡献一方面表现在他所建立的藏学文献数据库，打开了西方藏学研究者经典阅读和运用的新视野；另一方面是金·史密斯先生对藏文典籍的渊博知识和深度研究，启发一批又一批的藏学家和藏学爱好者。国际藏学家认为“金之后”藏学发展应以文献数字化开拓西方藏学研究新起点。发展西方传统经文分析方法，更注重文献的解读与文献形制方面的研究。益西拉姆、刘勇、奔嘉的《西南民族大学金·史密斯藏学文献馆的建馆历程》（《民族学刊》2014 年第 2 期）介绍了文献学家金·史密斯和文献馆建构历程。道帏·才让加的《西藏甘丹颇章地方政权的文书档案制度综述》（《中国藏学》2014 年第 3 期）认为自青藏高原有人类活动以来，从岩画、金石碑刻、钟铭手卷、简牍缣帛，到铁券金册、纸墨文书，各种形质的档案文献为我们记录了藏族的发展历史。就纸质文书而言，除了现收藏于英国大不列颠图书馆和法国国家图书馆的敦煌吐蕃藏文历史文献以外，由于历史的诸多原因，842 年吐蕃赞普王朝崩溃之后的分裂割据、萨迦巴、帕木竹巴、仁蚌巴、第巴藏巴等各个历史时期的纸质文书传世的并不多，但是甘丹颇章政权时期（1642—1959 年）的纸质档案却被大量保存下来。其内容涉及甚广，主要涉及甘丹颇章政权的政治、经济、军事、文化、科技、外交、宗教、社会以及自然灾害等各方面的历史状况，是甘丹颇章政权 317 年历史的真实记录与凭证。它不仅是研究甘丹颇章时期西藏历史的第一手史料，也是现今可借鉴和参考的重要历史档案资料。

扎雅·洛桑普赤的《甘丹颇章政权时期藏文历史公文档案中标题汉译的若干问题——藏文历史公文档案系列研究之一》（《中国藏学》2014 年第 3 期）主张甘丹颇章政权时期的藏文历史公文档案则包括：甘丹颇章与隶属机构、人员的往来文书，包括布告、令文、法旨、呈文、路牌、移文、报告、清册、各类清单等；西藏地方政府与清朝历代皇帝、驻藏大臣、民国政府、其他有关国家及其相关各类机构的往来函文，包括谕旨、诏书、奏折、咨文、批复、慰问函、封赏文等；相关甘丹颇章、各宗豁、寺院、贵族、百姓等的各类法律文书，包括甘结、记录单、誓约、供词、申辩文、裁决令、交接单、通缉令、纠纷调查文等。甘丹颇章政权时期的相关公文的藏文历史档案的内容可以说无所不包，其中，牵涉的相关民风民俗的问题也是藏文公文的一大特色，颇具翻译难度。

尕藏卓玛、张智慧的《论藏文文献目录学发展的新趋势》（《西藏大学学报（社会科学版）》2013 年第 2 期）认为数量庞大、内容丰富的藏族古典文献是我国传统文化的重要组成部分，其整理编目具有悠久的历史和丰富的实践成果。但目前学术界对藏文文献目录学研究的重视程度不高，且学术界强调目录学的技术方法和实用性，而对理论研究有所忽视。为了顺应数字时代的发展趋势，目录学应该具有继承与发展观，研究要注重传统目录学的创新。因此，回顾总结藏文传统目录学的历史和成果，结合现代新型学科，建立一门较完备的藏文目录学学科是藏学研究者的一项重要使命。藏文文献目录学具有悠久的历史，其源头可以追溯到吐蕃时代。早在公元 9 世纪吐蕃赞普赤祖德赞时期，随着佛经文献的大量出现，吐蕃僧人开始了藏文文献整理编目工作，并先后编纂了《丹噶目录》《旁塘目录》《青浦目录》三部影响深远的目录著作，成为藏文目录学萌芽的标志。此后历代藏族学者为寺院、私人等收藏机构的文献进行了编目。

藏文典籍浩如烟海，译注研究自然是藏文文献学的重点内容，张长虹的《大译师仁钦桑波传记译注》（上、下）（《中国藏学》2013 年第 4 期；2014 年第 1 期）认为大译师仁钦桑波为西藏佛教发展史上一位非常重要的历史人物，一生翻译了大量的显密经典，为佛教在西藏的第二次传播作出了重要贡献。作为研究仁钦桑波生平的第一手资料——由他的弟子吉唐巴·益西贝撰写的他的传记，国外多次出版了藏文本，为研究西藏西部后弘期早期的历史提供了重要资料来源。但长期以来国内没有汉译本，藏文本也是近几年才出版，因此这份重要的传记资料未能引起国内学界的太多关注。有鉴于此，作者对比阅读已经出版的几种大译师仁钦桑波传记的藏文本，对之进行翻译校注，以引起学术界的重视。班班多杰的《〈山法了义海论〉所引佛教经论藏汉译文比较研究之九》（《中国藏学》2014 年第 4 期）认为，在《山法了义海论》的这部分内容中，笃补巴·西饶坚赞引用藏译《慈氏五论》及《唯识三十论颂》《摄大乘论》《瑜伽师地论》《入楞伽经》《大般若经》《大涅槃经》和《大宝积经》等佛教经论中的相关话语，深入阐释、论证觉囊派独特教义“他空见”的合理性和经典性。全文通过对笃补巴所引用的藏译佛教经论的话语与相应的汉译经论进行比照和校勘的基础上，不但勾勒出藏汉佛教经论译文的各自特点，而且在这些译文的思想与笃补巴对其诠释的内在互动中探究笃补巴对“他空大中观见”的语言分析与义理申畅。

《中国藏学》2014 年第 S1 期“西藏档案、文献增刊”系与西藏自治区档案馆《西藏档案》合作，集中展示西藏档案、文献方面的研究、整理、编目、出版情况，以期促进学界进一步关注西藏地方的档案文献。增刊不仅刊发了西藏自治区档案馆藏有关霍康、拉鲁、江洛金等西藏贵族世家的藏文历史档案及与门隅《水羊清册》相关的历史档案，还选译介绍了部分国外藏藏文文献。增刊刊发了巴桑旺堆的《关于一份西藏贵族名录档案——兼述 10 户大贵族家族历史传承》，该文通过一份贵族名录档案抄件，第一次较为正式地刊布了较为完整的贵族名录，对名录涉及的相关问题作了说明，梳理了 10 个大贵族的家族传承历史，目的在于为研究旧西藏政治、社会制度的研究者提供一份珍贵历史资料。尕藏智华的《西藏江洛金贵族世家简史》在参考大量西藏藏文历史档案和清史文献资料的基础上，以西藏贵族江洛金世家为切入点，较系统地分析和研究西藏江洛金贵族世家的先祖创立祖业的经过，尤其是甘丹颇章地方政权建立以来的历史进程中江洛金贵族世家扮演的角色，以及江洛金贵族世家在西藏历史上发挥的作用，以便进一步了解西藏贵族的生活习俗和贵族在西藏社会历史进程中存在的价值和意义。巴桑、吉太加、尼玛、道帏·才让加、扎雅·洛桑普赤的《西藏自治区档案馆藏藏文历史档案选译》选取 24 件西藏自治区档案馆所藏有关霍康、拉鲁、江洛金等西藏贵族世家的藏文历史档案及与门隅《水羊清册》相关的历史档案，由西藏档案管工作人员加以翻译、注释、整理，原载《西藏档案》（内刊，半年刊）2012 年第 1 期—2013 年第 2 期，此次刊发时有所修订。陈践的《敦煌藏文 IOL Tib J739 号骰卜文书译释》刊布的 IOL Tib J 739 号敦煌藏文写卷，收藏于英国伦敦国家图书馆，存 374 行，形式上为骰卜文书，其内容为地道的苯教文献，有 9 种苯教女神以及苯教仪轨。以拟人手法调侃苍天星宿：觜宿、昴宿、牛宿、女宿。还有富含哲理的谚语，以及有趣的民风民俗，皆以繇辞表现，十分优美动听，堪称诗歌汇集。但卦辞内容十分单一。文书中有不少安多藏语方言词和异体字，增添了解读的难度。文章在过录藏文原文的基础上，进行汉译，并对文书中所见的文化词语加以详释。谢后芳的《“人”玛布清杰的故事——IOL Tib J 511（A）号卷译释》刊布了 IOL Tib J 511（A）号英藏敦煌藏文写卷，是一篇古代藏族有关放咒驱魔的神话故事。全文分为 13 段，每段都是独立的。其中有 9 段是有关放咒的故事，每段情节类似而不雷同，简单但很有情趣。语言简洁，颇有民间故事的风味。“人”玛布清杰是贯穿全文每一段的一个核心人物。他也放咒，只是仿效故事中的做法，目的和条件却迥然不同。故事通篇渗透的是苯教思想，实际上反映的是社会现实。其中第 7、8 两段讲述了 11 个小邦或地区的王依次向其他小邦放咒的简单情节，提供了蕃王鹘提悉补野尚未完全统一西藏前小邦或地区分治时期各小邦或地区之间关系的一些珍贵历史资料。朱丽双的《〈于阗国授记〉译注（下）》译注的《于阗国授记》（*li yul lung bstan pa*）是有关古代于阗的一部非常重要的教法史类作品，收于《藏文大藏经》的《丹珠尔》（*bstan vgyur*）部。文章以德格版（sde dge）为底本，汇校以卓尼版（co ne）、北京版、那塘版（snar thang）、金汁写本（dgav ldan/Golden）《丹珠尔》以及近年中国藏学研究中心完成的对勘本《中华大藏经·丹珠尔》，在前辈工作的基础上，参考近年学界在于阗研究领域取得的成果，重新翻译这部文献，以提供尽可能准确的译本，并对相关专名详加注释，以资学者之用。阿达·仁增久美、扎西·克珠群佩的《〈王统世系明鉴〉所载赞普“安达·热巴坚”之故事（下）》指出，赤祖德赞热巴坚为吐蕃时期著名的赞普之一，据索南坚赞的《王统世系明鉴》记载，其在位时期，尊崇佛教，迎请天竺班智达入藏传法，组织译师翻译佛经，制定译例三条，仿天竺之制统一度量，修建静修院、讲经院和律仪院等，并有著名的“顶部僧伽”，从于阗、尼泊尔召集能工巧匠，修建众多寺庙，威震四方，统御了整个赡部洲的三分之二。佩尔·K. 索伦森教授将《王统世系明鉴》译为英文，并参考当时可知的相关史料，作了详细的注释。文章即选取该段，从英译汉，以期有益于读者。萨仁高娃、白张的《拉萨市尼木县切嘎曲德寺古籍普查记——又见元刻》指出，西藏自治区古籍保护中心在几年的全区古籍普查工作当中发现了不少珍贵文献，继西藏自治区图书馆藏元刻《因明正解藏论》和西藏博物馆藏元刻《释量论》，2012 年拉萨市尼木县发现多种元刻本，其中最为突出的是《量理宝藏》《阿毗达磨杂集论》《大乘庄严经论》《律藏》《阿毗达磨俱舍论》《三律仪轨》6 种古籍，展现元大都刊刻藏文古籍的盛举，亦可知萨迦王朝与元中央政权的密切关系，该文即介绍拉萨市尼木县切嘎曲德寺古籍普查及发现元刻本的始末。

此外，“西藏档案、文献增刊”选译或介绍的国外藏藏文文献有：郭燕顺的《帝俄外交部七等文官巴德玛耶夫（БадмаевП. А.）档案［1893］》，文章收录了 1893—1905 年巴德玛耶夫呈亚历山大三世和尼古拉二世的报告、信件以及给财政大臣维特的报告等 19 通，反映了巴德玛耶夫为沙俄兼并中国处心积虑地向沙皇献计献策，并在沙皇支持下，组建侵华机构并将一批批武装的布里亚特人、蒙古人派往蒙古、青海、西藏等地，巴德玛耶夫本人也亲往恰克图、库伦、阿克苏、张家口、多伦诺尔等地，直至北京，对藏传佛教上层人士和蒙古王公贵族进行策反，并探查进军路线，为兼并中国做各项准备等情况。魏文的《意大利的图齐藏学遗产：亚非研究院图书馆藏品中一些文献的研究综述》译自意大利学者 Michela Clemente 所著的“Tucci's Legacy to Tibetan Studies in Italy：Survey of Some Works of the IsI. AO Library Collection”一文（载郑堆、弗朗西斯科塞弗热主编《从地中海到喜马拉雅——意大利著名藏学家朱塞佩·图齐诞辰120周年纪念文集》，中国藏学出版社2014年版)。文章旨在全面介绍意大利著名藏学家朱塞佩·图齐（GiuseppeTucci）在20世纪上半叶历次西藏田野考察时所收集并保存于意大利亚非研究院（IsI. AO）图书馆的大批藏文文献，以及多年来意大利学者针对这批珍贵文献所展开的整理、编目和多领域研究工作。需要说明的是，因系译稿，文中的藏文转写一仍其旧，未按照国内通行的转写方式进行处理。嘎藏陀美、扎西当知的《〈法国国家图书馆藏敦煌藏文文献〉(1—5册）目录》，指出，《法国国家图书馆藏敦煌藏文文献》主要收录法国国家图书馆伯希和藏文收集品、编入藏文编号的少量汉文和其他文种文献，以及编入汉文文献序列的藏文内容。目前已出版5册，全文对已经出版的各册内容，按照卷号顺序作了介绍。李阳、李保文的《蒙古国所藏有关十三世达赖喇嘛流亡（1904—1906）档案文献》（《中国藏学》2014年第S1期）指出，《蒙古国所藏有关十三世达赖喇嘛流亡（1904—1906）档案文献》（*The Thirteenth Dalai Lama on the Run*（*1904—1906*）：*Archival Documents from Mongolia*）2013年作为“博睿内陆亚洲档案”系列丛书之一由博睿（Brill）出版社出版。该文献是关于十三世达赖喇嘛1904—1906年流亡喀尔喀蒙古（今天的蒙古国）的原始档案的影印件，原始档案收藏于蒙古国家中央档案馆。上述文章对国内外藏文文献的收藏、译注刊布情况作了视角各异的介绍。

民国时期，西藏作为中国的一个行政区域，始终处于中央政府的管辖之下，是中国领土不可分割的一部分，民国时期历届中央政府为了加强对西藏地方的管理，制定和颁布了许多有关西藏地方的法律法规与经济文化建设方面的政策和措施。中国藏学研究中心与中国第二历史档案馆曾长期合作编辑出版有关西藏和藏事的档案史料，迄今已有多部专辑汇编问世，在海内外学术界产生了积极的反响，为推动藏学研究发挥了重要作用。此次采用影印形式，以原版的方式，将档案原状呈献给读者，体现档案史料的可信性、可证性，这样系统地影印公布国家档案机构典藏的民国时期西藏和藏事档案史料尚属首次。

《中国第二历史档案馆所存西藏和藏事档案汇编》课题组的《〈中国第二历史档案馆所存西藏和藏事档案汇编〉(31—50册）分类目录》（《中国藏学》2014年第S1期）指出，《中国第二历史档案馆所存西藏和藏事档案汇编》在国家档案局、中国第二历史档案馆、中国藏学研究中心的大力支持和课题组旳共同努力下，目前已编到民国28年（1939年），距民国政府结束尚有10年未完成。双方决定继续合作编辑出版民国28年至民国38年（1949年）西藏和藏事档案汇编80余册，由中国藏学出版社陆续出版，本文介绍了《汇编》第31—50册的分类目录。

尼玛沃色、许渊钦的《〈娘氏教法源流〉译注》(1—4)，（《中国藏学》2014第1—4期）全面介绍了《娘氏教法源流》及其作者、汉译底本及译注说明，译注者指出，现今学界通称的《娘氏教法源流》依照藏文书名仍应译为《教法源流·花蜜精粹》。“教法源流”是藏族传统史学类型中属宗教史的题材。“花蜜精粹（巧巧气)”为本书名称，“花蜜精粹”是藏族宗教史经常使用的譬喻法，用以表达本书极具宗教史学价值犹如花蜜精粹，读者应如蜜蜂采取花蜜般精勤学习。“娘”是源自地名的氏族名称，藏学界习惯简称作者娘·尼玛沃色为“娘氏”，因而，本书俗称《娘氏宗教源流》或《娘氏教法史》，与《瓦协》（即通常所称的《巴协》）、《第吴宗教源流》同属极具参考价值的早期藏族重要史籍。娘·尼玛沃色（1124—1192年或1204年)，因具领主的身份地位也被称为“阿大娘”，因其为长发辫子的密咒士又被称为“娘热巴”。从上述特征可以看出，尼玛沃色应是当地的政教领袖。娘氏出生于今山南地区洛扎县的旦雪地方，父亲娘敦·确括罗（前译密乘的宗教导师)。他依止父亲及导师笃哇增巴、杰色康补巴、成就者俄助等，学习各类教法，透过宗教实践获得极高的成就。

冯智的《八世司徒所记康雍时期西藏历史片段——藏文〈八世司徒自传〉选译》（《中国藏学》2014年第4期）记述，八世司徒佛是噶玛举派的一个重要人物，他生活在清康乾时期，其《八世司徒自传》是一部集人物传、宗教圣迹志、历史文化考据于一体的重要藏文类书。其中有关西藏历史、尤其是西藏重要事件和人物的记载，均是作者亲身所历，史料价值真实，弥足珍贵，补充了其他汉藏文献记载的不足，对于更好认识西藏当时的一些实情很有帮助。八世司徒一生 5 次赴西藏朝佛巡礼，记载了大量实情。本文仅选择了传记中康雍时期有关西藏历史片段的记载，并对相关史实做一补遗研究。

群培的《试述西藏自治区档案馆馆藏珍稀文献〈藏四茹兵册〉之特点及研究价值》（《西藏研究》2014 年第 1 期）认为西藏自治区档案馆中一级档案文献、藏文写本《藏叶、孔、运、布茹白红黄兰旗军兵册》是一部涉及西藏兵制沿革、人口户籍、兵役兵差、藏军建制、军队管理体系、后勤保障、军人职责、后备兵员、武器装备、服饰、后勤军需保障（运输、营建（帐篷等）、军事训练（考核、奖赏制度等）以及不同等级军人所依生存之土地即兵差地面积、支兵差“甲措”的具体军户名册，及战时与平时的兵差、徭役等管理制度方面的非常难得的专门著作，是迄今该馆保存相关文献中时间早、结构完备、体裁独特、叙述较详，引用历代军事档案史料丰富，内容涉及自元代尤其是 16 世纪帕木竹巴名存实亡以来，后藏各地方割据势力统治者与后来居上者藏巴汗统治时期人户、土地清册、兵役兵差、军政建制等史料和甘丹颇章早期组建前藏、后藏藏军建制相关史料。该书为孤本，堪称珍稀的藏文古本文献丛书。

陈春华的《俄国外交文书选译——1906—1912 年期间有关英藏、俄藏、中国中央政府与西藏地方关系方面的文件》（《中国藏学》2013 年第 S2 期）指出，19 世纪末 20 世纪初，俄国资本主义发展到了帝国主义阶段，俄国东向扩张的目标包括鲸吞中国东三省，以及华北、新疆、蒙古和西藏。俄国扩张主义者出于侵略中国的需要，竟公然否认蒙古、西藏是中国领土的一部分，因此当时一些公文档案中对西藏、蒙古等地区以“国”指称，甚至称其为“中央政府”，以单独的国家形式与中国并列。文章收录了 1906—1912 年有关英藏、俄藏以及中国政府与西藏地方关系方面的文件 32 件，反映了英国试图以班禅取代达赖喇嘛、俄劝告达赖喇嘛切勿向美国求援、俄向达赖喇嘛提供借款、中国清朝政府在西藏实行改革、清军入藏、达赖喇嘛出逃印度及其处境、俄国干涉清政府废黜达赖喇嘛、达赖喇嘛拟出访伦敦和彼得堡、达赖喇嘛请求俄国沙皇关心解决西藏问题、辛亥革命爆发后西藏局势、西藏宣布“独立”、中华民国临时大总统为维护领土主权和国家统一颁令蒙藏回疆同为中国领土等内容。

由西藏社会科学院和扎什伦布寺合作，白玛朗杰总编，拉萨琅赛建设有限公司提供资助的大型丛书《历辈班禅大师传记》（藏文版）于 2014 年在西藏拉萨问世。该丛书共 12 册，380 余万字，系统、全面地展示了历辈班禅大师的一生，客观、公正地展现了其维护祖国统一的人生历程。

陈庆英的《西藏古代印章文化》（《西藏研究》2014 年第 3 期）指出，西藏古代使用印章的历史非常悠久，社会上各个阶层的人士在政治经济文化和宗教活动中和订立契约文书时都大量使用各种印章，现今存世的各种印章的数量也十分庞大。一些重要的印章还和西藏历史的一些重大事件密切相关，成为重要的历史见证。西藏印章上镌刻多种文字，印章的材质、镌刻的艺术、保管和使用等都具有鲜明的特色。西藏古代印章形成了一种印章文化，成为西藏传统文化的一个重要组成部分。文章还对藏印章的传播历史、语词语源等作了探讨。

印度—西藏文字文献的交流史源远流长，影响广大。录目草的《拉卜楞寺学习梵文的传承与现状》（《中国藏学》2014 年第 2 期）指出，吐蕃从公元 8 世纪中叶就开始了大量的梵文佛经翻译，由此，不仅影响了藏民族的信仰，也影响了藏文化尤其是藏文的很多词汇。千百年来，西藏文化的传承中就有学习梵文的传统。古印度的十大梵文文法书，藏族就翻译了其中的四本，从而在藏区的寺院中留下了学习和研究梵文的传统。该文以拉卜楞寺为例，就该寺中的梵文文法的传承、学习和研究以及现阶段的学习状况作了介绍。

扎平、尼玛的《印度婆罗门哲学经典〈薄伽梵歌〉藏译本研究》（《西藏研究》2014 年第 4 期）认为一千多年来，西藏不少贤者游学印度、尼泊尔等地，研习异国语言文化。他们历经千辛万苦，翻译了《薄伽梵歌》《庄严论》《梵语宝藏》《沙恭达罗》《罗摩衍那》等五十多部作品，涉及现代社会科学诸多领域，他们在印度典籍译注研究领域，取得了很高的学术成就，译著水平堪称一流，为西藏文化的发展做出了巨大的贡献。如根敦群培大师所译《薄伽梵歌》对了解印度婆罗门教哲学乃至现代印度人思想具有重要的意义。哲学乃至现代印度人思想具有重要的意义。在西藏传统翻译界，几乎无人翻译婆罗门教哲学经，因此，根敦群培大师所译《薄伽梵歌》的问世，意义非凡。该文对这部《薄伽梵歌》藏译本进行分析和考证，强调了该著在文化史上的价值。

江琼・索朗次仁、达琼的《藏族古代翻译理论〈声明要领二卷〉成书年代再析》（《西藏研究》2014 年第 3 期）对喜马拉雅山南麓喜马偕尔邦斯比提地区塔波寺（Monastery of Taphoin Spiti）新发现的《声明要领二卷》写本，对藏族古代翻译理论《声明要领二卷》成书年代的传统说法提出质疑，并将其成书年代提前了 30 年。通过考证，藏族首部翻译理论《声明要领二卷》之纲领首次颁布于吐蕃赞普赤松德赞时期，即水猪年（783 年），随后历代赞普对其不断进行增补和完善，最终成书颁布于吐蕃赞普赤松德赞时期（木马年 814 年）。李加东智的《试探根敦群培的藏语言文字研究与文化自觉》（《西藏研究》2013 年第 6 期）认为藏族先民开始学习和研究古印度梵文文化，浩如烟海的印度佛教经典正是通过梵文这一语言媒介翻译成藏文，进而成为藏族传统文化的重要组成部分，并把从事这项事业作为毕生的追求和至高的荣耀。但随着时间的推移，研习梵文几乎成为一种时尚潮流，不乏盲崇与迷信，滋生出种种弊病，使得藏族学者在很长一段时期内对梵文的研习在相当程度上流于形式，不仅未能正确地掌握梵文，反而使本土语言被边缘化，从而对藏文化的主体性带来很大冲击。根敦群培站在新的起点上，从文化自觉的高度，以对藏语言文字的发展演变为考察对象，对实现异域文化的本土化方面作了新的思考与探索。在传统西藏，要成为精通佛教经典的知识精英，自然首先要学会梵文。因此，传统学者对梵文的研习不遗余力，研究队伍颇为壮观，并形成了有自身特色的认知传统和学习模式。通过对藏族学者的梵文作品的考察，根敦群培发现大多数作品并不符合梵文的语音、语法规范，仅对梵文作了形式上的模仿而已，未掌握梵文。

贾华的《试析印度古典戏剧〈沙恭达罗〉及其藏译本》（《西藏研究》2013 年第 6 期）认为印度古典戏剧《沙恭达罗》是一部具有世界声誉的梵语名剧，作者迦梨陀娑是印度梵语古典文学中获得世界声名的大诗人。最早把他介绍到国外的是我国的藏语译本。在中国，根敦群培最早将《沙恭达罗》梵文版翻译成藏文，但遗憾的是目前能见到的只有前言和第一幕的翻译内容。根敦群培的徒弟热拉智通・土登曲达在印度出版的《沙恭达罗第四幕》的序言中提到，根敦群培已翻译完《沙恭达罗》全书，但其余 6 个章节未能出版。1959 年，人民文学出版社首次出版了季羡林从梵文原著翻译的汉译本。随后，著名藏族学者端智嘉根据季羡林汉译本将其前言到第三幕的一部分译成藏文。2009 年民族出版社正式出版了藏族青年学者敖见的《沙恭达罗》完整藏译文。文章还对该著的藏文译本的诸多特点和成就作了介绍。

（二）西夏文献及黑水城文书研究

随着黑水城文献的逐渐刊布，西夏文文献及黑水城汉文文书研究一时吸引了众多学者研讨。孙继民的《黑水城元代 Y1：W22 文书的性质与定名》（《吴天墀教授百年诞辰纪念文集》，四川人民出版社 2013 年版）认为，Y1：W22 号文书当是一件呈文的草稿。杜立晖的《从黑水城文献看元代俸禄制度的运作》（《敦煌学辑刊》2013 年第 4 期）以黑水城文献 M1・0402［F79：W46］为中心，探讨了元代官吏俸禄制度的运作状况，并对黑水城文献中的录事司文书作了研究。杜立晖的《黑水城所出元代录事司文书考》（《文献》2013 年第 6 期）指出，黑水城汉文文献中共有 5 件元代录事司文书，其中 3 件被《黑城出土文书（汉文文书卷）》和《中国藏黑水城汉文文献》两书共同收录，另外 2 件残件仅《中国藏黑水城汉文文献》收录。对于元代录事司这一机构，前人已多有研究，对元代录事司的性质、渊源、出现时间、设置录事司及巡警院的路、府、司侯司与录事司的关系、录事司城市的规模和时空特征等内容进行了深入探讨。但上述研究均未采用黑水城所出录事司文书。黑水城录事司文书内容非常丰富，对于研究元代录事司制度、元代不兰奚、头疋管理制度、民事审判制度等问题具有重要史料价值。文章在前人研究基础上，对以上文两书所共收的 3 件文书为重点，对文书所反映的上述问题做了新的探讨。杜建录、邓文韬的《黑水城出土合伙契约再考释》（《西夏研究》2013 年第 4 期）考察了中国藏黑水城汉文文献中的六件合伙契约。潘洁的《黑水城出土勘合文书种类考》（《内蒙古社会科学》2013 年第 5 期）对黑水城出土的勘合文书作了分类研究。陈朝辉、潘洁的《黑水城出土元代文书押印制度初探》（《西夏研究》2013 年第 4 期）利用黑水城文书中的印文资料考察了元代文书押印制度。杨富学、张海娟的《蒙古豳王家族与元代亦集乃路之关系》（《敦煌研究》2013 年第 3 期）考察了亦集乃路与豳王家族的密切关系。其他专题还有张笑峰的《元代亦集乃路的诉讼与审判制度研究——以黑水城出土文书为中心》（《文献与文化》二）与《元代亦集乃路诸案成因及处理初探——以黑城出土元代律令与词讼文书为中心》（《西夏学》第十辑）以黑水城文书为依据讨论西夏社会案件成因、诉讼与审判制度、诉讼文书。宋坤的《黑水城所出识认状问题浅探》（《西夏研究》2013 年第 3 期）以《中国藏黑水城汉文文献》第四册当中收录有三件元代识认状原件，通过对这三件文书的分析可见，元代识认状的性质应为偷盗、逃躯或走失牲畜案件中事主（此处所云事主包括偷盗者及本主）所出具的辨识确认失物的保证书。将其与宋代识认状相比可见，元代识认状应用范围要大于宋代识认状，就史料所见而言，宋代识认状主要应用于应试之时，"辨识认定"应试之人"系是正身"，且由书铺出具，而元代在偷盗、走失、逃躯等案中均有识认状，其书写者则为偷盗者或是本主。

孔德翊的《黑城文书所见亦集乃路自然灾害》（《西夏研究》2013 年第 2 期）认为，黑城出土文书为研究元代亦集乃路自然灾害提供了较为翔实的原始材料。地处西北边陲的亦集乃路自然环境恶劣，自然灾害频发，对当地居民生产生活产生了较大影响。一系列自然灾害的发生，一方面与 13—14 世纪气候变化关系密切；另一方面与元代西北屯田开发和农业生产技术应用不当造成自然环境破坏密不可分。亦集乃路自然灾害表现出多样性、频发性、关联性特征，影响范围较为广泛。

西夏出土文献很多，但所见碑石较少。西夏文金石碑刻文献研究方面，新发现碑刻的刊布与研究成为新近的热点，2013 年 9 月，河北邯郸大名县陈庄村出土了一方元至元十五年（1278）夏、汉双体文字《宣差大名路达鲁花赤小李钤部公墓志》。有关的考释有史金波的《河北邯郸大名出土小李钤部公墓志刍议》（《河北学刊》2014 年第 4 期），认为西夏出土文献很多，但所见碑石较少。此墓志的发现增添了新的西夏文碑刻品类，是具有重要学术和文物价值的收获。鉴于此墓志是有元一代最早的一方西夏文、汉文碑刻，显示出元代西夏后裔的民族传承、墓葬特点和文化特色，具有特殊的文物和学术价值，十分稀见，建议定为一级文物。希望对墓地进行抢救性发掘，对出土墓志相关地区从民族学、社会学的角度予以调查，以便进行更深层次的研究。还有朱建路的《元代〈宣差大名路达鲁花赤小李钤部公墓志〉考释》（《民族研究》2014 年第 6 期），对小李钤部公墓志作了研究，认为河北省大名县新出夏、汉双体文字《宣差大名路达鲁花赤小李钤部公墓志》是元代色目人唐兀昔里氏家族的重要资料。通过对其进行考证可知，传世文献中记载小李钤部担任的"也可扎鲁火赤""天下断事官"等，都是燕京行省的断事官；元代的"钤部"一词由西夏文音译而来，在西夏时期的含义是"统军"。

黑水城文献研究专题有：白玉冬的《关于元代地税征收的一篇蒙古文文献》（《元史论丛》14，天津古籍出版社 2013 年版）考察了编号为 F61：W6 的蒙古文文献。杜建录、邓文韬的《黑水城出土两件租赁文书考释》（《宋史研究论丛》第 15 辑，河北大学出版社 2014 年版）考察了编号为 M1.0989（F13：W106）和 M1.0981（F270：W10）的两件租赁文书。秦桦林的《黑水城出土〈元一统志〉刻本残叶考》（《中国地方志》第 10 期）认为编号为 M1.1242 的文书应定名为《元一统志·太原路》刻本残页。宋坤的《俄藏黑水城所出〈天历二年呈亦集乃路官府文〉考释》（《元史论丛》14，天津古籍出版社 2013 年版）考释了 TK201 号文书。陈瑞青的《黑水城所出元代酒醋课程文书研究》聚焦黑水城出土酒业文书及其相关内容。李晓明的《由黑水城文书所见元代西北边陲驻军状况——以亦集乃路为中心》以黑水城文书为依据讨论元代亦集乃路作为元帝国西北边陲的驻军制度。杜立晖的《黑水城文书所见元代的朵思麻宣政院》以黑水城文书为依据讨论元代安多藏区与宣政院的行政管理等诸多关系。郭兆斌的《由黑水城文书看北元时期肃政廉访司更换官吏中的作用》（《元史论丛》14，天津古籍出版社 2013 年版）以黑水城文书为依据讨论北元时期廉政与官吏任用选拔制度。张笑峰的《黑水城文书中的宁肃王》（《图书馆理论与实践》2013 年第 7 期）以黑水城文书记载为依据讨论元代宁肃王的历史问题。

由俄罗斯科学院东方文献研究所、中国社会科学院民族学与人类学研究所、上海古籍出版社合编的《俄藏黑水城文献》，出版了《俄藏黑水城文献·西夏文佛教部分》（第 20、21、22 册）（上海古籍出版社 2013 年版）。所收文献有《大宝积经》《无量寿经》《阿弥陀经》《大方等大集经》《华严经》等，刻本写本皆俱，《华严经》多为正背两面抄写的梵夹装式，因用每面四栏制版，仍清晰可读。有的佛经附有说法图、校经题记，均为传世珍本。

史金波的《西夏文物·甘肃编》（天津古籍出版社 2014 年版）共有 6 册，分为 9 卷，包括遗址卷、金属器卷、陶瓷器卷、石刻石器卷、木漆器卷、造像绘画卷、织物卷、文献卷、建筑构件卷和其他卷。除了文献只收录了具有代表性的 16 件以外，其他文物基本全部收录，共计 654 件，对每一件文物逐一描述，以高清图片展示文物的各个面。另外对 66 处遗址作了详细描述。甘肃文物类型多，数量大，是西夏文物中重要而独具特色的组成部分。该著述的出版，为西夏学界提供了一份最原始最珍贵的研究资料，必将推动西夏学、民族史、语言文字史、艺术史、佛教史和甘肃区域史的研究。也将增进全国乃至全世界对甘肃文化的了解。史金波主编的《西夏文物》分为宁夏编、甘肃编、内蒙古编、石窟编和综合编（包括除宁夏、甘肃、内蒙古以外的其他各地区）共 5 编。每编下设遗址、金属器、陶瓷器、石刻石器、木漆器、造像绘画、织物、文献、建筑构件及其他等卷。书中一次布列文物图版，每一文物尽量采用多维角度的多种图版，同时注重以科学、准确的文字进行说明。

《俄藏黑水城文献 23：西夏文佛教部分》（上海古籍出版社 2014 年版）所收录的佛教文献为西夏刻本，多冠释迦牟尼说法图等佛画，末有不同年款的施印题记、发愿文，有的还有刻工姓名与寺院藏印，堪称罕见之宝。聂鸿音的《打开西夏文字之门》（国家图书馆出版社 2014 年版）介绍了西夏文辞书《番汉合时掌中珠》的发现、研究历史及相关内容。聂鸿音还刊发了一组考释西夏文献的论文《西夏文〈五部经序〉考释》（《民族研究》2013 年第 1 期）、《西夏文献中的净土求生法》（《吴天墀教授百年诞辰纪念文集》，四川人民出版社 2013 年版）、《西夏文装藏咒语考》（《西夏研究》2013 年第 4 期）、《〈西夏佛经序跋译注〉导言》（《西夏学》第 10 辑，上海古籍出版社 2014 年版）、《〈金光明总持经〉：罕见的西夏本土编著》（《宁夏师范学院学报》2014 年第 4 期）、《〈圣曜母陀罗尼经〉的西夏译本》（《宁夏社会科学》2014 年第 5 期）；聂鸿音的《西夏语的名物化后缀 sji2 和 lew2》（《语言研究》2013 年第 2 期）据西夏译本《注华严法界观门通玄记》，指出此前只被视为动词的体后缀的西夏语的 sji2 和 lew2，还可以是一对功能互补的动词名物化后缀，分别表示主动态和被动态。聂鸿音的《西夏语专有名词的类别标记》（《语言科学》2013 年第 2 期）指出此前一直被视为普通名词的西夏语的 mjij2、ljɨ2、io1 和 jwɨr2，它们附在专有名词后面时只用作类别的标记而没有具体的词汇意义。这三个类别标记分别用来提示人名、地名和著作名。其他还有黄延军的《中国国家图书馆藏西夏文〈大般若波罗密多经〉研究》（上、下册）（民族出版社 2012 年版），翻译整理了西夏文《大般若波罗密多经》。陈震、刘亚谏、李肇伦的《西夏遗珍》（文物出版社 2013 年版）较全面地介绍了西夏文物和文献遗存珍品。

吴天墀教授是当代杰出的历史学家，学识渊博，上自先秦，下迄明清，多所涉猎，尤长于西夏史、宋史和巴蜀文化史研究，成就斐然。2012 年 11 月，四川大学历史文化学院等承办了“吴天墀教授百年诞辰国际学术研讨会”，四川大学历史文化学院以参会文章为基础，编选了《吴天墀教授百年诞辰纪念文集（1913—2013）》（四川人民出版社 2013 年版），收入 67 篇文章，除“追忆与思考”部分 17 篇以外，其他西夏文献研究等各类专题内容论文 50 篇，值得参考。有关西夏文字文献专题成果还有，束锡红的《黑水城西夏文献研究》（商务印书馆 2013 年版），贾常业的《新编西夏文字典》（甘肃文化出版社 2013 年版）等。

黄震云、杨浣的《论西夏诗》（《徐州工程学院学报》2013 年第 5 期）介绍了西夏诗歌主要有诗集五种，除拜寺沟方塔出土的无名氏诗集外，还见于俄藏和英藏黑水城文献，总数近千首，由藏文、汉文、回鹘文、女真文、叙利亚文和西夏文写成，三至七言为主，有自己的章法和规范，其整体建构方式参照《诗经》和汉语格律诗形式。樊丽沙的《从出土文献看西夏的观音信仰》（《西夏研究》2013 年第 4 期）认为黑水城出土的西夏各类文献尤其是观音伪经和敦煌莫高窟等地发现的观音造像及经变画，都是当时西夏国内观音信仰鼎盛的表现，更是西夏与中原王朝民间信仰文化交流的直接例证。

对于西夏文文献进行考释的成果比较突出。世俗文献方面：史金波的《英国国家图书馆藏西夏文军籍文书考释》（《文献》2013 年第 3 期）考释了英藏西夏文军籍文书，这些军籍文书是依照西夏政府的相关规定，对西夏社会基层以首领为单位各军抄详细登记的簿籍，记载着西夏黑水城（今属内蒙古自治区额济纳旗）地区下层军事组织真实而具体的情况，包括西夏军事组织细胞——军抄的人员、马匹、装备等详细内容，是了解西夏军事组织及其作用的宝贵资料。梁继红的《武威藏西夏文〈五更转〉考释》（《敦煌研究》2013 年第 5 期）对武威藏西夏文《五更转》进行了全文译释，并与敦煌文献中的《五更转》和俄藏西夏文《五更转》作了比较，指出其差异。西夏文《五更转》是西夏少数民族在唐五代敦煌民间文学的基础上，用自己的语言文字编创的西夏民间文学作品。此类文章还有许生根的《英藏黑水城出土西夏户籍租税账册文书初探》（《西夏研究》2013 年第4 期），孙继民的《黑水城所出西夏汉文入库账复原研究》（《宁夏社会科学》2013 年第6 期），杜建录、于光建的《武威藏西夏文〈志公大师十二时歌〉译释》（《西夏研究》2013 年第 2 期），王荣飞的《甘肃省博物馆藏〈天庆寅年“七五会”集款单〉再研究》（《宁夏社会科学》2013 年第 5 期），杜建录的《西夏光定十二年正月李春狗等扑买饼房契考释》（《吴天墀教授百年诞辰纪念文集（1913—2013）》），彭向前的《西夏文草书〈孝经传序〉吕惠卿系衔考》（《吴天墀教授百年诞辰纪念文集（1913—2013）》）等。杨浣的《藏文史籍所载西夏故事溯源》（《西藏研究》2014 年第 4 期）对西夏创世始祖传说与蒙藏夏诸方关系作了探讨。对于西夏文佛教文献进行考释的文章有孙伯君的《鲜演大师〈华严经玄谈决择记〉的西夏文译本》（《西夏研究》2013 年第 1 期）、《西夏文〈观弥勒菩萨上生兜率天经〉考释》（《西夏研究》2013 年第 4 期），贾常业的《日本藏西夏文〈大方广佛华严经〉与汉本的别异》（《西夏研究》2013 年第 2 期），孙颖新的《西夏本〈佛说疗痔病经〉释读》（《宁夏社会科学》2013 年第 5 期），杨志高的《西夏文〈经律异相〉卷十五“优波离为佛剃发得入第四禅一”释考》（《图书馆理论与实践》2013 年第 12 期），段玉泉的《西夏文〈尊者圣妙吉祥增智慧觉之总持〉考》（《吴天墀教授百年诞辰纪念文集（1913—2013）》）等。

（三）彝文文献研究

彝文文献编目提要的最新成果当推清水享、龙倮贵、摩瑟磁火、张仲仁编著的《台湾“中央研究院”歴史语言研究所傳斯年图书馆蔵彝文（儸儸文）文书提要》（東京外国語大学アジア・アフリカ言語文化研究所，2012）。

彝文文献的专题研究有，陈棣芳、朱崇先的《杨成志与彝文文献收藏研究》（《广西民族研究》2013 年第 3 期）。作为我国著名的民俗学家、人类学家，杨成志先生在彝文文献的搜集、收藏和整理研究方面的贡献独树一帜。他以敏锐的学术眼光对彝文文献进行系统的搜集、整理、研究，并取得令人瞩目的成果，是当之无愧的彝文文献研究的先行者和拓荒者，为后学的整理、研究提供了借鉴和参考。他早期关于彝文文献的许多著述，在很长一段时间内，是该学科领域的标志性经典。王海滨的《撒尼彝文文献民间收藏现状调查与研究》（《毕节学院学报》2013 年第 12 期）对民间收藏现状的调查与研究是整个撒尼彝文文献调查与研究的重点和难点。在对两州市、四县的撒尼彝文文献民间收藏现状进行田野调查的基础上，将民间藏书所猎涉的内容分为四大类：宗教类、文学类、历算类、医药类；并针对藏书环境差、文献面临失传、藏书者密不示众的心态等存在的问题，提出了相应的保护对策。

蔡富莲的《凉山彝族毕摩文献〈疟责哈姆尼〉与彝族对瘟疫的认识》（《宗教学研究》2014 年第 2 期）认为《疟责哈姆尼》（食猴经）是凉山彝族毕摩驱咒猴瘟仪式中使用的一本专用经书，内容主要包括引言、召唤并祭祀神灵、报经书名、祈求真理、追溯猴瘟、驱遣绝嗣债、颂毕、神灵会师、掠取猴瘟、围猎猴瘟、击碎猴瘟、斩断猴瘟、封锁猴瘟等章节。猴瘟不仅使一个家庭、一个家族（社区）成员、牲畜等全部死亡，甚至连庄稼也颗粒无收。该经书与仪式相结合，形象逼真地展示了一幅通过集体行动和集体力量战胜生命危机的生动画面。

秦晓莉的《彝文文献产生发展与载体形制研究》（《西南民族大学学报》2013 年第 10 期）指出，开展对彝文文献的研究是民族高校图书馆加强文献数据库建立的重要基础，是文献材料为民族地区经济文化建设服务，实现民族文献资源共享的重要工作。文章所研究的彝文文献的产生与发展，彝文文献的栽体形制是开展彝文文献研究的不可缺少的重要内容。文章从毕摩及其活动、彝文文献典籍的产生、源流、载体、形制等方面全面讨论了彝文文献两个重要基础部分。秦晓莉的《彝文文献分类编目与信息化研究》（《贵州民族研究》2014 年第 6 期）认为开展对彝文文献的研究是民族高校图书馆加强文献数据库建立的重要基础，是文献材料为民族地区经济文化建设服务，实现民族文献资源共享的重要工作。

姜枫、王明贵、王小丰的《贵州古彝文书法研究》（《毕节学院学报》2014 年第 12 期）认为，黔西北滇东北一带是古彝文的发祥地。贵州古彝文书法指的是贵州省内用古彝文字在各种材质上书写的书法作品，具有字形方正，结构有堆、插、重、并、向、背、孤、单等形状，点画形质以横、直、弧、曲四种线条为主，行款从上到下书写，篇幅从左到右布局的特点。书体主要以楷书为主，作品风格多样，以《成化钟铭》《水西大渡河建桥碑》等为代表。

赖先荣、张丹、俞佳、阿子阿越的《彝族〈医算书〉文献价值与医学价值初探》（《环球中医药》2014 年第 7 期）刊布了最近在四川省凉山彝族自治州发现的一部记述凉山州古彝人医学知识的古彝文文献《医算书》，全文对其文献价值和医学价值进行了初步研究，文献价值方面从该书的保存情况、记述内容、记述纸张来源、记述文字形式等方面，判断本文研究的版本属于成书于 1949 年前的凉山州彝族毕摩文献，保留了“原始”“本真”的彝族医学特色，说明该书具有较高的文献价值。医学价值方面，作者认为该书记载的与医学有关的部分内容，根据八方位为中心的“生命历”系统来推算患者的病因、预后、发展情况及其衰年出现的周期，根据月相圆缺盈亏推测疾病及其预后情况，将天文历法知识运用于推演生命节律的周期性和防病治病等方面，反映了古彝人朴素的“天人相应”的预防医学思想，这是其他传统民族医学体系中少有的，在当时彝族的社会发展时期具有较高的医学价值。

吴勰、禄玉萍、王明贵的《论贵州古彝文编码字符集构建》（《中文信息学报》2014 年第4期）依托彝文古籍文献开展古彝文字符整理和规范研究，建立古彝文编码字符集有很高的要求和极大的工作量。这项工作有助于实现古彝文规范化应用，为古彝文信息技术开发提供基础保障。需要最大限度地搜集整理古彝文字符，广泛听取彝文专家建议和意见，经过充分的科学论证，对搜集的古彝文字符进行甄别、查重、筛选和择定，剔除大量古彝文异体字形，进而规范古彝文的字量、字形、字音和字序，实现计算机技术处理古彝文字符信息的规范化。

张盈盈的《彝文古籍整理现状及问题分析》（《兰台世界》2016 年第 1 期）认为国内收藏的彝文古籍中有很多因缺乏整理保护而损毁严重，亟待整理。彝文古籍文献的整理工作主要包括修复、翻译和分析。彝文古籍的修复工作，应着重开办培训班，培训古籍修复人才。在翻译上应重视解释文化背景，规范音译用字，尽量采用四行对照翻译法。拓宽分析角度，重视对比分析。彝文古籍的整理工作，面临的最大问题是资金缺乏和人才缺乏。应积极争取国家和企业家的经济支持，重视毕摩的作用，开展彝文培训班。吉木友色的《浅析信息社会背景下彝文古籍的保护与利用——彝文古籍数字化》（《科技资讯》2012 年第 5 期）指出，彝文古籍作为彝族文化遗产重要的组成部分，在新的历史时期面临着如何利用先进的科学技术把它传承、保护及开发的问题。结合技术变革，作者强调，彝文古籍数字化是古籍整理、翻译、研究的未来方向，是大势所趋，必须引起古籍整理工作者的重视。

东潇、黄卫华的《黔西北彝文古籍及其文献价值》（《贵州民族研究》2014 年第 4 期）指出贵州毕节地区传世有四千多册纸质彝文古籍、两千余幅彝文金石遗存，这些彝族古文献记录了古往今来彝族及其周边民族的人、事、物等历史变迁，对研究民族发展具有独特的文献价值。目前这批彝族古文献大多散藏于民间，保护工作艰巨，文献资料的整理研究有待加强，毕节彝族古文献是彝文文献的重要构成，理应得到进一步的发掘和整理。

（四）纳西东巴文文献研究

纳西东巴文献研究的数量继续上扬，但深入程度有待提高。杨萌、徐小力、吴国新、左云波的《东巴象形文字识别方法》（《北京信息科技大学学报（自然科学版）》2014 年第 3 期）针对东巴文特有的结构特征进行了识别难点方面的分析，讨论了东巴象形文字的识别原理，提出了图像压缩、图像灰度化、平滑去噪、图像分割、归一化等图像预处理过程和基于特征提取的神经网络识别过程的东巴文识别方法，并通过实验对该方法进行了验证，实验结果表明了该方法的可行性。谢书书、张积家、岑月婷、周宇婷的《从认知角度探查纳西东巴文的性质》（《华南师范大学学报（社会科学版）》2014 年第4 期）以纳西族东巴为被试，考察东巴文认知中整体加工和局部加工的特点，为东巴文性质的确定提供了实验证据。结果表明：（1）在东巴文的整体属性加工中存在熟悉性效应、具体性效应和典型性效应；（2）在东巴文的局部属性加工中，高熟悉东巴文的认知存在部件数效应，东巴文的类别符号并未完全义符化，注音符号并未声符化；（3）东巴文与图画的命名和分类并无显著差异。整个研究表明，东巴文是一种处于靠近图画文字阶段的正在初步转型的语段文字。和继全的《东巴文切音字的再发现及其特征》（《民族学刊》2013 年第 1 期）以李霖灿《麽些象形文字字典》所收“古宗音字类”和藏传佛教东巴文经典《皈依文》《麽些经典译注九种》等文献中的切音字为研究对象，对东巴文切音字的造字动机、原理、流通范围等做初步探讨。和继全的《纳西族与藏族的语言接触、宗教互动与文化融合管窥——木里县甲区村纳西东巴文玛尼堆铭文译释》介绍了四川省木里县甲区村纳西东巴文玛尼堆铭文的内容，是该区域研究的文献资料类型之一。张积家、林娜、章玉祉的《结合东巴文学习汉字促进智障儿童的汉字学习》（《中国特殊教育》2014年第6期）采用任务分离范式，考察结合东巴文学习汉字、结合图片学习汉字和只学习汉字3种方式对智障儿童汉字学习的作用。结果发现，在外显的再认任务中，东巴文—汉字组和图片—汉字组的再认成绩优于汉字组，东巴文—汉字组和图片—汉字组的再认成绩差异不显著，被试的即时再认成绩显著优于延时再认成绩。在内隐的偏好判断任务中，东巴文—汉字组的内隐启动量显著大于图片—汉字组和汉字组，图片—汉字组和汉字组的内隐启动量差异不显著，即时启动量和延时启动量的差异不显著。研究表明，以东巴文作为媒介可以有效地促进智障儿童的汉字学习，这既与智障儿童的认知特点有关，也与东巴文的独特性质有关。王娟、张积家、谢书书、袁爱玲的《内隐学习中东巴文促进幼儿汉字字形记忆的研究》（《心理科学》2013年第1期）采用任务分离范式考察了内隐学习中只学汉字、结合图画学习汉字、结合东巴文学习汉字对幼儿汉字字形记忆的影响。幼儿通过颜色判断任务进行学习。实验1采用再认任务考察学习方式对汉字字形外显记忆的影响。实验2采用偏好判断任务考察学习方式对汉字字形内隐记忆的影响。研究发现，在伴随学习条件下，东巴文能够促进幼儿对汉字字形的外显记忆，东巴文可以成为幼儿汉字学习的工具。夏津京的《纳西东巴教中的二元对立及其对纳西族世界观的建构——以争伍村〈小平安经〉中记录的十二生肖传说为例》（《中国社会语言学》2014年第2期）根据作者的田野民族志调查和翻译纳西东巴教经书中的资料认为二元对立是纳西人宗教世界观中的一个重要元素。直到今天，这种以黑白对立为代表的二元论一直对传统纳西社区中人们的生活有着重要的影响。和继全的《东巴文藏传佛教〈皈依文〉述要》（《西藏大学学报（社会科学版）》2014年第2期）认为用纳西东巴文记录的藏传佛教《皈依文》是东巴文献中首次发现的藏传佛教经文，也是见证纳西族和藏族历史上宗教互动和语言接触而产生的翻译类型的文献。和虹的《纳西族东巴文医书〈聚血〉的发现与浅析》（《中国民族民间医药》2013年第4期）刊布了在云南省香格里拉县三坝乡发现的一份用纳西族东巴文记载的关于生命体内血液的时空与运动相关的文献——《聚血》。该文献的传统用途以动物为其服务对象。在现代社会中，当地人将其扩张到人自身进行外科手术理想时间的选择之上。通过对文献进行细致的释读与分析，发现它隐含了纳西族朴素的血液生成观念与独特的血液聚集呈周期性循环的理论，这是第一部纳西族血液流动（空间）与时间关系的文献，对古代纳西族医学理论有一定价值。杨亦花、钟耀萍、喻遂生的《两本新出的民国东巴文人情账簿》（《中国典籍与文化》2013年第1期）介绍了在丽江塔城田野调查中新发现的两本民国时期的东巴文人情账簿，并进行了翻译和初步研究。杨亦花、喻遂生的《纳西东巴文石刻述略》（《云南社会科学》2013年第2期）认为目前木石上的东巴文所见不多，也没有引起学界的重视。前辈学者和近年来在田野调查中发现的一些东巴文石刻，具有较高的学术价值，可以为研究碑刻和民族文字的同行提供参考。和继全的《纳西东巴古籍藏语音读经典初探》（《西藏大学学报（社会科学版）》2013年第2期）对纳西东巴古籍中藏语音读经典的数量、收藏地点、类别、使用情况等作了初步梳理，认为指出藏语音读东巴经典具有字音严格对应、成线性排列的写读特征，部分源于早期苯教经典，还有部分属藏传佛教噶玛噶举派经文的东巴文转写。白小丽的《从文献角度考察东巴文字符演变》（《中央民族大学学报（哲学社会科学版）》2013年第4期）因东巴文断代的困难，东巴文演变研究一直没有突破性进展。但目前可以从两方面来推进，即通过有绝对时间和相对先后的文献材料来考察东巴文字符的演变：有部分东巴文文献中有明确的书写时间，可视之为有绝对时间的文献；因纳西族迁徙路线中不同地域的东巴文文献反映出不同时期的东巴文状态，东巴文书写者自身不同年龄段书写的变化和有师承关系书写者所书写字符的变化也能反映字符的演变，具有这三方面信息的文献可视为有相对先后的文献。另外在具备绝对时间或相对先后条件的前提下，考察字符演变时采用同类型文献作比较分析。邓章应、张春凤的《哈佛燕京图书馆藏带双红圈标记东巴经初考》（《文献》2013 年第 3 期）对哈佛燕京图书馆藏带双红圈标记东巴经的传抄者及其特征做了讨论。黄思贤的《纳西东巴文献各类词性记录调查研究的一些具体方法》（《理论月刊》2014 年第 12 期）认为要对文献中的各类词性进行调查研究，首先应该选择具有代表性的成熟的与研究相切合的纳西东巴文献，并为之建立研究所需的语料库，在此基础上进行统计、描写和比较，得出一些有价值的数据，最终达到研究的目的。目前的类似研究仅限于纳西东巴文献的片段研究，侧重于音节的记录分析。对纳西东巴文献各类词性记录进行调查研究，可以更加深入地了解纳西东巴文的性质，从侧面揭示原始文字记录语言的一般规律。要对文献中的各类词性进行调查研究，首先应该选择具有代表性的成熟的与研究相切合的纳西东巴文献，并为之建立研究所需的语料库，在此基础上进行统计、描写和比较，得出一些有价值的数据，最终达到研究的目的。该调查研究涉及的问题多，意义大，因此，其研究方法值得深入探讨。邓章应、常丽丽的《纳西东巴经特殊字序研究》（《中央民族大学学报（哲学社会科学版）》2014 年第 4 期）指出，东巴经绝大部分书写符合“从上往下、从左往右”语序相对应的书写顺序，只有少部分书写存在字序与语序不对应的特殊情况，但归纳原因，这些特殊字序也有规律：让位于事理性；让位于伪事理性；让位于语义突出需要；让位于布局平衡需要。木仕华的《论纳西东巴象形文经典中的曜神与印度—西藏曜神之关系》（《法国汉学》第 15 辑，中华书局 2013 年版）讨论了东巴象形文经典中的曜神与印度—西藏曜神间的深刻关联，重建了有关的文化交流史轨迹。邓章应的《纳西东巴文分域与断代研究》《纳西东巴经跋语及跋语用字研究》（人民出版社 2013 年版）分别讨论了纳西东巴文分域与断代研究中的部分专题，并对东巴经跋语的类型特征及跋语用字的特点做了探讨。

（五）水书文献研究

杜昕、高鹏翔、朱少禹的《水书档案文献遗产抢救问题研究》（《兰台世界》2014 年第 26 期）从水书档案文献遗产抢救的现状入手，分析了抢救中存在的散存、损毁、流失等问题及其原因，并针对现存问题提出相关抢救措施。刘凌的《〈水书常用字典〉评述——兼谈民族文字字典理想的编纂模式》（《辞书研究》2014 年第 1 期）文章主要从框架设计和体例规定方面分析了《水书常用字典》的不足，指出它在条目安排和释义等方面的突出问题。由此分析民族文字字典编纂中的共性问题，思考其理想的编纂模式。陈笑蓉、杨撼岳、郑高山、黄千的《水书键盘输入系统研究与实现》（《中文信息学报》2013 年第 1 期）指出，为了满足水书研究者和出版业界的需要，他们设计了水字字符集的 Unicode 编码，利用字体制作软件建立了水字 TrueType 字库。该文提出了一种基于笔形特征的编码方法，依据编码规则取水字 3 个角的笔形组成有序序列，为水字编码。利用 Windows 系统的 IMM—IME 机制，实现了水字笔形输入法。林香、代世萤、张振江的《水书文本整理问题初探》（《文化遗产》2013 年第 1 期）认为，水书是水族的标志性民族文化特征、珍贵的文化遗产。历史上，水书始终在水族民间传承而且是始终依靠个人私下手抄传承，这个特点决定了进行水书文本整理时要精当地选择底本并仔细校勘，要仔细选择水书用字并标注其读音及其性质，要精心设计注解体例并详加注释说明水书的内在文化逻辑。结合已取得的水书文本整理方面的成就，着重就仍然存在的问题进行讨论并试图提出若干建议。

（六）新发现文字文献

关于尔苏沙巴文有王德和、王轩的《尔苏沙巴文历书中“虎推地球图”之辨析》（《中国藏学》2013 年第 4 期)，该文认为自 1981 年在四川省甘洛县首次发现尔苏沙巴文象形文历书等苯教文献以来，部分学者提出系“虎推地球图”和“虎转四季图”。文章作者经过多年田野调查，对几种藏族苯教《历书》的相关图画文字进行比较研究发现，30 年来学界一致认为的“虎推地球图”和“虎转四季图”实际上是“年煞”和“月煞”运行的图语，即“煞图”图语。在尔苏沙巴文中并没有“虎推地球”一说。

对在广西甘桑发现的石刻文，其族属、年代、文字性质、与周边各民族文字的关系的探讨，引发了学界的关注。班弨、肖荣钦的《甘桑石刻文初步研究》(《文化遗产》2013 年第 5 期）对发现于广西壮族自治区平果县马头镇感桑村内桑屯的古文字石刻文字符号作了初步分析。认为甘桑石刻文与甲骨文、纳西文、彝文和水书等古文字间有一定的关系。初步的结论是：甘桑石刻文是一种表意的古壮侗文。李锦芳、刘轶的《新发现甘桑石刻文的初步分析》(《百色学院学报》2014 年第 4 期）指出，甘桑石刻文是发现于广西平果县一带的刻划在石片上新文字样本。关于甘桑石刻文的族属，作者认为是古代百越民族使用的一种比较成熟的象形文字，与甲骨文、水书、古彝文及古印度哈拉帕文有一些近似字符。

王元鹿的《他留文的定性及其对早期文字研究的价值》(《中国文字研究》2013 年第 1 期）指出，他留符号是一种近年发现的早期文字系统。这种早期文字系统的许多性质对于早期文字史的研究有相当启发。也有若干相关的问题还有待我们去调查与研究。诸如他留文的“初始阶段的早期文字”对早期文字的研究有着重大价值。

二　阿尔泰语系语言文字文献研究

(一）突厥语族古文字文献研究

张铁山的《突厥语族文献概论》(《满语研究》2013 年第 1 期）指出，突厥语族是阿尔泰语系的三大语族之一，在阿尔泰语系语言中占据重要地位。使用突厥语族语言的各民族在历史上曾使用过古代突厥文、粟特文、回鹘文、摩尼文、婆罗米文、叙利亚文、察合台文等文字，并用这些文字创作、翻译和记录了大量的有关政治、经济、历史、地理、宗教、语言、文学、文化的文献。这些文献既是使用突厥语民族传统文化的载体，也是研究突厥语族语言历史的主要语料。

2013 年初西安市唐长安城明德门附近的一处唐代墓地里发现一块唐代汉文、突厥如尼文双语墓志《回鹘王子葛啜墓志》，现藏于西安大唐西市博物馆。墓志呈正方形，墓志由志盖和志文两部分组成，志文石刻呈方形，宽 39 厘米，高 39. 8 厘米，厚 5 厘米；志盖石刻宽 39 厘米，长 38. 5 厘米，厚 3. 5 厘米。志盖上面和四边斜面刻有花纹。志盖和志文上的文字保存基本完整。墓志汉文部分清晰可辨，在汉字左边罕见地出现了以鲁尼文字母刻写的古突厥文。突厥文与汉文的内容为大致相同的悼念文字。在中国，过去只有新疆、内蒙古和甘肃西部发现过有限的鲁尼文刻铭或写本，在唐朝的中心地区发现鲁尼文是第一次。墓志记载了回鹘王子葛啜的父亲曾帮助唐朝平定“安史之乱”煊赫家世，介绍了墓主人的祖父、父亲和兄长的名字，以及安葬的时间，并记载这次安葬由唐德宗皇帝安排，长安城的回鹘人大多参加了葬礼。墓志铭文是唐德宗贞元十一年（795）六月，唐朝政府为五月间去世的回鹘王子葛啜安葬时所刻写的。葛啜 19 岁时（794）从草原来到长安，被朝廷授予中高级禁卫武官的职衔，一年后因病去世。他的哥哥阿波啜主持了丧葬事务，当时在长安的大量回鹘部民也都参加了葬礼。丧葬的一应开销都由唐朝政府承担。该墓志的发现，为研究回鹘与唐朝的关系、回鹘王国在漠北时期的历史提供了珍贵的实物资料。对研究回鹘与唐朝的关系、回鹘王国在漠北时期的历史有着重要意义。

墓主是唐代回鹘王子葛啜，为唐朝政府安葬回鹘王子所刻写。在汉文的墓志之后，还用鲁尼文刻了与汉文大致相同的文字，内容相对简单。经初步考释，上面用汉语刻有介绍名为葛啜的回鹘王子之父帮助唐朝平定安禄山之乱的光荣家世，王子如何来到唐朝长安，在唐朝任何职位，又如何因患疾病不到 20 岁就去世，几月几日葬于长安某地，适逢其兄也在长安，并与回鹘“诸部之属”参加了悼念活动……而且在墓志之首专门刻有墓志的撰述人——“给事郎守秘书省著作郎赐绯鱼袋崔述撰”的字样。作为我国迄今为止发现的唯一一块唐代汉文、突厥如尼文双语石刻墓志，为研究回鹘与唐朝的关系、回鹘王国在漠北时期的历史提供了珍贵的实物资料。

2013 年 4 月 7 日，唐代汉文鲁尼文回鹘墓志研究国际工作坊在北京大学中国古代史研究中心举行。与会学者重点研讨了发现于西安的以汉文和鲁尼文写成的《故回鹘葛啜王子守左领军卫将军墓志并序》。该墓志记载，回鹘曾派兵帮助唐王朝平定安史之乱，葛啜王子的家族参与平叛有功。贞元十一年（795）五月，葛啜王子病逝于长安。通过考证，北京大学中国古代史研究中心教授王小甫提出，墓志对葛啜王子身世的记载存有疑点，即未明确记载其祖父的名字而只是记载王子为“则可汗之诸孙”。而“则可汗”并不见于史书。如按照通假理解，这一名号可能为“侧可汗”“偏可汗”，而这种特殊现象与回鹘的重大历史事件即一场政变有关，“则可汗”是两个可汗并存时期的一个可汗。对此，一些学者认为，通假现象存在于先秦时代，但是在魏晋之后即不再存在，“则”可能只是一个虚词，或是音译。

《唐研究》（第十九卷）（北京大学出版社 2014 年版）设《葛啜墓志》研究专栏研讨，主要论文有罗新的《西安新发现唐代葛啜王子古突厥鲁尼文墓志之解读研究》，芮跋辞、吴国圣的《葛啜墓志突厥文铭文的释读成吉思》，罗新的《葛啜的家世》，王小甫的《则可汗与车毗尸特勤》，吴玉贵的《回鹘“天亲可汗以上子孙”入唐考》，朱玉麒的《葛啜墓志作者崔述考略》，胡鸿的《回鹘葛啜王子葬地张杜原考》。

张铁山的《〈故回鹘葛啜王子墓志〉之突厥如尼文考释》（《西域研究》2013 年第 4 期）对墓志上的突厥如（鲁）尼文进行释读，并结合墓志的汉文部分和其他史料对墓志所涉及其他问题进行考证。作者认为，从志文的布局看，汉文在右，占据着主要位置，而突厥如尼文在左，仅占边缘部分。可能是先写就汉文，后补写突厥如尼文。墓志的汉文铭文为：志盖：故回鹘葛啜王子墓志志文：1. 故回鹘葛啜王子守左领军卫将军；2. 墓志并序；3. 给事郎守秘书省著作郎赐绯鱼袋崔述撰；4. 回鹘葛啜王子，则可汗之诸孙；5. 我国家讨平逆臣禄山之乱也，王子父车毗尸；6. 特勤实统戎左右有功焉，故接待（?）之优，宠锡之；7. 厚，殊于他国。王子以去年五月来；8. 朝，秩班禁卫，宾籍鸿胪。方宜享兹荣耀，光于蕃；9. 部，奈何不淑，以贞元十一年五月廿日遘疾云；10. 殂，享年二十。以其年六月七日葬于长安县。

突厥与回鹘碑铭专题研究新成果有白玉冬的《〈苏吉碑〉纪年及其记录的“十姓回鹘”》（《西域研究》2013 年第 3 期），作者指出，最早从事《苏吉碑》研究的，是其发现者兰司铁。1913 年，他在《北蒙古发现的两个回鹘鲁尼文碑铭》一文中，刊布了碑文的手写摹本、换写（transliteration）、转写本（transcript）。白玉冬认为《苏吉碑》属于突厥鲁尼文碑刻中的墓志铭。1900 年由芬兰学者兰司铁（G. J. Ramstedt）发现于今蒙古国中北部布尔干省（БулганАймаг）赛罕苏木的苏吉大坂附近。碑石高约 82 厘米，刻有文字面宽约 33 厘米。碑文共 11 行，其中第 1—9 行纵写，第 10—11 行横写于前 9 行下方，字体与《九姓回鹘可汗碑》之外的突厥与回鹘碑文，以及西安新出土回鹘王子葛啜墓志鲁尼文志文字体相同。该碑文第 2 行中，墓主人自称 qrqzoγul（黠戛斯之子）。早期的部分学者认为《苏吉碑》为回鹘碑文，但近年来学术界多认为《苏吉碑》为黠戛斯人所立，纪年应在回鹘汗国崩溃之后，黠戛斯人控制漠北草原时期。但按此说，碑文内容多有龃龉之处。作者认为纵观《苏吉碑》百年研究进程，学者们最大的分歧在于对碑文第1行的释读上。而第1行，恰恰正是决定《苏吉碑》性质的关键部分。朱振宏的《唐阿史那伽那墓志研究》（《唐研究》第二十卷，北京大学出版社2014年版）对1999年在陕西长安县发现的标题为"大唐故忠武将军行左武卫郎将阿史那伽那墓志铭并序"的墓志，辅以相关墓志志文及史籍文献记载，对墓志所载的阿史那伽那家族世系的内容进行了分析，探讨了墓志所显示出的历史意义。墓志主人阿史那为突厥族姓，"伽那"为突厥汗国的政治性官号。与突厥语词或与梵语词有关联。追溯了阿史那伽那在唐仕宦，其身份为左武卫郎将，属于高层官员，并对其家族归葬地等专题也作了考订。

王红梅的《元代回鹘文刻本文献断代考论——以藏密经典〈观世音本尊修法〉为例》（《社会科学论坛》2013年第6期）探讨了藏密经典《观世音本尊修法》回鹘文刻本的年代。王红梅的《元代畏兀儿北斗信仰探析——以回鹘文〈佛说北斗七星延命经〉为例》（《民族论坛》2013年第5期）据吐鲁番所出《佛说北斗七星延命经》回鹘文印本及写本残片中编号为U4709的题记考察了畏兀人的北斗信仰。王红梅的《元代回鹘文刻本文献断代考论——以藏密经典〈观世音本尊修法〉为例》（《社会科学论坛》2013年第6期）探讨了藏密经典《观世音本尊修法》回鹘文刻本的年代。阿布迪热西提·亚库甫的《黄文弼西域文书中的回鹘文献综述》（载荣新江、朱玉麒主编《西域考古·史地·语言研究新视野：黄文弼与中瑞西北科学考察团国际学术研讨会论文集》，科学出版社2014年版）以黄文弼所获回鹘文摩尼教文献、佛教文献和黄氏书信和日记为中心，建立起一个古典维吾尔语语料库，同时对以往学界的研究做了回顾。

阿依达尔·米尔卡马力的《安藏与回鹘文〈华严经〉》（《西域研究》2013年第3期）对回鹘文《华严经》的研究情况进行了综述，对各地收藏的《四十华严》《八十华严》写本进行了详细的介绍和评析。认为台北傅斯年图书馆收藏品中的《十地品》和《十定品》写本与百济康义、小田寿典刊布的羽田明私人收藏《八十华严》照片为同一写本，可以相互拼接。通过分析相关跋文、卷名、品名、页眉等，提出《八十华严》和《四十华严》同为安藏译作的观点。《华严经》，具名《大方广佛华严经》，主要讲述世界万物之因果关系的绝对相对性，宣说一即一切，一切即一，一微尘映世界，一瞬间含永远的思想，是华严宗据以立宗的重要经典。汉文《华严经》有三种译本：其一为东晋佛驮跋陀罗（Buddhabhadra）的译本，题名《大方广佛华严经》，六十卷，为区别后来的唐译本，又称为"旧译华严"，或称为《六十华严》；其二为唐武周时于阗人实叉难陀（S'iks·nanda）的译本，题名《大方广佛华严经》，八十卷，被称为"新译华严"或《八十华严》；其三为唐贞元中般若（Praj）的译本，题曰《大方广佛华严入不思议解脱境界普贤行愿品》，四十卷，简称为《普贤行愿品》或《四十华严》。自东晋至唐代一直盛传不衰。受其影响，古代回鹘人亦将之译为回鹘文字流行。内容接近于《八十华严》的尚有藏文本、蒙古文本和西夏文本。陈明的《回鹘文〈金光明经〉增删改写现象举隅——以第九卷二十五品〈长者子流水品〉为例》（《塔里木大学学报》2014年第3期）将回鹘文《金光明经》第九卷二十五品《长者子流水品》与其相对应的汉语底本逐句进行对勘，找出译者在翻译过程中的增删改写部分，并对增删改写的原因做了相关探讨。

付马的《回鹘时代的北庭城——德藏Mainz 354号文书所见北庭城重建年代考》（《西域研究》2014年第2期）认为，北庭是西州回鹘的都城之一，但有关回鹘时代北庭城的历史记载却鲜见于传世史料，德藏Mainz 354号吐鲁番文书透露了北庭城曾被毁弃和重建的宝贵历史信息。作者结合传世史料和出土文书，考证出西州回鹘的北庭城曾经在866—869年的战事中被毁，而Mainz 354号文书所记北庭城的重建之事可能发生在公元900年前后。此后直到蒙元时代初期，北庭城一直作为西州回鹘的都城发挥着重要的作用。

李梅的《20世纪以来〈弥勒会见记〉研究综述》（《西域研究》2014年第2期）从《弥勒

会见记》文本、版本、释读、成书年代、文学体裁、宗教、语言等方面，对 20 世纪以来的《弥勒会见记》研究进行了梳理。

由戴良佐编著的《西域碑铭录》2013 年由新疆人民出版社出版，该书中收录了汉文碑、铭 210 通（方），均为与西域（新疆）有关的人物或事件的金石材料。全书以立碑、铭时间先后为序，将所收录的碑、铭置于汉代、北魏—高昌国、唐代、宋代、元代、清代、民国、其他纲目下进行排列，每碑、铭注明竖立时间、现存何处，编著者对所录碑文进行了转录、标点和注释。到目前为止，该书是收录历代到过西域建功立业的文臣、武将的碑、铭最多者，其中有 20 多人原不见经传。书中收录的 20 通元碑，反映了高昌畏吾儿人在内地的业绩。该书所录碑、铭对于新疆古代、近代史的许多重大事件，如汉朝佛教传入、唐朝平定突厥、清代平定准噶尔、土尔扈特回归等，起到了补史之缺和与史书相印证的作用。

胡潇元的《论〈福乐智慧〉蕴含的语言观》（《新疆大学学报》（哲学 · 人文社会科学版）2013 年第 4 期），以《福乐智慧》为蓝本，从语言的符号性、主体性、社会性、思辨性四个方面论述了这部作品的语言学价值；从语言哲学角度论述诗性智慧和理性智慧在作者语言观念形成的过程中所发挥的价值；从“整体主义”视角，指出一种观念的形成、延续无法离开历史土壤的滋养和所处现实的制约，时间的延续与系统的动态让我们从《福乐智慧》中探寻出集体的历史记忆和自我话语构建在语言观念形成中的价值。

《福乐智慧》是 11 世纪中国著名维吾尔族思想家、哲学家、诗人优素甫 · 哈斯 · 哈吉甫撰写的一部富于哲理的古典长诗，它不但是维吾尔族古典文学的杰出代表，也是维吾尔族伊斯兰哲学思想史上早期的经典哲学著作。今人从多学科视角展开研讨，吐尔逊娜依 · 赛买提的《论〈福乐智慧〉道德哲学中的若干问题》（《新疆师范大学学报（哲学社会科学版）》2014 年第 5 期）探讨了诗中道德哲学思想产生的根源、道德哲学范畴、人性、德性等哲学观点，指出其道德哲学精髓在当前发挥道德的社会功能，促进各民族团结与和谐发展方面，仍具有一定的现实意义。艾扎木 · 艾拜都拉的《论〈福乐智慧〉人际交往观》（《新疆师范大学学报（汉文哲学社会科学版）》2014 年第 3 期）指出，《福乐智慧》中体现了作者玉素甫 · 哈斯 · 哈吉甫的人际交往思想。他提出了关于怎样处理人与人之间关系的交往原则、交往态度和交往技巧等人际交往之道。与人为善、不求回报体现的是人际交往“仁”的原则；言行一致、信守诺言、严于律己、公平待人体现了人际交往“信”的原则；礼尚往来、重在人情体现了人际交往“和”的原则。这不仅为现代维吾尔族人际交往伦理原则的确立奠定了理论基础，还对维吾尔族人际关系的发展与建设产生重要的影响。

高人雄的《两晋南北朝河西僧人西行及河西的译经活动》（《新疆大学学报（哲学 · 人文社会科学版）》2013 年第 5 期）指出，两晋南北朝时期，佛教经由河西东传，故而敦煌、凉州等地佛教非常盛兴，汇聚天竺、西域各族（主要是西域各族）译经、传教的僧人，历时既久，河西地区也孕育了一批本土僧人，对佛教在中原及江南的弘扬起到了重要作用。敦煌、凉州等地一时成为东西文化交流的中心。河西在佛经传译史上有着极其重要的地位。该文从经河西西行僧人及河西本土僧人西行取经，以及凉州译经状况及其推动佛教传布的重要作用进行了探讨。阿依达尔 · 米尔卡马力的《回鹘僧人如何学习汉语》（《新疆师范大学学报（哲学社会科学版）》2014 年第 1 期）通过研究敦煌和吐鲁番出土汉回合璧的《千字文》《阿含经》等回鹘文献，探讨回鹘僧人学习汉字、佛教术语、翻译理论等过程，描绘了元代回鹘僧人学习汉语的大致场景。

张铁山、朱国祥的《回鹘文〈金光明经〉中的汉语借词对音研究》（《新疆大学学报（哲学 · 人文社会科学版）》2014 年第 1 期）认为，回鹘文《金光明经》是一部译自汉文的佛经，在译文中大量地使用了汉语借词。文章将以 Ceval Kaya 整理刊布的土耳其文版《回鹘文〈金光明经〉》为底本，运用译音对勘法，穷尽回鹘文《金光明经》中的汉语借词，通过汉语借词与回鹘文译音的对比，归纳汉语—回鹘语的对音规律。该研究不仅有助于建立回鹘语和汉语的语音对应关系，探讨回鹘语从汉语借用词汇的途径和规律，而且可以提供汉字音值的音韵学直接材料。

阿布力克木·阿布都热西提的《回鹘语印度之名 anatkak 考——兼论汉文“印特伽”、蒙文 enetkeg、藏文 endakag》（《新疆大学学报（哲学·人文社会科学版）》2014 年第 1 期）认为，元明时期的回鹘佛教文献称印度为 ntkk，系伊朗语称谓 hinduk 的中亚变体——粟特语′yntk′k 的回鹘语译写形式，并非源自吐火罗语 Yentukemne。而汉文佛教文献所见“印特伽”则为粟特语印度称谓′yntk′k 的主格形式′yntk′w 的汉文音译形式。回鹘语 ntkk 亦见于蒙藏文献中，其在语音结构上的统一性，反映了元明时期以敦煌为中心的东西佛教文化交流和语言接触的一个侧面。

阿衣先木·依力的《浅谈〈和卓传〉中名词类词语的格形式及其用法》（上、下，《喀什师范学院学报》2014 年第 1、2 期）认为维吾尔语作为粘着类型的语言，形态的多变性是其最突出的特点之一。维吾尔语名词及名词性词语的特点就集中体现在形态的变化上。在整个维吾尔语言文字史上占有重要地位的察哈台维吾尔语，形态变化也很发达。察哈台维吾尔文时期名词及名词性词语有主格、领属格、向格、宾格、从格、位格、范围—特征格、形似格、界限格、量似格、工具格、呼语格和原因格等 13 个格，而且它们都有各自的语法形式和不同的语法功能。每一种格都有其附加成分，而这些附加成分在书写规则、使用方法等方面与现代维吾尔语的形式又有所不同。此外，在该文献中出现的格在数量和用法上还有其独特性。

常红的《〈突厥语大词典〉与喀喇汗王朝服饰文化》（《喀什师范学院学报》2013 年第 2 期）指出，《突厥语大词典》在喀喇汗王朝历史文化研究中十分重要。《突厥语大词典》被誉为突厥民族的一部百科全书，是研究 11 世纪维吾尔及其他突厥语民族社会文化生活的极为重要的文献。在《突厥语大词典》中有大量的服饰词汇，涉及上衣、裙裤、鞋帽、饰物、织物、发式等各个方面，为我们了解古代维吾尔族服饰文化打开了一扇窗户，并可以以此探究当时的经济状况、手工艺水平、宗教信仰及与其他地区的贸易往来等。作者通过对《突厥语大词典》中有关服饰词汇的整理及分析，阐述了喀喇汗王朝时期维吾尔族和其他突厥民族的服饰特点。

苗普生的《清代察合台文文献译注》（新疆人民出版社 2013 年版）系国家清史编纂委员会·文献丛刊之一，该书将原文为察合台文或波斯文的五种少数民族文字文献《编年史》《和卓传》《大和卓传》《伊米德史》和《塔兰奇史》作了详细的译注，对研究 16 世纪至 20 世纪初的新疆历史具有重要的资料价值。

郑玲的《〈弥勒会见记〉异本对勘研究：回鹘文（哈密本）与吐火罗 A（焉耆）文本之比较》（甘肃人民出版社 2014 年版）指出，《弥勒会见记》作为一部长达二十八幕的佛教说唱剧本，也是我国古代维吾尔族的第一部真正意义上的文学作品，堪称我国各民族（包括汉族在内）现存最早的剧本。目前存世的《弥勒会见记》主要有两大文本，一为吐火罗文本，一为回鹘文本。该书将吐火罗文本和回鹘文本《弥勒会见记》作为主要研究对象，对其展开对勘分析，以期对回鹘语文、佛教流变、语言接触等方面的进一步研究提供基础文献资料。

徐文堪编的《现代学术精品精读：西域研究卷》（上海人民出版社 2014 年版）收录了西域史研究专家的研究论文 35 篇。这些论文以西域历史发展进程为序，从史前西域到明清时期，详细介绍了西域史研究的相关内容。其中涉及突厥语文献的经典论文有《〈那先比丘经〉中的“大秦国”和“阿荔散”考》《〈大隋故仪同虞公墓志〉中鱼国胡名拟测及粟特胡、丁零胡问题》《突厥汗国与中亚》《拜占庭通往敦煌吐鲁番之路》《胡名试探》、“The Position of Tocharian among the Other Indo—European Languages”、《唆里迷考》《古代维吾尔语说唱文学〈弥勒会见记〉》等。

（二）蒙古文文献研究

文献整理与研究方面的专著有白·特木尔巴根的《〈蒙古秘史〉文献版本考》（北京大学出版社2014年版），该书从实证的角度对《蒙古秘史》（以下简称《秘史》）进行了文献上的考据。1.《秘史》的成书过程。在梳理前人关于《秘史》写作时间之主要观点的基础上，参核《元史》《史集》以及元人文集，比勘对元太祖、元太宗事迹的不同记述，归纳《秘史》在史实叙述上存在的问题，借以考求《秘史》的成书过程。2.《秘史》的文献著录。综挹自洪武刻本问世以来历代官私书目、艺文志就《秘史》的著录文字，钩沉明清学者引录《秘史》，用之于探究史实之事例，论述其庋藏状况和影响。作为物化形式的《秘史》，其版刻之多，流传之广，久已创下蒙古文献中的最高纪录。该专著分别阐述了洪武刻本和《永乐大典》抄本的产生、流传，并重点总结了多年以来访求、搜集诸版本的收获，简要评述现今庋藏于国内外的诸版本之优劣，为学术界整理出一部精校本提供版本依据。3.《秘史》名物考证。《秘史》作为百科全书式的著作，其中提到的名物众多。在此主要撷取“礼答”“罟罟”以及官名等，重点加以考证，阐发这些名物出现在《秘史》中的历史渊源。乌兰的《王国维的〈元朝秘史〉校勘和蒙元史研究》（《清华元史》第二辑，商务印书馆2013年版），探讨了王国维的蒙元史研究成就及其局限。

文化、长山的《〈蒙古秘史〉语“赤出阿”探源》（《满语研究》2013年第2期）认为，《蒙古秘史》语“赤出阿”中古蒙古语读音为 čitčuγa，语义为“鞭子”。从蒙古语族语言和满-通古斯语族语言“鞭子”一词的语音形式来看，《蒙古秘史》语“赤出阿”借自古代满-通古斯语 čitčuγa（“鞭子”）。这与古代蒙古人和满-通古斯人的文化交流与语言接触有着密切关系。哈斯巴根的《关于〈元史〉中契丹人的姓氏》（《华西语文学刊》第八辑）考察了《元史》中的契丹人姓氏。张婧的《巴而术阿而忒的斤在民族关系史上的作用》（《西安文理学院学报》2013年第5期）指出，13世纪初高昌回鹘“亦都护”巴而术阿而忒的斤率众归附蒙古，为畏兀儿人在元朝地位的确立及发展创造了条件。

张晓传的《蒙元时期语言规划研究》（《贵州民族研究》2013年第2期）认为蒙元时期蒙古语、回回语（波斯语）、汉语三语通用，语言规划处在自发阶段，包括语言本体规划和语言习得规划。由于政局动乱，规划缺少连贯性和持久性，对语言态度、语言声望形象缺少考虑等，故随着蒙元统治的结束，前两种语言退出通用语行列。张彧彧的《接触语言学视角下的元代白话》（《社会科学战线》2013年第5期）从接触语言学的角度对比分析了元代各类白话文献的语言特征。

何启龙的《元朝帝师藏文法旨与〈授时历〉——论藏历与汉历之取舍》（载《元史及民族与边疆研究集刊》第二十五辑，上海古籍出版社2013年版）通过对八思巴著作及帝师藏文法旨的考察，探讨了藏僧对汉历与藏传《时轮历》的取舍。宫海峰的《蒙元时期的亦里哈温及相关音译问题》（载《元史及民族与边疆研究集刊》第二十六辑，上海古籍出版社2014年版）考察了蒙元时期的亦里哈温这一职官产生背景及职责。

印押、题记、铭文研究的文章有马颖的《两方蒙元官印——蒙古文字的演变及元代官印制度浅析》（《文物世界》2014年第6期），杨永财的《八思巴文“元押”印章在杜尔伯特出土》（《黑龙江民族丛刊》2014年第2期），后者介绍了2002年8月在杜尔伯特蒙古族自治县他拉哈镇哈拉海城址出土的一枚八思巴文印章，经鉴定该印为元代的“元押”。印章为黄铜质，通高（纽残）1.1厘米，重量8.28克。印面呈长方形，长2.7厘米，宽2厘米，厚0.2厘米，阳铸八思巴文。印背无款识，印纽呈梯形，阳铸八思巴文的“元押”印章，译文意为“涉勒押”。

系地方低级官员收讫用的私章。

达日玛巴斯尔的《元代蒙古历史文献所见之“哈剌章”和“察罕章”考释》（《内蒙古民族大学学报》2014 年第 5 期）指出，自十三世纪中叶始，“哈剌章”和“察罕章”二字始见于元代蒙古历史文献。经国内外专家学者们的研究和考释，大部分问题已经得到精确的解释，但是，对于其中的一些问题，到目前为止，学术界还未有公认的定论。在该文中，作者在总结前人研究的基础上，以蒙藏文历史文献的相关记载为主要依据，就上述悬而未决的一些问题进行探讨，对此加以印证和考释，并首次明确提出“哈剌章”和“察罕章”二字系分别源自蒙古语外来复合名词“Qara Jang”和“caγan Jang”之音译，而蒙古语的“Jang（中文音译作‘章’）”一字则系源自藏语“Jang/lJang/（中文音译作‘绛’‘姜’‘羌’等）”之音译的观点。

和智的《元代云南政区名词“察罕章”和“哈剌章”考辨》（《云南社会科学》2014 年第 4 期）指出，元代云南政区名词“哈剌章”和“察罕章”具有两层含义。有地理空间的涵义，察罕章指后来的丽江路宣抚司；哈剌章则有广义和狭义之分。而蒙古人所说的察罕章白蛮、哈剌章乌蛮则是以其利害、文化所作的界定。从历史和风俗文化两方面来看，蒙古人是在接触大理国和丽江纳西族的过程中，以其文化和利益为出发点，认为丽江的纳西族较善，故称白蛮，又称丽江为白地；白族为大理国的统治民族，故称乌蛮，又称大理为黑地。该文考释了元代云南的“哈剌章”和“察罕章”的语义和文化象征诸问题。

党宝海的《十六方元朝驿站官印集释》（载《元史及北方民族史集刊》第二十五辑，上海古籍出版社 2014 年版）对八方汉文、八方八思巴文驿站官印做了考释，探讨了该印的制作机构、印章所属驿站的位置。张国旺的《黑水城文书所见元代地方官吏俸额考论》（《隋唐辽宋金元史论丛》第四辑，上海古籍出版社 2014 年版）结合黑水城文书与《元典章・廪禄》以及元明地方志文献，勾勒出有元一代蒙古字学教授、司狱司官吏、路司吏员以及地方官员俸额的变化过程。陈得芝《藏文史籍中的蒙古祖先世系札记》（《中国藏学》2014 年第 4 期）分析了藏文史籍中关于蒙古祖先世系的记载与《史集》基本一致的原因，指出藏文史籍所载人名或称号对阅读《元史》的重要意义。

白・特木尔巴根的《元代学者著述中所见〈脱卜赤颜〉考述》（《中央民族大学学报》2014 年第 3 期）梳理了元代学者汉文著述中的相关记载，并参核藏文著述，考述《脱卜赤颜》与国史、实录之关系，并得出如下结论：《脱卜赤颜》并非有一种定本，元廷在续修该书时对原文颇有修改，并且形成了不同的抄本，罗藏丹津所持抄本仅是其中的一种，蔡巴・贡嘎多杰所见《脱卜赤颜》，则是经过修订、续修的另一种抄本。

何启龙的《元代蒙译汉式占卜术是源于官刊历书或是民译占卜书——以吐鲁番回鹘文书卷与蒙古哈喇布罕古城桦树皮文书为中心》（载《元史论丛》14，天津古籍出版社 2014 年版）通过对吐鲁番回鹘文书与蒙古哈喇布罕古城桦树皮文书的研究，指出元代蒙译汉式占卜术源于官刊历书或民译占卜书。沈卫荣主编的《西域历史语言研究集刊》第七辑（纪念陈得芝先生八十华诞专号）刊载了由特木勒整理的《陈得芝先生论著译文目录》、刘迎胜的《陈得芝教授八十华诞祝辞》、沈卫荣的《陈得芝先生与蒙元时期西藏史研究》等文章，有助于研究蒙元史及其文献的学者了解陈德芝先生的学术成就。

萨仁高娃的《西藏阿里地区发现蒙古文散叶研究》（国家图书馆出版社 2013 年版）研究了西藏阿里地区托林寺所藏蒙古文散叶，是西藏古籍普查工作中的重大发现之一。作者对散叶的研究，无论从页数还是文字内容而言，都比前几年的发现要多得多。散叶作为《蒙古秘史》民间流传的异本。对探讨 13—16 世纪《秘史》民间抄本流传史，以及回鹘式蒙古文文献史料保存而言均有重要价值。乌云高娃的《明四夷馆鞑靼馆及〈华夷译语〉“鞑靼来文”研究》（中国社会科学出版社 2014 年版）在前人研究基础上，以《华夷译语》中的“鞑靼来文”为中心，对明四夷馆鞑靼馆的蒙古语教学活动、蒙古语译官在明朝、鞑靼、女真的朝贡贸易活动中所起到的作用等问题进行了探讨。对比考察了明四夷馆洪武本《华夷译语》和永乐本《华夷译语》鞑靼来文这两个不同时期编撰的朝贡文书，勾勒出当时明朝蒙古语教学及蒙古语译官的活动情形。并通过对洪武本《华夷译语》和永乐本《华夷译语》的内容，考察了明朝初期朱元璋和朱棣对蒙古的不同态度，并对洪武本《华夷译语》汉字音译规律、永乐本《华夷译语》的文书格式等问题进行了系统研究。

王大方、张文芳编著的《草原金石录》（文物出版社 2013 年版）通过对蒙古草原地区考古调查所发现的蒙元时期的石碑和印章等金石类文物的考察、拍照、拓印与研究，丰富了蒙元时期蒙古草原地区的历史，为我国金石考古、古籍整理、民族语言文字研究提供了重要的新材料。包括蒙哥汗三年（1253 年）景教碑、古叙利亚文、畏兀儿字蒙古文、汉文景教徒墓碑古叙利亚文景教徒墓碑、古叙利亚文景教徒墓碑（残碑五通）、景教《女牧师比其亚·提里尔之墓》墓顶石；附录部分包括至元十五年（1278 年）《建威都尉夫人王氏》墓志、《大德五年（1301 年）祭祀祖先刻石、移相哥（也松格）碑铭、成吉思汗赐邱处机圣旨石刻、《十方大紫微宫圣旨碑》《释迦院碑记》（蒙哥汗纪念碑）、《宜威军》碑附录、《创建开平府祭高济渎记》等碑研究、《应昌路曼陀山新建龙兴寺记》碑等碑研究、《大元敕赐故蓟国公张氏先茔碑》等碑研究、集宁路的《壮穆义勇武安英济王崇宁护国真君》碑等碑研究以及印玺、礼器、符碑等项铭文研究。有关蒙元时期印押、题记、铭文研究的文章有马颖的《两方蒙元官印——蒙古文字的演进及元代官印制度浅析》（《文物世界》2014 年第 6 期），陈晓伟的《蒙元“大朝国师印”之商兑》（《考古与文物》2014 年第 3 期），后者指出，西藏罗布林卡藏有一方十分重要的元代印章，印文为“大朝国师统领诸国僧尼中兴释教之印”。有学者认为，此枚印章的主人是蒙古宪宗时期的那摩大师，其中“大朝”应作国号理解。作者指出，此处“大朝国师”意若“大元帝师”，或指西藏高僧乞剌斯八斡节儿国师。

李婧的《元代符牌浅析》（《赤峰学院学报》2014 年第 1 期）认为，辽代之前没有符牌一词合称，但有符和节并用，契丹人根据自身特点以及习惯改符和节为符和牌，符用于军事，调兵遣将之用，牌则有任命官员、传达圣旨、赏赐功臣、身份象征、授命凭证等多种用途。“牌”在元代又称“符”，金、银牌与金、银符，合称为牌符。元代的符牌渊源于辽金时期的符牌制度，但又具有浓厚的草原特点。杨永财的《八思巴文“元押”印章在杜尔伯特出土》（《黑龙江民族丛刊》2014 第 2 期）公布了新出土的八思巴文印章。2002 年 8 月，杜尔伯特蒙古族自治县他拉哈镇哈拉海城址出土印章一枚，为元代的“元押”。印章为黄铜质，通高（钮残）1. 1 厘米，重量 8. 28 克。印面呈长方形，长 2. 7 厘米，宽 2 厘米，厚 0. 2 厘米，阳铸八思巴文。印背无款识，印纽呈梯形，顶部有一穿孔并断裂，残长 0. 9 厘米。印面一侧边缘局部残缺，但印章的文字未受损坏。

黄宗鉴的《〈华夷译语〉研究》（昆仑出版社 2014 年版）对华夷译语中的蒙古语词尾 n 辅音、词首 h 辅音、前元音舌根复辅音、后元音舌根复辅音等问题作了专门分析。［日］森川哲雄著、白玉双译《蒙古诸部族与蒙古文文献研究》（内蒙古人民出版社 2014 年版）系著者森川哲雄利用汉籍史料与蒙古文史料进行的研究，围绕明代蒙古（符拉基米尔佐夫所说的中期蒙古）万户的起源及其集团构成写了几篇文章，组成全书的上篇。下篇围绕明末至清朝中期的蒙古史进行研究，并对蒙古史研究的基础资料——蒙古编年史，尤其对现存《蒙古源流》的各种版本进行了深入的调查研究，结合《蒙古源流》对几部编年史的关系也进行了全面的考察。

陈得芝的《蒙元史研究导论》（南京大学出版社 2012 年版）系以白寿彝总主编的《中国通史》第八卷甲编《序说》为基础修订增补而成。较全面地介绍了蒙元史研究领域必备的汉文史料类的元史、政书、诏令、奏议、传记、别史、地理、图志、行记、笔记小说与类书、诗文集；蒙、藏、畏兀儿文史料；对域外文字史料类的文献著述做了全面系统的介绍，对中外多种文字史料和国内外（特别是国外）的蒙元史研究和基本文献有比较详细的评介，对于年轻学者和研究蒙元史的专家而言颇有参考价值。

最近十多年，蒙元史的汉文史籍又出了若干新点校、增补本或新发现的资料，蒙、藏文及其他多种文字史籍也出有新的刊本和译本，中外学者的研究更有显著进展，新成果层出不穷。刘迎胜的《波斯语在东亚的黄金时代的开启及终结》（《新疆师范大学学报》2013 年第 1 期）指出成吉思汗西征后大批西域人随蒙古军入华，开启了波斯语在东亚的黄金时代。魏曙光的《蒙古祖先传说记载考辨》（《西部蒙古论坛》2013 年第 3 期）认为拉施都丁将《元朝秘史》中的“孛儿帖赤那”和“豁阿马阑勒”理解为人名是正确的。

蔡晶晶的《蒙元史的研究成果与方法——从〈美国学界蒙元史研究模式及文献举隅〉谈起》（《西北民族研究》2013 年第 2 期）介绍了美国蒙元史研究的成果和方法。包乌云的《敦煌石窟回鹘式蒙古文题记的语言研究》（内蒙古教育出版社 2014 年版）对敦煌石窟回鹘式蒙古文题记语言的语音特点、词汇语法等诸方面作了详细的研究。

（三）契丹—女真满－通古斯文献

契丹文字文献的研究取得了若干全新进展，代表此种进展的典型成果有刘浦江领衔编纂的《契丹小字词汇索引》，该书对目前出土的契丹小字石刻资料以及国内外的相关研究成果进行了全面系统的整理，编纂成一部内容完备且便于检索的工具书，该书的问世，有助于改善契丹文字文献专家解读契丹文字无法倚仗工具书的困局，同时也为历史学家利用契丹文字文献资料提供诸多的便利和线索。刘浦江团队研究成果《契丹小字词汇索引》开创了一种切实有效的解读方法，在契丹小字字形规范方面也做了诸多卓有成效的工作。契丹小字字形和原字字形的规范是解读契丹小字必须要完成的基础性工作。

刘浦江团队对 20 世纪 80 年代以前发现的所有石刻资料进行了细致的辨析和整理，据此厘定原字 378 个和契丹小字词汇 4167 个，并对全部原字和契丹小字词汇编制了索引。上述这些基于扎实编纂分析基础上作出的富有开创性的研究成果为该书的编纂奠定了重要的基础。《契丹小字词汇索引》的特点及其学术价值关键在于：第一，这是一部完整收录了目前已有契丹小字资料的工具书。1985 年出版的《契丹小字研究》一书，共收入 9 种 20 世纪 80 年代以前出土的契丹小字石刻资料，而该书所收录的契丹小字石刻总计 33 种，另外还有其他零星的契丹小字资料 16 件。每个词汇均列出其所有出处，以便于使用者查阅。第二，可以通过该书检索参考词义以及相关研究成果。《契丹小字研究》虽然也编制了 9 种契丹小字石刻的词汇索引，但却没有参考词义一项内容。《契丹小字词汇索引》在对国内外有关研究成果进行全面系统梳理的基础之上，将已有的解读结论及其出处逐一列在相关词条之下，不但为契丹语文研究者提供了极大的便利，更重要的是，它由此解决了历史学家无法利用契丹文字资料及其研究成果的问题。第三，该书还纠正了前人在契丹小字字形规范方面存在的若干错误。

据作者称《契丹小字词汇索引》编纂工作始于 2003 年，十年来，刘浦江团队每人分头负责编纂若干个墓志的索引。具体分工为：康鹏负责《耶律弘用墓志》《皇太叔祖哀册》《宋魏国妃墓志》《室鲁太师墓志》《耶律仁先墓志》（部分）；兼负责部分学术史的梳理并在此基础上汇纂参考词义，负责所有契丹小字资料校核拓本的工作，并根据校核结果修订录文。陈晓伟负责《耶律副署墓志》《梁国王墓志》《萧大山与永清公主墓志》《尚食局使萧公墓志》；同时梳理部分学术史内容并在此基础上汇纂参考词义。高宇负责《海棠山契丹小字墓志残石》《涿州刺史墓志》《耶律永宁郎君墓志》《耶律紀里墓志》。曹流负责《耶律慈特墓志》《耶律智先墓志》《萧图古辞墓志》《耶律仁先墓志》（部分）。王超负责耶律宗教墓志》《金代博州防御使墓志》《耶律迪烈墓志》。尤李负责《耶律（韩）迪烈墓志》《耶律奴墓志》《韩高十墓志》。乐日乐负责《萧特每夫人韩氏墓志》。毛利英介负责《耶律仁先墓志》（部分）。《契丹小字词汇索引》包括：前言、凡例、词汇索引、附录一：原字表、附录二：契丹小字资料简称表、附录三：契丹小字资料出处、附录四：参考文献。石刻录文包括：一、兴宗哀册；二、仁懿哀册；三、道宗哀册；四、宣懿哀册；五、萧令公墓志；六、许王墓志；七、故耶律氏铭石；八、郎君行记；九、萧仲恭墓志；一〇、耶律仁先墓志；一一、耶律宗教墓志；一二、海棠山契丹小字墓志残石；一三、金代博州防御使墓志；一四、涿州刺史墓志；一五、耶律永宁郎君墓志；一六、耶律迪烈墓志；一七、耶律弘用墓志；一八、耶律副署墓志；一九、皇太叔祖哀册；二〇、宋魏国妃墓志；二一、耶律慈特墓志；二二、耶律智先墓志；二三、耶律（韩）迪烈墓志；二四、耶律奴墓志；二五、韩高十墓志；二六、室鲁太师墓志；二七、萧图古辞墓志；二八、梁国王墓志；二九、耶律幺里墓志；三〇、萧大山与永清公主墓志；三一、尚食局使萧公墓志；三二、萧特每夫人韩氏墓志；三三、叶茂台契丹小字墓志残石。

契丹文字文献的研究，中外学者有很多贡献，但分散难觅，为了克服此弊端，需要学者搜罗汇编，分门别类，精调精选，推进学术。刘凤翥的《契丹文字研究类编》（套装共 4 册）（中华书局 2014 年版），是迄今为止发表的契丹文字研究的重要论文收录，是反映契丹文字最新研究成果的著作，是对传世的所有的契丹文字资料和照片的摹本拓本的收录。该著是中国社会科学院特殊学科（绝学）建设项目“契丹文字”的最终成果。

《契丹文字研究类编》涵盖了迄今为止最新的契丹语文研究成果和最全的契丹文研究资料，共分三部分。第一部分为契丹文字研究史，把自 1922 年 6 月 22 日契丹文字资料出土以来八十多年的契丹文字研究历程做了一个简单的回顾。第二部分为契丹文字新研究，其中包括两项内容，一为 21 世纪前十年由刘凤翥为主所发表的考释契丹文字碑刻的一系列文章；二为根据这些文章概括出来的“已经释读的契丹大字语词”“契丹大字拟音”“已经释读的契丹小字语词”和“部分契丹小字的原字音值之构拟”。第三部分是契丹文字资料，其中包括传世的全部契丹文字碑刻的拓本照片和摹本。该书得到中华书局的高度重视，被列为重点出版图书，并受到国家古籍整理出版专项经费资助，对推动契丹文字研究以及契丹学研究的进一步发展具有重大意义。

《萧敌鲁副使墓志铭》的真伪之辩和内容的翻译和校正，是近年契丹文献研究中的一个小焦点。据康鹏等学者的介绍，2007 年 5 月，内蒙古大学蒙古学学院吴英喆、宝音德力根教授从内蒙古兴安盟征集到一盒契丹小字墓志，据称此墓志系 2002 年秋出土于奈曼旗附近。该墓志现收藏于内蒙古大学民族博物馆。此盒墓志为淡白色砂岩质地，包括志盖和志石两部分。志盖呈盝顶式，无任何文字和纹饰，底面长 84.5 厘米，宽 84.5 厘米，厚 8 厘米，顶面长 67 厘米，宽 67 厘米。志盖背面刻有契丹小字 25 行，每行 17—29 字不等，约计 582 字。志石呈准正方形，长 83—84.5 厘米，宽 83 厘米，厚 9—15 厘米，刻有契丹小字 26 行，每行 2—29 字不等，约计 526 字。整盒墓志共刻有 1108 字左右。经吴英喆考证，该墓志刻于辽天庆四年（1114），墓主系国舅帐敌鲁副使，故将其命名为《萧敌鲁副使墓志铭》。2010 年 12 月，吴英喆先生与芬兰赫尔辛基大学杨虎嫩（Juha Janhunen）教授正式将《萧敌鲁副使墓志铭》的释读成果、录文以及拓本照片公开发表，为学界进一步研究奠定了基础。但由于吴英喆未能将墓主世系等基本情况考辨清楚，故而该墓志尚有很大解读空间。

即实的《简说契丹语的亲属称谓》（载《华西语文学刊》第八辑，四川文艺出版社 2013 年版）回顾学界对契丹语亲属称谓的研究历程，并对各种研究结论进行评述，提出了自己的看法。该文还参考后来发现的一些资料，释读了前人未能触及的一些契丹语亲属称谓。傅林的

《论契丹小字与回鹘文的关系及其文字改革》（载《华西语文学刊》第八辑，四川文艺出版社2013年版》按时间线索梳理了契丹小字文献的拼写方式差异，可以观察到契丹小字在初始的符号系统设计上受到了回鹘文的直接影响，后期的文献自发进行了文字改革，改革进程在金代趋于结束。契丹小字的文字改革有时还表现了语言接触深度的加强以及语言的历时演变。

研究契丹语言文字的论文还有刘凤翥的《解读契丹文字不能顾此失彼，要做到一通百通》（载《辽金史论集》第十三辑，中国社会科学出版社2013年版）。傅林的《论契丹语中“汉儿（汉人）”的对应词的来源》（载《辽金历史与考古》第四辑，辽宁教育出版社2013年版）。康鹏的《契丹小字〈萧敌鲁墓志铭〉考释》（载《辽金历史与考古》第四辑，辽宁教育出版社2013年版）。白玉冬、赖宝成的《契丹国语“忒里蹇”浅释》（载《华西语文学刊》第八辑，四川文艺出版社2013年版）。

关于满文文献的汇编、翻译、刊布、研究成果近来十分突出。中国第一历史档案馆编《清代新疆满文档案汇编》（全283册）由广西师范大学出版社于2012年出版。清朝统一新疆天山南北后，在全疆各地建立其统治机构，行使中央政府对边疆地区的主权。清朝对新疆的治理主要采用军府制。在伊犁设置总统伊犁等处地方将军，简称伊犁将军，统辖新疆天山南北地区军政事务。在乌鲁木齐、塔尔巴哈台、喀什噶尔、哈密等地分设都统、参赞大臣、办事大臣、领队大臣等官员，分管该地区军政事务。驻防将军、都统和大臣等多为满洲或蒙古官员，故多用满文书写公文向皇帝请示汇报，皇帝也用满文撰写谕旨颁给有关官员。因此，在清代中央国家机关的满文档案内保存下来了近10万件新疆历史资料，时间跨度长达250年。其内容极其丰富，涉及面甚广。主要包括职官、军务、民政、司法、宗教、民族、财政、农业、牧业、矿产、贸易、货币、教育、文化、卫生、地理、交通、运输、工程、外交以及重大历史事件等方面情况，对历史研究具有重要的意义，而且绝大部分未曾公布。

乌云毕力格主编的《满文档案与清代边疆和民族研究》（社会科学文献出版社2013年版），系中国人民大学清史研究所满文文献研究中心部分研究人员的论文集。数位作者直接利用大量的满文档案，探讨清代蒙、满、藏等民族史和蒙古、西藏、东北等边疆地区史，内容丰富而新颖。大量满文档案的介绍和利用，丰富了清史研究的资料，拓展了清史研究的领域。该文集收录了吴元丰的《清代满文档案述论》《清代军机处满文月折包及其史料价值》《清代新疆历史满文档案概述》，乌云毕力格、宋瞳《关于清代内扎萨克蒙古盟的雏形——以理藩院满文题本为中心》，乌云毕力格的《关于清代著名蒙古文人乌珠穆沁公衮布扎卜的几点新发现》，宋瞳的《清初北方战略考——以顺治十二年前后理藩院应对喀尔喀措施为中心》《顺治十二年清朝与喀尔喀蒙古会盟考》《外藩蒙古内扎萨克四十九旗考》，乌云毕力格的《鄂飞满文奏折笺注》，齐光的《论康熙末年清军入藏及阿拉善和硕特的作用》，吴元丰的《黑龙江地区柯尔克孜族历史满文档案及其研究价值》，敖其尔·乌云扎尔噶拉的《清朝边疆政策——以唐努乌梁海纳入清朝版图及特棱古特、塔本、科勒萨哈勒、柯尔克孜等移住黑龙江为中心》，承志的《满文〈乌喇等处地方图〉等》《尼布楚条约界碑图的幻影——满文〈黑龙江流域图〉研究》。

许巧云的《〈康熙朝汉文朱批奏折汇编〉满藏词语考补》（《民族学刊》2013年第6期）认为今拾《康熙朝汉文朱批奏折汇编》中的几则民族词汇：“哨鹿（木兰）”“昂邦”“碟巴”“堪布”，以现有大型辞书为参照，对其中解释未尽之处进行补释。除检索清史文献外，也兼及同时代笔记小说、方志等进行了分析，这些语词的考释为不同学科利用这一文献提供参考、借鉴，同时也可补大型工具书之缺失。庄吉发的《文献足征：以康熙朝满文本〈起居注册〉为中心的比较研究》（《满语研究》2013年第1期）指出，康熙朝满文本《起居注册》与康熙朝《宫中档》同为原始史料，史料价值远远高于《清圣祖仁皇帝实录》。康熙朝满文本《起居注册》与雍正年间编撰的《圣祖庭训格言》部分内容相近，个别词语的运用有所差异。康熙朝满文本《起居注册》是雍正朝编撰《清圣祖仁皇帝实录》主要的史料来源，其所记录的接近口语的满语语句、简单质朴的书写形式等重要特色，与《清圣祖仁皇帝实录》或有差异。吴元丰的《阿勒楚喀副都统衙门及其满汉文档案》（《满语研究》2013 年第 1 期）认为，清代阿勒楚喀地区归吉林将军管辖，雍正二年起建立八旗驻防，乾隆七年起京城八旗移驻于此，并最终设立副都统衙门管理军政事务。现存阿勒楚喀副都统衙门档案分为簿册和折件两类，簿册类的档案以行文档、呈文档居多，折件类的档案以咨文稿、呈文稿居多。这些满汉文档案是作为阿勒楚喀和拉林驻防八旗的第一手史料，对于全面系统地研究东北驻防八旗历史和京旗移垦历史研究具有重要意义。

季永海的《〈满汉西厢记〉与〈精译六才子词〉比较研究》（《满语研究》2013 年第 1 期）指出，汉文《西厢记》有董西厢和王西厢之分，而王西厢亦有多种版本，其中金圣叹批注本最为流行。清康熙年间该本被译为满文，译本有两种，一种是仅译其中的曲文，名为《精译六才子词》；另一种是将科白和曲文全部译出，名为《满汉西厢记》。二书译者不同，翻译时间相差两年，将二者进行比较是一件很有趣的事。

李雄飞的《〈御制增订清文鉴〉刻本初探》（《满语研究》2013 年第 1 期）认为，《御制增订清文鉴》是由清高宗弘历敕修，保和殿大学士傅恒领衔修纂的一部满汉合璧释义辞典，是在康熙帝敕修《御制清文鉴》的基础上增补、修订，并增加注音而成。该书旨在普及和规范满文的新词汇，在满语文发展史上占有重要地位，影响巨大。以往学术界多以乾隆三十六年武英殿刻本为其唯一刻本。作者将北京大学藏《御制增订清文鉴》刻本与新编本以及故宫博物馆、辽宁省图书馆、大连市图书馆、国家图书馆藏《御制增订清文鉴》刻本进行对比，厘清各刻本之间的异同，断定《御制增订清文鉴》的刻本不止一种。李雄飞的《〈御制增订清文鉴〉刻本补叙》（《满语研究》2013 年第 2 期）认为，《御制增订清文鉴》除乾隆三十六年（1771）殿本外，还存在其他刻本。北京大学图书馆所藏所谓“殿本”《御制增订清文鉴》，为当年陈寅恪先生用来换买煤钱，贱售给北京大学东语系的那批东方学文献中的一种。该书后来转归北京大学图书馆收藏，其刊刻年代为乾隆三十六年（1771）。宋冰的《满汉合璧〈庸言知旨〉作者宜兴小考》（《满语研究》2013 年第 2 期）认为，宜兴为阿济格后裔，八旗满洲宗室，先后任职于盛京、京城及新疆地区，官至山东巡抚、江苏巡抚、九门提督等职。乾隆五十一年（1786）宜兴编撰满语辞书《清文补汇》，并刻意积累满语语段。嘉庆四年至七年（1799—1802）就任新疆巴里坤领队大臣期间，宜兴编撰出版《庸言知旨》，为后世留下了珍贵的满语俗谚语料。

刘厚生的《吉林赵氏家族始祖武木普满文墓碑考释》（《满语研究》2013 年第 1 期）认为，吉林市龙潭区金珠乡古墓旁发掘出土的赵氏满文墓碑对研究该家族的历史具有重要意义，为研究吉林地区的满族史、家族史、社会史及人口史均可提供弥足珍贵的第一手资料。根据墓碑阴面的满文可知，该墓碑立于清朝嘉庆二年，具有很高的文物价值与考古价值。吴雪娟的《同文广汇全书》满语俗语研究（《满语研究》2013 年第 2 期）认为，清康熙年间刊刻的汉满分类词典《同文广汇全书》辑录了 43 条满语俗语，并借用一些汉语俗语对其喻义进行解释。这些满语俗语来源丰富，音韵和谐，句式简单，其字面意义和喻义与满族宗教信仰、民间传说、渔猎生活等密切相关，具有鲜明的满族历史文化特色。翻译满语俗语时，注重满族历史文化要素，方能揭示满语俗语的喻义，单纯地用汉语俗语解释，或许会掩盖满语俗语的特点和文化内涵。

王敌非的《俄罗斯伊尔库茨克藏满文文献述略》（《满语研究》2013 年第 2 期）认为，俄罗斯伊尔库茨克藏满文文献主要来自 1715—1956 年东正教驻北京宗教使团的购置。目前出版的《伊尔库茨克藏中国文献》中的满文文献在数量上与实际收藏略有出入。了解这批文献的收藏历史情况，对熟悉中华典籍的域外传播及俄罗斯汉学史的发展历程具有重要的参考意义。韩晓梅的《乾隆朝满文档案中的雅克萨与尼布楚》（《满语研究》2013 年第 2 期）认为，康熙二十八年（1689），第二次雅克萨战争胜利之后，中俄签订了《尼布楚条约》，以法律形式确立了中俄东段边界。在《尼布楚条约》签订的百余年后，乾隆帝指示黑龙江将军明亮不必贸然增设卡伦，且依旧举行巡边活动。

赵丽丽的《〈满文老档〉中不相邻数词的语义》（《满语研究》2013 年第 2 期）认为，数词连用是满语概数表达的主要方式之一。一般情况下，多以相邻数词连用的方式来表达概数，而不相邻数词表达概数的情况在满语数词的应用中十分少见。而在《满文老档》中，不相邻数词 emu ilan、emu juwan、emu udu、juwan tofohon 连用表示概数的现象，反映了早期满语数词的特殊用法。李勤璞的《〈满蒙汉三文合璧教科书〉的翻译颁行（上）》（《满语研究》2013 年第 2 期）以清末荣德以蒋维乔、庄俞合编的《最新初等小学文教科书》为原本，翻译《满蒙汉三文合璧教科书》，由东三省蒙务局颁行于奉天省所属哲里木盟十旗、奉天八旗官学及吉林、黑龙江两省的满蒙文学堂。此举实为废科举、兴学堂，推进蒙古地区教育的良策。李勤璞的《满蒙汉三文合璧教科书的翻译颁行（下）》（《满语研究》2014 年第 2 期）指出，《满蒙汉三文合璧教科书》版本《满蒙汉三文合璧教科书》汉文原书十册，译成三文合璧后则为 18 本。据各藏书机构目录所载，《三文合璧教科书》藏本最多只有 10 本，即前 10 本，而第 11—18 本，未见有收藏记录。可见，1912 年底根据汉文原书第九、十两册编译完毕的译本，当时只是缮写出来转呈临时大总统阅览并请奖，并没有石印发送各学校。北京各收藏单位皆无后八本写本的收藏著录。现存《满蒙汉三文合璧教科书》各有异同。作者据大连图书馆、辽宁省图书馆藏本，其前三册，大连本汉文与满蒙文俱毛笔手书；大连本后七册及辽宁藏本全本，俱用满蒙文竹笔书写、汉文铅字，石印。

春花的《〈御制五体清文鉴〉编者及编纂年代考》（《满语研究》2013 年第 2 期）认为，据《奏销档》《景阳宫清查书籍册附目录》《懋勤殿书目》等清代档案资料的相关记载，“清字经馆”自乾隆四十二年（1777）起开始编译《御制五体清文鉴》。其维吾尔文翻译者主要来自“回子学”毕业生，据《清内府刻书档案史料汇编》的几份档案，该辞书是乾隆五十九年（1794）完稿进呈的。霍晓东、李云艳的《顺治十四年封包衣达京善父母之诰命浅析》（《满语研究》2013 年第 2 期）认为，顺治十四年（1657）三月，清太宗配享圜丘及祈谷坛，顺治皇帝推恩天下，封赠百官，赏赐兵民。三月十日，包衣达京善逢诏封赠一代，其亡父库勒纳封奉政大夫，亡母佛一门氏封为太宜人。京善父母之诰命现存黑龙江省齐齐哈尔市龙江县博物馆，由满族农民金启山捐赠。捐赠者与受封者关系不详。1989 年，黑龙江省齐齐哈尔市龙江县博物馆征集到一件清代诰命封轴，捐赠者为龙江县杏山乡满族农民金启山。金启山老人年事较高，只知该诰命为祖传，祖辈与诰命受封者关系，以及诰命的传承等问题一概不知。该诰命封轴长 234 厘米，高 31 厘米，呈长卷式，左端残缺。满汉合璧。满文自左向右。

吴元丰的《故宫博物院满文教学概述》（《满语研究》2013 年第 2 期）回顾了 20 世纪 70 年代，故宫博物院在其所属的明清档案部开设满文干部培训班的历史，当时开展为期三年的满文教学，培养了一批满文人才。在当时那个特殊的年代，能够培养出稀有的满文档案专业人才，十分难能可贵，其意义非常重大，影响也极深远。李雄飞的《传世孤本九耐堂刻本〈异域录〉考》（《满语研究》2013 年第 2 期）认为，《异域录》是清内阁学士图里琛出使土尔扈特的纪行，多年来汉文版本较多，其中不乏舛误、脱漏之处。北京大学图书馆藏雍正元年（1723）九耐堂满文刻本《异域录》为孤本，语言纯正，文字流畅，对于满语文及其发展史的研究具有较高的学术价值。

王敌非、谷慧泉的《剑桥大学图书馆藏威妥玛满文文献概述》（《满语研究》2013 年第 2 期）指出，剑桥大学图书馆分别于 1898 年和 1915 年编印了一部馆藏中国文献目录，题为《剑桥大学图书馆藏威妥玛汉文与满文文献目录》和《剑桥大学图书馆藏威妥玛汉文与满文文献增补目录》，二者共著录与满文相关的文献68种。整理和翻译这两份目录为了解英国伦敦地区满文文献的收藏历史情况提供新资料，对熟悉英国汉学史发展历程具有重要的参考价值。张兆平的《〈满汉合璧菜根谭〉考辨》（《满语研究》2014年第2期）认为，《菜根谭》是讲述人生哲理的格言体清言集，成书于明万历年间，作者在讲述人生哲理的同时，借儒、释、道等思想语言，对统治阶级的贪婪行为进行了有力鞭挞。通过故宫博物院藏《满汉合璧菜根谭》中的钤印，可知清康熙年间著名的满文翻译家和素不是《满汉合璧菜根谭》的译者，而是审校者。

三 印欧语系语言文字文献研究

2013年4月13日至14日，中国人民大学国学院西域历史语言研究所举办了“吐火罗问题”学术座谈会。吐火罗问题涉及西域古代语言、民族、历史等多个方面的研究。在近年的西域历史文化研究中，国内外学术界已经形成并正迅捷、有力流布着一个值得关注的观点：新疆早期居民，是来自欧洲的“吐火罗”。王炳华教授召集举办了此次会议，邀请考古、历史、语言、体质人类学、分子人类学等学科专家学者，就这一问题展开讨论。中国社会科学院考古研究所韩康信先生，汉语大辞典出版社徐文堪先生，新疆自治区文物局刘国瑞研究员，新疆考古所所长于志勇研究员，陕西师范大学西北民族研究中心王欣，南京大学历史系水涛教授，中央民族大学民族学与社会学学院肖小勇，北京大学历史系荣新江、朱玉麒，欧盟暨德国Gerda Henkel基金会马莉·居礼学者庆昭蓉以及中国社科院历史所李锦绣，复旦大学历史系韩昇，复旦大学生命科学学院李辉，新疆龟兹研究所陈世良，新疆艺术学院史晓明，新疆龟兹研究院台来提，塔里木大学廖肇羽，中国人民大学国学院李肖及历史学院陈晓露等学者作学术报告。与会者认为，吐火罗语和吐火罗人的定名是有问题的，认为新疆古代居民是吐火罗人的观点是错误的，简单套用西方学者的一些概念和观点的做法是不可取的。相信“吐火罗问题”学术座谈会的举行，必将会推动学界对相关问题的关注和进一步思考，真正体现出吐火罗语在中国，吐火罗学在中国也在世界，从而实现几代中国学人的梦想。

新疆龟兹研究院、北京大学中国古代史研究中心、中国人民大学国学院西域历史语言研究所发表《苏巴什石窟现存龟兹语及其他婆罗迷文字题记内容简报》（《唐研究》第二十卷，北京大学出版社2014年版），对法国探险队20世纪初发现的有关题记的照片以及在法国吐火罗语专家Walter Couvreur，Georges-jean Pinault对该题记介绍研究的基础上结合三方合作项目“龟兹地区现存吐火罗语写本与题记的调查与研究”对现存题记做新调查，并与Pinault的《库车地区诸遗址》（*Site Divers de la Region de Koutcha*）的四道题记勘合，分前言、转写体例、题记内容、现存题记的文献与历史价值、结语五部分，仔细勘定了所录共49行横列婆罗迷文字，计47道题记的题记原文内容。苏巴什现存题记一大特色在于语言与性质不明显题记较高。有的题记不排除是住在龟兹的说据史德语佛教徒所刻，确系据史德语。此次所刊婆罗迷文字题记共有78道，确定属于龟兹语的33道，属于梵语者1道，据史德语1道，其中未经《库车地区诸遗址》录出的66道。题记的解读有助于推定石窟的的功能和性质及苏巴什寺院遗址的历史。

另外还有庆昭蓉的《从吐火罗B语词汇看龟兹畜牧业》（《文物》2013年第3期），荣西江等的《克孜尔尕哈石窟现存龟兹语及其他婆罗谜文字题记内容简报》（载朱玉麒主编《西域文史》第7辑，科学出版社2012—2013年版），《克孜尔石窟后山区现存龟兹语及其他婆罗谜文字题记内容简报（一）——第203、219、221、222、224、227、228、229窟》（载《敦煌吐鲁番研究》第13卷“中国敦煌吐鲁番学会成立三十周年纪念专号”，上海古籍出版社2013年版）。徐文堪的《何处是故乡——印欧语言—人群的起源及其在上古中国的分布》（载《清华元史》（第二辑），商务印书馆2013年版）通过综述考古和语言研究成果，讨论了印欧语系语言及其先民的历史发展轨迹，并详细讨论了古印欧人在上古中国区域的分布活动遗迹的多学科证据。

纪念黄文弼先生（1893—1966）诞辰120周年：荣新江、朱玉麒主编的《西域考古·史地·语言研究新视野：黄文弼与中瑞西北科学考察团国际学术研讨会论文集》（科学出版社2014年版）系由新疆师范大学主办，北京大学中国古代史研究中心、新疆师范大学黄文弼研究中心等单位于2013年共同承办的“黄文弼与中瑞西北科学考察团国际学术研讨会”的成果，入选54篇论文，对黄文弼生平、所获西域文物、中瑞西北考察团、近代西域探查史、西北史地等问题作出了新的探索。涉及西域印欧语古文字文献的论文有［日］荻原裕敏的《〈塔里木盆地考古记〉〈新疆考古发掘报告〉所刊吐火罗与资料》，该文转写了黄文弼著述中刊布的部分龟兹语和焉耆语资料，并统计了资料的数量，确定了库车苏巴什古城出土的龟兹语陶盆和哈拉墩北区遗址出土的龟兹语、粟特语陶片，独具价值。德金的《黄文弼所发现的一件帕提亚语残片》对黄文弼所获帕提亚文献在宗德曼此前研究的基础上重新作了解读。荣新江的《黄文弼所获西域文献的学术价值》从吐鲁番出土的汉文文书与典籍、吐鲁番回鹘文书、碑志和佛经、印章等各类文献论述了黄文弼所获文献的价值，并将黄文弼所获的汉语、梵语、龟兹语、中古伊朗语、粟特语等文书、典籍命名为“黄文弼文书”，肯定了黄氏对西域考古事业的贡献。

段晴的《于阗语〈无垢净光大陀螺尼经〉之源与流》译释刊布了中国国家图书馆藏于阗语《无垢经》残卷，讨论于阗佛教传播问题、《无垢经》、佛塔崇拜在东亚的传播轨迹。毕波的《和田新发现汉语、胡语文书所见“筋脚”考》就新近整理的国内藏和田文书中出现的“筋脚”一词为依凭，讨论和田地区中国时代多民族间互动交流史。［日］笠井幸代的《有关“十二缘起”的回鹘语佛经》围绕德国探险队在新疆所获的回鹘文文书“十二缘起”的残片的解读为中心，讨论回鹘佛教徒的信仰。庆昭蓉的《库木吐喇周边遗址——以出土胡汉文书与早期探险队资料为中心》以大谷探险队、伯希和探险队、黄文弼考察所获文书为中心，探讨了库木吐喇及周边遗址的具体分区问题。

段晴、张志清主编的《中国国家图书馆藏西域文书：梵文、佉卢文卷》（中西书局2013年版）是“丝绸之路的文学与文化交流——新出于阗语及梵文文献研究”项目的成果之一，以整理、诠释中国国家图书馆所藏的来自新疆和田的梵文、佉卢文文书为主要内容。古代于阗曾是佛教文献写本的著名集散地，国图所藏的梵文、佉卢文写卷在内容和形式上与20世纪初期西方探险人员在丝绸之路南道发现的残页十分相似。这些残页真实反映了古代于阗王国的宗教信仰，显示了于阗曾是大乘佛教的信仰中心。值得一提的是，国家图书馆藏的写卷中，梵文古籍残页绝大部分与大英图书馆藏霍恩雷藏品、斯坦因藏品相吻合，也有独特之处。其中，《贤劫经》尤其珍贵，是迄今为止唯一发现的婆罗谜字的佛教梵文《贤劫经》残页，书写年代可能早至公元4世纪。每一件西域文书的发现，对于当地社会、宗教、文化发展的历史，都是不可忽视的。这些大多来自唐代甚至更早的残页，穿越了时间和空间的距离，向现代人展示着丝路绿洲曾经绚烂的文明。

段晴的《于阗·佛教·古卷》（中西书局2013年版）是作者以对罕有人认知的于阗语、梵语原始写卷，结合汉文文献，进行文本分析的学术原创成果的汇编，具体有：《梵语〈贤劫经〉残卷》《于阗僧提云般若》《大方广佛花严经修慈分》《〈造像功德经〉所体现的佛教神话模式》《〈造像功德经〉于阗语、汉语今译及古译刊本》《义净与实叉难陀》《新发现的于阗语〈金光明最胜王经〉》《对治十五鬼护身符》《明咒护身符》《高僧买奴契约》《和田博物馆藏于阗语租赁契约研究》《〈大方广佛花严经修慈分〉词汇》，所收论文以新发现的梵语、于阗语文献作为研究客体，运用广博的语言学知识以及对于佛学、历史学的知识累积，不但释读出一批重要梵语、于阗语文献，对其文字特征、字义有重要发明，更有翔实的分析见识，论析了这些佛教古卷在于阗地区的流传情况，以及当时的社会风俗，对于丰富和深化对我国新疆地区的历史、社会、文化的了解有重要意义，将填补佛教史、丝路绿洲社会文化研究的空白，并有助于加强对我国多民族国家的认识。

刘后滨、王湛的《唐代于阗文书折冲府官印考释——兼论于阗设置折冲府的时间》（《西域研究》2013 年第 3 期）整理了编号为 2006TZJI1：36 的新出唐代于阗文书背面的残文书，整理者定名为《唐开元十七年（729）于阗盖阿兴牒为奴送麦事》。题解曰，“本件文书写于《唐于阗毗沙都督府案卷为家畜事》背面，亦为于阗文书。日期上钤朱印一方，文曰：‘右豹韬卫□□府之印’（5.3×5.3cm）。按：迄今未见于阗有隶属中央十二卫之折冲府，则此或为暂驻西域之行军所用文书……左、右豹韬卫系武后时代所改，废于神龙元年，然边区悬远，或尚未收到中央官府所铸官印。”题解中还提示出斯坦因三区四号墓所出文书中的另外一方官印，即《唐景龙三年（709）九月西州都督府承敕奉行等案卷》（Or. 8212/529）所钤“左豹韬卫弱水府之印”。此件文书由于有确切纪年，对于唐代于阗汉文文书的断代具有重要参考价值，再次证实张广达、荣新江二教授在二十多年前做出的推断，他们认为“现存和田出土汉文文书的年代基本在开元十八年（730）至贞元六年（790）前后，其他没有年代的文书，根据出土地点和文书内容，其年代也应大致在此范围之内”。除此之外，此段题解文字还敏锐地揭示出唐代十二卫所领西域折冲府的官印问题，以及这些折冲府所属诸卫的名称变化问题。

段晴、李建强的《钱与帛——中国人民大学博物馆藏三件于阗语—汉语双语文书解析》（《西域研究》2014 年第 1 期）指出，中国人民大学博物馆展出了一批古代文书，大多数是汉文写卷。看过文书的基本内容，并参考人大国学院师生已经刊布的研究成果，可以认为这些文书大抵出自古称杰谢、现称丹丹乌里克的地方。其中有三件于阗语—汉语双语文书，对于于阗语的研究尤为珍贵。该文针对这三件展出的双语文书，略作解析。具体为：《桑宜没欠款》是一件双语文书，馆藏编号 GXW0107。纸泛黄，呈正方形，边长 28.5 厘米。观察书写格式，应是汉语书写在先，于阗语在后。以下先录入文书的汉文部分，继而是拉丁字母转写的于阗文字，并附上译文。1. 桑宜没欠一千四百五十文；2. 史郎除债外及先纳外欠二千三百六十文；3. 阿悉欠三百廿文；4. 日布洛欠一千卌五文；5. 没里曜娑欠八百一十文；6. 阿董欠一千四百五十文；7. 没特桑宜欠二千一百六十五文。

粟特语（Sogdian）是今乌兹别克斯坦撒马尔干（Samarkand）周边地区曾经使用的一种古代语言，这种语言主要是通过该地及其以东地区发现的写本、题铭为人所知。尼古拉斯·辛姆斯—威廉姆斯撰，毕波译的《粟特语基督教文献研究近况》（《新疆师范大学学报（哲学社会科学版）》2014 年第 4 期）梳理了近几年在中国新疆特别是吐鲁番绿洲发现的粟特语基督教文献的研究成果，并指出一些写本在语言学方面颇具价值，它们提供了难懂单词词义的例证，因而有助于更好地理解粟特语以及粟特文书写的非基督教文献；另一些则在了解叙利亚文献方面具有重要意义，它们保留了存世的叙利亚文写本中所没有的文献及读物。此外，还有一些文献为我们了解吐鲁番绿洲基督教教团的性质及其历史背景提供了重要信息。

新疆龟兹研究院的《玛扎伯哈与森木塞姆石窟现存龟兹语及其他婆罗谜文字题记内容简报》、图木舒克市文物局等的《新出三件据史德语契约》（《西域历史语言研究集刊》第七辑）（纪念陈得芝先生八十华诞专号）等刊布了新近发现的有关西域龟兹与及婆罗米文字题记、据史德语契约文献等内容，也是关乎西域文字文献的重要文献。

除上述的各语系、语族的文字文献研究而外，国家对民族古籍文献的保护工作也在逐年推进，对民族古文字文献的深入研究有重要意义。《第 1—4 批国家珍贵古籍名录图录》是依据 2008 年 3 月 1 日国务院批准颁布的“第一批国家珍贵古籍名录”，逐步编撰而成的大型珍贵古籍图录。共收录古籍 2392 种，其中，汉文古籍 2282 部，民族文字古籍 110 部。汉文古籍包括简帛 117 种、敦煌文书 72 件、古籍 2020 部、碑帖 73 部。民族文字古籍包括焉耆—龟兹文、于阗文、藏文、回鹘文、西夏文、白文、蒙古文、察合台文、彝文、满文、东巴文、傣文、水文、古壮字等 14 种文字。该图录收录广泛（共收录 210 家藏书机构所藏珍贵古籍图录）、著录严谨、编排科学。它的出版不仅体现了全国古籍保护工作所取得的重大阶段性成果，更为广大学者、古籍保护从业人员、古籍收藏爱好者从事学术研究、版本鉴定、保护收藏等提供了一部极为重要的工具书。《第三批国家珍贵古籍名录图录》（全八册）、《第四批国家珍贵古籍名录图录》（全六册）中国国家图书馆、中国国家古籍保护中心编撰，依次问世，是民族古籍保护的重要成果。

四　涉及"一带一路"与中国各民族的多文种文字文献

古代中西交通，尤其是陆上和海上丝绸之路的贯通，中西之间的文明交流不绝如缕，各国各地区的商旅、商品、商人、宗教界人士、文化使者奔走途程，为后人留下了十分丰厚的多国诸多民族的语言文字文献，成为中西文化交流的重要历史证据和文化财富。

蒋冀骋的《阿汉对音与元代汉语语音》（中华书局 2014 年版）主要着力于阿拉伯语和汉语的接触影响关系，全书主要内容包括：《回回药方》的成书经过、《回回药方》的成书年代及其研究概况、《回回药方》阿汉对音所反映的元代北方话语音系统的特点、《回回药方》阿汉对音概说、阿拉伯语简介、声母对音情况、韵母对音情况等。

杭州自古就是中西文化交流的中心城市之一，文化遗产留存丰厚，其中从西湖大道转角进入南宋御街，有一座具有浓厚阿拉伯建筑风格的清真寺——凤凰寺。凤凰寺始建于五代或宋，毁于宋末，元时重建，是国内早期伊斯兰教寺院之一，与广州、泉州、扬州的伊斯兰教清真寺并称为东南沿海四大伊斯兰教清真古寺。寺内碑廊中存有古碑数通，碑文记载了凤凰寺历代维修情况。凤凰寺内所藏的 20 方元代阿拉伯文古墓碑和 1 方明代古波斯文寺碑，见证了元代的杭州被誉为世界上最美丽华贵的"国际化""天城"这段辉煌历史。

由杭州文史研究会组织编撰、中华书局出版的《杭州凤凰寺藏阿拉伯文、波斯文碑铭释读译注》（2015 年）是"杭州宗教历史文化研究丛书"中的一本。该著由莫尔顿（A. H. Morton）英译、释读；周思成中译、校注；由乌苏吉（Vosugi）释读校，波斯文由王一丹校注，由张帆、吴志坚、党宝海通校全书，由各国专家学者集体的多方努力而成，体现了这一领域的最高研究水平。该书包含原碑和拓片的照片，阿拉伯语、波斯语原文及其英文译文和中文译文，首次整体释读、全面展示了这些碑铭。该书的编撰出版，有助于研究伊斯兰教对杭州经济文化和社会生活的影响，重绘元代经济社会发展和文化融合的情况，为杭州打造国际大都市提供历史借鉴。

米尔咱·马黑麻·海答儿（Mirza Haydar Dughlat）所著波斯文历史名著《拉失德史》（Tārīkh-i-Rashidi）是研究 15、16 世纪新疆和中亚历史的第一手资料。因此，世界著名的东方学家 N. 伊莱亚斯（N. Elias）、E. 丹尼森·罗斯（E. Denison Ross）、V. V. 巴托尔德（V. V. Barthold）、T. I. 苏塔诺夫（T. I. Sultanov）、H. F. 霍夫曼（H. F. Hofman）、日本学者间野英二（Mano，Eiji）等学者对此书的评价甚高。这本著作不仅包括中亚和新疆方面的资料，还包括关于西藏地理和风俗习惯方面的记载。吾斯曼江·亚库甫的《波斯文历史著作〈拉失德史〉所见关于西藏的记载》（《西藏研究》2013 年第 1 期）的研究表明《拉失德书》是在中亚各民族文献当中关于西藏比较详尽、全面记录的史书。其中包括西藏地理环境、自然资源、气候、人口、宗教信仰、商业、生活方式等方面的资料，对于 16 世纪西藏的历史文化有独到的价值。

李学竹、叶少勇的《六十如理颂：梵藏汉合校·导读·译注》（中西书局 2014 年版）是对《六十如理颂》以辑佚、整理和译注形式撰写的研究著作。整理结果表明《六十如理颂》是公元 2、3 世纪时印度佛教论师龙树的代表作，有 60 首偈颂，主要阐述“缘起无生”的中观义理，曾对后世产生巨大影响。

威廉·盖格著，李荣熙译的《现代世界佛学文库：佛教语言论集》（贵州大学出版社 2013 年版）收录了威廉·盖格的重要佛教语言研究论文《巴利语之起源》《试论“巴利”一词的含义》《巴利语文字简况及其佛典》《佛教混合梵文导论》《原始佛教的语言问题》《梵语语法〈波你尼经〉》《两部汉译〈俱舍论〉中的音译对照表》等。这些经典论文有助于后人通过佛教梵语了解并解决许多印度佛教史上的问题。除此以外，也有助于今人了解佛教梵语的发展规律，以及对印度语言发展史的梳理研究，进而探究 18 世纪末期梵语和它的语法体系传到欧洲以后，近代比较语言学由此兴起的历史轨迹。

［意］多米尼克·法切那、［意］安娜·菲利真齐编著，魏正中译的《犍陀罗石刻术语分类汇编——以意大利亚非研究院巴基斯坦斯瓦特考古项目所出资料为基础》（上海古籍出版社 2014 年版）是意大利考古队在巴基斯坦斯瓦特地区始于 1956 年延续至今的考古工作的结晶。这项持续数十年的科学工作的对象是犍陀罗考古领域中首次基于可靠的地层发掘的佛教遗址，时任领队的多米尼克·法切那据此编纂了一部对大量的石刻资料进行分类、描述的术语汇编。其中包括雕工工具、建筑、装饰纹样、人像神像、动物纹、植物纹、兵器、乐器、礼器、日常用具、家具、交通工具等十二部分内容。译文在忠于原文的同时，尽可能使用中国国内学者普遍接受的术语词汇。该译本仿照原版插图、意语术语、英语术语三栏式布局；将意语译成中文，保留示意图和英语术语，以便读者对外文资料的查引和研究。与原著区别在于，书末附加斯瓦特地区部分浮雕照片以清楚展示文中涉及的不同元素所在的整体语境。此次中文译本，旨在为国内犍陀罗考古与艺术的研究增添一项资料工具，亦可为中国佛教考古和艺术领域编纂类似工具书提供一个范本。

汉译佛经活动始于东汉，持续至宋代，历时千余年。同样，印度佛教自 7 世纪传入中国藏族地区，藏译佛经活动始于松赞干布时期，持续至 17 世纪，也历时千余年。据赵朴初先生的说法，汉译佛经共有“一千六百九十余部”，而藏译佛经共有“五千九百余种”。中国的佛教译经活动历时之久，译本数量之多，而且以写本和雕版印刷的传承方式保存至今，堪称世界古代文化交流史上的一大奇观。黄宝生编著的《梵汉对勘佛所行赞》（中国社会科学出版社 2015 年版）是著者梵汉佛经对勘丛书中的一册，含原文与翻译。梵汉佛经对勘不仅有助于汉文佛教文献的整理，也有助于梵文佛经抄本的整理。梵文佛经抄本整理的主要成果是编订校刊本。因为梵文佛经抄本在传抄过程中，必定会产生或多或少的文字脱误。这需要依据多种抄本进行校勘，确定正确的读法，加以订正。除了利用同一佛经的多种梵文抄本进行校勘外，还可以利用同一佛经的平行译本进行对勘。尤其是在有的梵文佛经只有一个抄本的情况下，利用平行译本进行对勘就显得更为重要。通过对勘注释实现订正梵文佛经校刊本和汉译佛经中的文字讹误或提供可能的合理读法，为研究者指出梵文佛经与汉译佛经的文字差异之处，订正汉译佛经中的误译之处。帮助今人疏通汉译佛经中的文字晦涩之处。基于文本诠释梵文佛经和汉译佛经中的一些特殊词语作有重点和有选择地进行对勘注释，显然是有助于佛教汉语的研究和学术进步。

［日］荻原裕敏的《新疆库车县文物局所藏梵本〈法集要颂经〉残片考释》（《西域研究》2013 年第 1 期）指出，梵语佛教文献 Udānavarga 在西域北道广泛流传，不少遗址皆出土数量可观的残片，显见当时这部佛经在这个地区很受欢迎。除了梵语版本，两种吐火罗语（即吐火罗 A 语与 B 语）也有许多残片，有些即是此经翻译，有些则与之相关。此经汉语译名尚未论定。近年学界已知早年将其视为《法句经》是一种误解，但也很难找到妥善译法。有些东西方学者

注意到现存汉译佛经中，内容、结构最相似的是北宋太宗时期中印度三藏天息灾翻译的《法集要颂经》。其作者为尊者法救，这也与 Udānavarga 作者 Dharmatrāta 相符。《法集要颂经》与西域出土诸 Udānavarga 梵本内容有异，有时差异还十分明显。该文所讨论的写本，《法集要颂经》就不存在具体对应内容。所以此文题目称为梵本《法集要颂经》，乃是为权宜方便，比较文本时仍直称为 Udānavarga，以免混淆。根据《阿克苏文物图册》，书中第 52 页有件经纸残页的正反面彩版，至今尚无人释读。《图册》题为“龟兹文经书残片”，但作者发现它其实是婆罗谜文字写成的梵语残片，属 Udānavarga 经。又据《图册》说明，认定此件是 1982 年库木吐喇石窟出土本。

林悟殊的《京藏摩尼经开篇结语辨释》（《西域研究》2013 年第 2 期）的研究表明，京藏摩尼经（宇 56/北敦 00256，以下简称《残经》）卷长 639 厘米，高 27 厘米，现存凡 345 行，卷首略有残缺，卷面正文有个别脱字，全卷可录 7202 字。另据文意，写卷个别地方显有漏句，但字数不会多。现存写卷，虽首尾缺题，但尚大致完整。《残经》写卷出现“拂多诞”一词（第 226、295 行），乃延载元年（694）则天朝为入觐摩尼僧所取称号，这就意味着该经的问世不可能早于是年，而现存的写卷有武则天造字“缶”（正）（第 256、341 行），因而其初始流行也不可能晚于武氏在位年代（690—705 年）。佛僧译经用“格义”，即“以经中事数拟配外书，为生解之例”。作者指出，《残经》作为唐代摩尼教之早期汉文经典，无论实质性内容据摩尼何典，其无疑师法佛僧译经之法，不惟以汉译佛典作为“拟配”的“外书”，而且行文风格，尤其是该文重点考察的开篇和结语，更一依佛典模式。这就提示后人：摩尼教之华化，作为一个进程，当始于入华之初。该教在华的变异适应能力如此之强，其尔后之成为明教，与乡土信仰汇流，追其原因，盖由来有自矣。

邱轶皓的《十四世纪初斡儿答兀鲁思的汗位继承危机——相关波斯语、阿拉伯语史料的对比与研究》（《西域研究》2013 年第 4 期）认为，有别于由拔都及其子别儿哥后裔所统治的术赤兀鲁思本部（即后世所谓“金帐汗国”）和控制着第聂伯河、多瑙河下游直至东欧地区的那海（Noqai）兀鲁思，由术赤长子斡儿答（Orda）及其子嗣所领导的术赤兀鲁思左翼，在史籍中通常被称作“斡儿答兀鲁思”，有时也被称作“白帐汗国”（Aq—Urdū）。比起术赤兀鲁思本部，位于其东侧的斡儿答兀鲁思留下的文献记载更少，也更少为研究者所重视。但不能忽视的是，自 13 世纪 60 年代起他们一直保持着参与中亚蒙古汗国政治角逐的兴趣，且以其政治立场的灵活多变在不同势力之间游刃有余。但是，在 14 世纪的最初十年中，斡儿答兀鲁思的汗位危机却使之一跃成为四大蒙古汗国矛盾的焦点。斡儿答长子和幼子后裔作为相互对立的汗位竞争者，分别在金帐汗国、元朝、伊利汗国和窝阔台、察合台后裔等各支政治势力中寻找同盟者，并使之卷入战事。此事的影响力最终超出了斡儿答兀鲁思的范围，成为了改变四大汗国关系的一个转折点。

新疆民族文献研究基地成立于 2011 年 11 月，是新疆维吾尔自治区普通高校人文社科重点研究基地，研究基地下设三个机构，分别为：古代维吾尔文献研究、察合台文献研究、哈萨克近代文献研究。该基地新近的成果有海峰《中国西北回族话及中亚东干语部分词汇的历史印记》（《新疆师范大学学报（哲学社会科学版）》2014 年第 3 期），该文摘录了明代典籍《回回馆杂字》一书中的部分词语，与现今我国西北回族和中亚东干族（中亚回族）使用的阿拉伯波斯语借词进行了对比分析，直观地展现了西北回族话中的特殊词汇与其先辈之间的流传关系，并指出了历史典籍对研究回族话形成发展过程的重要意义。

［法］吕敏（Marianne Bujard）主编的《北京内城寺庙碑刻志》（第三卷）（国家图书馆出版社 2013 年版）是法国远东学院和北京师范大学合作研究项目“北京内城寺庙碑刻与社会史”的延续成果，接续前两卷，以乾隆《京城全图》为坐标和基本线索，调查研究北京内城的寺

庙，实地访谈、拍摄照片、撰写庙志、释录碑文，并附有碑图和寺庙插图。第三卷研究的是《京城全图》第三排范围内的寺庙，共139座，辑录碑记、塔铭等39通，并有该书未撰写庙志的寺庙名单及庙名、碑名、碑文撰写人、香会、胡同五个索引，资料翔实，叙述简洁明了，对研究北京历史及宗教文化具有重要价值。

芮传明的《摩尼教敦煌吐鲁番文书译释与研究》（兰州大学出版社2014年版）分上下两编对摩尼教敦煌吐鲁番文书进行了译释与研究。其中上编有敦煌汉语文书校释：1.《摩尼教残经》校释；2.《摩尼光佛教法仪略》校释；3.《下部赞》校释。中编有吐鲁番非汉语文书译释：4. 帕提亚语赞美诗《胡亚达曼》译释；5. 帕提亚语组诗《安嘎德罗希南》译释；6. 帕提亚语"活灵赞歌"文书译释；7. 中古波斯语等"光辉者耶稣"赞歌文书译释；8. 中古波斯语"宇宙创生"文书译释；9. 中古波斯语"俗世创生"文书译；10. 粟特语寓言故事文书译释；11. 突厥语《忏悔词》译释；12. 突厥语《摩尼大颂》译释。下编有东方摩尼教文书与文化研究：13. 摩尼教"话语"考释；14. "摩尼致末冒信"研究；15. "光明寺"与"大云寺"名号辨；16. 东方摩尼教之佛教色彩综论。

徐文堪的《欧亚大陆语言及其研究说略》（兰州大学出版社2013年版）概述了吐火罗语文献释读，古代西域的语言和文字，欧亚大陆的其他语言和文字概况，阿尔泰语系语言文字及其文献，通古斯语族诸语和文献及其研究，突厥语族诸语和文献及其研究，蒙古语族诸语和文献及其研究，对汉藏语系语言和文献的研究，对藏族语言文字和文献的研究，对西夏语文和文献的研究，缅彝语支语文及其研究。

刘迎胜的《华言与蕃音：中古时代后期东西交流的语言桥梁》（上海古籍出版社2013年版）是作者20多年来相关研究成果的汇集（收录20篇论文），主要涉及唐代以后波斯语等语言在中国的教授与传承、古代中国对外沟通中的语言问题、回回的历史、伊斯兰"小经"问题及对几部古代回回著作如《米诺哈志》等的研究。具体论文有：《唐苏谅妻马氏汉、巴列维文墓志再研究》《唐元时代中国的伊朗语文与波斯语文教育》《宋元至清初我国外语教学史研究》《中国官办波斯语教学教材源流研究》《古代中原与内陆亚洲地区交往中的翻译和语言学习问题》《〈回回馆课集字诗〉回回文研究》《波斯语在东亚的黄金年月的开启及终结》《关于我国部分穆斯林民族中通行的"小经"文字的几个问题》《"小经"文字产生的背景》《关于"回族汉语"》《回族语言800年发展史简要回顾》《回族与其他一些西北穆斯林民族文字形成史初探》《从回回字到"小经"文字》《有关元代回回人语言问题》《社会底层的汉—伊斯兰文明对话》《对回族语言演进史的简要回顾》《有关〈简明小儿锦—汉文—波斯/阿拉伯文辞源研究词典〉的编纂问题》《中古亚洲大陆民族双语字典编纂传统》《中古时代后期东、西亚民族交往的三座语言桥梁》《〈华夷译语〉与〈国王字典〉的会聚点》《十三—十六世纪中国与东亚以外地区交往的外交语言问题》《〈米诺哈志〉的作者及其波斯文动词分类原则初探》《〈回回药方〉与中国穆斯林医药学》等，着力于从历史比较语言学方面着手来探讨古代中国与中东地区的文化交流史。

刘迎胜的《小儿锦研究——历史、文字与文献》（三卷）（兰州大学出版社2013年版）共三卷，第一卷为《小儿锦研究——历史、文字与文献》。小儿锦是在我国中西部地区部分信奉伊斯兰教的少数民族，特别是回族下层群众中使用的一种以波斯/阿拉伯文字拼写汉语的文字，是汉文化与伊斯兰文化交往的结晶。随着社会的发展，这种文字已成为濒临灭亡的少数民族文化遗产。该书第一部分围绕回回语言文字学史，从小儿锦简介和研究现状、回回文化渊源和语文学史、回回人的本土化历程、小儿锦产生之前的波斯语使用、小儿锦的创制背景和条件、历史上的词汇编纂等方面作了全面论述，并从表意词的角度对小儿锦进行了创新的解读。为说明第二、三部分词源的背景和编纂问题，第一部分还介绍了资料的汇集、词典的体例等具体问题。系作者长期比较全面系统研究小儿锦文字的重要成果，是国内该领域研究方面的力作。第二、三卷为《小儿锦研究——词源（上册）》与《小儿锦研究——词源（下册）》。《小儿锦研究——词源》为简明小儿锦—汉文—波斯/阿拉伯文词源研究，主要收录整理了作者收集的西北地区回族民间经堂教育所编各种词汇，按小儿锦字母排序。各词条包含几个基本要素：小儿锦原字、对应汉字、阿拉伯/波斯语、英译、词汇来源，其中有的还包括一些次级要素。在编写上不但体现小儿锦与对应汉字之间的关系，也体现经堂教育中使用小儿锦注释波斯文/阿拉伯文经典时所接受的伊斯兰文化的内容。

由方广锠、［英］吴芳思主编，上海师范大学、英国国家图书馆编《英国国家图书馆藏敦煌遗书 1》（广西师范大学出版社 2011 年版）问世，该书所收录的英国国家图书馆藏敦煌遗书为斯坦因第二次、第三次中亚探险盗得。斯坦因到敦煌时，藏经洞还没有遭受大规模的扰动，而斯坦因又是第一个大批得到敦煌遗书的人。所以，英国收藏的敦煌遗书，不但具有数量多、质量高、文献种类丰富等特点，不少遗书还附有当年斯坦因的原始现场记录。对研究藏经洞内敦煌遗书的原状、藏经洞敦煌遗书的性质具有特殊的价值。英国藏的 14000 多号敦煌遗书中，有 7000 多号被中国台湾影印过，但因为影印质量问题，严重影响研究者使用；其余 6000 多号，绝大部分都没有公布过，此次收入图录，乃第一次公布。《英国国家图书馆藏敦煌遗书 1》的出版，将为中国中古史诸多领域的研究，特别是历史、宗教、政治、经济、文学、语言、文字、社会、法律、音韵、医药、音乐、美术、舞蹈、以及民族史、边疆史、中外关系乃至书法、绘画等提供了大量的新鲜资料，将推动这些领域研究的迅猛发展。该书附有方广鋁研究撰写的目录，详细注明文书的名称、外观形态等。

方广锠主编的《“中央”研究院历史语言研究所傅斯年图书馆藏敦煌遗书》（“中研院”史语所 2013 年版）收录“中研院”史语所傅斯年图书馆藏敦煌遗书 51 件，时代跨度达七百余年，包含汉、藏、回鹘等各类文献，以及木捺佛像、经袟等。该书全彩精印，反映了史语所收藏敦煌遗书之全貌，并有详细“叙录”，可供参考，也为今人了解丝绸之路沿线多民族语言文字文献及交流、交往、交融史，提供了重要的文献证据。

（木仕华，研究员，中国社会科学院民族学与人类学研究所民族文字文献研究室）

第二篇

特约稿件

“21世纪初中国少数民族地区经济社会发展综合调查”项目介绍暨2013—2014年工作进展

孙 懿

一 课题立项、组织及启动

新中国成立60多年来，特别是改革开放以后，中国社会发展成果显著，综合国力快速提升，人民生活水平明显改善，总结概括“中国道路”成为国际性议题。客观总结新中国成立特别是改革开放以后中国少数民族地区在政治、经济、文化、教育、科技、卫生、语言、生态保护等各方面的发展成就，及时准确地反映少数民族地区经济社会发展中存在的问题和面临的挑战，可以为进一步促进民族地区经济发展与社会稳定，维护国家统一，反对民族分裂提供前瞻性的理论探讨和科学依据。2013年初，经相关专家论证，报社科基金规划办，1月31日批准立项“21世纪初中国少数民族地区经济社会发展综合调查”（以下简称“大调查”）为国家社会科学基金特别委托项目，负责单位为中国社会科学院科研局，首席专家为民族学与人类学研究所所长王延中，每年资助经费200万元，视工作进展滚动支持。中国社会科学院高度重视并支持本项目，不仅按规定予以配套资金，而且作为2013年度中国社会科学院哲学社会科学创新工程重大科研专项，予以专项资金支持。

课题立项后，为保障项目顺利开展，中国社会科学院按照规划办的批复意见和要求，组成了项目顾问委员会、学术指导委员会、专家委员会、项目办公室等组织。时任全国政协副主席、中国社会科学院党组书记、院长陈奎元担任项目总顾问，中国社会科学院党组副书记、常务副院长王伟光（2013年4月任党组书记、院长）担任学术委员会主任。除组织保障外，规章制度建设也同步进行，项目组先后发布了《大调查项目管理办法》《大调查经费管理办法》《调研工作管理办法》等规章制度，并以招标方式审批设立2013年度16个子课题（见附表）。

2013年3月18日，“大调查”项目启动会议在北京隆重召开。项目学术委员会主任王伟光，中国社会科学院副院长李捷、武寅、李扬，国家民委副主任丹珠昂奔，全国哲学社科规划办副主任姜培茂，以及新疆、贵州、云南等地民委的负责人及项目组有关专家出席了会议。中国社会科学院民族学与人类学研究所所长、项目首席专家王延中介绍了项目申报过程及工作进程情况。项目学术指导委员会主任王伟光在会上做了重要讲话，高度评价了项目的科学价值和实际意义，并预祝项目顺利完成调研任务和实现总体目标。会上，王伟光常务副院长等领导向项目子课题主持人颁发了聘书。出席会议的专家们也对项目提出了指导性意见。

二 “大调查”项目实施设想

“大调查”项目将以民族学、人类学社会调查方式，客观反映新中国成立以来特别是改革开放以来中国少数民族地区在政治、经济、文化、生态保护等各方面的发展成就，及时准确地反映边疆少数民族地区经济社会发展中存在的问题和面临的挑战，为促进边疆民族地区经济发展与社会稳定，维护国家统一，反对民族分裂，进行前瞻性的理论探讨。项目重点体现中国共产党对马克思主义民族理论在中国的灵活运用和成功实践，围绕全面准确贯彻落实中国共产党民族政策的过程与效果展开调查研究，重点分析以“平等、团结、互助、和谐”为主要内容的社会主义民族关系的形成与发展，以民族区域自治制度为重要内容的社会主义政治文明建设，以十八大报告提出的“五位一体”建设任务为重点的民族地区的全面发展，包括进一步发展需要解决的重点问题，等等。通过实施本项目，不仅要搜集整理大量的文献和田野调研资料，为党和国家的民族工作提供智力支持，促进少数民族地区的发展与文化保护，而且将训练培养一支熟悉少数民族情况、具有现代学术视野和综合知识背景的科研队伍，为全面推动中国民族学、人类学的发展奠定坚实的基础。

该项目将依托中国社会科学院民族学与人类学研究所组织实施。时任全国政协副主席、中国社会科学院党组书记、院长陈奎元为总顾问，中国社会科学院党组副书记、常务副院长王伟光为学术指导委员会主任，项目专家委员会主任、项目首席专家、中国社会科学院民族学与人类学研究所王延中所长具体负责项目的调查与成果编撰等工作。预计经过3—5年的努力，本项目预计形成70个左右的田野调研报告，按照统一体例编辑出版50部左右的田野民族志专著。同时，参与人员将在调研基础上产出一批学术论文和研究报告；一些不适宜公开发表的调查内容和政策建议，将以内部报告方式向中央或有关主管部门报送，为边疆民族地区的经济社会发展、社会稳定提供智力支持。

这一项目是一项大型的系统工程，工作量极大，民族学与人类学研究所将举全所之力，集中4年的时间，分阶段推进：

2013年1—6月为项目的准备阶段和启动阶段。收集新中国成立以来各民族主要的调查报告，吸收相关研究成果，在对基础资料、研究动态充分了解的基础上，拟定调查提纲、编撰纲要，落实各民族的调研小组，组建学术总顾问、学术指导委员会和编撰委员会等工作机构，召开专题性的研讨会，延请相关领域的专家，对项目团队进行培训。

2013年之后的几年为项目调查推进阶段。此阶段将全面展开调查活动，并撰写调查报告，是实施本项目的关键阶段。项目将具体采取如下措施强力推进：（1）落实项目负责制，与相关调研组负责人签订责任书；（2）建立项目专门的管理制度，设立项目办公室，指定专人对各个调查组的工作全程跟进、督促，及时反映项目进展情况和项目实施过程中遇到的困难；（3）加强跟踪管理，建立定期汇报制度，每个调研组的负责人，不定期地向大调查工作委员会进行调研工作汇报，工作委员会将对各个子项目提交的年度进展报告进行审议，并提出意见；（4）通过外界媒体、所刊、网络等各种方式向社会各界积极宣传本项目的进展情况、相关阶段性成果，并促成研究成果向有关单位的推荐。项目的具体组织实施，将与国情调研、院创新工程项目有机结合起来。项目最终成果的编辑出版将依托中国社会科学出版社开展，出版社将为此成立专门的项目组配合实施。

三　调研培训及与调研组织协调

为了配合“大调查”课题组更好地贯彻十八大报告精神，准确把握我国少数民族地区建设小康社会的历程，围绕“五大建设”开展调研，“大调查”办公室聘请了各有关学科的知名专家，就前沿问题对调研人员进行调研前的培训。现任中国社会科学院副院长、学部委员李培林研究员题为《中国法治的现状、挑战与未来发展》的报告、中国社会科学院学部委员、经济所朱玲研究员题为《少数民族地区发展研究——藏区课题案例》的报告、中国社会科学院政治学研究所所长房宁研究员题为《政治文明建设》的报告、中国社会科学院民族学与人类学研究所王希恩研究员题为《中国的民族理论与民族政策》的专题报告，从不同角度、不同视野对当前转型期的中国社会、经济、民族等状况做了分析与介绍，使培训人员开阔了视野，统一了思想、凝练了目标。通过培训，课题组成员及时掌握了当前情势，对少数民族地区如何加快小康社会建设有了新的认识。同时，课题组成员认真讨论了培训内容，并结合培训抓问题，结合问题讨论调研提纲，为调研的顺利展开打下了牢固基础。王延中所长在培训过程中对全体培训人员和相关工作人员提出了几点具体要求：一是高度重视培训，认真学习；二是遵守纪律；三是项目办公室做好服务，安排好调研活动，做好准备联络工作；四是各课题组要提前准备好课题资料，合理安排各项工作，制定好调研计划，将计划与时间安排提交项目办公室；五是专家组完善调查提纲、调查问卷。

2013 年 5 月，"大调查"办公室开始着手进行与 16 个调研点的前期联络工作。经"大调查"首席专家、民族学与人类学研究所王延中所长与中国社会科学院领导、国家民委领导沟通，中国社会科学院、国家民委分别发函至调研点省区的政府办公厅，希望协助各调研组做好调研工作。与此同时，王延中等所领导分别赴新疆、贵州、云南等省区主持召开了《21 世纪初中国少数民族地区经济社会发展综合调查》系列座谈会。座谈会得到了当地党政部门高度重视，政府各职能部门分别从民族、宗教、政治、经济、文化、教育、科技、卫生、语言、生态保护等方面对发展状况及存在的问题做了汇报，为"大调查"课题组展开深入调研奠定了基础。

四　调研活动顺利展开

2013 年 6—8 月，"大调查"调研组先后分赴各调研地点进行为期一个多月的调研。调研期间各课题组分别撰写了调研日志和调研小结，并定期召开调研工作会，及时沟通信息，交流经验，汇报调研中出现的问题。9 月 24 日，"大调查"办公室组织召开中期汇报会议，各调研组主持人分别汇报了调研工作，普遍认为，此次大调查是继 20 世纪 50 年代以后又一次大规模的民族地区社会经济发展综合调查，得到了当地政府的重视和支持，也得到了当地百姓的欢迎和帮助。课题组成员最直接地面对社会基层，了解民族地区社会的真实情况和存在的问题，就当前我国少数民族和民族地区经济社会发展进入新阶段，如何团结凝聚各民族实现"中国梦"，如何实现民族地区与全国同步建成小康社会的目标，如何促进各民族和谐相处、和衷共济、和谐发展，如何有效地应对各种敌对势力的渗透，实现边疆民族地区的长治久安等问题，进行了调研并力求做出科学的回答。大家一致认为，此次调研是一个机遇，通过深入调查民族地区经济社会发展状况，探讨小康社会建设面临的困难和问题，认真探讨对策和办法，利用丰富的第一手田野资料，用事实说话，为有关部门提出可行性建议，有助于各民族群众更好地共享改革开放的成果。各课题组同时也指出了调研工作中存在的问题。有些课题组反映调研工作还不深入，一些被调查者心存顾虑，甚至回避，担心课题组披露敏感问题或者发布对当地的负面评价。一些地方党务和政务透明度或公开性还不够，有些资料，如当地草场纠纷情况、百姓上访情况、地方病流行病情况等，以保密为由，未能提供。同时，有些调研组提出发扬老一辈民族学家"同吃同住同劳动"的传统，深入生活更能了解到老百姓的心声。

2013 年度民族所科研骨干近 70 人参加 16 个子项目的调研工作，全国民族研究领域优秀科研人员 60 余人参加了调研，参与人员共 130 余人，调研人员发扬了吃苦耐劳的精神，互相关心、互相帮助，较好地完成了第一阶段的调研工作，通过实施本项目，训练培养了一批民族问题研究青年队伍，为国家的未来发展奠定了人才基础。

2013年度除进行田野调查外，还委托中央民族大学、新疆师范大学、云南大学、贵州财经大学、沧源县统计局等单位，组织了近150人参加了“大调查”问卷调查工作。按要求每个调研点包括3个街道的9个社区及3个乡镇的9个村庄进行问卷采集。采集家庭问卷6508份，按要求进行问卷抽样回访，问卷回访合格率为99%，社区问卷400份，回访合格率98%，干部问卷收到1400份，回访合格率为69.6%，问卷调研得到了预期效果。此次调研工作有些课题组还应用了影视人类学方法，拍摄了完整的系列调研影像，更全面准确地反映了当今少数民族地区经济社会发展的变化，从影视学角度客观反映了现实问题。

2013年10—12月有些课题组进行了第二次补充调研，调研结束后，调研组开始了调研报告及调研专著的撰写工作，2014年1月底基本完成初稿，根据与出版社签署的协议，16个子项目最终成果将于2015年上半年经评审鉴定，交出版社出版。同时对问卷采集的数据安排了质量抽查，作为抽查中存在的问题与被委托调研单位进行沟通协调，请他们对问题写出书面报告。总体而言，这次调研抽样是科学的，调研数据是真实的。与数据公司并签署了保密协议，对核实后的问卷进行了数据录入，2013年底所有问卷录入已经完成，并且开展了相关数据的分析报告的撰写工作。截止到2013年底大调查确定的各项调查任务圆满完成，获得了大量的可信的调查资料和问卷数据资料，为报告的撰写和问卷分析报告的写作提供了翔实的依据。

五　完成2013—2014年度子课题立项工作

在2013年度课题立项基础上，2013—2014年度立项工作广泛听取学术指导委员会、专家委员会以及民族学与人类学研究所学术委员会的意见，立足于更全面客观地反映近年来少数民族地区在政治、经济、文化、教育、科技、卫生、语言、生态保护等方面的发展成就，全面及时准确地反映边疆少数民族地区经济社会发展中存在的问题和面临的挑战，注重于努力促进边疆民族地区经济发展与社会稳定。考虑到调研工作得到了地方科研院所的大力支持，为了进一步加强与兄弟单位的合作，2013—2014年度设立了委托项目，并规定各单位立项课题须经研究室推荐、个人申报、竞标等程序。11月24日，召开了2013—2014年立项评审会，参加会议的有“大调查”专家委员会委员、所学术委员会委员、申报项目主持人及所内自愿参加者。委员们听取了主持人的申报陈述，针对问题逐一进行了点评并提出了建议，最终经“大调查”专家委员会委员无记名投票，根据得票数量，同意推荐中国藏学研究中心及云南、青海、西藏、内蒙古、新疆、宁夏等省区社科院、高等院校等9个单位提出的典型民族区域自治地方作为新的调研地点和对外合作调研子项目。同意民族所提出的11个子项目作为2013—2014年调研课题。

为了保证“大调查”项目的高质量、权威性，要求对外合作项目主持人由被委托单位领导或知名专家担任，中国社会科学院民族学与人类学研究所将指派1—2名专家参加。民族学与人类学研究所承担的11个项目，主持人一般由民族所研究员、研究室（编辑部）主任、副主任担任，或具备条件的副高级职称人员承担。2014年的“大调查”子项目经费资助额度为20万元，新疆、西藏及个别地区可根据实际需要增加至25万元。子项目经费预算严格按照创新工程研究项目经费管理办法执行。

“大调查”项目将立足于第一手的田野调研，不仅搜集、整理并保存海量的文献和田野调研资料，同时通过全面系统的权威数据和理论阐释，为党和国家的民族工作提供智力支持，为民族地区经济社会建设进言献策，牢固“平等、团结、互助、和谐”为核心的新型民族关系，增强中华民族的凝聚力。

附表：

"21 世纪初中国少数民族地区经济社会发展综合调查"立项一览表（2013 年）

序号	主持人	项目名称
1	王延中	喀什市经济社会发展调查
2	刘正寅	新疆维吾尔自治区和田地区墨玉县经济社会发展综合调查
3	赵明鸣	新疆塔什库尔干塔吉克自治县塔吉克族经济社会发展综合调查
4	曹道巴特尔	新疆和布克塞尔蒙古自治县社会经济文化综合调查
5	曾少聪	云南省德宏州盈江县少数民族经济社会发展调查
6	王　锋	云南省大理市白族经济社会发展综合调查
7	吴兴旺	沧源佤族经济社会发展综合调查
8	木仕华	丽江纳西族经济社会发展综合调查
9	方素梅	镇宁布依族苗族自治县经济社会发展研究
10	张继焦	苗族的经济社会发展综合调查——以贵州黔东南苗族侗族自治州首府凯里市为例
11	韦学纯	贵州省三都水族自治县经济社会发展综合调查
12	石茂明	贵州台江县苗族经济社会发展综合调查
13	王希恩	裕固族聚集区经济社会发展综合调查
14	色　音	内蒙古鄂尔多斯市伊金霍洛旗经济社会发展综合调查
15	秦永章	青海省互助土族自治县土族经济社会发展综合调查
16	包胜利	内蒙古呼伦贝尔鄂温克族自治旗经济社会发展综合调查

六　2014 年度工作概况

"大调查"在中国社会科学院、社科基金规划办的指导与支持下，在国家民委，新疆、云南、青海、贵州、内蒙古、广西等省区党委、政府等相关部门的协助下，顺利完成了各子项目调研工作，现将 2014 年的工作总结如下：

（一）立项工作

在总结上一年度工作经验的基础上，2014 年度"大调查"立项工作，立足于更全面了解民族地区经济社会发展中面临的新情况、新问题，科学地把握各民族社会的发展趋势，兼顾民族成分和区域特点，统筹规划、合理布局，在新疆、西藏、广西、内蒙古、云南等省区共设 20 个调研点。

1. 为保证各调研点的典型性和代表性，"大调查"办公室向全所征集 2014—2016 年度调研点，要求以研究室为单位，每个研究室提出 50 个左右调研点，以供 2014 年及今后立项参考。后经"大调查"专家委员会、所学术委员会讨论，确定了 39 个调研点为立项预选点，并向全所公布了“大调查”2014 年调研方案。

2. 立项工作在中国社会科学院民族学与人类学研究所所长、项目首席专家王延中的领导及项目顾问委员会、专家委员会、学术指导委员会的监督指导下，按照统一发布项目、统一招标的方式进行，通过立项评审会，由各竞标项目主持人向专家委员会、所学术委员会陈述申报理由，经无记名投票，根据 2/3 得票数量确定入选项目。

3. 考虑到调研工作的覆盖面及民族所自身力量的局限，特别是为了更好地加强与民族地区实际工作部门和科研院所的合作，充分发挥各地方教学科研单位的调研优势，使调查更加顺利，根据地方科研院所的意见与建议，经“大调查”项目专家委员会审议，决定于 2014 年设立对外合作子项目。

4. 2014 年“大调查”子项目分为两类：委托项目和所内承担项目。对外合作子项目面向民族地区社会科学院和地方高校，项目发布 11 个点，立项 9 个，项目主持人均由被委托单位领导或知名专家担任。所内承担项目发布 15 个点，立项 11 个，主持人由研究员、研究室（编辑部）正副主任担任，每个项目人员构成中民族所人员均超过 50%。

5. 2014 年“大调查”子项目经费资助为 20 万元左右，新疆、西藏等省区根据实际需要适当增加。子项目经费预算严格按照社科院创新工程研究项目经费管理办法执行，经费预算根据实际需要编制，最终额度由所务会议根据“大调查”专家委员会建议意见审批。

6. 对外合作子项目是 2014 年度立项工作的一大特点。为了加强对外委托项目的管理与沟通，“大调查”办公室指派民族所 1—2 名专家学者作为联络人，参与对外合作项目的调查及管理工作。

2014 年“大调查”共立项课题 20 项，详见附表。

“21 世纪初中国少数民族地区经济社会发展综合调查”立项课题（2014 年度）

序号	课题名称	主持人	主持人单位	外联人员
1	西藏白朗县经济社会发展综合调查	旦增伦珠	中国藏学研究中心	王剑峰
2	中国少数民族经济社会发展综合调查——那曲	车明怀	西藏社会科学院	扎　洛
3	莫力达瓦达斡尔族自治旗达斡尔族经济社会发展综合调查	毅　松	内蒙古社会科学院	包胜利
4	新疆吐鲁番地区鄯善县经济社会发展综合调查	郭泰山	新疆社会科学院	周　泓
5	云南省楚雄州武定县（彝族）经济社会发展综合调查	杨福泉	云南省社会科学院	王　锋
6	中国少数民族经济社会发展综合调查（云南省元阳县）	马翀炜	云南大学民族研究院	彭丰文
7	循化县撒拉族社会经济调查	马成俊	青海民族大学民族学与社会学学院	孙　懿
8	果洛达日：21 世纪初的经济社会发展	赵宗福	青海省社会科学院	吴兴旺
9	21 世纪初中国少数民族地区经济社会发展综合调查（红寺堡区卷）	马　平	宁夏社会科学院	周竞红

续表

序号	课题名称	主持人	主持人单位	外联人员
10	拉萨市经济社会发展综合调查	王延中	民族学与人类学研究所	
11	新疆富蕴县哈萨克族社会发展综合调查	何星亮	民族学与人类学研究所	
12	新疆克孜勒苏柯尔克孜族自治州乌恰县经济社会发展综合调查	刘正寅	民族学与人类学研究所	
13	广西隆林各族自治县经济社会发展综合调查研究	李云兵	民族学与人类学研究所	
14	湖北长阳土家族自治县经济社会发展综合调查	管彦波	民族学与人类学研究所	
15	21 世纪畲族经济社会发展综合调查	陈建樾	民族学与人类学研究所	
16	四川省阿坝州茂县经济社会发展综合调查	黄成龙 张　曦	民族学与人类学研究所	
17	21 世纪长白朝鲜族自治县经济社会发展综合调查	郑信哲	民族学与人类学研究所	
18	广西壮族自治区龙胜各族自治县经济社会综合调查	龙远蔚	民族学与人类学研究所	
19	西藏农村如何跨越式迈进小康社会——洛扎县经济社会综合调研	扎　洛	民族学与人类学研究所	
20	云南西双版纳州勐腊县（傣族）经济社会发展综合调查	黄　行	民族学与人类学研究所	

（二）实地调研

为使调研工作顺利开展，“大调查”办公室向中国社会科学院办公厅、国家民委提出请示，请求以社科院、国家民委的名义向新疆、西藏等 12 省区政府及有关部门发函协助做好“21 世纪初中国少数民族地区经济社会发展综合调查”项目的相关工作。在中国社会科学院办公厅、国家民委的大力支持与协助下，各地回函或来电表示支持做好组织、接待、协调、资料提供等工作。

1. 座谈会。4 月起，“大调查”项目分别在广西、青海、新疆、西藏等地区召开了座谈会。由此，2014 年调研工作全面启动。

项目首席专家、调研团团长王延中分别赴上述省区主持座谈会。各省、直辖市、自治区组织部、发改委、财政厅、统计局、民委、社科院等部门的负责同志，围绕着五大文明建设，就多民族省区经济社会发展中的重点、热点、难点问题，与调研组成员进行了广泛的交流。前期的座谈会使课题组对调研地的经济社会发展情况有了初步的了解，为下一步的深入调研奠定了基础。

2. 调研工作。3—9 月，各调研组分别赴新疆、西藏、广西、云南、四川、湖北、吉林、浙江等省区展开调研，调研工作有序稳步推进，呈现出如下鲜明的特点：

（1）项目首席专家王延中所长亲临各调研组指导工作。王延中所长除了主持“拉萨市经济社会发展综合调查”项目，率项目组成员四进西藏开展调研外，还亲赴吉林长白县、浙江景宁、广西金秀等调查点，协调、组织、指导调研工作。如在广西金秀调研期间，王延中所长特地陪同前来指导工作的费孝通的女婿兼生前秘书张荣华和费先生的外孙张喆，参观金秀瑶族博物馆并与县领导进行座谈，专门驱车一百多公里山路走访了 80 年前费孝通、王同惠居住过的六巷，拜谒了王同惠纪念亭，到古陈村访问房东后人，瞻仰村民自发兴建的“流芳亭”以及坳瑶博物馆，参观了费孝通、王同惠工作室和花篮瑶博物馆等。

（2）项目组成成员专业背景更加多元，学科分布更加合理。民族大调查是一项综合性的工作，涉及诸多学科。各个项目在获准立项后，根据具体的调研任务，进一步充实了调研力量。2014 年立项的 20 个子项目的成员中，民族所一共有 80 余人参加调研工作，涉及全国民族研究领域科研人员 100 余人，参与人员 180 余人。

（3）调研准备工作充分，调研形式多样，对调研内容的整体把握更加科学、规范。各个项目组的调研工作一般按三个环节展开，调研之前，课题组通过座谈、电话和邮件等方式拟定了调研和座谈提纲，对写作提纲进行了初步讨论和责任划分，并就调研的主要内容与调研地人民政府充分沟通，有针对性地做好调研前的准备工作。在深入调研之后，各课题组采取专题座谈会、专题访谈、干部调查问卷、参与式观察和随机访谈等方法，深入到县乡各级部门，全面了解调研地经济社会发展情况。如广西金秀调研组在 20 多天的调查中，课题组访谈了 30 多个基层单位，召开了十多场专题座谈会，沿着费老的足迹走访了十几个典型村庄，通过各个层级的调查，对金秀改革开放以来的经济社会发展有了较为全面的认识。在调查工作基本结束后，各调研组还就整体的调研进行梳理、总结，根据调研中所掌握的情况，就写作的视角、内容及重点问题展开深入讨论。

（4）资料收集丰富。资料的真实、可靠及丰富程度是支撑调研报告的关键环节。各调研组在前期收集历史文献资料的基础上，到调研地后通过各种不同的形式，广泛收集了大量的纸质、电子和图片资料，图书资料多者上百册，少者数十册；电子资料多者数十个 G，少者十余个 G。勐腊县调研组，还把收集到的各种资料，汇编成册，供课题组全体成员使用。目前，对于各课题组收集获取的资料，按照“大调查”办公室的统一安排，正由专人负责，分类整理，归档入库。图片资料的展览，也正在汇总筹办中。

（5）与调研地互动的力度加强。调研工作的有序展开，离不开地方政府的支持。为保障各课题组调研工作的顺利进行，课题首席专家、大调查办公室、各课题组通过官方和私人途径，与调研地各级政府进行深度的沟通，各地方政府高度重视，指定专门的部门、抽调专门的人员，协助调研和资料收集工作，许多地方实际工作部门的人员，还全程参与调研工作，承担具体的写作任务。一些课题组在初稿完成后，还把文稿呈送调研地的相关部门，通过审稿会、交流会的形式，广泛征求地方政府的意见和建议。通过实地调查，一些课题组与地方建立了长期的合作关系，如在浙江景宁调查的同时，民族所与景宁合办了“中国畲族发展景宁论坛”，项目首席专家王延中所长，亲赴调查点与浙江、福建两省民宗厅领导会面，并在论坛上致辞。

综上，2014 年的调研工作，无论是调研队伍的组织培训、资料的收集，还是调研的深度广度、调研专题的提炼、调研内容的整体把握等均有很大的提升。

3. 问卷调研与数据分析。目前国内民族学界，关于民族地区经济社会发展的调查研究多以定性分析为主，虽然在已有研究成果中，也有少量的基于微观数据的成果，但大多使用人口普查数据和宏观统计数据，微观大样本调查数据还不多见。此次民族大调查，专门设计了“民族政策与政府管理调查问卷”“家庭问卷”和“社区问卷”三份调查问卷。

2013 年，该项目共完成了家庭问卷 6536 份、干部问卷 774 份和社区问卷 124 份。基于 2013 年问卷调查中呈现出来的问题，《大调查》办公室及时总结经验，组织专家对各专题问卷进行了修订完善。经修订完善后的问卷，“民族政策与政府管理调查问卷”（主要针对干部填写，简称“干部问卷”）共有 52 个问题格，涉及民族政策与政府管理的诸多内容，主要由各调研组根据各自的调研进展，组织地方干部填写。“家庭问卷”和“社区问卷”，委托中央和地方民族院校组成专门的问卷调查队，负责调查。其中，“家庭问卷”由受访者个人基本情况、工作情况、家庭生产生活情况、移民搬迁和生态环境、公共设施状况、政府政策和反腐倡廉、社会评价及民族文化 7 大部分组成，共有 160 余个问题格。社区问卷包括社区基础设施、生态环境、公共服务状况和评价以及社区人口特征和现状等内容，共有 28 个问题格。

2014 年的问卷调查点覆盖了 10 个省区的 16 个民族自治县，具体为内蒙古的莫力达瓦达斡尔族自治旗，吉林长白县，浙江景宁畲族自治县，湖北长阳土家族自治县，广西隆林各族自治县和金秀瑶族自治县，四川阿坝州茂县，西藏、洛扎县、日喀则、白朗县和拉萨市，青海果洛达日县和循化撒拉族自治县，宁夏红寺堡，新疆富蕴县、乌恰县和鄯善县。2014 年共完成家庭问卷 7341 份、干部问卷 1863 份、社区问卷 541 份，较上一年度分别增加了 805 份、1089 份、417 份。

问卷调查是“大调查”项目的重要组成部分。按照此次大调查的整体规划与要求，该项目将以大量的调查问卷为依托，分门别类，建立庞大的数据库，为今后一段时期的民族研究提供真实而科学的数据支撑。目前正在进行问卷的汇总、录入、统计分析和建库工作，据初步分析，2013 年家庭调查数据库中包括的变量为 800 个，干部调查数据库中的变量为 176 个，社区调查数据库中的变量为 89 个；2014 年家庭调查数据库中包括的变量是 639 个，干部调查数据库中的变量是 178 个，社区调查数据库中的变量是 91 个。

（三）中期评估

10 月 25 日，“大调查”办公室组织了中期评估工作会议，由大调查专家委员会、所学术委员会、研究室主任组成专家评估小组，对 2014 年立项的 20 个项目进行综合评估。

在评估工作会议上，所内 11 个子项目主持人及 9 个对外合作子项目的主持人分别就本课题调研的整体进展及调研工作中存在的问题，向专家评估小组进行了汇报。评估组专家与各课题主持人进行了互动、交流，最后以“调研情况”“撰写进度”“问卷调研”“经费使用”设计了评估表格，经评估专家无记名投票，对每个项目进行了等级评定。

（四）财务管理

1. 制定相关的补充办法，进一步完善“大调查”财务管理制度。国家财政和中国社会科学院对项目的大力支持，保证了“大调查”的顺利进行。在 2013 年财务管理的基础上，根据项目组调研经费使用中存在的具体问题，结合社科基金项目经费管理办法和社科院创新工程经费管理办法，“大调查”办公室修订了《民族学与人类学研究所“大调查”调研项目经费管理补充办法》，对调研访谈费、调研交通及保险费、差旅补助费和住宿费等相关费用的支出作出了具体的规定。在《补充办法》中，一是进一步强调经费支出凡符合公务卡强制结算目录范围的，必须按规定使用支票或公务卡结算。二是如受环境限制不能使用支票或公务卡结算的，报销时需附项目负责人批准的现金用款说明并报主管所领导批准。三是严格控制了设备购置和出国费用，所有费用紧紧围绕调研工作的展开而支出。

2. 经费划拨及支出情况。2014 年立项 20 个子课题。根据立项书要求，经“大调查”专家委员会研究决定，立项了 9 个对外合作项目。经费使用即：西藏、新疆子项目分别为 25 万元，其他省区 20 万元。外拨问卷调研费包括家庭问卷、社区问卷、干部问卷，每个调研点要求家庭问卷、社区问卷不少于 400 份，干部问卷不少于 100 份，问卷、调研外拨经费拨款额度超出了社科基金规定的 40%，为此，我们专门给社科基金办公室提交了外拨款报告，经费的外拨符合立项规则，但对超出的部分在今后工作中将予以控制。

为了加强经费的管理，“大调查”办公室派研究所办公室主任、会计赴对外合作单位对外拨经费进行了专项检查，检查结果基本符合“大调查”经费管理规定。

（五）调研成果

本项目的研究成果由调研专著、调查问卷分析报告和阶段性成果三部分组成。

1. 调研专著。按照“大调查”项目管理规定，2014 年 4 月，“大调查”办公室汇集 2013 年的 16 个子项目成果，组织专家委员会成员集中审稿。根据专家审稿意见，各课题组进行修改后，又将书稿交由外审同行专家进行匿名评审，再根据反馈意见进行修改完善，已有 8 部书稿出版。

2. 调查问卷分析报告。2013 年 16 个调查点共完成 6536 份调查问卷，在汇总、录入、建库的同时，相应的问卷分析工作也在有序地推进。问卷分析由王延中所长和丁赛研究员负责组织落实，分总报告和专题报告两部分。目前，已完成 16 个调查点报告的统稿（35 万字），正在进行规范化处理；同时七个专题报告的统稿（约 10 万字）也基本完成，预计《调查问卷分析报告》在 2015 年 5 月可以出版。

总体而言，2014 年度田野调研、专著撰写等各项工作进展基本顺利，但也有个别课题组在调研工作中遇到了一些实际困难，一度停止了调研工作，经过多方的协调与沟通，又进行了补充调研，所以，有些调研组调研专著未能按期交稿。为保证稿件质量，经《大调查》办公室研究决定，顺延了部分书稿的交稿时间。

在经费使用方面，我们严格遵守国家社科基金、社科院创新工程关于经费使用的相关管理规定，进一步规范了报销制度，防范与控制了一些报销不规范行为，但也存在着一些实际的问题，诸如一些偏远地区无法使用公务卡、没有正规的发票等。

总之，我们共同期待“21 世纪初中国少数民族地区经济社会发展综合调查”项目，立足当代、立足中国的“民族国情”，深入田野，搜集、整理并保存海量的文献和田野调研资料，通过全面系统的权威数据和理论阐释，为党和国家的民族工作提供智力支持，为民族地区经济社会建设建言献策，集中推出一批具有鲜明时代特色的调研著作。

（孙懿，研究员，中国社会科学院民族学与人类学研究所大调查办公室）

新世纪以来的民族文化研究（2001—2012年）

李　耕

进入新世纪以来，民族文化方面的研究呈现加速发展的态势，研究内容日趋精密，研究梯队日益丰满。形成这一态势的重要原因是民族学和人类学等学科建设和人才培养在我国的成熟和发展。限于篇幅，本文将集中描述若干较为活跃的研究专题，力图呈现近年来研成果的一些时代特征和热点。

一　民族艺术研究

方李莉在《走向田野的艺术人类学研究——艺术人类学研究的方法与视角》（《民间文化论坛》2006年第5期）对艺术人类学的定位和方法宗旨给出一个更有影响力的论说。她指出艺术人类学的研究方法源自人类学，类比于人类学反对西方民族中心主义的立场，艺术人类学在田野考察时也会试图打破汉族艺术中心主义、精英艺术中心主义，关注少数民族以及偏远乡村的民间艺术。而且艺术家尤其原始艺术家在艺术人类学视野里是社会大组织的一部分，而非个人情绪的反叛表达者。善于利用象征体系和符号表征来理解一地的文化则是艺术人类学的擅长之道。对于没有文字的社区，艺术就是恢复文化记忆的重要钥匙，相比现代社会的艺术，前现代社会艺术关联着整体的意义世界。人类学方法帮助艺术研究走出形而上学、抽象思辨的空泛。

李如海、高蕾撰写了《中国艺术人类学近10年研究综述》（《思想战线》2011年第S2期），指出艺术人类学研究在21世纪以来的近十年才发展起来，美学界文艺学的艺术人类学研究侧重艺术的发生，艺术学科的学者用人类学方法解释民间的艺术文化现象，民族学、人类学和民俗学等相关领域艺术人类学的研究。目的一是提炼艺术与审美的精髓，二是为非物质文化遗产保护提供理论支持。艺术人类学研究途径是在特定语境中进行功能分析，在艺术中剖析社会生活。

根据王永健的梳理（《中西方艺术人类学的发展与回顾——中国艺术人类学三人谈之一》，《民族艺术》2015年第1期），20世纪90年代中期至2006年中国艺术人类学学会成立之前，艺术人类学领域出现了从文本到田野的转向。一些学者开始开展田野调查的实证研究，深入乡民日常生活。出现了艺术人类学的明确研究定位以及国家级、省级课题。一些高校和院所开始设置艺术人类学课程。1999年中国艺术人类学研究会成立，2006年中国艺术人类学学会成立。后者成为艺术人类学的主要学术交流平台。该学会的年会每年邀请国际知名学者，给国内艺术人类学带来了启发与促进。根据安丽哲的回顾《中西方艺术人类学的发展与回顾——中国艺术人类学三人谈之一》（《民族艺术》2015年第1期），学会也积极介入国家文化遗产保护工程的相关工作，在民族民间文化遗产的整理研究、传承人保护、技艺教育与学校教育结合、文化生态博物馆的建立、民间民族文化再生产等议题上都进行了焦点讨论，并产生丰富成果。大众艺术、都市艺术的研究也逐渐在中国艺术人类学学会成立近十年后逐渐成为热门主题。

艺术人类学的专著和编著出版也在2001年逐渐发展起来。例如:《艺术人类学新论》(王建民,民族出版社2008年版)、《艺术人类学》(王胜华、卞佳,云南大学出版社2010年版)、《中国艺术人类学基础读本》(周星主编,学苑出版社2011年版),“艺术人类学丛书”(何明主编,社会科学文献出版社2011年版)、《艺术人类学》(方李莉、李修建,生活·读书·新知三联书店2013年版),“艺术人类学译丛”(王建民主编,广西师范大学出版社2009年版)。2013年起,《民族艺术》开始开辟专栏译介经典学术论文。新世纪以来,艺术人类学硕士点和博士点在下列院系纷纷开设:复旦大学、中国艺术研究院、中央民族大学、上海音乐学院、云南大学、广西师范大学、云南艺术学院、华东理工大学、东南大学、东北师范大学、中国传媒大学、贵州民族大学、中国人民大学、四川大学。

二 都市民族文化研究

周大鸣在《中国都市人类学研究三十年反思》中总结到,都市人类学从起步阶段至今,不断在实践中梳理并完善着自身的理论与方法。对城市人群包括城市本土居民、农民工、失地农民、新移民、跨国移民、少数民族等都有一定的研究积累。典型的都市民族研究成果,现枚举几例:窦开龙的《西北少数民族流动人口大都市困境适应的人类学分析——来自甘肃的实证调查》(《北方民族大学学报》2007年第4期),杜永彬的《都市少数民族对现代化的适应:以北京的藏族为例》(《中国藏学》2009年第3期),稂丽萍的《都市少数民族流动人口的边缘人状况分析——贵州凯里苗族擦鞋群体在昆明的生存状况研究》(《黔南民族师范学院学报》2008年第1期),都对少数民族的城市适应问题的表现、形成原因与相应对策作了研究。孙惠莲、郭建、谢志峻在《城市化进程中的都市民族文化研究》(《北方民族大学学报》2006年第1期)中指出,都市民族的多元化,一方面必将导致都市文化的多元化,另一方面都市文化又呈现出一元化的趋向。都市文化的“多”与“一”看似矛盾,实质上体现的却是都市文化的多元一体化趋向。蒋连华的《关于我国少数民族散居城市多民族社区建设的思考》(《上海市社会主义学院学报》2010年第1期),认为和谐社区文化,是我国少数民族散居城市多民族社区建设的关键,社区构建需要以确立求同存异、多元共生的价值理念为前提,以建设社会主义核心价值体系为根本,以建立和完善社区公共文化服务体系为保障。范生姣的《论民族地区城市化进程中的民族传统文化保护》(《贵州社会科学》2005年第4期),给出了一些城市化中保护民族传统文化的对策,在调查基础上按照分类分层的原则保护,要把保护民族传统文化纳入城市建设规划,体现地方特色和民族特色,建立健全民族文化管理机构和保护队伍,保障民间艺人生活和知识产权,发挥教育和舆论导向作用。王希恩在《推动少数民族城市化进程刍议》(《广西民族大学学报(哲学社会科学版)》2007年第3期)中指出,少数民族城市化进程中发生的各类矛盾和纠纷其实都可归结为两个方面的问题:一是现有的城市环境不利于少数民族的融入;二是少数民族自身对于既有城市环境的不适应。前者涉及城市建设的模式或目标设计问题,后者涉及少数民族城市化中的素质准备问题。解决好这两个问题是推进少数民族城市化进程的两大基本环节。高永久和刘庸撰写的《西北民族地区城市社区变迁研究》(全国民族理论讨论会,2004年)指出,在民族社区的自组织系统形成利益多元主体,单位制变社会化有利于使民族社区形成有序状态和保持健康发展。

1992年成立的中国都市人类学会以及2007年前后成立的中国人类学民族学研究会都市人类学专业委员会,先后是都市人类学较为活跃的平台。2002年中国都市人类学会召开了“中国都市人类学会第三次会员代表大会、庆祝阮西湖教授从事学术研究50年暨都市人类学研讨会”,并形成论文集。中国人类学民族学研究会都市人类学专业委员会在召开学术讨论会议之余，还设立了年度优秀论文奖项，以奖励后学，促进分支讨论的深入和共同体的形成。都市人类学这个分支学科还与以国际人类学与民族学联合会为代表的海外研究力量保持积极密切的对话合作。

三 民族宗教研究

民族宗教研究的成果在原始宗教、民间信仰方面有比较多的积累。例如，金泽的《宗教人类学导论》（宗教文化出版社 2001 年版），纳日碧力戈的《人类学理论的新格局》（社会科学文献出版社 2001 年版），后者列专章论述了宗教人类学中的萨满教研究。另有专著，《寻找神秘的萨满世界》（孟慧英，西苑出版社 2004 年版），《东北亚的萨满教：朝中日俄蒙萨满教比较研究》（色音，中国社会科学出版社 1998 年版），《新疆少数民族民间信仰与民族社会研究丛书》（迪木拉提・奥迈尔主编，民族出版社 2013 年版）。对 20 世纪 30 年代末 40 年代初中国人类学仪式研究调查地的重访研究，也集中关注宇宙观、仪式、社区，例如《地域等级——一个大理村镇的仪式与文化》（梁永佳，社会科学文献出版社 2005 年版）、《人神之间——云南芒市一个傣族村寨的仪式生活、经济伦理与等级秩序》（褚建芳，社会科学文献出版社 2005 年版）等。

近年来一些学者也认识到并且呼吁从宗教角度做好民族工作与保持社会和谐的重要性。例如牟钟鉴的《民族宗教与社会和谐》（《中国宗教》2005 年第 4 期）提及，不克服“宗教鸦片基石论”和“宗教落后论”，便不能正确对待民族文化，不利于民族和谐。越来越多的人从宗教人类学和宗教社会学的视野去研究宗教，深入把握宗教的民族性和文化性，重新给宗教作社会定位，更倾向于把宗教看作文化资源和文化力量。高志英在《多元宗教与社会和谐——云南少数民族宗教信仰发展问题调查研究》（《云南行政学院学报》2007 年第 10 期）中指出，要继承云南各民族、各宗教互相尊重、和谐共处的优良传统，既重视境内各民族各宗教之间的宗教信仰自由基础上的和睦相处，又重视与境外民族与宗教之间的独立自主原则下的友好往来，同时充分发挥社会主义制度的优越性，以激发和增强民族自豪感和国家认同感，从而促进边疆社会的和谐发展。陈炜、陈能幸在《论西部民族地区城市化进程中的民族宗教问题》（《贵州民族研究》2007 年第 4 期）中指出，要高度重视少数民族干部和宗教干部的培养工作，尊重信教民众的居住及宗教用地。

黄剑波在《宗教人类学的发展历程及学科转向》（《广西民族研究》2005 年第 2 期）里提到，“在具体研究方面，国内人类学对宗教的关注主要还是地方性的、小民族的，或者就只关注民间信仰，尤其是其仪式过程，而没有关注跨地域的宗教形式，尤其缺乏对世界宗教的关注”，或者没有把宗教现象放置在世界宗教的层次来研究。

结集宗教人类学论著精要的《20 世纪西方宗教人类学文选》（金泽、宋立道、徐大建等译，上海三联书店 1995 年版）陈进国等人主编的《宗教人类学》集刊，每年组织“宗教人类学”研讨会，为加强宗教人类学共同体以及壮大民族宗教研究群体的贡献了较大作用。

四 民族教育研究

陈浩、袁同凯的《从文献资料看中国民族教育研究的几次理论转向和发展趋势》（《西北民族研究》2015 年第 2 期），梳理出以下脉络：新中国成立以来，我国的民族教育研究经历了几个不同的理论转向。从 1949 年到“文革”结束，民族教育主要为政权建设服务，目标是提高少数民族地区的现代教育水平。20 世纪八九十年代，民族教育研究倾向于借鉴西方理论，希望通过教育投入和教育体制改革来提高少数民族地区现代学校教育的水平。进入 21 世纪后，反思性的民族教育理论占据主导地位，不再单一地追求某个目标，而提倡从多个角度反思民族教育的具体实践，寻找解决民族教育问题的多元化方案。如今，少数民族教育与其他地区教育的差距逐渐缩小，所面临的问题也逐渐趋同，民族教育研究的思路也应进行相应的调整，走向全国性、公共性的民族教育应是今后民族教育理论研究的重要取向。

进入21世纪后，我国民族教育研究注重针对自身多民族实际进行理论建构。滕星主编出版了《教育人类学研究丛书》（民族出版社2011年版）这套丛书既有教育人类学基本理论和方法的探讨，也有深入细致的田野个案研究。滕星的《文化变迁与双语教育——凉山彝族社区教育人类学的田野工作与文本撰述》（教育科学出版社2001年版），张诗亚主编的《多元文化与民族教育文库》（西南师范大学出版社2003年版）等学术研究成果相继出版。

民族教育领域也涌现出一批调查扎实的学位论文和实证研究。例如，吴晓蓉博士的《教育，在仪式中进行：摩梭人成年礼的教育人类学分析》（西南师范大学出版社2003年版），袁同凯的《走进竹篱教室（土瑶学校教育的民族志研究）》（天津人民出版社2004年版）以广西土瑶为例介绍少数民族面临的教育问题，考察学校的教育现状，以及学校之外的社会政治、经济和文化背景对学校教育的影响，是一本精彩的民族志作品。

与民族教育研究息息相关的是教育人类学领域，滕星的《回顾与展望：中国教育人类学发展历程——兼谈与教育社会学的比较》（《中南民族大学学报（人文社会科学版）》2006年第5期）总结说，20世纪90年代之后，"中国教育人类学的研究对象和范围已经由关注少数民族教育扩大到汉族的正规教育和非正规教育，许多学者开始从人类学的视角重新审视中国教育问题，取得了许多重要成果。教育人类学的田野工作得到了积极开展，出现了一批具有中国本土意义的教育人类学民族志作品。与此同时，教育人类学的教学科研机构和人才培养模式逐渐完善，学术队伍日益壮大。目前，我国教育人类学的学科建设已走完学科萌芽阶段，由非学术化阶段开始步入学术化阶段"。2013年6月19日，中国人类学民族学研究会教育人类学专业委员会经民政部批准登记成立。中国人类学民族学研究会教育人类学专业委员会首届年会暨"教育与文化：教育人类学的理论、方法与应用研究"学术研讨会于2014年3月29—30日在中央民族大学举办。此次会议是中国教育人类学发展史上的里程碑，不仅建立了教育人类学的学术研究共同体，而且促进了教育学与人类学的交融，整合了分散在各个学科的教育人类学人员和资源。在一些师范大学和民族院校建立了相应的民族教育教学科研机构，开设了教育人类学课程，教育人类学人才培养模式逐步完善，学术科研队伍日益壮大。

五　民族旅游研究

近年随着旅游和文化产业的兴旺，人类学在旅游研究、旅游评估开发项目中的权重越来越多。民族地区也经常是旅游目的地。一些民族志式的旅游研究论文大量发表。就目前状况来看，旅游人类学的研究范围，主要是关于旅游和旅游者、民族旅游、旅游开发的真实性与商品化旅游与文化变迁的互动，以及社区参与。孙九霞的《旅游人类学在中国》（《广西民族大学学报（哲学社会科学版）》2007年第6期）指出，在旅游的社会文化影响、旅游真实性理论、社区参与旅游发展等领域的研究进展显著。但是，仍然存在不少问题，既需要深入发掘人类学本身的理论和方法优势，也还要扎根中国现实。周大鸣在《人类学与民族旅游：中国的实践》（《旅游学刊》2014年第2期）中指出，在国内民族旅游评估更偏重经济效益和环境效益，社会评估仍未引起足够的重视。这恰恰为人类学与民族学者参与评估与实践提供了一个契机，在研究目标、研究对象、研究理念和表现手段上体现自己的优势，能以参与者的身份深入到民族旅游的内部去观察、理解和保护或恢复民族文化。通过社会评估的手段，努力引导作为文化的创造者与发明者的少数民族，建立文化自信，激发文化自觉，并掌握对自我文化的解释权和发言权。而这对于克服民族旅游实践中的功利主义、拿来主义和本本主义，保护民族文化的本真性具有显著意义。

杨振之的《前台、帷幕、后台——民族文化保护与旅游开发的新模式探索》（《民族研究》2006 年第 2 期）针对民族文化保护与旅游开发的矛盾问题，借用美国社会人类学家马康纳“前台、后台”理论，提出了民族文化保护与旅游开发的“前台、帷幕、后台”模式，希望通过这一新模式合理地解决民族文化保护与旅游开发之间的矛盾冲突，并以美国印第安人文化保护和世界文化遗产丽江古城等为案例进行了初步的分析，为民族文化的保护与旅游开发提供了理论和实践的依据。

与旅游开发构成民族文化保护的挑战这类常见观点略有不同，马晓京的论文《民族旅游文化商品化与民族传统文化的发展》（《中南民族大学学报（人文社会科学版）》2002 年第 5 期）指出，民族旅游文化商品化对民族传统文化的发展既有积极影响，也有消极影响。在商品经济还非常落后的民族地区，其积极影响远远大于消极影响。类似的，杨慧《民族旅游与族群认同、传统文化复兴及重建——云南民族旅游开发中的“族群”及其应用泛化的检讨》（《思想战线》2003 年第 1 期）指出，族群意识在旅游场景中再次强化，民族旅游推动着传统文化复兴和民族身份、民族精神的再构建，为族群文化的复制、再造和再生产提供了前所未有的场景和舞台。

六 应用人类学

庄孔韶在 2004 年主持拍摄过一部反映大凉山彝族民间禁毒行动的纪录片《虎日》。这部影片可以视为影视人类学和医学人类学的相互结合并运用到中国少数民族健康促进的典范。“虎日”戒毒盟誓仪式的考察与研究运用了人类学研究的整体论原则，在寻找地方族群毒品依赖行为的社会文化原因的同时，考虑建立不同于科学的方法论的另一种方法论，即以文化的力量战胜人类生物性的成瘾性。彝族人民运用强大的习惯法与仪式、家支组织、信仰与尊严、民俗道德、亲情教化等集合的文化的力量，来抵抗毒品的侵蚀。

从 2002 年开始，中央民族大学张海洋、侯远高等在凉山开展了“本土资源与弱势群体参与艾滋病防治的途径和模式”和“凉山腹心地区毒品和艾滋病社会控制行动”等项目。他们探讨了具有不同社会文化背景的高危社区建立艾滋病控制的有效机制，提出本土资源和目标人群进入预防和关怀体系的艾滋病本土化防治模式，同时对政府在防治工作方面的不足提出了批评。2005 年侯远高等几位彝族教师回到家乡发起成立了民间 NGO“凉山彝族妇女儿童发展中心”，围绕受毒品、艾滋病和贫困影响的妇女儿童，开展以权益保护和能力建设为核心的公益行动，促进妇女儿童的全面发展，推动公民社会和新农村建设，并在凉山开展了文化传承与健康行为倡导、艾滋病与毒品预防、儿童救助与妇女发展、乡村治理与扶贫模式创新、紧急救援与灾后重建 5 个方面的工作。

贵州云南等地民族学者与人类学者推动的生态博物馆和民族文化生态村是民族文化活态化保护和应用人类学的范例。20 世纪 90 年代中期，贵州省与挪威政府合作建设生态博物馆的尝试；与此同时，云南的一批学者在美国福特基金会的资助下，也开始进行名为“民族文化生态村建设”的应用人类学项目。经过 10 余年的探索，无论是贵州、广西的生态博物馆还是云南的民族文化生态村，在理论和实践两方面都收获了丰硕的成果。尹绍亭和乌尼尔的《生态博物馆与民族文化生态村》（《中南民族大学学报（人文社会科学版）》2009 年第 5 期）介绍了国际生态博物馆的产生及其发展，分析评论了贵州、广西建设生态博物馆的状况，并与云南的民族文化生态村进行比较，肯定了生态博物馆和民族文化生态村建设的积极意义及其产生的广泛深远影响，同时指出了在现实条件下他们共同面临的难题和今后努力的方向。

七 海外民族志

开展海外民族志研究标志着新时期中国民族学与人类学的一个新开端，即以全球各区域的民族、社会和文化为研究对象，通过实地调查和理论分析，为中国的社会科学界、政府决策部门以及公众提供关于当今世界的鲜活知识。对当代中国而言，通过海外民族志建构中国人关于世界现实的知识表述，本身就是中国走向世界的必要步骤。郝国强的《近10年来中国海外民族志研究反观》（《思想战线》2014年第5期），归纳出海外民族志具有记录文化类型、提供“他者”文化个案与经验事实、为社会科学提供想象力三大成绩，同时思考与其发展相伴而生的，包括理论预设与本土解释、田野进入融入与产出、理论导向等问题，有益于中国海外民族志研究之发展。张金岭的《中国文化视野下的人类学海外民族志研究——基于法国田野经验的思考》（《云南社会科学》2011年第1期）做了方法论的总结，用汉语来书写世界，特别是西方的文化与社会，是中国人类学界以新的知识生产机制参与世界互动的方式。这不仅仅是一个对象转换的问题，更是学术主体意识的问题。而其中最关键的是如何定位、如何田野和如何表述的问题。应当立足于当下中国社会发展的知识需求，注重剖析西方既有的复杂的“成品知识”与“成品社会”，以人类学民族志的方式展现出其“制造”过程。在田野调查的方法上，应当把握好“宏观”历史结构、微观的社会情境这样一种观察与思考问题的基点，突出民族志研究的整体感。此外还应当突出中国视野，尝试建构一种用汉语作为载体的有关世界的表述机制，以期让世界了解不同的见解与声音，这也是中国社会科学积极参与世界知识生产体系转换的重要一步。高丙中的《凝视世界的意志与学术行动——海外民族志对于中国社会科学的意义》（《广西民族大学学报（哲学社会科学版）》2009年第5期）认为，能叙事才好成事，是表述主体才可能是社会主体。相对比较紧迫的是，海外民族志是疗治中国社会科学严重落后于时代的病症的一剂良药。当其成为中国社会科学的基础知识领域之后，中国社会科学在学术上也会更上 ·层楼。王铭铭的《所谓“海外民族志”》（《西北民族研究》2011年第2期）指出，海外民族志并不是变化研究对象，而是重新定位研究主体的心境，造就克服时代局限、超越“自我检视”的人类学。王铭铭提出，如果没有自己的学术语言，便不可能造就有世界贡献的地方性知识，并强调应从自己的语言出发，又不局限于自己的语言。

中央民族大学世界民族学人类学研究中心联合北京大学社会学系、中国社会科学院民族学与人类学研究所、中山大学人类学系、云南大学民族研究院和中国人民大学人类学研究所，共同举办了多次海外民族志工作坊。工作坊为培养海外民族志研究人才做出了重要贡献。上述院所也开设有多个针对海外民族志研究的项目和课题基金，为广大赴海外做调查的学人提供支持。

八 小结

进入20世纪以来中国民族文化的研究到目前已经完成了一个历史性转型，研究主题遍及生活各个侧面，各类民族地区，随之涌现出越来越多有比较扎实的田野调查基础的研究成果。而民族文化研究的深入与拓展，离不开建构本土的学科体系和理论、研究内容与研究主题的本土取向、学科建设和研究人才的培养、研究方法的理论探究与运用。21世纪以来的成果既有学术价值又有实践价值，加快了我国民族文化发展和保护的进程，也夯实了民族文化研究共同体的协同进步。海外民族志以及研究共同体建设取得崭新成就，是这一时期的亮点。

民族文化研究领域包罗万象，身体、医疗、法律、经济、道德、物质、政治等多个维度的研究也卓有成就，本文无法穷尽所有，只能抱憾遗珠。但总的趋势是各个专题所共享的：从早期的学科建设倡导、著作翻译、文本研究，到回归基本的学术主体性等立足点，同时建立研究合作网络，打造兴趣共同体，开展精微的理论和研究方法探讨。

（李耕，助理研究员，中国社会科学院民族学与人类学研究所民族文化研究室）

新世纪民族地区的社会治理专题研究

方静文

“治理”的概念由来已久，并在漫长的发展过程中催生了多学科的讨论和丰富的研究成果。2013年，中国共产党第十八届中央委员会第三次全体会议通过了《中共中央关于全面深化改革若干重大问题的决定》，该决定指出：要将“完善和发展中国特色社会主义制度，推进国家治理体系和治理能力现代化”作为深化改革的总目标。这一决定使得社会治理在中国再度成为热点。本文从“治理”的概念入手，考察了“治理”一词在西方和中国的历史演变，着重论述了“新治理”或“现代治理”在当下中国的内涵。在此基础上，本文的核心部分从整体和专题两个维度梳理关于民族地区社会治理的既有研究，呈现其主要论点并试图从中发现该领域尚待研究的空间。

一　现代社会治理

“治理”一词由来已久，古今中外的文献皆有记载。若追溯词源，英语中的“治理”（governance）一词最早源于希腊语（Kybernan）与拉丁语（Gubernare）[①]，常用于从现代公司到大学再到海洋经营等场景，指的是对事务进行有效安排。[②] 根据《现代汉语词典》，治理一词包含两层意思：一是指统治，使之有序，如治理国家；二是指整修、改造，如环境治理、综合治理。[③]

上述中西治理概念有一个共同点，即并不总是与政治相关，如“治理海洋”和“治理黄河”，但是在与政治相关的时候，尤其是在国家层面，往往等同于“统治”。如“治理”在早期的西方原意是“控制、引导和操纵”，与统治（government）意义相近，可交叉使用，“主要用于与国家的公共事务相关的管理活动和政治活动中”[④]。在中文文献中，若在“中国基本古籍库”中全文检索“治理”一词，能得到5328条记录。早期的如《老子河上公注》中《老子德经下卷》之守道篇关于“治人”的注释称：“谓人君欲治理人民，事天，事用也。当用天道，顺四时。”国内学者对于“治理”一词的沿革考略表明中国古代历经五帝治理、诸子治国理政、汉朝“修齐治平”、唐朝“制[illegible]成治”、宋朝“资治”之鉴、元代“治乱警鉴”、明朝重修吏治和清朝治权之辩，治理的思想贯穿始终。[⑤]

---

① 余军华、袁文艺：《公共治理：概念与内涵》，《中国行政管理》2013年第12期。

② ［法］辛西娅·休伊特·德·阿尔坎塔拉：《“治理”概念的运用与滥用》，黄语生编译，载俞可平主编《治理与善治》，社会科学文献出版社2000年版。

③ 余军华、袁文艺：《公共治理：概念与内涵》，《中国行政管理》2013年第12期。

④ 俞可平：《引论：治理和善治》，载俞可平主编《中国行政管理》，社会科学文献出版社2000年版。

⑤ 李龙、任颖：《“治理”一词的沿革考略》，《法制与社会发展》2014年第4期。

20世纪80年代末90年代初，全球化和区域一体化等进程深刻地动摇了国际政治格局，也凸显出部分国家的主权危机，新的“治理”概念应运而生，“它表明一方面有必要重新审视当局与权力的关系，另一方面还应该将非政府组织在政治调节机制中的作用突出出来”。[①] 它“是西方总结其长期统治、管理的经验教训，适应三大部门成型、成熟，既相互合作又相互矛盾的时代变化和现实情况，加以提炼、提升而形成的”[②]。

有的学者将前述几乎等同于“统治”的狭义“治理”概念称为“旧治理”或“传统治理”，而将20世纪80年代以后内涵更丰富的治理称为“新治理”或“现代治理”。新旧治理观的主要区别在于：旧治理一般是指“政府以及它的行为”，而新治理是指“政府与社会之间的伙伴关系”，[③] 其核心之点“在于由国家力量和社会力量，公共部门与私人部门，政府、社会组织与公民”，[④] 共同来治理一个社会。

在西方，新旧治理观的分水岭往往被追溯至1989年。其时，世界银行在其报告《撒哈拉以南非洲：从危机到可持续发展》（“Sub-Saharan Africa：from Crisis to Sustainable Growth”）中，首次用“治理危机”（a crisis of governance）来描述和概括非洲地区连续不断的发展问题背后的症结。[⑤] 此后，这一术语为许多其他国际组织所采用，如经济合作与发展组织（OECD）、联合国开发署（UNDP）、联合国教科文组织（UNESCO）等。“治理”概念之所以如此受到国际组织的青睐，很大一部分原因是因为同“统治”等概念相比，“治理”更强调技术性，而较少政治色彩，不至于招致干涉别国内政的指责。[⑥] 如今，“治理”一词已经被广泛使用，其适用范围也不再局限于政治领域，而是扩展至经济和其他社会领域。

在中国，虽然国家明确提出社会治理概念是在2013年，但在此前已经有相关研究和实践，有学者将改革开放以来社会治理的创新发展分为三个阶段[⑦]：

（一）初步探索阶段（1978—1992年），此阶段取消了政社合一的人民公社制度，代之以基层群众自治制度，并在社会保障、收入分配等方面进行了管理创新的探索。

（二）稳步推进阶段（1992—2002年），1998年，国家首次明确提出“社会管理”的概念，推进社会管理体制改革，完善社会自治的法律法规。

（三）全面加强阶段（2002—2013年），此阶段从理论和实践机制两方面推进了社会管理创新，对公民社会自治的认识也在深化。

时至今日，社会治理在中国又有了新的创新和发展。2013年11月12日，中国共产党第十八届中央委员会第三次全体会议通过了《中共中央关于全面深化改革若干重大问题的决定》（以下简称《决定》）。《决定》指出：要“完善和发展中国特色社会主义制度，推进国家治理体系和治理能力现代化”，并提出了具体的治理方式和目标，包括：一是改进社会治理方式。坚持系统治理、依法治理、综合治理和源头治理。二是激发社会组织活力。正确处理政府和社会的关系，推进社会组织和自治，支持志愿服务组织、公益慈善组织、行业协会和商会组织、

---

① ［瑞士］彼埃尔·德·塞纳克伦斯：《治理与国际调节机制的危机》，冯炳昆编译，《国际社会科学杂志》（中文版）1999年第1期。

② 郑杭生：《理想类型与本土特质——对社会治理的一种社会学分析》，《社会学评论》2014年第3期。

③ Hirst, P.,“Democracy and Governance”, in Jon Pierre (ed.), *Debating Governance*, Oxford: Oxford University Press, 2000, p. 14. 转引自余军华、袁文艺《公共治理：概念与内涵》，《探索与争鸣》2013年第12期。

④ 郑杭生：《理想类型与本土特质——对社会治理的一种社会学分析》，《社会学评论》2014年第3期。

⑤ World Bank, Sub-Saharan Africa: from Crisis to Sustainable Growth, p. 60.

⑥ ［法］辛西娅·休伊特·德·阿尔坎塔拉：《“治理”概念的运用与滥用》，黄语生编译，载俞可平主编《治理与善治》，社会科学文献出版社2000年版。

⑦ 王勇：《改革开放以来中国社会治理创新的历史考察》，《科学社会主义》2013年第6期。

城乡社区服务组织等社会组织的发展。三是创新有效预防和化解社会矛盾体制。主要包括健全重大决策社会稳定风险评估机制、改革行政复议体制和信访工作制度。四是健全公共安全体系。包括食品药品安全、安全生产、防灾减灾救灾、社会治安、网络和信息安全、国家安全等方面。① 这一文件的出台大大推动了关于社会治理的研究。如今，以“社会治理”为关键词检索《中文期刊全文数据库》（CNKI），发现2013年有143篇相关文献，2014年有710篇，而2015年更是达到985篇，总数达到1838篇且呈现逐年快速递增的趋势。有鉴于此，笔者认为当下中国的社会治理已经迎来了第四阶段（2013年至今），可谓之发展创新阶段。

治理的理论根源众多，包括公共机构经济学、国际关系、组织研究、发展研究、政治科学、公共行政管理以及受福柯的理论启发而来的若干理论以及组合主义（corporatism），等等。②因此，在漫长的发展过程中，形成了多种定义，限于篇幅，以下仅举几个被广泛认可的界定为例说明。

治理理论的创始人之一——美国学者罗西瑙（J. N. Rosenau）在其代表作《没有政府的治理》一书中将治理定义为：“一系列活动领域里或隐或显的规则，它们更依赖于主体间重要性的程度，而不仅是正式颁布的宪法和宪章。”③

作为一个致力于全球治理的专门机构，成立于1992年的全球治理委员会（The Commission on Global Governance）认为“治理是个体和公共或私人机构管理其共同事务之诸种方式的总和。这是一个协调冲突的或不同的利益并采取合作行动的持续性过程。它既包含有权推行强制服从的正式制度和政权，也包括人们和机构同意或认为符合其利益的非正式设置”④。

现代治理概念进入中国，也引发了学者关于其内涵的诸多讨论，如俞可平认为：所谓治理，“是指在一个既定的范围内运用权威维持秩序，满足公众的需要。治理的目的是在各种不同的制度关系中运用权力去引导、控制和规范公民的各种活动，以最大限度地增进公共利益”⑤。

另有学者认为“社会治理旨在建立一种国家与社会、政府与非政府组织、公共机构与私人机构等多元主体协调互动的治理状态，是在科学规范的规章制度的指引下，强调各行为主体主动参与的社会发展过程”。⑥

陈成文、赵杏梓将既有的观点加以梳理，归结为三种代表性的观点：一是政治动员论，即将政治动员视为有效社会治理的方式和体现。二是合作治理论。公共管理学者从新公共管理理论出发，认为社会治理应该强调服务性和合作治理。三是实用主义治理观。实用主义治理观源于现代哲学的实用主义，体现于公共政策系统分析等成果中。作者认为上述观点虽则有助于我们对社会治理的理解，但并未正确把握社会治理的内涵和外延。因此，在对社会治理的主体、客体、目标、手段和本质属性进行细致分析的基础上，作者提出了一个社会学关于治理的概念：“从社会学的视角来看，社会治理是指政府、市场、社会组织、公民在形成合作性关系的基础上，运用法、理、情三种社会控制手段解决社会问题，以达到化解社会矛盾、实现社会公

---

① 《中共中央关于全面深化改革若干重大问题的决定》，《人民日报》2013年11月16日。

② ［英］格里·斯托克：《作为理论的治理：五个论点》，华夏风译，载俞可平主编《治理与善治》，社会科学文献出版社2000年版。

③ ［美］詹姆斯·罗西瑙：《没有政府的治理》，张胜军、刘小林等译，江西人民出版社2001年版。

④ “Our Global Neighbourhood: The Report of the Commission on Global Governance”, http://www.gdrc.org/u-gov/global-neighbourhood/chap1.htm.

⑤ 俞可平：《治理与善治》，社会科学文献出版社2000年版。

⑥ 向德平、苏海：《“社会治理”的理论内涵和实践路径》，《新疆师范大学学报》（哲学社会科学版）2014年第6期。

正、激发社会活力、促进社会和谐发展目的的一种协调性社会行动。”①

在理论探讨的基础上，新治理概念在中国的出现与发展还同中国所处的国际和国内环境密不可分，毕竟，“一个国家选择什么样的治理体系，是由这个国家的历史传承、文化传统、经济社会发展水平决定的，是由这个国家的人民决定的”②。

当前，中国社会治理的要点包含如下方面：

就治理主体而言，全球现代性进程和本土社会转型使得“变迁”成为当今中国社会的一个主旋律。在巨大且快速变迁的背景下，社会的多样性、复杂性和不确定性增加，社会治理的问题逐渐凸显。“现阶段，一方面像自然灾害、传染病、贫困等传统的社会问题依然存在，另一方面，伴随着社会的巨大转型，新的社会矛盾和问题如贫富分化、环境恶化和舆情传播等又不断涌现，社会治理的复杂性加大，各种社会力量协同的要求显著提高。”③“任何一个社会治理主体，都无法具备解决上述复杂社会问题所需的全部知识、工具、资源和能力。”④而在复杂性之外，开放和多元也是现代社会的特征，“非政府组织以及其他社会自治力量正在迅速成长起来，并开始在社会治理中扮演越来越重要的角色”⑤。

就治理内容而言，当前，中国社会治理的主要内容包括两块，即解决社会问题和满足人民需求，⑥具体而言，“社会治理是一项复杂的系统工程，涉及教育、医疗、卫生、住房、社会保障和公共安全等多层次领域”⑦。

就治理方式而言，《决定》提出的“四个治理”为国家层面的社会治理指明了方向。“四个治理”指的是系统治理、依法治理、综合治理和源头治理四种治理方式。其中，系统治理讨论社会治理各主体之间的角色与关系问题，强调政府主导之下的政府治理、社会自我调节以及居民自治之间的良性互动；依法治理明确了社会治理实施的主要手段是法治；综合治理则在法治之外，强调了综合运用德治等其他治理手段；源头治理界定了不同社会治理类型的轻重缓急，强调社会化服务。⑧

就目标而言，社会治理所追求的终极目标或者成功的治理有多种表述，如“健全的治理”“有效的治理”等，其中最被广泛认可的是“善治”（good governance）。何谓善治？国内外学术界对于构成“善治”要素的理解基本相同，主要概括为8个特征，即：参与性、协商性、责任性、透明性、回应性、有效性、公正性与包容性以及法治精神。俞可平针对中国的具体状况提出了善治的十大标准：合法性，即政治秩序和公共权威被自觉认可和服从的性质和状态；法治，法律成为公共管理的最高准则，在法律面前人人平等；透明性，即政治信息的公开性。责任，即管理者应当对自己的行为负责；回应，即公共管理人员和管理机构必须对公民的要求作出及时和负责的反应；有效，即管理应当有很高的效率；参与，即公民广泛的政治参与和社会

① 陈成文、赵杏梓：《社会治理：一个概念的社会学考评及其意义》，《湖南师范大学社会科学学报》2014年第5期。

② 习近平：《不断提高运用中国特色社会主义制度有效治理国家的能力》，载《习近平谈治国理政》，外文出版社2014年版。

③ 范如国：《复杂网络结构范型下的社会治理协同创新》，《中国社会科学》2014年第4期。

④ 同上。

⑤ 张康之：《论主体多元化条件下的社会治理》，《中国人民大学学报》2014年第2期。

⑥ 向德平、苏海：《“社会治理”的理论内涵和实践路径》，《新疆师范大学学报（哲学社会科学版）》2014年第6期。

⑦ 范如国：《复杂网络结构范型下的社会治理协同创新》，《中国社会科学》2014年第4期。

⑧ 《中共中央关于全面深化改革若干重大问题的决定》，《人民日报》2013年11月16日；郑杭生：《理想类型与本土特质——对社会治理的一种社会学分析》，《社会学评论》2014年第3期。

参与；稳定，即国内的和平、生活的有序、居民的安全、公民的团结、公共政策的连贯；廉洁，即官员奉公守法，清明廉洁；公正，即不同性别、阶层、种族、文化程度、宗教和政治信仰的公民在政治权利和经济权利上的平等。①

有了社会治理的目标和标准，如何衡量和判断社会治理是否已经达到标准呢？此时，社会治理评估就被提上了日程。根据世界卫生组织（World Health Organization，WHO）对评估概念的界定，评估是“是一个对选定目标和事件做出判断的过程，通过将之与旨在决定行动方案的特定的价值标准进行对比来实现。”② 换言之，评估实质上是一系列测量，然后将测量的结果与指标体系进行比对的过程。为此，需要开发一套社会治理指标体系。

国际社会业已存在诸多社会治理的评估体系，有影响力的包括四大类：联合国开发计划署治理评价指标体系，如联合国以贫困和性别为维度的民主治理指标框架（Measuring democratic governance：a framework for selecting pro-poor and gender sensitive indicators）；多边机构如世界银行开发的“世界治理指标”（Worldwide Governance Indicators，WGI）；双边机构如美国国际发展署（United States Agency for International Development）的“民主与治理框架”（Democracy and Governance Assessment Framework）以及独立机构如自由之家（Freedom House）的“世界自由指数”（Freedom Index in the World）。2009 年中央编译局同联合国开发署合作，在梳理上述国际常用指标体系的基础上，结合中国的具体状况发布了“中国国家治理评估框架”。该框架包括 12 个方面的基本内容：公民参与、人权与公民权、党内民主、法治、合法性、社会公正、社会稳定、政务公开、行政效益、政府责任、公共服务和廉洁，这 12 个大的维度之下又包含 116 个具体指标。③ 2012 年，中央编译局又同清华大学合作，在“中国国家治理评估框架”的基础上开发了“中国社会治理评价指标体系”。“中国社会治理评价指标体系”共包括 1 个一级指标即中国社会治理指数，6 个二级指标即人类发展、社会公平、公共服务、社会保障、公共安全和社会参与，以及 35 项三级指标（包括 29 个客观指标和 6 个主观指标）。其中，上述 6 个二级指标构成了中国社会治理指标体系的基本框架，体现了民主、法治、公平、正义、稳定、参与、透明等社会治理的重要理念。④

另外，根据所支持决策的类别不同，评估可以分为五大类，分别是需求评估（evaluation of need）、计划或设计评估（evaluation of plans or design）、绩效评估（evaluation of performance）、效果评估（evaluation of effects）以及影响评估（evaluation of impact）。⑤ 祁海军（2015）认为，社会治理评估主要涉及三个层面，即治理主体、治理过程和治理绩效。⑥ 因此，在上述综合的指标体系之外，中国也开发了一些特定类型的评估，如“社会治理绩效评估主观指标体系”。⑦

上述指标体系的开发为社会治理的评估提供了标准，通过评估，可以发现当前社会治理中存在的问题，以便及时调整，并为以后的治理指明方向，从而从整体上提高社会治理的水平。

---

① 俞可平：《善治的十个要素》，《南方人物周刊》2008 年第 31 期。转引自《求是》2008 年第 12 期。

② WHO Technical Report Series，No. 528，1973.

③ 俞可平：《国家治理评估——中国与世界》，中央编译出版社 2009 年版。

④ “中国社会管理评价体系”课题组：《中国社会治理评价指标体系》，《中国治理评论》2012 年第 1 期。

⑤ WHO Technical Report Series，No. 569，1975.

⑥ 祁海军：《地方政府社会治理能力评估——以河南省为例》，《学习论坛》2015 年第 8 期。

⑦ 张欢、胡静：《社会治理绩效评估的公众主观指标体系探讨》，《四川大学学报（哲学社会科学版）》2014 年第 2 期。

二　民族地区的社会治理

中国是一个多民族的国家，由汉族和55个少数民族共同组成，“它的主流是由许多分散孤立存在的民族单位，经过接触、混杂、联结和融合，同时也有分裂和消亡，形成一个我中有你、你中有我而又各具个性的多元统一体”，即费孝通先生所谓之中华民族“多元一体格局”。[①] 在这种多元一体格局之下，分布着广大的民族地区。所谓“民族地区”，指的是实行民族区域自治制度的自治地方，包括内蒙古自治区、广西壮族自治区、西藏自治区、宁夏回族自治区、新疆维吾尔自治区5个自治区以及30个自治州、120个自治县（旗）。[②] 在更宽泛的意义上而言，也包括云南、贵州和青海3个少数民族比较集中的省区，[③] 共同构成“民族八省区”。民族地区幅员辽阔，且有很多是边境边疆，地理位置异常重要，民族地区社会治理状况直接关系国家大局的稳定。正如李培林所说：“民族地区的社会治理是构建现代国家治理体系的重要组成部分”，[④] 国家治理体系和治理能力是民族地区社会治理能力的基础，民族地区社会治理能力是国家治理体系和治理能力的具体体现。

在中共十八届三中全会提出社会治理体制改革的《决定》中，并未涉及民族地区社会治理的具体表述，但是民族地区社会治理依然引发了学界的广泛关注和热烈讨论。

2014年4月，由马克思主义与民族地区社会管理创新研究中心与广西师范学院马克思主义学院主办的“2014年民族地区社会治理创新学术研讨会”在广西师范学院召开，就民族地区社会治理法治与德治、社会组织、乡村治理等主题进行了探讨。[⑤]

2014年11月，由中国社会科学院主办，中国社会科学院民族学与人类学研究所和云南民族大学联合承办的“中国社会科学论坛（2014）民族地区社会治理理论与实践国际会议”在昆明召开，来自中国、美国、加拿大、日本、印度、马来西亚等国家和地区的100多位学者出席了会议。这些来自民族学、人类学、社会学、公共管理学、宗教学、政治学、法学等不同领域的学者从自己的学科出发，就国内外社会治理的理论与实践、民族地区社会治理的中国经验、民族区域自治、社会治理的本土传统、国内外移民、民族关系、性别问题、城镇化等方面进行了讨论。这种跨学科的讨论有助于深化对中国民族地区社会治理的认识和总结推广经验。[⑥]

2015年7月，以“民族地区社会治理与社会发展”为主题的中国社会学会2015年学术年会分论坛在湖南长沙中南大学举行，来自贵州民族大学、西南民族大学等高校和科研机构的50余名专家学者就民族地区乡村社会治理、社会组织培育、扶贫开发、文化传承保护与文化认同等民族地区社会治理与社会发展面临的新情况、新问题进行了探讨，并提出了一些应对之策。[⑦]

虽然有上述讨论，但与当下国家治理层面丰硕的研究成果相比，有关民族地区社会治理的

---

① 费孝通：《中华民族多元一体格局》，中央民族大学出版社1989年版。

② 国家民委网站“民族自治地方”，http：//www. seac. gov. cn/col/col108/index. html。

③ 石路：《论民族地区突发公共事件的预警与防范机制》，《贵州民族研究》2007年第1期。

④ 参见李培林在“中国社会科学论坛（2014）：民族地区社会治理理论与实践”国际会议（2014年11月16日至17日，云南民族大学）开幕式上的书面致辞。转引自小艳《民族地区社会治理是中国现代国家治理体系的重要组成部分》，《民族论坛》2015年第1期。

⑤ 包丽红、曾令辉：《跨学科协同研究　探索民族地区社会治理体系构建——2014年民族地区社会治理创新学术研讨会综述》，《广西师范学院学报（哲学社会科学版）》2014年第3期。

⑥ 沈海梅、王德强、张继焦：《中国社会科学论坛（2014）：民族地区社会治理理论与实践国际会议简述》，《民族研究》2015年第3期。

⑦ 王国勇、邢溦：《民族地区社会治理与社会发展论坛综述》，《民族研究》2015年第6期。

研究起步晚，研究成果不多且不系统。究其原因，第一，公共管理领域的学者从实践类型的角度将治理分为全球治理、民族—国家治理以及社区治理。[①] 当前关于社会治理的研究也主要集中于这三个层面，而介于民族—国家治理和社区治理之间的民族地区社会治理所得到的关注则相对较少。第二，中国从古至今虽然也有关于治理的论述，但新治理或现代治理在很大程度上是一个西方意义上的概念，即便在国家层面也很难直接应用，而需要经历中国化的过程，何况民族地区又有其独特的状况，所以既有研究中一般性、普遍性的研究多，而针对民族地区的则相对较少。

民族地区的社会治理是国家治理体系的有机组成部分，具有社会治理的普遍性，又因为地理生态、生计方式、历史文化和宗教信仰等而同时具有特殊性。民族地区社会治理领域的学者充分认识到这一点，并将之作为研究的起点。如中国有很多民族地区都属于边疆地区，具有许多边疆民族地区所特有的特征，包括：多民族，同时存在跨国界（境）民族；文化多元，语言文字众多；宗教众多；经济社会发展相对滞后、省区内的发展不平衡；维护社会稳定的任务重、压力大以及受周边邻国局势的影响大等六大特点。[②] 周晓丽也总结了民族地区社会治理的特殊性：社会治理主体的民族性；社会治理环境的特殊性，包括生态地理环境也包括政治环境；社会自治能力的差异性。具体表现在不同民族，如人数众多的民族地区和人口少的民族地区、不同地区如城乡之间在自治能力上存在差异。基于上述特征，作者认为民族地区的社会治理必须坚持民族平等、公民参与、社会正义和以人为本的治理理念，并选择如下治理路径：严格落实民族区域自治制度；提升民族地区公务员治理能力；培养民族地区公民精神和意识以及建立民族事务政民协商对话机制。[③]

当然，民族地区有一定程度的共通性，但并非铁板一块，由于地理环境和历史文化等原因，各民族在政治、经济和文化等方面发展极不平衡，有着重大的地区性和民族性差异。如西北地区操持牧业生计方式和西南以农耕为生计方式的民族对于社会治理的需求是不同的，而信仰伊斯兰教和信仰藏传佛教的民族也会有差异。有鉴于此，关于民族地区社会治理的研究中还出现了许多分地区和针对特定民族的研究，如关于五大自治区社会治理的研究，其中尤以针对西藏[④]和新疆[⑤]两大自治区的研究为多，另有针对西南民族地区[⑥]的研究，等等。针对特定民族的研究如关于壮族的研究关注广西西南壮族乡村的“三月三”节日民俗，对认为其包含的节日模式、道德评价、文化认同等要素在乡村社会治理中发挥着重塑孝道价值等重要社会功能。[⑦] 关于德昂族茶叶信仰的研究发现：茶叶信仰是德昂族的一种民间信仰，并以民间法的形式贯穿于德昂族人民的社会生活中，影响和支配着当地的社会治理，启发人们思考法与传统之间的关系，提供了社会治理创新的切入点。[⑧]

---

① 陈振明：《公共管理学——一种不同于传统行政学的研究途径》，中国人民大学出版社2003年版。

② 吴福环：《论中国边疆民族地区社会治理创新》，《新疆师范大学学报（哲学社会科学版）》2014年第5期。

③ 周晓丽：《基于民族地区特殊性下的社会治理理念及路径》，《南京社会科学》2014年第11期。

④ 王跃：《西藏民族自治地方政府在社会治理中的作用分析》，《西藏民族学院学报（哲学社会科学版）》2007年第5期。

⑤ 李晓霞：《论新疆治理体系与治理能力现代化》，《新疆师范大学学报（哲学社会科学版）》2015年第6期。

⑥ 胡兴东：《秩序视野下的西南民族地区社会治理选择研究》，《曲靖师范学院学报》2012年第6期。

⑦ 农淑英：《治理视域中传统节俗的社会功能探析——以桂西南壮族乡村“三月三”为例》，《广西民族研究》2015年第3期。

⑧ 李全敏：《茶叶信仰与德昂族的社会治理》，《思想战线》2015年第4期。

不过，不少关注民族地区特殊性的研究均落入了“特殊性—困境—对策”的窠臼，似乎民族地区的特殊性等同于社会治理的难点或困境，因此需要寻找相应的对策。毋庸置疑，民族地区的确有一些社会特征如生态系统脆弱、自然环境恶劣等会成为社会治理的阻碍，但是不能因此忽略特殊性所蕴含的潜在价值和优势。以民族文化为例，有的研究对民族文化不加区分，如将所有的宗教均视为是消极的，预设其会与现代司法发生冲突，事实上，许多宗教信条都包含引导信众遵纪守法和自律的内容。

近年来，上述状况有所改观，民族地区社会治理研究开始更全面、辩证地看待民族文化。有的学者认为对民族地区文化资源的开发和利用具有重要的理论和实践意义，或可成为民族社会有效治理的落脚点。① 这种可能性如今已经在部分民族地区的社会治理实践中成为现实。比如在民族地区城镇化的过程中，建设具有民族特色的城镇需要优秀民族文化的保障和支撑，以避免“千城一面”之现象。② 不过，在关于民族文化应用于社会治理的探讨中，除了前述对文化不加区分之不足之外，有一点尚需特别指出，即：对民族文化之理解流于表面，将民族文化等同于衣食住行等民俗风情或者刺绣等工艺，对其利用也常限于旅游开发等路径，且不论这种开发方式是否是产业发展的正确方式，单就民族文化保护而言，恐怕也不是最好的方式，而其作为社会治理的效果也就不难想见了。

三　民族地区的社会治理专题

以下介绍几个当前民族地区社会治理研究的重要专题。

专题一：民生

民族地区公共事务治理是国家治理体系和治理能力的有机组成部分，涵盖了政治、经济、文化、社会和生态等诸多方面，包括发展经济、提高各族群众生活水平，完善民族理论政策和法律法规体系，保护、传承和弘扬少数民族优秀传统文化以及发展教育、科技、卫生、就业和社会保障事业，提高民族地区基本公共服务水平等内容。③ 其中，公共服务事业多为与民生相关的事务。所谓“民生所指，民心所向，国运所系，民生所在”，解决好民族地区的民生问题是推动民族地区经济发展的动力，也是民族地区社会和谐、稳定、繁荣的前提和体现。杨文顺发现在民族众多但发展不平衡的云南省，依然存在着贫困、就业难、看病难、上学难、社会保障水平低等民生问题，需要采取发展民族教育事业，建立健全就业、养老等社会保障机制，推进公共医疗卫生服务体系建设，加快少数民族地区安居环境建设等措施加以应对。④ 地处西北的宁夏，以构建和谐宁夏为目标，强化了社会保障、基础设施、就业服务、住房保障、公共教育、医疗卫生、环境保护等公共产品服务的治理，在改善民生上取得显著成效，并总结出一套包括以提高行政效率为核心的政府职能转变、促进城乡公共服务均等化、坚持以人为本的民生工程、重视少数民族权益保障等治理经验。⑤ 除了综合性地论述公共服务之外，也有的学者就

① 岳天明、孔繁丹：《文化视阈中的民族地区有效治理研究》，《学习与实践》2015 年第 9 期。

② 张继焦：《民族地区社会治理研究动态》，《民族论坛》2015 年第 3 期。

③ 《国务院办公厅关于印发少数民族事业“十二五”规划的通知》，http://www.gov.cn/zwgk/2012-07/20/content_2187830.htm；李珍刚：《民族地区公共事务治理现代化问题分析》，《广西民族大学学报（哲学社会科学版）》2015 年第 3 期。

④ 杨文顺：《试论云南民族地区突出的民生问题及解决对策》，《中南民族大学学报（人文社会科学版）》2013 年第 2 期。

⑤ 杨晓梅：《社会治理创新：宁夏的探索与经验》，《甘肃科技》2016 年第 2 期。

具体的公共服务热点进行了探讨。比如，养老问题。党的十七大报告指出，必须在经济发展的基础上，更加注重社会建设，着力保障和改善民生，努力使全体人民“学有所教、劳有所得、病有所医、老有所养、住有所居”，养老作为民生的重要方面赫然在列。然而，随着人口老龄化、家庭小型化、城市化进程的推进，“空巢家庭”的数量日益增多，城乡家庭的养老能力均在弱化，以家庭为主的养老方式在中国越来越难以为继。有鉴于此，社会养老势在必行，其中，社会养老服务是社会养老的重要面向。所谓社会养老服务，是与家庭养老服务相对应的服务体系，其提供者是多元的，包括政府、市场、专业社会组织和邻里亲属等，共同致力于为不同类型的老人提供不同的服务，以满足其特殊的需求。① 在实践中，政府购买服务即是近年来养老服务领域兴起的方式之一。事实上，中国最早的政府购买服务实践出现在2000年的上海，当时的服务内容就是依托养老机构开展居家养老服务。② 2013年前述《决定》强调：“推广政府购买服务，凡属事务性管理服务，原则上都要引入竞争机制，通过合同、委托等方式向社会购买”，更是大大推动了政府购买服务的实践。

专题二：安全与风险

民族地区由于地理位置重要、生态系统脆弱以及人文和社会环境复杂等而面临生存风险、稳定风险、认同风险和治理风险这四种主要的风险，并可能在一定条件下转化为相应的危机。③ 和平年代，边疆民族地区依然存在不稳定因素，面临一些非传统安全问题，如新疆地区就面临着恐怖主义、民族分裂主义和宗教极端主义三股势力造成的安全隐患；生态安全问题；资源开发与配置问题；跨国民族问题；移民与民族关系问题等非传统安全问题，涉及边疆人民生产生活的各个层面。为此，需要制定相应的对策，建构边疆非传统安全维护的有效治理体系。其中，核心要点是培养族群认同和国家认同。④ 在这些潜在的非传统安全问题之外，民族地区还存在突发公共事件的风险，根据《国家突发公共事件总体应急预案》的界定，突发公共事件是指“突然发生，造成或者可能造成重大人员伤亡、财产损失、生态环境破坏和严重社会危害，危及公共安全的紧急事件”。⑤ 这种种非传统安全问题和可能出现的突发公共事件对民族地区各族人民群众的生命和财产安全是极大的威胁，影响民族地区的稳定。有鉴于突发公共事件有一个发展周期，在不同的发展周期，需采取不同的应急管理方式，预警和防范是其中的关键环节。石路的文章从当前民族地区突发公共事件预警与防范机制的现状出发，分析了建立民族地区突发公共事件的预警与防范机制的重大意义和可行性，并提出了相应的建议。⑥ 在生存和稳定之外，认同危机是民族地区社会治理面临的又一大风险，陆益龙引入族际社会的分析框架，认为族际社会的社会矛盾既具有一般社会矛盾的共同特性又体现出民族和宗教两个维度的特殊性。对此，作者提出可以运用客观和主观指标对上述矛盾加以检测，并借助社区矛盾综合调处室、群众意见处理反馈中心、民族宗教事务协调中心三种社会设置构筑起民族地区维稳的“安

---

① 王金元、赵向红：《社会治理视阈下老年人的社会保障与社会服务研究》，华东理工大学出版社2015年版。

② 宋国恺：《政府购买服务：一项社会治理机制创新》，《北京工业大学学报（社会科学版）》2013年第6期。

③ 白维军：《民族地区社会风险与公共危机：内涵、逻辑、治理》，《内蒙古社会科学（汉文版）》2013年第4期。

④ 徐黎丽、余潇枫：《论边疆民族地区非传统安全问题及应对——以新疆为例》，《民族研究》2009年第5期。

⑤ 石路：《论民族地区突发公共事件的预警与防范机制》，《贵州民族研究》2007年第1期。

⑥ 同上。

全阀”。[①] 付春的《族群认同与社会治理》一书预设在民族地区，族群认同是显性的社会、文化和心理资源，合理开发和优化族群认同是提高社会治理水平，创造和谐社会的积极途径。为此，作者选取云南、贵州和四川的十个民族自治地方为对象，以族群关系为桥梁，建立起族群认同与社会治理之间的关系，在论证了“族群认同与社会治理之间存在着显著相关关系”的基础上，提炼出民族地区社会治理与社会建设的独特途径与策略：保障少数民族族群认同与国家认同的有机统一，合理开发和优化族群认同是增强国家认同、提高社会治理水平的积极途径。[②] 羌洲认为任何一种社会改革都可能带来新的风险，社会治理体系创新也不例外。因此，在上述风险之外，社会治理本身在创新和转型的过程中也可能造成风险。为此，作者构建了以民众敏感度、经济发展和转变成本为维度的民族地区社会治理体系创新风险测量模型，并以甘肃省九甸峡水电工程为个案，分析了当前我国民族地区社会治理存在的风险，为民族地区社会治理创新提供了一个测量和分析框架。[③]

专题三：社会组织参与

社会组织是社会治理的重要主体和依托，如何发挥其独有的优势和功能，实现与政府的协同和良性互动，一同承担起社会治理的重任成为社会治理研究的热点，既有研究涵盖了从非营利组织[④]到行业协会商会[⑤]再到文化群体[⑥]等社会组织参与社会治理的环境、功能等诸多方面，但是很少有涉及民族地区社会组织研究的。事实上，在民族地区，一方面民族地区特殊的地理环境、基础设施和公共服务供给机制不完善、财政收入不足等限制了政府作为社会治理主体角色的发挥，政府无法独立承担社会治理的所有责任。另一方面，西部民族地区的社会组织近年来迅速发展，根据国家统计局的数字，2008 年到 2011 年，内蒙古的社会组织由 7017 个增加到 8812 个，广西由 12522 个增加到 13356 个，贵州由 6130 个增加到 7153 个，云南由 10528 个增加到 13518 个，西藏由 306 个增加到 337 个，青海由 2373 个增加到 2698 个，宁夏由 5118 个增加到 4288 个，新疆由 7456 个增加到 8226 个。这些社会组织已经开始在慈善[⑦]、生态环境保护[⑧]等社会治理领域发挥作用，并得到了民众的认同。这说明，对于西部民族地区而言，社会组织参与社会治理不仅很有必要，而且已经具备了一定的条件，有可行性，或可在经济发展、公共服务、民族文化传承、化解民族矛盾等多方面发挥其重要价值。[⑨] 而若要发挥社会组织的作用，与政府的合作与良性互动是前提，羌洲对安多藏区既有的社会组织和政府合作的问题进行了探讨，认为“政府为主导，社会组织为主体”是对当地社会治理中政府和社会组织这两大

---

① 陆益龙：《族际社会的基层矛盾化解与维稳机制——兼论民族地区的和谐社会建设》，《甘肃社会科学》2014 年第 6 期。

② 付春：《族群认同与社会治理——以川、滇、黔地区十个民族自治地方为研究对象》，经济科学出版社 2014 年版。

③ 羌洲：《我国少数民族地区社会治理体系创新探析：基于社会风险的测度》，《西北民族研究》2014 年第 2 期。

④ 许耿铭、张聿婷：《以非营利组织能力弥补政府救灾短板——以台湾数字文化协会参与应对莫拉克风灾为例》，《社会治理》2015 年第 4 期。

⑤ 王春光：《行业协会商会“去行政化”及其对社会组织发展的影响》，《社会治理》2016 年第 1 期。

⑥ 宋妍：《引导新文艺组织和文化群体参与社会建设》，《社会治理》2016 年第 1 期。

⑦ 李长文：《慈善视角下新疆异地商会社会治理实证研究》，《兰州大学学报》2011 年第 5 期。

⑧ 高巍：《非政府组织参与民族地区环境治理研究》，硕士学位论文，内蒙古大学，2011 年。

⑨ 吴开松、杨芳：《社会组织在西部民族地区社会治理创新中的价值研究》，《贵州民族研究》2014 年第 9 期。

治理主体之间关系的正确定位。[①] 在与政府的协同及合作之外，要发挥社会组织的作用，还应激发社会组织的活力，马国芳对云南的社会组织进行了考察，发现当地的社会组织具有以下特点：社会组织发展所依赖的公民社会发育程度低，社会组织发展受多元文化中的消极内容影响，社会组织成员参与意识中具有非常强的民族性、宗教性特征以及社会组织发展的沃土立足于生态、民族的多样性等。为了激发社会组织的活力，需针对上述特点为社会组织的发展营造良好的外部环境，并强化公民意识，注重相关人才的培养和引介。[②]

专题四：基层自治

基层自治是社会治理的重要内容，在既有的关于民族地区社会治理的研究中占到了很大的比例，主要分为城市社区的治理和乡村社区的治理两大块。其中，城市社区因为人口集中和流动性大等特点造成了异质性高的特点，社区居民可能来自不同的民族，并因此具有不同的语言、文化和宗教信仰。这些人群在日常交往中不断碰撞和交融，呈现出民族人口众多、民族成分复杂以及民族关系敏感等特点，乌鲁木齐作为西北边疆地区的重要城市便具有上述特征，[③] 针对此类社区的社会治理要充分考虑到这些特点。[④] 在理论探讨的基础上，有的城市社区已经开始在治理实践中摸索经验，比如西藏自治区在经历快速城镇化的过程中，面临民族关系复杂化等现实状况。针对此，西藏自治区实行了网格化管理，这一举措是“城镇现代化、精细化管理的现实需要，是加强和创新社会管理的具体体现，更是密切联系群众的重要途径。”[⑤]

与城市社区相比，民族地区的农村社区有同城市社区共通的特征如边疆地区的境外干扰因素等，但同时有自己的特点。以云南省临沧市为例，当地的农村治理中面临：农村社会的整体发育水平偏低；境外干扰因素多；各民族发展不平衡等困境。[⑥]

社区具有更悠久的自治传统。在“皇权不下县”的统治理念指导下，中国广大的汉族乡村地区一直以士绅、宗族等为依托进行自治。而在 1982 年，村民自治制度由《宪法》确立之后，也一直比城市社区的自治更有影响。[⑦] 而民族地区，因为距离政治中心远和实行民族区域自治，无论是历史上还是当下都有承继良好的自治传统，且有丰富的从习惯法到自组织再到宗教信仰等可资利用的自治资源。[⑧] 对西藏乡村社会治理现状的分析，也验证了“带有社会自治性质和内容的服务型社会治理不同于其他社会治理类型的那种自上而下的社会治理，更为适合西藏民族地区复杂的社会环境。”[⑨]

---

① 羌洲：《安多藏区社会组织与政府合作机制研究》，博士学位论文，兰州大学，2012 年。

② 马国芳：《社会治理进程中云南边疆民族地区社会组织活力研究》，《云南社会科学》2015 年第 6 期。

③ 任雪、梁玲云、孟晓宁、张为波：《城市多民族社区治理模式创新研究——以乌鲁木齐市后泉路北社区为例》，《民族学刊》2015 年第 6 期。

④ 周大鸣：《社会建设视野中的城市社区治理和多民族参与》，《思想战线》2012 年第 5 期。

⑤ 参见张继焦给“中国社会科学论坛（2014）：民族地区社会治理理论与实践”国际会议（2014 年 11 月 16 日至 17 日，云南民族大学）提交的论文。转引自张继焦《民族地区社会治理研究动态》，《民族论坛》2015 年第 3 期。

⑥ 孙卫：《边疆民族地区农村社会治理的特殊性探析——以云南省临沧市为例》，《中共云南省委党校学报》2011 年第 5 期。

⑦ 俞可平：《中国公民社会的兴起与治理的变迁》，载俞可平主编《治理与善治》，社会科学文献出版社 2000 年版。

⑧ 吴开松：《社会资本与民族地区农村社会管理创新》，《华中师范大学学报（人文社会科学版）》2012 年第 3 期；刘阳：《民族地区治理中软性治理资源的运用探析——以宁夏回族自治区为例》，《法制与社会》2011 年第 8 期；卢文军：《社会管理创新视角下的乡村治理与民族规则习惯》，《理论与当代》2012 年第 2 期。

⑨ 扎西多布杰：《西藏基层社会治理现状分析——以邦达村为例》，《西藏发展论坛》2014 年第 4 期。

回顾既有的研究可以发现，城乡社区等基层社会治理有几个共同的方面需要特别强调：首先，自治是作为基层治理单位的社区和乡村重要的治理方式，为此，需要形成一个包含各民族在内的多元主体治理格局，具有自我管理能力的社区自治组织结构以及更重要的各民族居民的共同参与。正如俞可平在关于社会治理终极目标——善治的论述中所指出的，“善治实际上是国家的权力向社会的回归，善治的过程就是一个还政于民的过程。善治表示国家与社会或者说政府与公民之间的良好合作……没有公民的积极参与和合作，至多只有善政，而不会有善治。”[①] 其次，城乡社区业已存在一些宗教、乡规民约等社会治理资源，应引导其与政府以及社会治理组织的协同合作，发挥其在社会治理中的积极作用。

四　小结

自改革开放至2013年，现代意义的社会治理在中国经历了初步探索阶段（1978—1992年）、稳步推进阶段（1992—2002年）、全面加强阶段（2002—2013年）。2013年，中国共产党第十八届中央委员会第三次全体会议首次明确提出要将“完善和发展中国特色社会主义制度，推进国家治理体系和治理能力现代化”作为深化改革的总目标，笔者认为可以将2013年至今归为社会治理的第四阶段，谓之于发展创新阶段。同一般意义上的社会治理相比，民族地区的社会治理起步相对较晚，对既有研究的回顾和梳理发现，多数明确以社会治理为主题的研究出现于2000年以后，即全面加强阶段开始，尤以2013年第四阶段以来最为集中。本文从整体和专题两个维度对上述关于民族地区社会治理的研究进行了梳理，发现：作为国家治理体系的有机组成部分，民族地区的社会治理既具有社会治理的普遍性，又因为地理生态、生计方式、历史文化和宗教信仰等而同时具有特殊性。既有的有关民族地区社会治理的研究虽也不乏一般性的研究，但具体研究更多，并因此形成了民生、安全与风险、社会组织参与以及基层自治等热点专题，围绕民族地区社会治理的具体问题进行了大量探讨，为民族地区的稳定和发展提供了许多有益的成果。

（方静文，助理研究员，中国社会科学院民族学与人类学研究所民族社会研究室）

---

① 俞可平：《中国公民社会的兴起与治理的变迁》，载俞可平主编《治理与善治》，社会科学文献出版社2000年版。

新世纪以来的藏学研究（2001—2012年）

卢 梅

藏学研究作为综合性的学科研究体系，在所涉及的研究对象上包含了西藏及其他藏区社会政治、经济生活、历史、宗教、文化等各个方面。进入新世纪以来，藏学研究在学术话语、理论系统、研究方法上突破了传统藏学沿袭已久的框架。在研究成果方面，不仅数量猛增，而且其中不乏填补空白的精品力作。除了以中国藏学研究中心为代表的综合性研究机构以外，北京和西藏、青海、四川、云南、甘肃五省区的高校和省区社科院等都设立了相关的藏学研究机构，培养了大批藏学研究专业人才，另外有部分学者分散在各地高校和科研院所中从事相关领域的研究。一些国家职能部门也设置了相应的研究机构。据统计，目前全国有50余家与藏学研究相关的机构，2000多名与藏学相关的学者。与藏学有关的学术刊物有30多种，还有一些学术期刊和高校学报不定期地登载藏学研究的学术论文。[①] 中国藏学出版社、民族出版社、西藏人民出版社，青海、四川的民族出版社等多家出版机构，多年来致力于藏学研究专业的涉藏读物的出版发行。如中国藏学出版社策划的系列丛书《现代中国藏学文库》《西藏文明之旅书系》《西藏百年风云丛书》《西藏百年史研究系列丛书》《西藏通史专题研究》《西藏问题研究丛书》《西藏历史汉文文献丛刊》《中国藏学汉文历史文献集成》《藏学前沿问题研究丛书》《中华人民共和国西藏自治区地方志丛书》《汉藏佛学研究丛书》《藏传佛教与社会主义社会相适应研究丛书》《藏族文化丛书》《先哲遗书丛书》《雪山中的转生丛书》等为学界和普通读者提供了高质量、多层次的作品。正如国务院2006年6月颁布的《西藏文化的发展》白皮书所指出的，我国的藏学研究已取得很大进展。不少成果处于学科前沿，代表国内外先进水平。

一　传统研究领域的纵深发展

（一）藏文古籍整理

藏族作为中华民族大家庭中的重要成员，历史悠久，文化灿烂。在漫长的文明进程中，不仅创造了自己的文字，而且用文字书写刊印了大量藏文文献，是珍贵的人类文化遗产。近年来藏文文献的发掘整理，为藏学研究的深入展开提供了宝贵的资源。

藏文古籍文献蕴含着巨大的文物史料价值和文化学术价值。在古藏文文献的发掘整理和保护上，经西藏自治区档案馆抢救后现存的22件“元代西藏官方档案”，在2012年召开的联合国教科文组织世界记忆亚太地区委员会第5次全体大会上成功入选世界记忆亚太地区名录。这是西藏首个世界记忆亚太地区名录项目。学者还在西藏阿里地区札达县一座古格城堡遗址的废弃洞窟中发现一批珍贵的古藏文历史文献残卷。在这批残卷中，对于以往吐蕃和古格王朝历史

① 刘志扬：《作为人类学的藏学研究》，《青海民族研究》2012年第2期。

中语焉不详的一些事件有更为清晰的记载，因此具有极大的学术研究价值。

加强收集、开发与保护藏文古籍，实现资源共享，对于研究和弘扬藏族文化有着重要的历史意义和现实意义。《藏文古籍的保护与开发利用——以中国民族图书馆为例》① 一文中对中国民族图书馆馆藏藏文大藏经及其他珍贵古籍文献资源进行了全面综述，并对藏文古籍文献抢救保护、整理编目、开发利用、学术研究、成果出版等方面进行了深入的论述。《藏文古籍文献的科学保护与抢救》② 一文在分析我国藏文古籍文献的收藏现状及存在问题的基础上，提出了利用现代技术手段对其进行科学保护与抢救的具体措施，提出对藏文古籍文献进行科学保护与抢救应该遵循“在建设中保护，在保护的同时开发利用”的基本原则。

进入21世纪以来，由于科学技术手段的巨大进步，藏文古籍文献在保护与抢救、开发与利用、古籍收藏与古籍研究、目录学、数字化信息服务、文献馆藏建设及与藏文古籍文献相关的研究等方面，取得了极大进展。孙力在《藏文古籍文献数据库系统建设的探讨》③ 中提出，服务是藏文古籍数据库系统建设的最终体现，也是最能反映其价值的所在。藏文古籍文献数据库系统必须能为用户提供多种服务功能，这些功能必须构成一个综合性服务系统。卓玛吉在《网络环境下藏文古籍的开发利用与保护》④ 一文中主要阐述了目前藏文古籍的开发与保护现状，以及在网络环境下民族高校图书馆在藏文古籍资源开发利用与保护方面应采取的措施。德萨的《论西藏地区图书馆藏学文献信息服务》⑤ 分析了目前西藏地区图书馆发展藏学文献信息服务的优势、现状和存在的问题，提出了深化西藏地区图书馆藏学信息服务应该更新观念，强调服务意识；对藏学文献信息进行加工、整序，开展深层次服务；以文献资源为先，优化各具特色馆藏信息服务；加快网络建设，实现资源共享；培养高素质的藏学文献信息服务专门人才的五大对策。

（二）吐蕃史研究

吐蕃史是藏族史研究中非常重要的一环。学者对吐蕃史相关问题的探讨，在时间象限上并不局限于某一断代，而是贯穿了从公元7世纪甚至更早期直到近代。学者对吐蕃历史的研究大概可以归纳为几个主要类别和方向：一是有关吐蕃特定的制度、事件、人物等历史问题的研究；二是吐蕃与周边各地区和民族之间的互动关系；三是对古藏文文献和其他文献的研究解读；四是对吐蕃时期各种文化现象的描述和解析。

古格·次仁加布的《略论十世纪中叶象雄王国的衰亡》⑥、黄辛建的《韦·悉诺逻恭禄获罪遣：吐蕃贵族论与尚的政治博弈》⑦、张延清的《吐蕃钵阐布考》⑧、王祥伟的《试论吐蕃政权对敦煌寺院经济的管制》⑨、扎西当知的《噶尔世家对唐军事战略研究》⑩ 等论文，都从不同

---

① 史桂玲：《藏文古籍的保护与开发利用——以中国民族图书馆为例》，《图书馆理论与实践》2012年第10期。

② 李万梅：《藏文古籍文献的科学保护与抢救》，《图书与情报》2011年第4期。

③ 孙力：《藏文古籍文献数据库系统建设的探讨》，《情报杂志》2006年第7期。

④ 卓玛吉：《网络环境下藏文古籍的开发利用与保护》，《图书馆工作与研究》2009年第8期。

⑤ 德萨：《论西藏地区图书馆藏学文献信息服务》，《图书馆论坛》2005年第4期。

⑥ 古格·次仁加布：《略论十世纪中叶象雄王国的衰亡》，《中国藏学》2012年第2期。

⑦ 黄辛建：《韦·悉诺逻恭禄获罪遣：吐蕃贵族论与尚的政治博弈》，《西藏大学学报（社会科学版）》2012年第3期。

⑧ 张延清：《吐蕃钵阐布考》，《历史研究》2011年第5期。

⑨ 王祥伟：《试论吐蕃政权对敦煌寺院经济的管制》，《敦煌学辑刊》2010年第3期。

⑩ 扎西当知：《噶尔世家对唐军事战略研究》，《中国藏学》2010年第3期。

的角度阐释了早期吐蕃历史的发展轨迹。洲塔和尕藏尼玛的《东纳藏族部落族源考略》①、王正宇的《康巴：边地文化与身份认同》②、黄博的《试论古代西藏阿里地域概念的形成与演变》③、郝相松的《明代河、湟、岷、洮地区的藏族分布》④、陆军的《吐蕃族源“西羌说”的困境》⑤等文章，则对藏族的族源、分布和族际认知等问题进行了有意义的探讨。

吐蕃与周边民族的互动关系，是吐蕃史研究中成果辈出的领域。周伟洲的《唐代吐蕃与北方游牧民族关系研究》一文，依据唐代汉藏文史料，梳理了吐蕃与突厥、回纥、沙陀等北方游牧民族的关系。次旦顿珠在《西藏世居穆斯林考略》一文中对“蕃克什”（藏族穆斯林）和“甲克什”（汉族穆斯林）两个穆斯林群体的考证和调查，展示了藏、汉、伊斯兰三大文化在青藏高原上的交流互动。赵心愚根据西南地区的珍稀史料发表了一组论文，全方位展示了南诏与唐、吐蕃的复杂关系及其演变。曾现江在《吐蕃东渐与藏彝走廊的族群互动及族群分布格局演变》一文中分析了藏彝走廊的族群分布格局的变化，尤其是岷江上游及大渡河一线以西在吐蕃控制下的众多部落发生“蕃化”的过程。赵靖的《七世纪中叶前吐蕃与尼泊尔关系浅析》、杨铭的《论吐蕃治下的吐谷浑》、叶拉太的《古代藏族、纳西族族源及文化渊源关系》、石坚军的《蒙古前四汗时期蒙藏关系新探——以“斡腹之谋”为视角》等诸多论文，从不同角度展示了吐蕃与周边民族的复杂的关系及其衍变过程。

对古代文献的整理考订，是历史研究的基本功，也是研究工作的起始点。近年来，学者对古代藏文文献的解读角度越来越丰富。巴桑罗布在《吐蕃赞普后裔在门隅的繁衍与承袭》一文中，根据藏文古籍《门隅明灯》的相关记载，通过梳理吐蕃赞普后裔弥森巴王和康巴王等两个王系在门隅的繁衍与承袭，展示了吐蕃文明在门隅地区传播的历史画卷。《韦协》是首部系统记载佛教传入西藏的早期重要史籍，巴桑旺堆的汉译本和注释为国内藏学界尤其是为吐蕃史研究者和藏传佛教史研究者提供了珍贵的研究资料。目前我国西北、西南地区存有大量有关藏族历史信息的金石碑铭。吴景山、李永臣在《甘肃唐代涉藏金石目录提要》中对这些碑铭资料的梳理和介绍，有助于学界对甘肃地区涉藏金石碑铭遗存有所了解、认识和利用。韩殿栋、刘永文合著的《明代笔记中的西藏》梳理了明代笔记中对西藏的记载，涉及派员入藏、设置机构、治藏方略、风土人情等丰富内容。敦煌文献是藏族古代史研究的重要基础资料。陆庆夫在《敦煌汉文文书中的民族资料分布概述》一文中，将含有民族资料的敦煌汉文文书划归为十类，并按类概要论述了民族资料的分布情况，另外还通过注文列举了学界对相关资料研究的论著。

（三）治藏政策与汉藏关系史

汉藏关系史在藏学领域乃至中国史研究领域都是非常重要的部分。学者们为研究历代中央政府与西藏地方的关系倾注了大量心血。

中央政府对西藏地方的政策和管理一直是藏族史研究的重要领域，特别是到近现代，由于西方列强的干涉和藏族内部分裂势力的活动，在中央和西藏地方的关系中发生了许多重大事件。如何坚持统一、反对分裂，对藏区实施更为有效的管理，从理论和实践方面都有许多重要问题需要深入探讨和研究。杜江的《中国共产党西藏干部政策历史回顾》，车辚的《周恩来关于西藏工作的思想与实践》，张双智的《周恩来赴印度三次规劝十四世达赖喇嘛》，李芸芹、徐

---

① 洲塔、尕藏尼玛：《东纳藏族部落族源考略》，《西南民族大学学报（人文社科版）》2012 年第 12 期。

② 王正宇：《康巴：边地文化与身份认同》，《广东技术师范学院学报》2012 年第 2 期。

③ 黄博：《试论古代西藏阿里地域概念的形成与演变》，《中国边疆史地研究》2011 年第 1 期。

④ 郝相松：《明代河、湟、岷、洮地区的藏族分布》，《西北师大学报（社会科学版）》2011 年第 4 期。

⑤ 陆军：《吐蕃族源“西羌说”的困境》，《四川民族学院学报》2010 年第 3 期。

万发的《朱德对西藏和平解放的贡献》，张涛、贺贤春的《略论胡锦涛西藏发展观》，阴法唐的《进军及经营西藏62年的历史回顾》，戴超武的《中国和印度关于西藏币制改革的交涉及影响（1959—1962）》等文章，对中国共产党各个时期的领袖以及相关政府部门如何处理西藏事务进行了回顾、总结和分析。

清末和民国时期的中央和地方关系史研究也有不少成果。祝启源先生的遗作《中华民国时期西藏地方与中央政府关系研究》[①]，内容资料丰富，其中包括国家档案馆的上千份档案资料，西藏与青海省区的地方文献，藏文与外文历史资料，用丰富翔实的史料重现了中华民国时期西藏与中央政府的关系。车明怀的《晚清变局中的驻藏大臣》，谭凯、陈先初的《梁启超对清季政府西藏政策之批评》，刘永文、赖静的《〈广益丛报〉与晚清中国西藏的社会变迁》，曾国庆的《清政府治藏举措辨析》，陈鹏辉的《张荫棠遭弹劾考释》，朱悦梅的《鹿传霖保川图藏举措考析》，王川的《民国时期戴新三著〈拉萨日记〉选注》，张双智的《蒋介石抗战期间应对西藏危机之策》，徐百永的《从宗教上推动政治：国民政府对藏宗教政策视野下的汉僧事务》，朱昭华的《论袁世凯政府对西藏危机的因应》，黎同柏的《辛亥革命中的中国西藏》，张发贤的《再论黄慕松进藏及其历史意义》，王华的《蒙藏委员会对后世的影响与启示》，石涛、李欢的《晚清川藏南路边茶探析》，徐百永、萨仁娜的《试析国民政府的“康茶筹藏”政策》等论文，通过文本研究，对清末民国时期中央政府治藏政策进行了阐释和反思。

（四）外国涉藏史

帝国主义的涉藏活动和侵略、藏族人民和全国各族人民反抗侵略的历史，是中国近代史研究不可或缺的组成部分。胡岩的《南京国民政府反对帝国主义分裂西藏的历史考察》[②]和《西藏人民1904年抗英战争百年祭》[③]，符银香的《清末民初〈东方杂志〉中英西藏交涉重点报道初探》，郭永虎的《近代清政府对外国人入藏活动的管制政策》，刘国武的《民国时期英国支持和插手康藏纠纷的政策分析》等，深刻揭露了帝国主义对我国西藏和其他藏区的侵略、颠覆活动，以及各族人民的坚决抵抗。

随着中国学者对外交流的增加，一批利用国外档案和多种文献资料撰写的论文，推进了西藏地方涉外关系史的研究。程玉海、秦正为的《苏俄与西藏关系探微——基于两份档案材料的考察》，普莱姆·拉尔·梅赫拉、杨铭、赵晓意的《20世纪初俄国在西藏的阴谋》，陈春华的《俄国外交文书选译——关于“英中藏”西姆拉会议》，邱熠华的《1930年尼泊尔与西藏地方关系危机探析》，梁俊艳的《荣赫鹏与英国在新疆和西藏的殖民扩张》，后东升的《美国当代社会西藏观探析及应对策略》，张旗的《美国外交决策的政治与西藏政策——分析框架与案例研究》等论文，运用大量外文档案，对近代帝国主义的侵略活动以及当代西方国家的西藏政策进行了多方位的研究。秦永章的《日本涉藏史：近代日本与中国西藏》[④]是国内外第一部比较全面地介绍和论述近代日本（1868—1945年）与我国西藏地方之间历史关系的著作。该书利用大量的日文档案等第一手史料，以日本近代史中的明治、大正、昭和三个历史时期为顺序，系统地论述了自19世纪末叶至20世纪中叶日本渗透侵略我国西藏的具体过程，详细地披露了日本侵藏过程中许多鲜为人知的史实，揭露了日本帝国主义染指我国西藏的真实面目。

---

① 祝启源：《中华民国时期西藏地方与中央政府关系研究》，中国藏学出版社2010年版。

② 胡岩：《南京国民政府反对帝国主义分裂西藏的历史考察》，《民国档案》2003年第2期。

③ 胡岩：《西藏人民1904年抗英战争百年祭》，《中国藏学》2004年第2期。

④ 秦永章：《日本涉藏史：近代日本与中国西藏》，中国藏学出版社2005年版。

（五）藏传佛教研究

藏传佛教对于整个藏区的影响极为巨大，是藏学研究中的重点话题。学术界不仅继承了对宗教哲学思想和教法义理等传统的研究优势，近年来还从更多的学科角度研究佛教对藏族社会的影响，反映出国内学界对于藏传佛教的研究已经从单一的研究方法向多学科、多视角转变。

藏传佛教哲学具有鲜明的民族特色，是印度、汉地佛教哲学和藏族本土文化结合而形成的产物，其哲学理论博大精深，相关研究不胜枚举。乔根锁等的《藏汉佛教哲学思想比较研究》[①]通过对藏汉佛教哲学思想形成的历史与文化背景的考察，对藏汉佛教之间的不同特点做了比较研究。李元光的《藏传佛教直观主义认识论》[②] 从直观主义认识论的角度主要阐述了藏传佛教认识的主体与对象，是从哲学认识论角度研究藏传佛教及各派教义思想的专著。孟晓路的《七大缘起论》[③] 从佛教缘起论发展的形态出发阐述了佛教七大缘起论的内涵，是研究佛教世界观的理论成果。刘俊哲的《藏传佛教哲学思想研究》[④] 把存在论、知识论、实践论融为一体，阐述了藏传佛教哲学的丰富内涵。该作者所编辑的《藏传佛教哲学思想资料辑要》[⑤] 是按照佛教哲学教义类别对藏传佛教各派典籍进行分类编排的资料汇编。索南才让（许德存）的《觉囊派教法史略》[⑥] 是目前介绍觉囊派最全面的一部理论著作。牛宏的《〈章嘉宗义〉研究》[⑦] 是对格鲁派第三世章嘉活佛若贝多杰著作《章嘉宗义》进行研究的最新成果。克珠群佩的《西藏佛教研究》[⑧] 是作者多年研究西藏佛教教派源流、各派教法义理、高僧传记等内容的汇编，是研究藏传佛教教派历史和哲学思想的重要学术文献。朱丽霞的《宗喀巴佛学思想研究》[⑨] 全面阐述了宗喀巴的显教思想及其在中国佛学中的价值。

中观学说是藏传佛教显教哲学的最高见解。有关中观学说一些重要的藏文原著被翻译成汉文出版，主要有：《龙树六论：正理聚及其注释》（民族出版社 2000 年版），更敦群培著、白玛旺杰译的《中观精要——龙树心庄严》（2009 年），章嘉·若白多杰著、白玛旺杰译的《章嘉国师论中观》（民族出版社 2004 年版），肖黎民、秦亚红的《文殊智慧哲学精义》（宗教文化出版社 2005 年版），宗萨蒋扬钦哲仁波切著、姚仁喜译的《正见：佛陀的证悟》（中国友谊出版公司，2007 年），索达吉译的《中观宝鬘论释》（2007 年），月称著、彭措朗加讲解、贡绒埃萨译的《入中观论讲解》（宗教文化出版社 2011 年版），月称论师著、明性法师译的《中观论根本颂之诠释〈显句论〉》（宗教文化出版社 2011 年版），等等。

当前，从哲学角度对藏传佛教各派教义思想展开研究的著作不断涌现，特别是从西方哲学、宗教哲学、马克思主义哲学等角度展开的研究正在拓展，视野不断开阔。值得注意的是，在宗教文献的出版发行方面，除了国家的正式出版单位以外，越来越多的寺院和宗教团体以非正式出版物的形式向社会传播各种类型的宗教读物。

藏传佛教寺院是藏传佛教信仰的一种载体，其对于藏文化的保存与弘扬有重大意义。对寺庙经济制度、管理制度和文化教育的研究，是藏传佛教研究在内容上的深入和拓展。尕藏加的

---

① 乔根锁、魏冬、徐东明：《藏汉佛教哲学思想比较研究》，上海古籍出版社 2012 年版。

② 李元光：《藏传佛教直观主义认识论》，民族出版社 2009 年版。

③ 孟晓路：《七大缘起论》，宗教文化出版社 2008 年版。

④ 刘俊哲：《藏传佛教哲学思想研究》，民族出版社 2013 年版。

⑤ 刘俊哲：《藏传佛教哲学思想资料辑要》，民族出版社 2007 年版。

⑥ 索南才让（许德存）：《觉囊派教法史略》，西藏人民出版社 2011 年版。

⑦ 牛宏：《〈章嘉宗义〉研究》，甘肃人民出版社 2006 年版。

⑧ 克珠群佩：《西藏佛教研究》，宗教文化出版社 2009 年版。

⑨ 朱丽霞：《宗喀巴佛学思想研究》，中国社会科学出版社 2007 年版。

《藏传佛教寺院内部管理体制的演进》以田野调研和个案分析为主要依据对西藏自治区境内部分具有典型意义的藏传佛教寺院内部管理体制作了考述，不仅梳理了藏传佛教寺院内部管理体制的历史演化过程，而且阐述了当前藏传佛教寺院内部管理体制与藏区经济社会发展相适应的主客观因素。相关的研究还有：施东颖的《藏传佛教格鲁派六大寺院及其管理》，次旦扎西、次仁的《略述藏传佛教寺院组织制度》等论文。傅志海的《试析历代中央政府重视对活佛转世管理的原因与措施》，周炜、豆格才让的《以史为鉴规范管理——关于藏传佛教活佛转世管理办法的意义》等文探讨了中央政府对藏传佛教的管理制度和方法。

藏族地区的寺院经济在其性质上可以分为传统寺院经济，即建立在封建经济基础上的寺院经济和建立在社会主义初级阶段条件下的新型寺院经济。寺庙经济活动的内容、形式、发展方向，对宗教职业者和信教群众的经济生活，对藏传佛教自身的兴衰，乃至对藏区社会经济的发展，都有重要的影响。东噶仓·才让加的《藏传佛教寺院内部管理体制的演进》[①]、谢热桑沫的《藏传佛教尼僧经济结构与模式初探》[②]、穆赤·云登嘉措的《藏传佛教信众宗教经济负担的历史与现状》[③] 等文章，从不同角度分析了藏传佛教寺庙的经济功能和行为，以及对藏族社会的影响。

另外，沈卫荣的《西藏历史和佛教的语文学研究》、王新有的《前宏期吐蕃赞普、地方豪族、苯教和佛教势力间的博弈》、李超的《松赞干布时期印度佛教传入吐蕃的原因》、当增扎西的《从法藏敦煌藏文文献中的观音经卷看吐蕃观音信仰》、才吾加甫的《塔里木盆地吐蕃佛教文化研究》、张延清的《吐蕃和平占领沙州城的宗教因素》、丁柏峰的《藏传佛教在滇西北的传播及对玛丽玛萨文化的影响》、同美的《多维视野下西藏本教的起源与发展》等诸多论文，从教法史和宗教哲学等不同角度探讨了藏传佛教文化的深刻内涵及其对藏族和周边各民族的深刻影响。

（六）象雄文明和苯教研究

象雄是青藏高原上的一个古老部族。以冈底斯山脉主峰岗仁波钦为中心的象雄文化对吐蕃文化产生过重大影响，是苯教的发祥地，是雪域文明的重要源头。在公元 7 世纪前象雄曾建立过许多代世袭相传的王国，7 世纪初被吐蕃兼并和同化，成为藏族大家庭中的一员。顿珠拉杰在《西藏西北部地区象雄文化遗迹考察报告》[④] 中，用民俗传说与文献记载相结合的方式，详细地介绍了作者在 2002 年考察中新发现的 60 余处古迹点，包括 14 处古城堡和庙宇遗址、7 处洞穴岩画、20 处古墓葬群遗址（共计 1000 余座墓葬）、10 座白石碑遗址（近 200 根石碑）的历史背景。南卡诺布、阿旺加措的《远古象雄人起源概说》[⑤] 以苯教文献为基础，梳理了远古象雄人的出现情况以及苯教历史和藏族历史。

苯教文化是使整个藏族文化趋于神秘性的重要原因。神祇繁多、神话丰富是藏族苯教的重要特征之一。拉巴次仁在《苯教神学研究：苯教神祇体系及特征分析》[⑥] 一文中把苯教神灵分

① 尕藏加：《藏传佛教寺院内部管理体制的演进》，《世界宗教研究》2007 年第 2 期。

② 谢热桑沫：《藏传佛教尼僧经济结构与模式初探》，《中国藏学》2010 年第 1 期。

③ 穆赤·云登嘉措：《藏传佛教信众宗教经济负担的历史与现状》，《西藏研究》2002 年第 1 期。

④ 顿珠拉杰：《西藏西北部地区象雄文化遗迹考察报告》，《西藏研究》2003 年第 3 期。

⑤ 南卡诺布、阿旺加措：《远古象雄人起源概说》，《西北民族大学学报（哲学社会科学版）》2010 年第 2 期。

⑥ 拉巴次仁：《苯教神学研究：苯教神祇体系及特征分析》，《西藏大学学报（社会科学版）》2010 年第 3 期。

为原始苯教神灵、雍仲苯教神灵和源自佛教的苯教神灵三大类，并在此基础上归纳了各自的特征。孙林的《试论苯教的宗教性质及与藏区民间宗教的关系》①，重点探讨了斯巴苯教与民间宗教的密切关系。罗桑开珠在《略论苯教历史发展的特点》② 一文中，总结了苯教的前弘期、中弘期和后弘期三个历史阶段不同的发展特点，认为前弘期苯教是在西藏本部原始巫教与象雄苯教相融合的基础上发展起来的，是由自然宗教向人为宗教的转型期，其特点为天人合一、王苯合一；中弘期苯教确立了雍仲苯教三界论的主导地位，推翻了王苯合一的宗教形式，建立了苯教教祖独立的宗教地位；后弘期苯教在吸收借鉴佛教理论的基础上，使其形成规范化、系统化的神学宗教体系。诺吾才让的《苯教"四因"乘对古代藏族社会的影响》③《再谈苯教四因乘对古代藏族社会的影响》④ 探讨了佛教传入吐蕃之前雍仲苯教的法门对藏族社会的影响。

才让太对苯教和象雄文明有诸多的研究成果。《再探古老的象雄文明》⑤ 一文用翔实的考证说明了祆教对古象雄苯教形成的影响。文中引用珍贵的手抄本资料阐释了作为古象雄穹部落后裔东迁的曲折历史和传说。《苯教在吐蕃的初传及其与佛教的关系》⑥《苯教历史三段论之由来及剖析》⑦《苯教的现状及其与社会的文化融合》⑧ 等系列文章，探讨了苯教在不同历史时期的发展状况及其社会影响。

（七）佛教艺术史与文化遗产保护

藏传佛教艺术包括建筑、绘画、雕塑等平面和立体的形式，其中尤以绘画、雕塑两大类型占了较大比例，并受到考古工作者、文物工作者和艺术史家的高度关注。20 世纪上半叶，西方艺术史研究中出现了图像学的研究方法。近年来藏传佛教艺术研究领域涌现了一大批活跃的专家学者，成果丰硕，如谢继胜、熊文彬、廖旸、刘冬梅等对藏传佛教多种题材的造像艺术及相关问题的研究，李翎对藏密观音造像的研究，王红梅等人对回鹘文中藏传佛教造像记载的研究，霍巍对西藏西部的考古研究，等等，使藏传佛教艺术研究成为当前最为活跃的研究领域之一。陈平在《藏传佛教造像的主要艺术特征》⑨ 中根据宗教职能划分出的七个部类的神，并根据这样的划分对藏传佛教诸神的造像艺术特征作了系统介绍。罗桑开珠则从绘画、雕塑和雕刻三大类及分支入手，分析藏传佛教造像艺术的印藏文化的源头和佛教显密经论的基本思想。⑩康·格桑益希从盛行于雪域高原的藏传佛教文化中的密集艺术入手，就密宗蔓萘罗艺术的发展源流、种类形式、表现内容、形制构成、宗教象征意义、使用功能及审美内涵等作了较全面的探讨和论述。⑪ 另外，还有不少论文讨论了不同区域的藏传佛教艺术造像的特点和传承。

非物质文化遗产作为传承传统文化和民族文化的活性载体，在上千年的历史长河中发挥着重要的纽带作用，不仅代表着人类文化遗产的精神高度，更是国家、民族文化软实力的重要资

---

① 孙林:《试论苯教的宗教性质及与藏区民间宗教的关系》,《西藏研究》2006 年第 4 期。

② 罗桑开珠:《略论苯教历史发展的特点》,《西北民族学院学报（哲学社会科学版)》2002 年第 4 期。

③ 诺吾才让:《苯教"四因"乘对古代藏族社会的影响》,《青海民族学院学报》2002 年第 1 期。

④ 诺吾才让:《再谈苯教四因乘对古代藏族社会的影响》,《青海民族学院学报》2004 年第 1 期。

⑤ 才让太:《再探古老的象雄文明》,《中国藏学》2005 年第 1 期。

⑥ 才让太:《苯教在吐蕃的初传及其与佛教的关系》,《中国藏学》2006 年第 2 期。

⑦ 才让太:《苯教历史三段论之由来及剖析》,《中国藏学》2008 年第 4 期。

⑧ 才让太:《苯教的现状及其与社会的文化融合》,《西藏研究》2006 年第 3 期。

⑨ 陈平:《藏传佛教造像的主要艺术特征》,《东方博物》2004 年第 1 期。

⑩ 罗桑开珠:《藏传佛教造像艺术的结构体系及其象征意义》,《中央民族大学学报（哲学社会科学版)》2009 年第 1 期。

⑪ 罗桑开珠:《藏传佛教密宗蔓荼罗艺术探秘》,《宗教学研究》2004 年第 2 期。

源和武器库，是民族精神、民族情感、民族历史、民族个性、民族气质、民族凝聚力和向心力的有机组成。近年来，对“非遗”的挖掘、保护、研究和利用的探讨与实践成为一种潮流。然而，社会现实也给非遗的保护和传承带来了相当大的挑战。马宁在西藏非物质文化遗产保护方面发表了一系列文章，其中《论西藏非物质文化遗产的分类和传承保护》[①] 一文特别强调，在具体保护过程中必须要突出传承性的“活态”保护，才能使西藏非物质文化遗产实现可持续发展。陈映婕、张虎生以一个史前岩画被毁事件为案例，分析了在文化遗产保护中，当代藏族民众的宗教行为和文化价值取向问题。[②] 尼玛次仁在《青藏铁路通车后的西藏文化遗产保护》[③] 一文中提出了一个非常重要的问题，即如何应对流动人口快速增加、旅游业迅猛发展的大环境给保护和利用文化遗产带来的双重挑战。

二　新兴的研究领域

与国际藏学研究相比较，中国的藏学研究具有独特的发展路径，突出表现在这个学科所兼具的学术文化功能和社会政治功能。特别是在与近代史、当代史和现实问题相关的研究领域，中国藏学工作者承担着维护国家统一和民族团结，为藏区的经济建设、政治建设、文化建设、社会建设和生态建设服务，以及弘扬藏族文化、繁荣祖国藏学事业的重大使命。这种使命感反映在方法论上，就体现为藏学研究领域比较特殊的学术关怀。广大学者一方面秉承传统的研究方法，以史料为基本素材，推动微观领域研究的细化，同时越来越多地吸收人类学、社会学、经济学以及其他多种学科的理论方法，不断推进藏族近代史的研究。在专门从事藏学领域的研究者不断向其他学科借鉴研究方法的同时，其他学科的学者也越来越多地关注并加入到藏学领域的研究队伍中来。这种变化和发展特别突出地表现在现实问题的研究中，并已取得可观的研究成果。

（一）环境保护与生态移民

从 20 世纪 90 年代起，我国西部地区开始将生态移民作为生态环境建设和扶贫开发的重要举措，逐步实施并广泛推行，在理论界引起了极大的关注。学者从生态移民的概念界定、分类及安置模式、移民的适应性、生态移民工程存在的问题及可持续发展、生态移民的效果评估等各方面进行了探讨研究，成为近十年来的重要学术话语。

2005 年，中国社会科学院民族学与人类学研究所召开了关于“生态移民与环境影响评估”的国际研讨会，“生态保护”已逐渐被视为生态移民概念的核心内涵，对它的理解也从最初单一的人口迁移行为扩展为涵盖经济以及文化层面的人与自然关系的重新调整，进一步厘清了生态移民的内涵和外延。

基于对实践中生态移民安置模式的多样性的分类，学者们指出在不同的移民安置模式下生态移民在社会适应和文化适应方面的能力存在差异性。越来越多的学者开始认识到，移民的生产生活场所在空间位置上的变化包含着移民在生存环境、人际交往、生活生产方式以及心理等各方面适应的过程。石德生以对三江源生态移民的调研为例，分析了生态移民的城市化生活，

---

① 马宁：《论西藏非物质文化遗产的分类和传承保护》，《西藏民族学院学报（哲学社会科学版）》2008 年第 1 期。

② 陈映婕、张虎生：《文化空间、价值取向与文化遗产保护——从西藏“日姆栋”史前“血祭图”岩刻画被毁事件说起》，《文化遗产》2008 年第 3 期。

③ 尼玛次仁：《青藏铁路通车后的西藏文化遗产保护》，《中国文化遗产》2006 年第 4 期。

指出他们只是实现了身份的城市化，其生活方式、思想观念、行为活动、精神领域依然表现出较为浓厚的传统性特征。① 祁进玉的《草原生态移民与文化适应——以黄河源头流域为个案》通过对黄河源头流域草原生态移民的深度访谈，呈现出牧民生态移民群体在文化适应方面较为严峻的一面。② 多位学者合作的《三江源区生态移民的困境与可持续发展策略》③，在大量实地调研、政策研究和文献总结基础上，结合国内外有关三江源以及生态移民研究现状，分析了青海省三江源地区生态移民的特点和现状，指出了三江源地区生态移民面临的困难与存在的问题，并提出了相关建议和解决措施。相关的研究还有尕丹才让、李忠民的《牧区生态移民述评——以三江源国家级保护区为视角》④，解彩霞的《三江源生态移民的社会适应研究》⑤，鲁顺元的《三江源区生态移民社会适应问题的调查与思考》⑥，陶忠的《实施生态移民过程对果洛州经济发展产生的深远影响》⑦ 等。学者们从各个不同领域、不同视角对生态移民问题展开研究，已经取得了丰硕的成果，其总结出的经验、发掘出的问题、提出的对策措施也为各地生态移民工程的进一步开展提供了政策和实践方面的建设性意见。

（二）公共政策与社会发展

公共政策是政府实现施政目标、民众表达和实现利益诉求的重要途径，是实现社会公正的重要载体。从西藏和平解放时开始，中央政府就采取了一系列措施帮助西藏发展公共服务事业，促进西藏社会的发展。中央政府为了促进西藏公共服务事业的发展，不仅提供了巨额的财政支持，而且几乎在每一项公共服务领域都采取了针对民族地区或者专门针对西藏的特殊优惠政策，以便调动西藏各级政府和社会参与公共服务的积极性。改革开放以后，特别是进入 21 世纪以来，西藏包括公共教育、公共卫生、社会保障、公共基础设施等各项公共事业取得了飞速发展。学界对于公共服务均等化的研究，是伴随着藏区各项社会事业逐步展开的。

在内地大部分地区尤其是欠发达地区基本公共服务供给不足和分配不平等加剧的情况下，西藏地方政府却保证了农牧业生产支持系统的正常运转，加强了对基础教育和基本健康服务的公共投资，并保证了对弱势群体的重点救助。朱玲在《西藏农牧区基层公共服务供给与减少贫困》⑧ 一文中指出：其中的主要原因，一是在于大规模的外来援助使得当地政府具有执行公共职能所必需的财政资源；二是由于外在的监督促使地方政府保持足够的政治意愿，向低收入群体提供廉价或免费的基本公共服务。这实质上是一种投资取向的收入再分配，无论在短期还是在长期内，都有助于减少市场机制运行带来的经济不平等，或者说有助于缩小地区之间、行业之间和社会群体之间的经济差距。

---

① 石德生：《三江源生态移民的生活状况与社会适应——以格尔木市长江源生态移民点为例》，《西藏研究》2008 年第 4 期。

② 祁进玉：《草原生态移民与文化适应——以黄河源头流域为个案》，《青海民族研究》2011 年第 1 期。

③ 周华坤、赵新全、张超远、邢小方、朱宝文、杜发春：《三江源区生态移民的困境与可持续发展策略》，《中国人口、资源与环境》2010 年第 3 期。

④ 尕丹才让、李忠民：《牧区生态移民述评——以三江源国家级保护区为视角》，《青海师范大学学报（哲学社会科学版）》2011 年第 4 期。

⑤ 解彩霞：《三江源生态移民的社会适应研究：基于格尔木市两个移民点的调查》，《青海社会科学》2009 年第 3 期。

⑥ 鲁顺元：《三江源区生态移民社会适应问题的调查与思考》，《青海师范大学学报（哲学社会科学版）》2009 年第 5 期。

⑦ 陶忠：《实施生态移民过程对果洛州经济发展产生的深远影响》，《青海统计》2007 年第 1 期。

⑧ 朱玲：《西藏农牧区基层公共服务供给与减少贫困》，《管理世界》2004 年第 4 期。

随着中国社会经济转型的突飞猛进，就业市场已经高度开放，藏区经济和社会已经不可能是一个封闭的体系，通用语言的重要性日益凸显。由于各种原因，在民族地区以政府部门和第二、三产业为代表的语言应用环境主要以汉语为主。这就使主要使用母语和接受母语教育的少数民族学生在就业和发展中遇到语言障碍。如何掌握民族语言与汉语汉文二者之间的平衡关系，是多年以来包括藏区在内的少数民族聚居地争议较多的问题。马戎在《西藏社会发展与双语教育》① 中回顾了西藏自治区在双语教育上的发展状况和教学模式，并就几个原则问题进行了讨论。

公共卫生事业在西藏的发展，有十分特殊的轨迹。藏区不仅建立了各级卫生院、妇幼保健站、防疫站等公共卫生机构，传统的藏医藏药事业也取得了可喜的成就。《西藏农区基本医疗保障与医疗服务水平现状研究》② 以西藏自治区日喀则南木林县艾玛乡为田野调查点，分析了目前西藏农牧民所享有的基本医疗保障和医疗服务水平、农牧民的满意度以及有关农村合作医疗在政策措施实施过程中的成功经验和不足之处。《追叙西藏共享型发展方式的轨迹：以公共医疗卫生为例》③ 追溯了西藏公共医疗卫生事业的发展进程、发展成果和发展效用。冯岭等中外学者共同完成的《公共卫生体系的第三条道路——从藏医传统医技医法的调研谈起》④ 提出，完全靠政府控制和自由市场规范机制解决看病难、看病贵的问题无法取得令人满意的效果，研究了藏医学与补充货币的问题，角度十分新颖。

受历史和现实条件的双重制约，西藏与我国其他地区的公共服务仍存在着较大差距。《略论西藏社会保障制度的演化》⑤ 从历史的纵向中考察了西藏社会保障制度的演变历程和特点。《推进城乡基本公共产品均等化视角下西藏农牧区反贫困的财政政策研究》⑥ 等文章，从公共服务均等化的角度，分析了公共财政体系构建和转移支付能力对西藏社会事业发展的意义。《西藏农牧区与城镇居民基本医疗保险制度的比较分析》⑦ 对西藏农牧区与城镇居民基本医疗保险制度从覆盖范围、筹资方式、管理机制和保障重点四个维度进行了比较分析。《西藏农区的村级组织及其公共服务供给》⑧ 从微观层面对社区的公共服务进行了细致分析，指出了村级组织与民间权威在基层公共服务中的互补关系。

（三）环境脆弱性与减灾问题研究

藏区由于受地理环境影响属于灾害高发地区，大量不同类型的自然灾害给藏区人民的生命财产造成不同程度的损失。早期对灾害的研究主要依托于从事自然科学研究的专家学者。近年来，社会各界越来越意识到，在人类抵御自然灾害的过程中，除了国家政策层面的主导作用，受灾地区的社会结构和文化心理因素，都会直接影响减灾的效果。近年来，灾害的风险管理受

---

① 马戎：《西藏社会发展与双语教育》，《中国藏学》2011 年第 2 期。

② 陈默：《西藏农区基本医疗保障与医疗服务水平现状研究》，《中国藏学》2012 年第 4 期。

③ 李中锋：《追叙西藏共享型发展方式的轨迹：以公共医疗卫生为例》，《中国藏学》2011 年第 2 期。

④ 冯岭、史蒂芬·本赫伯、贝尔纳德·列特尔、李明：《公共卫生体系的第三条道路——从藏医传统医技医法的调研谈起》，《中国藏学》2007 年第 3 期。

⑤ 洛桑达杰、旦增遵珠：《略论西藏社会保障制度的演化》，《西藏民族学院学报（哲学社会科学版）》2011 年第 6 期。

⑥ 陈爱东：《推进城乡基本公共产品均等化视角下西藏农牧区反贫困的财政政策研究》，《西藏民族学院学报（哲学社会科学版）》2011 年第 3 期。

⑦ 赵新吉、邓明文、朱华鹏：《西藏农牧区与城镇居民基本医疗保险制度的比较分析》，《西藏科技》2012 年第 1 期。

⑧ 扎洛：《西藏农区的村级组织及其公共服务供给》，《中国人口科学》2004 年第 3 期。

到越来越多的学者关注。有关减灾的公共政策研究和灾害社会学受到越来越多的重视。灾害和减灾研究以应用性、交叉性、综合性为其学科特点，以社会调查、统计分析为工具，研究自然灾害对人类社会的经济结构、科技发展、社会组织、角色行为、生活方式等方面的影响；揭示灾害与社会的关系；探讨预防、控制或减轻灾害的措施和对策。研究的切入角度，一方面是从国家宏观政策层面探讨减灾防灾的政策法规、制度建设、配套措施等；另一方面是从社区的微观角度，探讨灾害中的各种行为和互动关系，重点是研究可能的预防和自救方式。《青藏地区社区综合减灾能力建设研究——以甘南藏族自治州为例》① 分析了藏族社区在减灾中的意义并就社区综合减灾能力建设中面临的主要问题提出了几点建议。夏吾李加的《藏文文献遗产保护机制的创新——以玉树地震灾区为例》② 一文基于玉树地震灾区藏文文献遗产的特点和受灾实况，从建设藏文文献数字化基地、组建藏文文献专业人才库、搭建州县际联席会议平台、成立国家级古籍保护单位和出版地方性典籍文献丛书等几个层面，探讨了藏文文献遗产保护机制的创新问题。在社会科学研究领域，大量有关灾害研究的成果出自博士、硕士论文。这种现象说明，年轻一代的学人在现实关怀和理论探索中，已经开始逐步超越前辈，正在形成一种新的研究力量。

在灾害史研究方面，《20 世纪上半叶西藏地方政府的自然灾害应对策略研究》③《历史时期（1797—1958）西藏地区的雹灾及其应对考述》④ 等文章梳理了西藏历史传统中应对自然灾害的方式方法，以及对灾害的认知。《近代川西藏区地震与政府抗震救灾初探》⑤ 回顾了近代川西藏区地震概况及当时清朝和民国政府抗震救灾的措施，为近代民族地区社会史和灾害史研究增添新的视角和内容。

三 方法论的拓展

（一）藏族社会研究中的人类学取向

藏学研究的转型变化与对多学科方法论的借鉴密不可分。人类学、民族学有注重田野调查、注重经验研究、注重对一个微观社区进行细腻深描的学科特点。人类学家运用参与观察、访谈、搜集口承文献、个案调查、专题研究等人类学实地调查方法获取第一手资料，特别强调对调查资料进行理论分析、建构，检验、完善、突破前人的理论，以期更深入、更透彻地把握人类社会各种复杂的文化现象，对藏族文化做出描述。

国内借助人类学方法对藏族文化开展的实证、个案研究起步较晚。随着人类学学科的恢复和发展，从 20 世纪 80 年代开始，学者开始越来越多地将人类学、民族学的方法论引入到国内藏学研究领域，索端智、刘志扬等人曾将相关研究归纳为藏学人类学。学者借助人类学、民族

---

① 张广裕：《青藏地区社区综合减灾能力建设研究——以甘南藏族自治州为例》，《民族论坛》2012 年第 18 期。

② 夏吾李加：《藏文文献遗产保护机制的创新——以玉树地震灾区为例》，《西藏大学学报（社会科学版）》2012 年第 4 期。

③ 周晶：《20 世纪上半叶西藏地方政府的自然灾害应对策略研究》，《西藏大学学报（汉文版）》2004 年第 2 期。

④ 倪根金、谢萍：《历史时期（1797—1958）西藏地区的雹灾及其应对考述》，《农业考古》2007 年第 1 期。

⑤ 徐文渊、陈沛杉：《近代川西藏区地震与政府抗震救灾初探》，《西藏大学学报（社会科学版）》2009 年第 1 期。

学的研究手段和理论，把西藏的村庄或特定的微观社区作为田野点，在田野调查的基础上，进行藏族文化和社会结构研究，对当代藏区的社会和文化现状进行分析和研究，理解西藏文化变迁、宗教仪式以及宗教寺庙和村落人民之间的共生关系，有关微观社区专题研究的专著开始不断涌现。索端智的博士论文《现实到彼岸：一个藏族社区信仰、仪式和象征结构的人类学研究》，是作者在青海热贡社区做了三个月田野调查的基础上撰写的。他的研究受“功能—结构”学派的影响，对村民两方面的信仰作了描述。

人类学家对微观的社区的调查研究有明确的理论框架，同时也更加重视人类学服务于现实，服务于国家利益和西藏社会发展的目标，致力于解决西藏和其他藏区现实问题的各种应用型课题。[①] 徐平、刘志杨和旦增伦珠的研究与当时在中国人类学研究领域里盛行的变迁研究相关，着眼于藏族社区的变迁研究。他们关注国家力量在社区变迁中的主导作用，认为西藏的现代化可以看作来自以国家为主导的外部力量推动的过程，在变化的过程中被接受者进行了选择性的创造加以重构。

历史人类学的研究转向包括对于平民史、口头史的注重，地方知识重要性的关注，对于文化批判力量的借助等。这些新手段丰富了历史学研究内容与方法论。

（二）区域研究和比较研究的发展

区域研究中比较引人关注的是有关民族走廊的研究。

藏彝走廊是费孝通先生提出的一个民族区域新概念。近 10 年来，西南学术界以李绍明先生为首发起的藏彝走廊研究，在学者们的不断努力下，出现了一大批具有标志性意义的成果，并带动了其他民族走廊和区域研究的发展，开辟了从“走廊”角度认识研究东部藏区各民族历史、社会、经济、文化的学术方向。“藏彝走廊”专题有代表性的成果主要有李绍明的《藏彝走廊民族历史与文化》[②]、石硕的《藏彝走廊：历史与文化》[③] 和《藏彝走廊：文明起源与民族源流》[④]，以及袁晓文主编的“藏彝走廊研究丛书”等。《广西民族大学学报》《西南民族大学学报》等学术期刊相继开辟了“藏彝走廊研究专栏”，扩大了“藏彝走廊”的学术影响。中国藏学研究中心以杜永彬为首的一批学者，有感于国际“藏学”持续升温，“安多研究”取得了长足发展的现状，提出有必要建立“康巴学”学科体系。格勒、任新建、王怀林等一批学者也指出，建立此学科体系的时机已经成熟。李绍明先生、任新建先生在共同署名的《康巴学简论》中，系统地对建立“康巴学”学科体系、推动康巴文化研究，进行了全面阐述。

与藏彝走廊相关联的西北民族走廊大体位于青藏高原东北边缘，由甘青两省之间的河西走廊和陇西走廊组成。西北民族走廊的研讨尚处在开始阶段，学者们通过对西北民族走廊的概念、范围、特征进行探讨，达成了一些共识。

一部分学者从地方史和观念史的视角，研究藏区各地方的社会变迁，取得了不俗的成绩。扎洛编著的《清代西藏与布鲁克巴》利用丰富的汉、藏、满、英多种语言的历史文献，特别是大量鲜为人知的档案和藏文史料，系统梳理了清代西藏与布鲁克巴（今不丹）之间复杂而曲折关系的演变过程，展示出喜马拉雅山区域史所特有的深度与内涵。作者在史实考证的基础上，深入分析了清代中央王朝的宗藩体制如何移植、运用到喜马拉雅山地区，以及在面临英国殖民势力挑战时所进行的自我调整和应对行动，提出了“清代的喜马拉雅山宗藩关系模式”的概

---

① 刘志扬：《乡土西藏文化传统的选择和建构》，民族出版社 2006 年版。

② 李绍明：《藏彝走廊民族历史与文化》，民族出版社 2008 年版。

③ 石硕：《藏彝走廊：历史与文化》，四川人民出版社 2005 年版。

④ 石硕：《藏彝走廊：文明起源与民族源流》，四川人民出版社 2009 年版。

念，认为在清朝整体性的宗藩体制之下还存在地区性的次级系统。桑丁才仁的《民国时期青海、四川两省“称都”、“香科”隶属之争探析》、张轲风的《康藏与西南：近代以来西南边疆的区域重构》、王娟的《“藏族”，“康族”，还是“博族”？——民国时期康区族群的话语政治》、黄天华的《近代康藏史研究的几点反思——兼述康藏人眼中的辛亥革命》《大白事件与第三次康藏纠纷的起因问题》、王海兵的《尹昌衡西征与民国初年康藏局势变迁》、李健的《民国时期的“西藏”概念》、高晓波的《21 世纪学界关于明清安多、康区藏族史研究述评》等论文，与以往藏族地方史的研究相比，在方法论和关注点上都有一定的新变化。

学者对走廊地带和区域史的研究继承了人类学“地方性知识”研究传统，着眼于地方政治与文化的重新阐释，注重“草根政治”与“平民话语”，挑战传统藏学的历史研究框架，不再单纯强调汉藏族群互动与文化接触，将走廊地带看作是不同族群间文化、经济、政治交融的重要“接触区域”。在学术界，有学者进一步提出了“藏边社会”的概念，将研究拓展至相对于传统藏文化中心的卫藏地区而言处于青藏高原周边，或外围并受藏文化影响的地区，研究范式也从地理空间向文化空间转变。

综上所述，由于独特的学科背景，藏学研究越来越注重基础研究与应用性研究相结合的方法。基础研究是藏学发展的根基，是藏学体系建设的支撑。研究解决涉藏工作的现实问题，是藏学研究的目的，是促进藏学发展繁荣的动力。藏学研究工作者积极探索以基础带应用、以应用促基础的科研新路，推动了中国藏学研究在研究深度、广度和学术关怀上的不断发展，中国藏学的研究正处于良好的发展环境中。

（卢梅，助理研究员，中国社会科学院民族学与人类学研究所藏学与西藏发展研究室）

新世纪以来新疆专题研究(2001—2012年)

周　泓　郭宏珍　马　艳　王　耀　孙　嫱*

一　国外新疆研究与国际交流

(一) 国外新疆研究

国外学术界对于新疆的关注呈现出多视角、多学科的特点，学术论题涵盖历史文化、社会发展、现实政治以及国际问题等方面，学科领域涉及历史学、经济学、人类学、宗教学等诸多学科及相关交叉学科。但是，由于研究出发点的不同和学术立场的差异，特别是资料占有不全面，某些国外学者在新疆相关研究中较多地表现出主观性而缺乏足够的客观性，经常选择性地使用已有资料，致使其观点或失之偏颇，或与新疆实际不相符合，因此他们的相关研究很难取得国内学术界的认同。另一方面，国外的相关研究往往是碎片化的，缺乏体系化的集中研究和长期学术关注。然而，国外学术界的讨论视角、研究方法以及某些合理看法也值得国内学术界加以借鉴。以下主要引述以2001年以来部分国外学者或者处于国外学术语境下的部分华人学者有关新疆的一些研究成果。

1. 新疆历史研究。新疆历史悠久，作为古丝绸之路，被认为是欧亚文化的交汇之地，因此，新疆各民族历史研究一直是学术界的重要主题之一。詹姆士·A. 米华健（James A. Millward）《欧亚十字路口：新疆史》（*Eurasian Crossroads*: *A History of Xinjiang*，London: Hurst & Company，2007）以当代人的视角，考察了新疆从史前时期开始到现在的历史，描绘了一幅中国、伊斯兰和西方文化叠合的图景，并指出了目前存在的一些课题，如环境变迁、多文化的交流以及多宗教群体的互动等，其中，“中间通道”是作者所强调的主题。根据新疆早期的历史线索如神话，以及新的线索，作者按年代学的方法叙述了新疆史实，这种叙述不是闭合的，其中一些情节结构可看作正在发生的历史。通过对新疆历史的叙述，米华健强调新疆永远是一条中间通道：政治中间通道、文化中间通道、宗教中间通道以及帝国和民族政权中间通道。作为重要通道，新疆不仅仅是中国和中亚及中东伊斯兰“世界”之间的通道，而且是中国和整个世界的重要通道。此外，作者对某些现实问题进行了思考，如新疆历史上各部族之间的冲突和割据统治；宗教互动中地理和环境作用；严重影响新疆城乡发展的水危机等。

大卫·布罗菲（David Brophy）的《清代新疆准噶尔蒙古的遗产》一文根据学术界对清政府对待境内不同民族和宗教的方式的已有认识，探讨了清代新疆伊斯兰教和穆斯林。作者认为，清代多语制和意识形态多元化很少延伸到新疆穆斯林的语言和信仰中，清王朝认识到亚洲内陆穆斯林充当着与准噶尔蒙古人之间进行外交和贸易的角色，于是在这些穆斯林中找到了合

---

* 周泓、郭宏珍、马艳、王耀、孙嫱撰写；周泓、王耀并梳理。

作者。这些穆斯林可以按照蒙古人的统治理念满足清王朝的要求，因此，清王朝感到没有必要在新疆形成一种明显不同的伊斯兰统治方式。① 贾斯廷·雅各布斯（Justin Jacobs）的《新疆维吾尔自治区如何解放：透视张治中天山画报和新疆青年歌舞团》一文对张治中在新疆的活动做了一些述评。1944 年新疆发生暴动后，张治中受派前往新疆平息叛乱。经过磋商，成立了由各族人民代表参加的民主联合政府，使新疆局面得以稳定发展。之后，张治中奉命主持西北文化供应社工作，主导出版《天山画报》等。作者认为，张治中当时的这些努力可以看作中国政府使用大众媒介宣传民族政策的最早实例。② 此外，迈克尔·希尔（Michael Share）的《俄国内战在新疆的影响：1918—1921》分析史料认为，俄国内战期间，白俄军队从当时新疆领导者那里寻求到了庇护所、财力援助、食物和栖身之处，然后利用这些庇护反击苏联红军，1921 年苏联红军肃清了白俄力量。显然，俄国内战在新疆给当地人和中国造成了重要影响。③

2. 民族学人类学新疆研究。新疆民族较多，文化和历史变迁较为突出，是许多民族学和人类学者心想神往的田野工作地域，也是民族学人类学学术关注较多的地域之一。但是，国外学者有条件前往新疆开展田野工作的人数很少，相关民族学人类学研究大多是以文献为基础完成的。

首先，有关维吾尔族社会文化的历史人类学的思考。伊尔迪科·贝勒汗（Ildiko Beller-Hann）的《1880—1949 间新疆的社区问题：维吾尔族历史人类学分析》（*Community Matters in Xinjiang* 1880 - 1949: *Towards a Historical Anthropology of the Uyghur*, by Ildiko Beller-Hann. Leiden: Brill, 2008）一书的基本目的是“在独特的社会环境中系统地勾画和理解社会关系”。作者细心而谨慎地分析了新疆研究的现状，提出了理解当地多样性的方式和方法，通过引述当代的资料，向读者展示了当地的地理和人口，理解了经济和社会组织，调查了社会关系和风俗习惯，描述了个人的生活范围以及伊斯兰宗教处境和行为。作者在新疆的相关田野工作为历史资料的文献研究提供了必要的现时背景，向读者展现了维吾尔族社会嵌入性、经济关系以及风俗习惯和宗教的多维视角。伊莉斯·安德森（Elise Anderson）的《阿蔓尼莎汗是维吾尔族杰出的音乐文化代表》一文通过维吾尔族十二木卡姆的透视，把阿蔓尼莎汗（Āmānnisā Khan, 1526—1560）解释为维吾尔族杰出的音乐文化代表，探讨了阿蔓尼莎汗所代表的各种文化形式之间的内在联系，包括书面故事、舞台表演、坟墓、电影、小说和肖像画等。分析显示，“阿蔓尼莎汗是征集人和组织者”，正是这种频繁的再背景化和循环往复，成为她发展为文化代表形象的重要要素。在此，人们关注的可能不是阿蔓尼莎汗本人而是她所代表的形象，不是现实而是象征，不是历史而是历史意识，以及它对后期历史的塑造和反映。④

其次，有关维吾尔族民族和群体认同的研究。埃里克·T. 施罗塞尔（Eric T. Schluessel）的《新疆的历史、认同和母语教育》一文指出，民族认同不仅仅是集体行为的催化剂，而且是一种由历史意识塑造的观念和社会变量。这样的历史意识也反映在了当代人的社会行为和态度

---

① David Brophy, “The Junghar Mongol Legacy and the Language of Loyalty in Qing Xinjiang”, *Harvard Journal of Asiatic Studies*, Vol. 73, No. 2, December, 2013, pp. 231 - 258 (Article).

② Justin Jacobs, “How Chinese Turkestan Became Chinese: Visualizing Zhang Zhizhong's Tianshan Pictorial and Xinjiang Youth Song and Dance Troupe”, *The Journal of Asian Studies*, Vol. 67, No. 2 (May, 2008), pp. 545 - 591.

③ Michael Share, “The Russian Civil War in Chinese Turkestan (Xinjiang), 1918 - 1921: A Little Known and Explored Front”, *Europe-Asia Studies*, Vol. 62, No. 3, May 2010, pp. 389 - 420.

④ Elise Anderson, “The Construction of Āmānnisā Khan as a Uyghur Musical Culture Hero”, *Asian Music*, Volume 43, Number 1, Winter/Spring 2012, pp. 64 - 90.

中。[①] 肖恩 · R. 罗伯特（Sean R. Roberts）的《想象中的维吾尔族》指出，有关当代维吾尔民族的诞生，学术界的普遍看法是，当代背景下“维吾尔”民族观念是由20世纪20年代苏联官僚主义者引发的，其后中国权威人士在其苏联同事的帮助下在新疆的维吾尔族人中促进了这种观念。该文作者使用语言学资料，认为20世纪早期，维吾尔知识分子中出现了当代维吾尔族民族概念并形成了民族认同。[②] 卡拉 · 阿布拉门逊（Kara Abramson）的《性别、维吾尔认同和诺祖古姆传说》透过诺祖古姆传说考察了性别和维吾尔认同之间的关系。通过追溯传说的起源并分析近几十年在文学艺术中的具体化表现，认为该传说突出了维吾尔族文学规则，主人公在维吾尔族民族英雄中的地位在构建当代维吾尔族认同中虽然凸显了整个群体，但是却忽视了性别角色。该传说性别主题也强调了当代维吾尔族性别主张的重要性，如让维吾尔族妇女进入沿海工厂等。[③]

再次，维吾尔族穆斯林宗教人类学研究。瑞 · 萨姆（Rian Thum）的《模块历史：维吾尔民族主义出现之前的认同》集中于19世纪晚期和20世纪早期南疆的历史案例，并把焦点集中于认同体系的一个方面，即人们的历史传统，讨论了非现代背景下如何维持宗教认同。文章认为，这种认同是将典籍技术与宗教圣地朝拜发展起来的，在建构“维吾尔”认同之前，有助于维持定居新疆的群体认同。由于民族历史的缺失，当地英雄史诗将传统诗选文集和朝圣联系在一起，产生了一种模块历史传统，这种传统在宗教叙述中容纳了本地影响。这种运作体系的中心是典籍传统中的团体著述，为当地历史创造了一种新的流派，公开记述朝圣者的活动，历史文本的演唱巩固了一种选择性类型的想象共同体：一种繁荣在非现代背景下的同一的、宗教的、著述促进的认同体系。[④] 在以往的讨论中，中国新疆地区维吾尔族当地伊斯兰教与中亚有些地区的穆斯林常常被从“真正的”“纯粹的”或者“官方的”伊斯兰教中区别开来，或者被看作一种截然不同的宗教体系。保拉 · 施罗德（Paula Schrode）的《维吾尔宗教实践中正统和异端的动力》对“正统”和“异端”及其探讨价值进行了理论讨论，指出诸如仪式治愈和圣人崇拜等虽然受到激烈辩驳，但它们与维吾尔族社会却密切相连，进而分析了与这些实践相关宗教论证的复杂结构和过程，以及它们在历史、社会和政治背景中的某些特征。[⑤]

就民族精神和物质文化研究而言，相关研究成果较多。雷切尔 · 哈里斯（Rachel Harris）以研究新疆音乐与文化而著名，出版有关于北疆锡伯族音乐与文化的著作，以及有关维吾尔族音乐的学术文章。十二木卡姆这一套组曲是维吾尔族传统文化成就的顶峰之作，在《理解中国新疆音乐曲段：维吾尔族十二木卡姆》（*The Making of a Musical Canon in Chinese Central Asia*: *The Uyghur Twelve Muqam*, by Rachel Harris. Aldershot: Ashgate, 2008）一书中，雷切尔 · 哈里斯对十二木卡姆进行了音乐学、历史学和社会的分析，该书研究的重点是解释这套组曲是什么时候如何进入到维吾尔族民族音乐经典中的。另外，艾瑞克 · 托莫博尔特（Éric Trombert）的《坎儿井古代中国起源说是神话还是事实?》一文指出，坎儿井是古代的地下供水系统，至今仍

---

① Eric T. Schluessel, "History, Identity, and Mother-tongue Education in Xinjiang", *Central Asian Survey*, Vol. 28, No. 4, December 2009, 383 - 402.

② Sean R. Roberts, "Imagining Uyghurstan: Re-evaluating the Birth of the Modern Uyghur Nation", *Central Asian Survey*, Vol. 28, No. 4, December 2009, pp. 361 - 381.

③ Kara Abramson, "Gender, Uyghur Identity, and the Story of Nuzugum", *The Journal of Asian Studies*, Vol. 71, No. 4, November, 2012, pp. 1069 - 1091.

④ Rian Thum, "Modular History: Identity Maintenance before Uyghur Nationalism", *The Journal of Asian Studies*, Vol. 71, No. 3, August, 2012, pp. 627 - 653.

⑤ Paula Schrode, "The Dynamics of Orthodoxy and Heterodoxy in Uyghur Religious Practice", *Die Welt des Islams*, *New Series*, Vol. 48, Issue 3/4, 2008, pp. 394 - 433.

然存在于伊朗、摩洛哥和中国新疆地区（大多数在吐鲁番盆地）并发挥着作用，西方和中东历史学家普遍认为，自阿契美尼德王朝（550B. C. —330B. C. ）以来，伊朗地区一直是使用坎儿井的中心地带，然而中国学者则认为，中原地区是坎儿井技术的发源地，其后传入新疆并进行了少量的改进。作者认为，在8世纪后期，中原汉人大量进入新疆地区的时期，坎儿井技术在西部还不为人知，纵观坎儿井历史发展过程，可以发现，这一技术的起源与清政府将新疆纳入王朝统治有关，时间大概在19世纪初期。①

3. 社会发展及应用人类学研究。2000年之后，随着西部大开发战略的提出和实施，包括新疆在内的西部省区社会、经济、文化等各方面获得了空前发展，各族人民生活水平逐步提高，与此同时，与可持续发展相关课题和问题也越来越多地受到学术界的关注，西方学者对此也表现出了极大热情，纷纷加入到有关新疆的学术主题讨论之中，但他们的观点和结论良莠不齐，需甄别对待。

首先，关于区域发展问题。迈克尔·克拉克（Michael Clarke）的《中国内部安全维谷和"西部大开发"：新疆整合、民族主义和恐怖主义动态》探讨了人类安全观念对于中国多民族发展方式的适用性问题。作者指出，围绕"西部大开发"战略的表述显示，政府在继续强调需要指出民族地区发展不平衡问题的同时，坚持认为必须以"民族团结"和"社会稳定"为基础，1991年到2006年政府在新疆的政策说明政府发展战略的副作用，例如环境恶化也在一定程度上对当地民族关系带来了不利影响。社会安全层面也显示，当一个社会认识到"我们"的认同受到威胁时，通常会通过集体认同的复兴如语言和宗教而尽力增强社会连接。② 迈克尔·L. 朱科斯齐（Michael L. Zukosky）的《当代新疆素质、发展表述和少数民族民族主观性分析》一文指出，政府相关表述遵从特定的模式，描绘出了北疆少数民族县区的贫穷现实，并通过"素质"这个词语，把贫穷的根源归结于当地居民自身原因。官方借用"素质"尽力在国内市场经济内塑造一种特定的主观性，从而模糊了地方的独特形式和对市场改革的适应力，素质论证经常会涉及适应问题，但是，适应并非阻碍当地发展，长远地看，它是一种存留战略。因而，地方力量会反对这种发展论证，他们认为，贫穷不仅仅因为自身的素质，更重要的是他们缺乏薪酬报偿劳动的机会。③

其次，关于跨区人口流动和城市适应问题。史蒂夫·赫斯（Steve Hess）的《中国东部工业区中维吾尔族劳动输出和劳动区分》考察了当代中国劳动力流动背景下进入内地的维吾尔族工人的工作状况，指出工人之间以及工人与管理人员的摩擦冲突、不断增强的工友团结和激进行为引起了政府有关部门和影响力不断增强的企业管理人员的关注。作者强调劳动输出不应当成为脱贫和减少民族间收入不平衡的主要方式，而应成为有关企业通过民族劳动力多样化获取利益的工具，这类似于19世纪晚期美国工厂老板的古老策略。④ 宁录·巴拉诺维齐（Nimrod Baranovitch）的《反向流动：北京的维吾尔族作家和艺术家及其工作的政治含义》指出，北京的维吾尔族经常被看作国内的移民群体，并且常常从社会经济要素角度对他们进行有关解读。

① Éric Trombert, "The Karez Concept in Ancient Chinese Sources Myth or Reality?", *T'oung Pao*, *Second Series*, Vol. 94, Fasc. 1/3, 2008, pp. 115 – 150.

② Michael Clarke, "China's Internal Security Dilemma and the 'Great Western Development': The Dynamics of Integration, Ethnic Nationalism and Terrorism in Xinjiang", *Asian Studies Review*, September 2007, Vol. 31, pp. 323 – 342.

③ Michael L. Zukosky, "Quality, Development Discourse, and Minority Subjectivity in Contemporary Xinjiang", *Modern China*, Vol. 38, No. 2, March, 2012, pp. 233 – 264.

④ Steve Hess, "Dividing and Conquering the Shop Floor: Uyghur Labour Export and Labour Segmentation in China's Industrial East", *Central Asian Survey*, Vol. 28, No. 4, December 2009, pp. 403 – 416.

该文把北京维吾尔族的经历看作为“反向流动”，并以两个维吾尔族个体为例，一位是音乐家，一位是作家，探讨了他们的生活和创造性工作，指出了他们表现出的疏离、民族主义、乡愁和渴望回归以及有关异见。通过强调后者，该文认为，北京的维吾尔族可以自由表达异见，通过分析，该文考察了为什么在北京能够表达出异见，并思考了这些异见的含义。①

再次，关于内地寄宿制学校中民族学生的文化适应问题。2000 年后，内地城市设立了大量寄宿制学校，许多新疆、西藏的学生被选入就读，其中包括很多维吾尔族穆斯林学生。在西方学术界看来，这种措置是中国政府为了增强国家一体化进程而在城市中建立的一种“错位”的学校，而内地民族学生寄宿制学校是中国政府通过教育使青年人融入主流社会的一种方式。陈阳斌等的《中国寄宿制学校中的维吾尔族穆斯林：作为民族整合反应的社会资本调整》（*Muslim Uyghur Students in a Chinese Boarding School*：*Social Recapitalization as a Response to Ethnic Integration*, by Yangbin Chen. Lanham, MD：Lexington Books, 2008）对国内普通学校民族寄宿班中的维吾尔族学生如何对所谓的“民族整合”作出反应进行了调查。通过深度访谈并分析相关文献，作者指出维吾尔族学生通过与少数民族同辈和其他“有影响力的人”例如汉族教师沟通互动以全新的目的培养起社会资本，显示了他们对民族整合结构层面的接受。该书提到，学生与汉族教师的社会连接相对薄弱，而群体内的团结比较强烈，这些阻碍了班级管理和教学工作，同时也增强了民族学生与当地汉族学生之间的民族隔阂。政府最初的目的是让新疆班发挥熔炉的作用，但是当地学校实践却阻碍了民族学生和汉族学生之间的互动：民族学生有自己的班级，很少与汉族学生交朋友，尽管他们愿意与汉族学生交朋友。当寄宿班级为学生提供公平灵活的环境去适应少数民族学生的民族文化时，文化冲突就发生了，这时，民族学生就会表现出抵制文化层面的民族整合。另外，陈阳斌等的《错位的中国寄宿制学校中的维吾尔族穆斯林学生》描绘了寄宿制学校中维吾尔族学生的生活状况，认为学生养成了熔接性的社会资本形式，成为对学校民族整合教学目标的反映，这种社会资本自身也显示出学生日常生活的典型的民族标准，如语言、服饰、饮食习惯、仪式庆贺等。②

最后，关于全球化背景下民族文化的未来问题。随着西部地区开放程度的提高，学术界逐渐关注 21 世纪民族地区发展前景和全球化背景下民族传统文化的未来命运，或者认为民族文化会逐渐消失，或者认为会融入到汉族为主的主流文化中去。阿迪拉·艾尔肯（Adila Erkin）的《地区现代化全球化中的维吾尔族：当代新疆的地理、认同和消费文化》通过探讨当代维吾尔族食品、娱乐和不动产等一些消费文化现象，认为当代维吾尔族民族文化展现出了一种截然不同的发展走向，既不会消失，也不会消融，在全球化和发展的推动下，传统的维吾尔族文化将会转化为一种明显不同的文化的、宗教的、语言的当代维吾尔族大众文化，并且不断发扬光大。③

谈到国外学者对新疆的相关研究，不得不提的就是他们对某些社会和政治事件的“热切讨论”和“持续关注”，这方面论题涉及范围也比较广泛，比较集中的如某些暴力恐怖事件、宗教极端势力、民族分离势力以及现实中存在的敏感的民族张力问题。郝雨凡（Yufan Hao and

① Nimrod Baranovitch, “Inverted Exile: Uyghur Writers and Artists in Beijing and the Political Implications of Their Work”, *Modern China*, Vol. 33, No. 4 (Oct., 2007), pp. 462 – 504.

② 陈阳斌, “Muslim Uyghur Students in a Dislocated Chinese Boarding School: Bonding Social Capital as a Response to Ethnic Integration”, *Ethnicity: Multidisciplinary Global Contexts*, Vol. 2, No. 2, Race and Secondary Education: Content, Contexts, Impacts (Spring, 2009), pp. 287 – 309.

③ Adila Erkin, “Locally Modern, Globally Uyghur: Geography, Identity and Consumer Culture in Contemporary Xinjiang”, *Central Asian Survey*, Vol. 28, No. 4, December 2009, pp. 417 – 428.

WeiHua Liu）等的《新疆：中国边疆之痛》从历史、政治、经济和安全的角度考察了中国政府对新疆的关注点，以及政府在追求和捍卫其利益时面临的挑战。通过考察汉民族和其他少数民族之间的张力，尤其是同新疆维吾尔族之间的关系，认为新疆问题涉及中国的核心利益，北京面临的最严重挑战是如何应对强权包围之中的高度敏感地区的民族张力问题。① 另外，克里斯坦·泰勒（Christian Tyler）的《偏远的中国西部》（*Wild West China：The Taming of Xinjiang*，London：John Murray，2003）和迈克尔·迪伦（Michael Dillon）的《新疆：中国西北的穆斯林》（*Xinjiang-China's Muslim Far Northwest*，Routledge Curzon，London-New York，2004）从国际化的角度考察了新疆的发展，除了回溯历史之外，也涉及新疆的分裂势力和中亚国家的态度。需要指出的是，国外学者尤其是西方部分学者对待此类问题时，往往使用西方学术语境下的逻辑和概念，如“种族隔离”“民族整合”“政治人权”“政治压制”等，这些人常常或者是断章取义，或者是道听途说，或者是歪曲事实，或者是别有用心，完全丧失了学术研究的客观性。

与此同时，为了给“西化”“分化”中国制造理论根据，一些西方大学、学术单位、研究机构在政府、议会或者军方的主导下，积极开展有关“新疆问题”的战略性综合研究，披着学术的外衣在政治和舆论界兴风作浪。最有代表性的是2003年上半年美国国家情报委员会启动和实施的所谓“新疆工程”，声称对“新疆问题”高度关注，重点涉及新疆人权、宗教、民族问题，2004年出版了《新疆：中国穆斯林聚居的边陲》（*Xinjiang：China's Muslim Borderland*，Armonk，NY [u. a.]：M. A. Sharpe，2004）。该“成果”是一本论文集，主编弗雷德里克·斯塔尔（Frederick Starr）是美国约翰—霍普金斯大学亚洲—高加索研究所所长，对中国边疆问题关注颇多。该书以西方学术界惯用逻辑，歪曲新疆历史，全书充斥“殖民统治”“民族自治”“民族自决”“种族灭绝”“人权”“独裁”等概念，挑拨新疆民族关系，攻击中国政府在新疆实施的各项政策。“新疆工程”是由美国纽约亨利·鲁斯基金会（Henry Luce Foundation）公开赞助，这是有美国政府背景的一个基金会，其话语无疑表露了以美国为代表的西方政府机构的意识形态。

（二）国际交流

2007年8月俄罗斯科学院圣彼得堡民族学人类学博物馆研究所与中国社会科学院民族学与人类学研究所，签订了关于中国西部民族历史文化合作研究协议。2008年9月由该所 Чистов Юли 所长和 Ефым Резван 研究员率领的俄罗斯科学院考察团和中国社会科学院民族学与人类学研究所周泓研究员与青海民族大学马成俊教授等，延续19世纪末20世纪俄罗斯学者捷尼舍夫、拉德洛夫与马洛夫等的探察线路，追踪调研新疆喀什、吐鲁番、鄯善和青海西宁、循化等地数十个历史文化点，2009年参加了中国社会科学院民族学与人类学研究所主办的昆明第16届国际人类学民族学大会。2010年在希腊雅典和圣彼得堡分别举办新疆和青海民族调查展览，并在圣彼得堡出版合作专著《新疆与西藏之间的撒拉》。同期，德国维吾尔专家阿不都·热西提，研究“突厥语言分析翻译”软件，2012年运用于维吾尔语翻译研究，并作为中央民族大学长江学者与中国社会科学院民族学与人类学研究所交流。2013年中央民族大学哈萨克语文系举办系列海外学者讲座，邀请阿勒法拉比大学和古米廖夫大学等教授，讲授哈萨克语用修辞学、传统句法学向功能句法学的转向，哈萨克文学的前沿问题；主办“青格斯·艾特玛托夫座谈会”，与哈萨克斯坦阿勒法拉比大学合作组织“当代语言学前沿与突厥世界”国际学术会议和“哈萨克文字问题北京圆桌会议”，参与“中国周边国家语言文化论坛”。张定京教授分别作

---

① Yufan Hao and WeiHua Liu，“Xinjiang：Increasing Pain in the Heart of China's Borderland”，*Journal of Contemporary China*（2012），21（74），March，205－225.

《哈萨克语的语法单位》《哈萨克文字改革的拉丁化走向》和《中国的哈萨克文字的改革进程与拉丁化问题》专题和主题报告。哈萨克斯坦举行“文化对话中的语言文学与新闻国际研讨会”，中国社会科学院少数民族文学研究所黄忠祥研究员作《特定文化语境中的民间演唱艺人的学艺特点》主题发言，并参加乌克兰“民间故事国际研讨会”，作《哈萨克族幻想故事与其史诗比较研究》主题发言。

二　国内新疆研究重要项目与学术交流

近年新疆研究除新疆维吾尔自治区社会科学基金和中国西部项目资助外，国家社科基金也有重大委托和资助项目。2012 年中国社会科学院民族学与人类学研究所王延中研究员主持国家社科基金重大委托项目“21 世纪中国少数民族经济社会发展综合调查”，调研新疆喀什市、墨玉县、塔什库尔干塔吉克自治县、和布克塞尔蒙古族自治县，阿勒泰地区富蕴县、吐鲁番地区鄯善县和柯尔克孜族自治州乌恰县。即将调研伊犁地区伊宁县。何星亮研究员的“新疆若干珍贵文物、文书调查与研究”、周泓研究员的“新疆多元文化生态保护研究”，少数民族文学研究所黄忠祥研究员的“语言与文化研究：哈萨克族习俗歌的调查研究”等，新疆社会科学院木拉提·黑尼亚提的“近代新疆基督教研究”，亦得到国家社会科学基金资助。同时中国社会科学院重点资助新疆研究项目有“新疆双语教学调查研究”（何星亮主持）、“喀什老城区改建的民族学研究”（周泓）等。中央民族大学民族学与社会学学院新疆调查持续，博士生孙嫱等的“新疆少数民族大学生就业问题的调查与分析”，语言文化学院张定京教授的“实体语法理论研究”和“新疆多民族语言有声调查与数据库建设”，托汗教授的“《玛纳斯史诗》唱本传统诗章《阔阔托依的祭奠》的比较研究”，均得到国家社科基金资助；阿力肯教授的“跨境哈萨克语研究”，托汗“《玛纳斯》史诗与柯尔克孜民俗研究”得到教育部专项基金资助。

《2010 年边疆发展中国论坛》文集，关于新疆的研究有《新疆水文水利资源的发掘》《哈萨克族习惯法》和周泓的《边政学与近代新疆主体建构》等。继而中央民族大学生态人类学国际研讨会有关新疆的研究有徐平的《新疆生态、人文与跨越式发展思考》，周泓的《新疆多元地缘性与地域性文化演变》。2013 年 11 月初，复旦大学暨《中国学研究》和《学术月刊》“多维视野下的中国研究”国际学术会议，有关新疆研究的论文有周泓的《近代新疆汉人研究建构》、毛颖辉的《从三区革命到新疆解放：1944—1949 年民族主义框架下的话语建构》、黄达远的《地缘政治与民国新疆》、白京兰的《清代新疆民族法律研究》、金玉萍的《当代新疆地县传媒研究》。随即中国民族学年会在银川召开，有关新疆研究的论文有周泓的《新疆地缘文化圈源流与结构路径》、王耀的《美国国会图书馆与“台北国家图书馆”藏清代新疆总图比较研究》。同期中国民族史年会在昆明召开，有关新疆的论文有王耀的《清代乌什城市形态及格局演变探析》等。2014 年中央民族大学少数民族研究中心“新丝路新思路”中国边疆论坛，有关新疆研究的论文有 Gholamreza Avane 的《作为全球化时代对话新方式的新丝绸之路》、Maxim Mikhalev 的《论边疆研究范式的转变》、赵旭东的《“丝绸之路经济带”与边疆民族文化》、周泓的《多元生成文化区论说——基于新疆历史地缘文化圈》、张娜的《对 20 世纪 20—30 年代中亚地区民族—国家划界的反思》、朱尔拜特·吐尔逊的《哈萨克民间神话中的神圣形象——生命之树》、姚新勇的《被遮蔽的“胡天下观”及其他》、周伟的《新疆突厥民族文化在“新丝路”中的桥梁作用》等。内地有关中亚—新疆文学研讨会有“格斯（萨）尔与口传史诗国际研讨会”“国际乌孙文化暨哈萨克文化研讨会”“纪念库尔曼别克逝世两周年暨阿肯阿依特斯研讨会”和“哈萨克语文学国际学术研讨会”等，关于新疆民族文学研究有黄忠祥的《母题与派生母题》《乌孙文化与哈萨克文化的地域特征》《阿尔泰语系突厥语族口传史诗的地域特点》《哈萨克族阿肯弹唱的群众性特征》等论文，又，2010 年前后西域族习惯法研究，如加孜拉・热哈得力的《浅析哈萨克族习惯法变迁》（《伊犁师范学院学报》2008 年第 2 期），岳书光的《哈萨克族习惯法初探》（《伊犁师范学院学报》2011 年第 1 期）。

2013 年 9 月新疆社会科学院历史研究所主办"《新疆通史》修订评议暨民国时期的新疆"学术研讨会。议题包括民国新疆重要人物杨增新、金树仁、樊耀南、盛世才、马仲英、和加尼牙孜、吴忠信、张治中等的研究与评价；民国新疆重大事件评价：清末"新政"；辛亥迪化起义、伊犁起义，新伊塔城谈判，新疆辛亥革命在全国辛亥革命中的位置，哥老会研究；哈密农民起义，策勒村事件，1928 年 7・7 事变，1933 年 4・12 事变，"三区革命"研究；民国新疆与中央政府关系，民族、宗教政策；民国新疆的经济、人口与环境，教育、文化与社会思潮；民国新疆研究的新史料、新问题、新视角、新方法。会议肯定了《新疆简史》的文字资料之严谨文风，但反思、质疑单一观点分析。肯定杨增新、盛世才的保卫疆土功绩和盛世才执新的历史选择，苏联兵援新疆名义为盛世才，实际阻御日本，质疑苏联援助三区革命的政治企图。蔡锦松认为盛世才具马列主义意识，新疆现代史自盛世才时期；纪大椿论述《苏联与新疆三区革命》及其影响，指出 1949 年中共中央文件将三区民族军写为"维族军"。周泓的《民国新疆：民族主义与国家民族主义并悖》，认为西方民族国家思想与中国多民族国家历史整合未完成，并提出研讨国际共运与国家主权关系。中国社会科学院中国边疆史地研究中心许建英的《近代英国与中国新疆》考述英国未支持 20 世纪 30 年代南疆"东突厥斯坦伊斯兰共和国"。部分学者关注新疆汉族商人与信仰，周泓论释《晚近新疆汉人社会的生成》，另有学者考察北疆汉人寺庙遗存。民国新疆民族社会得到关切。哈萨克族专家强调各族本族而非汉族角度的民国研究，以重视西域世居土著族体；木拉提・黑尼亚提研究员以档案影像资料重现瑞典喀什传教团考察的维吾尔社会；另有维吾尔族学者论陈晚近乌孜别克族商人的跨境贸易作用。蔡锦松以档案价值质疑记忆的主观性，周泓则审视文献记载的局限与主观取舍，呼吁抢救民国新疆活体资源。2013 年新疆石河子大学召开关于新疆屯垦历史与文化研讨会，中国汉民族学会派人参加。

2013 年内地重点院校参与新疆研究。北京大学社会学所、浙江大学人文学院相继展开新疆调研，分别侧重新疆穆斯林社会和新疆佛教文化研究；清华大学社会学系和复旦大学相继成立人类学民族学中心，继而关注新疆问题。新疆师范大学邀请北京大学、中央民族大学、内地民族院校及民族学人类学中心学者，召开"跨文明互动"学术会议。中央民族大学哈萨克语文系举办国内专家学者系列讲座，探讨非物质文化遗产与民族语言，哈萨克民间叙事长诗演唱传统，从认知角度看哈萨克语的智力类词语等。内地博士生和研究生有新疆历史文化研究毕业论文。继北京师范大学民俗学博士热依拉的《新疆麻扎文化研究》和中央民族大学民族学博士艾力・艾沙的《喀什香妃墓研究》之后，2011 年中央民族大学博士论文有古丽的《沙漠干旱地区的人类文化适应——新疆于田县达理博依乡维吾尔族人为例》；继中国社会科学院博士阿地力・居玛吐尔地的柯尔克孜族的《〈玛纳斯〉评传》之后，中央民族大学 2013 届研究生论文有孔杜孜的《杂散居柯尔克孜族文化变迁——塔什库尔干塔吉克自治县科克亚尔柯尔克孜族民族乡的民族志》。

三　国内新疆历史研究

新疆历史研究一直以来都是学术界的关注热点，各类学术成果丰厚。进入 21 世纪以来的十几年间，在大量前人先行成果基础之上，学者们借助对于新史料的挖掘和原有文献的新阐发，在新疆历史研究的诸多领域提出了新见解，取得了新成果。以下将分门别类择要概述：

（一）经济贸易史

新疆古称“西域”，在历史时期一直存在较为发达的绿洲农业、手工业等，并处于商贸繁荣的古代丝绸之路上，其丰富多彩的经济、贸易活动受到广大学者的关注。

西汉时期，中央王朝势力进入西域地区，内地与西域地区经贸联系密切，西域各国自身经济得到较大发展。周伟洲在《两汉时期新疆的经济开发》（《中国边疆史地研究》2005 年第 1 期）中，依据历史文献和考古资料，对两汉时期西域诸城郭国人口、城镇和经济状况的发展变化，以及两汉政权一系列开发西域具体措施进行了论述，揭示这一时期新疆经济开发的概况和成就。马国荣的《汉代新疆的手工业》（《西域研究》2000 年第 1 期），研究了汉代新疆的陶器、金属冶炼、毛纺织业、木器等手工业发展状况。李炳泉在《西汉西域渠犁屯田考论》（《西域研究》2002 年第 1 期）一文中，就屯田问题进行了研究。郝玉玲的《古代吐鲁番地区与中原王朝的朝贡贸易》（《西域研究》2000 年第 1 期），记述了古代吐鲁番地区向中原王朝的朝贡贸易，并对贡品进行了翔实考证。

汉代之后很长时间，内地与西域长期处于分治状态，但是经贸联系不断。王青的《汉魏六朝文学中所见的西域商贸》（《西域研究》2003 年第 2 期），记述汉代之后政治分离期的西域商贸状况。周泓的《从考古资料看汉唐两朝对古代新疆的经营》（《新疆师范大学学报（哲学社会科学版）》2000 年第 4 期）和《魏晋十六国时期中原王朝地西域的经营》（《新疆师范大学学报（哲学社会科学版）》2003 年第 2 期）撰述古代西域戍屯类型与历史功效。另外，还有林梅村的《于阗花马考——兼论北宋与于阗之间的绢马贸易》（《西域研究》2008 年第 2 期）等文章。施新荣的《明代哈密与中原地区的经济交往——以贡赐贸易为中心》（《西域研究》2007 年第 1 期）分哈密建卫前、哈密建卫至成化八年以及成化九年哈密卫内迁后三个时期，以贡赐贸易为中心，对明代哈密与中原地区的经济交往关系之盛衰及其缘由进行了探讨。

清朝是新疆经济、贸易繁荣发展的重要时期，关于这一时期的研究成果较多。清统一新疆后，设置屯田解决粮食供给问题，促进了土地开发和农业发展。李敏的《论清代新疆屯田的重大历史作用》（《西域研究》2001 年第 3 期），在阐述清代新疆屯田发展状况、组织形式等基础上，探讨了屯田的重大历史作用。张丹在《内地汉人在清代新疆屯田开发中的作用》（《河海大学学报（哲学社会科学版）》2002 年第 3 期）中，则专注于讨论汉人在屯田中的作用。杨琰的《清季新疆屯田对当地少数民族人口的影响》（《中央民族大学学报（哲学社会科学版）》2002 年第 1 期），同样探讨了屯田对当地的影响。而赵海霞则选取商屯为研究对象，撰写了《清代新疆商屯研究》（《西域研究》2011 年第 1 期），作者指出清代商屯的发展大致可分为两个阶段：第一阶段从乾隆二十六年（1761）至道光八年（1828），这一时期由于各种社会因素，商屯主要集中在天山北部的巴里坤、乌鲁木齐及所属州县与伊犁一带。第二阶段从道光八年至同治二年（1863 年），这一时期由于南疆政局的需要，商屯在南疆也逐步开展，但规模不大。到了清末，战乱多发，社会动荡，新疆的社会经济遭到前所未有的打击，商屯这一屯田形式也逐渐衰落。

其他亦有针对清代新疆盐业、渔业、煤矿业、土地买卖等问题的探讨。比如王继平、李桢峰在《清代、民国时期新疆盐业概述》（《西域研究》2006 年第 2 期）一文中，利用史料勾勒了清代、民国时期新疆食盐生产、运输、销售及盐务管理、盐价、盐税方面的轮廓。鲁靖康的《清代新疆渔业考述》（《西域研究》2010 年第 2 期），作者依据文献记述，分析了清代新疆的渔业资源分布、渔业生产记述和水产贸易状况。贾建飞的《人口流动与乾嘉时期新疆煤矿业的兴起和发展》（《西域研究》2011 年第 4 期），根据清代满、汉档案及相关文献，以内地人的活动为中心，对乾嘉时期新疆煤矿业的兴起和发展予以论述。张世才在《清同治后吐鲁番地区土地买卖的形式及特点》（《西域研究》2006 年第 4 期）中则探讨了土地买卖问题。金玉萍在《清季吐鲁番地区的租佃契约关系——吐鲁番厅察合台文文书研究》（《西域研究》2001 年第 3 期）中对清朝光绪年间吐鲁番地区的一些察合台文文书进行了介绍，并在此基础上，对文书中关于土地的租佃契约关系进行了深入分析，从而找出了清末吐鲁番地区在土地、生产关系方面的一些特点。

新疆的玉石贸易具有久远的历史，张文德的《明与西域的玉石贸易》（《西域研究》2007 年第 3 期），根据《明实录》等书的记载，考察了玉石贸易的路线、次数、种类、数量、价格等，探讨了明朝建立的玉石贸易制度及其对玉石贸易的影响，着重探讨了玉石贸易中存在的舞弊问题。蔡家艺在《清代新疆玉石的开采与输出》（《中国边疆史地研究》2010 年第 3 期）中则探讨了清代玉石状况。此外，徐百永的《阿古柏入侵时期喀什噶尔与俄国的商业贸易及其发展缓慢的原因》（《西域研究》2004 年第 1 期）则注意到了清后期与俄国的商贸关系。许建英的《金树仁时期英国和中国新疆之间的贸易（1928—1933）》（《西域研究》2006 年第 1 期），结合英方档案，论述了英国与新疆贸易路线及其贸易承载量的变化和历年贸易，分析了英国与新疆贸易的特点。周泓的《清末民国新疆货币、金融特征》（《中央民大学学报（哲学社会科学版）》2000 年第 4 期）论述近代新疆无约、违约贸易和货币、金融承载的殖民特性。

除上述断代研究外，也有一些长时段的研究成果。比如陈跃的《论古代北疆农业的发展》（《西域研究》2011 年第 2 期），作者认为新疆古代北疆地区性的农业先后经历了史前的萌发、汉晋南北朝的初步发展、隋唐元明的曲折发展和清代的飞跃发展四个阶段。受到地理条件和人口迁移等因素的影响，清代以前的北疆农业呈现出东西两端发展较快、准噶尔盆地北部和天山北麓中断相对迟缓的地理分布格局。经过清代的大规模开发，北疆广大地区获得飞速发展，农垦区已经遍布天山北麓。另外，还有王茜的两篇长时段研究视角的文章值得注意，分别为《维吾尔族古代先民社会经济发展述论》（《西域研究》2002 年第 3 期）和《历史时期新疆园林业的发展及特点》（《西域研究》2001 年第 3 期）。

（二）社会生活史

社会生活史的研究对象十分丰富，包括文化、音乐、医学、诗歌等方面。余太山的《两汉魏晋南北朝正史“西域传”所见西域诸国的社会生活》（《西域研究》2002 年第 1 期），探讨了西域诸国的社会生活状况。仲高在《隋唐时期的于阗文化》（《西域研究》2001 年第 1 期）中指出，隋唐时期的于阗文化与中原汉文化、突厥文化、吐蕃文化及印度文化、波斯文化、粟特文化之间呈现一种整合态势。另外，田卫疆曾撰写《明代吐鲁番地区的社会经济和宗教文化》（《西域研究》2004 年第 4 期），研究明代吐鲁番地区的社会、文化等状况。阿合买提江·艾海提的《西域拜火习俗的文化理解》（《西域研究》2001 年第 3 期）一文，对西域诸民族火崇拜的象征意义、仪式的功能以及与袄教的关系进行了分析和探讨。魏良弢的《〈福乐智慧〉与喀喇汗王朝的文化整合》（《西域研究》2000 年第 3 期），认为《福乐智慧》的历史意义在于应时代之要求，对伊斯兰文化和突厥文化进行整合，奠定了新的文化——伊斯兰—突厥文化的基础。仲高的《20 世纪前半叶新疆民间文化与城市文化》（《西域研究》2000 年第 1 期）一文，探讨了 20 世纪前半叶新疆民族文化与城市文化在外力推动下的近现代化过程。周泓的《民国新疆社会研究》（新疆大学出版社 2001 年版）撰述了新疆世居、跨境族体和汉帮移民的社会文化及其交融。袁澍的《近代新疆教育事业的三次盛衰》（《西域研究》2001 年第 3 期）和赵云田的《清末新政期间新疆文化教育的发展》（《西域研究》2002 年第 2 期）则关注清末、民国年间的新疆教育发展。

诗歌、饮食、音乐、医药等同样是社会生活的重要组成部分。刘艺在《多维视野中的杜甫及其西域边塞诗》（《西域研究》2001 年第 1 期）中，指出杜甫的西域诗从反战、爱民思想出发，对战争充满悲伤、担忧，这具有深刻的历史、文化和思想背景。星汉则出版专著《清代西域诗研究》（上海古籍出版社 2009 年版），该书分为十八章，包括清代前西域诗回顾、清代统一西域期间的诗作、临时派遣官员的诗作等，是一部系统全面研究清代西域诗的力作。

王青在《中古叙事作品中所反映的西域医术》（《西域研究》2006 年第 1 期）中，指出早期文献中的西域医术，通常是根据传闻之辞而加以夸大和渲染。随着两地交往的频繁，以往很多不真实的传闻变成了亲见亲闻确切可信的知识，表现在文献记载中，总体倾向是从想象性的虚构到纪实性的描述、从神话转变为真实可靠的历史。陈明的《一件新发现的佉卢文药方考释》（《西域研究》2000 年第 1 期），利用新发现的佉卢文药方，对照梵文、于阗文、回鹘文的相似处方，探究彼此间的关系。作者认为该处方绝大部分药物系唐宋本草中的常用药物，说明受到中原医学的影响。

霍然在《论北朝西部乐舞及其与隋唐乐舞的源流关系》（《西域研究》2000 年第 4 期）中，指出北朝及隋唐乐舞大部分来自西部乐舞而非中原乐舞。宋博年等则出版专著《西域音乐史》（新疆人民出版社 2006 年版），该书作为第一部全面系统研究和介绍新疆各民族古往今来的音乐文化史，刊布了大量的文史资料、图像资料及乐谱，是一部全面认识新疆民族音乐的研究性著作。夏雷鸣在《〈突厥语词典〉与维吾尔族馕文化》（《西域研究》2001 年第 3 期）中，则从《突厥语词典》中有关馕的释文中，发现制作馕的科技文化的内容，与维吾尔族行为方式直接有关的习俗文化的内容以及维吾尔人对馕的信仰、观念等。伊斯拉斐尔·玉苏甫等撰写了专著《西域饮食文化史》（新疆人民出版社 2012 年版），该书分章论述了古代文化遗存与家耕文明、农业生产器具、农作物和石磨、畜牧与畜牧业经济、饮食习俗与饮食结构等。

（三）政治军事史

1. 行政、军事。高荣在《汉代戊己校尉述论》（《西域研究》2000 年第 2 期）一文中，指出以“戊己”名之，乃因五行相胜说，取制胜匈奴之意，戊己校尉的设立起于车师屯田，故其职亦以屯田为先。另有研究隋唐时期西域军政状况的多篇文章，如王欣的《西突厥内乱与唐置月氏都督府》（《西域研究》2000 年第 2 期）、田卫疆的《漠北回鹘汗国在西域诸地的活动及其后果》（《西域研究》2000 年第 2 期）、李方的《东突厥的归附与隋前期的边政》（《西域研究》2004 年第 1 期）等。

在清代行政建制、法律制度等方面，出现了一批高质量的研究成果。清代新疆地区行政建制经历了从军府制到行省制的转变过程，王希隆在《关于清代新疆军府制的几个问题》（《西域研究》2002 年第 1 期）中探讨了军府制度的有关问题。郭润涛的《新疆建省之前的郡县制建设》（《西域研究》2013 年第 1 期），则专文探讨转变前后的状况。陈理的《左宗棠与新疆建省》（《中央民族大学学报（哲学社会科学版）》2001 年第 3 期）及吴轶群的《清代新疆镇迪道与地方行政制度之演变》（《中国历史地理论丛》2007 年第 3 期），则探讨新疆行省制度的建立历史。齐清顺的《论清末新疆“新政”——新疆向近代化迈进的重要开端》（《西域研究》2000 年第 3 期），则将视角集中于清末新疆新政这一历史时期。

白京兰在《清末新疆建省与法律的一体化推进》（《西域研究》2013 年第 1 期）一文中，指出由于民族、宗教、历史等因素的影响，清代新疆的法律文化呈现国家制定法、宗教法、习惯法等多元法律并存的样态，军府制时期较为突出。建省后，新疆行政建制实现了与内地的统一，多元法律的整合即法律一体化的进程亦随之有了较大推进。而王东平在博士论文基础上撰写的专著《清代回疆法律制度研究》（黑龙江教育出版社 2010 年版），则是研究清代天山南路地区法律制度的最为深入全面的最新学术力作。

在清代统治政策、军政机构等方面，学者们同样倾注了大量心血。杨恕、曹伟在《评清朝在新疆的隔离制度》（《中国边疆史地研究》2008 年第 2 期）中，指出清朝实行的隔离制度，使新疆一直未能在政治、经济、军事、文化等方面与内地实现融合，反而在社会生活的不同领域保持了相当程度的独立性与隔离状态，使当地民族在清代一直处于一种边缘状态，这为民国时期乃至当代中国新疆民族问题留下隐患。朱永明、王爱辉在《清代库尔喀喇乌苏军政机构的设置》（《西域研究》2011 年第 3 期）一文中，探讨了清代库尔喀喇乌苏军政机构的设置和相关职责及对当地社会、经济、政治、军事等诸多方面产生的影响。在军府制时代，伊犁将军是统管天山南北的最高军政长官。吴元丰在《清代伊犁将军衙门内设机构浅析》（《历史档案》2009 年第 2 期）中，探讨了伊犁将军的机构设置。管守新在《清代伊犁将军职掌考述》（《中国边疆史地研究》2008 年第 4 期）一文中，则探讨了其职掌状况。甘桂琴撰写的《清代总理回疆事务参赞大臣素质的历史考察》（《西域研究》2010 年第 1 期），则对南疆最高军政长官参赞大臣的素质进行了探究。

在清代新疆军事编制等方面，吴元丰借助满文档案等新史料，做出了极为有益的探索。在《清代乌鲁木齐满营述论》（《中国边疆史地研究》2004 年第 3 期）中，吴氏指出乾隆统一新疆后，甘肃凉州、庄浪的八旗满洲、蒙古官兵携眷移驻乌鲁木齐，合编为一营。乌鲁木齐满营的设立，对巩固新疆的统一局面，加强清中央政权的统治，保持当地社会的稳定，增强西北边境地区的防务力量，都具有积极的作用和意义。在《清代伊犁察哈尔营述论》（《西域研究》2006 年第 3 期）中，则根据中国第一历史档案馆藏满文档案，对清代伊犁察哈尔营兵丁的来源、生计，察哈尔营组建的背景、时间、建制和承担的任务进行了阐述。另外，台站交通等对于维护新疆政治稳定起到重要作用。王志强、姚勇在《清代新疆台站体系及其在边疆开发中的作用》（《西域研究》2007 年第 4 期）中，通过对清代新疆台站设置的历史考察，试图弄清清代新疆台站系统设置路径的选择、管理及发展变革的历程，并揭示出其在开发新疆过程中的作用。同类型的文章还有徐中煜的《左宗棠收复新疆时的军械、军火运输》（《西域研究》2003 年第 2 期）。

民国时期，新疆的“三区革命”等问题也是研究热点。周泓的《民国新疆社会研究》（新疆大学出版社 2001 年版）强调地缘政治对近代新疆的作用，分析民国新疆权力格局，突出论述苏联对“三区革命”的主导或导向。徐玉圻的《论新疆三区革命》（《西域研究》2000 年第 1 期），论述了三区革命与中国共产党领导下的新民主主义革命的关系，分析指出三区革命的贡献及其局限性。另外还有杜瀚的《论新疆三区革命中的军事斗争》（《西域研究》2001 年第 2 期）、袁澍的《民国新疆归化军探析》（《西域研究》2004 年第 1 期）。民国年间主政新疆的杨增新亦有学者关注，段金生的《论杨增新的政治思想》（《西域研究》2011 年第 1 期），指出杨增新具有“天下定于一”的政治理念，他主张国家统一，积极抵制外部势力对新疆的干涉。在统治方略上，主张王道为主、霸道为辅的“霸王道杂之”的治理理念。

2. 外交、外事。新疆地区密迩中亚，与哈萨克、布鲁特、浩罕等中亚政权频繁发生政治经济往来。洪涛的《评乾隆皇帝的哈萨克政策》（《西域研究》2000 年第 3 期）关注与哈萨克的关系。潘志平的《浩罕国与西域政治》（新疆人民出版社 2006 年版），是研究浩罕与新疆关系的必读之作。近年来，李晶的博士学位论文《乾隆朝中亚政策研究》（中国社会科学院研究生院，2012 年）是这方面研究的最新力作。作者通过对历史细节的考察和对具体政策的解读，比较系统地论述了乾隆时期清政府与帕米尔高原以西的中亚“伊斯兰世界”的交往，较为全面、客观地把握其整体脉络。

乾隆年间土尔扈特部东归，陈维新在《乾隆时期中俄外交争议中的土尔扈特部问题》（《中国边疆史地研究》2003 年第 4 期）一文中，对乾隆时期土尔扈特部东归的原因、清朝对土尔扈特部的政策以及清朝与俄罗斯因土尔扈特部东归而产生的交涉等进行了探讨，认为土尔扈特部东归乃是基于现实状况的考虑，为了该族生存空间而做出的决定。

之后到清后期、民国时期，俄国与英国势力进入新疆。朱新光的《1874—1881 年英国对中亚的前进外交政策评述》（《西域研究》2003 年第 1 期），贾建飞的《马继业与辛亥革命前后英国在新疆势力的发展》（《中国边疆史地研究》2002 年第 1 期），主要通过阐述英国驻喀什噶尔首任领事马继业的活动，介绍了英国驻喀什噶尔领事馆的建立及其初步发展。李娟梅的《民国时期中英关于新疆阿富汗人国籍问题之交涉》（《西域研究》2004 年第 2 期）则探讨了新疆阿富汗人国籍问题的中英交涉。李强、纪宗安的《十九世纪中后期清政府对帕米尔的政策》（《西域研究》2004 年第 2 期），指出由于清政府对帕米尔政策的失误，导致英俄 1895 年抛开清政府单方面签订条约，划分双方在帕米尔的势力范围。

安英新的《俄（苏）驻伊犁领事馆的置撤》（《西域研究》2010 年第 3 期）一文，指出沙俄曾先后在伊犁惠远、宁远两城设立领事馆。清咸丰元年，清廷迫于沙俄的压力，签订了不平等的《中俄伊犁塔尔巴哈台通商章程》，俄驻伊犁领事馆、贸易圈在惠远城西门外开设。同治二年，伊犁爆发农民起义，俄驻伊领事携贸易圈人员逃回俄国，领事馆关闭。光绪八年，沙俄交还伊犁后，在宁远城北门外重新开设伊犁领事馆。1924 年中苏签订协定，苏联政府接收沙俄驻伊犁领事馆。其他研究中俄关系的还有周学军、刘焕峰的《中俄勘分西北边界与科布多西路八卡伦的两次内迁》（《西域研究》2003 年第 3 期）和石沧金的《英国、沙俄与后期阿古柏政权的关系》（《西域研究》2006 年第 2 期）等。关于民国年间的中苏关系，欧阳云梓在《四十年代中苏关于苏联势力撤出新疆问题的交涉》（《西域研究》2001 年第 4 期）一文中指出，1942 年双方关系恶化后，中苏开始就新疆问题进行交涉，新疆方面和中央政府各有分工。1944 年春苏联势力全面退出新疆，新疆自民国以来第一次完整地纳入中央行政管辖。魏长洪、陈香岑在《论二战后初期中苏关于新疆苏侨的交涉》（《西域研究》2000 年第 4 期）中则关注新疆苏侨的交涉问题。

3. 军政人物。艾尚连的《北庭节度使赵玼及其任职期限》（《西域研究》2001 年第 1 期），根据闻一多对岑参诗的研究成果，考证了岑诗所涉及的赵玼及其任职北庭节度使的期限问题。清乾隆年间的新疆重臣舒赫德曾任伊犁将军，有两篇研究成果值得关注，分别是聂红萍的《舒赫德与新疆》（《西域研究》2000 年第 1 期）和竹效民的《论伊犁将军舒赫德》（《西域研究》2005 年第 2 期）。

另外，新疆在清代是流放犯人的目的地。朱玉麒的《徐松遣戍伊犁时期的生活考述》（《西域研究》2006 年第 1 期），通过梳理清代史料和相关交游资料，对徐松遣戍时期的生活，举凡其遣戍伊犁的具体时间与首途情况、与伊犁将军的关系、在天山南北的考察以及归京的时间等，进行了详细考证，为研究伊犁将军幕府集团的文化建设提供了个案。林则徐亦曾被遣往新疆，吴福环、何景雷的《林则徐与中国边疆》（《西域研究》2000 年第 2 期）和周新国、高奋强的《林则徐与新疆史地研究》（《中国边疆史地研究》2004 年第 1 期）对林则徐做了研究。周轩的《清末新疆的最后一批流人》（《西域研究》2002 年第 4 期），主要依据宣统初年新疆巡抚联魁的遵旨查办官犯奏稿，论述清末新疆的最后一批流人状况。在中俄伊犁交涉中，曾纪泽表现突出。朱昭华的《试论曾纪泽的中俄陆路通商交涉》（《西域研究》2011 年第 2 期）认为关于清政府在中俄陆路通商交涉中的节节失利，事实上是晚清政府边疆危机在经济上的表现，不能因此而苛责曾纪泽的修约交涉。

（四）民族史

钱伯泉的《汉唐龟兹人的内迁及其扩散》（《西域研究》2001 年第 2 期），根据文献和考古资料，详细论述了古代西域龟兹国人自汉朝至唐朝内迁及其扩散至甘肃、四川、陕西、山西、河南等地的历史过程。林梅村的《吐火罗人的起源与迁徙》（《西域研究》2003 年第 3 期）研究了吐火罗人的历史。荣新江在《西域粟特移民聚落补考》（《西域研究》2005 年第 2 期）一文中，根据近年来考古新发现和粟特文资料的新解读成果，对粟特人在怛逻斯、碎叶、弓月、勃律、渴槃陀、于阗、楼兰、龟兹、焉耆、高昌等地留下的遗迹做了仔细的钩稽和讨论，指出不论是北方草原路上的弓月，还是南向印度的洪札河谷，不论是葱岭高原上的渴槃陀，还是塔里木盆地中的神山堡，都成为粟特人的商贸店、货物集散地甚至聚居地。上述西域王国的城镇城市是粟特人的中间站，同时粟特人也从丝路贸易中获取到丰厚的利益。2001 年生活·读书·新知三联书店出版的《中古中国与外来文明》，是由论文汇聚而成的专著，其中涉及西域胡人迁徙与聚落、胡人与中古政治等篇章，探讨高昌王国与中西交通、安禄山的种族与宗教信仰等问题，是目前研究中古时期西域的最前沿成果，具有极高学术水平。

关于回鹘、畏兀儿的研究有：薛宗正的《仆固部的兴起及其与突厥、回鹘的关系》（《西域研究》2000 年第 3 期），作者认为九姓强部仆固部的兴起改变了漠北的政治格局，后来取代药罗葛、阿跌氏，成为西迁回鹘的可汗所出部落。钱伯泉的《乌揭——阿尔泰历史和草原丝路的早期主人》（《西域研究》2000 年第 4 期），认为留居东方的乌揭后裔发展为乌护、阿嘀二部落，进入唐朝中期，成为新兴回纥的主体。贾丛江在《黠戛斯南下和北归考辨》（《西域研究》2000 年第 4 期）中，论证了 840 年以后黠戛斯依照先西部后东部的战略部署，分阶段经略东部天山地区和漠北高原，以期成为游牧各部落新宗主的历程。另有多篇文章探讨回鹘与周边其他民族政权的关系问题，华涛分析了高昌回鹘与契丹的关系，撰写了《高昌回鹘与契丹的交往》（《西域研究》2000 年第 1 期）一文。薛宗正在《吐蕃、回鹘、葛罗禄的多边关系考述——关于唐安史乱后的西域角逐》（《西域研究》2001 年第 3 期）中指出，唐安史之乱后的西域主要呈现吐蕃、回鹘、葛罗禄三方角逐的政治格局，并分析了各方势力消长对政治格局的影响。尹伟先的《元代参与吐蕃事务的畏兀儿人》（《西域研究》2000 年第 2 期），则关注畏兀儿人在吐蕃的活动。钱伯泉在《明朝撒里畏兀儿诸卫的设置及其迁徙》（《西域研究》2002 年第 1 期）中指出，撒里畏兀儿主要源自东迁的龟兹回鹘和于阗人。明初设置撒里畏兀儿诸卫时，阿端卫在最西部，处于今新疆罗布泊周围，曲先卫处于中间，在今青海柴达木盆地西部，安定卫处于最东端，在今青海柴达木盆地中部。后因内乱和外患，诸卫先后废弃，余众迁徙至河西走廊的西南部，成为裕固族的祖先。

关于新疆哈萨克族、锡伯族的研究主要有：夏里甫罕·阿布达里的《新疆哈萨克族近代文化转型进程述论》（《西域研究》2001 年第 2 期），探讨哈萨克族文化转型问题。贾合普·米尔扎汗的《哈萨克族历史与民俗》（新疆人民出版社 2000 年版），论述哈萨克族的历史等。贺灵在《近代俄罗斯文化对锡伯族的影响》（《西域研究》2001 年第 2 期）中，从历史角度叙述了俄罗斯文化对于锡伯族的影响。

（五）宗教史

佛教在新疆历史上曾十分昌盛，关于这方面的研究较为丰富。栾睿的《交河塔林与密教东渐》（《西域研究》2000 年第 1 期），通过对密教特点和密教五佛五智的分析，认为交河塔林是以塔的形式表示五佛五智理念的密教曼陀罗，交河塔林是西域密教对印度密教理论和实践的创造性发展的标志。夏雷鸣的《从“浴佛”看印度佛教在鄯善国的嬗变》（《西域研究》2000 年第 2 期），根据鄯善国举行浴佛法会的祈愿词佉卢文文书 511 号，推断出鄯善国的小乘佛教奉多佛说，属大众部。王嵘的《关于米兰佛寺“有翼天使”壁画问题的讨论》（《西域研究》2000 年第 3 期）认为“有翼天使”壁画是佛教题材，但它具有犍陀罗艺术风格，这证明文化交流是双向和有取舍的。宋晓梅则撰有《从考古遗存引发关于南北两路佛教初传问题的思考》（《西域研究》2003 年第 2 期）。栾睿在《北庭西大寺所反映的高昌回鹘佛教特征》（《西域研究》2004 年第 1 期）中，通过对北庭西大寺的建筑特点、塑像形式及壁画题材等的分析，认为西大寺所反映的高昌回鹘佛教具有时代性、地区性和民族性特征。才吾加甫的《藏文文献所见于阗佛教》（《西域研究》2011 年第 4 期）一文，对汉、藏文文献中佛教初传于阗及发展情况进行了分析比对，认为这些材料虽充满了神话色彩，但能互相印证，具有较高的学术价值。

关于藏传佛教及新疆地区蒙古族的宗教信仰，才吾加甫在《元明时期的新疆藏传佛教》（《西域研究》2007 年第 3 期）一文中，对元明时期的新疆蒙古藏传佛教状况进行了阐述。吐娜在《民国时期南路土尔扈特、和硕特部的黄教》（《西域研究》2011 年第 3 期）中，从寺院、活佛转世系统、黄教对两部的影响等方面对民国时期南路蒙古土尔扈特及和硕特两部的黄教发展状况作了梳理。

才吾加甫的《新疆古代佛教研究》（社会科学文献出版社 2011 年版），考察了佛教传入新疆 2000 年以来的兴衰历史，陈述了新疆各个历史时期佛教发展的历史轨迹，分析了新疆各个地区佛教发展的特点，介绍了佛教在新疆的重大历史事件和著名佛教人物，及其新疆佛教对中原佛教的影响。

新疆地区曾经存在多种宗教，比如摩尼教、祆教等。马小鹤的《摩尼教宗教符号“珍宝”研究——梵文 ratna、帕提亚文 rdn、粟特文 rtn、回纥文 ertini 考》（《西域研究》2000 年第 2 期）一文，探讨了“珍宝”这个宗教符号在佛教、摩尼教、景教的梵文、帕提亚文、粟特文、回纥文、汉文文献中的传播和演化。马小鹤的《摩尼教与古代西域史研究》（中国人民大学出版社 2008 年版），汇集了作者关于中亚史的论文。在西域史地方面，作者比较注重新材料的考释和分析，比如穆格山粟特文文书、阿富汗出土的巴克特里亚文文书等。在摩尼教方面，该书能综合利用中古波斯文、帕提亚文、粟特文、回鹘文、希腊文、拉丁文和科普特文。李进新撰有《祆教在新疆的传播及其地域特点》（《西域研究》2007 年第 1 期），另外荣新江在《中古中国与外来文明》一书中曾就祆教初传中国年代、粟特祆教美术东传过程中的转化、《释迦降伏外道像》中的祆神密斯拉和祖尔、摩尼教在高昌的初传等问题进行了探讨。

关于新疆伊斯兰教史的研究成果众多，陈国光在《伊斯兰教传入新疆的时间问题》（《西域研究》2003 年第 4 期）中，探讨传入时间问题。陈国光在另一篇文章《伊斯兰教在吐鲁番地区的传播（10—15 世纪）》（《西域研究》2002 年第 3 期）中，则论述了伊斯兰教在吐鲁番的传播历史。赵荣织则探讨伊斯兰教兴起的社会根源，撰有《论伊斯兰教在新疆兴起的社会根源》（《西域研究》2001 年第 3 期）。韩中义有两篇文章探讨新疆苏非派的问题，在《新疆苏非圣徒崇拜初探》（《西域研究》2003 年第 2 期）中，探讨了苏非圣徒崇拜在新疆的历史发展、崇拜形式以及这一崇拜所形成的影响。在《西域苏非派早期发展（10—13 世纪）》（《西域研究》2007 年第 2 期）中，指出喀喇汗朝、西辽与蒙古西征至察合台汗国初期是西域苏非派从初传向兴盛的过渡时期，论述了早期苏非派在西域发展演变的历史及其特点。王东平的《哈特曼调查回疆伊斯兰教经典目录的再考订》（《西域研究》2002 年第 2 期），利用德国东方学家哈特曼的《中国新疆》德文原著和佐口透的日文论著，对哈特曼调查回疆经典重新考证，并据此对回疆伊斯兰教一些特征做了简单分析。周泓的《伊斯兰教在近代新疆的世俗化与地方化》（《中国社会科学院研究生院学报》2003 年第 5 期）论析伯克乡约制下政教未分离。另新疆人民出版社 2000 年出版的《中国新疆地区伊斯兰教史》，是一部通史性著作。

近代以来，基督教在新疆有所发展。木拉提·黑尼亚提的《近代西方内地会传教士在新疆的活动》（《西域研究》2001 年第 4 期）一文，根据中外档案资料，对内地会乌鲁木齐传教点的创办时间、“瑞华内地会”与瑞典传教团的区别、新疆内地会传教士的人数和往来情况、维吾尔文和哈萨克文《圣经》的翻译、印刷以及内地会的活动性质等进行了辨析。木拉提·黑尼亚提在另一篇文章《近代新疆天主教会历史考》(《西域研究》2002 年第 3 期) 中，研究了天主教圣母圣心会、圣言会传教士在北疆地区的活动历史，依据外事档案资料和外交史料，对伊宁、霍尔果斯、呼图壁、玛纳斯和乌鲁木齐的天主堂的建立、发展及各教堂的历任堂主、传教士到堂时间、教堂学校、医院、教产、纳税等情况做了考释。木拉提·黑尼亚提还有一篇文章《传教士与近代新疆社会》(《世界宗教研究》2005 年第 1 期)，研究了近代新疆天主教和基督教的传教历史，分析了它们的西学传播活动和对少数民族传统文化的研究成果与贡献，并对传教士与新疆社会民族矛盾进行了剖析。传教士对新疆少数民族的传教虽以失败告终，但对近代新疆社会的影响是多方面的。汤开建、马占军撰写的《清末民初圣母圣心会新疆传教考述(1883—1922)》(《西域研究》2005 年第 2 期)，对清末民初圣母圣心会在新疆近四十年的传教活动做了较为全面的梳理。艾海提·斯拉木的《清末民初外国传教士在新疆的传教活动及影响》(《和田师范专科学校学报》2012 年第 6 期) 就清末民初外国传教士在新疆从事的教育活动及其对新疆社会的影响做了进一步探讨。近代以来，瑞典人曾在南疆建立教会组织等，进行了较长时间的传教活动。木拉提·黑尼亚提撰写了《喀什噶尔瑞典传教团建堂历史考》(《新疆社会科学》2002 年第 3 期)。

此外，清政府主持的祭祀活动，既是政治活动，又是宗教仪式。李大海的《清代新疆地区官主山川祭祀研究》(《西域研究》2007 年第 1 期) 指出清代新疆地区官主山川祭祀活动最早始于乾隆统一新疆过程中，按其发展分为两个阶段：临时性祭告和制度性岁祭。官主山川祭祀的出现既是满族统治者本民族信仰在新疆地区的自然表达，又与新疆地区独特的自然、社会环境有着密切的关系。祭祀仪式具有鲜明的政治意义，是清政府将新疆纳入王朝统治秩序中的重要象征。薛晖在《清初新疆的官主祭仪与多神崇拜》(《中国边疆史地研究》2002 年第 1 期) 一文中认为，清初统一新疆后，内地的多元信仰随之传入，天山南北出现了许多多神教庙宇，一度盛行自然崇拜与多神崇拜，官府主持山川祭祀大典，倡导关帝崇拜与其他多神信仰，在新疆宗教发展史上占有特殊地位。

除上述分门别类的研究外，李进新的《新疆宗教演变史》(新疆人民出版社 2003 年版) 分为远古、古代、近现代等三篇，研究和介绍了新疆地区从古至今宗教演变的历史及过程。

(六) 历史地理

历史时期地理现象的变迁等内容同样受到学者们的关注，比如历史时期的交通道路、水文变化、河湖盈缩、人口迁徙、城市变迁等内容。余太山的《楼兰、鄯善、精绝等的名义——兼说玄奘自于阗东归路线》(《西域研究》2000 年第 2 期)，探讨玄奘自于阗东归的路线。党宝海的《蒙古察合台汗国的驿站交通》(《西域研究》2004 年第 3 期) 和刘文鹏的《论清代新疆台站体系的兴衰》(《西域研究》2001 年第 4 期)，则分别研究察合台汗国及清代新疆的驿路交通。

关于环境变迁方面的研究，王守春有两篇文章值得注意，在《塔里木盆地的古遗址与洪水》(《西域研究》2000 年第 3 期) 一文中，通过多年实地考察，认为洪水对塔里木盆地的城镇和乡村聚落有很大影响，许多古代遗址的废弃，可能与洪水有关。在另外一篇文章《胡桐一词的词源与古代楼兰地区的生态环境》(《西域研究》2002 年第 1 期) 中，作者指出最早见于《汉书·西域传》的“胡桐”一词与内地的桐树毫不相干，该词可能是由音译而来，可能源于阿尔泰语系突厥语 Tohlak (汉语音译为“托和拉克”)。胡杨树在古代楼兰地区生态环境和居民生活中起着重要作用。此外，赖小云的《塔里木河中游地区草湖环境的演变——基于清末至民国草湖纠纷事件的讨论》(《西域研究》2009 年第 1 期) 也是环境生态史方面的研究，作者经过研究发现引起草湖纠纷的因素来自于平原绿洲区，即快速增长的人口及其不断增长的需求对草湖环境产生了极大的压力。草湖地区人类不合理的开发活动，加剧了塔里木河汊流的发育，使塔里木河水散失日益严重，最终造成草湖环境的不断蜕化，甚至酿成了1921年塔里木河下游河道的改道。

新疆地区史地学的学科史研究方面，贾建飞的《19世纪西方之新疆研究的兴起及其与清代西北史地学的关联》（《西域研究》2007年第2期）主要以近代中西之新疆研究为中心，从学术发展史的角度详细阐述了19世纪西方的新疆研究的兴起，并对两者间存在的关联和互动进行了论述。作者认为近代中西之间的新疆研究各有所长，中国的研究长于文献考据，西方的研究则长于实地考察，更注重实用性，两者存在极强的互补性。但从总体上看，近代中国的新疆研究已经远远落在了西方的后面。贾建飞的另一篇文章《论松筠与晚清西北史地学的兴起》（《中国边疆史地研究》2004年第1期）以松筠为研究对象，论述了其在晚清西北史地学兴起过程中发挥的重要作用，认为松筠是晚清西北史地学兴起的奠基人。而近年来这方面最为深入的研究则是郭丽萍的《绝域与绝学——清代中叶西北史地学研究》（生活·读书·新知三联书店2007年版），该书从学者个人际遇、学术交游、师友传承等方面入手，了解学术作品从酝酿到成品的过程，并深入学者心灵深处，体味他们献身学术研究的执着与艰辛，从人物命运入手来谈西北史地学。并且，区别于以往赞颂歌曲式的研究，该书侧重于对于学术发展内在动力的探讨。

此外，吕卓民、陈跃在《两汉南疆农牧业地理》（《西域研究》2010年第2期）中指出，两汉时期的南疆，随着区域农牧业生产的持续发展，已形成比较典型的河流绿洲农业区和山麓草原游牧区。吴轶群则关注人口问题，在《清代伊犁人口变迁与人口结构特征探析》（《西域研究》2010年第3期）中对清代新疆伊犁人口变迁及其影响因素进行了分析，探讨了人口结构特征，主要包括经济结构和民族结构特征。邱轶皓的《舆图原自海西来——〈桃里寺文献集珍〉所载世界地图考》（《西域研究》2011年第2期），研究了在伊朗发现的伊利汗时代百科全书中的一幅世界地图，作者认为这幅地图反映了极为典型的“蒙古时代”特征，也是东西方地理学知识交流的一个例证。文章对该地图中出现的地名进行了考释，并以此为中心讨论了元代统治者的世界观念。在古地图研究方面，戴良佐曾撰有《乾隆与新疆地名研究及疆域地图》（《中国边疆史地研究》2000年第4期）。关于新疆行政地理变迁等则有魏长洪的专著《新疆行政地理沿革史》（新疆大学出版社2011年版），该书按照现在新疆行政县市区划来整理，使之成为一部贯穿新疆历史的行政地理专著。

城市是重要的地理景观，关于历史时期新疆城市的研究成果较为丰富。贾建飞在《满城，还是汉城——论清中期南疆各驻防城市的称呼问题》（《西域研究》2005年第3期）一文中指出，在不同历史阶段，对这些城市的称呼各异。在使用相关称呼时务必要考虑具体的历史时段。历史时期新疆北部是草原游牧民族与汉族相互活动的区域，其城镇的形成与发展具有一定的草原文化景观特色。阚耀平的《历史时期新疆北部城镇的形成与发展》（《人文地理》2001年第4期）通过分析新疆北部地区城镇的历史演变过程，提出其城镇萌芽于汉代前后，完善于清代后期，城镇中心有一个从吉木萨尔到伊犁再到乌鲁木齐的演变过程，并论述了新疆北部城镇形成与发展的特征和城镇发展的影响因素。贾秀慧的《晚清民国时期乌鲁木齐城市近代化述论》（《西域研究》2007年第2期）分析了乌鲁木齐城市近代化的动力，重点从经济发展的商业化、城市建设的近代化、思想文化生活领域内的新变迁及城市人口的增长这四个方面探讨了乌鲁木齐城市近代化，认为虽然乌鲁木齐城市近代化的整体发展水平不高，发展速度缓慢，但具有鲜明的进步意义。田卫疆的《清代伊犁惠远城建史初识》（《中国边疆史地研究》2009年第1期），通过对文献的系统梳理和实地踏勘，对惠远城的修建经过以及该城在清朝新疆历史中的作用进行了整体考察，并从诸多方面对其嬗变兴衰的原因进行了初步探讨。另有两篇博士论文在新疆城市史研究领域颇有分量，分别为刘玉皑的《边疆与枢纽：近代新疆城市发展研究(1884—1949)》（西北大学，2013 年）和吴轶群的《清代新疆边境地区城市对比研究》（复旦大学，2007 年）。

黄达远的《晚清新疆城镇近代化初探》（《西域研究》2005 年第 3 期）认为开埠通商、对俄贸易使新疆卷入近代世界市场，晚清新疆区域内部商品经济的发展、新疆地方新政推行的近代色彩的施政措施，共同促使新疆城镇近代化。在《清代中期新疆北部城市崛起的动力机制探析》（《西域研究》2006 年第 2 期）中，认为清代中期新疆北部城市崛起的动力机制，一是体现在国家行政力量的推动，二是北疆商业市场机制的形成，两者对北部城市地位的确立和巩固具有重大意义，改变了历史时期“南重北轻”的新疆城市分布格局。在另一篇《清代新疆政区变革与城市发展》（《西域研究》2009 年第 3 期）中，作者认为乾嘉时期在新疆实行的多元行政管理模式下，分别形成了郡县制下的“治城”、军府制下的“军城”以及伯克制下的“土城”等多种形式，城市体制不一。晚清建省以后，通过大力推行郡县制度，全疆政区基本统一，多元化的城市形态全部转变为“治城”，形成了全疆范围内的完整城市体系，促进了新疆的开发。黄达远在其博士论文基础上出版了《隔离下的融合：清代新疆城市发展与社会变迁》（巴蜀书社 2012 年版）。

（七）档案文献

档案刊布、文献研究是从事历史研究的重要基础工作。诸多学者对历史文献进行了考订，比如张文德的《〈明史・西域传・撒马儿罕〉辩误》（《西域研究》2000 年第 2 期）、胡小鹏的《〈元史・叶仙鼐传〉补考》（《西域研究》2000 年第 3 期）、张文德的《〈明史・西域传〉黑娄考》（《西域研究》2001 年第 1 期）、许序雅的《〈新唐书・宁远传〉疏证》（《西域研究》2001 年第 2 期）、高健的《〈西域闻见录〉异名及版本考述》（《中国边疆史地研究》2007 年第 1 期）、朱玉麒的《〈西域水道记〉刊刻年代再考》（《西域研究》2010 年第 3 期）等。

对于历史文献和档案的整理、刊布在 21 世纪取得了重要成就。比如《〈明实录〉新疆资料辑录》（新疆人民出版社 2002 年版）和《清实录・新疆资料辑录》（新疆大学出版社 2009 年版），是对传统文献资料的摘录和整理，方便了学者查阅。2013 年新疆人民出版社的《俄国解密档案・新疆问题》是近年来关于国外藏文献的刊布。《近代新疆蒙古历史档案》（新疆人民出版社 2008 年版）选材于现存新疆档案馆中有关新疆蒙古族的档案文献，内容涉及清末及民国时期新疆蒙古族的政治、经济、宗教、文化、教育等方面，真实展现了清末、民国时期新疆蒙古族的历史发展状况。

进入 21 世纪以来关于新疆档案整理的最大成果是在清代满文档案方面，吴元丰曾在《军机处满文月折包内新疆史料及其研究价值》（《西域研究》2000 年第 1 期）和《清代新疆历史满文档案概述》（《西域研究》2010 年第 3 期）中指出，在中国第一历史档案馆所藏 200 余万件清代满文档案中，保存着一定数量的有关清代新疆的历史资料，具有十分重要的史料价值。该文对这部分满文档案的由来、特点、种类、内容、整理、出版及其价值进行了阐述。2012 年广西师范大学出版社整理出版了《清代新疆满文档案汇编》（全 283 册），清中期新疆各地军政官员多用满文书写公文向皇帝请示汇报，皇帝也用满文撰写谕旨颁给有关官员。因此，在清代中央国家机关的满文档案中保存下来了近 10 万件新疆历史资料，时间跨度长达 250 年。其中内容极其丰富，可谓包罗万象，涉及面甚广，主要包括职官、军务、民政、司法、宗教、民族、财政、农业、牧业、矿产、贸易、货币、教育、文化、卫生、地理、交通、运输、工程、外交以及重大历史事件等方面情况，对历史研究具有重要意义，而且绝大部分为首次公布。

（八）考古

肖小勇、郑渤秋撰写了《新疆洛浦县山普拉古墓地的新发掘》（《西域研究》2000 年第 1 期）。张铁男在《尼雅佛教寺院遗址的发掘与研究》（《西域研究》2000 年第 1 期）中指出，佛教最早传入尼雅的时代应与佉卢文传入时间一致，尼雅有严格的僧团组织，佛教成为全民皆信的宗教。周金玲的《开都河南岸石围墓葬的发掘及相关问题》（《西域研究》2000 年第 3 期），通过对开都河南岸的古代墓葬文化内涵的介绍分析，认为这里的石围墓属于察吾呼文化晚期遗存。林梅村在《尼雅 96A07 房址出土佉卢文残文书考释》（《西域研究》2000 年第 3 期）中，通过研究表明该文书是鄯善王摩习梨在位时期的一件买地契约。俞伟超撰有《尼雅 95MNI 号墓地 M3 与 M8 墓主身份试探》（《西域研究》2000 年第 3 期）。柳洪亮撰有《吐鲁番阿斯塔那—哈拉和卓古墓地出土古尸述论》（《西域研究》2001 年第 1 期）。李吟屏在《新发现于新疆洛浦县的两件唐代文书残页考释》（《西域研究》2001 年第 2 期）一文中推导出古文书是公元 705 年至公元 8 世纪八九十年代唐朝的军事事务文书，反映了唐朝与吐蕃争夺西域的情况。

其他还有诸如：林梅村的《新疆营盘古墓出土的一封佉卢文书信》（《西域研究》2001 年第 3 期）；刘学堂、李溯源的《新疆伊犁河流域考古新发现》（《西域研究》2002 年第 1 期）；梅建军等的《新疆东部地区出土早期铜器的初步分析和研究》（《西域研究》2002 年第 2 期）；刘学堂、托呼提的《新疆额敏河流域发现早期游牧民族的墓葬》（《西域研究》2002 年第 3 期）；王博的《新疆考古出土手制黑衣陶器初探》（《西域研究》2002 年第 3 期）；刘学堂、关巴的《新疆伊犁河谷史前考古的重要收获》（《西域研究》2002 年第 4 期）；卫斯的《关于吐鲁番出土文书〈租酒帐〉之解读与“姓”字考》（《西域研究》2003 年第 2 期）；郑渤秋的《吐鲁番阿斯塔那 225 号墓出土伏羲女娲图与日本龙谷大学藏伏羲女娲图的缀合》（《西域研究》2003 年第 3 期）；牛耕的《近年来罗布淖尔地区的考古发现》（《西域研究》2004 年第 2 期）；李吟屏的《近年发现于新疆和田的四件唐代汉文文书残页考释》（《西域研究》2004 年第 3 期）；吴勇的《新疆喀什卜坂地墓地考古发掘新收获》（《西域研究》2005 年第 1 期）；牛汝极的《新疆阿力麻里古城发现的叙利亚文景教碑铭研究》（《西域研究》2007 年第 1 期）等。张铭心在《吐鲁番交河沟西墓地新出土高昌墓砖及其相关问题》（《西域研究》2007 年第 2 期）一文中，通过铭文内容，对隋唐时期生存在交河地区的粟特人状态进行了探讨，指出交河地区粟特人与高昌地区粟特人的差异。林梅村在《佉卢文材料中国藏品调查记》（《西域研究》2011 年第 2 期）的研究中，详细介绍了在中国各地博物馆或研究机构收藏的佉卢文材料的发现及研究情况。相关研究还有王永强、党志豪的《新疆哈密五堡艾斯克霞尔墓地考古新发现》（《西域研究》2011 年第 2 期）和艾涛的《新疆阿克陶县克孜勒加依墓地考古新发现》（《西域研究》2013 年第 1 期）等文章。

除上述新疆历史各研究领域内的成果外，还有一批通史性著作问世，概述一个时代或是长时段的新疆历史的各个方面，这些专著一定程度上吸取了各领域内的最新研究成果，值得关注。施新荣的《魏晋南北朝时期的新疆》（新疆美术摄影出版社 2009 年版）介绍了魏晋南北朝时期的新疆，内容包括魏晋十六国时期的西域、南北朝时期的西域、高昌王国、突厥兴起、魏晋南北朝时期西域的经济文化。齐清顺的《中国历代中央王朝治理新疆政策研究》（新疆人民出版社 2004 年版）研究了中国历代中央王朝治理新疆的发展趋势，讨论为保卫西北边防、促进社会经济，针对新疆的政治、民族、宗教等实行的举措等。苗普生的《新疆史纲》（新疆人民出版社 2004 年版）针对新疆这一自古以来的多民族聚居地区，以历史为线索，论述其具备的多元文化、多种宗教并存的特征，历代中央政府对新疆的治理，以及新疆的人口、交通、经济等状况。王嵘的《西域探险史》（新疆人民出版社 2008 年版）讲述了中国先秦、两汉、魏晋南北朝、隋唐五代、宋元明清时期对西域的探险史，介绍了各个时期主要探险考察人物。厉声的《中国新疆历史与现状》（新疆人民出版社2006年版）分为新疆的地形特色、物产资源、民族人口、行政区划及周边国界；多民族区域的历史发展；行省建制下的新疆；“东突厥斯坦”分裂主义的由来与发展；三区革命运动与新疆和平解放；民族区域自治；区域经济的现代化；新疆生产建设兵团的历史与现状；新中国时期分裂与反分裂的斗争；西部大开发中的新疆等内容。余太山的《西域通史》（中州古籍出版社2002年版），该书既从西域边疆地区发展的视角，阐述特定地区的历史发展脉络，同时又兼及历史中央王朝对边疆地区的治理和管辖，由点及面揭示统一多民族的中国形成、发展的历史规律和边疆地区成为中国不可分割一部分的历史必然性。相关研究还有华涛的《西域历史研究（八至十世纪）》（新疆人民出版社2002年版）和马大正的《新疆史鉴》（新疆人民出版社2006年版）。

总之，进入21世纪以来，国内新疆历史研究成绩斐然，一大批专家学者倾注心力，浇灌出众多高质量的学术著作，将新疆历史研究的各个领域均向前推进了一大步，为实现学术研究上的继往开来奠定了坚实基础。

四　国内新疆族际交往关系研究

（一）新疆族际关系的整体性研究

1. 运用社会学理论研究新疆民族关系问题。主要表现在：（1）对新疆民族社会社区与变迁的社会学分析。主要有童玉芬、李建新的《新疆各民族人口的空间分布格局及其变动研究》（《西北民族研究》2001年第3期），文章应用地理学罗伦斯曲线及定量研究方法，对新疆不同民族人口的空间分布状况，集中与分散程度及其各个民族在空间分布上的积聚状况的变动等进行了定性和定量的研究分析，显示了不同民族空间分布的基本格局、集中化程度及变动趋势。亦有王茜、吴琼的《新疆少数民族社区居住文化的传承与变迁研究》，刘正江的《南关：一个民族商业社区的变迁》，张咏的《在汉文化的边界地带——新疆园村汉族移民的族群认同与文化适应性研究》，金玉萍的《乌鲁木齐市居民跨民族文化交流现状研究》等。（2）对新疆民族关系现状进行实证调查和分析。主要有李建新、蒋丽蕴的《新疆维汉关系研究——吐鲁番艾丁湖乡调查》，新疆维吾尔自治区委组织部课题成果《关于正确认识和处理新形势下新疆民族问题的调查报告》，王海霞、杨圣敏的《新疆库车县民族关系调查与试分析》，李晓霞的《新疆族际婚姻的调查与分析》，贺萍的《新疆少数民族文化变迁现状的实证分析》等。实地调研直观地呈现民族关系的现状，有助于掌握第一手资料，是新疆民族关系研究深入的基础性方法。（3）对新疆民族关系的社会学分析和研究。主要有刘王颖的《人口流动与新疆民族关系初探》，吴琼的《流动人口及城镇化对新疆民族关系的影响》等，阿布杜热合曼·吾拉依木的《社会转型视角下调适新疆民族关系的思考》等。社会学视角的分析，呈现出新疆经济发展和民族文化融合下的民族关系的负面问题。

2. 西部开发视角下新疆民族关系协调研究。主要有贾友军、赵爽的《新疆民族问题的区域性特征和西部大开发》（《伊犁师范学院学报》2013年第1期），朱晓玲的《乌鲁木齐市经济社会发展中的民族关系问题研究》，曹蔷铁、虎有泽的《试论当前新疆的民族关系》，贾东海、米娟婷的《新世纪西部边疆民族宗教问题对中国民族关系的影响——以新疆为例分析》，贺萍等的《新疆少数民族群体身份认同现状分析与思考》《新世纪新阶段新疆民族团结模式初探》，魏昀《社会转型期新疆少数民族价值观变迁探析》，李军、粟迎春的《体系与特征：现代化视域下新疆少数民族价值观》，王丹丹的《新疆少数民族非物质文化遗产的文化价值》等。研究认为，新阶段新疆民族关系问题的核心实际上是价值和利益的关系问题，整合民族利益和文化价值关系为协调新疆民族关系的主要内容。

3. 关于新疆特定区域的民族关系问题。主要有万雪玉的《我国柯尔克孜族自治地方民族关系及问题》（《新疆大学学报（哲学社会科学版）》2003 年第 3 期）；单菲菲的《伊宁市民族居住格局与民族关系》；王建基的《乌鲁木齐市的民族居住格局和民族关系》；颜定英的《对新疆轮台县和谐民族关系的思考》等。

4. 新疆汉人社会和新疆兵团研究。近年新疆研究的两大基本特点：一是大多数学者仍立足民族学人类学的多元理念，使新疆社会、经济、文化（语文、教育、信仰、习惯法等）研究尚未为现代文化引领全然建构；二是新疆汉人社会开始成为一个新的研究领域。周泓自 2006 年撰述完成博士后研究《新疆汉人的历史人类学：杨柳青新疆帮溯源——农商、行商与绅商》，发表数篇论文（《边政学与近代新疆主体研究》《近代新疆汉人主体研究》《晚近新疆汉人社会的生成》《清季民国杨柳青理教信仰及其组织西延》《清末民国杨柳青商绅文化在新疆的衍生》）。同期，有许学诚的“巴里坤汉文化”研究，齐清顺的《清代哈密至北疆汉民间节庆习俗》，崔保新的邓缵先研究等。关于新疆生产建设兵团研究，继 2008 年北京大学博士生兵团调查和周泓的《新疆生产建设兵团调研》后，还有赵茜的《市场经济下新疆生产建设兵团青年就业问题研究：102 团实地调查》《改制与生存：新疆生产建设兵团社会保障制度研究》；刘文远等的《新疆兵地关系研究》；李豫新、孙乾坤的《新疆生产建设兵团城镇化综合发展水平实证分析》。

（二）新疆族际关系具体领域的研究

1. 新疆各民族政治关系研究，集中于民族人才培养。主要有：郭汉军的《新疆少数民族人才培养问题研究》（《新疆社会科学》2011 年第 5 期），李慧、李儒忠、卢佳的《新疆少数民族人才培养发展的历史回顾》，刘闽、刘劲松的《论新疆少数民族人才队伍建设的若干问题》，桑军的《浅谈新疆少数民族干部队伍建设实践》，葛丰交、刘彤的《新疆少数民族人才队伍建设存在的主要问题及对策建议》，顾华祥的《构建和谐新疆的法制保障问题研究》等。

2. 新疆各民族经济关系研究。主要有：王建基、王茜的《19 世纪末至 20 世纪初新疆民族经济关系考察》（《新疆社科论坛》2003 年第 4 期）；敬莉的《探究新疆少数民族人口贫困问题》，陈小昆、毛小刚的《新疆少数民族就业状况调查》，赵强的《新疆少数民族就业状况及存在问题分析》，张敏的《新疆少数民族青年就业问题研究》，阿布都外力 · 依米提的《新疆少数民族流动人口在内地城市务工经商及其权益保护问题研究》和《新疆农村社会保障现行制度运行分析及其改革思路》，帕丽丹 · 买买提的《外商直接投资与新疆产业发展》，孙兰凤的《新疆特色林果业影响因素灰色关联分析》等。认为城乡之间、不同地区之间以及东西部之间的差距的扩大，这将对新疆的民族关系产生消极的影响。

3. 关于新疆各民族文化关系研究。（1）新疆区域文化、多元文化。主要有赵江民的《历史上新疆少数民族与汉族文化互动探讨》（《中南民族大学学报》（人文社会科学版）2011 年第 1 期），崔延虎的《多元文化场景中的文化互动与多民族族际交往——新疆多民族社会跨文化交际研究之一》，左力光的《新疆伊斯兰教建筑装饰艺术中的多元文化现象》，塔吉姑 · 吐逊的《城市化进程中的新疆少数民族文化研究》，贺萍的《新疆多元民族文化流变述略》，张彩的《非物质文化遗产保护与新疆民族传统体育的发展》，白京兰的《新疆少数民族文化遗产保护现状分析与评价》，白京兰、张建江的《新疆少数民族文化遗产地方立法基本情况的分析与探讨》，古丽阿扎提 · 吐尔逊的《国际法视角下的双语司法与我国的双语司法制度》，张弛、阿斯买的《跨文化传播对新疆少数民族文化的影响》等。（2）语言关系折射出民族文化的交流。主要有李德华的《维汉语言接触过程中的借贷》，武金峰的《从借词看新疆少数民族与汉族的文化交流》，廖冬梅的《新疆汉语方言中的维吾尔语借词所体现的语言文化交流》，赵江民的《从民汉语言的接触看民汉文化的交流》，乌买尔·达吾提的《维吾尔语乌鲁木齐话流行新词语的特点》，张梅的《新疆少数民族多元文化与双语教育关系研究》，梁云的《新疆少数民族中小学双语教育探析》，王学峰、蔡文伯的《公平与效率视角下的新疆少数民族高等教育发展的分析与思考》，刘姣、蔡文伯的《新疆少数民族双语教育三十年回溯与反思》等。（3）宗教关系对民族关系的影响。主要有李进新的《新疆宗教演变史》，李健生的《和谐的宗教关系是和谐的民族关系的重要特征》，刘仲康的《宗教工作与新疆和谐社会的构建》等。

4. 跨界民族研究。中亚国家独立引发其民族政治、经济生活地位起伏和周边关系变化，使之与新疆跨境民族关系凸显。相关研究如杜娟的《耶律大石西迁对中亚地区的影响》（《云南民族大学学报（哲学社会科学版）》2014 年第 3 期），马曼丽、艾买提的《关于新疆跨国民族地缘冲突的动因与和平跨居条件的思索》（《中国边疆史地研究》2003 年第 2 期），潘志平的《中亚国家政治体制的选择：世俗、民主、威权、无政府》（《俄罗斯中亚东欧研究》2011 年第 1 期）等。

5. 生态视角与微观化的民族关系。如娜拉的《试论新疆游牧民族社会化的时代局限性》，陶文俊、黄孝东的《现代化语境下的主体困境——评〈生态移民政策与地方政府实践〉》，王平的《新疆少数民族人口社会流动问题初探》，秀梅的《新疆少数民族禁忌习俗中的环境保护意识》，姚维的《新疆少数民族女性社会心态调查研究》等。

五 国内新疆宗教信仰研究

（一）伊斯兰教研究

1. 综述。主要有高占福的《20 世纪伊斯兰教研究综述》，桑荣的《五百年来新疆伊斯兰教研究》（《新疆社会科学》2000 年第 5 期），马霞的《近十年来伊斯兰法若干问题研究综述》等文章，总结伊斯兰教尤其是新疆伊斯兰教的研究状况，具有一定的文献索引意义。

2. 探讨伊斯兰教在新疆兴起的原因。主要有赵荣织的《论伊斯兰教在新疆兴起的社会根源》，李进新的《论吐鲁番地区佛教的衰亡和伊斯兰教的兴起》，李付兵的《试论伊斯兰教在西域的勃兴及其兴起的文化本质》。研究认为，伊斯兰教传入新疆到最终取得主导地位经历了一个漫长的历史过程。最初伊斯兰教的传播是统治阶级的武力强制推行的结果，绝大多数人是被迫接受伊斯兰教的，但其后由于社会状况的变化以及佛教自身的原因，伊斯兰信仰由开始的被迫逐渐转变为自愿的行为，最终深入人心。反映了不同宗教文化间的差异、斗争，也显示了新疆各族兼容并蓄的文化吸纳能力。

3. 伊斯兰教的民族性和地方性。主要集中于族属化、地方化、文化化，如胡振华的《伊斯兰教与柯尔克孜文化》，周泓的《伊斯兰教在近代新疆的世俗化与地方化——伯克制度及新疆伊斯兰文化与内地的相异》，万维强的《〈古兰经〉对维吾尔族民俗的影响》。

4. 维吾尔族麻扎研究。主要有热依拉·达吾提的《维吾尔族麻扎朝拜与伊斯兰教》，王欣的《新疆吐峪沟麻扎崇拜的社会文化功能》。麻扎和麻扎朝拜本属原始宗教（祖先崇拜、英雄崇拜）和萨满教遗风，信仰依禅派的维吾尔人将这一古老习俗带入伊斯兰教仪式，反映了不同宗教、文化间的吸收、改造与重构及其民族性和地方性。

5. 伊斯兰原教旨主义研究。如杨超的《浅论当代伊斯兰教原教旨主义》，马金伟的《伊斯兰教原教旨主义成因的多维分析》，蔡华的《试析伊斯兰原教旨主义的崛起与影响》，吴云贵的

《伊斯兰原教旨主义、宗教极端主义与国际恐怖主义辨析》。

（二）其他宗教研究

新疆基督教、天主教研究，主要以木拉提·黑尼亚提的系列成果为代表，如《近代西方内地会传教士在新疆的活动》（《西域研究》2001 年第 4 期）、《近代新疆天主教会历史考》（《西域研究》2002 年第 3 期）和《传教士与近代新疆社会》（《世界宗教研究》2005 年第 1 期），材料广泛，包括外文和中文档案资料。另有曾和平的《新疆基督教问题调查》对新疆基督教传播的现状、特点和存在问题的建议。关于萨满教研究。今维吾尔、哈萨克等民族中程度不同地保留着萨满教习俗，其以传统文化的方式融入这些民族的日常生活与其他宗教信仰中。李进新的《萨满教在新疆少数民族中的遗留》，阿布都力江·赛依提的《哈萨克人信仰中的萨满教遗迹》，黄达远的《试论新疆少数民族城乡中的萨满教遗存》，以实地微观视角寻找不同民族生活中的古代宗教。吴涛的《龟兹历史文化研究》历时分析汉唐—元清龟兹地方与其佛教文化特质及其原因。

（三）新疆宗教特性研究

以李进新和马品彦的观点较具代表性。李进新在《新疆宗教演变史》（新疆人民出版社 2003 年版）一书绪论中归纳新疆宗教演变的基本特点为：1. 多宗教信仰并存是从古至今新疆宗教演变最基本的特点；2. 新疆流传的宗教多属于外来宗教，这些外来宗教传入新疆后，都有一个与本地区、本民族传统文化和习俗相融合、相适应，即民族化和地区化的过程；3. 在新疆宗教演变史上，有的宗教兴起了，有的宗教消亡了，兴亡消长的原因既有客观环境变化的影响和社会内部的因素，也有宗教本身变化的原因；4. 新疆在宗教信仰上的几次重要变化，都与西域民族的迁徙运动有一定的联系，这种变化的结果促进了民族的融合发展。马品彦的《新疆多种宗教并存格局的形成与演变》一文亦认为，外来宗教传入形成新疆多种宗教并存的基本格局从未能改变。

（四）宗教与社会主义社会适应研究

主要如龙群的《论宗教对新疆公民道德建设的影响》，李建生的《中国共产党处理宗教问题的基本理论及其在新疆的实践》（《新疆师范大学学报（哲学社会科学版）》2001 年第 3 期）、《关于引导新疆伊斯兰教与社会主义社会相适应的问题》（《新疆社会科学》2001 年第 1 期），刘仲康的《积极引导伊斯兰教与社会主义经济建设相适应》，祁先忠的《浅谈积极引导宗教与社会主义社会相适应的途径》，束迪生的《对当前新疆民族、宗教问题的几点理论思考》等。

现期新疆宗教研究呈现两大趋势。一是综合性。不仅研究新疆历史上曾存在过的所有宗教，还研究新疆宗教的整体特点、演变过程，实现总分结合；不仅研究宗教兴衰的历史现象，还探讨其内在的文化本质，实现内外结合；不仅研究宗教的消极作用，而且注意发掘其积极因素，实现正反结合；不仅有汉族学者的客位研究，还有少数民族学者的主位研究，实现主客位相结合；不仅有大范围的宏观研究，且有个别地区的微观研究，实现普遍性与特殊性结合；不但有中文史料的挖掘，还有民文资料、外文资料的辅助；不仅关注宗教的社会作用，还研究从国家层面如何引导宗教与社会主义社会适应，实现自身发展与外在引导结合。二是专门化和连续性。表现在通过翔实的古籍资料的相互佐证、中外史料的对比参考，或对前说提出质疑、反驳，或推动研究深化，较多学者开始有意识地针对某一种宗教或者某一方面的问题进行连续性研究。研究方法注意运用文化人类学、社会学、法学等多学科的视角分析。

六 国内新疆社会经济与文化研究

（一）新疆社会经济发展研究

1. 有关跨越式发展的研究。宋岭等的《大力推进新疆跨越式发展研究》（中国经济出版社2013年版）以2010年中央新疆工作会议提出新疆要实现跨越式发展为研究背景，在科学界定后发地区跨越式发展内涵基础上，立足新疆发展过程中呈现的资源型经济、投资拉动型经济、绿洲经济、区域发展不协调、市场经济发育程度低等基本特征，提出新疆应充分利用三个优势发展三个战略的思想，提出利用新的发展理念和配套措施解决新疆区域发展不协调问题，提出构建“一核、两轴、多组群”的城镇发展格局，为新疆全面如期建成小康社会，实现新疆跨越式发展提供战略思路和政策建议。杨圣敏在《新疆如何实现经济与社会同步跨越式发展》一文中指出，新疆的发展，不仅需要经济发展的指标，也需要社会能够同步健康协调发展的指标。文章在分析社会发展滞后现状的基础上提出，让参与度成为社会发展与政策调整的指标；将城乡中的贫困人群作为重点纳入社会保障体系和经济发展规划，是今后地方政府维稳工作的重点；文章还提出发展新疆模式的基本构想。阿里木江·阿不来提编著《新疆农村养老保障体系构建研究》一书，在对新疆农村社会养老保障体系现状进行深入分析的基础上，以科学发展观和社会主义和谐社会理论为指导，选定新疆农村养老保险制度为主要研究对象，通过大量充分的调研获取第一手数据和资料，运用实证分析和规范分析相结合，专题研究和综合研究相结合的方法，依据社会保障相关理论，从农民缴费能力、传统养老文化、政府养老保障水平、政府责任、农民养老心理、养老资金筹集、农民缴费率等11个方面对新旧养老保障体系进行深入系统的研究，提出新疆新型农村养老保障体系的原则、基本思路和长效机制，并为新疆新型农村养老保险制度的完善提出针对性的政策建议和切实可行的方案。

2. 有关可持续发展。《实现新疆资源经济的可持续发展》（《新疆大学学报（哲学人文社会科学版）》2002年第S1期）一文以资源利用、环境保护为基点，从自然资源、环境及工、农业发展等角度对新疆绿洲经济进行了分析，并对实现新疆资源型经济的可持续发展提出了相应的发展思路和对策。《发展循环经济：新疆可持续发展的必由之路》认为，新疆生态环境脆弱，环境对社会经济发展的承载能力差，因而转变传统的经济增长方式，大力发展循环经济，是实现新疆社会、生态、经济可持续发展的重要途径。

3. 关于城镇化。《新疆城市化进程综合评价与特征分析》（《新疆财经》2007年第4期）一文通过实证分析，指出新疆的城市化进程与工业化水平并无直接的因果关系，而与农民的富裕程度呈正相关，与城市居民收入增长关系密切；在城市的产出与消费中，城市化进程更倾向于消费。这些特征对新疆社会经济发展的影响，以及对城市化进程的可持续发展的影响都需要引起高度重视。《南疆三地州城镇化与产业结构协调发展研究》认为南疆三地州作为新疆典型的少数民族聚居欠发达地区，城乡二元结构问题日益突出，产业结构亟待优化。它的城镇化与产业结构互动协调发展，直接影响着新疆的城镇化进程、城镇化水平以及产业结构，影响着新疆社会经济发展与和谐稳定。文章运用城镇化和产业结构的相关理论，通过对南疆三地州城镇化与产业结构协调发展的动态分析，探讨协调发展对策，以期为实现城镇化与产业结构协调发展目标提供理论依据。另有《新疆劳动力产业间转移与城镇化发展对比研究》从新疆劳动力结构变化及劳动力转移与城镇化相对速度的比较入手，提出了新疆劳动力转移与城镇化进程中存在的问题，尝试提出合理对策。《新疆城镇化过程特征与评价——基于对两种指标体系对比分析的视角》运用主成分分析法对新疆城镇化水平进行综合评价，将综合评价结果与新疆人口城镇化水平进行对比分析，判断新疆人口城镇化与新疆社会经济发展所允许和要求的城镇化水平是否协调，并结合新疆1978年以来城镇化发展过程，从实证的角度去分析、探讨新疆城镇化过程中出现的问题，并得出结论。

4. 关于区域经济发展与平衡。阿迪力·买买提的《转型期新疆经济发展平衡问题研究》（社会科学文献出版社2013年版）一书，关注新疆少数民族弱势群体。指出转型期的新疆经济增长迅速，但由于受自然、社会历史条件的影响，一定程度上加深了新疆弱势群体，特别是少数民族弱势群体的弱势化程度。作者从少数民族农民弱势群体和城镇弱势群体两个层面，研究其存在的必然性、人口分布及现状、改变弱势群体的对策等。《新疆区域经济差异及其时空格局研究》指出，自改革开放以来，新疆区域经济的绝对差异一直在扩大。尤其是在1990—1995年、2003—2010年两个时间段扩大最为迅速，区域经济的相对差异的变化呈现倒“U”形结构，从空间格局来看，经济总量差异显著，经济增长速度却出现了一些趋同的现象。在新疆社会经济发展的过程中，不可忽视区域经济差异的扩大对新疆社会发展造成的影响。应通过优化区域产业结构，培育区域增长极，加大扶持等措施缩小区域经济差异。又如《区域发展不平衡的影响因素实证分析——以新疆南北疆为例》《新疆南疆地区社会经济发展面临的问题、对策及其意义——新疆维吾尔自治区南疆地区实地调查》《新疆社会经济的区域发展差距分析》等文，都关注新疆区域经济发展不平衡现象，对成因、影响因素等进行分析，并提出解决措施及设想等。此外，城乡居民收入差距也是社会经济发展不平衡的重要体现。《跨越式发展下新疆城乡收入差距问题的实证研究》一文基于新疆1978—2009年金融发展与城乡居民收入的统计数据，在分析现状及阐明原因的基础上研究金融发展对城乡收入差距的影响，并针对存在问题，提出政策建议。《新疆城乡居民收入与公共服务均等化分析》一文分析了新疆城乡在社会保障、城乡就业、教育科技、公共卫生、基础设施等公共服务方面存在的差距，指出城乡居民收入差距不断拉大的重要因素之一在于公共服务非均等化。推进新疆公共服务均等化将有助于解决发展面临的突出矛盾，提高新疆城乡居民收入。

5. 关于少数民族社会经济变迁。主要包括少数民族聚居区社会经济发展调查、少数民族生计方式变迁等。南快莫德格的《新疆图瓦人社会文化田野调查与研究》（民族出版社2009年版）一书，呈现了图瓦人的历史渊源，社会生活，教育，聚居区的医疗卫生，宗教，生态观，禁忌，民间文学艺术及体育娱乐，与卫拉特蒙古及哈萨克族的关系、文化互动之影响等内容。加·奥其尔巴特的《新疆蒙古族社会现状报告——和静县和乌鲁木齐市等地蒙古族社会经济发展的调查与分析》（社会科学文献出版社2013年版）一书，调研新疆巴音郭楞蒙古自治州两县、伊犁哈萨克自治州三县和乌鲁木齐市的蒙古族社会经济、生活质量和文化教育与存在的问题。马海寿、刘贡南的《绿洲上的新月：当代新疆昌吉地区回族生计方式变迁研究》（民族出版社2013年版）一书，对天山北坡绿洲一个典型回族村落的“生计方式”，从生态、教育、消费、国家屯垦制度与可持续生计等方面分析探讨，就新月社区未来的生计途径提出“公司+农户”模式的发展框架。另如孙岿的《族际互动模式：自发合作、契约合作与指导合作》撰述。《生育文化与社会再生产——以新疆阿克苏、喀什地区为例》一文，从生育知识、生育目的以及生育性别偏好等方面分析认为，新疆阿克苏、喀什地区的生育文化是以宗教为基础的、有别于现代医学观念的一套观念体系，在现代化过程中，当地生育文化的变迁对社会再生产机制产生内在影响。

（二）新疆多元文化共存与互动研究

1. 多元文化共存。贺萍的《对新疆多元民族文化的类型分析》（《西域研究》2014年第3期）从共时性和历时性两个视角对新疆多元民族文化类型进行划分，从历时性角度，将它划分为原生形态的文化类型和次生形态的文化类型；从共时性角度，将它划分为经济文化类型、语言文化类型和宗教文化类型。这些不同形态的文化类型在新疆多元民族文化的发展演进中，相互作用和影响，使新疆的文化类型呈现出纷繁复杂的状态。张洋的《多元与融汇：新疆文化的恒久符号》指出，新疆有农耕文化的深厚根基和草原文化的鲜明特色，他们交流的时间跨度大、涉及范围广，具有物质文化上较大趋同和社会文化方面少量的、局部趋同的特点。刘彩霞、吴新平的《新疆多元文化成因探析》一文从新疆的地理位置、政治管理、民族迁徙、民族特性等方面对新疆多元文化形成的原因进行了探讨。又如沈子华的《新疆多元民族文化的形成》等。

2. 多元文化互动。此类成果比较集中于语言文化领域，即少数民族语言与汉语的互动、交流及相互影响研究。赵江民的《新疆民汉语言接触及其对世居汉族语言的影响》（北京语言大学出版社 2013 年版）以语言接触理论，归纳新疆语言接触规律，勾勒民汉语言接触的历史轨迹，探寻以维吾尔语为代表的少数民族语言对世居汉族语言本体及其语言使用情况的影响。《语言接触对新疆南部地区汉语方言的影响》一文，指出南疆汉语方言基础较薄弱，由于广泛的语言接触，导致以喀什地区为代表的南疆汉语方言在词汇上大量借鉴维吾尔语，同时在语音上不断被其他汉语方言感染，使南疆汉语产生大量语音、词汇和语法的变异。同期，阿尔斯兰·阿布都教授、胡毅教授对维吾尔语中汉语词汇的借用研究，均表明新疆文化多元共存的特性。江承凤的《新疆多元语言文化生态环境的历史考察》指出，由于特殊的自然环境和地理位置，新疆自古以来就是多种族（民族）聚居、多语言文字融合、多种宗教并存和各种古代文明互相交汇、渗透之地。这种情况使古代新疆文化呈现出一种特殊的、延续至今的语言文化生态景观。《龟兹石窟》则历史地展现了希腊、印度、阿拉伯、波斯、突厥、汉文化影响龟兹佛教及西域文化的痕迹。

（三）新疆文化建设研究

牛汝极等编著的《新疆文化的现代化转向》（兰州大学出版社 2012 年版）主要从“新疆文化方略论”“新疆文化特征论”“新疆文化资源论”“新疆文化发展论”“新疆文化安全论”“新疆文化实践论”等六个学术角度展开论述，六部分内容相辅相成，呈现了方略是核心，特征是骨架，资源是基础，发展是动力，安全是保障，实践是途径的逻辑关系。《以社会主义核心价值观打造新疆文化软实力》一文指出提升新疆文化软实力必须做到坚持以社会主义核心价值观增强新疆区域的凝聚力和吸引力；推进现代公民教育，增强新疆各族民众的公民意识；提升政府的领导力和公信力；打造具有新疆特色的文化品牌和文化产业。马幸荣编著的《新疆多民族地区城镇社区思想政治教育长效机制构建研究》（知识产权出版社 2014 年版）以伊宁市的街道社区为田野对象，调查走访了伊宁市所有街道半数以上的社区，对多民族地区城镇社区思想政治教育开展的状况有了基本的把握。总结了伊宁市居民社区在思想政治教育方面的成功经验，亦对其中存在的问题进行了细致的分析，探寻和分析了存在问题的成因，提出了新疆多民族城镇社区思想政治教育长效机制构建的策略。又如《文化自觉、文化自信力与新疆文化繁荣》《论新疆文化发展战略的构建》《提升新疆文化对外传播力的路径选择》《新疆网络安全领域意识形态建设之思考》《新疆文化建设存在的问题及对策》《积极挖掘新疆文化的现代价值》《论新疆生态文化的发展与建设》《新疆文化强区面临的挑战和实现路径探究》等文，分别从不同角度、不同层面提出了对新疆文化建设的看法和策略。

（四）新疆文化产业发展研究

周鸿铎的《新疆文化产业及其开发模式研究》（《新疆艺术学院学报》2011 年第 4 期）一

文提出新疆的文化资源丰富，可以采用以经营文化产业集聚区为轴心全面开发利用新疆文化资源的点面结合型文化产业发展模式，推动新疆文化产业升级，即以木卡姆文化产业集聚区为轴心带动或推动其他文化产业的发展，并通过举办坎儿井文化论坛、天山天池文化论坛、特克斯文化论坛和红色军垦文化节的形式，不断提高新疆人民的文化产业意识，自觉地认知和开发利用新疆的文化资源，为实现我国关于推动文化产业成为国民经济支柱性产业的战略目标做出贡献。牛汝极的《充分挖掘丝路文化资源加快发展新疆文化产业》一文介绍了新疆发展文化产业的优势，分析了“丝绸之路”文化资源及其存在的问题；阐述了加快从文化资源优势向文化产业优势转变的路径；并提出了加快新疆文化产业发展的对策。《新疆文化产业对经济增长的影响分析》对新疆文化产业从投资“消费规模”对经济的贡献和推动力等方面进行灰色关联度分析，得出结论是：有七个行业的投资比重和职工人数比重较小，有四个行业的投资比重和职工人数比重在不断下降，城乡居民对文教娱乐的消费较少，消费比重不断下降，文化产业对经济和就业贡献较低，但对经济有较强的推动力。新疆应改革和创新文化产业的体制和机制，加大文化产业的投资力度，拉动城乡居民的文化娱乐消费，发展重点文化产业，将工艺品及其他制造业“电信和其他信息传输服务业”文化艺术业作为新兴文化产业，将旅游业作为文化产业的主导产业，以促进新疆文化产业的发展。《新疆文化创意产业发展的挑战与出路——新疆七坊街文化创意产业集聚园区的调查与分析》一文以七坊街创意产业集聚园区为对象，在实地调研的基础上，分析了艺术园区的发展现状和存在的问题，并提出了对策和建议。相关研究还有《促进新疆文化产业发展的思考》《民族传统文化与新疆文化产业的发展》《新疆少数民族传统体育开发中的企业主导型模式经营策略研究》《新疆文化资源的产业开发和保护》《新疆文化产业发展现状及存在问题的对策研究》。

（五）新疆少数民族文化现代化研究。

1. 少数民族文化转型。夏里甫罕·阿布达里的《新疆哈萨克族文化转型研究》（新疆人民出版社 2010 年版），把中国哈萨克族的文化转型问题，作为中华民族乃至全球性现代化背景下带有少数民族特点的个案，进行了深入剖析，作者认为，文化转型是对民族传统文化的一种历史性的全面超越和升华，是对旧文化的一种辩证的否定；哈萨克族民族文化现代转型的客观要求出于传统文化是“自然主义和经验主义的草原文化模式”，必须使之适应于现代生产和生活方式。他论证了阿拜·库南拜耶夫、唐加勒克两位近现代哈萨克族启蒙学者出现的历史必然性，充分肯定在民族文化转型时期思想文化启蒙工作的重要作用。他对“社会转型”和“文化转型”这两个概念的联系、区别和相互作用进行了分析；对文化危机、文化反思和文化转型三者的逻辑联系进行了深入探讨，指出文化反思就是对文化危机的理性反应。是对文化转型的促进力量；并对当代哈萨克族知识界中伴随反思而体现的理性成长过程进行了阶段性梳理。李瑞君的《当代新疆民族文化现代化与国家认同研究》（中国政法大学出版社 2013 年版）一书，关注社会转型的利益格局调整和不同文化之间的碰撞与冲突，认为中央与地方、个人与社会、政府与社会、不同文化群体之间的关系调整，应该由以往的重维稳、重反恐向重发展、重民生转换。《双语教育——解决传统与现代化矛盾的钥匙》一文认为，中国西部是多民族聚居区，也是双语区，双语交往必然产生不同语言文化的流动，这种流动是双向的——接触、影响、吸收、互补、共生。随着现代文化的不断发展，各民族的传统文化既面临着机遇，也面临着挑战，对现代文化各民族应去适应它、学习它、转化它、创造它。相关研究有《新疆高校少数民族大学生中华文化认同教育探析》《浅谈新疆多民族高校开展公民意识教育问题》等文。

2. 少数民族现代教育发展研究。朱远来的《新疆哈萨克族现代教育发展研究》（知识产权出版社 2013 年版）调查伊犁哈萨克自治州尼勒克县、伊犁师范学院等所属不同学校教育层次和类型，以哈萨克族教育所处经济、社会、文化、自然生态等环境的历时与共时比较，提供了哈萨克民族教育面临机遇与挑战应做出的教育改革选择和设计的实证依据。《新疆高校民族预科教育研究》（民族出版社2004年版）一书主要运用语言学、教育学、社会学的理论与方法，分析了新疆高校民族预科教育的历史、现状、发展趋势及教育模式，探索了新疆高校民族预科教育与民族中小学双语（三语）教育衔接问题，最后还对21世纪新疆高校民族预科教育的发展提出了改革的设想。《新疆少数民族高等教育公平与效率的分析》从公平与效率的视角对新疆少数民族普通高等教育发展进行了分析，指出了新疆少数民族普通高等教育发展中存在的公平与效率问题，并对此提出了一些建议。相关研究还有《新疆民族教育发展中的问题与思考》《新疆民族基础教育质量若干问题研究》《新疆少数民族教育质量问题的分析与思考》《哈萨克族基础教育教学模式及特点分析》《改革开放以来新疆少数民族教育的发展》和赵锡平的《新疆少数民族教育质量问题的分析与思考》等。

3. 少数民族语言与双语教育研究。第一，从语言能力、语言态度和语言使用状况方面，探讨新疆不同少数民族的语言文化现状和现代化背景下民族语言的传承与保护。如《锡伯族家庭语言保持现状透析》（《新疆师范大学学报（哲学社会科学版）》2013年第6期）认为应弘扬民族优良传统，缩短代际语言使用和语言能力的差距，坚守家庭语言使用的阵地；改变传统语言的工具观，重视语言的文化属性和认知属性；改变自上而下的线性语言规划观，建立多领域、多主体共同配合的立体语言规划观。《新疆喀什古城的语言生活——高台民居社区居民的语言使用和语言态度调查》（《新疆社会科学》2013年第1期）一文调查显示，维吾尔语是当地主要交际语，汉语掌握程度体现代际差异；居民对相关语言的主观评价与实际行为不一致，中学生学习汉语的积极性不高，传统手工业制作对母语保持和汉语推广有影响。多数人认为维吾尔语对自己较重要，普通话对后代较重要，希望后代接受维汉双语教育。又如《新疆伊宁市维吾尔族城市居民的语言能力、语言使用与语言态度调查》一文。第二，讨论双语教育的现状、少数民族对双语教育的学习意愿、双语教师的从业意愿、双语教育的体制机制等。艾力·伊明的《多元文化整合教育视野中的维汉双语教育研究——新疆和田中小学双语教育的历史、现状与未来》（民族出版社2011年版）对和田绿洲从远古时期到现在的文化教育发展历程以及各阶段的双语现象、双语教育的历史特点进行回顾和梳理，对当前和田中小学实施的维汉双语教育体制进行实地调查，总结当地文化负荷者对维汉双语教育的观点和态度、当地双语教育的成就及存在的问题，分析了现行三种双语教育模式的主要特征、优点和弊端，影响和制约实施维汉双语教育的条件和因素，并提出了完善双语教育的可行性方案。《生态语言学视阈下的柯尔克孜族语言教育选择——以新疆克孜勒苏柯尔克孜自治州为例》一文，梳理了柯尔克孜族基于民族发展的基本价值观及其语言功能所做的语言教育选择历程：从曲折前行的母语教育、适时调整的二语教育、长远战略的双语教育层面，从积极的语言态度和良好的多语能力角度，分析柯尔克孜族的语言生态环境，注意基础教育与高等教育智力衔接。《新疆双语教师从教意愿调查研究——以新疆某师范大学小学教育专业为例》，调查了新疆不同民族、不同生源地区、不同学习类型（民考民、民考汉）、不同专业大学生的双语教师从教意愿，提出双语教师的培养主体应该是维吾尔族及哈萨克族学生及民考汉学生，高等师范院校应该设置培养双语教师的专业。《新疆双语教育工作体制机制研究》一文，指出新疆双语教育投入不均衡，行政机制、法律保障机制和用人机制不健全等问题，提出调整办学体制，完善法律保障、经费保障、质量保障机制和用人机制。《和田地区维吾尔族幼儿汉语学习兴趣现状调查》一文，以课堂观察与问卷调查结合分析，指出维吾尔族幼儿汉语学习存在学前双语师资数量不足，整体素质不高；汉语语言环境薄弱，小学化倾向较为严重等问题，认为培养少数民族幼儿的汉语学习兴趣，是实施少数民族学前双语教育的重要目标。相关研究还有《正确看待少数民族双语教学工作中存在的问题》《2005—2009 新疆少数民族幼儿学前“双语”教育基本状况的分析讨论》《新疆少数民族双语教育模式及其语言使用问题》《新疆“双语”教育与少数民族教育的思考》《多元文化对新疆双语教育课程设置的影响》《新疆少数民族学前双语教育的多样化构建》《新疆民汉双语教师培训管窥——以新疆教育学院双语教师培训为例》《新疆高校“双语”教学发展的现状与模式构建》《基于文化理解的双语教学——以新疆高校预科汉语教学为例》《浅谈新疆少数民族双语教学中的文化教学》等。

七　新疆族属语言与文化研究

维吾尔语言文学与思想研究，主要有：力提甫·托乎提的《现代维吾尔语参考语法》（中国社会科学出版社 2012 年版），扎米尔赛都拉的《阿鲁孜格律理论》（新疆大学出版社 2011 年版），乌买尔·达吾提的《简论维吾尔古典文学史上的双语创作》（《民族文学研究》2011 年第 2 期）和《麻赫穆德·喀什噶里与比较语言学》（《新疆大学学报（哲学·人文社会科学版）》2011 年第 3 期），阿依达尔·米尔卡马力的《吐鲁番博物馆藏回鹘文〈慈悲道场忏法〉残叶研究》（《敦煌研究》2011 年第 4 期），海热提江·乌斯曼的《中国辞书“纳瓦依”条目解释的思考》（《民族文学研究》2011 年第 4 期），吐尔逊托合提·阿塔吾拉的《论玉素普·哈斯·阿吉普的政治思想》（《新疆大学学报（维文版）》2011 年第 4 期），阿合买提·苏来曼的《丝绸之路与维吾尔人》（新疆人民出版社 2011 年版）等。

哈萨克族语言研究，主要有：张定京的《语法学的若干基本问题——以哈萨克语为例》（《山西大学学报》2012 年第 3 期），张定京的《Қ АЗІРГІ Қ АЗА Қ ТІЛІНІҢ АХПАРАТ КӨЗІ КАТЕГОРИЯСЫ》（《现代哈萨克语的信源范畴概述》）（《Қ аза қ тіл білімі：жаң а ғ ылыми парадигмалар мен о қ ытудың инновациялы қ технологиялары атты халы қ аралы қ ғ ылыми-теориялы қ конференция》（《哈萨克语言学：新学术领域和教学法革新国际学术理论研讨会论文集》），Алматы：Арыс，2012），张定京的《哈萨克语情态系统研究语料》（《阿尔泰语系语言情态系统的功能—类型学研究》，中央民族大学出版社 2013 年版），张定京的《Грамматиканың бірліктері жөнінде》（《论语法单位》）（《“Қ азіргі тіл білімінің басымды қ тары жә не түркі ә лемі”атты халы қ аралы қ ғ ылыми-теориялы қ конференцияның ма қ алалар жина ғ ы》，Алматы：Арыс，2013（《当代语言学发展趋势与突厥世界国际学术理论研讨会论文集》，阿拉木图 Arïs 出版社 2013 年版））；杨洪建的《哈萨克族学汉语否定结构习得研究》（新疆大学出版社 2011 年版）。

哈萨克文学研究，如黄忠祥的《哈萨克族叙事诗〈阔孜库尔佩西与芭艳苏露〉版本比较研究》（民族出版社 2012 年版），《女书社会功能与传承方式》（《民间文化论坛》2012 年第 5 期），《哈萨克族口头文学的游牧式传承方式》（《草原文学研究》，民族出版社 2013 年版），《哈萨克族叙事诗〈阔孜库尔佩西与芭艳苏露〉新母题的形成原因》（《北方民族大学学报》2012 年第 2 期），《哈萨克族叙事诗〈阔孜库尔佩西与芭艳苏露〉瓦·拉德罗夫版本的结构特征》（《民族文学研究》2013 年第 3 期）；卡木那的《哈萨克民俗学》（新疆人民出版社 2011 年版）等。

族体历史文化研究，主要有：何星亮、郭宏珍的《突厥史话》（五洲传播出版社 2008 年版），赵明鸣的《〈突厥语〉中的 ol》（《民族语文》2011 年第 6 期），《中亚〈古兰经注释〉名词的格范畴》（《民族语文》2008 年第 5 期），《中亚〈古兰经注释〉动词的式范畴》（《民族语文》2009 年第 6 期），《中亚〈古兰经注释〉动词的态范畴》（《民族语文》2010 年第 6 期）。另有王远新的“突厥语言翻译与教学”研究等。此外有阿地力·居玛吐尔地的《中国柯尔克孜族》（黄河出版集团 2012 年版），阿地力·居玛吐尔地等的《柯尔克孜族民间信仰与社会》（民族出版社 2010 年版），热和甫·阿巴斯、周建华的《中国塔塔尔族》（黄河出版集团 2012 年版），马利克·恰尼西夫、周建华等的《中国塔塔尔族教育史》（民族出版社 2009 年版），阿不都外力·依米提的《论维吾尔族的传统社会保障文化》（《新疆大学学报（维文版）》2011 年第 3 期），王敏的《从文化的空间到空间的文化：巴扎的空间与文化学阐释》（《新闻界》2011 年第 2 期），热依拉·达吾提的《维吾尔族麻扎的功能职司及其演变研究》（《西北民族大学学报》2011 年第 2 期）。另有《哈萨克族婚礼及其仪式音乐变迁研究——以新疆阿勒泰地区为例》《维吾尔女性中的"恰依"（茶会）现象研究》等。

（周泓，研究员；郭宏珍、马艳、王耀、孙嫱，副研究员，中国社会科学院民族学与人类学研究所新疆历史与发展研究室）

新世纪以来中国生态人类学研究（2001—2012 年）*

张　姗

生态人类学自20世纪五六十年代兴起于西方，发展至今不过几十年，而传入中国的时间更短，属于一门新兴学科。如果从20世纪80年代国外相关生态人类学理论被译介到国内算起，中国生态人类学大约走过了30多年的发展历程。在最初的十几年，生态人类学学科发展相对缓慢，并且大部分时间被民族学或其他相邻的学科所遮盖。进入21世纪之后，随着国内民族学、人类学的蓬勃发展，学科分化和分野趋势的加强，生态人类学才逐渐有意识向建立学科基本理论体系的方向发展，关于这门学科的学理基础、基本概念、研究客体以及研究的方法、意义日渐成为人们关注的重点。特别是近几年来，随着环境污染、生态危机等问题的频发，越来越多的学者开始加入到生态人类学的学习与研究队伍中，生态人类学在中国呈快速发展之势。

一　“生态人类学”导读式作品

关于“生态人类学”研究的起始时间，虽然学界看法不一，但普遍认为：“生态人类学”这一名词出现于20世纪60年代，由美国人类学家韦达（Vayda）和拉帕波特（Rappaport）提出。[①] 在其后的众多研究成果中，有两本以“生态人类学”直接命名的教科书式的专著不得不提，分别是1977年美国学者唐纳德・哈迪斯蒂（Hardesty Donald）的《生态人类学》[②] 与1995年日本学者秋道智弥、市川光雄、大塚柳太郎共著的《生态人类学》[③]，进入21世纪后这两本书分别被翻译成中文引入中国。中国国内导读性生态人类学著作则以杨庭硕等人编著的《生态人类学导论》[④] 为代表。论文方面，姜夕迎的博士毕业论文《西方生态人类学研究》[⑤] 较为系统地梳理了西方生态人类学的发展过程以及近三四十年的生态人类学的研究动态与关注焦

* 关于生态人类学研究回溯方面的文献综述，拙作《生态人类学研究回溯之文献综述》预定发表于《玉溪师范学院学报》2016年第5期，本文为其延伸之作，特作说明。鉴于笔者能力有限，此次所选研究成果基本上都是以“生态人类学”为题的作品，对于“民族生态学”“环境人类学”“灾害人类学”等相关研究成果未能涉及，如另有遗漏，还望学界同仁批评指正。

① Andrew P. Vayda and Roy A. Rappaport, “Ecology, Cultural and Non-Cultural”, *Introduction to Cultural Anthropology*, James A. Clifton(ed.), Boston: Houghton Mifflin, 1968, pp. 477 - 497.

② Hardesty Donald, *Ecological Anthropology*, New York: JohnWiley&Sons, 1977. 中文版由郭凡、邹和译：《生态人类学》，文物出版社2002年版。

③ 秋道智彌、市川光雄、大塚柳太郎：『生態人類学を学ぶ人のために』，世界思想社1995年。中文版由范广融、尹绍亭译：《生态人类学》，云南大学出版社2006年版。

④ 杨庭硕等：《生态人类学导论》，民族出版社2007年版。

⑤ 姜夕迎：《西方生态人类学研究》，博士学位论文，中国社会科学院研究生院，2012年。

点，对中国生态人类学的本土研究也有所总结。李海泉翻译发表了《什么是生态人类学》① 一文，从重要学者、主要论著、关键词、方法论、意义、批评意见等方面对生态人类学进行了详尽的总结与概括。这些具有代表性的研究作品，不仅系统介绍了生态人类学的产生、发展、走向等基本问题，为后来者打开了生态人类学学习与研究的入口大门，其中提及的经典案例更是十分形象具体地展示了生态人类学的研究魅力。

除此之外，进入21世纪后被中国学者翻译成中文的国外生态人类学著作还有《地方性知识——阐释人类学论文集》②《环境决定论与文化理论：对环境话语中的人类学角色的探讨》③《环境 人类 亲和》④ 等。尹绍亭的《人与森林——生态人类学视野中的刀耕火种》⑤ 与杨庭硕、吕永峰的《人类的根基——生态人类学视野中的水土资源》⑥ 是国内生态人类学研究领域内的两本力作，庄孔韶主编的教科书《人类学通论》⑦ 中也专门设有《生态人类学》一章。吉首大学民族学研究基地2006年开始推出《生态人类学研究丛书》，云南大学西南边疆少数民族研究中心自2012年也开始陆续出版《生态人类学丛书》。

二 有关生态人类学学科属性的讨论

作为一门从国外传入的学科，对于"生态人类学"的学科界定与属性，中国学界展开了探讨，虽然基本上认定了其为人类学的一个分支，但具体表述上有所不同。李霞的《文化人类学的一门分支学科：生态人类学》⑧ 把生态人类学界定为文化人类学的分支学科，探讨了其产生和发展的过程，认为生态人类学的思想来源于西方思想史上的环境决定论。作为一门学科，其产生和发展主要是在美国，斯图尔德是其开创者，哈里斯具有独特贡献。20世纪六七十年代后，生态人类学逐渐产生生态系统途径与民族生态学两种研究路径，90年代后，生态人类学呈现出"反对极端的文化相对论和在后现代主义的影响下失去自身的同一性"两大趋势。罗康隆的《生态人类学述略》⑨ 也把生态人类学当作文化人类学的一个分支，形成于20世纪60年代，主要聚焦于文化与生态环境之间的关系研究。文章追溯了自20世纪初文化人类学界开始的对社会关系与生态环境之间相互作用关系的研究，认为自然资源本身具有多样性，人类在文化多

---

① ［美］斯黛西·麦克格拉斯：《什么是生态人类学》，李海泉译，《生态·环境人类学通讯第二期》，吉首大学、云南大学、新疆师范大学社会文化人类学研究所内部资料，2005年。原文信息：Maria Panakhyo and Stacy McGrath，Ecological Anthropology，Anthropological Theories：A Guide Prepared by Students for Students，UNIV. OF ALA. 美国阿拉巴马大学人类学系网站：http：//anthropology. ua. edu/cultures/cultures. php? culture = Ecological%20Anthropology，下载时间：2014年8月8日。

② ［美］克利福德·吉尔兹：《地方性知识——阐释人类学论文集》，王海龙、张家瑄译，中央编译出版社2000年版。

③ ［英］凯·米尔顿：《环境决定论与文化理论：对环境话语中的人类学角色的探讨》，袁同凯、周建新译，民族出版社2007年版。

④ ［韩］全京秀：《环境 人类 亲和》，崔海洋译，贵州人民出版社2007年版。

⑤ 尹绍亭：《人与森林——生态人类学视野中的刀耕火种》，云南教育出版社2000年版。

⑥ 杨庭硕、吕永峰：《人类的根基——生态人类学视野中的水土资源》，云南大学出版社2004年版。

⑦ 庄孔韶：《人类学通论》（修订版），山西教育出版社2004年版。

⑧ 李霞：《文化人类学的一门分支学科：生态人类学》，《民族研究》2000年第5期。同年，作者在《国外社会科学》2000年第6期、《社会科学动态》2000年第10期上发表了《生态人类学的产生和发展》阐述了大致相似的内容与观点。

⑨ 罗康隆：《生态人类学述略》，《吉首大学学报（社会科学版）》2004年第3期。

样性基础上也要产生出多样性的生计方式，创造出利用资源的多元化途径，进而解决现实中由经济、社会、人口、制度和政治条件造成的资源危机。陈心林的《生态人类学及其在中国的发展》[①] 指出生态人类学是用人类学的理论和方法研究人群、生态环境及文化之间互动关系的学科，评述了生态人类学的学科发展历程及其在中国的发展状况，认为20世纪80年代之后生态人类学在国内得到了长足发展，具体表现为对国外生态人类学研究成果的译介与中国学者研究逐渐形成规模。文章最后分析了生态人类学在中国发展的必要性，从学科建设与理论构建、研究领域、学科规范三个方面指出了其面临的问题与解决方法。袁鼎生的《生态人类学的当代发展》[②] 认为人与自然协调发展的生态文化是生态人类学发展的文化背景，现代人类学对人类中心主义的反思构成了生态人类学的学科背景，主体一元化和谐的生态结构、主客耦合并进的生态关系、天人良性循环的生态圈是生态人类学逐级发展的三重理论境界。田红的《生态人类学的学科定位》[③] 认为生态人类学是一门以人类的生态安全为研究对象的高度综合与高度理论化的哲理性学科，虽然其理论与方法主要取材于文化人类学，但其不应只局限于解释文化现象与文化演变，或者发现生态问题的文化成因，而应依托于人类学、社会学、生态学、物理学、化学等社会科学与自然科学，进行大尺度、长周期的观察，最终在哲理层面上探讨人类社会存在的生态意义及其运行的生态后果。蒋俊的《生态人类学概论》[④] 认为生态人类学是一门在理论和实践上都注重探讨文化与环境之间复杂关系的人类学分支学科，是生态学与人类学的联合与交叉。文章论述了生态人类学产生与发展中的思想与理论，着重介绍了环境决定论与可能论、文化生态学、文化唯物主义、民族志生态学、系统生态学五种比较重要的观点。吴正彪的《生态人类学的学科发展困境及思考》[⑤] 认为与文化生态学不同，生态人类学是研究人类文化中如何具有生物性适应和社会性适应并对自然生态环境实现良好保护的一门边缘性学科。中国学者的生态人类学本土化研究实践是将斯图尔德的“文化生态学”与格尔兹的“地方性知识”结合起来，认为每个民族的地方性知识都隐含着维护当地生态的智慧与技能，并试图通过发掘与利用这些生态智慧与技能救治生态灾变，而建立怎样的指标体系来进行地方性生态知识的发掘、筛选、普及、推广是生态人类学学科发展所面临的困境与思考。

三　有关生态人类学研究理论与内容方法的探讨

学界有关生态人类学理论的探讨一直在继续，并且随着新问题的产生，不断有新的理论出现。任国英的《生态人类学的主要理论及其发展》[⑥] 概括介绍了生态人类学产生与发展过程中的环境决定论、环境可能论、文化生态学、文化唯物论、生态系统论、民族生态学等主要理论，认为21世纪后关注现实的生态环境成为生态人类学的一个新趋势。陈庆德的《生态人类学分析的两个理论质疑》[⑦] 对生态人类学中的“生态伦理”与“可持续发展”提出了质疑，认为“生态伦理”源于对伦理本义的单向理解，包含了许多理论含混性，把人与自然的存在价值两分为主体与客体的区别，进而使得生态问题脱离了人的基点。造成当代生态危机的真正根源

---

① 陈心林：《生态人类学及其在中国的发展》，《青海民族研究》2005年第1期。

② 袁鼎生：《生态人类学的当代发展》，《广西师范学院学报》2005年第3期。

③ 田红：《生态人类学的学科定位》，《贵州民族学院学报（哲学社会科学版）》2006年第6期。

④ 蒋俊：《生态人类学概论》，《青海社会科学》2007年第4期。

⑤ 吴正彪：《生态人类学的学科发展困境及思考》，《文山师范高等专科学校学报》2008年第1期。

⑥ 任国英：《生态人类学的主要理论及其发展》，《黑龙江民族丛刊》2004年第5期。

⑦ 陈庆德：《生态人类学分析的两个理论质疑》，《云南大学学报（社会科学版）》2015年第1期。

是主导现代社会的生活方式、经济体系、价值伦理所共同塑造的总体性生存模式，而缺乏对现存生活方式反思的“可持续发展”理论不仅不能解决问题，而且延缓或稀释了一些根本性问题。蔡琼、雷艳的《生态人类学的理论源流及其后现代特征》① 追溯生态人类学的兴起、发展中的主要理论流派，认为无论是进化论、新进化论、生态系统学派以及20世纪90年代之后的生态人类学都是在以不同形式体现环境决定论的思想，而生态人类学产生的历史背景以及其对人类中心主义、科学主义、理性主义的批判都表现出后现代主义思想特征。崔海洋的《生态人类学的理论架构论略》② 把生态人类学的基本理论归纳为二元制衡论，即地球生命体系与人类社会两大体系整体以及内部层次、系统的互动、并行、延续，人类社会的生态问题都是这种二元并存互动所派生的结果，生态人类学的研究就是凭借二元制衡理论探寻人为生态灾变的成因并将其缓解与消除。张雯的《试论当代生态人类学理论的转向》③ 认为西方生态人类学从最初的环境决定论到20世纪六七十年代的新进化论、新功能论，20世纪80年代后出现了新的转向——环境人类学或“多种生态学”，用一种新的“一元论”将生活世界中的诸种现实整合起来，分析单位从原来的“地方”和“区域”扩展到“国家”和“世界”，关注全球化和现代化，带有鲜明的政治批判性和参与性，研究方法上除了传统的民族志方法，也开始使用高科技手段和多学科合作方法，具有多理论来源、多视角分析、在具体实践中倡导文化多样性的特征，其综合性、批判性、参与性使其区别于传统的生态人类学。姜南、付广华的《当代生态人类学理论面临的挑战》④ 指出随着自然科学和社会科学的新发展，当代生态人类学面临着诸多理论上的挑战，传统的平衡论思想被颠覆，理论的转轨也引发了研究范式与方法的转变，从而使得研究工作出现了一定的混乱。文章认为生态人类学只是人类学中比较关注环境问题的一个分支，20世纪80年代以来，修正主义思潮对生态人类学的影响更为直接，其缺陷与不足又促使生态人类学走向更为动态的历史生态学方法。关于西方生态人类学中的修正主义，付广华还翻译了美国学者汤姆斯·N. 海德兰的《生态人类学中的修正主义》⑤，作者结合自己的研究经历叙述了生态人类学中修正主义出现的历史背景，认为20世纪70年代文化生态学范式有两个缺陷，即新功能主义视角与未能在文化分析中采用历时的视角，由此引发了诸多修正主义的论调，其中规模最大、历时最长的修正主义辩论始于20世纪80年代中期，并随着1989年埃德·威尔姆森（EdWilmsen）著作的出版达到高潮。但是因为修正主义有时是狭隘的、好辩的，甚至会导致人身攻击；更普遍、更客观、更具学术性，而且不仅限于人类学的历史生态学研究方法开始成为生态人类学发展的趋势。张曦的《生态人类学思想述评》⑥ 从生态人类学学科理论构成的角度评述了东西方历史上的各种相关思想，既包括风土论、人文地理学、人类生态学，又包括文化生态学中的理论构成，指出生态人类学的理论核心是生态意义的均衡，而随着资本与全球化市场的建立，人与自然平衡状态维持的规范两次被打破，生态人类学正在尝试建立第三次规范，从而实现学科生态意义的回归，并在现实中规范人类过于趋利的行为。谢景连、杨庭硕、罗小芳的《浅析生态人类学的理论预设与实践》⑦ 认为生态人类学是文化人类学中孕育而来的分支学科，但其理论建构既不完全趋同于文化人类学，也不能完全依赖生态学，在一系

---

① 蔡琼、雷艳：《生态人类学的理论源流及其后现代特征》，《黑龙江民族丛刊》2005年第5期。

② 崔海洋：《生态人类学的理论架构论略》，《贵州民族学院学报（哲学社会科学版）》2006年第6期。

③ 张雯：《试论当代生态人类学理论的转向》，《广西民族研究》2007年第4期。

④ 姜南、付广华：《当代生态人类学理论面临的挑战》，《经济与社会发展》2008年第5期。

⑤ ［美］汤姆斯·N. 海德兰、付广华：《生态人类学中的修正主义》，《世界民族》2009年第2期。

⑥ 张曦：《生态人类学思想述评》，《云南民族大学学报（哲学社会科学版）》2010年第2期。

⑦ 谢景连、杨庭硕、罗小芳：《浅析生态人类学的理论预设与实践》，《怀化学院学报》2009年第6期。

列实践个案的基础上提出了生态人类学作为独立学科的三大立论公设，即超大尺度观，以文化作为切入点的基本原则，用制衡的观念去处理生态问题。

除了理论方面的探讨，关于生态人类学研究内容与方法的探讨也未中断。游俊、吴正彪的《生态人类学田野调查纲要概说》① 拟定了“生态人类学调查大纲”，包括生物资源可利用种类调查、纤维类动植物种类调查、动植物资源的规模和销售调查、生态资源管理、民族生境构成单元的互换及兼容机制、生态系统排序、人为生境中的使用七个方面，并根据田野调查的实践经验，对提纲在实际操作中的情况进行了相关说明。在此文基础上，谭卫华、游俊的《生态人类学的田野调查与资料分析》② 对田野调查框架与资料分析进行了进一步的阐述与说明。陆永刚的《生态人类学的研究对象与任务》③ 认为生态人类学的研究应从全人类的角度出发，探索民族文化、人类生态行为、生态后果的差异，揭示生态灾变的成因与形成机制，进而找寻既高效利用生态资源又确保人类社会生态安全的对策。从近期而言，文章认为生态人类学负有四项使命：澄清有关生态问题理解上的混误，总结各民族的生态智慧与技能，探讨现代科学技术的生态利用得失，寻求传统生态技术与现代科学技术有效兼容的途径。麻春霞的《生态人类学的方法论》④ 认为生态人类学在起步阶段有关研究方法的争议主要来源于生态学与人类学各自学科理论体系的互不兼容，提出了“终端验证”的生态人类学研究方法，即按照不同学科的研究程序和规范进行资料的收集与分析，以各学科的公认事实为结论验证准则，不仅适用于文化的生物性适应方面，也适用于文化的社会性适应方面，其中在进行后者方面的研究时要注意从文化的同质度、抗风险度、储备度着手，最大限度地减少研究干扰。罗康隆的《人类的生态困境与生态人类学的研究取向》⑤ 指出生态人类学的研究理论主要包括“决定论”与“互动论”，前者又包括“环境决定论”与“文化决定论”，这些理论无法解决当下的人类生态问题，由于理论上缺乏深入探讨分析，研究方法上存在粗糙和不规范，中国的生态人类学研究缺乏优秀作品。文章从当代生态问题的实质出发，分析人类社会与生态环境的关系，指出两者是两个并存且自立的复杂体系，都具有自组织能力，以此为视角探讨两者的互动关系应是未来生态人类学的学科取向。崔明昆的《生态人类学的系统论方法》⑥ 梳理了人类学生态系统研究的来源与发展，指出其面临着人类学家不擅长自然科学的定量研究，基础数据缺乏，微观社区研究的技术难以把握，忽视文化等问题与困难，未来生态人类学应该吸取人类行为与复杂文化整体论的观点，把民族文化及其环境作为一个生态系统，在某些具备充分数据资料的生态系统层面上开展定量研究的尝试，进而对人与资源环境的互动关系进行分析与跨文化比较。

四　生态人类学视角下的案例分析

运用生态人类学的理论解读生态问题，离不开案例的支持。罗康智的《生态人类学眼中的“生态灾变”》⑦ 从生态人类学多元文化并存的角度出发，认为错误地利用生态资源，强行引入

① 游俊、吴正彪：《生态人类学田野调查纲要概说》，《吉首大学学报（社会科学版）》2004 年第 4 期。

② 谭卫华、游俊：《生态人类学的田野调查与资料分析》，《鄱阳湖学刊》2009 年第 2 期。

③ 陆永刚：《生态人类学的研究对象与任务》，《贵州民族学院学报（哲学社会科学版）》2006 年第 6 期。

④ 麻春霞：《生态人类学的方法论》，《贵州民族学院学报（哲学社会科学版）》2006 年第 6 期。

⑤ 罗康隆：《人类的生态困境与生态人类学的研究取向》，《吉首大学学报（社会科学版）》2007 年第 6 期。

⑥ 崔明昆：《生态人类学的系统论方法》，《中南民族大学学报》（人文社会科学版）2012 年第 4 期。

⑦ 罗康智：《生态人类学眼中的“生态灾变”》，《贵州民族学院学报（哲学社会科学版）》2006 年第 6 期。

与之不相适应的方式，多元文化不断趋同，资源利用方式趋向单一化才是引发“生态灾变”的主导原因，探寻文化趋同原因以及同一民族文化实现资源利用方式的多样性，才是解决“生态灾变”的有效途径。同样强调文化多样性与避免利用资源单一化的观点在杜薇的《生态人类学视野中的资源利用》① 中也有所体现，两文都列举了一些少数民族案例进行说明。袁同凯的《人类、文化与环境——生态人类学的视角》② 引用国外的一些研究案例，论述人类与环境、环境与文化的关系，指出作为一种适应方式和调适机制的文化是连接人类与环境的中介，而生态人类学在提供生态知识之外，还可以通过找寻有利于社会可持续发展的人类行为发现地方文化的生态智慧、生态意义、生态价值，达到解决环境问题的目的。

自20世纪90年代后半期，运用生态人类学的视角对中国本土问题进行具体的案例研究开始出现并呈现日益增长趋势。研究少数民族生计方式与民族文化的论文有高鑫的《1644～2006松花江下游赫哲族地区环境变迁——一个生态人类学视野下的区域历史研究》③，马翀炜、王永锋的《哀牢山区哈尼族鱼塘的生态人类学分析——以元阳县全福庄为例》④，韩汉白、崔明昆、闵庆文的《傈僳族垂直农业的生态人类学研究——以云南省迪庆州维西县同乐村为例》⑤，廖君湘的《侗族村寨火灾及防火保护的生态人类学思考》⑥，吴声军的《人地和谐相处的典范——高椅古民居的生态人类学考察》⑦ 等。研究环境保护或文化保护的论文有胡明文、牛德奎、郭英荣的《从生态人类学的视角看和谐自然保护区的构建——以江西省九连山自然保护区为例》⑧，杨雪吟的《生态人类学与文化空间保护——以云南民族传统文化保护区为例》⑨ 等。研究自然灾变或者社会灾变的有张世霞的《从生态人类学看宁夏南部山区贫困的根源——以宁夏西吉县为例》⑩，曾少聪的《生态人类学视野中的西南干旱——以云南旱灾为例》⑪ 等。除此之外，还有对某些区域或者某些行业的生态人类学研究，如：崔延虎的《绿洲生态人类学研究的若干问题》⑫，杨庭硕的《中国养蜂业的生态人类学预警》⑬，闫红霞的《基于生态人类学的西

① 杜薇：《生态人类学视野中的资源利用》，《贵州民族学院学报（哲学社会科学版）》2006年第6期。

② 袁同凯：《人类、文化与环境——生态人类学的视角》，《西北第二民族学院学报（哲学社会科学版）》2008年第5期。

③ 高鑫：《1644～2006松花江下游赫哲族地区环境变迁——一个生态人类学视野下的区域历史研究》，《广西民族大学学报（哲学社会科学版）》2007年第2期。

④ 马翀炜、王永锋：《哀牢山区哈尼族鱼塘的生态人类学分析——以元阳县全福庄为例》，《西南边疆民族研究》2012年第1期。

⑤ 韩汉白、崔明昆、闵庆文：《傈僳族垂直农业的生态人类学研究——以云南省迪庆州维西县同乐村为例》，《资源科学》2012年第7期。

⑥ 廖君湘：《侗族村寨火灾及防火保护的生态人类学思考》，《吉首大学学报（社会科学版）》2012年第6期。

⑦ 吴声军：《人地和谐相处的典范——高椅古民居的生态人类学考察》，《鄱阳湖学刊》2012年第2期。

⑧ 牛德奎、郭英荣：《从生态人类学的视角看和谐自然保护区的构建——以江西省九连山自然保护区为例》，《西南民族大学学报（人文社科版）》2007年第4期。

⑨ 杨雪吟：《生态人类学与文化空间保护——以云南民族传统文化保护区为例》，《广西民族大学学报（哲学社会科学版）》2007年第3期。

⑩ 张世霞：《从生态人类学看宁夏南部山区贫困的根源——以宁夏西吉县为例》，《宁夏大学学报（人文社会科学版）》2007年第1期。

⑪ 曾少聪：《生态人类学视野中的西南干旱——以云南旱灾为例》，《贵州社会科学》2010年第11期。

⑫ 崔延虎：《绿洲生态人类学研究的若干问题》，《原生态民族文化学刊》2011年第2期。

⑬ 杨庭硕：《中国养蜂业的生态人类学预警》，《贵州大学学报（社会科学版）》2012年第2期。

藏原生态旅游研究》[①] 等。

随着生态人类学专业课程在高校的设置，不少相关专业的研究生以生态人类学的案例研究作为自己毕业论文的研究内容。其中硕士学位论文有：黄新雨的《生态人类学视野下我国西部体育和谐发展对策研究》[②]、付广华的《龙脊壮族梯田文化的生态人类学考察》[③]、虎少兵的《生态人类学视野下保安族社会文化的变迁》[④]、陈祥军的《野马野放的生态人类学与恢复生态学研究》[⑤]、艾清的《资源、环境、文化与族群关系——爱新舍里镇的生态人类学考察》[⑥]、徐阁樱的《腾冲北海湿地资源利用、管理的生态人类学研究》[⑦]、胡灵飞的《远去的河神——生态人类学视野下京杭大运河杭州段祭河神仪式研究》[⑧]、梁艳的《生态人类学视角下的青藏高原及其传统文化》[⑨]、李彪的《生态人类学视野中的农村水污染的研究——以舒城县S村为例》[⑩]、张雯的《草原沙漠化问题的生态人类学考察——以毛乌素沙地北部边缘的马什亥嘎查为例》[⑪]等，博士学位论文有：崔海洋的《侗族传统生计的生态人类学研究》[⑫]、杜薇的《脆弱生态地区传统知识的发掘与利用——麻山个案的生态人类学研究》[⑬]、乌尼尔的《与草原共存——哈日干图草原的生态人类学研究》[⑭]、袁理的《堤垸与疫病：荆江流域水利的生态人类学研究》[⑮]、吴振南的《海岸带资源开发与乡民社会变迁——以竹塔村为中心的生态人类学研究》[⑯] 等。

五　有关生态人类学发展情况的综述性研究

虽然生态人类学在20世纪80年代在中国才初露端倪，但由前文的总结可以看出在进入21世纪后学科研究发展迅速，成果数量十分丰富，因此不断有学者对这些成果从不同角度进行总结概括。

---

① 闫红霞：《基于生态人类学的西藏原生态旅游研究》，《西藏大学学报（社会科学版）》2012年第2期。

② 黄新雨：《生态人类学视野下我国西部体育和谐发展对策研究》，硕士学位论文，华南师范大学，2006年。

③ 付广华：《龙脊壮族梯田文化的生态人类学考察》，硕士学位论文，广西师范大学，2007年。

④ 虎少兵：《生态人类学视野下保安族社会文化的变迁》，硕士学位论文，中央民族大学，2007年。

⑤ 陈祥军：《野马野放的生态人类学与恢复生态学研究》，硕士学位论文，新疆师范大学，2007年。

⑥ 艾清：《资源、环境、文化与族群关系——爱新舍里镇的生态人类学考察》，硕士学位论文，新疆师范大学，2008年。

⑦ 徐阁樱：《腾冲北海湿地资源利用、管理的生态人类学研究》，硕士学位论文，云南大学，2008年。

⑧ 胡灵飞：《远去的河神——生态人类学视野下京杭大运河杭州段祭河神仪式研究》，硕士学位论文，云南大学，2008年。

⑨ 梁艳：《生态人类学视角下的青藏高原及其传统文化》，硕士学位论文，兰州大学，2009年。

⑩ 李彪：《生态人类学视野中的农村水污染的研究——以舒城县S村为例》，硕士学位论文，安徽大学，2011年。

⑪ 张雯：《草原沙漠化问题的生态人类学考察——以毛乌素沙地北部边缘的马什亥嘎查为例》，硕士学位论文，中央民族大学，2012年。

⑫ 崔海洋：《侗族传统生计的生态人类学研究》，博士学位论文，云南大学，2008年。

⑬ 杜薇：《脆弱生态地区传统知识的发掘与利用——麻山个案的生态人类学研究》，博士学位论文，云南大学，2008年。

⑭ 乌尼尔：《与草原共存——哈日干图草原的生态人类学研究》，博士学位论文，云南大学，2010年。

⑮ 袁理：《堤垸与疫病：荆江流域水利的生态人类学研究》，博士学位论文，厦门大学，2012年。

⑯ 吴振南：《海岸带资源开发与乡民社会变迁——以竹塔村为中心的生态人类学研究》，博士学位论文，厦门大学，2012年。

李继群、和红灿的《中国生态人类学的现状和展望》[①] 是较早的一篇有关国内生态学研究的综述性文章。首先，文章对于20世纪80年代以前的中国生态人类学研究进行了回顾，列举了费孝通、林耀华、谢继昌、庄孔韶等学者的著作成果，中国社会科学院民族研究所主办的《民族译丛》对国外生态人类学研究成果的翻译发表，以及学者宋蜀华对中国生态人类学的三大贡献。其后，文章从六个方面介绍了中国生态人类学研究的现状，如“加强了对西方相关理论的翻译介绍，国内学者开始撰写关于生态人类学理论来源、学科定位及方法等介绍性的文章，立足本土的生态人类学著作、文章陆续出版和发表，许多中国学者为体现出学科的实践价值也在探索应用性的研究，生态环境史研究逐渐成为中国生态人类学的关注点，经济文化类型的研究还在继续”。最后，文章指出中国生态人类学的发展中存在“学科名称的使用不统一，一直侧重于相对封闭和规模较小的非主流社会的研究、跨学科的研究队伍有待建设与加强”等问题。

祁进玉的《生态人类学研究：中国经验30年（1978～2008）》[②] 在梳理生态人类学的概念及其发展的基础上介绍了自1978年至2008年生态人类学在中国30年的发展过程，既包括早期侧重于国外相关理论的翻译与介绍工作的“补课”阶段，也包括生态人类学本土化的研究进展。文章虽然把费孝通的《江村经济》和林耀华的《金翼》视为生态人类学的发端，但认为真正学科意义上的中国生态人类学研究则是从20世纪80年代中后期开始的，并列举了学者宋蜀华90年代在这一领域的突出成就。关于中国生态人类学的主要研究取向与发展趋势，文章从生态人类学的本土化研究、环境保护与社区发展、生态适应与文化变迁研究三个方面进行了归纳总结。其中，在论及本土化研究中，文章总结了以尹绍亭、杨圣敏、裴盛基、许建初、崔延虎、麻国庆、杨庭硕、罗康隆、高立士等国内代表性学者的研究成果，并详细介绍了学者尹绍亭有关西南地区少数民族刀耕火种的研究以及学者杨圣敏在新疆民族地区进行的研究进展。同时，文章认为由于生态人类学在中国发展得尚不成熟，因此学科规范建设有待加强，应在广泛吸取国外生态人类学理论成果和深入开展本土研究的基础上形成有中国特色的生态人类学理论框架和典型个案，从术语、概念到方法和学科史形成一个基本的共识。最后，文章指出今后我国生态人类学发展的趋势应是关注民族文化与其生态环境之间存在的文化适应性，以当地民族主体性为出发点，探讨生态、经济与文化协调的可持续发展之路。

与前两篇综述性文章不同，杨曾辉、李银艳的《昨天和今天：生态人类学在中国》[③] 在开篇就力图揭示生态人类学在中国发展过程中所遭遇过的困难与曲折：1978年改革开放后，刚刚恢复不久的中国民族学总是有意识地规避来自西方的学术思想，而致力于推介来自苏联的相关理论，同时由于南北地区改革开放的时间与程度不同，加剧了中国民族学学人的内部分歧，使得生态人类学应被称为“生态社会学”还是“生态民族学”相继成为争论焦点，至今对应将其纳入民族学还是文化人类学范畴仍无定论，使得资料的查询、理论的推介甚至学术交流会都变得无章可循。对于生态人类学未来的发展，文章提出了四点建议：从共时态的学科步入历时态的学科，强调将研究对象放入历史发展过程中，进行历时态研究；从“小社区”的学科到“大社会”的学科，从大处着眼考虑研究对象之间的相互关联；从逻辑的学科到经验的学科，重视“地方性知识”并将其应用到生态环境的维护和建设中；从描述性的学科到行动的学科，除了看重生态人类学的资料价值，更应该实际落实其对生态恢复的作用。此文关于中国生态人类学补课背景的介绍以及对其未来发展趋势的解读，对后来者了解生态人类学在中国的发展的来龙

---

① 李继群、和红灿：《中国生态人类学的现状和展望》，《云南社会科学》2008年第6期。

② 祁进玉：《生态人类学研究：中国经验30年（1978～2008）》，《广西民族研究》2009年第1期。

③ 杨曾辉、李银艳：《昨天和今天：生态人类学在中国》，《青海民族研究》2012年第3期。

去脉将很有裨益。

虽然尹绍亭的《中国大陆的民族生态研究（1950~2010年）》① 的标题关键词为“民族生态研究”，但文中也专门有一个章节叙述新中国成立以来的生态人类学发展过程。文章按照地域将目前国内的生态人类学研究分为云南、黔湘、北方三个区域，其中云南以云南大学为代表，黔湘以吉首大学为代表，而北方的科研机构中北京以中央民族大学为首，内蒙古以内蒙古大学为首，新疆以新疆师范大学为首。同时，文章还认为：厦门大学设立的海洋生态人类学研究方向与新疆石河子大学最近建立的绿洲生态人类学研究中心是可以期待的新开拓。

除了上述有关中国国内生态人类学研究的综述性成果，中国学者对于国外的生态人类学研究也在保持关注。戴聪的《生态人类学国外视野与中国经验：一个文献综述》② 对于国外生态人类学产生至今的理论发展进行了梳理，之后又从“国内学者对国外理论的译介，对生态人类学理论来源、学科定位及方法的介绍，对生态人类学理论的反思与创新，本地化研究成果”四个方面总结了生态人类学的中国经验。平锋的《西方生态人类学的发展过程与未来趋势》③ 介绍了生态人类学在西方的发展历程与理论流派，认为其经历了斯图尔德的文化生态学和怀特的文化进化能量学说，新进化论与新功能论，过程生态人类学，新生态人类学四个阶段，并在此基础上从认识论、具体理论、方法论、实践应用层面等角度对其发展趋向进行了展望。韩昭庆的《美国生态人类学研究述略》④ 追述了美国生态人类学的理论来源，引用美国学者本杰明·奥拉维的观点，把20世纪80年代以后的美国生态人类学分为三个阶段：以朱利安·斯图尔特（Julian Steward）和莱斯利·A. 怀特（Leslie A. White）的研究为代表的第一阶段，以“新功能主义”和“新进化论”为代表的第二阶段，以“过程生态人类学”为代表的第三阶段，并对三个时期的不同理论派别进行了详细的说明。最后，文章认为环境人类学是生态人类学的发展趋势，了解生态环境的历史地理变迁，运用多学科的研究方法，进行整体的、系统性研究是必要的发展方向。对比《西方生态人类学的发展过程与未来趋势》与《美国生态人类学研究述略》不难发现，前者同样采用了本杰明·奥拉维在《生态人类学》⑤ 一文中的主要观点与解释，只是对某些词汇的翻译有所不同。任国英的《俄罗斯生态民族学研究综述》⑥ 首先介绍了自20世纪50年代起苏联时期的三种生态民族学理论：经济文化类型理论、人类地理群落学说、生存保障体系理论。其后，1991年科兹洛夫主编的论文集《民族生态学：理论和实践》与1994年其出版的专著《民族生态学——学科形成和问题史》确立了苏联以及俄罗斯生态民族学的学科体系，其研究对象大多是苏联境内的各民族。苏联解体之后，俄罗斯的学术研究除了保持苏联时的学术传统，理论上有了新突破，更加注重实地调查，将定性和定量研究相结合，研究注意与国际接轨，借鉴与引用西方的理论观点。最后，论文提倡国内研究者在关注美国与日本的生态人类学研究的同时，也应关注俄罗斯的生态民族学研究。除此之外，有关国外的民族生态学发展情况，付广华发表了《美国式民族生态学：概念、预设与特征——“民族生态学理论与方法研究”之一》⑦ 与《美、苏两种传统的民族生态学之比较——“民族生态学理论与

---

① 尹绍亭：《中国大陆的民族生态研究（1950~2010年）》，《思想战线》2012年第2期。

② 戴聪：《生态人类学国外视野与中国经验：一个文献综述》，《贵州民族学院学报（哲学社会科学版）》2009年第6期。

③ 平锋：《西方生态人类学的发展过程与未来趋势》，《甘肃社会科学》2010年第4期。

④ 韩昭庆：《美国生态人类学研究述略》，《原生态民族文化学刊》2012年第1期。

⑤ Benjamin S. Orlove, “Ecological Anthropology”, *Annual Review of Anthropology*, 1980(9), pp. 235 - 273.

⑥ 任国英：《俄罗斯生态民族学研究综述》，《世界民族》2009年第5期。

⑦ 付广华：《美国式民族生态学：概念、预设与特征——“民族生态学理论与方法研究”之一》，《广西民族研究》2011年第1期。

方法研究”之二》[1] 两篇文章，前者把美国式民族生态学当作美国生态人类学中的一种独特方法，对其概念界定和理论预设进行了梳理，归纳出其具有本土人立场、民族志方法、认知的视角、关注传统生态知识、跨学科色彩浓厚等五个方面的学科特征，后者从理论渊源、研究对象、研究方法、学术影响四个方面对美、苏两种传统的民族生态学进行了比较，认为两者的区别主要体现在研究对象的不同，苏联（俄罗斯）以与民族或“族群单位”相关的内容为研究对象，而美国则以人与环境的互相关系为研究对象。

把生态人类学作为一个学科，围绕学科这一主题，对其进行综述性研究的论文有：程林盛的《生态人类学学科性质研究综述》[2] 从概念、研究对象与任务、学科定位与方法论三个方面对生态人类学的学科性质进行了梳理，高琪的《生态人类学学科研究综述》[3] 则从定义、研究对象、学科定义、理论视角和方法论四个方面对此前有关生态人类学学科性质的研究进行了概述。除此之外，周典恩的《2006—2007 年中国大陆人类学研究综述》[4]、姜爱的《近 10 年中国少数民族传统生态文化研究述评》[5] 以及不少前文中提到的案例研究论文，对于生态人类学的研究动态都有所涉及，鉴于篇幅原因就不再一一展开。

六　小结

除了生态人类学自身学科的发展，一些相关学科也开始利用生态人类学的理论或者视角关注本学科的问题，如：刘明的《生态人类学视野下的思考——中华民族起源的土著及多元特点探析》[6]、何群的《生态人类学与地理学、环境史亲和性论辩》[7]、袁鼎生的《生态人类学的审美走向》[8]、杨亚军等的《中国古代生态人类学的思想体系与实践》[9] 等，生态人类学所涉及的领域越来越广，生态人类学研究的队伍也越来越壮大。2011 年 6 月，由中国社会科学院民族学与人类学研究所《民族研究》编辑部和吉首大学联合主办的“生态人类学理论、方法和在中国的实践”学术研讨会在湖南张家界召开。2012 年 11 月，中国人类学民族学研究会生态人类学专业委员会在吉首大学成立。在看到成果成绩的同时，我们也不能忽略目前研究中存在的问题，比如：研究质量良莠不齐，研究区域分布不均，学科概念含糊混杂，学术规范有待建立，与国外同行的专业交流还需要加强等。

自 1997 年党的十五大报告明确提出实施可持续发展战略以来，党和国家不断加强对生态环境保护的关注，2012 年党的十八大报告中首次单篇论述生态文明，站在总体布局的高度来论

---

① 付广华：《美、苏两种传统的民族生态学之比较——“民族生态学理论与方法研究”之二》，《广西民族研究》2011 年第 3 期。

② 程林盛：《生态人类学学科性质研究综述》，《原生态民族文化学刊》2009 年第 4 期。

③ 高琪：《生态人类学学科研究综述》，《安徽电子信息职业技术学院学报》2011 年第 2 期。

④ 周典恩：《2006—2007 年中国大陆人类学研究综述》，《安徽大学学报（哲学社会科学版）》2008 年第 3 期。

⑤ 姜爱：《近 10 年中国少数民族传统生态文化研究述评》，《北方民族大学学报（哲学社会科学版）》2012 年第 4 期。

⑥ 刘明：《生态人类学视野下的思考——中华民族起源的土著及多元特点探析》，《新疆师范大学学报（自然科学版）》2007 年第 3 期。

⑦ 何群：《生态人类学与地理学、环境史亲和性论辩》，《西北民族研究》2009 年第 4 期。

⑧ 袁鼎生：《生态人类学的审美走向》，《广西民族研究》2004 年第 4 期。

⑨ 杨亚军、罗丽、杜杰、李勃：《中国古代生态人类学的思想体系与实践》，《天水师范学院学报》2005 年第 4 期。

述生态文明建设的重要性，提倡大力推进生态文明建设——“必须树立尊重自然、顺应自然、保护自然的生态文明理念，把生态文明建设放在突出地位，融入经济建设、政治建设、文化建设、社会建设各方面和全过程，努力建设美丽中国，实现中华民族永续发展。”① 不少学者开始从生态人类学的视角对当下的生态环境问题予以学术观照，思考生态人类学在生态文明建设中应起的作用。在探索学习中曲折快速前进，是生态人类学这一新兴学科在中国当下的写照，而正在进行的中国生态文明建设必将为生态人类学未来的发展提供一个新的契机。

（张姗，助理研究员，中国社会科学院民族学与人类学研究所资源环境民族生态研究室）

① 胡锦涛：《坚定不移沿着中国特色社会主义道路前进 为全面建成小康社会而奋斗——在中国共产党第十八次全国代表大会上的报告》，《求是》2012 年第 22 期。

第三篇

学 者 学 人

·学者访谈

高文德先生访谈录

邸永君

永君按：高文德先生（1932—　）是当代著名民族史学家、蒙古史研究资深专家。1932 年 11 月 22 日生于辽宁省沈阳市；1953 年毕业于哈尔滨外国语学校俄语专业。先后在中央民族事务委员会参事室、中央民族学院研究部编译室任翻译。1958 年因编译室划归中国科学院民族研究所（后改为中国社会科学院民族研究所）而入所至今。1959 年赴苏联留学，在列宁格勒苏联科学院民族学研究所进修，师从著名民族学家波塔波夫教授学习蒙古史。1961 年 7 月回国，开始从事蒙古史研究，1986 年晋升为研究员。曾连续两届出任“中国蒙古史学会”副理事长。自 1982 年至 1992 年，担任民族研究所学术委员以及数届院高评委委员。1992 年 11 月退休，并继续返聘达十年之久。先生治学严谨，笔耕不辍；勇于探索，著述宏富；甘于奉献，奖掖后进。其著述六种计八次获省部级优秀科研成果奖，享受国务院特殊津贴。此《访谈录》完成于 2014 年夏，曾于所网站发布，并有中国社会科学网、中国民族宗教网等多家媒体转载。

邸永君（以下简称邸）：首先，非常感谢高老您能接受我的采访。作为中国民族史和蒙古史研究的前辈，您的学识、修养、阅历和成果，实令我等后学晚辈仰慕钦敬。我认为，学者之成功，是多种因素综合作用的结果，尤其是早年的成长环境，诸如地域、家庭、学校、良师等等，都会影响一个人对人生目标的选择。今天可否就从您的家世和幼年经历谈起？

高文德（以下简称高）：好。1932 年 11 月 22 日，我出生在辽宁省沈阳市皇姑屯区的一个汉族家庭。听父亲讲，我家祖籍山东。清末时，祖父被饥寒所迫，挈妇将雏，带着我父亲兄妹五人闯关东。几经辗转，落脚于锦西，以务农为生。我父排行最末，有两兄两姐。父名高辅忱，生于 1905 年。祖父闯关东时，他只有两岁，可谓尚在襁褓，便背井离乡。因家贫，我的两位伯父、两位姑母，都没机会上学。后因一家没文化，多有受欺受骗的经历，所以倾全家之力，供我父亲读了两年私塾。我父亲入学时，年已十二岁，边学边帮老师打零工，以抵部分学费，直至十四岁时，辍学去沈阳当童工。父亲勤奋好学，尽管只上过两年学，但能写得一笔漂亮的毛笔字，并娴于珠算、精于账目。先后在沈阳大通、公合、天聚东客栈做茶坊（服务员），后与把兄弟高广义（我叫他干爹）合伙，承包旅馆大楼之一层，收入明显增加。父亲于 26 岁时结婚，母亲姓陈，小名二丫，不识字。1932 年，我出生，是家中长子。后来，四个妹妹陆续出生，其中大妹、二妹早夭，三妹、四妹至今健在。

我出生时，家庭经济情况已不错。我父除承包旅店之外，兼做行商，经营木耳、蘑菇等东北土特产，收入可观。1939—1943 年，是我家境最佳时期。父亲与干爹等人合股，在沈阳北市场经营饭庄，名“松鹤春”。饭店周围，有各种商店、饭庄、戏院，也有妓院。“松鹤春”饭庄有上下二层，下层招待散客，二层有十几个包间，提供海参、鱼翅等高端菜肴。亲朋好友，每逢喜庆之事，也常来饭庄吃饭，然后去看戏。在我的记忆中，此阶段我家最为宽裕。我父深知掌握知识、接受良好教育的重要性，加之我是家中长子，又是唯一男丁，所以在我 8 岁时，得以入小学学习。当时正值“满洲国”时期，所受皆为“奴化教育”。学校由日本人做校长。每天早晨到校后，都要向日本天皇像行鞠躬礼。

然而好景不长，随着二战形势变化，日本侵略者日益疯狂。1943 年，“松鹤春”饭店被日军强行低价征收，改做“沈阳第二军人食堂”。因生活已无着落，我父考虑到哈尔滨有很多锦州同乡故旧，可相互照应。便带我们全家迁至哈尔滨，与人合股，开设一家废铁回收铺，名“余庆长”。但仅仅一年，战事日紧，日军颁布命令，金属属于军需物资，不准民间经营。“余庆长”被勒令停业，所剩金属悉数没收充军。经此一劫，家境更是一蹶不振。父亲只得当小商贩，靠摆地摊维持生计，直至解放。

我在沈阳读到三年级。到哈尔滨后，转入太古街小学，读四年级。在哈尔滨上小学的两年间，每天要学习两节日语，一节满语（中文），也有算术、历史等课程。历史课根本不提中华五千年史，只讲日本及其傀儡编造的满洲国发祥地长白山天池、三仙女故事等。学生统一穿日式校服，校长由日本人担任，每天升五族协和旗（伪满国旗），用日语背诵《国民训》。学校实行军国主义教育，经常打骂学生，我也挨过打。甚至强迫学生互扇耳光，不许轻打，以致双方小脸儿都被打肿。加之我家由盛到衰，全由日本人造成，所以，当时在我幼小的心灵中，对日本人已怀有深深仇恨，这种仇恨，至今如是。

1945 年，我读五年级，是年 8 月，日寇投降，东北光复。翌年 4 月 28 日，哈尔滨在经历了苏联红军撤出、国民党接收大员逃走之后，由共产党领导的东北民主联军正式进驻，从而宣告解放。日本统治时，学制是冬季升级，新中国成立后，改为夏季升级。因此我在小学又多读了半年。1947 年夏，我考入哈尔滨第四中学。读初中期间，正赶上新中国成立，中苏关系最为友好的时期，各行各业急需俄文翻译工作者。加之当时周总理也有指示，翻译人才要从孩童时期抓起。于是从 1950 年起，由延安迁至哈尔滨的外国语学校改变由高中毕业生中招生的规定，开始招收初中毕业生。

初中阶段，我成绩较好的科目是数理化，俄语成绩并不好。之所以考入外专（黑龙江大学前身），是因家庭生活困难，已不具备再读高中、大学的经济条件。当时外专的待遇比较优厚。入学即算参加工作，不仅免收一切学杂费，免费食宿，还发放衣物、鞋帽等生活日用品。此类优惠，对我无疑具有很大吸引力。加之在动员大会上，老校长鼓励我们说：“你们努力学习，将来可以当大使！”同学中，后来也确实有人当上了大使、参赞，使期望变成了现实。

入学考试也比较简单。笔试中文（作文、答卷），口试俄语，问简单的俄语会话，背诵俄文字母表。特别是以能否发出俄语中特有的花舌音“P”（俗称“打嘟噜”）为首要标准。我和我的同班同学、后来成为我妻子的李月珊都顺利通过考试，进入外专预科部学习，而那些发不出花舌音的同学，则未被录取。

是年 4 月，我考入该校。入学后才得知，校名虽叫外国语专科学校，但实际上，教学设置仅有一门外语，即俄语。按当时规定，预科学制三年，主修俄语，并补习中学汉语课程。学校领导多是从延安调来的老革命，俄语教师多是当时居于哈尔滨的白俄，也有少数从苏联聘请的专家。我的老师名伊科尼柯娃，是位 50 多岁的老太太，操列宁格勒口音，属纯正俄语。她非常和蔼、慈祥，待我们就像她自己的孩子一样。为使我们学习成绩好一些，经常星期天也不休息，把我们叫到她家里补课，还亲手做俄式炸饺子给大家吃。为方便学习交流，还给我们每人取一俄文名，我得名曰“奥列格”，月珊得名“妮娜”。

学校实行军事化管理，统一发放军装。入学第一年，所发服装为部队替换下来的旧军服，颜色也不正。因当时身材矮小，服装肥大，很不合身。伙食是吃大锅饭，八人一桌。第二年起，所发都是新服装，且发皮鞋等。伙食很好，四菜一汤，可谓丰衣足食，很是满意。第三学年，取消集体伙食，改为工分制。不久，学校按月发放工分（类似于内部购物票），每人120分，学生用工分买饭和日用品，有一定选择余地。在校期间，主要由苏联教师授课，汉文教师讲授语法，学校为提高学生口语水平，严格规定在特定的某个月内，师生、同学之间，不准讲汉语，只能讲俄语。学习还算扎实。且实施奖惩制度，经常组织俄语对话，说得好，则奖励学习成绩分，否则倒扣分，挨批评。大多数同学学习扎实，我俄语学得还不错，有时也获得奖励。

就我个人而言，对未来前途并未有清晰规划，只知道学习机会来之不易，亲人生活困难，唯有认真学习，将来才能承担起资助家庭的责任。预科二年多，我成绩优秀，1952年，顺利转入本科班。

回顾这一段成长经历，确实为我日后的学者之路奠定了基础，也规定了方向。俄语作为语言工具，成就了我毕生的学术研究，也为我日后赴苏联访学，以及从事蒙古史研究工作，提供了极大方便。

邸：您是闯关东者的后代。我一向认为，闯关东者身上，保留着北地男儿不屈不挠、威猛勇武之基因，心中深藏着向往光明、追求美好生活之渴望。这种精神惯性，一直激励着其后人不甘沉沦，自强自立。您和您的前辈们的业绩，即是佐证。接下来，可否谈谈您进入民族研究领域之原委?

高：好。当时学习风气很好，校方要求甚严，淘汰率高。预科时，全班30余人，到1952年，包括我在内的23人升入本科。1953年，升入大二。正值新中国建国伊始，颇具气象。百业待兴，急需用人。此时，根据上级指示，我们那一届学生提前毕业。7月，我被分配到北京，进入中央民族事务委员会参事室，负责俄文翻译工作。后来成为我妻子的李月珊，也同时来京，被分配到一机部。很快，我们便结婚成家。由于我是长子，父母远在哈尔滨，无固定收入，生活艰难。我便和我爱人商定，将全家（父母和两个妹妹）接来北京，一起生活。我经济负担加重，压力不小，反而促进了我工作的积极性。我当时负责翻译俄文中有关民族问题的经典著作，便将《斯大林论民族问题》的部分章节译成中文。1955年1月，我被调入中央民族学院（成立于1952年，1994年更名为中央民族大学）研究部编译室。编译室当时办有《民族问题译丛》月刊，定期发表相关译作。因当时的政策是一边倒，所有刊文均由俄文翻译而来。因有此平台，我很早便开始推出成果，《民族问题译丛》几乎每月都刊有我的译作。我还与吴玉合作，翻译了《什么是资产阶级民族和社会主义民族》《马克思列宁主义关于民族殖民地问题的理论》等，由人民出版社和民族出版社印成小册子。因被用作教材，所以印刷量很大，前者再版一次。当时稿费标准较高，初版我即分得稿费160元，相当于我三个月的工资。对于我而言，当属雪中送炭，可解燃眉之急。然而好景不长，1957年后，此刊停办，平台消失，只能另择他路。

1958年春，以中央民院研究部为基干，成立民族研究所，归中国科学院哲学社会科学学部领导，我所在编译室整体划归民族所，我也就成为最早来所者之一。当时，全国范围内的“少数民族社会历史调查”工作正如火如荼，我们马上置身其中。当年夏天，我参加东北调查组，被派往黑龙江杜尔伯特蒙古族自治县，从事田野调查，撰写《简志》。直至第二年秋应召回京，在那里工作了一年多。其间，正值建立人民公社，吃大锅饭。过春节时，大锅煮肉，大腕喝酒。蒙古族同胞既善饮又好客，献酒于前，长歌不已。不见客人一饮而尽，则重复吟唱，真情动人。至今思及，宛如昨日。

1959年9月，我被民族所急电召回北京。回所后方知，已确定派我赴苏联科学院进修民族学。在组织统一安排下，参加出国人员培训班，集中到西苑，由外交部派人做教员，辅导学员学习政治、礼仪及俄语（不少人俄语不过关，对我而言，压力不大）。培训结束后，集体制装。由国家承担费用，请当时前门大街一家著名服装店裁缝量体裁衣，定制大衣一袭，中山装、西装各一套，女士则定制裙装，以便使留学人员服装式样及颜色整齐划一。由此这般，踏上了去苏联求学之路。

邸：当时出国，是坐飞机，还是坐火车？

高：坐火车。至今我仍清晰记得，我们乘坐国际列车，从北京出发，经八天八夜漫长旅途，先抵达莫斯科。短暂休息后，又经一天一夜，到达列宁格勒。接待我的单位是苏联科学院民族学研究所。苏联科学院分为院本部和列宁格勒分院，各研究所亦一一对应设置。民族学研究所亦分为两部，一在莫斯科，一在列宁格勒，彼此既有联系，又各自相对独立。我被分配至列宁格勒，师从苏联科学院通讯院士、著名民族学家列·帕·波塔波夫先生（导师）和布里亚特蒙古史专家柯·沃·维亚特金娜女士（副导师），波塔波夫先生兼任列宁格勒民族研究所所长、民族博物馆馆长，在学界享有崇高声望。因导师工作繁忙，平时不易见到。具体指导工作由副导师担任。副导师维亚特金娜女士当时是副研究员。她当时已年近六十，给我这个来自异国他乡的青年学子以慈母一样的关怀，使我感受到冬日阳光般温暖。由于我此前曾深入蒙区从事田野调查，经与导师沟通商定，定研究方向为“蒙古史及布里亚特史”。有史料记载以来，蒙古可大致分为兼有农牧业的内蒙古、以牧业为主的外蒙古（喀尔喀蒙古），和以狩猎为主的森林蒙古，即布里亚特蒙古。清康熙时，中俄签订《尼布楚条约》，布里亚特地区被沙俄占据。此时，其早已成立布里亚特自治共和国，隶属于俄罗斯加盟共和国。学习期间，我曾陪副导师去布里亚特首府乌兰乌德，进行了为期两个月的调研。记得当时中苏关系尚好，乘列车到达乌兰乌德时，见到车站墙壁上并排悬挂着马克思、列宁、斯大林和毛泽东四人的巨幅画像。在集体农庄考察时发现，居民俄化程度很深，已通用俄语，老年人日常也说布里亚特语。其生活方式、饮食习惯等，均已与当地俄国居民趋同。调研结束后，在导师指导下，我用俄文完成了题为《布里亚特蒙古之历史与发展》的调研报告。

邸：您的经历，着实丰富多彩。当时的留学生活条件如何？有哪些值得回味的花絮？

高：总体而言，留学生活条件还算优越，研究所位于列宁格勒大学附近，宿舍楼坚固高大宽敞，两人一屋。在学生食堂就餐，伙食很好。但俄餐以土豆、牛肉、鸡肉和面包为主，久食难免不适应。我们有时也自己做些中餐，当时宿舍配备煤气炉，我曾经从俄国同学处借来铁锅，做过烤鸭。当时，我的学习津贴是每月700卢布，生活绰绰有余，便将余款购置书籍和日用品。平日里，我也有意识地去参观冬宫、各大博物馆及十月革命遗迹等。在赴莫斯科参加学术研讨会时，还游览了城区主要景点，还有幸参观了位于红场的列宁墓与斯大林墓。总体而言，留学生活充实而紧张，没有太多的业余时间来休闲。留学生有党、团支部，定期组织政治学习。但周末也组织舞会，我不喜欢跳舞，所以很少参加。基本上都在宿舍读书。

苏联当时社会风气很好。我所能接触到的除苏联同事外，主要是中国和少数越南留学生，相互之间关系融洽。每逢新年、五一劳动节、十月革命节，以及导师和同学的生日，大家都会发电报祝贺，互赠礼物。苏联师生送我们的多是巧克力等食品，我们回赠的则是从国内带去的小件瓷器、画册，等等。总之，其乐融融，很有人情味。

到1961年，形势开始悄然生变。先是苏方组织的学术活动，不再邀请我们参加；接下来便是收不到原本定期寄来供政治学习用的国内报刊。后来得知，中苏论战正酣，并日趋激化。苏方决定终止多项学术合作。中国留学人员则受池鱼之灾，被礼送回国。尽管我访学时限为两年，然而学业戛然而止，提前两个月匆匆回国。

以我亲身体验得出评价，苏联学者，心灵质朴善良，性情率直豪爽。就民族习惯而言，俄罗斯人大多嗜酒却无量。每逢节日，因酗酒而倒卧街衢者，比比皆是，屡见不鲜。但学者却大多富有理性，鲜有酒徒。当时，政府之间的矛盾虽波及我们，但师生同学之间的感情，并未受到影响。记得我回国时，副导师和苏籍同事、同学们凑钱，为我买了一架昂贵的基辅牌相机。车站相送，依依不舍，热泪盈眶，泣不成声。此情此景，铭记终身。

邸：在“30 后”那一代学人中，具有留学经历者属凤毛麟角，实堪羡慕。回国后，您的境遇有何改变？此番留学经历，对您研究是否有促进作用？

高：回国后，我才得知刚刚经历了严重饥荒。因当时通信会受到审查，加之所受教育是不能给自己国家抹黑，所以连家人间通信也均只能报喜不报忧，即使饿得头昏眼花，也不能向我倾诉。我一直后悔，当时没多带几个大列巴（俄式面包）回来，哪怕让亲人吃上一顿饱饭也好。

说到变化，还是有一些。回所工作后，我被分配到民族史研究室北方组，从事蒙古史研究，从而确定了研究领域与方向，由翻译人员改行为史学研究者。1961 年，经所内考试，课目包括外语、马列主义理论。我均获通过，定职为助理研究员，提升一级工资。但很快便卷入无休止的政治运动之中。1962 年，先参加“反右倾”，第二年，又参加“四清”运动，连续三年，先后去通县、贵州，再赴内蒙，我一直担任工作队秘书，吃住都在社员家里，做着现在想来都是劳民伤财、毫无意义的所谓清查工作。在贵州期间，最为清苦。天天吃玉米渣饭就酸白菜，营养缺乏，时常感觉昏昏欲睡，两腿发软，极度浮肿。

1966 年，“文革”乍起。我们被通知结束“四清”，从内蒙回所，投身运动。我本人盲目参加所谓“造反派”，属“地派”，写大字报，搞大揭发、大批判，若癫似狂，疲于奔命。“文革”时，中苏交恶，抓苏修特务之喧嚣不绝于耳。我心中惴惴，不得不忍痛将带回的照片尤其是师生合影、考察记录照及旅行照、田野笔记、专业俄文书籍，以及我所撰《布里亚特蒙古历史和发展》俄文本底稿，统统付诸一炬。现在想来，堪称损失巨大，无以弥补。稍感宽慰者，带回之基辅牌相机，以及当时学得的摄影、冲洗技术，却大展其用。当时，个人拥有相机者寥寥无几，我还自制投影仪，购置相纸、显影剂、定影剂，在家中用棉被挡住窗户便成暗室，不仅为家人，还为同事们拍摄、冲洗了大量照片，大多保存至今。那些无法再现的场景，被定格为永恒瞬间，具有重要价值，因而弥足珍贵。若不是赴苏访学，这一切皆无从谈起。

到 1970 年，全所大部分专家学者均被发往河南息县五七干校。当时学部被认定为“五一六”重要聚集地，对当年参与“造反”者，实行严厉审查，逐一过关。我当时被分配到基建队，盖房子，每天和泥搬砖。白天参加劳动，晚上集中学习，接受审问。直至 1971 年九·一三事件，林彪自我爆炸，肃杀气氛才有所缓解。在此过程中，我所同仁杀者有之，入狱者有之，但更多的人包括我在内虽运气稍好，但都难免空耗岁月，一事无成。

1972 年起，运动已成强弩之末，节奏趋缓，自由度增加。我和不少年龄相仿的青年学者不甘沉沦，开始读书，并自发从事研究工作。当时无人鼓励，亦无人出面制止，只能低调而为，各行其是。

我自 50 年代赴苏访学之前，便养成了读书写作的习惯。在苏联留学时，曾认真研读著名民族学家符拉基米尔佐夫的著作，其“蒙古从未经历过奴隶制阶段”之定论，曾影响中苏学界数十年。此人虽懂中文，但汉籍浩如烟海，他所接触及引用有限，所以观点显然偏颇。此外，符氏用古希腊、古罗马定居部族之奴隶制衡量驰骋于广阔草原的游牧民族，亦似有不妥。所以我一直有一个心结，就是以自己的研究，纠正此说之不确。在干校期间，我便着手启动这一工作，利用随身带去的有限史籍，编制写作提纲，抄写卡片，为下一步对蒙古奴隶制进行研究，打下了一定基础。

不久，我们被从干校召回。但并未安排工作，而是先后在沙滩法学研究所和本所参加学习班，整日学习，晚上才允许回家。直至1974年，才慢慢恢复业务工作，特别是1976年粉碎“四人帮”，十年浩劫结束，研究工作才步入正轨。

说起赴苏访学对我研究工作的影响，实难一言蔽之。刚才谈到，对蒙古奴隶制的兴趣与心结，也有一个认识和转变的过程，从认同到怀疑，再到否定。接触汉籍越多，信念越坚定，从而着手撰写《蒙古奴隶制研究》一书。

邸：作为民族所同龄学者中最早获得研究员职称的八位专家之一，您的才学人品一直备受同人称道，且多次担纲大型集体学术项目主持人。能否谈谈您的治学经过？

高：过奖。我自认为属于资质中等之人，又未受过严格的史学、民族学专业训练，从事民族史研究，阴错阳差而撞入此门，所以不敢懈怠，只能靠勤奋敬业，以弥补不足。“文革”结束时，我44岁，尽管荒废多年，然而仍处于学术黄金年龄。好在当时学风尚好，我所又有翁独健先生担纲，为我们创造条件，搭建平台，奖掖后进，居功至伟。我回国后，正逢翁先生主持我所学术工作，提出要翻译十种国际知名蒙古史论著，我翻译完成《布里亚特蒙古史》（符·阿·库德里科夫采夫等，苏联乌兰乌德，1954年出版），由民族所制成铅印本，但至今未正式出版。十年浩劫结束后，我因已对蒙古奴隶制问题思考多年，又有不少积累，所以进入角色较快，推出成果较早。1979年，第2期《文史哲》杂志刊载我所撰《十至十三世纪初期蒙古畜牧业经济的发展》一文，学界评价较高；同年10月，我与蔡志纯合编的《蒙古世系》，由中国社会科学出版社推出；翌年，我所撰《蒙古奴隶制研究》，由内蒙古人民出版社出版，并再版一次，在学界产生了较大影响。1980年，职称评审工作恢复，我顺利晋升为副研究员。1985年，由翁独健先生主持，我参加撰写的《蒙古族简史》，由内蒙古人民出版社出版。1986年，我首次参评研究员即获通过。当时的研究员为数甚少，许多科研集体项目又要求主持人必须具有研究员职称，所以此后我几乎无暇再做个人研究，而是主持、参与了多项集体课题。其中历时最长、用心最苦者，当属工具书《中国少数民族史大辞典》与《中国民族史人物辞典》之编纂。

《中国少数民族史大辞典》得以立项，乃翁独健先生之首倡。所内外82位专家，其中包括42位教授、28位副教授，通力合作，数易其稿，历时十载，始告完成。其上起远古、下迄新中国成立，收入名词28300余条，计560余万字。凡有关少数民族古国、朝代、年号、族名、部落、社会阶层、重大历史事件、著名历史人物、典章制度、联盟誓约、经济生活、典籍文物、历史地理、宗教习俗、疆域区划、语言文字等，尽量收揽，不厌其烦。我作为主编，负责具体工作。在此项目上所耗心力，堪称十年辛苦不寻常。

此书还有幸得到诸多史学前辈的鼎力支持。我院胡绳院长为大辞典题签，中国史学会戴逸会长为之作序，给我们以极大的鼓舞与鞭策。集体项目之难，在于成于众手，总会有参与者逾期拖延，若整合不力，必致烂尾。我当时为完成此任，可谓不遗余力，绞尽脑汁。比如，当初启动时，几无经费投入。后来，上海辞书出版社提供一万元约稿费，我经向所室领导请示并与同事商议，决定实行按劳计酬，完成一个词条，给5角钱。对长期拖延者，则采取措施，将其姓名贴在三楼楼道入口处，以表儆示与激励。开始时，曾招来不满与反感，但经耐心说服，逾期现象得到遏制和克服。历经千辛万苦，《大辞典》最终得以按时交稿。值得一提者，为保险起见，我与杨保隆、白滨、邢玉林等三位同事亲自将定稿送至长春吉林教育出版社，稿纸共有八大捆，我们乘坐火车，每人负责两捆，面交编辑，才安心回返。

值得欣慰的是，我们的工作得到了社会的普遍认可和鼓励。作为工具书，《大辞典》被

“清华同方数据库”收纳并发布上网，检索查阅者数量可观。至今，每年仍能获得约两千元的查阅费。该大辞典和我主持的《中国民族史人物辞典》、我任副主编的《民族词典》，以及我参与撰写的《蒙古族简史》《中华民族凝聚力的形成与发展》等六种著述，曾先后八次获省部级优秀科研成果奖。我本人也蒙同仁抬爱，两届被选为“中国蒙古史学会”副理事长；并从1992年起，享受国务院颁发的“政府特殊津贴”。

邸：《大辞典》确实厚重，深得历史室卢勋老主任真心称道。记得17年前，我初来历史室，卢勋先生便以一部相赠，并评价说是“绝无仅有、空前绝后之精品”，要求我好好珍藏，认真学习。今朝忆及，宛如昨日。您能取得如此成功，是多年来严谨治学、努力工作之结果。世人常说，一位成功男人身后，必然站立着一位优秀女子。我入所最初的几年，历史室过春节有一个传统项目，便是集体来您家，聚餐包饺子。每次参加者不下三四十人，以致您家六个房间均人满为患，每次聚餐前，都要事先准备一两天。但师母总是笑容可掬，真诚欢迎。这种挚诚大爱，今已难觅。您是否谈谈师母对您事业的支持，和您二位执手偕老之感人故事？

高：想起爱妻，我已无数次心酸落泪，难以自制。俗话说：“家有贤妻，夫无后忧。”我们是初中同班同学，堪称青梅竹马。因当时学校不准谈恋爱，所以我们尽管相互心仪，却只能问寒送暖。初中毕业后，我们同时考取哈尔滨外专，始终在一个班级。毕业后，我们又同被分配来京，堪称如影随形，不离不弃。1953年，在相识相交近十年后，我们结为夫妻，第二年大女儿出生，我二人均工作繁忙，无暇照顾孩子，便将我母亲接来家中，料理家务。第二年，因我父无工作，生活无着，我又将父亲和两个不到十岁的妹妹也接到北京，与我们一起生活。很快，我的二女儿和小女儿也相继出生，这样，全家九口生活在同一屋檐下，我妻作为家庭主妇，负担之重，可想而知。好在我当时不时发表些译作，挣得稿费填补生活，但人口多，开销大，尽管精打细算，仍经常入不敷出。我母亲不识字，加之年老体弱，失明多年，家务活几乎全落在妻子身上。她一方面要完成自身工作，还要顾及家庭，整日忙碌，几无闲暇。那时没有洗衣机，每到周末，她几乎全天都在拆缝被褥、换洗衣服、整理内务。我研究任务繁重，经常去外地调研、参加四清，下干校等，支撑全家生活的重担，几乎都由她一人承担。我赴苏访学的近两年间，不许回国，又赶上困难时期，生活必需品极度短缺。为不让我分心，她一直对国内和家中困难一字未提；为不让老人孩子挨饿，只能自己减饭。我回国时，她已是瘦骨嶙峋，面带菜色，见之令人心碎。

时至70年代，我研究任务繁重，经常无暇按时进餐。她做好饭菜，频频催我吃饭，凉了再热，热了又凉，但从未表现出厌烦。尤其值得一提者，婆媳二人，十分融洽，亲如母女。共处二十多年，从未红过脸。我母晚年，身患胃癌，直至去世，都是由我妻侍奉，亲手处理擦洗褥疮。我父也经常生病住院，都是我们夫妻二人倒班陪护，直至二老安然去世，从而助我承担了为父母养老送终的天职。

她热情好客，舍己为人。当年哈尔滨外专同学，来京工作者有近二十位，只有我们是同学中的一对，所以每年聚会，多在我家举行。届时，她会把平时都舍不得吃的美味、糖果都拿出来招待校友；我家离单位近，所里同事经常来家做客；我当时自制投影机后，同事、邻居经常有人来家冲洗照片。她始终真心欢迎，从无不悦之色。历史室的年终聚会，更是坚持了近十年之久。对她的热情好客、美德仁心，同学同事有口皆碑，真心夸赞。

直到上世纪90年代我退休，尽管还返聘了十年，但工作任务减轻，加之经济条件好转，日子稍微好过一些。但不久，我就两次身患脑血栓，多次住院，病情严重，嘴歪眼斜，曾一度影响起居，言语不清，行走不便。在她的积极鼓励和悉心照料下，我坚持治疗，每日锻炼，终于得以康复，未留任何后遗症。直至五年前，我们迁入新居，房间宽敞明亮，女儿孝敬，孙辈绕膝，四世同堂。正当我们享受天伦之乐、安度晚年时，未料得她却突发心梗，不幸先我而去。其时离我们六十年钻石婚纪念日，仅差一个月，纪念品都已备好。她为支持我的事业，放弃原有工作，调到离家较近的民族大学，等于为我而牺牲了自己的专业；她为我牛衣对泣，含辛茹苦，赡养双亲，毫无怨言，劳碌一生，却未能安享康乐；她对我举案齐眉、关心与照料无微不至，每每忆及，痛与愧并！为表达对她的思念之情，我曾作诗一首及挽联一副。

诗曰：青梅竹马结良缘，两小无猜红线牵。十载为伴同窗友，千年修得共枕眠。四代同庆钻石典，相依为命甲子年。思念之情牵肠断，誓约来世续姻缘。

联曰：一世辛勤操劳治家无悔 毕生敬老相夫育子有功。诗名为“爱”，联名为“赞”，言浅情深，聊以为念而已。

邸：相伴一世，终有一别。师母与您两情相悦、执手偕老之真实经历、深情挚感，可作为楷模，实令我等晚辈心仪神往，有所仿效也。目睹您心境日渐平复，起居有节，身体康健，师母九泉之下有知，亦会深感宽慰。作为史学分支，民族史研究具有举足轻重的学术地位。包括您在内的诸多前辈学者筚路蓝缕，多有创获；且传道授业，薪火相传，方令我等拥有更高起点。您是否谈谈您指导研究生的情况，有何心得与经验？

高：好。我只招收过两位硕士研究生，且都是蒙古族女生，一名陈东升、一名何凤秋。1985年，她俩同时从中央民族大学历史系毕业，并考取我所（对外称“中国社会科学院研究生院民族系”）中国民族史专业硕士研究生，学制三年，研究方向为蒙古史。所里指定由刘荣焌和我二人共同指导；因刘先生年事已高，具体工作多由我来承担。陈、何二人虽毕业于历史系，但对蒙古史尚了解不够。入学伊始，我就开出一份必读史籍和近现代重要相关著作目录，以助其尽快入门并开始走上蒙古史研究之路。我还制定详细授课计划，包括目录学、蒙古史概览；古今中外学术界蒙古史研究的总体状况，特别是我国及俄罗斯、日本等国蒙古史研究现状；知名学者及其主要著述及学术观点介绍等。此外，还重点讲述了古代北方民族史、蒙古兴起过程和蒙元史，使她们对蒙古史有一个大概的了解。并先后聘请所内外专家、学者包括杨绍猷、马大正、蔡志纯、白翠琴、史为民等，为她们讲授各自擅长的蒙古史相关内容，收到了良好效果。

此外，我也曾带领她们参加中国蒙古史学会等召开的蒙古史学讨论会，使她们接触并了解当时国内外蒙古史研究现状，以及前辈、同人的研究成果和主攻方向，借以开阔视野，增长见识，结交学界师友。

二位同学素质很好，学习刻苦、努力，学术眼界也比较开阔，学习成绩优秀。1988 年，陈东升、何凤秋各自撰写完成学术论文《清代旅蒙商初探》《漠南蒙古归附后金之研究》并通过答辩，同获硕士学位，毕业。原本考虑留所，参加蒙古史研究，但因当时所内无进人名额，只好自寻出路。当时，除她们自己到各处应聘外，我也通过同学、同事关系，给她们介绍工作，费尽脑汁，令人头痛。所以，当时我就发誓再也不招研究生。因此，她俩既是我的开门弟子，也是闭门弟子。当年，她俩都被国家人事部（今改为人力资源和社会保障部）录用。陈东升在《中国人才》杂志社，任编辑、记者；何凤秋在中国人事科学研究院，从事科研工作。这令我高兴与遗憾双至。高兴的是她们找到了工作，遗憾的是她们离开了所学蒙古史专业。令我感到欣慰的是，她二人工作十分努力肯干，对工作兢兢业业，取得了较好成绩，成为本单位的工作骨干和领导。陈东升现已被提拔为人力资源和社会保障部公务员局副局长；何凤秋也在本单位被评为研究员。我们师生的关系很好，直至现在，每逢年节假日，她们都到家里来看望我，使我心里感到很温暖，也不枉我培养她们一场。

除了在所内培养两名研究生外，我还曾多次应邀参加答辩会，像民族所翁独健，近代史所蔡美彪，中央民族大学王锺翰、陈连开、李桂芝，首都师范大学宁可等多位教授所指导的博士生论文答辩，均能做到严肃认真，力尽绵薄。硕士生答辩会也参加过多次，不再一一赘述。

邸：以您切身体会，作为学者，最引以为自豪的成就为何？有哪些缺憾，和值得借鉴的教训？望高老不吝赐教，永君愿闻其详。

高：说到成就，愧不敢当。我们这一代人，于战争年代里生长，又在政治运动中老去，无法掌握自身命运，随波逐流、听天由命的色彩浓厚。但总体而言，我是幸运群体中的一员。得到较为良好的教育，还有机会出国深造，又有幸在国家最高学术机构中任职，妻子贤惠，家庭幸福。年过不惑之后，才有机会潜心研究，渐有小成。我认为，学者的基本素质，应是求真务实，认真做事，目标明确，步步为营。具体而言，应注意以下几点：一是虚心向前辈求教，这样可少走弯路，事半功倍。当年，我经常去翁独健先生家中探望，请教问题，聆听教诲。翁先生学识渊博，胸襟博大，境界高远，循循善诱，确实使我受益匪浅，收获良多。二是要手不释卷，于泛读基础之上再精读。三是要有问题意识，在大量阅读史料的同时，敢于怀疑，不断思考，发现问题，分析问题，最终解决问题。我当年做卡片，从来是复制成两套，一套以年代编排，一套以问题编排，这样，由两个维度而成之史料，有助于所涉问题之轮廓清晰可感。四是要心静如水，勤于著述。我同意卢勋主任经常挂在嘴边的一句话："学者都是王婆卖瓜，自卖自夸，但首先是要有瓜！"的确，述而不作，夸夸其谈，学者所不屑也。五是要扩大并鼓励同事间的互助合作，培育、发扬协作精神。我们国家民族众多，历史悠久，既可做些自己爱好的小题目，也应集众人之力，做些有分量的大课题。不仅要做几千年的纵向研究，也应做各民族间的横向对比研究。过去我们历史室赢得社会与学界肯定和嘉奖的成果，可以说百分之百都是集体大课题。众人同心，其利断金！

说到缺憾，更是一言难尽。一代人有一代人的使命；每个人有每个人的位置。我们这一代学者，普遍运动至上，斗争不已，半辈子不务正业。我本人更是半路出家，功力不深，学养不厚，局限性明显。我此生最大的遗憾，是未能完成我主持的《中国游牧民族社会经济史》。此题目也是由翁独健先生提出，他曾指出，中国历史上曾经出现并一直存在着不同的游牧民族，他们既有共性，又有个性，造成这个结果的原因，是历史、文化、地域等多种因素综合作用的结果。我曾多年关注此问题，参加此课题的近十位同人，也都已列出详细提纲，汇总起来，有一百页之多。但后来因《大辞典》项目任务紧，又主持多项其他集体项目，无力分身，一直未遑进行全面深入探讨，现在看来，完成无望，徒呼奈何。

你们这一代和下一代，多受过正规良好的专业训练，研究手段先进，获取资料迅捷，只要认真刻苦，假以时日，必能有所突破。人生如白驹过隙，转瞬之间，我已是耄耋之翁，视野茫茫，步履蹒跚，而你们后来居上，正得其时。最后，请代我问候同事们，并盼望民族研究事业蓬勃发展，各位成果丰硕，生活幸福，阖家欢乐。

邸：高老之言，字字珠玑，我定当谨记。最后，敬祝老高身体康健，寿比南山；并对您接受采访再表谢忱。

附：高文德先生主要著述：

专著与工具书

1.《蒙古世系》（与蔡志纯合著），中国社会科学出版社 1979 年版，25 万字。

2.《蒙古奴隶制研究》（独著），内蒙古人民出版社 1980 年版，20 万字。

3.《蒙古族简史》（与刘荣焌等合著），内蒙古人民出版社 1985 年版，38 万字。曾荣获 1977—1991 年中国社会科学院优秀科研成果奖。

4.《民族词典》（副主编及撰稿人），上海人民出版社 1987 年版，200 万字。曾获上海市

1989 年优秀图书二等奖。

5.《中国民族史人物辞典》（主编及主要撰稿人），中国社会科学院出版社 1990 年版，210 万字。曾获中国社会科学院 1977—1991 年优秀科研成果奖。

6.《中国少数民族史大辞典》（主编及主要撰稿人），吉林教育出版社 1995 年版，560 万字。曾获 1995 年吉林省优秀图书一等奖及第三届中国社会科学院优秀科研成果三等奖。

7.《中华民族凝聚力的形成与发展》（撰稿人之一），民族出版社 2000 年版，53 万字。曾获第四届中国社会科学院优秀科研成果二等奖。

8.《中国少数民族革命史》（撰稿人之一），广西民族出版社 2000 年版，74 万字。曾获 2000 年广西省优秀图书奖及第四届中国社会科学院优秀科研成果追加奖。

学术论文

1.《十至十二世纪蒙古族的氏族公社》，载《民族团结》1962 年第 9 期。

2.《十至十三世纪初期蒙古畜牧业经济的发展》，载《文史哲》1979 年第 2 期。

3.《蒙古奴隶制初探》，载《民族研究》1979 年第 2 期。

4.《论蒙古诸部族统一前的氏族制残余》，载中国蒙古史学会编《中国蒙古史学会论文选集》，1980 年。

5.《蒙古族汗的产生和汗权的形成》，载《西北民族文丛》1984 年第 2 期。

6.《古代蒙古族与各民族的历史联系》，载翁独健主编《中国民族关系史研究》，中国社会科学出版社 1984 年版。

7.《元泰定帝寿年证误》，载中国社会科学院民族研究所民族历史研究室编《民族史论丛》，中华书局 1987 年版。

8.《清代蒙古族》，载白寿彝主编《中国通史・清史卷》。

9.《论铁木真与王罕的联盟》，载中国社会科学院民族研究所主编《中国民族史研究》，中国社会科学出版社 1987 年版。

10.《元代赈恤制度浅谈》，载翁独健主编《中国民族史研究》（第 1 辑），中央民族学院出版社 1987 年版。

11.《黑龙江省富裕县柯尔克孜族调查报告》（与刘庆喜合作），载新疆维吾尔自治区丛刊编辑组《柯尔克孜族社会历史调查》，新疆人民出版社 1987 年版。

12.《蒙元时期的官制》，载《民族研究》1991 年第 5 期。

13.《中国历史上游牧经济的共性和特性》，载《中国经济史研究》1996 年第 4 期。

14.《蒙古》，《蒙医》《蒙古包》《蒙古袍》《那达慕大会》《马奶子》《套马杆》等，为《中国大百科全书》撰写之词条，载于各卷。

15.《孛艎氏》《札只剌部》《泰赤乌部》《札剌儿部》《八剌忽部》《合不勒罕》《札鲁花赤》《札萨》，为《辞海》撰写之词条，载于各卷。

编辑之刊物与出版物

1.《蒙古史研究论文集》（与卢明辉等合编），中国社会科学出版社 1984 年版，20 万字。

2.《中国民族史研究》（第 1 期，与卢勋合编），中央民族学院出版社 1987 年版，28 万字。

3.《中国民族史研究》（第 2 期，与白滨等编），中央民族学院出版社 1989 年版，24 万字。

4.《民族史论丛》（任编辑），中华书局 1986 年版，38 万字。

5.《中国民族史研究》专辑（与杜荣坤等合编），中国社会科学出版社 1987 年版，43 万字。

译著及译文（均为俄译汉）

1.《布里亚特蒙古史》，中国社会科学院民族研究所，1978 年，50 万字。

2.《什么是资产阶级民族和社会主义民族》（与吴玉合译），民族出版社 1956 年版，3 万字。

3.《马克思列宁主义关于民族殖民地问题的理论》（与吴玉合译），民族出版社 1956 年版，5 万字。

另有译文 40 余篇，分载于中央民族学院研究部编辑的《民族问题译丛》（民族出版社出版）及内蒙古社会科学院编辑的《蒙古学》。

（郎永君，研究员，中国社会科学院民族学与人类学研究所民族历史研究室）

陈得芝先生采访录

于　洁

于洁：陈先生，您好。非常感谢您在百忙中慷慨同意接受《中国民族研究年鉴》编辑部委托我对您的采访。您是国际知名的蒙古史、元史专家，自年轻时期起即师从著名历史学家、元史学泰斗韩儒林先生治蒙元史、西北民族史，成就著卓。在您以往的采访谈话中，每次提及老师韩儒林先生，总会提到他那句“老老实实做人，认认真真做学问”——师生情谊，高山仰止，这句耳熟能详、饱含深情的教诲，经岁月流逝，愈发人深省，其背后曾有着怎样的沧桑故事，影响了您毕生为学为人之道？当年的韩先生以怎样的人格魅力和渊博学识启发了您，引领您进入了历史学，并认定了蒙元史这一在时下仍稍显冷僻的阵地，并作为您毕生治学的方向？

陈得芝（以下简称陈老师）：古人云：“务学不如务求师，师者，人之模范也。”韩儒林（字鸿庵）先生就是这样一位良师。我从韩先生学习蒙元史近三十年，韩先生对于我，不仅授业解惑，传授知识，更正身体化，示我以为人之道，陶冶熏陶。我能勤勤恳恳地追随师友之后，做了一些有益于学术和教育的工作，都是恩师言传身教，循循善诱所致。

1952 年我考入南京大学历史系。入系后上了两门通史（中国通史和世界通史），任课老师都是著名教授，讲授的内容也相当丰富。两年学下来，中外历史知识大有增进，但对历史的兴趣浓厚起来，则是因为三年级“专门化课”的开设。

这种“专门化课”是各位教授根据自己的专长开设，其中韩先生为我们开设的是“元史”，记得单绪论部分他就讲了一个多月，介绍了七八种文字的史籍和几百年来中外许多学者的论著，讲解各种史料的价值，比较诸家著作在材料利用和研究方法上的优劣。这都让我耳目一新：原来学历史还有那么多讲究，需要那么广博的文献学、语言学、民族学、地理学等多学科知识。入学之初听人谈论历史容易学，竟然都是幼稚浅薄之谈。韩先生的笔记虽难记，当时很多内容不懂，按以前上课习惯紧跟着记，结果笔记本上常一路“天窗”。后来我改变死记的办法，专心听，将难懂的名词和资料出处记下来，课后再找来细读，既加深了理解，又大大提高了学习的主动性，让人兴奋。就是韩先生的这门元史课，不仅让我决定了以后走上元史研究的专业道路，而且几十年来一直影响着我的教学和研究工作。虽说元史难学，可韩先生曾把这领域许多难点化为最具有吸引力的闪光点，带领、吸引着我，我就这样不自量力地闯进了来。

1960 年我与两位师兄一起留在南京大学元史研究室做助手，其间跟随韩先生参与编绘《中国历史地图》。1966 年春夏之间我们正在京进行编绘，北京学界开始了“大批判”，有次组织看电影《舞台姐妹》，看后要作政治批判。电影散场后，我们沿着长安街往回走，先生沉默中忽然说：“那个邢师傅教徒弟要老老实实做人，认认真真演戏，我看说得很对。我们也是要老老实实做人，认认真真做学问。”他神情坦然，丝毫不曲学阿世，一如平时正直耿介的性格，直到后来“文革”风暴袭来，先生也正直立身，坚守做人准则，一切如实，坦荡对之，决不说违心话。而他这句话却深深烙印在了我心中，成为对我刻骨铭心的教诲，永记心间。从师近三十年，先生对我学习、工作、生活方方面面，都关怀备至。训诲永存，师恩如山。我在上课开会或与年轻学生交谈时，每每都讲起先生那句“老老实实做人，认认真真做学问”，希望大家能一起把韩先生的好作风承传下去，发扬光大。

于洁：您兴趣广泛，精力充沛，在蒙元史研究的各个领域，多有不同程度的涉及，而元史以外的领域，您也发表不少论著。在蒙元史、民族史中，您主要的研究领域和治学方法是什么？您曾说过“难”是您做研究、做学问的主要动力，而您对外语和少数民族语文的“情有独钟”，使您在致力于汉文史料的发掘整理之外，更积累、掌握了多种语言，诸如英语、法语、俄语、日语、波斯语以及蒙古语、藏语等少数民族语言，您是怎样运用多种文字的资料进行元史和民族史研究的？

陈老师：我治学的路子基本上沿着韩先生的路子——韩先生比喻为“不中不西”，意思是治学中学、西学结合。当时我们读研究生很自由，没有上多少门课拿多少学分这种硬性规定，大体是“师傅带徒弟”的办法，照老师的指点读书，见面交流读书成果，学习靠的是多读多问。我入门之后，韩先生命我选法语作第二外语，此外还修了俄文、日文。藏文是我最感兴趣的，听了老师的授课后，就找来叶斯开（Jaschke）的《藏文文法》（汉译本）自学；又读韩百诗（Hambis）的《蒙古书面语语法》（法文），学了些蒙古文基础。后来因核对韩先生《成吉思汗十三翼考》中引用的几段《史集》波斯原文，又自学了一点波斯文等东方语言。这几种语言都虽只学到会写字查字典，但有这些基础，对查一查非汉文史料的原文史籍，进行一些名称考释，翻看研究论著，已经是大有裨益了。此时我也渐渐感到：如不掌握一定程度的专业语言文字知识，就难以真正懂得前辈的研究成果，更谈不上有所前进了。当年韩先生就说：多懂一种语言（外语和民族语言）就如同多开一扇窗户，扩大自己的视野，清末元史学者之所以落后于世界，关键的问题就是语言知识不足。做元史切忌闭门造车，要随时注意了解国外研究情况，这也是我常常嘱咐学生们的一点。

我的研究最初偏重于元代前期和边疆，后来在读《元朝秘史》《史集》等书时，渐渐转移到蒙古制度、语言。谈蒙古制度又免不了牵扯到西域，于是自然地向着清朝所谓“西北舆地之学”靠拢；后来我们参加了谭其骧先生主持的《中国历史地图集》的工作，分工给我的是辽金元蒙古地区，这需要涉及漠北的历史地理，于是我又相继写了一些关于西北、漠北历史地理问题的考证文章，如《元岭北行省建置考》《元代岭北行省驿道考》等；因我学习藏文，对元代西藏也很感兴趣，曾撰写了《元代乌斯藏宣慰司的设置年代》《元代内地藏僧事辑》等文章。搞边疆这些研究，学习蒙文、藏文是必不可少的，韩先生曾希望我能到蒙古、西藏、新疆等地各住上两三年，实地了解民族地区情况，也能更好地掌握语言。当时限于时局，没能成行，于是只能借助语法书和辞典，自己一点一点查，一点一点学，现在想起来觉得很遗憾。也正是因为元史涉及地理区域广，资料多，研究起来难下手，学习各种语言也像是啃硬骨头，但是，我一入门就被这个“难”字吸引住了：接触到这些所谓的难题，越难反而于我越有动力，越有吸引力，能搞一点前人没解决或没有完全解决的问题，才有意思。发表新见解，解决新问题，为学术建设添新的砖瓦，这是我搞学问最大的乐趣和意义所在。

于洁：上个世纪的60年代初，您研究生毕业，进入南京大学元史研究室工作，作为韩先生的助手，曾与他一同赴京，参与了《中国历史地图集》的编纂、绘制工作，这项浩大持久的历史地图编绘工程，给您的学术和人生道路带来了什么影响？对于当时，您还有哪些记忆犹新的情景？

陈老师：说起《历史地图》的编绘，还记忆犹新的是我三次进京，虽然每次只有数月，却是又快乐又紧张，说这段时间是我学习时代收获最大的时候，也丝毫不为夸张。

1963年上半年，韩儒林先生接受了编绘历史地图（历代蒙古地区图幅）的新任务，起因是中央成立“重编改绘杨守敬《历代舆地图》委员会”，委员会发现杨图边疆地区疏略，改绘难度大，想约请韩先生加入；恰好《中国通史参考资料·元史卷》将告成，所以暑假间，我作为助手跟着韩先生来到了北京。因为在北京可以接触编绘所需的地图材料，气候也凉爽得多，都很适宜工作。这项工作由中国科学院哲学社会科学部组织，所以我们被安排在学部招待所（八号楼）下榻，并拥有了一间专用的办公室。我们被带到北京图书馆，接触很多古籍善本，韩先生还为我们引见赵万里先生，我得以当面听他讲善本知识。很多著名学者，像吴晗、翁独健等先生都来看望韩先生，我们也趁此机会，得了不少宝贵教诲。有空闲时，我们去参观故宫和明定陵，听考古学家讲述定陵发掘的经过。这是我第一次到首都北京，见到这么多人，天天都能有新鲜的人和事，时时都能读书和受教，这让年轻人们都非常兴奋。

第二次是1965年，我随先生到北京参加《历史地图》审稿会，住了一个多月，和谭其骧、傅乐焕、冯家昇、方国瑜等先生及其助手们一道工作，还见到了仰慕已久的向达先生。这次见到这些史学名家，也让我受益甚大。记得在讨论辽代图稿时，谭先生对我提出的辽西北路招讨司领属关系及其辖境范围，以及上京道、中京道若干定点问题的意见表示赞许，同时告诉我历史地理研究应遵循的规矩。多次向谭先生讨教，都得到他的悉心指教，他本人平易虚心，又很有一种坚持求实的性格和治学态度，这都给了我很深刻的教育。回去以后，到1966年春天，为了加快历史地图编绘工作进度，我们又来京一次，这次蒙古、西藏两图组都由韩先生主持，所以我们与西藏图组邓锐龄、常凤玄两位先生一起住进了学部八号楼。这次时间要久一些，有四个月，直到“文革”开始，我们才被迫停下这项工作。这三次进京，读书和见识都大有增进，尤其天天相伴先生身边，学习工作中有问题都能随时请教。先生也会帮我引荐，让我得以结识更多久已仰慕的前辈，聆听指教，实在是人生一大乐事，一大幸事。

关于这三次编绘工作内容，我主要承担了辽、金、元时期北境诸区图（辽上京道、中京道和西京道北部，金临潢府路、北京路、西京路北部和蒙古诸部，元岭北行省、中书省北部）的编绘，和我原来的研究重点蒙元前期史大体一致。因这次编绘任务的推动，那几年我在这一块狠下了一番苦功，不但仔细读了辽金元三史，还通读几十部重要的元人文集；域外史籍和专著我主要看《史集》《世界征服者史》和伯希和的《圣武亲征录译注》等书，摘出了不少资料，涉及的部族、地名都做成一摞摞的卡片。这样也促成了不少成果：我就此写了辽金元时期蒙古历史地名考释文字，并绘制了图稿，还算言之有物，感到平时的积累总算派上了实际工作用场。可惜“文革”期间受到不少干扰，中间下农场有一年多时间。到1969年底，因编绘历史地图是毛主席交的任务，上面特准恢复我们的工作。能在当时风雨如晦的政治运动中，搞正常的学术研究，我们都感到很是幸运。我除了承担原来负责辽金元诸图外，又参加了北朝及唐朝、清朝图幅的部分工作，1973年全部完成所承担的图稿，地名考释条文也写了有数十万字。

从回鹘汗国崩溃到蒙古兴起，是蒙古高原上民族、文化等面貌变化的时期，中原史籍记载粗略，历史面目也长久不清晰，且有语言文字的隔阂，后人研究起来问题自然也不少。以至于杨守敬绘制《历代舆地图》时，画到辽金元蒙古地区几乎一片空白。清末以来的学者们用中西史料互补互证的法子，在蒙古诸部族史地上有了很大成绩。我们在辽金元蒙古地区各图上绘出的历史地理面貌，沿着前贤开辟的道路，进一步挖掘中外史料，且得以利用《史集》等域外史籍，参考了海外学术成果，自然能比前人更清晰、更准确些。如《辽代的西北路招讨司》《耶律大石北行史地考》《元察罕脑儿行宫今地考》《元岭北行省诸驿道考》《称海城考》《元岭北行省建置考》等几篇，考察的都是前人未曾涉及或存有误解的问题，这些论文都算是我编绘历史地图时的产物。

于洁：80 年代，中国史学界有两大工程：即《中国大百科全书》与《中国历史大辞典》的编纂，您都有不同程度的参与，对于辞书这类书籍的编纂，您第一次参与其中，有怎样的感触与收获？后来又参与了由白寿彝先生主编的《中国通史》，白先生力请您主持编写了《元代卷》，在《元史》《新元史》《蒙兀儿史记》这类史籍的基础上，您对于这部“元史”，在体例、思想内容以及材料的裁选等方面，是怎样规划、构想并付诸实施的？这部著作，与您主编的《元朝史》在编纂内容、体例等方面有哪些相通与不同之处？

陈老师：在 80 年代初，中国史学界上马了两大项目：一是编纂《中国大百科全书》的中国历史卷，其中元史分册由韩先生主编，我也作为副主编之一协助工作；另一桩，是编纂《中国历史大辞典》，当时蔡美彪先生负责辽夏金元史卷，我也应邀加入编委会担任副主编。这两书都分段由多名专门研究者任编委，每个条目都慎重选约作者，要求文字精练，知识准确，重要史实在稿子上要注明依据。释文质量的把关也很严格，如百科元史分册一百八十多条，大部分条目释文都是作者直接根据史料并作了考订后写成的，其中不少还是曾做过专题研究的课题，可说是浓缩了的专题论文。尽管作者全是专业研究者，但除分别打印送请专家审阅外，编委还两次集中审稿，一条条过关。这两项集体工作花费了不少时间，但得到的是一种可贵的锻炼，还为同行业领域树立了标杆：因为一般工具书和教科书的读者面和使用率都要远超过学术专著，社会影响很大，因而显然是将其作为我国史学的代表性和权威性读物来编，要求字字敲打实在，容不得含糊。近年来各类辞书出了很多，用不了多长时间，编起来也相当省力，相比之下，当年编纂《百科》历史卷和《历史大辞典》，却让我充分感受到这项工作的繁难和严肃性。

《中国通史·元史卷》也是个大工程，十几位学者花费近十年完成，是一个集体的研究成果。《元史》作为正史，自清初以来已有过多家的改造或重修，20 世纪初期《新元史》《蒙兀儿史记》那样的大著作出来后不久，内容和形式都受到许多批评，到了 80 年代，能够利用的中外史料比那时多得多，研究领域也更广，但编一部新的更完善的《元史》，仍旧被很多人看作是一件吃力不讨好的事。1984 年翁独健先生在为南大元史室所编《元史论集》写的前言中提出：编一部元史研究史“很有必要，很有好处”，“对目前和今后的研究工作都会有很大帮助”。但这需要用集体的力量来完成，所以我们还是迎难而上，尝试有所突破。韩先生生前曾赞襄白寿彝先生倡议，编撰一部多卷本的《中国通史》，后计划启动时先生已故去，南大元史研究室遂承担起这项任务。1984 年初步讨论、拟订了元代卷章节目，定由黄时鉴、邱树森、丁国范、姚大力和我组成编写组。这部《中国通史》各卷均统一按总主编白先生创立的新体裁编写，分序说、综述、典志、传记四篇，各篇的章节设置以及具体内容则由每卷主编灵活掌握。这种新体裁不同于以往的各部通史以及断代史著作，称之为“综合型”撰史体例：既充分吸取我国传统史书体裁的优点，又不受其局限，非常有利于用科学方法对一代历史的发展大势、重要历史事件、人物活动、制度因革及社会生产、生活状况作更完整、深入的论述，足以弥补以往的章节体通史和断代史著作难免诸多割裂的缺陷，实为近代史书体裁发展革新。

新体裁的首篇“序说”介绍一个历史时期的主要史籍和研究情况，为读者提供研究的入门途径，这在元代卷尤为重要，因为要了解多种文字的史料和多国学者的研究论著，对多数学习蒙元史专业的人来说都比较困难。写这一篇我用时最多，得益于南大元史研究室一直重视资料建设及与海内外接轨的传统，对国内外研究动态，中外文史籍、研究著作和期刊比较齐全，且 1980 年就编过《元史论著目录》（中文和外文），所以我对各语种的文献介绍得多一些，对国外研究状况和国外学者的研究成果的介绍也尽可能地全面，这些都对我完备这个“序说”极有帮助。

元史卷的“综述”篇，头两章根据元代历史特点介绍国号与年代、疆域和政区，厘清以往的错误认识。1271 年忽必烈“建国号曰大元”，后来史书多称“改国号”。这以行于汉地者而论确实如此，但对蒙古统治者说，只是照中原传统为本朝取一个“美名”，却没有舍弃原来的“大蒙古国”（Yeke Mongghol ulus）之名，元顺帝时蒙文碑就仍沿用“大元大蒙古国”，这正是元朝历史特点——“双重性”之典型表现，不可不开宗明义。同样，后面另设“宗藩之国”一章，也是展现元朝疆域的“双重性”：大元皇帝作为大蒙古国大汗，名义上统治之域还应包括“宗藩之国”（钦察汗国、伊利汗国、察合台汗国），但实际统治区域维持在十二行省（含吐蕃三道）。元代是我国多民族国家发展史上非常重要的阶段，编写这部分，白先生特别强调要反映出“多民族”的历史，写好民族一章意义很大。我也完全赞成，将这个理念贯彻始终。在现有通史或断代史著作中，大概以此书关注少数民族最全面、最详细了。民族章之后，按时间顺序（从元太祖至元顺帝）以六章篇幅论述有元一代的历史发展大势，特别加强了元中期史的研究。元代的宗教、文化和中外关系也各立一章论述。

“典志”篇十二章，为元代经济史和政治、军事制度史的一系列专题，并另设“运河与海运”“钞法”“投下分封制度”等专章。各章对《元史》诸《志》的漏误均有所补充和订正。“列传”篇，是以旧传为基础，订正原有的错误，同时将有关人物的行状、神道碑、墓志铭、记、序等材料收集完备；对所选立传人物的安排，首列重要宗王（诸帝事迹放在“综述”篇），其后按前四汗、世祖朝、中期、后期分列政、军大臣和其他重要人物，最后是宗教、文化、科技名人与其成就。由于旧史列传讹误甚多，其叙事次要者可删节，遗漏的重大事件要补上。此部分涉及大量的考订问题，有一半左右的传记要改正旧传的错误。新传尽量选择更原始的资料为基础，对人物事迹并未全部囊括，但是记述力求准确。订正的原委虽应注出来，但限于篇幅，只好省略了。因此新传写成，看起来仿佛平铺直叙，背后可是不少费心的。

《中国通史・元代卷》这部集体著作，进步之处，首推白先生创立的新体裁之功，其次是各位作者多年研究的结晶，如黄时鉴对元代法律、礼俗和前期人物，邱树森对元后期史和文化史，丁国范对汉文史料文献，姚大力对元世祖朝及中期史、职官制度，刘迎胜对元代西北史地和外来宗教，高荣盛对经济史、交通史，史卫民对军事史，叶新民对投下制度，桂栖鹏对户口、赋役、土地制度等，各有专攻，各显功力；而我自己所执笔的不过四分之一，作为主编，对书中存在的许多不足之处，特别是未能解决治蒙元史者应该重视的译名的统一问题，也是负有责任的。这部书比较我们原来编写的《元朝史》，一是发挥了新体裁的作用，使全书更具有一种综合、立体的面貌；另外在有些内容上，如经济方面、官制、兵制、藩国、中外关系以及边疆地区等，更加详细一些。同时又吸取了 80 年代以来国内外学者的研究成果，在反映元史学科当时所达到的水平上，较前书更全面一些。

于洁：1986 年，韩儒林先生主编的《元朝史》首次出版，2008 年，人民出版社再版了此书的修订本。同行专家周良霄和韩志远在书评中称，“全书征引繁博，内容翔实，利用中外文献资料达 320 余种”。这本里程碑式的著作，凝聚了几代元史学者的汗水与心血，其中历经十年浩劫，被迫中断；完稿前夕，又因韩先生故去，经历诸多坎坷，终能面世，其艰辛、其难得，皆为旁人难以想象。也正是这样，《元朝史》再版不仅是大陆学术界的盛事，也为海外元史研究者所翘首期待。您是否能介绍一下《元朝史》是怎样一部著作，修订时吸收了什么样的新成果，涉及哪方面的变动？修订过程中遇到了那些难题？在海内外反响如何？

陈老师：《元朝史》的编撰可以追溯到 1958 年“大跃进”时，为响应中央“多快好省”的号召，南大元史研究室仅用时一年就编出了约二十万字的《元史纲要》，油印作为讲义，还被选列进学校的“成果展”。但这部急就稿并不符合韩先生的治学主张和质量要求，因为他一再说，编撰综合性著作除必须充分掌握前人成果外，还要有若干专题研究的基础，而当时我们没有打好根基，不具备出书条件。

进入60年代，我们前后完成了《中国通史参考资料》（翦伯赞、郑天挺先生主编）元代分册的编辑，开始绘制中国历史地图元代部分。但“文革”开始，工作全部中断，韩先生也身体不支而发病。三年后，我们奉命恢复中国历史地图北方地区图幅的编绘工作。韩先生刚动过手术，大病初愈并有“监管”在身，那时他还提醒我们，在编图的同时，不忘为改编《元史纲要》积累资料，做好准备。直到“四人帮”垮台后一年，研究室才真正排除干扰，恢复工作。我们在韩先生主持下重新编写《元史纲要》，从拟订提纲到撰写内容，他都随时指导，严格审查。两年后，也就是1980年的中国元史研究会成立大会上，《元史纲要》初稿就印发给与会学者，广泛征求意见。1982年底韩先生病重，第二年4月逝世，后幸有研究室师兄弟和国内同行朋友的支持帮助，才得以完成《元朝史》的修订。此书中我承担了前四汗时期及边疆民族（蒙、藏）、中外关系共五章。我对蒙古建国前大漠南北各部族情况作了比较详细的论述；蒙古部的社会状况和蒙金关系，蒙古国的制度及其对中原汉地的统治等部分，参考国内外近年来的研究成果，也探讨得比较深入一些，有若干新意。

由于修改定稿时，此书已近七十五万字，篇幅超过初稿《元史纲要》很多，人民出版社建议改名为《元朝史》。1986年，此书终于以《元朝史》书名出版，韩先生作为首倡与主编，为此付出了无数心血与汗水，可惜未及见到。从我国蒙元史研究的发展上看，我们将这部倾注了韩先生数十年心血的著作敬献于先生遗像前，以告慰先生在天之灵。《元朝史》出版的次年，就获得首届国家图书奖，在海内外学界也不断得到好评，台湾著名元史学家萧启庆教授曾给予很高评价，认为这是“元史研究史上的一个重要里程碑”；但近二十多年蒙元史研究又有长足进步，书中有些内容已经被新研究成果证明不够完善。所以，当人民出版社通知我们此书入选“人民文库”，将要再版时，我们就提出进行修订的要求。人民出版社建议在不作太大改动的前提下，修改细节，同时建议我们趁此机会增补“元代的社会生活”一章。正好我们研究室高荣盛教授多年来重视这方面的研究，于是就由他执笔，弥补了这部综合性著作一个较大缺憾。

于洁：南京大学元史研究室始建于1956年，如今它的正面墙上，还悬挂着创始人韩儒林先生的大幅遗像，这间历经风雨、凝聚两代南大学人心血的屋子，仿佛沐浴着古希腊殿堂般的光芒。这里珍藏着上世纪海外最主要的东方学、汉学刊物，有成套的线装书和中文期刊，还有18世纪30年代杜阿德《中华全志》、卡特麦尔《波斯的蒙古史》等珍贵的西文书籍，曾令到此参观的日本学者连连惊羡；还有各种版本的元人文集、笔记、方志、地图等资料。这个琳琅的“宝库”，赖两位先生创建、搜罗之力，始有今日之盛。关于韩先生毕生所致力于的文献资料建设，您有怎样的回忆？而在他去世后，元史研究室在您的主持下，又是如何绍承遗志，继往开来的？这些年以来，研究室有了怎样的新发展？

陈老师：每次在南大老校园内漫步，都会勾起我对上世纪50年代求学生活的美好回忆，站在北大楼门前的台阶上，可以望见对面的老图书馆，这是许多典雅老式建筑中最令我留恋和感念的一处，因为韩先生与大家一同创建的元史研究室就在那。

在我大学毕业那年，教育部决定在一些重要大学招收“副博士研究生”（学制四年，学习苏联学位制度），于是，我便和上届的施一揆、丁国范两位师兄一起被录取为韩先生的研究生。与此同时，这年（1956）教育部批准南京大学设立元史研究室。先生带领我们，开始了建室的第一步工作，就是集中有关的图书资料。南大的图书有前中央大学和金陵大学图书馆的基础，相当丰富。图书馆馆长李小缘先生十分支持元史室建设，李先生早年就十分关注西方的东方学成就，对此类文献非常熟悉，在学问上他和韩先生非常投缘，欣然同意我们进书库自己抽调中外文书刊，不但允许将馆藏中外文蒙元史论著，以及文集、笔记等各类史籍（包括收录在各种从书中的许多历史文献）都提出来，还主动给我们介绍了他二十多年来辛勤收藏的原金大中国文化研究所的东方学书刊，以供我们选择，其中就有《皇家亚洲学会杂志》（*Journal of the Royal Asiatic Society of Great Britain and Ireland*）、《通报》（*T'oung Pao*）、《亚洲杂志》（*Journal Asiatique*）、《美国东方学会杂志》（*Journal of the American Oriental Society*）等。待我们将馆藏的东方学重要期刊和部分有关著作挑选出来，为了保护这些珍贵书刊，学校图书馆特地拨出一间房子作藏书和我们学习研究之用，这大概是校图书馆从来没有过的特例，这样一来元史研究室初具雏形。当时学校对研究室的建设非常重视，会随时派人把外文书目送来让我们挑选订购，有意把元史室建成南大图书馆有特色的特藏室。

在集中资料的两个月间，韩先生随时给我们讲解重要书刊的内容和有关背景，等于是上文献目录课。这间正在建设中的研究室，也成为我入门的第一课堂。我们曾遵照老师意见，在这伏案通读《元史》，当时每人都准备了朱墨毛笔，一字一句圈点着读。为了让我们熟悉、充分利用资料，韩先生开了十几种中外文书目（多是中外学者的著作）让大家找来读。当时学习方面并没有硬性的要求，没有课时，也不检查读书的进度和问题，先生最常做的就是来研究室和我们一起查查书。韩先生见到我们查到需要的材料，就会考我们这书的价值和用处。所以尽管研究室环境宽松，学习的灵活性相当大，但大家都感受到有很大压力。再就是时时跟进订阅的外文期刊和书籍，韩先生对此非常留心，新到的每期每种都要看，每当有涉及我们疑问的论作，就介绍我们读，还给我们讲一下作者及背景。那时我们常泡在研究室，一连几个钟头，兴致盎然地听先生讲些掌故或中外学者的奇闻轶事，大体是他亲见亲闻的，中间会提议休息一会。这样的聊天和交流实在用处不小，比如有一次讲到伯希和，才知道他之所以对各种文献如数家珍，因为他做了大量索引卡片，排列很科学，查起来方便，但从不示人。韩先生为本科生开设元史专门课时，还在学期中间办了一次主要史籍和研究著作的陈列，让大家与课堂上讲过的各种书见见面，翻一翻。这个办法很有效，让学生通过亲自接触来加深对古籍书目的了解，后来丁国范师兄和我在教学中还一直采用，成为元史室的一个“传统”。这样的文献学课堂，改掉了我本科时养成的取巧虚浮的习气，让我学会扎扎实实，手勤眼明，以严谨的态度做“真学问”。

馆藏蒙元史文献和部分东方学书刊的集中，奠定了南大元史研究室资料建设的坚实基础。在研究室学习、工作期间，我们能随时翻阅新到的国外学术刊物，选读一些重要论文，并从书评中了解学术信息，将要点记录下来。这逐渐成为我的最重要的学习习惯，坚持至今，并要求我的学生也能做到这一点，而且让同事、同学之间随时进行交流。幸得南京大学图书馆的支持，当时研究室能连续订阅国外主要东方学期刊，像莱顿 E. J. Brill 公司等出版机构的书目，也交给我们选购，因此我们能及时读到 50 年代以来出版的一些国外学者的重要论文和著作，不致与世界学术太脱节。但“文革”期间，国外期刊、书籍的订购完全停止，70 年代末虽然陆续恢复，但遗憾的是，研究室后来因经费不足砍掉几种期刊，书籍购买也有缩减，送书目挑选的事已经不再有了。

“文革”结束后不久，正当南大元史研究室重新振作之际，1982 年秋冬间，先生癌病复发。临终前他将元史研究室的工作，还有未修订好的《元史纲要》书稿都托付与我。要我接替负责研究室的工作。于是我遵照遗训，接过这面旗，依靠丁、邱两位师兄弟的帮助，结合成“三驾马车”，同时又得到国内同行朋友的大力支持，又支撑起了元史研究室一路前行。近十年里，完成了《元史纲要》（《元朝史》）的修订和《中国大百科全书·中国历史》卷《元史》分册的编纂，并继续编辑出版《元史及北方民族史研究集刊》，继续培养硕士、博士生，接受和完成新的科研项目，还主办了多次元史研究国际会议。为了加强少数民族历史文化的研究，我们在元史研究室的基础上成立了一个民族研究所，主要侧重于蒙古、新疆、西藏的民族史研究，这也是继承韩先生的传统，韩先生新中国成立前曾当过中央大学边政系的主任，治学注重于蒙、新、藏的民族历史；中国历史是多民族的历史，所以我们希望今后培养出来的年轻学者，不管研究哪个朝代，不仅仅是元代，都要有一种中国多民族历史的观念，否则治史就会走向偏颇。

先生的遗像挂在研究室的正面墙上，其下方就排列着先生生前用的写字台，象征着他的教诲和勉励，这是我们前进的力量源泉。希望我的学生们能把这间南大元史研究室和先生的学风薪火相传，发扬光大，能再次开创出新的辉煌，取得更大的成绩。

于洁：南大元史研究室素有三代衔接，互相协作的精神，关于培养、引导学生这一点，您有什么独到的见解与经验？在庆祝您八十岁华诞座谈会上，姚大力教授评价您作为一个学者的可贵之处——“为学术而学术”；但当今学术界的风气与您从学之时，已大有变化，新一代青年学者不再信奉学术研究“板凳要坐十年冷”，而面对学术界的日新月异和随之而来的浮躁、“压力山大”的气氛，作为老一辈学者，您能不能谈谈自己的想法？

陈老师：研究室三代衔接，主要是靠老一辈学者传下来的优良学风，我们第二、三辈依然紧握这根接力棒，继承传统，大家学风一致，自然做起学问来团结紧密。就像回忆的那些研究室里的点点滴滴，相信几代人心中都有这样的回忆和经历。虽然大家仍会为不同观点而激烈辩论，这也算是我们研究室经常上演的一幕，但是古人曰：“合志同方，营道同术”，只要志同道合，便能相互扶持，相互促进。

关于培养引导学生，我当年入历史系之初，上了两年通史课程，虽然教课的都是知名学者教授，我也收获颇丰，但当时老师们必须遵循正确理论的原则，把史实和观点都按一定框架配置停当，学生似乎只需要记诵功夫，如同尽吃现成饭菜而不学烹调之法，学了两年还不明白历史学这门学问究竟怎么个做法，因而学习主动性没有很好地调动起来。现在大学中对学生的教育似乎仍旧有这种弊病。回忆当年，韩先生常来研究室和我们一起看书查资料，谈论中外论著和学者，实际上就是指导和检查，只不过不是灌输而是启发，不记分数而心中有数。实践证明，这种循循善诱但又时时督促的教育方法，才是真正适合学生的。

如果说我搞蒙元史研究有什么心得体会，我想除了我的兴趣，就是师承。前些时候，学生们让我讲一讲学习方法的问题，我的题目就叫“找书读”，这也是韩先生教给我的办法。要搞某项研究或课题，先得把涉及的文献摸一遍，把材料搞清楚，再忙着写文章不迟，所谓“磨刀不误砍柴工”，正合此处之理。现在年轻学者经常觉得冷板凳难坐，有怕麻烦的心理，也是因为没有学会如何“找书读”。自己要会找书读，不能光靠老师教你今天去读什么，明天去读什么，只有不断追索，才能在前人的基础上，一步一步地深入下去。你认为重要的材料，或是遇上没见过的书，就应该去找一找，哪怕翻上一翻，看看这究竟是什么样的书，也不要因为怕麻烦而弃之不顾。做学问是在前人的基础上进行的，我常把这种渐进比喻作砌台阶：人家已经砌好了十级台阶，你一步一步走，走到前面无路可走，你再砌出一个台阶，这样就叫作进步。如果想一下子跳到十级、十二级，总归不太可能。但只看别人的引用，很容易忽略过去，终究要自己动手，“上天入地找材料”。所以我要求学生要研究文献，眼界放开，多懂一些文字，多开一些窗口。搜集国外的研究资料，了解国外的研究状况，结合我国的学术传统，就能实现所期望的目标。

于洁：元史是一个世界性的学问，在欧美、日本都颇受重视，名家辈出，所以“面向世界”就成了中国元史学者所必须采取的治学姿态。您对目前国际与中国的元史研究现状怎样看？同以前相比，中国的元史研究有哪些进步，还存在着哪些明显的不足？在您近五十年的学术生涯中，一定有一些自己的治学感想或者说体会，蒙元史乃至中国古代史的研究，今后应如何加强？您的看法，对年轻学者今后的发展至关重要。

陈老师：过去人常说：东方学的中心在巴黎、在东京，这真可算是我们中国学者之耻了，一定要改变这个面貌。东方学的兴起在巴黎，从上个世纪明治维新以后，日本人学习西方，把中国传统的汉学与西方学术结合，所以蒙元史研究势力也很雄厚。从汉文资料的掌握和运用来说，我们中国人应该具有优势，但这个优势是不完全的优势，因为元史牵扯少数民族、域外名物制度，虽然元史史料中最丰富的是汉文资料，但要弄懂汉文资料包含着多元的文化、域外地理制度内容，则通读汉文史料也远远不够了。况且国外很多汉学家本身汉语极佳，如伯希和。从这个指导思想出发，我们要放开眼界，与海外及港台学者们积极交流，及时跟进国外的学术资料和学术进展。

改革开放以来，我们和国外的学术交流多了，元史研究又重新焕发生机，可以更多地接触到50年代以后的海外研究成果，收集到新材料。我们参加了一些国际会议和活动，会了一些老朋友，比如德国的海西西，美国的柯立甫等老一辈学者；更多的则是结识同辈学者，和这些新朋友慢慢熟悉了以后，新老朋友们有了新论著都会及时地给我们寄来，形成一种良好的交流氛围。日本学者和我们的交往也很多。日本学者比较注重具体问题的研究，更注意对各种文字资料的运用，如诸王分封，经济制度等，善于细致入微的考证，有时对一个人物或一块碑都有的专门研究。日本有一部分学者很注意多种文字资料，很多搞元史的日本学者都学蒙文，他们动用大量经费到蒙古国去学语言，还有人不辞辛苦到土耳其的伊斯坦布尔去搜集波斯文资料，因为《史集》最好的波斯文本子就保存在伊斯坦布尔。后来得知他们已经把《史集》的《部族志》部分翻译出来，还加上了日文注释。他们在很多方面都走在了我国学者的前面，这是我们要看齐的，要学习的。

对于元史研究的发展，我觉得有三个方面，值得现在的学人们关注：

第一是要继续解决有关名物制度的考订，我们在这方面还有许多问题没搞清楚。就以《元史》本身来说，除了原来没能读透、弄通的地方，有些材料是有错误的、有问题的，我们是否都把它搞清楚了？是否都注意到了、都利用了？翁独健先生曾提出要在前人的基础上，“做更彻底的元史考证，更全面的订误”（《元史论集》前言），所以我们元史研究室正在进行的《元史补订》，就是针对这一问题。所谓“补”只是就旧史中提到但记载缺略的重要的人和事，据其他史料作必要的补充，标注有关史料所在，尽管如此，订补的工作量仍然很大，也得靠集体的力量，用较长时间才能完成；另外，宏观研究是离不开具体史实的，基于《元史》的不足，研究中更依赖碑刻材料的梳理，这方面工作，清代钱大昕有很大贡献。我们目前对碑刻资料的重视程度有所提高，但还不够。日本学者池内功等多人曾收集元代北方碑刻资料，汇编成册，这提醒我们也必须抓紧投入大量精力、资金，来进行这方面的搜集、整理，希望有更多的青年元史学者能够将目光汇集到这上面来。第二是为数不少、尚待发掘的民族地区材料。比如西藏的元代文献材料就很多，这是一个宝库。例如元廷封西藏地区万户的诏书，寺院的敕书，当地向中央的报告，等等，且大量高僧传记、政府公文在以前的元代西藏研究中，都没能充分利用，这是一片可以好好开垦一番的处女地。但古代史研究不像近现代史那样常有新资料出现。更多的要靠已有的文献资料，识别人不能识见之问题，发别人不能发覆之端倪，心细如发，才能充分利用资料，考订元史中的名物制度，这方面的工作量还很大，路还很宽，有许多事可做。第三应该进一步开展对元史的总体研究，比如元代的制度、元代的文化、元代的历史地位等较大、较宏观的问题，以往的研究比较欠缺。如杨志玖、蔡美彪先生所说：不能局限于微观的考证，必须加强宏观的理论性的研究，在准确而丰富的史实基础上揭示历史的深层内涵和发展的规律。元史研究中具体史实的考订当然十分重要，但同时眼光也要放宽一些，不能局限于一些小考订，还要结合一些大的认识。在我看来元代的政治、经济、文化、民族的总体研究还相当缺乏，但这其中每一个方面，都是一个大课题，需要将元代文集、典籍一部一部读下来，并整理体会，总之还有很多工作值得我们去做。

20 世纪刚刚过去第一个十年，回首上一个世纪之初，有一批像陈垣、陈寅恪这样的老先生珠玉在前，他们于西学东渐之际，初次尝试以中国治学传统，与西方学术方法相结合，如陈垣先生的《元也里可温考》《元西域人华化考》《回回教传入中国考》，等等，都是元史学中西结合的精彩之作。这条治学之路，是继承中国乾嘉考据学的传统和朴学功底，同时又开阔包容，可以把西方科学理论和边疆、海外资料引入研究中，用语言的方法进行比较研究。在元史领域，韩儒林先生、翁独健先生、邵循正先生、杨志玖先生都把这一套继承下来了。另一批进步的史学家则从另一个方面，接受了马克思主义理论的观点和方法，开辟了马克思主义史学的新天地。正如一开始说的，蒙元史研究领域十分宽广，我只是学习了一小部分，尽管自忖几十年来在学习上未曾懈怠过，但成绩显然比前辈学者还差一大截。因此我希望自己是一个过渡，能把老先生们的经验带过来，介绍给青年人。青年人有自己的优势，能接受一些新的方法，再结合中国的学术传统，相信可以把元史研究推进到一个新的水平。

（于洁，讲师，青岛理工大学人文与社会科学学院）

学人访谈之瞿霭堂

普忠良

普忠良（以下简称为：普）：您在藏语和藏文、汉藏语言和语言理论等方面，多有建树，我们《中国民族研究年鉴》想采访您，希望通过老一辈的经历、经验和教训，取得的成就，给后人以启迪，对发扬光大我们的学科有所助益。

瞿霭堂（以下简称为：瞿）：经历可以说丰富，教训更多，经验和成就谈不上，一生做了不少语言调查和研究工作，写书写文章，留下点东西，毁誉参半，说出来或许能使后人少走弯路。

普：瞿老师您是中国民族语言学家，中国人民大学中文系教授。可以谈谈您成长的历程和从事的教学与科研简况吗？

瞿：可以。我的祖籍是江苏常熟，1934 年生于上海。1956 年毕业于中央民族学院（现中央民族大学）语文系藏语文专业，学习安多藏语；1962—1963 年第二次进入中央民族学院藏语文专业在职学习拉萨藏语。1956 年开始任职于中国科学院少数民族语言研究所，后任职于中国社会科学院民族研究所，曾多次赴西藏、青海、四川、甘肃等地，调查和研究嘉戎语、阿里藏语、夏河藏语、夏尔巴藏语、迭布藏语、巴松藏语及藏语卫藏、安多和康方言。1985 年以后，开始进行汉藏语言的综合研究和语言理论研究。任中国社会科学院研究生院硕士生导师。兼任华中理工大学中国语言文字研究所研究员，与严学窘先生共同创办《语言研究》，兼任编辑部主任。曾参加 1955 年的中国少数民族语言普查，中国语言文字使用情况调查和中国语言文字地图集藏语方言图绘制。1988 年调入中国人民大学中文系，任教普通语言学、语音学、历史语言学、社会语言学、语言学理论等课程，并担任语言学专业硕士生导师和语音实验室主任。兼任南开大学中文系兼职教授和中国少数民族语言文学博士生指导小组成员以及北京大学外国语学院对比语言学博士生指导小组成员。曾任中国少数民族双语教学研究会常务理事、顾问、中国民族语言学会理事、北京语言学会理事。1992 年担任四通公司办公自动化部顾问，1999 年后担任《西藏自治区志・西藏语言文字志》顾问并编纂。在藏族语言文字、汉藏语言、语言理论和社会语言学等方面均有建树，出版著作 8 部，发表学术论文 90 余篇。在半个多世纪的研究和教学生涯中，我的教授课程和研究领域广泛，兴趣全面，对民族语言学、语言理论、藏族语言文字、社会语言学和汉字输入和编码等方面都有涉及，在中国人民大学文学院工作的十余年中先后开设过普通语言学、历史语言学、理论语言学、社会语言学、语言学概论、汉语音韵学、语音学、音系学、语义学、现代汉语、专业外语、论文写作、计算机原理和应用等 13 门课程。

普：您是从大城市上海来的，怎么会想起学习藏语文呢？

瞿：学习藏语文是“历史的误会”。我 1952 年参加第一次全国统考。所谓统考就是大学失去自主招生权，考生没有了自由选择权。国家组织考试，统一分配。我高中学习成绩一般，家属中也没有文化人，糊里糊涂报考了理工科，大概由于数理化考试成绩差，分配到中央民族学院，学习语言。或许我文科的成绩还可以，我喜爱文学和写作，拿今天的话说，是一个不入流的文学青年。分配我学习语言，也不算冤枉。从上海北上到中央民族学院学习却要有一定的勇气。中央民族学院初创，名不见经传，自己气馁，亲戚白眼，同学窃笑，连初恋都分手，因为学习民族语言肯定要到民族地区工作，民族地区艰苦，谁愿意放弃上海的优裕生活跟随你到民族地区去。我有叛逆的性格，又处于叛逆的年龄，在这种逆反心理的支配下，毅然北上。

初入民院就留下了很好的印象。中央民族学院前身是1941年在延安创建的民族学院，1949年解放迁京后，短短两年间，在西郊建成了古典风格、民族特色的大学校舍群落，虽然只是初具规模，但其工程精良，一色磨砖对缝，可与当时协和医院比肩，远胜北京大学。中央民族学院是民族大家庭，民族服装鲜艳夺目，民族歌舞丰富多彩，民族语言文字更异彩纷呈。这种独特的文化氛围，异样的民族风情，是其他大学所无法体验的。民族院校与一般大学不同，是供给制，因为按少数民族政策，吃中灶，每月有十几元的津贴，服装被褥全发，比其他大学优待得多，很让一些在北大、清华上学的同学羡慕。

经过一个学期的政治学习和思想改造，觉悟有所提高，从到北京看看情况的想法转变到安心留下来学习，特别是经过将近两个月的语音学强化训练，对语言学习产生了很强的好奇心和兴趣。这门课是马学良先生亲自讲授，以保尔·巴西的《语音学》为教材，按李方桂的教授方法以训练国际音标为主，严格要求国际音标准确发音，学会了辅音、元音和声调上百个音标，为后来学习、调查和研究语言打下了坚实的基础。

想学习什么语言，自己没有多少选择权，基本上是统一分配。每人可以填写三个志愿，供组织分配参考。我三个志愿都填写藏语，是因为我想要学习一种有文字的语言，当时开班的二十来种语言，大多没有文字，只有蒙语、藏语和维语有古老文字。蒙语因为要去北大借读，属于组织特别分配，不允许选择，只剩下藏语和维语，我觉得藏族历史悠久，文字发达，加上入校后认识了几个藏族贵族和活佛的同学，对藏族比较熟悉，决心学习藏语。藏语开了两个班，一个班学习拉萨话，一个班学习安多话。这两种话属于两个方言，拉萨话像北京话，安多话像上海话，方言间差别很大，互相不能通话。分班名单揭晓，我分在安多班。马学良先生分班有讲究，北方人学习拉萨话，因为拉萨话有声调，没有浊音，发音比较简单，适合北方人学习；安多话没有声调，有浊音，发音比较复杂，适合南方人学习。后来事实证明，这种分法很科学。这样，我就开始了学习藏语文。

普：听说您藏语讲得很好，您是怎么学习藏语的？

瞿：上个世纪50年代，中央民族学院初创，教学的条件都比较差，一位藏族老师，汉语还不太熟练，配备一位汉族辅导员，是从我们上一班学习藏语的同学中选拔出来的。教材由辅导员记录藏族老师的话即时编成，随编随教，墨迹未干，散页分发。但教学中有一个特色，无论是不是有文字的语言，一律使用一种由于道泉先生创制的拉丁字母拼音方案，字母和语音完全吻合，简单易学，几天就能学会，不受文字落后于语言的牵连。不像英文那样，一个音常常有七八种写法。一字一音，见字识音，对学习口语十分方便有效。这种学习语言的科学有效的方法，后来在民院不再使用，非常可惜。即使学习外语，这也是一种可以借鉴的方法，只是没有人推广和实验。使用这种方法学习的，口语都比较好，能说比较流利的民族语言。后来中央民族学院学习民族语言的汉族能说流利民族语言的越来越少了。

我会说两种藏语，安多话是科班，自然说得比较流利。拉萨话是三年自然灾害期间再次回到中央民族学院学习的，后来到拉萨劳动锻炼一年，接着调查语言一年，顺带学习了语言。由于年龄关系，三十来岁学的自然比不过十八岁学的，拉萨话说起来就不如安多话地道。

至于怎么能学好一种语言，其实很简单，语言学习是一门经验科学，没有什么特别的窍门，一是靠背诵，记性好的就学得好；二是靠实地交流，即到说这种语言的实际环境中与说这种语言的人交流，交流得多的，就说得好。不用心记，不开口说，是永远学不好的。学习安多藏语的同学由老师率领都到说这种话的甘南藏族自治州夏河县实习，与藏族老百姓同吃同住同劳动。记得初入民院，全体藏族和学习藏语的学生与一个来访的西藏访问团联欢，由于道泉先生即时翻译，他能熟练地说得一口拉萨话，他没有去过西藏，藏语文是业余跟雍和宫的藏人和喇嘛学的，他把上面这两条做到了极致，很令人敬佩。

普：您调查过很多语言，是否能谈谈语言调查的经历和经验？

瞿：我没有调查过很多语言，严格说只调查过两种语言，一种是藏语，一种是嘉戎语。调查和研究什么语言，也不是我自己选择的，完全出于工作的需要。我是学习藏语出身，藏语自然是我在研究所的工作对象语言，也是我调查和研究的重点语言。但我最初调查和研究的语言却不是藏语，而是嘉戎语。1956 年大学毕业时参加了全国少数民族语言的普查，分派我调查嘉戎语。嘉戎语是藏族使用的十多种语言之一，也是藏族除藏语外使用人口最多、与藏语关系最密切、特点最明显的一种语言。这就是说，我大学毕业后最初几年调查和研究的是嘉戎语。后来由于研究所工作重心转移，要编写语言简志，于是放下了正在编写的嘉戎语调查报告，参加了藏语的调查、复查、补查和校对的工作。这既是为写藏语简志准备资料，也是为原来全国民族语言普查的资料进行复核和补充。那时候科研工作也是"运动式"的，根据形势和需要，想一出是一出，随意更改，没有可以坚持的长期计划。全国民族语言普查后，大多数语言都在编写调查报告，可能因为写调查报告费时费力，先出版概况和简志，介绍语言的情况，比较容易和省力。

我有很多机会调查新的语言，没有这样做，是因为觉得一个人的精力有限，调查很多语言，写个概况和简志，对语言的研究没有多大意义，只能起个介绍的作用，对略为深入一点的科研工作来说，这些简单的资料几乎没有用处。与其蜻蜓点水，做些类似科普的介绍工作，不如深入调查研究一两种语言，效果更好，对语言的科学研究能起到更大的作用。当然，这种科普工作也需要人来做，只是各人的学术思想和工作目标不同而已。

我虽然只调查和研究了两种语言，但先后亲自调查了 26 个藏语方言点，10 个嘉戎语方言点，校对了 20 个藏语方言点的调查材料，作为个人来说，这些田野调查的工作量可以说是很大的了。这是当年计划经济的好处，现在使用课题经费，很难达到这个水平。熟练而富有经验的调查者，一个调查点至少要一个到一个半月的时间，基本的资料整理工作都要在当地完成，而且田野语言调查不允许一个人，至少两个人，以确保资料的准确性。那年代时间有保证，经费没有限制，当地政府密切配合，发音合作人费用低廉，虽然生活条件艰苦，交通不便，要自己背着行李徒步跋山涉水，所去的地方大多平叛刚结束，还有安全问题，需要配枪自卫。1957 年我们从马尔康县走到金川县，将近 90 公里，当时没有公路，更无旅舍，日行崎岖山路，夜宿藏族人家，谈不上风餐露宿，却也渴饮冷河水，饥食硬干粮，走了六七天才望到大金县城。1965 年从西藏返京时走康藏公路，在道孚遇险，半道翻车，差点跌落百丈深渊丧命。1979 年到西藏阿里调查藏语。阿里平均海拔 4500 公尺，空气稀薄，生存条件较差，人迹罕至，至今是西藏人口最少的地区。从新疆叶城出发经六七天爬六座大山，行驶 1070 公里才到达阿里首府狮泉河。沿途由于高山反应，吃掉了一瓶止痛药。我们在呼吸非常困难的情况下坚持工作了六七个月，调查了阿里全境七个县的语言。在去札达县的路上，遇到雪崩，堵在高山上一天一夜，饥饿寒冷，竟至无法小便。

至于田野调查的经验，当时的调查都是团队性质，大多是工作中形成的。总结起来，大致有以下几点：

第一，要编写一个具有针对性的语言调查大纲，包括词汇和语法两部分。对方言分歧大的语言尤其重要，要编写统一的大纲常常是徒劳的，不是流于烦琐，就是失之疏漏。

第二，除了受过严格训练和经过团队调查的人外，切忌单人独骑调查。任何人都没有记录成千上万个语词以及几百和几千句句子而不发生错误的能力。我调查和校对这么多语言和方言点，包括后来全国语言使用情况的调查，不是与同事就是与学生一起，没有一个点是一个人调查的。

第三，切忌记录自己的语言。自己记录自己话虽然方便，却不准确。严格来说，这种自省式记录的语料是不科学的。

第四，详细记录邻近语言、方言以及所调查语言的方言使用情况，深入了解和记录与语言有关的历史和社会文化。

第五，严格选择使用单一语言的发音合作人，调查口头使用的语言，特别是有文字的语言，发音合作人最好是不会文字的，会文字的要严格区分白读和文读系统。

第六，无论有否翻译者参与，只允许使用启发式提问，不能使用所调查语言直接询问。发音合作人犯忌或不懂的不能追问。发音合作人发生错误和误判时，不宜直接否定，采取事后再记的方式。

第七，宽式记音方式必须在严式记音基础上整理出语音系统后使用。

第八，记音需要三重校对：记完音后的当日校对；经初步检查后的隔日校对；记音结束后的总结校对。经过三重校对可以确保纠错，保证资料的准确性。

第九，记录的资料必须在当地整理，包括语音系统的描写，语法资料的注释。录音只能是一种辅助手段，离开了发音合作人，不经过他的确认和帮助，听录音是无济于事的。

第十，记录的资料无论整理和发表，要符合主流规范和参考前人经验。社会科学与自然科学不同，不同的国家有不同的研究传统和哲学观念。比如你整理和发表一个语言或方言的语音系统，在中国无论汉语和民族语言研究界都使用声韵调分析和表述方式，汉语由于历史比较的需要，更需要使用一套与音韵学有关的术语和分析表述方式。你可以使用元、辅音或区别特征分析方法做科学研究，但很难进入主流的领域，你的资料别人也很难使用。这并不限制你创造、使用新的理论和方法以及与国际接轨，只是提醒你注意主流的研究和前人的成果，将新的理论和方法与传统的研究和唯物哲学观念有机地结合起来，推陈出新，是“接轨”，不能脱轨。

语言田野调查的经验当然不止上面所说的几条，这方面的专著很多，我只是就自己的体会而言。去年我发表了六七万字的长篇论文《语言调查经验谈》（王远新主编《语言田野调查实录（九）》，中央民族大学出版社 2013 年版），详细阐述了调查语言的选择、必要的理论和实践知识、调查的方法等，有兴趣可以参考。

还需要说明的一点是：语言田野调查不是每个人都可以做的，需要一定的天赋：有较强的语音分辨能力和模仿发音的能力。学不准确国际音标，不能准确模仿发音合作人的发音，就不可能合理选择音标和记录正确的语音。记音像学唱歌，“五音不全”和口齿不清的人也有，这样的人就不适宜做田野语言调查。记音与学习语言不同，学习语言可以学得好些或差些，并不影响交际，记音只能记得好些，不能记得差些。研究语言不一定都要做田野调查，要扬长避短。

普：您研究的领域比较广泛，希望您谈谈自己的研究方向和学术经历。

瞿：研究方向在一定意义上说也就是研究计划。确定自己的研究方向和计划，要考虑四个条件：第一，工作需要。我们所处的年代，选择研究方向、制订研究计划的自由度很有限，必须与工作紧密结合。脱离工作的研究，既不允许，也无可能，这是我们那个特定时代背景的限制。自己有兴趣的事情，只能在有限的业余时间来做。第二，知识背景，简单说学什么干什么，研究自己不熟悉的东西，恐怕很难成功。我学习语言，一生研究没有离开过语言。第三，个人兴趣，喜欢什么研究什么。根据知识背景，比如学习语言的，研究的内容很多，研究什么与个人的兴趣有密切关系。我喜欢语言文字，研究方向从来没有脱离过语言和文字，但在语言文字中我偏向研究历史语言学、方言学和语音学，改革开放后才逐渐扩大了研究领域，涉足语言理论、社会语言学等学科。第四，学术思想。就是世界观和认识论，比如唯物主义和唯心主义。无论你愿意不愿意承认，自觉或不自觉遵循，你的研究都离不开一种哲学的立场。无论创建还是借鉴一种理论，进行语言的本体或应用的研究，都离不开一种哲学思想的指导。你接受哪一种哲学思想，你就会创建或借鉴哪一种理论，使用哪一种理论来指导自己的研究实践。现在常常可以看到一些奇怪的现象：研究机械论结构主义语法的，却动不动采用唯心论的生成语法方法，把两种牛头不对马嘴的语言观的理论融合起来，称为跨学科或跨理论研究，肯定难以成功。

根据个人的学术经历，就能看到一条研究方向的轨迹。因为个人的研究方向与本人条件、兴趣和工作性质有密切关系，因此具有浓厚的个性化。但也有一定的共性，不外从微观到宏观，从本体到理论，从单学科到多学科。语言的研究可以简单概括为四种关系，也即四大方向：语言与思维的关系、语言现实与历史的关系、语言与语言的关系、语言与使用者的关系。我的研究经历中这些研究方向都有涉及，只是研究的重点和深浅不同。

由于我上的大学中央民族学院初创，开设的课程少，专门注重语言的应用训练，也不学外语，语言学的理论和基础知识都欠缺，特别是外语，只靠上海高中学到的一点水平是远远不能胜任研究工作需要的。因此，进入少数民族语言研究所后不能不进行恶补，特别是外语，自修非常困难，在当时极“左”思潮的情况下，学习英语还有一定的风险。我从高中的外语水平自修到翻译发表不少语言学、历史学、哲学等著作和文章，走的是一条很艰苦的道路。比如语言方面翻译了张琨的《嘉戎语历史音韵研究》、桥本万太郎的《汉语声调的地理研究》《比较构拟法的程序》《拉萨话元音的和谐》《图弥三菩札及其语法著作》《口语与书面语传统》；综论方面如《英国的中国研究》《日本的西藏研究》；政治哲学方面翻译了《中国革命》《苏联政治生活中的阶级基础》《南斯拉夫民主化的辩论》《论国家与社会》《社会阶级概念：共同的模式和不同的定义》《中苏争论》《科学的结构》等文章，也组织和参与翻译了《远征欧陆》和《南斯拉夫的实验》两本近代史著作。学会外语，开阔了视野，为后来的研究工作创造了条件。2011 年在《民族翻译》第 4 期上发表了《翻译的不对称原理》的文章，就是我对翻译理性认识的一个总结。

由于上述原因，我首先打好了语言学、哲学和外语的基础，才进行具体语言的研究。所以发表研究性文章起步较晚，到研究所工作六年后才发表第一篇文章。我以 1962 年《卓尼藏语的声调与声韵母的关系》和 1963 年《藏语的复辅音》两篇发表在《中国语文》上的文章奠定了研究的基础和学术地位。前者提出藏语声韵母与声调的关系，奠定藏语声调发生和发展研究的基础；后者从语音学上为藏语的复辅音声母确立了前置辅音、基本辅音和后置辅音的基本概念和结构框架，描写和研究了藏语复辅音的现状和历史发展，科学地说明了藏缅语言复辅音声母的性质。这两篇文章由罗季光先生推荐，得到陆志韦先生赞赏，因为这些研究对汉语声调和声母的历史研究有很大的启示意义。

我的研究经历是按部就班的，从具体语言开始，再扩大研究范围，最后进行理论的创建和研究。我的研究是从声调开始的，对声调的研究基本上可以看到这样一个轨迹。

改革开放后我先发表了《谈谈声母清浊对声调的影响》，那时我已经普查过卫藏方言，熟悉了拉萨话，对藏语声调与声韵母的关系有了更全面和深入的认识。后来陆续发表《藏语的变调》和《藏语的声调及其发展》，全面探讨了藏语声调的发生和发展，使用大量的方言资料，说明了藏语声调发生后在各方言土语中的发展演变过程和情况，并进一步研究藏语的调值，发表《藏语古调值构拟》。通过后两篇文章，对藏语声调的微观研究进行了现实和历史的总结。此后，声调研究以汉藏语言为对象，发表《论汉藏语言的声调》，对汉藏语言的声调进行全面梳理和综合研究，再进一步扩大研究范围，研究调值和声调发生和发展的理论，发表《汉藏语言调值研究的价值和方法》《汉藏语言声调起源研究中的几个理论问题》《声调起源研究的科学论证方法》，从理论和方法上论述了声调发生和发展的原理和研究方法。在中国，从历史语言学的角度研究调值发生、发展和研究方法的，或许我算首创。这个轨迹反映了我的研究从微观到宏观、从本体到理论的全过程。

从具体语言的研究进一步扩大研究范围，进行汉藏语言的研究，是我迈向综合和理论研究的第一步，因为做这种综合性的宏观研究本身就具有理论性。中国的汉藏语言有六七十种，具有共同的特点，又有不同的类型，中国又是汉藏语言的中心，将这些语言作为对象和语料，进行综合研究，不仅能揭示亚洲使用人口最多的一群语言的特点，而且这些特点对语言学各种学科和门类的研究都有很大的意义，特别对所谓普通语言学，更有重大的补充和贡献。任何一种语言学理论和方法，如果在这一大群语言中得不到验证，行之无效，这种理论恐怕只是局域性的理论，还称不上普遍性的理论。我也有做这种研究的条件：首先，我调查和掌握了汉藏语言中最重要语言藏语的大量第一手资料；其次，我担任过《中国大百科全书》民族卷语言部分的特约编辑，使我有机会全面接触和仔细学习中国的汉藏语言；再次，编辑《大百科》后，又撰写了《简明不列颠百科全书·少数民族语言》的全部词条，将中国的所有语言编写一遍。

我从汉藏语言的重要特点做起，研究汉藏语言的语法特点的，如《论汉藏语言的虚词》和《论汉藏语言的形态》；研究语音特点的，如《论汉藏语言的音系学》和《汉藏语言声调起源研究中的几个理论问题》；研究整体特点的，如《汉藏语言的类型和共性》；研究历史关系问题的，如《汉藏语言的系属研究和问题》；研究理论和方法的，如《汉藏语言研究的理论和方法》《汉藏语言研究的理论问题》和《汉藏语言历史比较研究的新课题》等。还与马学良先生合作发表了《汉藏语言研究的理论和贡献》，由我执笔马学良先生署名的《汉藏语言的研究》和《汉藏语言的语音研究》。最近，发表了《论汉藏语言联盟》的文章，否定了汉藏语系的存在，创建了汉藏语言联盟的发展谱系，探讨了借鉴生物学建立的语言谱系分类理论无法解决的问题，为汉藏语系的历史研究和谱系建立提出了一个新的思路。

我的藏语文研究同样由小到大，由具体到理论。除了上述的声调研究外，写了《藏语的韵母研究》和《藏族的语言和文字》两本书。藏语声母的特点是复辅音，韵母的特点比声母复杂得多，我使用大量藏语方言资料，通过与藏文的比较，从纵横两方面论述了藏语韵母的现状和发展，为深入和全面认识藏语的韵母以及汉藏语言的历史比较奠定了基础。我关于藏语语法的研究成果比较少，比如关于藏语的《阿里藏语动词体的构成》,《论藏语的语法体系》，关于嘉戎语的《嘉绒语动词的人称范畴》等。我所以少做语法研究，是因为语法研究不仅需要丰富的资料，更需要准确的语感，没有使用这种语言的人的帮助，很难完成。

我的藏文研究是与语言学和文字学密切关联的，如《藏文的语言和文字学基础》研究藏文的来源，它与藏语的关系，构拟了藏文所反映的古代藏语的语音；《音势论和藏文创制的原理》根据藏文的文献和现代语言文字学，特别是音位学和音系学，研究藏文创制的原理及其科学性和一些值得探讨的现象。

方言研究是我的一个重要方向，我创建了藏语和嘉戎语方言和土语的完整分类。我与谭克让共同完成了《中国语言地图集·藏语方言图》，我们后来又发现了阿里和夏尔巴土语，我最后发现了巴松土语，为全面了解藏语和方言分类提供了事实根据。后来写《藏语方言的研究方法》和《嘉戎语的方言》的文章，除了描写方言现状外，更多探讨的是方言学的理论，提出了方言非地域概念，是语言接触的结果，为方言形成的原因和性质做了新的解释。

我的研究兴趣比较广泛，受马学良先生的委托，参加中国少数民族双语教学研究会，开始做民族政策、双语教学、双语理论等方面的研究。中国双语研究界所以对双语教育、双语教学和双语概念产生分歧，主要是因为在民族语言政策、民族与语言的关系、民族语言与通用语言的关系、民族语言丰富发展和衰退消亡的关系上存在错误的认识。为此，我写了《社会主义初级阶段的民族语言问题》《谈谈族际共同语》《民族教育中的语言问题》《民族教育中的语言选择》《新时期的民族语文工作》《民族与语言》《民族自称与语言》《中国的民族和语言》《民族语言文字与非物质文化遗产的保护》等一系列宣传民族语言平等政策和正确认识上述各种关系的文章。纠正了混淆双语教学和双语教育概念以及在濒危语言问题上的一些错误认识。最近还写了《中国少数民族语言文字使用情况的调查和研究》的文章，进一步讨论正确处理少数民族语言与国家通用语言之间的关系，结合语言能力和语言利益，讨论民族语言的发展和应用。

普：您对语言理论的研究也有建树，希望您能谈谈对语言理论研究的看法和所做的语言理论研究。

瞿：中国语言研究界与其他社会科学研究界有一个通病，缺乏理论的研究。这并不是因为中国的学者缺乏对事物的理性思考和哲学认识，或者缺乏创建理论的能力，而是另有原因。中国在很长一段时间内，奉苏联的理论为圭臬，一越雷池，即为异端邪说；后来，与苏联交恶，又将理论基础与基础理论混为一谈，以哲学的认识论和方法论来代替具体学科的研究理论和方法，生搬硬套，囫囵吞枣。如果有所创新，立即上纲上线，后果严重。于是一些大学者、大专家，既不想苟同，又无法改变，只能规避理论，提出了只研究事实，不研究理论的倡议。这虽然是不得已的权宜之计，也在一定程度上扼灭了五四以来科学理论思考的火花。由于长期规避理论研究，使中国的社会科学研究界沦入只见树木，不见森林的境地。改革开放以后，百花齐放，理论研究提到日程上。由于长期缺乏理论研究，在积累大量资料的基础上，不得不借鉴国外理论，洋瓶装国酒，美其名曰引进新理论，与国际接轨，实则当了搬运工，一无创造性，而且以“言必称希腊”为荣，挟洋自重，在一定程度上破坏了建立中国创新理论的积极性。此外，中国历史上就有“独尊儒家”的传统，缺乏学术争论和建立学派的传统，至多修修补补，不能动摇根基。更有甚者，把学术争论与人际关系混为一谈，将学术讨论和争鸣庸俗化为朋党之争。在中国民族语言的研究中，当然不会例外，因此倡导中国学界要争取创建中国自己的语言理论，特别是民族语言的理论已是当务之急。

理论和方法听来神秘和高深，其实未必。简单来说，理论就是人对客观的一种系统性的认识。认识就是一种思想，是人思维的成果。所以理论就是人对客观系统性认识的成果，不同于一般认识的地方是系统性，一般认识比较散漫，常常是自发的；系统性认识则是有组织、有目的的认识，是把一些散漫的认识，有目的地组织起来，科学地解释一些具有关联的现象，揭示这些现象的本质。可见，理论研究的目的本质上是解释，系统地解释复杂的认识对象。我们的观察和研究对象是语言，语言是一种复杂的社会现象，要科学地认识它就需要具有科学解释力的理论。

理论是一种思想成果，思想是人的认识成果，所以理论第一个特性就是主观性。理论是人创造和建立的，人的认识是有限的，无论你的理论多么接近客观现实，不可能是绝对的，所以只有相对真理，没有绝对真理。相对真理说明了人认识的局限性和主观符合客观的无限性。世界上不存在“颠扑不灭的真理”，即使“一句顶一万句”，后面还有一万零一句。世界上有比较接近真理的理论，称为科学；与真理背道而驰的理论，叫伪科学。可见，理论有科学的和非科学的，只有科学的理论，才能反映理论的第二个特性，即理论的客观性。科学的理论是主客观良好统一，不科学的理论是主客观完全背离。我们科研工作者的理想，就是建立能更好地反映客观事实、接近真理的理论。这样的理论具有较强的解释力，能推动科学的发展。

要建立科学的理论，首先要区别自然科学理论和社会科学理论。这两种科学有至关重要的差别，受着不同规律的支配。自然规律不以人的意志为转移，社会规律往往与人的主观能动性有关，受到人自觉行为的制约。结构主义把语言看成一个完全脱离人（语言使用者）的自组织符号结构装置，研究语言就是研究这种装置的结构成分和结构规则，用自然科学的自组织原理来解释语言的发展和变化。把作为社会现象的语言所体现的社会规律等同于自然规律，认为社会规律也是不以人的意志为转移的。比如为语言的现状和历史确立一条规则，或者发现一条规则，就认定语言会按照这种规则使用、发展和变化，陷入决定论的泥淖。社会科学的规律或规则，具有局限性、局域性、倾向性和时间性，影响因子和参数很多，特别是人的主观认识和思想。只能说现在怎么样，将来可能怎么样，不能说将来一定怎么样。这是从以人为本的思想对社会科学规律，当然也包括语言规律的科学态度。更有甚者，进一步研究语言的普遍共性，研究的结果不是没有意义，就是反例频频，遭到驳斥。科学理论建立中最重要的证伪性，在社会科学研究中，常常难以实现。你能证明乔姆斯基所说的大脑中的语言装置不存在吗？由于过去过分强调社会科学研究中的“立场”，“立场”与客观现实常常有不可调和的矛盾，于是有人把社会科学划入信仰范畴，不承认它是科学。这当然是一种极端的看法，是对将社会科学等同于自然科学思潮的一种反动。

科学界一个新的潮流是跨学科研究。社会科学界的理解有偏差，认为跨学科就是让自然科学的理论和方法“跨进”社会科学，语言学科尤甚。本来这两种科学是互补的。让自然科学“跨进”社会科学没有什么不对。问题是这种“跨进”必须以建立在区别自然规律和社会规律的基础上，要充分认识自然科学和社会科学的共同性和差异性。要使用“融合”的方式，而不是使用“嫁接”的方式。择善而从，不能生吞活剥。举个简单的例子：实验语音学原来是人类听觉的延伸，感知的补充，帮助和补充自省式语音研究的不足，解决语言感知中的一些偏误和困难。现在却喧宾夺主，试图以物理学的声学来完全代替人的感知和判断，忘记了语言是人创造的，语言的编码和解码是发生在人与人的相互交际之中，最后判定权属于人，而不是机器和仪器。实验语音学的成果是帮助人来验证感知的由来或条件，不能决定和解释人类创造语言的动机和过程。实验语音学竟然以揭示人在感知中忽略的冗余成分为能事，甚至企图研究声调发生的生理和物理机制，这无异于研究从猿到人的过程中，人类发音条件（包括器官和意识）的进化，哗众取宠，干扰语音的正常研究，这不能不说是本末倒置。

我做语言理论研究出于三个目的：第一，中国的语言理论研究，在改革开放前，以苏联为马首，改革开放以后，唯命欧洲的学说。这种崇洋媚外的思想蔓延，有时甚至失控，以讹传讹，误人子弟；第二，我在教学和研究的过程中，发现有些已经写在教科书上的似乎定论的东西，实际上还值得探讨，否则同样贻误后学；第三，中国语言学界缺乏对理论研究的兴趣和传统，理论研究还是以“贩运”为主，即以中国的语料去验证外国的理论，缺乏独创性。我认为中国尽管在短时期内不一定能创建历史语言学、结构语言学和生成语言学这样的完整语言学理论，至少应该在语言理论上发表一些创见，对语言理论有所创造，有所发现，有所推动。因此，我的语言理论研究，有的具有一定的创造性，有的则具有批判性。其实，在我研究的各个方向和领域中都涉及理论问题，比如声调研究、汉藏语言研究、双语研究都涉及历史语言学、语音学、音系学、方言学等学科的理论。比如在《语音演变的理论和类型》的文章中我提出了与前人研究不同的新的语音演变原理；在《叠置式音变献疑》文章中批评了这种音变原理；在

《汉藏语言调值研究的价值和方法》《汉藏语言声调起源研究中的几个理论问题》这些文章中不仅批评了根据所谓美国辅音响度新学说提出的声调起源声母说和反历史主义的机械论，并提出了对声调发生发展的原因、过程和结果的新见解。《有序异质论辩》则是批评拉波夫语言异质论的哲学基础，捍卫唯物辩证法认识论的基本原理。语言异质论在中国几乎成为定论，不得不从哲学上进行审辨，以定真伪。《国际音标漫议》则从理论上讨论国际音标的性质，解释了国际音标这种不科学的系统与它广泛应用的关系，提出了如何学习和使用国际音标的方法。我的研究中，涉及理论的方面很多，包括《相关语言学构想》《思维、思想和语言》这些比较抽象的理论研究，并不一定能得到广泛的认可，但能提出自己的见解，创建自己的体系，即使接不上国际的轨道，至少是自己的思想成果，比一味崇洋媚外、“言必称希腊”、无视国人研究的“贩运”要好一些。研究是一种从未知到已知反复循环的探索过程，是与社会需要密切结合、解决认知和实践问题的必要手段和方式，是研究能力、研究方向、知识背景和研究兴趣的个性化体现，从这个意义上讲，与国际接轨没有关系。

普：最后，还想请您谈谈自己的学术思想。

瞿：我上面已经说过，社会科学的研究比自然科学的研究要复杂得多。各人有各人的想法，所谓学术思想就是指导你研究的理论原理和思想观念。

首先，我是主张唯物主义的。唯物主义与唯心主义的区别，不能回避。这是一个原则问题，比如以唯心的先验论为基础的生成语法，我当然是不能接受的，尽管在欧洲曾经风靡一时，在中国也没有造成多大的影响。唯物主义内容众多，也要加以分辨。比如我批评拉波夫的语言异质论，异质论也是唯物的，但它是不正确的唯物观念和认识论。再比如机械唯物主义和科学主义，也是唯物的，以机械唯物主义为基础的结构主义语法理论，在中国传播和应用中就进行了很大的改造。

其次，除了上文提到的在研究语言时要区别社会科学的方法和自然科学的方法外，我一直在倡导语言研究中的人本主义和人文精神。人们在认识社会科学不同于自然科学后，世界上正在形成社会科学研究中的人本主义和人文精神。研究社会科学要以人为本，从人出发，充分考虑到人既是科学的创造者，又是科学的受益者。以语言研究来说，人既是语言的创造者，又是语言的使用者，还是语言的修订者和改造者。无论共时和历史研究都离不开语言的创造者和使用者。看来，传统说研究一种语言不能脱离使用这种语言的人的历史，这种历史主义的观点还不能完全反映语言研究的本质，只有以人为本的思想，才能真正科学地解决语言的现状和历史。我在《语音演变的理论和类型》一文中，详细论证了人本主义和人文精神在语音研究中的必要性和科学性，否定了连续式和叠置式音变，限定了扩散式音变的适用范围，提出了语音发生演变的社会、心理、结构和接触四种原因；语音演变必经的共存、共生和共变三种途径和方式；并将语音演变分为系统性和个体性两类，系统性包括调整型、功能型、发生型、消失型和转移型五类；个体性包括发生型、消失型、转移型、异变型和协合型五类。为语音演变提出了新的原理，确立了新的模式。

社会语言学原来只是研究语言和社会的关系，或者在社会环境下使用的语言状态。随着拉波夫“变异”学派的出现，把语言共时和历时有机结合起来，把语言的变化和变异与使用语言的人的社会属性关联起来，才真正体现了语言的现状和变化与使用语言的人的关系。人们从社会语言学的这种人文精神中汲取了灵感和营养，使语言从静态研究进入动态研究，从描写研究转变为解释研究，充分与人的行为和认知结合起来，认知语言学方兴未艾，这种趋势只要不走极端，有利于对社会科学和语言科学规律的认识，对社会科学和语言科学的研究将会产生深刻的影响。

再次，我倡导语言研究的本土化。本土化不是说中国的语言学理论和语言研究与外国的有什么本质的差别，理论只要是科学的，接近客观真实的，应该具有普适性。我们所说的本土化，是指中国的语言学理论要建立在充分利用本地语言资源，适应本地社会需要，继承本地优良传统的基础上，体现中国特色，具有创造性、独立性和先进性。很多人反对科学理论的国别特色，认为理论是普适的，普适的东西何来特色？事实是社会科学理论具有个性化、社会化、时代化等特点，已经说明了普适性的理论同样会打上个性、社会和时代的烙印。普通语言学应该是最“普通”的语言学了，却是最不“普通”的。不同的学者，由于知识的局限，内容就不普通。中国的普通语言学与欧洲的普通语言学，在内容上就有不小的差别。欧洲的语言学者不很了解亚洲的语言情况，特别是中国语言的很多重要特点都没有写进他们的普通语言学。由于不同的学者关注的对象不同，有的普通语言学更多关注语音，有的关注语法，有的关注历史等等，个性化非常明显。早期的普通语言学更多关注历史，因为当时语言的历史研究是主流，后来则更多关注语法和描写，那是描写语言学和结构主义语法兴起的原故；有一段时期大家研究语言的共性，普通语言学这方面的比重明显增加。充分说明普通语言学同样也反映了时代性、国别性和个体性。可见，科学没有国界，科学研究的传统、内容、方向和指导思想却是不同国家都不相同的，因此称具有中国特色的语言学或语言研究并没有什么不妥。

普：非常感谢您花费这么多时间来讲述自己的学术经历和学术思想，希望您所走过的学术道路和取得的学术成就对后学能起到一定的启发和鼓励的作用，能对发扬光大民族语言学起到积极的影响。再次感谢。

附：瞿霭堂主要著译目录

一 论著

1. 专著

(1)《阿里藏语》(瞿霭堂、谭克让)，中国社会科学出版社 1983 年版。
(2)《藏语韵母研究》，青海民族出版社 1991 年版。
(3)《藏族的语言和文字》，中国藏学出版社 1996 年版。
(4)《汉藏语言研究的理论和方法》(瞿霭堂、劲松)，中国藏学出版社 2000 年版。
(5)《普通语言学》(马学良、瞿霭堂)，中央民族大学出版社 1997 年版。
(6)《马学良学述》(瞿霭堂、劲松)，浙江人民出版社 2000 年版。
(7)《21003 汉字编码大字典》，(瞿霭堂、劲松)，中国社会科学出版社 1999 年版。
(8)《五笔字型多功能速查字典》(瞿霭堂、劲松)，山西高校联合出版社 1994 年版。

2. 论文

(1)《卓尼藏语的声调与声韵母的关系》，《中国语文》1962 年第 7 期。
(2)《藏语概况》(少数民族语言研究所藏语小组执笔)，《中国语文》1963 年第 6 期。
(3)《藏语的复辅音》，《中国语文》1965 年第 6 期。
(4)《阿里藏语动词体的构成》，《民族语文》1980 年第 4 期。
(5)《藏语的声调及其发展》《语言研究》1981 年第 1 期。
(6)《藏语方言的研究方法》，《西南民族学院学报》1981 年第 3 期。
(7)《藏语的变调》《民族语文》1981 年第 4 期。
(8)《藏语中的异根现象》，《中央民族学院学报》1982 年第 2 期。
(9)《中国大百科全书·民族卷·藏语和嘉戎语》，中国大百科全书出版社 1983 年版。

(10)《简明不列颠百科全书·中国各少数民族语言词条》，中国大百科全书出版社 1983 年版。

(11)《藏语韵母的演变》，《中国语言学报》1983 年第 1 期。

(12)《嘉戎语动词的人称范畴》，《民族语文》1983 年第 4 期。

(13)《论藏语的语法体系》，《藏族学术讨论会论文集》，西藏人民出版社 1985 年版。

(14)《藏语动词的屈折形态及其演变》，《民族语文》1985 年第 1 期。

(15)《汉藏语言历史比较研究的新课题》，《中国社会科学》1985 年第 5 期。

(16)《汉藏语言调值研究的价值和方法》，《民族语文》1985 年第 6 期。

(17)《中国语言地图集·藏语方言图》(瞿霭堂、谭克让)，香港朗文公司 1987 年版。

(18)《藏语的复元音》，《中央民族学院学报》1987 年第 1 期。

(19)《中国的民族和语言》，《民族研究》1988 年第 1 期。

(20)《汉藏语言的形态》，《民族语文》1988 年第 4 期。

(21)《卫藏方言的新土语》(瞿霭堂、共确加措、益西、结昂)，《民族语文》1989 年第 3 期。

(22)《藏语古调值构拟》《中国语言学报》1989 年第 4 期。

(23)《嘉戎语方言》，《民族语文》1990 年第 4、5 期。

(24)《夏尔巴话的识别》，《语言研究》1992 年第 2 期。

(25)《相关语言学构想》，《民族语文》1992 年第 4 期。

(26)《汉藏语言研究的理论和贡献》(马学良、瞿霭堂)，《民族语文论文集》，中央民族大学出版社 1993 年版。

(27)《汉藏语言的声调》，《民族语文》1993 年第 6 期、1994 年第 1 期。

(28)《汉藏语言的虚词》，《民族语文》1995 年第 6 期。

(29)《汉藏语言的系属研究和问题》，《薪火集》，山西高校联合出版社 1996 年版。

(30)《汉藏语言的研究和问题》(马学良、瞿霭堂)，《历史语言研究所集刊》第 66 本第 4 分册 1995 年版。

(31)《汉藏语言的音系学》，《民族语文》1996 年第 5 期。

(32)《汉字的功能文化观》，《双语教学与研究》第一辑，中央民族大学出版社 1998 年版。

(33)《双语研究中的几个理论问题》，《双语教学与研究》第二辑，中央民族大学出版社 1999 年版。

(34)《汉藏语言的类型和共性》，《民族语文》1998 年第 4 期。

(35)《汉藏语言声调起源研究中的几个理论问题》，《民族语文》1999 年第 2 期。

(36)《汉藏语言的语音研究和问题》(马学良、瞿霭堂)，《历史语言研究所集刊》第 70 本第 1 分册 1999 年版。

(37)《汉藏语言研究的理论和方法》，《语言研究》2000 年第 2 期。

(38)《双语和双语研究》，《民族语文》2000 年第 3 期。

(39)《思维、思想和语言》，《民族语文》2004 年第 3 期。

(40)《声调起源研究的科学论证方法》，《民族语文》2002 年第 3 期。

(41)《汉藏语言研究的理论和方法》，《语言研究》2002 年第 2 期。

(42)《思维，思想和语言》，《民族语文》2004 年第 3 期。

(43)《语音演变的理论和类型》，《语言研究》2004 年 6 月。

(44)《嘉戎语上寨话》(瞿霭堂、劲松)，《民族语文》2007 年第 5 期。

(45)《叠置式音变献疑》(瞿霭堂、劲松),《语言研究》2008 年第 2 期。
(46)《藏文的语言和文字学基础》,《中国语言学》第 3 辑,2009 年 12 月。
(47)《尖团音新议》(劲松、瞿霭堂),《语文研究》2009 年第 2 期。
(48)《嘉戎语藏语借词的时空特征》(劲松、瞿霭堂),《民族语文》2009 年第 2 期。
(49)《民族语言文字与非物质文化遗产的保护》,《民族翻译》2010 年第 4 期。
(50)《有序异质论辩》,《语言研究》2011 年第 1 期。
(51)《音势论和藏文创制的原理》,《民族语文》2011 年第 5 期。
(52)《翻译的不对称原理》,《民族翻译》2011 年第 4 期。
(53)《国际音标漫议》,《民族语文》2012 年第 5 期。
(54)《语言调查经验谈》,《语言田野调查实录(九)》,中央民族大学出版社 2013 年版。
(55)《通向语言殿堂之路》,《中国藏学》2014 年第 1、2、3 期。
(56)《中国藏缅语族中的代词化语言》(瞿霭堂、劲松),《民族语文》2014 年第 4 期。

二 译作

1. 译著

(1)《远征欧陆》(合作,统稿),生活·读书·新知三联书店 1975 年版。
(2)《南斯拉夫的实验》(合作,统稿),上海译文出版社 1980 年版。

2. 译文

(1)《科学的结构》,《当代美国资产阶级哲学资料》第 1 集,1978 年。
(2)《英国的中国研究》,《国外社会科学》1978 年第 5 期。
(3)《日本的西藏研究》,《国外社会科学》1978 年第 6 期。
(4)《日本西藏研究概述》,《民族译丛》1979 年第 1—2 期。
(5)《中国革命》,《马克思主义研究参考资料》1981 年第 20 期。
(6)《苏联政治生活中的阶级基础》,《马克思主义研究参考资料》1981 年第 27 期。
(7)《论国家与社会》,《马克思主义研究参考资料》1982 年第 14 期。
(8)《南斯拉夫民主化的辩论》,《国外社会科学动态》1982 年第 5 期。
(9)《拉萨话元音的和谐》,《民族语文研究情报资料集》1983 年第 1 期。
(10)《社会阶级概念:共同的模式和不同的定义》,《马克思主义研究参考资料》1983 年第 25 期。
(11)《比较构拟法的程序》,《民族语文研究情报资料集》1983 年第 2 期。
(12)《图弥三菩扎及其语法著作》,《民族译丛》1983 年第 6 期。
(13)《中苏争论》,《马克思主义研究参考资料》1984 年第 5 期。
(14)《嘉戎语历史音韵研究》,《民族语文研究情报资料集》1985 年第 1—2 期。
(15)《口语与书面语传统》,《国外社会科学》1985 年第 2 卷第 4 期。
(16)《汉语声调的地理研究》,《语言研究译丛》,天津人民出版社 1988 年版。

(普忠良,副编审,中国社会科学院民族学与人类学研究所《民族语文》编辑部)

·近年内逝世学者

锡伯语、满－通古斯语学家李树兰

胡增益

李树兰（1933—2013），笔名舒兰，女，天津市人，1952年考取北京大学中国语言文学系，分配在语言专修科就读。1954年毕业后分配到中国科学院语言研究所，为研究实习员。后转入少数民族语言研究所、民族研究所，历任助理研究员、副研究员、研究员。在工作期间曾任锡伯语组组长、满－通古斯语组代组长以及（北京）锡伯历史语言学会副秘书长。

李树兰从参加民族语言研究工作开始，就从事锡伯语的调查研究，随着调查领域的逐渐扩大，对满－通古斯语族的其他语言也进行了调查和研究，除接触过有关赫哲语、女真语的一些文字资料外，对满语、鄂伦春语、鄂温克语也做过一些调查研究工作。

锡伯语在满－通古斯语族中占有重要的地位，是该语族中使用人口最多、最活跃的一个语言，而且它和满语的关系很近，新中国成立前在国内还未有人对锡伯语进行过深入、系统的调查研究。1955年、1956年，李树兰参加了新疆少数民族语言调查第六工作队，首次赴新疆调查研究锡伯语，在锡伯语和其他满－通古斯语调查研究方面，多次下乡进行田野调查访问、搜集资料，特别在1978年以后，几乎每年都结合科研项目的需要，到新疆、内蒙古以及东北等有关地区进行实地考察研究。

她在语言研究工作方面的主要贡献和成绩，有以下几个方面。

1. 为锡伯族创制新文字方案。1955年、1956年先后参加调查新疆各民族语言第六工作队，李树兰曾和锡伯族有关人士共同拟定了一份以斯拉夫字母为基础的《锡伯族文字改革方案（草案）》，提交有关部门参考。该方案1957年在《新疆日报》上公布过。1958年国务院公布《关于少数民族创制文字方案中设计字母的几项原则》后，根据文件精神和本民族意愿，又拟定了一份以拉丁字母为基础的《锡伯族文字方案（草案）》。

2. 锡伯语研究。（1）先后发表和完成有关锡伯语、满－通古斯语的研究成果33种，为《辞海》等多种辞书撰写有关锡伯语、锡伯文的词条。（2）揭示了锡伯语重要的语言现象，在研究上有所突破和推进。例如，《锡伯语的领属范畴》（《民族语文》1982年第5期）一文，修正了长期以来人们认为的满语支不存在领属范畴的传统观点。《锡伯语动词陈述式的亲知口气和非亲知口气》（《民族语文》1984年第6期）一文，不仅理清了锡伯语动词中呈现的复杂情况，而且还提出满－通古斯语的一个新的语法范畴，即动词陈述式的亲知口气和非亲知口气。这一观点对研究满－通古斯语族其他语言的动词也有所启示，也为研究阿尔泰语系语言间的关系提供了新材料。《锡伯语的状词》（《民族语文》1985年第5期）一文分析了状词语音构成的一些规律，特别是谐音状词语音构成的一些规律；文章把位于形容词前，由重叠形容词词首再增加或换之以其他辅音构成的音节，看作是修饰形容词的临时状词，这些研究和分析都具有新意。《满-通古斯语言语法范畴中的确定/非确定意义》（《民族语文》1988年第4期）一文提出了一个重要学术观点，揭示了过去不被研究者注意的一种语言现象，即满-通古斯语族语言的一些语法范畴中都区分确定/非确定的语法意义，这种意义在同一个语法范畴中相互对立、相互伴随，进而确定了满-通古斯语族语言中一种名为“确定/非确定”的语法范畴，具有一定的理论意义。这篇文章对阿尔泰语言共同性问题的研究提出了一个新课题。《反身领属范畴在锡伯语中的补偿手段》（《民族语文》1989年第3期）一文论述了锡伯语只有人称领属没有反身领属的事实，但她在调查研究锡伯语的过程中，发现了表达反身领属的语法意义，即除了使用领格形式的反身代词以外，还使用名词/反身代词-ŋ-/人称领属附加成分的方式来表达，或使用名词/反身代词-ŋ-领格附加成分的方式来表达。附加成分-ŋ在强调词干所指称的事物为某个人称所有之外，往往又引申出“自己的”的意思。由此可以将-ŋ视为一种缺乏反身领属形式的补偿手段或方法。

在复合词研究、探讨中，借用了藏文的“藻饰词”术语，对锡伯语、满语中一些别有趣味的复合词进行了分析和归纳，撰写了《满文藻饰词研究》（《中国民族古文字研究》第3辑，天津古籍出版社1991年版）和《锡伯语的藻饰词》（《民族语文》1991年第1期）。

3. 锡伯语和满语的关系。锡伯语和满语很接近，但有关两者之间的关系过往很少有学者充分论述、分析。《锡伯语满语比较研究举要》（《中国语文》1983年第4期）、《论锡伯语文的形成和发展》（载《民族语文研究新探》，四川民族出版社1992年版）、《锡伯语研究对满语研究的贡献》（载《清风明月八十秋 庆贺王均先生八十诞辰语言学论文集》，吉林人民出版社2002年版）以及《富裕满语和锡伯语》（李树兰、仲谦合著，《语言与翻译》1992年第4期、1993年第1期连载）等文对两者之间的关系提出了自己的看法：（1）历史上锡伯族使用的语言是满语，使用的文字是满文；（2）18世纪部分锡伯族迁徙新疆后，他们的语言逐渐走上了独立发展的道路，进而形成锡伯语；（3）锡伯文是在满文基础上略加改动的拼音文字，不完全等同于满文，锡伯文同满文相比较，已经有了相当的变化，形成了锡伯文；（4）锡伯语、锡伯文是在满语、满文基础上发展起来的，因此历时地看，也可以说锡伯语是现代满语、锡伯文是现代满文。她认为这一看法可以成为今后对这一问题进一步讨论和研究的基础。

在数十年的学术生涯中，李树兰还出版了《锡伯语口语研究》（李树兰、仲谦、王庆丰合著，民族出版社1984年版）和《锡伯语简志》（李树兰、仲谦合著，民族出版社1986年版）。其中，《锡伯语口语研究》获北京满学会1997年首届满学研究优秀奖。该书是研究锡伯语口语的第一部专著，内容分两部分：第一部分“锡伯语语法概要”是对语音和语法的简明描写；第二部分“锡伯语口语词汇”，收词、词组6000条，除口语中经常使用的外，同时也有一些年轻人不大使用或不用的词。根据口语的发音和传统文字的拼写习惯，模拟了书面语形式作为文字规范时的参考。

《锡伯语简志》作为中国少数民族语言简志丛书之一，概况部分简要介绍了锡伯族居住的情况，即由于历史原因而分居东北和新疆两个地方，形成了一个民族使用不同语言的情况。她在书中还将锡伯语同满语书面语进行了比较，介绍了现代锡伯语的一些特点。该书对词义演变有些探讨，对词义转化的因素作了比较详细的讨论。在语法部分对锡伯语的领属范畴所表示的语法意义提出了新的见解。

此外，李树兰于1962年、1963年两年连续调查内蒙古自治区鄂温克族自治旗的鄂温克语和鄂伦春自治旗的鄂伦春语，并先后撰写了《鄂伦春语概况》（《中国语文》1965年第1期）、《鄂伦春语词汇述略》（载《民族语文论集》，中国社会科学出版社1981年版）。1976年以后，除继续坚持田野调查外，参加了《新满汉大词典》（胡增益主编，新疆人民出版社1994年版）

的编纂工作。该词典获得了1996年第二届国家图书奖提名奖，1996年中国社会科学院民族研究所优秀著作奖，1996年中国社会科学院第二届优秀著作奖。20世纪80年代后期，先后参加了《中国少数民族语言使用情况》（中国藏学出版社1994年版）一书的编撰，负责调查和编写新疆锡伯族语言的使用情况；参加绘制《中国语言地图集：满－通古斯语族语言图·地图说明》（合著，香港朗文（远东）有限公司1987年版）；参与了中国社会科学院民族研究所与加拿大拉瓦尔大学的合作课题《世界的书面语：使用程度和使用方式概况》（中国社会科学院民族研究所与加拿大拉瓦尔大学国际语言规划研究中心合作项目，第4卷“中国卷”，拉瓦尔大学出版社1995年版），负责锡伯语文的调查与编写。

退休后，李树兰还于2001年11月赴扬州参加了中国语言学会第11届年会，宣读了论文《满汉合璧文献中的北京土语词》，从几个方面介绍了满汉合璧文献中的北京土语词的情况，论文发表于《中国语言学报》（商务印书馆2003年版，第11期）。

李树兰为锡伯语和满－通古斯其他语言研究贡献了精彩的一生，是我国锡伯语研究的先驱。

（胡增益，研究员，中国社会科学院民族学与人类学研究所）

第四篇

网络开发与发展

2013 年中国民族地区互联网发展与网络舆情研究

孔　敬

一　引言

随着互联网络飞速发展，互联网发展水平已成为衡量一个国家和地区现代化水平的重要标志。据中国互联网络信息中心（CNNIC）2014 年 1 月报告，截至 2013 年 12 月底，中国网民已达到 6.18 亿人，互联网普及率为 45.8%。[①] 互联网已成为中国人生活中不可或缺的组成部分，全面渗入经济、社会和生活的方方面面，大大拓展了中国社会的舆论空间，深刻影响着社会舆论的形成机制和传播方式。网络日渐成为中国公民表达社情民意的重要载体之一，也是推动中国政治体制进步的重要工具之一。网络舆情的监测和分析也就成为社会稳定和繁荣的重要保障之一。针对不同领域的网络舆情研究也日益成为热点研究问题。我国民族地区占我国国土面积 64%，地域广阔，大多处在我国边疆地带，由于地理、历史、文化等原因，不仅在经济发展水平上滞后，而且是社会突发事件的多发地和集中地，因此民族地区网络舆情研究对国家稳定和团结更具有重要意义。

本文一方面引用中国互联网络信息中心（CNNIC）《中国互联网络发展状况统计报告》和中国国家统计局《中国统计年鉴》统计数据，分析阐述了我国民族八省区[②]互联网发展水平与趋势；另一方面重点对民族地区网络舆情的研究发展进行述评。

二　民族八省区网络发展水平与趋势

（一）互联网发展水平评价指标选取

当前国际上最为著名的信息化测度是国际电信联盟（International Telecommunication Union，简称 ITU）于 2008 年开发的信息化指标体系（The ICT Development Index，IDI），[③] 包括基础设施与访问指数、应用指数和技能指数三大类共计 11 项指标，用于监测和比较各个国家信息通

---

① 中国互联网络信息中心：《第 33 次中国互联网络发展状况统计报告》，http：//www. cnnic. net. cn/hlwfzyj/hlwxzbg/hlwtjbg/201403/t20140305_46240. htm。

② 民族八省区指少数民族人口相对集中的内蒙古、广西、西藏、宁夏、新疆五个自治区和贵州、云南、青海三个省。

③ International Telecommunication Union. Measuring the Information Society：The ICT Development Index ［M］. International Telecommunication Union，2009.

讯技术的发展。本文基于 ITU 提出的信息化指标，并参考俞立平①、黄婷婷②等提出的互联网发展水平指标体系，从互联网基础设施、互联网普及、互联网资源、互联网信息建设和互联网支撑环境五个方面选取了 12 项指标对民族八省区互联网发展水平进行评价。指标及数据来源见表 1。

表 1　　民族八省区互联网发展指标及数据来源

指标分类		指标项		数据来源
一级	二级	序号	指标名称	
互联网基础设施		1	互联网宽带接入端口	《中国统计年鉴》
互联网普及		2	网民普及率	《中国互联网络发展状况统计报告》
互联网资源		3	IPv4 地址	
		4	域名地域分布百分比	
互联网信息建设	信息量	5	网站数	
		6	网页数	
		7	网页字节数	
	信息更新	8	网页更新周期率	
	文种多样性	9	网页编码类别	
互联网支撑环境	经济	10	人均 GDP	《中国统计年鉴》
	城镇化	11	城镇人口比重	
	教育	12	6 岁以上人口中初中以上教育水平占比	

（二）民族八省区互联网的发展水平与趋势

根据中国互联网络信息中心（CNNIC）《第 33 次中国互联网络发展状况统计报告》③ 和国家统计局《中国统计年鉴 2014》发布数据④，2013 年民族八省区在互联网基础设施、互联网普及、互联网资源、互联网信息建设和互联网支撑环境等 5 个方面发展状况如下：

1. 民族八省区互联网基础设施发展状况。《中国统计年鉴 2014》全国 31 个省市区 2013 年互联网宽带接入端口数的统计分析结果表明，民族八省区互联网基础设施建设总体处于全国中下水平，互联网宽带接入端口总量为 3827.9 万个，平均每百人约 19.92 个，约占全国的 10.65%，如表 2 所示。新疆和内蒙古处于全国中等偏上水平，宁夏、广西和青海处于全国中下水平，云南、西藏和贵州省处于全国最低水平，位列最后 3 名。民族八省区中，新疆和内蒙

① 俞立平：《中国互联网发展水平测度指标体系研究》，《中国流通经济》2015 年 12 月。

② 黄婷婷、贾怀京：《基于 48 个国家的互联网发展水平研究》，中国科技论文在线，http://www.paper.edu.cn/releasepaper/content/201212－886。

③ 中国互联网络信息中心：《第 33 次中国互联网络发展状况统计报告》，http://www.cnnic.net.cn/hlwfzyj/hlwxzbg/hlwtjbg/201403/t20140305_46240.htm。

④ 中华人民共和国国家统计局：《中国统计年鉴 2014》，中国统计出版社 2014 年版。

古互联网基础设施建设较好，互联网宽带接入端口分别为27.76个/百人和27.11个/百人，高于全国平均水平（26.52个/百人），但与互联网发达地区如上海（56.92个/百人）、北京（56.12个/百人）的差距还很大。

表2　　民族八省区互联网基础设施（2013年）

全国排名	地区	互联网宽带接入端口（万个）	互联网宽带接入端口（个/百人）
9	新疆	628.6	27.76
10	内蒙古	677.2	27.11
17	宁夏	150.3	22.97
21	广西	978.8	20.74
22	青海	117.8	20.39
29	云南	736.9	15.72
30	西藏	44.1	14.13
31	贵州	494.2	14.11
	民族八省区	3827.9	19.92
	全国	35945.3	26.52

2. 民族八省区互联网普及发展状况。据中国互联网络信息中心（CNNIC）2014年1月的《第33次中国互联网络发展状况统计报告》，截至2013年12月底，民族八省区网民规模达7307万人，约占全国的12%，民族八省区互联网增长率均高于全国平均增长率（9.50%）（见表3）。可见2013年民族八省区的网民增长迅速，互联网普及应用呈现快速发展趋势。但从互联网普及率来看，2013年民族八省区的互联网网民普及率总体处于全国中下水平，新疆、青海、内蒙古、宁夏、广西、西藏、贵州和云南在全国的排名分别为第9、11、16、18、22、23、29和30位。其中新疆、青海互联网普及率高于全国平均水平（45.8%），处于全国中等偏上发展水平，内蒙古和宁夏处于全国中等水平，广西和西藏处于全国较低发展水平，贵州和云南两省的互联网普及率处于全国最低水平之列。

表3　　民族八省区互联网网民数与普及率（2013年）

全国排名	地区	网民数（万）	普及率（%）	增长率（%）
9	新疆	1094	49.00	13.70
11	青海	274	47.80	15.10
16	内蒙古	1093	43.90	13.30
18	宁夏	283	43.70	9.70
22	广西	1774	37.90	11.90
23	西藏	115	37.40	13.90
29	贵州	1146	32.90	15.60
30	云南	1528	32.80	15.70
	民族八省区	7307	40.68	13.61
	全国	61758	45.80	9.50

3. 民族八省区互联网资源发展状况。截至2013年12月底，民族八省区互联网IPv4地址数量约1586万个，约占全国的4.8%，域名总数337246个，约占全国的1.80%（见表4）。可见2013年民族八省区所拥有互联网资源占全国比重相当少，与发达省区差距很大。从人均拥有互联网资源PDA综合评分排名来看，民族八省区互联网资源拥有量总体处于全国低水平发展之列，宁夏、西藏、青海、内蒙古、广西、新疆、云南和贵州在全国排名分别为第21、24、25、26、27、28、29和31位。

IPv4地址资源是有限的，近几年IPv4地址的总数基本维持不变，IPv4地址资源的分配也基本饱和。因此域名的拥有量更能显现出发展差异与趋势。从人均域名拥有量来看，民族八省区中宁夏最多，约为24.5个/万人，但与发达省区相比差距也很大，如山东约为444个/万人，广东约为334个/万人，黑龙江约为224个/万人。

表4　　民族八省区互联网资源（2013年）

全国排名	地区	IPv4地址占全国百分比（%）	域名占全国百分比（%）	域名地域分布数（个）	IPv4地址人均拥有量（个/人）	域名人均拥有量（个/万人）	互联网资源人均拥有PDA综合评分
21	宁夏	0.24	0.10	16049	0.1212	24.5326	-0.36804
24	西藏	0.13	0.00	4989	0.1376	15.9883	-0.38064
25	青海	0.18	0.10	11134	0.1029	19.2700	-0.39698
26	内蒙古	0.79	0.20	45576	0.1045	18.2478	-0.39876
27	广西	1.41	0.50	92273	0.0987	19.5535	-0.39929
28	新疆	0.62	0.20	40747	0.0904	17.9954	-0.41001
29	云南	0.99	0.50	83572	0.0698	17.8321	-0.42585
31	贵州	0.44	0.20	42906	0.0415	12.2511	-0.46317
	民族八省区	4.80	1.80	337246			

4. 民族八省区互联网信息建设发展状况。网站信息量统计数据表明（见表5），截至2013年12月底，民族八省区网站数量约为7.6万个，约占全国的2.37%，网页总数为4188816961个，约占全国的2.79%，网页字节总数为198782282830KB，约占全国的2.66%。2013年民族八省区网站信息建设量在全国占比较少，从全国各省市区人均网站数、网页总数和网页字节数的PDA分析综合评分排名来看，民族八省区网站信息建设总体处于全国中下水平，云南、广西、内蒙古、宁夏、新疆、青海、西藏和贵州在全国排名分别为第14、22、25、26、27、28、30和31位。民族八省区中，云南网站信息量最多，在全国处于中等水平，其他7个省区的网站信息建设均处于全国低水平发展之列。

表5　　民族八省区互联网信息建设（2013年）

全国排名	地区	WWW站点数（个）	网页数（个）	网页字节数（KB）	人均信息量PDA综合得分
14	云南	14475	2755275416	158100884575	-0.30915
22	广西	24966	1129958542	28317638744	-0.3762
25	内蒙古	12289	227096393	9908819601	-0.39819

续表

全国排名	地区	WWW 站点数（个）	网页数（个）	网页字节数（KB）	人均信息量 PDA 综合得分
26	宁夏	3840	9485476	583523096	-0.40404
27	新疆	7595	61330381	1707016061	-0.42273
28	青海	2216	96186	11265579	-0.42303
30	西藏	912	1403745	46676289	-0.42953
31	贵州	9642	4170822	106458885	-0.43141
	民族八省区	75935	4188816961	198782282830	
	全国	3201625	150040762685	7479873203607	
	占全国比	2.37%	2.79%	2.66%	

网站信息更新统计数据表明（见表 6），民族八省区网站信息更新情况差异较大，其中青海、广西、贵州和云南的信息更新良好，一个月内有信息更新的网站占到 64% 以上，在全国名列前茅，分列第 1、2、4 和 5 位。内蒙古全国排名第 11 位，处于中等水平，新疆、宁夏、和西藏的信息更新则处于全国低水平之列，在全国排名分别为第 28、30 和 31 位。

网站多文种建设方面，中英文以外其他文字网页占比统计数据表明（见表 6），青海、新疆、宁夏、内蒙古、云南和西藏都有一定比例的其他文字网页。其中青海最多，中英文以外其他文字的网页占比达到 4.20%。结合我们 2011 年的少数民族文字网站调查来看，藏文网页网站在青海较多，西藏次之，维文网站数量多于蒙文和藏文，可见各省区中英文其他文字网页的占比情况基本能体现少数民族文字网站的拥有情况。

表 6　　民族八省区网站信息更新与文种多样性（2013 年）

信息更新全国排名	地区	一月以内有信息更新的网页占比（%）	文种多样性排名	中英文以外其他文字网页占比（%）
1	青海	73.10	1	4.20
2	广西	73.00	10	0.00
4	贵州	67.10	10	0.00
5	云南	64.20	6	0.10
11	内蒙古	59.00	6	0.10
28	新疆	43.80	3	0.50
30	宁夏	41.70	3	0.50
31	西藏	24.60	6	0.10

5. 民族八省区互联网支撑环境及影响分析。据《中国统计年鉴 2014》2013 年全国各省区人均 GDP（经济指数）、年末城镇人口比重（城镇化指数）和 6 岁以上人口中初中以上人口比（教育指数）的统计数据表明（见表 7），民族八省区的互联网支撑环境多数处于低发展水平，少数处于中高发展水平，与发达地区差距较大。从经济指数和城镇化指数来看，内蒙古处于全国中高水平，宁夏处于中等水平，新疆、青海和广西处于中低水平，西藏、云南和贵州处于最

低水平；从教育水平来看，内蒙古处于全国中等水平，新疆、广西、宁夏处于中下水平，贵州、云南、青海和西藏处于低水平。综合来看，西藏在城镇化和教育水平两项指标上与其他省区的差距较大。

表7　民族八省区互联网支撑环境（2013年）

地区	经济指数全国排名	人均地区生产总值 GDP（元）	城镇化指数全国排名	年末城镇人口比重（%）	教育指数全国排名	初中以上人口/6岁及以上人口（%）
内蒙古	6	67498	9	58.71	15	69.85
宁夏	15	39420	17	52.01	24	63.63
新疆	18	37181	26	44.47	20	65.13
青海	20	36510	20	48.51	29	51.61
广西	27	30588	25	44.81	22	63.84
西藏	28	26068	31	23.71	31	18.74
云南	29	25083	28	40.48	30	50.22
贵州	31	22922	30	37.83	28	56.26

由于数据呈正偏态分布，本文采用秩相关分析法，考查互联网支撑环境对互联网发展应用的影响关系。全国31个省区数据的相关性分析结果表明（见表8），经济发展对互联网基础设施和普及率的影响最大，经济指数与互联网基础设施和普及率的相关系数分别达到0.859和0.819，其次是城镇化水平，城镇化指数与互联网基础设施和普及率的相关系数分别为0.804和0.784，最后是受教育水平，初中以上教育人口比重与互联网基础设施和普及率的相关系数分别为0.554和0.566。从互联网资源来看，城镇化水平对其影响最大（相关系数为0.792），经济发展对互联网资源的影响排第二（相关系数为0.738），教育水平的影响排第三（相关系数为0.635）。从互联网信息量来看，城镇化水平对其影响最大（相关系数为0.715），教育水平的影响排第二（相关系数为0.656），经济发展的影响排第三（相关系数为0.645）。

表8　互联网发展指数与互联网支撑环境秩相关分析结果

相关性（Correlations）					
			经济发展	城镇化水平	受教育水平
秩相关分析（Spearman's rho）	互联网基础设施	相关系数	0.859**	0.804**	0.554**
	互联网普及率	相关系数	0.819**	0.784**	0.566**
	互联网资源	相关系数	0.738**	0.792**	0.635**
	互联网信息量	相关系数	0.645**	0.715**	0.656**
	显著性（双侧）		0.000	0.000	0.000
	N		31	31	31

注：** 在0.01水平（双侧）上显著相关。

总体来说，互联网支撑环境与互联网发展应用水平呈显著的正相关关系，但从民族八省区情况来看，内蒙古在互联网各项指标上均低于其互联网环境发展水平。而新疆在互联网基础设施和普及率两项指标上高于其互联网环境发展水平。云南在互联网信息建设方面高于其互联网环境发展水平。这表现出民族地区互联网发展的特殊性。

三　民族地区网络舆情研究

（一）民族地区网络舆情研究概述

网络舆情研究作为一个新兴的热点研究领域，近年来的相关研究成果不断增多。本文主要在国内范围内对民族地区网络舆情研究成果进行概述。在中国知网（CNKI）中国学术文献网络出版总库平台，选取学术期刊、博硕士论文、会议论文和报纸四个子库为检索库，以网络舆情为主题词，精确搜索2006—2013年文献，共有相关文献7026篇，其中期刊论文4385篇，博硕士论文876篇，会议论文90篇，报纸1675篇。网络舆情文献发表统计分析表明（见表9和图1），网络舆情研究在近五年（2009—2013年）呈快速发展趋势，已日渐成为研究热点领域。

表9　　2006—2013年网络舆情文献发表量

年份	期刊	硕、博士论文	会议论文	报纸	合计（篇）
2013	1395	299	21	328	2043
2012	1173	238	21	356	1788
2011	854	165	26	417	1462
2010	579	98	14	347	1038
2009	256	43	5	159	463
2008	77	21	2	46	146
2007	38	11	1	18	68
2006	13	1	0	4	18
合计	4385	876	90	1675	7026

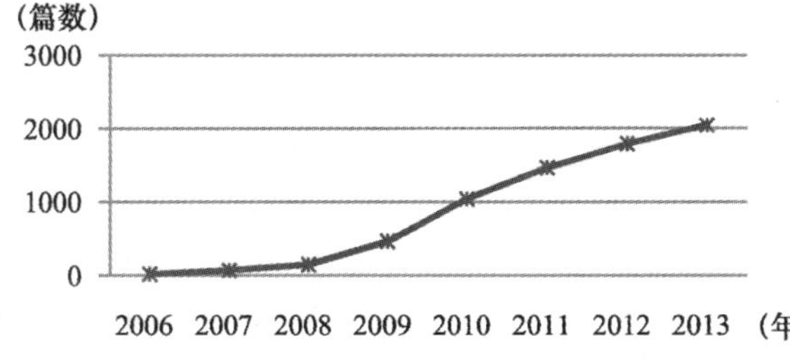

图1　2006—2013年网络舆情文献变化趋势

本文进一步以民族地区、民族八省区地名和民族文字名称（如维吾尔文、藏文、蒙文）等关键词，获取到有关民族地区网络舆情文献36篇（见图2），发表年代起始于2008年的1篇，以后逐年增加，至2013年为17篇。从论文类型来看，其中期刊论文29篇，博、硕士论文6

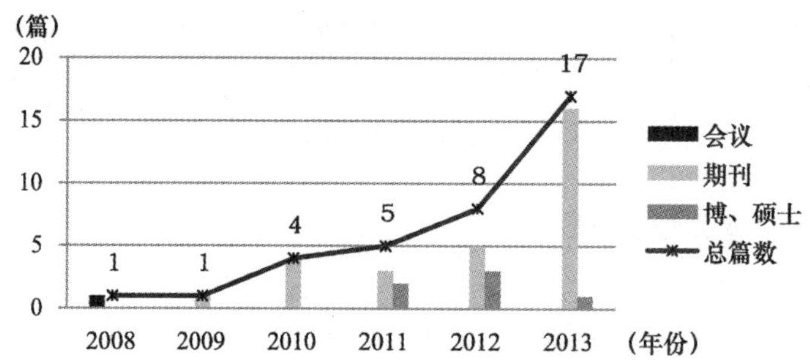

图2 2008—2013年民族地区网络舆情研究论文变化趋势

篇，会议论文1篇，2012年以前博士、硕士学位论文较多，19篇文献中有5篇是博、硕士论文。这表明网络舆情研究应用于民族研究领域起步于2008年，一开始主要在研究生群体中进行前沿性、试验性研究，在2012年开始出现了一批研究成果，于2013年逐渐进入更多学者视野，研究文献在2013年呈快速发展态势。

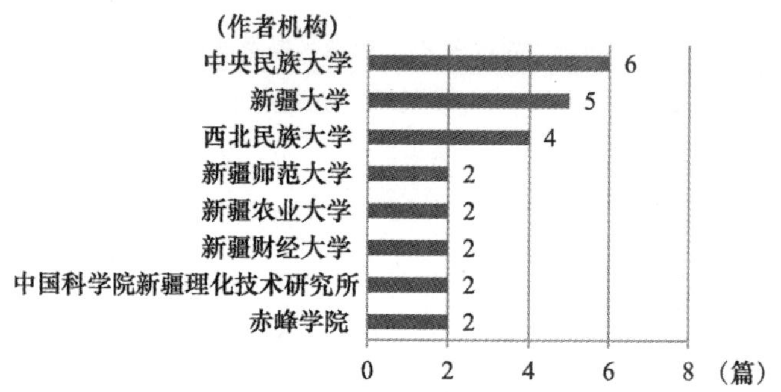

图3 2014年民族地区网络舆情文献的作者机构

从文献作者与作者机构来看，绝大多数作者仅发表了1篇论文，有4位作者发表了2篇；作者机构（见图3）则是中央民族大学发表论文最多，共6篇，其次是新疆大学5篇，西北民族大学4篇，新疆财经大学、新疆农业大学、新疆师范大学、中国科学院新疆理化技术研究所和赤峰学院各2篇，其他还有11个单位各1篇。作者机构类型几乎都是大学，只有2篇文献的作者机构是研究机构。

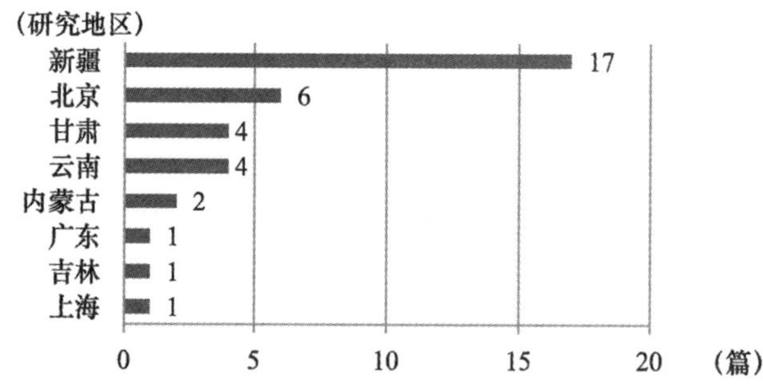

图4 2008—2013年民族地区网络舆情论文的研究地区

从研究地区来看，新疆维吾尔自治区最多，为 17 篇，其次是北京 6 篇，云南和甘肃各 4 篇，内蒙古 2 篇，吉林、上海和广东各 1 篇，民族八省区中主要在新疆、内蒙古和云南开展民族地区网络舆情研究（见图4），其他民族八省区鲜见相关研究成果发表，新疆的网络舆情研究成果远高于其他民族地区，这也说明新疆地区的网络舆情问题较为突出。

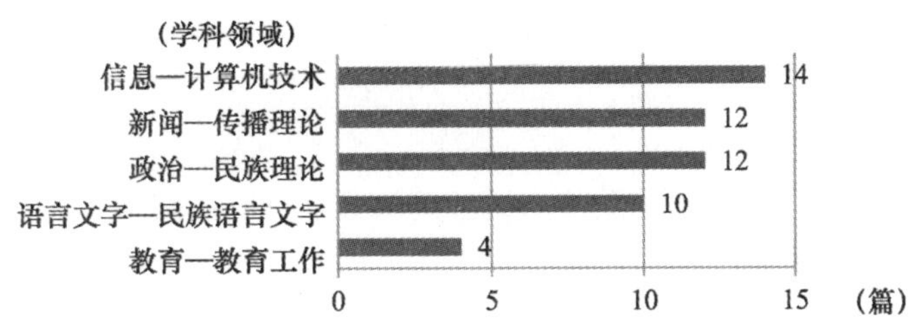

图 5　2008—2013 年民族地区网络舆情论文的研究领域

从学科领域来看，如图 5 所示，网络舆情文献的研究领域主要分布在信息—计算机技术、新闻—传播理论、政治—民族理论、语言文字—民族语言文字等学科领域，少量文献在教育—教育工作领域。

从研究主题来看，学者关注点包括基本理论研究（如民族地区网络舆情的特征、表现、形态、演变、影响等），对策性应用性研究（如网络舆情的汇集、分析、引导、监测、预警、管控等），技术与系统构建研究（如民族文字信息处理技术、分析技术、网页分类、监测模型、监测系统构建等），拓展分析研究（如从教育德育、政治民主、公共政策、群体事件等角度展开分析）。研究主题的分类统计图表明（见图 6），目前学者对网络舆情的研究主要是对策性和应用性研究，网络舆情在实践工作中的监管、控制策略，以及预警和内容分析是主要研究选题，这表明当前网络舆情研究偏重于对策性、应用性，其次是技术与系统构建研究，以及比较外围的拓展分析研究，在基本理论研究方面尤其薄弱。国内的舆情研究尚处于起步阶段，大多数研究成果属于应用性研究范畴，而对舆情理论的研究尚显不足。

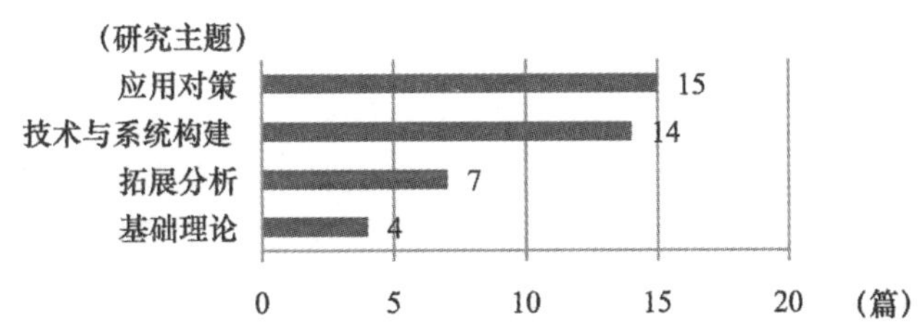

图 6　2008—2013 年民族地区网络舆情论文的研究主题

（二）民族地区网络舆情基础理论

当前民族地区网络舆情基础理论研究主要体现在舆情的特征、表现、形态和影响等方面。重点在民族地区网络舆情特征方面。张玉强在其博士论文中，归纳了民族地区网络舆情的特征，指出民族地区网络舆情危机，不仅具有一般网络舆情危机的特征，同时由于民族问题和民族地区的特殊性，也导致了本地区网络舆情危机呈现出一些自身的特点。[①] 这些特性包括：

---

① 张玉强：《民族地区网络舆情危机的政府引导策略研究》，《中共南宁市委党校学报》2013 年第 2 期。

1. 危机的复杂性。民族地区网络舆情危机，大多涉及和针对民族问题，而民族问题本身就具有复杂性。当前的民族问题，大多积淀着大量的历史事件和民族传统，同时与政治、宗教和其他社会问题相互交织在一起。

2. 危机的敏感性。民族地区成为西部乃至全国经济转型与社会转型时期的一个敏感区域，尤其是人的心理特别敏感。正常的社会传播系统功能减弱，而非常态的传播机制异常活跃。①

3. 危机的政治性。民族问题本身具有很强的政治性，一方面当前的民族地区稳定、经济发展、民族关系和谐等问题始终是政府民族地区管理的重要内容。另一方面，部分民族地区一直存在着的民族分裂主义、宗教极端主义、国际恐怖主义“三股势力”正在不断抬头，并适时与“藏独”“疆独”相互勾结，再加上反华势力推波助澜，必然影响民族地区的政治安全。

4. 危机的国际性。中国内蒙古、西藏、新疆等民族地区，本身地处国家边界，远离中央政权，同时由于与邻国之间的历史和交往问题，又使这些地区的危机事件具有国际性的特征。而同时，民族地区特殊的位置，以及多民族、多宗教的特点，也很容易引起国际社会的广泛关注。特别是，一些国外的反华势力借助民族地区的一些危机事件大做文章，借助于网络的国际性，策划和组织社会动乱事件，并在网络上大肆传播反华言论，严重损害我国政府的国际形象，同时也增加了我国政府应对跨国网络危机的难度。如在2009年乌鲁木齐“7·5”事件中，“疆独”分子大都借助境外网站从事煽动分裂活动，而监控境外网站是一个世界性难题，不仅存在技术难题和法律适用性问题，而且如果不能事先锁定具体网站，对多如牛毛的各类网站很难一一实施同步监控。②

此外，张菊兰分析了新疆网络舆情的特征和效应，指出新疆的网络舆情具有区域性延展、群体极化、带有明显的时间性、突发性强、敏感度高，以及民族文化心理促使网络舆情集合与放大等特点；在多年的实践中产生了舆情应对显著效应、问政效应、跟风效应、少数人操控效应、蝴蝶效应和“出气筒”效应等正负面效应。③ 钟振明则对西藏突发事件舆情的特殊性进行了分析，认为西藏突发事件舆情的特殊性表现在三个方面：一是极易涉外性；二是极其复杂性；三是极具敏感性。④ 林凌以新疆“7·5”暴力事件为例，“疆独”分子直接利用互联网实施舆论煽动，增加了暴力事件的隐蔽性、突发性和不可控性，说明民族地区实施网络舆论引导的困难性和重要性。⑤

（三）民族地区网络舆情对策与应用

由于地理、历史、文化等原因，民族地区不仅在经济发展水平上明显滞后，而且也成为众多民族类社会突发事件的多发地和集中地。近几年随着民族地区互联网的迅速普及，涉民族类的社会事件和网络舆情危机事件交相呼应，加上一些敌对势力、民族分裂势力、反华势力等借助于国际互联网的舆情煽动，更加剧了民族地区网络舆情监管的复杂性和困难性。从2008年西藏拉萨“3·15”事件到2009年新疆乌鲁木齐“7·5”事件，从四川阿坝事件到贵州瓮安事件等众多暴力和动乱事件，其中都有网络舆情危机的身影，并呈现出与网络舆情危机交相呼应的形态。因此，对民族地区网络舆情的对策与应用研究成为当前最为集中和重要的研究主题。

---

① 罗安平：《民族地区突发事件中传媒应对原则探究》，《中国广播电视学刊》2009年第5期。

② 石静：《浅析民族地区网络媒介对突发事件的舆论引导》，《西北民族大学学报（哲学社会科学版）》2010年第6期。

③ 张菊兰：《新疆网络舆情的特征与效应分析》，《新疆财经大学学报》2012年第4期。

④ 钟振明：《论西藏突发事件的舆情监测评估与引导机制构建》，《西藏发展论坛》2013年第2期。

⑤ 林凌：《“7·5”暴力事件的网络舆论传播特点及引导策略》，《当代传播》2009年第5期。

当前民族地区对策性应用性研究可归纳为引导机制、舆情分析、舆情监测管控等三大方面内容，讨论地区主要集中在新疆，其次是西藏和其他边疆地区。

1. 民族地区网络舆情引导机制。在民族地区网络舆情引导机制与策略研究方面，张玉强提出了民族地区网络舆情危机的政府引导策略，包括重点关注有关民族问题的热点事件和敏感事件，快速实现对网络舆情事件的正面舆论宣传，灵活运用各种政治公关手段，弘扬民族团结的主旋律，建立专职与兼职相结合的网络评论队伍，提高领导干部网络舆情的引导能力，注重与国际性的新闻媒体合作，等等。①

魏冲提出了涉及民族因素群体性事件的网络舆论引导机制，指出当前群体事件的发生发展常有网络舆情形影相随，注重涉及民族因素群体事件的舆情引导，防范民族问题舆情危机，应采取多种基本措施，包括：创新政府信息化建设理念，从战略高度认识并重视网络舆情影响与作用；完善应急信息公开机制，正视公共诉求，实现信息资源的整合与共享；健全信息公开发布常态化制度，积极促进多元社会主体的良性互动。②

林凌针对新疆网络舆情实例提出网络舆论预防：一是防患于未然，增强新闻传播的预见性和导向性。新闻报道要有大局性和预见性，增加新闻报道的网络舆论引导性；二是网络舆论反制，进行信息公开与主动引导，如适度开发网络，封堵恶意网站，设置政府网络发言人，引导网络舆论，发挥网络舆论领袖作用；三是网络舆论反击，锁定“疆独”分子煽动暴力活动网站，揭露其谎言谣言以及其煽动暴力活动的本质；开放国内外媒体采访，争取网络国际舆论主导权。③

钟振明提出在西藏的网络舆论引导要强化相关宣传与监控部门之间的协调配合，充分利用传统媒体的正面舆论优势，突出网络媒体的舆论引导地位，形成网上、网下协调配合的工作机制，达到“1+1>2”的协同效应。④

李育全提出边疆民族地区高校网络舆情引导要了解大学生思想动态，重视媒介素养教育，建立预防为主、调解为先、疏导为要的思想政治工作长效机制，加强少数民族学生心理健康教育和思想引导，建立网络舆情巡查制度和网络舆情报告制度，通过新闻发布、校务公开和调查处理等方式进行网络舆情引导。⑤

阿布都瓦依提·尼亚孜针对维吾尔文网站的舆情引导提出要重视维吾尔文官方网站建设，发挥网站在信息传播中舆论引导的主力军作用。利用高科技，提升网络舆情监测工作的有效性，建立健全公开透明的信息发布机制，利用各种渠道提高维吾尔文网站建设者的整体素质，加强维吾尔文网站建设与管理。⑥

2. 民族地区网络舆情分析。民族地区的网络舆情分析是当前大家研讨的热点之一，例如李育全以云南、广西、新疆、内蒙古四省区高校的校园网及其论坛为随机观测对象，对获得的在校大学生舆情基本信息数据进行分析，指出民族地区高校网络舆情具有非线性、易受影响性、直观性和交流性等特点。⑦ 又如张菊兰提出网络的群体性和区域性是网络舆情分析的基本因素，如在“7·5”事件发生之初，网络舆情已经形成。网络舆情在区域聚集，新疆以外的地域对此

---

① 张玉强：《民族地区网络舆情危机的政府引导策略研究》，《中共南宁市委党校学报》2013年第2期。

② 魏冲：《浅析涉及民族因素群体性事件的网络舆情引导》，《神州》2013年第5期。

③ 林凌：《“7·5”暴力事件的网络舆论传播特点及引导策略》，《当代传播》2009年第5期。

④ 钟振明：《论西藏突发事件的舆情监测评估与引导机制构建》，《西藏发展论坛》2013年第2期。

⑤ 李育全：《边疆民族地区高校舆情分析及引导》，《教育探索》2010年第1期。

⑥ 阿布都瓦依提·尼亚孜：《浅析维吾尔文网站网络舆情引导和控制》，《新闻世界》2010年第7期。

⑦ 李育全：《边疆民族地区高校舆情分析及引导》，《教育探索》2010年第1期。

舆情的关注度非常低，舆情呈现出非常明显的地域性。“7·5”事件发生之后，网络舆情发生逆转，蔓延至全国，直至国外。网络舆情监测的重点方向应是对最初的区域性舆情形成的研判。① 采用网络舆情监测软件系统进行民族地区的网络舆情分析是大家的共识，但当前网络舆情自动分析较为困难，主要表现在由于少数民族语言文字信息化处理水平整体相对滞后，监管部门尚没有成熟的软件系统对少数民族文字的网站进行舆情监测。人民网的网络舆情监测尽管能够提供蒙古、藏、维吾尔、哈萨克、朝鲜等少数语言的舆情报告，但也是通过人工监测进行分析，与中文舆情报告相比，缺乏科学的分析工具。② 关于网络舆情自动分析技术研究进展，本文将在随后的“民族地区网络舆情监控技术与系统构建”中介绍。

3. 民族地区网络舆情监测管控。当前民族地区网络舆情的监测管控是研究的热点和难点，关于民族地区网络舆情监管的机制和对策研究主要集中在新疆地区，另有少量文章针对西藏和其他民族地区。例如新疆社会科学院王秀丽提出了强化新疆舆情监测的对策：牢牢把握党对突发事件的舆论主动权，建立联系协调、快速反应的舆情分析处理机制；建设培养立场坚定、精通少数民族语言的网络舆情分析研判队伍；加大对新疆少数民族语种网站的舆情监测力度；加快网络监控技术的研制和开发，对网络信息的内容进行监测分析；加强与国外媒体的国际合作，开展信息安全技术的交流，建立反恐信息共享平台。③ 帕哈尔丁·赛福丁等提出新疆网络舆情预警机制要遵循四点：完善新疆政府与民间网络舆情互动机制建设，强化网络舆情主渠道功能；构建和提高新疆互联网信息评论管理水平，建立和完善一支业务强、觉悟高、技术精的高效网络评论队伍；提高网络舆情信息的能动性，完善政府的决策机制，政府部门在制定政策、推进工作时，要充分利用网络舆情信息，制定有效和科学的政策，保证民族地区广大人民群众的利益所求；对于敏感时期和敏感事件的网络舆情要及时化解和疏导。④

在新疆网络舆情监控研究中，对高校舆情监控的研究相对较多，如郑旭东提出新疆高校校园舆情监控机制的创新包括构建一个立体化监控体系，实施由新疆高校党委统一领导，行政为主，学生工作部门系统管理的工作模式的立体化舆情监控体系；明确日常监控和重点监控两种状态的监控策略；实现民汉、人技和课堂内外三个方面的结合；形成学校舆情管理部门、教职工、学生和社会四方面参与的多元监控。⑤ 桑华从文化安全视角切入，结合新疆高校网络舆情调研，分析了文化安全面临的冲击与挑战，并提出了基于文化安全保障下的新疆高校网络舆情的有效管理方式和路径，包括：健全校园网络舆情管理体系，推动网络舆情的正能量作用；加强网络传播的教育管理，营造良好的网络文化环境；培养网络舆论领袖团队，强化主流正面引导作用。⑥

在西藏网络舆情监控研究中，钟振明提出要采取符合西藏突发事件特点和网络舆情发展规律的监控措施，包括：强化网络媒体和网络舆情监控意识；加强网络媒体和网络舆情理论与知识的学习与培训，增强新媒体和网络舆情的监控能力，灵活运用监控策略；利用现代网络舆情监测技术，夯实网络舆情监控的技术基础，尤其需要开发藏文舆情监控软件和技术平台，并加强人才培养和引进，打造一支精于政策、法律、技术和业务的网络媒体宣传和网络舆情监控的

① 张菊兰：《新疆网络舆情的特征与效应分析》，《新疆财经大学学报》2012 年第 4 期。

② 李光、钟雅琼：《大陆研拟藏维文网络舆情监测系统，监控分裂风险》，《凤凰周刊》2012 年 6 月 25 日。

③ 王秀丽：《新疆网络舆情监测面临的困境及对策》，《新疆警官高等专科学校学报》2013 年第 3 期。

④ 帕哈尔丁·赛福丁、蒲丽霞：《新疆网络舆情机制的路径选择》，《时代教育》2013 年第 5 期。

⑤ 郑旭东：《新疆高校校园舆情监控机制创新研究》，《前沿》2013 年第 14 期。

⑥ 桑华：《文化安全视角下的新疆高校网络舆情管理探究》，《兵团教育学院学报》2013 年第 1 期。

专业队伍；加强立法工作，完善互联网络法律法规，强化公职人员的法治观念，规范政府行政行为；加强对国内外代表性涉藏网络社区和网络媒体的监测。①

（四）民族地区网络舆情拓展分析

关于民族地区网络舆情的拓展分析研究也是当前民族地区网络舆情的一大分支，目前主要在政治民主、教育德育、公共政策、群体事件等领域展开。

在民族政治理论方面，牛旭在其硕士论文中，探讨了网络政治参与对我国民族地区政治稳定的正负面效应，网络政治参与一方面拓宽了政治参与渠道，锻炼了民族同胞的政治参与能力，增强了对民族地区政府行政行为合法性的监督，为民族地区政府了解民情民意、制定更合理政策和舆情调控等工作提供了有效平台；另一方面网络政治参与可能带来非理性和无序的政治参与不断扩大、政治谣言和虚假信息的泛滥，激发各种冲突和矛盾，破坏我国民族地区的团结与稳定。例如新疆“7·5”事件，就是以网络为媒介引发的群体性暴力事件，它对民族地区的政治稳定和繁荣发展，造成了恶劣的影响。通过对“7·5”事件的深入分析，说明网络政治参与对民族地区政治稳定产生的重大影响。因此要促进网络政治参与发展，维护民族地区政治稳定，应该规范网络政治参与，削弱网络政治参与负效应，提高网络政治参与水平，维护民族地区政治稳定，加快发展网络技术，确保民族地区信息安全。② 黄璞在其硕士论文中，着力探讨民族地区公共危机、网络舆情与政策变革之间互动的内在机制，分析民族地区政策变革的产生背景、表现、特点、影响，通过研究民族地区政策变革在现实中的特点和不足，提出优化民族地区政策变革的策略选择，为民族地区公共政策质量的提升提供指导框架和诊断工具。③ 马存孝针对近些年在网络舆情中出现的一些取消民族区域自治的言论，分析了网络上这些言论产生和传播的原因，继而提出，在当前我们必须从宪法的基本原则和民族区域自治法的相关规定出发，继续坚持民族区域自治，才能更好地解决我国的民族问题，促进我国各民族共同团结奋斗，共同繁荣发展④。

在教育德育方面，刘勃然对少数民族地区网络舆情危机进行了教育学解析，提出在教育学视域下，从受教育者、教育者、教育培养目标及教育内容等层面加强针对性工作，包括：加大对少数民族地区初、高中青少年学生的媒体素养教育力度；提升少数民族地区教师的舆情事件解读能力和对学生舆论的引导能力；弘扬少数民族地区学校文化，抵制网络低俗文化，确保学校教育培养目标的实现；重视少数民族地区高校大众传媒及相关专业人才培养；建立和完善少数民族地区高校网络舆情相关机制，从根本上找到网络舆情危机的应对之策。⑤ 张秀红提出网络舆情监管、利导机制不畅对公民意识的培育会产生不可忽视的消极影响，因此要加强网络文化建设，坚持以现代文化为引领，不断完善网络法律法规，建设网络法律文化、道德文化。依托法治、德治的力量协同应对网络舆情不和谐因素，培育健康向上的公民意识，进而构建人民精神文化的新家园。⑥

---

① 钟振明：《论西藏突发事件的舆情监测评估与引导机制构建》，《西藏发展论坛》2013 年第 2 期。

② 牛旭：《网络政治参与与民族地区政治稳定探析》，硕士学位论文，中央民族大学，2011 年。

③ 黄璞：《公共危机、网络舆情下我国民族地区政策变革的优化策略研究》，硕士学位论文，云南大学，2012 年。

④ 马存孝、彭谦：《网络舆情取消民族区域自治言论的原因分析》，《民族论坛》2012 年第 24 期。

⑤ 刘勃然：《少数民族地区网络舆情危机的教育学思考》，《宁夏大学学报》（人文社会科学版）2012 年第 4 期。

⑥ 张秀红、丛培兵：《网络舆情对新疆公民意识培育的影响及应对》，《新疆师范大学学报》（哲学社会科学版）2013 年第 2 期。

在群体事件分析方面，陈玉冰对国内互联网舆情既有研究进行梳理，对群体性事件发生因素进行理论探讨，结合两个发生在少数民族地区的群体性事件案例——内蒙古“5·11”事件和湖北“利川”事件，分析了涉及民族问题的互联网舆情的特点，认为并不存在绝对意义上纯粹的民族问题互联网舆情，民族因素在互联网环境下已经成为社会动员的工具，应该以一个更广大、更宏观的视野对其进行研究。①

（五）民族地区网络舆情监控技术与系统构建

当前民族地区的网络舆情技术与系统构建的研究处于起步阶段，研究成果尚少。长期以来，少数民族文字网站监控是一个技术性难题，研究内容主要集中在民族文字信息处理技术、内容分析、系统构建等三方面。

1. 少数民族文字信息处理与网络舆情监测。从正式发表文献来看，少数民族文字信息处理应用于网络舆情监测的研究，目前主要在藏文和维吾尔文开展，其他民族文字在国内鲜见有相关研究发表，仅有一篇以彝文为例的跨境多民族语种网络舆情内容分析的研究，但研究文献中并未涉及针对彝文的自动分词和文本信息抽取。

（1）藏文信息处理与网络舆情分析。由于藏文信息处理技术的发展与中英文相比较为滞后，存在着编码方式不统一、藏文分词技术不成熟等问题，这对藏文网页的敏感词监控以及话题的发现与跟踪造成极大的困难，而国内外藏文网站网页日益增长，涉藏敏感事件导致的网络舆论影响较大，因此藏文网络舆情分析的研究极为重要复杂。

藏文网页舆情监控的研究相对于其他民族文字的网络舆情研究起步较早，现有正式发表成果主要来自西北民族大学。如2008年江涛等人设计了藏文网页舆情监控系统，基于藏文信息处理技术讨论了藏文网页的判定算法。目前藏文网页绝大部分采用同元和班智达的字库，也有少数采用微软的藏文字库，针对这些众多的藏文编码方式，他们根据编码结构的差异编写了编码转换的算法，对从网页中得到的藏文内容进行编码转换，将不同藏文编码统一成国家扩A标准码，并采用格助词与藏文舆情分词词典相结合的自动分词算法来针对舆情信息进行分词处理，用于敏感词监控、话题发现与跟踪。② 又如夏建华2013年在其硕士论文中针对藏文Web网络中，Web页面内容和页面之间的链接构建了藏文Web网络模型，并针对Web页面的相关数据进行搜索算法的研究，找出网络社区中存在和潜在的信息，挖掘网络中蕴含的社会网络关系和藏语文字信息。③ 再如邓竞伟等根据复杂网络理论的研究方法对藏文网络舆情传播规律进行实证分析，设计了一个基于Web信息挖掘的藏文网络舆情挖掘分析模型。结果表明，通过聚类可提高藏文网络舆情的准确性，Web挖掘能够有效地从藏文网络上获取并分析相关舆情信息。④

（2）维吾尔文信息处理与网络舆情分析。近年来，作为新疆地区主要少数民族文字之一的维吾尔文，在计算机信息处理，标准化等方面，以及维吾尔文Web建设方面有了迅速的发展，因此研究维吾尔文网络信息的安全和正确的舆情疏导机制成为一个重要的课题。卢修配等归纳了维吾尔文网络舆情分析要解决的几个关键技术问题，包括：针对维吾尔文字网站的搜索系统

---

① 陈玉冰：《民族地区群体性事件的互联网舆情研究——以内蒙古511事件和湖北利川事件为例》，硕士学位论文，中央民族大学，2012年。

② 江涛、于宏志、李刚：《基于藏文网页的网络舆情监控系统研究》，全国第23届计算机安全学术交流会论文集，2008年10月。

③ 夏建华：《藏文Web动态网络模型和搜索策略研究》，硕士学位论文，西北民族大学，2013年。

④ 邓竞伟、邓凯英、李永生、李应兴：《基于藏文网络的舆情传播模型》，《计算机系统应用》2013年第3期。

设计，建立维吾尔语舆情语料库，维吾尔文信息抽取、语义识别算法，维吾尔语热点话题与分析方法、维吾尔文网站的结构分析等。① 目前已发表的与网络舆情分析相关的维吾尔文信息处理技术研究主要有敏感词识别、信息过滤、主题抽取、情感识别和意见挖掘等。如木合塔尔·沙地克等采用 MATLAB 开发一个维吾尔语敏感词检索系统，该系统对来自新疆广播电台网站的维吾尔语新闻节目的语音信号进行连续敏感词检索，采用隐马尔科夫模型（HMM）实现维吾尔语敏感词识别功能，并对识别结果进行分析。实验结果表明，该系统对敏感词的识别表现了较高的识别率。② 木尼拉·塔里甫提出了利用维吾尔文词语间隔、段落间隔空间和标点符号混合使用的方法实现在 Web 文本中嵌入敏感词语和 URL 信息并可隐藏它们，从而实现信息反过滤的方法。③ 禹龙等研究了维吾尔文的主题抽取和情感识别技术，在主题抽取方面，面向维吾尔语评论文本，针对显式主题和隐式主题，提出了一种陈述级的主题抽取方法。④⑤ 在情感识别方面，针对维吾尔语情感词汇获取难度大、人工扩充情感词汇工作量大且效率低的缺陷，结合维吾尔语主观文本语料的具体特点，分析维吾尔语情感词汇在情感语料中表现的特征，建立维吾尔语情感词汇的特征模板，利用条件随机场模型实现维吾尔语情感词汇的自动识别方法。在意见挖掘方面，段祥超在分析维吾尔语词性规则和语法特征的基础上，以维吾尔语评论性语句为语料，提出了一种基于 Bootstrapping 算法的意见挖掘关系抽取方法。在每一次迭代过程中，根据改进的评分公式选取最优模式抽取主题—意见词对；迭代结束后，对于主题—意见词对为空的评论语句，使用最近匹配算法抽取主题—意见词对；用并联模式和否定模式对抽取的主题—意见词对进行扩展和修正。⑥

近年来少数民族文字网络舆情分析的研究基金项目也逐渐开展。例如由新疆大学禹龙主持的国家社科基金 2010 年项目“维吾尔语的网络舆情信息自动获取与分析方法研究”⑦；又如中央民族大学信息工程学院闫晓东副教授承担的国家民委资助课题“藏、维文网络敏感信息自动发现和预警技术研究”，也针对藏文、维吾尔文网络舆情分析技术展开了研究，预期目的是能够针对各类敏感信息，提出不同级别的预警方案，目前已能做到敏感词的自动发现和跟踪；⑧ 再如由新疆大学和北京理工大学等联合主持的新疆维吾尔自治区 2012 年高技术研究发展计划课题“新疆多民族语言网络舆情监测预警系统开发与应用”，以国内外涉疆的网络新闻、论坛、博客、微博、短信等为研究对象，覆盖汉、维、哈、柯等多民族语言社区，对网络舆情新疆多民族语言基础数据及领域知识的多模式集成方法、新疆多民族语言舆情本体库构建与共享机制、多通道网络新媒体信息与传统渠道的信息综合获取与舆情特征提取、舆情内容的识别/分析/推演与舆情调控、舆情敏感突发事件的发现与跟踪等技术进行研究，预期建成新疆网络舆

---

① 卢修配、齐向伟、艾斯卡尔：《维吾尔文网络舆情研究现状及几个关键问题》《新疆师范大学学报》（自然科学版）2012 年第 2 期。

② 木合塔尔·沙地克、李晓、布合力齐姑丽·瓦斯力：《维吾尔语广播新闻敏感词检索系统的研究》，《中文信息学报》2011 年第 25 卷第 4 期。

③ 木尼拉·塔里甫、安尼瓦尔·加马力、亚森·艾则孜、帕力旦·吐尔逊：《基于简易密写架构的维文反过滤技术研究》，《信息网络安全》2013 年第 7 期。

④ 禹龙、田生伟、黄俊：《维吾尔语评论文本主题抽取研究》，《中文信息学报》2011 年第 27 卷第 4 期。

⑤ 禹龙、田生伟、冯冠军：《维吾尔语情感词汇自动识别》，《计算机工程》2011 年第 37 卷第 7 期。

⑥ 段祥超、禹龙、田生伟、吐尔根·依布拉音等：《维吾尔语意见挖掘关系抽取研究》，《计算机工程与设计》2013 年第 34 卷第 9 期。

⑦ 全国哲学社会科学规划办公室网站，http：//www. npopss-cn. gov. cn/。

⑧ 李光、钟雅琼：《大陆研拟藏维文网络舆情监测系统，监控分裂风险》，《凤凰周刊》2012 年 6 月 25 日。

情监测预警系统并进行应用示范。①

除上述少数民族文字网络舆情系统研究外，以民族地区为研究主题的中文网络舆情信息技术与系统研究也有开展。如中央民族大学王运松在他开发的试验性系统中，以四川阿坝事件在互联网中传播的相关信息为处理对象，研究了互联网上少数民族信息统计分析的关键技术。②王嘉梅等人以云南跨境民族语言彝文为例，对跨境多民族语种网络舆情内容进行深入分析与理解，构造了基于人工免疫系统的网络舆情信息智能滤取系统。③

2. 网络舆情系统构建与舆情分析关键技术。网络舆情系统按流程通常包括舆情规划、舆情收集、舆情分析、舆情预警和舆情评估等子系统，其构建的重点和难点是舆情分析。网络舆情系统的工作主要包括两个方面：一是从互联网获取有效的舆情信息；二是针对获取的互联网信息进行分析、处理、分类、监控和预警。这两个方面涉及多个领域的技术，包括：Web 文本挖掘、文本分类、情感倾向分析、话题检测与跟踪、自然语言处理和基于统计的预警和分析等。舆情分析系统主要功能包括：热点识别功能、倾向性分析、主题跟踪、信息自动摘要、突发事件分析和统计报告功能。

网络舆情分析技术是舆情系统的关键技术，主要包括以下几个方面：

（1）文本预处理。网络舆情分析系统的文本预处理技术包括信息过滤、词法分析、句法分析、语义分析。当前民族地区网络舆情文本预处理技术的应用主要集中在信息过滤、词法分析和句法分析，少见有语义分析技术应用。

首先是词法分析和句法分析，即汉文和少数民族文字的分词和组词，特别是少数民族文字的分词和组词，如藏文、彝文分词，维吾尔文组词。以藏文为例，藏文只有音节字、句和段可以通过分隔符来划界，而词是没有分隔符的，因此藏文内容分析的基础是如何结合藏文字、词、句各类形式特征来确定藏文分词。藏文作为拼音文字和二维的书写规则等特点，使得其分词有别于汉语言分词。此外舆情监控与搜索引擎不同，对于敏感信息、人名以及专有名词的分词要求较高，已有词典不能很好满足舆情监控的要求，故需要对已有的词典进行扩充和修改，如江涛等建立了藏文舆情分词词典来解决此问题。

其次是信息过滤与 Web 挖掘技术的方法，包括网页分类、网页识别、网页搜索策略以及关键词提取的相关算法。如王运松在四川阿坝事件互联网传播信息采集的信息过滤处理中，基于文本分类中的向量空间模型提出了一种网页识别算法，该算法提取网页的 HTML 标签、URL 字符、网页文本等构成特征值，并基于 KNN 算法构造决策树模型识别网页；同时，在网页搜索策略方面，针对 Web 的动态性、异构性、复杂性和高效搜索策略等特点，在分析基于重要度优先的搜索策略和基于相关度优先的搜索策略基础上，使用了一种基于多元信息加权协调的广度搜索策略。④ 又如王嘉梅等利用人工免疫系统在信息处理方面的特点来实现对外部未知信息的有效识别和判断，以完成对信息的更快速、准确、有效的检索和过滤。同时在分析网页信息采

① 新疆维吾尔自治区科技厅发展计划处：《关于对2012年度自治区科技支撑、高技术研究发展计划拟立项目进行公示的通知》，新疆维吾尔自治区科学技术厅，http：//www. xjkjt. gov. cn/www. xjkjt. gov. cn/kjdt/tztg/2012/40780. htm。

② 王运松：《互联网上少数民族信息统计分析的关键技术研究》，硕士学位论文，中央民族大学，2012年。

③ 王嘉梅、张建营、赵继勇：《云南跨境多民族语言复杂网络舆情内容分析》，《信息与电脑》（理论版）2013年第6期。

④ 王运松：《互联网上少数民族信息统计分析的关键技术研究》，硕士学位论文，中央民族大学，2012年。

集、文本的预处理等基础上，构建了基于人工免疫原理的网络敏感信息滤取系统。[①]

（2）文本表示与特性抽取。网络信息的文本表示是将文本用计算机能够处理的形式化方式表示出来，是网络舆情内容分析的基础。当前文本表示通常采用经典的向量空间模型（VSM）。向量空间系统对文本进行简记表示，认为特征之间是相互独立的而忽略其依赖性，将文本表示为N维空间的一个特征向量，也就是N维特征空间中的一个点；一个文本集则可以表示为一个矩阵，也就是N维特征空间中的一些点的集合。在当前的民族地区网络舆情系统与相关技术研究中，基本上都是采用向量空间模型作为文本表示的方法。

目前网络舆情主题识别技术，正在从传统的线性文本聚类分析，向更注重内容特征的话题标引统计识别技术发展。特性抽取成为网络舆情主题识别的基础。特征抽取具有降低向量空间维数、简化计算、防止过分拟合以及去处噪声等作用。在当前的民族地区网络舆情系统中，特性抽取技术也被广泛应用，如王嘉梅采用国家“八六三”计划中文本语料库和 Rocchio 分类器对常用的特征选择算法进行评估，结论是几率比 OR 方法更好。[②] 在主题识别方面，还有禹龙等采用 GLR-Cascaded LDA 模型抽取段落级的局部主题、篇章级的全局主题，建立全局—局部主题关系，并将这些关系对应到每个意见陈述中；然后运用 Bootstrapping 和模式匹配的方法进行显式陈述的主题抽取；最后使用隐式主题推断算法推断隐式陈述的主题。[③]

（3）话题发现与跟踪。目前对于话题发现有两种模型：基于向量的模型和基于概率的模型。基于向量的模型将所有待处理数据表示为向量，判断两个文档是否讨论同一个话题的方法是通过计算两个向量之间的相似度来完成，而基于概率的表示则是把文档表示为词的概率模型或N元语言模型，通过计算话题T与文档d的生成概率P（d | T）来判断两者之间的关系。话题发现的文本挖掘方法主要采用文本聚类方法，如江涛等在其藏文网络舆情系统中采用 SOM 神经网络聚类算法来进行话题发现。

话题跟踪功能是为了用户能够对自己所关心话题进行跟踪操作，用户可以将已获得的事件信息交给系统，系统自动对不断到来的信息进行处理和分析，从而准确地把握事件发展的整体情况，进而实现对网络舆情的控制和管理。如邓竞伟等根据网络舆情传播的复杂网络特征，运用复杂网络的分析处理方法对网络舆情热点进行挖掘。首先要对藏文网络中的信息进行采集，然后对 Web 网页进行抓取和对数据进行存储。通过用户网页访问频率的分析，在一定程度上发现用户感兴趣的问题，从而确定目前的热点网络舆情话题。[④] 又如王运松等选取“四川、阿坝、阿壩、藏区、藏區、格尔登寺、格爾登寺、藏族、年轻、还俗、離寺、藏人、僧人、僧侶、自焚、事件”作为话题特征关键词，跟踪搜索抓取相关话题的网络信息。[⑤] 话题跟踪的文本挖掘方法主要采用文本分类方法。

（六）网络舆情监控系统之民族地区应用

1. 具有民族文字处理功能的网络舆情系统。近几年来国内网络舆情系统商业化产品得到很

---

① 王嘉梅、张建营、赵继勇：《云南跨境多民族语言复杂网络舆情内容分析》，《信息与电脑》（理论版）2013年第6期。

② 同上。

③ 禹龙、田生伟、黄俊：《维吾尔语评论文本主题抽取研究》，《中文信息学报》2011年第27卷第4期。

④ 邓竞伟、邓凯英、李永生、李应兴：《基于藏文网络的舆情传播模型》，《计算机系统应用》2013年第3期。

⑤ 王运松：《互联网上少数民族信息统计分析的关键技术研究》，硕士学位论文，中央民族大学，2012年。

大发展，涌现了一批网络舆情监测系统，如军犬网络舆情监控系统、本果网络舆情监控系统、谷尼网络舆情监控系统、西盈网络舆情监测系统、人民网舆情监测平台、泰一舆情监测系统、新天网络舆情监测系统、乐思网络舆情监测系统、锐眼网络舆情监测系统和 Rank 舆情监测系统等。但提供少数民族文字网页舆情处理的系统不多，据各网络舆情系统官网介绍或媒体报道，目前有军犬网络舆情监控系统、本果网络舆情监控系统、谷尼网络舆情监控系统等少数系统可提供部分少数民族语言网络舆情支持功能。

（1）军犬网络舆情监控系统的军犬少数民族语言舆情系统，实现了 53 种少数民族语言或外国语言的检测和采集。其特色有：采集少数民族语言，如维文、蒙语、藏语、朝鲜语、壮语等；采集其他外国语，如缅甸语、英语、日语、法语、阿拉伯语、越南语、老挝语等；各种网站编码方式自动匹配，如：gb2312、utf8、gbk、big5、iso88591 等；支持境外数据的采集等。①

（2）本果网络舆情监控系统的党政舆情监测解决方案提供了包括部分少数民族文字的多语言信息采集，支持中文、英文、蒙文、藏文、维文等多语言网络信息采集。②

（3）谷尼网络舆情监控系统官网未提及少数民族语言支持功能。但有报道称谷尼国际软件公司提供的少数民族语言监测服务，目前仅能实现定向采集与全网搜索这两种监测方式，至于中文舆情监测中的内容情感分析、主题词自动提取、全文检索等服务则无法实现，主要原因是"没有少数民族语言的相关词库和知识库"。解决这些问题都有赖于相关学术机构提供基础性的研究成果。③

2. 民族地区政府网络舆情系统应用现状。在互联网的飞速发展下，各类突发事件通过网络媒体得以快速传播，社会舆情压力瞬间呈几何爆发式增长，由网络舆情所引发的公共管理危机已日益成为我国各级政府关注的焦点。因此越来越多的政府机关开始采用网络舆情系统来监控本地区的媒体、论坛、博客、微博等网站里的舆情信息，以便及时发现敏感信息和社情民意，同时及时化解和疏导网络舆情引起的社会和政治危机，快速实现对网络舆情事件的正面舆论宣传和引导。据不完全调查，目前在民族八省区和民族自治地方中，已有一些政府机关单位应用网络舆情监测系统来监控网络舆情信息，如采用军犬舆情系统的内蒙古自治区宣传部、内蒙古自治区互联网信息办公室、内蒙古公安厅、中共乌兰察布市宣传部、中共乌海宣传部、霍林郭勒市委宣传部、鄂尔多斯市纪检委、赤峰市公安局、锡林郭勒盟公安局、西盟公安局网安大队、宁夏中共六盘水市委宣传部、新疆兵团网、阿克苏地委宣传部、中共阿克苏市市委宣传部、青海西宁市委宣传部、贵州省毕节市委宣传部、四川省凉山州公安局等民族地区政府部门。又如采用西盈舆情监测系统的广西市委宣传部、广西壮族自治区民族事务委员会、新疆广电、云南省地州舆情监测系统、贵州省毕节市七星关区纪委反腐倡廉网络舆情监测系统等。

四　结束语

据中国互联网络信息中心发布的《中国互联网络发展状况统计报告》、国家统计局《中国统计年鉴》的统计数据分析，2013 年中国民族八省区互联网普及应用呈现快速发展趋势，民族八省区的互联网网民增长率均高于全国平均增长率。从互联网基础设施、互联网普及、互联网资源、互联网信息建设和互联网支撑环境五大指标来看，民族八省区互联网发展总体处于中下

① 中科点击：《军犬少数民族语言舆情系统》，http：//www. 54yuqing. com/contents/2/12645. html。

② 北京本果信息技术有限公司：《党政舆情监测解决方案》，http：//www. ibenguo. cn/。

③ 李光、钟雅琼：《大陆研拟藏维文网络舆情监测系统，监控分裂风险》，《凤凰周刊》2012 年 6 月 25 日。

发展水平。但有部分省区在一些发展指标上表现良好，如新疆在互联网基础设施和普及率两方面是民族八省区中最好的，位列全国中上发展水平；又如青海、广西、贵州和云南等省区在网页信息更新方面的发展在全国名列前茅，这主要是因为青海、贵州等省区的网页总量相对较少。此外，从网站信息建设量来看，民族八省区中云南、广西两地的信息建设相对较好，青海、新疆的民族文字网页信息建设相对较好。从互联网 IP 资源的拥有量来看，民族八省区全部都处于全国较低水平。从互联网支撑环境来看，内蒙古在互联网各项指标上均低于其互联网环境的发展水平。而新疆在互联网基础设施和普及率两项指标上高于其互联网环境发展水平。云南在互联网信息建设方面高于其互联网环境发展水平。西藏地区由于其城镇化水平和教育与其他省区有较大差距，其互联网基础设施和信息资源建设与其他省区有很大的落差。这表现出民族地区互联网发展的特殊性。

民族地区互联网的快速发展，以及网络舆情的复杂性、突发性和政治性等特点，使得民族地区的网络舆情研究更为重要。我国网络舆情的研究起步于十年前，在近五年呈快速发展趋势，相比之下民族地区的网络舆情研究开展得更晚，在近两年开始有一批研究成果发表，来自新闻传播、民族问题、民族教育、民族文字处理和计算机技术研究领域的专家学者和研究生从基础理论、应用对策、系统技术和拓展分析四大方面对民族地区的网络舆情进行了探索研究。从地域上看重点研究地区是新疆，其次是西藏。从民族文字网络信息技术来看，主要是维文和藏文的信息处理和舆情系统构建。从研究成果来源期刊看，来自核心期刊的论文甚少，研究成果学术质量还需提高。从研究内容来看，当前民族地区网络舆情研究的问题还比较表层，缺乏对理论和技术的深层次研究。民族地区互联网发展以及民族地区网络舆情的特殊性，表明在民族地区尤其需要采用网络舆情监测系统来对网络舆情进行监控和疏导。据不完全调查，目前已有些民族地区政府机关开始应用商业网络舆情监测系统，但当前提供少数民族文字网络信息采集和监控分析的系统还非常少，少数民族语言信息处理技术研究的滞后仍然是民族文字舆情监测系统开发的技术瓶颈。从当前民族地区网络舆情研究和舆情系统应用来看，未来民族地区网络舆情的研究有两个重点方向：一是要填补民族地区网络舆情指标体系构建理论的空白，二是对少数民族文字网络舆情信息处理技术进行深入研究。

（孔敬，副研究馆员，中国社会科学院民族学与人类学研究所网络中心）

2014年中国民族地区互联网发展与网络舆情研究

孔　敬

一　引言

据中国互联网络信息中心（CNNIC）2015年1月《中国互联网络发展状况统计报告》报告，截至2014年12月底，中国网民已达到6.49亿人，互联网普及率为47.9%。[①] 在我国互联网飞速发展的背景下，我国民族自治地方的互联网发展状况和网络舆情研究发展对于促进民族自治地方的经济、文化繁荣以及社会稳定发展等有重要意义。

本文引用中国互联网络信息中心（CNNIC）《第35次中国互联网络发展状况统计报告》和中国国家统计局《中国统计年鉴2015》[②] 的统计数据，分析阐述了2014年民族八省区[③]互联网发展水平和趋势。重点对2014年民族地区网络舆情的研究发展进行述评。

二　民族八省区互联网发展水平与趋势

本文基于国际电信联盟（International Telecommunication Union，ITU）提出的信息化指标[④]，并参考俞立平[⑤]、黄婷婷[⑥]等提出的互联网发展水平指标体系，从互联网基础设施、互联网普及、互联网资源、互联网信息建设和互联网支撑环境五个方面选取了13项指标对民族八省区互联网发展水平进行评价。指标及数据来源见表1。

（一）互联网基础设施发展状况

《中国统计年鉴2015》全国31个省市区2014年互联网宽带接入端口数的统计分析结果表明，民族八省区互联网宽带接入端口量（见表2）总体处于全国中下水平，互联网宽带接入端口总量为4284.9万个，约占全国的10.57%，较2013年增长了457万个，增长率为10.67%，

---

① 中国互联网络信息中心：《第35次中国互联网络发展状况统计报告》，http：//www. cnnic. net. cn/hlwfzyj/hlwxzbg/201502/P020150203551802054676. pdf。

② 中华人民共和国国家统计局：《中国统计年鉴2015》，中国统计出版社2015年版。

③ 民族八省区指少数民族人口相对集中的内蒙古、广西、西藏、宁夏、新疆五个自治区和贵州、云南、青海三个省。

④ International Telecommunication Union. *Measuring the Information Society*：*The ICT Development Index*. International Telecommunication Union,2009.

⑤ 俞立平：《中国互联网发展水平测度指标体系研究》，《中国流通经济》2005年第12期。

⑥ 黄婷婷、贾怀京：《基于48个国家的互联网发展水平研究》，中国科技论文在线，http：//www. paper. edu. cn/releasepaper/content/201212 -886。

表 1　　民族八省区互联网发展指标及数据来源

指标分类		指标项		数据来源
一级	二级	序号	指标名称	
互联网络基础设施		1	互联网宽带接入端口	《中国统计年鉴》
		2	移动互联网用户	
互联网普及		3	网民普及率	《中国互联网络发展状况统计报告》
互联网资源		4	IPv4 地址	
		5	域名地域分布百分比	
互联网信息建设	信息量	6	网站数	
		7	网页数	
		8	网页字节数	
	信息更新	9	网页更新周期率	
	文种多样性	10	网页编码类别	
互联网支撑环境	经济	11	人均地区生产总值	《中国统计年鉴》
	城镇化	12	城镇人口比重	
	教育	13	6 岁以上人口中初中以上教育水平占比	

平均每百人约拥有 22.15 个互联网端口。新疆和内蒙古处于全国中等水平，宁夏、广西和青海处于全国中下水平，贵州、云南和西藏处于全国最低水平，位列最后 3 名。民族八省区中，新疆互联网基础设施建设最好，互联网宽带接入端口为 31.95 个/百人，高于全国平均水平（29.76 个/百人）。

表 2　　民族八省区互联网基础设施：互联网宽带接入端口（2014 年）

全国排名	地区	互联网宽带接入端口（万个）	人均互联网宽带接入端口（个/百人）
9	新疆	734.3	31.95
12	内蒙古	739.9	29.54
17	宁夏	180.3	27.24
21	广西	1126.2	23.69
22	青海	134.2	23.02
29	贵州	580.6	16.55
30	云南	741.3	15.73
31	西藏	48.1	15.13
	民族八省区	4284.9	22.15
	全国	40546.3	29.76

《中国统计年鉴2015》首次统计了全国31个省市区2014年移动互联网用户数，其中民族八省区移动用户数（见表3）总量为11062.3万户，约占全国的12.64%，平均每100人中有57.19户移动互联网用户，超过一半的人口为移动互联网用户。值得关注的是民族八省区的移动互联网建设相比固定互联网宽带接入建设要好，其中宁夏、内蒙古高于全国平均水平（64.24户/百人），分别为72.78户/百人和66.76户/百人，位列全国第8和第11名。西藏、新疆为中等水平，分别为61.51户/百人和58.14户/百人，位列全国第15和第17名。贵州、青海、广西和云南为中下水平，分别位列全国第18、20、22和26名。西藏首次在民族八省区互联网发展的单个分项指标上处于全国中等水平。

表3　　民族八省区互联网基础设施：移动互联网用户（2014年）

全国排名	地区	移动互联网用户（万户）	移动互联网用户占比（户/百人）
8	宁夏	481.8	72.78
11	内蒙古	1672.4	66.76
15	西藏	195.6	61.51
17	新疆	1336	58.14
18	贵州	2004.8	57.15
20	青海	326	55.92
22	广西	2586.5	54.41
26	云南	2459.2	52.17
	民族八省区	11062.3	57.19
	全国	87521.4	64.24

（二）互联网普及发展状况

据中国互联网络信息中心（CNNIC）《第35次中国互联网络发展状况统计报告》，截至2014年12月底，民族八省区网民规模达7701万人，约占全国的11.9%，民族八省区互联网平均增长率为5.46%。略高于全国平均增长率（5.00%）（见表4）。可见2014年民族八省区的网民增长较为迅速，互联网普及应用呈现快速发展趋势。但从互联网普及率来看，2014年民族八省区互联网网民普及率总体处于全国中下水平，新疆、青海、内蒙古、宁夏、西藏、广西、云南和贵州在全国排名分别为第10、11、16、20、22、23、29和30位。其中新疆、青海互联网普及率高于全国平均水平（47.9%），处于全国中等偏上发展水平；内蒙古和宁夏互联网普及率，低于全国平均水平，但高于世界平均水平（42.3%）[①]，处于全国中等水平；广西和西藏的互联网普及率低于世界平均水平，处于全国较低发展水平；云南和贵州两省的互联网普及率为全国最低水平，排位全国倒数第2、3名。

① Miniwatts Marketing Group,"World Internet Users and Population Stats", http://www.internetworldstats.com/stats.htm.

表4　民族八省区互联网网民数与普及率（2014年）

全国排名	地区	网民数（万人）	普及率（%）	增长率（%）
10	新疆	1139	50.30	4.20
11	青海	289	50.00	5.50
16	内蒙古	1142	45.70	4.50
20	宁夏	295	45.10	4.20
22	西藏	123	39.40	6.90
23	广西	1848	39.20	4.20
29	云南	1643	35.10	7.50
30	贵州	1222	34.90	6.70
	民族八省区	7701	42.46	5.46
	全国	64875	47.90	5.00
	世界平均普及率		42.3	

网民普及率：2003—2014年民族八省区网民普及率发展趋势（见图1）表明，民族八省区互联网普及率，总体长期低于全国平均发展水平，其发展趋势与全国基本一致，2007年前全部低于全国平均水平，后期有部分省区超越全国平均发展水平。如2007年，新疆互联网普及率首次高于全国平均水平，此后一直位于全国平均水平之上，2013年青海互联网普及率高于全国平均水平，内蒙古和宁夏互联网普及率也不断缩小与全国平均水平的差距，于2014年接近全国平均水平。广西、西藏、云南和贵州则一直与全国平均水平有较大差距。

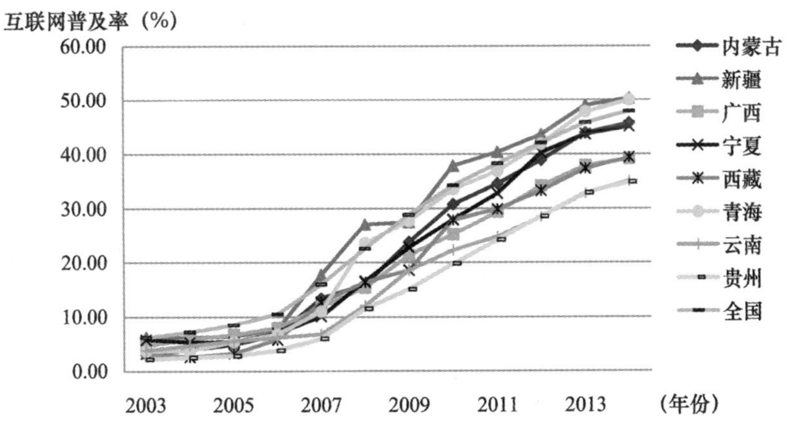

图1　民族八省区互联网普及率发展趋势（2003—2014年）

网民规模：1997—2014年民族八省区网民规模发展趋势（见图2）表明，2000年前，民族八省区互联网应用处于起步阶段，网民数较少，占全国网民数的3%—4.3%。2000年开始进入发展阶段，八省区网民全国占比从3.7%飞跃到7.8%，网民数增加迅速，此后不断上升，于2014年末达11.9%。从网民绝对数量增长来看，2006年至2013年民族八省区的网民增长尤为迅速，呈现飞速发展趋势。如广西网民数由2006年的374万增长到2014年的1848万。

网民增长率：民族八省区互联网网民增长率发展趋势（1999—2014）（见图3）表明，民

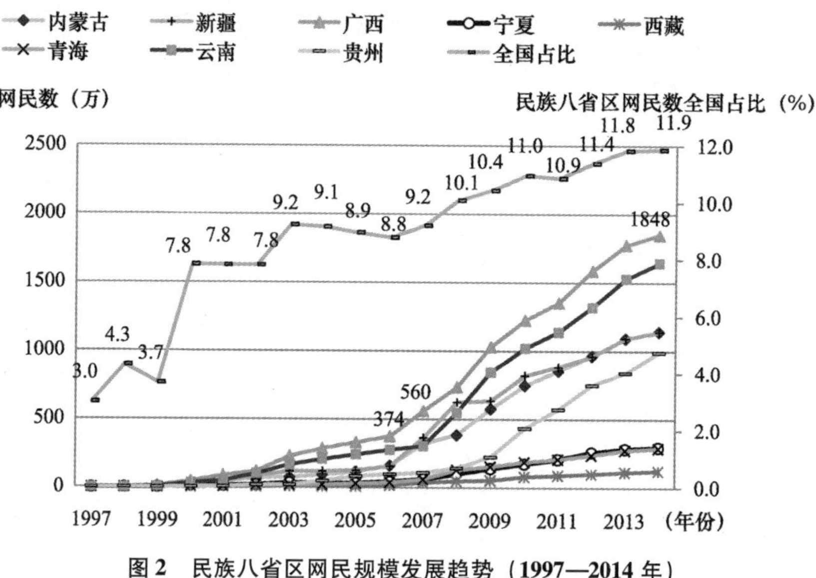

图2　民族八省区网民规模发展趋势（1997—2014年）

族八省区互联网网民增长率的发展趋势基本与全国互联网增长率的发展一致，但部分省区发展滞后于全国，2005年前多数民族八省区的增长率低于全国水平，2006年后，绝大多数民族八省区的增长率高于或接近全国水平，2010—2013年普遍高于全国水平，发展周期明显滞后。至2014年民族八省区平均增长率与全国互联网增长率差距缩小至0.46个百分点。同全国互联网发展趋势一样，民族八省区互联网增长率在2014年呈现大幅下降趋势。

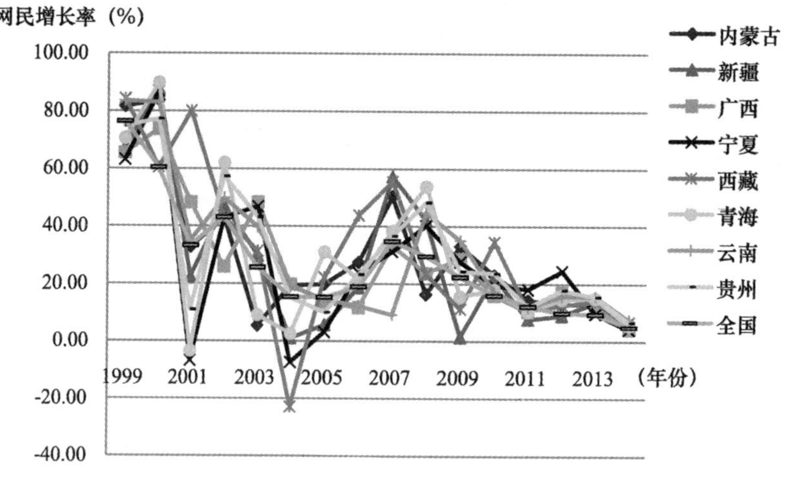

图3　民族八省区互联网网民增长率发展趋势（1999—2014年）

综合互联网普及率、网民规模和网民增长率的发展趋势来看，民族八省区的互联网普及应用水平发展较为迅速，特别是后期表现出超出全国水平的强劲增速，但随全国2014年互联网增长率的大幅下降，民族八省区的互联网网民发展增速下滑更为迅速，互联网增速趋于与互联网发展水平较高地区的增速一致，进入快速发展后期。未来，民族八省区的互联网增速将呈平滑下降走势。

（三）互联网资源发展状况

民族八省区互联网资源以 IPv4 地址和域名拥有量两项分指标为代表。截至 2014 年 12 月底，民族八省区互联网 IPv4 地址数量约 1590 万个，约占全国的 4.79%（见表 5），域名总数为 629746 个，约占全国的 3%（见表 6）。可见 2014 年民族八省区所拥有的互联网资源占全国的比例相当少，与发达省区相比差距很大。

表 5　　民族八省区互联网资源：IPv4 地址拥有量（2014 年）

人均 IPv4 地址全国排名	地区	IPv4 地址数（个）	IPv4 地址人均拥有量（个/人）	IPv4 地址占全国比（%）
15	西藏	431585	0. 1357	0. 13
18	宁夏	796772	0. 1204	0. 24
23	内蒙古	2622707	0. 1047	0. 79
24	青海	597579	0. 1025	0. 18
25	广西	4647835	0. 0978	1. 40
28	新疆	2058327	0. 0896	0. 62
29	云南	3286683	0. 0697	0. 99
31	贵州	1460748	0. 0416	0. 44
	民族八省区	15902236		4. 79

IPv4 地址：IPv4 地址资源是有限的，2005—2014 年民族八省区互联网 IPv4 地址全国占比发展趋势（见图 4）表明，2005—2010 年民族八省区的 IPv4 地址拥有量占全国的比重总体呈下降趋势，2010 年以后 IPv4 地址的总数基本维持不变，IPv4 地址资源的分配也基本饱和，民族八省区在近 5 年来 IPv4 地址占全国比也基本维持不变。

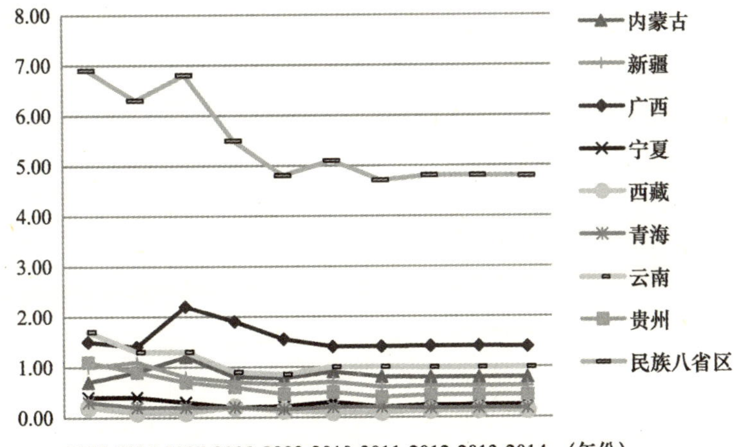

图 4　民族八省区互联网 IPv4 地址全国占比发展趋势（2005—2014 年）

域名：民族八省区域名拥有量及全国域名占比（见表6）表明，以人均域名拥有量来看，民族八省区中广西人均域名最多，约为56个/万人，但与发达省区相比差距也很大，如广东约为364个/万人，山东约为311个/万人。从人均拥有域名来看，民族八省区的互联网资源拥有量总体处于全国低水平发展之列，在全国排名，广西第17位，宁夏、西藏、青海、内蒙古、新疆、贵州和云南分列第24—30位。

表6　　民族八省区互联网资源：域名拥有量（2014年）

人均域名全国排名	地区	域名地域分布数（个）	域名人均拥有量（个/万人）	域名占全国百分比（%）
17	广西	264330	55.60	1.30
24	宁夏	22989	34.73	0.10
25	青海	8645	27.34	0.00
26	西藏	15940	27.19	0.10
27	内蒙古	63131	25.20	0.30
28	新疆	57172	24.88	0.30
29	贵州	86004	24.52	0.40
30	云南	111535	23.66	0.50
	民族八省区	629746		3.00

从1999—2014年民族八省区域名全国占比发展趋势（见图5）来看，民族八省区1999—2013年所拥有的域名在全国占比总体呈下降趋势，但在2014年出现拐点，2014年民族八省区域名全国占比从1.80%回升到3%，呈现出上升趋势，内蒙古、新疆、广西和贵州都有不同幅度的增长，其中广西域名增长最多。

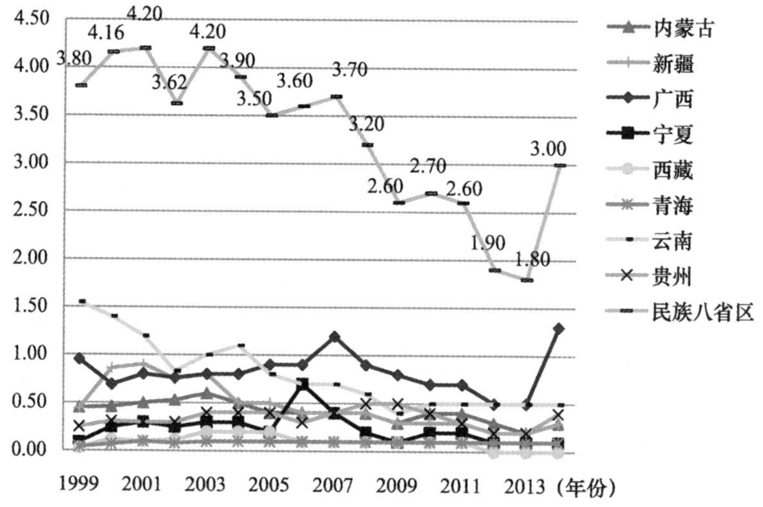

图5　民族八省区域名全国占比发展趋势（1999—2014年）

（四）互联网信息建设发展状况

网站信息量统计数据表明（见表7），截至2014年12月底，民族八省区网站数量约为7.6万个，约占全国的2.55%，网页总数为4697644561个，约占全国的2.5%，网页字节总数为282713508069KB，约占全国的3%。2014年民族八省区的网站信息建设量在全国占比较少，从全国人均网站数、网页总数和网页字节数的PDA分析综合排名来看，民族八省区的网站信息建设总体处于全国中下水平，云南、广西、内蒙古、宁夏、新疆、青海、西藏和贵州在全国的排名分别为第19、21、25、26、27、28、29和31位。民族八省区的网站信息建设总体处于全国低水平发展之列。

表7　　民族八省区互联网信息建设（2014年）

全国排名	地区	WWW站点数（个）	网页数（个）	网页字节数（KB）	人均信息量PDA综合得分
19	云南	14315	2950178616	146838912596	-0.321723
21	广西	25454	1330900742	95639950566	-0.342809
25	内蒙古	12036	279201993	35995840388	-0.366549
26	宁夏	3665	17335676	616083103	-0.383481
27	新疆	7602	89719981	2423796379	-0.399699
28	青海	2111	8271386	340203352	-0.399701
29	西藏	965	2015345	222350702	-0.404726
31	贵州	9809	20020822	636370983	-0.407187
	民族八省区	75957	4697644561	282713508069	
	全国	2973410	189918649085	9310312446467	
	占全国比例	2.55%	2.47%	3.04%	

网站信息更新统计数据表明（见表8），民族八省区的网站信息更新情况差异较大，2014年西藏、宁夏和云南的信息更新良好，一个月以内有信息更新的网页达到33%以上，在全国排名分别是第1、3和4位。青海和广西全国排名第8和第10位，处于中等水平，内蒙古、新疆和贵州处于全国中低水平，在全国排名分别为第18、21和26位。

表8　　民族八省区网站更新周期网页比例（2014年）

全国排名	地区	一周更新（%）	一个月更新（%）	合计（%）
1	西藏	22.90	23.00	45.90
3	宁夏	13.00	26.10	39.10
4	云南	7.50	26.10	33.60
8	青海	5.20	26.80	32.00
10	广西	6.20	24.70	30.90
18	内蒙古	5.50	21.90	27.40
21	新疆	7.40	19.40	26.80
26	贵州	5.10	19.40	24.50

网站多文种建设方面，中、英文和其他文字网页占比统计数据表明（见表9），云南、宁夏、贵州、内蒙古、新疆、青海和西藏都有一定比例的其他文字网页。其中云南最多，其他文字的网页占比达到1.60%。

表9 民族八省区网站文种多样性（2014年） 单位:%

全国排名	地区	中文	繁体中文	英文	其他
1	云南	97.50	0.70	0.20	1.60
7	宁夏	99.00	0.00	0.40	0.60
10	贵州	97.90	0.30	1.30	0.50
10	内蒙古	85.10	7.20	7.20	0.50
10	新疆	99.10	0.20	0.20	0.50
16	广西	91.70	7.70	0.20	0.30
28	青海	99.80	0.00	0.00	0.10
28	西藏	99.50	0.00	0.40	0.10

从民族八省区网站量发展趋势（见图6）和网页量发展趋势（见图7）可见，民族八省区的网站建设和网页信息量总体处于上升趋势。并在2007—2008年有较大规模的发展，在2009—2011年发展规模大幅缩减，趋于平稳发展，2012—2013年再次出现发展高峰，2014年又趋于平稳发展。

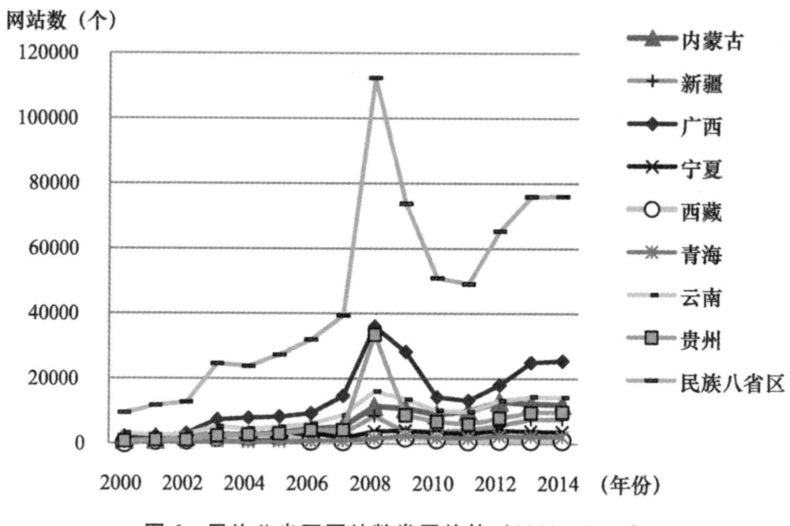

图6 民族八省区网站数发展趋势（2000—2014）

（五）互联网支撑环境及影响分析

据《中国统计年鉴2015》发布的2014年全国各省区人均GDP（经济指数）、年末城镇人口比重（城镇化指数）和6岁以上人口中初中以上人口比（教育指数）的统计数据表明（见表10），民族八省区的互联网支撑环境普遍处于全国低水平发展之列，少数处于中高发展水平，

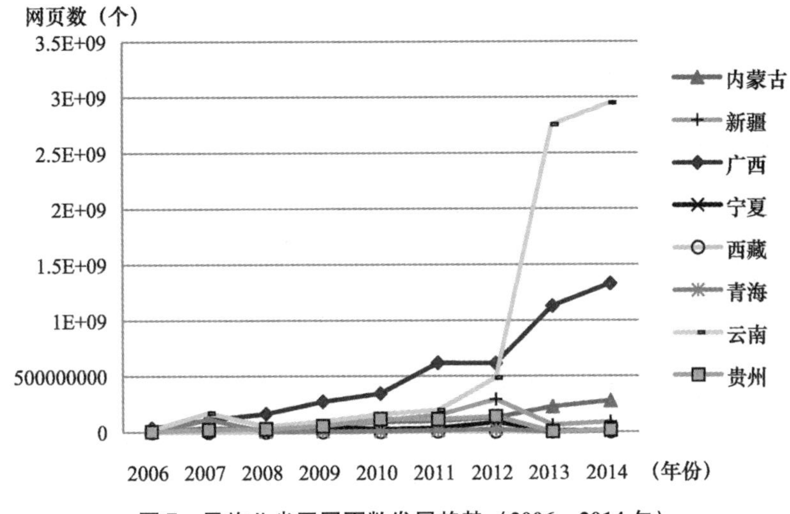

图 7　民族八省区网页数发展趋势（2006—2014 年）

与发达地区差距较大。

综合来看，民族八省区中，内蒙古的互联网支撑环境最好，其人均地区生产总值和城镇化处于全国中高水平，分列全国第 6 和第 10 名，教育指数初中学历以上人口占比处于中低水平，位列全国第 16 名；宁夏和新疆的互联网支撑环境处于全国中下水平，宁夏人均地区生产总值和城镇化处于中等水平，分列全国第 15 名和 17 名，但教育指数初中学历以上人口占比处于较低水平，位列全国第 25 名；新疆人均地区生产总值和教育指数初中学历以上人口占比处于中等水平，分列全国第 16 和第 18 名，但城镇化水平较低，位列全国第 25 名；青海和广西的互联网支撑环境处于中低水平，青海经济、城镇化和教育发展指数，分列全国第 19、20 和 29 名；广西经济、城镇化和教育发展指数，分列全国第 27、26 和 20 名；西藏、云南和贵州的互联网支撑环境处于最低水平，三省区在经济、城镇化和教育三项指数上均处于全国倒数 4 名之列。

从环境因素对民族八省区互联网发展的影响来看，2014 年同 2013 年一样，内蒙古在互联网发展各项指标上均低于其互联网支撑环境的发展水平。而新疆在互联网基础设施和普及率两项指标上高于其互联网支撑环境发展水平。云南在互联网信息建设方面高于其互联网环境发展水平。同样呈现出民族地区互联网发展的典型性。

表 10　民族八省区互联网支撑环境（2014 年）

地区	经济指数全国排名	人均地区生产总值 GDP（元）	城镇化指数全国排名	年末城镇人口比重（%）	教育指数全国排名	初中以上人口/6 岁及以上人口（%）
内蒙古	6	71046	10	59. 51	16	68. 89
宁夏	15	41834	17	53. 61	25	62. 01
新疆	16	40648	25	46. 07	18	68. 00
青海	19	39671	20	49. 78	29	52. 53
广西	27	33090	26	46. 01	20	66. 11
西藏	28	29252	31	25. 75	31	19. 55
云南	29	27264	28	41. 73	30	50. 28
贵州	30	26437	30	40. 01	28	56. 43

三 民族地区网络舆情研究

（一）民族地区网络舆情研究文献概述

本文以网络舆情、民族地区、民族八省区地名和民族文字名称（如维吾尔文、藏文、蒙文）等关键词，在中国知网（CNKI）中国学术文献网络出版总库平台，检索获取到2014年有关民族地区网络舆情文献47篇（见图8），比2013年的17篇多了30篇，比2013年以前的总量36篇多11篇，文献类型以期刊和硕、博士学位论文为主，期刊和硕、博士论文相比2013年都有大幅增长。可见民族地区网络舆情的研究成果在2014年有了重大飞跃，研究成果发表快速增长，达到了一个新高峰。

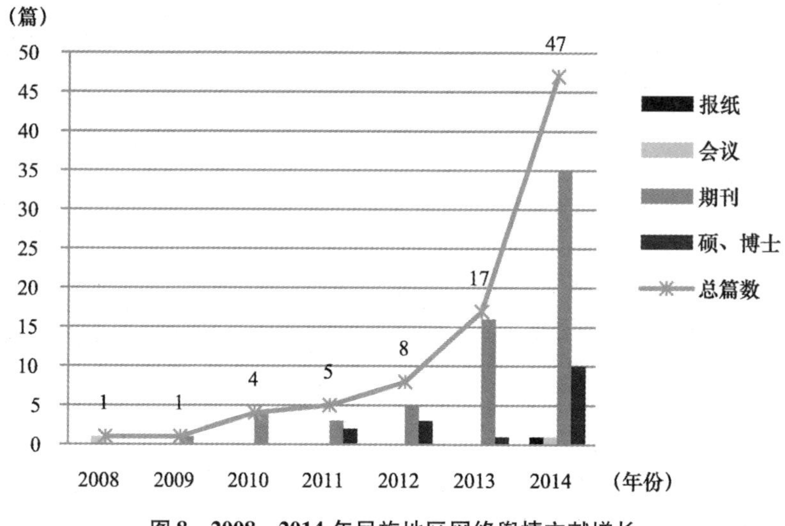

图8 2008—2014年民族地区网络舆情文献增长

从文献作者与作者机构来看，绝大多数作者仅发表了1篇论文，但1位作者发表了3篇，有3位作者各发表了2篇。作者机构（见图9）则是新疆大学发表文献最多，共7篇，其次是内蒙古大学5篇，内蒙古科技大学和宁夏大学各3篇，广西大学、西北民族大学、新疆农业大学和中共宁夏回族自治区委员会党校各2篇，西藏大学2篇（其中一篇与西南交通大学合著），其他还有19个单位各1篇。作者机构类型多为大学，只有1篇是研究机构。

从研究地区来看，新疆维吾尔自治区最多，为14篇，其次是内蒙古10篇，广西6篇，宁夏5篇，西藏和甘肃各3篇，云南2篇，贵州、四川、河北和天津各1篇（见图10）。2013年前只有新疆、云南和内蒙古等少数民族省区发表网络舆情研究成果，相比之下，2014年大多数民族省区开始发表相关成果。民族八省区中，除青海以外其他7个省区都有网络舆情研究的文献发表。其中新疆和内蒙古较多，其次是广西和宁夏，然后是西藏、云南和贵州。内蒙古的研究成果增长最多，由2013年前共2篇发展到2014年10篇。

从学科领域来看，网络舆情研究领域主要分布在新闻—传播理论、语言文字—民族语言文字、政治—国家行政管理、信息—计算机技术等学科领域，其次在教育—教育工作、政治—民族理论、经济—经济信息和社会—突发公共事件等学科领域有少量研究（见图11）。

从研究主题来看，学者关注点包括基本理论研究（如民族地区网络舆情的特征、表现、形态、演变、影响等），对策性应用性研究（如网络舆情的汇集、分析、引导、监测、预警、管

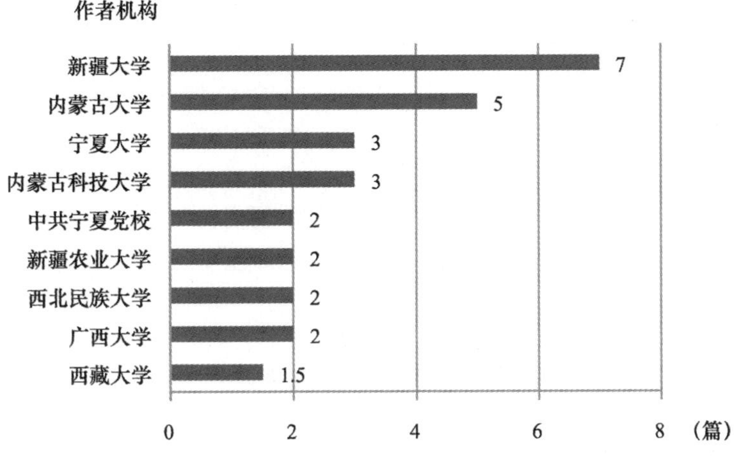

图 9　2014 年民族地区网络舆情文献的作者机构

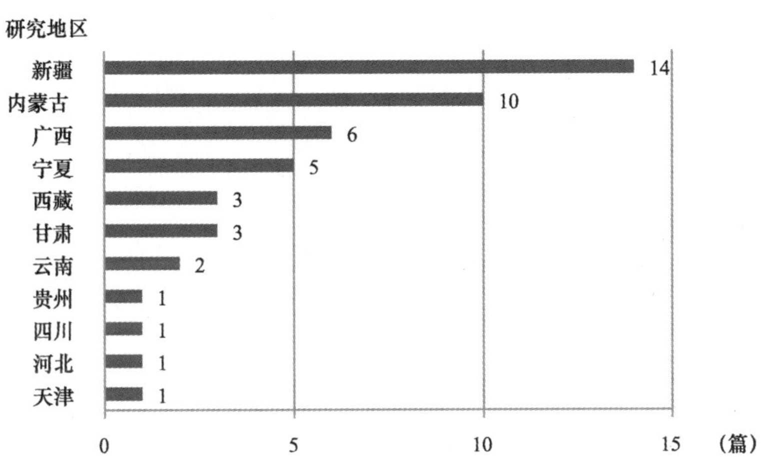

图 10　2014 年民族地区网络舆情论文的研究地区

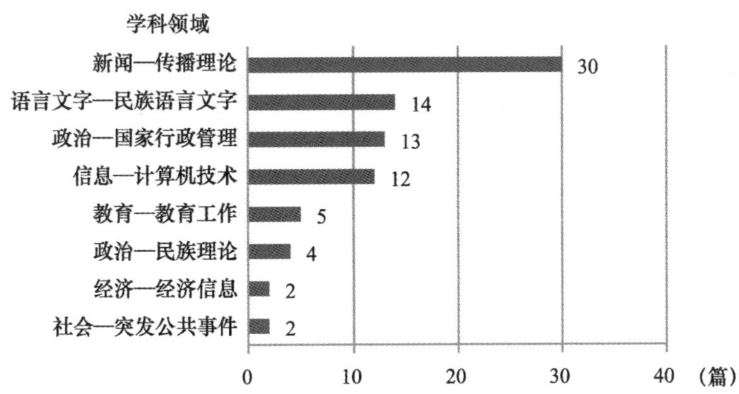

图 11　2014 年民族地区网络舆情论文的研究领域

控等），技术与系统构建研究（如民族文字信息处理技术、分析技术、网页分类、监测模型、监测系统构建等），拓展分析研究（如从教育德育、政治民主、政府管理、突发事件、经济信息等角度展开分析）。研究主题的分类统计图表明（见图12），目前学者对网络舆情的研究主要是对策性和应用性研究，网络舆情在实践工作中的监管、控制策略，以及预警和内容分析是主要研究选题，这表明当前网络舆情研究偏重于对策性、应用性，其次是比较外围的拓展分析研究。而在基本理论和技术方法研究等方面仍显薄弱。国内的舆情研究尚处于起步阶段，大多数研究成果属于应用性研究范畴，而对舆情理论的研究尚显不足。

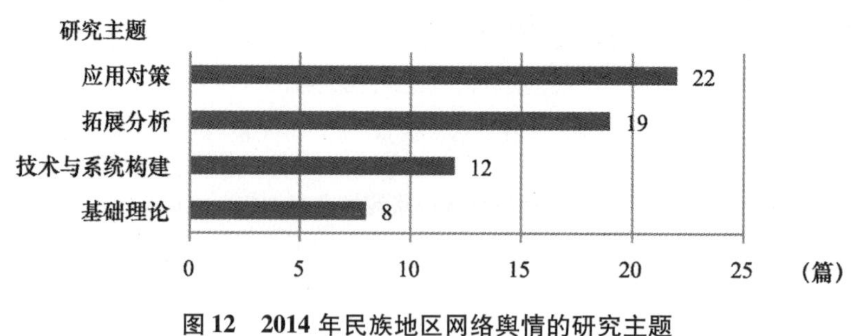

图12　2014年民族地区网络舆情的研究主题

（二）民族网络舆情研究国家基金项目概述

近几年，国家对民族地区和少数民族文字网络舆情研究日益重视，持续支持。以国家自然科学基金和社科基金为例（见图13、表11和表12），国家自然科学基金从2009年开始资助信息科学计算机领域在民族文字网络舆情关键技术方面的研究，至2014年每年都有相关课题立项，共12项。国家社科基金则是从2010年开始至2014年每年有相关课题获批立项，共13项，在2011年以前，社科界一开始主要在图书情报学领域开展民族网络舆情研究，此后扩展到新闻与传播学、马列和社会学等领域，以图书情报和新闻传播领域为主。25个国家级项目的研究单位主要为大学，其中新疆大学立项最多，共6项，其次是新疆财经大学、新疆师范大学和石河子大学各2项，其他单位都是各1项。研究地区主要分布在新疆，有12个项目，其次是云南和内蒙古各有3个项目，西藏有2个项目。其他项目分布在四川、青海、宁夏、甘肃和北京。

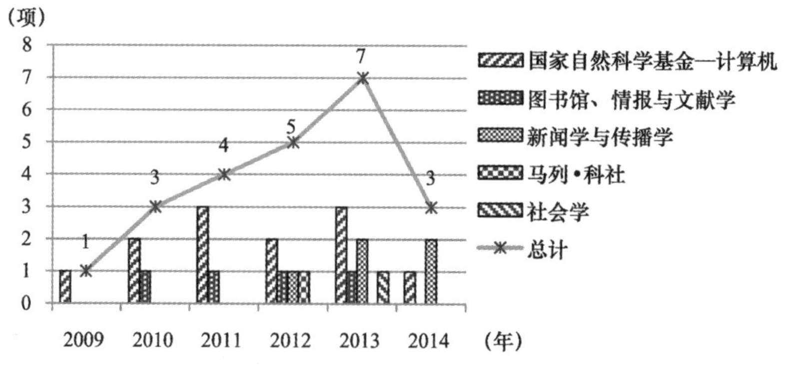

图13　2009—2014年民族网络舆情研究国家自然科学、社会科学基金项目

表 11　　国家自然科学基金——民族网络舆情项目（截至 2014 年）

批准年度	项目名称	依托单位	项目负责人
2009	维吾尔语文本情感倾向性分析技术研究	新疆大学	田生伟
2010	维吾尔文不良信息过滤关键技术的研究	新疆大学	帕力旦・吐尔逊
2010	新疆汉维双语网络舆情分析关键技术研究	新疆师范大学	栾静
2011	多种语言文字环境下结合内容审计的网络舆情监测技术研究	新疆大学	努尔布力
2011	基于群体智能涌现的藏文网络舆情分析及突发事件预警机制研究	西藏大学	格桑多吉
2011	维吾尔文 WEB 舆情挖掘的关键理论及技术研究	新疆大学	艾斯卡尔・艾木都拉
2012	细颗粒度维吾尔语文本意见挖掘方法的研究	新疆大学	禹龙
2012	基于网络社群的网络舆情演化分析及突发事件预警机制研究	新疆财经大学	刘继
2013	蒙、汉双语的公共危机事件网络舆情管理体系研究	内蒙古工业大学	赵岩
2013	跨语言社会舆情分析基础理论与关键技术研究	中央民族大学	赵小兵
2013	云南跨境民族网络舆情信息挖掘关键技术研究	云南民族大学	王嘉梅
2014	汉越双语事件语料库构建及舆情观点挖掘方法研究	昆明理工大学	余正涛

表 12　　国家社会科学基金项目——民族网络舆情项目（截至 2014 年）

批准年度	项目名称	依托单位	项目负责人
2010	维吾尔语的网络舆情信息自动获取与分析方法研究	新疆大学	禹龙
2011	民族地区突发事件的网络舆情研判及宏观预警研究	新疆财经大学	阿斯哈尔・吐尔逊
2012	少数民族地区应对与化解网络舆情危机策略研究	中共宁夏回族自治区委员会党校	梁春阳
2012	边疆民族地区舆情分析及媒体舆论引导机制研究	内蒙古大学文学与新闻传播学院	刘寒娥
2012	云计算时代民族地区网络舆情监控与疏导研究	西南民族大学计算机科学与技术学院	张建华
2012	西藏重大突发事件的舆情监控机制研究	中共西藏自治区委党校	钟振明
2012	新疆高校思想政治教育网络舆情研究	新疆师范大学	张秀红
2013	边疆舆情学的体系构建与边疆舆情治理研究	云南师范大学	李建立

续表

批准年度	项目名称	依托单位	项目负责人
2013	边疆民族地区网络舆情传播及其政府治理机制研究	内蒙古科技大学	刘建华
2013	西北地区民族宗教问题网络舆情危险辨识与引导机制研究	甘肃省社会科学院	胡圣方
2013	支持微博舆情服务的藏文主题挖掘关键技术研究	青海师范大学	叶成绪
2014	涉疆问题在社会化媒体中的舆情现状与应对机制研究	石河子大学	王怀春
2014	新疆非常规突发事件舆情信息监测与分析方法研究	石河子大学	郭理

除上述国家基金支持的项目以外，各省区和院校也纷纷资助民族语言或民族地区的网络舆情研究。以新疆为例，新疆维吾尔自治区自然科学基金在2014年资助了“大数据环境下维汉网络热点话题高效检测方法研究”（项目负责人：王羡慧，依托单位：新疆大学，项目编号：2014211B009）和“基于动态演化的维文舆情本体研究”（项目负责人：刘胜全，依托单位：新疆大学，项目编号：2014211A016）两项研究；新疆维吾尔自治区社科基金项目2014年资助了“新疆暴恐事件网上舆情发现、研判、处置研究”（项目负责人：郜玉金，依托单位：新疆大学，项目编号：14BXW096）。

（三）民族地区网络舆情基础理论

2014年民族地区网络舆情的基础理论研究仍然主要体现在舆情的特征、表现、形态和影响等方面。这些方面的研究和理论大多是嵌入到应用对策等研究中讨论和阐述的，而且研究的内容和结论与2013年前大致相同，但也提出了一些新的观点和看法。主要观点如下：

1. 在民族网络舆情特征方面，赵生辉提出少数民族语言网络舆情的跨境性，中国56个民族中，有28个民族的语言是跨境的，如蒙古、藏、维吾尔、朝鲜、哈萨克、苗、瑶、壮、傣、哈尼、景颇、怒、独龙、佤、京等民族的语言。①

2. 在民族网络舆情表现方面，梁春阳提出少数民族地区网络舆情表现为产生舆情危机的多源性，除了来源于公共安全、社会安全、事故灾害、自然灾害等突发性事件外，还有历史、宗教和境外渗透等原因。网络舆情传播或参与主体的也表现为多元性，除了本国的网站、网民外，还经常有境外网站、网民的主动参与；除了有大量的以汉文为媒介的网站、网民外，还有以少数民族语言文字为媒介的网站、网民的主动参与。网络舆情传播方式的多样性，手机、互联网、3G技术等新兴媒介的兴起，带来了传播方式的深刻变革，特别是当前作为“第五媒介”的少数民族语文手机传播系统也已日益普及，使传播方式更加多样性。②

3. 在民族网络舆情危机的诉求表达特性方面，梁春阳提出少数民族公众在网络舆情危机中体现的意愿、诉求、指向等态度与情绪，大都集中于利益表达、社会抗议、行为动员三个方面。少数民族公众在网络上的利益追求与表达特点，主要反映在“相对剥夺感”在网络舆情中的显现或宣泄；社会抗议是我国少数民族网络舆情表现之一，也就是说，制度外路径的选择，是少数民族民众社会抗议表达的特点之一；少数民族网民的行为动员诉求表达的特殊性通常是

① 赵生辉：《中国少数民族语言网络舆情研究述评》，《现代情报》2014年第2期。

② 梁春阳：《少数民族地区网络舆情及网络舆情危机特点分析》，《图书馆理论与实践》2014年第1期。

非理性行为的实施。此外，少数民族地区网络舆情危机中的主体特殊性主要表现为：主体间的“数字鸿沟”现象更为明显；参与主体成分的多元性特征十分突出。①

4. 在网络舆情对政治安全的影响方面，刘建华提到由于边疆民族地区网络舆情危机的特殊性、呈现出传播的主体多民族性、议题复杂性，以及传播过程易爆发性和传播势态不确定性，对国家政治安全有更全面和深刻的影响，包括国家的主权、领土、政权、政党和意识形态等方面的影响。他还提出树立网络边疆意识，健全完善信息安全的相关制度；加强网络意识形态阵地建设，维护意识形态安全；增强对意见领袖的教育、引导和管理，正确疏导舆情走向；转变舆情管理方式，及时、准确、公开舆情事实，让谣言止于真相，有效解决民生诉求等策略。②

（四）民族地区网络舆情对策与应用

2014 年民族地区网络舆情的对策与应用研究仍然是当前最为集中和重要的研究主题，讨论议题主要包括网络舆情引导应急机制、舆情监控、预警与治理等内容，讨论的地区主要集中在新疆、内蒙古，其次是西藏、广西、宁夏，以及广泛的边疆民族地区。

在民族地区网络舆情引导应急机制方面，关晓菲提出舆情事件发展一般包括酝酿期、发生期、高潮期、衰退期四个阶段。由于新媒体的快速传播、覆盖面广等特点使得舆情事件的酝酿期极为短暂。新媒体及时在舆情事件的酝酿期或发生期介入，及时引导舆论走向是应对舆情事件最好的办法，微博、微信已成为第一时间发布突发事件信息的首选渠道。应重视培育网络意见领袖，注重“意见领袖”的正面舆论引导力。发挥社区论坛、网络新闻、官方微博等新媒体的强大作用。③ 刘建华提出边疆民族地区地方政府应对网络舆情危机的应急机制，包括建构起适应我国边疆民族地区网络舆情危机的政府快速反应机制、信息交流与反馈机制、组织协商机制和责任追究机制，建构科学而长效的网络舆情安全机制基础等。④ 李瑾从民族地区高校的网络舆情危机反应能力建设、强化网络文化新媒体特征、加强对少数民族学生的媒介素养教育等方面提出应对办法。⑤ 许全亮分析了 2011 年发生在内蒙古锡林郭勒盟的两起刑事案件的网络舆情影响，总结和反思了民族地区突发事件网络舆情引导的经验教训，提出了发挥主流媒体功能，及时报道，将真相告诉公众；积极回应网络议题，发挥议程设置在传播中的功能，放大主流声音，引导舆论；发现和培养意见领袖，发挥民族意见领袖的作用，使各方面意见均衡等引导策略。⑥

在舆情监控、预警与治理方面，王忠国提出边疆民族地区高校网络舆情监测应该从以下三个维度考量：中介性社会事项（网络舆情客体和激发因素）、网络舆情核心（认知、态度、行为）和互动（传播的本质特征）；对网络舆情的研判要从信息来源、信息真伪和研判指向三方面来着手；网络舆情应对的主要方面是信息公开和疏导舆情。⑦ 王伟提出建设新疆互联网舆情

---

① 梁春阳：《少数民族地区网络舆情危机诉求表达及其参与主体的特殊性分析》，《宁夏党校学报》2014 年第 5 期。

② 刘建华：《网络舆情传播对西部边疆民族地区政治安全的影响与对策》，《理论导刊》2014 年第 8 期。

③ 关晓菲：《边疆民族地区热点舆情事件中媒体舆论引导机制探析》，硕士学位论文，内蒙古大学，2014 年。

④ 刘建华：《论边疆民族地区网络舆情危机的政府应急机制构建》，《陕西师范大学学报（哲学社会科学版）》2014 年第 6 期。

⑤ 李瑾：《新媒体发展背景下民族地区高校网络舆情危机与应对》，《新闻研究导刊》2014 年第 14 期。

⑥ 许全亮：《民族地区突发事件网络舆论引导策略——以内蒙古锡盟事件为例》，《阴山学刊》2014 年第 2 期。

⑦ 王忠国：《边疆民族地区高校网络舆情监测、研判及应对体系》，《昌吉学院学报》2014 年第 4 期。

监测体系要从建立畅通的数据流通制度和途径、培养互联网舆情监测师、建立第三方舆情监测机构和与全国权威互联网舆情监测机构建立联系等四方面构建的设想。①

蒲丽霞等提出新疆构建网络舆情预警机制应本着快速反应、信息公开、约束引导三个原则予以建立。作者还提出了完善新疆网络舆情预警机制的建议，包括增强政府的网络舆情危机意识、提高网络舆情研判能力、提高应急预案的可操作性、建立新疆网络舆情预警联动机制。②

李智超认为民族地区对互联网监管的探索还处于初期阶段，重点是要拿捏好监管的尺度，让网络成为自由表达和理性负责的平台。各级政府必须承认网络舆情存在的客观性和合理性，接受监督，采取合理有效的方式对网络舆情进行管理和引导。摒弃动辄删帖子、封账号等简单粗暴的管理方式，以客观包容的态度对待网络舆情。③

钟振明等结合西藏突发事件的网络舆情监控现状与问题分析，提出遵循“突发事件的网络舆情监测与汇集→分析与评估→上报与预警→控制与引导”这一基本模式，通过更新网络舆情监控的观念意识、夯实网络舆情监控的基础保障、加强网络舆情监控的法治建设和强化网络舆情监控的部门协调等措施，以不断加强和完善西藏网络舆情监控工作。④

朱慧梅以新媒体为视角，以内蒙古自治区政府网络舆情应对为研究对象，分析了新媒体概念及传播特点，以及对应对网络舆情的影响，指出了内蒙古自治区政府在新媒体条件下应对网络舆情所存在的问题，在此基础上提出了针对性的对策建议：完善网络舆情立法，构建完备的网络舆情管理法律体系；健全网络舆情的监测及预警机制，建立舆情监测及舆情分析制度，健全舆情预警及应急响应机制；灵活运用“新媒体”，提升网络舆情应对能力，把握“黄金4小时”，抓住时机及时处置，搭建舆情掌控、信息公开以及与公众互动的新平台，加强新媒体管理体制改革，释放网络舆情正能量；充分发挥民间社会力量和“意见领袖”的积极作用。⑤

盘璇就广西龙江镉污染事件案例，分析当前广西在突发公共事件网络舆情应对上存在的问题，并提出政府在突发公共事件中网络舆情应对的对策和建议，包括：坚持信息公开的原则，积极引导网络舆情；建立和完善政府网络新闻发言人制度；整合网络媒体与传统媒体的优势，引导舆论的主动权；提高对网络舆情的重视程度，做好专业人才队伍的建设；构建科学有效的突发公共事件网络舆情的监测机制和应急预案；完善网络立法，提高网络道德。⑥

王亚男提出了提升内蒙古领导干部网络舆情应对能力的对策建议，包括转变观念正确认识互联网、提升能力积极使用互联网、争做网络意见领袖影响网络舆论、积极搭建网络平台引导网络舆论。⑦

齐先朴提出网络负面舆情的治理要靠解决现实世界的种种不公平、不合理、不正之风和腐败，单纯强化“堵”“压”“封”的“管控治理”已不能完全适应边疆民族地区网络生态的变

---

① 王伟：《关于建设新疆互联网舆情监测体系的几点思考》，《学理论》2014年第29期。

② 蒲丽霞、苗志娟、裴红娟：《论新疆网络舆情预警机制的建构与完善》，《边疆经济与文化》2014年第8期。

③ 李智超：《民族地区群体性突发事件中的舆情管理研究——以内蒙古“5·11”事件为例》，硕士学位论文，天津师范大学，2014年。

④ 钟振明、何璐：《西藏突发事件的网络舆情监控现状、问题与对策研究》，《西藏发展论坛》2014年第5期。

⑤ 朱慧梅：《新媒体条件下内蒙古政府应对网络舆情的对策研究》，硕士学位论文，内蒙古大学，2014年。

⑥ 盘璇：《浅谈广西突发公共事件中网络舆情应对的对策和建议——基于广西龙江镉污染事件的个案分析》，《传播与版权》2014年第3期。

⑦ 王亚男：《提升内蒙古领导干部网络舆情应对能力研究》，《理论研究》2014年第6期。

化。“生态治理”以公共利益为最高诉求，强调多元参与、协商对话和共识，以改善民生为根本，以人文关怀为基础，以改进工作为关键，以官民互动为手段，以法制建设为保证，是边疆民族地区网络负面舆情的治本之策。①

（五）民族地区网络舆情拓展分析

关于民族地区网络舆情的拓展分析研究也是当前民族地区网络舆情的一大分支，目前主要在媒体舆论、教育德育、公共安全、经济信息、民族理论与政府管理等领域展开。相比2013年以前，2014年民族网络舆情拓展分析的领域更加宽广。

在媒体传播分析方面，关晓菲对2009—2013年内蒙古、云南、广西和新疆4省区74起边疆少数民族网络舆情事件进行了梳理，归纳出边疆少数民族地区舆情事件主要有涉警涉法、反腐倡廉、灾害事故、社会民生、社会安全五大类。并对这些网络热点舆情事件中的媒体影响力进行了分析归纳。②

康丽娜分析了新媒体以“全民参与”式的凌厉姿态，抢占了传统媒体部分议题设置权，不断制造网络舆论热点的事实背景，提出了传统媒体提高自身舆论引导力的策略，如：速报事实，确保在第一时间“发声”；增强报道客观性，提升可信度；把握关键节点，及早介入；谨慎定性，正确处理人民内部矛盾；加强重点时间的深度报道，等等。③

陈华珺等对新疆网络舆情信息传播进行了统计分析，基于新疆网民抽样调查数据，从不同层面具体分析了网络舆情信息传播过程中网民所表现出的主要特征，发现各大网站的论坛、微博、博客等是新疆网络舆情信息传播的主要载体，青年人或年龄偏大的知识分子是网民的主体。网民主要对感兴趣的信息进行关注、参与，甚至也会参与网友组织发起的具有针对性的活动。对网络舆情网民也持有自己的主观意见，认为主流网络舆情在一定程度上能代表自己的意见。并以“乌鲁木齐市BRT建设”网络舆情传播为例，采用Spearman秩相关检验法验证相关性，结果表明：用户微博被转发数与评论数、粉丝数和微博收藏数有显著的相关性，而与关注数和微博数没有相关关系。④

依马木艾山·买买提从传播学、广告学角度分析了维吾尔语种微信公众平台的特殊地位、传播特征和功能，发现维吾尔语种微信公众平台的规模虽然不大，但其内容来源非常丰富，传播内容涉及一般生活信息、生活知识、医学、教育、农业、经济、政治等社会各方面，将成为引导维吾尔社会舆论导向的新兴媒体。目前其发展面临的主要问题有：语言文字平台、内容更新速度慢、内容转载大多缺乏原创内容，以及资金问题、经营模式问题和人才队伍建设问题等。⑤

王春燕对2012年10月至12月三个月期间西南民族地区高校校园网络对莫言的报道与讨论进行了实证分析，发现西南民族地区高校校园网络舆情传播具有持续性较弱、其强度与事件的重大程度成正相关等特点。⑥

---

① 齐先朴：《边疆民族地区网络负面舆情的“生态治理”研究》，《第五届中国行政改革论坛——创新政府治理，深化行政改革 优秀论文集》，国家行政学院出版社2015年版。

② 关晓菲、刘寒娥：《边疆民族地区热点舆情事件中的媒体舆论影响力分析》，《新闻论坛》2014年第2期。

③ 康丽娜、郭志菊：《边疆民族地区网络舆情下传统媒体的应对策略》，《新闻论坛》2014年第5期。

④ 陈华珺、徐敏、王越、景全理、李磊：《新疆网络舆情信息传播的统计分析》，《新疆财经大学学报》2014年第1期。

⑤ 依马木艾山·买买提：《维吾尔语种微信公众平台研究》，硕士学位论文，新疆大学，2014年。

⑥ 王春燕：《西南民族地区高校校园网络舆情研究——以“莫言现象”为例》，《视听》2014年第12期。

在教育德育方面，斯琴格日乐[①]针对边疆民族地区的青少年由于自身的信息鉴别力不高、教师的信息反应力低，以及学校的媒介素养教育缺失等原因，面对纷繁复杂的网络舆情，社会认知受其影响，行为极易发生偏差等情况，提出加强边疆民族地区本土网站平台建设，提升边疆民族地区教师的舆情事件解读能力，增强边疆民族地区学校的媒介素养培育，建立和完善边疆民族地区网络舆情的相关工作机制，以应对网络舆情危机、提升青少年社会认知。

李瑾在民族地区高校网络舆情危机管理对策中提出加强对少数民族学生的媒介素养教育，提升其理性思考和辨别是非的能力；认为舆情监测不应仅仅是技术问题，更应该演化为高校公共服务体系，为青年学生、为民族地区高校的健康发展提供信息支持。[②]

王倩倩等以贵州民族大学BBS舆情调研分析为例，从大学生对学校德育工作的认知评价、情感评价和活动评价三个角度探讨考察学校德育组织管理对个人行为的规范影响以及持久影响程度。舆情内容涉及民族高校大学生政治信念和政治方向、人生观、世界观、道德修养、心理教育与心理品质等多个方面。[③]

在公共安全方面，刘敏等以昆明“3・01”事件为例，探讨了涉恐突发事件报道中的网络舆论导向及涉警舆情分析。通常在处理突发事件中，警方（察）往往成为媒体中的“弱势群体”，网络舆论更容易在涉警事件中走向极端和激烈。而昆明“3・01”事件中官方的回应和积极行动走在了媒体前，故赢得了民众的声援和支持，使得网络上积极态度大于负面情绪。这说明公安机关在处理突发事件中的舆情报道能力和水平影响了事件处置的成效。[④]

赵丽娟针对“广西镉污染”公共安全事件网络舆情发展，建立了该事件的Logistic曲线预测增长模型，详细阐述了该模型的建模、预测过程及其在网络舆情预测中的具体应用，认为这种预测方法在时间序列作为核心影响网络舆情发展上具有较高的预报精度和应用价值，为网络舆情发展时间点预测提供了一种可行方法。[⑤]

在经济信息方面，吕春梅等针对甘南藏族自治州畜牧业和种植业发展形势良好，以及新媒体环境下网络舆情发展迅速的背景，探讨了甘南藏族自治州涉农网络舆情工作的重要性，提出了加强涉农舆情监测条件保障建设，及时搜集涉农舆情、把握“重点”、妥当处置，编写《农业网络舆情》专报，在舆情监测同时及时做好涉农舆情分类报送与响应机制等建议。[⑥]

李钊综合运用社会学、管理学、传播学等多个学科理论，分析了广西涉税网络舆情形成及发展特征对其管理提出的要求和广西涉税网络舆情管理的现状，并通过两者的对比分析，挖掘广西涉税网络舆情管理存在的主要问题及其形成原因，最后针对这些问题及原因，在借鉴广西区内外典型涉税网络舆情管理案例的经验和教训的基础上，提出了进一步加强广西涉税网络舆情管理的对策建议，为广西税务机关正确引导涉税网络舆情、化解涉税网络舆情危机、保障税

---

① 斯琴格日乐、刘建华：《边疆民族地区网络舆情传播与青少年社会认知的教育学思考》，《中国青年研究》2014年第2期。

② 李瑾：《民族地区高校网络舆情危机的把握与管理》，《今传媒》2014年第4期。

③ 王倩倩、阮湘辉：《大学生德育管理工作合法性危机及其合法性的构建——以贵州民族大学BBS舆情调研分析为例》，《教书育人》（高教论坛）2014年第11期。

④ 刘敏、刘爱娇、段艳艳：《涉恐突发事件报道中的网络舆论导向及涉警舆情分析——以昆明“3・01”事件为例》，《新疆警官高等专科学校学报》2014年第2期。

⑤ 赵丽娟：《Logistic曲线在网络舆情预测中的应用研究——以“广西镉污染”网络舆情事件为例》，《网络安全技术与应用》2014年第6期。

⑥ 吕春梅、韩建民：《新媒体环境下甘南藏族自治州如何做好农业网络舆情工作》，《甘肃农业》2014年第2期。

收事业和谐发展提供了有效的理论支持。①

在民族理论方面，郭亚萍等从影响新疆民族关系的因素出发，提出了建立民族关系网络舆情的应对机制和应对措施：建立新疆地区组织系统网络舆情应对处置机构；运用先进网络技术；设计预警指标体系；积极发挥政府的作用；加强维吾尔文网站建设与管理；培养少数民族人才。②

在政府管理方面，李嘉围绕地方政府网络舆情监管这一主题，立足公共管理学，研究网络舆情发展形势和舆情管理趋势，综合分析国内外网络舆情监管现状，以巴彦淖尔市网络舆情监管作为研究的最终落脚点，尝试提出了加强地方政府网络舆情监管的对策，为地方政府实现有效的网络舆情监管提供有价值的参考。③

（六）民族地区网络舆情监控技术与系统构建

从正式发表文献来看，2014 年民族地区的网络舆情技术与系统构建研究成果主要集中在维吾尔语文和藏语文信息处理两方面，以维吾尔语文的研究最多。此外还有一篇针对彝文的基于 LDA 的中国少数民族网络舆情监测系统的探索研究。

1. 维吾尔语文信息处理与网络舆情监测。2014 年，针对网络舆情的维吾尔文信息处理研究主要有：维吾尔语和文字的敏感词识别与抽取、不良文本过滤、事件时间对象抽取、突发事件原因抽取以及意见挖掘等。

在敏感词判别抽取技术方面，刘萌萌探讨研究了对维吾尔语帖子的敏感程度进行判别的方法，建立了一种维吾尔文本敏感程度预判模型。具体提出一种新的方法，结合维语帖子的内容和帖子的时效信息，对维吾尔语帖子的敏感程度进行判别，建立了两个模型，分别是决策树分类模型和 BP 神经网络分类模型，从而挖掘出维语帖子的一些重要属性与帖子敏感程度之间的关系，进而对维语帖子进行有效分类。④

在不良文本过滤方面，陈洋对维吾尔语不良文本信息过滤技术进行了研究，从文本过滤信息技术出发，设计并实现了一个维吾尔语不良文本过滤系统。主要研究包括：基于网页文本关键词的过滤和基于文本分类方法的过滤。在关键词过滤技术中，研究了对网页正文内容提取，维吾尔语的文本存储方式分析，并通过 AC 多模式匹配算法将提取的正文信息与构建的敏感词库进行匹配，在短时间内完成了字符查找和替换，基本满足了网页中关键词过滤的时效性要求。在文本分类方法过滤中，选用贝叶斯方法构建分类器，提出了一个基于特征加权改进的朴素贝叶斯方法，通过构建三个权重调整系数，对 TFIDF 公式进行调整，修正了不同的特征项对分类的贡献度，提高了分类的准确性。⑤

邹岳琳等在维吾尔文不良信息过滤关键技术的研究项目中，针对维吾尔语事件类时间短语没有明显时间词、特征词而引起的识别困难和边界定位不准确等问题，提出了一种统计结合词干提取的针对黏着性语言的事件类时间短语识别方法，实现了维吾尔语事件类时间短语的识别。从实验结果看，对维吾尔语事件类时间短语识别的 F 值达到 85. 37%，说明了该方法的有效性。对维吾尔文网络舆情事件的时间抽取具有积极意义。⑥

---

① 李钊：《广西涉税网络舆情管理研究》，硕士学位论文，广西大学，2014 年。

② 郭亚萍、朱瑞海：《对新疆民族关系网络舆情的思考》，《新西部（理论版）》2014 年第 2 期。

③ 李嘉：《地方政府网络舆情监管问题研究——以巴彦淖尔市为例》，硕士学位论文，内蒙古大学，2014 年。

④ 刘萌萌：《一种多语种文本敏感程度预判模型》，硕士学位论文，新疆大学，2014 年。

⑤ 陈洋：《维吾尔语不良文本信息过滤技术研究》，硕士学位论文，新疆大学，2014 年。

⑥ 邹岳琳等：《基于词干提取的维吾尔语事件类时间短语识别》，《计算机工程与设计》2014 年第 35 卷第 2 期。

在突发事件原因抽取方面，钟军等针对传统事件因果关系识别覆盖范围小和人工标注代价高等不足，提出了一种基于双层模型的维吾尔语突发事件因果关系抽取方法。该方法采用分治思想，将因果关系抽取问题转化为对事件序列的两次模式识别标注。采用 Bootstrapping 算法，在第一次模式识别时，标注因果关系的语义角色，并将标注的语义角色标签作为新的特征传递给第二层模式识别，用于因果关系边界标注。该方法用于维吾尔语突发事件显式因果关系的抽取准确率为 85.39%，召回率为 77.53%，证明了该方法在维吾尔语主题突发事件因果关系抽取上的有效性和实用性。①

在意见挖掘抽取方面，段祥超面向维吾尔语评论文本，针对意见挖掘领域中关系抽取及意见持有者抽取技术进行了研究，研究内容包括主题抽取、主题—意见词对抽取以及意见持有者抽取。主题抽取：提出了一种维吾尔语法规则与统计方法相结合的领域内的主题抽取算法；主题—意见词对抽取：提出了一种基于 Bootstrapping 算法的主题—意见词对抽取方法；意见持有者抽取：在分析维吾尔语法特征和语言规则的基础上，以维吾尔语评论语句为研究对象，提出了一种细颗粒度的三层模型进行意见持有者抽取。②

罗亚伟等针对目前的情感分析缺乏对隐含地表达情感的文本进行分析，提出一种基于条件随机场（CRFs）模型的，在意见挖掘中应用的，维吾尔语文本隐式情感分析方法。利用互信息（MI）衡量上下文的依赖度，结合词法、语境依赖词、标点符号和习语等特征用于隐式情感分析。在特征选择时，通过对信息增益（IG）进行改进，解决语料中数据集不平衡的问题。该方法用于维吾尔语文本隐式情感分析的准确率为 77.11%，召回率为 78.37%，表明了其在意见挖掘中隐式情感分析任务上的有效性。③

2. 藏语文信息处理与网络舆情监测。2014 年与网络舆情相关的藏语文信息处理技术研究主要有以下 3 个方面：

江涛等开发设计了藏文舆情云分析平台，系统运用云计算技术在用户不增加高性能设备的前提下，实现由完全不懂藏语言文字的用户对纸质的藏文印刷体文本、存储介质获取的藏文各类格式文档，以及互联网等多种来源实施舆情监控，采用最大熵与条件随机场结合的方法进行命名实体识别，通过词语级以及句子级的辅助翻译技术将藏文舆情分析结果用中文呈报给用户。④

康健等在藏文网络舆情管理系统中，引入了群体智能算法两大经典算法中的蚁群优化算法，同时结合 multi-agent 技术，提出了分布式 multi-agent 的群体智能藏文文本聚类算法（简称 DSCAST），以此分布式、高性能的改进文本聚类能力，优化藏文文本聚类过程，提高了聚类的效率和质量，设计并实现了基于 multi-agent 和群体智能的藏文网络舆情管理系统。该系统采集藏、中、英文门户网站数据并结合 single-pass 聚类算法对预处理后的文本数据进行聚类并找出话题，结合舆情分析算法，绘制图表并展示舆情信息。⑤

李艾林研究了面向 Web 舆情分析的藏文文本分类算法，针对藏文 Web 舆情分析，根据藏

---

① 钟军、禹龙、田生伟、吐尔根·依布拉音：《基于双层模型的维吾尔语突发事件因果关系抽取》，《自动化学报》2014 年第 40 卷第 4 期。

② 段祥超：《维吾尔语意见挖掘关系抽取研究》，硕士学位论文，新疆大学，2014 年。

③ 罗亚伟、田生伟、禹龙、吐尔根·依布拉音、艾斯卡尔·艾木都拉：《意见挖掘中维吾尔语文本隐式情感分析》，《计算机工程与设计》2014 年第 35 卷第 9 期。

④ 江涛、江静、戴玉刚、李艾林等：《藏文舆情云分析系统平台研究》，《信息网络安全》2014 年第 9 期。

⑤ 康健、乔少杰、格桑多吉等：《基于群体智能的半结构化藏文文本聚类算法》，《模式识别与人工智能》2014 年第 27 卷第 7 期。

文 Web 文本信息的特点，构建藏文网络文本语料库，结合大量的数据分析和实验，对藏文文本表示方法、文本特征抽取方法以及藏文文本分类算法等多方面进行了研究。如：针对互联网中藏文网站、博客和论坛的数量较少，藏文在线文本相对集中的特点，采用多线程的爬虫策略；根据藏文网络数据的类别情况建立了类别体系，采用人工标注的方式建立近 3000 篇训练和测试分类语料；针对藏文本身的特性和语法特征，采用向量空间模型的方法对藏文文本进行表示以及通过建立停用词表去停用词；结合藏文词性特征，提出了朴素贝叶斯算法与支持向量机算法相融合的集成学习分类算法。①

四　结束语

据中国互联网络信息中心《第 35 次中国互联网络发展状况统计报告》、国家统计局《中国统计年鉴 2015》的统计数据分析，2014 年中国民族八省区互联网普及应用仍然呈现增长发展趋势，平均网民增长率高于全国平均增长率，但互联网增长率较 2013 年大幅下降，进入互联网普及快速发展后期。从互联网基础设施、互联网普及、互联网资源、互联网信息建设和互联网支撑环境五个指标来看，民族八省区的发展情况基本同 2013 年，整体呈全国中下水平。值得关注的是在互联网基础设施方面，《中国统计年鉴 2015》首次公布了全国 31 个省市区 2014 年移动互联网用户数，数据显示民族八省区的移动互联网建设相比固定互联网宽带建设要好，其中宁夏、内蒙古高于全国平均水平，西藏、新疆为中等水平，贵州、青海、广西和云南为中下水平，分别位列全国第 18、20、22 和 26 名，整体水平好于中西部非民族地区，在此项指标上摆脱了在全国排名垫底的状况。

2014 年民族网络舆情研究成果发表有了重大飞跃，发表文献数比之前六年的文献总量还多 16 篇，研究成果增长迅速，达到了一个新高峰。研究领域主要来自新闻传播、国家行政管理、计算机技术、民族文字处理和民族教育等。2014 年民族网络舆情的研究仍然围绕着基础理论、应用对策、系统技术和拓展分析 4 大方面对民族地区的网络舆情和民族文字舆情信息技术进行探索研究。研究的重点地区仍然是新疆。从民族文字舆情信息处理技术来看，研究重点仍然是维文和藏文，其中维文研究的成果最多。从研究成果发表的来源期刊看，来自核心期刊的论文比较少，研究成果的学术质量还需要提高。从研究内容来看，民族网络舆情的基础传播理论、应用对策仍然没有重大进展，虽然有一些针对实际实例、结合扎实理论基础的深入分析研究成果，但总体来看低层次重复性的研究成果偏多。值得关注的是 2014 年民族地区网络舆情拓展分析的领域更加广泛，从传统的政治、政府领域开始延伸到经济信息、公共安全事件等经济民生问题，民族文字舆情传播媒体形式研究也扩展到手机微信等新兴移动媒体。在民族文字网络舆情信息技术方面，2014 年少数民族文字网络信息采集与监控分析的系统仍然较少，研究仍然集中在面向网络舆情的少数民族语言信息处理技术方面。未来，民族地区网络舆情传播理论和少数民族文字网络舆情信息处理技术仍然是民族网络舆情研究的重点。但在当前民族地区移动互联网发展迅速以及微信等即时通信平台在民族地区的普及应用下，未来民族地区网络舆情的研究将呈现两个新趋势：一是移动网络媒体的舆情传播理论研究，二是新兴移动网络媒体平台的舆情监控技术研究。

（孔敬，副研究馆员，中国社会科学院民族学与人类学研究所网络中心）

① 李艾林：《面向 Web 舆情分析的藏文文本分类算法研究》，硕士学位论文，西北民族大学，2014 年。

第五篇

学术活动

2013—2014 年国内召开的部分学术会议

2013 年

【“沐英与明代云南边疆开发”学术研讨会】

主办单位：云南省史学会、云南回族研究会

时　　间：2013 年 5 月 25 日

地　　点：云南省昆明市

参会人数：70 余人

收到论文：17 篇

问题讨论及评述：与会专家学者认为，自秦汉以来，云南的历史就是一部边疆开发史，而明代是其中里程碑式的重要阶段。明代移民入滇，极大地推动了云南的发展。值得关注的是，沐英及其家族代表国家意志镇守云南近 300 年，采取务实举措，极大地缩短了云南与内地的差距。总结历史上开发、治理、经营云南边疆的经验，对于当下亦不乏借鉴意义。此次研讨会，进一步推动明代云南边疆开发史的研究，把明史研究，沐英研究，沐氏家族研究推上一个新台阶。（《回族研究》2013 年第 4 期）

【第六届中国民族研究西南论坛】

主办单位：中国社会科学院民族学与人类学研究所《民族研究》编辑部、西南民族大学、贵州民族大学

时　　间：2013 年 6 月 17 日

地　　点：贵州省贵阳市

参会人数：70 余人

收到论文：66 篇

问题讨论及评述：此次论坛的主题是区域、社会与文化。与会专家学者围绕 1. 民族学人类学理论与对话；2. 藏彝走廊与西南民族研究；3. 民族认同与宗教；4. 民族地区流动人口研究、中国民族识别与西南民族；5. 国家走廊与贵州民族研究五个专题进行了讨论。（《民族学刊》2013 年第 4 期）

【“隋唐时期的新疆”学术研讨会】

主办单位：《新疆通史》编委会

时　　间：2013 年 6 月 21—22 日

地　　点：新疆乌鲁木齐市

参会人数：70 余人

问题讨论及评述：专家学者围绕唐朝中央政府对西域的管理、安西大都护府、丝绸之路贸易、唐朝时期的西域佛教、新疆唐代考古，突厥、回鹘、吐火罗等众多民族的历史文化等议题进行了热烈研讨，并对《新疆通史 · 隋唐卷》试写稿进行了认真评议。（《甘肃民族研究》2013 年第 3 期）

【第十届中国 · 内蒙古草原文化主题论坛】

主办单位：内蒙古自治区党委宣传部、社科联、卫生厅、文化厅、旅游局和内蒙古社会科学院

时　　间：2013 年 6 月 26—27 日

地　　点：内蒙古呼和浩特市

参会人数：近 300 人

收到论文：147 篇

问题讨论及评述：此次论坛主题为“创新发展草原文化、打造特色旅游基地”，学者们主要围绕草原文化的基本构成及属性、草原文化价值评估及法制化建设、萨满教与草原文化价值体系的形成、草原题材动漫及影视作品、草原文化与当代城市建设、成吉思汗社会治理思想及黑苏鲁德祭祀以及元代对外文化交流、昭

君文化、两岸文化交流等论题进行了讨论。（《内蒙古社会科学》2013 年第 4 期）

【首届西藏对外传播高端论坛】

主办单位：西藏民族学院西藏自治区“西藏文化传承发展协同创新中心”、中国人民大学教育部重点研究基地“新闻与社会发展研究中心”

时　　间：2013 年 6 月 29 日

地　　点：陕西省咸阳市

参会人数：50 余人

问题讨论及评述：各位专家学者围绕西藏文化对外传播的主题进行了深入研讨，对进一步找准问题、明确目标，进一步增进了解、凝聚共识、形成合力，为共同推进西藏文化对外传播事业，共同塑造良好的西藏形象、中国形象起到了积极作用。（《西藏民族学院学报》2013 年第 5 期）

【中国朝鲜民族史学会第二届第一次学术年会】

主办单位：中国朝鲜民族史学会

时　　间：2013 年 7 月 5—7 日

地　　点：北京

参会人数：近 60 人

收到论文：24 篇

问题讨论及评述：此次会议以“新中国朝鲜族社会变迁史”为主题，交流和探讨新中国成立以来朝鲜民族社会在政治、经济、文化、教育等方面的发展变化，并对今后的“朝鲜民族史”研究方面提出了新的目标和研究视角。会议选举产生了第二届理事会负责人。（《黑龙江民族丛刊》2014 年第 1 期）

【“2013 民族宗教问题高层论坛”学术研讨会】

主办单位：甘肃省委统战部、西北民族大学、中国统一战线理论研究会民族宗教理论甘肃研究基地、中国人民大学

时　　间：2013 年 7 月 7 日

地　　点：北京市

参会人数：50 余人

问题讨论及评述：此次会议紧紧围绕“处理民族问题的原则方法暨宗教事务管理的改进创新”的主题，从宗教事务管理的改进创新和处理民族问题的原则两个研讨主题进行了深入研讨和广泛交流。（《世界宗教研究》2013 年第 4 期）

【“中华民族复兴与民族哲学发展”学术研讨会】

主办单位：中国少数民族哲学及社会思想史学会 2013 年年会暨中华民族复兴与民族哲学发展学术研讨会

时　　间：2013 年 7 月 23—24 日

地　　点：山东省青岛市

问题讨论及评述：会议的主题是“中华民族复兴与民族哲学发展”，与会学者围绕 1. 少数民族哲学发展与实现中华民族伟大复兴“中国梦”；2. 少数民族哲学思想与宗教研究；3. 少数民族哲学及社会思想与民族地区文化建设；4. 少数民族哲学及社会思想与民族地区社会建设；5. 少数民族哲学及社会思想与民族地区生态文明建设；6. 少数民族哲学思想学科建设与方法论研究等议题展开深入研讨。（《中国社会科学报》2013 年第 7 期）

【中国古代边疆问题研讨会】

主办单位：吉林大学中国边疆史地哲学社会科学创新基地、《中国社会科学报》吉林记者站、吉林大学民族研究所

时　　间：2013 年 8 月 26—28 日

地　　点：吉林省长春市

参会人数：30 余人

问题讨论及评述：此次会议采取大会发言与专题讨论结合的形式，从事海疆、边疆理论研究和从事云贵、新疆、青藏、北方、东北等边疆史研究的专家分别作了发言。学者们对中国古代陆疆与海疆的界定问题、中国古代边疆文教开发与宗教问题、中国古代边疆史研究的理论与方法、中国古代边疆民族关系问题、古代边疆移民问题、中国历代边疆经济开发问题六个专题展开热烈而深入的探讨。（《史学集刊》2013 年第 3 期）

【乌蒙山区发展研究第一届学术研讨会】

主办单位：六盘水师范学院、西南民族大学少数民族研究中心、贵州民族大学民族学与社会学学院

时　　间：2013 年 8 月 24 日

地　　点：贵州省六盘水市

收到论文：50 余篇

问题讨论及评述：与会专家围绕着乌蒙山区如何脱贫与发展，促使乌蒙山区发展研究走向多学科、多领域的综合研究，为区域经济发展作出积极贡献展开了热烈的讨论。（《民族学刊》2013 年第 6 期）

【第二十一次全国回族学研讨会暨第四次全国回族企业家论坛】

主办单位：中国回族学会

时　　间：2013 年 8 月 28—30 日

地　　点：青海省西宁市

参会人数：700 余人

问题讨论及评述：此次研讨会围绕“回族地区全面建成小康社会”这一主题展开了深入研讨，会议实行大会报告和专题讨论相结合的形式，邀请著名学者和企业家作主旨报告并展开讨论，探讨了民族地区小康社会建设、回族学学科发展、回族企业如何走出去的战略等重要议题。此次研讨会有效地促进了回族学研究的理论水平，在总结回族地区发展经验、展示回族文化成就、营造民族团结促进和谐社会建设等方面起到了重要作用。会上，选举产生了中国回族学会第四届理事会，并召开了中国回族学会第四届会员代表大会。（《回族研究》2013 年第 1 期，《中国民族宗教网》2013 年第 9 期）

【中国少数民族民俗研究中心成立大会暨 2013 中国少数民族民俗研究论坛】

主办单位：中国民俗学会、内蒙古师范大学

时　　间：2013 年 9 月 13—16 日

地　　点：内蒙古呼和浩特市

参会人数：200 余人

问题讨论及评述：该届中国少数民族民俗研究论坛以“中国少数民族民俗调查与研究的回顾与前瞻”为主题，与会学者就与主题相关的诸多方面进行了充分研讨。（《西北民族研究》2013 年第 4 期）

【第十五次全国民族语文翻译学术研讨会】

主办单位：中国民族语文翻译局、中国翻译协会民族语文翻译委员会

时　　间：2013 年 9 月 17—18 日

地　　点：西藏拉萨市

参会人数：80 余人

收到论文：147 篇

问题讨论及评述：此次研讨会围绕中国民族语文翻译理论与实践的有关问题，在政治、经济、科技、教育、历史、文学、司法等各个领域展开研讨。（《民族翻译》2013 年第 3 期）

【“民国时期的新疆”学术研讨会】

主办单位：《新疆通史》编委会

时　　间：2013 年 9 月 22—24 日

地　　点：新疆乌鲁木齐市

参会人数：60 余人

收到论文：40 篇

问题讨论及评述：研讨会上，专家学者围绕 1. 杨增新主政新疆之功过；2. 民国时期新疆历史上的疑案和谜团；3. 马仲英赴苏及其“下落”；4. 苏联与新疆三区革命；5. 中国共产党人影响下的新疆各族民众抗日救亡运动；6. 民国时期新疆的商业、民族宗教、社会生活等议题进行了热烈交流研讨，并对《新疆通史 · 民国卷》试写稿进行了评议。（《西域研究》2013 年第 4 期）

【“西藏社会经济与文化发展”学术研讨会】

主办单位：西藏民族学院

时　　间：2013 年 10 月 13 日

地　　点：陕西省咸阳市

参会人数：50 余人

问题讨论及评述：研讨会中，专家学者着重讨论了西藏经济、文化发展和社会问题等议题，在当前西藏经济社会跨越式发展背

景下，就西藏社会经济与文化发展研究领域的诸多议题展开了广泛的沟通、交流和研讨，发表了富有建设性和学术性的见解。此次研讨会达到了交流学术成果、沟通感情、推动西藏社会经济与文化发展研究的预期目的。（《西藏民族学院学报》2013 年第 6 期）

【第四届满族文化研究机构负责人联席会议暨满语教育与现代化教学有机结合研讨会】

主办单位：辽宁省民族宗教问题研究中心

时　　间：2013 年 10 月 12—14 日

地　　点：辽宁省沈阳市

参会人数：20 余人

问题讨论及评述：此次会议围绕满语教育与现代化教学有机结合、满族传统文化的当代价值两个议题开展了广泛而深入的学术交流。通过交流，学者们增进了各满族文化研究机构的相互了解和密切合作，有利于各研究机构相互借鉴、共同提高，同时对为进一步繁荣满族文化研究事业，推动满族文化研究在新时期的创新发展都具有深远意义。（《满族研究》2013 年第 4 期）

【中国人类学民族学 2013 年年会】

主办单位：中国人类学民族学研究会

时　　间：2013 年 10 月 25—27 日

地　　点：四川省成都市

参会人数：170 余人

问题讨论及评述：此次会议围绕“文化理解、多元共生与和谐中国梦”这一主题展开了交流讨论。与会专家们就城市化进程中的民族问题及社区民族工作研究、都市人类学与城市少数民族服务体系研究、生态人类学与乡村社区营造研究、法律人类学、民族理论与民族关系、南岭民族走廊研究、中国新一轮的城市化、工业化等专题展开研讨。（《民族学刊》2014 年第 1 期）

【“历史视野下的边疆与民族”学术研讨会】

主办单位：中国民族史学会、云南大学

时　　间：2013 年 10 月 25—27 日

地　　点：云南省昆明市

参会人数：150 余人

收到论文：109 篇

问题讨论及评述：专家学者们围绕历史上各民族的发展与边疆建设、中国边疆地区多民族格局的形成、中国历史上的民族迁徙与边疆发展、中国历史上的边疆与内地关系、边疆民族对中华民族发展的贡献、中国各民族的国家认同等议题进行了热烈讨论。（《西域研究》2014 年第 1 期）

【2013 中国少数民族文库外译学术研讨会暨“中国少数民族文库翻译研究中心”成立揭牌仪式】

主办单位：西南民族大学、中国民族语文翻译局

时　　间：2013 年 11 月 15—17 日

地　　点：四川省成都市

问题讨论及评述：参会人员专家学者就少数民族文库翻译成英、日、法和韩文等所面临的诸多议题，围绕少数民族文库实施“走出去”战略的机遇与挑战、少数民族文库译介史研究、少数民族文库翻译实践与研究的科学意义等几个方面展开了深入的交流与探讨。（《民族翻译》2013 年第 4 期）

【“中国的边疆及边疆治理理论的挑战与创新”学术研讨会】

主办单位：中国社会科学院中国边疆史地研究中心、云南大学

时　　间：2013 年 12 月 5 日

地　　点：云南省昆明市

参会人数：60 余人

问题讨论及评述：专家们围绕着中国历代王朝的治边思想与政策、中国历代边疆治理与开发、中国多民族国家疆域的形成与发展、国家发展与边疆及边疆治理理论的创新、国家的海洋战略与海洋边疆的维护、利益边疆理论与中国利益边疆的探索、地缘政治形势与中国战略边疆构建等重大议题，进行了深入研讨。此次研讨会突破了以往仅限于历史学视野的边疆研究，实现了历史学、政治

学、民族学、社会学等多学科的高度交叉和融合，以多学科、多视角来研究我国边疆及边疆治理问题。论坛对完善国家治理体系及治理能力的需要做出了积极回应，对国际地缘政治变化给边疆治理带来的挑战做出了积极回应，对边疆及边疆治理理论的创新需要作出了积极回应。（《中国边疆史地研究》2014 年第 1 期）

【“民族因素与社会稳定”学术研讨会】

主办单位：江苏省民族事务委员会、南京师范大学

时　　间：2013 年 12 月 7—8 日

地　　点：江苏省南京市

参会人数：40 余人

问题讨论及评述：此次会议就“民族因素与社会稳定”这一主题展开了深入的探讨，学者们就少数民族发展、少数民族群体性事件、少数民族地区公共服务均等化、民族理论创新等多个方面的问题展开了热烈讨论。（《回族研究》2014 年第 1 期）

【第三届康藏文化研究论坛】

主办单位：西南民族大学、中国藏学研究中心

时　　间：2013 年 12 月 28—29 日

地　　点：四川省成都市

参会人数：70 余人

收到论文：90 篇

问题讨论及评述：与会专家围绕“藏族文化保护与文化产业”的主题，分别从藏族传统精神文化的内涵特征与传承、藏文古籍文献的活态化保护与传承、藏区特色文化保护与文化产业发展的道路和机制、文化保护与藏区社会稳定的辩证关系、藏区特色文化保护与现代化战略研究、文化产业打造成民族地区支柱性产业的思考等诸多方面进行了深入、系统、全面的探讨。（《中国藏学》2014 年第 1 期）

（供稿人：张建培）

2014 年

【中国世界民族学科建设研讨会暨李毅夫先生著作《世界民族研究导论》发布会】

主办单位：中国世界民族学会

时　　间：2014 年 1 月 11 日

地　　点：北京市

参会人数：50 余人

问题讨论及评述：与会专家学者从不同学科和角度对世界民族研究学科的发展进行了热烈研讨。（《世界民族》2014 年第 2 期）

【当前民族热点问题研讨会暨学术研究方法与道路问题座谈会】

主办单位：中央民族大学“985 工程”中国当代民族问题战略研究基地

时　　间：2014 年 1 月 21—22 日

地　　点：北京市

参会人数：40 余人

问题讨论及评述：研讨会包括主旨发言、专题发言、专题讨论、会议总结四部分。各位学者根据自己的研究方向以及近年来学界的相关成果综合探讨了当前民族热点问题。此次研讨会还对学科的道路和研究方法问题进行了热烈探讨。（《西北民族研究》2014 年第 2 期）

【《世界民族》出刊 100 期座谈会】

主办单位：中国社会科学院民族学与人类学研究所《世界民族》编辑部

时　　间：2014 年 4 月 18 日

地　　点：北京市

参会人数：50 余人

问题讨论及评述：与会专家学者相继表达了对《世界民族》出刊 100 期的祝贺，并结合自己的工作、体会，谈了办刊的意见与建议。（《世界民族》2014 年第 3 期）

【民族志理论与范式专题学术研讨会】

主办单位：中国社会科学院民族学与人类学研究所《民族研究》编辑部

时　　间：2014 年 4 月 20 日

地　　点：北京市
参会人数：10 余人
收到论文：17 篇
问题讨论及评述：此次研讨会，在反思民族志发展历史的基础上，围绕民族志书写的理论与范式展开了一次集中讨论与对话，充分展示了中国学者在民族志理论反思与田野实践中的成就、贡献及存在的问题。与会专家学者围绕当代科学民族志、互经验文化志、线索民族志、主体民族志、常人民族志、村民日志、体性民族志等民族志理论类型，民族志理论相关问题，以及民族志方法论展开了深入探讨与反思。（《民族研究》2014 年第 4 期）

【首届古史新锐南开论坛】

主办单位：南开大学中国社会史研究中心
时　　间：2014 年 4 月 24—26 日
地　　点：天津市
参会人数：40 余人
问题讨论及评述：与会专家学者围绕古史理论探索，政治史新探，制度与仪式，出土资料新研，地域变迁与地方社会，宗族、聚落与日常生活、信仰、思想与文化等议题交流了治学心得。（《中国史研究动态》2014 年第 6 期）

【“地方史研究的新视野：中国古代边疆的开发与治理”学术研讨会】

主办单位：《中国史研究》杂志社、西江历史文化研究院
时　　间：2014 年 4 月 25 日
地　　点：广东省肇庆市
参会人数：20 余人
问题讨论及评述：研讨会以中国古代边疆的开发与治理作为切入点，拓展地方史研究的视野，将以地方社会为主体的地方史研究与以王朝政府为主体的边疆史研究相结合，探究王朝政府与地方社会的互动。（《中国史研究动态》2014 年第 5 期）

【民族地区（阜新）生态文明建设理论研讨会】

主办单位：辽宁省民族宗教问题研究中心、辽宁工程技术大学
时　　间：2014 年 4 月 26—27 日
地　　点：辽宁省阜新市
参会人数：10 余人
问题讨论及评述：与会专家学者分别就当代中国生态文明建设的路径选择、满族生态观、从佛道教看民族地区生态文明建设、从生物学角度对资源开发和生态保护的研究实践、生态文明视野下的经济发展研究等问题做了精彩的主题报告。此次研讨会既是生态文明理论研讨会，同时也是辽宁省民族理论政策研究基地合作共建的授牌仪式。辽宁省民族宗教问题研究中心和辽宁工程技术大学将作为合作伙伴，共同致力于辽宁省民族理论政策研究，深化民族理论政策基础研究，加强民族理论的实践性，为辽宁民族地区和民族工作服务。（《满族研究》2014 年第 2 期）

【全国藏语术语标准化工作委员会三届二次会议】

主办单位：中国藏学研究中心
时　　间：2014 年 4 月 28—29 日
地　　点：北京市
参会人数：80 余人
问题讨论及评述：会议成立了全国藏语术语标准化工作指导委员会和全国藏语新词术语翻译审定委员会，讨论通过了《全国藏语术语标准化工作委员会新词术语藏文翻译规范和推广应用办法》，审定通过了一批藏语新词术语。与会的专家学者还就做好藏语术语标准化规范化工作各抒己见，进行了热烈讨论。（《中国藏学》2014 年第 2 期）

【“播州土司历史与文化”学术研讨会】

主办单位：遵义市政协、贵州省社会科学院、贵州省文物局
时　　间：2014 年 5 月 16—18 日
地　　点：贵州省遵义市

参会人数：130余人

收到论文：85篇

问题讨论及评述：在专题小组研讨会上，与会代表就播州土司杨氏族属、播州土司地区的少数民族、海龙屯军事防御体系、海龙屯遗址的文化价值、播州地区经济社会发展状况、平播战争等有关问题展开了讨论。（《民族学刊》2014年第5期）

【第七届中国民族研究西南论坛："族群流动、空间重构与社会变迁"学术研讨会】

主办单位：《民族研究》编辑部、西南民族大学、湖北民族学院

时　　间：2014年5月24—25日

地　　点：湖北省恩施市

参会人数：80余人

收到论文：66篇

问题讨论及评述：研讨会由主旨发言和分组讨论两个部分组成。24日的大会主题发言分三个时段进行，共有18位专家作了"人口流动与民族地区全面小康社会建设""哈尼族迁徙与农耕文化的移植""略论清代西藏方志发展的两个高潮"等主题发言；25日的研讨会以"族群认同与族际关系""文化传承与变迁""历史记忆与空间重构"三个专题小组进行了分组研讨。（《民族学刊》2014年第4期、《民族研究》2014年第4期）

【马启西宗教思想学术座谈会暨逝世100周年纪念活动】

时　　间：2014年6月14日

地　　点：甘肃省临夏市

问题讨论及评述：与会的专家学者围绕马启西宗教思想的重要价值和西道堂社会实践的深远意义展开了热烈研讨。他们认为，马启西先贤创立的西道堂在中国伊斯兰教史上独树一帜，探寻了一条促进宗教与社会相适应、相协调的新道路。他运用中华传统文化思想诠释伊斯兰文化的精神内涵和深奥哲理，从而使西道堂适应了中国传统文化的主张和实践，是伊斯兰教中国本土化与民族化的有益尝试，是践行两世吉庆理念的成功范例，是爱国爱教爱民的生动体现。（《世界宗教研究》2014年第5期）

【《新疆通史·当代卷》"20世纪50～90年代初的新疆"学术研讨会】

主办单位：《新疆通史》编委会

时　　间：2014年6月23—24日

地　　点：新疆维吾尔自治区乌鲁木齐市

参会人数：60余人

收到论文：30余篇

问题讨论及评述：此次会议分两个小组进行深入研讨。与会的专家学者分别就人民解放军进军新疆、民族区域自治、新疆生产建设兵团发展建设、党的民族宗教政策、新疆边防建设、1962年"伊塔事件"、新疆"文化大革命"、民族分裂主义宗教极端主义和暴力恐怖主义、新疆意识形态领域斗争、维吾尔族华人华侨和苏联侨民等问题展开了热烈讨论。同时，六位专家也对《新疆通史·当代卷》的试写稿进行了评审。（《西域研究》2014年第3期）

【2014年中国民族理论学术年会】

主办单位：中国民族理论学会、北方民族大学

时　　间：2014年7月13—14日

地　　点：宁夏回族自治区银川市

参会人数：100人

问题讨论及评述：与会专家学者围绕研讨会的主题"中国民族区域自治的理论与实践：纪念民族区域自治法颁布30周年"展开了热烈的交流与讨论。其中，"理论研究与路径探寻"和"对民族区域自治的实践经验予以总结和反思"是与会专家关注的重点和热点。根据学会安排，大会对评选出的中国民族理论学会第三届优秀学术成果进行了表彰，共有17项专著和论文分获一、二、三等奖。（《民族研究》2014年第5期）

【中国少数民族语言本体研究学术研讨会】

主办单位：《民族语文》杂志社、中国民族语言学会、中国突厥语研究会、中国社会科学院民族学院研究所南方语言研究室、中国社会科学院民族学院研究所北方语言研究室、内蒙古民族大学

时　　间：2014 年 7 月 27—29 日

地　　点：内蒙古自治区霍林郭勒市

参会人数：80 余人

问题讨论及评述：此次会议分为两个小组进行讨论，A 组主要讨论蒙古语等阿尔泰语系语言，会议语言为蒙古语；B 组主要讨论汉语和中国南方少数民族语言，会议语言为汉语。讨论内容主要涉及语言语音、语法、词汇研究以及语言信息处理、语言与文化关系、语言接触、语言应用研究等诸多学术领域。(《民族语文》2014 年第 4 期)

【全国第十届因明学学术研讨会】

主办单位：中国逻辑学会因明专业委员会、青海省十世班禅因明佛学院、中国藏学研究中心

时　　间：2014 年 8 月 1—3 日

地　　点：青海省循化县、青海省西宁市

参会人数：近 100 人

问题讨论及评述：与会专家学者分汉、藏因明共计 4 组探讨了因明传承与发展史研究、因明教学与科研的现状、义理侧重点的异同、因明文献的交流与共享等，并对汉藏因明研究的互动与前景等方面作了深入探讨与交流。(《中国藏学》2014 年第 4 期)

【“民国时期的边疆与社会研究（1911—1949）”学术研讨会】

主办单位：中国社会科学院中国边疆史地研究中心、四川师范大学、四川大学“中国西部边疆安全与发展协同创新中心”

时　　间：2014 年 8 月 10—13 日

地　　点：四川省成都市

参会人数：80 余人

问题讨论及评述：此次会议的主题发言是《关于中国边疆问题的几点认识：历史与现实》。与会专家学者分别围绕“关于民国时期的边疆、边政、边疆学及边疆问题中的‘国际因素’等问题”“关于民国时期的少数民族政策、少数民族地区治理”“关于民国时期的边疆教育和国人对边疆地区的考察与研究”“关于西南区域边疆社会与民族经济文化”“关于档案史料的整理”“关于民国时期报刊的整理及少数民族杰出人物”等议题展开了热烈研讨。(《中国边疆史地研究》2014 年第 4 期)

【第二届全国高校维吾尔语言专业建设研讨会】

主办单位：喀什师范学院中国语系、新疆维吾尔自治区重点学科中国少数民族语言文学、北京语言大学出版社、南疆教育发展研究中心

时　　间：2014 年 8 月 23—24 日

地　　点：新疆维吾尔自治区喀什市

参会人数：150 余人

问题讨论及评述：与会专家学者分别就语言教学、维吾尔语言研究、维吾尔语言专业建设和人才培养等方面展开了深入研讨与思考，发表了自己富有建设性的见解。(《语言与翻译》2014 年第 4 期)

【“民族地区的宗教工作与宗教政策研究”学术研讨会】

主办单位：中国社会科学院世界宗教研究所、中国宗教学会

时　　间：2014 年 8 月 29 日

地　　点：北京市

参会人数：30 余人

问题讨论及评述：会议围绕“全球化视野下民族地区的宗教工作与宗教政策”这一主题展开了深入研讨和交流。通过对我国青海、西藏、内蒙古、新疆、云南等民族地区民族宗教工作与政策的考察和调研，几位专家学者为大家展现了一个客观、全面的民族地区宗教工作现状。(《世界宗教研究》2014 年第 5 期)

【“清代满蒙关系史”学术研讨会】

主办单位：大连民族学院

时　　间：2014 年 9 月 19 日

地　　点：辽宁省大连市

参会人数：10 余人

问题讨论及评述：此次会议回顾了清代满蒙关系史研究，重点探讨了清代满蒙关系史上的重大事件与清入关前东北地区民族关系问题，并提出《满蒙关系史略》的编写设想及其他相关问题。会议讨论的内容主要是：1. 清代的对蒙政策；2. 天下观与国家观念视野下的满蒙关系；3. 文献与历史地理视角下的满蒙关系；4. 满蒙关系的文化角度。（《黑龙江民族丛刊》2014 年第 6 期）

【“民族走廊：互动、融合与发展”学术会议】

主办单位：四川、西藏、甘肃、青海、云南五省区社会科学院

时　　间：2014 年 9 月 19—23 日

地　　点：四川省成都市和阿坝州松潘县

参会人数：100 人

收到论文：80 余篇

问题讨论及评述：此次会议是我国首次由多个省级社会科学院联合主办并广泛邀请国内高校学者，从多学科视角、全方位深入探讨促进民族地区当代发展的学术盛会。学者们从多学科视角围绕我国的“民族走廊”有关理论研究、民族历史与文化、“丝绸之路”与“茶马古道”、民族地区当代经济社会发展等方面主题，进行了热烈研讨。（《西南民族大学学报》2014 年第 11 期、西南民族大学图书馆网）

【新疆民族史学术研讨会】

主办单位：《新疆通史》编委会

时　　间：2014 年 9 月 22—24 日

地　　点：新疆维吾尔自治区乌鲁木齐市

参会人数：110 余人

收到论文：82 篇

问题讨论及评述：与会的专家学者分别从关于民族史研究的理论和方法及历代民族政策、民族史研究及其新资料、各民族的宗教与文化研究等方面进行了热烈讨论。按照会议要求，有 7 位学者对已经完成的《新疆通史·民族卷》部分书稿进行评审，并给予较高评价。（《西域研究》2014 年第 4 期）

【2014 年民族关系专题会议和第九届全国民族理论研究生研讨会】

主办单位：中国人类学民族学研究会民族关系专业委员会、中央民族大学中国民族理论与民族政策研究院、中央民族大学中国民族理论与民族政策研究中心、国家民委人文社科重点研究基地当代民族问题与中国特色民族理论研究基地

时　　间：2014 年 10 月 13—15 日

地　　点：辽宁省大连市

参会人员：40 余人

问题讨论及评述：与会的专家学者围绕着会议的研讨主题“民族问题治理治理现代化与民族关系和谐发展研究”“民族区域自治：基本法—基本政治制度—基本政策”展开了热烈讨论与交流。此次研究生研讨会主要围绕：民族区域自治法制化过程及经验、民族区域自治政策制度完善的问题与对策分析、民族区域自治政策效果的调研分析、以研究生实际调研为基础研究撰写的自选题目论文或调研报告等议题展开。（《黑龙江民族丛刊》2014 年第 1 期）

【第四届藏传佛教教义阐释研讨会】

主办单位：中国藏学研究中心、中国藏语系高级佛学院

时　　间：2014 年 10 月 20—21 日

地　　点：北京市

参会人数：70 余人

问题讨论及评述：会议围绕“藏传佛教与平等思想”进行了充分研讨。与会佛学院的师生和藏学研究中心的 10 位学者进行了主题发言。（《中国藏学》2015 年第 1 期）

【第二届中国民族理论与民族政治论坛：制度·权利·国家认同学术研讨会】

主办单位：中国社会科学院民族学与人类学研究所《民族研究》编辑部、广西民族大学

时　　间：2014 年 10 月 31 日—11 月 1 日

地　　点：广西壮族自治区南宁市

参会人数：80 余人

收到论文：70 余篇

问题讨论及评述：此次会议的主题发言和小组发言围绕 6 个主题展开：1. 现代国家民族政治与治理的基础理论研究；2. 民族事务的依法治理；3. 国家认同与构建各民族共同精神家园；4. 国际视野与现实发展中的少数民族权利保护；5. 比较视野下的民族政治研究；6. 中国的民族问题、民族发展与民族事务治理现代化。（《民族研究》2015 年第 1 期）

【民族学、人类学、社会学与民俗学学科建设圆桌恳谈会】

主办单位：西北民族大学学科办、《西北民族研究》编辑部、西北民族非物质文化遗产保护研究中心

时　　间：2014 年 11 月 1 日

地　　点：甘肃省兰州市

参会人数：50 余人

问题讨论及评述：与会的专家学者针对当前学科分类弊端，赞同相近学科交叉的综合研究；强调理论研究与应用研究并举、侧重应用研究；重视区域民族志资料的记录、积累，转变观念，借助《西北民族研究》专业平台对族群、社会、文化进行多角度、跨学科探讨。（《西北民族研究》2014 年第 4 期）

【中国民族史研究回顾与展望暨杜荣坤先生学术思想研讨会】

主办单位：中国社会科学院民族学与人类学研究所、中国民族研究团体联合会

时　　间：2014 年 11 月 1 日

地　　点：北京市

参会人数：80 余人

收到论文：17 篇

问题讨论及评述：大会首先发表了题为《学习老一代学者治学为人优良传统，促进民族研究事业健康发展》的主旨讲话，并由数十位专家学者分别介绍了杜荣坤、白翠琴伉俪多年从事民族研究工作的治学经历；会议的第二项议程是分别就“关于北族历史传说的源流”“东西交通与地理文化研究”“民族史学传承与历史文献研究”“蒙元政治制度及家庭社会”等议题展开了热烈探讨与交流。（《民族研究》2015 年第 1 期）

【“伊斯兰教与国家安全战略”学术研讨会】

主办单位：中国社会科学院世界宗教研究所

时　　间：2014 年 11 月 14 日

地　　点：北京市

参会人数：40 余人

问题讨论及评述：与会专家学者围绕中国边疆民族地区的安全形势、宗教极端主义对中国国家安全的挑战、中国与周边国家的安全合作、伊斯兰国家反对宗教极端主义的经验与做法、伊斯兰世界与中国的全球安全战略等主题展开了热烈讨论。（《世界宗教研究》2014 年第 6 期）

【“西藏和四省藏区文化保护与现代化战略”学术研讨会】

主办单位：中国藏学研究中心科研办、西藏和四省藏区文化保护与现代化战略研究课题组

时　　间：2014 年 11 月 21—23 日

地　　点：成都市

参会人数：70 余人

收到论文：40 余篇

问题讨论及评述：此次研讨会的主旨发言是藏族传统保护与现代化发展状况。两场专题研讨会围绕着：一、西藏与四省藏区的现代化道路进程、发展方式、藏区传统文化

与现代化的战略、民族文化传承与创新的理论、政策法规；二、藏医、藏族文物、藏族传统手工艺、博物馆、藏香、民居、绘画、服饰、教育等进行。(《中国藏学》2015 年第 2 期)

【首届中国民间信仰研究高端论坛】

主办单位：中国社会科学院世界宗教研究所、中国宗教学会

时　　间：2014 年 11 月 28 日—12 月 1 日

地　　点：北京市

参会人数：40 余人

问题讨论及评述：此次研讨会围绕“中国民间信仰的当代处境与发展前瞻”的主题，从以下六个方面进行了专题探讨：1. 民间信仰的管理；2. 少数民族地区民间信仰发展状况；3. 民间信仰与制度化宗教的互动；4. 民间信仰的反思与调整；5. 民间信仰的新发展；6. 东南及海外华人民间信仰的发展。(《西北民族研究》2015 年第 1 期)

【首届中国畲族发展景宁论坛】

主办单位：中国社会科学院民族学与人类学研究所、景宁畲族自治县人民政府

时　　间：2014 年 12 月 19—21 日

地　　点：浙江省景宁县

问题讨论及评述：与会的专家学者紧紧围绕“‘中国梦’语境中的畲族发展研究”的主题，以共建中华民族的共同价值体系为落脚点，对畲族的经济社会发展进行了探讨和交流。(《民族研究》2015 年第 1 期)

（供稿人：林浩）

2013—2014 年我国学者参加的国际学术会议

2013 年

【喜马拉雅地区宗教生活与环境可持续发展研讨会】

时　　间：2013 年 3 月 5—8 日

地　　点：美国纽约市

参会人数：30 余人

收到论文：30 余篇

问题讨论及评述：与会专家学者围绕 1. 喜马拉雅地区水资源和环境的开发利用中存在的问题；2. 资源开发利用与当地政府的制度、政策关系问题；3. 传统宗教文化知识与水资源等资源环境的关系问题等展开了讨论。学者们认为，喜马拉雅地区的资源开发利用和环境保护已经出现了严重问题，这是关乎南亚各国，乃至全世界未来生存和可持续性发展的重大问题，必须引起高度重视。喜马拉雅地区宗教生活与环境可持续性发展问题，已经不单是学者们坐而论道的一个学术层面的问题，他要求人们打破固有的学科、超越地域界限、民族、国家边界概念，所有人群策群力行动起来共同解决问题。(《民族学刊》2013 年第 2 期)

【“吐火罗问题”学术座谈会】

主办单位：中国人民大学国学院西域历史语言研究所

时　　间：2013 年 4 月 13—14 日

地　　点：北京市

参会人数：近 30 人

问题讨论及评述：与会专家学者分别从考古学、语言学、历史学、体质人类学、分子人类学等不同学科视角对吐火罗问题展开了讨论。(《西域研究》2013 年第 4 期)

【“不同文明中的祭祀”国际学术工作坊会议】

主办单位：中国社会与发展研究中心(北京大学)、西南民族大学西南少数民族研究中心、安仁老公馆文化发展有限公司民族志展览馆、蒙养山人类学学社

时　　间：2013 年 4 月 21—25 日

地　　点：四川省成都市安仁镇

参会人数：近 50 人

问题讨论及评述：此次国际学术工作坊由主题演讲、献祭理论讲读会、圆桌会议以及“安仁研究”主题报告和“博物馆月”实地考察五部分组成。主题演讲部分是此次研讨会的主体部分，分两个主题，即 1. 祭祀与比较文明研究；2. 祭祀、宗教与族群。(《西北民族研究》2013 年第 3 期)

【新时期、新概念、新命题——中国西南人类学 2013 年论坛】

主办单位：重庆大学人文社会科学高等研究院

时　　间：2013 年 6 月 29—30 日

地　　点：中国重庆市

参会人数：150 余人

问题讨论及评述：此次学术研讨会共分 1. 灾害与生态人类学；2. 非物质文化遗产与族群文化变迁；3. 西南通道与学术思想；4. 藏边社会与文化；5. 跨境与西南族群关系；6. 人类学田野与实践；7. 医疗与传承；8. 历史人类学视野中的知识、记忆、宗教与政治；9. 滇川藏“大三角”地区电影与社会变迁等九个议题。学者围绕这九个专题进行了深入探讨，并得出了许多具有现实意义的理论学术成果，对西南地区社会、政治、经

济、文化的发展具有重要意义。(《西南民族大学学报》2013 年第 1 期，《民族学刊》2013 年第 6 期)

【第二届两岸少数民族（侗族）文化传承与创新研讨会】

主办单位：湖南省人民政府台湾事务办公室、湖南省怀化市人民政府

时　　间：2013 年 7 月 12—14 日

地　　点：中国湖南省怀化市通道侗族自治县

参会人数：近 100 人

问题讨论及评述：研讨会上，两岸专家分别就侗族文化景观保护、侗族文化产业发展、通道非遗产保护与开发、原住民与生态观光等课题进行了研讨和学术交流。此次研讨会旨在搭建两岸文化交流新平台、探索侗文化传承与创新、助推通道侗族村寨申报世界文化遗产。(《民族论坛》2013 年第 8 期)

【第 46 届国际汉藏语会议】

时　　间：2013 年 8 月 7—10 日

地　　点：美国新罕布什尔州（New Hampshire）汉诺威镇

参会人数：80 余人

收到论文：59 篇

问题讨论及评述：此次会议围绕库克钦(Kuki—Chin）语支、历史语言学、多音节词和词的结构、台—卡岱语族、田野调查报告、句法和词义、汉语、音系学、濒危语言记录、语言接触等议题展开讨论。(《中国语文》2013 年第 6 期)

【中国敦煌吐鲁番学会成立三十周年国际学术研讨会】

主办单位：中国敦煌吐鲁番学会、首都师范大学历史学院、敦煌研究院和兰州大学敦煌学研究所

时　　间：2013 年 8 月 18—20 日

地　　点：北京市

参会人数：130 余人

收到论文：近 100 篇

问题讨论及评述：此次研讨的内容既包括对 20 世纪敦煌吐鲁番学发展的总结，也包括对 21 世纪敦煌吐鲁番学前景的展望，更多的是利用敦煌吐鲁番文献和洞窟图像资料探讨法律、官制、社会、文学、艺术、舞蹈、少数民族、宗教、典籍等方面的具体问题，充分展示了当今国际敦煌吐鲁番学的水平，并为 21 世纪敦煌吐鲁番学的发展提出了前瞻性建议。这次会议将有力地推动敦煌吐鲁番文献研究的深入，极大地促进敦煌吐鲁番学的发展。(《敦煌研究》2013 年第 4 期，《吐鲁番学研究》2013 年第 2 期)

【2013 年中国青海·格尔木昆仑文化国际论坛会议】

主办单位：中共青海省委宣传部、中国民俗学会、青海省社会科学院、格尔木市委市政府、青海省民俗学会

时　　间：2013 年 8 月 18—21 日

地　　点：青海省格尔木市

参会人数：50 余人

问题讨论及评述：与会专家学者围绕 1. 昆仑文化与区域发展研究；2. 昆仑文化与文献图像研究；3. 昆仑文化与山岳崇拜研究；4. 昆仑文化与民间信仰研究；5. 昆仑文化与旅游研究；6. 昆仑文化与遗产保护研究；7. 昆仑文化与文学作品研究等主题，进行了深入研讨和广泛交流。(《青海社会科学》2013 年第 5 期)

【“蒙古语族语言与地域文化研究”国际学术研讨会】

主办单位：内蒙古民族大学

时　　间：2013 年 8 月 19 日

地　　点：内蒙古自治区兴安盟阿尔山市

参会人数：90 余人

问题讨论及评述：此次会议分语言组和文化组两组进行了 10 场主题报告会。与会代表围绕会议主题就语言文化、文化传承、地域文化等领域进行了广泛的交流，在一些问题上达成了共识，同时也提出了许多新的研究议题，研讨会达到了预期目标。此次研讨会作为相关研究领域的首届会议，将对国内

外蒙古语族语言和地域文化研究的发展起到重要的推动作用。（《内蒙古民族大学学报》2013 年第 5 期）

【2013 灾害人类学及防灾减灾国际学术研讨会】

主办单位：中国云南省社会科学院、中国社会科学院民族学与人类学研究所《民族研究》编辑部

时　　间：2013 年 8 月 21—22 日

地　　点：云南省昆明市

参会人数：100 余人

问题讨论及评述：此次会议的主题为“灾害人类学与防灾减灾的理论与实践”。研讨会围绕近年来灾害人类学发展的新动态，反思已经取得的研究成果，探讨灾害研究中的理论与方法，以及防灾减灾中人类学关怀，为灾害人类学理论和方法的发展做出贡献。（《民族学刊》2013 年第 5 期）

【居延遗址与丝绸之路历史文化国际学术研讨会】

主办单位：中共金塔县委、县政府，酒泉市文物管理局，甘肃简牍博物馆、甘肃敦煌学学会

时　　间：2013 年 8 月 23—27 日

地　　点：甘肃省金塔县

参会人数：200 余人

收到论文：168 篇

问题讨论及评述：此次会议采用主题发言和分组讨论的方式进行。内容涉及汉简的释读、秦汉屯戍、津关制度、秦汉经济、社会生活史、制度研究、秦汉西域史、民族史、科技史、汉代历史地理与交通，丝绸之路地理交通、敦煌文献、壁画，金塔历史文化，金塔境内遗址的研究、保护、合理利用，其中还有今年河西各地考古新发现的介绍等多个领域。其中在政治制度、历史地理、少数民族史、丝路文化、简牍制度等方面的研究成果尤为令人注目。（《敦煌学辑刊》2013 年第 3 期）

【纪念王锺翰先生百年诞辰暨清史、民族史国际学术研讨会】

主办单位：中国中央民族大学历史文化学院

时　　间：2013 年 8 月 26—28 日

地　　点：北京市

参会人数：200 余人

问题讨论及评述：此次会议分纪念会和研讨会两部分。学术研讨会是一次国际性的史学盛会。与会专家在清史、民族史学界均颇有影响。专家学者们围绕清史、满族史、民族文献、其他时代中国民族史以及文化艺术等诸多领域进行了广泛研讨。（《满族研究》2013 年第 3 期）

【第三届中国土司制度与土司文化暨秦良玉国际学术研讨会】

主办单位：中华炎黄文化研究会土司文化专业委员会筹备委员会、长江师范学院、重庆石柱土家族自治县人民政府

时　　间：2013 年 10 月 18—21 日

地　　点：重庆市、重庆石柱土家族自治县

参会人数：130 余人

收到论文：110 余篇

问题讨论及评述：与会学者围绕土司学理论构建与方法研究、中国土司制度与改土归流、土司制度研究与土司遗址申遗的关系、土司文化的价值与意义以及秦良玉的历史地位及评价等相关问题进行了热烈讨论。此次会议的一个重要特点是对以往研究中出现的将土司制度泛化，以及对土司制度相关概念使用混乱的现象进行了认真的学术批评和讨论，对土司制度研究的深入将起到积极的作用。同时，与会代表就深化土司制度研究、注重对史料的挖掘、注重多学科的综合研究、不断扩大研究视野等问题达成了共识，并对建立中国土司研究网站、中国土司制度史料数据库提出了建议。（《中国史研究动态》2014 年第 2 期、《中国边疆史地研究》2014 年第 1 期）

【2013 年民族关系国际研讨会暨中国人类学民族学 2013 年年会民族关系分会】

主办单位：中国人类学民族学 2013 年年会民族关系专业委员会、中央民族大学民族理论与民族政策研究中心

时　　间：2013 年 10 月 18—20 日

地　　点：北京市

参会人数：110 余人

收到论文：33 篇

问题讨论及评述：本次研讨会是规模较大的民族关系专题研讨会，研讨会围绕着民族关系，分民族关系现状与发展趋势、民族关系与社会发展、民族关系与和谐社会、文化经济宗教与民族关系四个主题展开了研讨，既有理论探讨，也有实证研究。（《黑龙江民族丛刊》2014 年第 1 期）

【图们江论坛 2013】

时　　间：2013 年 10 月 21 日

地　　点：吉林省延吉市

参会人数：245 人

问题讨论及评述：该届论坛设立了文化、历史、法律、经济、政治分论坛，主题分别为“东亚跨文化交流与对话”“图们江的历史变迁与历史叙述”“图们江区域各国法律制度的理解与合作”“东北亚经济发展与图们江区域开发”“新时期图们江区域合作与政治环境”。论坛召开期间，与会政治、经济、文化领域人士，围绕东北亚区域的投资合作、学术交流等进行了热烈的讨论。与往届论坛相比，本届论坛规模扩大，论坛内容有所扩充，除语言文学与历史文化等传统分论坛之外，增加了政治、跨界民族等新的分论坛，关注的议题也更进一步契合地区局势与区域热点，吸纳了更多从事图们江区域研究的学者参与论坛，并增设了图们江现实问题的研究内容。（《延边大学学报》2013 年第 1 期）

【敦煌、吐鲁番国际学术研讨会】

主办单位：台湾成功大学中国文学系

时　　间：2013 年 11 月 16—17 日

地　　点：台湾省台南市

参会人数：40 余人

收到论文：41 篇

问题讨论及评述：此次研讨会展示了多方面的成果：1. 会议论文涉及敦煌吐鲁番学的语言、文字、文学、历史、地理、政治、佛教、道教、艺术等学科领域，体现了较高的学术水平，显示了敦煌吐鲁番学研究的新成果；2. 加强了国际敦煌吐鲁番学学者的沟通与交流；3. 展示了青年学者的成长和敦煌吐鲁番学的良好发展前景。（《敦煌研究》2013 年第 6 期）

（供稿人：张建培）

2014 年

【中国人类学民族学研究会教育人类学专业委员会首届年会暨“教育与文化：教育人类学的理论、方法与应用研究”学术讨论会】

主办单位：中央民族大学教育学院、中央民族大学“985 工程”中国少数民族教育研究创新基地、《民族教育研究》编辑部

时　　间：2014 年 3 月 29—30 日

地　　点：北京市

参会人数：150 余人

问题讨论及评述：与会代表就人类学视野中的教育研究、教育人类学的本体论与学科史、教育人类学的理论与学术前沿、教育人类学研究方法与技术等议题进行了交流和探讨。此次会议是中国教育人类学发展史上的里程碑，不仅建立了教育人类学的学术研究共同体，而且促进了教育学与人类学的交融。（《广西民族大学学报》2014 年第 3 期）

【“民族学（人类学）视野下的藏族及周边民族研究论坛”暨“中国人类学区域研究的深化与前瞻：基于原创性研究的探索”】

主办单位：云南民族大学云南藏区山水文化研究课题组、云南民族大学云南藏学研究中心、中国藏学研究中心

时　　间：2014 年 4 月 19—20 日

地　　点：云南省昆明市

参会人数：近 50 人

问题讨论及评述：19 日下午的会议由“中国民族学（人类学）区域研究的深化与前瞻”“藏传佛教与区域文化研究”两个专题讨论组成；20 日的会议分“西部民族地区族际关系的历史与现实考察”“西部民族地区文化生态的多元性与可持续性”“艺术与文化表征”“神圣空间与仪式实践”四个专题进行分组讨论。此次论坛时间虽短，但会议成果丰富，研究内容涉及面广，既有宗教方面的研究，也有对社会发展、社会管理、社会问题等方面的研究。（《民族学刊》2014 年第 4 期）

【宗教与文化国际学术交流研讨会】

主办单位：南京大学社会人类学研究所、日本东亚人类学研究会

时　　间：2014 年 4 月 25—26 日

地　　点：江苏省南京市

参会人数：40 余人

收到论文：30 余篇

问题讨论及评述：研讨会按“帝国、商业与宗教”“宗教的传习”“仪式与音乐舞蹈”“关系网与公益”“非物质文化遗产与旅游业”“宗教景观与空间建构”“祭典与地方社会”“少数民族宗教文化传统”“多元文化主义与新兴宗教”等主题进行，发表共计 30 场报告，在学者间引发活跃讨论。（《广西民族大学学报》2014 年第 4 期）

【国际人类学与民族学联合会（IUAES）2014 年中期会议】

主办单位：国际人类学与民族学联合会、日本文化人类学学会（JASCA）

时　　间：2014 年 5 月 15—18 日

地　　点：日本千叶市

参会人数：1000 余人

问题讨论及评述：此次会议是历史上规模最大的一届中期会议，包括开幕式、闭幕式、3 场主题演讲、150 场专题会议、日本文化人类学会第 48 届年会和成立 50 周年庆典。会议主题是“人类学的未来”。（《世界民族》2015 年第 1 期）

【中国朝鲜民族史学会第二届第二次会议】

主办单位：中国朝鲜民族史学会、浙江工商大学

时　　间：2014 年 5 月 16—18 日

地　　点：浙江省杭州市

参会人数：近 60 人

收到论文：32 篇

问题讨论及评述：此次会议以“移民性在朝鲜族历史与现实的折射”为主题，深入探讨了朝鲜族移民性对朝鲜族社会发展带来的影响。此外，还就朝鲜族历史与现状、“朝鲜族学”创建和学会发展等方面进行了广泛讨论，显示朝鲜族研究日趋活跃和深入。（《黑龙江民族丛刊》2015 年第 1 期）

【“交流与封闭”国际人类学研讨会】

主办单位：北京大学王铭铭召集

时　　间：2014 年 5 月 22—25 日

地　　点：福建省泉州市

参会人数：20 余人

问题讨论及评述：此次会议分为两个环节，包括两个主旨研讨会，分别是“横向性：长时段历史的跨地区地理志”“纵向性：人物神交流、区分与距离”。在研讨会上，来自世界各地的一批著名人类学家从各自的角度为我们重新把握人类学方法提出了富有启发性的观点。如“对文明中间地带的重要性及‘新石器文明’的论述”“对环太平洋地区船的模型的宇宙论分析”等都代表不同的比较文明研究的人类学方法。（《西北民族研究》2014 年第 3 期）

【关注田野：理论、视角与材料——2014 年第四届国际青年民俗学者论坛】

主办单位：立陶宛文学与民俗研究所、爱沙尼亚塔尔图大学比较民俗学研究所

时　　间：2014 年 6 月 5—6 日

地　　点：立陶宛维尔纽斯市

参会人数：近 20 人

收到论文：10 余篇

问题讨论及评述：此次会议包含两部分内容：一是“民俗学研究中的信息提供者

(informant)”主题座谈会；二是宣读论文、发言。讨论的问题有：从传统信息提供者向现代信息提供者过渡时对信息提供者概念的延伸；针对民俗本体的现象学研究方法；以体裁学为基础的田野访谈方法论；研究信息提供者的主观途径和科学方法之间的平衡；寻找和选择信息提供者的策略与方法；个人叙事中的时空因素及其他特征；在特定文化、地区或社区中的价值判断标准；对话的必要条件与可能结果。(《西北民族研究》2014 年第 4 期)

【第一届“宗教对话与中国梦”学术研讨会】

主办单位：兰州大学民族学研究院、民族宗教研究所、香港文化更新研究中心

时　　间：2014 年 6 月 10—11 日

地　　点：中国甘肃省兰州市

参会人数：70 余人

问题讨论及评述：在 4 位专家学者围绕“宗教对话与中国梦”作了主题演讲后，其余与会的专家学者分别就“终极关怀与现实梦想”“宗教间对话”“宗教对话与社会和谐”“宗教对话与中国文化”“宗教对话与经典诠释”“宗教对话的历史”“宗教对话与伦理道德”等议题，展开了热烈研讨。(《世界宗教研究》2014 年第 5 期)

【文化多样性与国际和谐交流研讨会】

主办单位：贵州民族大学民族学与社会学学院、韩国国立釜庆大学人文社会科学大学

时　　间：2014 年 6 月 27 日

地　　点：贵州省贵阳市

收到论文：55 篇

问题讨论及评述：研讨会主要围绕“文化多样性”“文化多样性与生态”“文化多样性与国际和谐”三方面议题进行了深入讨论。(《民族研究》2014 年第 4 期)

【第三届昆明郑和研究国际会议】

主办单位：云南省郑和研究会、云南省交通技师学院

时　　间：2014 年 7 月 11 日

地　　点：中国云南省昆明安宁市

参会人数：近 70 人

收到论文：35 篇

问题讨论及评述：此次会议是在习近平主席关于建设 21 世纪“海上丝绸之路”、李克强总理提出“一带一路”建设的大背景下召开的。大会提交的论文紧扣“郑和航海与海上丝绸之路”这一会议主题，围绕郑和研究与 21 世纪海上丝绸之路的构建、郑和航海与海上丝绸之路的关系、《郑和航海图》研究、郑和与云南水运、郑和航海与云南“一带一路”建设、郑和航海与中缅交通兴衰、云南航运研究、郑和航海技术、郑和宝船研究等方面进行研讨。(《回族研究》2014 年第 3 期)

【“多彩贵州”原生态文化国际论坛暨 2014 首届海峡两岸人类学青年论坛】

主办单位：中国人类学高级论坛、贵州省社会科学院、贵州省人类学学会、贵州省文物考古研究所、贵州日报报业集团

时　　间：2014 年 7 月 12—14 日

地　　点：贵州省贵阳市

参会人数：100 余人

收到论文：120 余篇

问题讨论及评述：此次会议旨在借此学术共同体意识，培育中国意识为核心的世界人类学及一般社会科学之间的沟通，深入研究贵州原生态文化。与会专家学者就原生态文化与地方社会变迁以及古苗疆走廊与贵州民族、地域文化 2 个专题进行了深入的分组讨论。(《原生态民族文化学刊》2014 年第 3 期)

【“元代多元文化与社会生活”学术研讨会】

主办单位：中国元史研究会、内蒙古国际文化交流中心、呼和浩特职业学院

时　　间：2014 年 7 月 23—26 日

地　　点：内蒙古自治区呼和浩特市

参会人数：近 90 人

收到论文：80 篇

问题讨论及评述：与会专家学者围绕“元代的多元族群及其间的互动性”“元代文人的日常生活与交游网络”“元代政治与制度研究”“元代多种语文之间的融合交流”“元代的多元宗教及其间的互动关系”等议题展开了热烈研讨。(《中国史研究动态》2015 年第 1 期)

【“汉晋时期国家与社会”国际学术研讨会】

主办单位：青海师范大学人文学院、中国社会科学院简帛研究中心、中国社会科学院历史研究所秦汉魏晋南北朝史研究室

时　　间：2014 年 8 月 11—13 日

地　　点：青海省西宁市

参会人数：30 余人

问题讨论及评述：与会的专家学者围绕“汉晋时期社会结构、国家制度的沿革”“汉晋时期国家与社会的冲突、互动与整合”“汉晋时期的内地、边疆与民族”“出土资料所反映的汉晋国家与社会”四个主题，展开了深入而广泛的讨论。(《中国史研究动态》2015 年第 1 期)

【第四届中国土司制度与土司文化国际学术研讨会】

主办单位：广西师范大学历史文化与旅游学院、广西河池学院、柳州师范高等专科学校、广西来宾市文化新闻出版局、广西忻城县人民政府

时　　间：2014 年 8 月 19—22 日

地　　点：广西壮族自治区忻城县

参会人数：200 余人

收到论文：120 余篇

问题讨论及评述：与会代表围绕着大会主题“文化遗产的保护与传承”，分别就土司学的理论构建与方法、土司制度、土司文化、土司遗址申遗、广西及忻城土司等领域的诸多研究课题进行了深入的交流和探讨。(《民族学刊》2014 年第 6 期)

【魏晋南北朝史的新探索国际学术研讨会暨中国魏晋南北朝史学会第十一届年会】

主办单位：中国魏晋南北朝史学会

时　　间：2014 年 10 月 13—14 日

地　　点：北京市

参会人数：100 余人

收到论文：110 篇

问题讨论及评述：与会的专家学者围绕魏晋南北朝时期的制度与社会、魏晋南北朝时期社会思潮与社会变迁、魏晋南北朝时期的民族与国家、魏晋南北朝史研究的新资料等议题展开了探讨。(《中国史研究动态》2015 年第 2 期)

【纪念好太王碑建碑 1600 周年国际学术会议】

主办单位：中国社会科学院中国边疆研究所、韩国东北亚历史财团、通化师范学院

时　　间：2014 年 10 月 19—22 日

地　　点：吉林省通化集安市

参会人数：44 人

收到论文：30 篇

问题讨论及评述：与会专家学者围绕“好太王碑”研究、有关高句丽的石刻史料研究、有关高句丽史上的好太王时代研究、有关高句丽的考古研究等议题展开了讨论交流。(《中国边疆史地研究》2014 年第 4 期)

【吐鲁番与丝绸之路经济带高峰论坛暨第五届吐鲁番学国际学术研讨会】

主办单位：新疆维吾尔自治区文化厅、新疆维吾尔自治区文物局、吐鲁番地区行署

时　　间：2014 年 10 月 20—22 日

地　　点：新疆维吾尔自治区吐鲁番市

参会人数：60 余人

收到论文：52 篇

问题讨论及评述：与会专家学者围绕吐鲁番与丝绸之路经济带这个主题，分别就丝绸之路经济带作用的理性探讨、丝绸之路沿线文物的发现认识及其在丝路上的经济文化价值、作为丝路枢纽之地吐鲁番出土文献的研究、吐鲁番及其相邻地区文物遗迹的研究等展开了热烈研讨。(《吐鲁番学研究》2014 年第 2 期)

【第三届东南亚宗教研究高端论坛】

主办单位：中国社会科学院世界宗教研

究所、中国宗教学会

时　　间：2014 年 11 月 1—2 日

地　　点：北京市

参会人数：30 余人

问题讨论及评述：与会专家学者围绕着论坛主题“全球化时代背景下的东南亚宗教”，分别就全球化视野下的东南亚宗教、东南亚地区多元宗教的交融与共处、东南亚宗教与民族文化的互动、东南亚地区的华人宗教、东南亚地区的宗教艺术等议题展开了热烈研讨。（《世界宗教研究》2014 年第 6 期）

【中国和伊朗：丝绸之路上的文化交流学术研讨会】

主办单位：上海外国语大学东方语学院伊朗学中心

时　　间：2014 年 11 月 8—9 日

地　　点：上海市

参会人数：近 20 人

收到论文：15 篇

问题讨论及评述：与会专家学者主要围绕着以下四方面进行了深入研讨：一、波斯语文献、历史和文学；二、古代丝绸之路上的中国与伊朗语言、文化的交流；三、波斯文化在中国穆斯林群体中的影响；四、近代中国—伊朗外交关系。（《西域研究》2015 年第 2 期）

【英语世界的彝族文化与文学国际研讨会】

主办单位：西南民族大学、西南民族大学彝学学院

时　　间：2014 年 11 月 30 日

地　　点：四川省成都市

参会人数：100 余人

收到论文：35 篇

问题讨论及评述：该届国际研讨会的主题是“转型、共享、发展”。大会分“国际彝学研究论坛”“彝族语言研究论坛”“彝族文学研究论坛”“彝族历史与文化研究论坛”四个专题依次进行学术交流。（《民族学刊》2015 年第 1 期）

（供稿人：林浩）

第六篇

新书·学术论文索引

2013—2014 年新书目

［说明：排列顺序为著作、文章名称，编著（译）者，
出版单位，著作页码数或册数］

2013 年

一　综合

安顺少数民族古籍总目提要/伍刚硕主编，安顺市民族事务委员会　安顺市少数民族古籍搜集整理办公室　安顺市民族研究所编，贵州民族出版社.169

百年蒙古学综目/苏日娜主编，中央民族大学出版社.1096

北京地区藏文古籍总目/阿华·阿旺华丹主编，中国藏学出版社.798

大理古籍书目提要/孙沁南　杨萌编著，云南民族出版社.346

大藏经目录备考：《至元法宝勘同总录》藏文德格版北京版比较研究/彭学云著，民族出版社.660

高句丽研究文献目录.1952—2012 年/耿铁华　李乐营主编，吉林大学出版社.248

广西世居民族研究著述目录索引/傣代瑜主编，广西民族出版社.535

陕西回族古籍名录/陕西省民族事务委员会编，太白文艺出版社.197

彝文典籍图录（上下）/王继超　陈光明主编，贵州民族出版社.579

藏文《旁唐目录》研究/徐丽华著，民族出版社.239

中国国家图书馆藏西域文书.梵文、佉卢文卷/段晴　张志清主编，中西书局.253

中国民族年鉴.回溯本：1949.10—1993.12（上下）/郭卿友　卢晓华主编，民族文化宫编，辽宁民族出版社.2049

中国民族统计年鉴.2012/国家民族事务委员会经济发展司　国家统计局国民经济综合统计司编，中国统计出版社.835

中国少数民族古籍总目提要.蒙古族卷/苏雅拉图　龙梅卷主编，国家民族事务委员会全国少数民族古籍整理研究室编，中国大百科全书出版社.732

中国少数民族古籍总目提要.畲族卷/钟安卷主编，国家民族事务委员会全国少数民族古籍整理研究室编，中国大百科全书出版社.701

中国社科院图书馆民族学分馆馆藏西文涉藏书目提要/魏忠著，社会科学文献出版社.309

二　民族理论

边疆多民族地区构建社会主义和谐社会研究：以新疆为例/张先亮等著，经济科学出版社.489

城乡统筹中内蒙古就业问题与政策研究/宋晓梅等著，内蒙古大学出版社.319

村民自治与乡村民主：西北回族社区民主政治的个案观察/束锡红　范建荣　聂君著，阳

治理与认同：民族国家语境下社会秩序形成问题研究：以1840—2000年云南边疆民族为中心/胡兴东著，知识产权出版社.294

中、东部地区城市民族关系研究/李吉和著，民族出版社.188

中国边疆民族研究.第七辑/达力扎布主编，中央民族大学出版社.402

中国2010年人口普查分民族人口资料（上下）/国家统计局人口和就业统计司 国家民族事务委员会经济发展司编，民族出版社.2124

中国各民族原始宗教资料集成.苗族卷水族卷/吕大吉 何耀华总主编，覃东平 陈国安卷主编，中国社会科学出版社.755

中国共产党领导广西民族团结进步60年/刘绍卫著，广西人民出版社.383

中国共产党的民族理论与民族政策/中央民族干部学院编写，民族出版社.237

中国共产党的宗教观研究/王冬丽著，中央民族大学出版社.285

中国共产党民族纲领政策文献导读：1921年7月—1949年9月/康基柱著，中央民族大学出版社.676

中国共产党民族思想政治教育简史/徐柏才 刘启春等著，民族出版社.396

中国共产党西藏政策研究/王小彬著，人民出版社.494

中国化马克思主义民族观研究/唐建兵著，民族出版社.426

中国历代民族政策纲要/龚荫著，四川人民出版社.220

中国民族地区社会组织参与公共服务研究/陈旭清 侯远高主编，中央民族大学出版社.309

中国民族理论研究.2012/金炳镐主编，中央民族大学出版社.429

中国民族区域自治实践的萌芽：陕甘宁省豫海县回民自治政府资料与研究/中共宁夏回族自治区委员会党史研究室编著，宁夏人民出版社.509

中国民族区域自治制度发展研究/嵇雷著，民族出版社.295

中国民族与民族政策/金炳镐主编，国家行政学院出版社.164

中国民族宗教理论与政策教程/郭虎 房全忠主编，宁夏人民出版社.284

中国少数民族地区可持续发展法律保障研究/邹龙妹著，中央民族大学出版社.338

中国少数民族神话共性问题探讨/王宪昭 郭翠潇 屈永仙著，中央民族大学出版社.299

中国特色社会主义民族理论与政策创新研究/陈国新 李炳泽主编，云南大学出版社.370

中国新疆事实与数字2013/徐醒生主编，五洲传播出版社.173

转型期边疆社会问题的理论探讨/陈为智著，中国社会科学出版社.269

追忆与传承：广西民族问题研究中心成立五十周年纪念文集：1963—2012/傣代瑜主编，广西民族出版社.346

自治与民族：多民族国家竞争性诉求的协调/［美］盖伊主编，张红梅等译，东方出版社.342

宗教信仰与民族文化.第五辑/刘正爱主编，社会科学文献出版社.481

三 民族经济

产业扶贫模式与少数民族社区发展/张琦 王建民等著，民族出版社.367

从边缘走向前沿：CAFTA背景下西南边疆地区开放型经济研究/胡超著，北京理工大学出版社.134

大理旅游跨越发展研究/杨复兴著，云南人民出版社.413

大力推进新疆跨越式发展研究/宋岭 秦放鸣 孙庆刚著，中国经济出版社.259

民族经济问题研究/刘小龙著，黑龙江人民出版社.202

民族经济学（第3版.修订版）/刘永佶主编，中国经济出版社.443

民族旅游村寨可持续发展研究/肖琼著，经济科学出版社.185

内蒙古“8337”发展思路解读/乌兰主编，内蒙古人民出版社.224

内蒙古宏观经济监测与管理系统国产化示范项目建设与应用/朱丹琪　单平　商显刚主编，内蒙古大学出版社.404

内蒙古生态经济系统分析及可持续发展研究/董孝斌著，中国林业出版社.152

内蒙古锡—赤区域旅游合作与发展研究/孙杰著，吉林大学出版社.184

内蒙古沿边口岸经济发展研究/刘建利著，新华出版社.339

内蒙古自治区现代特色农业发展研究/马强　王冬霓著，中国农业科学技术出版社.250

宁夏扶贫实践与创新研究/张耀武著，宁夏人民出版社.222

怒江经济社会发展研究/罗世保编著，云南民族出版社.259

欠发达民族地区科学发展研究：以内蒙古呼伦贝尔市为例/冯方祥著，经济日报出版社.542

欠发达地区民族文化旅游产业可持续发展研究/李玉华著，线装书局.329

黔东南苗族侗族自治州土地利用格局时空动态研究/郭泺等著，中国环境出版社.140

清代嘉道财政与社会/倪玉平著，商务印书馆.410

清政府对苗疆生态环境的保护/袁翔珠著，社会科学文献出版社.410

沙地环境与游牧生态知识：人文视域中的内蒙古沙地环境问题/孟和乌力吉著，知识产权出版社.277

少数民族贫困地区农民专业合作社培训手册/向跃平　樊坚　阊楠主编，昆明戴特民族传统与环境发展研究所　云南省社会科学院社会学研究所　云南省社会科学院西南文化研究中心编，云南人民出版社.185

少数民族区旅游发展之路：恩施州利川市规划案例/熊剑平　余意峰　刘美华著，科学出版社.175

社会评估与民族地区发展：《云南省扶持人口较少民族发展规划（2006—2010年）》实施过程的社会评估/黄建生等著，人民出版社.172

神泉雪城阿尔山地区经济社会发展问题研究与思考/胡其图著，内蒙古文化出版社.271

生态保育的民主试验：阿拉善行记/萧今著，社会科学文献出版社.502

生态重建的文化逻辑：基于龙脊古壮寨的环境人类学研究/付广华著，中央民族大学出版社.241

生态经济学/赵玲主编，中国经济出版社.267

生态移民与发展转型：宁夏移民与扶贫研究/李培林　王晓毅主编，社会科学文献出版社.391

生物均衡利用与民族自治地方和谐发展/罗义群著，民族出版社.232

“十二五”期间民族贸易和民族特需商品生产政策文件汇编/国家民委经济发展司编，中国经济出版社.210

13至19世纪宁夏平原农牧业开发研究/吴超著，吉林大学出版社.221

外来物种入侵的文化对策研究：以贵州和内蒙古少数民族地区为例/杨成著，民族出版社.198

西部地区民族文化“走出去”战略研究/李锐熊　黎明等著，云南人民出版社.263

我国西部民族地区政企关系研究：基于非正式制度视角/陈文烈著，经济管理出版社.218

社.318

中国民族地区经济发展与差距问题研究/张庆安著，中国经济出版社.190

中国民族旅游研究.2010卷/吴忠军主编，中国人类学民族学研究会民族旅游专业委员会 桂林理工大学民族旅游研究中心编，旅游教育出版社.351

中国民族旅游研究.2011卷/吴忠军 邸平伟主编，中国人类学民族学研究会民族旅游专业委员会 桂林理工大学民族旅游研究中心编，旅游教育出版社.344

中国民族旅游研究.2012卷/吴忠军 龚锐主编，中国人类学民族学研究会民族旅游专业委员会 桂林理工大学民族旅游研究中心编，旅游教育出版社.340

中国民族自治县政府经济职能与效能/和沁著，中国经济出版社.239

中国少数民族地区经济发展报告/郑长德主编，中国经济出版社.418

中国少数民族地区空间结构优化与区域协调发展研究/钟海燕 郑长德等著，经济科学出版社.175

中国少数民族地区贫困问题研究/蓝红星著，经济科学出版社.277

中国少数民族经济学（第3版．修订版）/刘永佶主编，中国经济出版社.509

中国少数民族经济研究论纲/庄万禄主编，张毅 肖红波 宋立著，民族出版社.302

中国少数民族生产方式研究/杨思远著，新华出版社.450

中国特困民族地区农户脆弱性问题研究/潘泽江著，科学出版社.234

中国西部地区农村牧区民间借贷研究：以内蒙古自治区为主要研究对象/蒙蒙著，中国经济出版社.222

中国西藏农村发展报告.2012/白玛朗杰主编，西藏藏文古籍出版社.283

助力新疆跨越式发展和长治久安：2013年新疆社会科学界青年学者论坛论文集/新疆维吾尔自治区社会科学界联合会编，新疆人民出版社.553

转型期民族地区产业结构动态优化与就业能力同步提升研究/郑长德等著，经济科学出版社.206

转型期新疆经济发展平衡问题研究/阿迪力·买买提著，社会科学文献出版社.376

资源型区域经济发展与环境约束：以内蒙古自治区为例/屈燕妮著，经济管理出版社.199

资源型县域经济利益主体间矛盾研究：以宽城满族自治县为例/赵振清著，新华出版社.286

四 民族学与人类学

大象与民族学家/［英］格拉夫顿·G. 史密斯（Grafton Elliot Smith）著，孜子译，北京大学出版社.137

傣族历史上的达光王国和果占壁王国研究/德宏州傣学会编，德宏民族出版社.313

当代社会人类学发展/费孝通主编，北京大学出版社.431

当代新疆民族文化现代化与国家认同研究/李瑞君著，中国政法大学出版社.239

东陆之光．民族研究院卷/何明 张跃主编，云南大学出版社.436

俄罗斯文化属性的人类学考察/张咏著，中央民族大学出版社.320

非物质文化遗产传承与艺术人类学研究（上下）/中国艺术人类学学会 内蒙古大学艺术学院编，学苑出版社.711

凤阳花鼓的文化人类学探索/高静编著，中国戏剧出版社.148

刚性之美：蒙古族审美观念研究/杨晶著，黑龙江人民出版社.208

《格萨尔》遗产的戏剧人类学研究：以青海果洛地区藏族格萨尔戏剧演述形态为例/曹娅丽

社会人类学视阈下农村儿童养育制度研究/姜又春著，西南交通大学出版社.264

生态重建的文化逻辑：基于龙脊古壮寨的环境人类学研究/付广华著，中央民族大学出版社.241

生态建筑人类学理论方法研究：以干阑民居建筑为个案分析/张晓春著，中国戏剧出版社.364

视觉人类学导论/邓启耀编著，中山大学出版社.337

实用人类学（外两种：注释本）/［德］康德著，李秋零译注，中国人民大学出版社.250

守护民族精神家园：湘西少数民族非物质文化遗产研究/陈廷亮著，世界图书出版广东有限公司.272

书斋里的田野：作为知识生产的人类学和美学/聂春华著，人民日报出版社.230

文化多样性与世界发展/杨虎德　杨国庆主编，西苑出版社.317

文化人类学理论方法研究第4版/黄淑娉　龚佩华著，广东高等教育出版社.477

文化人类学视野中的身体与性研究/章立明著，中国书籍出版社.241

文化人类学与课程研究：方法论的启示/桑国元著，中国书籍出版社.234

戏剧人类学/陈世雄著，上海古籍出版社.500

现代审美问题：人类学的反思/王杰著，北京大学出版社.355

新疆民族学人类学理论与实践/刘明著，新疆人民出版社.346

喧嚣的新村：遗产运动与村落政治/龚坚著，北京大学出版社.192

学术与人生：俄罗斯民族学家访谈录/［俄］B. A. 季什科夫著，臧颖译，中央民族大学出版社.197

移民社会文化适应：20世纪迁入宁夏的汉族移民研究/刘有安著，民族出版社.254

医学人类学理论与实践/张实著，知识产权出版社.227

艺术人类学/方李莉　李修建著，生活·读书·新知三联书店.414

音乐人类学导引/管建华著，南京师范大学出版社.225

饮食人类学/彭兆荣著，北京大学出版社.373

英汉.汉英民族学词汇手册/易立新编，上海外语教育出版社.158

越南人类学田野笔记/谢林轩著，黑龙江人民出版社.264

云南民族识别研究/尤伟琼著，民族出版社.397

毡乡说荟：陶克涛文集/陶克涛著，社会科学文献出版社.430

中国民族学第十一辑/高永久主编，甘肃民族出版社.192

中国民族学论坛第1辑/苏发祥主编，学苑出版社.223

中国人类学评论第23辑/王建民　潘蛟　赵旭东主编，文津出版社.237

中国社会科学院民族学与人类学研究所青年学术论坛：2011年/中国社会科学院民族学与人类学研究所编，社会科学文献出版社.451

走出贫困的历史选择：宁夏生态移民研究/李文录主编，本书编委会编，阳光出版社.132

走西口移民运动中的蒙汉民族民俗融合研究/段友文著，商务印书馆.476

宗教人类学.第四辑/金泽　陈进国主编，社会科学文献出版社.459

五　民族历史

阿尔寨文化与幸福鄂托克：第二届鄂托克·阿尔寨文化高层论坛文集/奇朝鲁　郝健君　尚志强主编，内蒙古人民出版社.382

阿克苏市文史资料.第九辑/中国人民政治协商会议　新疆阿克苏市委员会文史资料委员

会编，中国文化出版社 . 253

阿拉善蒙古族传统节庆礼俗/包金主编，巴戈那　许小燕　景学义编著，阳光出版社 . 119

阿尼阿景家族发展史/安鸣凤　王继超　王明贵主编，民族出版社 . 879

敖包：草原生态文明的守护神：游牧文化感悟录/满都麦著，内蒙古文化出版社 . 361

八至十世纪敦煌尼僧研究/石小英著，人民出版 . 367

白族莲池会探析/张云霞著，大理白族自治州白族文化研究所编，云南民族出版社 . 365

白族学研究 . 第一辑/李缵绪主编，云南省民族学会白族研究委员会编，云南民族出版社 . 254

包头文史资料第二十三辑（上下）/董汉忠主编，包头市政协文史资料和台侨联络外事委员会编，内蒙古人民出版社 . 736

暴找王陵：探秘失踪的南诏、大理国王陵/朱净宇著，云南美术出版社 . 247

北方实用丧俗/王恩友编著，内蒙古文化出版社 . 325

北京民族史/许辉主编，人民出版社 . 420

北京牛街回族民俗研究/王卫华主编，马骁等著，民族出版社 . 242

北宋经略河湟吐蕃民族政策研究/杨文著，中国文史出版社 . 335

苯教古文献《黑头凡人的起源》之汉译及其研究/［韩］金东柱著，青海民族出版社 . 383

碧罗雪山两麓人民的生计模式/李何春　李亚锋著，中山大学出版社 . 274

毕摩文化论文集/禄绍康主编，毕节市彝学研究会百里杜鹃管理委员会编，云南民族出版社 . 480

边疆民族资料续编 . 东北及北部民族（影印本）/《边疆民族资料续编》编委会主编，黄山书社 . 26 册

边疆民族旧刊续编 . 西北边疆（影印本）/《边疆民族旧刊续编》编委会主编，黄山书社. 14 册

边疆民族资料续编 . 西北民族（影印本）/《边疆民族资料续编》编委会主编，黄山书社. 47 册

边疆民族资料续编 . 综合（影印本）/《边疆民族资料续编》编委会主编，黄山书社. 40 册

边疆民族旧刊续编 . 综合东北北方（影印本）/《边疆民族资料续编》编委会主编，黄山书社 . 24 册

边疆、民族、国家：《禹贡》半月刊与 20 世纪 30—40 年代的中国边疆研究/孙喆　王江著，中国人民大学出版社 . 256

边疆民族史新探/方铁著，知识产权出版社 . 448

边疆与中国现代社会研究（上下）/罗群主编，人民出版社 . 1000

布依族温经/周国茂译注，民族出版社 . 412

草原帝国（第 2 版）/［法］勒尼 · 格鲁塞（Rene Grousset）著，魏英邦译，青海人民出版社 . 418

察哈尔蒙古西迁新疆史/加 · 奥其尔巴特等著，新疆人民出版社 . 506

朝贡与入附：明代西域人来华研究/张文德著，兰州大学出版社 . 276

陈烈纳西学论集/陈烈著，民族出版社 . 367

城步苗族：蓝玉故里的宗族与族群认同/于鹏杰著，社会科学文献出版社 . 332

城市与中外民族文化交流/王欣主编，陕西师范大学出版总社有限公司 . 295

楚雄民族文化论坛 . 第七辑/杨甫旺主编，云南大学出版社 . 272

汉藏佛学研究：文本、人物、图像和历史/沈卫荣主编，中国藏学出版社.694

汉藏走廊古部族/［法］石泰安著，耿昇译，中国藏学出版社.165

杭州伊斯兰教史/马建春著，中国社会科学出版社.167

何谓密教？关于密教的定义、修习、符号和历史的诠释与争论/沈卫荣主编，中国藏学出版社.415

贺兰史话/罗昀主编，宁夏人民出版社.264

黑龙江满族文化/张松著，黑龙江教育出版社.165

黑水城西夏文献研究/束锡红著，商务印书馆.334

红河苗学论文选.一/罗有亮　古秀群主编，红河哈尼族彝族自治州苗族学会编，云南民族出版社.260

湖南白族风情/谷中山著，岳麓书社.292

忽必烈的挑战：蒙古帝国与世界历史的大转向/［日］杉山正明著，社会科学文献出版社.279

呼伦贝尔民族文物考古研究.第一辑/王巍　孟松林主编，科学出版社.537

呼伦贝尔民族文物考古研究.第二辑/王巍　孟松林主编，科学出版社.536

呼伦贝尔鲜卑文化/林占德著，呼伦贝尔史研究中心编，内蒙古文化出版社.131

黄文弼所获西域文献论集/荣新江编，科学出版社.332

回鹘与敦煌/杨富学著，甘肃教育出版社.454

回藏民族关系史/杨作山著，宁夏人民出版社.308

回族对中阿经济文化交流的贡献：第二十次全国回族学研讨会论文集/丁宏主编，中国回族学会编，宁夏人民出版社.417

《皇朝藩部要略》研究（第2版）/吕文利著，黑龙江教育出版社.390

火舞彝山/邵平主编，云南民族出版社.116

吉祥时轮与香巴拉国：东巴教开佛道仪式书导读/戈阿干著，云南科技出版社.241

交流与互动：民族考古与文物研究/肖小勇主编，中央民族大学出版社.282

金上京文史论丛.第四辑：中国哈尔滨·阿城第二届金上京历史文化暨第十一届中国辽金契丹女真史学术研讨会金史论文集/鲍海春　洪仁怀主编，黑龙江人民出版社.465

近代甘肃社会变迁研究：1840年~1949年/吴晓军著，黑龙江教育出版社.589

景颇族源流史话/朵示拥汤著，芒市景颇族发展进步研究学会编，德宏民族出版社.398

酒泉民族史/孙占鳌　张宏伟著，兰州大学出版社.342

开远回族/马继增主编，云南民族出版社.257

康巴研究.第二辑/凌立　林俊华主编，光明日报出版社.436

康藏地名背后的那些事/贺先枣著，光明日报出版社.143

康藏地区的纷争与角逐：1912—1939/王海兵著，社会科学文献出版社.196

科尔沁民族地方文献概说/王彩凤著，海天出版社.235

可萨突厥/桂宝丽著，兰州大学出版社.138

空间与西藏农村社会变迁：一个藏族村落的人类学考察/陈默著，中国藏学出版社.305

库车史/田卫疆主编，新疆人民出版社.494

扩大的家族：洮河流域藏族传统民间组织沙尼研究/谢冰雪著，民族出版社.233

拉祜族传统与发展学术研讨会文集：拉祜族研究之二/苏翠薇　刘劲荣主编，云南省民族学会拉祜族研究委员会编，云南民族出版社.499

勒墨人历史调查与研究/花四波著，云南民族出版社.360

伊犁文化概览/贺灵主编，新疆人民出版社.249

一体与多元：清代新疆法律研究.1759—1911 年/白京兰著，中国政法大学出版社.255

映像过山瑶：乳源瑶族的传统社会/何露　梁健著，花城出版社.249

雍仲本教法藏宝库（上下）/（清）夏尔匝·扎西坚赞著，卡纳尔·格桑嘉措译，青海人民出版社.386

永顺老司城：八百年溪州土司的踪迹/柴焕波撰文　摄影，岳麓书社.233

游牧社会形态论/额灯套格套著，辽宁民族出版社.497

与西藏有缘/林聪著，甘肃民族出版社.215

余嘉华纳西学论集/余嘉华著，民族出版社.381

元朝中央政府治藏制度研究/张云著，黑龙江教育出版社.437

元代北京佛教研究/怡学主编，北京佛教文化研究所编，金城出版社.294

元代亦集乃路基层管理研究：以中国藏黑水城汉文文献为中心/吴超　霍红霞著，新华出版社.420

元明清西南边疆特殊政区研究/陆韧　凌永忠著，人民出版社.412

元史及民族与边疆研究集刊第二十五辑/刘迎胜主编，上海古籍出版社.234

元史及西域史丛考/尚衍斌著，中央民族大学出版社.615

云南边地问题研究（上下）/马玉华主编，黑龙江教育出版社.741

云南哈尼族传统生态文化研究/黄绍文等著，中国社会科学出版社.418

云南科学技术简史/李晓岑著，科学出版社.346

云南民族发展研究文集.第二辑/木桢主编，云南民族出版社.403

云南民族史讲义/方国瑜著，秦树才　林超民整理，云南人民出版社.857

云南省楚雄市民族志/鲁发旺主编，云南民族出版社.470

云南彝学研究.第十辑/万永林　普学旺主编，云南省民族学会彝学专业委员会编，云南民族出版社.465

云南藏学研究.一/徐建华主编，民族出版社.436

藏北牧业社会变迁：达村和宗村牧民权利享有的人类学考察/郎维伟　赵书彬　张朴著，民族出版社.303

藏传佛教美术简史/伯果　土旦才让编著，青海人民出版社.205

藏传佛教圣像解说/阿罗·仁青杰博，马吉祥编著，青海民族出版社.571

藏密佛教史/第二世敦珠法王著，索达吉堪布译，西藏藏文古籍出版社.390

藏密祖师莲花生/蒲文成　巨月秀编著，青海民族出版社.291

藏学研究论文选/《阿坝州文库》编委会编，四川民族出版社.294

藏族传统婚姻文化研究/切吉卓玛著，中央民族大学出版社.321

藏族牧区生态习惯法文化的传承与变迁研究：以拉卜楞地区为中心/常丽霞著，民族出版社.385

藏族十明文化/曲甘·完玛多杰著，青海人民出版社.299

藏族与周边民族文化交流研究/［美］罗伯特·B.埃克瓦尔　［美］波塞尔德·劳费尔著，苏发祥　洛赛编译，中央民族大学出版社.251

张公瑾文集（上中下）/中央民族大学中国少数民族语言文学学院编，中央民族大学出版社.1605

张居正改革时期民族政策研究/展龙著，人民出版社.263

镇宁苗族/杨文金主编，镇宁布依族苗族自治县民族宗教事务局　镇宁布依族苗族自治县

六　民族语言文字

辽宁满汉混合语调查研究/鲍明著，北京师范大学出版社.241

《蒙古字韵》研究：训民正音与八思巴文字关系探析/［韩］郑光著，［韩］曹瑞炯译，民族出版社.369

蒙汉对比语言学基础/贾晞儒著，民族出版社.255

缅甸华人语言研究/鲜丽霞　李祖清著，四川大学出版社.175

民族语言文化论坛．卷一/贵州省少数民族语言文字办公室　贵州民族大学文学院编，贵州人民出版社.264

纳西东巴经跋语及跋语用字研究/邓章应　郑长丽著，人民出版社.307

纳西东巴文分域与断代研究/邓章应著，人民出版社.288

《清文指要》汇校与语言研究/张美兰　刘曼著，上海教育出版社.555

少数民族汉语教学与文化研究/张广才　陈宇著，江西高校出版社.284

双语背景下维汉语码转换社会语言学研究/曹湘洪著，科学出版社.339

双语学研究．第四辑/任宏志　王学慧主编，民族出版社.378

台湾原住民族语言政策与语言教育研究/袁辰霞著，中央民族大学出版社.349

泰国优勉（瑶）族及其语言/戴庆厦主编，中国社会科学出版社.535

吐鲁番出土文献语言导论/王启涛著，科学出版社.179

维西民族文化与方言/吴成虎著，云南民族出版社.388

文字苦旅：中国南方民族活态古文字田野考察纪实/黄建明著，民族出版社.305

西夏文教程/史金波著，社会科学文献出版社.434

现代维吾尔语情状类型研究/卡依沙尔·艾合买提著，新疆人民出版社.256

新疆民汉语言接触及其对世居汉族语言的影响/赵江民著，北京语言大学出版社.242

语言田野调查实录．八/王远新主编，中央民族大学出版社.621

语言田野调查实录．九/王远新主编，中央民族大学出版社.608

藏文词汇计量统计研究/曹晖　于洪志　祁坤钰著，人民出版社.203

藏文信息处理的原理与应用/高定国　珠杰编著，西南交通大学出版社.254

遮放载瓦语参考语法/朱艳华　勒排早扎著，中国社会科学出版社.435

中国民族语言文字研究史论．第一卷：北方卷/朝克　李云兵等著，中国社会科学出版社.657

中国民族语言文字研究史论．第二卷：南方卷（上下）/朝克　李云兵等著，中国社会科学出版社.1002

中国民族语言文字研究史论．第三卷：索引卷/朝克　李云兵等著，中国社会科学出版社.650

中国名村．云南诺邓/罗杨总主编，赵敏撰稿，知识产权出版社.193

中国少数民族语言汉语借词的历史层次/［法］向柏霖　蓝庆元主编，商务印书馆.231

中国少数民族语言权益保护研究：关于西藏语言立法、管理与教育的调查/周炜著，中国藏学出版社.485

中国少数民族语言生活研究：以西藏自治区为例/周炜著，人民出版社.536

中国西南民族杂居地区语言关系与多语和谐研究：以滇黔桂毗邻民族杂居地区为研究个案/周国炎主编，中国社会科学出版社.392

中亚历史语言文化研究/王新青　郭卫东著，人民出版社.334

七　民族教育

朝鲜族教育史（上中下）/许青善　姜永德主编，延边教育出版社.1410

冲击碰撞下的交流与融合：西北民族地区大众传播现状及对策研究/李克著，中国社会科学出版社 . 318

传统承继与现代创新：凉山彝族教育研究/肖雪主编，四川大学出版社 . 230

当代回族教育/马惠萍著，宁夏人民出版社 . 269

地方文献研究论文选/《阿坝州文库》编委会编，四川民族出版社 . 256

多元文化背景下的教师能力：以中国西南少数民族地区为例/王艳玲　苟顺明著，人民出版社 . 289

红水河流域少数民族传统体育文化研究/韦丽春著，广西民族出版社 . 140

广西民族文化强区建设 · 聚焦 . 2013（上）/《广西民族文化强区建设 · 聚焦》编委会编，广西人民出版社 . 274

广西少数民族预科教育基地建设的理论研究与实践/林志杰主编，北京理工大学出版社 . 322

桂西北少数民族传统体育史/韦丽春　郎耀秀　凌光明主编，广西民族出版社 . 236

"建设民族文化强区促进广西科学发展"优秀论文集/郑作广　唐秀玲　蓝晓主编，广西科学技术出版社 . 187

拉祜族女童的教育选择：一项教育人类学的回访与再研究/杨红著，民族出版社 . 378

历史的回眸：青海教育史专题研究/青海省教育史志编委会编，青海民族出版社 . 372

民国时期蒙古教育政策研究/孙懿著，黑龙江教育出版社 . 342

民族档案文献遗产保护研究：以云南为例/仝艳锋著，山东大学出版社 . 247

民族地区发展与乡土教材开发：宁夏回族社区教育人类学田野调查/张爱琴著，民族出版社 . 475

民族地区基础教育新课程实施问题研究：两所藏族学校的民族志研究/王慧霞著，天津教育出版社 . 264

民族高等教育特色发展研究/陈达云　刘晓红　李俊杰等编著，民族出版社 . 313

民族教育政策文化分析：以民族预科教育政策为线/敖俊梅著，教育科学出版社 . 252

内蒙古佛教与寺院教育/嘉木扬 · 凯朝著，中国社会科学出版社 . 400

徘徊与踌躇中的抉择：西北民族地区大众传播与社会变迁研究/朱杰著，中国社会科学出版社 . 294

人口较少民族生存、文化与教育：基于云南省莽人的人类学考察/袁春艳著，中国社会科学出版社 . 277

少数民族高等教育导论/曲木铁西　夏仕武著，民族出版社 . 307

少数民族汉语教学与文化研究/张广才　陈宇著，江西高校出版社 . 284

少数民族教育发展研究/王世忠著，人民出版社 . 277

四川藏区"9 + 3"教育模式探索/涂文涛主编，人民出版社 . 316

绥服远人：清帝国治理广西的教化策略/徐毅著，社会科学文献出版社 . 309

文化和谐与青藏高原民族高等教育发展的问题研究/马存芳主编，青海民族出版社 . 324

我国少数民族地区农民科技素质教育研究：基于五峰土家族自治县采花乡的田野调查/薛霞著，吉林大学出版社 . 170

西北民族地区发展中的文化创新保障体系研究/路宪民著，人民出版社 . 272

西南民族生态博物馆研究/段阳萍著，中央民族大学出版社 . 300

西藏民族教育可持续发展研究/房灵敏等编著，西藏人民出版社 . 352

西藏义务教育质量研究：以拉萨七县一区为例/纪春梅著，西南交通大学出版社 . 249

乡土知识与文化传承：中国乡土知识传承与校本课程开发研讨会论文集/滕星主编，民族出版社.741

心理学视野下西南少数民族大学生的文化适应/张劲梅编著，云南人民出版社.316

新疆哈萨克族现代教育发展研究/朱远来著，知识产权出版社.317

新疆农牧区13~15岁维哈民族中学生体质下降干预对策研究/武杰　马业康著，北京体育大学出版社.344

彝文古籍与西南边疆历史/张纯德　朱琚元　白兴发著，社会科学文献出版社.339

云南民族古籍与历史文化研究/普学旺　李克忠主编，云南省少数民族古籍整理出版规划办公室编，云南美术出版社.485

云南三语教育的理论与实践/张雨江编著，民族出版社.266

藏羌地区历史文化与教育/甲任主编，四川民族出版社.280

中国民族地区教育发展研究报告：以武陵山片区为例/孟立军等著，科学出版社.219

中国民族教育发展报告.2012/吴霓等著，教育科学出版社.311

壮族教育与文化传承/杨丽萍著，广西民族出版社.154

八　世界民族

巴基斯坦北部地区史/［巴基斯坦］艾哈默德·哈桑·达尼著，杨柳　黄丽莎译，中国藏学出版社.649

从边缘走向中心：非洲裔美国黑人文化/罗虹著，中国社会科学出版社.349

当代美国华人政治参与研究.1965—2012/万晓宏著，暨南大学出版社.310

20世纪上半期哈尔滨犹太人的宗教生活与政治生活/王志军　李薇著，人民出版社.383

2010年海外华侨华人发展报告/王望波　庄国土著，厦门大学出版社.279

国际移民与海外华人研究续篇/李其荣著，湖北人民出版社.765

韩国华侨历史与现状研究/王淑玲著，社会科学文献出版社.234

荷印殖民政府鸦片税收政策及其对爪哇华人社会的影响/沈燕清著，厦门大学出版社.345

加拿大华侨移民史：1858—1966/黎全恩　丁果　贾葆蘅著，人民出版社.642

跨国民族文化适应于传承研究：以中亚东干人为例/王超著，中国社会科学出版社.199

丽水文史资料.第九辑：华侨华人/周加祥主编，丽水市政协文史资料委员会　青田县政协文史资料委员会编，团结出版社.498

马来西亚华人社团研究/石沧金著，暨南大学出版社.478

美国印度裔移民研究/腾海区著，中国华侨出版社.311

民族的渴望：缅北“怒人”的族群重构/何林著，中国社会科学出版社.291

秋千架下：一个泰国北部阿卡人村寨的民族志/马翀炜著，中国社会科学出版社.215

融入与疏离：华侨华人在古巴/袁艳著，暨南大学出版社.242

生活在高墙外：普拉托华人研究/格雷姆·约翰森（Graeme Johanson）　罗素·史密斯（Russell Smyth）　丽贝卡·弗雷齐（Rebecca French）主编，温州市世界温州人研究中心　温州大学浙江省温州人经济研究中心译，中国社会科学出版社.280

生命之河：北美土著人的可持续实践/［美］马钱德（Michael E. Marchand）等著，高等教育出版社.277

适彼叻土：历史人类学视野下的新加坡华人族群/汪鲸著，广东人民出版社.280

世界民族.第一卷：历史与现实/郝时远　朱伦主编，李毅夫　刘泓卷主编，中国社会科学出版社.516

世界民族. 第二卷：种族与语言/郝时远　朱伦主编，葛公尚　周庆生卷主编，中国社会科学出版社.235

世界民族. 第三卷：宗教信仰/郝时远　朱伦主编，龚学增　曹兴卷主编，中国社会科学出版社.361

世界民族. 第四卷：文明与文化/郝时远　朱伦主编，郝时远　王建娥卷主编，中国社会科学出版社.366

世界民族. 第六卷：非洲/郝时远　朱伦主编，葛公尚　于红卷主编，中国社会科学出版社.413

世界民族. 第七卷：欧洲/郝时远　朱伦主编，穆立立　赵常庆卷主编，中国社会科学出版社.353

世界民族. 第八卷：美洲大洋洲/郝时远　朱伦主编，朱伦　吴洪英卷主编，中国社会科学出版社.408

世界民族研究导论/李毅夫著，社会科学文献出版社.511

世界侨情报告.2011—2012/刘泽彭主编，《世界侨情报告》编委会编，暨南大学出版社.274

同根异枝的壮泰族群/范宏贵著，广西民族出版社.446

西南地区海外移民史研究：以广西、云南为例/郑一省　王国平著，社会科学文献出版社.194

学术与人生：俄罗斯民族学家访谈录/［俄］B. A. 季什科夫著，臧颖译，中央民族大学出版社.197

亚太地区的政府政策和民族关系/［英］米歇尔·E. 布朗（Michael E. Brown）　［法］苏米特·甘古力（SUmit Ganguly）主编，张红梅译，东方出版社.523

仪式类型与社会边界：越南老街省孟康县坡龙乡坡龙街赫蒙族调查研究/郑宇　曾静著，中国社会科学出版社.247

印度民族探索/朱昌利　宋天佑　王士录著，云南民族出版社.232

在国家边缘：缅甸那多新寨调查/马翀炜　张振伟著，中国社会科学出版社.211

中东库尔德民族问题透视/唐志超著，社会科学文献出版社.411

中亚地区民族问题与中国新疆民族关系：基于地缘政治的视角/张丽娟著，社会科学文献出版社.376

自治与民族：多民族国家竞争性诉求的协调/［美］盖伊主编，张红梅等译，东方出版社.342

族裔特性、社会流动与公共政策：美英比较/［美］格伦·C. 劳瑞　［美］塔里克·莫多德　［美］斯蒂文·M. 特莱斯主编，施巍巍等译，东方出版社.680

九　少数民族文学艺术

北京回族服饰文化研究/郭平建主编，中央民族大学出版社.186

传统民艺的文化再生产：壮族绣球工艺传承的艺术人类学研究/吕屏著，广西师范大学出版社.209

川西少数民族服饰数字化抢救与保护：羌族服饰卷/张皋鹏著，东华大学出版社.216

穿在身上的史书：乳源瑶绣解读与应用/陈赞民著，广东省民族宗教研究院　乳源瑶族自治县人民政府合编，广东人民出版社.222

鄂西土家族吊脚楼建筑艺术与聚落景观/王红英　吴巍著，天津大学出版社.140

甘南藏族自治州民族特色化建筑标准图集/柴宗刚　陈晓林主编，甘肃科学技术出版社.323

古老神秘的白族甲马/丁达贤著，云南民族出版社.541

古韵遗彩：仫佬族手工艺文化/银联军编著，广西美术出版社.73

贵州少数民族服饰艺术/山西博物院　贵州省博物馆编著，山西人民出版社.167

贵州世居少数民族服饰经典/吴建民主编，贵州省科技教育领导小组办公室　贵州省民族事务委员会编，贵州民族出版社.270

哈尼族服饰文化中的历史记忆：以云南省绿春县“窝拖布玛”为例/白永芳著，云南人民出版社.362

海南黎族传统工艺/符桂花主编，海南出版社.276

活水之源：侗族传统技术传承研究/吴军著，广西师范大学出版社.157

蜡去花现：贵州少数民族传统蜡染手工艺研究/周莹著，中央民族大学出版社.227

蓝靛幽幽：仫佬族服饰文化/银联军编著，广西美术出版社.69

傈僳族服饰文化研究/何奎著，云南大学出版社.226

傩与盘古文化探微/刘冰清　王文明著，世界图书出版广东有限公司.206

旗装奕服：满族服饰艺术/满懿著，人民美术出版社.217

龟兹佛教艺术史/王建林　朱英荣著，新疆龟兹研究院主编，上海文化出版社.193

撒拉族服饰/马建新编著，青海民族出版社.96

撒拉族篱笆楼/马进明　马晓红编著，青海民族出版社.114

少数民族服饰（上下）/殷广胜著，化学工业出版社.330

少数民族工艺与美术综论/苏和平主编，内蒙古文化出版社.420

四子部落传统服饰/赵翠萍主编，郭雨桥图/文，内蒙古文化出版社.152

西南少数民族银铜工艺文化保护与利用调查研究/张建世著，民族出版社.279

祥云白族土主灯戏/李树业著，云南大学出版社.226

新疆壁画中的服饰艺术/周菁葆　孙大卫著，新疆美术摄影出版社.152

新疆喀什噶尔古城历史文化研究．风貌篇/李群　闫飞主编，中国建筑工业出版社.242

新疆喀什噶尔古城历史文化研究．资料篇/李群　闫飞主编，中国建筑工业出版社.153

新疆壁画中的民俗文化/周菁葆　孙大卫著，新疆美术摄影出版社.152

艺术田野调查法/柒万里　俞崧　黄建福编著，广西民族出版社.192

云南德宏世居少数民族民间音乐人类学导论/钟小勇著，中国水利水电出版社.268

云南壮族“莱瓦”艺术图像集成/王明富　金洪编著，云南人民出版社.565

藏传佛教工艺美术/马建设著，青海民族出版社.449

藏族螭鼓舞/仁青加编著，青海民族出版社.71

中国北方游牧民族的造型艺术与文化表意/张景明著，知识产权出版社.341

中国民族服饰变迁融合与创新研究/周梦著，中央民族大学出版社.196

中国民族美术．第四辑/殷会利主编，民族出版社.109

中国民族医药学概论/张吉仲　刘圆　尹巧芝主编，四川科学技术出版社.189

中国少数民族服饰图典/韦荣慧主编，中国纺织出版社.250

中国少数民族民间舞蹈教程/吴崟编著，天津教育出版社.74

中国少数民族戏曲剧种发展史（上下）/王文章主编，学苑出版社.691

中华民族服饰结构图考：少数民族编/刘瑞璞　何鑫编著，中国纺织出版社.779

卓尼服饰文化/马永寿著，卓尼县地方志办公室编，甘肃文化出版社.181

直观造化之相：文化研究语境下的藏族唐卡艺术/意娜著，社会科学文献出版社.235

（供稿人：林浩）

2014年

一　综合

中国民族研究年鉴（2010—2012）/中国社会科学院民族学与人类学研究所编，中国社会科学出版社.984

中国民族年鉴2014总第二十期/石玉刚主编《中国民族年鉴》编委会编，《中国民族年鉴》编辑部.837

中国民族统计年鉴2013/国家民族事务委员会经济发展司　国家统计局国民经济综合统计司编，中国统计出版.897

中国少数民族地区经济发展报告（2014）/郑长德编，中国经济出版社.379

中国少数民族自治州经济社会发展蓝皮书（2006—2010）/刘大志　马林编，民族出版社.466

二　民族理论

西部民族地区马克思主义大众化实现路径创新研究/张书军　高乃云著，经济科学出版社.218

马克思主义民族理论中国化研究/字振华著，人民出版社.273

马克思恩格斯民族理论及其当代价值/张胥著，人民出版社.242

民族主义思潮与国族建构：清末民初中国多民族互动及其影响/郑信哲　周竞红编，社会科学文献出版社.360

民族理论前沿研究/金炳镐编著，中央民族大学出版社.252

统一自治发展：单一制国家结构与民族区域自治研究/戴小明　潘弘祥著，中国社会科学出版社.328

民族区域自治制度和民族基层组织执行状况问题研究/任新民　邓玉函著，知识产权出版社.224

中国民族自治地方立法自治研究/付明喜著，社会科学文献出版社.357

民族、国家与制度：历史制度主义视域下的民族区域自治制度研究/吕永红著，世界图书出版公司.389

共同发展共同繁荣——新中国成立以来党的民族工作理论与实践研究/李资源等著，广西人民出版社.475

民族区域自治制度和民族基层组织执行状况问题研究/任新民　邓玉函著，知识产权出版社.224

藏区国家基层政权建设及成本实证报告——以青海藏区为例/沈燕萍等著，经济日报出版社.246

马克思主义视野的“民族认同”问题研究/陈茂荣著，中国社会科学出版社.210

中国民族政策史（上中下）/龚荫著，云南人民出版社.1205

青海省创建民族团结进步先进区的理论与实践/中共青海省委统战部编，人民出版社.381

坚持和完善中国特色民族政策研究/雷振扬等著，中国社会科学出版社.743

身份认同中的法律与政策研究：以新疆为视角/张建江著，中国政法大学出版社.321

中国民族关系现状与前景/马戎著，社会科学文献出版社.355

西部民族地区乡村治理的逻辑与实践/谢治菊著，社会科学文献出版社.288

民族区域自治制度的发展与完善：自治州自治条例研究/黄元姗著，中国社会科学出版社.195

三　民族经济

西南边疆少数民族地区反贫困与社会稳定对策研究/赵曦著，西南财经大学出版社.270

地方政府能力建设西部民族地区发展新思路/任维德等著，内蒙古大学出版社.358

西南民族地区旅游业与社区互动发展/王剑彭建著，中国经济出版社.260

新疆民族文化旅游资源开发潜力研究/阿尔斯朗　马木提著，陕西旅游出版社.308

近代湘西开发史研究——以区域史为视角/龙先琼著，民族出版社.193

旅游业与滇越跨境民族贫困问题研究——云南麻栗坡小坪寨蓝靛瑶个案/谷家荣著，民族出版社.155

中国农村消费市场开发与对策研究：以乌江流域民族地区为例/王山河等著，中国经济出版社.174

回族地区全面建成小康社会（第二十一次全国回族学研讨会论文集）/丁宏编，宁夏人民出版社.279

经济发展中的政府职能研究：以青海藏区为例/张世华，经济管理出版社.140

民族地区区域营销研究/杨艳辉著，经济科学出版社.214

民族地区贫困的测度与减贫因素的实证研究/单德朋著，经济科学出版社.230

四川藏区社会发展模式研究——从经济增长主导型到社会建设优选型/李翔宇著，西南财经大学出版社.198

完善我国西部农村少数民族社会保障的战略考量/黄维民著，中国社会科学出版社.292

加快少数民族地区经济社会发展/张定龙著，中国言实出版社.14

微型金融机构社会扶贫功能研究：基于少数民族地区的数据和经验/熊芳著，科学出版社.164

汉夷杂区经济滇云八年书系/李有义著，云南人民出版社.139

情定香巴拉：民族地区文化旅游创意产业发展研究/意娜著，知识产权出版社.236

中央支持民族地区经济政策体系研究/张冬梅著，社会科学文献出版社.227

民族地区发展现代农业路径探索——以凉山彝族自治州为例/谢以纲著，西南财经大学出版社.148

论少数民族特色产业创新与发展/张璞等著，经济管理出版社.283

以旅游为产业动力的少数民族地区特色城镇化道路研究/李柏文著，中国社会科学出版社.278

四川民族地区全面建成小康社会研究/张友著，民族出版社.300

中国少数民族地区的后发赶超与转型发展/郑长德著，经济科学出版社.391

经济民族主义/程春华著，社会科学文献出版社.334

民族地区女性农民工返乡创业问题研究/李玫著，中国社会科学出版社.300

少数民族山区长期贫困与发展型减贫政策研究/陈全功　程蹊著，科学出版社.211

尘封的曲线——溪州地区社会经济研究/胡炳章著，民族出版社.312

民族地区区域经济协调发展研究——以阿坝藏族羌族自治州为例/蒋远胜　王玉峰著，西南财经大学出版社.275

四　民族学与人类学

中国哲学社会科学学科发展报告、学前前沿研究报告系列：政治学、民族学与新闻传播学学科前沿研究报告（2010—2012）/中国社会科学院科研局编，中国社会科学出版社.290

中国西南民族研究学会建会30周年精选学术文库（贵州卷）/余宏模　袁晓文编，民族出版社.597

中国西南民族研究学会建会30周年精选学术文库（云南卷）/何耀华　袁晓文编，民族出版社.569

中国西南民族研究学会建会30周年精选学术文库（四川卷）/李锦　袁晓文编，民族出版社.590

中国西南民族研究学会建会30周年精选学术文库（湖北卷）/黄柏权　田敏编，民族出版社.551

中国西南民族研究学会建会30周年精选学术文库（湖南卷）/罗康隆　瞿州莲编，民族出版社.403

中国西南民族研究学会建会30周年精选学术文库（重庆卷）/黎小龙　袁晓文编，民族出版社.597

中国西南民族研究学会建会30周年精选学术文库（西藏卷）/孙勇　袁晓文　陈国安编，民族出版社.353

民族学原理/徐黎丽著，人民出版社.395

民族生态学理论方法与个案研究/崔明昆著，知识产权出版社.260

岔路村调查：彝族/黄锐编，中国经济出版社.364

塔玛村调查：藏族/罗莉编，中国经济出版社.316

西街村调查：汉族/王玉芬编，中国经济出版社.468

香拉村调查：藏族/金红磊编，中国经济出版社.289

寺庄村调查：回族/周晓丽　党秀云编，中国经济出版社.335

坪头村调查：羌族/罗莉编，中国经济出版社.275

狮河村调查：白族/杨聪编，中国经济出版社.302

小茅坡营村调查：苗族/何伟军编，中国经济出版社.347

嘎鲁图嘎查调查：鄂温克族/黄健英编，中国经济出版社.313

建塘村调查：藏族/王丽平编，中国经济出版社.249

安达石村调查：满族/张春敏编，中国经济出版社.371

巫头村调查/李澜编，中国经济出版社.386

瓦匠庄村调查：撒拉族/祁永寿等编，中国经济出版社.250

孔当村调查：独龙族/黄锐编，中国经济出版社.299

古里金村调查：汉族/杨思远编，中国经济出版社.367

丙盖村调查：阿昌族/田宁　车峰编，中国经济出版社.320

南流寺村调查：汉族/张春敏编，中国经济出版社.374

田家洞村调查：土家族/李长友　于印辉编，中国经济出版社.296

中国边疆民族研究（第八辑）/达力扎布编，中央民族大学出版社.281

族群社会发展与变迁：朝鲜族社会调查研究/安成浩著，浙江大学出版社.242

汉民族与荆楚文化研究：汉民族学会2012年会暨荆楚文化学术研讨会论文集/段超　张昌东编，中国社会科学出版社.472

交融与互动：藏彝走廊的民族、历史与文化/石硕等著，四川人民出版社.668

颜思久学术文选/颜思久著，云南大学出版社.151

白族散杂居区历史与现状研究/张丽剑著，民族出版社.353

南方民族研究论丛：第七辑/田敏主编，世界图书出版广东有限公司.250

中国共产党的西藏政策/孙勇主编，社会科学文献出版社.388

民族团结云南经验"民族团结进步　边疆繁荣稳定示范区"调研报告/中国社会科学院"云南省民族团结进步　边疆繁荣稳定示范区建设研究"课题组编著，社会科学文献出版社.643

京族人的族群认同与国家认同/吕俊彪著，社会科学文献出版社.198

杜荣坤民族研究论集/杜荣坤著，中国社会科学出版社.705

满学论丛：第4辑/赵志强编，辽宁民族出版社.399

生命观视阈中的藏族丧葬文化研究：金沙江上游三岩峡谷的田野调查/岳小国著，世界图书出版广东有限公司.323

蔡家麒学术文选/蔡家麒著，云南大学出版社.300

熊锡元学术文选/熊锡元著，云南大学出版社.174

湖南维吾尔族的社会变迁与文化调适/黄丽著，世界图书出版广东有限公司.204

重塑畲人（赣南畲族的历史记忆与族群认同）/曹大明著，世界图书出版公司.288

新疆民族文化民族心理与社会长治久安/高静文著，经济科学出版社.462

张正东文集/张正东著，群言出版社.324

西北民族论丛：第十辑/周伟洲主编，中国社会科学出版社.422

论中华民族——从地域特点和长城的兴废看中华民族的起源　形成与发展/高凯军著，文物出版社.388

中国少数民族特色村寨保护与发展经验研究/国家民委经济发展司，民族出版社.680

当代中国边疆民族地区典型百村调查——黑龙江卷/厉声主编，社会科学文献出版社.1108

保持与创新（以传统应对现代的黎平黄岗侗寨）/罗康智著，民族出版社.270

少数民族城镇居民幸福感与构建和谐边疆/张爱萍著，社会科学文献出版社.196

维护藏区社会和谐发展研究/贾秀兰著，民族出版社.257

中国共产党少数民族文化政策研究/刘源泉著，人民出版社.291

少数民族权利救济机制研究/杨雅妮著，中国社会科学出版社.335

新疆西藏民族分裂问题/胡仕胜　翟源静著，国际文化出版公司.184

西北地区城市化进程中人口流动对民族关系的影响/林钧昌　赵民著，民族出版社.300

西部民族地区社会问题研究报告/蔡华　陈勇著，民族出版社.385

族群冲突与治理：基于冷战后国际政治的视角/王剑峰著，社会科学文献出版社.374

黔东南苗族村寨村规民约研究/孙韡著，西南交通大学出版社.319

中国共产党与少数民族传统文化保护和发展研究/李资源等著，人民出版社.826

中国共产党的西藏政策（1989—2005）/孙勇编，社会科学文献出版社.388

中国共产党与中国民族问题（1921—1949）/陈夕著，中共党史出版社.326

民族关系的国家建构：以云南为例/徐畅江著，知识产权出版社.218

民族地区乡镇服务型政府建设研究/苏祖勤著，人民出版社.379

民族语境下的政治思想史/［英］达里奥·卡斯蒂廖内编，周保巍译，人民出版社.349

与草原共存：哈日干图草原的生态人类学研究/乌尼尔著，知识产权出版社.200

精武源头小南河：一个城郊村发展变迁的人类学考察/佟春霞等著，社会科学文献出版社.391

当代人类学十论/潘天舒著，生活·读书·新知三联书店.169

尊严利益——云南小凉山彝汉纠纷解决方式的人类学研究/嘉日姆几著，云南大学出版社.164

法律人类学论丛（2014 第 2 卷）/王允武　吴大华著，民族出版社.391

同济人文社科丛书.第 4 辑：科学史研究中人类学进路的编史学考察/卢卫红著，同济大学出版社.192

大学译丛：社会学与人类学/马塞尔·莫斯著，佘碧平译，上海译文出版社.513

清水江流域传统林业规则的生态人类学解读/徐晓光著，知识产权出版社.243

人类学基督教研究导读/黄剑波　艾菊红编，知识产权出版社.322

艺术人类学的本土视野/方李莉著，中国文联出版公司.341

人类学与“历史”：第一届东亚人类学论坛报告集/［日］末成道男　刘志伟　麻国庆编，社会科学文献出版社.659

艺术生存与文艺人类学视野/王列生著，中国文联出版公司.398

接通的意义：历史人类学视域下的中国音乐文化史研究/项阳　仲呈祥编，中国文联出版公司.324

汉译人类学名著丛书：族群与边界、文化差异下的社会组织/［挪威］费雷德里克·巴斯著，李丽琴译，商务印书馆.144

象征人类学理论/瞿明安等著，人民出版社.397

21 世纪人类学系列教材：人类学研究方法/王积超编，中国人民大学出版社.335

审美人类学视阈中的民歌文化/廖国伟编，人民日报出版社.231

回归荒野：准噶尔盆地野马的生态人类学研究/陈祥军著，知识产权出版社.231

审美人类学的西方理论视野/莫其逊编，人民日报出版社.248

美之文化与文化之美：人类学视域下的审美与文化/海力波著，人民日报出版社.226

审美人类学与区域文化建设/覃德清著，人民日报出版社.268

21 世纪人类学系列教材：人类学理论史/黄剑波著，中国人民大学出版社.145

哲学人类学/［德］马克思·舍勒著，北京师范大学出版社.270

当代中国人类学发展的多重视野：2013 年全国民族学博士生学术论坛论文集/张先清　俞云平编，厦门大学出版社.222

堤垸与疫病：荆江流域水利的生态人类学研究/袁理，中国社会科学出版社.341

海岸带资源开发与乡民社会变迁：以竹塔村为中心的生态人类学研究/吴振南著，中国社会科学出版社.321

人类学研究第 4 卷/庄孔韶编，浙江大学出版社.252

青藏高原的草原生态与游牧文化：一个藏族牧业乡的个案研究/陕锦风著，中国社会科学出版社.246

文学人类学的中国进路与问题研究/王大桥著，中国社会科学出版社.250

仪式中的教育过程：云南文山蓝靛瑶“度戒”仪式的教育人类学分析/邓桦著，人民出版社.190

嘉绒跳锅庄：墨尔多神山下的舞蹈、仪式与族群表述/李菲著，北京大学出版社.282

八桂民族文化论丛：审美人类学与广西民族文化研究/张利群著，人民日报出版社.246

五　民族宗教

藏汉接合部多元宗教共存与对话研究：以舟曲地方为例/马宁著，民族出版社 . 404
宗教信仰与民族文化．第六辑/郭宏珍编，社会科学文献出版社 . 274
清代藏传佛教研究/尕藏加著，中国社会科学出版社 . 360
新疆蒙古藏传佛教寺庙/才吾加甫著，新疆人民出版社 . 170
青藏高原民族宗教与社会历史丛书：早期羌史研究/李健胜等著，人民出版社 . 187
吐鲁番发现回鹘文佛教新文献研究/迪拉娜 · 伊斯拉非尔著，民族出版社 . 185
当代中国民族宗教问题研究（第 8 集）/中国统一战线理论研究会　民族宗教理论甘肃研究基地编，中国社会科学出版社 . 304

六　民族历史

准噶尔蒙古与清朝关系史研究/黑龙著，上海古籍出版社 . 274
岭南民族源流史/徐杰舜　李辉著，云南人民出版社 . 547
百苗图（现代图谱）/杨昌儒　高冰著，贵州大学出版社 . 574
北方民族考古．第 1 辑/中国人民大学北方民族考古研究所　中国人民大学历史学院考古文博系编，科学出版社 . 422
民族与古代中国史/傅斯年著，上海人民出版社 . 387
契丹古代史研究/［日］爱宕松男著，邢复礼译，内蒙古人民出版社 . 201
西迁新疆的察哈尔蒙古：首届新疆温泉文化旅游节暨纪念察哈尔蒙古西迁戍边 250 周年论坛论文集/马大正编，民族出版社 . 376
毕节彝族发展历史研究/陈燕英编著，光明日报出版社 . 236
清代新疆民族关系研究/赵海霞著，民族出版社 . 261
中国南方古代民族/杨帆著，云南人民出版社 . 220
云南民族的历史与文化概要/王文光著，云南人民出版社 . 293
云南民族关系的历史与经验/张刚　伍雄武著，社会科学文献出版社 . 322
蒙古秘史逻辑思想研究/莫日根巴图著，辽宁民族出版社 . 311
康巴历史与文化/任新建著，巴蜀书社 . 498
历史时期西南区域民族地理观研究/张勇著，中国文史出版社 . 215
巴音郭楞蒙古族史：东归土尔扈特、和硕特历史文化研究/吐娜　潘美玲著，中国言实出版社 . 243
契丹史论证/陈述著，山西人民出版社 . 172
冯承钧著译集：多桑蒙古史/多桑编，冯承钧译，上海古籍出版社 . 977
青海藏族简史/先巴著，青海人民出版社 . 358
祖先历史的变奏——大理洱海地区一个村落的身份操演/赵玉中著，云南大学出版社 . 269
土家族历史文化散论/黄柏权著，世界图书出版公司 . 293
青海蒙古族简史/芈一之　张科著，青海人民出版社 . 298
青海撒拉族简史/芈一之　张科著，青海人民出版社 . 305
青海回族简史/喇秉德　马小琴著，青海人民出版社 . 316
民族史研究．第 11 辑/奇文瑛编，中央民族大学出版社 . 456
中世纪维吾尔历史/拓和提　莫扎提著，中央民族大学出版社 . 271
花瑶民族的历史、文化与社会/黄勇军等著，中国社会科学出版社 . 207

藏族史纲要/陈楠 任小波编，中央民族大学出版社.517

德都蒙古文化简论/贾晞儒著，民族出版社.250

东北古代边疆史料学/厉声编，黑龙江教育出版社.662

唐代吐蕃与西域诸族关系研究/杨铭著，黑龙江教育出版社.361

广东民族关系史/练铭志等著，广东人民出版社.658

靺鞨兴嬗史研究——以族群发展演化为中心/范恩实著，黑龙江教育出版社.351

蒙古源流/萨冈彻辰著，乌兰译，内蒙古大学出版社.490

阿勒坦汗传：（蒙汉合璧）蒙古文历史文献汉译（蒙汉对照）/佚名著，珠荣嘎注译，内蒙古大学出版社.346

蒙古黄金史纲（蒙汉对照）/佚名著，朱风贾敬颜译，内蒙古大学出版社.196

蒙古文历史文献汉译：阿萨喇克其史（蒙汉合璧）/善巴台吉著，乌云毕力格注译，内蒙古大学出版社.200

土家族历史文化散论/黄柏权著，世界图书出版公司.293

金石铭文中的历史记忆——永顺土司金石铭文整理研究/瞿州莲 瞿宏州著，民族出版社.371

土司制度与彭氏土司历史文献资料辑录/罗维庆 罗中编，民族出版社.584

蒙汉合璧蒙古文历史文献汉译：内齐托音一世传内齐托音二世传/（清）额尔德尼毕利衮达赖著，申晓亭注译，内蒙古大学出版社.243

蒙汉合璧蒙古文历史文献汉译：蒙古博尔济吉忒氏族谱蒙古黄史/罗密著，乌力吉图译，内蒙古大学出版社.80

蒙汉合璧蒙古文历史文献汉译：大蒙古国根本黄金史/罗布桑丹毕坚赞著，格日乐注译，内蒙古大学出版社.211

泛北部湾地区秦汉时代的古族社会文明/谢崇安著，科学出版社.391

卫拉特三大汗国及其后人/班布日孛儿只斤·苏和著，内蒙古人民出版社.256

吐蕃统治敦煌西域研究/杨铭著，商务印书馆.325

东北亚古代民族史/杨军等著，中国社会科学出版社.318

西南少数民族口述传播史研究/蓝东兴著，重庆大学出版社.363

草原霸主：欧亚草原早期游牧民族兴衰史/马健著，商务印书馆。191

塞外文论：马曼丽内陆欧亚研究自选集/马曼丽著，兰州大学出版社.499

中国东北民族史/杨军编，吉林文史出版社.1020

明清西域史与回族史论稿/王东平著，商务印书馆.284

氐族史/杨铭著，商务印书馆.198

元史及民族与边疆研究集刊.第二十八辑/刘迎胜主编，上海古籍出版社.213

辽代女真族群与社会研究/孙昊著，兰州大学出版社.242

西域史族新考/张西曼著，山西人民出版社.47

元史及民族与边疆研究集刊·第二十七辑/刘迎胜主编，上海古籍出版社.260

土司家族的世代传承——永顺彭氏土司谱系研究/成臻铭著，民族出版社.368

土司研究新论——多重视野下的土司制度与民族文化/游俊著，民族出版社.468

满蒙档案与蒙古史研究/乌云毕力格编，上海古籍出版社.367

倮倮云南倮倮泼：法国早期对云南彝族的研究/［法］维亚尔著，郭丽娜等译，学苑出版社.411

黑鞑事略校注/许全胜注释，兰州大学出版社.293

两唐书吐蕃传译注/罗广武注释，中国藏学出版社 . 320
瑶史考辨/莫金山著，民族出版社 . 47
土家文化的圣殿——永顺老司城历史文化研究/游俊著，民族出版社 . 335
靺鞨兴嬗史研究——以族群发展演化为中心/范恩实著，黑龙江教育出版社 . 351
同根生的民族：壮泰各族渊源与文化/范宏贵著，世界图书出版广东有限公司 . 265
土司研究新论——多重视野下的土司制度与民族文化/游俊著，民族出版社 . 468
土家族梯玛探幽/张伟权著，世界图书出版公司 . 192
契丹巾帼：辽代契丹族女性研究/张郧编，民族出版社 . 293
土司制度与彭氏土司历史文献资料辑录（共 2 册）/罗维庆编，民族出版社 . 584

七　民族语言文字

突厥语历史比较语法：语音学/沈成明编译，中国社会科学出版社 . 556
满语词源及文化研究/长山著，社会科学文献出版社 . 195
元明戏曲中的蒙古语/方龄贵著，云南人民出版社 . 354
跨境俄罗斯语：新疆俄罗斯族语言研究/白萍著，中国社会科学出版社 . 231
赛德克语研究中国新发现语言研究丛书/陈康著，民族出版社 . 339
史兴语研究中国新发现语言研究丛书/孙宏开等著，民族出版社 . 390
中国京语词典/韦树关等编著，世界图书出版广东有限公司 . 477
维吾尔历史上使用的文字范例选编/阿西木等编，研究院出版社 . 547
蒙古语 366 句会话句/曹道巴特尔著，社会科学文献出版社 . 180
鄂温克语 366 句会话句/朝克　卡佳　阿丽娅著，社会科学文献出版社 . 185
维吾尔语的静词化短语/木再帕尔著，民族出版社 . 274
王辅世语言研究文集/王辅世著，社会科学文献出版社 . 598
汉语维吾尔语对应关系词研究/德力夏提·肉孜著，中央民族大学出版社 . 364
视听视界——当代民族影视语言与文化论文集（3）/宋杰著，云南大学出版社 . 232
少数民族大学生语言状况的实证研究/邬美丽著，南开大学出版社 . 274
中国少数民族语言参考语法研究系列丛书：邦朵拉祜语参考语法/李春风著，中国社会科学出版社 . 528
哈萨克族语言简史/阿里木·朱玛什著，孟毅译，民族出版社 . 398
中国少数民族语言参考语法研究系列丛书：银村仫佬语参考语法/银莎格著，中国社会科学出版社 . 445
契丹文字研究类编/刘凤翥著，中华书局 . 1226
蒙古语短语结构知识库相关研究/达胡白乙拉著，辽宁民族出版社 . 483
明四夷馆鞑靼馆及《华夷译语》鞑靼“来文”研究/乌云高娃著，中国社会科学出版社 . 329
实用藏文文法教程修订本/格桑居冕　格桑央京著，四川民族出版社 . 550
蒙古语实验语音学研究/白音门德著，内蒙古人民出版社 . 494
塔塔尔语 366 句会话句/卡米力·库尔马尤夫编，社会科学文献出版社 . 181
傈僳语 366 句会话句/欧光明　李文宇著，社会科学文献出版社 . 183
赫哲语 366 句会话句/朝克著，社会科学文献出版社 . 181
土族语 366 句会话句/K. D. 布日古德编，社会科学文献出版社 . 177
锡伯语 366 句会话句/朝克编，社会科学文献出版社 . 179

末昂语研究/周德才著，民族出版社.334

云南玉龙县九河白族乡少数民族的语言生活/戴庆厦编，商务印书馆.330

俄亚托地村纳西语言文字研究/曾小鹏著，民族出版社.409

东南亚华人社区汉语方言概要（共3册）/陈晓锦著，世界图书出版广东有限公司.1367

维吾尔语谚语与文化研究/华锦木　刘宏宇著，北京大学出版社.346

八　世界民族

非洲民族：民族的国家/［加纳］奎西·克瓦·普拉著，姜德顺译，民族出版社.370

俄罗斯民族文化自治法研究/阿茹罕著，中国政法大学出版社.260

中亚地区民族问题与中国新疆民族关系：基于地缘政治的视角/张丽娟著，社会科学文献出版社.376

从森林中走来：马来西亚美里华人口述历史/黄晓坚等编，广东人民出版社.588

萨摩亚人的成年/［美］玛格丽特·米德著，周晓虹译，商务印书馆.205

阿赞德人的巫术、神谕和魔法/［英］埃文思-普里查德著，覃俐俐译，商务印书馆.760

努尔人：对一个尼罗特人群生活方式和政治制度的描述/［英］埃文思-普里查德著，褚建芳译，商务印书馆.312

游牧民的世界史/［日］杉山正明著，黄美蓉译，中华工商联合出版社.267

德国的历史观：从赫尔德到当代历史思想的民族传统/［德］格奥尔格·G. 伊格尔斯著，彭刚等译，译林出版社.464

博茨瓦纳族群生活与社会变迁/徐薇　刘鸿武著，浙江人民出版社.226

1988年以来缅甸民族国家构建/刘务著，社会科学文献出版社.259

南亚极端民族主义与民族分裂主义研究——以斯里兰卡为例/李捷著，兰州大学出版社.267

象征之林：恩登布人仪式散论/［英］维克多·特纳著，赵玉燕等译，商务印书馆.411

简明犹太民族史/［英］塞西尔·罗斯著，黄福武等译，山东大学出版社.450

九　民族教育

民族地区教育优先发展研究/张诗亚著，经济科学出版社.437

廉政建设与民族高等教育发展研究/常一青著，世界图书出版广东有限公司.220

蓝靛瑶人及其学校教育：一个老挝北部山地族群的民族志研究/袁同凯著，中国社会科学出版社.398

民族地区职业技术教育与经济互动发展研究/马小丽著，四川大学出版社.208

广西民族教育研究/王枬　徐莉著，广西师范大学出版社.289

十　其他

云南少数民族历史档案数字化建设/赵德美著，社会科学文献出版社.182

民族类综合学术期刊发展问题研究——以《西南民族大学学报》（人文社会科学版）为例/余仕麟著，民族出版社.372

中国少数民族医药文献研究/郭凌云等著，世界图书出版广东有限公司.196

西部民族文物与文化研究/杨铭著，民族出版社.408

德都蒙古民俗与文化变迁研究论集/僧格等著，民族出版社.335

民族民俗旅游/欧阳正宇著，北京大学出版社.432

西部民族民俗旅游/欧阳正宇著，北京大学出版社．432
御制蒙汉合璧书经（蒙古文、汉文）/额尔木图编，内蒙古人民出版社．278
蒙文古籍/故宫博物院编，故宫出版社．286
中国少数民族文物图典．闽东畲族博物馆卷/李铁柱编，辽宁民族出版社．235
御制蒙汉合璧书经/额尔木图编，内蒙古人民出版社．278
德都蒙古地名例释/纳·才仁巴力编，民族出版社．220
蒙古族民俗风情（全彩图文版）/玉海编，内蒙古人民出版社．122
中国少数民族文物图典内蒙古博物院卷/李铁柱编，辽宁民族出版社．233
传统村落与非物质文化遗产保护研究/汪欣著，知识产权出版社．244
民国时期社会调查丛编．2 编少数民族卷/李文海著，福建教育出版社．2805

（供稿人：陈杰）

2013—2014 年汉文学术论文索引

［说明：排列顺序为论文文章名称，著（译）者，出版单位，期数或日期］

2013 年

一　民族问题理论

藏区社会和谐稳定发展的影响因素及对策研究/熊坤新　戴慧琦　胡琦，甘肃理论学刊 . 5

论民族宗教问题的解决和民族关系的和谐/何虎生　黄晓霓，甘肃理论学刊 . 5

边疆民族地区政治体制改革的有效途径/吴莹，社会主义论坛 . 1

论民族自治地方政府信息化的基本特征及其内在互动关系/吴剑明　刘寒雁，云南行政学院学报 . 1

多元主体参与治理少数民族自发移民问题研究——以云南 K 县为例/陆海发，云南行政学院学报 . 2

民族自治县农民对新型农村社会养老保险需求研究：以广西 12 个民族自治县为例/覃双凌，云南行政学院学报 . 2

试析在执行民族区域自治政策过程中的几个误区/许安平，云南行政学院学报 . 3

对当前我国民族文化遗产管理几个主要问题的分析/杨文顺，云南行政学院学报 . 4

利用少数民族乡村传统社会资本创新社会管理——以云南某佤族乡村为例/王丽华　赵启燕，云南行政学院学报 . A06

边疆少数民族在土地流转中的权益保障问题研究/孙岿，辽宁师范大学学报（社会科学版）. 1

大化瑶族自治县北景乡民族关系调查报告/罗彩娟，广西民族师范学院学报 . 4

苗族“巴岱”身份演变及其原因分析——以高务村及其邻近村落为例/蒋欢宜，广西民族师范学院学报 . 4

中国特色社会主义民族关系的社会实践——贵州省黔南州民族工作 50 年的成功范例探讨/吴正彪，广西民族师范学院学报 . 6

云南少数民族宗教文化的现代传承与发展/孙浩然，学术探索 . 6

少数民族文化适应、职业社会认知与就业压力——少数民族职业问题研究路径/张劲梅　曾玉霞，学术探索 . 8

少数民族非物质文化遗产教育传承的价值结构/普丽春，学术探索 . 8

文化变迁视野下民族文化的现代价值——以昭通市鲁甸县桃源民族乡为个案/马会琼　张联英　学术探索 . 8

边疆民族地区大学生就业心理研究的民族视野/刘建平　聂曲　刘钰，学术探索 . 9

纳西族“化寅”文化的合理性及现实意义/郝士艳　和颖，学术探索 . 9

全球化时代的民族与国家/周平，学术探索.10

党在边疆民族自治地区的执政经验与制度自信——以云南为例/高旗，学术探索.10

边疆多民族地区马克思主义大众化问题探析——以云南为例/阮金纯　王婕　学术探索.12

西北民族地区人口消费模式与环境关系定量分析/张广裕　石春娜，甘肃联合大学学报（社会科学版）.4

边疆民族地区民间组织在乡村治理中的作用探析——以河口县A村老年协会为例/谭新雨，山东行政学院学报.6

新形势下城市民族工作问题探究——以天津市为例/吴星辰，重庆社会主义学院学报.1

我国城市少数民族统战工作研究的回顾与前瞻/刘斌志　梁谨恋，重庆社会主义学院学报.2

论影响民族自治地方政府执行力的因素与对策/冉瑞燕，武汉纺织大学学报.1

西北民族地区反贫困的历史调查及现状分析——以甘肃省肃南裕固族自治县为例/杜军林，河西学院学报.3

农业集体化运动背景下的民族政策调整：以贵州省麻山地区“闹皇帝”事件的和平解决为例/王海光，中共党史研究.2

西部民族地区贫困的人口学因素分析——以新疆南疆三地州为例/王朋岗，前沿.1

乌鲁木齐城市社区民族团结教育现状研究/杨敏，前沿.6

民族地区公民文化发展的几点思考/赵晓红　祁元生，前沿.8

民族山区转型农村返贫人口的多维成因探讨——基于恩施州的实证/谭贤楚，前沿.11

我国民族自治地方社会管理面临的问题及其对策/刘文光　杨滟，前沿.13

新中国成立以来中国共产党推进民族团结进步事业的基本经验/李增添，前沿.15

论高校马克思主义民族观教育的价值研究/刘灿婷　胡昂，前沿.15

新中国成立前广西民族关系发展的历史演进/刘相涛，前沿.21

全球化视域下我国民族问题与民主政治建设的冲突/卢继元　张国，新疆社科论坛.1

多元宗教和谐共处的对策分析/孙浩然，新疆社科论坛.1

自在到自觉：略论民族文化现代化的几个关系/李瑞君　于春江，新疆社科论坛.3

新疆非法宗教活动频发原因及其对策/任红，新疆社科论坛.3

正确认识和妥善处理宗教与现代社会的关系/范玉显，新疆社科论坛.3

少数民族地区农村文化惠民工程实施成效、问题及对策建议——以新疆焉耆回族自治县为例/史玮　王习农，新疆社科论坛.4

新疆维吾尔族生态文化探析/周宁宁，新疆社科论坛.4

对实现新疆少数民族文化现代转型的几点思考/哈德别克·哈汉，新疆社科论坛.6

城市少数民族流动人口中低龄儿童合法权益的有效保护——以兰州市少数民族流动人口为例/沙莉，黑河学刊.3

近十年来民族关系调控研究评介/刘翠兰　郭培培，黑河学刊.4

关于推进新疆跨越式发展和长治久安几个问题的思考/袁新涛，黑河学刊.11

蒙古族大学生对双语教学的态度研究/宝音都仍　乌音嘎　图雅日呼，内蒙古农业大学学报（社会科学版）.1

全面建成小康社会与民族地区发展模式创新/李鸿，大连民族学院学报.2

城市化进程中民族认同与公民身份构建的理论思考/朱军，大连民族学院学报.2

论少数民族文化政策的创新与发展/李丽娜，大连民族学院学报.2

新疆锡伯族构建和谐民族关系之要因探寻/关伟，大连民族学院学报.2

认同性整合与族际关系调适——辽宁城市回族社区文化活动开展成效调查与思考/戴嘉艳，

大连民族学院学报.2

婚姻冲突中的回族性别建构研究——基于甘肃临夏八坊回族聚居区的调查/王艳，大连民族学院学报.2

民族社区分类与包容性社区文化建设的政策取向/赵巧艳，大连民族学院学报.2

浅论中国满族自治地方的设立——兼论辽宁岫岩满族自治县的成立/马爱杰，大连民族学院学报.2

边疆城市少数民族流动人口城市融入的思路及对策/牛燕军，赤峰学院学报（汉文哲学社会科学版）.9

民族自治县政府经济职能效能评估——以玉龙纳西族自治县为例/和沁，云南行政学院学报.3

衣食住与生物资源均衡利用对构建和谐民族自治地方的影响/罗义群，凯里学院学报.2

黔东南原生态民族文化与民俗旅游协同发展初探/蔡婷婷，凯里学院学报.5

文化媒介视阈下的中国少数民族传统建筑文化保护/潘怿晗，经济与社会发展.1

加强科学民族观教育　促进我国各民族大团结/蓝波涛，经济与社会发展.1

论中国共产党民族区域自治的思想与实践/龙志贵，怀化学院学报.7

胡锦涛少数民族干部教育思想探析/刘亚丽，理论学刊.5

跨界民族国家认同与边疆和谐稳定对策研究/刘洁　刘薇，理论学刊.9

中国中越边境民族地区经济文化教育和谐性发展的对策思考——以云南省为例/李锦发，红河学院学报.3

少数民族聚居村寨田野调查概要/吴正彪，铜仁学院学报.6

利用民族信仰推进生态建设可行性探讨/杨元红，毕节学院学报（综合版）.5

新疆维吾尔族打工妹的社会角色和家庭地位转变——喀什地区疏勒县巴仁乡的调查/王平　阿达莱提·图尔荪，晋阳学刊.6

中国涉藏网络文化发展的现状研究/王万宏，阿坝师范高等专科学校学报.2

城市社区民族工作的发展策略及其法制保障——以成都市为例/陈云霞，阿坝师范高等专科学校学报.4

少数民族聚居区民族关系长期和睦的原因探究/肖映胜　游俊，求索.10

各民族和睦相处、和衷共济与和谐发展论略/马英杰，烟台大学学报（哲学社会科学版）.3

从民族交往互动层面透视新疆南疆地区维汉民族关系问题/李洁，烟台大学学报（哲学社会科学版）.4

城市化进程中浙江省少数民族流动人口研究/邹日强，浙江社会科学.7

旅游开发下民族社区精英成长与文化认同——以北川羌族自治县五龙寨为例/吴其付，重庆文理学院学报.4

水电移民与少数民族的生产、生活方式和风俗习惯的冲突与调适研究/张林洪　胡德斌　阮品江　彭颖，昆明理工大学学报（社会科学版）.5

南疆民族地区乡村旅游发展与矛盾疏解的数据分析/吕华鲜　吴金蔚，广西师范大学学报（哲学社会科学版）.3

论民族区域自治政策实施的基本形式/宋才发，广西师范大学学报（哲学社会科学版）.4

我国民族地区反贫长效机制研究/张跃平　徐梓青，湖北社会科学.8

关于中国坚持和完善民族区域自治制度的三步走战略构想——兼论在改革开放的全方位视域下统筹解决民族问题的路线图/吴昱辰，社科纵横.2

湖北省武陵山民族地区扶贫政策绩效调查——以恩施土家族苗族自治州为例/张瑞敏，社科纵横 . 5

建国初期西部民族地区农村基层政权的变迁与重构——以西康省雅安县蔡龙乡为中心的研究/邓小林，社科纵横 . 5

和平解放以来党的宗教政策在西藏的成功实践/李德成，青藏高原论坛 . 1

转型期民族地方政府社会矛盾调处机制完善与创新研究——以青海为例/牛丽云，青藏高原论坛 . 2

生态移民与新时期牧区民族工作调研报告/完玛冷智，青藏高原论坛 . 2

关于推进区域自治民族发展的几点思考/陶克套　李梅英　赵妍，内蒙古社会科学 . 5

从联邦共和国民族自治区域设想到统一共和国民族区域自治确立——兼论中共领导建立豫海县回民自治政府的历史意义/布青沪，宁夏社会科学 . 5

数字技术背景下民族文化的传播路径及困境分析/张治东，宁夏社会科学 . 5

多元宗教文化背景下的回族认同——以泉州陈埭、白崎回族为例/丁明俊，宁夏社会科学 . 6

关于民族团结进步边疆繁荣稳定示范区建设的几个问题/蒲跃　谷家荣，云南社会科学 . 6

“原生态”的理论建构与质疑——兼论民族文化的保护/王贤全，云南社会科学 . 6

新时期少数民族语言广播发展的新要求/西林　王颖，西部蒙古论坛 . 1

广西边疆地区民俗文化翻译研究——民族身份认同与翻译策略互补/杨琳　刘怀平，广西社会科学 . 12

京族传统翁村制村民自治的现代考察/陈锋，广西社会科学 . 9

论中越边境瑶族度戒文化与和谐社会的构建/任才茂，广西社会科学 . 8

社会主义核心价值体系在云南跨境民族地区的认同及建设/邹丽娟　李忠华，云南民族大学学报（哲学社会科学版）. 1

论当代城镇蒙古族居民社会结构变迁/阿思根　刘海池，内蒙古民族大学学报 . 1

论宗教与民族团结的关系/孙浩然，北方民族大学学报 . 2

法治背景下的“吊庄”回族寺坊组织——以宁夏银川市兴泾镇为例/闻立军，北方民族大学学报 . 5

多重逻辑下民族旅游村寨的空间生产——以邕沙社区为例/孙九霞　苏静，广西民族大学学报 . 6

民族习惯与农村居民消费——一个实证分析/洪名勇，贵州大学学报 . 2

黔东南原生态审美文化的特质、价值及开发原则/杨毅，贵州大学学报 . 3

西部民族地区资源型产业：地位、挑战与策略/任志军，贵州大学学报 . 5

少数民族传统文化与现代性的结合与再造/龙立，西北民族大学学报 . 5

公民教育与文化权利——以西南少数民族为研究对象/任勇，西北民族大学学报 . 4

草原生态治理的地方实践及其反思——内蒙古 C 旗的案例研究/王婧，西北民族研究 . 2

额济纳蒙古族近 50 年生产方式变化及原因分析/刘艺侠　乌兰图雅　唐克斯，内蒙古师范大学学报 . 2

西北少数民族新生代农民工的群体特征研究/何乃柱　王丽霞，北方民族大学学报 . 5

内蒙古东部蒙古族聚居区现代化问题分析——以通辽地区为例/吴群，内蒙古民族大学学报 . 1

西北民族地区农村社区建设初探/陈芳芳，伊犁师范学院学报 . 3

建国后的新疆研究状况分析报告/菅志翔，西北民族研究 . 1

多民族杂居地区文化共生与制衡现象探析——以河湟地区为例/张俊明　刘有安，北方民族大学学报.4

新疆南部维吾尔族聚居乡村汉族居民的适应性分析/李晓霞，北方民族大学学报.3

论民族问题的结构分析与过程分析/侯发兵，西北民族大学学报.3

我国人口较少民族发展问题研究/何志鹏，西北民族大学学报.4

民族地区社会变迁中养老问题调查研究——以肃南县大河乡定居牧民老年群体为例/贺卫光　韩朔，西北民族大学学报.6

论少数民族流动人口的城市文化适应问题/张文礼　杨永义，西北民族大学学报.3

宁夏回族生态移民迁移意愿与迁移行为调查分析/冯雪红　聂君，兰州大学学报.6

经济文化类型变迁对哈萨克族婚姻家庭结构的影响——基于伊犁ZKT村落的调查/沙彦奋，北方民族大学学报.4

城市回族社区社会关系变迁研究——以河南开封顺河回族区清平街道为例/郭培培　李晓婉，北方民族大学学报.3

关于《第二代民族政策：促进民族交融一体和繁荣一体》几处引文的讨论/魏国红　董晓媛，西北民族大学学报.1

试论当代中国民族工作对外形象与形象管理/魏国雄，西北民族大学学报.1

论少数民族干部选用标准科学化的考量因素/于学强，西北民族大学学报.3

新时期边疆民族乡村民间互助组织的兴起与发展——以滇西北民族乡村为例/李灿松　周智生，西北民族大学学报.4

处理民族问题必须遵循民族发展规律/熊坤新　胡琦，西北民族大学学报.1

珠三角穆斯林流动人口的分布、生计与认同/马建春　徐虹，北方民族大学学报.5

青藏地区世居少数民族就业能力及其社会稳定效应研究/陈书伟　韩丽，西北民族大学学报.3

维吾尔族农村富余劳动力外出务工动因及障碍实证研究——基于新疆的调研分析/李光明　马雪鸿，西北民族大学学报.3

黄南州少数民族干部队伍建设问题调研报告/辛峰，青海民族大学学报.3

兵团哈萨克族牧民定居问题分析——以新疆生产建设兵团十二师104团畜牧连为例/张珍珍　王刚　齐雨昕，伊犁师范学院学报.2

宗教寺院与藏族聚居区新型社会福利模式的构建/荣增举　蒲生华，青海师范大学学报.1

关于藏族聚居区社会发展与和谐稳定的几个问题/杨士宏，青海师范大学学报.1

试论我国城镇少数民族权益保障体系/田烨，北方民族大学学报.2

马克思主义民族观视野下新疆北疆民族关系的新特点/葛艳玲，北方民族大学学报.4

论部落意识对青海藏族聚居区社会的影响/杨虎得，青海民族大学学报.3

藏族大学生政治认同的结构因素分析/刘国武，青海师范大学学报.4

当代藏族大学生信仰问题研究/薛生海　娄仲俊，青海师范大学学报.4

边疆民族地区社会主义核心价值系建设的特殊路径探析/董军明，内蒙古师范大学学报.3

蒙古族农村赌博成因与社会危害关系探源/宝敖恩吉雅，内蒙古民族大学学报.3

论民族民间传统文化的法律保护——基于黑龙江省的分析/徐洪军，内蒙古民族大学学报.6

我国法律对蒙古族习惯的认可/高其才，内蒙古师范大学学报.2

火灾下正式制度的“失败”——以贵州黔东南地区民族村寨为例/吴大华　郭婧，西北民族大学学报.3

藏族牧区生态习惯法文化的当代变迁与走向——基于拉卜楞地区的个案分析/常丽霞　崔明德，兰州大学学报.3

回族习惯立法分析——以宁夏回族自治区为例/黄爱学，北方民族大学学报.5

论民族自治地方政府的特殊责任/潘军，西北民族大学学报.5

民族区域自治在中国现代国家认同构建中的地位和作用/张雪雁，西北民族大学学报.5

论蒙古族五畜游牧在草原沙化治理中的价值——以毛乌素沙地乌审召镇为个案/谢景连，北方民族大学学报.3

和谐民族关系视阈下西北民族地区资源开发问题探析——以青海海西蒙古族藏族自治州为例/李世勇，西北民族大学学报.1

环青海湖少数民族地区城镇化开发战略研究/丁生喜　王晓鹏，兰州大学学报.2

民族地区旅游资源的空间分布结构分析/邓光奇，北方民族大学学报.6

浅析蒙古族饮食文化的旅游开发/郭利峰，内蒙古师范大学学报.5

浅析民族地区旅游开发中的文化生态保护问题/张冠群，内蒙古师范大学学报.3

民族旅游中的权力问题及其思考/刘韫　沈兴菊，北方民族大学学报.1

西藏边境民族对外贸易研究/史工会，青海师范大学学报.1

民族地区居民对旅游文化影响的感知研究/梁旺兵　孔令娜，西北民族大学学报.2

甘肃省旅游产业中民族民间体育的有序开发/李明清，兰州大学学报.4

城市化进程中的蒙古族文化传承与创新——以乌珠穆沁文化为例/杨蕴丽，内蒙古师范大学学报.6

教育与教育生态：关联性与关联断裂——基于哈萨克族牧区社会与现代学校案例的比较分析/陈祥军，北方民族大学学报.6

环境保护非政府组织与我国少数民族文化的传承/李妙然　王晓民，内蒙古民族大学学报.4

西部牛仔文化与蒙古马文化比较——兼论内蒙古马文化产业的保护与开发/贾继南　金晶爱，内蒙古民族大学学报.6

如何保护与传承少数民族文化——以贵州省锦屏县平秋镇侗族为例/陈宏，内蒙古民族大学学报.6

东乡族民族文化资源库构建研究/苏云　康平，西北民族大学学报.2

民族文化传承与教育方式的适应性创新——兰州市回族业余教育的田野调查与思考/李媚宇　王平，北方民族大学学报.6

三亚回族多语现象回访及分析/常棣，青海民族大学学报.2

新时期中国少数民族语言研究方法创新与实践/韦树关，广西民族大学学报.6

新疆维吾尔语媒介公信力实证研究/刘霞　张允，伊犁师范学院学报.2

从维吾尔语语态论维吾尔民族的行为伦理化/凯丽比努，西北民族大学学报.2

达斡尔族网络语言生活与语言生活的层次自相似性/德红英，内蒙古师范大学学报.3

多媒体技术在影视人类学教学研究中的地位和作用/徐士超　杨伟，西北民族大学学报.3

民族地区社会变迁中养老问题调查研究——以肃南县大河乡定居牧民老年群体为例/贺卫光　韩朔，西北民族大学学报.6

青海多民族文化的互动与共享/徐世栋　姚继荣，青海师范大学学报.1

青藏高原多民族聚居地区民族交往的形态及特点——以祁连地区为例/马燕　巴丽萍，青海民族大学学报.3

河南蒙旗的形成及衰落原因探析/白雪梅，青海师范大学学报.1

果洛历史新探之一——民族走廊和民族迁徙/果毛吉，青海师范大学学报.4

宁夏西海固回族刺绣传统工艺现状调查/武宇林，北方民族大学学报.6

村落土地利用与空间观同心圆结构关系探析——以青海民和土族村落为例/文忠祥，青海民族大学学报.3

近代贵州少数民族地区宗教与医疗文化研究/史经霞，宗教学研究.3

民间信仰的社会功能——广西壮族地区J县扶乩活动的文献和田野考察/杜树海，宗教学研究.3

彝族宗教文化导引与彝族民众心理压力释放/易莉，中华文化论坛.4

云南人口较少民族传统宗教的文化价值/孟盛彬，楚雄师范学院学报.1

新旧西藏宗教信仰自由状况对比研究/徐长菊，西藏大学学报.4

女神复活：土家女儿会的神话原型编码分析/柳倩月，湖北民族学院学报.5

藏族神山信仰与全球气候变化——以云南省德钦县红坡村为例/尹仑　薛达元，云南民族大学学报（哲学社会科学版）.3

彝族民间林木崇拜及其生态意义——以峨山彝族自治县为例/黄龙光　白永芳，西南民族大学学报（人文社会科学版）.2

阿合奇县哈拉奇乡柯尔克孜族信仰状况调查/阿斯卡尔·居努斯，新疆大学学报（哲学·人文社会科学版）.3

康区藏传佛教文化区的划分及相关问题——以1949年的甘孜和昌都为中心/王开队，世界宗教研究.3

“六字真言”与藏族民众的关联性研究——基于甘肃迭部县的田野调查/王欣，西藏民族学院学报（哲学社会科学版）.5

城镇化与藏区僧侣修行行为的关系研究/臧肖　郭潇嵋，宗教学研究.2

族际互动及其对义乌穆斯林群体认同的影响/马艳，中南民族大学学报（人文社会科学版）.2

甘南州夏河穆斯林的生计方式调查/沙志辉　拉巴次仁　旦增央金，西藏民族学院学报（哲学社会科学版）.5

民族—国家双重社会认同结构及其影响——以云南汉族和少数民族居民调查为例/高文珺　赵志裕，云南师范大学学报（哲学社会科学版）.5

海外学者关于中国民族地区公共政策的研究述评/彭国胜，云南民族大学学报（哲学社会科学版）.2

云南永宁坝区摩梭人应对干旱灾害的人类学研究/崔明昆　韩汉白，云南师范大学学报（哲学社会科学版）.5

新型城镇化背景下少数民族城镇化问题探索/柳建文，西南民族大学学报（人文社会科学版）.11

城市化进程中少数民族居住格局及民族关系的调适——以成都市为例/魏新春，西南民族大学学报（人文社会科学版）.5

城市化进程中民族地区社会问题探析/陈纪，湖北民族学院学报（哲学社会科学版）.3

乌鲁木齐市多民族混合社区建设研究/王平　李江宏，中南民族大学学报（人文社会科学版）.4

城镇化建设与民间信仰嬗变关系——以黔西南地区为例/张琪亚，贵州民族大学学报（哲学社会科学版）.4

传统家支观念对彝族基层社区治理的影响与对策分析——以Y省S彝族自治县为例/范薇

马春生，西南民族大学学报（人文社会科学版）.7

空间区隔与信仰等级观念中的村落政治与社会性别权力——对青藏高原东南地区一个藏族村落的人类学考察/王天玉，湖北民族学院学报（哲学社会科学版）.5

村落社会结合中的个体——怒江傈僳人“伴”之地方概念的人类学研究/卢成仁　史艳兰，吉首大学学报（社会科学版）.6

堂侣人口：土地、家庭与村庄结构之间的动力——一个安多藏区村庄的人类学考察/格藏才让，西藏民族学院学报（哲学社会科学版）.3

西双版纳傣族社区居民地方感变化研究/陈亚颦　徐丽娇，云南师范大学学报（哲学社会科学版）.1

永顺老司城遗址周边土家族村落的人类学调查/陆群　蒋欢宜，吉首大学学报（社会科学版）.3

城市化进程中多民族聚居社区秩序构建探析——基于北京魏公村社区的调研/国少华　冉婧，湖北民族学院学报.3

建国初期广西民族地区民生问题研究/付蓓　韦怀远，湖北民族学院学报（哲学社会科学版）.1

西南民族生活方式的意义空间及其演变的“逻辑方向”/李劼，中央民族大学学报（哲学社会科学版）.1

民族地区基本公共服务均等化的多元解读/于海洋，中央民族大学学报（哲学社会科学版）.3

关于云南省临沧市扶持少数民族贫困群体的实践与思考/彭谦　苗丽，中南民族大学学报（人文社会科学版）.5

竞争与冲突：少数民族地区婚姻现状——以贵州黔东南州乌秀、大溪、大稿午少数民族村寨婚姻调查为例/李向玉，西南民族大学学报（人文社会科学版）.3

云南边境民族地区跨境婚姻问题研究/董建中，西南民族大学学报（人文社会科学版）.5

少数民族婚姻家庭的现状与思考/雷明光　元帅，贵州民族大学学报（哲学社会科学版）.4

近代西藏贵族与商人阶层婚姻关系研究——以近代“邦达昌”家族的婚姻关系及其社会网络为例/美朗宗贞，西藏大学学报.1

云南边疆民族地区跨境婚姻与社会稳定研究/张金鹏　保跃平，云南民族大学学报（哲学社会科学版）.1

延边朝鲜族婚姻家庭边缘化对家庭养老的影响及其对策/金香兰，延边大学学报（社会科学版）.1

北京牛街回族妇女社会参与刍议/杨青，中南民族大学学报（人文社会科学版）.5

可持续生计视角下的城市少数民族流动贫困人口社会救助研究/刘璐琳　余红剑，中央民族大学学报（哲学社会科学版）.3

试论云南民族地区突出的民生问题及解决对策/杨文顺，中南民族大学学报（人文社会科学版）.2

自杀的文化约束：苗族村落社区的个案/麻勇恒　田隆斌，中央民族大学学报（哲学社会科学版）.4

社会性别的语言建构——基于云南三个少数民族社会的分析/沈海英　沈海梅，云南民族大学学报（哲学社会科学版）.4

我国部分少数民族就业人口的职业结构变迁与跨地域流动——2010 年人口普查数据的初步

分析/马戎，中南民族大学学报（人文社会科学版）.6

城市少数民族流动人口社会融入问题研究/刘吉昌　武娜，贵州民族大学学报（哲学社会科学版）.6

当前中国城市少数民族流动人口基本特征——基于中、东部地区穆斯林群体的调查/李吉和　马冬梅，云南民族大学学报（哲学社会科学版）.5

兰州市东乡族流动人口聚落的社会关系研究/白晓荣，中南民族大学学报（人文社会科学版）.2

完善城市少数民族流动人口管理的思考/李安辉　王升云，西南民族大学学报（人文社会科学版）.1

成都市武侯祠聚落中迁移和流动的藏族人口特征分析/梁敏，西藏民族学院学报（哲学社会科学版）.6

民生视阈下民族地区的国家认同建构/胡兆义，西南民族大学学报（人文社会科学版）.5

民族的认同与“识别”——以围场满族蒙古族自治县高山族为例/马骅，云南民族大学学报（哲学社会科学版）.4

新疆各族国家认同状况调查与分析/徐平　张阳阳，中央民族大学学报（哲学社会科学版）.6

论多民族国家的族际关系治理/钟贵峰，湖北民族学院学报（哲学社会科学版）.6

西南边疆少数民族的文化变迁与认同问题研究述评与讨论/荀利波　关云波，湖北民族学院学报（哲学社会科学版）.5

跨越式发展背景下民族地区社会矛盾纠纷的化解之道——以宁夏的做法为评析对象/王银梅，西南民族大学学报（人文社会科学版）.1

文化差异与民族和谐发展/胡炳章　胡晨，吉首大学学报（社会科学版）.3

公民文化：构筑边疆民族地区和谐发展的基石/张锦鹏，云南师范大学学报（哲学社会科学版）.5

包容与凝聚：全球化时代的多民族国家建设/常晶，西南民族大学学报（人文社会科学版）.2

甘宁青民族地区应对突发群体性事件的预警机制研究/张俊明　刘有安，云南民族大学学报（哲学社会科学版）.2

壮族地域社会主义核心价值体系公众认同研究/杨海，西南民族大学学报（人文社会科学版）.5

彝家新寨建设调查与研究——以大小凉山彝家新寨建设为例/马锦卫，西南民族大学学报（人文社会科学版）.11

民族文化传承发展面临的三大挑战与对策浅析——以广西壮族自治区民族文化强区建设为例/黄启学，西南民族大学学报（人文社会科学版）.1

论“屯堡记忆”与屯堡人构建/史利平　柳翔浩，中央民族大学学报（哲学社会科学版）.6

论近代回族国家认同的发生机制/陈红梅，中南民族大学学报（人文社会科学版）.5

现代国家背景下的细奴罗传说及其社会意义/罗勇，云南民族大学学报（哲学社会科学版）.3

天祚帝民族关系思想初探/崔明德　孙政，西南民族大学学报（人文社会科学版）.2

苗族文化的现代传承——以“湖北第一苗寨”官坝苗寨为例/宋永华，湖北民族学院学报（哲学社会科学版）.5

仪式与象征——论傈僳族上刀山下火海仪式的文化意义/高志英　马居里，云南民族大学学报（哲学社会科学版）.1

现代国家建设的一体化与民族群体的特殊性何以和谐——基于对云南K县苗族自发移民问题治理的个案分析与讨论/陆海发，湖北民族学院学报（哲学社会科学版）.2

论民族建设与国家建设/饶志华　于春洋，西南民族大学学报（人文社会科学版）.11

中国特色跨越式发展理论及其在民族地区的实践与探索/王德强，云南民族大学学报（哲学社会科学版）.5

仪式与村寨共同体社会运作——红河州老刘寨苗族“祭龙”仪式的人类学考察/靳志华，湖北民族学院学报.4

20世纪50年代少数民族社会性质调查与史学论争的互动关系/伍婷婷，中央民族大学学报（哲学社会科学版）.5

西南边疆民族居民心理和谐及影响因素/罗鸣春　李春波，云南民族大学学报（哲学社会科学版）.6

蒙古族部落乞颜精神及其时代价值/包国祥，湖北民族学院学报（哲学社会科学版）.5

“山东满族人”：族群分类的国家话语与草根叙述/关凯，西南民族大学学报（人文社会科学版）.2

多族交互共生的仪式景观分析——贵州黔中跳花场仪式的人类学考察/汤芸，西南民族大学学报（人文社会科学版）.4

多民族共聚地区多元文化认同规律及特点分析——以怒江州丙中洛地区为例/曾豪杰　王清华，西南民族大学学报（人文社会科学版）.12

族群认同与文化建构——辰沅流域瓦乡人盘瓠神话的人类学考察/明跃玲　田红，西南民族大学学报（人文社会科学版）.4

民族精英与群体认同——当代畲族文化重构中民族精英角色的人类学考察/方清云，中南民族大学学报（人文社会科学版）.6

优化民族地区农村实用人才队伍结构问题探析——以湖北省恩施土家族苗族自治州为例/冯丹丹，中南民族大学学报（人文社会科学版）.3

国家认同探析/黄岩　乌峰，中央民族大学学报（哲学社会科学版）.2

外观与内核：论现代民族国家的双重建构/于春洋，中央民族大学学报（哲学社会科学版）.4

论多民族国家族际政治及其价值理念——基于族格的视阈/马俊毅，中央民族大学学报（哲学社会科学版）.1

民族国家时代的民族与国家/周平，云南民族大学学报（哲学社会科学版）.5

试论西方国家的“宽容”与少数群体权利/冯润　何俊芳，中南民族大学学报（人文社会科学版）.4

电视媒介对哈尼族女性就业观的影响——对云南省绿春县新寨村哈尼族女性就业观的调查分析/汪力娟　汪力智，湖北民族学院学报（哲学社会科学版）.1

对民族地区社会主义核心价值体系大众心理认同问题的调查与思考——以大理白族自治州为例/杨庆毓，云南民族大学学报（哲学社会科学版）.6

基于多维模型的宁夏回族生态移民文化适应研究/冯雪红　聂君，吉首大学学报（社会科学版）.6

中国共产党关于民族团结的理论与实践及启示/熊坤新　胡琦，云南民族大学学报（哲学社会科学版）.3

内蒙古矿产资源开发与构建和谐民族关系/姜明，阴山学刊（社会科学版）.5

问题与反思：近30年中国身份认同研究析评/闫国疆，西南民族大学学报（人文社会科学版）.4

近代甘宁青地区民族关系研究述评/朱卫　张彤磊，湖北民族学院学报（哲学社会科学版）.2

乌鲁木齐市维汉民族关系调查报告/高芳　董西彩，湖北民族学院学报（哲学社会科学版）.1

城市民族语文公共服务的原则与思路探析/王学荣，西南民族大学学报（人文社会科学版）.6

中西部“过渡地带”的民族关系与和谐社会建设——怀化市民族工作的实践经验与理论启示/青觉，中央民族大学学报（哲学社会科学版）.1

浅析贵阳市花溪区的和谐民族关系构建/杨旭，贵州民族大学学报（哲学社会科学版）.5

中国社会转型期民族关系评价指标研究综述/杨鹍飞　刘庸，中央民族大学学报（哲学社会科学版）.2

当代中国民族政治发展的价值目标、基本内容及其实现逻辑/任维德　乔德中，内蒙古大学学报（哲学社会科学版）.5

协作治理：城市多民族社区民族工作创新的探讨/陈纪，西南民族大学学报（人文社会科学版）.12

如何进一步思考我国现实中的民族问题——关于“第二代民族政策”的讨论/马戎，中央民族大学学报（哲学社会科学版）.4

民族社会工作的合法性、实践价值及策略性发展重点/王旭辉，中央民族大学学报（哲学社会科学版）.4

制度均衡：边疆多民族地区国家认同的基础/张燚，中南民族大学学报（人文社会科学版）.2

民族和睦相处、和衷共济、和谐发展的理论发展/金炳镐　朴盛镇，中南民族大学学报（人文社会科学版）.3

创建武陵山片区民族团结示范区的优势条件探析/游俊，中南民族大学学报（人文社会科学版）.3

宁夏回汉关系研究——基于泾源县等8县/区的调查/聂君　冯雪红，中南民族大学学报（人文社会科学版）.4

论政治认同、经济发展、文化交融与民族的繁荣昌盛——以内蒙古阴山地区民族团结的特色为例/尚烨，西南民族大学学报（人文社会科学版）.1

对中国整合建构政治民族问题的思考/陈玉屏，西南民族大学学报（人文社会科学版）.2

宗教促进民族团结的功能与对策分析/孙浩然，吉首大学学报（社会科学版）.3

杨勇与贵州新疆民族工作的开展/刘鹤，云南民族大学学报（哲学社会科学版）.1

民族地区乡村平安建设中存在的问题与对策——以湖北省恩施土家族苗族自治州为例/沙玉山　田爱民，中南民族大学学报（人文社会科学版）.6

论多民族国家视域中公民文化的成长与政治认同的建构/蔡文成，云南民族大学学报（哲学社会科学版）.4

“族员”与“公民”：少数民族政治社会化的路径研究/高永久　张杰，云南民族大学学报（哲学社会科学版）.1

从“民族共生”角度认识当代中国民族发展和民族关系/张时空　丁龙召，楚雄师范学院

学报.2

论民族文化在“生态移民”中的定位与价值——以凉山州生态恢复为例/田红，云南师范大学学报（哲学社会科学版）.2

“第二代民族政策”真的可行吗？——与胡鞍钢、胡联合两位教授商榷/唐建兵，西南民族大学学报（人文社会科学版）.4

论新世纪我国民族政策发展的特点/李吉和 晏玲，西南民族大学学报（人文社会科学版）.5

关于中国民族政策的几点思考——兼与“二代民族政策”论者商榷/董强，贵州民族学院学报（哲学社会科学版）.1

中国民族政策的理性思考与现实选择/徐畅江，中央民族大学学报（哲学社会科学版）.2

民族理论政策热点问题的讨论与启示/刘世哲，西南民族大学学报（人文社会科学版）.10

社会转型与反思中的中国民族政策与民族理论/常宝，中央民族大学学报（哲学社会科学版）.3

新世纪新阶段民族政策的创新与发展/龚志祥，中南民族大学学报（人文社会科学版）.6

关于“第二代民族政策”说的若干思考/胡琦 吕超，贵州民族大学学报（哲学社会科学版）.5

论坚持中国特色民族政策的现实意义与路径选择/雷振扬 陈蒙，中南民族大学学报（人文社会科学版）.5

从德州市回汉民族关系新变化看民族工作精细化发展趋势/李昭勇，中央民族大学学报（哲学社会科学版）.2

周恩来处理民族问题的哲学思维探讨/何海涛，中南民族大学学报（人文社会科学版）.6

党在云南边疆民族区域自治的执政经验与制度自信/高旗，西南民族大学学报（人文社会科学版）.9

从宁夏实证看民族区域自治制度的合理性/马惠兰 李瑞芳，中南民族大学学报（人文社会科学版）.6

多民族联合自治地方民族团结进步创建工作探析——以湖南省湘西土家族苗族自治州为例/李然，中南民族大学学报（人文社会科学版）.4

民族区域自治：保障民族地区和谐稳定的制度基石——以延边朝鲜族自治州60年实践为例/朴今海，云南民族大学学报（哲学社会科学版）.5

民族区域自治制度研究现状及思考/阙成平，西藏民族学院学报（哲学社会科学版）.4

汶川地震后羌族民众思想观念调查报告——以邛崃市异地安置区直台村和木梯村为例/田廷广，西藏民族学院学报（哲学社会科学版）.1

柬埔寨华人的土地和祖灵信仰——从“关系主义”人类学视角的考察/罗杨，中国华侨华人历史研究.1

延安时期党的民族宗教政策形成的历史背景及意义/靳燕凌 冯政清，新疆大学学报（哲学·人文社会科学版）.4

互动与对接：宗教与民族关系协调发展的新思考/马伟华，西南民族大学学报（人文社会科学版）.1

论少数民族地区的政府执行力/张建英 西南民族大学学报（人文社会科学版）.9

我国民族地区地方治理研究综述/郭春霞 潘忠宇，吉首大学学报（社会科学版）.5

整合与转型：论新中国建立初期甘南藏区地方政治体系的建构/戴巍，中央民族大学学报（哲学社会科学版）.3

西域新疆的战略地位：地缘政治的视角/潘志平　耶斯尔，中国边疆史地研究.3

边疆自治运动中的地方传统与国家政治——以20世纪30年代的三次“康人治康”运动为中心/王娟，西南民族大学学报（人文社会科学版）.12

土司制度的封建割据性特征：面相与论评/蓝武，楚雄师范学院学报.10

民族区域自治的民族法思考/丁鹏，内蒙古大学学报（哲学社会科学版）.5

论民族区域自治地区加强和创新宗教事务管理的法治路径/陈彤，新疆师范大学学报（哲学社会科学版）.1

肯·威尔伯整合视阈下的纠纷调解策略——以藏族新型民间纠纷为例/熊征洲塔，西藏大学学报.4

彝族法文化的现代化路径/张邦铺，中华文化论坛.5

边疆观念的转变与多元边疆的构建/何明，云南师范大学学报（哲学社会科学版）.5

经济人类学的中国化研究典范——杨庭硕相际经营原理学术思想探讨/田广，中央民族大学学报（哲学社会科学版）.5

武陵山民族经济文化化的教育支撑/刘毅　郎玉屏，西南民族大学学报（人文社会科学版）.10

我国少数民族地区贫困问题探讨——以西藏为例/徐爱燕　李怀建，西藏大学学报.3

新疆和田地区维吾尔族农村富余劳动力转移探析——以墨玉县奎雅乡阿其克乌依村为例/姜龙　孟楠，新疆大学学报（哲学·人文社会科学版）.3

满洲里重点开发开放试验区建设策略研究/杜学军　朝克，中央民族大学学报（哲学社会科学版）.1

生态西藏视域下西藏经济发展方式的转变/肖幼林，西南民族大学学报（人文社会科学版）.7

酥油茶对木里及其周边地区社会经济发展影响研究/陆铭宁，西南民族大学学报（人文社会科学版）.10

2000—2010年西部民族地区开发进程的历史审视——基于西部大开发战略实施的视角/谭振义　赵凌云，中央民族大学学报（哲学社会科学版）.6

极化理论视角下民族地区经济不均衡及其分解研究——以新疆为例/付金存　李豫新，中央民族大学学报（哲学社会科学版）.3

西部民族地区农村反贫困的非经济学观察/平娜，中央民族大学学报（哲学社会科学版）.4

民族传统生计与石漠化灾变救治——以广西都安布努瑶族为例/罗康隆　彭书佳，吉首大学学报（社会科学版）.1

少数民族地区城乡协调发展动态评价——以新疆为例/付金存　李豫新，云南民族大学学报（哲学社会科学版）.1

论民族地区经济发展与文化保护的两难问题/梅英，临沧师范高等专科学校.5

从原住民视角谈泸沽湖旅游发展中的民族文化真实性问题/喇明清，中华文化论坛.10

少数民族聚居地特色乡村旅游与新农村建设互动发展策略探析/耿选珍，中华文化论坛.12

西南少数民族地区贫困的时空演化——基于110个少数民族贫困县的实证分析/向玲凛　邓翔，西南民族大学学报（人文社会科学版）.2

珞藏传统贸易文化联系考述/李金轲　马得汶，湖北民族学院学报.4

北疆草原生态安全与民族团结进步/姜明，阴山学刊（社会科学版）.6

论民族旅游开展背景下的文化变迁与社会发展——以黔东南苗寨为例/高婕，中南民族大

学学报（人文社会科学版）.4

旅游开发与民族村寨社会变迁/陈思莲，中南民族大学学报（人文社会科学版）.4

民族旅游开发与非物质文化遗产的保护和传承——以青海互助土族自治县小庄村为例/刘晖，中南民族大学学报（人文社会科学版）.4

论文化冲突对族际关系的影响及其调适分析/周忠华，湖北民族学院学报.4

武陵山民族地区多民族文化和谐发展探析/段超　王平，中南民族大学学报（人文社会科学版）.4

全球化视阈下异质文化对民族传统文化的影响——以丽江古城为个案/和丽春，云南民族大学学报（哲学社会科学版）.1

社会组织介入民族传统文化调适的功能研究——以青藏高原民族为例/贾霄锋，西南民族大学学报（人文社会科学版）.1

论旅游开发与海南黎族文化的变迁与保护——以海南省五指山市水满乡为例/龙借琼　陈思莲，中央民族大学学报（哲学社会科学版）.5

非政府组织参与少数民族文化保护的对策研究/任金秋　刘娜，内蒙古大学学报（哲学社会科学版）.5

"非遗"语境下民族文献整理的路径思考及实践/杨杰宏，云南民族大学学报（哲学社会科学版）.6

旅游背景下民族文化产业化与特色民族村寨保护——以台湾地区太鲁阁族"可乐部落"为例/莫代山，湖北民族学院学报.4

少数民族传统服饰传承的现状与出路浅析——以贵州少数民族服饰为例/周梦，中央民族大学学报（哲学社会科学版）.5

六盘水苗族跳花节保护策略研究/罗红英，贵州民族大学学报（哲学社会科学版）.6

非物质文化遗产表述文法研究——兼论土家族始祖信仰的现代表述/林继富，云南师范大学学报（哲学社会科学版）.4

中国共产党少数民族文化政策发展轨迹：1921—1949——兼论少数民族文化权利保障的政策体现/刘安全，湖北民族学院学报.4

民族传统文化与公共文化建设的互动机理——基于甘南藏区的分析/李少惠，西南民族大学学报（人文社会科学版）.9

从客家文化看南方少数民族文化对汉文化的影响/吴永章，中南民族大学学报（人文社会科学版）.5

西部民族地区农牧区发展文化变革："生活型社会"建设研究/文兴吾　何翼扬，中华文化论坛.11

论少数民族地区传统文化的多元性及其保护——以云南省楚雄州姚安县为例/王宪昭，楚雄师范学院学报.11

我国少数民族新闻传播研究状况分析/邓备，西南民族大学学报（人文社会科学版）.11

民族文化的乡镇博物馆传承实践与思考/余菲菲，湖北民族学院学报.4

少数民族聚居区双语传播发展研究——以媒介情地论为分析视野/王冰雪，新疆大学学报（哲学·人文社会科学版）.2

论政治与经济对民族地区教育发展的影响——以鄂伦春地区为例/陈石　袁同凯，云南民族大学学报（哲学社会科学版）.2

中国"主体多样"语言政策的发展/周庆生，新疆师范大学学报（哲学社会科学版）.2

美国继承语教育对我国少数民族语言保护的启示/张广勇，贵州民族大学学报（哲学社会

科学版）.3

多角度、多方法才能深化中国少数民族语言研究——中国语言研究方法论刍议/戴庆厦，中央民族大学学报（哲学社会科学版）.4

我国少数民族现代语言规划历程及当代发展策略/张晓传　唐子恒，中央民族大学学报（哲学社会科学版）.5

少数民族语言在社会转型中的挑战与机遇/周庆生，云南师范大学学报（哲学社会科学版）.2

继承、整合与创新——张公瑾先生学术思想体系的构建与探索/丁石庆，中央民族大学学报（哲学社会科学版）.5

试析回鹘文《金光明经》偈颂/张铁山，中央民族大学学报（哲学社会科学版）.1

城市化进程中甘青藏区语言文化生活研究——以甘肃省天祝藏族自治县华藏寺镇为个案/姚春林，中央民族大学学报（哲学社会科学版）.6

控制与秩序：古代南侗“嘎老”的社会功能探析/乔馨　刘晓东，吉林大学社会科学学报.4

浅析藏传佛教造像艺术的文化元素及其特征/罗桑开珠，中央民族大学学报（哲学社会科学版）.2

中国民族民间旋律与民族文化关系刍议/崔鸿飞，云南民族大学学报（哲学社会科学版）.2

新龙锅庄：多元文化语境下的原生文化/穆兰　陈娟娟，西南民族大学学报（人文社会科学版）.8

贵州古代铜鼓文化的文化内涵阐释/宁健荥，贵州民族大学学报（哲学社会科学版）.4

游牧文化——一种文化资本的确立与生产/葛根高娃　宋怡凡，中央民族大学学报（哲学社会科学版）.1

民族文化的地方传播与区域空间——基于中越边境布傣天琴文化的研究/秦红增　宋秀波，中央民族大学学报（哲学社会科学版）.2

再论文成公主进藏对汉藏文化交流的促进及其精神的延续/尕藏才旦，西藏大学学报.4

浅析少数民族文化的保护与发展/张犁，贵州民族学院学报（哲学社会科学版）.1

城镇化背景下边疆民族地区原生态文化的反思和前瞻/孟航，西南民族大学学报（人文社会科学版）.3

少数民族文化与社会主义核心价值观/于兰　潘忠宇，云南师范大学学报（哲学社会科学版）.6

“城中村”改造与少数民族传统文化保护——以昆明市子君古彝村为个案/艾丽曼，云南民族大学学报（哲学社会科学版）.1

家庭教育传承对于“非遗”保护的价值和意义——以新疆少数民族民间文化传统为例/薛洁　韩慧萍，民俗研究.1

马长寿先生的川康民族考察/王欣，中国边疆史地研究.4

部氏族人的姓名民俗与日常生活性族群认同——以湖北省三家台蒙古族村部氏族人为例/王志清，西南民族大学学报（人文社会科学版）.2

藏族本族与他族观之流变及其意义/刘勇，中央民族大学学报（哲学社会科学版）.3

论白马藏族族源记忆与传说——以陇南为例/蒲向明，西藏民族学院学报（哲学社会科学版）.4

寻访嘉绒藏族卓克基土司官寨/黄禹康，寻根.5

论藏族的死亡观和临终关怀传统/严梦春，西藏大学学报.2

从谚语看维吾尔族传统文化中家庭功能特点/申莲，新疆大学学报（哲学·人文社会科学版）.1

澜沧江流域彝族传统生态文化及其现代价值/刘荣昆，贵州民族大学学报（哲学社会科学版）.6

凉山彝族阶层、等级和阶级关系研究/阿石尼古，西南民族大学学报（人文社会科学版）.9

南涧盖瓦洒彝族“哑巴会”的文化表达与功能/李如海，楚雄师范学院学报.11

论凉山彝族“克智”在民俗活动中的作用及发展路径/阿牛木支　孙正华，西南民族大学学报（人文社会科学版）.10

壮族栖居空间的变迁与文化传习机制的重构/杨丽萍，中央民族大学学报（哲学社会科学版）.3

近代中国社会转型与哈萨克人东迁/万雪玉，中国边疆史地研究.1

互动、共享与变迁——傈僳族上刀山下火海仪式变迁研究/高志英　杨飞雄，西南民族大学学报（人文社会科学版）.2

探访摩梭女儿国/王鹤鸣，寻根.4

纳西族社会的大众文化建构研究/靳柯　刘建华，云南民族大学学报（哲学社会科学版）.1

景颇族文化中生命意识的沉淀/杨丽宏，楚雄师范学院学报.5

布朗族非物质文化遗产保护传承的实践与思考——以“布朗族弹唱”为例/黄彩文　子志月，楚雄师范学院学报.1

灾害预警与德昂族农耕活动中的物候历/李全敏，西南民族大学学报（人文社会科学版）.10

侗族传统生计的当代变迁与目标走向/杨军昌，中央民族大学学报（哲学社会科学版）.5

论土家族文化的基本特征/周兴茂　肖英，湖北民族学院学报.5

长阳土家族自治县非物质文化遗产传承现状与对策/朱祥贵　戴曾群，湖北民族学院学报.5

文化空间视阈下土家织锦保护与传承研究/谭志满　霍晓丽，西南民族大学学报（人文社会科学版）.10

羌族聚居区灾后重建中民族文化的传承研究/唐勇　梅燕，湖北民族学院学报（哲学社会科学版）.1

羌族文化生态、形态及演化路径研究/秦美玉　李钊，西南民族大学学报（人文社会科学版）.8

羌族传统文化空间研究/周毓华　赵曦，西藏民族学院学报（哲学社会科学版）.4

民族文化重构方式与文化本真性保持——以景宁畲族自治县的畲族文化重构为例/方清云，西南民族大学学报（人文社会科学版）.2

从水资源利用与维护看民族传统知识的价值/罗康隆　刘海艳，西南民族大学学报（人文社会科学版）.3

丽江民族文化特征及内涵刍议/高烈明，楚雄师范学院学报.12

西南民族村域用水习惯与地方秩序的构建——以水文碑刻为考察的重点/管彦波，西南民族大学学报（人文社会科学版）.5

论民族团结誓词碑的宗教文化内涵/张泽洪，中南民族大学学报（人文社会科学版）.2

近三十年来有关出土简牍与民族问题研究综述/阎盛国，中国史研究动态.3

改土归流以来永顺老司城遗址保存状况研究/张登巧　姚文龙，吉首大学学报（社会科学版）.6

土家族古村落的保护模式研究——以湖北省宣恩县彭家寨为例/王纪芒　杨力房，湖北民族学院学报（哲学社会科学版）.6

生态文明视域下民俗价值观的转换与重构/江帆　詹娜，云南师范大学学报（哲学社会科学版）.2

客家婚礼饮食行为的社会记忆与象征隐喻——以广西博白县大安村为例/石奕龙　谢菲，中南民族大学学报（人文社会科学版）.4

丧葬仪式操作下灵魂世界的建构——基于对墨江哈尼族豪尼人的田野调查/罗兆均　王思亓，西藏民族学院学报（哲学社会科学版）.3

旅游开发背景下新疆图瓦人婚俗的变迁/薛艳，新疆大学学报（哲学·人文社会科学版）.4

民族地区危房改造与少数民族传统民居保护——以贵州省黎平县侗族为例/何彪　康红梅，贵州民族大学学报（哲学社会科学版）.5

渝湘鄂黔武陵文化圈的火文化传统与火崇拜习俗研究——以渝东南、湘西北、鄂西南、黔东北为例/白俊奎，湖北民族学院学报（哲学社会科学版）.1

蒙古族敖包祭祀的生态功能及文化价值/邢莉，云南师范大学学报（哲学社会科学版）.2

曲硐回族的丧葬习俗及其传承模式/马永红，云南民族大学学报（哲学社会科学版）.3

青海回族与河南回族风俗习惯比较/穆殿春，中南民族大学学报（人文社会科学版）.4

藏族食物禁忌的人类学解读/切排　王兰，西藏大学学报.1

白龙江流域藏族传统岁时节日文化研究/高慧芳，西藏大学学报.2

四川省甘孜州新龙县吾西村“十三”节调查报告/李玉琴，西藏民族学院学报（哲学社会科学版）.2

嘉绒藏族女性成人礼/于华，寻根.1

藏地休闲节俗的特点与渊源/黄林，寻根.4

藏族望果节的民俗变迁研究——以堆龙德庆县古荣乡加如村望果节为例/旺宗，西藏大学学报.4

华锐藏区的人生仪礼习俗浅谈/华锐·东智，西藏民族学院学报（哲学社会科学版）.4

羌族婚俗中的文化展演与民族认同——以直台村安置点的C氏婚礼为例/武玮，西藏民族学院学报（哲学社会科学版）.1

藏族历史的活化石——新龙“过十三”年俗/英珍，中华文化论坛.12

论青藏高原天葬的起源与演变轨迹——基于青海省玉树县巴塘乡的田野调查/叶远飘，西藏大学学报.4

黔东南苗族“议榔”习俗改革的民俗学评新/游珍海　李小燕，贵州民族大学学报（哲学社会科学版）.6

苗族村落社会中的文化生态嬗变研究——以纪巧村1989年以来春节习俗的渐变为例/麻勇恒，民俗研究.2

湘西苗族的居住习俗/周俞林，寻根.4

彝族民间咪嘎哈祭俗的生态意义/黄龙光　王波，吉首大学学报（社会科学版）.2

文学人类学视阈下的乡村壮族婚姻观念的现状与变迁——基于广西宜州市刘三姐乡中枧屯的调查/李素娟　贾雯鹤，湖北民族学院学报（哲学社会科学版）.2

仪式与传播的互融——以广西宜州壮人的葬礼为例/熊迅 李婧，湖北民族学院学报（哲学社会科学版）.5

试论满族的两个祖先信仰系统/孟慧英，辽宁大学学报（哲学社会科学版）.5

柯尔克孜族毡房文化解析/万雪玉，新疆大学学报（哲学·人文社会科学版）.2

走访塔吉克民族风俗文化/龙山，寻根.2

仪式叙事与隐喻转置——云南麻栗坡马嘿村蓝靛瑶“度戒”调查/谷家荣，中南民族大学学报（人文社会科学版）.2

汉、白文化的交融化合与白族堂祭仪式中的忠孝叙事——以大理巍山波长廊一带为例/李世武，楚雄师范学院学报.7

文化人类学视域下的贵州大方白族团圆节/闫玉 周真刚，中央民族大学学报（哲学社会科学版）.5

傣族文身图谱学术价值初探/冯秋菊，云南民族大学学报（哲学社会科学版）.6

多元互动中的旅游展演与民俗变异——以丽江东巴文化为例/杨杰宏，民俗研究.2

黎平县肇兴侗族饮食文化述论/刘慧，贵州民族学院学报（哲学社会科学版）.1

土家族饮食文化变迁的历史考察/王希辉，西南民族大学学报（人文社会科学版）.3

清江流域土家族“打喜”仪式的生成与存续/王丹，中南民族大学学报（人文社会科学版）.3

民族自治法规运行若干问题探析——以临夏回族自治州为例/马岩茹，西北民族大学学报.6

民族区域自治地区社会管理法治建设的若干思考/顾华详，民族学刊.1

民族自治地方和谐发展的制度困境与变革导向——评《民族自治地方社会和谐的法治保障研究》/李剑，民族学刊.1

五省藏区政务微博运用现状及发展策略研究/刘卉，民族学刊.2

四川民族自治地方非物质文化遗产保护现状与保护策略/陈云霞，民族学刊.4

2012年中国民族法学研究述评/王允武 王杰，民族学刊.4

“多元一体格局”理论视阈下和谐民族关系实现途径探讨/张立辉 徐学初，民族学刊.4

对国内国际移民理论研究的反思——以“蒙”苗人为例/［英］王富文著，赵秀云译，民族学刊.5

彝民团对凉山民族工作的影响与作用/马林英，民族学刊.6

关于当今中国亚国家层次民族概念及其英译的新思考（一）——“族元”概念的学术初探/马俊毅 席隆乾，广西民族研究.1

公民教育与认同序列优化：基于西南民族地区的研究/任勇，广西民族研究.1

论民族利益与国家利益/于春洋 李瑞君，广西民族研究.1

文化民族与政治民族：由民族属性所衍生的话题/陈茂荣，广西民族研究.1

中国民族团结互动论南宁经验的理论表达/徐杰舜，广西民族研究.1

增长极理论视角下的广西少数民族聚居区发展——广西建设民族团结进步模范区研究之二/黄金海，广西民族研究.1

少数民族“非遗”传承人保护存在问题及制度完善——基于对贵州的田野调查/文永辉，广西民族研究.1

论广西非物质文化遗产保护有关立法建议/陈文明，广西民族研究.1

中国民族政策系统论/哈正利 丛蓉，广西民族研究.2

关于当今中国亚国家层次民族概念及其英译的新思考（二）——Nationalethnicunit：我国亚

国家层次民族英译的新探索/马俊毅 席隆乾，广西民族研究.2

城市少数民族流动人口社会融合的障碍与对策/马冬梅 李吉和，广西民族研究.2

新媒体时代我国民族事务管理与创新/龙运荣，广西民族研究.2

包容与开放：民族团结的内在逻辑及实现路径/胡兆义，广西民族研究.2

中国民族团结南宁经验磨合论的理论表达/何月华 徐杰舜，广西民族研究.2

人才培养和队伍建设是少数民族古籍事业的长期任务/冯秋菊，广西民族研究.2

边疆视域下新桂系时代广西的风俗改良/王晓军，广西民族研究.2

广西岩滩库区移民贫困成因与可持续生计路径分析/严登才，广西民族研究.2

中国少数民族人权保障的政策与实践特色/郝亚明，广西民族研究.3

少数民族特色村寨评价指标体系研究/李忠斌 郑甘甜，广西民族研究.3

民族群体性事件的治理：以利益协调为视角/安民兵，广西民族研究.3

当前我国西部地区民族关系的五大新动向/何生海 刘一鸣，广西民族研究.3

论协商民主与民族区域自治制度的完善/谭万霞，广西民族研究.3

民族国家建设的多维向度/钟贵峰 张会龙，广西民族研究.3

20世纪60年代以来西方学界广西民族研究动态与趋势/江田祥，广西民族研究.3

社会认同：少数民族国家认同的实践形态研究——以天津市T社区为例/陈纪 唐梓翔，广西民族研究.4

论以自治区单行条例替代自治条例的法理/阙成平，广西民族研究.4

族群身份、资本治理与现代国家的领导权——以东南亚地区为视域/傅景亮，广西民族研究.4

坚持中国民族问题研究的"三个自信"——"三个自信"与中国民族问题研究系列论文之一/黄仲盈，广西民族研究.4

马克思主义民族观在指导民族团结进步示范区建设中的方法论意义/江明生，广西民族研究.4

社会工作介入城市散杂居社区民族工作的新探索——上海样本的启示/何乃柱，广西民族研究.4

试论民族识别与归属中的认同问题——以云南克木人、莽人、老品人、八甲人民族归属工作为例/张艳菊，广西民族研究.4

试论民族意识与相关概念的关系/胡琦 都日晨 熊坤新，满族研究.3

辽宁省满族非物质文化遗产传承保护与民族地区群众文化建设研究/何晓薇，满族研究.3

中国少数民族的经济伦理观/都日晨，满族研究.4

少数民族残疾人与汉族残疾人就业状况比较分析/马骍，满族研究.4

辽宁省少数民族人口及民族地区城镇化现状分析/于海峰，满族研究.4

文化多样性与我国和谐民族文化关系的构建/李丽娜，满族研究.4

构建辽宁省少数民族非物质文化遗产保护传承机制初探/陈海玲，满族研究.4

城市回族集聚区城镇规划问题浅论/李鸣骥 黄立军，回族研究.4

中国特色解决民族问题的道路理论内涵和实践特点/孙懿，满族研究.1

论邓小平中国特色社会主义事业总体布局的理论价值和实践意义与十八大全面建成小康社会奋斗目标/周密，满族研究.1

少数民族就业权研究/董迎轩 田艳，满族研究.1

中国城市民族工作要走突破创新之路/余梓东，满族研究.2

论新时期城市民族关系发展态势/郑信哲，满族研究.2

民族发展扶持政策与社会主义和谐民族关系建构术——以民族教育发展扶持政策为例/张艾力，满族研究.2

建国以来党的民族发展理论与实践的历史思考——从发展人类学视角谈学习党的十八大关于民族发展问题的体会/彭永庆，满族研究.2

学科借鉴与理论比较："民族理论与民族政策"教学创新的一个视角/朱军　朴婷姬，满族研究.2

略述中国近现代回族报刊中的民族报道/金强　白贵，回族研究.2

关系建构与信仰认同：城市回族社区转型的地理学阐释——基于西宁东关田野调查/陈肖飞　艾少伟，回族研究.2

黄河源区牧民对草地生态变化的认知及启示——以玛多县为例/瑜措珍嘎　才果，中国藏学.1

青海同仁地区传统部落组织的转型现状——基于传统政治结构现代发展的视角/拉加当周，中国藏学.1

甘南州藏传佛教寺院社会化管理的现状问题与对策/杨泽明，中国藏学.3

西藏自治区国家认同状况调查研究/张阳阳　徐平，中国藏学.4

论当代西藏乡村社会的医疗体系及其特点——以堆龙德庆县那嘎村为个案/苏发祥　王明玮　周良熙，中国藏学.4

西藏城郊农村就业结构变化的个案研究——以2001—2011年间达村为例/格桑卓玛，中国藏学.4

中国西藏与缅甸关系/董莉英，中国藏学.4

舟曲藏族传统音乐文化抢救与保护问题研究/闵冬梅，中国藏学.4

发展民族特色职业教育促进民族共生教育体系建立/张诗亚，民族教育研究.1

权利冲突的特殊模式及其解决——以西双版纳佛寺教育与义务教育的冲突为例/郑毅　熊文钊，民族教育研究.1

论国家民族教育政策的理性选择——基于多元文化主义的视角/尹玉玲　唐小平，民族教育研究.1

新中国发展少数民族教育的政策回顾/舒松，民族教育研究.2

新世纪以来少数民族高考照顾政策的回顾与展望/杨怡　京生　平伟　覃鹏，民族教育研究.3

再论《少数民族教育法》/陈立鹏，民族教育研究.4

我国少数民族大学生平等就业机会保障机制探析/王丽平，民族教育研究.4

我国大学章程制定中存在的问题及对策研究/邹晓红　于川，民族教育研究.5

全面正确贯彻落实党的民族政策/郝时远，中国民族.1

以文化实践推动民族地区发展/孟航，中国民族.5

文化实践与民族地区的新型城镇化道路/孟航，中国民族.6

加强民族团结促进社会和谐发展/叶介甫，甘肃民族研究.1

甘肃藏区保障社会稳定的民族政策研究/刘巍文，甘肃民族研究.1

新时期回汉民族关系刍议——以甘肃省张家川回族自治县为例/袁兰，甘肃民族研究.1

加强民族法制建设推动民族地区经济社会又好又快发展/杨操，甘肃民族研究.3

关于进一步加强甘肃省清真食品管理工作的调研报告/柴生祥　刘铁军　柏波，甘肃民族研究.4

少数民族地区农村基层党组织建设与加强、创新社会管理机制探讨——以新疆喀什地区为

例/何萍，喀什师范学院学报.1

论维吾尔麦西热甫中的民族习惯法/热依汗古力·喀迪尔，喀什师范学院学报.1

新疆少数民族地区高校学生党建工作的若干思考/王逢云　王志锋，喀什师范学院学报.1

新疆维吾尔族札萨克旗制下各级官吏的权力/黄建华，喀什师范学院学报.2

尉犁县罗布人非物质文化遗产保护探略/艾买提江·阿布力米提　热依汗古力·喀迪尔，喀什师范学院学报.2

中国共产党第二代领导集体在新疆改革开放、发展民生的战略决策/杜惠敏，喀什师范学院学报.5

马克思主义民族理论中国化阶段性特点探究/陈良信，喀什师范学院学报.5

转型期新疆社会的特征和存在的问题/沙吾提·帕万，喀什师范学院学报.5

试论作为新疆国家安全重要一环的文化安全/郭才华，喀什师范学院学报.5

“民族自治地方”的两层涵义/沈寿文，贵州民族研究.1

少数民族传统文化产权纠纷解决机制研究/董迎轩　田艳，贵州民族研究.1

少数民族地区检察机关司法现状与改进/黄硕　陆洲，贵州民族研究.1

资源自治权视角下民族地区矿产资源开发利益分配政策研究/乌兰，贵州民族研究.1

民族地区生态补偿的标准研究——以水资源为例/肖强　李勇志，贵州民族研究.1

城市化进程中的民族文化变迁与和谐民族关系构建/朱军，贵州民族研究.1

邓小平主政西南时期的民族工作述评/杨迎春，贵州民族研究.1

少数民族地区低保人员生存状况调研分析——以拉萨市为例/冼志勇　徐洁，贵州民族研究.1

西部少数民族地区贫困大学生就业状况研究/廖娟，贵州民族研究.1

国家安全视角下我国边疆民族地区治理析论/颜俊儒，贵州民族研究.2

试论民族自决理论与中国民族区域自治制度/罗绍明，贵州民族研究.2

经由宪法的政治认同——兼论中国少数民族的宪法信仰/尹训国　陈文明，贵州民族研究.2

论民族地区土地开发利用中少数民族决策参与权/韩玉斌，贵州民族研究.2

人口较少民族发展政策与管理机制研究/何志鹏　孟凡生，贵州民族研究.2

贵州少数民族地区生态文明建设存在的问题及战略取向/单晓娅　王翠　潘丽群，贵州民族研究.2

民族地区社会风险与社会管理创新研究/白维军，贵州民族研究.2

民族地区市场体系建设探讨/陈宗岚，贵州民族研究.2

以网络民族主义理性建构理性网络民族主义/张梅花　王清，贵州民族研究.3

少数民族地区人口、资源、环境与经济协调发展问题研究/刘贵清，贵州民族研究.3

论少数民族传统知识产权保护与制度构建/夏劲钢，贵州民族研究.4

少数民族地区非物质文化遗产保护的法律路径思考/尹德志　陈小华　徐涛，贵州民族研究.4

少数民族地区民间法律秩序研究——以藏民族地区为例/安静，贵州民族研究.4

法的民族性与民法典的制定/哈斯巴根　麻昌华，贵州民族研究.5

内在机理与终极价值——民族区域自治制度运行的现实性分析/程守艳　安克佳，贵州民族研究.5

台湾族群政治的特征分析/周典恩，贵州民族研究.5

少数民族地区城乡规划管理中公众参与制度研究/马长青　梁盛平　李倩，贵州民族研

究.6

近代西藏法律地位研究/周友苏　黄进，西藏研究.1

以党的十八大精神为指导加强和创新西藏社会管理/扎多，西藏研究.2

“治国必治边，治边先稳藏”战略思想的精神旨趣/万金鹏，西藏研究.4

在西藏话题中建立中国论速/郭克范，西藏研究.4

关注社会矛盾共筑和谐西藏/焦佩锋，西藏研究.4

资产阶级现代民族的形成与落后民族的解放——基于马克思恩格斯关于民族问题阐述的文本研究/胡键，世界民族.6

文化遗产保护视野下的马克思主义文论研究/凌建英，贵州社会科学.1

斯大林在论述民族主义方面的贡献——写在斯大林逝世60周年之际/张三南　杨波，甘肃社会科学.1

文化民生视野下的民族地区社区文化建设研究/马伟，青海社会科学.4

民族多样性对个体学习绩效影响的实证研究——以民族认同为有中介的调节变量/唐洁　邓渝，青海民族研究.3

社区建设本土化的一种尝试——以乌鲁木齐市社区建设为例/杨富强，新疆社会科学.4

少数民族社区发展与生育文化嬗变——以乐都县中坝藏族乡为例/张秀花，青海民族研究.3

城市化对社区民族关系演化的影响分析——以西北甘、宁、青三省区的四个社区为例/刘庸，青海民族研究.1

边疆少数民族地区城镇化建设初探/朱东辰　李英，黑龙江民族丛刊.5

新时期新疆快速的社会变迁及其面临的挑战/李晓霞，新疆社会科学.3

对口支援喀什现状调查及对策研究/李娜，新疆社会科学.4

性别视野下的民族冲突：一个理论思考/范若兰，思想战线.1

跨国民族研究范式转换的动力机制/董学荣　吴瑛，黑龙江民族丛刊.1

坚持文化自觉自信发展和完善中国特色社会主义民族理论/马守途，黑龙江民族丛刊.1

全球化语境中民族文化认同的省思/徐代云　盛琳颖，黑龙江民族丛刊.2

党的十八大指明了中国民族理论创新发展的方向——“党的十八大与中国民族理论创新发展”学术研讨会综述/于潜驰，黑龙江民族丛刊.1

对当前民族研究中几个热点问题的分析/雷振扬　马天山，青海民族研究.2

资源竞争下族群认同的内部分化——基于四川平武白马藏族的个案分析/刘志扬，青海民族研究.4

范式变迁：“边缘”与“中心”的互动——近代民族国家视域下的边疆研究/段金生　尤伟琼，思想战线.1

天下观念、民族国家与现代认同——权力与教化变奏下社会主义核心价值体系建设之思考/朱锋刚，社会科学辑刊.3

多民族国家的制度模式与民族差异包容/刘永刚，黑龙江民族丛刊.6

论民族政治动员的分析困境与反思/吴春宝，黑龙江民族丛刊.6

列宁的民族自决理论研究现状及有待进一步研究的问题/陈华森　王哲，贵州社会科学.5

论西方政治哲学平等思想与民族平等理论的发展/高奇琦，民族研究.3

美国的种族居住隔离：理论与现实/郝亚明，世界民族.1

当代西方族际民主模式的比较研究/佟德志，民族研究.6

民族与自由主义价值：自由民族主义研究论纲/黄其松，世界民族.2

黑龙江民族丛刊.5

青海省1950年1月刊印的《共同纲领》的藏文译本/陈庆英 张子凌，青海民族研究.4

对当代中国民族政策的反思/马戎，青海民族研究.4

关于全面正确贯彻落实党的民族政策的若干思考/郝时远，民族研究.1

毛泽东民族理论是中国化的马克思主义民族理论——纪念毛泽东诞辰120周年民族理论系列论文之一/肖锐 刘瑜，黑龙江民族丛刊.5

毛泽东民族理论关于民族和民族问题的理论——纪念毛泽东诞辰120周年民族理论系列论文之二/陆鹏 张云霏，黑龙江民族丛刊.5

政治制度与政治行为：民族区域自治制度对各民族政治行为的塑造/吕永红，黑龙江民族丛刊.1

中国民族区域自治制度的历史与现实基础/汤洋，黑龙江民族丛刊.1

中国宪法中“民族区域自治”概念的厘清/沈子华，黑龙江民族丛刊.3

民族自治地方政府职能模式创新的思考/高鑫，青海民族研究.1

自治州及其辖区行政体制改革的困境与创新/张殿军，民族研究.2

五个自治区国家认同的调查与研究/徐平 张阳阳，民族研究.4

撤自治县州改设“市”异议之商榷——兼驳增设“自治市”主张/沈寿文，黑龙江民族丛刊.4

毛泽东民族理论关于解决中国民族问题的总原则总政策——纪念毛泽东诞辰120周年民族理论系列论文之三/李生 黎岩，黑龙江民族丛刊.6

毛泽东民族理论关于解决中国民族问题的基本政策和重要政策——纪念毛泽东诞辰120周年民族理论系列论文之四/吴群 杨旭，黑龙江民族丛刊.6

毛泽东民族理论是中国特色社会主义民族理论的理论基础——纪念毛泽东诞辰120周年民族理论系列论文之五/陈丽明 林艳，黑龙江民族丛刊.6

在新疆践行社会主义荣辱观必须坚持“五个结合”/赵爽 贾友军，新疆社会科学.5

政党、政党制度与现代多民族国家治理/丁志刚 董洪乐，思想战线.2

网络资源视角下的新疆恐怖主义犯罪及其对策研究/阿地力江·阿布来提，黑龙江民族丛刊.6

西藏自我发展能力评价体系构建分析/李海红 张剑，黑龙江民族丛刊.6

凉山彝族习惯法调解制度探析/任跃斌，黑龙江民族丛刊.2

少数民族权利保护与国家安全问题——以国际人权法为观察视野/周少青，世界民族.1

论环境习惯法的环保效力/韦志明 冉瑞燕，青海民族研究.3

论民族地区国家法律意识形成的障碍及解决对策/巫洪才，云南社会科学.1

正义与秩序的衡平：少数民族刑事习惯法的司法审视/韩宏伟，黑龙江民族丛刊.5

中国少数民族习惯法10年研究之述评与反思/巫洪才，黑龙江民族丛刊.3

民族文化保护的行政法关怀/张显伟，黑龙江民族丛刊.4

简论我国民族区域自治制度的法理基础/张天羽啸 鞠彬彬，新疆社会科学.3

多民族国家中的少数群体权利保护：理论分歧与反思/吕普生，民族研究.6

西部民族地区的灾害问题与综合治理/许飞琼，民族研究.2

社会转型加快时期西部民族地区生态环境问题治理探析/贾霄锋 许营，青海民族研究.1

立法机制在少数民族文化保护与扶贫开发博弈关系中的构建/柴阳 李贵红，社会科学辑刊.5

中国少数民族非物质文化遗产保护的法制特色/韩小兵 喜饶尼玛，黑龙江民族丛刊.1

加快创新社会管理促进社会健康发展——以内蒙古自治区为例/付启敏，黑龙江民族丛刊.3

哈尔滨地区犹太裔社团的科学活动及其科学文化传播——以亚伯拉罕考夫曼为例/高琛 孙玉忠，黑龙江社会科学.3

试论生态民族理论研究/李乔杨 肖锐，黑龙江民族丛刊.2

少数民族地区医疗保障制度问题研究及完善建议/刘扬，青海民族研究.4

西南边疆多民族地区政府的社会管理及手段——基于云南、贵州和广西的调查/王彦斌 谢和均 吕文义，贵州社会科学.4

“中华民族认同”的现实问题及原因分析/陈茂荣，黑龙江民族丛刊.3

青海藏族青年民族认同的发展路径分析/陈振宁 官正荣，青海社会科学.3

二 民族经济

民族文化产业反贫增收机制创新/唐娜 邢启顺，贵州大学学报.1

民国时期甘宁青地区回族经济开发的特点/林雅琴，北方民族大学学报.3

西藏经济发展预测及影响因素分析/刘红卫 肖彩波，西藏大学学报.4

生态文明视域下以发展生物经济为抓手推动西藏经济可持续发展问题研究/袁媛 狄方耀，西藏民族学院学报（哲学社会科学版）.1

新疆少数民族传统集贸市场——巴扎的经济文化功能/刘正江，中华文化论坛.5

文化引领：武陵山民族地区经济发展转型的未来/刘毅 王珏，中华文化论坛.7

论云南少数民族节日开发对民族经济发展的推动作用/江燕，楚雄师范学院学报.2

民国时期边疆民族地区的开发及局限/王希恩，中央民族大学学报（哲学社会科学版）.2

西藏农牧区扶贫的长效机制建设——阿马蒂亚·森贫困思想的一个理论扩展/李继刚，西藏民族学院学报（哲学社会科学版）.2

内蒙古牧民收入增长影响因素的实证分析/胡伟华 娜仁格日勒，中央民族大学学报（哲学社会科学版）.2

国际旅游岛建设背景下海南民族地区旅游发展研究/李海娥，中南民族大学学报（人文社会科学版）.4

传统社会中藏区茶叶贸易研究/赵国栋，湖北民族学院学报.4

文化人类学视域中的土家族饮食习俗与民族旅游经济——以鄂西南咸丰县为例/刘琼 谢一琼，湖北民族学院学报（哲学社会科学版）.3

蒙古族的传统耕作方式——漫撒子/包慧娟，内蒙古民族大学学报.1

近代中国“六族共和”论/李爱军，西北民族大学学报.4

调适自觉：回族国家认同的建构/沙勇，西北民族大学学报.4

关于当前民族方面的几个热点问题/毛公宁，西北民族大学学报.1

新形势下促进民族地区发展的若干思考——以海南省为例/李一鸣，云南行政学院学报.2

轮台维吾尔族生态移民生产方式变迁调查/张建军 汪俊，塔里木大学学报.1

实现经济发展方式转变，促进民族地区经济发展/王立，前沿.11

少数民族经营企业发展困境及对策研究——以新疆为例/帕丽丹·买买提沙他尔，前沿.12

扶持人口较少民族经济发展问题论析/王立，前沿.13

民族地区旅游产业深层次开发探析——以中国最后的“使鹿部落”敖鲁古雅鄂温克民族乡民俗游为例/闫洁，前沿.23

彝族“撮泰吉”正戏的经济思想探析/陈兴才，毕节学院学报（综合版）.11

支持中国牧区加快发展的政策研究/吉克跃林　郑长德，民族学刊.1

论柴达木盆地的包容性可持续发展方式/杨明洪，民族学刊.1

政府管理体制改革视角下民族地区经济发展方式转变/王永莉　旦增遵珠，民族学刊.1

中国民族地区经济和谐发展的制度创新研究/田钊平，民族学刊.2

西部民族地区经济增长与就业能力同步提升研究/单德朋，民族学刊.2

西部民族地区承接产业转移能力的分析/何雄浪　张慧颖　毕佳丽，民族学刊.6

西部民族地区流通业发展现状及发展策略分析/李荣庆，民族学刊.6

四川民族地区经济发展与社会稳定战略的实现途径/吴铀生，民族学刊.6

树木与树人——关于广西8县实施生态教育移民的调研报告/梁银湘，广西民族研究.1

边境贸易对广西产业发展的影响/吴汉洪　苏睿，广西民族研究.1

民族地区乡村旅游与社会矛盾疏解研究——基于三个典型案例的调查/吕华鲜　苏红柳，广西民族研究.1

城镇化、工业化与民族地区经济发展方式转变/钟海燕，广西民族研究.2

新农村建设的核心问题与生态思维——以广西某生态旅游村寨建设为例/汪建明，广西民族研究.2

中国民族地区的旅游需求及其对地方旅游行为的启示/刘润　杨永春　李巍，广西民族研究.2

国外民族旅游研究述评/王述芬　何伦志　韩东，广西民族研究.2

西部民族地区文化旅游发展初探/安丰军，广西民族研究.2

西部民族地区自我发展能力测评及影响因素分析/李豫新　张争妍，广西民族研究.3

民族地区资源特性、旅游价值及人力资本投资机会/吴小立，广西民族研究.3

生态与生计：广西大石山区石漠化治理研究——以马山县古寨瑶族乡古朗屯为例/刘建民，广西民族研究.3

作为民族文化资本化方式的旅游/潘宝，广西民族研究.3

从景观生产视角看民族文化遗产的旅游利用与保护传承——以丽江玉水寨为例/桂榕，广西民族研究.3

经济开放度对少数民族产权制度影响研究/谷继建　刘小利，广西民族研究.4

广西边境地区经济社会发展状况的实证研究/吴海琼，广西民族研究.4

新疆伊犁河谷地区满族非物质文化遗产的开发与利用/王友文　张燕，满族研究.3

全球清真食品市场分析/任军　张弛，回族研究.3

宁夏回族文化旅游资源开发刍议/梁向明，回族研究.3

西北五省区清真产业发展现状及对策研究/田晓娟，回族研究.4

宁夏清真食品国际贸易策略研究/马平　东梅，回族研究.4

宁夏沿黄城市带县制变迁与城市文化/薛正昌，西夏研究.3

论满族民俗文化在辽宁省民族地区旅游业发展中的定位/魏军，满族研究.1

宁夏构建国内国际清真产业集聚区域研究/刘天明　李文庆，回族研究.1

试论清真食品产业的特点/李自然，回族研究.1

试论伊斯兰经济系统的人文驱动力/周立人，回族研究.2

宁夏内陆开放型经济试验区视角下的中阿人文新丝路和经贸新通道/金忠杰，回族研究.2

基于伊斯兰文化的回商创业精神研究/朱琳，回族研究.2

西藏农牧区公共服务农牧民满意度评价分析——以昂仁县秋窝乡三村为例/杨明洪　唐冬梅，中国藏学.1

近现代藏传佛教寺院经济研究：贵金属、劳动力与土地/朱文惠，中国藏学 . 1

藏族生态移民的社会融合路径探究——以三江源生态移民为例/韦仁忠，中国藏学 . 1

西藏传统文化与现代企业和谐文化的构建/周喜革　刘小芳，中国藏学 . 1

从考古发现看西藏史前的交通与贸易/霍巍，中国藏学 . 2

从传统迈向现代——西藏农村经济 60 年回顾与展望/徐伍达　杨亚波　张伟宾　次仁德吉，中国藏学 . 2

西藏墨脱县产业发展研究/柳应华，中国藏学 . 3

西藏建设世界级旅游目的地差距诊断及战略选择研究——基于 SMED 评估体系视角/王汝辉，中国藏学 . 3

从游牧民到商人：青海玉树州藏族游牧民在虫草和市场作用下的生计转变/安德雷，中国藏学 . 3

西藏交通与经济良性互动发展实证研究/宗刚　李婧，中国藏学 . 3

西藏农牧民生活电力消费及保障研究——半农半牧区林周县春堆村的案例分析/杨涛　李艳梅，中国藏学 . 3

西藏农村社会保障现状研究——以南木林县艾玛乡农村社会救助和养老保险为例/陈默，中国藏学 . 3

国内藏医临床研究文献的现状调查/罗辉　仲格嘉，中国藏学 . 4

民国时期藏汉经济交流/郭志合，甘肃民族研究 . 1

临夏砖雕产业发展研究/马琳，甘肃民族研究 . 1

浅议制约临夏经济可持续发展的原因及对策/马光耀，甘肃民族研究 . 1

广东省对民族自治县的财政转移支付问题研究/朱宏伟　贾仕刚，甘肃民族研究 . 2

民族学视阈下的藏区村落经济发展研究——基于甘南藏族自治州卓尼县郭大村的例子/迟钰骅　尼珍，甘肃民族研究 . 3

城市化对回族传统社区的影响——以兰州市庙滩子城中村改造为例/余吉玲，甘肃民族研究 . 3

关于清真餐饮发展的调查与思考——以兰州清真餐饮为例/康家玮，甘肃民族研究 . 3

甘南藏族自治州就业现状分析/沙文婷，甘肃民族研究 . 4

邓小平领导中国共产党对新疆民生建设新道路的开创/郭彩星，喀什师范学院学报 . 1

新一轮对口援疆与南疆县域“新四化”建设——以喀什地区莎车县为例/何建木，喀什师范学院学报 . 2

新疆和田区域发展差异及其原因分析/木合塔尔 · 艾买提　布美热木 · 克力木，喀什师范学院学报 . 3

散杂居塔吉克族传统畜牧业经济文化模式转型研究——以阿克陶塔尔塔吉克民族乡为例/刘颖，喀什师范学院学报 . 4

新农村建设背景下新疆农村家庭经济的发展及演变——基于凉州户镇农村的调查与分析/孟晓敏，喀什师范学院学报 . 4

西部少数民族地区反贫困动态评估/向玲凛　邓翔，贵州民族研究 . 1

旅游发展、生态生产力与欠发达少数民族地区生态文明建设/李志勇　于萌，贵州民族研究 . 1

民族旅游开发与可持续发展研究/周娜娜，贵州民族研究 . 1

民族旅游与旅游商品——旅游人类学视野中的民族传统产品开发和利用/谭宏，贵州民族研究 . 1

少数民族聚居区联动式区域旅游开发研究——以云南澜沧、孟连拉祜族聚居区为例/王春梅 周晖，贵州民族研究.1

基于协同学的西部民族地区旅游城镇化发展研究/何腾，贵州民族研究.1

三峡库区土家族传统工艺的保护模式及其路径探析/汪荣，贵州民族研究.2

浅议西部民族地区城镇化的可持续发展/张曦 陈赤平，贵州民族研究.2

关于民族地区新型城镇化的探讨——以阿坝藏族羌族自治州建设为例/王弘蔡 彭真 贺立龙，贵州民族研究.2

基于城镇化C模式的凉山彝区旅游城镇发展研究/罗良伟，贵州民族研究.2

"世界苗族文化遗产保留地"旅游资源信息分类编码的初步研究——以贵州"郎德上寨"为例/罗琼，贵州民族研究.2

基于利益相关者理论的民族村寨旅游开发研究——以四川理县桃坪羌寨为例/任耘，贵州民族研究.2

贵州屯堡特色文化产业开发的集群化思路/吴蓓，贵州民族研究.2

架构少数民族地区人力资源战略开发框架推进民族地区经济发展/姚旎 阳晓明，贵州民族研究.3

民族地区建设生态城市的定位与路径研究——以四川省西昌市为例/甘志航，贵州民族研究.3

黔东南苗族侗族自治州农产品现代物流体系构建研究/吕冬梅，贵州民族研究.3

西部民族地区反梯度产业发展需避免的几个误区/陈敏 宋晓敏，贵州民族研究.4

民族地区"营改增"矛盾的根源与对策/汪佑德，贵州民族研究.4

涉外民间组织参与少数民族地区经济建设的相关问题研究/袁广盛，贵州民族研究.4

民族地区制定实施地理标志战略构想——以湖北恩施州为例/杨信，贵州民族研究.4

我国自然保护区内少数民族发展现状及可持续发展路径思考/龙耀，贵州民族研究.5

环境价值论与西部民族地区经济发展的结合研究/李敏 赵成柏，贵州民族研究.5

西部民族地区新型工业化的动力机制：理论框架和政策措施/曾祥坤 邓翔，贵州民族研究.5

经济文化类型与新疆地区经济跨越式发展研究/王玉龙，贵州民族研究.5

西南民族地区现代物流业对区域经济发展的影响研究/杜娟，贵州民族研究.5

新时期少数民族地区金融发展：制约瓶颈与困境突破/陈中伟，贵州民族研究.5

西南民族地区城镇化与金融支持/周宇騉，贵州民族研究.5

对少数民族地区金融发展的思考——以西藏为例/王泳茹 乔国荣，贵州民族研究.5

绿色融资的法律规制——论武陵山少数民族"生态经济圈"建设/李妍辉，贵州民族研究.5

武陵山区绿色产业发展的困境与对策研究/刘驰 陈祖海，贵州民族研究.5

西部少数民族地区旅游扶贫：可能性、重要性与模式选择/邱硕立，贵州民族研究.5

四川民族文化旅游扶贫SWOT分析及对策/张婉玉 张晓林 程思，贵州民族研究.5

少数民族农民工城市适应问题研究——以贵阳市为例/陆丹 戴岳，贵州民族研究.5

贵州省民族地区农村劳动力转移的现状及效应分析/马红梅 冯军，贵州民族研究.5

民族地区个体经济生存现状调查及其发展对策研究——以贵州1省为例/廖洪泉，贵州民族研究.5

跨国公司对少数民族地区产业集聚效应研究/雷权勇 刘吉双，贵州民族研究.5

国发二号文件背景下贵州高等教育与区域经济协调发展研究/韦文华，贵州民族研究.5

毕摩文化对经济发展影响研究——以盐源县为例/曾流　曾国良　王芳，贵州民族研究.6

民族地区技术创新的制度约束与市场化改革/岳公正，贵州民族研究.6

贵州民族地区全面建成小康社会的重点与难点分析/吕海梅，贵州民族研究.6

我国少数民族地区发展循环经济的对策研究——以虎形山瑶族乡为例/阳盼盼，贵州民族研究.6

四川民族地区人力资本与经济发展实证研究——以甘孜藏族自治州为例/杨进　郭晓军，贵州民族研究.6

人口较少民族人力资源开放战略选择与现实路径/李忠斌　李杰，民族工作研究.1

关于加快渝东南民族地区经济社会发展调研报告/国家民委经济发展司武陵山办专题调研组，民族工作研究.1

关于化隆回族自治县推动县域经济科学发展的调研报告/政策法规司，民族工作研究.5

喀什地区民生问题的调查与思考/雷振扬　哈正利，民族工作研究.5

关于武陵山龙山来凤经济协作示范区建设的调研/湖北民族学院调研组，民族工作研究.5

少数民族特色村寨评价指标体系研究/李忠斌　郑甘甜，民族工作研究.5

湖南省际边界民族自治地方县发展情况调查报告/龙毅，民族工作研究.6

新疆民族乡经济社会发展现状与对策研究/葛丰交等，民族工作研究.6

西藏非公有制经济发展的作用、特征及对策建议/周莉蓉，西藏研究.1

西藏农牧区剩余劳动力转移的路径选择/王娜，西藏研究.1

西藏牧民参加牧业保险的影响因素的调查研究/孙文革　谢家智，西藏研究.2

藏族筑城思想探源的遗产旅游意义——以茶马古道川藏线城市群为例/刘小方，西藏研究.2

关于将藏中南地区大开发大开放纳入国家重点开发战略的建议/杨明洪　李国政　杨峰，西藏研究.4

“美丽中国”视域下的区域世界遗产战略建构——以西藏自治区为例/刘小方，西藏研究.4

藏北牧民传统畜牧生计方式的变迁——那曲村落社会的调查/郎维伟　赵书彬，西藏研究.5

民族餐馆从业人员消费方式研究——基于北京魏公村蒙餐馆的实地调查/王晓莉　班丽萍，青海民族研究.3

工商人类学与文化差异管理/田广，青海民族研究.3

生态文明视阈下青海生态城市建设研究/马玉英，青海民族研究.3

技术进步与多民族地区民生状况改善的关系研究/杨霞　刘晓鹰，新疆社会科学.1

关于北方民族地区社会保障体系建设的探讨/刘大宁，黑龙江民族丛刊.5

基于公司治理结构的家族企业问题与改进方式探讨——以台湾DC集团为例/于泳泓，青海民族研究.2

云南藏区跨越式发展的实证研究/王德强　涂勤，民族研究.6

“兴边富民行动”开发式扶贫基本策略分析/战成秀　韩广富，黑龙江民族丛刊.2

西部各省（市、区）“十二五”产业发展比较研究/邓文英，新疆社会科学.5

民族地区旅游地开发中开发商与当地居民利益协同问题研究/陈昕，思想战线.3

中国民族地区资源诅咒特征及影响因素分析/杨玉文，云南社会科学.2

贵州民族文化旅游市场的开发与培育/明秀丽，贵州社会科学.3

中国少数民族地区环境保护制度的完善/吴贤静　蔡守秋，云南社会科学.2

神话的除魅——对内蒙古鄂尔多斯市民间金融的人类学思考/杨洪远，云南社会科学.2

西南喀斯特石漠化灾变区生态恢复与水资源维护——以麻山苗族地区为例/田红　彭书佳，云南社会科学.3

法治建设与中国民族地区经济区核心竞争力提升探析——以广西北部湾经济区为例/杨红文，黑龙江民族丛刊.2

赫哲族经济发展的问题与对策/张启文　刘红艳，黑龙江民族丛刊.2

人口较少民族生产方式转型的模式研究——以环北部湾广西京族为例/杜树海，黑龙江民族丛刊.2

伊斯兰金融监管模式比较研究/陈梓元，宁夏社会科学.3

西北民族地区体育旅游经济发展探析/兰涛，黑龙江民族丛刊.1

乌蒙山片区产业结构趋同度比较研究/李俊杰　刘松，黑龙江民族丛刊.5

加快经济社会发展实现边疆民族地区长治久安——以吉林省长白朝鲜族自治县为例/郑信哲，黑龙江民族丛刊.3

关于四川民族地区建设“西部旅游发展高地”的战略思考/陆铭宁，黑龙江民族丛刊.3

民族地区经济发展方式转变的三维路径/梁爱文，黑龙江民族丛刊.6

族际就业差距及其影响因素：甘南藏区合作市调查与研究/邓艾，民族研究.2

广西三江侗族自治县同乐苗族乡扶贫问题实证分析/陆鹏　于潜驰，黑龙江民族丛刊.6

延边朝鲜族自治州工业增长偏离份额分析/王彤　安丰军，黑龙江民族丛刊.6

基于动态偏离份额分析法的宁夏回族自治区矿业的增长分析/张晗，黑龙江民族丛刊.3

西部地区生态补偿机制的缺失及其重建模式研究——以跨区域补偿与生态效益市场化为例/陈思涵　武沐，青海民族研究.1

宁夏回族自治区收入分配的民族差异及其变化/丁赛，民族研究.3

民族视角下社会资本对收入的影响——以宁夏回族自治区为例/佐藤宏　成刚，民族研究.3

西部产业结构升级阻滞与升级路径——基于分工与资产专用性理论的解释/安果伍江，新疆社会科学.5

新疆产业结构演进对全要素生产率增长的效应分析/张丽　佟亮，新疆社会科学.5

新疆退耕还林工程绩效评价及对策建议/刘静，新疆社会科学.5

加快南疆三地州经济发展促进区域经济协调/阿迪力·努尔，新疆社会科学.5

新疆生产建设兵团城镇化综合发展水平实证分析/李豫新　孙乾坤，新疆社会科学.1

民族贫困地区多重资本约束下的减贫问题研究/王玲　谢玉梅，青海民族研究.3

西藏公共服务支出与居民收入增长关系的协整分析与检验/田旭　谷民崇，黑龙江民族丛刊.4

中国牧区生态移民可持续发展实践及对策研究/张丽君，民族研究.1

民族文化创意的经济分析/杨永忠，青海社会科学.1

新疆人力资源开发评价及供求前景预测/秦春艳，新疆社会科学.5

新疆资源开发能源结构与地区经济增长/王宏丽，新疆社会科学.5

新时期促进新疆区域协调发展的战略思考/董兆武，新疆社会科学.6

新疆新型工业化、农牧业现代化与新型城镇化协调发展研究/蒙永胜　李琳，新疆社会科学.6

财税政策对西北民族地区上市公司绩效影响的实证分析——基于2007—2011年的面板数据/马德君　胡继亮，青海社会科学.4

民族视角下的农村居民贫困问题比较研究——以广西、贵州、湖南为例/刘小珉，民族研

究.4

20世纪40年代青海少数民族聚居区的新式农贷/张天政　黄鑫，青海民族研究.3

环境保护的民间镜像——传统游牧社会的环境知识及其当代价值/王剑峰，黑龙江民族丛刊.4

论水资源维护与分享不合理现状的文化成因——从贵州黎平黄岗侗族个案引发的思考/罗康智，云南社会科学.3

民族地区旅游经济发展与羌族传统建筑资源保护/焦凤，黑龙江民族丛刊.3

少数民族地区人力资源开发策略探析/戴天心，黑龙江民族丛刊.3

新疆多民族地区农民增收途径探讨——以昌吉凉州户镇为例/李芳　卢雪梅，黑龙江民族丛刊.5

借鉴“成都温江模式”推进新疆农村土地流转/冯江华　何伦志，新疆社会科学.3

可持续发展视角下的新疆现代生态农业建设之路/宋建华，新疆社会科学.4

作为仪式的旅游/张进福，世界民族.5

少数民族村寨社区参与旅游发展的特征及内涵解析/周杰　杨兮，黑龙江民族丛刊.5

乡村民族文化旅游开发的利益结构与制度路径——基于浙江丽水畲族乡镇的考察/向云发，黑龙江民族丛刊.5

基于黔东南少数民族文化的旅游开发探析/杨江民　潘勇，黑龙江民族丛刊.5

西部地区宗教文化资源的特点及其旅游开发研究——以云南佛教为例/杨姗姗　陈炜，青海民族研究.1

民族村寨旅游的思考/刘晓春，黑龙江民族丛刊.3

民族文化创意驱动民族文化旅游发展探究——基于云南德宏州的研究分析/梁爱文，黑龙江民族丛刊.2

自由贸易和产业集聚及其区位分布变动——以桂越边域为例/麻昌港　马骥，黑龙江民族丛刊.4

完善边境贸易纠纷解决机制的法律思考——以内蒙古自治区为例/张时空　吴晓丹，黑龙江民族丛刊.1

新疆进出口贸易生态足迹动态分析/程中海　罗芳，新疆社会科学.6

diaspora离散：概念演变与理论解析/段颖，民族研究.2

西部地区民间借贷利率高企的成因分析/孙晨辉　韩国栋，青海民族研究.3

多民族文化对北京建设“世界城市”的影响/万泳延，黑龙江民族丛刊.2

关于民族文化旅游中文化阐释与展示问题的思考/崔玉范，黑龙江民族丛刊.1

少数民族物质文化遗产保护管理模式研究——以丽江古城个案为例/杨文顺，黑龙江民族丛刊.3

中国文化遗产中“尝”的体验观/彭兆荣，青海民族研究.4

社会资本与民族经济发展——基于民族文化市场效用的分析/吕昭河　张敏　余泳，思想战线.5

论社会主义新农村建设中满族非物质文化遗产的开发与保护/杨晗，黑龙江民族丛刊.1

三　民族学

布傣天琴原生文化的跨国界传承认同/韦福安，广西社会科学.6

差异与共生的五个维度/纳日碧力戈，甘肃理论学刊.1

基于文化的分析：族群认同从何而来/关凯，甘肃理论学刊.1

当代中国社会认同与民族认同的重构/常宝，甘肃理论学刊.1

现代公民文化引领下的我国民族认同与国家认同探析/郭文雅，甘肃理论学刊.4

民族信任模式演化的理论逻辑和现实悖论/王云芳，甘肃理论学刊.5

马丁·路德民族思想研究/邢来顺　李富森，湖南师范大学社会科学学报.1

20世纪五十年代邓小平解放和建设西藏思想探究/郭锦杭，云南行政学院学报.1

身份的启蒙：民族——国家与认同/宋伟冰，云南行政学院学报.2

人口较少民族传统文化特点及变迁趋势——基于施甸双江布朗族衣食住行的实证研究/郗春媛，云南行政学院学报.5

少数民族青少年国家认同和民族认同研究/韦磐　石张翔，云南行政学院学报.5

多元一体国家格局下的族群互动与身份重构——以丽江为研究个案/杨杰宏，广西民族师范学院学报.2

壮族传统婚姻伦理特征探析/黄雁玲，广西民族师范学院学报.2

百年来国内外黎族研究述评/向丽，广西民族师范学院学报.4

论吴泽霖对贵州民族学研究的贡献/何孝辉　罗时军，广西民族师范学院学报.4

花腰彝年俗祭祀活动——（德盆好）/普梅笑，广西民族师范学院学报.5

三十年来广西壮族丧葬文化研究综述/莫晓蕾，广西民族师范学院学报.5

苗族传统姊妹节所隐含的时空认知解读——以台江县苗族姊妹节为例/张文静　刘金标，贵阳学院学报（社会科学版）.2

黔中苗族婚俗审美的文化阐释/石恪　邱峰，贵阳学院学报（社会科学版）.2

论黔东土家族花灯的语言特色与民俗底蕴/周林莲，贵阳学院学报（社会科学版）.4

民国时期回族的国家认同重构研究/柴亚林，甘肃联合大学学报（社会科学版）.2

论后发形态民族政治发展模式——以民族国家及其构建为视角/于春江　于春洋，理论月刊.4

少数民族非物质文化遗产的保护与传承——以土家族傩戏为例/高洁　周箐，理论月刊.6

论民族问题的国际化及其对我国的影响/侯发兵，重庆社会主义学院学报.1

少数民族妇女在当代家庭中的角色探微——以鄂西南芭蕉侗族乡为例/郑璐　郑瑶，武汉纺织大学学报.2

伊斯兰文化的传播与维吾尔族近代格局的形成/王志刚　宋德志，塔里木大学学报.1

新疆维汉民族语言态度与族际关系现状调查分析——以温宿县阿热勒镇为例/张砾　谢贵平，塔里木大学学报.3

和即仁的民族语言研究及学术思想探析/徐忆，暨南学报（哲学社会科学版）.3

裕固族文化遗产保护研究反思/安惠娟，河西学院学报.1

问题与方法：裕固族口头传统研究反思/李建，河西学院学报.1

裕固族“以背为敬”食俗研究/高启安，河西学院学报.3

裕固族钟姓户族——“俊鄂勒”来源考/钟进文，河西学院学报.3

裕固族非物质文化遗产保护性开发研究现状与对策/王玉明，河西学院学报.4

裕固族民俗中的兴建家谱现象探析/钟进文，河西学院学报.6

客家民俗研究：从日常生活到终极关怀——赣南客家有关“时间”的民俗/钟福民，赣南师范学院学报.1

客家民俗文化中的生态理念阐微/韦晓娟　张洪春，赣南师范学院学报.1

客家地区畲族的族群意识流变及与客家的内在关系/邱立汉，赣南师范学院学报.4

论和谐社会建设对和谐民族关系的构建作用/廖业扬，前沿.1

巩固和发展我国社会主义民族关系/刘善琳　多文志，前沿.1

柔性博弈——民族区域自治语境下内蒙古黑土村汉民蒙化的解读/王红艳，前沿.1

维语熟语汉译时的归化与异化/李慧慧，前沿.4

攀西裂谷土著民居“俚濮彝人”的本土文化建设策略/蒲泽敏　姜龙，前沿.4

从传统节日看贵州仡佬族人的精神特质/梁颖　蔡承智，前沿.5

内蒙古呼和浩特市蒙古族传统服饰发展现状及对策/王晓卉，前沿.7

新疆阿勒泰地区图瓦人社会生活习俗现状/杨馥雨，前沿.7

内蒙古民族文化的视觉传播策略——以“鄂尔多斯婚礼”为例/王桂娜　张丽萍，前沿.7

中国第一份双语种少数民族报纸——《苗文侗文报》研究/李佳，前沿.12

维吾尔族传统社会保障文化及其作用/亚森江阿也提·依沙克，前沿.12

蒙古族“布鲁”的文化探析/贺希格吉日嘎拉，前沿.13

列宁民族平等理论的思想内涵及当代启示/胡昂　刘灿婷，前沿.17

民族认同的微观表达：社会空间中傣族人情文化透视——以德宏官纯傣族村寨为个案/张健，前沿.17

汉哈谚语民族风俗习惯对比研究/成世勋，新疆社科论坛.6

浅析贵州省荔波县瑶麓乡瑶族婚嫁文化旅游的开发及保护/余林，黑河学刊.2

鄂伦春族文化传承与保护研究/米娜　刘堂灯，黑河学刊.5

近年来金史研究综述/沙志辉　黑河学刊.10

新疆少数民族文化习俗中财产权的社会义务表现举要/程静，黑河学刊.12

满语官职称谓的产生及演变考略/孙浩洵，黑河学刊.12

四川少数民族同胞利益诉求强烈程度研究/刘利，甘肃联合大学学报（社会科学版）.2

多元价值观背景下发展民族文化的思考和路径选择/惠泽宇，内蒙古农业大学学报（社会科学版）.1

朝鲜族社会文化变迁与民族关系的发展/朴婷姬　吕秀一，大连民族学院学报.2

长征：马克思主义民族理论中国化的转折点/赵刚，大连民族学院学报.6

论民族关系的文化调适/周忠华，赤峰学院学报（汉文哲学社会科学版）.3

蒙古族传统文化的当代教育价值/包斯日古楞，赤峰学院学报（汉文哲学社会科学版）.3

东北游牧民族服饰习俗的发展演变及其文化特征/贺飞，赤峰学院学报（汉文哲学社会科学版）.4

试论我国近代民族政策的特点及其对边疆地区稳定发展的影响/朱敏，赤峰学院学报（汉文哲学社会科学版）.4

鄂伦春族民族文化传承困境与策略研究/白晶，赤峰学院学报（汉文哲学社会科学版）.6

民族政治发展与国家认同论析/陈艳丽，赤峰学院学报（汉文哲学社会科学版）.6

贵州苗族自由恋爱习俗“摇马郎”研究/李良品　陈钟琪，长江师范学院学报.1

浅析散杂居民族地区民族文化的变迁——以重庆彭水向家坝蒙古族村为例/龙春燕，长江师范学院学报.1

论单一民族内部族姓的多元竞争关系——基于湘西苏竹村的人类学考察/梁正海，长江师范学院学报.2

从牯脏节看苗族的民族认同——以贵州榕江县高排村为例/吴大旬　刘慧，长江师范学院学报.6

试论苗族妇女腰带及其文化内涵——以贵州惠水县摆金镇为例/王卫红，长江师范学院学报.6

建国初期刘少奇论民族关系/虞志坚，凯里学院学报 . 1

论梁聚五在国家不同体制下的苗族身份认同观/罗义群，凯里学院学报 . 1

谈侗族大歌的保存问题/葛恩专，凯里学院学报 . 1

文化心理学视野下的黔东南“扫寨”习俗比较/杨子奇　范生姣　吴秋英，凯里学院学报 . 1

德昂族传统生态文化及其现代意义/刘荣昆　朱红　杨春梅，凯里学院学报 . 1

侗族文化多样性简论/傅安辉，凯里学院学报 . 2

侗族非物质文化遗产传承三论/胡艳丽，凯里学院学报 . 2

清代以来苗族侗族家庭财产划分制度初探——以天柱民间分家文书为中心考察/吴才茂，凯里学院学报 . 2

宣泄与自娱——从女性的视角考察黔东南岑巩县羊桥土家族乡的哭嫁歌/代江平，凯里学院学报 . 2

贵州苗族传统岁时节日活动探析/周凌玉　胡晓东，凯里学院学报 . 4

论贵州苗族古歌的当代生存形态——以雷山县西江苗寨古歌调查为个案/单晓杰　王建朝，凯里学院学报 . 4

“他者”视域下的西江苗族研究述略/毛家贵，凯里学院学报 . 4

论长征时期中国共产党的民族理论与民族政策/甘明，凯里学院学报 . 5

论少数民族非物质文化遗产的法律保护/孙月华　周晓军，凯里学院学报 . 5

论多元民族文化对生物多样性的保护形式/罗义群　陆敏红，凯里学院学报 . 5

［僅］家传统文化的尚武特质——以民族识别为视角/刘礼国　徐烨，凯里学院学报 . 5

从侗族款文化看民俗对民间生活的规范力量/赵黎君，怀化学院学报 . 1

谈佤族外来节日的传入及其影响/李玥琼，怀化学院学报 . 1

苗族婚礼仪式中的“巴岱”身份考察/林春菲　陆群，怀化学院学报 . 2

侗族萨岁信仰的美学考察——以通道坪坦古村“萨岁安殿仪式”为例/钮小静　王淑贞，怀化学院学报 . 2

客家人的传统生态观及其当代价值探析/张洪春，怀化学院学报 . 3

湘西苗族的生命终结观及其对社会管理的影响/吴玉宝　麻友世，怀化学院学报 . 4

锦屏文书研究述评与人类学研究取向/姜又春，怀化学院学报 . 6

民族国家间差异性对国家形象塑造的制约——以政治价值观与民族文化为讨论基点/李彦冰，哈尔滨工业大学学报（社会科学版）. 2

论东北民间满族谱牒的历史演进及其特征/孙明，哈尔滨工业大学学报（社会科学版）. 3

中国朝鲜族与解放战争的胜利——从中国朝鲜族的民族认同谈起/刘会清　姜莉，理论学刊 . 2

禄丰县高峰乡彝族火把节文化内涵及意义初探/刘建波　章世家，红河学院学报 . 1

哈尼族的形成：分化与融合/张文文，红河学院学报 . 3

比较视野下的文化与民族关系浅析/刘黎，红河学院学报 . 3

文化丧失与文化回归——云南通海县兴蒙乡蒙古族文化变迁研究/马创，红河学院学报 . 4

滇越边民跨境流动及其特征——基于“江外三猛屯方”哈尼族的实证研究/卢鹏，红河学院学报 . 5

论哈尼/阿卡血缘标志——谱系/杨六金，红河学院学报 . 5

民国时期西南边疆少数民族社会风俗改革活动述略/朱映占，红河学院学报 . 5

边境哈尼族村落文化变迁的时间机制——以云南省江城县龙富村为例/张多，红河学院学

报 . 6

国内近三十年来阿昌族研究综述/叶健，红河学院学报 . 6

论少数民族地区非物质文化遗产的法律保护——以云南省红河哈尼族彝族自治州为例/王必昆，红河学院学报 . 6

论民族走廊研究的几个关键问题/葛政委，铜仁学院学报 . 2

从少数民族传统节日解构民族认同要素——以湘西土家族苗族自治州花垣县苗族“赶秋节”为例/李丹，铜仁学院学报 . 2

黎平县六甲侗寨“萨”文化象征意义探究/刘慧，铜仁学院学报 . 6

传统节日的“恢复”与族群认同的表达——以信丰“三月三”乌饭节为例/曹大明　李康运，铜仁学院学报 . 6

凉山彝族黑彝和白彝等级分化问题/朱文旭，毕节学院学报（综合版）. 1

浅析凉山彝族剪纸与仪式牵连/韩凌，毕节学院学报（综合版）. 2

当前彝族民间信仰的社会功能探析/李金发，毕节学院学报（综合版）. 3

地方性知识的探究：王明贵的彝族文化研究/王菊　邓思胜，毕节学院学报（综合版）. 3

试析彝族传统花灯文化/龙倮贵，毕节学院学报（综合版）. 6

论彝族“苏尼”的文化寓意和力量博弈/刘星　吉木哈学，毕节学院学报（综合版）. 7

彝族传统文化的村寨依托与保护研究——以黔西北彝村阿西里西的田野调查为个案/王俊　叶宏，毕节学院学报（综合版）. 10

从象征人类学的视角解析贵州盘县淤泥乡彝族丧葬仪式/刘慧，毕节学院学报（综合版）. 11

凉山彝族“死呢比”文化初探/沈小玲　吉木次初，毕节学院学报（综合版）. 12

论多民族国家民族问题的治理/周平，晋阳学刊 . 3

藏彝走廊文化域中的羌文化刍议/普忠良，阿坝师范高等专科学校学报 . 3

羌、藏民族白石崇拜探微/孟万鹏，阿坝师范高等专科学校学报 . 3

藏彝走廊中的岷江上游地区民族演变与历史文化特点/黄辛建，阿坝师范高等专科学校学报 . 3

近年来国内关于辛亥革命时期少数民族问题研究综述——以相关概念和研究视角为讨论对象/丁瑞雪，阿坝师范高等专科学校学报 . 3

汉藏文化关系新事例试析/林冠群，陕西师范大学学报（哲学社会科学版）. 3

大理白族人迁湘西融合发展的伦理分析/肖丽萍，求索 . 5

马克思恩格斯列宁民族主义观的承续与发展——以爱尔兰问题为中心的考察/杨天虎　陈燕，求索 . 9

论苗族丧葬习俗的社会文化功能/周永健，求索 . 12

试论马克思主义民族观/李美清　颜吾佴，北京交通大学学报（社会科学版）. 3

对中国民族关系的十点认识/崔明德，烟台大学学报（哲学社会科学版）. 3

论侗族草标文化现象/东潇，重庆文理学院学报 . 1

族群身体的社会表述——从人类学看全国少数民族传统体育运动会/徐新建，重庆文理学院学报 . 1

文化遗产与族群表述——以麻山苗族“亚鲁王”的遗产化为例/杨春艳，重庆文理学院学报 . 4

土家族闹灵的民俗意蕴：场域与仪式/刘安全，重庆文理学院学报 . 6

民族区域自治中的少数民族团体：制度运行的“黏合剂”——以贵州 Z 自治县布依族学会

为例/程守艳，理论观察.1

民俗类“非物质文化遗产”的保护与传承——以大理白族“绕三灵”为例/赵玉中，昆明理工大学学报（社会科学版）.3

怒江傈僳人的命名与人观——以福贡县娃底村的田野调查为例/卢成仁，广西师范大学学报（哲学社会科学版）.1

人类学仪式研究的空间转向——以瑶族送鬼仪式中人、自然与宇宙的关系建构为例/冯智明，广西师范大学学报（哲学社会科学版）.1

当代乌拉街满族春节祭祖仪式现状及其价值/邵凤丽，广西师范大学学报（哲学社会科学版）.2

海南杞黎的恐惧与文化：一种情感人类学的分析/李利，广西师范大学学报（哲学社会科学版）.3

仪式展演与认同传播网络——以古永傈僳族刀杆节为例/熊迅，广西师范大学学报（哲学社会科学版）.3

中国西南近代民族关系特点与中华民族多元一体/姬兴涛，西南农业大学学报（社会科学版）.6

西部多民族地区民众政治认同现状的实证分析——以贵州民族地区的调查数据为例/陈自强，湖北社会科学.8

古代民族“文脉”观念的当代传承/杨泽明，社科纵横.7

试论新疆哈萨克族社会组织结构与功能的变迁/付再学，新疆大学学报（哲学·人文社会科学版）.5

新闻话语对新疆少数民族文化再认同影响分析/肖燕怜，新疆大学学报（哲学·人文社会科学版）.5

青藏高原的生态、文化特征与族群互动/刘志扬，青藏高原论坛.1

三十年代藏彝走廊的民族志摄影——中国影视人类学先驱庄学本百年诞辰纪念/邓启耀，青藏高原论坛.1

青海藏区社会的当代变迁与经验探析/杨虎得　石文斌，青藏高原论坛.1

建立健全应对民族、宗教问题引起的群体性事件预警预案问题研究/穆赤　云登嘉措，青藏高原论坛.1

“保安人”与“保安族”关系探讨/武沐，青藏高原论坛.1

青海多元宗教生态格局与社会和谐/马明忠，青藏高原论坛.1

试论青海藏传佛教民俗文化圈的基本特征/唐仲山，青藏高原论坛.2

青海多民族文化认同现状的分析与思考/鄂崇荣，青藏高原论坛.2

多民族地区文化他者的建构与认同——以青海多元民俗文化为例/贺喜焱，青藏高原论坛.2

藏族“央达”文化解析/才项多杰，青藏高原论坛.2

拉卜楞寺政教合一制度略述/侯海坤，青藏高原论坛.2

青海“柴达木”地名语源辨析/苏都必力格，青藏高原论坛.3

涵化与文化认同建构——四川藏族尔苏人为例/巫达，青藏高原论坛.3

族群身份变动与地方文化的重构——以四川泸定岚安贵琼藏族为例/郭建勋　朱茂青，青藏高原论坛.3

陈塘夏尔巴人的氏族及其功能/桑吉东智，青藏高原论坛.3

试探阿尼玛卿山神与格萨尔王的关系——兼论藏族关于神圣性的界定/才贝，青藏高原论

坛.3

青藏高原的生态安全与乡土文化——基于互助土族自治县的人类学考察/梁景之，青藏高原论坛.4

马的“丹慧”“伊”及新娘的“巴达”/宗喀·漾正冈布　周毛先　英加布，青藏高原论坛.4

九世班禅研究综述/央珍，青藏高原论坛.4

关于草原文化研究几个问题的思考/吴团英，内蒙古社会科学.1

论中国古代的民族羁縻政策/郭苏星　孙振玉，内蒙古社会科学.1

从墓葬壁画艺术看北方游牧民族的饮食文化/包江宁，内蒙古社会科学.1

红山文化中晚期的祭祀活动及其特点初探/乌兰，内蒙古社会科学.2

草原文化：关于定义和学理建构的探讨/包斯钦，内蒙古社会科学.3

生态文明建设与民族关系和谐——兼论中华民族到了培元固本的时候/张海洋　包智明，内蒙古社会科学.4

中国俄罗斯族民族政治发展阶段研究/李启华，内蒙古社会科学.4

民族志的阐释与历史的真实——以拖雷之死为例/叶高娃，内蒙古社会科学.4

契丹人的处世方式与价值追求/任爱君，内蒙古社会科学.6

鄂尔多斯部的由来考/奇·斯钦，内蒙古社会科学.6

匈奴单于姓氏复原考释/乌其拉图，内蒙古社会科学.6

试论契丹学的理论和方法/杨福瑞，赤峰学院学报.4

地域文化与元代姚枢家族/张建伟　武吉安，洛阳师范学院学报.4

互动、融通与共生——日喀则“藏穆”群体的经济交往与文化交流调查/马英杰，宁夏社会科学.5

西方传教士眼中的近代西南少数民族民居建筑/洪云，宁夏社会科学.6

民族文化遗产的国家认同价值/马翀炜　戴琳，云南社会科学.4

批判与反思：实践民族志建构的必然性探析/李银兵，云南社会科学.4

独龙族的原始意识与哲学思想萌芽探析/赵沛曦　张波，云南社会科学.4

民族文化产业视域下少数民族非遗文化的生产性保护——以壮族织锦技艺为例/丁智才，云南社会科学.5

壮族花婆神话与“求花”仪式的文学人类学解读/李素娟　贾雯鹤，云南社会科学.5

民间节日与族群认同——基于湖南潭溪社区的实证研究/陈心林，云南社会科学.5

大理洱海地区的祖源叙事及其社会文化意义/赵玉中，云南社会科学.6

本家与分家：侗族传统民居伙房的共食意象表征/赵巧艳，云南社会科学.6

关于蒙古学的新思路——有感于“十八大”精神/丹碧，西部蒙古论坛.1

关于卫拉特蒙古分享猎物肉的习俗/布仁，西部蒙古论坛.1

德都蒙古地域名称的文化价值及象征意义/勒·傲登，西部蒙古论坛.1

黑喇嘛研究综述/杜珊珊，西部蒙古论坛.2

试析蒙古语地名结构及其语义特征/贾晞儒，西部蒙古论坛.2

《钦定西域同文志》青海属山名类型刍议——以蒙古语、蒙藏合璧地名为中心/苏都必力格，西部蒙古论坛.3

鄂尔多斯蒙古“风马祭祀”之探/哈日哈坦·哈斯塔娜，西部蒙古论坛.3

论史诗《江格尔》中的民俗文化现象/苏日娜，西部蒙古论坛.3

谈八思巴文与满文的衰落/李娜，西部蒙古论坛.4

浅析乌苏市非物质文化遗产的传承与发展/乌山吉尔格力，西部蒙古论坛 . 4
关于阿拉善蒙古族注重蒙古包天窗坠绳的习俗/策・萨茹娜，西部蒙古论坛 . 4
洪武本《华夷译语》鞑靼来文汉字音译规则/乌云高娃，西部蒙古论坛 . 4
蒙古语言语语料库标注库建设方案/山丹，西部蒙古论坛 . 4
勾漏粤语与壮语存在动词的比较研究/黄美新　杨奔，广西社会科学 . 10
和谐社会视阈下广西少数民族传统文化德育资源研究/莫雪玲，广西社会科学 . 11
论广西少数民族干部对中国民主革命的历史贡献/秦海燕　吴东霞，广西社会科学 . 4
论神像画与瑶族传统文化的关系及其文化价值/黄建福，广西社会科学 . 7
论土司文化中的生态美学思想——以广西土司文化为例/蓝利萍，广西社会科学 . 11
论长征时期党的民族风俗政策/莫曲波　颜永强，广西社会科学 . 4
论郑回的文教政策对南诏国及其后世的影响/张颖夫　田冬梅，广西社会科学 . 2
衰落与创新：社会转型期壮族传统民间文化变迁的辩证特征/吴德群，广西社会科学 . 9
壮傣族群文化的形态与特征及传播思考/黄新宇，广西社会科学 . 3
从《蒙古秘史》中的神话传说探究古代蒙古族思维特征/莫日根巴图，西北民族大学学报 . 5
论西南少数民族创世神话的规范价值——基于人类学理论的分析/张晓辉，西北民族大学学报 . 4
地下资源开发与蒙古人的自然资源观/孛儿只斤・布仁赛因，内蒙古民族大学学报 . 2
信任、认同与“他者”：族群和民族省思/范可，广西民族大学学报 . 6
20 世纪初赣闽粤边区的客家妇女生活——基于毛泽东对客家妇女调查的探讨/谭元亨　刘国钰，广西民族大学学报 . 6
社会记忆下的少数民族传统文化传承载体探析——以黔东南苗族为例/李波，贵州大学学报 . 3
经济人类学视野下的社会主义发展问题再认识/田广　罗康隆，贵州大学学报 . 4
试论黔湘桂边区民族节日经济圈的建构——兼谈对传统文化的保护传承/龙昭宝，贵州大学学报 . 4
清水江流域苗族古歌的伦理观与社会规约/曾雪飞，贵州大学学报 . 4
侗族梯田构建智慧与生态安全/崔海洋　张琳杰，贵州大学学报 . 4
身份的建构——对贵州白族身份认同的研究/赵玉娇，贵州大学学报 . 4
仡佬族传统文化的当代变迁/刘丽，贵州大学学报 . 5
2002 ~ 2012 年和谐民族关系研究综述/冯雪红　徐婧，贵州大学学报 . 5
宗教对傈僳族民族认同的影响分析/李智环，贵州大学学报 . 5
马克思交往理论视角下新疆和谐民族关系构建/吕永红，西北民族大学学报 . 5
论周恩来的民族发展观/娜芹，内蒙古师范大学学报 . 2
论蒙古族部落乞颜神话蕴含的乞颜精神/包国祥，内蒙古民族大学学报 . 155
蒙古族神话自然观的伦理学解读/包桂芹，内蒙古民族大学学报 . 4
土族土地文化初探——以民和地区为例/文忠祥，青海师范大学学报 . 1
国家政权建设视野中土家族地区农村民间信仰传统的变迁——以鄂西五峰土家族自治县为例/赵晓峰，北方民族大学学报 . 3
新疆柯尔克孜族非物质文化遗产述评/李玲玲，伊犁师范学院学报 . 2
人类学田野工作的方法论意义及其对民俗志写作的启示/博日吉汗　卓娜　全信子，内蒙古师范大学学报 . 2

对西北少数民族体育运动项目文化类型的特征分析/王琳　谢智学，西北民族大学学报.4

国民国家建设与符号意识形态——权力的象征话语/纳日碧力戈，西北民族研究.1

反思性批判与创造性转化——以燕京大学社会学系与英国功能论人类学的双向互动为例/赵旭东　齐钊，西北民族研究.1

日本人类学三讲（连载之一——中牧弘允在北大的演讲）/周大鸣，西北民族研究.1

学科恢复以来的人类学研究——基于对中大人类学系博士论文的分析/周大鸣，西北民族研究.1

东亚文明中的山/王铭铭　文玉杓，西北民族研究.2

关于中国人类学的基本陈述/高丙中，西北民族研究.2

老字号的技艺传承——以北京“盛锡福”皮帽制作为例/舒瑜，西北民族研究.2

英国社会人类学派之由来——读乔治·斯托金的《泰勒之后》/李金花，西北民族研究.2

从民族志撰写角度重读《西太平洋的航海者》/王昊午，西北民族研究.2

少数民族学校教育与地方政治权力的民族志研究——读《走进竹篱教室——土瑶学校教育的民族志研究》/王俞，西北民族研究.2

家族企业的人类学研究：亲属和商业的比较发布/Tomoko Hamada Connolly，广西民族大学学报.5

全京秀“韩国人类学百年”的省思/崔海洋　张琳杰，广西民族大学学报.5

变迁与互动：移民社会中的人际交往和民族关系/韩杰　李建宗，广西民族大学学报.5

民族关系和社会主义和谐社会建设的规律分析/何龙群，广西民族大学学报.5

土司政权与土家族“祖先化社神崇拜”的演变——以湖南溪州地区为例/陆群，广西民族大学学报.5

近百年来环境人类学研究/张雯，广西民族大学学报.6

情感人类学研究的困境与前景/张慧，广西民族大学学报.6

商业精英群体形成的人类学探析/张艳梅，广西民族大学学报.6

大众媒介与客家族群意象的建构/肖玉琴　周建新，广西民族大学学报.6

浅谈哈萨克族人名的时代特征/阿热依·邓哈孜，伊犁师范学院学报.2

性行为与艾滋病感染风险——新疆少数民族艾滋病性传播现状的社会学定性分析/祖力亚提　司马义　曹谦，西北民族研究.1

试述费孝通民族社会学研究的视野/张巍，北方民族大学学报.2

关于当前中国民族问题研究的100个思考题/马戎，西北民族研究.2

历史记忆、宗教意识与“民族”身份认同——青海卡力岗“藏语穆斯林”的族群溯源研究/张中复，西北民族研究.2

复原重建与影像真实——对“中国少数民族社会历史科学纪录电影”的再思考/朱靖江，西北民族研究.2

“复合型”的中华民族及其功能/牟钟鉴，西北民族大学学报.2

复合型民族与身份认同/刘成有，西北民族大学学报.2

论认同的多维性和一维性/班班多杰，西北民族大学学报.2

民族认同与宗教对我国少数民族民族认同的影响/宫玉宽，西北民族大学学报.2

跨界民族成员国家公民身份的建构及其挑战/刘永刚，北方民族大学学报.1

一个侗族村寨的婚姻、家庭与人口自我调适——人类人口学视角下的贵州黄岗招赘婚/高法成，北方民族大学学报.3

宴席“十三花”与回族社会文化的意义构造——来自甘南藏区郎木寺的调查报告/马清虎，

北方民族大学学报.5

自在、自为与自觉：汉民族研究百年学术史/徐杰舜，广西民族大学学报.6

民族国家视阈下我国“西北边疆”的生成与政治地理意义/任念文，西北民族大学学报.6

论跨境民族概念及其理论维度——兼论中国语境下民族概念类型化转向/赵子陆，西北民族大学学报.6

黑龙江下游诸民族中的孪生子祭祀与熊祭/张松，北方民族大学学报.3

山远水长：西北汉族地方性丧葬仪式的个案研究——来自南长滩的田野报告/董湘漪　孙振玉，北方民族大学学报.4

多维视角下的民族关系的社会功能/公铭　肖锐，西北民族大学学报.1

对白马藏族“池哥昼”的再认识/第五淳，西北民族大学学报.6

白马藏族“池哥昼”中“知玛”的丑角表演及文化渊源/包建强，西北民族大学学报.6

白马藏族傩舞研究现状与问题/张懿红　蒋艳丽，西北民族大学学报.6

白马藏族“熊猫舞”的表现形式及文化渊源/魏琳，西北民族大学学报.6

由“籍”而“族”——三亚穆斯林的历史史实、记忆及情境/常棣，北方民族大学学报.1

追寻共同体：人类学视域下的认同研究/杨春艳，北方民族大学学报.3

同中存异与异中求同：中西传媒对“多民族国家”的表述比较/罗安平，北方民族大学学报.2

关于“民族”和“民族主义”问题的辨析/伍小涛，青海民族大学学报.3

全球化背景下地方民族主义兴起的成因/龙立，青海民族大学学报.3

台湾客家运动兴起的缘由探析/周典恩，北方民族大学学报.3

习俗阿依特斯与哈萨克族传统文化的渊源关系/乌鲁木齐拜·杰特拜，北方民族大学学报.2

再现少数民族：官方媒体中的少数民族形象建构——基于《人民日报》30年少数民族报道的分析（1979~2010）/张媛，北方民族大学学报.6

民国时期回族报刊关于回族婚俗问题的讨论/刘莉，北方民族大学学报.6

浅谈民族文献的特点及价值/阿热依·卡哈尔，伊犁师范学院学报.2

成吉思汗时期那达慕考/姜晓珍，内蒙古师范大学学报.4

古代蒙古人的萨满信仰与蒙古族传统体育/布仁巴图，内蒙古师范大学学报.1

试论青海民族传统体育与旅游的互动发展/江平，青海师范大学学报.5

道路、发展与族群关系的“一体多元”——黔滇驿道的社会、文化与族群关系的型塑/赵旭东　周恩宇，北方民族大学学报.6

海南苗族文化研究述评/向丽，北方民族大学学报.3

藏彝走廊边缘群体的主体性表达——羌寨罗达的文化意义/李正元，北方民族大学学报.6

青藏高原语言空间分布及其环境分析/朱普选，青海师范大学学报.1

怒族神歌中的和谐思想及其社会功能/谭丽亚　陈海宏，北方民族大学学报.2

论彝族克智的演述程式及传承保护/阿牛木支　吉则利布，北方民族大学学报.3

神圣与吉祥——蒙古族图形符号研究/高俊虹，内蒙古师范大学学报.2

中国哈萨克族男子服饰图案艺术特征和文化内涵/钱秋彤，伊犁师范学院学报.2

蒙古族安代舞的文化内涵解析/巴·苏和巴特日乐，西北民族大学学报.5

朝鲜民族村落共同体“农社”源流考/李锐锐，北方民族大学学报.6

试论民族文字文献目录分类法及其存在的问题——以蒙古文、满文文献目录为中心/乌兰其木格，内蒙古师范大学学报.5

漠北回鹘碑铭与汉文回鹘史料比较考证/李娟，西北民族大学学报 . 5

关于西夏秃发令及发式问题/景永时，北方民族大学学报 . 6

论唐蕃和战中马球运动的传播和发展——从青海地区所具备的重要位置和必要条件来看/逯克胜，青海师范大学学报 . 5

唐朝胡汉关系研究中若干概（观）念问题/李鸿宾，北方民族大学学报 . 1

翰林学士院与皇权的距离：金末益政院设立的制度史意义/闫兴潘，北方民族大学学报 . 3

道格尔古碑之三探/马建新，西北民族大学学报 . 6

清代笔记中的西藏/韩殿栋　马元明，西北民族大学学报 . 6

青海卡力岗人的族群身份变迁/达娃央宗，青海师范大学学报 . 1

从二元对立到三元和谐：藏族认识论的演变/南文渊，青海师范大学学报 . 1

近代国外土族研究述略/祁进玉，青海民族大学学报 . 2

“土人”再考/杨卫，青海民族大学学报 . 3

蒙元史的研究成果与方法——从《美国学界蒙元史研究模式及文献举隅》谈起/蔡晶晶，西北民族研究 . 2

甘肃武威出土西夏木板画研究述评/于光建，北方民族大学学报 . 4

回族先贤传说讲述活动的表演分析——以宁夏韦州《海太师传说》为例/杨志新，西北民族研究 . 1

满族说部传承人的文化特质与叙事旨向/詹娜　江帆，西北民族研究 . 2

河湟汉族婚礼歌中的信仰习俗/蒲生华，青海民族大学学报 . 2

安多藏族传统婚姻形态的变迁及成因/白佩君，青海师范大学学报 . 1

土族轮子秋成因探析——以大车轱辘和梯子为例/逯克胜，青海民族大学学报 . 3

仪式与变迁：从新疆哈萨克等族群“祭天仪式”的留存看阿尔泰语系萨满信仰的文化空间与样式/黄适远，伊犁师范学院学报 . 2

仫佬族房族祭祖考察报告/莫艳婷　马强，青海师范大学学报 . 1

论哈萨克族民俗文化中的上盘习俗/霞敏·海达尔，伊犁师范学院学报 . 1

民族喜忌心理与动物图案研究/吴绍兰，兰州大学学报 . 2

文化意象、民族精神与少数民族哲学——以高山族哲学思想为例/李煌明，云南师范大学学报（哲学社会科学版）. 6

建设社会主义核心价值观与培育恩施民族精神/何蓉，湖北民族学院学报 . 3

黔东南苗族宗教生态伦理及其现实意义/龙正荥，贵州民族学院学报（哲学社会科学版）. 2

滇西北各民族宗教的相互影响及其启示/杨福泉，中南民族大学学报（人文社会科学版）. 3

试析西藏归入祖国统一的宗教背景/李顺庆，宗教学研究 . 2

20 世纪以来中国傩文化研究述评/刘兴禄，吉首大学学报（社会科学版）. 5

20 世纪以来国内苗族传统宗教研究探析/周永健，宗教学研究 . 2

中国土地信仰的文化人类学研究/吴秋林，宗教学研究 . 3

德昂族龙阳崇拜文化与民族国家认同/林庆　李旭，云南民族大学学报（哲学社会科学版）. 5

古蜀地竹崇拜文化研究/罗曲，西南民族大学学报（人文社会科学版）. 10

《贤者喜宴——噶玛噶仓》译注（十七）/巴卧·祖拉陈瓦　周润年，西藏民族学院学报（哲学社会科学版）. 6

《贤者喜宴——噶玛噶仓》译注（十三）/巴卧·祖拉陈瓦 周润年，西藏民族学院学报（哲学社会科学版）.2

论藏区政教合一制形成的教理基础/沈祯云，敦煌学辑刊.4

《贤者喜宴——噶玛噶仓》译注（十六）/巴卧·祖拉陈瓦 周润年，西藏民族学院学报（哲学社会科学版）.5

《贤者喜宴——噶玛噶仓》译注（十四）/巴卧·祖拉陈瓦 周润年，西藏民族学院学报（哲学社会科学版）.3

《贤者喜宴——噶玛噶仓》译注（十五）/巴卧·祖拉陈瓦 周润年，西藏民族学院学报（哲学社会科学版）.4

《贤者喜宴——噶玛噶仓》译注（十二）/巴卧·祖拉陈瓦 周润年，西藏民族学院学报（哲学社会科学版）.1

岷江上游羌族服饰“纳啵”文化传承与教育选择/韩云洁，中南民族大学学报（人文社会科学版）.5

作为整体社会科学的历史人类学/张佩国，西南民族大学学报（人文社会科学版）.4

社会共生视阈下的多元文化空间建构——基于盈江县支那乡白岩傈僳族村的人类学考察/张晗，贵州民族大学学报（哲学社会科学版）.6

“地方之上”的人类学——20 世纪前期学人眼中的大理社会与民族志叙述/张原 杨清媚，云南师范大学学报（哲学社会科学版）.3

和谐视阈下的藏族传统饮食文化解读/王兰，贵州民族大学学报（哲学社会科学版）.6

清江流域亲属称谓研究——以景阳镇为例/江佳慧，湖北民族学院学报.4

一妻多夫制婚姻形态探析——兼谈我国藏族地区的一妻多夫制婚姻/李晓丽 张冀震，西藏大学学报.1

女性人类学视阈下的仫佬族女性：从“女神”到“女人”/罗之勇 龚婷，中南民族大学学报（人文社会科学版）.4

20 世纪上半叶美国学界的 ethnohistory：民族学人类学的一种有益补充/刘海涛，西南民族大学学报（人文社会科学版）.3

盘县布依族“非正常死亡”葬仪的人类学思考/彭娜娜，贵州民族学院学报（哲学社会科学版）.2

“世居民族”与“居住民族”称谓指向辨析/李建军，西南民族大学学报（人文社会科学版）.10

民族研究中的原住民问题（上）/马戎，西南民族大学学报（人文社会科学版）.12

新中国民族学之路——从研究部起始的 60 年/杨圣敏，中央民族大学学报（哲学社会科学版）.5

少数民族物质文化中的名物关系研究——以“椎髻”与少数民族发式特征为例/余锐，湖北民族学院学报（哲学社会科学版）.5

试论孙中山民族关系思想的形成及其意义/杨铭 李锋，西南民族大学学报（人文社会科学版）.2

“融合”或“同化”：对中国民族关系问题的一点认识——兼论回族的形成途径问题/马平，中南民族大学学报（人文社会科学版）.4

“短裙苗”口传家谱人名的文化意义探析/李天翼 李天翔，贵州民族大学学报（哲学社会科学版）.4

湘西“瓦乡人”及其研究现状考察/刘兴禄，湖北民族学院学报（哲学社会科学版）.1

新中国成立以来“西兰卡普”研究述评/冉红芳，中南民族大学学报（人文社会科学版）.2

蒙古族非物质文化遗产的文化价值及当代意义/刘春玲，阴山学刊（社会科学版）.6

西方关于传播民族志研究的几个关键议题分析/谢进川，阴山学刊（社会科学版）.5

民族文化保护的人类学视野——兼谈相关人类学理念的中国本土化应用/桂榕，湖北民族学院学报（哲学社会科学版）.1

20 世纪以来东北跨境民族研究述评/曹萌　魏曙光，中央民族大学学报（哲学社会科学版）.5

百年来的吐蕃音义及藏族族源研究/王启龙，西藏民族学院学报（哲学社会科学版）.4

“边疆”的现代表征与视野传递——20 世纪前期的苗疆构想与学术实践/汤芸，云南师范大学学报（哲学社会科学版）.3

威宁彝族工匠群体“果”支系来源浅析/卢春梅，贵州民族大学学报（哲学社会科学版）.3

论彝族族源主源/唐楚臣，楚雄师范学院学报.12

景东彝族《指路经》解读——以龙街乡新平村《咽喉经》为例/王海滨　李国东，楚雄师范学院学报.4

李宓被奉为白族本主的原因新探/甘纭莼，楚雄师范学院学报.11

“麽些”考释/杨杰宏，中央民族大学学报（哲学社会科学版）.3

“归族识别”后克木人的认同与发展/和少英　李闯，云南民族大学学报（哲学社会科学版）.5

独龙族与周边民族的文化认同/赵沛曦　张波，中南民族大学学报（人文社会科学版）.4

水族“四珍”文化品牌研究/唐建荣　陈文，贵州民族大学学报（哲学社会科学版）.4

人地关系与土家族生计变迁六十年——湘西龙山县草果村的再研究/姜爱　刘伦文，西南民族大学学报（人文社会科学版）.3

“羌为何人”——20 世纪前期西方学者的羌民研究/卞思梅，云南师范大学学报（哲学社会科学版）.3

60 年藏区文物考古研究成就及其走向（下）/王启龙　阴海燕，西南民族大学学报（人文社会科学版）.2

60 年藏区文物考古研究成就及其走向（上）/王启龙　阴海燕，西南民族大学学报（人文社会科学版）.1

藏族的高原适应——西藏藏族生物人类学研究回顾/席焕久，人类学学报.3

近三年来中国生态人类学研究综述/崔明昆　崔海洋，中央民族大学学报（哲学社会科学版）.4

分与合的政治变奏曲——埃文斯·普里查德《努尔人》一书中译本（再版）序/赵旭东，民族学刊.1

彝族社会历史中的母系成分及其意义/刘小幸，民族学刊.1

丹巴百年来政治、经济及习俗演变——以章谷屯的设立与发展为例/秦和平，民族学刊.1

机遇与适应：青海生态移民生存与原居地草场关系/徐君，民族学刊.2

水西慕俄勾彝族地方政权超稳定性初探/秦廷华，民族学刊.2

从华北农村妇女的手工纺织活动变迁看地方社会的社会主义实践/［德］雅各布·伊弗斯著，胡冬雯译，民族学刊.3

加强和创新藏区社会管理研究：以拉萨市寺庙管理为例/郑洲　马杰华，民族学刊.3

论提升喀什区域行政地位与实施区域整体发展/何一民 付志刚，民族学刊．3

邛崃异地安置区羌族民众饮食文化变迁研究/周毓华 田廷广，民族学刊．4

欧洲传统游记中的嘉绒藏区社会/［荷］维姆·范·斯本根著，尼玛扎西（杨公卫）译，民族学刊．5

西南边陲纳西社会中“賨”的发展与变迁/赵秀云，民族学刊．5

“56个民族的来历”并非源于民族识别——关于族别调查的认识与思考/秦和平，民族学刊．5

新中国成立以来西南地区民族识别研究概述/聂文晶，民族学刊．5

四川彝族聚居区少数民族人口老龄化的因素分析及对策探讨/杨胜利 张宇辉，民族学刊．5

凉山彝区与欧美地区“外游”客源间的双向禁忌/李滨，民族学刊．5

羌族口头传统的灾后境遇及思考/杨杰宏，民族学刊．6

人类学的灾害研究如何呈现——兼评《泥石流灾害的人类学研究》/张原兰婕，民族学刊．6

李安宅、于式玉先生编年事辑/汪洪亮，民族学刊．6

历史、想象与身份认同——影片《成吉思汗》与《一代天骄成吉思汗》的叙事比较/邹华芬，民族学刊．6

人类学中国宗族研究的嬗变与创新/刘芳 刘树奎，广西民族研究．1

中国经济人类学研究述评与展望/赵巧艳，广西民族研究．1

理论创新：人类学民族学学科发展的新进路/陈英初，广西民族研究．1

馈赠与回馈——壮族与客家经济关系研究之二/袁丽红，广西民族研究．1

壮族家庭伦理解析——循《布洛陀经诗》思想之流而展开/罗森壬，广西民族研究．1

仪式结构与“结构”仪式——云南麻栗坡马嘿村蓝靛瑶“度戒”仪式调查/谷家荣，广西民族研究．1

糯：一个研究中国南方民族历史与文化的视角/杨筑慧，广西民族研究．1

美孚黎丧葬习俗及其鬼魂观念/谢东莉，广西民族研究．1

论学术自觉——兼论如何传承费孝通的学术遗产/刘锐 杜园园，广西民族研究．2

传统礼俗消费的经济人类学考量——兼以桂东南为例/杨天保 袁丽红，广西民族研究．2

侬与农：从姓氏变化看靖西壮族的族群认同/罗彩娟，广西民族研究．2

文化地理学视野中的壮族布洛陀经诗研究/王红，广西民族研究．2

从民族习俗看仫佬族教育观/阳崇波，广西民族研究．2

“后申遗”时期我国非物质文化遗产传承与保护研究——基于壮族“布洛陀”文化的调查/刘婷，广西民族研究．2

西南边疆学科建设探论/刘俊珂，广西民族研究．3

忌讳型“潜在民俗”的民俗志书写策略——以多元记忆的周公庙“撵香头”祈子习俗为例/王志清 陈曲，广西民族研究．3

杨成志与彝文文献收藏研究/陈棣芳 朱崇先，广西民族研究．3

壮泰群体先人越人及其后人自称源流/白耀天，广西民族研究．3

市场经济对壮族民间文化变迁的影响/吴国阳 吴德群，广西民族研究．3

茶山瑶族源、迁徙与继承/刁光全，广西民族研究．3

《徐霞客游记》与西南边疆少数民族特色文化的发展/丁智才，广西民族研究．3

少数民族非物质文化遗产整体性保护的困境与出路/叶芳芳 朱远来，广西民族研究．3

从功能论到历史功能论——兼谈经验材料对理论的修订功能/张丽梅　胡鸿保，广西民族研究 . 4

论民族志者在田野作业中的“自我”意识/康敏，广西民族研究 . 4

民族志文本生产与话语剧场创造——格尔茨《作品与生活》的文本现象学/李清华，广西民族研究 . 3

二战后 ethnohistory 在美国学界的兴起/刘海涛，广西民族研究 . 4

人类学理论视域中的物质文化研究/马佳，广西民族研究 . 4

彝族“相配”观念与生产协作/赖毅　严火其，广西民族研究 . 4

瘴疠保护了西瓯、骆越人及其后裔/范宏贵，广西民族研究 . 4

“那”文化的社会表征及其传承的时代困境/吕俊彪　兰天术，广西民族研究 . 4

壮族经济伦理思想及其当代价值/张志巧　唐凯兴，广西民族研究 . 4

美国国会图书馆瑶族文献的整理与分类研究/何红一　黄萍莉　陈朋，广西民族研究 . 4

中越瑶族信歌的作者、年代及写作地点之考证/莫金山　李大庆，广西民族研究 . 4

论土司制度是“自治制度”的早期形式之一——基于马戎“当前中国民族问题研究的选题与思路”的思考/沈再新　苏二龙，广西民族研究 . 4

滇黔桂多民族“杂居”对和谐文化建设的影响/荀利波，广西民族研究 . 4

传播学视域下民族文化传承发展新策略——“舆论领袖”的桥梁纽带作用/王颖，广西民族研究 . 4

文化生态视角下的非物质文化遗产保护性旅游开发研究——以广西瑶族盘王大歌为例/陶长江　吴屹　王颖梅，广西民族研究 . 4

对旅游民族志中真实性表达差异的评述/甘露　卢天玲，广西民族研究 . 4

论西夏王陵的遗产价值与申遗之路/王云庆　唐敏，西夏研究 . 4

地域文化视阈下的民俗——以固原民俗为例/郭勤华，西夏研究 . 4

论《八旗通志》的五行生克说/逯宏，满族研究 . 3

从文化融合视角看“花盆底”与缠足陋习/张春梅，满族研究 . 3

从永陵镇田野调查看满族群众文化的民生导向/李阳，满族研究 . 3

简述满文、蒙古文文献目录及其分类法/乌兰其木格，满族研究 . 4

现代性视域下的少数民族文化变迁/王埃亮，满族研究 . 4

满族老姓汉化考/李学成　王雁，满族研究 . 4

从民俗语言学角度看“跨鞍”的历史演变/马恕凤　曾昭聪，满族研究 . 4

试析满族鹰猎文化之流变/姜广义，满族研究 . 4

回族节日文化重构的几种类型——基于云南巍山回族圣纪节文化变迁的民族志研究/朱潇潇　桂榕，回族研究 . 3

从“食物”到“文化象征符号”——以回族“油香”为例/周传慧，回族研究 . 3

重返卡力岗——卡力岗回族研究的人类学反思/杨军，回族研究 . 3

百年回医药研究述评/罗彦慧　方华林，回族研究 . 3

《回回药方》研究进展/王锦　王兴伊，回族研究 . 4

回族与撒拉族的文化认同——以青海省循化县草滩坝村为个案/陕锦风　曾少聪，回族研究 . 4

回族文化在云南社会历史进程及“桥头堡”建设中的积极作用/纳文汇，回族研究 . 4

文献足征——以康熙朝满文本《起居注册》为中心的比较研究/庄吉发，满语研究 . 1

吉林赵氏家族始祖武木普满文墓碑考释/刘厚生，满语研究 . 1

黑龙江省三家子村满语传承人调查研究/高荷红 石君广，满语研究.1

《御制增订清文鉴》刻本补叙/李雄飞，满语研究.2

满汉合璧《庸言知旨》作者宜兴小考/宋冰，满语研究.2

咸丰九年三姓八旗人丁户口册（五）/扎昆译编，满语研究.2

“顶上风云”：满人髡发源起/吴美凤，满语研究.2

北方民族的空间观及实践——以鄂温克为例/阿拉腾，满语研究.2

金代女真人食用蔬菜瓜果刍议/夏宇旭，满语研究.2

清代东北旗人婚礼中跨鞍礼述论/付永正 刁书仁，满语研究.2

农耕文化与草原游牧文化的融合地带——贺兰山与阴山环黄河而生的多元文化/薛正昌，西夏研究.1

哈剌灰人的族称问题研究/李自然，西夏研究.1

敦煌遗书中的丧葬仪式与丧俗文之关系探究/陈烁，西夏研究.2

论非物质文化遗产的传承和保护/乔秀艳，满族研究.1

白寿彝先生与小儿锦的研究/马景 杨燕，回族研究.1

“天房”意向：明清时期回回社会追随域外来华经师游学初探/罗彦慧，回族研究.1

文化遗产：泉州回族历史与文化特性的记忆与表达/王平，回族研究.1

从“汉化”到“回化”：泉州回族认同问题再讨论/良警宇，回族研究.1

我群意识的建构与解构——“华夏边缘”论述与回族族群性研究/张中复，回族研究.2

《经学系传谱》中的“粤西镇台”马蛟麟考述/马景，回族研究.2

传统乡村回族的家族与时代变迁——以红岸村杨氏族人为例/杨文笔，回族研究.2

“盘辈礼”——乌蒙山地区回族的辈礼制度及其变迁/马良灿 刘砺，回族研究.2

文化认同视角下曲硐回族的搭救亡人习俗/马永红，回族研究.2

论陈那因明研究的藏汉分歧/郑伟宏，中国藏学.1

我参加历届国际藏学会议的经历/王尧 王玥玮，中国藏学.1

藏族传统社会组织措哇的亲属称谓——以青海省互助县松多村为例/白赛藏草，中国藏学.1

川滇藏峡地的树葬比较研究——以奔子栏和三岩为例/叶远飘，中国藏学.1

旅游开发对牧区女性地位的影响研究——以纳木错乡为例/次仁央宗，中国藏学.3

藏医药学中的注疏分析法——“树喻”管窥/桑吉东珠 完玛加，中国藏学.3

“仲”、“迪乌”、“苯”及其分类——藏族传统学科分类研究之一/同美 泽丹卓玛，中国藏学.4

试从伏藏文献解读哲孟雄的起源与特征/许渊钦，中国藏学.4

尔苏沙巴文历书中“虎推地球图”之辨析/王德和 王轩，中国藏学.4

藏医传统优生学初探/罗布扎西 尼玛次仁，中国藏学.4

丹噶尔藏人女子的发饰文化/彭毛卓玛，中国藏学.4

赫哲族说唱音乐“伊玛堪”的特点及传承教育初探/徐熳 张竹岩 孟丹娜，民族教育研究.1

浅议民族高校图书馆少数民族语言文字文献分类——以朝鲜语为例/崔莲，民族教育研究.5

社会人类学空间理论观照下的西藏社会研究/陈默，甘肃民族研究.1

民国前循化撒拉族社会组织略述/侯海坤，甘肃民族研究.1

清代满族的敬鸦文化/方华玲，甘肃民族研究.2

藏族尚白习俗简论/华锐·东智，甘肃民族研究.2

非物质文化遗产刍议/宗喀·漾正冈布，甘肃民族研究.3

《格萨尔》妇女家庭地位探析/华锐吉，甘肃民族研究.4

甘南州藏戏——“南木特戏”/索代，甘肃民族研究.4

喀什维吾尔传统饮食文化探微/买买提祖农·阿布都克力木　王建斌，喀什师范学院学报.2

试论维吾尔谚语中的婚姻观/邢春梅，喀什师范学院学报.2

新疆南疆地区维吾尔族“恰依”民俗文化现象探源/卢兆旭　贾圣驹，喀什师范学院学报.5

全球化视野下的中西文论民族特质之比较/曾竞艳，贵州民族研究.1

灾后重建背景下羌族传统文化教育内生力研究/王小琴　么加利，贵州民族研究.1

少数民族文学与民族文化认同的构建/何辉　周晓琳，贵州民族研究.1

天界到凡间：布依族民间爱情故事论说/伍微微，贵州民族研究.1

苗族民间创生故事的文化解析/刘笑玲　李丽丹，贵州民族研究.1

羌族民间童话的心理分析及其教育意蕴探析/石瑛　徐浩岚，贵州民族研究.1

新疆龟兹壁画葫芦的民族文化价值探究/李永昌　于水秀，贵州民族研究.1

浅析长阳土家族传统体育流变及其意义/浦北娟，贵州民族研究.1

我国少数民族的知识群落划分——基于知识获取的聚类分析/李玲鞠　曾国良，贵州民族研究.2

论传统居住地对湖南维吾尔族民族认同构建的影响/黄丽　袁波澜，贵州民族研究.2

民族传统体育的文化人类学研究概述/周沈斌　廖勇，贵州民族研究.2

四川少数民族传统体育文化特征及功能研究/顾正东　徐明，贵州民族研究.2

跨境民族的历史迁徙与民族认同——基于傈僳族形成过程的讨论/李智环，贵州民族研究.3

浅议人类学和社会学的研究方法/石金群，贵州民族研究.3

试论贵州少数民族女性文化的兴起与发展/余林　王川，贵州民族研究.3

［俸］家人女性服饰审美文化探析/杨毅，贵州民族研究.3

侗族传统聚落鼓楼场所类型演变研究——以通道县为例/徐海燕　陈晓键，贵州民族研究.3

我国西部民族古籍的开发利用研究/张新红，贵州民族研究.3

认知语言学视角下的少数民族节庆命名理据/赵雅青　巴桑，贵州民族研究.3

浅论藏民族传统生态文化及其现代转换/张涛　王国新，贵州民族研究.3

西藏传统茶文化的社会纽带作用研究/赵国栋，贵州民族研究.3

庄学本羌族风俗文化考察研究/郭士礼，贵州民族研究.3

少数民族思想家高奣映理学思想探析/李乾夫，贵州民族研究.3

宋才发民族法学思想初探/王照地，贵州民族研究.3

贵州世居少数民族传统节日保护刍议/周真刚，贵州民族研究.4

现代化进程中民族文化传播功能的意义探索/翁泽仁，贵州民族研究.4

关于民族文化自觉的理性思考/毛越华，贵州民族研究.4

新媒体时代苗族文化传播渠道探索/王哲　谭竺　孔荣娟，贵州民族研究.4

论地方性疾病认知与处置特点——基于武陵山区四个土家族村落的人类学考察/梁正海　马娟，贵州民族研究.4

非物质文化遗产对地方族群社会发展的意义/余建荣，贵州民族研究.4

试论民族认同的法治化重构——“库尔德倡议”的意义及对我国的启示/杨锦帆 杨宗科，贵州民族研究.5

壮族山歌传承动因探析/李小峰，贵州民族研究.5

“爬窗探妹”的音乐人类学研究——以榕江县七十二寨侗族为实例/曾雪飞 罗晓明，贵州民族研究.5

土家族打溜子的文化特征探析/肖笛 张辉，贵州民族研究.5

月光下的浪漫恋曲——苗族“跳月”婚俗研究/王树文 晏生宏，贵州民族研究.5

生命美学视野中的三峡土家族巫俗传统/赖永兵，贵州民族研究.5

湘西苗族伦理关系的心理意蕴研究/孙果 霍涌泉，贵州民族研究.5

黎族文身禁忌述论/王献军，贵州民族研究.5

费希特的民族认同二元建构/唐书明，贵州民族研究.6

侗族习惯法的渊源流变/何其鑫 李碧云，贵州民族研究.6

蒙古族古代草原保护法的法哲学思辨/秦祖伟，贵州民族研究.6

社会建构论与民族文化资源的保护与开发——以大理白族文化为例/赵世林 王玉琴 陈燕，贵州民族研究.6

文化生态视角下民族传统手工技艺传承与保护/赵士德 汪远旺，贵州民族研究.6

贵州岩画资源的保护现状调查研究/李浩 彭小娟，贵州民族研究.6

试析榕江侗族寨名的由来及特征/王长城，贵州民族研究.6

侗族服饰纹样的艺术人类学解读/项锡黔 王良范，贵州民族研究.6

宁德畲族熟语歌谣的语言学研究/叶太青，贵州民族研究.6

洛可可与清代满族装饰艺术关联探析/李清振，贵州民族研究.6

从转娘头到庚贴为凭：清代清水江流域苗侗民族的婚俗变迁——以碑刻史料为中心/李斌 吴才茂，贵州民族研究.6

变与不变的思考——西方传教士眼中的近代贵州少数民族风俗/洪云，贵州民族研究.6

传教士陶然士及其羌族研究/朱薇 李敏杰，贵州民族研究.6

缅北冲突背景下我国景颇族认同意识探析/刘永刚，民族工作研究.3

关于散杂居民族研究对象与任务的反思/沈再新，民族工作研究.3

论民族的开放性——如何准确把握当代民族的时代特征/赵健君，民族工作研究.4

保护民族文化助推科学发展——对重庆市渝东南土家族的起源民俗及发展的研究/杨胜才，民族工作研究.5

藏族民间巴塘“谐”歌词的人文特色/格桑梅朵，西藏研究.1

华锐藏族女性服饰及其文化特征/华锐吉，西藏研究.1

茶叶初传时期吐蕃人对茶的认识及利用/罗宏，西藏研究.2

珞巴族尼西人的传统社会生活/李金轲 马得汶 马进，西藏研究.3

近代甘南藏区度量衡的多样化特点述论/陈改玲 范忠雄，西藏研究.3

归途的迷航——试从声音的对峙窥视《格萨尔王传》和《荷马史诗》的永恒回归/靳海波 张黎黎，西藏研究.3

西藏的民族文化保护/保罗，西藏研究.4

珞巴族妇女的社会地位现状分析——米林县南伊珞巴民族乡为例/次仁央宗，西藏研究.4

《藏族社会历史调查》中的婚姻家庭研究述评/白赛藏草，西藏研究.5

传统茶文化符号中藏传佛教的世俗生活/赵国栋，西藏研究.5

《格萨尔王传》服饰文化特点及功能和价值——以岭国服饰为例/周毛卡，西藏研究.5

满族伦理思想析论/坤新　日晨，黑龙江民族丛刊.2

转型与嬗变：改革开放以来西北少数民族价值观研究/粟迎春，社会科学辑刊.3

再论“主体民族志”：民族志范式的转换及其“自明性基础”的探求/朱炳祥，民族研究.3

赫哲族伦理思想探析/胡琦　日晨，黑龙江民族丛刊.6

鄂温克族伦理思想探析/亓光勇　日晨，黑龙江民族丛刊.5

蒙古族伦理思想述论/熊坤新　日晨，黑龙江民族丛刊.3

回族伦理思想概述/谷文双　坤新，黑龙江民族丛刊.1

关于畲族社会传统伦理道德的文化解读/陈圣刚，黑龙江民族丛刊.1

新疆青少年价值观现状调查与分析/张勇，新疆社会科学.3

回、儒传统伦理会通考略——以马注为例/郑文宝，黑龙江民族丛刊.1

中国传统生态伦理思想与北方少数民族生态文化/杨晗，黑龙江民族丛刊.3

“伊玛堪”——破译赫哲族古老文化的密码——以葛德胜说唱的《满斗莫日根》为例/王威，黑龙江民族丛刊.4

伊玛堪生成发展的文化基础及其历史价值/刘敏，黑龙江民族丛刊.2

天鹅佩饰与东北民族的情操/王禹浪，黑龙江民族丛刊.3

关于中华民族文化多样性的认识——读《新疆伊斯兰教建筑装饰艺术》/莫红梅　丁万录，青海民族研究.1

人类学视野中的艺术传播与社会权力建构/朱凌飞，思想战线.4

人类学艺术研究对于人类学学科的价值与意义/王建民，思想战线.1

人类学的历史与历史中的人类学/黄剑波，思想战线.3

现代组织研究中的人类学实践与民族志方法/袁同凯　陈石，民族研究.5

论灾害人类学的研究方法/李永祥，民族研究.5

象征人类学视野中象征的构成要素/瞿明安，贵州社会科学.8

文化人类学研究的生态视域及其对农耕文化的学术观照/戴嘉艳，黑龙江民族丛刊.6

仪式的要素与仪式研究——以国内个案对国外人类学仪式理论的再探讨/吴乔，世界民族.5

粤北杉村排瑶社会治理转型研究/谭同学，民族研究.4

格尔兹“近距离经验”概念辨析/王建新，青海民族研究.4

历史人类学应从日常生活史出发/常建华，青海民族研究.4

中国城市穆斯林研究的人类学视角/马强　张再利，青海民族研究.3

历史民族志对中国少数民族研究的启示/陈兴贵，黑龙江民族丛刊.5

文县白马藏族传统服饰的文化功能/王希隆　赵雨星，甘肃社会科学.2

芭蕉箐苗族村民车辆消费生成机制的人类学阐释/郑宇　王昊英，思想战线.3

作为民俗概念的“团”——从湘西南一个自然聚落看地方称谓的演变/于鹏杰，青海民族研究.3

叙事：民族志纪录片深藏的秘密？/［英］保罗·亨利著，利庄庄　徐菡译，思想战线.2

传统中国意识形态史的知识社会学初步考察：一种民族学视角的社会理论反思/张亚辉，青海民族研究.1

给西方视野一个真实生动的新疆——从西方媒体报道看新疆形象建构策略/石锋，新疆社会科学.3

历史人类学视角下的村落空间——三门塘人的谱系建构与姓氏空间/钱晶晶，青海民族研究.2

云南民族拜认干亲习俗与族际共享阈的构建/赵旭峰　王凌虹，黑龙江民族丛刊.5

中国塔吉克族亲属关系人类学研究/刘明，新疆社会科学.5

非汉阈大家族形态与制度：东西方同有的亲族理念/周泓，世界民族.2

社会转型期宁夏回族婚姻观嬗变探究/朱晓明，宁夏社会科学.3

论卓仓藏人实行“骨系”等级内婚的原因及其影响/羊措　祁文寿，青海民族研究.2

多维一体：关于宗教心理结构性分析——以裕固族女性宗教心理为考察对象/刘生琰　李静，青海民族研究.3

多民族国家族际政治整合研究/朱碧波，新疆社会科学.2

多元因素影响下的纳族群称谓与认同/杨福泉，民族研究.5

习惯法视域下藏族传统社会中女性地位分析/刘军君，青海社会科学.5

族群归属与社区生活——对一个云南小镇“藏回”群体的人类学研究/刘琪，青海民族研究.1

青藏高原多民族聚居区民族交往的调查研究——以青海省化隆县为例/马燕，青海民族研究.3

不被“整合”的向心力——民族走廊“国家化”研究/岳小国　陈红，青海民族研究.2

论民族志研究与民族学/史禄国　于洋，世界民族.3

论近代西北回族民族认同的特点/赵国军，甘肃社会科学.6

“河西—山北回族走廊”刍议/沙彦奋，青海民族研究.4

20世纪以来藏族部落纠纷解决方式研究述论/熊征，青海民族研究.1

论酥油玛尔的社会文化内涵/白佩君，青海民族研究.4

贵州苗族山地民居的建筑布局与文化空间——以控拜“银匠村”为例/周真刚，黑龙江民族丛刊.2

饮水井：村落社会与生态伦理——以西南民族村落水井为例/管彦波，青海民族研究.2

当代藏族牧区生态习惯法的再生与重构——拉卜楞地区个案的法人类学考察/常丽霞，甘肃社会科学.2

台湾原住民文化研究的拓荒者——论鸟居龙藏人类学田野调查的方法和特色/林琦，世界民族.2

论布依族传统文化精神/罗剑，贵州社会科学.1

质性研究法与社会科学哲学——以社会学中的民族志为例/卢崴诩，思想战线.2

试论瑞丽傣族的多元发展/沈乾芳　杨世武，黑龙江民族丛刊.6

族性与族性政治动员——族类政治行为发生的内在机理管窥/严庆，黑龙江民族丛刊.6

ethnicity族属：概念界说、理论脉络与中文译名/马腾嶽，民族研究.4

国际移民认同危机与族群身份政治运行机制研究/余彬，民族研究.5

历史记忆与族群关系——永靖县新寺乡孔氏回族的人类学考察/贾毅，甘肃社会科学.2

论后现代语境中的回族日常交往/康春英　马芝君，甘肃社会科学.3

论回族日常交往心态的二元建构/马进，甘肃社会科学.3

分担与参与：白马藏族民俗医疗实践的文化逻辑/汪丹，民族研究.6

市场化背景下彝汉杂居村落湖村的宗教信仰与族群认同/李翠玲，云南社会科学.1

“选择性创伤”对族际关系的影响及其应对/严庆　周涵，黑龙江民族丛刊.2

传承视野下的仡佬族非物质文化遗产开发与保护/钟金贵　周菁，黑龙江民族丛刊.5

呼伦贝尔少数民族非物质文化遗产研究/杜辉　周庆柱，黑龙江民族丛刊.1
族群社会化：族群身份生成的社会机制/刘红旭，黑龙江民族丛刊.3
乡村建设与文化转型：欧洲人类学“本土化”的借鉴与启示/刘珩，思想战线.5
民族档案在田野中生成的实践探索/杨毅　张会超，思想战线.5
边缘理性与族属认同——基于3个玛丽玛萨人村寨的调查/李志农　廖惟春，思想战线.6
在“礼”与“理”之间：一个大板瑶村寨的“借猪”习俗/吕俊彪　王敏，思想战线.6
论文化戍边/徐黎丽　杨朝晖，新疆社会科学.3
现代文化与新疆现代化/刘宾，新疆社会科学.1
民族文化的传承与再造——以玉树灾后文化建设为例/骆桂花　白世俊，青海民族研究.3
新疆现代文化发展态势及引领路径/李建军，新疆社会科学.5
文化基因新论：文化人类学的一种可能表达路径/吴秋林，民族研究.6
黑水城出土的汉文文学文献及其价值/张蓓蓓　伏俊琏，甘肃社会科学.4
美国国会图书馆馆藏瑶族写本及俗字举例/何红一，民族研究.1
浅析满族文化生态博物馆的建设——以宁安富察氏建立满族生态博物馆的可行性分析为例/张丽梅，黑龙江民族丛刊.4
文化生态视野下的“伊玛堪”保护与传承/黑龙江省社科院“赫哲族伊玛堪传承与保护的文化生态学研究”课题组，黑龙江民族丛刊.5
从现代人类学到后现代人类学：演进、转向与对垒/张连海，民族研究.6
“本民族内部事务”提法之反思/沈寿文，思想战线.3
聚居少数民族传统文化的社会记忆载体探析/李波　伍进，贵州社会科学.8
民族主义与历史书写——以吕思勉的两部中国民族史为例/方素梅，青海民族研究.4
中国近代民族主义与中华民族自我意识的觉醒/郑大华，民族研究.3
论中华民族的百年认同/胡岩，民族研究.1
少数民族文化的跨文化适应与地方文化建构/荀利波，黑龙江民族丛刊.3
试析《回疆则例》的编纂与修订/龙群　吴秀菊，黑龙江民族丛刊.4
西北民族考察与顾颉刚的学术研究/周励恒，民族研究.6
“连续统”：云南维西玛丽玛萨人的族群认同/李志农　廖惟春，民族研究.3
试论马在古代蒙古社会中的地位和作用/陈永国，黑龙江民族丛刊.2
13世纪蒙古人的普遍精神/照日格图，黑龙江民族丛刊.1
青海海西地区蒙古族民商事习惯规则的历史及其影响——兼评1640年蒙古族的《卫拉特法典》/王立明，青海民族研究.2
西北回族社会组织进程演进轨迹考论/王银春　李世荣，宁夏社会科学.3
回回人的“天房”意向：明清时期回回社会朝觐游学初探/罗彦慧，宁夏社会科学.1
成为“兄弟”：新疆伊犁回族社会中的“恰依”现象/李军　沙彦奋，宁夏社会科学.1
调适自觉：回族国家认同的建构/沙勇，宁夏社会科学.3
西海固回族乡村“分坊建寺”调查与研究/杨文笔，宁夏社会科学.1
关于“藏边社会”的思考/陈庆英，青海民族研究.1
论“驿道传信”对藏族文化发展的影响/王晓红　张硕勋，青海社会科学.2
甘肃白马藏族传统文化特征及传承保护/燕仲飞，甘肃社会科学.6
家西番：遗失了藏语的地方亚文化共同体/李占录，青海社会科学.4
跨国维吾尔族及其文化交流/艾比布拉·阿布都沙拉木，新疆社会科学.1
新疆维吾尔族传统聚落地域性人文价值研究/闫飞，甘肃社会科学.3

图像的“华夷之辨”：清代百苗图与苗疆历史的视觉表述/安琪，云南社会科学 .2
云南文山地区苗族迁徙农业文化研究/游建西，贵州社会科学 .5
文化认同与达斡尔族女性自我意识觉醒/程淑华　刘志军，黑龙江民族丛刊 .4
数字技术在达斡尔族建筑文化保护中的作用/李铁　马本和，黑龙江民族丛刊 .3
驯鹿鄂温克人历史上与俄罗斯人的接触/唐戈，世界民族 .4
鄂伦春族伦理思想综论/胡琦　日晨，黑龙江民族丛刊 .4
现代化进程中赫哲族文化传承途径的思考/张宏玉　郁芳，黑龙江民族丛刊 .4
历史记忆与认同重构：土族族源“源”与“流”之争/祁进玉，青海民族研究 .2
中国俄罗斯族文化形态演化研究/李启华，社会科学辑刊 .1
哈尼族“阿卡”释义/张雨龙，云南社会科学 .2
铓的流动与茶山社会建构/高志英，民族研究 .4
云南布朗莽人家屋文化的变迁及调适/石奕　龙方明，民族研究 .3
关于茶叶传入吐蕃的几个问题/石硕　罗宏，青海民族研究 .4
“羌”：青藏高原的骨系血亲氏族——以语言学视角探古羌人渊源/洲塔　樊秋丽，青海民族研究 .1
“满洲”称谓研究综述/王禹浪　王文轶，黑龙江民族丛刊 .6
黔东南少数民族村规民约对其传统建筑的保护/董迎轩　周真刚，贵州社会科学 .3
水文生态视野下的“神山森林”文化研究——以西南民族村落为例/管彦波，贵州社会科学 .5
陕西当代新修族谱的编纂及其史料价值/朱丽莉，青海民族研究 .3
满族八大家与八大姓新考/李学成，社会科学辑刊 .6
黑龙江民间满族家谱现状与研究/王敌非，黑龙江民族丛刊 .3
论敦煌索氏与仇池政权的关系/樊翔，青海民族研究 .4
乌江流域民族地区历代碑刻文献的信仰民俗探析/彭福荣　刘馨，黑龙江民族丛刊 .2
贵州毛南族“招郎入赘”婚姻习俗探析/孟学华　宋荣凯，贵州社会科学 .1
内蒙古西部蒙古族民俗文化视觉审美形态探微/李军，黑龙江民族丛刊 .5
回族的死亡观与临终关怀传统/严梦春，宁夏社会科学 .4
经济文化类型视野下的藏区土葬习俗解读——以云南省德钦县羊拉乡的土葬为例/叶远飘，云南社会科学 .1
论白马人传统服饰文化的传承与变异/赵雨星　王希隆，青海民族研究 .3
“拉扎”节及其民俗文化功能透析——以甘肃莲花山地域杠子沟村为例/晏周琴，青海社会科学 .1
论苗族银饰的综合功能/滕新才　胡剑斌，黑龙江民族丛刊 .5
贵州化屋歪梳苗“谈姑妈话”习俗：“舅权”的历史遗留与变迁/黄秀蓉，民族研究 .2
黑龙江朝鲜族尊老爱幼传统美德风俗考/罗正日，黑龙江民族丛刊 .5
哈萨克族婚礼及其仪式音乐变迁研究——以新疆阿勒泰地区为例/汪菁，新疆社会科学 .1
八排瑶耍歌堂的起源与变迁/田光辉　田敏，黑龙江民族丛刊 .6
独龙纹面女历史隐踪与绝地绝域民族地区发展的人类学考察/宋建峰，黑龙江民族丛刊 .4
权力互竞交换共同体——贵州水族霞节、艾节和善节的个案研究/张小军　李建明，民族研究 .2
清江流域土家族“打喜”仪式研究——基于女性叙事的视角/王丹，青海社会科学 .1
仪式治疗新解：海南美孚黎的疾病观念和仪式治疗的文化逻辑/刘宏涛，民族研究 .1

文化的演进博奔：河湟西纳地区阳坡人的社火历程/关丙胜　赵郡丹，青海民族研究.1

移民视野下的河湟灯会仪式与文化内涵——乐都七里店九曲黄河灯会的文化人类学田野调查/鄂崇荣　隋艺，青海社会科学.4

青海多元民俗文化和谐共生的文化建构模式探析/贺喜焱，青海社会科学.4

仪式中身体实践的认知性结构隐喻——以成吉思汗查干苏鲁克大典中的嘎日利祭祀为例/叶高娃，贵州社会科学.7

四　民族宗教

"本本"的境况：陇南宕昌地方山居藏族本教巫师、民间仪式及文本流传/庄虹，暨南学报（哲学社会科学版）.2

耿世民先生与回鹘佛教研究/金琰，河西学院学报.6

俄罗斯藏传佛教的历史与现状/苗嵩，国际研究参考.11

新疆少数民族宗教信仰特点及应正确区分的几种关系/王帆，新疆社科论坛.1

青藏高原的神山类型及其信仰意义/南文渊，大连民族学院学报.2

论萨满教对蒙古社会的影响及其衰落原因/呼和，赤峰学院学报（汉文哲学社会科学版）.4

少数民族地区的民间信仰复兴现象研究——以L村的上庙和兴隆庙君为例/邓平，赤峰学院学报（汉文哲学社会科学版）.8

试述回族与伊斯兰教的关系/沈小枫，赤峰学院学报（汉文哲学社会科学版）.11

湘西苗族地区蛊的流行原因/吴玉宝　麻友世，怀化学院学报.8

纳西族摩梭人社会生活中的藏传佛教印迹/赵沛曦　张波，红河学院学报.1

景谷傣族南传佛教的传播发展和经文系统初探/周寒丽　李莲，红河学院学报.5

仪式、象征与民俗节日——民族宗教学视野下的甘洛彝族"卧觉依"仪式/吉木哈学，毕节学院学报（综合版）.3

羌族释比占卜考略/邓宏烈，阿坝师范高等专科学校学报.1

苗族农业信仰民俗神灵体系考/周永健，求索.2

多文化视阈下的青海藏区文昌信仰/索南旺杰，青藏高原论坛.3

西夏弥勒信仰及相关问题/杨富学　樊丽沙，内蒙古社会科学.5

伊儿汗帖古迭儿的伊斯兰教政策分析/田明　张龙海，内蒙古社会科学.5

清末绥远地区宗教文化的侵袭与抵制——二十四顷地教案成因探析/王德，内蒙古社会科学.6

瑶族度戒仪式中的"重生"寓意——以牛津大学图书馆藏瑶族道经为例/胡小柳，云南社会科学.5

浅析阿拉善和硕特旗寺庙系统/彩虹，西部蒙古论坛.3

论伊斯兰化蒙古人对"扎撒"、"必力克"的信仰——以中西亚伊斯兰化蒙古汗国为中心/班布日，西部蒙古论坛.3

青海蒙古神话研究/呼和，西部蒙古论坛.4

论止贡巴·玖旦贡布关于苯教发展三阶段说的价值/班班多杰，青海民族大学学报.3

哈萨克族苍天信仰与萨满教/明景磊　巴哈尔古力，伊犁师范学院学报.3

敖包祭祀与萨满文化/王其格，内蒙古民族大学学报.6

当代西方社会中的新萨满教研究述评/郑文，北方民族大学学报.1

达斡尔族萨满教术语探源/孟盛彬，北方民族大学学报.5

藏族史书中的玄奘形象分析/朱丽霞，北方民族大学学报.4

论藏区“香根”活佛现象/嘎·达哇才仁，西北民族大学学报.3

藏传佛教理论的生态功能探析/梁霞，青海师范大学学报.1

神坛上的牺牲——广西壮族“天婆”调查研究/孙航，西北民族研究.1

伏魔的舞蹈——塔尔寺正月祈愿法会上的具誓法王舞/才让，西北民族研究.1

由回回哈的司与崇福司看元代的伊斯兰教与基督教发展/吴巍，北方民族大学学报.5

共享和谐——青海省循化县多民族、多宗教共同信仰阿尼夏吾神山现象分析/周拉 夏吾交巴，世界宗教研究.2

插箭节与安多藏区宗教兴衰——以西仓十二部落与合作四部落为例/蒙小燕 蒙小莺，世界宗教研究.6

文化传播视野中的彝族宗教信仰/杨甫旺，宗教学研究.2

中越跨境民族宗教生态发展的特点和规律/徐祖祥，宗教学研究.3

安多藏区混合信仰的村落宗教模式研究——以青海省尕让地区诺加村为例/扎西龙主，西藏大学学报.4

苗族“保东斋”仪式符号象征及其发生学研究/陆群，宗教学研究.1

送唤之间：丧葬中的“你黑笔”仪式——永仁直苴彝族倮倮颇起仕学的个案调查/罗明军，宗教学研究.2

滇越瑶族“度戒”的文化内涵和社会功能/龙倮贵，宗教学研究.1

云南怒江丙中洛地区多种宗教并存现象的宗教经济学分析/朱映占，宗教学研究.3

西部民族宗教文化转型与边疆社会稳定/闵丽，宗教学研究.2

贵州少数民族通灵巫师简论——以迷纳为例/游珍海，贵州民族学院学报（哲学社会科学版）.1

试论司巴苯教的基本含义及形式特征/阿旺嘉措，西藏大学学报.1

东部方言区山江苗族仙娘“跳仙”仪式调查/黄金，宗教学研究.1

通古斯人萨满教的几个特征/［俄］史禄国著，于洋译，世界宗教文化.5

东巴教仪式略论/杨福泉，云南民族大学学报（哲学社会科学版）.1

尔苏文化圈内送魂文化研究/古涛，中华文化论坛.10

中国西南少数民族梅山教的三元信仰/张泽洪，宗教学研究.4

壮族天地善院教送灵仪式分析/莫幼政，宗教学研究.4

利见大人：“龙”在壮族“牛魂节”仪式中的审美建构——多民族节日研究之三/金乾伟 杨树喆，宗教学研究.4

羌族祭祀仪式中“直得国拉”的符号意义解读/赵洋 赵曦，宗教学研究.4

海南俸黎的鬼灵崇拜及其仪式实践——以乐东县控诉村的田野调查为例/戴五宏，宗教学研究.4

“土家族白虎图腾”说辨疑/陈心林，宗教学研究.4

断裂与复兴：土家族梯玛信仰与“玩菩萨”仪式的生存逻辑/刘伦文，宗教学研究.2

边缘化族群的国家认同——土家族“梯玛信仰”仪式的人类学考察/雷翔，宗教学研究.3

浅谈白龙江上游民间苯教经典中反映的文化信息/阿旺嘉措 洲塔，宗教学研究.3

凉山彝族死亡认知的本土表达与现代调适——以“尼木措毕”仪式为例/肖雪，宗教学研究.3

《般若波罗蜜多心经》汉藏译文比较/旺多，西藏大学学报.1

宁玛派在四川藏区的形成与传播/杨环，中华文化论坛.11

青海东部丹斗地区藏传佛教的实地考察——兼论藏传佛教下路弘传及其相关问题/叶拉太，中国边疆史地研究 . 3

甘肃藏区藏传佛教的区域性特点及发展趋势/昂巴，中央民族大学学报（哲学社会科学版）. 3

从般若中道的阐发窥汉藏传佛教之异同——以吉藏和宗喀巴为例/王冬，西藏大学学报 . 1

西藏转经习俗与个人宗教体验/张虎生　陈映婕，宗教学研究 . 1

藏民转经文化探源/高城，寻根 . 6

20 世纪 50 年代以来裕固族藏传佛教信仰变迁及原因探析/贾学锋　钟梅燕，世界宗教文化 . 5

《历史记录》：一部关于 20 世纪新疆苏非派的未公开写本/白海提，世界宗教研究 . 1

从外来侨民到本土国民——回族伊斯兰教在中国本土化的历程/高占福，世界宗教研究 . 1

伊斯兰主义与现代化的博弈——中东现代化进程中伊斯兰复兴运动的多维透视/李艳枝，世界宗教研究 . 1

唐元景教关系考述/殷小平，西域研究 . 2

回鹘摩尼僧开教福建补说/杨富学，西域研究 . 4

人类学视野下康区宗教的研究路径/郭建勋，西南民族大学学报（人文社会科学版）. 4

试论《西藏度亡经》与敦煌写本《阎罗王授记（十王）经》的关系/钱光胜，西藏大学学报 . 1

清代白帝天王信仰分布地域考释——兼论白帝天王信仰与土家族的关系/龙圣，民俗研究 . 1

藏传佛教文化的当代性及其弘扬机制与模式/刘俊哲，民族学刊 . 1

西藏本教文化与纳西东巴文化的比较研究——以《十三札拉神》中的“威玛”与《东巴文化真籍》中的“尤玛”为例/同美，民族学刊 . 2

宗教圣境与生物多样性保护/艾菊红，民族学刊 . 2

族群边缘的神话缔造：湘西的白帝天王信仰（1715—1996）/［美］苏堂栋著，申晓虎译，刘嘉乘　张颖校，民族学刊 . 3

基督教在广西农村的传播、发展与影响/张毅　蒙绍荣，广西民族研究 . 1

近十年广西民间信仰研究状况与展望（2000—2012）/许晓明，广西民族研究 . 2

伊斯兰教入华隋开皇说溯源及其正确评价/刘有延，回族研究 . 3

试析影响美国穆斯林社会整合的制约因素/杨忠东，回族研究 . 3

宁夏伊斯兰教研究综述/王伏平，回族研究 . 3

不同性别话语体系下回族女子教育宗旨的论争——以民国回族报刊为中心/刘莉，回族研究 . 4

交融与结构的交替——中国穆斯林朝觐及圣人花园仪式过程的主体性实践/马建福　张宇，回族研究 . 4

甘宁青伊斯兰教汉文译著在以儒学为核心的传统文化中的地位和作用/杨学林　王蕾，回族研究 . 4

唐宋时期汉文献对伊斯兰教的认知——以“天”的翻译为例/王银春　强金国，回族研究 . 4

宁夏伊斯兰教建筑装饰艺术与佛教、道教遗迹的比较/纳建宁，回族研究 . 4

吉林乌拉陈汉军萨满祭祀神器概说/吕萍　丁宁，满语研究 . 2

科尔沁博与满族萨满教比较研究/高娃，满语研究 . 2

北方民族鹰崇拜文化研究/额尔德木图，满语研究.2
新世纪初国内回鹘佛教研究的回顾与展望/杨富学，西夏研究.2
论辽代佛教的华严思想/陈永革，西夏研究.3
从出土文献看西夏的观音信仰/樊丽沙，西夏研究.3
略论武周政治对敦煌文化的影响/王志鹏，西夏研究.3
吉林九台满族石姓家族萨满野祭仪式调查/于洋，满族研究.2
满族采人参生产中的信仰文化/李爽，满族研究.2
神圣的传统：纳塞尔《知识与神圣》第二章解读/任军，回族研究.1
中阿民间交往模式的形成、特征及其影响/马丽蓉，回族研究.1
论伊斯兰教的中国化和回族化/白建灵，回族研究.1
当代赛莱菲耶及其对中国穆斯林的影响/杨桂萍，回族研究.1
回族的宗教诵念文学刍论/周传斌　李秋杉，回族研究.1
甘南藏区"禳院"仪式调查——以郎木寺回族为例/马清虎，回族研究.2
社会性别视角下的当代穆斯林女学——以云南昭通某回族女校为例/虎丽平，回族研究.2
历史与借鉴：伊斯兰早期教育述评/潘世昌，回族研究.2
近年来台湾伊斯兰教发展现状及研究初探/刘智豪，回族研究.2
扎藏寺与车臣诺们汗/蒲文成，中国藏学.1
《最胜上乐集本续显释记》译传考——兼论西夏上乐付法上师/魏文，中国藏学.1
六世班禅朝觐事件中的空间与礼仪/张亚辉，中国藏学.1
论藏族天葬习俗的成因及其生态文化价值/洲塔　刘嘉尧，中国藏学.1
俄国外交文书选译——关于十三世达赖喇嘛身边的三品僧官和全权代表、沙俄政府驻拉萨的政治密使俄籍布里亚特僧人阿旺·德尔智的活动（1888—1910）/陈春华，中国藏学.2
《山法了义海论》所引佛教经论藏汉译文比较研究之八/班班多杰，中国藏学.2
新甘丹赤巴登甘丹法座仪式/嘎·达哇才仁，中国藏学.2
在藏族传统文化诸多领域做出突出贡献的十世帕巴拉活佛/土呷，中国藏学.2
论能海法师对成都藏传佛教发展的贡献/余光会，中国藏学.2
藏彝走廊宗教社会学比较研究刍议/陈洪东　杨嘉铭，中国藏学.2
格鲁派密法传承系考述/尕藏加，中国藏学.3
拉萨札什拉姆护法神不同身份探析/札细·米玛次仁，中国藏学.3
试论根敦群培的宗教宽容思想/李加东智，中国藏学.3
传教士视野中的川藏地区苯教/申晓虎　阿旺嘉措，中国藏学.3
史诗《格萨尔》中的占卜术考略/嘎玛拉姆，中国藏学.3
藏传佛教宁玛派大学者隆钦饶绛巴哲学思想/陈鉴潍，中国藏学.4
大译师仁钦桑波传记译注（上）/张长虹，中国藏学.4
基督教在青海的传播和发展——以丹噶尔（湟源）为例/谢英，甘肃民族研究.1
由松赞干布与观世音信仰看藏传佛教本地化/徐泉，甘肃民族研究.1
伊儒文明对话交融的典型及启示/马玉海，甘肃民族研究.2
藏王赤德祖丹与赤索德赞时期佛苯斗争考/高伟，甘肃民族研究.2
由基督教在台传播引发的思考/邱实，甘肃民族研究.2
试论宗教在甘肃和谐社会建设中的积极作用/益希卓玛，甘肃民族研究.3
中国伊斯兰教赛莱菲耶研究综述/杜娟，甘肃民族研究.3
多元宗教文化在甘肃的传播与变迁/张世海，甘肃民族研究.4

天堂寺社会功能变迁及其思考/张福强，甘肃民族研究.4

引导宗教界参与社会慈善事业是构建和谐社会的重要内容——以甘肃宗教界为例/赵玉山　敏贤昌，甘肃民族研究.4

维吾尔族传统文化中的宗教批判思想及其启示——从伊斯兰教传入新疆后谈起/司律　曹立中，喀什师范学院学报.4

传播学视域下新疆近三十年伊斯兰教传播的变化/封兴中，喀什师范学院学报.5

藏族牧民两性分工的宗教社会学研究/臧肖　嘎玛措　扎西当周，贵州民族研究.1

当代彝族文学创作与原始宗教关系初探/李直飞，贵州民族研究.2

《边城》的苗族民俗记忆与生命意识/杨汉瑜，贵州民族研究.2

藏区僧侣的社会支持构成研究/臧肖　郭潇嵋，贵州民族研究.3

黔台两地民族文化交流合作及其发展走向/李甫，贵州民族研究.5

黔西北彝苗地区宗教变迁与族群性/黄瑾，贵州民族研究.5

中国伊斯兰哲学政治观对回族传统文化的影响/陈昌举，贵州民族研究.6

文化互动与宗教认同——周屯民族文化多样性考察/白安良，贵州民族研究.6

神圣与世俗——南传佛教在云南傣族地区的适应和演变/程利，贵州民族研究.6

2012年国内十大宗教热点问题评析/熊坤新　曹庆锋等，民族工作研究.1

社会转型期云南省普洱市宗教工作现状及挑战/李聪　王军，民族工作研究.2

“后达赖时期”我们如何应对？——从十三世达赖喇嘛晚年重归内向爱国立场谈起/张植荣　郑丽梅，民族工作研究.2

新疆宗教教职人员生活补贴制度分析/李晓霞，民族工作研究.6

藏传佛教在康区传播与发展历史三段论/范召全，西藏研究.1

藏族宗教文化的神圣性与象征牲特点/索南才让，西藏研究.2

“台乌让”神灵的历史渊源初探/夏吾卡先，西藏研究.2

吐蕃统治时期的敦煌寺学/张永萍，西藏研究.2

八思巴遗宝“大朝国师统领诸国僧尼中兴释教之印”考/黄明，西藏研究.3

清代中国蒙藏地方立法中的藏传佛教因素探析/田庆锋　侯洁，西藏研究.3

萨迦寺学经制度现状调查与研究/李吉，西藏研究.5

噶玛噶举派分支流派在玉树地区的传承及其特色/夏吾李加，西藏研究.5

西藏宗教与社会镶嵌关系的历时性梳理/方晓玲　黎程，西藏研究.5

初探巴竹晋美却吉旺布的传法及其对当代藏传佛教教义阐释的启示/拉先加，西藏研究.6

阿底峡《菩提道灯论》对藏传佛教后弘期的影响/张安礼，西藏研究.6

新时期社会转型对宗教的影响及其发展趋势——以青海省为例/马学贤，青海社会科学.4

宗教对民族文化变迁的影响及其呈现的若干特点/马伟华，新疆社会科学.4

试论当前裕固族地区宗教复兴现象及其原因/钟梅燕　贾学锋，青海民族研究.1

新疆宗教现状及发展趋势研究问卷调查分析/郭泰山　吐尔文江·吐尔逊，新疆社会科学.4

森普神山崇拜及其社会整合功能/完麻加，青海民族研究.3

“叙话—调子”本质直观路径探索——以宁古塔满族萨满祭祖为例/关杰，黑龙江民族丛刊.4

多元并蓄：试论维吾尔族萨满信仰的“混杂状态”/热依汗古丽·依玛木，青海民族研究.2

人类学视阈下的医疗——基于萨满文化医疗的思考/孟慧英，民族研究.1

青藏高原藏族民间宗教信仰生态伦理意识的思考/赵艳，青海民族研究.3

历辈章嘉呼图克图与达赖喇嘛的师徒关系/杨嘉铭，青海民族研究.4

民国时期的云南藏传佛教/王碧陶，云南社会科学.1

达赖喇嘛神权政治下的“民主”改革/韩玉斌，云南社会科学.3

内齐托音与黑龙江藏传佛教/王佳，黑龙江民族丛刊.2

青海河湟地区藏传佛教与道教互动/马婧杰　马明忠，青海民族研究.3

试论藏传佛教文化中的青海旅游文化因素/李永华，青海民族研究.3

藏传佛教寺院管理创新与《道德经》思想启迪/李红英　鲁顺元，青海社会科学.4

“缘起”还是“创造”——回族学者傅统先与唐大圆居士的一次对话/仇王军，宁夏社会科学.4

藏传佛教中女性形象探析/拉毛措，青海社会科学.5

西藏噶玛巴活佛系统与多康藏区关系考述/叶拉太，青海民族研究.1

藏传佛教高僧在和谐藏区构建中的地位和作用研究/切排　王兰，青海社会科学.1

藏传佛教《时轮经》中的伊斯兰教表述/周传斌　胡美娟，青海民族研究.2

论“反佛灭佛运动”与朗达玛/史工会，青海民族研究.1

莲花生大师其人其事/蒲文成，青海民族研究.4

20世纪初新疆道教遗存——以三部外国游记为主要依据/衡宗亮　孟楠，黑龙江民族丛刊.6

青海伊斯兰教教派和谐相处的教育与管理研究/刘景华，青海社会科学.6

从民俗文化视角看伊斯兰文化的本土化——以青海为例/马文慧，青海社会科学.5

内地穆斯林人口与珠三角伊斯兰教的新发展/马建春　褚宁，青海民族研究.4

中国伊斯兰门宦系谱的再现及其当代观察意义——以临夏大拱北为例/张中复，青海民族研究.2

基督教女传教士在近代西北穆斯林中的传教活动述论——以内地会濮氏母女为例/张科　刘继华，青海社会科学.3

明清之际的“回儒学”何为可能？/阿里木·托和提，宁夏社会科学.1

基督教的传播对多民族地区的影响及对策建议——以甘宁青地区为例/刘有安　张俊明，新疆社会科学.4

基督教内地会濮氏父子在近代西北穆斯林中的传教活动述论/刘继华，青海民族研究.2

仪式容量：当代宗族裂变的新模式——以云南大理周城白族村段氏宗族为例/何菊，民族研究.2

祭祀圈理论与思考——关于中国乡村研究范式的讨论/周大鸣，青海民族研究.4

宗教信仰的多样性对民族关系的影响——以四川雅安硗碛藏族乡为例/尕藏卓玛，甘肃社会科学.6

中国特色社会主义视阈下的民族宗教政策/何虎生　王晓明，甘肃社会科学.2

新疆非法宗教活动的理论透视及其对策思考/王磊，新疆社会科学.6

从宗教的心理属性看边疆多民族地区宗教事务管理的路径选择——基于新疆南疆等地的田野调查/戴宁宁　刘继杰，新疆社会科学.1

加强宗教管理与青海藏区社会稳定/杨虎得，黑龙江民族丛刊.4

略论东巴教的“还树债”及其口诵经/杨福泉，思想战线.5

达斡尔族的佛教信仰/景爱，黑龙江民族丛刊.1

身体与信仰：西双版纳傣族仪式治疗中的二元宗教互动/张振伟，思想战线.2

近代西方宗教同化与西南边疆民族“国民”的早期塑造/陈征平　苗艳丽，思想战线 . 2

敦煌碑铭赞佛教词语诂解/刘瑶瑶，甘肃社会科学 . 1

人神共场：神山崇拜的界域与认同——对安多藏区山神信仰的特质与意义的考察/李玉琴，青海社会科学 . 4

藏族山神祭祀仪式的文化分析——以青海热贡多日宁社区为例/还格吉，青海社会科学 . 6

五　民族历史

清朝不同治藏政策下的西藏官员服饰刍议/赵雨星，甘肃理论学刊 . 2

北周关陇地域民族文化的沿革/高人雄，甘肃理论学刊 . 6

从金代女真贵族墓葬看女真民族汉化进程/李玉君　吴东铭　夏一博，辽宁师范大学学报（社会科学版）. 6

九隆再考：兼论哀牢夷与东南亚佬泰族关系/潘岳，广西民族师范学院学报 . 2

古代纳西族地缘政治战略博弈的嬗变/杨绍梅，学术探索 . 1

从《史记·大宛列传》看汉王朝对西北民族的治理及对中亚、南亚民族的认识/王文光　尤伟琼，学术探索 . 2

明代云南土官袭职制度研究/罗勇，学术探索 . 3

从《后汉书·西南夷列传》透析西南夷的社会生活/施真珍，学术探索 . 4

历史人类学视野下的“古哀牢国”族属研究/高文，学术探索 . 5

历史人类学视阈下的认同冲突与“改土归流”初探——兼论昭通彝族地区的“改土归流”与社会秩序“中原化”历程/张晗，学术探索 . 5

试论契丹“挞马”组织的性质及其影响/陈金生，甘肃联合大学学报（社会科学版）. 6

汉代的民族交往与民族融合/汪高鑫，学习与探索 . 1

明清的民族政策与正史的民族观念/许曾会，学习与探索 . 1

政治中心的移徙与民族文化的交融——慕容鲜卑传统教育渊源解析/赵红梅，学习与探索 . 2

清末民国亲中朝鲜（族）垦民典型个案研究——以国家认同为视角/刘智文　孙金花，学习与探索 . 7

民族法语境下辽代官制的实践与思考/盛波，山东行政学院学报 . 1

论文成公主入藏和亲的历史贡献/曹国宁，河西学院学报 . 3

裕固族传统体育“草原三技”的历史渊源初探/蔡世宏，河西学院学报 . 6

论西突厥汗国与拜占庭帝国的结盟/王政林　左永成，河西学院学报 . 6

西夏赐姓李氏考/张婧，华北水利水电学院学报（社会科学版）. 2

明清时期甘肃藏族社会发展初探/马晓龙，华北水利水电学院学报（社会科学版）. 2

宋明时期赣南的教育变迁与畲民汉化/郭秋兰，赣南师范学院学报 . 2

唐代少数民族碑刻述略/严木初　吴明冉，前沿 . 6

成吉思汗与孙武军事思想比较研究/毛雪梅，前沿 . 15

敖汉旗区域契丹族族源论——契丹遥辇氏的发祥地、世里氏的重要历史活动舞台/杨妹，前沿 . 23

维吾尔族札萨克制下各级官吏的权力运作/黄建华，新疆社科论坛 . 1

浅析清代对蒙古族的治理机构/张宝林，黑河学刊 . 2

顿门巴在吐蕃消失的原因/张露元，黑河学刊 . 8

高句丽与夫余关系问题研究综述/刘洪峰，黑河学刊 . 9

论渤海国对地域文明交流的促进——以渤海国与日本的经济文化交流为着眼点/王旭，黑河学刊.10

北戎山戎考辨/姚磊，内蒙古农业大学学报（社会科学版）.1

辽上京与粟特文明/岳东，内蒙古农业大学学报（社会科学版）.5

顺康时期东北移民安置述略/孙静，大连民族学院学报.2

朱元璋对蒙古民族的怀柔政策探微/丁勇，大连民族学院学报.4

清代少数民族休闲活动的主要方式及其影响/卢长怀，大连民族学院学报.6

辽朝在不同时期设立的“中京”及其相关问题探讨/袁刚　李俊义，赤峰学院学报（汉文哲学社会科学版）.7

辽代玉蹀躞带的特征分析及其文化探源/吴沫，赤峰学院学报（汉文哲学社会科学版）.7

渤海国社会性质刍议/王旭，赤峰学院学报（汉文哲学社会科学版）.12

论秦汉时期乌江流域的主要族群及其社会经济面貌/张世友，长江师范学院学报.2

从出土墓志看唐代西南地区汉夷冲突及其消解/马强，长江师范学院学报.6

清代改土归流对土家族地区植被变迁的影响研究/王高飞，长江师范学院学报.6

清代开辟苗疆性质研究述评/文海，凯里学院学报.5

元明清时期云南毗越边地民族与中越疆界变迁/李正亭，红河学院学报.5

云南高氏土司和丽江木氏土司历史上的联姻/高金和，红河学院学报.6

论元代西南地区土兵制度的形成/李良品，铜仁学院学报.1

论明代西南地区土兵制度的完备/李良品，铜仁学院学报.2

试论土司的社会管控策略——以重庆土家族为例/彭福荣，铜仁学院学报.3

论清代西南地区土兵制度的衰亡/李良品，铜仁学院学报.3

《劝善经》所见明代彝族民俗/陈棣芳　徐晓敏，毕节学院学报（综合版）.2

浅析水西彝族土司的睦邻措施/净玲，毕节学院学报（综合版）.3

鳖邑与开明大夜郎国通考/王德埙，毕节学院学报（综合版）.5

“改土归流”对水族地区社会经济文化的影响/罗玲玲　周承，毕节学院学报（综合版）.5

试析蒙化彝族左氏土官长期存在的原因/阿致娇，毕节学院学报（综合版）.6

论明清两代“预制土官”策略及水西土司的政治抉择/郝彧，毕节学院学报（综合版）.9

吐蕃赞普王位继承制度初探/杨建英，阿坝师范高等专科学校学报.2

试论羌人迁入岷江上游地区的两次重大事件/耿少将，阿坝师范高等专科学校学报.4

宋王朝对西南少数民族地区的封禁与开拓——以成都府路、梓州路少数民族地区为例的考察/赵永忠　周彩霞，阿坝师范高等专科学校学报.4

论唐蕃长庆会盟的几个问题/李宗俊，陕西师范大学学报（哲学社会科学版）.3

十六国“汉”、“赵”国号的取舍与内迁民族的认同/吴洪琳，陕西师范大学学报（哲学社会科学版）.4

义渠东羌考/武刚　王晖，陕西师范大学学报（哲学社会科学版）.6

民族关系中的偶然和必然——以明蒙隆庆和议为例/李冰　田澍，求索.4

民国时期甘南藏区保甲编组中的利益冲突与调适——以夏河县“尕旦拉哈和小坞”之争为中心/柳德军，求索.5

论蒙古政权下必阇赤制度的产生、发展及其史学意义/王传奇，求索.6

清代民国时期甘肃西南部边区市场刍议/马磊，烟台大学学报（哲学社会科学版）.2

从民族融合看北朝诸政权的兴衰/郝治，烟台大学学报（哲学社会科学版）.2

清朝满蒙联姻中的“备指额驸”续谈/杜家骥，烟台大学学报（哲学社会科学版）.3

浅谈明清时期广西瑶族的生存状况/石丽芳，黑河学刊.7

安南都护府与唐代南疆羁縻州管理研究/陈国保，广西师范大学学报（哲学社会科学版）.4

明代周边形势及其影响下王朝中央对西南边陲壮族土司的认同与倚重/蓝武，广西师范大学学报（哲学社会科学版）.4

封建国家对西北多民族政治体系的构建及其影响/姚万禄，社科纵横.5

论班勇经营西域之方略——管窥东汉王朝的西北边防（西域）战略/闫忠林　郝建英，社科纵横.8

论明政府对河湟洮岷地区生熟番族的管理政策/喜富裕，社科纵横.8

经堂教育与清代西北回族教争之联系论略/李世荣，宁夏师范学院学报.5

清季十三世达赖喇嘛与塔尔寺阿嘉呼图克图失和经过考述/秦永章，青藏高原论坛.1

伏俟城与布哈河——吐谷浑晚期都城的释名研究/刘铁程，青藏高原论坛.3

论吐蕃远古小邦的历史演变——基于吐蕃出土文献与藏文传世文献的考察/阿贵，青藏高原论坛.3

吐蕃军事动员制度研究/韩旦春，青藏高原论坛.3

民国时期中央政府及西藏地方的反渗透斗争述略/星全成，青藏高原论坛.4

明朝对蒙古头目、使臣的授职/于默颖，内蒙古社会科学.1

大辽与北汉联盟关系探析/李鹏，内蒙古社会科学.1

唐代漠北铁勒诸部居地考/包文胜，内蒙古社会科学.1

赫连夏地方州、镇（城）考/胡玉春，内蒙古社会科学.2

晚清察哈尔蒙旗游牧地的开垦及地权问题——以韩大成案为中心的考察/牛敬忠，内蒙古社会科学.2

试论金朝河东地区山寨抗蒙作战/李浩楠，内蒙古社会科学.2

辽朝何以“雄长二百余年”——《辽史》论赞相关议论探究/吴凤霞，内蒙古社会科学.3

黠戛斯汗国形成时间考辨/王洁，内蒙古社会科学.3

辽朝太祖至世宗时期的中书令探析/刘仲，内蒙古社会科学.3

匈奴政权的创建问题——兼论冒顿单于以前的匈奴与东胡的关系/李春梅，内蒙古社会科学.3

试析达延汗收服右翼三万户的原因/金晓，内蒙古社会科学.3

从明朝与北元—蒙古诸部关系的演变看明人的蒙元史学编纂/李德锋，内蒙古社会科学.3

辽代大林牙院探讨/何天明，内蒙古社会科学.4

锡勒图库伦喇嘛旗之“库伦”考/巴·苏和特日乐，内蒙古社会科学.4

成吉思汗时期的驿站交通探析/奥林胡，内蒙古社会科学.4

耶稣会士张诚眼中的蒙古地区/李晓标，内蒙古社会科学.4

秦汉时期雁门郡的交通及其军事战略价值/杨丽，内蒙古社会科学.4

试论辽朝帝王陵寝的营造/孙伟祥，内蒙古社会科学.4

隋唐时期奚族与突厥族关系探讨/王丽娟，内蒙古社会科学.5

论达延汗时期蒙古与明朝关系/晓克，内蒙古社会科学.6

扎赉特旗开放蒙地与蒙租/孟根，内蒙古社会科学.6

渤海靺鞨说再厘正/郝庆云　魏国忠，北方论丛.1

唐前民族观念的演变及特点/时国强，北方论丛.5

隋唐高丽朝贡制度研究/程尼娜，社会科学战线.2

论慕容廆在慕容鲜卑崛起中的作用/崔向东，社会科学战线．2

金代契丹族中央官的政治活动及地位/夏宇旭，社会科学战线．5

清朝治理西藏地方的方略与制度/张云，社会科学战线．7

云南古代民族关系的特点及形成原因/方铁，社会科学战线．7

辽初期民族关系思想的两大流派/崔明德　孙正，齐鲁学刊．2

金代奚人的政治地位/苑金铭，辽宁工程技术大学学报（社会科学版）．2

北宋禁军中的异族兵/尤东进，文史知识．8

辽、金时期渤海遗民高氏家族考述/苗霖霖，北华大学学报（社会科学版）．3

高丽社会中的华人移民（公元10至13世纪）/芦敏，黄河科技大学学报．4

1218—1259年蒙丽关系述论/梁英华，东北史地．5

宋代对巴蜀民族地区的治理/肖幼林　马廷中，四川戏剧．7

北宋对西南民族地区的法律控制/谢波，渭南师范学院学报．11

南宋乌江流域少数民族地方武力——以夔州路抗蒙（元）战争为视角的探讨/裴一璞，贵州文史丛刊．4

略论西夏的三司与榷场：以俄藏NHB·No·348号文书为中心的考察/陈瑞青，黄河科技大学学报．5

李继迁与夏州民族政权的兴起/文志勇，黄河科技大学学报．5

蒙元帝国与13—14世纪的中国社会秩序/李治安，文史哲．6

从草原到中原：蒙元历史变迁中的不兰奚制度/郑鹏，兰州学刊．9

元代以前藏民族的爱国主义传统研究/杨周相，人民论坛．10中

试析元朝时期回族的社会地位及其形成原因/刘杰，长春工业大学学报（社会科学版）．5

从金代女真贵族墓葬看女真民族汉化进程/李玉君　吴东铭　夏一博，辽宁师范大学学报（社会科学版）．6

“联蕃制夏”抑或“以夷制夷”？——北宋前期赵宋对西北远蕃民族政策的再认识/韩小忙　许鹏，宁夏社会科学．5

昆明族与滇国关系考——从考古学文化的视角/刘金双　段丽波，云南社会科学．4

蒙古国土拉河流域的契丹古城/雪莲，西部蒙古论坛．1

民国元年袁世凯与哲布尊丹巴八世往来电报日期考/周学军，西部蒙古论坛．1

新疆建省与察哈尔营的改制/苏奎俊，西部蒙古论坛．1

《部氏族谱》及其相关事件的历史人类学释读/王志清　陈曲，西部蒙古论坛．1

乾隆十二年准噶尔入藏熬茶始末/吕文利，西部蒙古论坛．2

准噶尔汗国属部管理体制下的哈萨克部落/赵卫宾，西部蒙古论坛．2

土尔扈特蒙古东归中的宗教因素/卢本扎西，西部蒙古论坛．2

对阿里不哥与忽必烈汗位正统问题的小考/傲日格勒，西部蒙古论坛．2

清代和布克赛尔土尔扈特满文档案及其研究价值/吴元丰，西部蒙古论坛．2

清代霍博克赛里土尔扈特蒙古赴藏熬茶活动初探/郭美兰，西部蒙古论坛．2

康熙谕土尔扈特阿玉奇汗满文敕书研究/阿拉腾敖其尔，西部蒙古论坛．2

满文《夷使档》的价值/哈萨克拜·布音巴图，西部蒙古论坛．2

从民国档案看新疆省政府的民族文化政策/格日勒图，西部蒙古论坛．2

初探《策伯道尔吉诺颜传》/卡纳如·才仁道尔吉，西部蒙古论坛．2

蒙古祖先传说记载考辨/魏曙光，西部蒙古论坛．3

《蒙古秘史》与《罗黄金史》比较研究/杭爱，西部蒙古论坛．3

巴尔虎人驻防辽宁之踪迹/黑龙，西部蒙古论坛.3
论新疆喀喇沙尔办事大臣的设置及其职责/达丽，西部蒙古论坛.3
昔里吉大王与元越战争/党宝海，西部蒙古论坛.4
蒙元王朝在西藏的“万户”概念辨析/敖举·嘉样成来撰，扎扎译，西部蒙古论坛.4
旧土尔扈特蒙古卓哩克图汗史实稽考/周学军，西部蒙古论坛.4
清代“包沁”小考/赵毅，西部蒙古论坛.4
近现代新疆察哈尔蒙古语邻近民族的关系/吐娜，西部蒙古论坛.4
浅谈《夷使档》中的使者行进路线/哈萨克拜·布音巴图，西部蒙古论坛.4
国家、市场与西南：明清时期的西南政策与“古苗疆走廊”市场体系/曹端波，贵州大学学报.1
从清水江文书看清代贵州苗侗地区货币流通中的几个问题/龙泽江，贵州大学学报.2
明朝初期民族宗教政策的特征/康春英　吕自强，西北民族大学学报.4
清代前期中央政府对藏传佛教各派管理得失浅论/叶小琴　彭陟焱，青海民族大学学报.3
俺答汗与蒙藏民族文化变迁与认同——一个民族文化“引入”的个案/钟梅燕，兰州大学学报.3
南诏国境内外的望蛮、扑子蛮、三濮研究/王文光　陈燕，广西民族大学学报.5
哈萨克族国家认同追溯——乌孙与汉朝的关系及对汉朝的认同/周亚成，西北民族研究.1
盛世才时期维吾尔族聚居区的区村长训练/黄建华，北方民族大学学报.5
喀喇沁部氏族构成分析/宝玉柱，内蒙古民族大学学报.3
明中后期蒙古族文化教育的恢复发展/刘淑红，兰州大学学报.1
民国时期回族知识分子对妇女问题的探讨/钟银梅　周淑云，北方民族大学学报.2
试论清朝治理蒙藏地区的模式——以中央政府与民族地方政治互动为视角/马啸，青海民族大学学报.3
论杨增新署理河州时期的民族宗教政策/陈文祥　郭胜利，青海民族大学学报.3
从《蒙古—卫拉特律》看17世纪蒙古诉讼制度/特木尔宝力道，内蒙古师范大学学报.4
清代藏族法制研究述评/柏桦　冯志伟，青海民族大学学报.2
“札答”考述——《蒙古秘史》所见名物考证之一/白·特木尔巴根，内蒙古师范大学学报.2
西夏大阿阇梨帝师官印考释/陈庆英　邹西成，西北民族大学学报.2
南北朝北方诸突厥语族及契吴考/任世芳　任伯平，西北民族大学学报.5
河陇民族格局重构影响下的晚唐政府对吐蕃政策/王东　孙建军，西北民族大学学报.1
喀喇沁探源——元代宿卫与哈剌赤/宝玉柱，西北民族大学学报.5
卫拉特杜尔伯特部起源考/那顺达来，内蒙古师范大学学报.1
是民族隔离吗？——清代民族政策管窥/丁万录，北方民族大学学报.5
试论二世土观阿旺曲吉嘉措的历史贡献/徐长菊，西北民族大学学报.6
从道光二十四年诺们罕案件看《钦定藏内善后章程》/赖惠敏，内蒙古师范大学学报.6
六世班禅灵柩回藏考/王晓晶　陈庆英，西北民族研究.1
从清代归化城副都统衙门与民国档案为主看土默特文庙及其祭祀制度/梅花，内蒙古师范大学学报.1
清朝对呼伦贝尔的统治及海拉尔达斡尔的形成/张塔娜　谢咏梅，内蒙古师范大学学报.2
最后的王爷——蒙古阿拉善亲王达理札雅生平/杨倬珑，西北民族大学学报.6
庚子年内蒙古阿拉善旗王公礼送外籍神父出境事件述略/梅荣，内蒙古师范大学学报.5

国民党政府对维吾尔族民众的软控制/黄建华，西北民族大学学报.1

明末清初满族与蒙古族科尔沁部的民族关系之探讨/杨宇 宋立恒，内蒙古民族大学学报.3

清末肃亲王善耆应对满汉关系的政治抉择/王宇，青海民族大学学报.2

明中后期洮岷地区汉、藏、回民族互动关系研究/沙勇，青海师范大学学报.1

简论吐谷浑西迁之后与慕容鲜卑的历史分野/丁柏峰，西北民族大学学报.1

联豫与十三世达赖喇嘛“失和”析论/康欣平，青海民族大学学报.3

试论吐蕃治下河陇、西域地区的制度选择及其渊源/宗喀益西丹佛，青海民族大学学报.3

论清代初期对漠南东部蒙古的管理——以实施盟旗为例/吴斯芹，内蒙古民族大学学报.3

元代回回人分布补考/杨晓春，北方民族大学学报.1

论英国在九世班禅返藏问题上的调停政策/魏少辉，北方民族大学学报.2

明清时期土族传统社会管理体制/鄂崇荣，青海民族大学学报.2

试论辽朝统治下的吐谷浑/陈德洋，青海民族大学学报.3

唐代吐谷浑慕容氏王室墓志研究述评/濮仲远，青海民族大学学报.3

秦汉时期匈奴的管理体制特点及启示/孙方一，青海师范大学学报.1

论唃厮啰政权的兴起/陈庆英 白丽娜，青海民族大学学报.2

十六国时期吐谷浑的“中国”认同观/吴洪琳，青海民族大学学报.2

身份变化、认同与帝国边疆拓展——云南腾冲《董氏族谱》（抄本）札记/赵世瑜，西北民族研究.1

羁縻与怀柔：论明王朝对安多藏区的治理/刘星 曹群勇，青海民族大学学报.3

《西域图志》与《新疆图志》比较研究/黄祥深，伊犁师范学院学报.1

从《伊米德史》看毛拉木萨的史学思想/王旭送，伊犁师范学院学报.1

青藏高原青铜时代的酋邦社会结构与生活方式/汤惠生，青海民族大学学报.3

沙俄及日本对我国西藏的渗透/星全成，青海民族大学学报.2

南京国民政府对西藏的治理/陈柏萍，青海师范大学学报.1

成吉思汗与悲剧英雄源义经——兼论日本的领土扩张与民间传说/王煜焜，北方民族大学学报.2

元昊改姓考/彭向前，青海民族大学学报.2

法国传教士古伯察的《鞑靼西藏旅行记》与内蒙古库伦旗宗教历史的记述/巴·苏和，内蒙古民族大学学报.2

古代藏族天文观测探析/王春英 张吉会，青海民族大学学报.2

13世纪之前蒙古物候历考/阿尔丁夫，内蒙古师范大学学报.2

清代富察氏家族/田勇，寻根.5

论甘丹颇章政权宗教法律制度的构建与完善——以五世达赖喇嘛《哲蚌寺寺规》为例/罗布，西藏大学学报.2

合法性机制：刘文辉治理康区之路径依赖与制度创新/龙明阿真 李雪萍，西藏大学学报.1

阿帕克和卓三入中原说述考/王希隆 单广宁，世界宗教研究.3

民国时期西藏城市的发展变迁/何一民，西南民族大学学报（人文社会科学版）.2

金代的乡里村寨考述/武玉环，中国边疆史地研究.3

清末民初云南藏区多民族人口流动与族际共生/周智生 陈静，云南师范大学学报（哲学社会科学版）.6

建国前包头回族政治发展流变/丁瑞雪，湖北民族学院学报（哲学社会科学版）.1

冉守忠开创酉阳土司条件考察/曾超，湖北民族学院学报（哲学社会科学版）.3

康熙时期黑龙江驻防八旗官医制度小考/金鑫，历史档案.4

从敦煌归义军节度使曹氏死后称“卒”看其族属/黄京，敦煌研究.4

云南土司制度发展与嬗变的制度分析/罗群，中国边疆史地研究.1

论清成同起义以来云南土司治策——以承袭与改流为中心/许新民，云南师范大学学报（哲学社会科学版）.1

土司制度下藏族传统社会秩序的法律调控分析——以川、甘、青、滇地区为例/杨华双，西南民族大学学报（人文社会科学版）.8

“中华民族多元一体格局”视阈下的土司制度初探——兼评云南巍山蒙化彝族左氏土司的“武功”与“文治”/张晗，湖北民族学院学报（哲学社会科学版）.1

汉魏外封武官制度研究/李文学，西南民族大学学报（人文社会科学版）.6

清朝惠水八番土司探析/杨军，贵州民族学院学报（哲学社会科学版）.1

明代丽江木氏土司藏区治理策略管窥/周智生，中国边疆史地研究.4

论明朝西南边疆的军管羁縻政区/陆韧　彭洪俊，中国边疆史地研究.1

明代云南边区土司与西南边疆的变迁/秦树才　辛亦武，中国边疆史地研究.1

土司时期少数民族社会治理过程中的文化策略——以鄂西南地区容美土司为例/谭志满　霍晓丽，中南民族大学学报（人文社会科学版）.3

蒙元时期的札撒孙/李鸣飞，西域研究.2

土司时期西南地区土司兵的军事训练/李良品　李思睿，云南民族大学学报（哲学社会科学版）.6

明清时期土家族土司制度下的“三棒鼓”研究/熊晓辉，湖北民族学院学报（哲学社会科学版）.3

晚清变局中的驻藏大臣/车明怀，中央民族大学学报（哲学社会科学版）.1

永顺彭氏土司司治研究/王焕林，吉首大学学报（社会科学版）.6

中国近代史上的外交概念——外蒙及西藏问题中的“主权”与“宗主权”/张曦，中央民族大学学报（哲学社会科学版）.1

西姆拉会议及中英交涉/李国栋，中国边疆史地研究.2

雅尔塔体系与“西藏问题”历史的内在联系/孙勇，中央民族大学学报（哲学社会科学版）.6

“五四运动”前后的中英西藏界务问题交涉/朱昭华，云南民族大学学报（哲学社会科学版）.4

激进还是缓进：寇松“前进政策”的提出及实施/梁忠翠，西藏民族学院学报（哲学社会科学版）.4

中蒙战略伙伴关系的建立及其影响/马立国，中央民族大学学报（哲学社会科学版）.6

1911年外蒙古独立过程中的黄教因素/王英维，阴山学刊（社会科学版）.1

元代中国与欧洲友好往来的一段佳话——周朗《天马图》小考/叶新民，内蒙古大学学报（哲学社会科学版）.6

入关前满族纠纷解决机制法文化研究/王一华　关凤荣，中央民族大学学报（哲学社会科学版）.6

蒙古有关明蒙封贡互市的法规研究/于默颖，内蒙古大学学报（哲学社会科学版）.6

论唐代西州镇戍——以吐鲁番唐代镇戍文书为中心/程喜霖，西域研究.2

明茶马贸易《四川省四路关驿图》考/蓝勇，中国边疆史地研究 . 2

清代盛京满族与朝鲜中江贸易新论/张杰，中国边疆史地研究 . 2

清代至 20 世纪 30 年代达斡尔族跨兴安岭贸易及其地理基础/孔源，中国边疆史地研究 . 4

简析近代以来桂北山区民族经济融合的制约因素——基于《永福石刻》及相关文献/刘青 唐凌，中央民族大学学报（哲学社会科学版）. 2

元代海道都漕运万户西域唐兀人黄头事迹考/段海蓉，新疆大学学报（哲学 · 人文社会科学版）. 1

刍议康熙朝对西藏主要经济政策/梁启俊，西藏大学学报 . 1

魏、晋、前凉西域屯田述论/王希隆，西域研究 . 3

“贝币之路”及其在云南边疆史研究中的意义/林文勋，中国边疆史地研究 . 1

魏晋十六国时期河西与西域间的商业贸易/高荣，西域研究 . 2

西部开发和文化认同：战国秦汉时期西南民族地区体育文化交往/秦立凯　黎小龙，中华文化论坛 . 11

从吐火罗 B 语词汇看龟兹畜牧业/庆昭蓉，文物 . 3

对肃慎及其后裔的考证/赵展，中央民族大学学报（哲学社会科学版）. 4

汉代西域人士的中原憧憬与国家归向——西域都护府建立后的态势与举措/殷晴，西域研究 . 1

辽朝后族萧挞凛身世考/史风春，北方文物 . 4

辽初中书令虚设的不可能性探析/刘仲，阴山学刊（社会科学版）. 2

契丹皇族儒家经史教育考论/高福顺，中国边疆史地研究 . 3

契丹辽朝汉臣行述与政事变迁/王明前，宁夏大学学报 . 2

西夏末期黑水城的状况——从两件西夏文文书谈起/［日］佐藤贵保著，王蕾译，敦煌学辑刊 . 1

英国国家图书馆藏西夏文军籍文书考释/史金波，文献 . 3

从黑水城文献看元代俸禄制度的运作/杜立晖，敦煌学辑刊 . 4

金代蒲与路军事问题探析/吴树国，北方文物 . 2

金代盐使司职官特点/孙久龙　王成名，北方文物 . 1

元朝太庙演变考——以室次为中心/马晓林，历史研究 . 5

努尔哈赤对蒙古部的政策探析/王臻，北方文物 . 2

元代的“不兰奚赤”与阑遗监/武波，内蒙古大学学报（哲学社会科学版）. 3

明代“土流参治”再研究/武沐，中国边疆史地研究 . 1

明神宗“逆革顺赏”策略对明蒙关系带来的影响/赵文，中南民族大学学报（人文社会科学版）. 5

明真曹子谷之战和第二次古勒寨之战考/孟凡云，中南民族大学学报（人文社会科学版）. 5

清前中期东北移民政策评析/范立君　谭玉秀，北方文物 . 2

清代东北地区“新满洲”编设消极影响探析/陈鹏　范劭兴，北方文物 . 3

论努尔哈赤的用人策略/刘金德，历史档案 . 3

《汉书》、《后汉书》民族列传与汉代边疆民族历史的文本书写/王文光，中国边疆史地研究 . 4

末未见于史籍的唐代西南地区两次民族起事/袁本海，贵州民族大学学报（哲学社会科学版）. 4

14—17 世纪蒙古族史学史述略/李德锋，内蒙古大学学报（哲学社会科学版）.6

清代蒙古人的北迁研究——以迁居郭尔罗斯公旗外旗蒙古人为中心/佟双喜，中央民族大学学报（哲学社会科学版）.3

十四世纪初斡儿答兀鲁思的汗位继承危机——相关波斯语、阿拉伯语史料的对比与研究/邱轶皓，西域研究.4

蒙古豳王家族与元代亦集乃路之关系/杨富学　张海娟，敦煌研究.3

蒙古斡赤斤家族与元廷的东北统治/薛磊，北方文物.4

蒙古汗廷与全真道关系新证——新发现的蒙古国圣旨（懿旨、令旨）摩崖考述/周郢，中国史研究.1

那珂通世译注《成吉思汗实录》所涉各种文献史料考/希都日古，内蒙古大学学报（哲学社会科学版）.5

清代民国的汉人蒙古化与蒙古人汉化/樊如森，民俗研究.5

四川回族源流再探/马尚林　罗凉昭，西南民族大学学报（人文社会科学版）.11

明代士大夫眼中的回回形象/张文德，西域研究.3

民国时期西北回族社会之历史变迁/李世荣，宁夏大学学报（人文社会科学版）.6

刍论元代藏族史学名著《奈巴教法史——古谭花鬘》/次旦扎西顿拉，西藏大学学报.2

20 世纪上半叶的藏族史研究（上）/王启龙　姜方燕，湖北民族学院学报（哲学社会科学版）.6

吐蕃“十二小邦”年代考辨/张云，中国边疆史地研究.4

元明清时期贵州彝族与移民的冲突与调适/郝彧，西南民族大学学报（人文社会科学版）.4

景东陶氏土司对金沙江河谷傣族的影响/刘祖鑫，楚雄师范学院学报.4

哈尼族口述史地名“谷哈”考及哈尼族南迁历史/白永芳，云南师范大学学报（哲学社会科学版）.2

《史集部族志乞儿吉思部》研究/刘正寅，中国边疆史地研究.1

大祚荣族属新考/苗威，中国边疆史地研究.3

两唐书本纪有关靺羯、渤海记载差异探究/滕红岩　李乐营，中国边疆史地研究.4

关于北魏末年六镇起义原因的再思考/李克建，中央民族大学学报（哲学社会科学版）.6

试谈高句丽绝奴部的兴衰/刘炬，北方文物.1

试析突厥汗位的继承制度——以前突厥汗国、东突厥汗国和后突厥汗国为中心/肖爱民，北方文物.1

“强者得立”与拓跋鲜卑早期权力继承/杨学跃　王银春，宁夏大学学报.2

大月氏人的原始故乡——兼论西域三十六国之形成/林梅村，西域研究.2

唐朝渤海国朝贡制度研究/程妮娜，吉林大学学报.3

从 P·T·1287 卷赤德祖赞传记看南诏与吐蕃关系的变化/赵心愚，西藏大学学报.1

渤海乐曲目中“大鞍鞨”、“新鞍鞨”相关问题辨析/勾海燕，北方文物.2

从金朝杖刑看女真族对中原文化的认同/李玉君　何博，北方文物.3

高句丽中央行政机制的演变/王旭　贾纯丽，北方文物.4

唐代碑志中的羌人/吴明冉　曾晓梅，北方文物.4

吐蕃在于阗与罗布泊的军事体系及其活动/［日］武内绍人著，朱悦梅译，吐鲁番学研究.1

论金代契丹族官员的外交活动及作用/夏宇旭，史学集刊.3

春秋诸戎及其地域分布考/辛迪，中国国家博物馆馆刊.4

试论后金与喀尔喀蒙古的关系——以努尔哈赤对恩格德尔的争取为中心/刘大治，延边大学学报（社会科学版）.4

地理学视角下的渤海史研究/金石柱　李东辉，延边大学学报（社会科学版）.4

奚的经济类型述论/王丽娟，内蒙古大学学报（哲学社会科学版）.6

唐代内地经吐蕃道与印度的佛教文化交流/张云　张钦，西藏民族学院学报（哲学社会科学版）.1

贞观四年的突厥羁縻州/岳东，阴山学刊（社会科学版）.4

吐蕃职官管理制度之宗教因素考析/朱悦梅，中南民族大学学报（人文社会科学版）.2

五世达赖喇嘛与17世纪喀尔喀蒙古政局变动——以“名号”问题为中心/阿音娜，中国边疆史地研究.2

清代土尔扈特蒙古回归后赴藏熬茶满文档案/中国第一历史档案馆，历史档案.4

从历史地理学考察分析涿鹿之战蚩尤战败的原因/杨东升，西南民族大学学报（人文社会科学版）.10

试论内蒙古自治运动联合会察哈尔盟分会的历史贡献/李玉伟　王星晨，中央民族大学学报（哲学社会科学版）.1

南京国民政府革除瑞应寺活佛业什达尔斋名号案始末/谢海涛，中国边疆史地研究.1

清代土默特地区卡伦的职能及其管理/黄治国，阴山学刊（社会科学版）.4

论马麒与青海建省/勉卫忠，中国边疆史地研究.2

迪化公务员消费合作社的创建与演变：盛世才关于整饬吏治的尝试/陈芸，新疆大学学报（哲学·人文社会科学版）.1

试论清代回疆的法律控制与伯克管理/邢蕾，新疆大学学报（哲学·人文社会科学版）.2

清代新疆塔尔巴哈台参赞大臣的设置与变迁/周卫平，中国边疆史地研究.4

杨增新对阿勒泰的经营/刘国俊，西域研究.3

“译人”与汉代西域民族关系/王子今　乔松林，西域研究.1

元明清时期武陵地区民族关系简论/陈心林，湖北民族学院学报.4

明清“狼兵”新探/王双怀，中国边疆史地研究.3

17世纪中叶—19世纪格鲁派史籍中的康地/高琳，西藏大学学报.1

清初土家族地区的保甲制度探究/郗玉松，湖北民族学院学报.4

龙云主政时期云南的基层建政与社会控制/刘永刚，中央民族大学学报（哲学社会科学版）.5

道光初年丽江的社会生活——以《鸿泥杂志》之记述为中心/马银行　秦小健，楚雄师范学院学报.10

晚清官方参与下甘青藏区群体纠纷解决机制——基于查汉大寺撒拉回与尕楞寺藏民纠纷案例的分析/高晓波，云南民族大学学报（哲学社会科学版）.5

1895年中英“藏哲勘界”研究/张永攀，中国边疆史地研究.4

关于口述史的思考——基于近代西藏历史的研究/央珍喜饶尼玛，中南民族大学学报（人文社会科学版）.6

1979年以来张荫棠治藏研究述要/郑现杰，西藏民族学院学报（哲学社会科学版）.2

元明西藏“政教合一”制度与“活佛转世”制度/李治安，史学集刊.6

前倨后恭：有泰与联豫在西藏期间的交往/康欣平，西藏民族学院学报（哲学社会科学版）.2

西藏传统社会中的茶文化与西藏治理/赵国栋，西藏民族学院学报（哲学社会科学版）.2

论元代中央政府对藏区赈济/罗睿，西藏民族学院学报（哲学社会科学版）.2

《西藏记》《西藏志》关系考/赵心愚，西藏民族学院学报（哲学社会科学版）.1

国民政府治藏政策研究综述/魏少辉，西藏民族学院学报（哲学社会科学版）.3

加深对西藏 1950—1959 年间历史的再认识/郭冠忠，西藏民族学院学报（哲学社会科学版）.5

论廓尔喀第三次侵藏战争/黄维忠，西藏大学学报.1

藏锡边界纠纷与英国两次侵藏战争/朱昭华，历史档案.1

1919 年前早期入藏的北美人士与中西文化交流——以其有关康藏论著在西方的影响为中心/赵艾东，西藏大学学报.2

陆兴祺与民国时期西藏治理研究——以陆氏职衔、所属机构为中心/孙宏年，中国边疆史地研究.1

更敦群培与“西藏革命党”考略/尕藏扎西，西藏民族学院学报（哲学社会科学版）.5

甘延寿任西域使职年代考——兼及冯嫽在册封乌孙两昆弥事件中的活动/李炳泉，西域研究.3

民国回族女杰刘曼卿与西藏/罗绍明，西藏大学学报.4

有关清代锡勒图库伦札萨克喇嘛西布扎衮如克的几个问题/双宝，西藏民族学院学报（哲学社会科学版）.3

从出土文献看蕃占时期敦煌的奴婢/陈继宏，敦煌学辑刊.4

西藏早期游牧文化聚落的考古学探索/霍巍，考古.4

20 世纪黑龙江省渤海时期考古的历史与成就/石岩，北方文物.1

试论西藏高原的史前游牧经济与文化/霍巍，西藏大学学报.1

挹娄、靺鞨关系的考古学讨论/刘晓东，北方文物.1

中央民族大学收藏吐鲁番出土文书初探/张铭心　凌妙丹，中央民族大学学报（哲学社会科学版）.6

黑水城所出元代录事司文书考/杜立晖，文献.6

黑水城文献出土地辨析试考——以黑水城出土千字文文书为中心/刘广瑞，宁夏大学学报（人文社会科学版）.5

唐代于阗文书折冲府官印考释——兼论于阗设置折冲府的时间/刘后滨　王湛，西域研究.3

开阳水东带氏土司遗迹考略/赖光洪，贵州民族学院学报（哲学社会科学版）.1

元中叶西北“过川”及“过川军”新探/李治安，历史研究.2

青海都兰暨柴达木盆地东南沿墓葬主民族系属研究/周伟洲，史学集刊.6

五代宋敦煌石窟回鹘装女供养像与曹氏归义军的民族特性/沙武田，敦煌研究.2

西藏卓卡寺吐蕃壁画初探/夏吾卡先，考古与文物.1

试论民族学视野下的西域岩画与原始文化/张付新　张云，贵州民族学院学报（哲学社会科学版）.2

从服饰管窥元代的身份制度/任冰心　吴钰，宁夏大学学报（人文社会科学版）.1

考古学视野下的西域都护府今址研究/林梅村，历史研究.6

元符二年河东路进筑八寨名称考/高建国，内蒙古大学学报（哲学社会科学版）.6

敦煌古藏文吐蕃地名的分类及其结构特点探析/叶拉太，西藏大学学报.2

渤海早期王城研究中的几个问题/王培新，中国边疆史地研究.2

丝绸之路的开通及其对新疆历史的影响/陈霞，西域研究．3
清末藏东南方志类著作《门空图说》、《杂瑜地理》考论/赵心愚，民族学刊．3
士人与山川——从《容美纪游》看传统士人的山川观念/李金花，民族学刊．3
山志言“山”——以高奣映《鸡足山志》为个案/舒瑜，民族学刊．3
《徐霞客游记》涉藏史实考信录/木仕华，民族学刊．6
瑶族向越南迁徙的最早批次——《周玄柜信歌》之考证/莫金山，广西民族研究．1
民国时期广西瑶民的地理分布/胡列箭，广西民族研究．3
西夏文装藏咒语考/聂鸿音，西夏研究．4
黑水城出土合伙契约再考释/杜建录　邓文韬，西夏研究．4
西夏文《观弥勒菩萨上生兜率天经》考释/孙伯君，西夏研究．4
西夏官吏的考课惩奖制/魏淑霞，西夏研究．4
英藏黑水城出土西夏户籍租税账册文书初探/许生根，西夏研究．4
西夏在鄂尔多斯高原的疆界变迁/保宏彪，西夏研究．4
从《天盛律令》看西夏的军事管理机构/姜歆，西夏研究．4
墓志里吐谷浑王族任职押蕃使问题再探/李鸿宾，西夏研究．4
莫高窟石室瘗窟随葬波斯银币与中古敦煌佛教/沙武田，西夏研究．4
黑水城出土元代文书押印制度初探/陈朝辉　潘洁，西夏研究．4
西夏钱币的发现及研究/牛达生　牛志文，西夏研究．4
丝绸之路货币文化中的西夏铁钱/郭晓红，西夏研究．4
锡良与奉天的旗制变通/连振斌，满族研究．3
“都统衡永之印”与“八旗各营职任官员额设数目表”/王希群，满族研究．3
北京市木樨地“五统碑”墓主人探索/张利芳，满族研究．3
满洲瓜尔佳氏文献概观/刘金德，满族研究．3
完颜阿骨打反辽战争的战略战术与治军/刘肃勇，满族研究．3
沈阳实胜寺创建年代考/李凤民，满族研究．3
乾隆五十九年参务案/廖晓晴，满族研究．4
清前中期满洲伊尔根觉罗氏的典型家族/常越男，满族研究．4
清代招抚索伦部族入旗考论/郭军连，满族研究．4
清代伊犁将军任用中的授、署、护、代/陈剑平，满族研究．4
浅析北方民族与天津城市兴起与发展的关系/刘金明，满族研究．4
论渤海国主体民族之族属/周赫，满族研究．4
元明时期回族教坊的演变、特点及作用/白建灵，回族研究．3
族群建构中的想象与实践——以民国时期的广东回族为例/汪鲸，回族研究．3
民国时期回族知识分子社会习俗改良宣传与实践/钟银梅，回族研究．3
《清真穆民礼拜堂丁氏历代家谱所》研究/杨运鹏，回族研究．3
沐英在洪武开滇中的重要作用/郝正治，回族研究．4
沐英确实是回族/黄义全，回族研究．4
沐英生平事略与国内研究概况/李清升，回族研究．4
唐代胡乐与阿拉伯帝国音乐中的同源因素/马冬雅，回族研究．4
阿勒楚喀副都统衙门及其满汉文档案/吴元丰，满语研究．1
满族的女真意识与“满洲”意识——清代满族民族意识的形成发展/张佳生，满语研究．1
乾隆年间清朝与准噶尔贸易协定初探/赵令志，满语研究．1

乾隆年间西北地区三次绘图始末/郭美兰，满语研究.1

满族的八旗意识与国家意识——清代满族民族意识的形成发展（续）/张佳生，满语研究.2

清代达斡尔、鄂温克两族所适用的法律/金鑫，满语研究.2

清代东北封禁与流人遣戍/李德新 刘晓东，满语研究.2

元唐兀人星吉生平考论/邱树森 陈广恩，西夏研究.1

试论元代甘宁青地区民族新格局的形成及特点/魏梓秋，西夏研究.1

夏州拓跋部的几个问题——新出土唐五代宋初夏州拓跋政权墓志铭考释/杜建录，西夏研究.1

西夏寺院依附人口初探——以《天盛律令》为中心/崔红芬 文志勇，西夏研究.1

西夏文字及文物中所见其使用情况/牛达生，西夏研究.1

西夏祭祀初探/孔德翊 贺亭，西夏研究.1

夏辽边界问题再讨论/许伟伟 杨浣，西夏研究.1

宁夏固原须弥山圆光寺及相关番僧考/谢继胜，西夏研究.1

安史之乱后朔方军的地位演变及其对党项的影响/保宏彪，西夏研究.1

黑水城文献与中国古代史研究/孙继民，西夏研究.2

民间法视野下黑水城出土西夏文卖地契研究——兼与汉文卖地契的比较/韩伟，西夏研究.2

黑城文书所见亦集乃路自然灾害/孔德翊，西夏研究.2

武威藏西夏文《志公大师十二时歌》译释/杜建录 于光建，西夏研究.2

日本藏西夏文《大方广佛华严经》与汉本的别异/贾常业，西夏研究.2

瓜州东千佛洞泥寿桃洞出土一件西夏文献装帧考/高辉，西夏研究.2

晚唐五代党项与灵州道关系考述/崔星 王东，西夏研究.2

西夏“节亲”考/胡若飞，西夏研究.2

《天盛改旧新定律令一（1149—1169年）》——西夏法律文献《天盛律令》研究专著节选译文/［俄］E. H. 克恰诺夫 唐克秀译，西夏研究.2

北周宇文猛墓志考释/耿志强 陈晓桦，西夏研究.2

1205至1227年间蒙古与西夏的战争/［美］德斯蒙德·马丁著，陈光文译，杨富学校，西夏研究.3

元代西夏遗民讷怀事迹补考/邓文韬，西夏研究.3

《荡空松山碑》考述/杨荣斌 马一，西夏研究.3

“共和”政体包容“五族”——辛亥革命前后变更与民族关系建构/周竞红，满族研究.1

金代盐使司的职能/孙久龙 王成名，满族研究.1

以对喀左旗扎萨克的赏罚为例评清廷的驭藩之策/马德全，满族研究.1

蕴秀及其《敖汉纪程》/李俊义 石柏令，满族研究.1

清朝八旗制度内部民族关系学术回顾/陈力，满族研究.2

清代云南籍回族学者马注生平新考/胡玉冰，回族研究.1

民国时期回族留埃学生群体的中阿文化交流/钟银梅，回族研究.1

民国时期涉及穆斯林的群体性事件发生机制及借鉴——以《南华文艺》案为例/白友涛 白明，回族研究.2

明代宦官与清真寺/丁慧倩，回族研究.2

马政家族考/马佳 陈亮，回族研究.2

民国时期上海回族商人结构的新变化/杨荣斌，回族研究.2

从《吐蕃大事纪年》论唐代吐蕃的史学/林冠群，中国藏学.1

清初甘丹颇章政权权威象征体系的建构/罗布，中国藏学.1

俄国外交文书选译——关于1907年英俄《西藏协定》/陈春华，中国藏学.1

筹办父亲丧葬祭品的故事——BD15050号（背）译释/谢后芳，中国藏学.1

敦煌藏文P·T·996号《大乘无分别修习之道》解读/才让，中国藏学.1

“投毒”与唐代吐蕃政治——以敦煌文献为中心的考察/王东，中国藏学.1

论六世班禅进京前后与东印度公司的交往/李若虹，中国藏学.1

首任驻藏大臣设置及年代辨析/曾国庆，中国藏学.1

清末川边藏区近代教育研究/王曙明　周伟洲，中国藏学.2

德伦家族及德伦·桑杰群佩历史简述/德伦·桑杰群佩　克珠群培，中国藏学.2

《唐会要葛逻禄国》疏证辨误/李树辉，中国藏学.2

古代藏族地域概念的形成与演变/叶拉太，中国藏学.2

藏军军旗问题研究/王小彬，中国藏学.2

六世班禅面圣授法史实考/王晓晶，中国藏学.2

门隅早期历史——吐蕃对门隅地区的治理/达瓦次仁，中国藏学.3

近代西藏阿里地区自然灾害与政治观察——以噶厦档案中的雪灾、地震为中心/黄博　刘复生，中国藏学.3

我与古藏文文献研究/陈践，中国藏学.4

高昌故城东南佛寺与藏传佛教/陈爱峰　吾买尔·卡德尔，中国藏学.4

论吐蕃王朝的会议决策制度/何峰，中国藏学.4

5件文书所反映的敦煌吐蕃时期写经活动/赵青山，中国藏学.4

元代藏传佛教在福建地区的遗迹考——以泉州清源山三世佛石刻题记为中心/陈立华，中国藏学.4

蒋介石于河南归德前线致十三世达赖喇嘛信解读——兼与张春燕、张丽两先生商榷/张双智，中国藏学.4

汉藏蒙边缘地区的文化实践——围绕藏学家杨质夫先生展开的历史与田野考察/张海云，中国藏学.4

《安多政教史》的文献学研究/拉先加，中国藏学.4

唐蕃关系视野下的中央官学教育/张屹　周润年，民族教育研究.1

古代中国政府多民族教育政策文化模式研究/吴明海，民族教育研究.1

民国时期三民主义教育宗旨中的民族认同研究/吴冬梅，民族教育研究.2

元代多族士人圈中师生关系的新变/刘嘉伟，民族教育研究.6

丝绸之路上的胡人、胡商——从《太平广记》和《一千零一夜》谈起/陆芸，甘肃民族研究.1

碑刻中的滇南回族大营村管事马际昌/郭成美，甘肃民族研究.1

新疆出土怯卢文文书所见奴隶和农奴的处境/［印度］阿格华尔著，杨富学　徐烨译，甘肃民族研究.1

甘州回鹘游牧经济初探/姬良淑，甘肃民族研究.2

裕固族东迁地西至哈至为沙瓜二州考辨/杨富学，甘肃民族研究.2

黑水城文献与元史的构建/张海娟，甘肃民族研究.2

元代色目遗民析/马亚美，甘肃民族研究.2

伯夷叔齐栖归渭源首阳山考/王玉桃，甘肃民族研究 . 2

略论达扎摄政时期西藏地方与中央政府的关系/余吉玲，甘肃民族研究 . 2

甘肃洮岷地区赵包两姓藏族家族历史发展研究/结古乃 · 桑杰，甘肃民族研究 . 3

唐后期沙陀东迁归唐史事新探/刘冬，甘肃民族研究 . 3

蒙古时期东方与西方的际会/［美］布莱尔著，杨富学　海滢译，甘肃民族研究 . 3

十六国的行政中枢制度及其新因素/徐美莉，甘肃民族研究 . 4

敦煌太守仓慈新探——以《三国志》与敦煌遗书 P. 4022 + P. 3636 记载为中心/陈光文，甘肃民族研究 . 4

试论晚清陕甘回民起义的影响/魏军刚，甘肃民族研究 . 4

《突厥语大词典》与喀喇汗王朝服饰文化/常红，喀什师范学院学报 . 2

"文化生态保护区"视野下的"湘西苗疆"历史与现实研究述评/向轼，贵州民族研究 . 2

北朝镇墓兽造型与鲜卑族汉化的关系解析/谢洪波，贵州民族研究 . 2

清代贵州屯田的民地化述论/付可尘，贵州民族研究 . 2

《滇军政府讨满洲檄》相关问题论析——兼及《孙文布告大汉同胞书》/潘先林　杨朝芳，贵州民族研究 . 2

民国时期西南民族地区教育述论/何腾，贵州民族研究 . 2

海南黎族古籍文献整理研究/黄俊棚，贵州民族研究 . 3

乌江流域历代民族关系的类型及其特征论略/张世友，贵州民族研究 . 3

清朝治理新疆民族政策的历史沿革与现代思考/宫凯　杨丽辉，贵州民族研究 . 3

试论清初西藏地方政府在阿里地区政教统治的建立/黄博，贵州民族研究 . 3

论南诏民族的伦理观念及道德生活/文平，贵州民族研究 . 3

抗战时期四川边地教育研究/陈晓钢，贵州民族研究 . 3

抗战时期吴泽霖民族风俗文化考察研究/吴丽君，贵州民族研究 . 3

军事迁徙与族群认同——对"屯堡人"与"喇叭人"的初步比较/吕燕平，贵州民族研究 . 4

王阳明与思、田土司之治/暨爱民，贵州民族研究 . 4

抗战时期陈国钧贵州民族社会考察之研究/陈晓钢，贵州民族研究 . 4

抗战时期贵州少数民族区域疫病防治制度的建构与社会的疏离/史经霞，贵州民族研究 . 4

消亡民族文化保护与传承的"他者"责任——以焚文化为例/黄河，贵州民族研究 . 5

明代贵州屯田法律制度/曹务坤　卢丽娟，贵州民族研究 . 5

成吉思汗法律思想研究/阿荣，贵州民族研究 . 6

解放初期贵州民族民主政权研究/高勇，贵州民族研究 . 6

乾隆朝八旗诸臣封爵述论/张公政，贵州民族研究 . 6

论明代治藏之"以茶驭蕃"政策/何文华，贵州民族研究 . 6

论"西南夷"中的部落族群/颜建华　颜勇，贵州民族研究 . 6

共产国际与孙中山：两种民族主义的碰撞及其历史影响——"国民党一大宣言"与民国时期的民族政治/熊芳亮，民族工作研究 . 6

廓尔喀（尼泊尔）朝贡清廷考/房建昌，西藏研究 . 1

从"收回"到"赏给"：1896 ~ 1897 年间清廷处理瞻对归属时间析论/康欣平，西藏研究 . 1

试论北宋经略河湟区域的蕃族"汉法"经济法规/杨文，西藏研究 . 1

波斯文历史著作《拉失德史》所见关于西藏的记载/吾斯曼江 · 亚库甫，西藏研究 . 1

乾隆朝第二次廓尔喀之役兵源及军费考略/高晓波，西藏研究.2
1913～1933年西藏上层的政治抉择/罗绍明，西藏研究.2
清代周瑛藏事辑论/何晓东，西藏研究.2
都兰吐蕃三号墓鹿与鹰文化内涵的解读/德吉措，西藏研究.2
包容神圣：清朝皇帝的文殊形象与藏传佛教的臣服——正统性传承中主导性虚构的凝聚力作用/孙逊，西藏研究.3
由隆务囊索探析“囊索”一职及其在青海的演化/当增吉，西藏研究.3
《宋史唃厮啰传》笺证/齐德舜，西藏研究.3
英藏敦煌古藏文文献中三份相关经济文书之解析/卓玛才让，西藏研究.3
宋代西北吐蕃与甘州回鹘、辽朝、西夏的关系/陈庆英　白丽娜，西藏研究.5
宋代藏族部落地区纠纷解决的法律机制/陈武强，西藏研究.5
黑水城与东千佛洞石窟同类佛教造像题材浅析/张小刚　郭俊叶，西藏研究.5
民国时期西藏佛教通史研究的路径抉择/胡永辉，西藏研究.6
论明宪宗成化年间对西番朝贡政策的规范调整/喜富裕，西藏研究.6
试探西藏史前时期的历史古迹文化资源及研究价值/次旺，西藏研究.6
英藏敦煌藏文文献《普贤行愿王经》及相关问题研究/索南，西藏研究.6
试探根敦群培的藏语言文字研究与文化自觉/李加东智，西藏研究.6
西夏仁宗皇帝的校经实践/孙伯君，宁夏社会科学.4
元代江南一个畏兀儿家族的宗教信仰/尚衍斌，民族研究.5
蒙元时期佛道四次辩论之真相探寻/程佩，云南社会科学.2
简论明末清初河湟地区穆斯林社会基层组织的演变/杨群，宁夏社会科学.3
明代政府对伊斯兰教的基本政策和信仰伊斯兰教的居民分布/何孝荣　崔靖，黑龙江民族丛刊.4
“中国人种西来说”与清末的汉藏同源论/扎洛，青海民族研究.4
金代老年人优礼政策探析/孙红梅，黑龙江民族丛刊.2
清代珲春驻防旗官管理相关问题考论/薛刚，黑龙江民族丛刊.6
清初旗人之旗籍及隶旗改变考/杜家骥，民族研究.4
清代前期布特哈总管沿革探析/金鑫，民族研究.4
试述布特哈八旗贡貂制度的历史影响/王学勤，黑龙江民族丛刊.1
雍乾时期西宁办事大臣建制考述/杜党军　张冬林，青海民族研究.2
清代旗人赌博治理述论/王丽亚，云南社会科学.2
金代武将管理措施论析/贾淑荣，黑龙江民族丛刊.5
清代甘肃省循化厅歇家研究/杨红伟　欧麦高，青海民族研究.4
研究土司制度应重视对清代档案资料的利用/李世愉，青海民族研究.1
武陵山片区明代金石碑刻所见土家族土司的“中华情结”/成臻铭，青海民族研究.1
明代卫所设置对土家族土司社会构建的影响/罗维庆　罗中，青海民族研究.1
关于中国土司制度渊源发展研究的十个问题/龚荫，青海民族研究.1
明代甘青土官制度实施原因刍议/武沐　王素英，青海民族研究.2
南京国民政府初期与七世章嘉的关系研究——以“章嘉案”为中心/谢海涛，民族研究.2
论藏族古代侵权行为法的历史演进及其特点/韩雪梅，青海社会科学.6
论元代法律中没有“十恶”体系/王敬松，民族研究.5
清代对新疆社会控制的法制经验总结/李崇林，新疆社会科学.2

民初法律冲突中的妾制——以大理院解释例为素材的考察/汪雄涛，云南社会科学.2

西夏耕地保护法律初探/许光县，宁夏社会科学.1

“敌国”互市之“厉禁”——两宋榷场相关法律、法规浅析/倪彬，宁夏社会科学.3

论元明清时期西南地区士兵的军事组织体制/李良品　李思睿，青海民族研究.1

民国时期甘宁青畜牧业的现代化问题/黄正林，青海民族研究.4

北宋对辽榷场置废及位置考/张重艳，宁夏社会科学.3

榷场的历史考察——兼论西夏榷场使的制度来源/冯金忠，宁夏社会科学.3

论清代中俄陆路贸易的变迁/衣长春　宋媛媛，黑龙江民族丛刊.2

论明朝与藏区朝贡贸易/武沐，青海民族研究.4

略论阿拉伯贸易对南宋经济和政治的影响/吕变庭　刘坤新，青海民族研究.2

城墙内的商业景观：明清西北城镇市场形态及城镇格局的演变/张萍，民族研究.3

近代民族主义思潮与晚清民国时期的民族史撰述/孙旭红，思想战线.5

先秦汉晋西南夷内涵及其时空演变/段渝，思想战线.6

南诏时期的乌蛮/段丽波，思想战线.6

西部民族历史文献多元性研究/华林　姬兴江，思想战线.3

乾隆《西域遗闻》资料的三个主要来源/赵心愚，民族研究.1

西夏律法档案整理与研究/赵彦龙，青海民族研究.3

论历史上少数民族地区书院的创建——以清代湘西苗族地区书院为例/石群勇，青海民族研究.3

近二十年大陆地区宋辽关系研究述评/王欣欣　吕洪伟，黑龙江民族丛刊.4

“因俗而治”与“胡汉一体”——试论辽朝“一元两制”的政治特色/郑毅，黑龙江民族丛刊.6

辽朝燕云地区的乡村组织及其性质探析/王欣欣，黑龙江民族丛刊.3

《龙祠乡约》所见元末西夏遗民的乡村建设/王君　杨富学，宁夏社会科学.1

民间法视野下黑水城出土西夏文卖地契研究——兼与汉文卖地契的比较/韩伟，宁夏社会科学.2

水草与民族：环境史视野下的西夏畜牧业/董立顺　侯甬坚，宁夏社会科学.2

试论忽必烈时期蒙元政权对汉文化的吸收及其影响/王传奇，黑龙江民族丛刊.4

从清中期的旗人发遣看清政府对旗人的司法管理/孟修，黑龙江民族丛刊.1

试论清初五世达赖与“三藩”之乱/张发贤，青海民族研究.1

李鸿章对日本的认识及其外交策略——以1870年代为中心/李细珠，社会科学辑刊.1

1932年达赖、班禅系统相互之攻讦与国民政府的处理/魏少辉　张皓，青海社会科学.5

努力与无力：1934年黄慕松入藏与蒋介石尝试解决西藏问题/张皓，青海民族研究.1

抗战时期陶云逵教授对开化边民问题的综合研究/聂蒲生，黑龙江民族丛刊.3

《史记匈奴列传》与匈奴社会——从历史人类学的视角/王文光　沈芸，思想战线.1

历史时期“吐蕃”概念的时段分析——兼论吐蕃时期政治历史进程/叶拉太，思想战线.2

论女真族群的形成与演变/范恩实，黑龙江社会科学.3

略论金代契丹人的文学与绘画成就/夏宇旭，黑龙江民族丛刊.5

“索离”国及其夫余的初期王城/王禹浪，黑龙江民族丛刊.1

西方社会对契丹和辽的认识与研究/赵欣，黑龙江民族丛刊.1

姻亲氏族与匈奴政权的关系/丛晓明　王庆宪，黑龙江民族丛刊.3

西夏文献中的帝、后称号/孙伯君，民族研究.2

海西王台称雄女真考论——兼论明代女真统一的历史趋势/刁书仁 张雅婧，黑龙江民族丛刊.4

青藏高原古代少数民族纺织的起源及发展述略/高志伟，青海民族研究.3

十至十一世纪漠北游牧政权的出现——叶尼塞碑铭记录的九姓达靼王国/白玉冬，民族研究.1

两汉河西屯戍吏卒的衣装特点/赵兰香，甘肃社会科学.4

吐谷浑多元宗教的文化透视/张泽洪，青海社会科学.1

祖源攀附与十六国北朝时期意识形态建构/张军，青海社会科学.4

北宋经略秦州蕃部土地问题简论/上官红伟，宁夏社会科学.2

吐蕃元明时期西藏城市的兴衰/何一民 赖小路，甘肃社会科学.2

罗卜藏丹津事件始末：国家与社会的权利博弈及地方社会儒法化/石德生，青海社会科学.6

在禁与不禁之间：民国时期青海禁政述论/尚季芳 李佳佳，青海民族研究.3

论清代青海民族纠纷解决与社会控制/高晓波 张科，青海民族研究.2

传承与变迁：青海湖祭海会盟及其政治功能述论/储竞争，青海民族研究.2

宋末至明初广西左江上游土酋势力的动向——从《知思明府黄公神道碑》看祖先叙事的创制/杜树海，民族研究.4

西方有关德国涉藏历史的研究述评/赵光锐，民族研究.3

晚期蒙古编年史所见唐兀惕哈屯形象及事迹的来源考析/钟焓，民族研究.6

孙中山奉安大典中的藏族人士/张子新，民族研究.5

晚唐敦煌吐蕃居民宗教地位变迁研究/史淑琴 王东，甘肃社会科学.4

三江平原地域族体考古文化研究综述/王禹浪 刘加明，黑龙江民族丛刊.2

甘肃岷县大崇教寺明清契约文书研究/彭晓静，青海民族研究.3

纳西东巴文石刻述略/杨亦花 喻遂生，云南社会科学.2

道格尔古碑即唐蕃赤岭划界碑考辨/李宗俊，民族研究.1

论明代“塔尔寺六族”的形成与发展/先巴，青海民族研究.2

都兰香日德拆墢始建年代浅议/崔永红，青海民族研究.4

西藏高原史前农业的考古学探索/霍巍，民族研究.2

从固始汗的家族系统看罗卜藏丹津的反清与失败/张子凌，黑龙江民族丛刊.5

波斯文历史著作《拉失德史》所见关于西藏的记载/洁安娜姆，西藏研究.1

六 民族语言文字

山羊隔畲族“山客话”与客家话的历史关系/林清书，广西民族师范学院学报.1

非物质文化遗产刀郎麦西莱甫的特征和功能/张泰琦 孟媛媛 宋梅，塔里木大学学报.4

中共与少数民族文字的创制和改革/王爱云，中共党史研究.7

民族语言转用博弈：东欧国家语言政策研究/康忠德，前沿.5

维吾尔语基本颜色词的隐喻化认知/夏迪娅·伊布拉音，前沿.22

推进贵州彝语文信息化建设刍议/吴勰 禄玉萍 王明贵，黑河学刊.6

从榕江汉语方言词汇看苗侗语言对汉语的影响/毛毳，凯里学院学报.2

简析仫佬语方位词特征/银莎格，凯里学院学报.2

苗语侗语对黔东南汉语方言的影响——民族地区语言教学的深层思考/吴春兰 王贵生，凯里学院学报.5

维吾尔语名词化短语的修饰作用和表语功能/木再帕尔，怀化学院学报 . 1

云南蒙古族卡卓语使用现状调查/曾铃，怀化学院学报 . 9

武鸣县马头壮语有标记被动句探析/曾曼丽，怀化学院学报 . 10

汉语傣语定语语序的类型学对比及认知基础/张云云，红河学院学报 . 4

网络传播背景下滇南哈尼族语言文字的保护与发展/马泽波，红河学院学报 . 5

汉泰语名词重叠式语法功能对比研究/陈娥牛　凌燕，红河学院学报 . 5

强势文化背景下贵州少数民族文化保护对策——基于松桃苗族自治县苗语五十年演变调查的认识/萧黎明　王彬，铜仁学院学报 . 4

减防灾视野中的彝族谚语/叶宏　王俊，毕节学院学报（综合版）. 1

彝文异体字初探/陈棣芳，毕节学院学报（综合版）. 7

凉山彝语的表人名词后缀 - mo^21 和 - zw^33/杨彦宝，毕节学院学报（综合版）. 10

普米语研究综述/黄成龙，阿坝师范高等专科学校学报 . 1

论嘉戎语中的汉语借词/产朱初，阿坝师范高等专科学校学报 . 1

羌族"释比"语源考/孙宏开，阿坝师范高等专科学校学报 . 2

羌族语言研究综述/邹莹，阿坝师范高等专科学校学报 . 4

湘西地区苗族的语言使用与语言认同/瞿继勇，陕西师范大学学报（哲学社会科学版）. 5

教化与律法：西南苗侗民族谚语的文化特征与功能/李向玉，广西师范大学学报（哲学社会科学版）. 3

突厥语中的汉语借词/王新青，社科纵横 . 4

布薪贡（vbushingkun）的对音问题——兼论古藏文的鼻冠音/谢光典，青藏高原论坛 . 3

西夏语言研究简论/霍艳娟，宁夏社会科学 . 6

简论蒙古语词根相同反义词/金书包，西部蒙古论坛 . 3

关于用固定词语表示标准计量问题/（蒙古国）嘎毕拉，西部蒙古论坛 . 4

仫佬族民族文化资源产业化分析与开发策略研究——以广西罗城仫佬族自治县为例/王山　周鸿，广西社会科学 . 7

从 saragur 到 sahir——撒拉族源流的语言人类学研究/马伟，西北民族研究 . 2

满语"locha"和"oros"的由来探析/时妍，西北民族研究 . 1

壮语南部方言第 4 调的声学表现与共时比较——兼评与侗台语研究有关的声调起源理论/黄玉雄，广西民族大学学报 . 6

草原游牧文化视域中的新疆杂话/李文亮　王吉祥，北方民族大学学报 . 3

壮语分区的特征选取和权重量化/张梦翰　李晨雨，广西民族大学学报 . 6

三江侗语声母的历史层次/龙国莲，广西民族大学学报 . 6

养嵩苗语汉借词的声调/王艳红　毕谦琦，广西民族大学学报 . 6

拉坞戎语动词的态范畴/尹蔚彬，广西民族大学学报 . 6

哈萨克族亲属称谓语及其所包含的文化因素分析/乌鲁木齐拜 · 杰特拜，西北民族大学学报 . 6

汉维语词语否定结构的认知与教学/何滨，伊犁师范学院学报 . 1

都市蒙古族社区的语言生活——新疆蒙古师范学校家属社区居民语言使用和语言态度调查/王远新，内蒙古师范大学学报 . 2

论蒙古语复合词根词的演变/通拉嘎　六月，内蒙古民族大学学报 . 1

蒙古语陈述句和祈使句语调比较研究/乌吉斯古冷，内蒙古民族大学学报 . 1

蒙古族语言文字保护问题研究/那日苏　阿思根，内蒙古民族大学学报 . 1

人口迁移流动对蒙古语科尔沁方言的影响/红莲，内蒙古民族大学学报.1

清代藏学汉文文献中的汉藏对照词汇资料初探/王宝红，西北民族大学学报.5

汉语对靖西壮语构词法的影响/吕嵩崧，广西民族大学学报.5

撒拉语动词传据范畴研究/马伟，青海民族大学学报.2

现代东乡语构词法初考——以后缀“tsi、“sɯ”为例/马艳，伊犁师范学院学报.1

关于哈萨克语辅音/ʃ/~/tʃ/变读现象的声学实验分析/杨波 周妍 伊犁师范学院学报（社会科学版）.1

哈萨克语宾语生成机制与特性辨识/孟毅 雷云，伊犁师范学院学报.3

锡伯语新词术语规范问题研究/佟加 庆夫.伊犁师范学院学报

读史札记——正史胡语考释四则/彭向前，北方民族大学学报.4

国民政府时期对边疆教育中语言问题的讨论及实施——以甘宁青三省为例/储竞争，北方民族大学学报.1

东干语中一个特殊的 Ди“的”/海峰，语言与翻译.1

民族语人称代词的语音象似性/严艳群 刘丹青，云南师范大学学报（哲学社会科学版）.4

邵阳城步古苗文实地调查报告/龙仕平 曾晓光，吉首大学学报（社会科学版）.1

回鹘文文献《金光明经》中的对偶词研究/陈明，语言与翻译.1

回鹘文文献中与汉语相关问题的音韵学研究成果概述/欧阳荣苑，语言与翻译.2

基于 PAS 的蒙古语标准话辅音气流气压研究/呼和 周学文，中央民族大学学报（哲学社会科学版）.2

汉语、蒙古语中的身体行为动词与言说义/马云霞 宝玉柱，中央民族大学学报（哲学社会科学版）.2

蒙古语标准音辅音音姿/哈斯其木格，中央民族大学学报（哲学社会科学版）.5

汉藏语动词重叠式的形式——意义匹配格局/戴宗杰，中央民族大学学报（哲学社会科学版）.2

道孚语在藏缅语族语言研究中的地位和价值/根呷翁姆，中央民族大学学报（哲学社会科学版）.5

青海卓仓藏语、乐都汉语与江淮官话元音擦化现象比较探讨/冯法强，云南师范大学学报（哲学社会科学版）.4

维汉语性别标记不对称现象对比分析/张玲，新疆大学学报（哲学·人文社会科学版）.1

维吾尔语反义形容词不对称现象解析/张玲，西南民族大学学报（人文社会科学版）.5

现代维吾尔语否定构词语素、否定词的意义与表达/徐江 许萍，新疆大学学报（哲学·人文社会科学版）.3

维吾尔语动词构形规则的形式化描述/阿孜古丽·夏力甫 麦热哈巴·艾力，中央民族大学学报（哲学社会科学版）.3

建立维吾尔语中介语语料库基本设想/杨文革，新疆大学学报（哲学·人文社会科学版）.3

维吾尔语领有格“-nig”的隐现规律及其成因/李素秋，中央民族大学学报（哲学社会科学版）.3

维吾尔语空间短语的语言类型探究/薛玉萍，语言与翻译.3

维吾尔语派生合璧词的语素来源计量研究/李燕萍 曹春梅，中央民族大学学报（哲学社会科学版）.4

维语—GAn 关系小句论元的关系化及其约束条件/魏文娟，语言与翻译 . 2

维吾尔语外来词与中外文化交流/徐彦 邱涛，语言与翻译 . 3

汉维语名词重叠式对比/江燕，语言与翻译 . 2

现代维吾尔语基本词汇研究概述/常红，语言与翻译 . 3

维吾尔语情状动词的配价研究/吾买尔江 · 库尔班，语言与翻译 . 3

维吾尔语动词词目还原实现方法及存在的问题/阿孜古丽 · 夏力甫 麦热哈巴 · 艾力，语言与翻译 . 1

汉维语并列复句的时空认知特点/刘瑞莲，语言与翻译 . 1

《福乐智慧》中性别用语的褒贬差异释源/闫新红，语言与翻译 . 3

古今维吾尔语马具术语及其语言透视/艾克拜尔 · 吐尼亚孜，语言与翻译 . 3

论维吾尔谚语句式结构特征/华锦木，语言与翻译 . 4

维吾尔语中语用否定的表现类型及特点/徐江 吾买尔江 · 阿木提，语言与翻译 . 4

维吾尔族大学生维汉口语语码转换对语言现实的顺应/早热古丽 · 阿不力米提，语言与翻译 . 4

《福乐智慧》中动词 kφtyr – 的认知隐喻研究/张琦，语言与翻译 . 4

维吾尔语复合合璧词的语素来源及语义认知机制/李燕萍，语言与翻译 . 2

现代维吾尔语中皮山土语的词汇特点/图拉普 · 喀斯木 · 友里齐，语言与翻译 . 2

从宗教语言审视维吾尔族语言观念/胡潇元，中南民族大学学报（人文社会科学版）. 5

古代苗族母系氏族制的语言学线索/石德富，中央民族大学学报（哲学社会科学版）. 1

《凉山彝族拼音文字方案》的学术史价值/木乃热哈 毕青青，贵州民族大学学报（哲学社会科学版）. 3

从峨山彝语亲属称谓系统看彝语和汉语的接触与影响/罗江文 卓琳，楚雄师范学院学报 . 8

凉山彝语“mu”的语义和词法功能初探/杨忠秀 刘亭园，西南民族大学学报（人文社会科学版）. 12

武鸣罗波壮语？doi 被动句的形成及其句法特征/梁敢，中央民族大学学报（哲学社会科学版）. 1

浅论壮语形容词的直观形象色彩——以人的身体部位与形容词的合成为例/赵民威，贵州民族学院学报（哲学社会科学版）. 2

少数民族语言水平测试标准研究与实践——以壮语文为例/李锦芳，云南师范大学学报（哲学社会科学版）. 2

壮语黄齐话人称代词的格范畴初探/韦景云，中央民族大学学报（哲学社会科学版）. 5

汉哈成语对比研究/武金峰 郜圣一，语言与翻译 . 2

生态语言学视野下的中国柯尔克孜族语言生态发展——以新疆克孜勒苏柯尔克孜族自治州为例/周珊，新疆大学学报（哲学 · 人文社会科学版）. 3

中国塔吉克族语言使用现状研究/周珊，新疆师范大学学报（哲学社会科学版）. 4

乌鲁木齐市塔塔尔族语言使用现状调查/古丽米拉 · 阿不来提 王佳唯 . 语言与翻译

论白语的话题标记及其语用功能/赵燕珍，中央民族大学学报（哲学社会科学版）. 3

傣族习得汉语普通话上声变调的实验研究/蔡荣男 冯明磊，中央民族大学学报（哲学社会科学版）. 2

哈尼语的强调式施动句/李泽然，中央民族大学学报（哲学社会科学版）. 4

从文献角度考察东巴文字符演变/白小丽，中央民族大学学报（哲学社会科学版）. 4

跨文化差异与纳西语国际交流/木春燕，中南民族大学学报（人文社会科学版）.3

永宁摩梭罟语的文化阐释/袁焱　许瑞娟，云南民族大学学报（哲学社会科学版）.4

布依族古文字研究的现状及价值/张凤，贵州民族大学学报（哲学社会科学版）.3

土家语核心词“男”/熊英，宁夏大学学报（人文社会科学版）.6

仡佬文字创造时代质疑/侯绍庄，贵州民族学院学报（哲学社会科学版）.1

三省披草苗的语言及其系属调查研究/石林　杨红梅，贵州民族学院学报（哲学社会科学版）.1

土家语核心词“女”/熊英，湖北民族学院学报（哲学社会科学版）.6

居都仡佬语的“给”字句/许雁，贵州民族大学学报（哲学社会科学版）.4

京语研究综述/李芳兰，湖北民族学院学报（哲学社会科学版）.1

汉藏语同源词研究应用于谐声古音学的几点思考/董国华，西藏大学学报.4

汉语侗台语接触类型及其变异机制/曾晓渝，云南师范大学学报（哲学社会科学版）.4

再论西南民族走廊地区的语言及其相关问题/孙宏开，西南民族大学学报（人文社会科学版）.6

苗瑶语塞擦音的来源与演变/谭晓平，中央民族大学学报（哲学社会科学版）.1

建国后哈萨克斯坦语言政策变迁/刘宏宇，新疆师范大学学报（哲学社会科学版）.4

民族认同视野下的北朝语言文字认同研究/段锐超，中央民族大学学报（哲学社会科学版）.3

尾音节为“隗”的古鲜卑人名音读和意涵初判/艾荫范，北方文物.4

渤海国文字瓦“以”、“其”释读及瓦文书体考察/江雪　方强，北方文物.4

东巴文切音字的再发现及其特征/和继全，民族学刊.2

《彝文之恋》：彝人对彝族文字之爱的表达与实践/刘嘉颖，民族学刊.5

《康熙朝汉文朱批奏折汇编》满藏词语考补/许巧云，民族学刊.6

壮语量词研究的历史回顾及类型学取向/蓝利国，广西民族研究.1

“多元一体”格局下我国濒危语言的保护与对策/肖荣钦，广西民族研究.1

广西构建“侗台语民族语言文化研究基地”的设想/黄海云，广西民族研究.3

浅析八旗制度“niru”、“jalan”、“gūsa”的文化涵义/孙浩洵，满族研究.3

试析满语亲属称谓/哈申格日乐，满族研究.4

突厥语族文献概论/张铁山，满语研究.1

汉语虚字研究对满语语法研究的影响/关辛秋，满语研究.1

江户时代享保年间日本有关清朝及满语研究/［日］楠木贤道著，阿拉腾译，满语研究.1

阿尔泰语系语言韵尾 -l 的汉语音译/聂鸿音，满语研究.1

城市“牧民社区”的语言生活——二连浩特市星光小区语言使用和语言态度调查/王远新，满语研究.1

嗒喇沁源流：北魏时期的曷剌真/宝玉柱，满语研究.1

《辽史西夏外记》的几个土产名称/孙伯君，满语研究.1

“清文鉴”类目名称用语考/江桥，满语研究.2

清代大将军满文名号考/程大鲲，满语研究.2

《同文广汇全书》满语俗语研究/吴雪娟，满语研究.2

满语 giyai 词源发微/王敌非，满语研究.2

三仙女满文谜语考辨/张华克，满语研究.2

满语增音 n 初探——以格助词为例/韩旭，满语研究.2

从满语到锡伯语：传承境遇与思考/李云霞，满语研究 . 2
无序背后的有序：论蒙古语格形态/曹道巴特尔，满语研究 . 2
《蒙古秘史》语“赤出阿”探源/文化　长山，满语研究 . 2
清代汉语“见”组字声母特点——从满语中的汉语借词谈起/于慧　赵杰，满语研究 . 2
敖拉昌兴诗歌与达斡尔书面语文化适应性/吴刚，满语研究 . 2
论努尔哈齐时代的 gucu“古出”/孙浩洵，满语研究 . 2
鲜演大师《华严经玄谈决择记》的西夏文译本/孙伯君，西夏研究 . 1
大英博物馆藏西夏文残卷/［英］格林斯坦德著，杜海译，西夏研究 . 1
域外汉籍《入沈记》与清代盛京语言/汪银峰，满族研究 . 1
满语“fergetun”的文化语义分析/魏巧燕，满族研究 . 1
满语酒类词语文化语义探析/尹鹏阁，满族研究 . 1
锡伯语谚语的文化内涵及其语言特征/鄂雅娜，满族研究 . 1
满族与蒙古族语言文化互动研究/胡艳霞　贾瑞光，满族研究 . 2
《翻译名义大集》——藏文双语辞书的发端/张运珍，中国藏学 . 1
试析临夏回族谚语/马晓燕，甘肃民族研究 . 2
少数民族语言类型使用现状调查分析/李旭练，民族翻译 . 1
贵阳市“城中村”的语言生活——花溪村居民语言使用和语言态度调查/王远新，民族翻译 . 1
佤汉语量词对比探析/卿雪华　王周炎，民族翻译 . 1
乌孜别克语的传据范畴初探/阿达来提，民族翻译 . 1
汉壮翻译对壮语文的影响/关仕京，民族翻译 . 1
新疆少数民族音乐术语的英译研究/肖俊一，民族翻译 . 2
景颇语四音格词的韵律特征初探/崔金明，民族翻译 . 2
岩帅土语组合式述补结构补语的语义指向/王俊清，民族翻译 . 2
少数民族语言文字使用情况调查述要/黄行，民族翻译 . 3
那岩壮语音系概况/李贫，民族翻译 . 3
汉泰祈使句中“给我”与“haichan”的对比分析/陈尊严，民族翻译 . 3
工业化与民族语文的发展/李万瑛，民族翻译 . 4
马克思主义民族语言平等观中国化历程及实践经验/李旭练　黄威宁，民族翻译 . 4
语言保护的三大着眼点：资源、生态与权利/方小兵，民族翻译 . 4
民汉双语人才队伍建设的需求、现状与对策建议/王学荣，民族翻译 . 4
当代西方翻译理论对民族语文翻译研究的影响/王福美，民族翻译 . 4
关于新词术语汉壮翻译原则和方法的思考/杨兰桂，民族翻译 . 4
基于 XML 的濒危语言在线信息系统的设计与开发/郑玉彤　倪珍　李明，民族翻译 . 4
三湖壮语 tha▼i～（53）的词汇意义和语法功能/许雁，民族翻译 . 4
论绿春哈尼族和谐双语生活的特点及成因/张鑫，民族翻译 . 4
文化观照下的汉维谚语对比研究/李芸，喀什师范学院学报 . 1
汉维语并列复句的时空认知特点/刘瑞莲，喀什师范学院学报 . 1
维吾尔语修辞学造词法分类概述/王鹿，喀什师范学院学报 . 1
吾尔语中恭维语使用的性别差异分析/麦合比热提 · 阿不都热依木，喀什师范学院学报 . 1
论汉维语花草名称的命名方式/木合塔尔 · 阿布都热西提　迪丽努尔 · 白合提亚尔，喀什

师范学院学报 . 2

维吾尔语传信策略研究/林青，喀什师范学院学报 . 2

浅谈《和卓传》中名词类词语的格形式及其用法（上）/阿衣先木·依力，喀什师范学院学报 . 2

俄维语构词词根对比研究——俄维语构词材料的对比研究/艾尔肯·肉孜·艾尔图其，喀什师范学院学报 . 2

外来词对维吾尔语的深层语言影响/李燕萍，喀什师范学院学报 . 4

近代察合台语与现代维吾尔语数词的对比分析/潘艳兰，喀什师范学院学报 . 4

历史文化名城地名的文化分析及保护策略——以喀什市和北京市为例/赵改莲　穆淑荣，喀什师范学院学报 . 4

从认知角度谈维吾尔语的词序特点/陈明，喀什师范学院学报 . 5

傣族古诗歌整理研究/黄俊棚，贵州民族研究 . 2

城镇化进程中少数民族地区的语言交际问题及文化心态探讨——以黔东南苗族侗族自治州为例/余勇，贵州民族研究 . 2

蒙元时期语言规划研究/张晓传，贵州民族研究 . 2

黔东苗语差比范畴研究/冀芳，贵州民族研究 . 2

桑植芙蓉桥“民家腔”中“哒”初探/钟江华，贵州民族研究 . 2

国民政府改废少数民族称谓的历史考察/娄贵品，贵州民族研究 . 3

世界语言濒危总体概况及濒危语言评估方法/寸红彬　王志君，贵州民族研究 . 3

语言政策对少数民族语言的影响/钟江华，贵州民族研究 . 3

贵阳市郊布依族语言使用情况及保护对策——兼论濒危语言保护问题/龙海燕，贵州民族研究 . 3

论畲族歌言创作及传承之重要机制——程式语/翁颖萍，贵州民族研究 . 3

国外社会语言学理论对少数民族濒危语言保护的批判性探讨/秦银国　郭秀娟，贵州民族研究 . 4

黔东苗语名量词研究/冀芳，贵州民族研究 . 4

土家语演变与使用现状探究——以车溪土家族村为例/李若子　王敏，贵州民族研究 . 4

关中回族“经堂语”研究/李虹　李琼，贵州民族研究 . 5

从需求分析角度看少数民族地区的“三语习得”/王晓宏，贵州民族研究 . 5

辽宁少数民族语言文字工作的现状及其思考/苗丽，民族工作研究 . 5

东亚语言中的“土”与“地”/潘悟云，民族语文 . 5

论汉藏语语言联盟/瞿霭堂　劲松，民族语文 . 5

傈僳族语亲属称谓二元关系词/余德芬，民族语文 . 5

缅甸语的假设关联标记/余成林，民族语文 . 5

布依语否定词 mi11（不）和 fi33（未）的语义和语法功能/陈娥　周国炎，民族语文 . 5

朝鲜语工具格词尾的多义性分析/赵新建　金基石，民族语文 . 5

东干语（陕西支）声调共时差异实验研究/刘俐李，民族语文 . 5

布努语气声分析/蒙有义，民族语文 . 5

康方言昌都话的元音变迁/邓戈，西藏研究 . 2

“拂庐”辩难/尼玛才让，西藏研究 . 6

论语言接触的类型、方式和过程/李如龙，青海民族研究 . 4

语言——民俗文化的指痕/张筠，青海社会科学 . 5

东亚太平洋语言的渊源关系/吴安其，民族语文.1

马克思主义民族语言观的发展与实践/田鹏，世界民族.2

语义复制的两种模式/吴福祥，民族语文.4

再论汉语和非汉语结合研究的方法论问题/戴庆厦，民族语文.6

OV/VO 语序与状语位置关系的类型学考察/郭中，民族语文.1

《切韵》重纽字在汉台关系词中的反映/郑伟，民族语文.4

蔡家话代词系统探析/胡鸿雁，民族语文.6

语言接触对新疆南部地区汉语方言的影响/闫新红　欧阳伟，新疆社会科学.2

海南文昌话的逆序称谓法/林春雨，民族语文.6

民族语言中的双语动词——北方少数民族社区语言中的蒙/满汉双语动词个案研究/包联群，民族语文.4

双语教学评价的理论与实践/耿玉玲，新疆社会科学.5

突厥语语法化言说动词 ta - 的语义功能/赵明鸣，民族语文.4

回鹘文《慈恩传》的收藏与研究/林巽培，民族语文.1

仡央语言的小舌音/吴雅萍，民族语文.6

西夏番姓汉译再研究/佟建荣，民族研究.2

西夏文《五部经序》考释/聂鸿音，民族研究.1

八思巴字拼写系统中的“影、疑、喻”三母/宋洪民，民族语文.1

蒙古语喀尔喀方言的判断情态与证据情态/金罡，民族语文.6

蒙古语巴林土语形动形可能体及其变体/斯钦朝克图，民族语文.2

论史兴语的内部差异——兼论语言识别的通解度方法/孙宏开，民族语文.2

安多藏语玛曲话里的 1a 类助词/周毛草，民族语文.6

拉坞戎语动词的人称范畴/尹蔚彬，民族语文.4

俄热话的辅音重叠/赖云帆，民族语文.6

显赫范畴的典型范例：普米语的趋向范畴/刘丹青，民族语文.3

维吾尔语宾格标记隐现成因的类型学分析/张玲，民族语文.6

维吾尔语柯坪土语特殊元音特征分析/吐尔逊·卡得，民族语文.2

维吾尔语伊犁次方言中的蒙古语地名/尼加提·苏皮，民族语文.2

现代维吾尔语“抽象名词 + bol - qil -”理据的宗教文化阐释/彭凤　沈淑花，新疆社会科学.6

大兴苗语的鼻冠音/陈宏，民族语文.3

凉山彝语松—紧喉元音的声学特征/周学文，民族语文.2

清代毽书的繁荣及其贡献/王明贵，贵州社会科学.3

壮语源于指示词的定语标记——兼论数词“一”的来源/覃凤余，民族语文.6

阳朔鹤岭壮话韵尾的创新/韦景云　梁敢，民族语文.1

壮语元音系统的类型学特征/蓝利国，民族语文.2

壮语四音格及其类型学意义/班弨　宫领强，民族语文.4

朝鲜语核心词“石”探源/侯玲文　王艳红，民族语文.3

朝鲜语 - ni 和 - nikka 的语用差异/黄玉花，民族语文.4

满语谚语的文化内涵及其翻译/鄂雅娜，黑龙江民族丛刊.1

满族经济形态变迁的词汇语义探析/时妍，黑龙江民族丛刊.6

《清语老乞大》满朝对音研究/王敌非，黑龙江民族丛刊.6

《通古斯-满语比较词典》的编纂和启示/刘宇　张松，黑龙江民族丛刊.3

通古斯诸语中的bugada/朝克，民族语文.6

通古斯语言长辅音的共时特点与历时形成机制/李兵，民族语文.4

汉语接触影响下的哈萨克语音变异个案研究/曹湘洪　刘韶华，新疆社会科学.6

哈萨克族有关马的谚语的民俗文化特征分析/张红伟　袁勤，新疆社会科学.4

白语南部方言中来母的读音/王锋，民族语文.3

碧约哈尼语反响型名量词的特点及其演变/经典，民族语文.6

哈尼语的连动结构/李泽然，民族语文.3

土家语空间概念的语法和语义表征/徐世璇，民族语文.1

载瓦语宾动同形短语的特征及形成机制/朱艳华，民族语文.3

布依族传统择吉书古文字：古骆越文字的活标本/周国茂，贵州社会科学.6

水语浊塞音声母的内部差异及演变/曾晓渝，民族语文.2

羌语保持的语言人类学思考/叶小军，黑龙江民族丛刊.1

土家语的差比句/李启群　鲁美艳，民族语文.1

来语中的嘎裂发声态韵母/符昌忠　王轶之，民族语文.6

侗台语指示词的语音交替及句法特征/陆天桥，民族语文.3

“青蛙”以及相关问题/康忠德，民族语文.3

藏缅语系词的分布与来源/张军，民族语文.4

藏缅语存在类动词的概念结构/黄成龙，民族语文.2

苗瑶语族的划分与“雷母”的构拟/金理新，民族语文.2

乾隆《辰州府志》中的巴哼语词/聂鸿音，民族语文.3

基于语音声学模型的阿尔泰语系语言亲属关系初探/呼和，民族语文.3

独立后的吉尔吉斯语发展进程研究/郭卫东　刘赛，新疆社会科学.6

彝族诺苏语境中的“哦尼”文化/郑艳　姬李根，云南社会科学.1

民族地区基础教育事业长足发展与问题分析/郑长德，民族学刊.2

教育变迁视野下人口较少民族文化传承路径及其困境——以云南布朗族为例/郗春媛，民族学刊.2

中国少数民族文化传播媒体的比较与选择/徐文，民族学刊.2

试论民族认同与国家认同教育的多样性策略/杨丽萍，民族学刊.3

武陵山片区务工者家庭教育需求——基于湖南湘西州古丈县的调研数据/刘毅　郎玉屏，民族学刊.4

西部民族高校对外汉语教材本土化研究/叶南，民族学刊.5

壮汉双语教育的价值取向及实现路径/滕星　海路，广西民族研究.2

广西仫佬族青少年民族认同的发展及影响因素/何朝峰　罗之勇，广西民族研究.2

基于利益相关者理论的少数民族传统体育文化资源开发模式研究——以广西三江富禄苗族乡花炮节为例/陈炜　钟学进　张露露，广西民族研究.2

扎实推进民族传统文化进校园：拯救文化多样性之良策/罗树杰，广西民族研究.3

民族地区大学生人格特质的调查与跨文化分析——以广西6所高校本科生为个案/李玉雄，广西民族研究.4

少数民族非物质文化遗产学校教育的实践探析——以宁夏回族为例/赵红，回族研究.4

作为非物质文化遗产的回族武术的传承与发展/王笑，回族研究.4

从“小锦”说到边疆教育上的文字问题/白寿彝，回族研究.1

甘肃民族研究 . 2

近二十年中国少数民族教育相关文献统计与分析/张怡真，甘肃民族研究 . 3

少数民族文化视野下的思想政治理论课教学途径探索——以《新疆历史与民族宗教理论政策教程》为例/曹立中　司律，喀什师范学院学报 . 1

新疆双语教学与国民语言能力的提升/邢小龙，喀什师范学院学报 . 2

南疆少数民族青少年树立马克思主义宗教观的制约因素分析/丛培兵，喀什师范学院学报 . 4

喀什地区疏勒县双语教育的现状与思考/刘秀明　郑燕，喀什师范学院学报 . 4

坚决遏制宗教向高校渗透筑牢高校反恐的思想防线/艾尔肯 · 吾买尔，喀什师范学院学报 . 5

新疆高校少数民族学生入党积极分子的培养和教育工作研究/田华，喀什师范学院学报 . 5

新疆高校各族大学生思想政治教育存在的问题及原因分析/万霞　崔新萍　陈海鸣，喀什师范学院学报 . 5

社会主义核心价值体系融入民族院校思想政治教育的路径/蔡海棠，贵州民族研究 . 1

西方多元文化教育模式对中国民族教育的启示/马桦，贵州民族研究 . 1

略论西南少数民族现代人格的培养/邵二辉，贵州民族研究 . 1

试论少数民族学生教育中的文化导向原则/董建稳，贵州民族研究 . 1

我国少数民族高等教育生态环境研究——教育人类学视角/申大魁，贵州民族研究 . 2

教育在西藏稳定发展中的作用初探/贺能坤，贵州民族研究 . 2

苗族体育田野考察实证研究——以施洞镇为例/曾晓进，贵州民族研究 . 3

民族地区高校思想政治教育的三重维度：文化、传播、认同/温健琳，贵州民族研究 . 3

论民族教育共同体的意图与贯彻/毛越华，贵州民族研究 . 3

民族和谐发展战略视阈下云南少数民族大学生民族认同研究/杨玉，贵州民族研究 . 3

石门坎柏格理三语教育实践探析/丁俊锋　颜建华，贵州民族研究 . 4

语言政策与少数民族教育公平性研究/郭慧香，贵州民族研究 . 4

文化多样性下的民族教育探索与研究/董建稳，贵州民族研究 . 5

新世纪以来少数民族高考照顾政策的发展和调整回顾/杨怡　平伟等，民族工作研究 . 1

贯彻十八大精神推动少数民族高等教育内涵式发展/陈 · 巴特尔，民族工作研究 . 1

论开办人口较少民族语言广播的必要性——以西藏人口较少民族为例/彭敏　金石，西藏研究 . 2

西藏农牧区妇女接受教育培训需求状况调查分析/琼达　次仁央金　次仁央宗，西藏研究 . 2

藏文信息处理技术学科特色专业建设回顾与发展思路——西藏大学为例/德萨，西藏研究 . 6

民族地区青少年犯罪问题探究——以宁夏回族自治区银川市 X 镇为例/蒋兴飞　杨晓，宁夏社会科学 . 4

多民族国家的国家认同与公民教育/王宗礼　苏丽蓉，甘肃社会科学 . 6

以社区公民文化发展为表征的民族团结教育模式初探/刘刚，新疆社会科学 . 3

基于民族文化特质的西藏双语政府网站建设/刘洋　白赛藏草，黑龙江民族丛刊 . 6

论我国民族地区信息资源的开发与利用/孟桂荣，黑龙江民族丛刊 . 4

民族高校与少数民族古籍收藏、保护和利用/冯秋菊，黑龙江民族丛刊 . 3

新疆民语类学术期刊国际化的思考与探索/库兰 · 尼合买提，新疆社会科学 . 5

东南亚华裔青少年来华留学的动因分析——基于两广地区 15 所院校的抽样调查数据与田野观察/陈文　李钊，世界民族 . 4

中国高校韩国文化教学中本土文化资源运用——以朝鲜族文化资源运用为例/许凤子，黑龙江民族丛刊 . 6

提升满族大学生民族认同感的社会工作介入研究/夏权威　张敏，黑龙江民族丛刊 . 6

优化高校少数民族学生德育环境的路径探析/陈坤　仲帅，黑龙江民族丛刊 . 6

边疆民族地区大学生公民意识教育实践模式建构路径/孙秀玲　赵莉，黑龙江民族丛刊 . 6

民族高校思政教育网络化进程中辅导员的工作/汤洁，黑龙江民族丛刊 . 6

论民国时期北平蒙藏学校的建立及影响/苏发祥　安晶晶，青海民族研究 . 4

民族院校科研特色创建问题研究/何玉艳，黑龙江民族丛刊 . 1

论少数民族地区高等教育公平实现的路径——以内蒙古自治区为例/李菊霞，黑龙江民族丛刊 . 1

少数民族内地班生源大学生的管理工作/赵新勇　刘甜甜，黑龙江民族丛刊 . 1

古苗疆走廊与贵州教育的关系——基于明、清进士分布的统计分析/田书清，贵州社会科学 . 1

西南民族地区教育信息化建设初探/师文慧，黑龙江民族丛刊 . 2

西南民族地区高职教育师资素质初探/张力　董威，黑龙江民族丛刊 . 2

民族院校校园稳定与学生教育研究/何峰，青海民族研究 . 1

纠结于民族认同与国家认同之间——大学生民族心理认同问题探析/崔海亮，黑龙江民族丛刊 . 3

民族地区幼儿园课程文化适宜性的价值取向及其实践策略/周智慧　姚伟，青海民族研究 . 1

关于我国民族地区教育扶贫攻坚的梯度思考/孙华，黑龙江民族丛刊 . 3

西藏高等教育学生满意度指数模型的构建/刘凯　张传庆，黑龙江民族丛刊 . 3

少数民族考生加分政策及其社会心态影响研究/祁志伟　雷霆，黑龙江民族丛刊 . 4

试析少数民族贫困大学生资助体系及完善策略——以青海师范大学为例/周晶　周玉琴，青海民族研究 . 3

博弈与调适：回族民间教育与制度化的学校教育之关系研究/海存福　赵国军，甘肃社会科学 . 1

德育教育在民族高校学生志愿服务中的功能探析——以中央民族大学为例/汤洁，黑龙江民族丛刊 . 4

关于少数民族双语教学的思考/胡艳霞，黑龙江民族丛刊 . 4

现代性与地方性交织中的民族教育：走向、困境与出路/沈洪成，青海民族研究 . 2

内地高校少数民族大学生育人协同创新机制探析——基于“双导制”的应用/王雅静　袁海萍，青海民族研究 . 2

优惠政策下少数民族接受高等教育的影响因素分析/高岳涵，新疆社会科学 . 5

马麒主政时期青海地区民族教育述略/赵春娥　白雪梅，青海民族研究 . 3

三语习得视阈下的语言迁移研究——以维吾尔族学生英语关系从句学习为例/魏亚丽　彭金定，新疆社会科学 . 2

新疆高校民族团结教育有效途径研究/李斌，新疆社会科学 . 3

全球化背景下新疆大学生中华文化认同教育的思考/杨海萍，黑龙江民族丛刊 . 5

新疆南疆维吾尔族大学生维、汉文化认同现状及影响因素探析/黄志蓉　常海亮，新疆社

会科学.5

生态语言学视阈下的柯尔克孜族语言教育选择——以新疆克孜勒苏柯尔克孜自治州为例/周珊，新疆社会科学.4

语言市场视野下的察布查尔县锡伯族双语现象/刘宏宇，新疆社会科学.4

教育移民：高素质人才西向流动现象探析——以新疆高校为例/张伟　闫卫华，新疆社会科学.6

新疆喀什古城的语言生活——高台民居社区居民的语言使用和语言态度调查/王远新，新疆社会科学.1

新疆少数民族大学生在京适应状况调查研究/马喜亭　吴彩霞，黑龙江民族丛刊.4

论少数民族女童教育的障碍及其解决思路——基于云南省梁河县、玉龙纳西族自治县调研/商万里　彭谦，黑龙江民族丛刊.2

民族地区教育公平问题研究——基于2011年广西调查数据的实证分析/李长安　龙远蔚，民族研究.5

民族地区青少年认知心理素质探析——以四川、重庆为例/李娟　周中梁，黑龙江民族丛刊.3

关于达斡尔族传统体育保护传承的创新思考/宋智梁　张良祥，黑龙江民族丛刊.6

和谐社会视角下的青海少数民族传统体育的价值研究/周晓丽　马小明，青海民族研究.1

民族体育创意产业发展研究——以湘西地区为例/朱晓红，黑龙江民族丛刊.3

多元族群视野下的现代体育文化认同——以肃南裕固族自治县松木滩村为例/冯涛　毕研洁，甘肃社会科学.3

黑龙江省少数民族地区体育资源开发研究——以鄂伦春族、鄂温克族、赫哲族、满族、朝鲜族为例/刘传勤，黑龙江民族丛刊.2

新疆少数民族传统体育社会功能新论——基于社会管理创新的视角/王涛　吾守尔·皮牙孜，新疆社会科学.5

七　民族文学艺术

北侗语言转用对北侗民歌传承的影响/倪幸媛　龙菊燕，贵阳学院学报（社会科学版）.4

浅谈弥勒彝族阿哲支系舞蹈文化/李先利　苏峰，前沿.12

辽代玺印艺术的民族风格与文化特色/辛蔚，前沿.15

怒江傈僳族刮克舞运动的历史变迁/高鹏春，前沿.22

浅论雅托噶（蒙古筝）的特点/娅茹，前沿.23

鄂伦春族服饰文化的价值发展及其传承研究/杨方芳，黑河学刊.3

历史载体情感表象——布依族服饰审美文化研究/张荣，长江师范学院学报.6

贵州少数民族文化艺术传承与保护研究/韦仕杰，凯里学院学报.4

清代汉族服饰对哈密维吾尔族服饰的影响/王萍　陈文福，怀化学院学报.12

畲族民歌的传承与创新/洪艳，学术探索.6

乐舞声中普米族“搓蹉”的人类学解读/申波　盛川芮吉，红河学院学报.6

贵州羌族服饰文化的现状与保护/李锦伟，铜仁学院学报.3

盘县彝族古歌的分类与形态特征探析/欧阳平方，毕节学院学报（综合版）.9

彝族的太阳英雄——试从神话原型角度分析彝族神话中的支格阿龙/贺源，毕节学院学报（综合版）.11

论苗族传统歌谣文化的历史内蕴与族群意识/张剑，求索.12

“窝车库乌勒本”与满族文化关系研究/高荷红，满族研究.3

生境的替代选择与满族说唱艺术/齐海英，满族研究.3

互文性视域下清代满族、蒙古族作家对《红楼梦》的仿作——以《儿女英雄传》和《一层楼》、《泣红亭》为例/刘冬梅，满族研究.3

满族艺术中山之自然美解读/阎丽杰，满族研究.3

民俗传唱与族群记忆——读《满族民间说唱艺术研究》/徐迎新，满族研究.3

“满族说部”的口头艺术与文本艺术之比较/谢忆梅　金丽莹，满族研究.4

满族民间说唱艺术的学理寻踪与话语建构/吴玉杰，满族研究.4

新疆焉耆回族与“花儿”民歌/武宇林，回族研究.3

回族装饰色彩审美及其在现代设计中的应用/马丽茵，回族研究.4

《满汉西厢记》与《精译六才子词》比较研究/季永海，满语研究.1

《御制增订清文鉴》刻本初探/李雄飞，满语研究.1

清后期满族文学家族及其诗文创作初探/多洛肯　吴伟，满语研究.1

满族萨满器物美术及其价值/宋小飞，满语研究.2

杨子忱诗歌的民族记忆与社会书写/范庆超，满语研究.2

西夏诗歌用韵考/聂鸿音，西夏研究.1

贺兰山合体岩画的四种基本组合图式/王毓红，西夏研究.2

满族戏剧纵横谈/吕萍，满族研究.1

新宾满族民间艺术在满族传统村落中的历史价值/姜勇，满族研究.1

满族文学源流及其发展/赵志忠，满族研究.2

简述满族民歌特征/何纪红　张丙娜，满族研究.2

满族音乐及其研究现状/高玉侠　贾淼　邓喆，满族研究.2

满族体育源起与传承发展研究/徐芳　曹萌，满族研究.2

回族民间口承文学中的中阿交流——对《回民的来历》和《一十八年开海学》的解读/李健彪，回族研究.2

唐五代回族先民音乐生活的几个影响因素/马冬雅，回族研究.2

甘肃永登显教寺天顶发现唐卡组画之研究/钟子寅，中国藏学.1

罗布林卡达旦明久颇章斯喜堆古壁画的内容及艺术风格考略/普智，中国藏学.2

青海年都乎寺毛兰吉哇拉康殿壁画内容辨识——热贡艺术源流探索之一/伯果，中国藏学.2

甘肃永登妙因寺万岁殿《一百本生传》壁画探析/郭丽平，中国藏学.2

青海卢森岩画的分类与分期研究/石泽明，中国藏学.4

花儿轻音乐——传统花儿音乐的重大创新/陶柯，甘肃民族研究.1

壮傣族群文化传播的形态与特征——以广西龙州壮傣族群文化传播为例/黄新宇，甘肃民族研究.1

当代中国西北地区穆斯林民族题材绘画概论/马米娜，甘肃民族研究.3

新疆柯尔克孜族传统民歌文化现象与音乐形态探究/马惠敏　徐梅　刘素芳，喀什师范学院学报.5

侗族传统民乐研究述评及进一步研究取向/吴媛姣，贵州民族研究.2

仡佬族民歌中蕴含的教育智慧/杨梅，贵州民族研究.2

认同、审美与角色：性别因素影响下的羌民族舞蹈/叶笛，贵州民族研究.2

论贵州苗族飞歌的特点、音乐魅力与传承保护/杨传红，贵州民族研究.3

贵州苗族舞蹈研究现状与思考/徐浩　王唯惟，贵州民族研究.3

贵州民族民间文学的神性之维与后现代精神建构/李猛，贵州民族研究.4

藏地祝酒诵词的多视角民族心理研究/姜晓玲　范红霞，贵州民族研究.4

贵州黔东南苗族舞蹈的原生态意味/袁源，贵州民族研究.6

回族民间叙事诗中的法理情研究/白淑萍　屈琦，贵州民族研究.6

康巴藏族民间谜语的乡土文化特征与艺术价值初探/春燕，西藏研究.1

芒拉夏朵戎哇藏族刺绣的民族文化学研究/彭毛卓玛，青海民族研究.3

西南边疆少数民族文学与后现代文化的相容性/张永刚，思想战线.1

贵州少数民族文学精神生态与生态精神探析/李猛，贵州社会科学.3

非女性主义的性别想象——管窥藏族女作家梅卓文本中的性别群像/徐寅，青海社会科学.3

姜敬爱小说中的女性意识及其变化/崔鹤松，黑龙江民族丛刊.1

民俗艺术、民间艺术、民族艺术概念之关系的逻辑学解读/徐瑞华，新疆社会科学.6

现代语境下少数民族艺术的流变/靖雯，黑龙江民族丛刊.3

程式与新风——17至19世纪藏传佛教绘画风格的演变/伯果，青海民族研究.3

对“热贡”的界定与理解/当增吉，青海民族研究.2

新中国60年新疆少数民族题材美术创作与文化传承析论/李勇，新疆社会科学.1

清代阜新地区藏传佛教圣经寺壁画艺术研究/梁姝丹，黑龙江民族丛刊.4

藏族传统装饰图案的文化解读/土旦才让，青海社会科学.1

黑龙江蒙古族呼麦艺术的传承与发展/李晓民　张立明，黑龙江民族丛刊.1

文化生态视野下布依族古歌的传承/黄德林，贵州社会科学.5

论中国民族音乐教育的传承与创新/权美兰　徐慧颖，黑龙江民族丛刊.1

从我国少数民族音乐传承现象中引发的思考——当代科学视野中的音乐传承现象研究/王超慧，黑龙江民族丛刊.6

民族民间音乐在高校传承的趋势——以花儿为例/周亮，甘肃社会科学.1

文化旅游与西南少数民族民间音乐传承/常晶晶，黑龙江民族丛刊.6

“吐蕃乐舞”中的民间说唱及杂艺百技/杨向东　王丹，青海社会科学.1

“吐蕃乐舞”：吐蕃文化的代表性符号/杨向东　李悦平，青海民族研究.2

藏族锅庄舞的跨文化教育价值及方式/乔德平　毕研洁，甘肃社会科学.1

本民族观众与异文化观众的文本解读与意义选择——云南少数民族故事片与民族文化的传播与传承/杨静，思想战线.3

藏式伸臂桥考/彭毛卓玛　刘铁程，青海社会科学.2

青海高原动物岩画初探/乔虹，青海民族研究.3

试论侗族鼓楼和谐的审美属性/杨毅，贵州社会科学.5

八　民族教育

云南较少民族教育发展现状及原因分析/杨顺清　沈毅，云南行政学院学报.3

苏元春与近代广西边疆地区的教育发展/张惠鲜，广西民族师范学院学报.4

20世纪80年代以来云南少数民族教育优惠政策简述/代燕春，学术探索.9

反思裕固族教育研究——以近三年肃南裕固族自治县学校教师论文为例/安维武，河西学院学报.1

论民族地区学校教育的民族文化传承使命/斯琴，前沿.13

成吉思汗思想对现代高校国防教育的启示/毛雪梅，前沿.21

边疆民族地区大学生社会主义核心价值观教育/王振亚　方文，黑河学刊.9

高校少数民族学生的特点及教育途径/庞志华，内蒙古农业大学学报（社会科学版）.1

民族聚居区学校教育与文化传承研究——以延边朝鲜族学校为例/金香花　朴婷姬，大连民族学院学报.4

论高等教育在民族地区经济社会中的作用——以甘南藏族自治州为例/张爱玲，赤峰学院学报（汉文哲学社会科学版）.10

辽代契丹女性的教育问题探析/张敏，赤峰学院学报（汉文哲学社会科学版）.12

民族地区高校藏汉双语学生社会主义核心价值观培养探析——以阿坝师专藏汉双语教育专业学生为例/焦安勤，阿坝师范高等专科学校学报.3

浅论教育中少数民族文化传承的症结与出路/鲁嘉怡　杨东，阿坝师范高等专科学校学报.4

少数民族边境地区基础教育发展问题探讨——以广西壮族自治区边境8县（市、区）为例/何伟华　黄玉鑫，广西师范大学学报（哲学社会科学版）.5

补偿，还是照顾？——美国照顾政策与我国少数民族教育优惠政策的比较/徐艳君，湖南大学学报（社会科学版）.4

凉山彝汉双语教学与和谐教育研究/杰觉伊泓，社科纵横.8

教育公平与促进青海牧区教育发展/方素梅，青藏高原论坛.2

藏族地区教育及考试制度述略/张永奎，青海师范大学学报.4

南京国民政府时期边疆教育探析/刘亚妮，兰州大学学报.1

双语教学模式：察布查尔锡伯语保持影响因素调查/尹小荣　崔巍，新疆大学学报（哲学·人文社会科学版）.1

双语教育的又好又快发展是对跨越式发展的最大贡献/李中耀　海峰，新疆大学学报（哲学·人文社会科学版）.3

新疆少数民族双语教学评价刍议/洪勇明，新疆大学学报（哲学·人文社会科学版）.4

民族地区义务教育问题与对策研究——以务川仡佬族苗族自治县为个案/饶义军　龚诚，贵州民族大学学报（哲学社会科学版）.5

双语教学与我国少数民族语言权利的保护/冉艳辉，湖北民族学院学报.4

多学科视阈下的新疆少数民族双语教育/张梅　赵江民，中南民族大学学报（人文社会科学版）.6

全球现代性视野下的凉山彝区双语教育思考/阿呷热哈莫，中央民族大学学报（哲学社会科学版）.4

多元文化教育视野下预科生的民族文化教育——基于重庆民族预科基地的实证研究/陶少华　唐胡浩，湖北民族学院学报（哲学社会科学版）.5

语言规划与双语教育/滕星　海路，新疆师范大学学报（哲学社会科学版）.3

政治统治维持与边疆国防巩固——国民政府时期边疆教育政策考述/王景　王凌，云南师范大学学报（哲学社会科学版）.1

三语背景下云南跨境民族外语教育规划/原一川　钟维，云南师范大学学报（哲学社会科学版）.6

新疆南疆维吾尔族双语教育的影响因素探析/黄志蓉　罗会光，语言与翻译.3

试论双语教学评价在新疆双语教育推进中的作用——以新疆少数民族中小学双语教学现状为例/赵江民　符冬梅，语言与翻译.4

清末四川藏文学堂兴办述略/阴海燕，西藏民族学院学报（哲学社会科学版）.6

湘西白族传统德育方式探析/肖丽萍，中南民族大学学报（人文社会科学版）.3

论湘西州农村少数民族女性受教育权的实现/阮丽娟　赖谚辉，湖北民族学院学报（哲学社会科学版）.5

少数民族文化传承场域的消解与建构——基于民族学校教育的思考/倪梦，湖北民族学院学报.3

重庆民族教育发展的历史特点及反思/冉隆锋，湖北民族学院学报.3

清代新疆官办民族教育的政府反思/朱玉麒，西域研究.1

从《巴赫其萨莱致喀什噶尔的信》看鞑靼扎吉德教育在近代喀什噶尔的传播/热合木吐拉，艾山·中国边疆史地研究.2

“双语”教学背景下的新疆蒙古语教学现状分析/杨文革　付东明，语言与翻译.1

渤海国上京教育探微/綦中明　姜华昌，北方文物.2

论著名学者擦珠·阿旺罗桑与西藏教育/强俄巴·次央　朗杰紫丹，西藏大学学报.1

民族地区基础教育事业长足发展与问题分析/郑长德，民族学刊.2

教育变迁视野下人口较少民族文化传承路径及其困境——以云南布朗族为例/郗春嫒，民族学刊.2

中国少数民族文化传播媒体的比较与选择/徐文，民族学刊.2

试论民族认同与国家认同教育的多样性策略/杨丽萍，民族学刊.3

武陵山片区务工者家庭教育需求——基于湖南湘西州古丈县的调研数据/刘毅　郎玉屏，民族学刊.4

壮汉双语教育的价值取向及实现路径/滕星　海路，广西民族研究.2

广西仫佬族青少年民族认同的发展及影响因素/何朝峰　罗之勇，广西民族研究.2

基于利益相关者理论的少数民族传统体育文化资源开发模式研究——以广西三江富禄苗族乡花炮节为例/陈炜　钟学进　张露露，广西民族研究.2

扎实推进民族传统文化进校园：拯救文化多样性之良策/罗树杰，广西民族研究.3

民族地区大学生人格特质的调查与跨文化分析——以广西6所高校本科生为个案/李玉雄，广西民族研究.4

少数民族非物质文化遗产学校教育的实践探析——以宁夏回族为例/赵红，回族研究.4

作为非物质文化遗产的回族武术的传承与发展/王笑，回族研究.4

从“小锦”说到边疆教育上的文字问题/白寿彝，回族研究.1

试述新时期回族爱国主义思想的新内容/马金宝，回族研究.1

马福祥与近代宁夏回族教育事业的发展/张腾　杨云，回族研究.1

当代藏族女大学生的首饰观——以西南民族大学藏族女大学生为例/康晓卓玛，中国藏学.1

试论藏文图书出版的数字化建设/德庆央珍，中国藏学.1

藏汉双语能力发展的生态化分析——基于青海藏族学生藏汉双语能力发展测验/才让措　普华才让　尖措吉　窦秀玉，中国藏学.2

网络环境下藏文文献资源共享模式研究/德萨　更尕易西，中国藏学.2

关于西藏地区民众体育参与承诺问题的调查与分析/桂永锋　李欣，中国藏学.2

西藏新农村建设与公民教育/倪胜利　王毅，中国藏学.2

侗族传统社会教育内涵及其与民族文化传承的共生关系初探/杨筑慧，民族教育研究.1

赫哲族语言传承的教育策略研究/张宏玉，民族教育研究.2

邛崃羌族安置区内教育状况调查/彭陟焱　田廷广，民族教育研究.2

试论裕固族教育研究的性质与定位——基于教育人类学的视角/巴战龙，民族教育研究.2

以多语教育促进和谐社会与文化建设——兼论少数民族双语教育研究范式/苏德，民族教育研究.3

王夫之教育思想的人类学解读/刘明新　王作造，民族教育研究.4

从社会学相关理论看我国少数民族语言传承之必要性及政策调整/陈卫亚　王军，民族教育研究.4

情感教育视角下民族院校大学生民族团结教育实施成效的影响因素与对策/王叶红　王学荣，民族教育研究.4

蒙古族体育类非物质文化遗产资源的保护和利用/杨海鹏，民族教育研究.4

关于加强少数民族传统文化教育的若干思考/伍淑花，民族教育研究.4

全球化、文化多样性与教育政策的国际新近理念——联合国教科文组织文化互动教育观评述/常永才　韩雪军，民族教育研究.5

"三生教育"制度建设的理念与文化基础/寸彦中，民族教育研究.5

我国教育研究的人类学视角：效用与限度/井祥贵，民族教育研究.5

文化濒危与教育——东巴文化传承变迁的教育学分析/胡迪雅，民族教育研究.5

彝族"克智"：作为论辩的教育/顾尔伙　巴登尼玛，民族教育研究.5

符号活动的教育启示：以云南坡芽歌书为例/权迎　张诗亚，民族教育研究.5

"语言调查"课程教学改革刍议/李锦芳，民族教育研究.5

新疆跨民族交际外部语言环境与双语教育——喀什、伊宁、乌鲁木齐三地的语言使用与语言态度比较研究/魏炜，民族教育研究.5

回顾、评述与反思：教育公平问题研究综述/袁同凯　郭淑蓉，民族教育研究.6

再谈中国少数民族双语教育学科的形成与发展——缅怀中国少数民族双语教育学科奠基人马学良先生/丁文楼，民族教育研究.6

云南跨境民族学生三语教育态度实证研究/原一川　胡德映　冯智文　李鹏　尚云　原源，民族教育研究.6

东北跨境民族文化传承研究及其战略实施/曹萌，民族教育研究.6

甘南州合作市教育发展状况及其思考/王守斌，甘肃民族研究.1

少数民族大学生人际自我认知特点及交往决策/周鹏生，甘肃民族研究.2

"混合管理"对内地就学藏族大学生的影响及对策研究——以西藏民族学院为例/王德芳，甘肃民族研究.2

近二十年中国少数民族教育相关文献统计与分析/张怡真，甘肃民族研究.3

少数民族文化视野下的思想政治理论课教学途径探索——以《新疆历史与民族宗教理论政策教程》为例/曹立中　司律，喀什师范学院学报.1

新疆双语教学与国民语言能力的提升/邢小龙，喀什师范学院学报.2

南疆少数民族青少年树立马克思主义宗教观的制约因素分析/丛培兵，喀什师范学院学报.4

喀什地区疏勒县双语教育的现状与思考/刘秀明　郑燕，喀什师范学院学报.4

坚决遏制宗教向高校渗透筑牢高校反恐的思想防线/艾尔肯·吾买尔，喀什师范学院学报.5

新疆高校各族大学生思想政治教育存在的问题及原因分析/万霞　崔新萍　陈海鸣，喀什师范学院学报.5

社会主义核心价值体系融入民族院校思想政治教育的路径/蔡海棠，贵州民族研究.1

西方多元文化教育模式对中国民族教育的启示/马桦，贵州民族研究.1

略论西南少数民族现代人格的培养/邵二辉，贵州民族研究.1

试论少数民族学生教育中的文化导向原则/董建稳，贵州民族研究.1

我国少数民族高等教育生态环境研究——教育人类学视角/申大魁，贵州民族研究.2

教育在西藏稳定发展中的作用初探/贺能坤，贵州民族研究.2

苗族体育田野考察实证研究——以施洞镇为例/曾晓进，贵州民族研究.3

民族地区高校思想政治教育的三重维度：文化、传播、认同/温健琳，贵州民族研究.3

论民族教育共同体的意图与贯彻/毛越华，贵州民族研究.3

民族和谐发展战略视阈下云南少数民族大学生民族认同研究/杨玉，贵州民族研究.3

石门坎柏格理三语教育实践探析/丁俊锋　颜建华，贵州民族研究.4

语言政策与少数民族教育公平性研究/郭慧香，贵州民族研究.4

文化多样性下的民族教育探索与研究/董建稳，贵州民族研究.5

新世纪以来少数民族高考照顾政策的发展和调整回顾/杨怡　平伟等，民族工作研究.1

贯彻十八大精神推动少数民族高等教育内涵式发展/陈·巴特尔，民族工作研究.1

论开办人口较少民族语言广播的必要性——以西藏人口较少民族为例/彭敏　金石，西藏研究.2

西藏农牧区妇女接受教育培训需求状况调查分析/琼达　次仁央金　次仁央宗，西藏研究.2

民族地区青少年犯罪问题探究——以宁夏回族自治区银川市X镇为例/蒋兴飞　杨晓，宁夏社会科学.4

多民族国家的国家认同与公民教育/王宗礼　苏丽蓉，甘肃社会科学.6

以社区公民文化发展为表征的民族团结教育模式初探/刘刚，新疆社会科学.3

基于民族文化特质的西藏双语政府网站建设/刘洋　白赛藏草，黑龙江民族丛刊.6

论我国民族地区信息资源的开发与利用/孟桂荣，黑龙江民族丛刊.4

民族高校与少数民族古籍收藏、保护和利用/冯秋菊，黑龙江民族丛刊.3

新疆民语类学术期刊国际化的思考与探索/库兰·尼合买提，新疆社会科学.5

东南亚华裔青少年来华留学的动因分析——基于两广地区15所院校的抽样调查数据与田野观察/陈文　李钊，世界民族.4

中国高校韩国文化教学中本土文化资源运用——以朝鲜族文化资源运用为例/许凤子，黑龙江民族丛刊.6

提升满族大学生民族认同感的社会工作介入研究/夏权威　张敏，黑龙江民族丛刊.6

优化高校少数民族学生德育环境的路径探析/陈坤　仲帅，黑龙江民族丛刊.6

边疆民族地区大学生公民意识教育实践模式建构路径/孙秀玲　赵莉，黑龙江民族丛刊.6

民族高校思政教育网络化进程中辅导员的工作/汤洁，黑龙江民族丛刊.6

论民国时期北平蒙藏学校的建立及影响/苏发祥　安晶晶，青海民族研究.4

民族院校科研特色创建问题研究/何玉艳，黑龙江民族丛刊.1

论少数民族地区高等教育公平实现的路径——以内蒙古自治区为例/李菊霞，黑龙江民族丛刊.1

少数民族内地班生源大学生的管理工作/赵新勇　刘甜甜，黑龙江民族丛刊.1

古苗疆走廊与贵州教育的关系——基于明、清进士分布的统计分析/田书清，贵州社会科学.1

西南民族地区教育信息化建设初探/师文慧，黑龙江民族丛刊.2

西南民族地区高职教育师资素质初探/张力　董威，黑龙江民族丛刊.2

民族院校校园稳定与学生教育研究/何峰，青海民族研究.1

纠结于民族认同与国家认同之间——大学生民族心理认同问题探析/崔海亮，黑龙江民族丛刊.3

关于我国民族地区教育扶贫攻坚的梯度思考/孙华，黑龙江民族丛刊.3

西藏高等教育学生满意度指数模型的构建/刘凯　张传庆，黑龙江民族丛刊.3

少数民族考生加分政策及其社会心态影响研究/祁志伟　雷霆，黑龙江民族丛刊.4

试析少数民族贫困大学生资助体系及完善策略——以青海师范大学为例/周晶　周玉琴，青海民族研究.3

博弈与调适：回族民间教育与制度化的学校教育之关系研究/海存福　赵国军，甘肃社会科学.1

德育教育在民族高校学生志愿服务中的功能探析——以中央民族大学为例/汤洁，黑龙江民族丛刊.4

关于少数民族双语教学的思考/胡艳霞，黑龙江民族丛刊.4

现代性与地方性交织中的民族教育：走向、困境与出路/沈洪成，青海民族研究.2

内地高校少数民族大学生育人协同创新机制探析——基于“双导制”的应用/王雅静　袁海萍，青海民族研究.2

优惠政策下少数民族接受高等教育的影响因素分析/高岳涵，新疆社会科学.5

马麒主政时期青海地区民族教育述略/赵春娥　白雪梅，青海民族研究.3

三语习得视阈下的语言迁移研究——以维吾尔族学生英语关系从句学习为例/魏亚丽　彭金定，新疆社会科学.2

新疆高校民族团结教育有效途径研究/李斌，新疆社会科学.3

全球化背景下新疆大学生中华文化认同教育的思考/杨海萍，黑龙江民族丛刊.5

新疆南疆维吾尔族大学生维、汉文化认同现状及影响因素探析/黄志蓉　常海亮，新疆社会科学.5

生态语言学视阈下的柯尔克孜族语言教育选择——以新疆克孜勒苏柯尔克孜自治州为例/周珊，新疆社会科学.4

语言市场视野下的察布查尔县锡伯族双语现象/刘宏宇，新疆社会科学.4

教育移民：高素质人才西向流动现象探析——以新疆高校为例/张伟　闫卫华，新疆社会科学.6

新疆喀什古城的语言生活——高台民居社区居民的语言使用和语言态度调查/王远新，新疆社会科学.1

新疆少数民族大学生在京适应状况调查研究/马喜亭　吴彩霞，黑龙江民族丛刊.4

论少数民族女童教育的障碍及其解决思路——基于云南省梁河县、玉龙纳西族自治县调研/商万里　彭谦，黑龙江民族丛刊.2

民族地区教育公平问题研究——基于2011年广西调查数据的实证分析/李长安　龙远蔚，民族研究.5

民族地区青少年认知心理素质探析——以四川、重庆为例/李娟　周中梁，黑龙江民族丛刊.3

关于达斡尔族传统体育保护传承的创新思考/宋智梁　张良祥，黑龙江民族丛刊.6

和谐社会视角下的青海少数民族传统体育的价值研究/周晓丽　马小明，青海民族研究.1

民族体育创意产业发展研究——以湘西地区为例/朱晓红，黑龙江民族丛刊.3

多元族群视野下的现代体育文化认同——以肃南裕固族自治县松木滩村为例/冯涛　毕研洁，甘肃社会科学.3

黑龙江省少数民族地区体育资源开发研究——以鄂伦春族、鄂温克族、赫哲族、满族、朝鲜族为例/刘传勤，黑龙江民族丛刊.2

新疆少数民族传统体育社会功能新论——基于社会管理创新的视角/王涛　吾守尔·皮牙孜，新疆社会科学.5

九　民族人口

西北民族地区人口与环境问题研究/张广裕，阿坝师范高等专科学校学报.4

中国少数民族人口的生育转变/张丽萍，黑龙江社会科学.5

我国少数民族人口发展状况分析/马正亮，贵州大学学报.2

贵州省少数民族人口变动特点、未来趋向与发展路径/杨军昌，贵州大学学报.2

青海省少数民族人口增长的最新特点与趋势预测/严维青，贵州大学学报.2

云南少数民族人口数量增长及其因素分析/罗淳　罗辉，云南民族大学学报（哲学社会科学版）.6

我国少数民族人口发展分析：来自“六普”数据的初步分析/王朋岗，广西民族研究.1

都柳江流域的汉族移民、文化传播与地方文化的生成——以广西三江富禄为例/徐赣丽　黄洁，广西民族研究.2

西部少数民族人口流动趋势分析——基于2010年第六次全国人口普查数据/邓作勇　高文进，广西民族研究.3

1920年海原大地震死亡人数考析/张思源，西夏研究.1

城市社会管理中的“两个不适应”——基于武汉、广州、南京、义乌等地流动穆斯林调查的思考/白友涛，回族研究.1

移民安置与回族“教坊”的重构——以宁夏红寺堡移民开发区为例/丁明俊，回族研究.1

西北回族人口变迁轨迹与清代回民起义之关系论略/王银春　李世荣，回族研究.1

藏族人口教育中的性别差异探析/马忠才　何光喜，中国藏学.3

西藏自治区少数民族高校毕业生就业现状探析/郭卫平　贾仲益，民族教育研究.4

加强文化素质教育促进民族地区劳动力转移——基于武陵民族地区劳动力转移的调查分析/邓莹辉　谭志松，民族教育研究.6

匈奴盛时人口数量研究述评/张晓彤，甘肃民族研究.1

试论少数民族灾难移民中文化变迁——以迁移初期的汶川地震异地安置羌族移民为例/王俊鸿，贵州民族研究.1

新形势下少数民族地区人力资源开发的问题及对策研究/姚旎　张全成，贵州民族研究.2

阿坝州民族地区企业战略人力资源管理途径探析/廖纪英　徐鹏，贵州民族研究.3

城市少数民族流动人口管理的法治思维/吴楠，贵州民族研究.5

甘肃民族地区农村居民家庭人口特征及其对消费需求的影响——基于782户居民家庭的调查数据/李秀萍，贵州民族研究.5

少数民族农村人口闲暇生活方式对健康的影响研究——以武陵山片区为例/田光辉，贵州民族研究.5

“少数民族高层次骨干人才计划”的就业为何偏离政策目标——基于社会流动的视角/蒋馨岚，贵州民族研究.5

从农村到城市：苗族人口流动与文化变迁/张晓，贵州民族研究.6

北京世界城市建设与少数民族人口流动/汤夺先，民族工作研究.4

武汉市少数民族人口发展变化的特点及思考/孙立，民族工作研究.4

青海三江源生态移民现状调查报告/靳薇，民族工作研究.5

搬迁对移民生产、生活的影响研究——基于日喀则地区五个移民村案例分析/达瓦次仁 白玛卓嘎 仓木啦 旦增 方晓玲，西藏研究.3

藏区生态移民收支结构分析研究——来自青海果洛河源移民新村的调查/尕丹才让，西藏研究.6

西北大城市穆斯林流动人口的城市适应问题研究——以兰州市为例/侯海坤，黑龙江民族丛刊.5

城市规划和人口密度：城市交通发展影响因素研究——以新疆乌鲁木齐市为例/黎云路 王超，新疆社会科学.3

新疆城市流动人口与社会治安防控研究——以乌鲁木齐维吾尔族流动人口为例/莫洪宪 罗钢，黑龙江民族丛刊.5

蒙古族村落社会生态演进历程与过剩人口的出现——以内蒙古通辽市扎鲁特旗鲁杰嘎查为例/阿思根，黑龙江民族丛刊.5

城市的他者——少数民族流动人口的城市化适应/白佩君 胡兆义，青海社会科学.5

新疆少数民族人口社会流动问题再探/王平 孙洁，青海民族研究.4

城市少数民族流动人口综合幸福感及其影响因素探究——以武汉市为例/李立 徐莉，黑龙江民族丛刊.5

中韩建交对朝鲜族人口流动的影响/朴胜镇，黑龙江民族丛刊.2

生命历程视野下老年生态移民养老方式探讨——基于青海省三江源区生态移民的调查/陈绍军 隋艺，青海民族研究.2

扶贫生态移民文化变迁——基于对于榕江县古州镇丰乐移民新村调研/吴莎 吴晓秋，贵州社会科学.6

城市族群流动与族群边界的建构——以昆明市布依巷为例/何明 木薇，民族研究.5

西北民族地区人口与环境问题研究/张广裕，阿坝师范高等专科学校学报.4

中国少数民族人口的生育转变/张丽萍，黑龙江社会科学.5

我国少数民族人口发展状况分析/马正亮，贵州大学学报.2

贵州省少数民族人口变动特点、未来趋向与发展路径/杨军昌，贵州大学学报.2

青海省少数民族人口增长的最新特点与趋势预测/严维青，贵州大学学报.2

云南少数民族人口数量增长及其因素分析/罗淳 罗辉，云南民族大学学报（哲学社会科学版）.6

我国少数民族人口发展分析：来自“六普”数据的初步分析/王朋岗，广西民族研究.1

都柳江流域的汉族移民、文化传播与地方文化的生成——以广西三江富禄为例/徐赣丽 黄洁，广西民族研究.2

西部少数民族人口流动趋势分析——基于2010年第六次全国人口普查数据/邓作勇 高文进，广西民族研究.3

1920年海原大地震死亡人数考析/张思源，西夏研究.1

城市社会管理中的“两个不适应”——基于武汉、广州、南京、义乌等地流动穆斯林调查的思考/白友涛，回族研究.1

移民安置与回族“教坊”的重构——以宁夏红寺堡移民开发区为例/丁明俊，回族研究.1

西北回族人口变迁轨迹与清代回民起义之关系论略/王银春　李世荣，回族研究.1

藏族人口教育中的性别差异探析/马忠才　何光喜，中国藏学.3

西藏自治区少数民族高校毕业生就业现状探析/郭卫平　贾仲益，民族教育研究.4

加强文化素质教育促进民族地区劳动力转移——基于武陵民族地区劳动力转移的调查分析/邓莹辉　谭志松，民族教育研究.6

匈奴盛时人口数量研究述评/张晓彤，甘肃民族研究.1

试论少数民族灾难移民中文化变迁——以迁移初期的汶川地震异地安置羌族移民为例/王俊鸿，贵州民族研究.1

新形势下少数民族地区人力资源开发的问题及对策研究/姚旎　张全成，贵州民族研究.2

阿坝州民族地区企业战略人力资源管理途径探析/廖纪英　徐鹏，贵州民族研究.3

城市少数民族流动人口管理的法治思维/吴楠，贵州民族研究.5

甘肃民族地区农村居民家庭人口特征及其对消费需求的影响——基于782户居民家庭的调查数据/李秀萍，贵州民族研究.5

少数民族农村人口闲暇生活方式对健康的影响研究——以武陵山片区为例/田光辉，贵州民族研究.5

“少数民族高层次骨干人才计划”的就业为何偏离政策目标——基于社会流动的视角/蒋馨岚，贵州民族研究.5

从农村到城市：苗族人口流动与文化变迁/张晓，贵州民族研究.6

北京世界城市建设与少数民族人口流动/汤夺先，民族工作研究.4

武汉市少数民族人口发展变化的特点及思考/孙立，民族工作研究.4

青海三江源生态移民现状调查报告/靳薇，民族工作研究.5

十　世界民族

马来半岛地区南岛语民族的形成初探/许红艳，广西民族师范学院学报.4

泰北早期孟高棉语民族与女王国的兴衰研究/饶睿颖，学术探索.7

缅甸独立运动中缅、孟两族关系演变研究/陈真波，东南亚研究.1

海外客家华人婚俗研究——以印尼西加山口洋客家华人为例/［印尼］赵敏　钟裕宏，东南亚研究.3

马来西亚的族群边界与少数族群的认匾——以印度人穆斯林为例/罗圣荣，东南亚南亚研究.4

冲突与融合：战前澳洲华人与当地民族关系研究/汤锋旺，理论月刊.2

印度尼西亚华人政策与华人政治参与的历史分析——以政治精英构成为解释要素/龙异，暨南学报（哲学社会科学版）.5

论缅甸民族政策的价值取向/钟贵峰，赣南师范学院学报.1

从历史的视角看阿富汗民族主义/王世达，国际研究参考.2

巴基斯坦“两个民族”理论产生的背景及影响/杜冰，国际研究参考.2

美国和前苏联民族政策比较及对中国的启示/任一鸣，国际观察.2

浅析中国维吾尔族在日本社会的文化适应差异/安蒂娜，前沿.12

近代泰国社会中的海南华侨华人/陈绪倩，前沿.22

苏联民族政策失误的原因及对我们的启示/刘玫　刘小峰，黑河学刊.11

论东南亚南岛语民族的起源与早期迁徙/许红艳，赤峰学院学报（汉文哲学社会科学版）.2

建国以来大马散佤族宗教文化的变迁——以民居变化为载体的考察/赵永忠，红河学院学报.3

阿拉伯民族主义与巴勒斯坦问题/李光，红河学院学报.4

民族历史的权力：19—20世纪欧洲的民族历史编纂/［德］斯坦凡·贝格尔著，孟钟捷译，学术研究.6

族群政治、民族政治与国家整合——泰国南部动乱问题的解析/叶麒麟，武汉大学学报（哲学社会科学版）.4

中国周边国家和地区回族的跨国分布及人口探析/艾买提　冯瑞，新疆大学学报（哲学·人文社会科学版）.5

哈萨克汗国流传文化认同与国家认同/周亚成　阿依努尔·毛吾力提，新疆大学学报（哲学·人文社会科学版）.6

瑶族进入越南的时间及其分布/玉时阶，社会科学战线.1

美国少数民族教育政策发展的趋向——基于新多元主义的视角/王兆璟，社会科学战线.5

从王骥崇拜仪式看中缅傈僳族的多重认同演变/高志英　王东蕾，云南社会科学.5

在种族与国族之间——新加坡多元种族主义政策/梁永佳　阿嘎佐诗，西北民族研究.2

芒市傣族的“咋尬”仪式及其年龄群体与社会生活/褚建芳，广西民族大学学报.5

跨国族内婚中“缅甸媳妇”的社会文化适应——以中缅边境云南盈江傣族、景颇族两寨为例/莫力，广西民族大学学报.5

语言政策、民族主义思潮与苏联的解体/田鹏，西北民族研究.2

马来西亚民族政策的历史嬗变及其启示/曹庆锋，西北民族大学学报.4

阿伊努民族传统文化的整合与创新——以阿寒湖阿伊努文化村为例/黄英兰，广西民族研究.2

老挝Lanten人的宗教信仰与仪式/袁同凯　陈石，中南民族大学学报（人文社会科学版）.2

近年来越南北部苗族新教皈依者的民族性和跨国性/吴清心　［德］黑颖，世界宗教文化.2

塔吉克斯坦塔吉克人传统社会组织结构探析/吴宏伟　张昊，新疆师范大学学报（哲学社会科学版）.1

从地缘政治视角看中国朝鲜族跨界民族的形成/侯典芹，云南民族大学学报（哲学社会科学版）.4

欧洲穆斯林移民多重认同的构建/陈昕彤　石坚，西南民族大学学报（人文社会科学版）.7

如何看待美国等西方国家的民族政策和民族关系/雷振扬　裴圣愚，中央民族大学学报（哲学社会科学版）.6

民族政策与苏联解体原因再探析/林媛，阴山学刊（社会科学版）.2

欧美原住民经济研究的困境与出路/王剑峰，中央民族大学学报（哲学社会科学版）.5

吉尔吉斯斯坦独立后的语言政策与实践/刘宏宇　池中华，中南民族大学学报（人文社会科学版）.3

域外民族志：以尼泊尔洛域为例/陈波，西南民族大学学报（人文社会科学版）.1

泰国泰族与云南西双版纳傣族拜水习俗比较/杨丽周　岳淑芳，云南民族大学学报（哲学社会科学版）.4

老挝布劳族的文身习俗调查/王献军　占塔皮利，中南民族大学学报（人文社会科学

版）.2

试析纳扎尔巴耶夫总统的民族和谐思想/谷景英，新疆大学学报（哲学·人文社会科学版）.1

魔兽与母亲——灾难的象征论/［美］苏珊娜·M. 霍夫曼著，赵玉中译，民族学刊.4

作为文化感应变化的间断熵——埃克森·瓦尔迪兹石油泄漏事故研究/［美］克里斯托弗·L. 戴尔著，张永春　刘源　杨公卫译，民族学刊.4

阿伊努民族传统文化的整合与创新——以阿寒湖阿伊努文化村为例/黄英兰，广西民族研究.2

越南瑶族地区的旅游开发与文化变迁——以越南老街省沙巴县大坪乡为例/玉时阶，广西民族研究.3

关于阿拉伯人与阿拉伯语的历史探析/陈万里，回族研究.4

中阿跨文化非语言传播中环境语探究/屠凤娥，回族研究.4

俄罗斯埃文基人聚居区社会调查/谢春河　杨立华，满语研究.2

东干文化的中国情结/惠继东，西夏研究.2

西方跨文化适应理论及其对我国少数民族教育的启示/谭瑜　常永才，民族教育研究.1

吉尔吉斯斯坦的语言政策及其双语教育/海淑英，民族教育研究.1

21 世纪初越南少数民族双语教育发展及特色探析/尚紫薇，民族教育研究.1

论北美印第安人的传统教育/陈·巴特尔　孙伦轩，民族教育研究.1

美国教育批判种族理论的研究综述/徐玲，民族教育研究.2

民族整合进程中的秘鲁土著语言政策研究/李艳红，民族教育研究.5

土库曼斯坦现行教育体制下汉语推广现状及对策初探/李敬欢　李睿，民族教育研究.6

国外少数民族濒危语言教育研究/田有兰　周晓梅，贵州民族研究.2

基于民族文化框架的美国亚裔企业研究——以华裔和印度裔企业为例/张淑华，贵州民族研究.5

英汉语言中的契约民族文化与人情民族文化——谈语言和思维的民族性/翁义明，贵州民族研究.5

老挝人民民主共和国的民族划分/贾珅，民族工作研究.2

拉美原住民——自治还是融入？/周涵等，民族工作研究.3

中老跨境民族简介/贾珅，民族工作研究.3

2013 年世界民族热点问题回顾与评析/熊坤新　李京桦，民族工作研究.6

2013 年世界十大宗教热点问题评析/熊坤新　王建华，民族工作研究.6

加拿大魁北克问题的社会治理及其经验/张植荣　王裕庆　蔡湑堃，西藏研究.2

新加坡民族治理：政策、过程及其启示/张植荣　崔晓雯，西藏研究.5

试析印度古典戏剧《沙恭达罗》及其藏译本/贾华，西藏研究.6

北美印第安神话传说中的文化英雄/郑佳　邹惠玲，世界民族.5

近代早期的日本穆斯林的产生及其活动/柴亚林，世界民族.2

印度穆斯林种姓源流考论/蔡晶，世界民族.3

合力与平衡：略论英法两国国内穆斯林政策的调整/黄海波，新疆社会科学.6

15 世纪西班牙马兰诺的权益维护与身份认同/张礼刚　疏会玲，世界民族.6

乌兹别克斯坦传统社会组织马哈拉探析/王明昌　吴宏伟，世界民族.5

感知观念、视觉实践及图案艺术——秘鲁亚马逊区域卡什纳华印第安人的感觉人类学研究/芭芭拉·艾菲　蔡芳乐，思想战线.2

电影、媒介、感觉：试论当代西方影视人类学的转向与发展/徐菡，思想战线.2

巴特的行动者理论与族群族界观/夏希原，世界民族.4

析“隔都化”前后犹太妇女婚姻地位的变化/刘华英，世界民族.4

城市老人的孤独问题与社会网研究——以日本东京都三鹰市井头社区为鉴/申顺芬　林明鲜，新疆社会科学.3

欧美社会学视角下的民族关系理论研究综述2001～2010年/王军　孙蕾，黑龙江民族丛刊.5

从多元文化主义到多元一体主义的思考/王希恩，世界民族.5

民族关系与地区合作：东北亚民族与图们江区域开发/刘泓，世界民族.1

巴厘岛的人类学影像——米德与贝特森的影像民族志实验/朱靖江，世界民族.1

萨林斯的学术思想及其源流/曹大明，世界民族.1

世纪国语路：印度的国语问题/廖波，世界民族.1

阿哈德·哈姆论阿犹民族关系/贾延宾，世界民族.1

历史语境中的美国“熔炉论”析论/伍斌，世界民族.3

南非民族和解的经验与挑战/庄晨燕，世界民族.6

多元文化主义观念和实践的再审视/王建娥，世界民族.4

多维视角探究与关注案例剖析——西方民族政治研究述评/范立强　青觉，黑龙江民族丛刊.5

费尔干纳盆地的飞地问题——对20世纪20—30年代中亚地区民族—国家划界的反思/张娜　吴良全，世界民族.1

权宜之计抑或是新中亚战略——评奥巴马政府的中亚政策/韩隽，新疆社会科学.1

远程民族主义视角下的印度教认同与美国印度移民政治/陈小萍，世界民族.3

整合与分化：西方族群动员理论研究述评/王剑峰，民族研究.4

法国大革命对法兰西民族统一理论的全新诠释/曾晓阳，世界民族.2

文本、仪式与认同：19世纪星马华人秘密社会组织研究/赵树冈，世界民族.1

抵御性族裔身份认同——美国洛杉矶海南籍越南华人的田野调查与分析/黎相宜　周敏，民族研究.1

俄罗斯中国移民社会适应与社会宽容问题研究/亚·格·拉林　臧颖，世界民族.2

欧洲华人妇女社团的发展与展望/石沧金　李群锋，世界民族.2

印尼华人与其他族群的关系及华人参政调查/江振鹏　丁丽兴，世界民族.3

历史刍览与现实侧观：中亚维吾尔人追叙/李琪，世界民族.4

20世纪90年代以来韩国的海外韩人政策述略/朴光星，世界民族.5

民族关系维度下的马来西亚治国理念/曹庆锋　熊坤新，黑龙江民族丛刊.1

试论民族主义与新加坡的政治发展/胡若雨，世界民族.2

菲律宾的山地民族及其“土著化”问题/彭慧，世界民族.4

印度阿萨姆邦骚乱及其连锁反应事件分析/陈利君　林延明，世界民族.4

巴基斯坦俾路支民族主义探析/钱雪梅，世界民族.3

吉尔吉斯斯坦“颜色革命综合征”及其政局走向/艾莱提·托洪巴依，新疆社会科学.4

阿富汗2012年安全与国家重建局势发展报告/龙大卫　陈乾，新疆社会科学.4

当代非洲民族国家土著话语的兴起/李鹏涛　黄金宽，世界民族.4

利比亚内乱的部落文化解读/蒲瑶，世界民族.1

尼日利亚建国以来的族群政策述评/蒋俊，世界民族.3

博茨瓦纳民族问题研究/徐薇，世界民族.2

后民族欧洲的认同与民主——哈贝马斯的观点述评/王远河　刘慧芳，世界民族.4

俄罗斯移民政策的调整——《2025 年前俄罗斯联邦国家移民政策构想》简评/强晓云，世界民族.5

苏联记忆与新俄罗斯民族的自我认同/陈爱香，世界民族.5

高认同与高冲突：反思共和模式下法国的移民问题及其政策/刘力达，民族研究.5

法国的科西嘉民族问题/陈玉瑶，世界民族.5

多民族国家建构认同的制度模式分析——以加拿大为例/王建娥，民族研究.2

美国赫蒙难民的历史与现状/梁茂春，世界民族.1

华菲混血族群的形成与消融——以菲律宾前总统奥斯敏纳身世探究为例/庄国土，世界民族.6

叙利亚政局与库尔德问题的嬗变/闫伟，世界民族.6

冲突转化与建设和平：土耳其库尔德问题的案例/李秉忠，世界民族.3

《自我解放》与列奥·平斯克的犹太复国主义思想/高龙彬，世界民族.4

日本行为的根源：基于帝国动因之探析/杨达，贵州社会科学.5

哈萨克斯坦宗教法对宗教事务立法之启示/陈彤，新疆社会科学.6

欧洲华人商城经济研究/李明欢，世界民族.3

印度发展少数民族区域经济的政策及其对我国的启示/白珍　张世均，青海社会科学.4

从中文姓名英译“失范”看中西话语冲突/翟石磊　陈猛，世界民族.6

北美印第安人非物质文化遗产：帕瓦仪式/彭雪芳，世界民族.6

西班牙巴斯克自治区的双语和多语教育/张京花　李英浩，世界民族.1

论美国印第安人受教育权的法律保护/冯广林，黑龙江民族丛刊.2

身份认同面子语境——基于对挪威人和拉普人的语言态度分析/李丽琴，青海民族研究.3

东欧语言政策与族际和谐的检讨/康忠德，黑龙江民族丛刊.4

“永世流浪的犹太人”形象之起源及流布/艾仁贵，世界民族.3

复兴之路：美国《国家地理》中印第安的传统与现代/罗安平，世界民族.2

20 世纪 60 年代以来北美学界有关印第安人与白人文化接触历史的研究动态——以北美殖民地时代易洛魁亚地区为例/梁立佳，世界民族.6

20 世纪 70 年代以来美国印第安人的社会发展/张培青　乔杨，黑龙江民族丛刊.2

国家在场对于文化多样性的意义——中、老、泰、缅、越哈尼—阿卡人的节日考察/马种炜　张雨龙，世界民族.5

老挝佬族入赘婚的类型及功能分析/郝国强，世界民族.6

自由多元文化主义假说的检视：规范理论和社会科学的证据/［加拿大］威尔·金里卡　周少青译，世界民族.3

柬埔寨少数民族文化遗产续存因素探析/［柬埔寨］Sombo Manara 著，李春霞译，贵州社会科学.7

社区在保护无形文化遗产中扮演的角色：——以新加坡的马来舞为例/［新加坡］蔡曙鹏著，周雪帆译，贵州社会科学.7

（供稿人：张建培　周新亚）

2014 年

一 民族问题理论

族群平等的多元文化主义路径分析/朱俊，民族研究 . 5

《刑法》授权省及自治区人大制定变通规定的法律内涵及合宪性辨析/田钒平，民族研究 . 1

西藏民主改革：现代政治秩序建构及法理解读/常安，民族研究 . 1

生产方式及其衔接：西方马克思主义民族学评析与启示/麻国庆 张少春，民族研究 . 1

论现代多民族国家建构中民族身份的形成/马俊毅，民族研究 . 4

个体空间：基于移民生活史的空间解读/丁月牙，民族研究 . 4

“两个共同”与当代中国多民族国家政治整合/常士訚，民族研究 . 2

援藏制度：起源、演进和体系研究/谢伟民 贺东航 曹尤，民族研究 . 2

马克思主义民族殖民地理论的形成与发展/杨须爱，民族研究 . 2

三论“主体民族志”：走出“表述的危机”/朱炳祥，民族研究 . 2

时间与民族志：权威、授权与作者/［意］马力罗 吴晓黎，民族研究 . 5

现代西方学校教育民族志研究及其新近发展趋势/袁同凯 温馨，民族研究 . 5

论晚年孙中山“中华民族”观的演变及其影响/郑大华，民族研究 . 2

云南建设民族团结示范区与和谐民族关系的基本经验及启示/王延中 管彦波，民族研究 . 3

云南民族区域自治实践中的协商民主/周少青，民族研究 . 3

当代民族志方法论——对 J. 克利福德质疑民族志可行性的质疑/蔡华，民族研究 . 3

坚定不移走中国特色解决民族问题的正确道路——学习中央民族工作会议精神的几点体会/郝时远，民族研究 . 6

涉及民族问题的国家安全：内涵界定与政策选择/李学保，民族研究 . 6

主体性视域下少数民族的国家认同建构逻辑/张雪雁，民族研究 . 6

兴边富民政策实施效果与转型问题研究——关于呼伦贝尔市与兴安盟五旗市兴边富民政策实施的调研报告/周民良 马博 刘云喜，民族研究 . 6

整体观的延续和拓展：都市民族志范式的构建/杨小柳，民族研究 . 6

西部穆斯林宗教纠纷的法治解决机制/拜荣静，世界宗教研究 . 1

关于民族社会工作学科发展的思考/王华，民族教育研究 . 4

构建民族社会工作理论研究框架——文化连续体、交叠共识与结构耦合/郑文换，民族教育研究 . 4

传承弘扬敦煌文化的当代价值与路径探索/肖怀德，敦煌研究 . 2

清代边疆民族史研究论衡：解悟马汝珩教授的学术遗产/张世明，清史研究 . 2

华夷秩序、大一统与文化多元/李治安，史学集刊 . 1

文化认同：新疆历次动乱的深层次原因及历代应对之策/苗普生，史学集刊 . 1

清朝前期民族观的嬗变/刘正寅，史学集刊 . 4

比较视野下的帝国与国家：18 世纪中国的边疆管辖/濮德培 牛贯杰，史学集刊 . 4

异域表达与胡适的民族文化观——以胡适英文著述为中心的探讨/徐超 陆发春，安徽史学 . 2

民主革命时期中共的“中华民族”观念/郑大华，史学月刊 . 2

“一个多民族的非民族国家”——近现代瑞士国家的生存、建立与发展/马丁，世界历史 . 2

现代化进程中的民族问题/陈晓律，世界历史 . 4

略论新疆独立司法机构的建立/伏阳，西域研究 . 3
地域形象与中国古代边疆的经略/刘祥学，中国史研究 . 3
经略西江：明朝对岭南的治理/赵克生，中国史研究 . 3
元明革命的民族主义想象/刘浦江，中国史研究 . 3
“社会认同”视域下的跨区域移民及意义/李禹阶，中国史研究 . 4
西藏叛乱前后《纽约时报》对中国西藏的报道探析/程早霞　张博强，当代中国史研究 . 1
邓小平对毛泽东中华民族复兴思想的继承和发展/郑大华，当代中国史研究 . 3
西藏叛乱后美国总统艾森豪威尔与达赖喇嘛秘密通信探析/郭永虎，当代中国史研究 . 3
民法总则民族性解读/张永辉　麻昌华，贵州民族研究 . 1
论我国非物质文化遗产的刑法保护及其完善/郭理蓉，贵州民族研究 . 1
试论贵州非物质文化遗产的生产性保护/田艳，贵州民族研究 . 1
论少数民族文化旅游资源集体产权的法律保护/袁泽清，贵州民族研究 . 1
民族地区社会整合路径探析——以统一战线为视角/赵森，贵州民族研究 . 1
彝族聚居区推行社区矫正的困境与出路——基于凉山彝族社区矫正的试点分析/唐文娟，贵州民族研究 . 1
西北少数民族地区妇女社会组织的发展特点与问题/陆春萍，贵州民族研究 . 1
非遗“传承人”制度在民族文艺保护中的悖论/陈靖，贵州民族研究 . 1
多族群国家族群问题治理的路径探析——兼论族群问题治理的“势差化”路径/石岚　邓吉喆，贵州民族研究 . 2
国民族优惠政策对族群认同的建构机制探讨/胡彬彬，贵州民族研究 . 2
影响多民族城市族际交往的因素及对策建议——以青海省西宁市为例/刘有安　张俊明，贵州民族研究 . 2
试论民族自治地方司法机关的特殊性/曹旭东，贵州民族研究 . 2
藏民族文化圈法制研究/安静，贵州民族研究 . 2
“戒杀生”与藏区生态法律秩序/杨继文，贵州民族研究 . 2
“民族交融”的科学内涵及实践意义/杨须爱，贵州民族研究 . 2
对黔东南苗族侗族自治州建设民族示范区的思考/李红军　雷蕾，贵州民族研究 . 2
城镇化进程中的民族地区文化整合与社区和谐/滕驰　乔志龙，贵州民族研究 . 2
城镇化进程中散居少数民族权益保障研究/刘珂，贵州民族研究 . 2
我国非遗生养制度的当代变迁——以安顺地戏为例/郭颖，贵州民族研究 . 2
契合自然的人性：沈从文的湘西梦/雷文学，贵州民族研究 . 2
非物质文化遗产地居民旅游感知与态度研究/秦美玉，贵州民族研究 . 2
抗战时期国立边疆学校的创办及其意义/王景　张学强，贵州民族研究 . 2
生态学视阈下学校民族文化传承的生境及优化——基于贵州省“民族文化进校园”的调查/孟立军　吴斐，贵州民族研究 . 2
贵州省民族自治地方立法研究/王飞　吴大华，贵州民族研究 . 3
加强少数民族地区法治建设的几点思考/陈绍松　黄硕，贵州民族研究 . 3
哲学语境下的少数民族“语言人权”/周海英，贵州民族研究 . 3
城市少数民族流动人口语言文字诉讼权的法律实现/才让旺秀，贵州民族研究 . 3
马克思、恩格斯对民族问题的“世界历史”透视及当代启示/张胥，贵州民族研究 . 3
少数民族地区思想政治活动传播研究/高飞　张秦，贵州民族研究 . 3
论少数民族的民族认同与国家认同的统一性/陈海华，贵州民族研究 . 3

边疆民族地区治理现代化面临的挑战及其对策——以党的治理能力建设为视角/颜俊儒，贵州民族研究.3

法治视域下民族干部选拔与培养的思考/王永才　田艳，贵州民族研究.3

邓小平处理少数民族问题的方法论研究/闫仕杰　廉永杰　荆红，贵州民族研究.4

“中国特色、西藏特点”命题的政治内涵解析/王彦智，贵州民族研究.4

新时期中国民族自治法规的发展现状及其完善对策/杨芳　李丕祺，贵州民族研究.4

对口支援民族地区法治化初探/文晓静　王永才，贵州民族研究.4

美国环境种族主义与我国民族环境权之比较/王宏卫，贵州民族研究.4

强化民族高校国有资产精细化管理的思考/邓小军　永红，贵州民族研究.4

民族冲突中的“认同冲突”问题辨析与治理——当代民族冲突治理的法律理论与法律方法/李昊，贵州民族研究.5

跨越式发展视域下的新疆民族关系问题研究/魏莉，贵州民族研究.5

浅析川西南少数民族地区的马克思主义大众化/张强，贵州民族研究.5

贵州苗族村寨风景园林的文化生态论/王乐君　孙鹏　周曦，贵州民族研究.5

全球化语境下民族认同的建构与突围/郝瑞华，贵州民族研究.5

论殖民主义维度下的种族标识与民族权力话语/王珺鹏　高文汉，贵州民族研究.5

贵州民族地区企业环保投资困境透视/乔永波　鲍洪杰，贵州民族研究.5

全球化背景下跨界民族的国家认同建构/马富英，贵州民族研究.6

试论西部大开发中影响民族关系和谐发展的因素/杨旭，贵州民族研究.6

试论民族宽容/冯润，贵州民族研究.6

民族旅游、民族认同与民族性的构建——基于人类学的视角/陈东旭　唐莉，贵州民族研究.6

民族地区法治评估的价值与实现进路/李朝　王华菊，贵州民族研究.6

论少数民族农村离婚妇女的土地权益保护/易燕　李峣，贵州民族研究.6

传统藏族牧区盗马贼现象法制困境的文化解读/张伟，贵州民族研究.6

习仲勋民族区域自治思想研究/吴大华　胡月军，贵州民族研究.7

新疆少数民族国家认同的社会学解析/范帆，贵州民族研究.7

少数民族地区社会主义核心价值体系建设研究/莫丽琴，贵州民族研究.7

论少数民族权利的保护/贺银花，贵州民族研究.7

完善少数民族特殊权利诉讼保障的思考/刘红春，贵州民族研究.7

少数民族地区民族习惯法的民事司法适用探析/顾梁莎，贵州民族研究.7

社会医学视角下少数民族地区优生问题研究——以贵州省黔东南苗族侗族自治州三穗县为例/李高云　李卫英，贵州民族研究.7

“以人为本”语境下少数民族公众交往的社会整合/王志强　徐成芳，贵州民族研究.7

少数民族残疾人社会工作服务初探/杨晶，贵州民族研究.7

民族文化保护视角下历史街区文化肌理的重建——以安顺历史街区为例/彭瑛，贵州民族研究.7

少数民族地区网络文化与城镇化关系分析——以黔东南苗族侗族自治州为例/余勇，贵州民族研究.7

西部多民族地区民众政治认同的影响因素——基于对贵州民族地区调查数据的分析/陈自强，贵州民族研究.8

现代少数民族公民身份的多维度审视/余虹，贵州民族研究.8

“事物化”与“特质化”：民族文化认同的思维误区/田夏彪，贵州民族研究. 11

聚焦藏族社会劳动分工对民间体育的影响/王勇，贵州民族研究. 11

试论贵州省少数民族传统体育与民族和谐的关系/周遵琴，贵州民族研究. 11

邓小平对中国特色社会主义民族理论的伟大贡献——纪念邓小平诞辰 110 周年/张艾力　金炳镐，贵州民族研究. 12

论习近平“守望相助”的思想蕴意/刘吉昌　李昭勇，贵州民族研究. 12

西部民族地区推进生态文明建设存在的问题与对策——以四川民族地区为例/边燕燕　邓玲，贵州民族研究. 12

行政法语义下的民族地区公共治理模式解构/罗鑫，贵州民族研究. 12

社会资本视阈下民族地区城镇化的治理/张进军，贵州民族研究. 12

牧区城镇化进程中的地方政府职能转变/白维军，贵州民族研究. 12

论新农村建设背景下的少数民族地区思想政治工作/向小川，贵州民族研究. 12

国家治理现代化进程中民族习惯法的功能定位/李鑫，贵州民族研究. 12

少数民族人格权法律保障研究——以云南哈尼族为例/高可，贵州民族研究. 12

少数民族非物质文化遗产苗绣的知识产权保护/易燕　曹玲，贵州民族研究. 12

少数民族文化遗产保护的法律思考——以新疆为例/魏磊，贵州民族研究. 12

分类学视角下的非物质文化遗产保护——以湖北恩施州土家族为例/彭瑛　易红，贵州民族研究. 12

少数民族旧建筑的保护、改造与利用研究/陈秀云，贵州民族研究. 12

对城镇化进程中贵州民族文化保护与发展的思考/游涛，贵州民族研究. 12

民族优惠政策的价值分析/雷振扬　陈蒙，广西民族大学学报（哲学社会科学版）. 2

桂西民族聚居区学习型社会建构探析/陆丹梅，广西民族大学学报（哲学社会科学版）. 5

西藏非物质文化遗产保护的“勒布沟”模式/马宁，广西民族大学学报（哲学社会科学版）. 6

民族关系和社会主义和谐社会建设的基本经验/何龙群，广西民族大学学报（哲学社会科学版）. 6

西南山地民族现代转型研究/杨小柳，广西民族大学学报（哲学社会科学版）. 6

民族问题领域“最大公约数”的“初商”——中国梦与构建共有精神家园的民族理论研究系列之一/龚永辉，广西民族研究. 1

中美民族政策价值比较：马克思人类解放理论——从“第二代民族政策”谈起/于春洋　贺金瑞，广西民族研究. 1

新公共管理视阈下的宗教与民族关系调控研究论纲/蒙丽　李毅钊　廖杨，广西民族研究. 1

交换权利与冲突：对西南民族地区群体性事件的新阐释——以贵州 XJ 苗寨为例/罗章　司亦含，广西民族研究. 1

计划与调查——民族社会工作介入武陵山片区公共文化服务的思考/李霞，广西民族研究. 1

民族与国家的顺和才是中华复兴之道——中国梦与构建共有精神家园的民族理论研究系列之二/龚永辉，广西民族研究. 2

民族和解的厘定和路径探究/严庆　胡芮，广西民族研究. 2

略论城市民族问题和城市民族工作/郑信哲，广西民族研究. 2

我国民族优惠政策的制度伦理分析/胡彬彬，广西民族研究. 2

道路自信：中国特色社会主义道路是解决当代中国民族问题的根本道路——“三个自信”与中国民族问题研究系列论文之二/黄仲盈，广西民族研究.2

多民族国家生态环境修复的文化差异性分析/罗康隆，广西民族研究.2

“化外”与“化内”交织：清末广西龙脊壮族习惯法的权力结构——以潘日昌案为例/罗康隆，广西民族研究.2

全面深化改革与民族区域自治法/敖俊德，广西民族研究.3

关于深入贯彻落实民族区域自治法的思考/毛公宁，广西民族研究.3

民族区域自治与中国解决民族问题的“三个自信”/蔡宇安　金炳镐，广西民族研究.3

从根子上反思民族政策必须下足格致功夫——中国梦与构建共有精神家园的民族理论研究系列之三/龚永辉，广西民族研究.3

试论新中国民族工作的源与流/伍小涛，广西民族研究.3

广西边境民族关系问题/石有健　何文钜，广西民族研究.3

从马恩列斯民族思维螺线到毛泽东民族政策思想——中国梦与构建共有精神家园的民族理论研究系列之四/龚永辉，广西民族研究.4

论民族、民族国家与现代民族国家——以中国本土学术话语中的“民族”为中心/吴磊　于春洋，广西民族研究.4

论中国教育在国际化进程中的民族性定位/庞雪群，广西民族研究.4

当前广西民族乡散居少数民族特有权益保障的落空与实现——“广西民族乡法治状况研究”之一/邓崇专，广西民族研究.4

民族习惯法与生态文明建设社区自治制度——以贵州省支嘎布依族苗族彝族乡为例/温丙存，广西民族研究.4

中国特色社会主义民族理论政策体系的生成轨迹——中国梦与构建共有精神家园的民族理论研究系列之五/龚永辉，广西民族研究.5

论民族符号与国家象征的关系/祁美琴，广西民族研究.5

民族互嵌型社区：涵义、分类与研究展望/杨鹍飞，广西民族研究.5

关于民族区域自治权的几点思考——基于宪法等法律规定解读立法意图/王飞，广西民族研究.5

理论自信：中国特色社会主义民族理论政策体系是解决当代中国民族问题的理论依据——“三个自信”与中国民族问题研究系列论文之三/黄仲盈，广西民族研究.5

少数民族特色村寨保护与发展的基本原则/张显伟，广西民族研究.5

国内民族文化传承研究述评/姚磊，广西民族研究.5

民族地区进行省直管县财政体制改革的路径探析/徐广亚，广西民族研究.5

确立“最大公约数”的“永字八法”——中国梦与构建共有精神家园的民族理论研究系列之六/龚永辉，广西民族研究.6

利益分化进程中少数民族国家认同与边疆治理/尹学朋　王国宁，广西民族研究.6

我国的民族优惠政策应往何处去？/胡彬彬，广西民族研究.6

少数民族网络政治参与研究/刘娟　张国军，广西民族研究.6

南岭民族走廊贫困现状与扶贫开发研究/吴忠军　邓鸥，广西民族研究.6

中华传统“和”文化视阈下的民族关系解读/马存孝　李聪　彭谦，黑龙江民族丛刊.1

关于加快民族地方立法工作的思考/王志坤，黑龙江民族丛刊.1

宁夏构建和谐回汉民族关系的当代意义/冯雪红　徐婧，黑龙江民族丛刊.1

西藏自我发展能力的逻辑解读/薛剑符　周雪林，黑龙江民族丛刊.1

国内跨界民族问题研究述评/李聪　王军，黑龙江民族丛刊.1

跨界民族问题的形成、表现及影响/王伟，黑龙江民族丛刊.1

民族地区沿边开放效果及政策研究——以云南省为例/张丽君　吴凡，黑龙江民族丛刊.1

立足改革创新提高治理能力努力开创黑龙江省民族宗教工作新局面/刘明，黑龙江民族丛刊.2

稳中求进的民族优惠政策价值目标及政策衡量/徐长恩，黑龙江民族丛刊.2

对口支援民族地区的问题与法治反思/王永才，黑龙江民族丛刊.2

城市化进程中促进各民族和睦相处、和衷共济、和谐发展探析——以呼和浩特市为例/张时空，黑龙江民族丛刊.2

民族权利视角的现代人权观解读——以第三代人权观为例/马东亮，黑龙江民族丛刊.2

非传统安全视角下云南沿边民族工作析论/彭谦　李聪，黑龙江民族丛刊.3

民族发展视域下民族认同与国家认同的整合/林艳　杨旭，黑龙江民族丛刊.3

国家观维度下的民族主义与自由主义之辩/吴春宝　青觉，黑龙江民族丛刊.3

论自由主义与民族主义的竞争与共生/王军，黑龙江民族丛刊.3

民族地区农民弹性退出机制研究——以三峡库区石柱县为例/范远江　袁淑清，黑龙江民族丛刊.3

坚持和发展中国特色社会主义民族理论，坚定中国特色解决民族问题的“三个自信”——学习习近平总书记关于民族方面重要论述系列论文之一/王健　金浩，黑龙江民族丛刊.4

认真学习习近平总书记关于民族方面重要论述牢牢把握新形势下民族工作正确方向——学习习近平总书记关于民族方面重要论述系列论文之二/张丽红　秉浩，黑龙江民族丛刊.4

中国共产党深化认识社会主义民族关系基本特点的历史发展——兼谈进一步巩固和发展社会主义民族关系的几点思考/易蕙玲　康基柱，黑龙江民族丛刊.4

民族地区基层社会管理创新的实践与思考——以湖北省恩施市舞阳坝街道为例/黄力　邓辉煌　司马俊莲，黑龙江民族丛刊.4

“失败国家”与民族冲突/范立强，黑龙江民族丛刊.4

民族自治视角下多民族国家的制度模式与族际政治/刘永刚，黑龙江民族丛刊.4

乌鲁木齐市民族社区居住格局变迁动因研究/刘正江，黑龙江民族丛刊.4

民族自治地方自治主体少数民族参与地方治理的图景分析——以Z自治县“六月六”布依风情节为例/程守艳，黑龙江民族丛刊.4

新媒体视域下民族文化传播的困境及出路分析/张竞月　王金磊，黑龙江民族丛刊.4

中越跨境语言与边疆安全研究/袁善来　康忠德，黑龙江民族丛刊.4

促进各民族和睦相处、和衷共济、和谐发展的机理和现实基础/杨旭　金浩，黑龙江民族丛刊.5

黑龙江省民族乡（镇）新型城镇化建设的理论思考/舒展，黑龙江民族丛刊.5

“五位一体”总布局与社会主义民族关系的发展与完善/吴月刚　乔智敏，黑龙江民族丛刊.5

论少数民族流动人口传统节日休假权的法律保障/刘玲，黑龙江民族丛刊.5

新疆实施民族区域自治的调查研究/薛全忠，黑龙江民族丛刊.5

治理与当前中国民族事务管理的治理化转型/严庆，黑龙江民族丛刊.5

当前我国少数民族农民政治参与实证分析——基于全国961个少数民族农户的调查/吴春宝　青觉，黑龙江民族丛刊.5

政治参与中的政治冷漠研究及其民族政治学价值/马东亮　黄苧，黑龙江民族丛刊.5

深刻认识我国统一多民族国家的基本国情是牢牢把握民族工作正确方向的前提——学习习近平总书记关于民族方面重要论述系列论文之三/赵飞　中和，黑龙江民族丛刊.6

全面把握我国现阶段民族问题的特点和规律是牢牢把握民族工作正确方向的根本——学习习近平总书记关于民族方面重要论述系列论文之四/刘海池　金浩，黑龙江民族丛刊.6

坚定坚持民族平等是我国立国的根本原则之一是坚定坚持党的民族工作正确方向的基石——学习习近平总书记关于民族方面重要论述系列论文之五/包桂芹　秉浩，黑龙江民族丛刊.6

周恩来与西藏和平解放/孟平，黑龙江民族丛刊.6

内蒙古牧区新型城镇化背景下蒙汉民族关系研究——以锡林郭勒盟东乌旗为例/张云霏　金浩，黑龙江民族丛刊.6

大学生民族性群体事件的内涵与成因分析/吴月刚　张岳嵩，黑龙江民族丛刊.6

想象与真实之旅：在韩朝鲜族的跨国体验和流动的象征边界/李梅花，黑龙江民族丛刊.6

民族区域自治制度与新形势下解决民族问题的途径/孙懿，黑龙江民族丛刊.6

公民个体民族认同、国家认同现状调查分析/靳晓芳，黑龙江民族丛刊.6

对民族地区城乡社区管理创新的思考——以内蒙古自治区为例/付启敏　孟庆国，黑龙江民族丛刊.6

浅析回族医药专利权保护的困难性/王新元，黑龙江民族丛刊.6

少数民族殡葬用地纠纷处理的法理分析——以广西贺州为例/叶亿培，黑龙江民族丛刊.6

回汉民族关系的边界表达——以甘肃省临夏市为例/龚方，回族研究.1

宁夏“十二五”期间回族生态移民工程记/杨怀中　杨进，回族研究.3

回族社区兴泾镇人民调解工作的考察与思考/朱爱农，回族研究.3

回族习惯法与回族地区法律多元秩序的构建/刘振宇，回族研究.3

优化西北穆斯林妇女社会参与的若干途径探析/马桂芬，回族研究.4

跨国主义理论的反思性建构——基于对义乌跨国穆斯林移民群体的调查/马艳，回族研究.4

都市边缘者的生存策略与实践逻辑——以GZ市维吾尔族流动摊贩为例/薛霞　张成，青海民族研究.1

“四个认同”与中华民族凝聚力关联度研究/许宪隆　梁润萍，青海民族研究.1

红军长征时期中国共产党的民族理论与政策——基于在中国民族理论发展史上的地位研究/韩艳伟　毕跃光，青海民族研究.1

社会时空变迁中的当代民族关系发展问题/常宝，青海民族研究.2

民族认同与国家认同何以和谐共生——基于民族认同基础理论的分析/陈茂荣，青海民族研究.2

新时期中国民族政策论争：两种理论取向及比较/王怀强，青海民族研究.2

国民政府和西藏地方政府关于九世班禅返藏之磋商/魏少辉，青海民族研究.2

“政治博弈”与“国家构建”——辛亥革命场域的外蒙古问题/冯建勇，青海民族研究.2

断裂与重建：藏族水库移民社区宗教信仰及民俗文化重建研究——以青海省尖扎县夏藏滩移民安置区为例/周拉　炬华，青海民族研究.3

藏族习惯法中的团体本位特征探析/后宏伟，青海民族研究.3

边缘、移动与反思/王明珂，青海民族研究.4

坚持和完善民族区域自治制度就是坚持宪法原则/郝时远，西北民族大学学报（哲学社会科学版）.1

西藏牧区草场产权与贫困问题的探讨/李继刚　雷宏振，西北民族大学学报（哲学社会科学版）. 1

文化生产与中华民族多元一体格局的形成/刘涛，西北民族大学学报（哲学社会科学版）. 2

民族地区党政人才队伍建设存在的问题及对策研究——基于临夏回族自治州的问卷调查分析/马秀玲　黄清华，西北民族大学学报（哲学社会科学版）. 2

试论我国民族地区社会纠纷解决机制的完善——以甘肃临夏回族自治州为例/郑天锋，西北民族大学学报（哲学社会科学版）. 2

近年来我国的涉藏外宣工作成效及启示/秦永章，西北民族大学学报（哲学社会科学版）. 3

移民定居与社区发展——对河西走廊少数民族两种类型定居点的调查/王海飞，西北民族大学学报（哲学社会科学版）. 3

民族地区新生代农民工转移就业现状及对策研究——基于"新失业群体"视野中的分析/马玉堂，西北民族大学学报（哲学社会科学版）. 3

青海省民族乡发展现状和面临的问题及对策/马存孝　李聪　彭谦，西北民族大学学报（哲学社会科学版）. 3

血缘与地缘性反思：中国东南宗族社会和西南康藏族群械斗纠纷及其裁决/尼玛扎西，西北民族大学学报（哲学社会科学版）. 3

全球视野下中国少数民族政治现代化的战略选择——基于系统论的角度/龙立，西北民族大学学报（哲学社会科学版）. 4

西北少数民族地区反贫困问题的"双联"实践战略研究——以天祝藏族自治县为例/杜军林，西北民族大学学报（哲学社会科学版）. 4

以社会主义核心价值观促进民族团结、宗教和谐/卓新平，西北民族大学学报（哲学社会科学版）. 5

少数民族减贫与发展的国际经验/宁夏，西北民族大学学报（哲学社会科学版）. 5

跨界民族成员的身份认同与公民身份建构/刘永刚，西北民族大学学报（哲学社会科学版）. 5

论民族地区发展与民族地区金融发展权的法律保障/谭正航　尹珊珊，西北民族大学学报（哲学社会科学版）. 5

论我国边疆治理的体系转型与能力重构/王砚蒙　朱碧波，西北民族大学学报（哲学社会科学版）. 6

中央支持民族地区政策体系的科学基础探寻/张冬梅，西北民族大学学报（哲学社会科学版）. 6

民族问题的内涵与民族政策的功能（上）/朱伦，世界民族. 2

马克思主义经典作家民族主义论述的再认识："困难对话论"评析（上）/张三南，世界民族. 3

民族问题的内涵与民族政策的功能（下）/朱伦，世界民族. 3

马克思主义经典作家民族主义论述的再认识："困难对话论"评析（下）/张三南，世界民族. 4

协商、文化差异与原住民自治/［美］乔治·M. 瓦拉德兹著，周岑银译，世界民族. 4

我国少数民族地区社会治理体系创新探析：基于社会风险的测度/羌洲，西北民族研究. 2

美国东西方中心和中国边疆民族问题研究/励轩，西北民族研究. 3

民族社会工作的特征、实践原则与发展路径/江波　赵利生，西北民族研究.4

浅谈反对民族分裂的主张与依据/严庆　马宝华，西南民族大学学报（人文社会科学版）.1

当前民族语文专门立法工作的困难、原因及其对策/王学荣　乌尼乌且，西南民族大学学报（人文社会科学版）.1

对“去民族优惠”观点的分析与思考/雷振扬　陈蒙，西南民族大学学报（人文社会科学版）.4

中国西部民族宗教格局与民族关系新趋势/石硕，西南民族大学学报（人文社会科学版）.6

传承与创新：民族地区基层协商民主的实践路径/马仲荣，西南民族大学学报（人文社会科学版）.6

冲击与整合：城市化进程中民族社会的变迁与发展——基于民族文化、民族关系、民族权益三个视角/马伟华，西南民族大学学报（人文社会科学版）.6

多元文化与少数民族社区建设互促共生关系研究——以滇中石羊镇为讨论中心/龚春明，西南民族大学学报（人文社会科学版）.6

少数民族优惠政策制度分析与模式比较——对“中国民族政策何处去?”的回应/杜社会，西南民族大学学报（人文社会科学版）.7

民族自治地方政府治理现代化的关键——民族区域自治制度的完善和创新/龙立，西南民族大学学报（人文社会科学版）.7

从民族幸福感看民族融合——基于CGSS数据的研究/熊谋林　江立华，西南民族大学学报（人文社会科学版）.7

城镇化背景下民族自治地方的文化传承发展问题/黄启学　赵静，西南民族大学学报（人文社会科学版）.8

我国民族地区发展面临新的战略选择——从追赶式发展转向跨越式发展/刘尚希　石英华，西南民族大学学报（人文社会科学版）.10

民族地区农村土地流转：政策试验与制度壁垒/杨鹍飞，西南民族大学学报（人文社会科学版）.12

论毛泽东对西藏革命和建设的理论与实践的贡献/王春焕，西藏研究.1

科学认识毛泽东思想在西藏和平解放过程中的地位和作用/万金鹏，西藏研究.1

论西藏培育和践行社会主义核心价值观对实现中国梦的重大作用/郑丽梅，西藏研究.3

费孝通小城镇建设思想及对四川藏区城镇化的启示/丁波　李雪萍，西藏研究.3

对西藏培育和践行社会主义核心价值观的几点认识/王春焕，西藏研究.4

走向依法治藏的民族区域自治——中国共产党民族立法政策的西藏实践/连成国，西藏研究.5

长治久安战略下西藏法治文化建设的思考/何剑锋，西藏研究.6

关于西藏劳动争议近十年发展趋势的战略思考/范丽娜　杨亚波，西藏研究.6

关于加强民族地区财政体制创新的研究/丁立，西藏研究.6

宗教信仰与中国陆地边疆治理/方盛举　吕朝辉，云南民族大学学报（哲学社会科学版）.1

加强“自治”还是走向“三个分不清”?——对云南大学有关民族政策研究的评析/黎尔平，云南民族大学学报（哲学社会科学版）.1

边疆少数民族的国家认同——基于云南省玉溪市、西双版纳州的村寨调查/马丽萍　桂晈，云南民族大学学报（哲学社会科学版）．1

民族团结进步边疆繁荣稳定示范区建设的跨越性/闫德华，云南民族大学学报（哲学社会科学版）．2

“新四化”背景下创新中国城市民族工作的思路与对策/叶兴艺　吕忠诚，云南民族大学学报（哲学社会科学版）．3

廉政文化建设机制创新及其在民族地区的实践创新研究/宫玉涛　顾保国，云南民族大学学报（哲学社会科学版）．3

文化整合与社区和谐：积极推进民族地区社会管理创新的思考/乔志龙　滕驰，云南民族大学学报（哲学社会科学版）．3

“中心主义”国家治理模式的文化逻辑/孙百亮　吕辉，云南民族大学学报（哲学社会科学版）．4

民族理论视阈的“时代”内涵与层次——兼论中国特色社会主义民族理论的时代性/赵刚，云南民族大学学报（哲学社会科学版）．4

转型时期民族融合与民族社会工作创新发展/汪冬冬　王华，云南民族大学学报（哲学社会科学版）．4

少数民族优惠政策的渊源、法理与特征/杜社会，云南民族大学学报（哲学社会科学版）．5

民族文化多样性与云南藏区的和谐发展/郭家骥，云南民族大学学报（哲学社会科学版）．5

党中央治疆、稳疆、建疆新方略析究/余梓东，云南民族大学学报（哲学社会科学版）．6

论民族冲突的内在张力/宋鑫华，云南民族大学学报（哲学社会科学版）．6

“超载”现象、制度选择和政策思考：以金沙江两岸藏区为案例的研究/杨春学，中国藏学．1

在民族文化差异下民族杂居区和谐关系的构建——以康定县雅拉乡为例/贺描，中国藏学．1

对口援藏有效性的理论认识与实现路径研究/杨明洪，中国藏学．3

论少数民族公民国家认同的建构路径/许宪隆　张龙，中南民族大学学报（人文社会科学版）．1

西北地区城市化进程中的民族社区及社区民族关系研究/高永久　张杰，中南民族大学学报（人文社会科学版）．2

毛泽东与中国民族区域自治/何龙群，中南民族大学学报（人文社会科学版）．2

立法自治权行使现状调查及对策研究——基于新疆维吾尔自治区的实证分析/黄元姗　敖慧敏，中南民族大学学报（人文社会科学版）．2

民族地区传统社区组织参与农村治理研究——基于广西瑶族石牌组织的个案/邵志忠　过竹，中南民族大学学报（人文社会科学版）．2

少数民族特色村寨保护与发展政策探析/李安辉，中南民族大学学报（人文社会科学版）．4

偏远民族地区乡镇政权“空心化”问题的调查与思考——以湖南通道侗族自治县为主要分析对象/苏祖勤　韩冬，中南民族大学学报（人文社会科学版）．4

散杂居民族理论政策若干问题新议/彭英明，中南民族大学学报（人文社会科学版）．5

论国家结构形式与民族区域自治/戴小明　冉艳辉，中南民族大学学报（人文社会科学版）．5

社群主义视角下的民族关系和谐研究——兼论“淡化民族意识”与“强化公民意识”/魏国红　龚维维，中南民族大学学报（人文社会科学版）. 5

论社会转型与民族政策的完善创新/雷振扬，中南民族大学学报（人文社会科学版）. 6

论主权民族在“族裔异质国家”的构建/李占荣　唐勇，中南民族大学学报（人文社会科学版）. 6

少数民族传统文化传承创新与社会主义核心价值观培育和实践/段超，中南民族大学学报（人文社会科学版）. 6

西方比较政治视野中的族群动员：理论与局限/王剑峰，中央民族大学学报（哲学社会科学版）. 1

中国民族问题提出的历史轨迹/周竞红，中央民族大学学报（哲学社会科学版）. 1

民国时期西南“夷苗”的政治承认诉求——以高玉柱的事迹为主线/伊利贵，中央民族大学学报（哲学社会科学版）. 2

民族区域自治制度运行：实效、困境与创新/王允武，中央民族大学学报（哲学社会科学版）. 3

完善中国特色民族法律体系的几点思考/吴大华，中央民族大学学报（哲学社会科学版）. 3

“民族”自治的理论与实践/明浩，中央民族大学学报（哲学社会科学版）. 3

论主权在民原则下的民族共治原则/黄裕生，中央民族大学学报（哲学社会科学版）. 3

当代中国民族问题治理体系和治理能力现代化初探/贺金瑞，中央民族大学学报（哲学社会科学版）. 4

中国民族政策能否采用美国/印度模式？/沙伯力著，林紫薇　张俊一译，中央民族大学学报（哲学社会科学版）. 4

中国民族政策能否采用美国/印度模式？（中）/沙伯力著，张俊一　林紫薇译，中央民族大学学报（哲学社会科学版）. 5

中国民族政策能否采用美国/印度模式？（下）/沙伯力著，林紫薇　张俊一译，中央民族大学学报（哲学社会科学版）. 6

变革时代我国民族关系协调发展论纲/宋鑫华　周玉琴，中央民族大学学报（哲学社会科学版）. 4

近代中国统一多民族国家建构进程中的新疆/李瑞君，中央民族大学学报（哲学社会科学版）. 4

对口支援民族地区的法理基础与法治化探索/王永才，中央民族大学学报（哲学社会科学版）. 5

民族冲突治理的理念、方法和范式/王建娥，中央民族大学学报（哲学社会科学版）. 6

多民族国家统一构设视域中的公共空间政治/张友国，北京师范大学学报（社会科学版）. 6

西北民族地区发展新型农民合作社：现实意义、影响因素和理性选择——基于甘肃藏区的调查/张文政，甘肃社会科学 . 2

民族社会工作中的文化及其处遇/谢冰雪，甘肃社会科学 . 6

试论民族问题治理体系和治理能力现代化/杨昌儒，贵州社会科学 . 8

民族、民族主义与国家建构类型/胡赣栋，国外社会科学 . 2

民族地区农村牧区社会保障：目标、机制与制度结构/安华，社会科学战线 . 7

延边朝鲜族自治州农村贫困原因及脱贫对策/沈万根，社会科学战线 . 9

公共外交与中国对西方的涉藏宣传/徐振伟，思想战线.2

多民族国家民族认同与国家认同整合路径探析/蒋红 王超品，思想战线.2

试论我国民族团结进步事业的主要特征/孙懿，思想战线.2

民族理论研究中的“苏联模式”问题/吴楚克，思想战线.3

作为敞开多元生活世界方法的民族志/马翀炜，思想战线.6

民族国家构建与国家民族整合的双重变奏——近代中国国族构建的模式与效应分析/张健，思想战线.6

社会转型期新疆“民族团结”理论新解/徐磊，新疆社会科学.3

以公民教育素养为目标的民族团结教育模式改革/刘刚，新疆社会科学.5

从行政到法制：1949 年以来新疆宗教事务管理模式的嬗变/郭蓓，新疆社会科学.5

邓小平民族团结思想是新疆社会稳定和长治久安的理论基石/刘芦梅，新疆社会科学.6

陕甘宁边区中国共产党的民族政策及特点/赵青山，新疆师范大学学报（哲学社会科学版）.3

论中国边疆民族地区社会治理创新/吴福环，新疆师范大学学报（哲学社会科学版）.5

二 民族经济

新型城镇化视野下的少数民族特色文化城市建设/张鸿雁，房冠辛民族研究.1

民族地区新型口岸城镇发展动力机制研究——以内蒙古自治区二连浩特市为例/张丽君 董益铭 拓俊杰，民族研究.1

民族地区新型城镇化的路径与模式探究——以甘肃省临夏回族自治州临夏市为个案/王平，民族研究.1

全面建成小康社会指标体系与民族地区发展/丁赛 刘小珉 龙远蔚，民族研究.4

论我国少数民族传统名号的知识产权保护/严永和，民族研究.5

环境容量产权与民族地区利益实现/张冬梅，民族研究.5

公元5世纪至7世纪前期吐鲁番盆地农业生产探析/李艳玲，西域研究.4

唐西州高昌城西水渠考——中古时期西域水利研究（七）/李方，西域研究.4

民族地区科技进步对经济发展的影响研究/叶宝忠，贵州民族研究.1

论民族地区金融市场体系建设——基于西藏的考察/贺立龙，贵州民族研究.1

民族地区和谐生态文化建设研究——基于武陵民族地区的调研/袁东升，贵州民族研究.1

旅游社会冲突的特征、主体与类型——基于对西部民族地区旅游业发展的考察/钟洁 杨桂华，贵州民族研究.1

少数民族聚居的贵州和云南城市竞争力研究/陈春，贵州民族研究.1

深入挖掘文化内涵，发展火把节文化产业——凉山彝族火把节发展浅论/邓思胜 王菊，贵州民族研究.1

人类学视野下青海藏文化产业发展模式研究/窦存芳 张勇，贵州民族研究.1

旅游开发背景下民族地区生计方式的变迁——以贵州省黔东南苗族侗族自治州郎德上寨为例/李辅敏 赵春波，贵州民族研究.1

少数民族企业如何构建民族企业文化——以新疆为例/禹海慧，贵州民族研究.1

外商直接投资与民族地区经济增长的实证研究——以贵州省为例/彭齐超，贵州民族研究.1

浅析汉代南夷地区的开发——以贵州赫章可乐遗址为例/张勇，贵州民族研究.1

大理文化与自然遗产的特征与功能探析/安学斌 曹志杰，贵州民族研究.2

利率市场化对西部民族地区经济发展影响探析/廖洪泉，贵州民族研究 . 2

消费视角下民族地区城镇化发展研究/杨宏，贵州民族研究 . 2

中国少数民族经济发展过程中的自然资源困境/潘宝，贵州民族研究 . 2

民族地区自然资源开发地居民利益的损失补偿/王天雁，贵州民族研究 . 2

少数民族集中连片特困地区脱贫路径探讨——以贵州为例/王飞跃　魏艳，贵州民族研究 . 2

贵州少数民族地区工业化与生态文明协调发展研究/单晓娅　高琳琳　王翠，贵州民族研究 . 2

民族村寨旅游标准化管理与个性化发展研究/向富华，贵州民族研究 . 2

民族地区旅游企业成长机制及对策研究/李东娟，贵州民族研究 . 2

羌族村寨旅游环境污染探析/邱硕立，贵州民族研究 . 2

城市民族社区场域下的社会工作本土化——以回族社区为视点/闫丽娟　王丽霞　何乃柱，贵州民族研究 . 3

少数民族失地农民就业问题研究——以湖南为例/阳盼盼，贵州民族研究 . 3

治理理念下民族旅游城镇可持续发展研究/周丹敏，贵州民族研究 . 3

区位因素制约下的贵州入境旅游客源市场崛起障碍及突破/陈永红，贵州民族研究 . 3

基于特色民族文化的贵州文化旅游发展创新区研究/朱万春，贵州民族研究 . 3

少数民族旅游扶贫的可能性、重要性与路径选择——以四川省阿坝为例/于蓉，贵州民族研究 . 3

西南民族地区经济发展中区域合作战略的实施——以四川省三州为例/甘志航，贵州民族研究 . 3

西藏产业结构优化升级的问题及对策研究/唐剑　郑洲，贵州民族研究 . 3

贵州民族地区二元经济结构与民间金融/黄永华，贵州民族研究 . 3

少数民族聚居地的活态性产品营销研究/崔宇丹　魏学文，贵州民族研究 . 3

清至民国时期青藏高原东缘宝殿寺的寺院经济/王田，贵州民族研究 . 3

少数民族沿边地区边境贸易发展的法律对策/刘学文　朱京安，贵州民族研究 . 4

社会资本理论与新农村民族社区建设的契合性/胡建华，贵州民族研究 . 4

西部民族地区美丽乡村建设的意义与实践路径/韩斌，贵州民族研究 . 4

民族文化旅游产业协调开发模式思考/张欣　张迎芬，贵州民族研究 . 4

内蒙古牧区能源开发与文化传承研究/乌云毕力格，贵州民族研究 . 4

重庆民族地区红色旅游创新发展研究/陶少华，贵州民族研究 . 4

贵州省苗族医药现状分析研究/罗迎春　邓博文，贵州民族研究 . 4

民族文化遗产的刑法法益研究/陈志文，贵州民族研究 . 5

基于熵值法的少数民族地区生态经济评价研究/曹辉，贵州民族研究 . 5

基于模糊物元法的少数民族企业融资能力评价研究/王蕙　张武强　汪卫霞，贵州民族研究 . 5

民族文化差异与区域协同发展的耦合性探析——基于扶贫开发的视角/易小明　乔宇，贵州民族研究 . 5

少数民族地区政府与市场的相应关系研究/王浩，贵州民族研究 . 5

西部民族地区政府性债务管理及风险防范研究/汤凤林　甘行琼，贵州民族研究 . 5

西部少数民族地区县域经济协调发展研究——以青海省为例/石鹏娟　冉永春，贵州民族研究 . 5

论新疆生态移民的反贫困作用/张灵俐　安晓平，贵州民族研究 . 5

乌江流域民族地区城镇化与农村居民消费研究——以重庆市黔江区为例/陈娟　杜兴端，贵州民族研究 . 5

民族村寨社区参与旅游扶贫开发的财产制度瓶颈与破解/卢丽娟　曹务坤　辛纪元，贵州民族研究 . 5

民族地区农村城镇化与乡村旅游的互动关系研究——以贵州为例/张春燕，贵州民族研究 . 5

风险分析视阈下的内蒙古农村牧区贫困问题研究/金鑫　韩广富，黑龙江民族丛刊 . 5

农户视角下民族地区发展观光农业的思考——以恩施州枫香坡侗族风情寨为例/杨佳　邓磊　曹骞，贵州民族研究 . 5

民生视角下黔东南州固定资产投资优化研究/户艳领　郭晓梅　席增雷，贵州民族研究 . 5

西部民族地区农民专业合作社特色农产品品牌构建/鲜阳红，贵州民族研究 . 5

黔中民族文化资源开发与利用的路径探析/陶文彩，贵州民族研究 . 5

创新思路注重特色，探索瑶区特色村寨发展新路子/田光辉　田敏，贵州民族研究 . 5

西南民族地区政府行为对金融资源配置的影响/韩林静，贵州民族研究 . 6

民族地区金融政策演进及政策路径选择/刘宁，贵州民族研究 . 6

少数民族地区文化产业投融资困境与对策研究/袁家菊，贵州民族研究 . 6

恩施民族地区中小企业融资问题及对策研究/寇垠，贵州民族研究 . 6

贵州影视旅游开发现状与发展思路/余永霞，贵州民族研究 . 6

民族社区旅游利益诉求认知差异研究——以九寨沟自然保护区为例/胡北明　雷蓉，贵州民族研究 . 6

论人类学视角下民族村寨旅游可持续发展模式/谢萍　朱德亮，贵州民族研究 . 6

民族文化在民族旅游产业经济发展中的延展性解析/孙嘉欣，贵州民族研究 . 6

经济视角下民族地区传统手工技艺的活化/王国光，贵州民族研究 . 6

民族自治区域经济发展差距根源的整体化解析——以湘西地区为例/谢朝阳，贵州民族研究 . 6

民族文化资源开发与城镇化建设协调发展研究——以武陵山片区为例/谢正发，贵州民族研究 . 6

民族文化对中国少数民族经济发展的导引——以古丈县断龙山乡田家洞村土家族为例/马琴，贵州民族研究 . 6

黔中民族地区重点城镇的“两化互动”特色发展道路研究/李志鹏，贵州民族研究 . 6

民族地区自主品牌竞争力培育研究/闫明杰，贵州民族研究 . 6

透析少数民族人力资本的异质性裂变动因/郝慧娟，贵州民族研究 . 6

加快发展贵州民族地区生产性服务业研究——基于三次产业构成的分析/袁仕海，贵州民族研究 . 7

山区少数民族农户参与市场与生计策略关系研究——以滇西南为例/王娟　吴海涛，贵州民族研究 . 7

丝绸之路经济带中宁夏战略定位与实现路径/鲍洪杰　寿逸人，贵州民族研究 . 7

西部民族农村地区旅游城镇化发展模式探讨/赖晓华　聂华　滕汉书，贵州民族研究 . 7

贵州民族地区旅游产业发展模式的文化链接/朱晓辉，贵州民族研究 . 7

珠江流域民族地区生态补偿机制的构建/马晓红，贵州民族研究 . 7

环境伦理学视域中的民族地区生态文化建设/方松林，贵州民族研究 . 7

基于因子分析的民族地区旅游目的地营销战略研究——以贵州省黔东南为例/徐刚，贵州民族研究.7

少数民族地区信贷精准扶贫研究/董家丰，贵州民族研究.7

贵州民族地区交通基础设施农民增收效应/王浩，贵州民族研究.7

民族地区四板市场发展论析/王敏，贵州民族研究.7

1935—1949 年贵州民族地区盐贵淡食问题研究/李浩，贵州民族研究.7

少数民族人力资源开发存在的问题及对策研究/瞿畅　余晓钟，贵州民族研究.8

西部民族地区人力资源结构特点与少数民族人才培养研究/周群英　陈光玖，贵州民族研究.8

贵州民族文化品牌的培育与打造研究/廖朝圣，贵州民族研究.8

产业集群视角下贵州民族地区区域发展战略分析/武音茜，贵州民族研究.8

民族地区项目融资问题思考/罗兵，贵州民族研究.8

民族村寨社区旅游居民满意度内驱因素研究/马东艳，贵州民族研究.8

恩施州望城村民族特色村寨产业发展探索/赵溢鑫　甘雨，贵州民族研究.8

论边民族地疆区旅游发展中的公共服务/赵书虹　杨红英（卓玛），贵州民族研究.8

东北人口较少民族经济发展研究/魏林，贵州民族研究.8

“飞地式合作”与民族地区的协调发展/柳建文，贵州民族研究.9

消费心理视角下民族传统体育的经济价值实现/陈星全，贵州民族研究.9

环青海湖民族体育旅游经济圈的构建与完善/陈艳武　陈懿人，贵州民族研究.9

环北部湾少数民族经济社会发展问题研究/钟超，贵州民族研究.9

转型期武陵山区土家族经济发展状况分析/童文兵，贵州民族研究.9

开辟湘西民族区域文化旅游产业发展新路径/秦璇，贵州民族研究.9

湘西旅游经济中的文化经济化研究/李林蔓，贵州民族研究.9

湘西自治州旅游资源整合机制研究/刘汀　鲁波涛，贵州民族研究.9

非政府组织参与民族地区旅游产业的探索和创新/吴祖梅，贵州民族研究.10

西部民族地区投资经济环境创新路径探析/陈松炜，贵州民族研究.10

生态文明导向下的民族地区经济发展方式研究——以河北省承德市民族县为例/毋庆刚　刘舜，贵州民族研究.10

基于 SWOT 分析的贵阳民族生态旅游发展探讨/王旭，贵州民族研究.10

民族文化旅游品牌空间冲突与策略调和研究——以靖州“飞山文化旅游”为例/刘安全，贵州民族研究.10

互联网传播的西藏旅游形象研究——基于中文旅游网站文本的语义网络分析/王晓辉，贵州民族研究.10

西部地区新牧区建设研究——以内蒙古为例/安锦，贵州民族研究.10

少数民族地区生态移民可持续发展制度创新的特征分析/张俊莉，贵州民族研究.11

民族地区资源型区域经济的成长与可持续发展——以新疆地区为例/李向阳，贵州民族研究.11

西藏金融生态环境的困境与破解路径/宋铁，贵州民族研究.11

傣族地区乡村经济转型研究——基于西双版纳州乡村旅游业和特色林业的比较分析/卢卫林，贵州民族研究.11

我国民族地区构建现代产业体系研究/汪立峰，贵州民族研究.12

资源诅咒与中国西部民族地区资源开发机制设计/赵曦　丁如曦，西南民族大学学报（人

文社会科学版). 12

生态文明视角下贵州新型工业化的优化路径研究/斯劲，贵州民族研究.12

贵州梭嘎生态博物馆之参与式影像实验/韩凝玉 余压芳，贵州民族研究.12

旅游开发视域下民族地区经济状况变迁研究——以贵州省黔东南苗族侗族自治州郎德上寨为例/李辅敏 赵春波，贵州民族研究.12

羌族文化的开发保护与旅游产业的可持续发展研究/周林 过伟敏，贵州民族研究.12

市场经济与怒族社会生计转型——以怒江峡谷秋那桶村为例/温士贤，广西民族大学学报(哲学社会科学版). 1

通道与走廊:"湖南苗疆"的开发与人群互动/张应强，广西民族大学学报（哲学社会科学版). 3

乡村旅游与壮族农民增收研究/吴忠军 吴少峰，广西民族大学学报（哲学社会科学版). 3

田阳敢壮山布洛陀文化旅游品牌形象构建思考/燕敏，广西民族大学学报（哲学社会科学版). 3

客家文化行销的经济社会学考察/周建新，广西民族大学学报（哲学社会科学版). 6

文化守持中的涵化——以桂林旧村回族经济发展为例/周建新 王丽萍，广西民族研究.1

铁路对少数民族地区经济的带动作用——以广西、青藏等铁路为例/白光 李文兴，广西民族研究.1

民族关键符号在旅游场域中功能的异化——以民族服饰为例/高婕，广西民族研究.1

现代性、世俗化与宗教旅游/高科，广西民族研究.2

高速公路项目嵌入少数民族村落的影响研究——基于桂中三个村落的调查/邹海霞 杨文健，广西民族研究.2

旅游者与旅游目的地民族文化展演形态关系研究/潘宝，广西民族研究.3

支持广西产业经济发展的税收自治权研究/韦蔚，广西民族研究.5

民族地区少数民族特色文化产业发展研究/丁智才，广西民族研究.6

北国风光特色旅游产业发展模式研究——以黑龙江省民族地区为例/钱威 董俊秀，黑龙江民族丛刊.1

内蒙古草原生态移民的后续产业发展状况分析/李生，黑龙江民族丛刊.1

非物质文化遗产保护与传承下的民族村寨旅游发展探究——以云南三台山德昂族乡出冬瓜村为例/梁爱文 周灿，黑龙江民族丛刊.2

西部民族地区城镇化进程中农民增收研究述评/姜大谦 吴家琴，黑龙江民族丛刊.2

族地区村镇新农村建设经济发展问题与对策——以黑龙江牡丹江市为例/孟凡东 李庆利，黑龙江民族丛刊.2

民族地区传统手工技艺的现代转型研究——以武陵地区土家族木匠工艺为例/袁东升，黑龙江民族丛刊.2

民族文化旅游发展中家庭参与度解析——以云南泸沽湖地区为例/郑秀娟 陈刚，黑龙江民族丛刊.3

西部民族地区城镇化进程、经济发展与农民增收关系的实证研究——以贵州、四川、云南三省区为例/吴家琴 姜知焘，黑龙江民族丛刊.3

西北民族地区生态旅游可持续发展探析/刘华，黑龙江民族丛刊.3

西部民族地区体育旅游可持续发展研究/李志灏，黑龙江民族丛刊.3

兴边富民工程"3+1"对口帮扶机制实施成效考察——以云南耿马傣族佤族自治县为例/

廖乐焕，黑龙江民族丛刊 .4

我国少数民族地区能源供给结构低碳化发展研究/刘鹏，黑龙江民族丛刊 .4

美丽赫哲族乡村游研究——以街津口旅游景观规划为例/郭丽萍　马本和，黑龙江民族丛刊 .4

浅谈回族文化资源开发与河南省旅游经济发展/张春玲，黑龙江民族丛刊 .4

试析人口较少民族非物质文化遗产的“真实性”旅游开发——以云南芒市三台山德昂族乡为例/周灿，黑龙江民族丛刊 .4

民族村镇旅游地农民组织化的特征及实现机制——以贵州、云南典型民族村镇旅游地的考察为基础/李乐京　陈志永，黑龙江民族丛刊 .5

重庆民族地区特色经济发展模式研究——以秀山土家族苗族自治县为例/王友富　张太鑫，黑龙江民族丛刊 .5

SCP 框架下黑龙江省民族旅游地文化变迁研究——以街津口赫哲族乡为例/姚建设　祁颖，黑龙江民族丛刊 .5

表里融通：文化旅游与文化传承交互发展的正途——以黑龙江省西部民族地区文化旅游和文化传承为例/潘慧影　范晓峰，黑龙江民族丛刊 .5

民族地区农民专业合作社发展初探——以黔东南州为例/韩乔亚　徐中起，黑龙江民族丛刊 .6

文化策略：民族地区反贫困的路径选择研究/李德建，黑龙江民族丛刊 .6

西部穆斯林民族地区发展稳定与东部地区的担当/马平，回族研究 .1

伊斯兰金融视角下宁夏深化中阿金融合作研究/马明霞，回族研究 .2

丝绸之路经济带与中土经贸关系/邹志强，回族研究 .2

中阿经贸合作：文化契合下的经济共融/王生发，回族研究 .2

浅析中国近现代回族报刊的经济功能/金强　白贵，回族研究 .3

试析中国与沙特阿拉伯的经贸关系/谭斌，回族研究 .3

浅谈品牌建设中“清真”、清真元素的性质及清真品牌差异化竞争中应注意的问题/龚静　李自然，回族研究 .3

发展回族文化产业的优势与策略选择/马宗保，回族研究 .4

略谈清真拉面在饮食文化中的象征含义/李柏彬，回族研究 .4

时空转换进程中藏区城市发展的边缘性特征探析——以甘南藏区城市发展为例/黄茂　贾霄锋，青海民族研究 .1

论区域旅游格局中的土司文化开发——以湖南“大湘西”永顺老司城为视点/刘艳芳，青海民族研究 .2

以商促政：国民政府发展汉藏商贸的举措与意义/李勇军　李双，青海民族研究 .2

西北少数民族地区工业化历史进程、现状评价与发展路径/蔡文浩　赵霞　王育新，西北民族大学学报（哲学社会科学版）. 1

西北民族地区金融发展与社会公平研究/孙光慧　曹丽萍，西北民族大学学报（哲学社会科学版）. 2

振兴东北老工业区与内蒙古东部地区经济发展之对策/刘艳，西北民族大学学报（哲学社会科学版）. 3

民族地区定居点牧民社会经济文化适应力分析——以甘南牧区定居点牧民为例/戴正，西北民族大学学报（哲学社会科学版）. 3

伊斯兰银行的本质特征及在我国西部民族地区发展的建议/敏敬，西北民族研究 .1

基于直觉模糊集的西北民族地区城乡统筹评价研究/陈炜，西北民族研究 . 2

“以人为本”与民族地区城镇化发展战略选择——以湖南武陵山六县为例/方清云　黄忠彩　田长栋，西南民族大学学报（人文社会科学版）. 1

四川峨边彝族自治县区域发展问题探析/翟峰，西南民族大学学报（人文社会科学版）. 1

民族旅游开发与民族文化的空间生产研究——基于对四川省凉山彝族自治州盐源县泸沽湖的个案研究/郭凌　阳宁东　王志章，西南民族大学学报（人文社会科学版）. 2

西藏经济发展方式转变探索/彭泽军，西南民族大学学报（人文社会科学版）. 5

藏区旅游发展助推民生改善的战略思考/王玉琼　廖涛　游贤育，西南民族大学学报（人文社会科学版）. 7

民族文化产业集群形成条件的多维度分析——以云南丽江为例/晏雄，西南民族大学学报（人文社会科学版）. 10

四川民族地区生态环境补偿与民族医药文化传承的思考/吴铀生，西南民族大学学报（人文社会科学版）. 10

当前成都市藏商群体的基本特点及其现实意义/来仪　肖灵　万德金，西南民族大学学报（人文社会科学版）. 12

西藏作为特殊集中连片贫困区域的多维贫困测量——基于“一江两河”地区农户家计调查/杨龙徐　伍达　张伟宾　刘天平，西藏研究 . 1

藏南谷地流域的生态经济开发模式研究/唐柳　俞乔　李志铭，西藏研究 . 1

西藏旅游市场需求预测分析/张阿兰　普布卓玛　赵智文，西藏研究 . 3

尼雅 95MNIM8 随葬弓矢研究——兼论东汉丧葬礼仪对古代尼雅的影响/张弛，西域研究 . 3

支持西藏文化产业发展的金融政策研究/朱尔茜，西藏研究 . 5

西藏地区企业现代化与居民现代化相互影响的路径研究/王晓芳　杜青龙，西藏研究 . 5

略论西藏扶贫搬迁与生态移民间的关系/达瓦次仁　次仁　由元元　仓木啦　旦增　方晓玲，西藏研究 . 5

基于人力资本理论视角下西藏农牧区反贫困问题研究/图登克珠　杨阿维　张建伟，西藏研究 . 6

跨界民族的经济文化互动与民族关系发展——以西双版纳州勐腊县南浪村为例/滕传婉　金炳镐，云南民族大学学报（哲学社会科学版）. 2

农民行动逻辑视域下的民族村寨产业结构升级转型/徐光有，云南民族大学学报（哲学社会科学版）. 3

少数民族经济学定性研究方法的科学化及后现代机遇/周英，云南民族大学学报（哲学社会科学版）. 3

藏彝走廊地区多民族经济共生形态演进机理研究/周智生　缑晓婷，云南民族大学学报（哲学社会科学版）. 3

民族地区政府投融资平台债务风险评价体系研究——基于凉山州国有投资发展有限责任公司的案例研究/刘娅　干胜道，云南民族大学学报（哲学社会科学版）. 5

云南民族地区特色文化产业推动包容性增长研究/邱溆　杨丽，云南民族大学学报（哲学社会科学版）. 6

从“艾玛土豆”初探西藏农业产业化的发展现状——基于西藏艾玛乡的调查研究/桑德杰布，中国藏学 . 2

藏族群众市场竞争力不足的影响因素分析/王士勇，中国藏学 . 2

西藏旅游产业的战略主导性分析/王汝辉　柳应华　马志新　邓攀，中国藏学 . 4

民族地区农村居民收入差距及其变化的实证分析——来自于 CHNS 的数据/何立华　罗晓黎，中南民族大学学报（人文社会科学版）. 4

援疆企业对促进就业的作用及其局限性——基于山东援助喀什 4 县的实证研究/孙岿　张晓琼　朱军，中南民族大学学报（人文社会科学版）. 5

新疆对口支援项目实施情况的调查分析/马戎，中央民族大学学报（哲学社会科学版）. 1

侗族传统稻作模式流变对农业面源污染的影响/崔海洋　张琳杰　李峰，中央民族大学学报（哲学社会科学版）. 2

云南边境对外贸易成就、问题与对策研究/张丽君　郑妍，中央民族大学学报（哲学社会科学版）. 2

内蒙古工业化、城市化及农牧业现代化协调发展对策研究/刘艳　赵欣，中央民族大学学报（哲学社会科学版）. 2

新疆向西开放竞争力指标体系构建及评价/刘炳炳　邵一珊，中央民族大学学报（哲学社会科学版）. 2

城市化道路的民族差异/王文长，中央民族大学学报（哲学社会科学版）. 3

基于可持续生计视角的阿拉善生态移民研究/刘红　马博　王润球，中央民族大学学报（哲学社会科学版）. 5

绿色经济内涵探微——兼论民族地区发展绿色经济的意义/王玲玲　冯皓，中央民族大学学报（哲学社会科学版）. 5

财政共治：中央与民族自治地方财政关系基本框架/王玉玲　江荣华　马彦，中央民族大学学报（哲学社会科学版）. 6

重大基础设施项目对少数民族社区发展影响的实证研究——以桂中水南高速项目中的兴科村为例/邹海霞　杨文健，中央民族大学学报（哲学社会科学版）. 6

武陵山区贫困乡村经济社会发展现状的调查与思考/刀波　乌小花　宋志光　徐晓鹃，中央民族大学学报（哲学社会科学版）. 6

贵州民族特色旅游产品产业价值链治理模式研究/张慧　田丽敏，贵州社会科学 . 9

西藏城镇化水平与城乡居民消费关系的实证分析/狄方耀　王晓楠　杨慧，西藏民族学院学报（哲学社会科学版）. 6

推进民族地区新型城镇化发展的思考与建议/阿什老轨，广西社会科学 . 6

清代前期达斡尔、鄂温克两族农业发展考述/金鑫，中国边疆史地研究 . 3

博物馆营销思维下藏品保护与文化产业开发的关系——以民族专业类博物馆为例/周婷婷，中国博物馆 . 2

三　民族学

金朝前期陕甘区域文化特征/王万志，史学集刊 . 3

“榔规”运行的文化机制——以贵州雷山甘吾苗寨“咙当”仪式为例/赵旭东，民族研究 . 1

藏彝走廊历史上的民族流动/石硕，民族研究 . 1

走向“文化志”的人类学：传统“民族志”概念反思/张小军　木合塔尔·阿皮孜，民族研究 . 4

浙江景宁畲族“做老者”仪式探微/蓝希瑜，民族研究 . 4

亲属制度、神山与王权：吐蕃赞普神话的人类学分析/张亚辉，民族研究 . 4

滇西白族传统温泉治疗仪式与变迁/李相兴，民族研究 . 5

浅层融入与深度区隔：广州韩国人的文化适应/周大鸣　杨小柳，民族研究.2

榆林窟第25窟“藏汉婚礼图”的再研究/陈于柱　张福慧，民族研究.2

传统民族观视域中的巴蜀“北僚”和“南平僚”/黎小龙，民族研究.2

结构生成：广西大瑶山花篮瑶亲属制度演变的实践理性/罗红光，民族研究.3

藏传佛教寺院的供养结构——云南德钦噶丹·羊八景林寺的个案分析/陈庆德　此里品初，民族研究.3

被遮蔽的妇科病：广西柳州侗寨妇女的就医选择/程瑜　黄韵诗，民族研究.6

迈向“民族博物馆”新纪元：台湾两座泰雅族博物馆的创置经验分析/马腾嶽，民族研究.6

民国时期改正西南地区虫兽偏旁族类命名详论/杨思机，民族研究.6

以安顿生命为目标的研究方法——卡洛琳·艾理斯的情感唤起式自传民族志/卢崴诩，社会学研究.6

论多元文化视野下“羌”在边疆康区的文化主体性/孔含鑫　吴丹妮，世界宗教研究.2

海南宝岛：海上丝绸之路的重要中转地——海南三亚、陵水、万宁等地穆斯林文化田野报告/田德毅，世界宗教研究.2

民族杂居区的语言和谐与语言生活变迁初探——以云南省丽江玉龙县九河乡为例/李春风，民族教育研究.2

湘西苗族传统文化在家庭教育中的传承特性/向瑞　张俊豪，民族教育研究.2

裕固族学校舞蹈教育发展刍议——以乡土教材《裕固族舞蹈》为中心/巴战龙，民族教育研究.3

我国朝鲜族学校传统节日仪式传承现状与思考/崔英锦　姜楠楠，民族教育研究.3

教育人类学：美美与共的学问/纳日碧力戈，民族教育研究.4

满族形成和发展过程中的皇太极教育思想研究/戴猛强　吴明海，民族教育研究.4

家庭、教育与分离的技术——文化转型人类学的一种视角/赵旭东，民族教育研究.4

10～14世纪北方游牧民族婚姻习俗的变迁/贾淑荣，北方文物.1

古代蒙古人的道德思想与其社会意义/陈永国，北方文物.1

契丹祭山礼仪考论/吕富华　杨福瑞，北方文物.3

女真宗族部族组织的习惯法/王玉薇，北方文物.3

黑龙江省民族博物馆馆藏赫哲族鱼皮袍/司金亮，北方文物.3

敦煌民俗乐舞服饰图像研究——《宋国夫人出行图》女子乐舞服饰/卢秀文，敦煌学辑刊.1

新疆洛浦县地名“山普鲁”的传说/段晴，西域研究.4

三十年来贵州民族文献资源现状调查分析综述/陆光华　钟海珍，贵州民族研究.1

城市化对壮族民间文化变迁的影响/吴德群，贵州民族研究.1

从《榕城竹枝辞》看晚清贵州苗侗风俗/吴玲玲　朱泽坤，贵州民族研究.1

少数民族语言消失与民族认同研究/王晋梅　周晓梅，贵州民族研究.1

试论水书文化的传承制度及水书习俗的构建/潘瑶　韩荣培，贵州民族研究.2

节庆社会“去结构”状态与社会发展——基于傣族泼水节的“去结构”性分析/赵煜，贵州民族研究.2

近代以来川南苗汉族际通婚的心理学分析/刘琳，贵州民族研究.2

“五溪蛮”地区“抬狗求雨”民俗仪式的人类学意义/陶淑琴，贵州民族研究.2

侗款研究综述/江明生，贵州民族研究.2

土司制度与民族文化论析——以播州土司为例/党会先，贵州民族研究.2

中国农村教育的人类学评估/庄孔韶　冯跃生　龙曲珍，贵州民族研究.3

都市散居回族人的社会合作心理/李军霞，贵州民族研究.3

全球化语境下少数民族文化传承研究/孙国军　陈怡，贵州民族研究.3

蒙古族传统文化的结构性分析——以心态文化层为视角/王春风，贵州民族研究.3

贵州从江侗乡稻鱼鸭系统的生态模式研究/詹全友　龙初凡，贵州民族研究.3

傣族稻米饮食与文化象征意义/阎莉　莫国香，贵州民族研究.3

关于贵州彝文部件整理研究/吴勰　文启扬　王明贵，贵州民族研究.3

湘西苗族传统婚恋文化核心价值观解读/吴桂鸿　刘冰清，贵州民族研究.3

影像中的民族身份建构与启蒙新变——以《云上太阳》为例/阮青，贵州民族研究.3

汉文化传播下的土家民族文化的因应之道/谭清宣，贵州民族研究.3

基于版式的民族性与时代性的创新研究/曹军，贵州民族研究.3

论中国土司制度与西方殖民活动的区别/杨庭硕　杨曾辉，贵州民族研究.3

土司时期西南地区土兵的军事领导体制研究/李良品　蒲丽君，贵州民族研究.3

播州杨氏土司军事关隘的设置与海龙囤的管理/李思睿，贵州民族研究.3

跨文化视阈下的播州民族文化变迁——基于海龙屯考古及播州土司墓的考察/陈季君　裴恒涛，贵州民族研究.3

中缅、中老跨境民族传世铜鼓比较研究/韦丹芳，贵州民族研究.4

传媒化进程中民族文化及其主体的调适/邱广宏，贵州民族研究.4

贵州民族文化价值的认识局限与超越/陈孝凯　孟立军　王国超，贵州民族研究.4

试析贵州苗族古歌中的创世神话/张维佳，贵州民族研究.4

黔西北彝文古籍及其文献价值/东潇　黄卫华，贵州民族研究.4

旅游背景下禁忌文化的变迁与固守——以德夯苗寨为例/莫代山，贵州民族研究.4

少数民族与儒学双向互动过程的伦理互通/朱玲　申艳婷，贵州民族研究.4

儒学文化在女真民族统治地域内的传播与传承——兼论儒学文化的北传/杨珩，贵州民族研究.4

民族文化力：工业—生态有效耦合的基点——基于贵州省的实证辨析/申振东　乔姗姗，贵州民族研究.4

侗族传统婚姻家庭习惯法的伦理思想/袁泽清，贵州民族研究.5

贵州屯堡人族群互动的历史学解析/李仕蓉，贵州民族研究.5

佤族习惯法和国家制定法的关系探究/白梅　司雪侠　元庆，贵州民族研究.5

清水江流域苗侗婚姻选择中的鬼蛊禁忌/傅慧平　张金成，贵州民族研究.5

流散民族的历史记忆与族裔认同——基于托尼·莫里森小说/段军霞，贵州民族研究.5

近30年来日本学者的羌族研究文献综述——以文化人类学为中心/赵蕤，贵州民族研究.5

汉唐北疆草原民族饮食文化初步研究/贺菊莲，贵州民族研究.5

晚清时期鸦片对贵州民族风俗影响研究/陆吉康　段艳，贵州民族研究.5

我国民族地区文化传播研究文献计量分析/徐迪，贵州民族研究.6

浅析文化生态语境中侗族鼓楼的功能/潘昱彤　何茂莉，贵州民族研究.6

新媒体语境下民族文化的扩散效应/董丽荣　孙云宽，贵州民族研究.6

苗族服饰的民族文化学考论/杨毅，贵州民族研究.7

浅论黔东南州大利侗寨水环境景观特征与保护策略/王早立　张建林，贵州民族研究.7

全球化视域下中国“世界遗产”的民族性/刘海萍，贵州民族研究.7

我国民族地区重要文物遗产的时空分布特征——基于民族自治地方全国重点文物保护单位的分析/甘露，贵州民族研究 . 7

贵州北侗地区农村聚落空间形态演变研究——以玉屏侗族自治县朝阳侗寨为例/姚莉　屠飞鹏，贵州民族研究 . 7

非物质文化遗产视域贵州侗族民间武术的传承与发展/罗辑　刘积德，贵州民族研究 . 7

试析藏族逻辑文化的特征/刘飞　王克喜，贵州民族研究 . 7

皖南徽州山越族文化消融与其汉文化趋同路径/柏家文，贵州民族研究 . 7

论藏族形成跨界民族之成因/白林海，贵州民族研究 . 8

传统民族精英与制度精英在村治中的契合性作用——以广西 LH 瑶族乡的白裤瑶村落为例/陈文琼，贵州民族研究 . 8

当代社会变迁对维吾尔族木卡姆传承的影响/赵艳　宋沛，贵州民族研究 . 8

社会学视角下藏族锅庄舞文化变迁思考——以甘孜藏区德格锅庄为例/秦华，贵州民族研究 . 8

对侗族大歌申遗后保护工作的思考/吴培安，贵州民族研究 . 8

论《亚鲁王》射日射月母题——基于历史记忆的研究/高森远　杨兰，贵州民族研究 . 8

清代民国时期西藏地区多种婚姻家庭形态论析/何一民　赵淑亮，贵州民族研究 . 8

西南少数民族族群的历史形成与社会结构——以滇国动物搏噬纹为中心考察/刘渝，贵州民族研究 . 8

少数民族体育的文化补偿本质研究/串凯　杨伟，贵州民族研究 . 8

凉山彝族服饰设计中的文化意蕴/吕钊　兰宇，贵州民族研究 . 8

移民少数民族社会融入的哲学认知研究/何宇　潘光堂　舒永久，贵州民族研究 . 8

黔东南地区苗族、侗族民居建筑比较研究/高倩　赵秀琴，贵州民族研究 . 9

论维吾尔族传统首饰文化变迁/热娜·买买提，贵州民族研究 . 9

论民歌在南方少数民族婚姻习惯法中的作用/袁翔珠，贵州民族研究 . 9

民族联谊活动的社会功能及其优化——以武陵山片区为例/罗教讲　刘植靖，贵州民族研究 . 9

侗族古俗文化的生态伦理意蕴及其现代启示/魏建中　吴波，贵州民族研究 . 9

死亡的起源——试析藏缅语民族的分寿岁神话与不死药神话/沈德康，贵州民族研究 . 9

贵州苗族“飞歌”的传承及保护研究/黄冰漫，贵州民族研究 . 9

维吾尔谚语中所体现的传统婚姻家庭观/阿迪拉·阿不里米提，贵州民族研究 . 9

藏族文化认同与自我身份的建构——从《如意高地》解析马丽华的西藏情怀/赵丽，贵州民族研究 . 9

中国赫哲族研究的回顾与展望——基于 2003—2013 年 CNKI 期刊数据的分析/孙岩　赵伶俐，贵州民族研究 . 9

城镇化进程中的少数民族文化传承与保护——以贵阳市花溪区为例/邓卫红，贵州民族研究 . 9

“活态”博物馆建设与民族地区非遗保护耦合研究/葛米娜，贵州民族研究 . 9

南传佛教影响下的傣族社会文明格局/赵燕，贵州民族研究 . 9

论清代以来吐鲁番地区传统民居的汉文化现象/李文浩，贵州民族研究 . 9

藏族婚姻习惯法历史嬗变及其走向展望/李亮，贵州民族研究 . 10

彝族“死给”现象中习惯法与国家法的互动/梁潇，贵州民族研究 . 10

贵州畲族“门”文化/曾祥慧　曾婧　雷秀武，贵州民族研究 . 10

少数民族舞蹈文化的传承和发展——以巍山彝族打歌为例/惠颖，贵州民族研究 . 10

文化的“源”与“流”——变迁后的贵州壮族文化/翁泽仁，贵州民族研究 . 10

试述彝族《查姆》中的阴阳五行观/叶德跃，贵州民族研究 . 10

异化翻译观下的贵州民族民俗文化译介与传播/吴斐，贵州民族研究 . 10

双面枭雄：乌江流域土司传说与民族记忆研究/王剑，贵州民族研究 . 10

少数民族建筑聚落空间的社会复合结构探究/谷莉，贵州民族研究 . 10

雷山县南贵、羊排、东引村镇景观空间研究/王鑫　李雄，贵州民族研究 . 11

论新媒体视域下民族文化的当代传播/姜申，贵州民族研究 . 11

苗族服饰文化保护初探——以贵州省台江县为例/周婧景，贵州民族研究 . 12

少数民族社会养老服务的宗教参与行为研究/陈丽莎　孙伊凡，贵州民族研究 . 11

南少数民族自然崇拜折射出的环保习惯法则/柴荣怡　罗一航，贵州民族研究 . 11

当代发展语境下民族杂居区文化适应研究——基于贵州的人类学观察/刘勇　杨昌儒，贵州民族研究 . 11

民族地区跨文化交际能力培养中民族性格渗透的表征/康华，贵州民族研究 . 11

群体交往与社会网络的建构——以打同年为例/徐赣丽　彭晔，贵州民族研究 . 11

民族性的表述：一个土家族社区的民族志研究/陈心林，贵州民族研究 . 11

新疆维吾尔族传统文化的传承与发展/陈剑，贵州民族研究 . 11

民族文化与自然生态系统的耦合——贵州少数民族植物染色与生态环境关系的研究/淳于步，贵州民族研究 . 12

侗族大歌的传承和发展探究/杨宇娟，贵州民族研究 . 12

传说在历史现场中的记忆与失忆——以桑植白族仗鼓舞起源传说为例/欧阳岚，贵州民族研究 . 12

贵州少数民族古歌文化内涵及功能/陈为兵，贵州民族研究 . 12

巴蜀民族文化视阈下的唐代诗歌/张红，贵州民族研究 . 12

文化地理学视阈下仡佬族民族形象的文学建构/朱殿勇，贵州民族研究 . 12

贵州少数民族森林文化初探/范波，贵州民族研究 . 12

新疆乡土文化艺术语境下的图式与符号/徐迪刚　董馥伊，贵州民族研究 . 12

哈萨克族摇床及其人类学解读/唐莉霞，贵州民族研究 . 12

藏族茶叶的功能演变、需求扩张及其启示/王占华，贵州民族研究 . 12

蚩尤部落是苗族的英雄时代/石朝江，贵州民族研究 . 12

从若干仪式看桂北苗族鬼观的文化逻辑/区缵，广西民族大学学报（哲学社会科学版）. 1

湖北三家台村蒙古族的生计变迁与文化适应/王希辉，广西民族大学学报（哲学社会科学版）. 2

罗城客家人与仫佬族文化融合探析/袁丽红，广西民族大学学报（哲学社会科学版）. 2

“国家化”视野下的中国西南地域与民族社会——以“古苗疆走廊”为中心/杨志强，广西民族大学学报（哲学社会科学版）. 3

“一线道”与“边墙”：历史上的“苗疆”/黄才贵，广西民族大学学报（哲学社会科学版）. 3

“古苗疆走廊”之内涵及特点/马静，广西民族大学学报（哲学社会科学版）. 3

土司的结构过程：以明清时期广西永宁州土司为例/胡小安，广西民族大学学报（哲学社会科学版）. 3

关公信仰在容美土司的“地方化”及其诠释/黄柏权　葛政委，广西民族大学学报（哲学

社会科学版). 3

后民族国家时代的认同建构——哈贝马斯的宪法爱国主义新探/黄其松，广西民族大学学报（哲学社会科学版). 4

黎族现代互助制度及其行动逻辑——以海南岛黎村为例/张峻，广西民族大学学报（哲学社会科学版). 5

海南疍家的陆地印记：从食槟榔习俗谈起/刘莉，广西民族大学学报（哲学社会科学版). 5

“他者”的自我维系：京族人的族群认同及其变迁/吕俊彪，广西民族大学学报（哲学社会科学版). 5

怀化七姓瑶“高坡大王”祭祀圈的建构探析/姜又春，广西民族大学学报（哲学社会科学版). 5

萨满医术：北方民族精神医学/色音，广西民族大学学报（哲学社会科学版). 6

萨满教医疗文化与现代医学的比较研究/李世武，广西民族大学学报（哲学社会科学版). 6

壮族族称考/龙国治　潘悟云，广西民族大学学报（哲学社会科学版). 6

壮族传统基层社会亲属与结群的若干基本特征/郭立新，广西民族研究 . 1

追根认祖：一种国家与乡民关系的文化建构——一个壮家宗族复兴的考察/陈靖，广西民族研究 . 1

瑶族崇林祭树传统习俗中的生态智慧/何新凤　刘代汉，广西民族研究 . 1

21 世纪初瑶族研究的回顾与展望/陈敬胜，广西民族研究 . 1

桂林回坊形成与变迁研究/石春燕，广西民族研究 . 1

少数民族妇女研究：人文社会科学研究中的短板交叉点/章立明，广西民族研究 . 2

藏区水葬习俗的饮食人类学解读——基于金沙江河谷的田野调查/叶远飘，广西民族研究 . 2

从认知研究视角看族群边界理论：原生论与场景论的一种融合路径/张超，广西民族研究 . 2

断发文身：越文化与汉文化属不同类型文化论/白耀天，广西民族研究 . 2

中国少数民族文化对外传播与翻译的多维思考/刘汝荣，广西民族研究 . 2

岭南民族歌圩文化中所蕴含的生态审美智慧/何飞雁，广西民族研究 . 2

眼镜蛇患社会恐慌疗禳技仪——兼论彝族传统自然观/黄龙光，广西民族研究 . 3

“洁净”的秩序和力量——壮族古俗“夫妻异室而居”新探/潘春见，广西民族研究 . 3

布洛陀文化传承研究综述/程萍，广西民族研究 . 3

广西都安布努瑶挽歌《萨当琅》的文化学解析/黄海云，广西民族研究 . 3

从意象到实践：“花”瑶女性挑花服饰及其身体话语/谢菲，广西民族研究 . 3

苗族传统生态知识保护与产业扶贫——以宗地乡中蜂传统饲养的田野调查为依据/杨成孙秋，广西民族研究 . 3

表演民族志及其在教育领域的应用实践——以卡尔 · 巴格利的“确保开端”项目为例/周兰芳　陈学金，广西民族研究 . 4

高度政治化、恢复发展与博弈中变迁——转型期壮族民间文化变迁的三个阶段/吴德群，广西民族研究 . 4

盘瓠出世：瑶族起源于豫东鲁西——盘瓠部族兴起和迁徙系列研究之一/莫金山，广西民族研究 . 4

清末广西瑶族批山契约的法理分析：广西民族法治的本土资源借鉴/刘训智，广西民族研究.4

牛：一个研究西南民族社会文化的视角/杨筑慧，广西民族研究.4

地域学研究的几个基本问题——以“桂学研究”为例的探讨/胡大雷，广西民族研究.4

国家认同视野下的土司文教制度：乌江流域例证/彭福荣，广西民族研究.4

从哈黎到美孚黎：黎族内部支系的转化与融合——基于海南省东方市西方村的田野调查/孟凡云，广西民族研究.5

自传式民族志：概念、实施与特点/杨爽　钟志勇，广西民族研究.5

广西考古学研究与壮学的建立发展/谢崇安，广西民族研究.5

壮族民间侬智高传说的口述史意义/陈金文，广西民族研究.5

向心的凝聚：容美土司国家认同研究/葛政委　黄天一，广西民族研究.5

民族旅游中的文化中心主义与族群认同研究——基于大理双廊白族村的田野调查与研究/陈修岭，广西民族研究.5

再论仫佬族族称、族源及其与周边民族的关系/吴国富　林义雯，广西民族研究.6

边境民族心理、文化特征与社会稳定实证研究——基于滇越边境10个民族的调查问卷分析/谷家荣　陈晨，广西民族研究.6

壮学的发展与前瞻/覃彩銮，广西民族研究.6

壮族土司制度研究与壮学建立/黄家信，广西民族研究.6

身体认知与疾病：红瑶民俗医疗观念及其实践/冯智明，广西民族研究.6

人观与秩序：布努瑶送魂仪式分析/叶建芳，广西民族研究.6

内蒙古牧区贫困牧民的心理因素分析/吴群　张艾力，黑龙江民族丛刊.1

深化肃慎族历史研究打造鸡西文化品牌/余梓东，黑龙江民族丛刊.1

额儿古涅—昆传说与蒙古人的原始精神/照日格图，黑龙江民族丛刊.1

杜尔伯特旗扎萨克承袭中的几个问题/包银图　博彦贺喜格，黑龙江民族丛刊.1

浅谈古代鄂伦春族的社会组织形式和管理方式/王英维，黑龙江民族丛刊.1

金朝家庭中夫妻间法律关系考论/王姝，黑龙江民族丛刊.1

大众文化视角下的少数民族文化认同/王埃亮，黑龙江民族丛刊.1

赫哲族伊玛堪传承的教育人类学解读/范婷婷　郭天红，黑龙江民族丛刊.1

达斡尔族伦理思想管窥/杨大桅　日晨　熊坤新，黑龙江民族丛刊.1

辽宁省朝鲜族现状与发展研究/金海燕，黑龙江民族丛刊.2

差异与共振：人权观念与民族权利关系解读/青觉　马东亮，黑龙江民族丛刊.2

民族自决权及其限定性探究/严庆　郭建民，黑龙江民族丛刊.2

古代游牧民族符号岩画考/崔星　崔凤祥，黑龙江民族丛刊.2

文化CIS战略——达斡尔、鄂伦春、鄂温克族居住文化探析/马本和　刘慧，黑龙江民族丛刊.2

“三亚”的黎族地名特征及其文化蕴意/王明坤，黑龙江民族丛刊.2

京族传统伦理思想及其当代价值/郭世平　马静　何春燕，黑龙江民族丛刊.2

试析鄂温克族的传统生态伦理思想/李利辉，黑龙江民族丛刊.2

俄罗斯科学院东方文献研究所藏满文文献述略/王敌非，黑龙江民族丛刊.2

极端民族主义的厘定与解读/严庆　闫力，黑龙江民族丛刊.3

清初孝端后与孝庄后姑侄共嫁清太宗的文化解析/徐亚萍，黑龙江民族丛刊.3

从采食习俗到现代节庆的演化和嬗变——以黑龙江达斡尔族“打造”“库木勒节”为例/戴

淮明，黑龙江民族丛刊.3

风格化——嫩江流域少数民族居住文化传承与保护策略/栾斌　马本和，黑龙江民族丛刊.3

黑龙江省人口较少民族传统体育保护传承的创新思考/宋智梁　张良祥　范锐　吴海晶，黑龙江民族丛刊.3

浅谈乌拉满族饮食文化的民族特色/张林，黑龙江民族丛刊.3

藏族传统慈善伦理及其时代价值/王银春　刘国新，黑龙江民族丛刊.3

HumanLibrary：探索民族院校图书馆服务育人的创新模式/刘亚丽　高利，黑龙江民族丛刊.3

城市民族社区研究的文化意义摭析/汪春燕，黑龙江民族丛刊.4

蒙古族“那达慕”变迁浅析/陈玉芝，黑龙江民族丛刊.4

关于对地方民族文献的几点思考/田海林，黑龙江民族丛刊.4

区域性蒙古族民俗视觉审美符号文化解析/李军，黑龙江民族丛刊.4

法兰西 nation：从观念到现实/陈玉瑶，黑龙江民族丛刊.5

旅游经济影响下传统民族节庆变迁研究——以浙江景宁畲族“三月三”为例/邱云美，黑龙江民族丛刊.5

也说满族起源问题/卢伟　张克，黑龙江民族丛刊.5

消费文化向度下的少数民族文化转型/王埃亮，黑龙江民族丛刊.5

杜尔伯特蒙古族传统游戏探究——以黑龙江省杜尔伯特蒙古族自治县布村为个案/赵月梅，黑龙江民族丛刊.5

节日文化展演与家族民俗保护——以吉林九台石姓满族龙年春节为例/徐立艳，黑龙江民族丛刊.5

英国伦敦满文文献概述/王敌非　谷慧泉，黑龙江民族丛刊.5

中国民族政治学研究的新路径/青觉，黑龙江民族丛刊.6

天津城市文化的蒙古族因素/刘金明　李伟佳，黑龙江民族丛刊.6

旅游背景下的文化重构与民族文化意识变迁——以德夯苗寨为例/莫代山，黑龙江民族丛刊.6

现代性、商品经济与传统节日：成都市古尔邦节研究/胡冬雯　马勇，回族研究.1

回族古建筑昭示的和谐成因与文化认同/雷昊明，回族研究.1

现代社会福利语境下伊斯兰社会福利思想论析/米恩广　权迎，回族研究.1

20 世纪阿拉伯学者对中国回族和伊斯兰教的认知/王根明，回族研究.1

白寿彝先生对回族史研究的方法论贡献/于衍学　马敏，回族研究.2

回商文化中的伊斯兰经济思想初探/谢文心，回族研究.2

从乾隆四十七年海富润携书案相关档案资料看中国回民学经问题/杨晓春，回族研究.2

刘智援儒释伊之“五典”说探析/乌勒返·努尔兰，回族研究.2

20 世纪三四十年代回族青年知识分子的群体成长/钟银梅，回族研究.4

符号表征与族群认同——以文化符号解读旧村回族的族群认同/王玲霞，回族研究.4

当代宁夏农村回族女性婚姻状况的实证分析/王雪梅，回族研究.4

英语世界的东干人实地研究述评/李如东，回族研究.4

西北羌族的家神与家支：亲属建构的文化逻辑/李正元，青海民族研究.1

“游牧—定居”连续统：一种游牧社会变迁的人类学研究范式/罗意，青海民族研究.1

村落仪式的象征意义研究——人类学视野中的纳家措哇/李姝睿，青海民族研究.1

论李绍明先生的应用民族学思想及其实践/王希辉，青海民族研究.1

结构，现实需要与文化传承——以乌斯满的行为逻辑和社会互动为例/菅志翔，青海民族研究.1

英雄崇拜与国族建构：国族关怀下的成陵西迁及祭祀/储竞争，青海民族研究.1

疆域观与族类观的转变：兰州城市身份演变与“中国”观念变迁/邵彦涛，青海民族研究.1

琉球王述略——基于对土司制度的关连/龚荫　龚梦川，青海民族研究.2

土司制度研究：一个多学科交叉研究的学术领域——兼论近代中国的土司制度与改土归流/彭武麟，青海民族研究.2

近年来西方对中国边疆与西南土司的研究/彭文斌，青海民族研究.2

构建“土司学”的几点思考/李良品　李思睿，青海民族研究.2

试析敖包祭祀与草原生态的关系——以东乌珠穆沁旗巴彦敖包祭祀为例/张昆，青海民族研究.2

回族茶点文化变迁研究——以苏杭为例/肖芒，青海民族研究.3

传统与现代的嫁接——土族传统婚俗的现实价值观探讨/王大钊，青海民族研究.3

从黎族传统服饰的演化看汉文化的影响/黄德珍，青海民族研究.3

甘洛县则拉乡凉山村尔苏藏族的么司叉积研究/古涛，青海民族研究.3

民族话语权力建构与再生产/潘宝，青海民族研究.4

从土人到土族：以土族为个案重新审视我国的民族区域自治制度/祁进玉，青海民族研究.4

穆斯林食品文化与唐代长安生活市场的繁荣/吕变庭　张胜凯，青海民族研究.4

白马藏族“鱼骨牌”饰品的考古学研究/余永红，青海民族研究.4

犹太教与伊斯兰教的洁食文化——解读饮食禁忌及其伦理思想/刘博，青海民族研究.4

困境与超越：藏族赔命价习惯规范的理性分析/赵天宝，西北民族大学学报（哲学社会科学版）.1

新疆地区青少年的民族认同研究/苏昊，西北民族大学学报（哲学社会科学版）.2

新疆哈萨克族东迁原因俯视/万雪玉，西北民族大学学报（哲学社会科学版）.2

新疆罗布人的人生礼仪及其文化内涵——基于轮台县草湖乡的田野调查/艾买提江·阿布力米提，西北民族大学学报（哲学社会科学版）.2

维吾尔族的宗教认同与国家自豪感的关系——以乌鲁木齐市维吾尔族民众为例/艾麦提江·麦麦提　阿布都克里木·阿布力孜，西北民族大学学报（哲学社会科学版）.3

藏族姓氏与汉姓转译现象考察——以青海“卓仓藏族”姓氏考察为例/王志强，西北民族大学学报（哲学社会科学版）.3

新疆哈萨克民族实践“中国梦”的探索与构想/王广元　王友文，西北民族大学学报（哲学社会科学版）.3

藏族传统体育与人类文化生态关系的探讨/丁玲辉，西北民族大学学报（哲学社会科学版）.3

民族节庆民俗体育文化探析——以甘肃舟曲为例/谢智学，西北民族大学学报（哲学社会科学版）.3

祖师、空行母、觉域法——藏族女性承载的法统/德吉卓玛，西北民族大学学报（哲学社会科学版）.4

民族文化与社区建设——兼谈回族社区研究/赵文，西北民族大学学报（哲学社会科学

版). 4

“口述史”在民族音乐发展中的历史与逻辑——基于土家族土司音乐研究/熊晓辉，西北民族大学学报（哲学社会科学版). 4

论彝族“德古”文化的意义及其规制/张邦铺，西北民族大学学报（哲学社会科学版). 4

彼得·凯里小说中的民族认同问题研究/张计连，西北民族大学学报（哲学社会科学版). 5

社会学视野下的裕固族祭鄂博仪式及其功能研究/张瀚玉　杨叶青，西北民族大学学报（哲学社会科学版). 5

浅析时轮历中的“三种日”理论/索郎桑姆　格朗，西北民族大学学报（哲学社会科学版). 6

试论河湟地区的民族地理学研究意义/徐国英　崔明，西北民族大学学报（哲学社会科学版). 6

社会文化人类学的中国化反思/章立明，世界民族. 1

文化绘图：文明对话与自我表述——“从江文化绘图”的人类学意义/付海鸿，世界民族. 1

海外民族志研究大有可为/王延中，世界民族. 1

海外民族志与世界性社会/高丙中，世界民族. 1

小地方与大议题：用民族志方法探索世界社会/阎云翔，世界民族. 1

国族是什么？/［法］厄内斯特·勒南著，陈玉瑶译，世界民族. 1

美国人类学本土研究述略/李荣荣，世界民族. 2

谱系追溯与方法反思——以“内卷化”为考察对象/周大鸣　郭永平，世界民族. 2

二战后族群史研究凸显于美国学界的动因分析/刘海涛，世界民族. 2

汉语海外民族志实践中的“越界”现象——基于方法论的反思/杨春宇，世界民族. 3

群际接触理论的新进展：想象性接触假说/高承海　杨阳　董彦彦　万明钢，世界民族. 4

人类学研究范式的特征、类型及其转换/何星亮，世界民族. 5

从族类—象征（Ethno—SymboUc）的角度看民族认同/［保加利亚］艾丽娅·查内娃著，于红译，世界民族. 5

海外民族志之于中国人类学的价值与意义/刘明，世界民族. 6

西夏古纸的检测和初步研究/李晓岑　贾建威，西北民族研究. 1

“中庸之道”与“真忠正道”——中华文化与伊斯兰文化中的和谐之道/丁俊，西北民族研究. 1

乡土之实与山川之灵——以费孝通为例对中国社会学与人类学两重性的再省思/齐钊　赵旭东，西北民族研究. 1

历史脉络、权力与多民族国家——关于公民意识的若干问题/范可，西北民族研究. 2

季什科夫和他的《学术与人生》/丁宏，西北民族研究. 2

西部民族娱乐的社会生活意义/万建中，西北民族研究. 2

蒙古地区近当代“民族”［ündüsüten］概念及其社会认同/常宝，西北民族研究. 2

从《乌布西奔妈妈》看东海女真人的部落战争/郭淑云，西北民族研究. 2

“巴扎”（集市）日的时间规制/王敏，西北民族研究. 2

俄国鞑靼斯坦“扎吉德”运动与近代维吾尔启蒙运动——新疆“东突厥斯坦”运动的缘起/潘志平，西北民族研究. 3

隆德大学所藏察合台文手抄本《伊米德史续编》研究/吾斯曼江·亚库甫，西北民族研

社会科学版). 6

三岩藏族丧葬礼俗研究/岳小国 英珍，西南民族大学学报（人文社会科学版). 6

民族民间医疗的规范化新探——以老羌医的被规范化为例/张丹 张静 张艺，广西民族大学学报（哲学社会科学版). 6

西南少数民族传统医药调查/马克坚 杨玉琪 杨剑 戴水平 张静，广西民族大学学报（哲学社会科学版). 6

多点、合作研究：西南少数民族医药调查的启示/赖立里，广西民族大学学报（哲学社会科学版). 6

瑶医养成与医药传承——对盘瑶民间医者的调查/方梅坚 陈智平 刘华钢，广西民族大学学报（哲学社会科学版). 6

需求与认同：土家族医药传承探析/杨付明，广西民族大学学报（哲学社会科学版). 6

藏族员工在西藏中小型民营企业内的职业发展研究/王凡妹，西南民族大学学报（人文社会科学版). 7

土家族非物质文化遗产的审美文化生态/杨亭，西南民族大学学报（人文社会科学版). 7

城市化进程中维吾尔族居民语言态度的调查与分析——以几个调查点的现状为例进行对比/热孜婉·阿瓦穆斯林 马琰，西南民族大学学报（人文社会科学版). 7

政策学视阈下的明清时期川南民族关系研究/刘琳 郎维伟，西南民族大学学报（人文社会科学版). 8

罗布泊移民与“洛浦”称谓之由来/祖力亚提·司马义，西南民族大学学报（人文社会科学版). 8

论鄂西地区少数民族文化“走出去”的途径/易红 彭瑛，西南民族大学学报（人文社会科学版). 8

嘉绒藏族碉楼考察与思考/红音，西南民族大学学报（人文社会科学版). 8

雅拉香波神山祭/曾丽容 王启龙，西南民族大学学报（人文社会科学版). 8

非遗生产性保护的短板和解决的可能——以壮锦的实践为例/徐赣丽，西南民族大学学报（人文社会科学版). 9

蹲踞式人形岩画与南岛语族的扩散研究/黄亚琪，西南民族大学学报（人文社会科学版). 9

从道孚语的词源结构看道孚藏族的思维方式/根呷翁姆，西南民族大学学报（人文社会科学版). 9

羌族民俗文献价值及开发利用/余丹 袁琳蓉 蒋彬，西南民族大学学报（人文社会科学版). 9

景观建构中的帕西傣社会空间——以峦村金桥为对象/薛熙明 马创，西南民族大学学报（人文社会科学版). 10

认知传承变迁：门巴、珞巴族传统体育文化调查/丁玲辉 觉安拉姆 尼玛欧珠，西南民族大学学报（人文社会科学版). 10

民族志视野下的藏边世界：土地与社会/张亚辉，西南民族大学学报（人文社会科学版). 11

近百年来甘肃卓尼调查记述及土司研究综述/魏长青，西南民族大学学报（人文社会科学版). 11

共生关系的构建与发展——新疆阿勒泰草原一个微型多民族社区的个案/罗意，西南民族大学学报（人文社会科学版). 12

拉铁摩尔与施坚雅——边疆研究内亚范式与西南传统中的歧异与互通/袁剑，西南民族大学学报（人文社会科学版）．12

汉语“民族志”溯源再议——以中国早期西南边疆民族调查为例/王璐，西南民族大学学报（人文社会科学版）．12

李绍明先生与酉水流域土家族调查——以《川东酉水土家》为考察中心/王希辉，西南民族大学学报（人文社会科学版）．12

普米族当代文化变迁特征述论/段红云，西南民族大学学报（人文社会科学版）．12

丽江格子吐蕃墓碑补考/巴桑旺堆，西藏研究．1

试述西藏自治区档案馆馆藏珍稀文献《藏四茹兵册》之特点及研究价值/群培，西藏研究．1

西藏文化信息资源共享工程建设发展中存在的问题与对策/丹珍卓玛　杜磨舟　扎西杰保　边巴片多，西藏研究．1

拉萨老城区宗教聚落空间形态探析/王一丁　吴晓红，西藏研究．2

藏族手语初探二三题——兼谈我国少数民族手语工作/赵晓驰，西藏研究．2

西藏古代妇女体育参与度的探讨/雷巍，西藏研究．2

西藏古代印章文化/陈庆英，西藏研究．3

藏族古代翻译理论《声明要领二卷》成书年代再析/江琼·索朗次仁　达琼，西藏研究．3

试论莫斯卡格萨尔石刻文化特性/杨环，西藏研究．3

敦煌诗集残卷涉蕃唐诗综论/顾浙秦，西藏研究．3

藏文史籍所载西夏故事溯源/杨浣，西藏研究．4

珞巴族阿迪人的传统社会生活/马得汶　李金轲　姚万禄，西藏研究．4

西藏农区传统婚俗文化及其变迁——以日喀则地区拉孜县扎西岗乡玉妥村为例/旦增　仓木啦，西藏研究．4

甘丹颇章政权时期藏文历史公文档案翻译的若干问题——系列之二：正文/扎雅·洛桑普赤，西藏研究．4

论西藏地名中的情感色彩/古格·其美多吉　索朗仁青，西藏研究．5

仓央嘉措诗歌汉译的统计学特征/荣立宇，西藏研究．5

《唐蕃会盟碑》碑底纪年方式研究综述及吐蕃时期藏族纪年方式考证/卓嘎，西藏研究．5

宗堡的设立与西藏初级城市发展关系研究/周晶　李天，西藏研究．6

《御制平定金川勒铭美诺之碑》考析/黄清华，西藏研究．6

西藏茶馆及其社会空间/赵国栋，西藏研究．6

“格萨尔”与敌国子民后裔——浅析地方性格萨尔传说中一种特殊族群认同现象/王蓓，西藏研究．6

灾害的表象与灾害民族志/张曦，云南民族大学学报（哲学社会科学版）．1

身份之辩：大理“西镇”的祖先叙事/王进，云南民族大学学报（哲学社会科学版）．1

“藏边影像”：从“他者”窥视到主体表达/朱靖江，云南民族大学学报（哲学社会科学版）．1

云南少数民族非遗新生代传承人“回逆再构”式培养研究/吴晓亮　郝云华，云南民族大学学报（哲学社会科学版）．1

作为一种生存制度的图腾外婚——兼论中国西南少数民族图腾外婚/马丽萍　桂皎，云南民族大学学报（哲学社会科学版）．1

仪式与生态亲和/路芳　黄光伟，云南民族大学学报（哲学社会科学版）．2

视觉文化语境下的少数民族文化研究——以“丽江古城形象”研究为例/李娅菲，云南民族大学学报（哲学社会科学版）. 2

婚进东部沿海地区的西南少数民族妇女现状研究/郑信哲，云南民族大学学报（哲学社会科学版）. 2

民族学视野中的汉民族研究/曾少聪，云南民族大学学报（哲学社会科学版）. 3

卡里斯玛的流动与物的神圣化过程——以云南新华村制作的六字真言手镯为例/舒瑜，云南民族大学学报（哲学社会科学版）. 3

人类学视野下的非物质文化遗产研究——以台江苗族姊妹节为例/彭雪芳，云南民族大学学报（哲学社会科学版）. 3

云南多民族和谐共处模式的特点及主要成因/韩军学 刘军，云南民族大学学报（哲学社会科学版）. 3

彝族妇女婚育观念变迁研究——基于对云南姚安县大河口乡涟水村的调查/张丽虹，云南民族大学学报（哲学社会科学版）. 3

社会性别视角下的黎族农民生育观——基于对海南省头塘村的田野调查/童玉英，云南民族大学学报（哲学社会科学版）. 3

西部民族地区农村妇女参政的特征与思考——基于甘肃省临夏回族自治州Y镇的调查/杨智，云南民族大学学报（哲学社会科学版）. 4

近代云南少数民族地区女子基督教教育的嬗变及启示/刘远碧 李蔚，云南民族大学学报（哲学社会科学版）. 4

新发现贵州清水江侗族鱼鳞册评介/陈洪波 龙泽江，云南民族大学学报（哲学社会科学版）. 4

纳木依帕子超长幅图经《措布鲁古》初探/古涛，云南民族大学学报（哲学社会科学版）. 4

民族调查与电影传统——“民纪片”渊源初探/郭净，云南民族大学学报（哲学社会科学版）. 5

观自在者：现象学音像民族志/鲍江，云南民族大学学报（哲学社会科学版）. 5

侗族糯稻种植的历史变迁——以黔东南黎、榕、从为例/杨筑慧，云南民族大学学报（哲学社会科学版）. 5

云南少数民族文化传承模式及其现代化进程中的困境/阮金纯 杨晓雁，云南民族大学学报（哲学社会科学版）. 5

民族地区农村留守妻子生活状况调查研究——以贵州省黔东南苗族侗族自治州从江县西山镇A村为例/刘超祥，云南民族大学学报（哲学社会科学版）. 5

泰国谚语中的佛教哲学思想研究/杨丽周，云南民族大学学报（哲学社会科学版）. 5

城镇化进程中的民族文化交往/滕驰，云南民族大学学报（哲学社会科学版）. 5

从“身体再现系统”到“人观”——以花腰傣案例看亲属制度的逻辑源头/吴乔，云南民族大学学报（哲学社会科学版）. 6

西南少数民族国家级“非遗”保护名录的特点与问题分析/陈兴贵，云南民族大学学报（哲学社会科学版）. 6

生态文明建设不应忽视对少数民族生态文化的采撷/姚霖，云南民族大学学报（哲学社会科学版）. 6

曲贡遗址之性质及相关问题讨论/霍巍 王煜，中国藏学. 1

世俗社交与宗教实践——拉萨传统藏历新年/次仁央宗，中国藏学. 1

瞻对工布朗结在康区的兴起探析/玉珠措姆，中国藏学 . 2

再论藏族传统文化中的数学思想/范忠雄　陈改玲，中国藏学 . 2

略论藏药普尔芒的识别及应用/登巴达吉，中国藏学 . 2

藏族三大传统地理区域形成过程探讨/石硕，中国藏学 . 3

张荫棠“藏俗改良”的历史人类学考察——基于《藏俗改良》《训俗浅言》文本/陈鹏辉，中国藏学 . 3

宗教语境下藏戏的文化解构与反思/王志强，中国藏学 . 4

中华民族理论融入/孙振玉，中南民族大学学报（人文社会科学版）. 1

从牧民到农民的心路历程——裕固族生态移民过程的心理人类学考察/李静　刘继杰，中南民族大学学报（人文社会科学版）. 1

个人与社会——云南省芒市傣族村寨的生活伦理、仪式实践与社会结构/褚建芳，中南民族大学学报（人文社会科学版）. 1

族际通婚在测量民族关系中的信度与效度——以安徽省亳州市回族为例/崔忠洲　吴宗友，中南民族大学学报（人文社会科学版）. 2

侗族非物质文化遗产的社会功能与传承保护/杨军昌，中南民族大学学报（人文社会科学版）. 2

广西壮族自治区民族文化认同调查研究/赵锦山　徐平，中南民族大学学报（人文社会科学版）. 2

民族文化的“本质化”建构——以白族知识精英有关“本主”崇拜的学术书写为例/赵玉中，中南民族大学学报（人文社会科学版）. 2

旅游背景下少数民族村落的传统民居保护研究——以嘉绒藏族民居为例/刘韫，西南民族大学学报（人文社会科学版）. 2

藏彝走廊：族群互动背景下的多续藏族认同研究/韩正康　袁晓文，中南民族大学学报（人文社会科学版）. 2

土家族薅草锣鼓的文化内涵与价值/郭艳华，中南民族大学学报（人文社会科学版）. 3

近代以来川南苗汉族际通婚研究：基于心理学的视角/刘琳，中南民族大学学报（人文社会科学版）. 3

甘蔗种植与壮族社会文化变迁——以广西壮族自治区崇左市江州区果怕屯为例/刘银妹　韦丹芳，中南民族大学学报（人文社会科学版）. 3

格尔茨从“记”到“写”的民族志实践/宋红娟，中南民族大学学报（人文社会科学版）. 3

族群自觉与传统新构：对贵州东南部一个款组织变迁的研究/孙旭　张应强，中南民族大学学报（人文社会科学版）. 3

民族文化屏障对民族关系影响论析/丁龙召，中南民族大学学报（人文社会科学版）. 4

历史上的文化整合与民族认同——以北朝后期为分析中心/李克建，中南民族大学学报（人文社会科学版）. 6

地缘、亲缘、家园、文化源——论白族文化传承的特点/龙静云　杨民，中南民族大学学报（人文社会科学版）. 6

论维吾尔族传统文化特征/华锦木，中南民族大学学报（人文社会科学版）. 6

文化研究的开拓者，民族教育的耕耘人——丹珠昂奔教授与民族学研究/苏发祥，中央民族大学学报（哲学社会科学版）. 1

云南民族乡村新兴民间互助组织与传统民间互助组织的对比研究/李灿松　斯琴，中央民

族大学学报（哲学社会科学版）. 1

侗族通婚圈的历史变迁——以贵州榕江车寨为例/杨筑慧，中央民族大学学报（哲学社会科学版）. 1

浅析滇西民族村落的权力结构/王勋　江波　张国欣，中央民族大学学报（哲学社会科学版）. 1

礼物流动中的身份与秩序——以清江流域土家族“打喜”仪式为例/王丹，中央民族大学学报（哲学社会科学版）. 1

论不嫁女的家族身份——以YQ村春节家祭为例/王卫华，中央民族大学学报（哲学社会科学版）. 1

云南通海蒙古族民族认同研究综观/纳日碧力戈　符广兴，中央民族大学学报（哲学社会科学版）. 2

论现实民族志方法的源起——以马林诺夫斯基的三次民族志实践为例/张连海，中央民族大学学报（哲学社会科学版）. 2

跨层级认同：汉族族群身份的情境性研究——以江西傩艺人族群身份问题的艺术人类学解析为例/曾澜，中央民族大学学报（哲学社会科学版）. 2

近现代民族文物典藏的困境与保护路径——以民族类博物馆藏品保管现状为例/周婷婷，中央民族大学学报（哲学社会科学版）. 3

互联网时代西藏非物质文化遗产的数字化传播路径/常凌翀，中央民族大学学报（哲学社会科学版）. 3

“汉化”还是“羌化”？——川西石棺汉墓遗址族属问题再思考/赵树冈，中央民族大学学报（哲学社会科学版）. 4

祖说与族说——边陲汉人亚群体集团的身份界说与认同形塑/葛荣玲，中央民族大学学报（哲学社会科学版）. 4

《藏纪概》现流传版本中的两个问题/赵心愚，中央民族大学学报（哲学社会科学版）. 4

赫哲族“伊玛堪”歌手的时代特征/汪立珍，中央民族大学学报（哲学社会科学版）. 4

西江苗族银饰工艺的文化生态/周真刚　闫玉，中央民族大学学报（哲学社会科学版）. 4

碰撞中的神秘：土家族打溜子的技法特性探析——兼谈土家族打溜子的文化传承与保护/肖迪，中央民族大学学报（哲学社会科学版）. 4

“平权”社会的差序：清水江流域苗族群体的政治体系/曹端波，中央民族大学学报（哲学社会科学版）. 5

社会结构与巴岱身份的获得——以兴中村巴岱“过法”仪式为例对特纳理论的检讨/陆群　蒋欢宜，中央民族大学学报（哲学社会科学版）. 5

法社会学视野下的满族祭祖活动/关鑫，中央民族大学学报（哲学社会科学版）. 5

美国瑶族文献与瑶族民族记忆/何红一，中央民族大学学报（哲学社会科学版）. 5

创生—传承—化育：符号教育的内生逻辑——基于对壮族“坡芽歌书”符号的调研分析/米恩广　权迎，中央民族大学学报（哲学社会科学版）. 6

我国少数民族传统节日的休息权保护问题初探/赖力静，中央民族大学学报（哲学社会科学版）. 6

近年来中国朝鲜族文化研究的回顾与思考/陈放，中央民族大学学报（哲学社会科学版）. 6

蒙古语：草原游牧文化的镜像/邢莉　赵月梅，中央民族大学学报（哲学社会科学版）. 6

史禄国民俗观及其对满族说部研究的启示/于洋，满语研究 . 1

试论满族文化的生存维度/于洋，满语研究.1
文化产业与满族民俗旅游发展/朱桂凤，满语研究.1
传世孤本九耐堂刻本《异域录》考/李雄飞，满语研究.2
满文《黑龙江左岸旧瑷珲上下江示意图》初释/吴雪娟，满语研究.2
从鱼皮到树皮：差异性文化遗产的比较——以赫哲族鱼皮文化与黎族树皮文化为个案/尤文民 司金亮 景北，满语研究.2
文化生态学视野下的三家子地区满族文化变迁/关昊，满语研究.2
试论满族文化的分期/王玮，满语研究.2
论维汉熟语的民族特色/李遐，语言与翻译.1
苗族家祭仪式演进的历史变革调查——以黔东南雷山县桃子寨为例/王贵生 吴春兰，宗教学研究.2
凉山彝族毕摩文献《疟责哈姆尼》与彝族对瘟疫的认识/蔡富莲，宗教学研究.2
藏族祖源神话“猴魔婚媾”中的婚姻形态及观念初探/刘军君，宗教学研究.2
苗族巴代求雨仪式的人类学考察/谭志满 霍晓丽，宗教学研究.2
论多元文化视野下“羌”在边疆康区的文化主体性/孔含鑫 吴丹妮，世界宗教研究.2
民俗学视阈下近代甘青藏区的“男逸女劳”/僧海霞 东北师大学报（哲学社会科学版）.2
论甘青藏传佛教与民族团结的互动关系/马进，甘肃社会科学.1
多民族“万人扯绳”与内生性民族关系研究/赵利生 陈芳芳，甘肃社会科学.1
从敦煌情结到民族主题——甘肃地域美术现象的文化阐释/牛乐，甘肃社会科学.2
自然灾害过程中的民族学启示——以舟曲特大泥石流灾害为例/单广宁，甘肃社会科学.3
工业化对少数民族国家认同的影响及建构策略/李世勇，甘肃社会科学.3
新疆佛教石窟中的古代民族服饰考略/乌云，甘肃社会科学.4
羌族羊皮鼓舞的文化符号与美学思考/邓小娟 关樱丽，甘肃社会科学.4
民族心理研究的理论与实践/李静 张智渊，甘肃社会科学.5
新疆少数民族人口文化素质与社会经济发展研究/江承凤 米红 王志刚，甘肃社会科学.5
播州土司辖境少数民族研究/王兴骥，贵州社会科学.1
播州土司民居建筑民族特性研究/何烨，贵州社会科学.1
多元文化、少数民族权利与多民族国家建构——以金里卡的多元文化主义理论为中心的考察/黄其松，贵州社会科学.2
深描民族志方法的现象学基础/李清华，贵州社会科学.2
《亚鲁王》唱颂仪式蕴含的苗族古代部族国家礼制信息解析/麻勇斌，贵州社会科学.2
侗族大歌的独特艺术魅力/杨毅，贵州社会科学.8
文化视域下的苗族姊妹节服饰/曾祥慧，贵州社会科学.8
彝族“撮泰吉”的文化生态与现代传承研究/刘国华，贵州社会科学.8
现代化进程中贵州布依族生态伦理道德的当代价值探析/路世传 杨文武，贵州社会科学.8
西南民族乡土传统中的水文生态知识/管彦波 李凤林，贵州社会科学.11
认同形塑——民族与国家/王良范，贵州社会科学.11
自然、社会与文化因素剖析：布依族古歌的产生/黄德林，贵州社会科学.11
侗族大歌生境探析/陈守湖，贵州社会科学.11

关于袜羯族源的考古学观察与思考/乔梁，吉林大学社会科学学报.2

满族法文化的存在形态及发展趋势探析——法文化民族性的典型研究/赫然 刘宇，社会科学战线.7

满族家规的形式与变迁/连宏，社会科学战线.7

从满族说部“窝车库乌勒本”看满族传统法文化/陈英慧 任继鸿，社会科学战线.7

论中国的边疆政治及边疆政治研究/周平，思想战线.1

当代中国族际政治整合/张会龙，思想战线.1

民族生态政策的概念和构建/尹仑 薛达元，思想战线.1

从地方一族到国家公民——“白族模式”在中国民族建构中的意义/李东红，思想战线.1

村落民间叙事的焦点及意义表达——以大理剑川石龙村为例/董秀团，思想战线.1

青姑娘符号：明清汉白文化融合中的一个特例/熊娟 王本朝，思想战线.1

从刀安仁冤案看清末民初的民族国家观及傣族土司的认同/龙晓燕 段丽波，思想战线.2

神话、历史的相互建构与边疆民族的历史认同——以德昂族为例/李晓斌 袁丽华 李艳峰，思想战线.2

民族文化资本化的个人实践——西双版纳哈尼族民间艺人张树皮的生活史研究/张雨龙，思想战线.2

从民族内婚到跨国婚姻：中缅边境少数民族通婚圈的变迁/王晓艳，思想战线.6

国外嘉绒研究的回顾与反思/邹立波，思想战线.4

论西北跨国民族文化体系的戍边作用/徐黎丽 唐淑娴，思想战线.4

信仰与艺术：村落仪式中的公共性诉求及其实现——鲁中东永安村“烧大牛”活动考察/李海云，思想战线.5

哈尼族迁徙研究的回顾与反思/陈燕，思想战线.5

彝族孤人支系族群认同与“僰人后裔”身份建构/邱运胜，思想战线.5

抗战时期西南边疆的国族建构研究/朱映占，思想战线.6

宗教、道德与社会整合——从芒市傣族社会形态及其变迁反思韦伯命题研究/褚建芳，思想战线.6

多元共生：多民族散杂居地区宗教存在模式探微——甘肃省合作市藏回汉多元宗教历史与现状研究/郭志合，西藏民族学院学报（哲学社会科学版）.1

夏河县拉卜楞“塔哇”村居民生计方式调查/余小洪 尼玛顿珠 格桑卓玛 嘎桑次仁，西藏民族学院学报（哲学社会科学版）.2

跨界与互动：勐腊县南浪村民族关系的调查报告/滕传婉，西藏民族学院学报（哲学社会科学版）.2

鄂伦春族非物质文化遗产保护与传承研究/邹莹，西藏民族学院学报（哲学社会科学版）.2

论安多藏族的饮食文化/华锐·东智，西藏民族学院学报（哲学社会科学版）.3

“望果节”藏戏演出习俗初探/李宜，西藏民族学院学报（哲学社会科学版）.4

阿坝藏族羌族自治州黑水县朱坝村房名调查报告/罗泽龙，西藏民族学院学报（哲学社会科学版）.4

门巴族、珞巴族传统体育变迁与传承的探讨/丁玲辉 尼玛欧珠，西藏民族学院学报（哲学社会科学版）.5

民族贫困地区生态文明建设的制约因素/方素梅，西藏民族学院学报（哲学社会科学版）.5

文化遗产空间的整体性——对德格印经院文化遗产保护实践的调查/何文海，西藏民族学院学报（哲学社会科学版）.6

西方族群认同理论及其经验研究/王琪瑛，新疆社会科学.1

新疆克拉玛依市伊斯兰教信仰现状和妇女戴面纱现象调查/任红　马品彦，新疆社会科学.2

伊斯兰教对新疆喀什地区维吾尔族女性婚姻的影响研究/姚学丽，新疆社会科学.2

认同序列及其学术谱系研究：以西南多民族地区为研究对象/任勇，新疆社会科学.3

新时期新疆少数民族价值观变迁研究/何运龙，新疆社会科学.5

塔吉克族妇女配饰的宗教、游牧文化印记考述/任文杰，新疆社会科学.5

“重叠共识”视域下多元民族关系的正向生长/万明钢　杨富强，新疆社会科学.6

增强文化自觉正视民族传统习俗的传承与发展/王江英，新疆社会科学.6

新疆锡伯族刺绣文化的历史继承及前景探析/肖锟　马诚，新疆社会科学.6

哈萨克族“黑走马”舞蹈的历史传承/谢雯雯　古丽米娜·麦麦提，新疆社会科学.6

影响新疆对国家认同的因素探析/徐平　张阳阳，新疆师范大学学报（哲学社会科学版）.2

新疆龟兹石窟汉风格壁画的艺术研究/褚晓莉，新疆师范大学学报（哲学社会科学版）.3

粟特语基督教文献研究近况/［英］尼古拉斯·辛姆斯－威廉姆斯　毕波译，新疆师范大学学报（哲学社会科学版）.4

从“少数民族过端午”模式看文化的涵化与误读/宋颖，云南师范大学学报（哲学社会科学版）.1

少数民族水文化概论/黄龙光，云南师范大学学报（哲学社会科学版）.3

中印领土争议东段地区珞巴族阿帕塔尼人及其社会变迁/李金轲　马得汶，中国边疆史地研究.1

四　民族宗教

闽西客家地区的伯公、社公和公王崇拜/巫能昌，世界宗教研究.1

世传掌教基绪丕承——山东回族文氏宗教世家研究/范景鹏，世界宗教研究.1

马来西亚海南籍华人的民间信仰考察/石沧金，世界宗教研究.2

在上帝与祖先之间——粤西程村基督徒信仰实践的人类学考察/谭同学，世界宗教研究.2

试论宗喀巴的判教观/班班多杰，世界宗教研究.3

西南民族走廊的族群迁徙与祖先崇拜——以《指路经》为例的考察/张泽　洪廖玲，世界宗教研究.4

宗教诉求与跨境流动——以中缅边境地区信仰基督教跨境民族为个案/高志英　沙丽娜，世界宗教研究.6

试释新疆达玛沟遗址出土千眼坐佛木板画/严耀中，文物.2

近代长白山信仰的历史变迁与民众生活——以民众对民间信仰的构建为中心/刘扬，北方文物.2

公元7—14世纪景教在宁夏区域发展史研究/陈玮，敦煌研究.1

高昌回鹘摩尼教稽考/杨富学，敦煌研究.2

敦煌行城与剑川太子会及其历史传承关系初探/马德　段鹏，敦煌研究.5

吐蕃时期敦煌密教经典的种类——中唐敦煌密教文献研究之三/赵晓星，敦煌研究.5

吐蕃禅定印毗卢遮那与八大菩萨组合图像研究/席琳，考古与文物.6

元崇福司考/高铁泰，西域研究.2

洛阳新出土唐代景教徒花献及其妻安氏墓志初探/毛阳光，西域研究.2

景教“净风”考——夷教文典“风”字研究之一/林悟殊，西域研究.3

唐代摩尼教“风”入神名考——夷教文典“风”字研究之二/林悟殊，西域研究.3

日藏“摩尼降诞图”再解读/王媛媛，西域研究.3

敦煌文书《儿郎伟》与袄教关系辨析/张小贵，西域研究.3

元代崇福使爱薛史事补说/殷小平，西域研究.3

藏民族信仰的现实实践性研究/杨周相，贵州民族研究.1

社神信仰与乡村秩序——以广西博白坡头客家为例/宋永忠，贵州民族研究.1

少数民族信仰仪式中的原始体育样式解析/程华平　戴平，贵州民族研究.4

20世纪初法国在四川藏区的宗教与政治势力/胡晓，贵州民族研究.4

彝族毕摩档案的原始宗教美学解读/许宜兰，贵州民族研究.6

藏传佛教扎仓制度的社会功能探析/臧肖　郭潇嵋　陈昌文，贵州民族研究.6

基督教在黔西北苗彝地区传播的族群性基础/彭麟淋　黄瑾，贵州民族研究.7

近现代以来格鲁派发展现状与趋势研究/刘秧，贵州民族研究.7

论侗族舞蹈中的萨岁崇拜/于彬，贵州民族研究.8

藏区宗教神山朝圣现象的生态人类学解读/闫红霞，贵州民族研究.8

宗教对云南傣族地区学校教育的影响及对策/程利，贵州民族研究.9

云南少数民族体育的宗教渊源及影响/尹晓燕，贵州民族研究.10

从民族想象到民族消费的过程思考——少数民族宗教图符的仿拟设计研究/王峡　吴玉红，贵州民族研究.11

嗜酒习俗与原始宗教信仰的现代维系——以黎族杞黎地区为例/王振威，贵州民族研究.11

从白族本主崇拜看白族先民的生存意境/李乾夫　王飞，贵州民族研究.12

宗教现代化进程中的民族关系图式/李晟赟　罗强强，广西民族研究.4

人类学、社会学民间信仰研究的结构范式与视角创新/刘芳，广西民族研究.4

浅析和服图案中的自然崇拜/陈川，广西民族研究.4

多续藏族本教传承人——薛氏大鼓和尚祖源记忆和宗教传承的田野调查/韩正康，黑龙江民族丛刊.2

伊斯兰宗教极端主义的结构理论探析——以独立后的中亚五国为例/张丽娟，黑龙江民族丛刊.3

伊斯兰教与社会政治之间的张力与冲突/杨忠国　王秀花，黑龙江民族丛刊.4

满族萨满祭祀礼俗探异——以宁安关氏与九台石姓家族为中心的考察/邱广军，黑龙江民族丛刊.6

满族萨满文化的保护与传承——以吉林满族地区为例/曾亚玲　戴士权，黑龙江民族丛刊.6

呼和浩特市清真大寺建寺考/程俊　代林，回族研究.1

试论兴建清真寺的动因与模式/马广德，回族研究.1

回族伊斯兰文化传播的历史与现状/马婷　张晓宇，回族研究.1

西人笔下明清中国穆斯林的社会特征与文化风俗/马建春　徐虹，回族研究.2

价值理性与科学理性的辩证统一——伊斯兰文明观与西方文明观之区别/周立人　周闻，回族研究.2

回商文化中的伊斯兰经济思想初探/谢文心，回族研究.2

藏族历史、传说、宗教仪轨和信仰（上）/卡尔梅·桑丹坚参　看召本，西北民族大学学报（哲学社会科学版）．2

文化人类学视野下探讨“活鬼”文化现象——以德格县中扎科乡为例/扎西措，西北民族大学学报（哲学社会科学版）．2

文化认同视角下西方社会与伊斯兰社会的文化冲突/韩松立　许雪芬　史润霞，西北民族大学学报（哲学社会科学版）．3

历代藏传佛教兴盛原因及影响探析/米广弘，西北民族大学学报（哲学社会科学版）．3

藏族天文历算在藏传佛教寺院教育中的传承研究——以拉卜楞寺、塔尔寺时轮学院为例/娘毛加　更藏多杰，西北民族大学学报（哲学社会科学版）．3

中西方人神关系问题研究综述/龙群　王立娟，西北民族大学学报（哲学社会科学版）．4

南部非洲地区的伊斯兰教问题探析/武涛，西北民族大学学报（哲学社会科学版）．4

试论苯教的九乘次/张继文　索南才让，西北民族大学学报（哲学社会科学版）．4

明清时期西方人载记中的中国清真寺院/马建春　徐虹，西北民族大学学报（哲学社会科学版）．4

我国塔吉克族信仰的多元共融与和谐共生特点/蔡江帆，西北民族大学学报（哲学社会科学版）．4

论宗教信仰与西北少数民族的互动关系——以伊斯兰教团结思想与回族互动关系为视角/马进，西北民族大学学报（哲学社会科学版）．5

浅析宗喀巴与王阳明对物质世界的认识/姚文永，西北民族大学学报（哲学社会科学版）．5

石刻中反映的羌族释比文化/吴明冉　曾晓梅，西北民族大学学报（哲学社会科学版）．5

从“宗教”回归“民间信仰”——基于陕北黑龙潭信仰的合法化路径研究/彭尚青，西北民族大学学报（哲学社会科学版）．6

碎片化的信仰——论民族民间信仰中的“文化化”建构/肖云泽，西北民族大学学报（哲学社会科学版）．6

《古兰经》的喻义与实义之辨/潘世昌，西北民族研究．1

传承论的民间信仰研究/尹虎彬，西北民族研究．2

伊斯兰教的中道仁慈精神/阿地里江·阿吉克力木，西北民族研究．3

西道堂——伊斯兰教中国本土特色的实践者/高占福，西北民族研究．3

高排保寨地鬼变迁初探/罗忱　张振江，西南民族大学学报（人文社会科学版）．2

作为“整体社会事实”的宗教和巫术信仰——瑶族师公、地理先生和杠童的职能实践及其关系/冯智明，西南民族大学学报（人文社会科学版）．2

西南跨境民族巫文化研究——对腾冲猴桥傈僳族尼扒的田野调查/侯兴华，西南民族大学学报（人文社会科学版）．3

凉山彝族神圣空间的建构——以“木子四作”的“木色”化之路为例/拉马文才，西南民族大学学报（人文社会科学版）．3

仪式展演与文化整合——寺登白族太子会仪式的人类学解读/杜新燕，西南民族大学学报（人文社会科学版）．5

藏传佛教社会构成要素的神圣性特征/陈昌文　郭潇嵋　臧肖，西南民族大学学报（人文社会科学版）．5

少数民族民间信仰的功能及调适研究——以武陵民族地区为例/谭志满，西南民族大学学报（人文社会科学版）．7

民国四川藏汉佛经译刻刍议/王鹏　安俊秀，西南民族大学学报（人文社会科学版）. 11

现代传媒与嘉绒藏区的藏传佛教传播/李苓　陈昌文　崔茜，西南民族大学学报（人文社会科学版）. 11

《见差别论》佛学思想微探/何杰峰，西藏研究 . 1

九世纪朗达玛所灭之佛教寺僧数量考/张箭，西藏研究 . 1

主体的终结及其后——藏传佛教“人我观”与拉康“镜像理论”之比较/冯天春，西藏研究 . 2

宗教文化视域下的藏族文化象征符号/米文科　杨胜利，西藏研究 . 2

河湟地区的宗教宝卷《观音菩萨嘛呢真经》探析/陈改玲，西藏研究 . 2

微型化了的寺院——藏族村落中的“苯噶”调查/王晓云，西藏研究 . 2

藏南谷地流域的生态经济开发模式研究/唐柳　俞乔　李志铭，西藏研究 . 2

藏传佛教萨迦式传统修行炼身方法考述/赵富学　王发斌　格桑卓玛，西藏研究 . 3

藏传佛教噶玛噶举派在滇西北的传播及影响/王彦苹，西藏研究 . 3

印度婆罗门哲学经典《薄伽梵歌》藏译本研究/扎平尼玛，西藏研究 . 4

“持因心”浅析/祁顺来，西藏研究 . 6

澜沧江流域傣族佛经文学“世俗化”现象探究/陈孟云，云南民族大学学报（哲学社会科学版）. 1

民间信仰与清代四川移民社会整合/林移刚，云南民族大学学报（哲学社会科学版）. 2

应对稀缺：作为手段的宗教信仰——以西南藏区为中心的阐释/坚赞才旦　王晓，云南民族大学学报（哲学社会科学版）. 6

诸神众生国家：乡村多神信仰聚集地形成机制研究——以中原地区 F 县“烟雾山”为例/贾滕，云南民族大学学报（哲学社会科学版）. 6

神明“标准化”、“正统化”下国家与地域社会之间的互动——基于湘黔桂界邻地区飞山公信仰研究/罗兆均，云南民族大学学报（哲学社会科学版）. 6

大译师仁钦桑波传记译注（下）/张长虹，中国藏学 . 1

雍和宫与藏传佛教关公信仰的起源/李德成，中国藏学 . 1

康区噶陀寺古鲁羌姆仪式结构/白玛，中国藏学 . 1

羌姆传播模式探讨/周晓晗，中国藏学 . 1

有关藏传佛教前弘期的几个重要问题/康噶 · 崔臣格桑　班玛更珠，中国藏学 . 2

论苯教的“辛波”、“喇嘛”、“加嚓布”和活佛/才让太，中国藏学 . 2

论西藏的“朱古朗松”/嘎 · 达哇才仁，中国藏学 . 2

拉卜楞寺学习梵文的传承与现状/录目草，中国藏学 . 2

藏族创世神话与希腊、希伯来创世神话比较研究/德吉梅朵，中国藏学 . 2

法藏敦煌藏文文献中的苯教写卷判定及内容解析/阿旺嘉措，中国藏学 . 3

论《甘珠尔》的系统及其对藏译佛经文献学研究的重要性/辛岛静志，中国藏学 . 3

《娘氏教法源流》译注（一）/娘 · 尼玛沃色　许渊钦，中国藏学 . 1

《娘氏教法源流》译注（二）/娘 · 尼玛沃色　许渊钦，中国藏学 . 2

《娘氏教法源流》译注（三）/娘 · 尼玛沃色　许渊钦，中国藏学 . 3

《娘氏教法源流》译注（四）/娘 · 尼玛沃色　许渊钦，中国藏学 . 4

明代《金轮佛顶大威德炽盛光如来陀罗尼经》探索——汉藏文化交流的一侧面/廖旸，中国藏学 . 3

神山信仰与神话创造——试论《格萨尔》史诗与昆仑山的关系/李连荣，中国藏学 . 3

《山法了义海论》所引佛教经论藏汉译文比较研究之九/班班多杰，中国藏学.4

西藏的鬼子母信仰：经典与图像/李翎，中国藏学.4

度母信仰中救度主题的宗教义理——以《黄金宝鬘·明说度母教法源流》为中心/陈立华，中国藏学.4

藏族“廓尔”及相关比较分析/方晓玲，中国藏学.4

更敦群培与乔治·罗列赫的关系/杜永彬，中国藏学.4

佛教密宗石刻造像“柳本尊十炼图”的宗教文化意义探析/蒋世强　王志琼，中南民族大学学报（人文社会科学版）.2

“信魅”、“祛魅”与“归魅”——基于白族村民宗教观念变迁的研究/朱炳祥　徐嘉鸿，中南民族大学学报（人文社会科学版）.5

东巴教与纳西村寨社会治理——云南省丽江市玉龙县依陇村个案研究/戴宁宁，中南民族大学学报（人文社会科学版）.6

多样与统一：人类学视野中的回族宗教信仰——以宁夏西海固一个回族村为例/孙嫱，中南民族大学学报（人文社会科学版）.6

远古雕石物语——祖系的崇拜观念/哈斯巴根，中央民族大学学报（哲学社会科学版）.1

东北地区宗教信仰复兴的思考/阿拉腾，满语研究.2

论敦煌藏文禅宗文献中的“吐蕃禅宗”/牛宏，宗教学研究.1

“来藏印僧”及其入藏进程分期与特点/扎西龙主，宗教学研究.1

苗族宗教仪式中的迷征现象考察——以巴岱“过法”仪式为例/陆群，宗教学研究.1

彝族先民与三国蜀汉关系传说中的祈神咒敌/罗曲，宗教学研究.1

云南边疆民族地区宗教事件的类型、趋势与对策分析/杨金东，宗教学研究.1

现存土家族梯玛仪式口传科仪文本分析/刘翀，宗教学研究.1

藏族鸡足山朝圣初探/李学龙，宗教学研究.1

羌寨信仰的空间阶序、文化理性和实践/李正元，宗教学研究.1

犹太教的独一神论/徐新，宗教学研究.1

论多元族群视域中的广西民间宗教信仰体系构成及特性/许晓明，宗教学研究.1

外来宗教对布依族信仰文化心理发展变迁的影响/彭建兵，宗教学研究.2

南方萨满研究的重要性与必要性/徐义强，宗教学研究.2

西夏国家祭祀初探/孔德翊，宗教学研究.2

关于东巴教性质的几点新思考/杨福泉，宗教学研究.3

巫道交融：仪式角色的转换——以云南五街彝族“喽低”为个案/杨甫旺，宗教学研究.3

武陵地区洞神信仰及其特征研究/杨洪林，宗教学研究.3

四川彝族毕摩经书的特点与价值/张德华，宗教学研究.3

梅山神张五郎与张赵二郎研究/张泽洪，宗教学研究.4

女性在宗教活动中的身份建构——丹巴甲居藏寨田野事象分析/刘亚玲　周治，宗教学研究.4

“七姑姐”别样人生——基于广西昭平县仙回瑶族乡茅坪村的考察/罗宗志，宗教学研究.4

明清以来武陵地区飞山庙与飞山神崇拜研究/廖玲，宗教学研究.4

论大理挖色地区的多元宗教信仰/沈玉菲，宗教学研究.4

西藏本教与道教关系研究——以东巴辛饶与老子关系考辨为例/同美　益西娜姆，宗教学研究.4

澧水流域土家族宗教信仰的田野调查与文化解读——以化香峪村熊××的丧葬仪式为个

案/刘琼，宗教学研究.4

西南民族走廊的族群迁徙与祖先崇拜——以《指路经》为例的考察/张泽洪　廖玲，世界宗教研究.4

试论满族萨满文化中的星辰崇拜现象/闫超，辽宁大学学报（哲学社会科学版）.4

萨满文化和谐律探析/富育光，社会科学战线.6

满族萨满舞及“走托力”民俗考略——以吉林省九台地区石氏家族为例/李人杰　朱立春，社会科学战线.6

考古发现与萨满教解释/孟慧英　吴凤玲，社会科学战线.6

论伪满时期内蒙古东部地区的喇嘛教一元化改革/季静，社会科学战线.6

信仰与政治：西双版纳傣族二元宗教系统的形成与发展/张振伟，思想战线.1

论神山、寺院与族群之间的互动——以舟曲县武坪村的田野调查为例/仇任前，西藏民族学院学报（哲学社会科学版）.1

释析清代西藏地方活佛喇章，仓储巴，商卓特巴，商上/李凤珍，西藏民族学院学报（哲学社会科学版）.4

论藏传佛教狰厉图纹在器物中的运用及其象征/朱和平　杨斌，西藏民族学院学报（哲学社会科学版）.4

拉萨市城关区当巴社区宗教信仰现状调查/陈立明　张媛，西藏民族学院学报（哲学社会科学版）.5

度母信仰及其在西藏的传播/陈立华，西藏民族学院学报（哲学社会科学版）.6

城市流动穆斯林宗教信仰行为研究——对北京、上海、广州、成都4城市的调查/吴碧君，新疆社会科学.1

新疆制止非法宗教活动政策及实践分析/李晓霞，新疆社会科学.4

新疆所谓“瓦哈比派”的实质是当代伊斯兰极端主义/于尚平，新疆社会科学.4

佛教与敦煌信众死亡观的嬗变——以隋唐宋初敦煌写经题记为中心/靳燕凌　郝琦，新疆师范大学学报（哲学社会科学版）.2

考古资料所见焉耆摩尼教/王媛媛，中山大学学报（社会科学版）.3

五　民族历史

有关吐蕃“九大尚论”的若干问题/杨铭，历史研究.1

从五主到五族：“五胡”称谓探源/陈勇，历史研究.4

西夏文《御驾西行烧香歌》中西行皇帝身份再考/苏航，民族研究.4

蒙元初期“汉人无统蒙古军”之制发微/周思成，民族研究.4

清末民族国家建设与赵尔丰在康区的法制改革/扎洛，民族研究.1

辽天祚朝“皇太叔”名号的政治文化解析/邱靖嘉，民族研究.1

西藏民主改革：现代政治秩序建构及法理解读/常安，民族研究.1

康熙朝黑龙江驻防八旗“穷索伦”、站丁牛录考/金鑫，民族研究.5

贵州沿河县万历时期《军门禁约》碑文考论——兼论贵州明代中晚期“夷”汉关系/叶成勇，民族研究.5

《敦煌秘笈十六国春秋》考释/陈勇，民族研究.2

元代的一个阿儿浑人家庭/毛海明，民族研究.2

元代西夏遗民杨朵儿只父子事迹考述/周峰，民族研究.3

“种族”与政治：晚清宗室寿富之死及其回响/戴海斌，民族研究.3

再论1930年谭云山晋见十三世达赖喇嘛/王川，民族研究.3
民国元年贡桑诺尔布派遣代表赴藏事迹考/邱熠华，民族研究.3
元代《宣差大名路达鲁花赤小李钤部公墓志》考释/朱建路，民族研究.6
明代的舆图世界："天下体系"与"华夷秩序"的承转渐变/管彦波，民族研究.6
试析明代地图中的女真地区/沈一民，民族研究.6
清朝八旗制度中的族长/徐雪梅，北方文物.2
试论西周时期的周楚关系——兼论楚族居地变迁/高崇文，文物.3
蒙古国新出土仆固墓志研究/杨富学，文物.5
蒙古国出土金微州都督仆固墓志考研/冯恩学，文物.5
陕西延安新出土唐吐火罗人罗何含墓志/段志凌，文物.8
蒙元时代胡人形象俑研究/葛承雍，文物.10
吉林集安新发现的高句丽碑/李东　赵昕，文物.10
嘎仙洞遗址的发现及相关问题探讨/刘国祥　倪润安，文物.11
元代全宁路硬译文体残碑考释/李俊义　张梦雪　袁刚，北方文物.1
倭寇与丽日关系/谭红梅，北方文物.1
《魏书·高句丽传》疆域与人口史料辨析/张芳，北方文物.1
辽代再生礼小考/李月新，北方文物.1
论金代女真人对林木资源的保护与发展/夏宇旭，北方文物.1
金代出版业发展的经济与文化原因探析/李西亚，北方文物.1
明代辽东地方官优礼朝鲜使臣研究/刘春丽，北方文物.1
辽五国部族属探微/杨海鹏，北方文物.2
东周时期关中地区西戎遗存的初步研究/张寅，考古与文物.2
商文化对中国北方以及欧亚草原东部地区的影响/杨建华　邵会秋，考古与文物.3
高句丽"折风"考/郑春颖，考古与文物.4
南北朝至隋唐碑铭反映的羌人女性地位/吴明冉，北方文物.2
阿保机建立契丹专制政权的主要途径/任爱君　王飞，北方文物.2
辽代法律中的酷刑/付爱云，北方文物.2
从东平吕氏家族看辽金时期的社会变迁/苗霖霖，北方文物.2
女真完颜部"国相"考/李秀莲，北方文物.2
完颜希尹与金代的图书收藏/赵媛，北方文物.2
金代女真的政治认同与对辽政策的转变/王耘，北方文物.2
《金史》封爵史料勘误补遗四则/孙红梅，北方文物.2
清代黑龙江站人社会地位与群体意识/刘晨曦　吴丽华，北方文物.2
金代体育活动——马球的兴衰原因探析/魏遵军　李大威，北方文物.2
辽朝"因俗而治"统治政策的实现方式及存在论意义/吴纪龙，北方文物.2
不同版本《金史》"蒲峪路"名称考/魏影，北方文物.3
渤海国军事装备初探/孙炜冉，北方文物.3
金代盐税法浅谈/沈昀，北方文物.3
关于元代户口类型的考察/韩光辉　汤倩　王长松，北方文物.3
辽《高玄圭墓志》考释/康鹏　左利军　魏聪聪，北方文物.3
碑铭所见岷江上游羌人姓氏研究/曾晓梅　吴明冉　陈学志，北方文物.4
封贡体制：渤海国与唐朝的朝贡册封关系/董丽娜，北方文物.4

应县木塔秘藏中的辽代蒙书/杜成辉　马新轲，北方文物.4

略论元代假宁制度的特色/布庆荣，北方文物.4

《元史·镇海传》中的“四射封赐”新论——蒙元法制史研究札记/周思成，北方文物.4

金代汉文石刻所见金夏关系研究/陈玮，北方文物.4

“冢上作屋”的考古学诠释——渤海墓上建筑研究/王志刚，考古.6

西安唐代奚族质子热瓌墓志解读/葛承雍，考古.10

敦煌曹氏归义军时期修功德记文体的演变/郑怡楠　郑炳林，敦煌学辑刊.1

古代敦煌狩猎生活小考/丛振，敦煌学辑刊.1

敦煌莫高窟第297窟甬道南壁西夏文题记译释——兼论西夏统治敦煌的时间问题/陈光文，敦煌学辑刊.2

唐咸通乾符年间的西州回鹘政权——国图藏BD11287号敦煌文书研究/付马，敦煌研究.2

有关回鹘文木活字的几个问题/彭金章，敦煌研究.3

于阗尉迟氏源出鲜卑考——中古尉迟氏研究之二/赵和平，敦煌研究.3

吐鲁番出土《急就篇》残卷二种补释/张传官，敦煌研究.4

汉代张掖属国新考/高荣，敦煌研究.4

乌鲁木齐市鱼儿沟遗址与阿拉沟墓地/田小红　吴勇　阿里甫，考古.4

跨喜马拉雅视角下的西藏西部新石器时代/吕红亮，考古.12

试论清代汉侍卫与绿营/黄圆晴，历史档案.1

清代朝鲜最后赴京使团考/孙成旭，历史档案.4

内蒙古人口档案中的边疆村落社会——以察素齐为例/乌仁其其格，清史研究.1

中国典籍流播越南的方式及对阮朝文化的影响/何仟年，清史研究.2

清代驻防旗人的生活与认同——以福州洋屿赖氏为中心/罗桂林　王敏，清史研究.2

清后期广西瑶人分布的“山地化”（1820—1912）/胡列箭，清史研究.2

解析《皇清职贡图》绘卷及其满汉文图说/齐光，清史研究.4

从赵太妃之薨论清政府对朝鲜的名分控制/尤淑君，清史研究.4

乌尔古岱案补释/陈永祥，清史研究.4

清朝西藏治理中的若干问题/张云，史学集刊.1

入唐百济移民陈法子墓志关联问题考释/拜根兴，史学集刊.3

金代的图书编纂及其作用/李西亚，史学集刊.3

试述唐代东北边疆重镇营州的权力伸缩/宋卿，史学集刊.3

辽代职官考核制度探析/武玉环，史学集刊.3

辽朝人口总量考/杨军，史学集刊.3

元代朝鲜半岛女真人的分布与行政建置研究/沈岩，史学集刊.4

契丹国舅别部世系再检讨/苗润博，史学月刊.4

从“dergi”一词看历史上满族政权崇尚东方的观念/孔源，史学月刊.4

近百年戎族特征及称谓研究综论/雷紫翰　姚磊，史学月刊.8

于阗镇守军及使府主要职官——以中国人民大学博物馆藏品为中心/孟宪实，西域研究.1

于阗镇守军与当地社会/刘子凡，西域研究.1

唐代于阗的童蒙教育——以中国人民大学博物馆藏和田习字文书为中心/陈丽芳，西域研究.1

魏晋南北朝时期西域贾胡在丝路沿线的活动/韩香，西域研究.1

魏晋南北朝时期良马输入的途径/石云涛，西域研究.1

谢济世考察龟兹石窟说辨误/周轩，西域研究.1

一种考古研究现象的文化哲学思考——透视所谓“吐火罗”与孔雀河青铜时代考古文化研究/王炳华，西域研究.1

从敦煌吐鲁番文书看唐朝对来华九姓胡人的管理/许序雅，西域研究.2

回鹘时代的北庭城——德藏 Mainz354 号文书所见北庭城重建年代考/付马，西域研究.2

民国时期维吾尔族聚居区的区村长选举——主要基于和阗区的考察/黄建华，西域研究.2

毗沙都督府羁縻州之我见——兼评《唐代于阗的羁縻州与地理区划研究》/郭声波 买买提祖农·阿布都克力木，西域研究.2

清代新疆建省前镇迪道部分职官、建置考/刘传飞，西域研究.2

清代新疆行省体制下政区建置的几个问题/鲁靖康，西域研究.2

民国新疆县制变革述论/郭胜利，西域研究.2

察合台汗国的外交与遣使实践初探/彭晓燕 邱轶皓 刘迎胜，西域研究.2

贵霜王朝的终结/余太山，西域研究.3

军府体制下清代新疆的司法体系及运作/白京兰，西域研究.3

一件关于民国七年库车叛乱的新文书——“玛赫穆德诉阿吉和卓叛乱状”译释/台来提·乌布力 艾力江·艾沙，西域研究.3

屯田与汉文化在西域的传播/杜倩萍，西域研究.3

汉唐西域史地文献文学性及科学性嬗变考察——以《史记·大宛列传》、《汉书·西域传》、《大唐西域记》为例/宋晓蓉，西域研究.3

《魏书·序纪》在游牧部族迁徙问题研究中的价值——以汉唐时期为中心/贾衣肯，西域研究.4

1933 年前后英国对中国新疆政策述论/许建英，西域研究.4

20 世纪 30 年代苏联红军两次出兵新疆及其原因/曹伟 杨恕，西域研究.4

唐孙杲墓志所见安史之乱后西域、回鹘史事/陈玮，西域研究.4

德藏文书《唐西州高昌县典周达帖》札记/孙丽萍，西域研究.4

五代宋初西州回鹘“波斯外道”辨释/王媛媛，中国史研究.2

略论宋夏时期的中西陆路交通/李华瑞，中国史研究.2

辽世宗、枢密院与政事省/林鹄，中国史研究.2

明代官方语境中的“倭寇”与“日本”——以《明实录》中的相关语汇为中心/刘晓东，中国史研究.2

中国古代农耕与游牧社会交往的历史脉络/厉声，中国史研究.3

《辽史·兵卫志》南京丁数辨正/赵宇，中国史研究.3

《金史》勘误一则/和谈，中国史研究.3

元成宗与佛教/陈高华，中国史研究.4

西辽河流域环境史研究的现状、局限与取径/滕海键，中国史研究动态.6

宋代西南少数民族朝贡初步制度化的几个问题/赵永忠，贵州民族研究.1

清代征服雷公山地区苗族聚居地方的几个问题研究/周相卿，贵州民族研究.1

贵州毛南族地区清朝民国时期土地契约文书的调查与研究/孟学华，贵州民族研究.1

抗战时期西南民族地区逃避兵役伪造文书现象研究/徐德莉，贵州民族研究.1

唐宋三重格局西南区域民族地理观的形成与演变/张勇，贵州民族研究.2

明代东西“清水江”和东西“龙里”考辨/罗康智，贵州民族研究.2

蒙元际族群畛域关系模型略论/班瑞钧，贵州民族研究.4

试析公元9世纪之前塔里木盆地南缘种族和文化特征/陈鑫泉　彭无情，贵州民族研究.4
明代云贵川桂民族地区乡试考官特点研究/黄明光　庞菊秋，贵州民族研究.4
论《汉书》民族史撰述结构体系与叙史风格/田文红，贵州民族研究.5
明朝边军对河套蒙古部落的捣巢研究/张小永　侯甬坚，贵州民族研究.6
论明清时期贵州民族地区的儒学与儒学传播/李昌礼，贵州民族研究.7
从文献考据“回回”一词与唐代粟特人之关系/马晴，贵州民族研究.7
民族融合与会计演进革新——北朝官厅会计略论/莫磊，贵州民族研究.7
同治年间陕西回民起事归因分析——基于集群行为的理论视角/薛莉，贵州民族研究.8
贵州明代民族区域商业格局研究/赵斌，贵州民族研究.9
儒化与征伐——古代政府治黎策略述要/史振卿，贵州民族研究.9
土司制度与元明清三朝治夷/方铁，贵州民族研究.10
论清代贵州民族地区民间慈善事业/李思睿　李良品，贵州民族研究.10
康熙、雍正朝对云南地区的治理/方悦萌，贵州民族研究.10
秦汉魏晋南北朝时期武陵山区的民族格局及军事互动/吴明永　黄天一，贵州民族研究.10
试释《太平寰宇记》所载黔州“控临番十五种落”/蒙默，贵州民族研究.11
明初卫所文化与西南民族地区社会/范松，贵州民族研究.11
浅谈明代贵州山地交通/钱星，贵州民族研究.12
桂林郡设置始末考辨/邓敏杰，广西民族大学学报（哲学社会科学版）.1
明代“苗疆走廊”的形成与贵州建省/曹端波，广西民族大学学报（哲学社会科学版）.3
南诏时期的施蛮与顺蛮/段丽波，广西民族大学学报（哲学社会科学版）.3
辽西古廊道与古代文明交流/崔向东，广西民族大学学报（哲学社会科学版）.3
哀牢研究三题：历史人类学视角/王文光　朱映占，广西民族大学学报（哲学社会科学版）.4
明清时期广西土司地区的里甲制度研究/李小文　胡美术，广西民族大学学报（哲学社会科学版）.4
中原王朝对11世纪前湘西地区认知的变迁研究/谢晓辉，广西民族大学学报（哲学社会科学版）.4
南方民族在北京的足迹/梁庭望，广西民族研究.3
微观视角和科学方法：当代民族史研究的反思与重构/李飞龙，广西民族研究.3
从北部湾出发的汉代海上丝绸之路研究述略/廖国一，广西民族研究.5
《金史·完颜安国传》校正一则/白刚，黑龙江民族丛刊.1
对契丹“西楼”的新认识/刘一，黑龙江民族丛刊.1
论蒙古帝国时期东西物质文化交流/陈永国，黑龙江民族丛刊.2
布特哈八旗贡貂刍议/王学勤，黑龙江民族丛刊.2
《金史·赤盏合喜传》校正一则/白刚，黑龙江民族丛刊.2
近十年来渤海国五京的考古发现与研究综述/王禹浪　于彭，黑龙江民族丛刊.3
试论“耶律倍请兵后唐”之乌有/耿涛，黑龙江民族丛刊.3
党项鲜卑关系再探讨/苗霖霖，黑龙江民族丛刊.4
乌江流域土司时期土兵探析/彭福荣，黑龙江民族丛刊.4
北方少数民族政权初期汉臣入仕问题初探/叶帅　刁书仁，黑龙江民族丛刊.5
宗教对元代假宁制度的影响探析/布庆荣，黑龙江民族丛刊.5
金代女真科举与女真官学教育/兰婷　张璇，黑龙江民族丛刊.6

金代家庭人口数量考略——以金代石刻文献为中心/王新英　贾淑荣，黑龙江民族丛刊．6

清代珲春赫哲族考略/谷文双　尤文民，黑龙江民族丛刊．6

论清代东北满族家谱的形成与编纂分期/孙明　王立，黑龙江民族丛刊．6

满族入关与天下一统——论清代农耕民族与游牧民族战争矛盾之终结/张佳生，黑龙江民族丛刊．6

“托里图”所在考/李自然，黑龙江民族丛刊．6

拉达克穆斯林朝贡团从列城赴拉萨考（1684—1944）/房建昌，回族研究．1

甘肃回族人物与陕甘辛亥革命/郭翔，回族研究．1

GIS 支持下的小人口基数小概率历史事件研究——以清代回族进士规模与空间分布为例/路伟东，回族研究．2

滇南大营村马廷辅两通乾隆碑记考证/郭成美，回族研究．3

回族名将达云事辑/陈亮，回族研究．3

明清及民国方志中有关宁夏回族穆斯林和伊斯兰教的记述/王伏平，回族研究．4

抗战前后日本的“回教工作”与社团组织/丁明俊，回族研究．4

民国时期省际交界民族地区政教纠纷及其处理——基于拉卜楞寺与松潘上阿坝纠纷案例的分析/高晓波　张科，青海民族研究．1

民国新疆：民族主义与国家民族主义并悖/周泓，青海民族研究．1

魏普南北朝时期羌族部落考/魏长青　杨铭，青海民族研究．1

试论明清时期藏族土司地区的社会管理体系/贾霄锋，青海民族研究．2

明清时期青海商业资本的历史考察/董倩，青海民族研究．2

近代甘宁青回族商人关系网络探析——以羊毛贸易为中心的考察/李晓英　牛海桢，青海民族研究．2

国民政府对青海地方财政“优抚”政策述论/张科　王道品，青海民族研究．2

丽江木氏土司与鸡足山法缘关系考/木仕华，青海民族研究．3

民国时期西藏与周边构怨成因及特点/星全成，青海民族研究．3

国民政府与噶厦围绕“西藏高度自治”的较量——以 1946 年国民大会为中心/张双智，青海民族研究．3

赵充国时代“河湟之间”的生态与交通/王子今，青海民族研究．3

青海历史中的“马步芳时代”/菅志翔，青海民族研究．4

清代青海蒙古的社会政治变迁/陈柏萍，青海民族研究．4

厚赏与羁縻：论明代藏族地方与中央王朝的贡赐关系/曹群勇，西北民族大学学报（哲学社会科学版）．1

喀喇汗王朝时期的回鹘史学与《突厥语大词典》的史学特征/阿合买提江·买明，西北民族大学学报（哲学社会科学版）．2

论藏族、蒙古族商人对清代青海民族贸易的贡献——以丹噶尔为中心/赵小花　李健胜，西北民族大学学报（哲学社会科学版）．2

清朝尊崇藏传佛教的宗教政策对土尔扈特部东归的影响/郑煦卓，西北民族大学学报（哲学社会科学版）．3

帝国主义侵藏史研究成果述要/杨黎浩　王启龙，西北民族大学学报（哲学社会科学版）．3

民国时期西藏与周边构怨及中央政府的调停/星全成，西北民族大学学报（哲学社会科学版）．3

论清朝前期对甘青藏区的施政方略/陈柏萍，西北民族大学学报（哲学社会科学版）. 3

20 世纪 40 年代前期蒙藏委员会驻藏办事处涉外藏务调查研究/魏少辉，西北民族大学学报（哲学社会科学版）. 3

从“安边圉”到“防俄患”：清人西北边疆意识的转变/陈建锋，西北民族大学学报（哲学社会科学版）. 3

唐宋时期留居广州的外国穆斯林商人/陆芸，西北民族大学学报（哲学社会科学版）. 4

驻藏大臣奎焕评述/平措达吉　中德吉　旺宗，西北民族大学学报（哲学社会科学版）. 4

论清驻藏大臣有泰在九世班禅赴印度事件中的应对/梁忠翠，西北民族大学学报（哲学社会科学版）. 4

冒顿单于的战争策略透视/王绍东，西北民族大学学报（哲学社会科学版）. 5

《古代西藏碑文研究》及其作者情况评述/彭博，西北民族大学学报（哲学社会科学版）. 5

明清广州府志所载外番问题初探/施国新，西北民族大学学报（哲学社会科学版）. 6

关于王昭君北行路线的推定/王子今，西北大学学报（哲学社会科学版）. 3

陕西回族形成与发展的历史探寻/马健君，西北大学学报（哲学社会科学版）. 6

总司大帝源流考/叶涛，西北民族研究 . 1

铁勒族名考——兼谈史料中的狄系诸族名/包文胜，西北民族研究 . 1

关于固始汗的婚姻与卫拉特“汗位”继承/青格力，西北民族研究 . 2

巴塘事变：康区及其在近代汉藏史上的重要性/何溯源　汤芸，西南民族大学学报（人文社会科学版）. 3

清代苗疆“国家化”范式研究/张中奎，广西民族大学学报（哲学社会科学版）. 3

元代科举与多民族的国家精神培育/张伟，西南民族大学学报（人文社会科学版）. 4

明清时期西南地区土司土兵优抚政策研究/李良品　李思睿，西南民族大学学报（人文社会科学版）. 8

民国政府对腾龙沿边的设治与经营探析/王明东，西南民族大学学报（人文社会科学版）. 10

论明代水西土司与周边土司之关系/郝彧，西南民族大学学报（人文社会科学版）. 10

明清时期疍民社会与中国对南海诸岛的管辖/李宁利，西南民族大学学报（人文社会科学版）. 10

《羌戈大战》为羌族本土先民部落战争“迟戈大战”考/徐学书，西南民族大学学报（人文社会科学版）. 11

明初茶马贸易衰败原因的再辨析/金燕红　武沐，西藏研究 . 1

唐蕃会盟碑唐廷与盟官员名单补证/杨学东，西藏研究 . 1

英国参与下近代藏边社会纠纷的产生及其解决——以藏尼、大白、尕旦寺纠纷为考察中心/高晓波，西藏研究 . 1

拉藏汗封号小考/宝音特古斯，西藏研究 . 2

唐蕃陇右争夺战中屯田与战事的互动关系考察/金勇强，西藏研究 . 3

《宋史 · 董毡传》笺证/齐德舜，西藏研究 . 3

二世策墨林圆寂地点补考/卢永林　杨世宏，西藏研究 . 3

驻藏大臣统辖西藏驻军研究/冯智，西藏研究 . 4

江孜抗英失败及对西藏的影响/丁勇，西藏研究 . 5

1904 年西藏抗英斗争与《申报》史料研究/温文芳，西藏研究 . 5

贤臣松筠治藏与贪官和珅蠹国/曾国庆，西藏研究 . 5

民国时期民族国家视角下西南彝族的整合与认同/谷跃娟，云南民族大学学报（哲学社会科学版）. 2

明清时期瑶族的习惯法/方悦萌，云南民族大学学报（哲学社会科学版）. 2

耶律大石西迁对中亚地区的影响/杜娟，云南民族大学学报（哲学社会科学版）. 3

从吐蕃到藏族：一个多源合流的历史发展过程/王文光　李宇舟，云南民族大学学报（哲学社会科学版）. 4

从对西域与岭南的治理看唐代民族政策的南北差异性——以柳宗元、岑参的诗文创作为考察中心/周斌，云南民族大学学报（哲学社会科学版）. 4

抗战时期英国侵藏急先锋古德评析——兼与国民政府驻藏人员比较/梁忠翠，云南民族大学学报（哲学社会科学版）. 5

清代伊犁将军屯垦戍边方略——兼及对当代新疆生态民生建设的借鉴/张燕　王友文，云南民族大学学报（哲学社会科学版）. 6

从反对土司到接受民主改革——关于夏克刀登的研究/秦和平，中国藏学 . 1

1929—1930 年尼藏冲突研究/魏少辉，中国藏学 . 1

唐史所载两“出蕃使李銛”辨正/徐涛，中国藏学 . 1

敦煌吐蕃历史文书的“春秋笔法”/刘凤强，中国藏学 . 1

试论藏族的“大一统”观念在西藏近代反侵略反分裂斗争中的积极作用/赵君，中国藏学 . 1

西夏大黑天传承初探——以黑水城文书《大黑求修并作法》为中心/曾汉辰，中国藏学 . 1

噶大克的准望：清末民初学界之阿里地理知识讨论/黄博，中国藏学 . 2

一份新发现的敦煌古藏文吐蕃兵书残卷解读/巴桑旺堆，中国藏学 . 3

国民政府布施藏传佛教的年度个案：戴新三《拉萨日记》1943 年传昭布施记载初探/邹敏，中国藏学 . 3

唐代吐蕃僧相官衔考/林冠群，中国藏学 . 3

西藏甘丹颇章地方政权的文书档案制度综述/道帏 · 才让加，中国藏学 . 3

甘丹颇章政权时期藏文历史公文档案中标题汉译的若干问题——藏文历史公文档案系列研究之一/扎雅 · 洛桑普赤，中国藏学 . 3

甘丹颇章政权初期经济制度的调整/罗布，中国藏学 . 3

17 世纪后半期青海和硕特蒙古对阿里、拉达克的征服/齐光，中国藏学 . 3

宋神宗时期在河湟地区兴立“蕃学”的必要性/张蓉　吴疆，中国藏学 . 3

藏文史籍中的蒙古祖先世系札记/陈得芝，中国藏学 . 4

关于松赞干布河源迎亲/陈庆英，中国藏学 . 4

在朝廷与西藏之间：八思巴的双重角色与两套话语/张云，中国藏学 . 4

清代亚东关首任税务司戴乐尔/梁俊艳，中国藏学 . 4

1919 年西藏新派驻京僧人述论/邱熠华，中国藏学 . 4

西藏江洛金贵族世家简史/尕藏智华，中国藏学 . S1

关于一份西藏贵族名录档案——兼述 10 户大贵族家族历史传承/巴桑旺堆，中国藏学 . S1

《于阗国授记》译注（下）/朱丽双，中国藏学 . S1

明代藏族僧官不属于土官考/武沐　王素英，中南民族大学学报（人文社会科学版）. 1

流官进入边疆：清初以降川边康区的行政体制建设/王娟，中南民族大学学报（人文社会科学版）. 1

明清时期田氏土司对容美地区的社会控制力研究/赵秀丽，中南民族大学学报（人文社会

科学版). 1

蒙藏委员会与西藏交通、邮政事业之开发/李勇军　李双，中南民族大学学报（人文社会科学版). 1

湖广土司改土归流原因新探/瞿州莲　瞿宏州，中南民族大学学报（人文社会科学版). 2

论明朝西域朝贡贸易政策的得失/杨林坤，中南民族大学学报（人文社会科学版). 2

鸦片种植与凉山彝区社会变迁（1908—1949）/秦熠，中南民族大学学报（人文社会科学版). 3

清代驻防八旗的“方言岛”现象/潘洪钢，中南民族大学学报（人文社会科学版). 5

略论杨一清“持重守御”的民族关系思想/邓云　崔明德，中南民族大学学报（人文社会科学版). 6

少数民族、宗教界对中国工农红军长征所做的贡献——以四川藏区民族、宗教界对红军长征的物资支持为例/陈焱，中央民族大学学报（哲学社会科学版). 1

清代恰喀拉人的社会与文化/吕萍，中央民族大学学报（哲学社会科学版). 2

论唐玄宗对奚的民族政策/王丽娟　张久和，中央民族大学学报（哲学社会科学版). 2

元代学者著述中所见《脱卜赤颜》考述/白・特木尔巴根，中央民族大学学报（哲学社会科学版). 3

傈僳族人民在抗日战争中的贡献/欧光明，中央民族大学学报（哲学社会科学版). 4

永顺老司城一品夫人墓碑铭文信息解读/罗维庆　罗中，中央民族大学学报（哲学社会科学版). 5

试论匈奴人的天崇拜文化/毕力贡达来，中央民族大学学报（哲学社会科学版). 6

东北沦陷时期日本侵略者对东蒙古上层的利用谋略/季静　高乐才，中央民族大学学报（哲学社会科学版). 6

乾隆朝满文档案中的雅克萨与尼布楚/韩晓梅，满语研究 . 1

顺治十四年封包衣达京善父母之诰命浅析/霍晓东　李云艳，满语研究 . 1

《御制五体清文鉴》编者及编纂年代考/春花，满语研究 . 1

清末民初珲春地区旗人精英的乡村统治（上）/尹煜　朴晟爱　顾松洁，满语研究 . 1

盛京将军依克唐阿与《尧山将军碑》《大清将军依碑》/井肖冰，满语研究 . 1

内齐托音一世弟子下落考述/郭孟秀，满语研究 . 1

清末民初珲春地区旗人精英的乡村统治（下）/尹煜　朴晟爱　顾松洁，满语研究 . 2

清中期东部蒙旗的旗界形成——以郭尔罗斯后旗为中心/吴忠良，满语研究 . 2

三姓地区贡貂赏乌林制度刍议/吕欧，满语研究 . 2

台籍日本兵问题之史料挖掘与文化省思研究/马英萍，台湾研究 . 4

5—7 世纪高昌地区的马匹与丝绸贸易——以吐鲁番出土文书为中心/张爽，北方论丛 . 3

林丹汗西迁右翼蒙古与后金政治关系/聂晓灵，北方论丛 . 5

金代契丹族地方官的政治活动及作用/夏宇旭，东北师大学报（哲学社会科学版). 6

海龙围关隘考/李飞，贵州社会科学 . 1

清代非直省地区的法制特点初探——以蒙古、回疆及西藏地区为中心的考察/马青连，贵州社会科学 . 9

“辽”国号新解/姜维公　姜维东，吉林大学社会科学学报 . 1

渤海墓葬演变与渤海初期人口的民族构成/魏存成，吉林大学社会科学学报 . 2

辽代后期契丹腹地生态环境恶化及其原因/张国庆，辽宁大学学报（哲学社会科学版). 5

金代郡王封号研究/孙红梅，社会科学辑刊 . 2

清初满族婚俗特征考/李学成，社会科学辑刊.4

甲午前清政府“朝鲜方略”再检讨/马勇，社会科学辑刊.6

天启时期明朝与朝鲜的关系——以朝鲜国王李倧“封典”为中心/刁书仁，社会科学辑刊.6

论宋初河西蕃部的地域整合/李新贵，社会科学战线.1

也谈高句丽“侯驺”的相关问题/李乐营　孙炜冉，社会科学战线.2

伪满洲国时期嫩江松花江流域蒙旗渔业权利变迁——以与蒙地奉上政策的关系为中心的考察/吴忠良，社会科学战线.9

“汉兵击拔朝鲜以为乐浪玄菟郡”考述/赵红梅，社会科学战线.3

句町：古壮国初探/田阡，社会科学战线.4

叶赫那拉氏家族史研究新证——《叶赫呐喇氏宗谱》述论/薛柏成，社会科学战线.5

清至民国时期西南地区乡土志民族特色初探/卢华语　邹涛，社会科学战线.6

论大祚荣政权初称“靺鞨”/魏国忠，社会科学战线.8

东北解放战争期间朝鲜居民的国籍研究/王丽媛　吕明辉，社会科学战线.8

酋邦与国家形成的两种机制——古代中国西南巴蜀地区的研究实例/段渝，社会科学战线.9

封贡与誓盟——简论“夷夏交往”的诸种类型/徐新建，思想战线.1

认同与冲突：民国时期云南华永宁地区的“夷患”问题和民族关系/谷跃娟，思想战线.1

元明清时期西藏地方与中央政府的属领关系——对后宏期藏文文献中关于汉藏关系记载的考察/陈沛杉　徐文渊，思想战线.2

南诏国境内外的乌蛮/王文光　李艳峰，思想战线.3

晚清中央与地方关系的学术史认知/段金生　贺江枫，思想战线.4

南诏时期的磨些蛮/段丽波，思想战线.5

论明代云南的改土归流/王文光　李吉星，思想战线.6

陕西回族形成与发展的历史探寻/马健君，西北大学学报（哲学社会科学版）.6

清代嘉庆朝治藏政策探析/彭博，西藏民族学院学报（哲学社会科学版）.3

略论清朝前期对青海藏区的经略/高晓波，西藏民族学院学报（哲学社会科学版）.3

术丹汗的改宗及与却图汗、藏巴汗结盟一事考述/陆军，西藏民族学院学报（哲学社会科学版）.4

西藏察隅边境地区族群文化地理研究——破解“倮茶迷雾”/赵国栋，西藏民族学院学报（哲学社会科学版）.4

浅谈门隅与西藏的历史关系/李旺旺，西藏民族学院学报（哲学社会科学版）.4

鄯善国社会性质再议/杨富学　徐烨，新疆师范大学学报（哲学社会科学版）.4

隋唐时期西部边疆的昭武九姓研究三题/王文光　李艳峰，云南师范大学学报（哲学社会科学版）.2

我国族际通婚的历史轨迹/鲁刚　张禹青，云南师范大学学报（哲学社会科学版）.2

南诏时期的和蛮/段丽波，云南师范大学学报（哲学社会科学版）.5

黑水城出土西夏文卖人口契研究/史金波，中国社会科学院研究生院学报.4

新中国成立后侗款与侗族地区社会治理的历史变迁/江明生，广西社会科学.5

吐蕃东境（鄙）五道节度使研究/朱悦梅，中国边疆史地研究.1

辽代东北路统军司考论/王雪萍　吴树国，中国边疆史地研究.1

蒙古阿拉善和硕特部的服属与清朝西北边疆形势/齐光，中国边疆史地研究.1

汉至唐时期肃慎、挹娄、勿吉、靺鞨及其朝贡活动研究/程尼娜，中国边疆史地研究.2
渤海“首领”新考/范恩实，中国边疆史地研究.2
论明代西北羁縻卫所的民族关系/杨林坤，中国边疆史地研究.2
辽代奚境变迁考论/毕德广，中国边疆史地研究.3
粟特人在渤海国的政治影响力探析/孙炜　冉苗威，中国边疆史地研究.3
新罗圣德王实施亲唐政策始末/王霞　拜根兴，中国边疆史地研究.3
有关高昌回鹘的一篇回鹘文文献——Xj222—0661.9文书的历史学考释/白玉冬，中国边疆史地研究.3
中国古代中原王朝处理民族关系的方式/崔明德，中国边疆史地研究.4
试论6—8世纪突厥与铁勒的族际互动与民族认同/彭建英，中国边疆史地研究.4
说“舍利”——兼论契丹、靺鞨、突厥的政治文化互动/孙昊，中国边疆史地研究.4
新出唐吐谷浑王族慕容环墓志研究/陈玮，中国边疆史地研究.4
民国时期瑶族人的户籍管理与社会转变——以广西大瑶山编户为中心/龙小峰，中国边疆史地研究.4

六　民族语言文字

清末民国时期西康藏区语言文字政策的演变/赵峥，民族研究.1
体性民族志：基于中国传统文化语法的探索/彭兆荣，民族研究.4
新方块壮字与“云时代”壮族文化传承的适切性研究/杨丽萍，民族教育研究.2
汉—回鹘文合璧《六十甲子纳音》残片考释/张铁山，敦煌学辑刊.4
敦煌书仪与日本《云州消息》敬语的比较研究/王晓平，敦煌研究.2
九州大学文学部藏敦煌文书《新大德造窟檐计料》字词考释二则/张文冠，敦煌研究.2
钱与帛——中国人民大学博物馆藏三件于阗语—汉语双语文书解析/段晴　李建强，西域研究.1
和田博物馆藏佉卢文判决书考释/关迪，西域研究.4
居都仡佬语俗语的语言特点及文化意蕴/曾宝芬，贵州民族研究.3
从屯堡方言看屯堡人的族群来源及内部分化/吴伟军，贵州民族研究.3
诶话与汉语、壮语构词法比较研究/高欢，贵州民族研究.5
彝文文献分类编目与信息化研究/秦晓莉，贵州民族研究.6
彝语词法的构成和构件研究/马辉，贵州民族研究.6
仙岛语——云南濒危少数民族语言调查/寸红彬　汪榕，贵州民族研究.6
通讯交通迅捷时代少数民族语言生存难题探析/权继振　李为民，贵州民族研究.6
少数民族文化翻译的生态功能/武宁　白延平，贵州民族研究.7
少数民族语言使用的国家整合逻辑研究/姚羚羚，贵州民族研究.8
黎语指示代词比较研究/杨遗旗，贵州民族研究.8
族民间教育的民众立场及其话语系统研究/李金艳，贵州民族研究.9
我国少数民族语言文字立法保护研究/张惠玲，贵州民族研究.10
秩序控制、心理模拟与智能发展的语言哲学视域——少数民族语言使用的本体功能研究/宋扬，贵州民族研究.10
透析土家族竹枝词传播演进的社会经济动因/肖颖，贵州民族研究.10
民族志翻译——少数民族典籍外译的有效途径/王军，贵州民族研究.11
满语使用及其衰微研究——以清代黑龙江地区为例/范立君　杜春杰，贵州民族研究.11

北方各域满族民居传统环境景观语言比较研究/韩沫，贵州民族研究.11

南亚濒危语言的调查与复兴/邓彦，广西民族大学学报（哲学社会科学版）.1

居都仡佬语四音格研究/曾宝芬，广西民族大学学报（哲学社会科学版）.2

《壮族麽经布洛陀影印译注》字频研究/高魏　张显成，广西民族研究.2

海南美孚方言黎族织锦纹样探微/王瑞莲　刘卫国，广西民族研究.5

民族典籍翻译研究的学科基础与发展目标/王宏印，广西民族大学学报（哲学社会科学版）.4

民族典籍外译研究（1986～2013）/赵长江，广西民族大学学报（哲学社会科学版）.4

经堂语与元明"汉儿言语"相似的几种语法特征/杨占武，回族研究.1

回族"经堂语"的特殊语言现象（一）——"上"和"打"/敏春芳　丁桃源，回族研究.1

中亚东干书面语言与新疆伊犁回民方言的联系/海峰，回族研究.4

马注《清真指南》编纂经过及其版本流传述略/胡玉冰，回族研究.4

走廊南山中的唐蕃古音——东纳藏语中字母c、ch、j、zh、sh的读音辨析/洲塔　尕藏尼玛，青海民族研究.2

撒拉语中的乌古斯语和非乌古斯语词位/汉斯·内和泰仁　赵琳　马伟，青海民族研究.3

青海的多语言环境和语言接触/王双成，青海民族研究.3

"塔特·桃花石"考释/李树辉，青海民族研究.3

维吾尔语谚语中"爱情"隐喻特征浅析/班振林　杨德明，西北民族大学学报（哲学社会科学版）.1

基于依存关系的藏文语义角色标注研究/祁坤钰，西北民族大学学报（哲学社会科学版）.1

我国少数民族语言田野调查记录的伦理问题/范俊军　马海布吉，西北民族大学学报（哲学社会科学版）.4

凉山彝语形容词语法特征解析/孙子呷呷，西南民族大学学报（人文社会科学版）.5

民国时期《西康通志》的编纂及其学术价值/吴会蓉，西南民族大学学报（人文社会科学版）.5

彝语词法研究反思/马辉，西南民族大学学报（人文社会科学版）.7

《通用规范彝文方案》的研制与发展前景展望/贾海霞　沙马拉毅，西南民族大学学报（人文社会科学版）.9

彝文字符文化特征研究/马锦卫，西南民族大学学报（人文社会科学版）.9

论凉山新彝文创制与新老彝文使用的争论及后果/秦和平，西南民族大学学报（人文社会科学版）.9

丰富多彩的彝语形容词词法/阿育几坡，西南民族大学学报（人文社会科学版）.11

探析藏语社会用字中的不规范现象及其特点——以拉萨市为考察对象/利格吉，西藏研究.4

论"和平解放后"至"民主改革前"西藏汉语文学中的阶级规避现象/刘雅君　蓝国华，西藏研究.4

"Tibet"或"Xizang"——关于"西藏"英译的讨论/王鹿鸣，西藏研究.5

再谈藏语中的外来词汇/次仁央金，西藏研究.6

濒危语言保护与语言复兴/何丽，云南民族大学学报（哲学社会科学版）.3

中国少数民族语言文学人才培养模式改革的探索与实践/和少英　和光翰，云南民族大学

《啸亭杂录》版本比较初探/罗盛吉，满语研究.1

《满蒙汉三文合璧教科书》的翻译颁行（上）/李勤璞，满语研究.1

满语中梵语借词研究/长山，满语研究.1

满语动词 se—语法功能探究/刘婧怡，满语研究.1

《满文老档》中不相邻数词的语义/赵丽丽，满语研究.1

科举制度对清代满语文使用的影响/唐海艳，满语研究.1

奥罗奇人的语言/施密特　王大可，满语研究.1

鄂伦春语基本颜色词的分类——兼论语言、文化与智力对颜色认知的影响/杨群　张积家，满语研究.1

试论埃文基语与俄语构词法之异同/杨立华　安德烈耶娃 T. E.　斯特鲁奇科夫 K. H.，满语研究.1

蒙古语 x? rtʃ　~hin 词源探析/宝玉柱，满语研究.1

现代蒙古语喀喇沁土语擦音谱重心研究/宝音，满语研究.1

《蒙古语连接形式知识库》框架设计/林八鸽，满语研究.1

锡伯族语言文化数据库建设研究/佟加·庆夫，满语研究.1

论《清文指要》中的满族文化内涵/魏巧燕，满语研究.1

满文词语探微——以“茶”为例/江桥，满语研究.2

满语中汉语借词特点分析/长山，满语研究.2

满语形容词比较级词缀解析/贾越，满语研究.2

清朝满文避讳漫议/罗盛吉，满语研究.2

朝鲜朝燕行使笔下的满语/汪银峰　姚晓娟，满语研究.2

“哈”的辞书标注分歧及相关问题探讨——从译词“哈尔滨”的“哈”说起/刘燕　马彪，满语研究.2

蒙古语疑问句语调的起伏度研究/乌吉斯古冷，满语研究.2

蒙古语科尔沁土语中的汉语东北方言借词/阿如娜，满语研究.2

试论鲜卑语、契丹语和满语的关系/戴光宇，满语研究.2

《满汉合璧菜根谭》考辨/张兆平，满语研究.2

《满蒙汉三文合璧教科书》的翻译颁行（下）/李勤璞，满语研究.2

探针—目标中的一致关系与突厥语的语音和谐律/力提甫·托乎提，民族语文.1

红丰仡佬语的人称代词系统/何彦诚，民族语文.1

壮语方言“完毕”动词的多向语法化模式/黄阳　郭必之，民族语文.1

程度副词作补语的跨语言考察/唐贤清　罗主宾，民族语文.1

藏缅语受动助词分布的类型特征/王跟国，民族语文.1

拉祜语的话题句/李洁　李景红，民族语文.1

《突厥语大词典》中的中古汉语借词/陈宗振，民族语文.1

云南省壮语地名 taau^4（道）源流考/侬常生，民族语文.1

哈密方言中的“上”/热西旦·马力克　张洋，民族语文.1

蒙古语韵律短语的分类研究/敖敏　熊子瑜　白音门德，民族语文.1

汉藏语系语言的共同创新/孙宏开，民族语文.2

养蒿苗语和开觉苗语见、溪、群母中古汉借词的读音类型及其来源/王艳红，民族语文.2

论民族语的连调规则分析——以藻敏瑶语油岭土话为例/龙国贻　唐红英，民族语文.2

西夏语名量词考论/孙伯君，民族语文.2

朝鲜语“口诀”标注研究/金永寿 林强，民族语文.2
吕苏语的助动词/林幼菁 尹蔚彬 王志，民族语文.2
壮语 te：^1/twk^8/a：i^2 及汉语“着/捱”情态义、致使义的来源/潘立慧，民族语文.2
白马语动词的人称变化/莫超 班旭东，民族语文.2
维吾尔语持续体及其突显性特征/夏迪娅·伊布拉音 沈淑花，民族语文.2
锡伯语三音节词重音的实验语音学研究/李兵 贺俊杰 汪朋，民族语文.2
汉泰身体词同源比较五十词例/郑张 尚芳，民族语文.3
通道侗语声母的不送气化现象——兼与赣语比较/曹志耘，民族语文.3
越南语单音节词声调特征的实验统计分析/易斌，民族语文.3
彝缅语中的近音与浊擦音/潘晓声，民族语文.3
拉祜语动词使动态探析/李春风，民族语文.3
蒙古语空间拓扑关系/曹道巴特尔，民族语文.3
朝鲜语阶称形态研究/申基德 金子，民族语文.3
维吾尔语动词 qil－/卡依沙尔·艾合买提，民族语文.3
中国藏缅语言中的代词化语言/瞿霭堂 劲松，民族语文.4
纳苏彝语的空间认知系统/普忠良，民族语文.4
苗语身体部位词的本义褪变与词汇链变/石德富，民族语文.4
汉语八思巴字中唇齿音字母的确认/沈钟伟，民族语文.4
再论蒙古语词重音问题/呼和，民族语文.4
藏语方式状语的语义类型与句法标记/康才畯 龙从军，民族语文.4
20 世纪五六十年代哈萨克语社会政治新词术语的构成特点/赛迪努尔·毛兰 阿力肯·阿吾哈力，民族语文.4
台语支语言的计算分类及其传播方向/韦远诚 张梦翰，民族语文.5
汉藏语言的鼻音韵尾增生现象/王双成，民族语文.5
多语言接触下的隆林仡佬语变异研究/李锦芳 阳柳艳，民族语文.5
甘青民族地区语言接触中的“格”范畴/敏春芳，民族语文.5
回鹘佛教文献《金光明最胜王经》中的 otru/赛丽塔那提·哈力克，民族语文.5
维吾尔语达里雅博依话的语音特点/颜秀萍，民族语文.5
鄂温克语前高元音声学分析/乌日格喜乐图，民族语文.5
沙阿鲁阿语概况/潘家荣，民族语文.5
类型学视野中的致使结构/黄成龙，民族语文.5
越南语三域八调：语音性质和音法类型/朱晓农 阮廷贤，民族语文.6
土家语动词体标记－I 的来源和语法化过程/徐世璇 鲁美艳，民族语文.6
文马壮语阴调类再分化的原因/韦名应，民族语文.6
语音变异与音系裂变：对西部苗语的真实时间观察和显象时间观察/李云兵，民族语文.6
壮语的粘着型动词范畴标记——一组“后附音节”的结构分析/薄文泽 李旭练 侬常生，民族语文.6
回鹘文“六十二界”译名考/张铁山 PeterZieme，民族语文.6
15 世纪朝鲜语 s 系词首辅音丛的音值问题/千玉花，民族语文.6
维吾尔语人称代词考释/阿不都热依木·热合曼 阿布里克木·亚森，民族语文.6
卓仓藏语中的元音高化和高顶出位/徐世梁，语言科学.1
拉坞戎语的空间范畴/尹蔚彬，语言科学.3

武鸣壮语“名词 + naŋ ~2（每）”结构的词汇化及相关语法化/梁敢，语言科学.3

论现代维吾尔语人称语缀与主语和语气力度间的一致关系/力提甫·托乎提，语言科学.4

藏语与喜马拉雅语言中存在类动词的概念结构/黄成龙，语言科学.5

黔东苗语人称代词探源/石德富 杨正辉，语言科学.5

布依语元音系统的链式音变/占升平，语言科学.6

跨境语言研究的历史和现状/戴庆厦，语言文字应用.2

我国与周边国家跨境语言的语言规划研究/黄行 许峰，语言文字应用.2

乌鲁木齐市维吾尔族汉语使用变异的社会因素分析——以汉语媒介接触中的性别为例/朱学佳，语言文字应用.3

苗瑶语正反问句的来源/谭晓平，语言研究.3

藏东南藏缅语的领属结构/江荻，语言研究.4

汉语 SVO 句与维吾尔语相对应句型的语义对比分析/徐春兰 陈玉梅，语言与翻译.1

英语和维吾尔语心理谓词的形态句法对比研究/张京鱼 艾合买提江·塔西，语言与翻译.1

维吾尔谚语研究趋势与反思/付东明 陈得军，语言与翻译.1

汉语拟声词与维吾尔语摹拟词对比浅析/王沙沙 汤允凤，语言与翻译.1

汉维词汇文化联想意义之对比/张秀玲，语言与翻译.1

“v + n + n”结构的哈萨克语短语歧义分析与消解/户冰心 古丽拉·阿东别克 祁卉，语言与翻译.2

类型学视角下的维吾尔语情态表达/户冰心 古丽拉·阿东别克 祁卉，语言与翻译.2

约束理论下的维吾尔语照应、指代成分研究/潘艳兰，语言与翻译.2

哈萨克语比喻及其文化特征/武金峰 阿依努尔·胡瓦提，语言与翻译.2

概念性知识对维、汉语小数读法的影响/刘瑞莲 张梅，语言与翻译.2

《南村辍耕录》借词分析/徐朝晖，语言与翻译.3

突厥语文献的纪年形式和断代方法/李树辉，语言与翻译.3

现代维吾尔语中“ - ~0wat - ”的进行体特征/何雨芯，语言与翻译.3

试论现代维吾尔语中墨玉、伊里其、洛浦土语的词汇特点/图拉普·喀斯木·友里齐，语言与翻译.3

维吾尔族语言文化对新疆杂话的影响/李文亮，语言与翻译.3

试析否定词缀在汉维语中的不同表现/刘伟乾 冯莲，语言与翻译.3

维吾尔语多重定语语序及其理据/李素秋，语言与翻译.4

汉语“给”与维吾尔语中 bɛr - 的语法化对比/彭嫦，语言与翻译.4

古代突厥语与《突厥语大词典》名词格的研究/阿那古丽·阿布都热依木，语言与翻译.4

论现代维吾尔语形态手段中的零形式/阿迪拉·依迪力斯，语言与翻译.4

现代汉语和现代维吾尔语是非问句答句的肯定、否定差异/阿巴拜克热·买买提 努斯来提·木明，语言与翻译.4

象形文字与圣书文字——兼谈古埃及文字的中文名称问题/王海利，东北师大学报（哲学社会科学版）.3

藏语拉萨话双音节词重音的实验研究/陈小莹，西藏民族学院学报（哲学社会科学版）.2

藏语声韵：字性分类与组合规律/更登磋 艾金勇，西藏民族学院学报（哲学社会科学版）.2

“锅庄”词义探析/任新建 李韶东，西藏民族学院学报（哲学社会科学版）.5

论塔塔尔语言文化的保护与传承——大泉塔塔尔乡黑沟村塔塔尔族语言使用现状调查/古丽米拉·阿不来提 王佳唯 努尔阿依，新疆社会科学.2

乌兹别克斯坦语言地位规划研究/李琰，新疆社会科学.3

民族杂居区维吾尔族语言使用情况调查——以新疆博州为例/胡炯梅 汤允凤，新疆社会科学.3

中国西北回族话及中亚东干语部分词汇的历史印记/海峰，新疆师范大学学报（哲学社会科学版）.3

延边朝鲜语词汇变异研究——以朝鲜语汉字词和外来词的使用为例/朴美玉，云南师范大学学报（哲学社会科学版）.4

语言和文化的共变——词聚法与白、汉、彝语比较/汪锋，云南师范大学学报（哲学社会科学版）.5

哈萨克族叙事诗《阔孜库尔佩西与芭艳苏露》的贾纳克版本结构特征/黄中祥，中国社会科学院研究生院学报.3

清朝时期满语的国际传播/刘宇 张松，黑龙江民族丛刊.4

七 民族文学艺术

胡适的民族间文学接触进化论/严慧 庄森，安徽史学.2

高句丽古墓壁画中的乐器/王放歌，社会科学战线.6

绘画里的丝绸——也说科技与艺术的关联/王敏庆，敦煌学辑刊.1

入华粟特人石质葬具反映的深刻意义——祆教艺术和中原礼制艺术之间的互动与交融/李瑞哲，敦煌学辑刊.1

榆林窟和东千佛洞壁画上的拉弦乐器研究/郑炳林 朱晓峰，敦煌学辑刊.2

曾从神仙日下游五千里外水分头——论西域之行对尹志平文学创作的影响/宋晓云，西域研究.1

试析哈萨克族民间文学作品中的母题消失现象——以叙事诗《阔孜库尔佩西与芭艳苏露》为例/黄中祥，西域研究.2

“冬夏对话”与维吾尔族诗歌中的“论辩体”/高波，西域研究.2

西域诗学论略/王佑夫，西域研究.3

清及近人的达坂城后沟诗文与“白水涧道”/张建春，西域研究.3

“天山渔者”王大枢的遣戍生涯与诗文创作/吴华峰 周燕玲，西域研究.4

天地有大美而不言——新疆呼图壁县康家石门子岩画审美探索/马晓玖，西域研究.4

元代北曲中的回回元素及其风味/马冬雅，回族研究.2

少数民族音乐产业化对现代音乐发展影响研究/颜聪，贵州民族研究.1

“并喻文化”：维吾尔族音乐文化传承的应有之音/赵艳，贵州民族研究.1

我国少数民族圈舞艺术特征探究/张晓，贵州民族研究.1

傣族舞蹈中“孔雀形象”的历史渊源及美学价值/曾焯 屈立丰，贵州民族研究.1

少数民族服饰图案设计中平面设计技术研究/唐帆 胡文娟，贵州民族研究.1

《福乐智慧》中诚信观对维吾尔族社会交往的启示/艾扎木·艾拜都拉，贵州民族研究.1

中国民族文学的文化传播价值研究——基于《泽基格布》英语翻译问题的分析/陈岷婕 肖忠琼 黄嘉陵，贵州民族研究.1

回族音乐文化传承问题及对策/张文静，贵州民族研究.2

从叙事要素看蒙古族洪古尔传说与侗族吴勉传说的审美异同/刘晓华，贵州民族研究.2

凉山彝族民间叙事诗《妈妈的女儿》口传程式解读/孙子呷呷，贵州民族研究.3

双视角视域下的东北少数民族音乐研究/陈燕　张译文，贵州民族研究.3

从《格萨尔》史诗看藏族传统体育/战文腾　张颖，贵州民族研究.3

贵州民间故事动漫改编探究/严卿方　杨经华，贵州民族研究.3

现代藏族冥想音乐在西方社会的运用与传承/邓良，贵州民族研究.4

儿童文学接受与少数民族的心理认同——以新疆南疆少数民族少年儿童为例/王欢，贵州民族研究.4

探析贵州松桃苗绣图案艺术特征/秦建星，贵州民族研究.4

多民族艺术对腾冲民居景观的影响与启示/褚兴彪，贵州民族研究.4

仡佬族高台舞狮的文化人类学解析/刘洋波，贵州民族研究.4

传统的发明与文化的重建——土家族摆手舞传承研究/赵翔宇，贵州民族研究.4

安顺普定马官屯堡花灯音乐的流变及创新/刘媛　袁仁钢，贵州民族研究.4

新疆维吾尔族民间工艺地方特色研究/王永亮　张锐，贵州民族研究.4

彝族英雄史诗《支嘎阿鲁》正能量文化精神研究/肖远平　王伟杰，贵州民族研究.5

电视传播对彝族文化影响——以贵州板底为例/邓卫红　李祖杰，贵州民族研究.5

少数民族服饰设计中的历史记忆符号研究——以苗族服饰为例/徐伟，贵州民族研究.5

侗族原生态唱法中的民族性解读/王洋，贵州民族研究.5

论少数民族特色美学在会展展示中的应用/李绍文　黄缨，贵州民族研究.5

广西壮族钢琴演奏中的民间艺术形式/黄芳，贵州民族研究.5

论民族史诗整理研究的视角转换——以《亚鲁王书系》为典型案例/张忠兰　曹维琼，贵州民族研究.6

苗族古歌神灵群像的语义阐释/李佳，贵州民族研究.6

论贵州苗族芦笙舞的当代传承与保护/党允彤，贵州民族研究.6

少数民族文学族群符码的隐性教育维度——以土家族文学为例/熊前莉，贵州民族研究.6

产业化视角下的民族民间文学类非遗保护/林移刚，贵州民族研究.6

论瑶族民间故事中英雄崇拜的叙事结构/邹建雄，贵州民族研究.6

《格萨尔》中宗教文化负载词的英译研究/臧学运，贵州民族研究.6

瑶族民歌声乐表现情态的结构层透析/王宇扬　伍润华，贵州民族研究.6

满族音乐结构嬗变背后的文化主体效应/时江月，贵州民族研究.6

楚雄彝族民间建筑的艺术性研究/王冬梅，贵州民族研究.6

叙事学视域下的民族文化外译探析/沈国荣，贵州民族研究.6

少数民族传统体育资源的文化价值及其开发/陈蕾　李鹏程，贵州民族研究.6

土家族摆手舞文化校本课程传承现状与策略研究/王姝，贵州民族研究.6

试论苗族刺绣纹样在地面铺装设计中的应用/叶舫妤，贵州民族研究.7

贵州土家五柱四瓜木房建筑的美学特征与民俗文化/谢云中　周真刚，贵州民族研究.7

我国少数民族文学去民族化倾向辨析——以1949年至1966年时期为对象/向贵云，贵州民族研究.7

贵州彝族余氏作家群的文化特征及成因分析/何云涛，贵州民族研究.7

浅析《珠郎娘美》对侗族音乐的影响及传承/郭阳　刘晓静，贵州民族研究.7

观念重构与风格转向——抗战时期庞薰琹在西南民族地区的艺术转型/黄晨，贵州民族研究.7

基于反凝视诗学理论视域的少数族裔影像叙事/崔丹，贵州民族研究.7

少数民族原始主义绘画创作的民族性根源研究——以藏族原始主义绘画为例/邹东升，贵州民族研究.11

少数民族元素设计中的文化迁移研究/曾静，贵州民族研究.11

民族建筑环境艺术美感的整体认知/姬长武　李诗修，贵州民族研究.12

论少数民族传统音乐文化的传承与创新/葛姝亚，贵州民族研究.12

聚焦藏族美术创作的民族心理嬗变/于若溪，贵州民族研究.12

布依族舞蹈的美学范式研究/刘超，贵州民族研究.12

20世纪新疆哈萨克族文学批评发展研究/张璐燕，贵州民族研究.12

清代壮族文学家族及其诗文创作/多洛肯　安海燕，广西民族大学学报（哲学社会科学版）.1

地域文化小说与民族文化书写/温存超　黄佩华，广西民族大学学报（哲学社会科学版）.2

环大明山壮族山歌的文化意蕴/曹昆，广西民族大学学报（哲学社会科学版）.3

西部民族舞蹈特性的把握与理解/万建中，广西民族大学学报（哲学社会科学版）.3

论中国少数民族文学经典外译的类型、目的与策略/刘雪芹，广西民族大学学报（哲学社会科学版）.4

中国翻译史书写的民族文学之维——朝向建构中华多民族翻译史观的思考/王治国，广西民族大学学报（哲学社会科学版）.4

少数民族文学研究"边缘化"另种理解/李运抟，广西民族大学学报（哲学社会科学版）.5

黔西北民族民间文学活态传承研究/李德虎，广西民族大学学报（哲学社会科学版）.5

论原生态民族舞蹈的艺术化及其保护/杨敏，广西民族研究.5

现代设计发展语境下的少数民族手工艺保护/吴振韩　顾媛媛，广西民族研究.6

汇聚推进民族技艺产教融合的正能量/田联刚，黑龙江民族丛刊.1

主位视角下苗族刺绣的文化释义及发展模式研究/董宝玲，黑龙江民族丛刊.2

当下作家笔下的萨满文化书写/吕萍，黑龙江民族丛刊.3

朝鲜族服饰艺术研究/王锐，黑龙江民族丛刊.3

后申报时期民族地区民间戏剧遗产保护与传承研究——湖北恩施崔坝皮影戏个案调查/王希辉　谭庆虎，黑龙江民族丛刊.4

牡丹江群力岩画地理环境及其年代、族属研究/王禹浪，黑龙江民族丛刊.5

论乾隆朝八旗官吏诗人/衣长春，黑龙江民族丛刊.5

满汉家族融合与处才养德之道——论清代女诗人恽珠的才名获得与处才策略/高春花，黑龙江民族丛刊.5

论当代少数民族舞蹈艺术中民族认同与国家认同的共生性——以满族舞蹈艺术为例/康晶，黑龙江民族丛刊.5

新时期东北电影对本土少数民族原生态文化的发掘与传承/张芳瑜　王稼之，黑龙江民族丛刊.6

回族文学对中国文学的贡献和启示/杨继国，回族研究.1

明清地方诗文总集著录回族作家举隅/张冬冬　张鹏，回族研究.1

中亚回族民间文学探析/武宇林，回族研究.3

回族古建筑装饰艺术昭示的和谐成因与文化认同/雷昊明，回族研究.3

浅谈宁夏回族文化艺术队伍现状及前景/马星，回族研究.3

明代回族作家沐昂著述考/邵敏，回族研究 . 4

撒拉族传统民居建筑述略/马永平，青海民族研究 . 3

藏传佛教音乐与《格萨尔》史诗唱腔之渊源考析/郭晓虹，青海民族研究 . 3

现代化语境下安多藏区建筑及景观创作研究——以青海省海南州藏文化产业创意园为例/杨眉，青海民族研究 . 3

清蒙古车王府所藏影词研究三题/赵铁锌，青海民族研究 . 4

凤翔屈家山蒙古纪事砖及相关问题/杨富学　张海娟，青海民族研究 . 4

非物质文化遗产保护视角下的陕北民歌语言美学探析/胡友笋　汤玲，西北民族大学学报（哲学社会科学版）. 1

维吾尔族音乐风格在琵琶演奏技巧中的诠释——以刘德海创作的琵琶独奏曲《春蚕》为例/赵卓群，西北民族大学学报（哲学社会科学版）. 1

安多地区藏传佛教建筑艺术略述/王东　冉璐，西北民族大学学报（哲学社会科学版）. 1

四川藏族聚居区佛教建筑的外部空间体系分析/刘伟　刘春燕　刘斌，西北民族大学学报（哲学社会科学版）. 1

新时代下水族马尾绣艺术的文化内涵/张超　朱晓君　果霖　徐人平，西北民族大学学报（哲学社会科学版）. 2

论民间音乐的保存、传承与传播/吉文莉，西北民族大学学报（哲学社会科学版）. 4

裕固族民族音乐研究的回顾与展望/吉文莉，西北民族大学学报（哲学社会科学版）. 4

偷盗谷物型神话——台湾原住民族的粟种起源神话/鹿忆鹿，西北民族研究 . 1

维吾尔族宣教诗歌研究——吐鲁番盆地的事例/王建新，西北民族研究 . 3

略论哈尼族迁徙史诗中的外族女婿形象及其程式化特征/王淑英　高凤，西北民族研究 . 4

民间谚语及其文化内涵——以维吾尔族民间谚语为例/阿布力米提 · 买买提，西北民族研究 . 4

论彝族服饰图案的主要设计元素/张丽君，西南民族大学学报（人文社会科学版）. 7

布 · 格萨尔文化论——稻城亚丁一带同母题口传故事探析/张超，西南民族大学学报（人文社会科学版）. 3

凉山彝族舞蹈现状调查及对策研究/沈惹晓贞　赵明，西南民族大学学报（人文社会科学版）. 8

当代少数民族文学批评：病象、症结与原创性焦虑/李长中，西南民族大学学报（人文社会科学版）. 8

多民族文学史观构建与中国现当代文学研究/陈红旗，西南民族大学学报（人文社会科学版）. 8

中国少数民族民间文学中的习惯法——以甘肃东乡族为考察对象/刘顺峰，西南民族大学学报（人文社会科学版）. 10

构建藏彝走廊民族民间传统手工艺文化遗产廊道的可行性研究/袁姝丽，西南民族大学学报（人文社会科学版）. 11

口承文学中独龙族的民族观念探微/赵沛曦　张波　张涌，西南民族大学学报（人文社会科学版）. 11

藏族史诗《格萨尔》说唱音乐源流初考/郭晓虹，西藏研究 . 2

仪式歌舞与戏剧实践：阿吉拉姆的诞生/桑吉东智，西藏研究 . 4

当代藏族文学的文化研究综述与反思/于宏　胡沛萍，西藏研究 . 5

略论西藏传统杂技产生与发展的文化环境/丁玲辉，西藏研究 . 5

关于西藏民间美术保护对象、原则和模式的探讨/熊永松，西藏研究.5

唐诗的温情：论涉蕃诗的文化意义/周莹 罗朋朋，西藏研究.6

历史记忆、隔离机制与文化自觉——凉山彝族漆器工艺传承的多重语境/陈丹，云南民族大学学报（哲学社会科学版）.3

民间剪纸文化的传承与保护——以云南芒市傣族为例/李光华，云南民族大学学报（哲学社会科学版）.3

西藏罗布林卡藏明代大慈法王像缂丝唐卡再探/熊文彬，中国藏学.3

西藏甘丹彭措林寺大经堂壁画题记识读与研究/闫雪，中国藏学.3

哲蚌寺措钦大殿内转经道壁画制作材料及工艺研究/祁娜 郭宏 王力丹，中国藏学.3

论藏族古典寓言小说中的佛教思想/觉乃·云才让，中国藏学.3

当代藏族女性汉语文学发展概述/胡沛萍，西藏民族学院学报（哲学社会科学版）.4

宁夏伊斯兰教建筑与佛教建筑艺术特色比较/纳建宁 龙凯音，中南民族大学学报（人文社会科学版）.6

当代少数民族报告文学“去民族化”的矫治思路/龚举善，中南民族大学学报（人文社会科学版）.6

西域狼祖叙事在史诗中的多重演变/刘振伟 彭无情，中央民族大学学报（哲学社会科学版）.1

论哈萨克女性文学创作的发展/吴晓棠 娜依古丽·军居来克，中央民族大学学报（哲学社会科学版）.1

水族霞节祭祀活动中的传统音乐/吴媛姣 张中奎，中央民族大学学报（哲学社会科学版）.1

现代性的多维向度与底层文学的叙事形态——兼论西部回族小说的底层叙事/金春平，中央民族大学学报（哲学社会科学版）.2

中国少数民族文学理论批评发展引论/王佑夫，中央民族大学学报（哲学社会科学版）.2

纹刻嘛呢石工艺及其文化艺术特征研究/赵晓荣，中央民族大学学报（哲学社会科学版）.2

唯物史观下当代文学批评中的“非民族”论批判/胡俊飞 李游，中央民族大学学报（哲学社会科学版）.3

主体关系差异——从黑格尔的辩证法论中国现当代少数民族文学的特质/席扬 卢林佳，中央民族大学学报（哲学社会科学版）.3

高昌廉氏与元代的多民族士人雅集/张建伟，中央民族大学学报（哲学社会科学版）.4

论清代蒙古族画家布颜图的美学思想及其当代价值/郝文杰 蔡静平，中央民族大学学报（哲学社会科学版）.4

从维吾尔情诗中看审美意象的文化价值/剡启超，中央民族大学学报（哲学社会科学版）.4

纳瓦依文学创作的思想根源/吐尔逊·库尔班，中央民族大学学报（哲学社会科学版）.5

湖北蒙古族族源传说的记录史与生命史——以三家台村的陈美所传说为研究对象/王志清 陈曲，中央民族大学学报（哲学社会科学版）.5

神圣的狂欢化境界——少数民族娱乐的文化魅力/万建中，中央民族大学学报（哲学社会科学版）.5

回族神话中“龙神”形象的文化解析/杨文笔，中央民族大学学报（哲学社会科学版）.5

满族说部与赫哲族伊玛堪之比较研究/邵丽坤，满语研究.1

新时期满族文学的民族性维系/范庆超，满语研究.2

满族说部《乌布西奔妈妈》与《诗经·大雅·生民》之比较/许秋华，满语研究.2

民俗文化圈与元杂剧中民俗趋同现象/彭栓红，北方论丛.3

元代作家的民族、遗民身份及文学叙事扩张和抒情自由/何跞，北方论丛.4

《亚鲁王》的日月神话探赜/蔡熙，贵州社会科学.6

民间故事与史诗建构——从叙事模式看《亚鲁王》的民族、民间构成/郑迦文，贵州社会科学.6

新疆阿勒泰图瓦人民间音乐文化传承路径探究/马暄盈　刘洁，新疆社会科学.4

新疆当代各民族文学关系的实证分析/艾光辉　艾美华，新疆师范大学学报（哲学社会科学版）. 3

论现代背景下壮族曲艺文化的结构转型/陆斐，广西社会科学.1

八　民族教育

中国各民族人口的教育成就与教育公平——基于最近三次人口普查资料的比较/孙百才　张洋　刘云鹏，民族研究.3

论教育人类学的三种研究取向及在不同国家的特点/陈学金，民族教育研究.1

论西藏高等教育发展的速度和规模——兼论“就业援藏”政策的意义/许可峰，民族教育研究.1

当代藏医高校人才培养体系构建的意义及问题浅析/黄晓芹　泽翁拥忠　降拥四郎　德洛　张丹，民族教育研究.1

高等教育援藏的良性互动机制与可持续发展研究/苗丽　刘红旭，民族教育研究.1

西南民族地区高校专业结构与行业就业结构的适应性评价——基于云南省的实证分析/温爱花　姚辉，民族教育研究.1

内蒙古东部边疆地区大学生心理咨询特点初探/李纯丽，民族教育研究.1

藏区高等学校开展民族团结教育的途径与方法/詹先友　杨继军，民族教育研究.1

基于复杂性思维的民族地区新课改复杂性之探讨/蒋士会　龙安邦，民族教育研究.1

试论经济文化类型变迁中凉山彝族教育的发展方向/安康　曲木铁西，民族教育研究.1

西部地区中心城市民族教育现状与对策探析——以成都市为例/徐君，民族教育研究.1

新疆南疆地区基础教育阶段英语教学现状及问题研究/文华俊，民族教育研究.1

我国少数民族地区学生数学学习态度的调查分析与思考/何伟　李明杰，民族教育研究.1

民族文化教育传承中存在的问题及其对策研究——基于重庆市酉阳县民族完小个案调查分析/王希辉　李亮宇，民族教育研究.1

宁夏回族自治区非物质文化遗产项目进校园现状调查/陆阁丽　陆厦伟，民族教育研究.1

资源开发与文化传承——西部民族地区农村学前教育内生型发展模式探究/黎平辉，民族教育研究.1

论《福乐智慧》蕴含的教育思想/吐尔逊娜依·赛买提　唐伟，民族教育研究.1

内蒙古鄂尔多斯市蒙古族教师教育技术水平状况的调查与分析/田振清　边琦　杜春雁，民族教育研究.1

论教育人类学的三种研究取向及在不同国家的特点/陈学金，民族教育研究.1

模式：趋向高等教育现代化的行为手段——兼论西藏高等教育现代化模式/刘凯，民族教育研究.2

政策文化：概念解读、生成机制与纠偏——以民族教育政策为例/张善鑫，民族教育研

究.2

边疆地区优质教育资源协同发展的 SWOT 分析——以新疆南疆地区为例/吴小伟 郑刚，民族教育研究.2

民族教育的多元文化特征与少数民族学生就业/李曦辉，民族教育研究.2

民族院校各民族学生关系实证研究——基于对西北民族大学本科学生的调查/贾九平 郭郁烈 闫伯汉，民族教育研究.2

新时期民族地区高校学生干部心理健康问题及其对策研究/朱小根，民族教育研究.2

新媒体语境下民族院校舆论引导刍议/刘珂欣，民族教育研究.2

甘南地区藏族青少年民族认同及其影响因素分析/杨军 张蓓，民族教育研究.2

论桂西南小学推行双语教学的必要性——以广西凌云县为例/袁善来，民族教育研究.2

民族地区农村教师流动特点、成因与对策研究——以湖南通道侗族自治县为例/王淼，民族教育研究.2

民国时期东北蒙古族师范教育述略/青克尔，民族教育研究.2

油画教育民族化创新的基石：多元文化共生与融合/符艺，民族教育研究.2

我国民族教育研究文献态势的计量分析/蔡文伯 马杰，民族教育研究.2

一核多元中和位育——中国特色多元文化主义及其教育道路初探/吴明海，民族教育研究.3

民族地区农村留守儿童教育机制研究——基于武陵民族地区 S 镇的调查分析/谭志松 谢陈陈，民族教育研究.3

论社会热点问题对民族院校大学生思想政治教育的价值/曲纵翔 田宁，民族教育研究.3

美国少数民族教育的文化视角/刘四平，民族教育研究.3

民俗数学及其教育学转化——基于非洲民俗数学的讨论/唐恒钧 张维忠，民族教育研究.2

加拿大语言政策对其民族语言教育的影响/高霞，民族教育研究.3

少数民族双语教育现状及其战略思考/马文华，民族教育研究.3

民族地区基础教育均衡发展与多元文化教师培养/倪胜利，民族教育研究.3

边远藏区少数民族学生汉语学习动机模型及其启示——四川省甘孜州 Y 藏文中学调查分析/雷莉 倪亮，民族教育研究.3

美国教育人类学研究主题的重心变化与发展/彭亚华 滕星，民族教育研究.4

当代中国教育人类学研究热点及其演化的知识图谱/甘永涛 刘倩，民族教育研究.4

仫佬族地区青少年民族认同与生活满意度的关系/何朝峰 罗之勇，民族教育研究.4

英国少数民族语言教育政策理念演进及最新进展探析/王璐 尤铮，民族教育研究.4

澳大利亚《土著人职业教育与培训战略规划（2000—2005）》研究/王建梁 梅丽芳，民族教育研究.4

回到原点：教育人类学的本体性问题初探/李政涛，民族教育研究.5

做教育民族志：经历、困惑与反思/袁同凯 田振江，民族教育研究.5

叙事心理治疗及其在少数民族大学生团体辅导中的应用/张秀琴 何瑾 樊富珉，民族教育研究.5

民族村寨家长的女童教育观分析——基于凉山彝族 L 乡的调查/丁月牙，民族教育研究.5

过程的视角：内地西藏班办学效应研究/白少双 严庆，民族教育研究.5

民族传统体育文化“莲湘舞”的教育特色与功能/智勇 李志清 赵盼，民族教育研究.5

新世纪以来云南省民族教育事业的发展及其示范意义/王锋，民族教育研究.6

论民族教育研究方法的比较教育学视角/楚琳　任志楠　史大胜，民族教育研究 .6

台湾平地化时期高校少数民族招录政策的历史考察/刘额尔敦吐，民族教育研究 .6

制度的法律形式及其形成的政治因素——美国民族教育制度的法社会学分析/蓝寿荣　周韵秋，民族教育研究 .6

有关美国少数族裔高等教育政策探析——以亚利桑那州三所大学为例/黄艳　［美］奥斯卡·吉梅内斯·卡斯特利亚诺斯，民族教育研究 .6

内地高校新疆籍少数民族学生社会文化适应探析——以北京某大学的调查为例/袁辰霞，民族教育研究 .6

维吾尔族随迁子女的人际交往与文化适应策略——基于北京市 XZ 打工子弟学校的教育人类学研究/海路　张旭东　降初卓玛，民族教育研究 .6

乡土教育视阈下的土司文化及其价值/万红，民族教育研究 .6

改土归流后鄂西土家族地区官学教育的历史考察/赵桅，民族教育研究 .6

新疆学前双语教育现状、问题及对策研究/肖建飞，民族教育研究 .6

少数民族文化与学校文化双向滋养关系的构建思路/黄胜，民族教育研究 .6

现代城镇化进程中维吾尔族麦西热甫的传承特点及保护/乐琴，民族教育研究 .6

民族地区义务教育经费保障机制实施状况研究/刘璐　王世忠，贵州民族研究 .1

少数民族职业教育的特殊使命与发展框架/蓝洁，贵州民族研究 .1

新疆少数民族大学生国家安全意识调查研究/马玉香　刘青广，贵州民族研究 .1

西南民族地区复杂语言国情与外语教育问题探究/尹枝萍，贵州民族研究 .1

经堂教育教材之理性思考——以宁夏、甘肃为例/马惠萍，贵州民族研究 .2

民族地区高校毕业生就业能力的 SWOT 分析/王锋　田筱鸿，贵州民族研究 .2

民族高等院校大学生思想政治教育加强群众路线教育探讨/伍淑花　高峰，贵州民族研究 .2

少数民族艺体类大学生英语低起点问题研究/任尉香　杜建雄，贵州民族研究 .2

景颇族学生三语习得中语际影响研究/龙桃先，贵州民族研究 .2

中国少数民族文化与对外汉语教学/李宏亮，贵州民族研究 .3

市场经济体制下民族地区教育经济发展新视野/冯锦敏　冯增俊，贵州民族研究 .4

论我国民族教育的文化内涵/王瑜　刘妍，贵州民族研究 .4

西方多元文化教育及对我国民族教育改革创新的启示/张洪英　霍涌泉　商存慧，贵州民族研究 .4

少数民族外语教育世界性与民族性之交互平衡/黄俐　刘永志，贵州民族研究 .4

论藏族大学生社会主义核心价值观的构建/倪胜巧，贵州民族研究 .4

藏族女大学生“返乡当公务员热”研究/李巧艺，贵州民族研究 .4

民族地区生态移民的文化教育与职业培训模式研究——以格尔木曲麻莱昆仑民族文化村为例/董亮，贵州民族研究 .4

民族地区大学英语教师专业发展的困境与路径构建/唐兴萍，贵州民族研究 .4

少数民族英语教育中的心理语言距离研究——以藏族英语教育为例/凌斌　王志成，贵州民族研究 .4

新疆少数民族学生三语习得成效对策探究/刘懋琼，贵州民族研究 .4

文化软实力视域下的民族社区教育研究/高芳，贵州民族研究 .5

民族团结教育纳入公民道德建设的价值分析/陈丹丹，贵州民族研究 .5

礼仪范畴下云南少数民族认知维层的道德教育/苏锦霞，贵州民族研究 .5

基于新媒体境脉的西部民族地区教师区域教研/焦道利　马永峰，贵州民族研究.5

基于“最近发展区”理论推进民族地区语言学习中的方言语用能力/张绪军，贵州民族研究.5

黔中屯堡社区传统教育特色及其传承研究/黄真金，贵州民族研究.6

民族类大学创业教育发展模式探讨/雷海栋，贵州民族研究.6

少数民族地区法学教育发展战略初探/邓少荣　黄竹胜，贵州民族研究.6

印第安教育法对我国少数民族教育立法的启示/黄厚明，贵州民族研究.7

价值视域下民族地区语言教育的抉择——论民族语言和外语教育/徐静　高岩，贵州民族研究.7

新型农村劳动力转移范式下民族教育内涵的拓展/覃美洲　谭志松，贵州民族研究.7

伯恩斯坦语言符码理论在少数民族教育的应用/王海蓉　胡昌平，贵州民族研究.8

全球语境下少数民族典籍英译研究：回顾与展望/董辉，贵州民族研究.8

权力、空间与知识：少数民族教育的异质性研究/李朝军，贵州民族研究.8

中国梦视域下少数民族学生国家认同意识建构/陈志兴，贵州民族研究.8

少数民族师范生本体性知识缺失及对策研究/尹筱莉　谷晓凤　吕翠翠，贵州民族研究.8

关于在职业教育中传承发展贵州民族民间工艺美术的思考与建议/刘劲　田景竹，贵州民族研究.9

少数民族传统道德在思想政治教育中的开发与利用——以湘西少数民族民俗为例/刘艳群　张秀丽，贵州民族研究.9

贵州省苗、侗族学生心理资本的对比研究——以贵州省雷山县、天柱县苗族、侗族学生为例/韦泽珺　樊琪，贵州民族研究.9

基于黔东南苗族侗族自治州打造基础教育质量链的思考/杨世玲，贵州民族研究.9

翻译生态环境与少数民族文化特色词的翻译/孙洁菡，贵州民族研究.10

断裂与链接：少数民族教育活动的生态关联性/龙雪津，贵州民族研究.10

思想政治教育视野下的民族高校校园文化建设研究/赵华伟　张皓伶，贵州民族研究.10

新媒体环境下川西南彝族教师发展多维策略研究/刘波　焦道利，贵州民族研究.10

新疆高校国家认同教育的思维向度与实践路径/张秀红，贵州民族研究.10

少数民族地区教育的逆向思考——基于民族地区教育现状/陈继文，贵州民族研究.11

文化资源整合、风险控制以及子女社会化问题——少数民族家庭的教育投资研究/吴珍珠，贵州民族研究.11

构建普通高校少数民族大学生信仰教育长效机制探索——基于信仰调查的实证研究/吴荣秀，贵州民族研究.11

侗寨竹坪“教育现象”述论/张德艳　杨军昌，贵州民族研究.12

教育公平视野下高校西藏学生培养模式探究——以四川大学藏族学生为中心/泽仁卓玛，贵州民族研究.12

贵州民族地区职业教育发展现状的思考/邓博文　罗迎春，贵州民族研究.12

壮族当代教育与传统教育的衔接探究/佟欣，贵州民族研究.12

少数民族武术文化研究探微/刘尧峰　蔡仲林，贵州民族研究.12

体育景观设计与民族文化价值实现研究——以少数民族体育临时景观设计为例/张宗程　杨洪志　王凯，贵州民族研究.12

民族地区职业教育特色发展现状实证调查/蓝洁，广西民族大学学报（哲学社会科学版）.4

我国少数民族非物质文化遗产社区教育传承研究/程世岳 叶飞霞，广西民族研究.1

加强大学生民族传统文化教育的思考/张阳，广西民族研究.3

关于壮汉双语教育若干问题的思考/韦兰明，广西民族研究.4

关于西北民族地区传统体育传承保护的探讨/赵添添，黑龙江民族丛刊.1

社会转型期影响少数民族大学生思想政治素质的因素及对策/包玉山 杨兴猛，黑龙江民族丛刊.1

构建民族高校信任和谐民族关系的思考/刘瑜，黑龙江民族丛刊.1

民族团结教育是我国学校教育的重要内容/吕洋 金浩，黑龙江民族丛刊.2

民族高校学生网络思想政治教育探析/孙国权，黑龙江民族丛刊.2

关于内蒙古民族院校内涵式发展研究/张宇宏，黑龙江民族丛刊.2

教育公平视域下少数民族教育问题的思考/王宇航，黑龙江民族丛刊.3

高校少数民族大学生心理特点及教育对策探析/汤洋，黑龙江民族丛刊.3

对没有文字的民族语言开展双语教学的探讨——以贵州居都仡佬语为例/曾宝芬 康忠德，黑龙江民族丛刊.3

黑龙江省少数民族预科教育发展浅探/卢贵子，黑龙江民族丛刊.3

少数民族学生在高校学生凝聚力建设中的地位研究——基于目标顾客理论的分析/梁朗，黑龙江民族丛刊.3

民族平等的教学和研究热点剖析/郑昆亮 岳静，黑龙江民族丛刊.4

新媒体环境下少数民族大学生思想政治教育的实效性研究/汤洁，黑龙江民族丛刊.5

西藏民族院校大学生教育管理初探/江滔，黑龙江民族丛刊.5

教育治理体系和治理能力现代化视野下民族高校群众工作创新研究/任江林 袁淑清，黑龙江民族丛刊.6

民族地区大学生马克思主义信仰培育的三维路径/温新荣，黑龙江民族丛刊.6

试论清末民国时期社会各界眼中的新式回民教育/周晶 田晓娟，回族研究.1

永远的阿林——马福龙/虎隆，回族研究.2

试论中国阿拉伯语教育和阿拉伯国家汉语教育/金忠杰 李红梅，回族研究.3

宁夏回族教育的发展现状和改革探析/马莉，回族研究.4

语言生态学视野下的民族双语教育研究/马丽君 周芳，青海民族研究.1

新疆民汉合校与非民汉合校少数民族中学生学习适应性比较/刘革霍甲·艾合买提 阿不力克木，青海民族研究.1

论 CLIL 的兴起，进展及对我国民族地区双语教育的启示/周密 张静坤，青海民族研究.2

比较视域下的伊斯兰教育和晏阳初平民教育/徐晓美 王锋，青海民族研究.2

青藏高原游牧区教育公共服务研究——以果洛藏族自治州为个案/贾荣敏，青海民族研究.3

民族高等院校教学质量影响因素及对策分析/祁永龙 郭郁烈 贾九平，西北民族大学学报（哲学社会科学版）.3

发挥民族大学办学优势，扶持民族地区快速发展/祁永安 刘媛，西北民族大学学报（哲学社会科学版）.3

论优素甫·哈斯·哈吉甫的教育观/吐尔逊娜依·赛买提，西北民族大学学报（哲学社会科学版）.3

我国少数民族教育立法实证研究/李扬，西北民族大学学报（哲学社会科学版）.5

中阿博览会框架下宁夏民办阿拉伯语教学发展的机遇与挑战/杨秋杰 马兰，西北民族大

学学报（哲学社会科学版）. 5

对藏汉双语物理教育的文化思考与探索/才让措，西北民族大学学报（哲学社会科学版）. 5

蒙古族教育研究热点的主要领域与发展趋势——基于CNKI学术期刊2000年—2013年文献的共词可视化分析/包莹栗 洪武，西北民族大学学报（哲学社会科学版）. 6

西北联合大学的民族精神解读/张亚群，西北大学学报（哲学社会科学版）. 4

教育分层现象的民族心理学考察/周静茹，西北民族研究 . 2

民族地区文化大发展大繁荣与民族高校图书馆的功能拓展/帕提曼，西北民族研究 . 4

试论民国时期宁夏的回族教育/聂君 冯雪红，西南民族大学学报（人文社会科学版）. 4

2000年以来中国少数民族受教育程度变化的族际比较研究/郑长德，西南民族大学学报（人文社会科学版）. 5

民族院校马克思主义大众化的独特性——基于传播学视角的分析/崔庆五 孙海翎，西南民族大学学报（人文社会科学版）. 9

国民政府初期的西藏教育政策研究/魏少辉，西藏研究 . 1

藏族天文历算的教育现状与对策研究/娘毛加，西藏研究 . 3

西藏高校要着力培育和践行社会主义核心价值观/娘毛加，西藏研究 . 5

边疆民族地区高职教育“三化一体”模式教学改革探索研究/聂曲，云南民族大学学报（哲学社会科学版）. 2

国家治理与公民主体成长：以少数民族公民教育为研究对象/任勇，云南民族大学学报（哲学社会科学版）. 3

我国少数民族学校教育发展中的不公平现象及原因与对策研究/袁同凯 胡松园，云南民族大学学报（哲学社会科学版）. 3

教育援藏的制度建构逻辑及其启示——以西藏高等教育对口支援体系为研究对象/肖铖 谢伟民，云南民族大学学报（哲学社会科学版）. 5

藏族学生藏汉双语认知加工比较/才让措 窦秀玉，中国藏学 . 4

蒙古族双语教育实践与教育选择——前郭尔罗斯蒙古族自治县蒙古族中学的个案研究/欧登草娃，中南民族大学学报（人文社会科学版）. 2

教育代际流动的民族差异/马骅，中南民族大学学报（人文社会科学版）. 3

以改革创新为动力以内涵建设为核心努力建设人民更加满意的高水平民族大学/陈达云，中南民族大学学报（人文社会科学版）. 4

新西兰国立大学章程中有关少数族裔的规定及对我国的启示/陈立鹏 赵燕燕，中南民族大学学报（人文社会科学版）. 4

民族地区实施蒙氏教育的问题与对策研究/袁梅，中南民族大学学报（人文社会科学版）. 4

少数民族大学生国家认同现状及影响因素——基于Z民族院校的调查/赵锐 胡炳仙，中南民族大学学报（人文社会科学版）. 4

“中国梦”视域下高校民族团结教育的路径选择/焦敏，中南民族大学学报（人文社会科学版）. 5

学校教育传承民族传统文化存在的问题及出路/靖东阁 孙振东，中南民族大学学报（人文社会科学版）. 6

再创的传统——“贤妻良母”与蒙古族女子教育/包英华，中央民族大学学报（哲学社会科学版）. 2

论民族院校教师在隐性课程建设中的“缺位”与“复位”/丛静，中央民族大学学报（哲学社会科学版）. 4

现代教育技术嵌入民族文化生态多维传承的路径探索——以梭戛长角苗社区为例/余晓光，社会科学战线 . 8

民国时期影响西藏教育发展的若干重要因素/张屹，西藏民族学院学报（哲学社会科学版）. 6

边疆地区少数民族青少年公民人格教育与塑造/孙秀玲　古丽格娜 · 艾塔洪，新疆社会科学 . 3

新疆高校抵御和防范宗教渗透之调查/李国良　冯锰　吴敏，新疆社会科学 . 4

论教育与少数民族文化资源的群体间交换/方晓田　兰正彦，广西社会科学 . 12

川、渝、黔民族体育文化共性特征及融合推广途径探索/刘逵　徐波　何虹，贵州民族研究 . 8

民族体育活动与节日风俗互动共进机制的构建/容浩　郑文芳，贵州民族研究 . 8

聚焦少数民族体育场域的游戏美育向度/唐爱英，贵州民族研究 . 6

论瑶族体育文化遗产——“捪杵舞”的挖掘与整理/吴燕，贵州民族研究 . 6

文化软实力与彝族传统体育文化的传承与发展/宋晓琳　王亚琼，贵州民族研究 . 7

少数民族体育的现代美学意义揭示/冷新科　张继生，贵州民族研究 . 7

对毛南族原生态传统体育文化的多维审视/宋晓琳　王亚琼，贵州民族研究 . 9

浅析少数民族传统体育项目的美学价值——以贵州独竹漂为例/吴小焱，贵州民族研究 . 9

西南少数民族体育文化的山地属性/陈欣，贵州民族研究 . 11

少数民族体育的历史价值、文化价值和情感价值——基于后现代主义视角/傅强　李英，贵州民族研究 . 11

瑶族体育舞蹈长鼓舞的起源、传承与社会意义/娄方平，贵州民族研究 . 11

回族传统体育文化特征与功能探究/吴彤，回族研究 . 1

我国回族传统体育项目木球运动的发展现状与对策研究/倪宏竹，回族研究 . 3

贵州少数民族传统体育的文化特征及传承保护/李红，贵州民族研究 . 5

民族传统体育竞技项目打陀螺训练方法研究/徐峰，贵州民族研究 . 5

九　民族人口

中国少数民族人口的城镇化水平及其发展趋势/焦开山，民族研究 . 4

基于人口预测的民族地区资源环境承载力趋势研究/李俊杰　刘丽娜，民族研究 . 5

人口迁徙与嬴秦的崛起/雍际春，中国史研究 . 4

论移民在中国文明起源中的作用/刘俊男，中国史研究 . 4

元朝及大夏时期重庆的区域移民特色与意义/喻学忠　唐春生，中国史研究 . 4

城市少数民族流动人口贫困与社会工作的赋权/安民兵，贵州民族研究 . 2

扶持人口较少民族专项项目评析——基于对云南省兰坪县的调查/刘苏荣，贵州民族研究 . 2

论抗战时期乌江流域的人口流移与民族融会/张世友，贵州民族研究 . 2

重庆民族地区的族群互动与社会和谐稳定关系/王剑，贵州民族研究 . 3

城镇化进程中少数民族流动人口服务与管理机制——基于安顺市两城区的调查/殷红敏　班永飞，贵州民族研究 . 5

城市少数民族流动人口的社会融入进程——以广东珠三角城市为例/盘小梅　汪鲸，广西

民族大学学报（哲学社会科学版）. 1

社会网络与山区少数民族农民工的非农职业流动/郭云涛，广西民族大学学报（哲学社会科学版）. 1

城市少数民族流动人口管理服务研究反观/马冬梅，广西民族大学学报（哲学社会科学版）. 3

论“外出打工”的仪式过程与意义——基于桂西壮乡伏台的田野考察/李虎，广西民族研究. 2

农村青年外出务工与婚姻习俗的变迁——以广西贺州一客家家庭为个案的研究/肖坤冰　陈信宁，广西民族研究. 2

五个民族自治区家庭结构分析——基于2000年、2010年人口普查数据/王跃生，广西民族研究. 6

西北地区城市化进程中的流动人口与民族关系研究/林钧昌　赵民，黑龙江民族丛刊. 1

现阶段城市民族人口变化的新格局及其应对/王纪芒，黑龙江民族丛刊. 2

关于少数民族人口流动模式多样性的思考——基于对彝族、回族、撒拉族和壮族的调查/盘小梅，黑龙江民族丛刊. 3

基于人口普查的中国穆斯林人口特征分析/刘晓春，回族研究. 1

近二十年回族人口受教育状况及其变化趋势的比较研究/良警宇　仲兴，回族研究. 2

空间与迁移：柴达木地区四次规模性族群入迁考察/关丙胜　吴海霞，青海民族研究. 4

贵州毛南族人口与社会发展问题试论/杨军昌　华骅，西南民族大学学报（人文社会科学版）. 2

西藏流动人口状况与特点——基于“全国第六次人口普查”数据的分析/石人炳　石玲，西南民族大学学报（人文社会科学版）. 7

中国少数民族人口分布及其变动的空间统计分析/焦开山，西南民族大学学报（人文社会科学版）. 10

互动与调适：少数民族流动人口社会融入的路径探析/陈纪，西南民族大学学报（人文社会科学版）. 12

少数民族流动人口问题：社会排斥的视角/陈纪，云南民族大学学报（哲学社会科学版）. 1

论少数民族流动人口的城市适应与融入/郑信哲，中南民族大学学报（人文社会科学版）. 1

城市清真拉面馆从业少数民族流动人口分析——以上海市为例/高向东　朱蓓倩，中南民族大学学报（人文社会科学版）. 1

穆斯林流动人口城市融入研究文献综述/李吉和　常岚，中南民族大学学报（人文社会科学版）. 1

蒙古族流动青少年学校适应性的实证研究/张翼，中南民族大学学报（人文社会科学版）. 1

民族形象建构与双重弱势：城市中的维吾尔族流动人口——对“切糕事件”的社会学分析/朱志燕，中南民族大学学报（人文社会科学版）. 4

维吾尔族流动人口内地城市融入研究——基于武汉市的调查/哈尼克孜·吐拉克，中南民族大学学报（人文社会科学版）. 4

东部沿海地区新疆籍少数民族流动人口就业现状调查——以山东省威海市为例/赵民　林钧昌　尹新瑞，中南民族大学学报（人文社会科学版）. 4

我国边境民族自治地方劳动力及其就业状况分析——基于“六普”人口数据/马胜春　徐世英　王涛，中央民族大学学报（哲学社会科学版）. 6

藏族人口教育获得影响因素研究/马忠才　赫剑梅　何光喜，西藏民族学院学报（哲学社会科学版）. 4

西藏人口文化素质发展与经济增长的实证分析/汪朋　刘强，西藏民族学院学报（哲学社会科学版）. 5

维吾尔族流动人口研究综述/马应征，新疆社会科学 . 3

十　世界民族

希罗多德波斯史及其对古希腊知识精英波斯观的塑造——《历史》卷三与《贝希斯敦铭文》比较研究/吕厚量，历史研究 . 1

在国家之外发现历史：美国史研究的国际化与跨国史的兴起/王立新，历史研究 . 1

穆斯林征服初期安德鲁斯基督教徒的生存状况/夏继果，历史研究 . 2

地缘政治、民族主义与利比亚国家构建/韩志斌，历史研究 . 4

“蛮族”与罗马帝国关系研究述论/康凯，历史研究 . 4

超越死亡：古代犹太人的死亡观及其历史演变/林中泽，历史研究 . 5

希腊人和蛮族人：一对不断被修改的画像/徐晓旭，历史研究 . 6

社会转型过程中的俄罗斯民族学/丁宏　臧颖，民族研究 . 3

试析俄罗斯东正教圣徒崇敬传统形成的民族动因/王帅，世界宗教研究 . 1

塔吉克斯坦、乌兹别克斯坦考古调查——铜石并用时代至希腊化时代/任萌，文物 . 7

美国少数族裔人口变化特征及其影响/何晓跃，现代国际关系 . 9

库尔德人建国活动的进展及其面临的挑战/李秉忠，现代国际关系 . 12

中加双语教育与民族文化传承比较/李强，民族教育研究 . 1

非裔美国人婚姻家庭及其教育观念的嬗变/李乔杨　张培青　熊坤新，民族教育研究 . 1

“被偷走的后代”——澳大利亚原住民强制同化教育始末/陈·巴特尔　孙伦轩　徐春阳，民族教育研究 . 4

清朝获悉土耳其素丹称号时间考辨/钟焓，清史研究 . 4

俄罗斯政治文化与波兰政治文化比较研究/刘祖熙，史学集刊 . 1

詹姆士一世专制主义的现实困境——三论“英国民族国家形成过程中的宗教因素”/姜守明，史学集刊 . 2

从巴列维王朝的突然倾覆看伊朗社会变革与社会稳定问题/毕健康，史学集刊 . 4

古罗马法中妇女受限制的经济参与权/何越，史学月刊 . 3

帕提亚人的斯基泰渊源——文献与考古学证据/王三三　邵兆颖，世界历史 . 2

雅典古典时期的埃菲比亚文化/吕厚量，世界历史 . 4

俄罗斯图瓦和阿尔泰地区的早期游牧文化/杨建华　包曙光，西域研究 . 2

论英美少数族裔诺奖得主的成长与创作视域/刘积源，贵州民族研究 . 1

从夺妻母题看“英雄时代”的女性形象/朱飞镝　谢建辉，贵州民族研究 . 3

基于生态批评视角的美国少数族裔文学研究/陆海霞　刘志芳，贵州民族研究 . 4

新加坡民族关系调控中的动态治理——以双语政策为例/李京桦，贵州民族研究 . 8

语言演变视角下日耳曼民族的语言态度研究——以盎格鲁撒克逊人为例/张威，贵州民族研究 . 8

19 世纪克里奥尔民族现实主义文学研究/李翠娟，贵州民族研究 . 9

苏格兰民族文学研究——以史蒂文森为例/徐小雁，贵州民族研究.11

浅析犹太民族文化对美国当代文学发展的影响/兰玉玲　马冬，贵州民族研究.12

从普鲁登修斯看拉丁民族的基督教文学/林殷，贵州民族研究.12

印度尼西亚山口洋华人的元宵大游行探析/郑一省，广西民族大学学报（哲学社会科学版）.1

越南侬族灵魂观念与取名制度研究/王越平，广西民族大学学报（哲学社会科学版）.1

中缅德昂族历史叙述差异比较分析/李晓斌　段丽波　周灿，广西民族大学学报（哲学社会科学版）.1

越南罗刚瑶勉语语音系统研究/盘美花，广西民族大学学报（哲学社会科学版）.3

交趾政治图式变迁轨迹考/黄世杰　杨棍，广西民族大学学报（哲学社会科学版）.3

马达加斯加伊麦利那人割礼仪式探析/钟鸣，广西民族大学学报（哲学社会科学版）.4

印度扶持后进社会阶层的政策实践与经验启示/杜社会　盘森，广西民族大学学报（哲学社会科学版）.4

印尼摩鹿加群岛的陶业民族考古/熊仲卿，广西民族大学学报（哲学社会科学版）.4

欧盟法在欧洲一体化进程中对民族主义的作用和影响/杨丽艳，广西民族大学学报（哲学社会科学版）.6

美国早期白人弱势群体的民族意识分析/张欲晓，广西民族研究.4

记忆、实践与文化遗产：中越跨境族群侬智高信仰比较研究/黄玲，广西民族研究.6

冷战后时代的族群冲突：国内原因与国际挑战/王剑峰，黑龙江民族丛刊.2

当代俄罗斯青年民族自我意识以及民族关系状况/刘聪颖　李培成，黑龙江民族丛刊.2

俄罗斯民族文化历史发展中的宗教影响/廉照春，黑龙江民族丛刊.2

美国“肯定性行动”中的族裔优惠与宪法平等/杜社会，黑龙江民族丛刊.4

俄罗斯远东土著民族与跨界民族研究/刘晓春，黑龙江民族丛刊.6

美国穆斯林人口与社会/马宗保，回族研究.2

复杂转型中的西亚北非局势及中阿关系走向/吴思科，西北民族大学学报（哲学社会科学版）.1

阿克萨清真寺在中东和平进程中的地位和影响/丁俊，西北民族大学学报（哲学社会科学版）.1

欧洲债务危机与欧盟少数群体权利保护/龚微，世界民族.1

俄语“民族”（Нация）概念的内涵及其论争/何俊芳　王浩宇，世界民族.1

俄罗斯民族宽容问题研究/王莉，世界民族.1

加拿大多元文化政策与民族性的复杂性及矛盾性——以加拿大华裔社团的发展为例/郭世宝　郭燕　丁月牙，世界民族.1

哈扎尔的犹太化及其后果/姬庆红　罗冠群，世界民族.1

肯尼亚的印度人/周倩，世界民族.1

基督教冲击下的萨米文化变迁/吴凤玲，世界民族.1

法国民族主义理念下的多元文化主义/田烨，世界民族.2

日本近代语言政策的困惑——兼谈日本民族“二律背反”的民族性格/郝祥满，世界民族.2

西班牙的加泰罗尼亚问题/［西班牙］徐利奥·里奥斯著，栾昀译，世界民族.2

“文化战争”中非裔美国人的立场与分化/顾国平，世界民族.2

以色列国防军中的阿拉伯士兵——身份尴尬的少数民族与兵役义务/王宇，世界民族.2

《广义南非黑人经济振兴法》实施效果分析/李俊杰　张嘉斐，世界民族.2

山民与国家之间——詹姆斯·斯科特的佐米亚研究及其批评/杜树海，世界民族.2

试析巴斯克民族区域自治制度及其功能/彭谦　李聪，世界民族.3

美国族裔经济的社会学研究：理论与局限/王剑峰，世界民族.3

美国犹太自由主义的成因：构建与受益——兼评美国犹太例外论/孙晓玲，世界民族.3

美国“黑人权力”运动：公民权运动中的极端主义/梅祖蓉，世界民族.3

民族学实践：在巴西奴隶后裔社区开展的田野调查/［意］R. 马力罗著，张育瑄译，世界民族.3

世界少数民族手语保护：现状与启示/李恒　吴铃，世界民族.3

西方传教士在阿拉伯民族觉醒运动中的作用/陆映波，世界民族.3

苏格兰独立问题的由来/许二斌，世界民族.4

区域一体化视阈下朝韩民族和解问题探析/刘会清，世界民族.4

教堂重建：俄罗斯乡村社会转型中公共空间的重塑/马强，世界民族.4

森林保护与原住民的选择权——柬埔寨中豆蔻山森林保护区原住民的个案研究/朱陆民　刘燕，世界民族.4

20 世纪前期新加坡华人会馆学校社会经济史研究——基于潮州公立端蒙学校经费的分析/汤锋旺　李志贤，世界民族.4

奥匈帝国的民族与民族关系治理/高晓川，世界民族.4

古代埃及文献中的沙苏人/郭丹彤，世界民族.4

交互文化主义与多元文化主义之争——加拿大的案例分析/刘兴澍，世界民族.5

瑞士多民族国家治理的制度机制研究/常晶，世界民族.5

赫鲁晓夫在民族关系领域的“解冻”及其效果——关于给被强迁民族平反及扩大民族共和国权力的评析/刘显忠，世界民族.5

中东穆斯林妇女早婚现象研究——以东耶路撒冷橄榄山社区田野调查为例/赵萱，世界民族.5

印度的“部落”：作为学术概念和治理范畴/吴晓黎，世界民族.5

基督教在韩国的本土化/艾菊红，世界民族.5

试析土耳其现代化进程中的非穆斯林少数民族/李艳枝，世界民族.5

气候变化背景下土著人权的司法保护——“因纽特人”诉“美国”案评析/陈熹，世界民族.5

科学分类法看二十世纪犹太人的身份困境/赵孟瀚，世界民族.5

17 至 19 世纪台湾西拉雅拉丁文字的创制和演变/戴忠沛，世界民族.6

苏格兰公投与民族主义政治思想/刘泓，世界民族.6

南非的肯定性行动评析/于红，世界民族.6

当前中东政局新发展中的部落文化因素分析/刘锦前，世界民族.6

老挝北部阿卡人移居坝区的历程与文化调适——勐新县帕雅洛村的民族志个案研究/张雨龙，世界民族.6

多民族国家的多元文化公民/［加拿大］威尔·金里卡著，周少青译，世界民族.6

瑞典移民在劳动力市场中的困境——果与因/［瑞典］别雍·古斯塔夫森著，廖旸译，世界民族.6

近代日本爱努人国民化措施与当前文化保护政策/张小敏　王延中，世界民族.6

海外藏胞的发展状况与多元分化/李明欢，世界民族.6

历史的轮回与帝国情结——战后土耳其外交的三次转型与“阿拉伯之春”/黄民兴，西北大学学报（哲学社会科学版）. 1

仪式理论视野下的古埃及宗教仪式探究/郭子林，西北大学学报（哲学社会科学版）. 1

中国文化与阿拉伯文化/李振中，西北民族研究 . 3

仪式与“村落共同体”——以日本仙台秋保町马场村送葬仪式为例/李晶 红英，西南民族大学学报（人文社会科学版）. 2

后殖民视野中的民族解放——萨义德论巴以问题/蔡天星，西南民族大学学报（人文社会科学版）. 5

帕·丹巴桑杰生平事迹考述/德吉卓玛，中国藏学 . 2

不丹王国国家认同建构中的藏传佛教因素/李涛 刘秧 王新有，中国藏学 . 4

成就与挑战：美国穆斯林的社会整合研究/杨忠东，中南民族大学学报（人文社会科学版）. 3

塔吉克斯坦民众眼中的中国形象调查/刘伟乾，中南民族大学学报（人文社会科学版）. 3

新加坡民族关系厘定的现实逻辑及启示/李京桦，中南民族大学学报（人文社会科学版）. 4

民族冲突后的和解与重建——以卢旺达 1994 年大屠杀后的国族建构实践为例/庄晨燕，中央民族大学学报（哲学社会科学版）. 3

美国印第安人部落的法律认定/戴小明，中央民族大学学报（哲学社会科学版）. 5

古埃及国王的丧葬仪式/郭子林，世界宗教研究 . 1

沙特阿拉伯伊赫瓦尼运动初探/吴彦 哈全安，世界宗教研究 . 2

《希腊神话》与“酒神之谜”/汪晓云，世界宗教研究 . 3

谈古罗马地产中的宗教活动/范秀琳，东北师大学报（哲学社会科学版）. 2

高句丽壁画墓所绘冠帽研究/郑春颖，社会科学战线 . 2

高句丽禁卫军研究/华阳，社会科学战线 . 11

高句丽后期都城“平壤城”再考/赵俊杰，社会科学战线 . 12

马来西亚的多元文化及族群问题研究/吴芸，思想战线 . 4

泰北山地民族的社会组织与社会运行/赵永胜，思想战线 . 6

仪式理论视野下的古埃及宗教仪式探究/郭子林，西北大学学报（哲学社会科学版）. 2

塔吉克斯坦独立后的语言政策变迁/李雅，新疆师范大学学报（哲学社会科学版）. 1

吉尔吉斯斯坦吉尔吉斯人传统社会探析/史谢虹 吴宏伟，新疆师范大学学报（哲学社会科学版）. 1

土库曼人传统社会结构探析/吴宏伟 肖飞，新疆师范大学学报（哲学社会科学版）. 5

试论巴勒斯坦民族主义发展阶段及特征/姚惠娜 黄民兴 史学理论研究 . 2

（供稿人：周新亚）

2013—2014 年蒙古文学术论文索引

2013 年

一　民族理论

关于蒙古学的新思路——有感于“十八大”精神/丹碧，西部蒙古论坛，2013.1
为实现新疆两大历史任务提供思想引领和智力支撑/李学军，西部蒙古论坛，2013.3
论做好三居杂居少数民族工作的意义/韩吉木斯，内蒙古社会科学，2013.1
农村基层民主政治建设中存在的问题及对策研究/李百灵，内蒙古社会科学，2013.1
论“以人为本”思想在思想政治教育中的应用/朝格图，内蒙古社会科学，2013.2
关于正确认识中国特色社会主义内涵/钢巴图哈娜日，内蒙古社会科学，2013.3
对于社会主义核心价值体系基本内容的认识与思考/宫红梅，内蒙古社会科学，2013.3
论内蒙古牧区民主改革政策的历史贡献/安达，内蒙古社会科学，2013.5
论培育和践行社会主义核心价值观/乌兰巴特尔，内蒙古社会科学，2013.6
少数民族地区公民政治参与中存在的问题及对策研究/红梅，内蒙古社会科学，2013.6
浅谈政治文化对政治体制的影响/张双莲，蒙古学研究，2013.1
反腐倡廉建设与党的其他建设的关系研究/白宝成，内蒙古师范大学学报，2013.1

二　民族语言文学

通过《蒙古秘史》不同版本的比较后得知的一种差异及其形成的原因/兀·呼日勒巴特尔，内蒙古大学学报.1

初探与达斡尔族婚俗相关的词语——以达斡尔语和蒙古语同源词为例/其布尔哈斯，内蒙古大学学报.1

借词暗藏的效应探析——以东乡语中的借词为例/包萨仁，内蒙古大学学报.1

卡尔梅克语人称代词研究/秀花，内蒙古大学学报.1

蒙古语授课大学生英文写作中的语言负迁移所导致的语法错误分析研究/温根其其格，内蒙古大学学报.1

当代蒙古语诗歌中的启蒙主义美学/海日寒，内蒙古大学学报.1

玛拉沁夫小说艺术民族文化源缘解读（之一）——对蒙古族传统文学独特意象的传承与发展/额尔敦仓，内蒙古大学学报.1

论希·阿尤西的戏剧理论与观念/萨仁高娃，内蒙古大学学报.1

关于阿尔泰语系语言包括式和排除式/哈申格日勒，内蒙古大学学报.2

新疆东乡语复数范畴研究/金双龙　高·照日格图，内蒙古大学学报.2

蒙古语鄂尔多斯土语词首音节长元音声学分析/查娜，内蒙古大学学报.2

关于英蒙动词时体对比的几个问题——与韩波、鲍瑞、金力等同行商榷/巴·孟克，内蒙古大学学报.2

广播中存在的几个问题/金嘎，内蒙古大学学报.2

以诗镜论视角探究宗喀巴诗歌艺术特点/熙・巴达玛旺朝阁，内蒙古大学学报.2

简论佛教思想的载体训喻诗/乌云毕力格，内蒙古大学学报.2

试析周乃《江格尔》中《忙锡尔主的宝桌》之来历/烛兰其其格，内蒙古大学学报.2

科尔沁方言与乌拉特土语辅音交替类型比较/清河，内蒙古大学学报.2

第二届契丹小子学术研讨会综述/吉如何，内蒙古大学学报.2

关于蒙古语言学传统理论之“基本原理”——以，蒙古语文研究文献为依据/正月，内蒙古大学学报.3

蒙古语自动注音器及其实现方法/牧仁高娃，内蒙古大学学报.3

初探密各瓦祺尔及其《游记》/楚鲁，内蒙古大学学报.3

论世俗三律/［蒙古］伊琴诺日布，内蒙古大学学报.3

中国蒙古语社会语言学研究综述/额尔顿图雅，内蒙古大学学报.3

东部裕固语使用现状——以甘肃省肃南县城为例/高・照日格图　阿拉腾苏布达，内蒙古大学学报.4

关于中世蒙古语加强语义的一种方法/赛尔格，内蒙古大学学报.4

关于蒙古史诗传承习俗的研究问题/德・塔亚，内蒙古大学学报.4

艺术的庸俗化：文艺的大众化运动——蒙古族当代文学症候式研究（四）/亚・查干木林，内蒙古大学学报.4

现代知识分子诗歌创作中现代性表现/元成，内蒙古大学学报.4

巴・格日勒图的学术贡献/鄂尔顿哈达，内蒙古大学学报.5

蒙古语诗歌中的现代主义美学/海日寒，内蒙古大学学报.5

《陶格陶胡之歌》《北上》母题探析/芙蓉，内蒙古大学学报.5

论蒙古语名词价量与价质对应关系/海银花，内蒙古大学学报.5

汉语对科尔沁土语的影响原因探析/姜根兄，内蒙古大学学报.5

《格斯（萨）尔》与口传史诗国际研讨会在巴林右旗召开/《内蒙古大学学报》通讯员，内蒙古大学学报.5

蒙古学文献资源数字化建设的思考/席金晓，内蒙古大学学报.5

蒙古语 sa—se—so—su—su—词根词研究/图门吉日嘎拉，内蒙古大学学报.6

瓦津达喇文文献评述/苏优乐玛，内蒙古大学学报.6

社会和文化视域下的张掖喀尔喀蒙古/兴安　黎明，内蒙古大学学报.6

基于“语料库”分析元音［ɐ］［ɛ］的无声化/玉荣，内蒙古大学学报.6

《格斯尔》第三章的可罕名词源——从藏文 gongma 到蒙古语名 Gum—e/特古斯巴雅尔，内蒙古大学学报.6

《内蒙文艺》与《花的原野》关系考/乌日斯嘎拉，内蒙古大学学报.6

“文革”时期蒙古族小说中的民族认同焦虑/娜弥雅，内蒙古大学学报.6

蒙古族《兀格》体裁作品的传承与发展/敖道胡，内蒙古大学学报.6

新时期少数民族语言广播发展的新要求/西林王颖，西部蒙古论坛.1

文学评论对新疆蒙古文学发展中的作用——论特・巴音巴图的文学评论/普日布达西，西部蒙古论坛.1

蒙古民间文学中的文化意象探析/吴双福，西部蒙古论坛.1

中篇小说《布勒根之死》的作者与成书年代考证/孟根才其克，西部蒙古论坛.1

解析《蒙古秘史》中的“barilbugealus”二词之意/好比斯嘎拉图，西部蒙古论坛.1

试析蒙古语地名结构及其语义特征/贾晞儒，西部蒙古论坛.2
《蒙古秘史》和《清史演义》里的成吉思汗形象比较/姜淑萍，西部蒙古论坛.2
图瓦《江格尔》与蒙古国《江格尔》的比较/德玛，西部蒙古论坛.2
现实生活的喻示古老文化的隐现——《江格尔艺术论》/张越，西部蒙古论坛.3
简论蒙古历史文献中的“蟒古斯”形象/烛兰琪琪格，西部蒙古论坛.3
简论蒙古语词根相同反义词/金书包，西部蒙古论坛.3
论史诗《江格尔》中的民俗文化现象/苏日娜，西部蒙古论坛.3
《蒙汉词典》研究/晓春，西部蒙古论坛.3
《〈蒙古——卫拉特法典〉语言研究》/陶·布力格，西部蒙古论坛
《钦定西域同文志》青海属山名类型刍议——以蒙古语、蒙藏合璧地名为中心/苏都必力格，西部蒙古论坛.3
青海蒙古族汉语作家察森敖拉小说研究部/银枝，西部蒙古论坛.4
分析《骑黑牛的少年传》中“力”的崇拜思想/乌鲁木吉·巴登其其格，西部蒙古论坛.4
洪武本《华夷译语》鞑靼来文汉字音译规则/乌云高娃，西部蒙古论坛.4
蒙古语言语语料库标注库建设方案/山丹，西部蒙古论坛.4
关于用固定词语表示标准计量问题/［蒙古］嘎毕拉，西部蒙古论坛.4
西方文学的传承与创新/格博巴拉吉，内蒙古社会科学.1
贺喜格巴图的《训喻诗一百首》析/乌云毕力格，内蒙古社会科学.1
弃老型故事的文化含义探析/赵峰琴，内蒙古社会科学.1
从精神分析学视角分析《欲望三部曲》中的柯帕乌形象/包文荣，内蒙古社会科学.1
从正蓝旗发现的巴思八文碑初探/嘎日迪，内蒙古社会科学.1
试论比较语言与对比语言学的联系及区别/巴·孟克，内蒙古社会科学.1
新疆东乡语使用情况调查/金双龙，内蒙古社会科学.1
《蒙古语名词语义信息词典》中的一价名词语义关系分析/海银花，内蒙古社会科学.1
曹都毕力格诗歌翻译风格析/新吉乐，内蒙古社会科学.1
关于高等院校长调民歌教学的几点思考/扎力嘎夫，内蒙古社会科学.1
谈蒙古文古籍文献的保存/苏日娜，内蒙古社会科学.1
尹湛纳希与散文体/常玉梅，内蒙古社会科学.2
汉文章回小说在蒙古民间口头传播的原因分析/乌·额尔很白乙拉，内蒙古社会科学.2
关于本子故事的蒙语学名问题/好比斯嘎拉图，内蒙古社会科学.2
阿拉善蒙古族民间故事类型分析/玉花，内蒙古社会科学.2
流亡知识分子——昆德拉叩问存在的载体研究/小花，内蒙古社会科学.2
蒙古文同形词的类别与来源/淑琴，内蒙古社会科学.2
蒙古语句法结构自动分析程序的实现/包·萨仁图雅　达胡白忆拉，内蒙古社会科学.2
蒙古文软件在办公系统中的应用情况和发展趋势研究/胡其吐，内蒙古社会科学.2
关于提高蒙语授课大学生英语听说能力的几点思考/敖登，内蒙古社会科学.2
网络语言与蒙古国新生代语言/［蒙古］巴·恩和玛，内蒙古社会科学.2
试论蒙古族大学生心理健康教育/敖顿，内蒙古社会科学.2
再析我区蒙语授课高校毕业生就业难问题/闫福全，内蒙古社会科学.2
关于提高大学生心理健康的一些思考/海美，内蒙古社会科学.2
关于哲学课程教学中讲述蒙古族人地和谐思想的重要性/布和巴特尔，内蒙古社会科学.2
科尔沁民歌中的宗教文化元素析/特木其其格，内蒙古社会科学.2

蒙古诗歌中“人”的观念变迁/元成，内蒙古社会科学.3

试论史诗《江格尔》中的古代神话和历史故事/额尔顿，内蒙古社会科学.3

《成吉思汗的两匹骏马》从口头文学演变为书面文学的历史进程研究/格日勒，内蒙古社会科学.3

蒙古族摇篮曲故事的类型研究/曙光，内蒙古社会科学.3

尹湛纳希《青史演义》中的使者话语传承轨迹/乌力吉赛罕，内蒙古社会科学.3

谈外语学习中的母语干扰问题/乌云斯日古楞，内蒙古社会科学.3

蒙古语语音识别系统研究概况/牧仁高娃，内蒙古社会科学.3

《蒙古秘史》所记“andlalqahyosun”考/阿古拉，内蒙古社会科学.3

蒙古民歌中的牧马文化探析/额尔很巴雅尔，内蒙古社会科学.3

布里亚特第一位伊都干女巫神话探析/呼日勒沙，内蒙古社会科学.4

玛拉沁夫小说艺术民族文化源缘解读（之二）/额尔敦仓，内蒙古社会科学.4

《曹诺木巴拉珠·宝音尼木和研究》评介/萨日娜，内蒙古社会科学.4

蒙古族当代文学中的抒情形象/亚·查干木林，内蒙古社会科学.4

新疆维拉特蒙古“实现意愿的故事”类型研究/萨仁托雅，内蒙古社会科学.4

《三十二个木头人》收藏情况及新发现的一部手抄本/孟根花，内蒙古社会科学.4

蒙古语《阿尔吉波尔吉汗》序言故事变体比较研究/查汗，内蒙古社会科学.4

蒙古语诸方言动词陈述式形态及其来源/包满亮，内蒙古社会科学.4

城市蒙古人沐浴使用现状调查/额尔顿图雅，内蒙古社会科学.4

喀喇沁土默特方言研究概况/其木格，内蒙古社会科学.4

语言与文化相关问题探析/巴图，内蒙古社会科学.4

《蒙古秘史》中的蒙汉语量词比较研究/宝音额木和，内蒙古社会科学.4

《蒙古秘史》单向比喻词分析/海霞，内蒙古社会科学.4

《蒙古秘史》中最高统治者名称考述/香莲，内蒙古社会科学.4

蒙古史诗的多元艺术审美特性/额尔顿高娃，内蒙古社会科学.4

蒙古族民间文学与蛇/金晓，内蒙古社会科学.5

浅谈文学中的梦/海燕，内蒙古社会科学.5

梅日更葛根《黄金史》嵌镶诗探/格日乐，内蒙古社会科学.5

蒙古语“daindailalduganbaildugantululduganmθrgʉldʉgen”等词的细微差别/书包，内蒙古社会科学.5

蒙古语自然口语标注加工语料库查询统计系统研究/呼日乐吐什，内蒙古社会科学.5

河北省平泉县蒙古语口语语音变化特点/德力格日呼，内蒙古社会科学.5

关于科尔沁土语第一人称代词词干变体/萨楚荣贵　双山，内蒙古社会科学.5

蒙古语语料库的词法标注/吴金星，内蒙古社会科学.5

浅谈语言传播规律/萨仁，内蒙古社会科学.6

浅析《圣广大游戏大乘经》中体现的词语特征/希日胡，蒙古学研究.4

蒙古文小说民族特色语言批评初探/阿拉坦巴根，蒙古学研究.4

蒙古文学中的生态主题的渊源/朝鲁，蒙古学研究.3

《蒙古秘史》和《青史》中的孛儿贴兀真形象比较/萨仁格日乐，蒙古学研究.3

被动句及其语义结构/阿拉坦苏和，蒙古学研究.3

语言学若干现象之我见/布仁满都拉，蒙古学研究.1

哲里木山水传说中的精灵崇拜/萨仁，蒙古学研究.1

乌拉特民间《独贵龙之歌》创作的历史背景/阿拉坦嘎达苏，蒙古学研究.1

蒙古语口语的存在形式的特征及其规范化依据/达·乌恩其，蒙古学研究

内蒙古蒙古族《三语》教学基本状况简析/赛娜，蒙古学研究.1

蒙古词义归类讲解法探讨/吴香春，蒙古学研究.2

多种动词谓语结构的认知机制/勒·套格顿白乙拉，蒙古学研究

关于科尔沁叙述民歌的传承与保护/哈申图雅　金良，蒙古学研究.3

图什业图好汉歌《天湖》有关问题之考证/王海荣，蒙古学研究.3

关于蒙古语句子分散成分相关的标点符号的汉译问题/额·宝音乌力吉，蒙古学研究.3

励志典范成功人生——蒙古族杰出思想家、文学家尹湛纳希/布仁门德，内蒙古民族大学学报（社会科学蒙古文版）.1

民间口语的朴实话语敏锐思维的精髓描写——科尔沁民歌语言研究之一/满都呼，内蒙古民族大学学报（社会科学蒙古文版）.1

蒙古民歌的乡土乡情母题——蒙古民歌的生态主题传统/包海清，内蒙古民族大学学报（社会科学蒙古文版）.1

郭尔罗斯后旗蒙古语方言的社会历史背景/图力古尔　包淑兰，内蒙古民族大学学报（社会科学蒙古文版）.1

蒙古国外贸语言词汇现状分析/涛高，内蒙古民族大学学报（社会科学蒙古文版）.1

通辽市科尔沁区街道牌匾蒙译中存在的问题/辛吉乐，内蒙古民族大学学报（社会科学蒙古文版）.1

论逻辑的批判思维之起源和发展/谢秀兰，内蒙古民族大学学报（社会科学蒙古文版）.1

试论《妙语集》/王满特嘎，内蒙古民族大学学报（社会科学蒙古文版）.2

蒙古民歌的多维研究论略/巴图，内蒙古民族大学学报（社会科学蒙古文版）.2

关于科尔沁乡土小说“硬汉子”形象的几个问题/特木尔巴根，内蒙古民族大学学报（社会科学蒙古文版）.2

库伦旗民间传说故事特征浅谈/萨如拉，内蒙古民族大学学报（社会科学蒙古文版）.2

论奈曼民歌的悲剧女性形象/特古斯朝格图，内蒙古民族大学学报（社会科学蒙古文版）.2

说书故事《李倩英走国》母题解析/胡琴图，内蒙古民族大学学报（社会科学蒙古文版）.2

扎鲁特蒙古人的婚礼与蒙古民歌的传承/那沁，内蒙古民族大学学报（社会科学蒙古文版）.2

《满文原档》中的蒙古文文字特点/宝音，内蒙古民族大学学报（社会科学蒙古文版）.2

关于蒙古文书版审校问题/特木其其格，内蒙古民族大学学报（社会科学蒙古文版）.2

关于蒙古语言文学专业开设《文化语言学》课程问题/格根哈斯　博·索德，内蒙古民族大学学报（社会科学蒙古文版）.2

蒙古文学大自然、生态主题论析/巴·苏和，内蒙古民族大学学报（社会科学蒙古文版）.3

谈蒙古《格斯尔》阿珠莫日根夫人形象原型/马青山，内蒙古民族大学学报（社会科学蒙古文版）.3

达·纳楚克道尔吉诗歌《故乡》的三种译文之比较/额尔德木图，民族大学学报.3

独特的方言口语　独具的乡土话语——科尔沁民歌语言研究之二/满都呼，内蒙古民族大学学报（社会科学蒙古文版）.3

说书艺人却吉嘎瓦等人的田野调查/尼玛，内蒙古民族大学学报（社会科学蒙古文版）. 3

关于说书故事《唐朝罗通扫北》之文本内容/雷胖，内蒙古民族大学学报（社会科学蒙古文版）. 3

佛教术语“波罗蜜多”《金光明经》释义/乌力吉陶克陶，内蒙古民族大学学报（社会科学蒙古文版）. 3

文学期刊的外围：蒙古文学期刊研究——以《花的原野》为例/亚·查干木林，内蒙古民族大学学报（社会科学蒙古文版）. 3

蒙古语复合动词结构语义解析/阳光，内蒙古民族大学学报（社会科学蒙古文版）. 3

信息时代的《现代蒙古语》课之教学思考/巴图格日勒，内蒙古民族大学学报（社会科学蒙古文版）. 3

青海蒙古古代文学发展之特点/古·才仁巴力，内蒙古民族大学学报（社会科学蒙古文版）. 4

蒙古族佛教传记研究的成就及趋势/海梅　宝音，内蒙古民族大学学报（社会科学蒙古文版）. 4

苏鲁克蒙古民歌初探/呼春，内蒙古民族大学学报（社会科学蒙古文版）. 4

蒙古民歌《罕德尔玛》论析/四日古楞，内蒙古民族大学学报（社会科学蒙古文版）. 4

论奥斯丁笔下女性的觉醒/小花　萨日娜，内蒙古民族大学学报（社会科学蒙古文版）. 4

讲课艺术之钥匙——母语的掌握与使用/白钢　特木尔巴根，内蒙古民族大学学报（社会科学蒙古文版）. 4

蒙古语复合名词结构中的多义成分的语义分析——“am—a”（口）为例/德·青格乐图，蒙古语文 . 2

《蒙古秘史》地名研究概况及其释义（续）/天峰，蒙古语文 . 2

关于蒙古语复合关系形容词结构语义/阿日棍，蒙古语文 . 2

关于“关键词”的蒙古语命名问题/乌·呼日勒巴特尔，蒙古语文 . 2

东部裕固语与蒙古语基本词汇意义对应实例/乌兰图雅，蒙古语文 . 2

蒙古国著名学者希日布·确玛访谈录/乌力吉布仁，蒙古语文 . 2

发扬优良传统大力推进学习，使用蒙古语文工作/刘新乐，蒙古语文 . 3

继承和发扬乌兰夫民族语言文字思想，做好蒙古语文工作/周德海，蒙古语文 . 3

骄傲与鼓舞/白俊瑞，蒙古语文 . 3

关于现代蒙古语亲属称谓之语义研究/哈申格日乐，蒙古语文 . 3

呼和浩特民族实验学校蒙古语使用情况/乌云其木格，蒙古语文 . 3

论《成吉思汗黄金史》文字特点/乌雅汉，蒙古语文 . 3

在科尔沁叙事民歌中显现的科尔沁蒙古族生活习俗/齐占柱，蒙古语文 . 3

浅析蒙古语色彩复合形容词 N + A 结构/萨日娜，蒙古语文 . 3

《蒙古秘史》地名研究概况及其释义（续）/天峰，蒙古语文 . 3

蒙古文翻译简史/拉·呼日拉巴特尔，蒙古语文 . 3

进一步贯彻民族语文政策，加强学习使用蒙古语文工作/刘新乐，蒙古语文 . 4

深入学习贯彻党的十八大精神保障少数民族群众学习使用本民族语言文字权利/田联刚，蒙古语文 . 4

关于阿拉善盟使用蒙古语言文字现状/胡达古拉，蒙古语文 . 4

内蒙古东部地区蒙古语诸土语中的亲属称谓比较/孟根格日乐，蒙古语文 . 4

浅谈满语亲属称谓特点/格根哈斯，蒙古语文 . 4

一条译语的启示/乌日娜，蒙古语文 . 4

认真贯彻落实党的民族政策，促进民族宗教和蒙古语文工作/刘新乐，蒙古语文.5
做好调研工作深入推进民族宗教和蒙古语文工作/阿迪雅，蒙古语文.5
《蒙古秘史》地名研究概况及其简介（续）/天峰，蒙古语文.5
关于蒙古语《nige》的词义/包格楚，蒙古语文.5
鄂尔多斯市蒙古族蒙古语言文字使用情况/张胡日查，蒙古语文.5
包头市蒙古族家庭蒙古语言文字使用情况/包色音其其格，蒙古语文.5
乌海市蒙古族群众学习使用本民族语言文字情况/萨仁格日乐，蒙古语文.5
巴彦淖尔市蒙古族文化生活中蒙古语言文字使用情况/斯琴图亚，蒙古语文.5
关于蒙古语名词时性特色/巴图格日勒，蒙古语文.6
蒙古语扎鲁特土语音位系统的特点/斯日给，蒙古语文.6
关于蒙古语族语言语法新现象——动名词的形成/保朝鲁，蒙古语文.6
简析蒙古语动词后缀错用现象/宝玉，蒙古语文.6
蒙古法典所录“外甥偷窃舅父家物品”习惯法的文化阐释/赛音乌其拉图，蒙古语文.6
《蒙古秘史》中将动词过去时《-ba　-be》改为标注的原因/苏日嘎，蒙古语文.6
关于《蒙古秘史》音译中所使用的“馬”偏旁字/孟·扎呼楞，蒙古语文.6
关于蒙古语言文化所面临的突出问题/布林特古斯，蒙古语文.6
“蒙古秘史”地名研究概况及其简介/天峰，蒙古语文.6
城市化进程中母语教育所面临的问题/胡春梅，蒙古语文.9
蒙古语宗系称谓词语义分析/占布拉道尔吉·斯日杰，蒙古语文.9
关于新词术语的蒙译问题/松布尔巴图，蒙古语文.9
蒙古语“chagan”和汉语“白”词义对照/梁海玉，蒙古语文.9
东部裕固语与蒙古语同源词派生意义对应现象/乌兰图亚，蒙古语文.9
蒙古语巴尔虎方言研究现状/布仁毕力格，蒙古语文.9
母语是我们不可忽视的文化遗产/乌云格日乐，蒙古语文.9
紧扣“8337”发展思路主题，全力做好民族宗教和蒙古语文工作/特古斯，蒙古语文.10
关于少数民族语言文字权的界定、性质和内涵/乌兰那日苏，蒙古语文.10
隐喻的本质、产生的基础及其运作机制/乐·套格顿白乙拉，蒙古语文.10
蒙古语法律术语中存在的问题及对策/芒来夫，蒙古语文.10
网络环境中应正确使用专业科学术语/额尔顿塔娜，蒙古语文.10
关于《科尔沁土语特殊词汇语法信息词典》的建设/翠玲，蒙古语文.10
分析蒙汉翻译中褒义词的属性和意义/萨茹拉，蒙古语文.10
《孝经》蒙译本部分词语考释及赵德宝蒙译本简介/达鲁特·伯·查干，蒙古语文.10
尊重传统文化推进蒙古文书法事业的发展/特古斯，蒙古语文.11
改进作风总结经验做好新时期蒙古语文工作/李国成，蒙古语文.11
认真贯彻落实党的民族政策努力开创蒙古语文工作新局面/通辽市民委，蒙古语文.11
追忆中国蒙古文化杰出贡献者洛布桑同志/元丹，蒙古语文.11
古典文学蒙译中的归化与异化/王志博，蒙古语文.11
提高蒙译工作能力之探析/金塔娜，蒙古语文.11
文学作品蒙译中存在的若干问题/哈森，蒙古语文.11
乌珠穆沁部源新探/孛儿只斤·宝·那顺孟克，蒙古语文.12
蒙古语复合词结构的认知基础/德·青格乐图，蒙古语文.12
张掖蒙古语喀尔喀方言语音特点/额尔顿塔娜，蒙古语文.12

关于语音学教学内容及意义/图雅，蒙古语文.12

试论蒙古语标准音的推广意义/道日娜图雅，蒙古语文.12

蒙汉熟语文化差别在翻译中的体现/阿尔宾布拉格，蒙古语文.12

论汉蒙同声传译/灵利，蒙古语文.12

八思巴字蒙古文献中的短元音/佚名，语言与翻译.1

略论蒙古语和日语的自动词和他动词/乌兰其其格，语言与翻译.1

简论关于蒙古语几个时间副词/策·乌日鲁木加甫，语言与翻译.1

探讨关于“tθruhu”一词的近义词/金书包，语言与翻译.1

义素分析法特征简述/那达木德，语言与翻译.1

身体复合名词的结构语义研究/乌日罕，语言与翻译.1

蒙汉习语翻译中的文化比较/海赛娜，语言与翻译.1

简述中世纪蒙文翻译/呼格吉勒图，语言与翻译.1

噶尔丹策凌时期《准噶尔地图》中的古代蒙古语地名还原研究/道·孟和，语言与翻译

试论蒙古语中的“deel”一词/乌日罕，语言与翻译.1

浅谈伊犁昭苏县厄鲁特蒙古亲缘称谓/扎拉嘎，语言与翻译.1

土族语短元音声学分析/韩国君　呼和，语言与翻译.2

鄂温克语和蒙古语的渊源关系问题——语音及语法范畴比较研究概述/斯仁巴图，语言与翻译.2

转却是用蒙古语主格和关联法/才·乌杜巴丽，语言与翻译.2

论《蒙古秘史》中蒙古语动词谓语“—bi”后缀的作用于特点/阿拉坦高娃，语言与翻译.2

简述蒙古语常用动词与名词的义位组合研究/宝音，语言与翻译.2

《语言与翻译》蒙文版与蒙古语言翻译研究/乌特布格，语言与翻译.2

文化转向视野中的歇后语蒙译/乌伊罕，语言与翻译.2

阿克亚孜河谷岩画及题记分析/叶尔达，语言与翻译.2

《近代新疆蒙古历史档案》一书的研究价值/格日勒图，语言与翻译.2

“档案资料与卫拉特蒙古历史研究全国学术讨论会”综述/巴·巴图巴雅尔，语言与翻译.2

试述阿勒泰地区部分地名/巴图孟克，语言与翻译.2

从《五体清文鉴》看满蒙语的汉译借词/晓春，语言与翻译.3

《蒙古秘史》中的科尔沁方言词研究/天峰，语言与翻译.3

试对比蒙汉反问句/高莲花，语言与翻译.3

土尔扈特方言惯用语语义分析/乌日鲁木加甫，语言与翻译.3

论达·僧格《和平之鸽》一诗主题与述题/乌力吉达来，语言与翻译.3

略论汉语成语之语义演变/张莉清　萨其如乎，语言与翻译.3

噶尔丹策凌时期《准噶尔地图》中的古代蒙古语地名还原研究（续）/道·孟和，语言与翻译.3

关于扩大《江格尔》影响问题——以《江格尔》韩国语版出版为例/塔亚，语言与翻译.3

蒙古民间文学中的蟒古斯研究概述/烛兰琪琪格，语言与翻译.3

论《社会》一词/乌云毕力格，语言与翻译.4

后置词意义及其应用特征/格根塔娜，语言与翻译.4

论古蒙古语情态范畴/包苏日娜，语言与翻译.4

关于中古蒙古语敬辞范畴词缀/白那顺乌力吉　乌水花，语言与翻译.4

简论蒙古语词根词干的结尾辅音“en”/美丽，语言与翻译.4

浅析东乡语汉语借词的特征/胡司乐土，语言与翻译.4

蒙古文“tada”的拼写规则/宝音，语言与翻译.4

蒙语动词语法范畴以及汉译中的对应/满达日瓦，语言与翻译.4

昭苏县部分地名释义/巴音德力格尔，语言与翻译.4

简论卫拉特蒙古祝词/金花，语言与翻译.4

论日语拒绝表达的几种方法/包金兰，内蒙古师范大学学报.1

论民歌《白虎哥哥》中的主要人物/白布和，内蒙古师范大学学报.3

新时期蒙古文小说中的“文革”描写/娜弥雅，内蒙古师范大学学报.3

策·洛岱丹巴的《清澈的塔米尔河》和额·布仁特古斯的《德力格尔杭盖》所用成语的民族特征/牡丹，内蒙古师范大学学报.3

《卢龙塞略——译语》词法某些特点/吴青华，内蒙古师范大学学报.3

《入菩提行》末尾三十一首诗三种蒙古文译文比较研究/哈斯巴根，内蒙古师范大学学报.4

浅析《清内秘书院蒙古文档案汇编》词汇成分及特点/达古拉，内蒙古师范大学学报.4

权力语与蒙古族当代文学/毕力贡达来，内蒙古师范大学学报.4

玛拉沁夫小说之艺术民族文化源缘解读（五）/额尔敦仓，内蒙古师范大学学报.4

浅析新时期蒙古族文学发展变迁与若干关联性观念/包英格，内蒙古师范大学学报.4

蒙古文城市题材小说中的物质形态/斯琴，内蒙古师范大学学报.4

贡唐活佛两部作品蒙译本述略/乌红梅，内蒙古师范大学学报.4

三　民族经济

森的经济思想/包海花，内蒙古大学学报.2

关于内蒙古在佛教寺庙经济管理中的问题/梅花，内蒙古大学学报.5

试论西部地区生态循环农业的发展/包梅荣，内蒙古社会科学.1

扎赉特旗努图克人与土地关系/孟根，内蒙古社会科学.1

论满洲里边境贸易对地区经济发展的贡献/赵萨日娜，内蒙古社会科学.1

简述不动产善意取得的适用/乌兰其其格，内蒙古社会科学.1

我国商业银行个人理财业务存在的问题及对策/斯琴塔娜，内蒙古社会科学.2

20世纪80年代以来国际财政与金融危机及其影响/布仁吉日嘎拉胡红霞，内蒙古社会科学.2

稳定增长牧民收入的几点思考/图雅，内蒙古社会科学.3

论企业对消费者的社会责任问题/左芳　额尔德木图，内蒙古社会科学.3

试论科尔沁“炒米”市场化途径/白钢，内蒙古社会科学.6

内蒙古自治政府成立初期在内蒙古东部地区的土地改革运动/哈斯木仁，蒙古学研究.4

游牧经济的保护发展与开发利用——以西乌珠穆沁旗阿拉坦兴安嘎查游牧现状为例/那仁毕力格，蒙古学研究.4

治理大气污染策略初探/福山，蒙古学研究.2

分析塔日根诺尔干枯的原因/褚塔娜，蒙古学研究.1

近代汉族移民对蒙古族商贸意识提高中的作用/哈斯木仁　额斯日格仓，蒙古学研究.1

由罗布桑悫丹《蒙古风俗鉴》探析蒙古经济衰退的原因/玛瑙花，蒙古学研究.1

从牧民经济看翁牛特旗高利贷问题/布仁吉日嘎拉　额日德木图，内蒙古师范大学学报.1

论内蒙古村镇银行可持续发展面临的问题/斯琴塔娜，内蒙古师范大学学报.1

谈高校固定资产管理和核算中存在的问题及解决途径/包梅花，内蒙古师范大学学报.1

落实全面禁放牧政策中存在的问题/铁柱 韩永梅，内蒙古师范大学学报.3

全面禁牧以来的牧区收入来源及结构分析/韩永梅 铁柱，内蒙古师范大学学报.4

论转型期社会信任危机/额斯尔门德，内蒙古师范大学学报.4

四 民族历史

《蒙古秘史》中比喻建国称帝成语研究——关于“腮美娘子”/布仁巴图，内蒙古大学学报.1

《苏不喜地》对蒙古文献《十善福白史册》箴言诗的影响/乌云毕力格，内蒙古大学学报.1

试论家畜的神圣化习俗/乌日图那斯图，内蒙古大学学报.1

历史事实与历史记忆：以阿拉善“德顶格根”仓央嘉措及其记忆为例/青斯琴，内蒙古大学学报.1

民国时期张家口地区蒙古族出版机构创立者及其出版意识/斯琴青和勒，内蒙古大学学报.1

寻索被埋没的历史痕迹——评橘诚著《博克多汗政权研究：蒙古建国史序说》/娜仁格日勒，内蒙古大学学报.1

关于钦差驻西宁之归化城扎萨克大喇嘛商南多尔济/宝音特古斯，内蒙古大学学报.2

在日本出版的《蒙古秘史》研究成果目录索引/格根塔娜，内蒙古大学学报.2

寰椎祝词的牲畜繁殖之象征/席·哈斯巴特尔，内蒙古大学学报.3

关于重新界定牧区范围问题/纳木和吉日嘎拉，内蒙古大学学报.3

论罗布桑呼尔其的个相关原始资料——乌力格尔遗产的搜集与研究刍谈/娜仁格日勒，内蒙古大学学报.3

《蒙古秘史》所见 qoyidejûqomaqultûlekû 一辞探析——从其语境及文化背景视角/阿古拉，内蒙古大学学报.3

关于金永昌的历史业绩/斯琴巴图，内蒙古大学学报.3

试论游格吉庙事件/包金玲，内蒙古大学学报.3

关于青陶勒盖古城的几点建议/［蒙古］宝力道胡义嘎，内蒙古大学学报.4

关于喀喇沁王旗梅林阿拉木斯敖其尔致喀尔喀王公上层的一封信/苏日古嘎，内蒙古大学学报.4

论江格尔的阿日木巴图是“土尔扈特汗国之映像”之说/德玛，内蒙古大学学报.4

近代蒙旗之衰颓——以科尔沁右翼前旗为例/乌云格日勒，内蒙古大学学报.4

元朝军队征战爪哇战争之始末/贺其叶勒图，内蒙古大学学报.4

日本的《蒙古秘史》研究概况（一）/乌日图那斯图，内蒙古大学学报.4

喀喇沁本《蒙古源流》与喀喇沁本《黄金史纲》的史源关系/全荣，内蒙古大学学报.4

蒙古誓言文化研究/乌云毕力格，内蒙古大学学报.4

“白史”善本及其校勘/彻·萨如拉，内蒙古大学学报.5

清初翁牛特部分人众编入八旗考/哈斯巴根，内蒙古大学学报.5

蒙古文碑刻文献研究/苏日娜，内蒙古大学学报.5

论藏文史籍对萨冈彻辰《蒙古源流》的影响/希都日古，内蒙古大学学报.6

17 世纪 30—40 年代阿鲁部牧地变迁/玉芝，内蒙古大学学报.6

《元史》有关兀良哈台的一则记载与相关问题考/宏英，内蒙古大学学报.6

《金光明经》佛教忏悔思想释义/乌力吉套格套，内蒙古大学学报.6
广宗寺档案中出现的蒙汉地域边界问题解析/青斯琴，内蒙古大学学报.6
匈奴单于姓氏或部落名称复原考释/乌其拉图，内蒙古大学学报.6
全国首届别力古台与阿巴嘎历史文化研讨会综述/阿古拉，内蒙古大学学报.6
蒙古国土拉河流域的契丹古城/雪莲，西部蒙古论坛.1
民国元年袁世凯与哲布尊丹巴八世往来电报日期考/周学军，西部蒙古论坛.1
新疆建省与察哈尔营的改制/苏奎俊，西部蒙古论坛.1
《蒙古—卫拉特法典》中的侵权法律制度研究/王海锋，西部蒙古论坛.1
古代蒙古族婚姻家庭习惯考查/尚继征，西部蒙古论坛.1
《部氏族谱》及其相关事件的历史人类学释读/王志清，西部蒙古论坛.1
巴彦毕力格图及其著述/全荣，西部蒙古论坛.1
乾隆十二年准格尔入藏熬茶始末/吕文利，西部蒙古论坛.2
准格尔汗国属部管理体制下的哈萨克部落/赵卫宾，西部蒙古论坛.2
土尔扈特蒙古东归中的宗教因素/鲁本扎西，西部蒙古论坛.2
对阿里不哥与忽必烈汗位正统问题的小考/傲日格勒，西部蒙古论坛.2
清代和布克赛尔土尔扈特满文档案及其研究价值/吴元丰，西部蒙古论坛.2
清代霍博克赛里土尔扈特蒙古赴藏熬茶活动初探/郭美兰，西部蒙古论坛.2
康熙谕土尔扈特阿玉奇汗满文敕书研究/阿拉腾敖其尔，西部蒙古论坛.2
满文《夷使档》的价值/哈萨克拜·布音巴图，西部蒙古论坛.2
从民国档案看新疆省政府的民族文化政策/格日勒图，西部蒙古论坛.2
初探《策伯道尔吉诺颜传》/卡纳如·才仁道尔吉，西部蒙古论坛.2
黑喇嘛研究综述/杜珊珊，西部蒙古论坛.2
《蒙古秘史》与《罗·黄金史》比较研究/杭爱，西部蒙古论坛.3
蒙古祖先传说记载考辩/魏曙光，西部蒙古论坛.3
巴尔虎人驻防辽宁之踪迹/黑龙，西部蒙古论坛.3
论新疆喀喇尔办事大臣的设置及其职责/达丽，西部蒙古论坛.3
浅析阿拉善和硕特旗寺庙系统/彩虹，西部蒙古论坛.3
变迁与交融：清代蒙古地区的刑罚与刑罚适用原则/那仁朝格图　徐晓凡，西部蒙古论坛.3
满蒙联姻与清代边疆——满蒙联姻研究综述/吕文利，西部蒙古论坛.3
昔里吉大王与元越战争/党宝海，西部蒙古论坛.4
蒙元王朝在西藏的“万户”概念辨析/敖举·嘉样成来　扎扎，西部蒙古论坛.4
旧土尔扈特蒙古卓哩克图汗史实稽考/周学军，西部蒙古论坛.4
清代“包沁”小考/赵毅，西部蒙古论坛.4
近现代新疆察哈尔蒙古语邻近民族的关系/吐娜，西部蒙古论坛.4
浅谈《夷使档》中的使者行进路线/哈萨克拜·布音巴图，西部蒙古论坛.4
民族史园地的一朵奇葩——读《中国北方游牧民族源流考》/刘正寅，西部蒙古论坛.4
谈《十善福白史》中的四大政纲及其社会作用/乌日娜，内蒙古社会科学.1
北元覆亡原因探析/呼群特古斯，内蒙古社会科学.1
关于博迪阿拉克和达赉逊库登可汗时期的蒙古汗廷祭祀礼仪/那顺乌力吉，内蒙古社会科学.1
清代阿拉善旗民人管理问题/谢咏梅，内蒙古社会科学.2

多伦会盟之前的喀尔喀车臣汗部扎萨克问题/姑茹玛，内蒙古社会科学.2

博克多汗政府与察哈尔苏鲁克旗/苏日古嘎，内蒙古社会科学.3

成吉思汗箴言的逻辑构成/谢秀兰，内蒙古社会科学.4

从博克多汗政权档案史料看扎哈沁鄂托克史迹/巴·巴图巴雅尔，内蒙古社会科学.4

宏吉剌——巴拉奇路德部之历史渊源/敖拉 巴图图门，内蒙古社会科学.4

六世班禅赴京觐见乾隆皇帝的政治背景及其意义/王梅花，内蒙古社会科学.4

一座村边召庙的历史民族志/额尔德木图，内蒙古社会科学.5

清初朝廷对蒙藏宗教上层的怀柔政策/明·额尔顿巴特尔，内蒙古社会科学.5

林丹汗“着魔”缘由小考/额尔顿其其格，内蒙古社会科学.5

新发现的锡勒图库伦扎萨克喇嘛旗宗教历史文化文献/巴·苏和，内蒙古社会科学.5

民国时期土默特旗财政危机探析/其木格 包银山，内蒙古社会科学.5

清末新政时期东北三省蒙务局/德力格尔玛，内蒙古社会科学.6

奈曼旗法禄寺最后一位活佛罗布桑其人/那仁高娃，内蒙古社会科学.6

论成吉思汗外交思想/扎拉嘎，蒙古学研究.1

贡桑诺尔布的教育思想/包玉兰，蒙古学研究.1

略论哈撒儿参与的战役及其线路/包·赛吉拉夫，蒙古学研究.2

内蒙古自治运动联合会在内蒙古东部地区的土地政策/哈斯木仁，蒙古学研究.2

布和克什克《蒙古秘史》的撰写原则/哈斯，蒙古学研究.2

《蒙古秘史》中的谚语《讷温可兀惕马讷嫩秃黑合剌由斡勤可温马讷汪格兀者克迭由》解读/陈福荣 扎·呼日勒巴特尔，蒙古学研究.2

伪满统治时期内蒙古东部行政建制的变革/布和朝鲁，蒙古学研究.3

历史上匈奴和蒙古的行政建制比较/孟和宝音，蒙古学研究.3

经文“菩提道次第广论”初探/包桂英，蒙古学研究.3

孛端察儿的领导者风采/吴宝山，蒙古学研究.4

成吉思汗的领导思想浅论/海龙，内蒙古民族大学学报（社会科学蒙古文版）.4

《丑年之乱》的历史教训及启示/宝音德格吉夫，内蒙古民族大学学报（社会科学蒙古文版）.4

精河土尔扈特蒙古人的订婚婚礼习俗之文化解读/那·舍顿扎布 金花，内蒙古民族大学学报（社会科学蒙古文版）.4

圣祖成吉思汗诞辰年、月、日史料考/希日布·确玛，蒙古语文.2

东归土尔扈特、和硕特功臣像的几个问题/格·李杰，语言与翻译.1

论大蒙古国时期合汗及合汗德能观/扎拉嘎，内蒙古师范大学学报.1

窝阔台汗与答剌孙/［美］托马斯·T. 阿勒森，内蒙古师范大学学报.1

窝阔台引证成吉思汗三个论断的内涵及其意义/格·孟和，内蒙古师范大学学报.3

古代蒙古族敬畏生命观论析/王成 乌峰，内蒙古师范大学学报.3

达延汗时期喀尔喀万户地考/斯钦特古斯，内蒙古师范大学学报.4

论历史人物对民族文化变迁发展的作用——以乃齐陀音呼图格图对科尔沁文化形成所起的作用和影响为例/巴·孟和，内蒙古师范大学学报.4

论清代蒙古扎萨克旗财政中的宗教开支/胡日查，内蒙古师范大学学报.4

五 民族学

扎赉特旗努图克人与农耕定居/孟根，内蒙古大学学报.2

关于三星之浅谈/李华，内蒙古大学学报.3

英国的蒙古学研究概况/德力格尔，内蒙古大学学报.3

有关蒙古族农民的一部著作——读《科尔沁蒙古族农民生活》一书/齐永富　索罕·格日勒图，内蒙古大学学报.5

社会"发展"城镇化与蒙古族饮食文化/包花，内蒙古大学学报.5

21世纪初安代研究概况——以2000年至2012年出版发表的著作论文为例/萨如拉，内蒙古大学学报.6

问题意识与批评视域——20世纪西方口头传统研究中的结构观念及理论简史/阿拉德尔吐，西部蒙古论坛.1

探索民俗文化和旅游的关系/波·克霞，西部蒙古论坛.1

关于卫拉特蒙古分享猎物肉的习俗/布仁，西部蒙古论坛.1

关于特克斯四苏木沙比纳尔之民歌长调/加·道山，西部蒙古论坛.1

德都蒙古地域名称的文化价值及象征意义/勒·傲登，西部蒙古论坛.1

鄂尔多斯蒙古"风马祭祀"之探/哈日哈坛·哈斯塔娜，西部蒙古论坛.3

浅析乌苏市非物质文化遗产的传承与发展/乌山吉尔格力，西部蒙古论坛.4

关于阿拉善蒙古族注重蒙古包天窗坠绳的习俗/策·萨茹娜，西部蒙古论坛.4

青海蒙古神话研究/呼和，西部蒙古论坛.4

论大蒙古国分封政治制度/扎拉嘎，内蒙古社会科学.1

试论敖包祭祀的性质/乌日图那苏图，内蒙古社会科学.1

论"沙拉搏尔"搏克的历史渊源/南丁宝力格，内蒙古社会科学.1

论自然地理环境对赤峰地区民俗的影响/红梅　莎日娜　内蒙古社会科学.2

蒙古谚语中体现的蒙古民族性格特征/牛雅琴，内蒙古社会科学.2

内蒙古自治区成立60年间科尔沁人口变化及其特征分析/那音太　乌兰图雅，内蒙古社会科学.3

土尔扈特部部落名称由来/格根哈斯，内蒙古社会科学.3

中国草原文化研究发展的历史溯源/王海荣，内蒙古社会科学.3

海拉尔达斡尔人与南屯之形成/张塔娜，内蒙古社会科学.3

论蒙古族传统文化的知识产权保护/白军胜，内蒙古社会科学.3

蒙古族尚白习俗的文化内含/苏雅拉，内蒙古社会科学.4

北方民族信仰中的"太阳"概念与"天体"概念的结合/阿拉坦格日乐，内蒙古社会科学.4

成吉思汗生态文化之和谐思想/白图雅　荷叶，内蒙古社会科学.4

大众文化与民间文化相关问题探讨/满全，内蒙古社会科学.4

第八世内齐托音呼图克图传略若干问题考订/朝格满都拉，内蒙古社会科学.5

呼伦贝尔巴尔虎马的特征及良马/巴布，内蒙古社会科学.5

从非物质文化遗产视角看蒙古族亲属称谓/阿拉坦格日乐，内蒙古社会科学.5

内蒙古东部地区蒙古族人名之人文环境影响/孟根格日乐，内蒙古社会科学.5

传说中的蒙古族"qagainθwgθn"与汉族南极老翁形象之比较/吴双福　迎春，内蒙古社会科学.5

蒙古族"安达"礼仪与心理契约/阿拉坦巴根　刘晓明，内蒙古社会科学.5

基层文化生活中存在的问题及对策建议/格仁其木格，内蒙古社会科学.5

青海蒙古族荤素民歌探析/玉梅，内蒙古社会科学.5

汉族历史故事在蒙古地区传播的历史原因（二）/领小，内蒙古社会科学.6

简论蒙古史诗“dugura”的母体之非物质文化功能/关金花，内蒙古社会科学.6

简析文学社会理念研究与文本解读的重要性/包英格，内蒙古社会科学.6

试论蒙古语连接形式研究概况/林八鸽，内蒙古社会科学.6

建构夸张的心理基础与蒙汉语夸张的比较/常晓琴，内蒙古社会科学.6

《现代蒙古语固定短语语法信息解释词典》管理平台的设计/李娟，内蒙古社会科学.6

简述少数民族辞书的特点及存在的问题/包爱梅，内蒙古社会科学.6

科尔沁蒙古人赠与礼物习俗之考查/白晓梅，蒙古学研究.1

科尔沁史诗中的灵魂附身部位考/丽美，蒙古学研究.1

游牧民的与五种牲畜进行交流的信号区分/呼斯勒太，蒙古学研究.1

阿拉善那达慕盛会的种类/苏日古嘎，蒙古学研究.1

科尔沁地区蒙古地名特点/美玉，蒙古学研究.2

阿勒巴图阶层的社会地位和作用/乌日乐，蒙古学研究.2

蒙古服饰的文化渊源及嬗变/哈斯同力嘎，蒙古学研究.2

蒙古人请酸奶酵母习俗/塔鸽塔，蒙古学研究.3

蒙古民俗歌中所反映的崇尚习俗/萨日娜，蒙古学研究.2

苏尼特右旗珠日和镇地名探析/苏都毕力格，蒙古学研究.2

苏力德文化及其内涵/那仁敖其尔，蒙古学研究.3

游牧文化与农耕文化关系简论/洪荣荣，蒙古学研究.4

人类性崇拜的渊源——以蒙古族性崇拜为例/周双喜，蒙古学研究.4

蒙古族女性传统头饰的基本分类/敖其，蒙古学研究.4

蒙古族民俗文学中猪的象征意义/今晓，蒙古学研究.4

我区农牧民参与民主管理意识的调查分析/包山虎，蒙古学研究.4

蒙古国家庭权利改革中对儿童的权益保护问题/阿·都嘎儒玛，蒙古学研究.4

蒙古族那达慕礼仪之演变/玉荣，蒙古学研究.4

蒙古族那达慕中的生态文化内涵/那日苏，蒙古学研究.4

科尔沁地命中的游牧文化痕迹/包金花，内蒙古民族大学学报（社会科学蒙古文版）. 1

科尔沁婚俗文化内涵之浅谈/胜利，内蒙古民族大学学报（社会科学蒙古文版）. 1

阿鲁科尔沁旗蒙古民歌中社会历史描述/华丽，内蒙古民族大学学报（社会科学蒙古文版）. 1

说唱艺人拿木吉拉之说书习俗/吴迎春，内蒙古民族大学学报（社会科学蒙古文版）. 1

关于日本唯一少数民族——阿伊努族/屈原，内蒙古民族大学学报（社会科学蒙古文版）. 1

说书艺人却吉嘎瓦等人的田野调查/尼玛，内蒙古民族大学学报（社会科学蒙古文版）. 2

鄂尔多斯蒙古人的祭火习俗/塔娜，内蒙古民族大学学报（社会科学蒙古文版）. 3

蒙古人日常生活中的碾子禁忌/阿拉坦宝力尔，内蒙古民族大学学报（社会科学蒙古文版）. 3

内蒙古民族大学科尔沁文化研究的现状与趋势/图力古尔，内蒙古民族大学学报（社会科学蒙古文版）. 4

探析科尔沁蒙古人的命名习俗/博彦，内蒙古民族大学学报（社会科学蒙古文版）. 4

评《安代之乡：库伦旗历史文化概要》/玉珊　陈宪萍，内蒙古民族大学学报（社会科学蒙古文版）. 4

新巴尔虎传统婚俗记/色·巴图，蒙古语文.11

新巴尔虎传统婚俗记（续）/色·巴图，蒙古语文.12

蒙医学辩证配置适用蒙药法综述/安达　萨仁图雅　布仁巴图，内蒙古民族大学学报（蒙医药学蒙古文版）.1

伊吉丹增旺及其《珍宝项串》的历史文献学研究/孟根其木格　宝音图，内蒙古民族大学学报（蒙医药学蒙古文版）.1

蒙古族对人体结构认识的历史足迹/宝龙　呼斯乐，内蒙古民族大学学报（蒙医药学蒙古文版）.2

论卫拉特民俗之道德教育/特·那木吉拉，语言与翻译.4

试论精河土尔扈特人婚俗中的“提亲”习俗/金花　舍顿扎布，语言与翻译.4

论科尔沁蒙古独具特色的命名及其文化内涵/格根哈斯，内蒙古师范大学学报.1

论“那达慕”中的生态文化理念/满喜，内蒙古师范大学学报.1

蒙古法制史上的若干观念及其现实意义/贡嘎宁布，内蒙古师范大学学报.1

巴林罕山信仰习俗中的色彩象征/森都拉，内蒙古师范大学学报.1

论库伦安代特征/博·朝格吉勒吐，内蒙古师范大学学报

建国以来科尔沁人口变化及其原因分析/那音太，内蒙古师范大学学报.2

蒙古族祭敖包祈雨的原因及目的/席·哈斯巴特尔，内蒙古师范大学学报.2

论科尔沁蒙古族饮食文化资源的传承与保护/白钢，内蒙古师范大学学报.4

论以传统体育为载体的游牧文化——以蒙古族博克为例/贺希格吉日嘎拉，内蒙古师范大学学报.4

蒙古族服饰文化圈形成探析/敖其，内蒙古师范大学学报.4

蒙元时期那达慕特征（二）——作战期间举行的那达慕/都达古拉，内蒙古师范大学学报.4

六　民族宗教

论蒙古萨满教灵魂观和地狱理解的变化/宝龙，内蒙古大学学报.2

《萨迦格言》两种蒙译的比较研究/山花，内蒙古大学学报.2

遵循萨满教的思想家——成吉思汗——根据历史文记进行简要对话/哈顺图雅，内蒙古大学学报.2

论伊斯兰化蒙古人对“扎撒”、“必力克”的信仰——以中西亚伊斯兰化蒙古汗国为中心/班布日，西部蒙古论坛.3

第五世永生活佛编著的《敖包桑》研究/熙·巴达玛王朝阁，内蒙古社会科学.1

鄂温克萨满服饰符号文化/杜·宝罗日瓦，内蒙古社会科学.2

满族萨满文化内涵研究/胡艳霞　贾瑞光，内蒙古社会科学.4

《青史演义》与佛教文化/胡达古拉　拉给苏荣，内蒙古社会科学.4

鄂托克前旗城川蒙古族天主教徒对火的观念/呼毕斯拉玛，蒙古学研究.3

蒙古萨满教祭天仪式的比较研究/宝龙，内蒙古师范大学学报.1

浅谈“共生”与佛教思想/满达，内蒙古师范大学学报.1

七　民族教育

对蒙古族大学生图书馆资源利用状况的调查研究——以内蒙古大学图书馆馆藏利用为例/那·斯琴，内蒙古大学学报.5

浅谈“沙嘎游戏”对儿童思维的启迪作用/巴图斯日古楞，内蒙古社会科学.1

内蒙古偏远农牧区发展学前教育的途径探索/张玉梅　哈斯琪琪格，内蒙古社会科学.1

城市化进程中牧民家庭教育问题探析/其其格，内蒙古社会科学.3

论大学生树立正确的专业意识问题/尼木哈，内蒙古社会科学.3

高校教学现场存在的问题及对策研究/阿拉腾格日乐，内蒙古社会科学.3

关于当代蒙古族大学生思想品德教育及其管理/达布希拉图，内蒙古社会科学.3

在民族院校开设《蒙古民俗》课程的重要性/波·克霞，蒙古学研究

关于《民族理论与民族政策》课程的几点问题/佟双喜，蒙古学研究.1

《内蒙古近现代史》教学中历史档案的选讲与训练/梅花，蒙古学研究.1

关于高等院校大学生的思想政治教育水平问题/迟耀君，蒙古学研究.1

少数民族传统体育运动的起源及其特征、功能简述/王艳玲，蒙古学研究.1

高校图书馆的流通中如何与读者沟通问题/哈斯，蒙古学研究.1

结合教学工作做好民族大学生思想政治教育工作/迟耀君，蒙古学研究.2

蒙古族大学生思想状况调查/阿民，蒙古学研究.2

提高蒙古族大学生就业心理素质的思考/刘根岁，蒙古学研究.2

图书分类过程中如何准确判别内蒙古地方文献之我见/文宝，蒙古学研究.2

大学生心理健康教育问题探讨/郭桂兰，蒙古学研究.3

关于以科学发展观指导新时期大学生自我发展问题/达布希拉图，蒙古学研究.3

浅论蒙古族大学生就业问题/宝仓，蒙古学研究.3

社会主义核心价值观对大学生全面发展所起到的健康成长作用/布和，蒙古学研究.4

简论地方民族院校图书馆开发民族文献资源的价值问题/青格勒图，蒙古学研究.4

具有史料价值的珍贵文献——《北京温都尔王府蒙古文书信抄本》/额斯日格仓，蒙古学研究.4

高等学校蒙古文教材编写工作的迫切性和重要性——以《蒙古民间文学》课为例/阿拉坦格日勒，内蒙古民族大学学报（社会科学蒙古文版）. 2

蒙古文学理论教材及其教学的创新模式研究/元成，内蒙古民族大学学报（社会科学蒙古文版）. 1

简论少数民族大学生学习兴趣培养的有效途径/单国峰，内蒙古民族大学学报（社会科学蒙古文版）. 1

蒙古文书籍编辑出版所面临的问题/孟和巴特尔，内蒙古民族大学学报（社会科学蒙古文版）. 2

浅谈教学艺术与方法的关系/塔娜，内蒙古民族大学学报（社会科学蒙古文版）. 4

关于内蒙古自治区民族教育方面存在的问题/套图格包龙，内蒙古师范大学学报.3

教育社会学研究对象具体化途径之探析/苏金星，内蒙古师范大学学报.2

关于文化人类学教学中如何利用博物馆展示/乌木花，内蒙古师范大学学报.3

八　民族艺术

阿尔寨石窟岩画特征分析/哈塔斤·哈斯乌拉，内蒙古社会科学.3

著名歌唱家德德玛的演唱风格及其对新时期蒙古族创作歌曲发展的影响/刘丽　敖顿其木格，内蒙古社会科学.4

简谈内蒙古蒙古语电影事业的发展/额尔顿毕力格　苏日图，蒙古学研究.2

巴林石雕刻产品的种类及特点探析/敖特根格日乐，蒙古学研究.2

元代青花瓷所表现的蒙古族形象艺术/哈塔斤　哈斯乌拉，蒙古学研究.3
水彩画的艺术特征/王萨如拉，蒙古学研究.3
乌兰牧骑之创作工作论略/吴红梅，内蒙古民族大学学报（社会科学蒙古文版）.4
传统艺术——蒙古贞安代/贺翠芹，蒙古语文.3
关于长调民歌传承之几点见解/扎力嘎夫，内蒙古师范大学学报.1
论乌力格尔艺术发展的三个阶段/布日古德，内蒙古师范大学学报.2

（供稿人：乌云格日勒）

2014 年

一　民族理论

哲学社会科学工作要始终坚持正确的发展方向/李学军，西部蒙古论坛.1
论新疆战略地位/高岸起，西部蒙古论坛.1
论“村落集体主义”/纳·斯仁，中国蒙古学.6
谈尹湛纳希对民族概念的认识/胡日查　包海燕，内蒙古社会科学.1
从政治学视角看内蒙古民族团结的重要性/张双莲，内蒙古社会科学.1
简论宪政对政治文明的作用/春荣，内蒙古社会科学.2
贡桑诺尔布的民权思想探的/包玉兰，内蒙古社会科学.2
当前中国腐败问题及其对策研究/孟和宝音，内蒙古社会科学.4

二　民族经济

牧区合作社发展现状及对策研究/额尔敦乌日图，内蒙古社会科学.6
提高农牧民科学素养对扶贫增收的重要性/张艾力，中国蒙古学.5
关于农村劳动力转移问题的几点思考/于翠英，内蒙古社会科学.3
平绥铁路及其对绥远地区城镇的影响/乌敦，中国蒙古学.3
关于传统四季游牧形态的现状及未来/王其格，内蒙古社会科学.6
将锡林郭勒草原打造成国家级游牧文化生态保护区的建议/陶德巴雅尔，中国蒙古学.4
利率市场化改革的深入与商业银行面临的风险对策研究/斯琴塔娜，内蒙古社会科学.5
简论内蒙古自治区中小企业发展途径/斯钦　赵图雅，内蒙古师范大学学报.1
牧区合作社的基础理论研究/思和阿拉坦格日乐，内蒙古社会科学.2
生态文明视野下的企业绿色责任特征/娜仁格日勒，内蒙古社会科学.1
城市化进程中呼和浩特市土地安全研究/那音太，内蒙古社会科学.6
大清沟自然保护区生态旅游 SWOT 分析及对策研究/马冬梅，内蒙古社会科学.6
乾隆前期（1736—1750）的清准贸易——以价格贸易方式的博弈及其影响为中心/吕文利，西部蒙古论坛.3
我区农村基本公共服务均等化问题/李金玉　韩萨日古拉，内蒙古社会科学.4
浅谈蒙古族游牧之独特性/胡日沁毕力格　额斯日格仓，中国蒙古学.3
畜草矛盾激化原因探析/胡日亲毕力格　额斯日格仓，蒙古学研究.1
农户沼气综合效益评价/胡尔查朵兰，内蒙古社会科学.3
蒙古族民俗文化旅游开发中存在的问题及对策研究/航盖，内蒙古社会科学.6
民族文化资源的开发与内蒙古旅游业的发展/格仁其木格，内蒙古社会科学.6

内蒙古自治区体育经济与城市发展/高晓光，内蒙古社会科学.1

元朝时期的河西走廊屯田/刚巴图，中国蒙古学.2

中东铁路与呼伦贝尔畜牧业/达日夫，内蒙古社会科学.1

关于发展牧区合作经济组织的几点建议/朝勒门花蕊，内蒙古师范大学学报.1

构建民族地区可持续发展的农村金融体系理论探索/布仁吉日嘎拉，蒙古学研究.2

清末民国时期乌拉特旗游牧经济/布和吉雅，内蒙古民族大学学报.1

蒙古族保护环境的传统理念对当前行政管理工作的积极作用/包晓艳　满德尔瓦，中国蒙古学.3

蒙古人民共和国经济委员会历史探析/［蒙古］巴森呼，内蒙古大学学报（哲学社会科学版）．2

三　民族学

乌珠穆沁单袍缝制技艺/卓拉，蒙古学研究.1

蒙古人的殡葬仪式论略/张丽华，内蒙古民族大学学报.4

浅谈伊犁昭苏县额鲁特蒙古亲缘称谓/扎拉嘎，语言与翻译.1

简论民俗学研究中的口述史方法/玉荣，中国蒙古学.1

进城务工的蒙古族女性生存状况调查/玉荣，蒙古学研究.4

论母语与民族素质的关系/音贺希格，中国蒙古学.2

蒙古族敖包祭祀上诵读的《煨香》之由来/谢斯琴，内蒙古社会科学.2

水在蒙古族土地保护中的作用/席哈斯巴特尔，蒙古学研究.1

蒙古人的吉祥天女崇拜及神话传说/吴双福，中国蒙古学.1

蒙古族民间手工艺的起源与发展轨迹/吴日哲，内蒙古社会科学.1

“乞颜精神”和“愚公精神”文化思维定式的比较/吴宝山，内蒙古社会科学.2

“那达慕”的变迁与文化内涵/乌云青格勒，内蒙古社会科学.2

蒙古族银碗装饰图案的象征意义/乌云格日乐，中国蒙古学.2

论蒙古族习惯法的生态价值/乌云高娃　青格乐图，中国蒙古学.4

达斡尔乌钦及其文化价值/乌云高娃，内蒙古社会科学.4

近代巴尔虎文人达郎古特·古柏里的求实精神/乌云，内蒙古社会科学.6

浅谈新疆乌苏市蒙古族“鹿棋”/乌山吉尔格力，西部蒙古论坛.1

探析“库伦”思维与“独贵”思想的关系/乌日其其格，内蒙古民族大学学报.1

HOLVOO 网传播蒙古族传统文化的独特形式/乌日吉木斯　萨如拉，中国蒙古学.3

九游白纛的象征意义/乌仁其木格，内蒙古社会科学.4

简论祭敖包习俗的程序/乌力吉宝音，内蒙古民族大学学报.1

浅析本质变迁影响下的牧区畜群与草场问题——以阿鲁科尔沁旗巴音温都苏木敖力木嘎查为例/乌兰，内蒙古师范大学学报.3

扎赉特旗地名之文化内涵/文亮嘎拉桑，内蒙古民族大学学报.3

农区蒙古族村落的民俗学研究路径及启示——以烟台营子村为例/王志清，西部蒙古论坛.2

蒙古族传统结婚礼仪及其伦理意蕴/王伟萍，西部蒙古论坛.1

关于游牧文化的历史变迁及其未来走向/王其格，中国蒙古学.5

蒙古族拇指崇拜起源与英雄崇拜理念的关系/王海荣，中国蒙古学.5

古代蒙古人拇指崇拜的文化渊源/王海荣，内蒙古社会科学.4

蒙古族非物质文化遗产——蒙古文书法研究/王桂荣，蒙古学研究.4

蒙古族传播史与木刻版印刷技术/图亚，内蒙古社会科学.1

关于古代蒙古人萨满语“噢嗨”思维/图·乌力吉，内蒙古师范大学学报.4

锡林郭勒草原生态问题探析/佟帆，内蒙古社会科学.3

论清代游牧察哈尔镶白旗寺庙与信仰——以达茂旗白音杭盖嘎查为例/铁柱　韩永梅，内蒙古师范大学学报.4

卫拉特蒙古摔跤习俗/特·那木吉拉，语言与翻译.2

浅论把布里亚特蒙古人传统敬安礼俗纳入幼儿园教育教学/陶龙森德，蒙古学研究.2

社会文化变迁中的青海蒙古族民俗文化研究概述/塔娜僧格，西部蒙古论坛.2

青海蒙古人崇拜生命的文化心理探析/塔拉，中国蒙古学.6

蒙古族生态意识形成之诸因素/苏饰敦其其格，内蒙古社会科学.4

论蒙古族祭火习俗的变迁/苏日娜，中国蒙古学.3

查干苏鲁克祭奠的颜色数字的象征意义探析/苏日娜，内蒙古社会科学.5

打羊拐骨游戏的逻辑思维探析/苏布德，中国蒙古学.1

不同地区民族风俗的迥异性/斯琴毕力格，中国蒙古学.4

蒙古族原始传播——非语言传播/舍·敖特根巴雅尔，内蒙古大学学报（哲学社会科学版）.2

青海哈萨克人的迁移历史与现状/僧格，中国蒙古学.6

哈穆尼堪鄂温克传统服饰文化/森德玛，内蒙古社会科学.4

草原学者对草原文化传承的贡献/色·斯楞，内蒙古社会科学.3

论唱安代仪式的文化表演/萨如拉，内蒙古师范大学学报.6

蒙古族服饰审美特征/萨日娜，内蒙古社会科学.5

蒙古族服饰图案结构形式及其装饰价值/萨日娜，内蒙古师范大学学报.4

《中国蒙古学》所关注的西部蒙古历史文化/萨其拉，西北民族大学学报（哲学社会科学版）.1

河南省内黄县、清丰县的蒙古族后裔是豫王子孙吗？/任崇岳，西部蒙古论坛.4

青海蒙古族祝颂习俗探析/仁增，内蒙古社会科学.6

传说《四瑞》、《杜噶尔宰相》与蒙古族装饰图案/却拉布吉，内蒙古社会科学.1

论口承文化中的哈撒儿形象/青松，内蒙古民族大学学报.2

博克对阵表的优与劣/青春，内蒙古社会科学.3

关于蒙古族乡土民俗文化遗产的继承问题/乔旦德尔，西北民族大学学报（哲学社会科学版）.1

蒙古贞村落名称探究/其木格，内蒙古大学学报（哲学社会科学版）.4

简论蒙古族结交立誓仪礼/诺日吉玛，中国蒙古学.5

谈蒙古贞蒙古人的祭敖包习俗/努恩吉雅，内蒙古民族大学学报（社会科学版）.2

简论蒙古族女性爱惜自身健康的重要意义/嫩达古拉，蒙古学研究.4

乌珠穆沁人的相互尊称探源/娜仁图雅，蒙古学研究.2

浅谈当代札萨克图蒙古族婚俗特点/娜仁格日乐　哈顺其其格，西部蒙古论坛.1

蒙古族生态文化探源/那音太，中国蒙古学.6

古代蒙古人年俗之文化阐释/那仁毕力格，内蒙古社会科学.6

对“鄂尔多斯乃日”现状的思考/莫日根布和，内蒙古社会科学.5

论毡帐民族幼子继承制/莫·陶克陶夫，中国蒙古学.2

从旅游开发视角看“九十九泉”与匈奴文化/孟克巴雅尔，内蒙古社会科学.2

东部地区蒙古族宗教信仰现状调查分析——以12个嘎查3个寺庙为例/梅花，内蒙古师范大学学报.6

《库伦旗额尔根希波艾里蒙古王努特氏族家族史志》及蒙古人的家谱传统——满都呼教授致巴·苏和教授的一封信/满都呼，内蒙古民族大学学报.3

青海省河南县地名中的蒙古文化遗存/李秀兰，中国蒙古学.4

蒙古传统游戏——夏嘎及它的教育特点/勒·额尔登其美格，西北民族大学学报（哲学社会科学版）.1

卫拉特蒙古《祖鲁节》民俗传承/金花，内蒙古大学学报（哲学社会科学版）.2

考析蒙古族生态文化观/霍发，中国蒙古学.4

内蒙古文化软实力及民族文化强区建设/黄金，内蒙古社会科学.5

从文化历史角度探析纳·赛音朝克图姓名演变缘由/黄金，内蒙古师范大学学报.4

论科尔沁婚礼的沙干图娱乐习俗变迁/胡晓燕，中国蒙古学.6

科尔沁文化的中心之一土谢图/呼日勒沙，中国蒙古学.6

阴山岩画的猎牧文化解读及造型探析/侯明，中国蒙古学.3

蒙古族禁忌习俗中的生态保护意识/海斯日古楞，蒙古学研究.4

蒙古族生态文化研究现状及发展趋势/海龙，内蒙古社会科学.1

鄂尔多斯蒙古人的“风马”（幸运）祭祀/哈斯塔娜，内蒙古民族大学学报.1

青海蒙古族摇篮曲传承特点/哈斯其其格，语言与翻译.3

蒙古民间教子习俗考/哈斯格日勒，内蒙古社会科学.3

蒙古人教育子女的基本观点/哈斯格日勒，蒙古学研究.2

额力吉根喀尔喀历史及“额力吉根”称呼考/哈·拉哈瓦巴雅尔，中国蒙古学.3

地域文化研究新成果——评析《库伦历史文化研究》/桂花赛吉拉胡，内蒙古大学学报（哲学社会科学版）.1

锡勒图库伦旗寺庙传说中的佛教习俗/桂花，内蒙古民族大学学报.3

喀尔喀永谢布人的来源及其历史事件/桂花，内蒙古师范大学学报.6

科尔沁地区独棵大树的祭司及其对保护生态环境的意义/格日勒吐雅，蒙古学研究.2

蒙古族与灵魂相关的忌讳/格日勒其木格，蒙古学研究.4

论蒙古族乌查宴中分享“九福肉”习俗的文化底蕴/格日勒，内蒙古社会科学.3

蒙古文化的辩证特征论析/格·孟和，内蒙古民族大学学报.4

初探蒙古文化精神/格·孟和，内蒙古师范大学学报.3

文化渗透与蒙古语借词/高萨日娜，内蒙古民族大学学报.1

与游牧生产有关的忌讳名称与蒙古人的文化心理/嘎拉桑苏日娜，中国蒙古学.6

卫拉特蒙古射箭运动及其传承保护/锋晖，西部蒙古论坛.3

蒙古族“风马旗”的来源及形成考辩/樊永贞　欧军，西部蒙古论坛.3

蒙古族敖包祭祀习俗考/樊永贞　额尔敦其其格，西部蒙古论坛.2

对文化生态系统的功能分析/额斯尔门德，内蒙古师范大学学报.3

试论雅托嘎起源与传承/额尔敦，中国蒙古学.6

从卫拉特英雄史诗看蒙古包室内装饰/额尔登别力格，内蒙古社会科学.6

元代瓷器上的蒙古族图案艺术特点/都仁仓，内蒙古社会科学.6

简论蒙古族服饰缝制手工技能/道日娜格日勒图，中国蒙古学.1

蒙古族尚右习俗在卫拉特英雄故事史诗中的体现/旦布尔加甫，语言与翻译.3

论蒙古族传统文化的物化、活动化非语言传播符号/达古拉，内蒙古社会科学.4

纵观乌鸦信仰/达·额晶德木图，中国蒙古学.2

蒙古突厥部族乌鸦崇拜与神话研究/达·额尔德木图，内蒙古社会科学.1

论蒙古人的囫囵思维及其结构/陈乌日其其格，中国蒙古学.1

国际共运所属党派蒙古译名考/朝鲁孟，内蒙古社会科学.3

从蒙古族全羊席看其游牧文明/朝格巴图，内蒙古社会科学.5

酸马乳及其作用/布仁巴雅尔　关长喜，内蒙古大学学报（哲学社会科学版）.4

细节对蒙古民俗文化的作用/波·克霞，中国蒙古学.2

民俗与礼仪的关系探析/波·克霞，内蒙古社会科学.1

论民族旅游习俗审美观/波·克霞，内蒙古民族大学学报.1

古代蒙古族结“安达”礼俗考/宝音陶克陶，内蒙古社会科学.3

引领少数民族传统文化现代转型——以蒙古族文化为例/宝音达，西部蒙古论坛.3

蒙古族传统问候礼节及其社会交往伦理/包月梅，内蒙古社会科学.6

论蒙古人使用“哲学”术语的演变/包勇，中国蒙古学.2

游牧文化对内蒙古油画的影响/包双梅，内蒙古社会科学.2

解析别里古台“阿门呼柱”之文化象征/包赛吉拉夫，内蒙古民族大学学报.3

浅谈《江格尔》中出现的入赘婚俗/包萨如拉，西部蒙古论坛.1

对内蒙古地区民族法制建设的思考/包金花，内蒙古社会科学.2

蒙古族口承文献及研究概况/包金花，内蒙古民族大学学报.2

关于蒙古族传统文化——苏力德的某些问题/包·赛吉拉夫，西北民族大学学报（哲学社会科学版）.2

论扎鲁特蒙古人的发酵马奶酒习俗/白钢，内蒙古民族大学学报.4

论扎鲁特蒙古人“扎格”食品/白钢，内蒙古师范大学学报.4

关于喀喇沙尔土尔扈特蒙古用奶食祭火习俗——巴音布鲁克镇巴音郭楞乡哈尔萨拉村为例/巴衣尔才次克　舍敦扎布，内蒙古民族大学学报.4

论青海蒙古族塔木嘎祝词的起源和意义/巴图，西北民族大学学报（哲学社会科学版）.1

古代蒙古人生态文化研究/巴·苏和，内蒙古社会科学.6

乌拉特婚礼的独具特色/巴·孟和，蒙古学研究.2

论蒙古族保护生态习俗/八十三，蒙古学研究.1

蒙古族“沙盖”游戏在学前教育中的应用/敖敦，内蒙古社会科学.5

蒙古族戈壁生态知识及乡土意识/敖·查赫轮，内蒙古社会科学.2

环境社会学视域中的蒙古族传统自然环保意识/敖·查赫轮，内蒙古大学学报（哲学社会科学版）.2

内蒙古自治区牧民合作社的现状/阿拉坦格日勒　恩和，蒙古学研究.1

蒙古族对《天、地、佛、火、祖先》叩拜成婚习俗简论/阿拉坦格日勒，蒙古学研究.2

解析蒙古族祭祀仪式中的太阳崇拜影响/阿拉坦格日乐，内蒙古社会科学.6

阿鲁科尔沁阿日嘎游戏浅析/阿拉坦都楞　恩克巴图，内蒙古社会科学.3

论本土人类学家及其学术地位/阿拉塔，中国蒙古学.3

敖包祭祀研究的新趋势——以乌日图那苏图《敖包祭祀的文化人类学研究》为例/［德］苏龙格德·胡日查巴特尔，内蒙古师范大学学报.1

四　民族宗教

青海蒙古族宗教民歌特点/玉梅，西部蒙古论坛.3

浅论科尔沁萨满的类别与变化/佚名，内蒙古社会科学.2

关于“萨病”症状的文献整理研究/佚名，内蒙古民族大学学报（自然科学蒙古文版）.1

试论浑景喇嘛生平/叶尔达，西北民族大学学报（哲学社会科学版）.1

《格斯尔煨香经》与佛教仪轨经文的关系/陶·乌力吉仓，内蒙古大学学报（哲学社会科学版）.3

论佛教因明学辩经特质/赛音德力根，中国蒙古学.6

论藏传佛教因明学五部大论中的“毗奈耶论”/赛音德力根，内蒙古大学学报（哲学社会科学版）.5

探究蒙古族萨满教主要观念的发展轨迹/萨茹拉，中国蒙古学.5

芒来艾丽佛教信仰的现状调查/萨其日嘎，蒙古学研究.1

达里湖冬捕祭祀仪式探析/秦博，西部蒙古论坛.2

科尔沁萨满教文化现状及走向研究/那仁毕力格，中国蒙古学.6

西藏活佛转世制度在蒙古的实施/明·额尔敦巴特尔，内蒙古大学学报（哲学社会科学版）.4

天主教传教士闵玉清在鄂尔多斯的传教活动/梅荣，内蒙古社会科学.2

大乘佛教与《般若经》/满达，内蒙古社会科学.2

忆伊希丹津旺吉拉在东苏旗的佛事活动/拉希其仁，内蒙古社会科学.5

萨满教信仰与蒙古人的色彩审美观/哈斯巴干，内蒙古民族大学学报.1

科尔沁徒弟萨满的申请过程——Hurten orqij hanjin sodal abhu oqir/哈顺图雅，内蒙古大学学报（哲学社会科学版）.1

新疆伊斯兰教历史与现实的理论思考/束迪生，西部蒙古论坛.1

新发现的阿什全林昭老照片研究/布和宝力德　阿敏布赫，内蒙古社会科学.3

铸造于多伦诺尔的佛像及其特点/包金荣　阿古拉　包红岗，内蒙古社会科学.2

浅析宗喀巴“菩提道次第广论”中的菩提道次第思想对蒙古地区佛教思想的影响/包桂英，中国蒙古学.5

浅析宗喀巴《菩提道次第广论》中崇拜上师善之轨及其影响/包桂英，内蒙古社会科学.4

五　民族历史

清准边界之议/赵毅，西部蒙古论坛.4

散扎布事件始末考/赵卫宾，西部蒙古论坛.4

论成吉思汗之智慧与哈布图哈撒尔之力——蒙古族对领导与管理的意识/吴宝山，内蒙古师范大学学报.1

伪满时期有关当时蒙古的一本力作——浅析《满洲的蒙古民族》一书/乌云高娃，内蒙古大学学报（哲学社会科学版）.1

日本的《蒙古秘史》研究概况（二）/乌日图那苏图，内蒙古大学学报（哲学社会科学版）.2

斡亦剌部首领忽都合事迹索考/魏曙光，西部蒙古论坛.2

浅析蒙元安边策——两都巡幸制/王悦，西部蒙古论坛.1

内齐托音一世弟子下落考述/王佳，西部蒙古论坛.2

历世嘉木样家族与青海蒙古河南亲王联姻/史扎扎，西部蒙古论坛.1

史观变化与阻卜、鞑靼名称之演变/那顺乌力吉，西部蒙古论坛.1

蒙古史教学与研究中如何运用文化人类学理论和方法/那顺乌力吉，内蒙古师范大学学

报 . 1

清代汉文文献中有关蒙古地区的讹误记载及其原因（一）——以扎萨克图汗盟扎萨克图汗旗为例/那顺达来，内蒙古大学学报（哲学社会科学版）. 2

试论西汉降官对匈奴政治与经济社会的影响/牧仁，内蒙古师范大学学报 . 1

清末伊克昭盟达拉特旗教案探究/梅荣，内蒙古大学学报（哲学社会科学版）. 2

西方教士出使蒙古之目的试析/罗贤佑，西部蒙古论坛 . 3

清代喇嘛觐见礼探微/李治国，西部蒙古论坛 . 3

试论满都鲁汗控制蒙古诸部/金晓，西部蒙古论坛 . 1

喀尔喀汗部称谓考/姑茹玛，内蒙古大学学报（哲学社会科学版）. 2

莫日根葛根罗桑丹毕坚赞译《圣救度佛母二十一种礼赞经》语言特色/格根塔娜，内蒙古大学学报（哲学社会科学版）. 1

茂明安旗札萨克衙门蒙古文档案及其史料价值/陈岚，内蒙古大学学报（哲学社会科学版）. 1

浅析清代科布多屯田/宝音朝克图　王国军，西部蒙古论坛 . 2

札哈沁社会制度与历史概况/巴·巴图巴雅尔，西部蒙古论坛 . 2

施尼茨克尔关于 1714—1716 年陪同清朝使团赴卡尔梅克阿玉奇汗处的报告/И. Х. 施尼茨克尔阿拉腾奥其尔，西部蒙古论坛 . 4

论卜克和什克译注《蒙古秘史》/［蒙古］额·普日布扎布，内蒙古大学学报（哲学社会科学版）. 1

浅谈成吉思汗行政管理思想/思勤途，中国蒙古学 . 2

关于民国前期绥远巨匪卢占魁/张华伟　苏德毕力格，内蒙古大学学报（哲学社会科学版）. 4

苏尼特左翼旗与清朝联姻关系/扎勒根巴雅尔，内蒙古社会科学 . 4

《蒙古秘史》中的“成吉思”一词解析/香莲，中国蒙古学 . 3

关于清末时期察哈尔地区开垦的若干问题/吴汗，蒙古学研究 . 2

成吉思汗对萨满教的管理风范/吴宝山，中国蒙古学 . 2

“訥温可兀惕嫩秃黑合剌由”之道/吴宝山，蒙古学研究 . 2

1755—1758 年间阿睦尔撒纳与哈萨克阿布赉汗关系考/吴阿木古冷，西部蒙古论坛 . 4

日本的《蒙古秘史》研究概况（三）/乌日图那苏图，内蒙古师范大学学报 . 6

关于历史纪录片《蒙古横断》及相关问题/乌力吉套格套，内蒙古师范大学学报 . 6

论梅力更葛根《黄金史》与《金念珠》名称来源/乌力吉巴雅尔，内蒙古师范大学学报 . 4

翻译目的与方法——简析《蒙古秘史》不同汉译本/王志博，内蒙古师范大学学报 . 1

《蒙古秘史》的逻辑范畴——“约孙”/王玉红，蒙古学研究 . 1

国内外关于六世班禅赴京觐见乾隆皇帝事宜的研究综述/王梅花，内蒙古社会科学 . 6

匈奴信仰民俗的图书资料研究——以司马迁《史记·匈奴列传》中的资料为例/托雅，内蒙古师范大学学报 . 4

论《蒙古秘史》总译中的加词翻译法/通力嘎，内蒙古社会科学 . 3

达尔汗亲王满珠什礼生平考/特木尔巴根，内蒙古社会科学 . 3

20 世纪初日本对蒙古实行的政策——以河源操子的工作为中心/套格图，内蒙古师范大学学报 . 3

关于圣主成吉斯汗诞生等四个问题的确认/泰亦赤兀惕·满昌，内蒙古师范大学学报 . 3

《蒙古秘史》所记“qar-asonigentucinoboljugegegenudurqar-akeriy-ebolju”一词释义/索罕·格

日勒图阿古拉，内蒙古大学学报（哲学社会科学版）. 3

阿旺多尔济耶夫生平及对他的评价/苏优乐玛，内蒙古大学学报（哲学社会科学版）. 2

解读蒙古文化的开创性见解——读格·孟和教授《蒙古历史文化的哲学解读》有感/斯仁，蒙古学研究 . 3

民国时期张家口地区蒙古族出版机构综述/斯琴青和勒，内蒙古社会科学 . 5

罗布桑丹津《黄金史》所载成吉思汗箴言解析/色·达西德吉得，蒙古学研究 . 2

关于《蒙古秘史》所录成吉思汗敕令的分类问题/赛音乌其拉图，蒙古学研究 . 2

论藏传佛教因明学五部大论中的“毗奈耶论”/赛音德力根，内蒙古师范大学学报 . 5

16—17 世纪蒙古人在阿尔寨石窟遗留下来的印迹/萨仁高娃，中国蒙古学 . 2

海西希《蒙古地图》考/全荣，内蒙古社会科学 . 4

建国初期内蒙古西部地区的民主建政/庆格勒图，中国蒙古学 . 6

青海蒙古编年史《先祖言教》与历史编纂传统/青格力，西北民族大学学报（哲学社会科学版）. 2

《〈圣主成吉思汗史〉研究》评介/乔吉，内蒙古社会科学 . 2

东蒙古自治军的成立及其领导权的转移/其其格玛，内蒙古社会科学 . 1

林丹汗败亡的政治文化深层原因/聂晓灵，内蒙古社会科学 . 3

论乌桓的结局/那顺乌力吉，中国蒙古学 . 5

乌珠穆沁部历史渊源新探/那顺孟克，内蒙古社会科学 . 5

和子章与热北军分区之间的军事摩擦简析/那仁高娃，中国蒙古学 . 3

道光年间喀尔喀部与巴尔虎人边界争端及添设卡伦考述——以满文档案为中心/玲玲，西部蒙古论坛 . 4

河北蒙古族历史文化概述/李泽光，西部蒙古论坛 . 3

棍噶札拉参在乌里雅苏台（1870—1872）（下篇）/李勤璞，西部蒙古论坛 . 4

棍噶札拉参在乌里雅苏台（1870—1872）（上篇）/李勤璞，西部蒙古论坛 . 3

蒙古抄本《关公帝与貂蝉女论史》初考/聚宝，内蒙古师范大学学报 . 4

《蒙古秘史》记载的“豁里”部考/吉日嘎拉，中国蒙古学 . 4

也谈《黄金史》作者罗布藏丹津其人/胡尔查毕力格，西北民族大学学报（哲学社会科学版）. 2

浅析早期蒙古人的身心观/洪荣荣　乌峰，内蒙古师范大学学报 . 3

图什业图旗代钦塔拉苏木忙来嘎查宗教信仰调研/荷叶萨其日嘎，中国蒙古学 . 1

成吉思汗用人观中的政治思想析/荷叶，内蒙古社会科学 . 2

伪满洲国在内蒙古东部地区施行的特别行政制度和蒙古王公的“特权奉上”/哈斯木仁，中国蒙古学 . 6

成吉思汗伴当思想产生的条件/哈斯巴根，蒙古学研究 . 4

阿亥福晋执政始末/姑茹玛，中国蒙古学 . 2

喀尔喀车臣汗部伊拉古克三呼图克图考/姑茹玛，内蒙古社会科学 . 6

苏尼特部与吉鲁根勇士/贡·巴达拉夫，中国蒙古学 . 4

果亲王收藏中的佛教经卷/根泉，中国蒙古学 . 4

也松哥史料搜集与研究/根领，内蒙古社会科学 . 5

关于成吉思汗怯薛丹的几点问题/根领，蒙古学研究 . 2

希布扎诺门汗与五世达赖喇嘛的关系初探/格·那木吉拉，中国蒙古学 . 3

东归土尔扈特、和硕特功臣像的几个问题/格·李杰，语言与翻译 . 1

匈奴单于姓属探/高爱军，中国蒙古学 .5

论元代河西走廊畜牧业/刚巴图，内蒙古社会科学 .5

《金篓》中的蒙古史重要资料来源分析/冯晓，内蒙古社会科学 .4

元朝与日夺国之间的僧侣交往/恩和，中国蒙古学 .6

东西方封建制共性比较研究/恩和，内蒙古社会科学 .3

喀尔喀摩尔根吉农奏折及其相关事宜的考证/额尔敦高娃，内蒙古社会科学 .6

一部具有根高学术价值的精辟之论——评格 · 孟和教授《蒙古历史文化的哲学解读》一书/额 · 额日德木图，蒙古学研究 .3

蒙元时期那达慕种类特征研究（一）/都达古拉，中国蒙古学 .2

《察哈尔格西 · 罗桑楚臣传》的作者研究/董晓荣　齐玉花，西部蒙古论坛 .1

关于蒙古历史文献中“妥欢特木尔传说”来源之研究/德玛，内蒙古大学学报（哲学社会科学版）. 4

《白史》作者与成书年代考/彻 · 萨如拉，中国蒙古学 .5

《白史》中对外词的转写特点/彻 · 萨如拉，内蒙古大学学报（哲学社会科学版）. 5

关于林丹汗一个称号的由来/朝克图，内蒙古大学学报（哲学社会科学版）. 5

“讷温可兀惕马讷嫩秃黑合剌由、斡勤可温马讷汪格兀者克迭由”一句释义/策吾克 · 别力克，蒙古学研究 .3

清代达木蒙古史事钩沉/曹培，内蒙古社会科学 .1

策妄阿喇布坦与噶尔丹交恶缘起与发展考论/蔡家艺，西部蒙古论坛 .1

《蒙古秘史》延续副动词形式旁译研究/布仁其木格，内蒙古大学学报（哲学社会科学版）. 2

内蒙古西部“蒙疆”政府行政机构及其变迁/布和朝鲁，中国蒙古学 .4

国民党统治时期内蒙古盟旗行政建制的变迁/布和朝鲁，蒙古学研究 .1

论成吉思汗的法律思想/布和，中国蒙古学 .6

关于帕勒塔生前身后几件事/毕奥南，西部蒙古论坛 .3

略论阿拉善和硕特部陶格木特氏源/孛尔只济特 · 道尔格，语言与翻译 .3

关于《九白之贡》/宝音特古斯，内蒙古大学学报（哲学社会科学版）. 2

匈奴是鸿格尔后裔/宝音都仁，中国蒙古学 .5

19 世纪后期日本人在中亚地区探险与调查概述/宝音巴特尔，内蒙古师范大学学报 .3

析读《蒙古秘史》辅音小字“惕”/包玉梅，内蒙古民族大学学报 .3

试论关于成吉思汗《体壮》与《智勇》的辩证思想/包玉兰，蒙古学研究 .4

成吉思汗重用技术人才思想探究/包羽　刘荣臻，内蒙古社会科学 .6

清代蒙古文辞书版本外部因素的演变/包英，内蒙古社会科学 .5

准格尔汗国策妄阿喇布坦的历史抉择/包青松　崔景辉，内蒙古社会科学 .1

论成吉思汗的依法治国思想/包金花，中国蒙古学 .2

清末在京蒙古王公拥护君主反对共和之活动/包德强，中国蒙古学 .6

清末在京蒙古王公政治团体研究/包德强，内蒙古师范大学学报 .5

对蒙古历史文化进行哲学解读的意义——格 · 孟和教授《蒙古历史文化的哲学解读》读后感/包 · 赛吉拉夫，蒙古学研究 .3

关于对土尔扈特部东归的原因分析研究/巴责达　徐黎丽，西部蒙古论坛 .4

从喀尔喀与清朝往来文书看喀尔喀—卫拉特会盟/巴根那，内蒙古大学学报（哲学社会科学版）. 2

《黄金史纲》与马文化/巴布恩克巴图，内蒙古社会科学.5

从扎哈沁部族成分探其族源/巴·巴图巴雅尔，语言与翻译.2

《毓正女学堂》有关的日本当时的报道/敖特根白乙拉，内蒙古大学学报（哲学社会科学版）.1

明末喀尔喀五部鄂托克考/敖拉，内蒙古社会科学.6

现代启蒙学者赛春嘎关于社会问题的理论阐述/敖·查赫轮，中国蒙古学.2

关于《金书》中的祭天缘由/阿力玛，西北民族大学学报（哲学社会科学版）.2

第八届全国卫拉特蒙古历史文化学术研讨会历史组会议综述/阿拉腾奥其尔，西部蒙古论坛.4

1950年初蒙古人民共和国与中华人民共和国友好关系的一个实例/［蒙古］那仁吉日嘎拉，内蒙古大学学报（哲学社会科学版）.2

六 民族语言文学

八思巴蒙古文文献中的汉文借词/正月，中国蒙古学.4

论蒙古语言学传统理论之名词术语/正月，内蒙古师范大学学报.5

东乡族语言中的蒙古语词汇/赵龙，西部蒙古论坛.4

运用《蒙古语口语语料库》分析元音的无声化现象/玉荣，中国蒙古学.3

论蒙古语口语语料韵律标注/玉荣，内蒙古师范大学学报.6

卡尔梅克语副词研究/绣花，中国蒙古学.6

《蒙文分类辞典》研究/晓春，语言与翻译.2

浅论蒙古语非第一音节中能否出现“为o”元音/希日胡确精扎布，内蒙古大学学报（哲学社会科学版）.4

我区蒙古语言工作的现状与对策研究/吴玉香 包翔鹏，内蒙古社会科学.5

语码转换概念及其研究概况/乌云塔，中国蒙古学.1

关于“白音花”地名探究/乌云达来，中国蒙古学.4

敦煌石窟回鹘蒙古文榜题短元音及书写特点/乌云，中国蒙古学.1

科尔沁左翼后旗阿古拉镇蒙古语方言形成的社会历史背景/乌日其其格 王顶柱，中国蒙古学.3

身体复合名词的结构语义研究/乌日罕，语言与翻译.1

试论蒙古语中的“deel”一词/乌日罕，语言与翻译.1

利用《蒙古语口语语料库》分析形容词形式/乌日古木拉，中国蒙古学.4

蒙古语与日本语的被动句比较研究/乌仁高娃，中国蒙古学.1

蒙古语语音的延长与缩短法生命力探讨/乌力吉达来，中国蒙古学.4

简论世界语言学史分期研究/乌力吉达来，西北民族大学学报（哲学社会科学版）.1

补助关系句初探/乌力吉达来，语言与翻译.3

浅析日语学习者误用日语格助词“な”的原因/乌兰其其格，内蒙古社会科学.3

略论蒙古语和日语的自动词和他动词/乌兰其其格，语言与翻译.1

蒙古语陈述句和祈使句音高曲线比较研究/乌吉斯古楞，中国蒙古学.2

科尔沁方言中涉及佛教教义的部分词汇文化内涵/文化，中国蒙古学.4

浅论蒙古语缩略语/王塔格塔，语言与翻译.2

蒙古文字与蒙古文化关系研究/王桂荣，中国蒙古学.5

和布克赛尔土尔扈特婚礼（1950年）/托达耶娃转写，语言与翻译.4

科尔沁土语/x/辅音弱化为breathyvowel现象的声学分析/图雅，中国蒙古学.3

关于蒙古语授课中小学学生五种牲畜名称使用情况的调查——兼谈内蒙古农村牧区的城市化问题/图门吉日嘎拉，内蒙古师范大学学报.6

论托芯蒙古文的功能及其规范问题/图·扎木查，中国蒙古学.2

古代蒙汉双语人才的培养及其重要性/佟斯琴，中国蒙古学.5

卫拉特和察哈尔、科尔沁土语前元音的实验语音学比较研究/铁梅，中国蒙古学.1

蒙古语科尔沁方言短元音声学分析/铁梅，内蒙古社会科学.5

关于《突厥语大词典》里的 yula［jula］一词/特尔巴图，蒙古学研究.2

译音梵文的托忒文音标正音正字/特尔巴图，语言与翻译.2

论新疆蒙古语的规范化问题/陶·布力格，语言与翻译.2

蒙古语“你”及“您”与日本语［アナタ］比较研究/塔娜，中国蒙古学.2

日语与蒙古语的连词对比/塔娜，内蒙古师范大学学报.1

少数民族语言权利在刑事诉讼中的作用/塔娜，内蒙古社会科学.3

论蒙古文字体解剖分析命名方法/塔拉　范斌　毕力格巴图，中国蒙古学.1

蒙古语文教育教材语料库建设/松云　塔娜，内蒙古师范大学学报.4

浅谈《三国演义》前言译文/斯琴图雅，语言与翻译.2

论库伦旗方言短元音音位/双花，中国蒙古学.6

论词义的聚合关系/书包　哈斯格日勒，中国蒙古学.6

蒙古语近义词研究概况/书包，西北民族大学学报（哲学社会科学版）.1

蒙古族语言传播特征/舍·敖特根巴雅尔，中国蒙古学.4

蒙古族语言传播功能探析/舍·敖特根巴雅尔，内蒙古社会科学.5

蒙古族书面语言传播/舍.敖特根巴雅尔，蒙古学研究.2

蒙古语标准音及其系统问题/山丹，中国蒙古学.6

《蒙古秘史》中“三”的语意辨析/色音巴雅尔，中国蒙古学.5

论与蒙古“搏克”县官名称/萨仁朝克图，语言与翻译.4

再论蒙古文《音节末辅音》/确精扎布，内蒙古师范大学学报.5

默祷赐予净智的大师——致清格尔泰教授诞辰 90 周年/那德木德，蒙古学研究.2

义素分析法特征简述/那达木德，语言与翻译.1

论蒙古语谚语的生态意识/莫日根高娃，中国蒙古学.5

“chosvbyung”词义解析/莫·色·乌力吉，中国蒙古学.4

构建托忒文文献语料库/孟克代力格日　那顺乌日图，内蒙古大学学报（哲学社会科学版）.2

达斡尔语海拉尔方言的重音研究/梅花，中国蒙古学.2

达斡尔语海拉尔方言的非词首短元音的央化现象/梅花，内蒙古社会科学.3

分析反映反腐倡廉传统教育思想的日本谚语/马福山，语言与翻译.3

基于蒙古语语料库整词检索工具的设计/龙梅，中国蒙古学.4

《蒙古语辞典》中值得探讨的几个问题/六月，内蒙古社会科学.2

关于蒙古语书面语中是否存在双元音的思考/梁金宝，内蒙古社会科学.6

语句翻译的几种表达方式/李杰，语言与翻译.2

浅论蒙古语复合性质形容词比较范畴/李海燕，蒙古学研究.2

转折关系复合句的语义结构及其认知依据/勒·套格顿白尔，蒙古学研究.1

意向图式及其心理真实性/勒·套格顿白乙拉，蒙古学研究.3

（供稿人：乌云格日勒）

第七篇

大 事 记

2013—2014 年中国少数民族工作大事记

2013 年

1 月

5 日

• 第二届中央企业面向西藏、青海、新疆高校毕业生专场招聘会在北京大学举行，中石油、中航工业、新兴际华、航天科技等 52 家中央企业为在京部分高校西藏、青海、新疆籍 2013 年毕业生及来自这些地方的近两年内未就业高校毕业生提供了近 4000 个就业岗位。（《中国民族报》1 月 8 日）

6 日

• 北京市与宁夏回族自治区签署了《科技合作框架协议》。未来，双方将重点围绕先进适用技术的研究推广、科技成果转化基地建设、产学研用及科技中介机构合作等方面，开展多层次、多领域的科技合作。（《中国民族报》1 月 8 日）

9 日

• 云南省委民族工作领导小组会议在昆明召开。云南新时期的民族工作将以"全国民族团结进步、边疆繁荣稳定示范区"建设为抓手和统领，全面正确贯彻落实党的民族政策，确保民族边疆地区与全省、全国同步全面建成小康社会。（《国家民委网》1 月 10 日，《中国民族报》1 月 15 日）

• 北川羌族民俗博物馆开馆暨中国民族博物馆北川分馆授牌仪式在四川省北川新县城举行。全国政协常委、港澳台侨委员会副主任杨崇汇，副省长黄彦蓉，市委书记罗强出席开馆仪式。由澳门基金会援建的北川羌族民俗博物馆顺利开馆并获授中国民族博物馆分馆，标志着北川羌族文化事业进入了一个新里程，这不仅为传承羌族文化、保护羌族人文传统和民族风情贡献了一份力量，更是对源远流长、博大精深中华文化的传承和发展。（《中国文物报》1 月 11 日）

10—12 日

• 广东省连南瑶族自治县举行建县 60 周年庆祝大会暨第五届中国（连南）瑶族文化节。瑶族文化节期间，当地举办了世界瑶族文化交流研讨会，参会的专家学者及有关代表达 300 多人。（《中国社会科学报》1 月 11 日）

11 日

• 由国家民委文宣司和辽宁出版集团共同主办的"《走近中国少数民族丛书》出版座谈会"

在京召开，国家民委副主任丹珠昂奔出席会议并讲话。《走近中国少数民族丛书》是国家民委文宣司和辽宁民族出版社共同策划完成的一套面向广大读者的大型民族知识宣传普及读物，首批出版的是东北地区的8个少数民族（满族、朝鲜族、蒙古族、锡伯族、达斡尔族、鄂伦春族、鄂温克族、赫哲族）。(《中国民族报》1月15日)

14—15日

• 新疆维吾尔自治区宣传部长会议在乌鲁木齐市召开，自治区宣传部长胡伟在会上表示，2013年，新疆将力争完成120万户电视节目农村"户户通"工程。根据规划，"十二五"期间，新疆将完成260万户、覆盖1000万名农牧民群众的"户户通"工程建设，涉及全疆15个地（州、市）、86个县（区、市），858个乡（镇、场）、7483个行政村。(搜狐网1月16日)《中国民族报》1月18日)

15日

• 四川省北川羌族自治县防震减灾局和成都高新减灾研究所联合举办新闻发布会，宣布北川电视地震预警系统正式启动。这标志着中国成为继墨西哥、日本之后世界上第三个具有面向公众地震预警能力的国家。(《中国民族报》1月18日)

• 中国民族民间工艺美术家协会成立大会暨第一届会员代表大会在北京召开。国家民委副主任丹珠昂奔当选为协会会长，国家民委原副主任文精被聘为名誉会长。国家民委、民政部、文化部等部委相关领导及会员代表100余人出席会议。(《中国民族报》1月18日)

16日

• 江苏省政府在南京召开全省民族宗教工作暨民族乡（镇）村小康建设推进会议，部署了今年民族工作的5项重点任务，以此推动江苏民族工作向前发展。5项重点任务包括：一是深入学习贯彻党的十八大精神。二是进一步深化民族团结进步教育和创建活动。三是促进民族聚居地区经济社会科学发展。四是切实维护民族宗教领域的安全稳定。五是加强机关自身建设。(国家民委网1月17日,《中国民族报》1月22日)

18日

• 《中国民族报》报道，在日前召开的云南省民族工作会议上，云南省委副秘书长宁赋魁将"云南省民族信息中心"牌匾授予云南省民委。这标志着该中心正式成立。该中心的成立，将对云南省民族工作信息化建设，民族团结进步、边疆繁荣稳定示范区建设发挥积极的促进作用。

19日

• 甘肃省召开民委主任会议，2013年，甘肃民族工作围绕"各民族共同团结奋斗、共同繁荣发展"这个主题，履行好服务科学发展、促进民族团结两个职责，突出发展民族经济、繁荣民族文化、促进民族教育三个重点，争取在推进民族团结宣传教育和创建活动、制定落实民族政策法规、加强民族干部人才队伍建设、提升民族工作能力上实现四个突破，采取加强理论学习、加强调查研究、加强协调服务、加强督促检查、加强组织领导等五条保障措施。(《中国民族报》1月25日)

21日

• 西藏自治区民族宗教工作电视电话会议在拉萨召开。2013 年，西藏各级民族宗教工作将创新工作思路、采取有效措施，切实把十八大和区党委八届三次全委会精神贯彻落实到民族宗教工作的各个方面，抓出成效；全力以赴抓好民族宗教领域稳定这项硬任务；坚持不懈地把各项重大决策部署抓紧抓实。要深刻领会自治区出台一系列加强和创新民族宗教事务管理决策的重大现实意义，自觉把思想和行动统一到区党委的工作部署和要求上来，进一步抓好各项决策部署的落实；稳步推进和规范宗教服务下乡活动。（《中国民族报》1 月 25 日）

22 日

• 广东 2013 年全省民族宗教局长会议在广州召开。2013 年，广东省民族宗教工作的总体要求是：紧紧围绕学习宣传贯彻党的十八大和省委十一届二次全会精神这条主线，深入谋划和研究新形势下广东省的民族宗教工作，着力抓基层、打基础，抓重点、解难点，抓典型、树品牌，为全省实现“三个定位、两个率先”总目标做贡献。（《中国民族报》1 月 25 日）

23 日

• 近万名身着节日盛装的群众相聚在云南省景洪市西双版纳民族体育场，欢庆西双版纳傣族自治州建州 60 周年。全国人大常委会、国务院发贺电向西双版纳各族干部群众及各界表示祝贺。（《中国民族报》1 月 25 日）

25 日

• 《中国民族报》报道，近日，广西壮族自治区成立瑶族文化保护和发展促进会。该促进会的成立，对广西瑶族文化资源挖掘和非物质文化遗产的整合，特别是在瑶医药服务社会、树立民族品牌等方面，将起到积极的作用。

• 《中国民族报》报道，近日，辽宁省沈阳市民委、市国资委印发《关于进一步做好新形势下国有企业民族工作的实施意见》，对沈阳市国有企业民族工作做出全面部署。

• 《中国民族报》报道，为了建设一支高素质的少数民族干部队伍，日前，湖南省湘西土家族苗族自治州制定出台《2012—2016 年湘西州培养选拔少数民族干部工作规划》。《规划》提出，继续保持少数民族干部与少数民族人口所占比例大体一致，有计划地培养选拔一批懂经济、会管理的少数民族企业经营管理干部，加快少数民族专业技术人才队伍建设。《规划》要求，各级党委和政府要切实加强对少数民族干部工作的领导，把少数民族干部工作纳入干部队伍和领导班子建设的总体规划，当作事关全局的战略任务狠抓落实。（《中国民族报》1 月 25 日）

29 日

• 《中国民族报》报道，2012 年，“中国民族宗教网”年点击次数超过 5 亿，海内外固定读者超过 220 万人。“中国民族宗教网”在全球华语同类网站的影响力已稳居第一。9 年来，“中国民族宗教网”在宣传我国民族宗教政策，展示我国民族和睦、宗教和顺、社会和谐以及民族地区经济社会发展方面发挥了重要作用。

• 《中国民族报》报道，根据《国务院关于进一步促进贵州经济社会又好又快发展的若干意见》中把贵州建设成为“民族团结进步繁荣发展示范区”的有关要求，近日，中共贵州省委、贵州省人民政府印发了《关于建设民族团结进步繁荣发展示范区的意见》。《意见》要求，努力走出一条符合民族地区实际和时代要求的后发赶超之路，确保民族地区与全省同步实现全面建成小康社会的目标。

2 月

2—5 日

• 中共中央总书记、中共中央军委主席习近平到甘肃看望慰问各族干部群众，并向全国各族人民表达美好的新春祝福。习近平到酒泉、定西、临夏、兰州等地，深入乡村、企业、社区，就贯彻落实党的十八大精神、保障和改善民生、推进西部大开发、改进工作作风等调研考察。(《人民日报》2 月 6 日)

3—5 日

• 中共中央政治局常委、国务院副总理李克强在内蒙古包头市、兴安盟考察，看望返乡农民工，走访棚户区居民和山区贫困农牧民，探望光荣院老战士，慰问各族干部群众。(《人民日报》2 月 7 日)

5 日

• 《中国民族报》报道，近日，云南少数民族语言文字资源库门户网站“云南少数民族语言文化网”通过验收并正式投入运行。“云南少数民族语言文化网”由云南少数民族语文指导工作委员会办公室主办。网站的宗旨是宣传云南省民语委工作情况、弘扬和保护云南少数民族语言文化遗产、为云南少数民族语言文字资源库提供应用及管理功能。(《中国民族报》2 月 5 日)

8 日

• 《中国民族报》报道，一款专为新疆维吾尔语用户量身打造的专属 3G 产品日前正式投入商用，填补了我国少数民族手机市场 3G 应用产品的空白。

11 日

• 《人民日报》报道，云南省临沧市沧源佤族自治县 8122 户佤族群众彻底告别低矮乌黑的茅草房、杈杈房和不安全的空心砖房，住进了宽敞、舒适、卫生、抗震的新家，是佤族数千年历史上的第一次。(《人民日报》2 月 11 日)

21 日

• 新疆维吾尔自治区召开常委扩大会议，2013 年，19 个援疆省市初步计划安排援助自治区地方项目 1100 余个，援助资金将突破 100 亿元，其中用于民生建设项目的资金将占到 80%。(《中国民族报》2 月 26 日)

22 日

• 《中国民族报》报道，从 2013 年开始，西藏将鼓励引导援藏资金参与扶贫工作，打造专项扶贫引导、行业扶贫跟进、社会扶贫支持、援藏扶贫倾斜的“四位一体”大扶贫格局。作为全国唯一的省级集中连片特殊贫困地区，西藏是全国新一轮扶贫攻坚的重点地区。

• 《中国民族报》报道，海南省人大法工委、省民宗委共同颁布了《海南省少数民族文化保护与开发条例》。《条例》特别明确了少数民族文化的保护范围，即海南省世居的黎族、苗族和回族等少数民族文化。同时还明确规定了做好少数民族文化工作的政策措施、保障机制以及保护责任单位的职责。

27 日

• 河北省召开民族宗教工作会议，明确了 2013 年河北省民族宗教工作总体要求和任务。会议强调，2013 年全省民族宗教工作要以党的十八大精神为指导，突出“发展、团结、繁荣”和“管理、引导、服务”，促进少数民族和民族地区经济社会发展，促进宗教关系和谐，发挥宗教界人士和信教群众在经济社会发展中的积极作用，为建设“经济强省、和谐河北”做出应有的贡献。(《中国民族报》3 月 1 日)

3 月

1 日

• 内蒙古自治区人民政府今日起，正式实施《内蒙古自治区新型农村牧区合作医疗管理办法》。该《办法》的出台，将保障农牧民享有基本的医疗服务。(《中国民族报》3 月 8 日)

4 日

• 为促进辽宁省少数民族文化事业繁荣发展，规范少数民族文化传承与保护基地申报、命名和监督管理，辽宁省民族事务委员会制定下发《全省少数民族文化传承与保护基地管理办法》。《办法》详细规定了基地的申报条件、申报程序、审核命名规定、管理要求及奖惩机制等。(《辽宁民委网》3 月 18 日)

5 日

• 《中国民族报》报道，日前，国务院办公厅印发了《全国民族团结进步模范评选表彰办法》，对评选表彰活动进行了规范，进一步明确有关权限、标准和程序，要求各地结合实际，认真贯彻执行。《办法》的颁布实施，将有力地指导、推动各地的评选表彰活动，对在全社会营造民族团结进步的良好氛围产生重大而深远的影响。

• 《中国民族报》报道，近日，吉林省 2013 民族宗教工作会议在长春召开。一年来，吉林省大力支持少数民族和民族地区发展成效显著。通过实施兴边富民行动和“强基富民固边”工程，该省全年落实国家和省少数民族发展资金 12863 万元，实施富民项目 256 个，受益群众达 1.8 万多户。

7 日

• 全国政协十二届一次会议少数民族界联组会在北京举行。会上，十多位政协委员代表就少数民族地区的扶贫攻坚建设和脱贫能力，高校教育，建设少数民族特色品牌以及民族地区文化产业等发表意见与建议。(《中国民族报》3 月 8 日)

8 日

• 《中国民族报》报道，日前，从陕西省民族宗教工作会议上获悉，今年，陕西省将重点加强民族团结创建活动和以项目带动少数民族经济发展等工作，促进全省少数民族和民族地区的发展。

• 《中国民族报》报道，近日，山东省济南市民族宗教局和市农业局制定下发的《关于进一步加快少数民族和民族村农业发展的意见》，明确提出，加快少数民族和民族村农业发展要以加快发展现代农业为主线，以着力促进少数民族农民增收为重点，以加强基础设施建设为手段，以建立相关制度和完善相关机制为保障，以满足少数民族群众的实际需求为出发点和落脚点。

•《中国民族报》报道，为增强少数民族依法维权意识，维护少数民族的合法权益，构建和谐民族关系，推进民族团结进步边疆繁荣稳定示范区建设，云南省昆明市民委积极探索，依托云南云誉律师事务所的人才资源，成立了“昆明市少数民族法律维权中心”。

10 日

•《丹珠文存》出版暨学术研讨会在中央民族大学举行。来自我国藏学、文学、民族学与社会学领域的多位知名专家学者参加了会议。与会专家学者对《丹珠文存》的重要学术价值和社会影响给予了充分肯定，并进行了热烈研讨。《丹珠文存》全书共六卷 8 册，总计 400 多万字。(《中国民族报》3 月 12 日)

11 日

•国家民委副主任丹珠昂奔为中央民族大学“国家民委双语人才培训基地”揭牌。这是国家民委决定设立的 3 个双语人才培训基地中首个揭牌的。另 2 个双语人才培训基地设立在西南民族大学和西北民族大学。(《中央政府门户网》3 月 12 日)

12 日

•《中国民族报》报道，2013 年，河北省将积极落实四项举措，扶持少数民族文化事业创新发展。四项措施是：大力支持民族地区公共文化服务体系建设，积极培养少数民族文艺人才；梳理全省少数民族古籍、传统技艺脉系和分布，有重点地搞好保护、抢救、搜集、整理、研究工作；开展民族教育情况专项调研，督导民族教育发展政策、措施的落实，深化“为少数民族和民族地区送科技”活动，动员更多的科技力量走进民族地区。

20 日

•吉首大学、社会科学文献出版社联合召开了《连片特困区蓝皮书：中国连片特困区发展报告（2013）》发布会，该《蓝皮书》是我国首部关注集中连片特困区区域发展与扶贫攻坚的报告。《蓝皮书》的出版，填补了我国集中连片特困区这类特殊类型区域蓝皮书的空白，为关注集中连片特困区区域发展与扶贫攻坚的社会各界提供了及时、翔实的第一手信息和交流合作的平台。也是地方高校参与区域发展与扶贫攻坚、服务地方经济社会发展、促进民族团结进步的标志性成果。(《中国民族报》3 月 22 日)

22 日

•《中国民族报》报道，为实现“十二五”农村扶贫开发的目标任务，近日，广西壮族自治区印发了《广西扶贫开发整村推进“十二五”规划》。《规划》总体目标是以 3000 个贫困村为扶贫开发工作的重点区域，以促进贫困村经济、社会、生态全面发展为目标，将整村推进规划纳入到各县“十二五”经济和社会发展的总体规划中，通过各类项目的实施，使贫困村基础设施、特色产业、社会事业、生态建设得到全面发展，实现农民人均纯收入增长幅度高于全自治区平均水平，扶贫对象自我发展能力明显增强，发展差距扩大趋势得到扭转。

25 日

• 按四川省委组织部的统一部署，四川省畜牧食品局正式启动“藏区双百人才培养工程”。该工程是四川省藏区“希望之光”计划的一个具体项目，分别从甘孜藏族自治州、阿坝藏族羌族自治州、凉山彝族自治州木里藏族自治县选拔而来的首批 25 名专业技术“领军人才”和 25 名专业技术“明日之星”将分赴 6 个省级部门及科研院所，开展为期半年的顶岗锻炼和访问研修（《中国民族报》3 月 26 日，《农业部网》4 月 19 日）

26 日

• 《中国民族报》报道，总投资 5500 万元的三江源生态监测系统目前已基本建成，并已展开生态监测工作。三江源自然保护区生态保护和建设工程，涉及青海省玉树藏族自治州、果洛藏族自治州、黄南藏族自治州、海南藏族自治州及格尔木市总面积达 15. 23 万平方公里的土地。

• 《中国民族报》报道，近日，青海省人民政府办公厅编制印发《青海省少数民族事业“十二五”规划》。《规划》提出，到 2015 年，全省少数民族和民族地区经济发展水平迈上新台阶，综合实力显著提升。并从七个方面提出了少数民族事业的主要任务。

• 广东省政府常务会议审议并原则通过《关于加大力度资助我省少数民族聚居区少数民族大学生上大学的通知》，决定从今年秋季学期起，由广东省财政安排专项资金，对全省少数民族聚居区新考上全日制大学的本专科学生给予每生每学年 1 万元的资助，以保障少数民族大学生顺利完成学业。（《中国民族报》3 月 29 日）

26—27 日

• 2013 年全国民族地区经济形势分析暨民族经济工作会议在四川成都举行，会议总结交流了 2012 年民族地区经济运行和民族经济工作情况，全面分析了当前民族地区经济形势，研究部署了 2013 年民族经济工作。（《中国民族报》3 月 29 日）

29 日

• 《中国民族报》报道，《陕西省少数民族事业“十二五”规划》目前已正式出台。《规划》指出，“十二五”时期，陕西民族工作要牢牢把握“两个共同”主题，力争到 2015 年年末实现少数民族聚居地方经济社会发展主要指标接近或赶上全省平均水平。并要求，“十二五”时期，陕西将完成七项主要任务。

4 月

5 日

• 《中国民族报》报道，新疆基层中医民族医药服务能力提升工程近日启动。中医民族医药是我国特有的卫生资源，在新疆，主要由维吾尔医药、哈萨克医药、蒙古医药组成的新疆民族医药历史悠久。到 2015 年年底，新疆基础条件较好的地州市 95% 以上的社区卫生服务中心提供中医民族医药服务。

9 日

• 国家民委民族语文工作专家咨询委员会成立大会暨第一次会议在北京举行。25 名来自语言学、信息技术和标准化管理等相关领域的知名专家学者，以及有关部委民族语文工作负责人等受聘为本届专家咨询委员会委员。会议表决通过了《国家民委民族语文工作专家咨询委员会章程》(草案)。(《中国民族报》4 月 12 日)

9 日

• 《中国民族报》报道，山东省政府办公厅近日印发了《关于贯彻国办发〔2012〕38 号文件促进少数民族事业发展的实施意见》。《意见》提出了“十二五”期间山东省少数民族事业发展的总体目标。一是少数民族群众生产生活水平不断提高、少数民族聚居地区基础设施建设明显改善。二是全省少数民族聚居地区的基本公共服务能力全面提高。三是民族法规体系更加完备，民族事务服务体系更加完善，少数民族合法权益得到切实保障。并明确了“十二五”期间山东省发展少数民族事业的重点任务。

12 日

• 身着节日盛装的万名各族群众欢聚在云南省德宏傣族景颇族自治州州府芒市的民族团结广场，庆祝德宏傣族景颇族自治州成立 60 周年。以国家民委副主任丹珠昂奔为团长的中央祝贺团参加庆典。(《中国民族报》4 月 16 日)

15—23 日

• 北京市民委主办，作为北京国际电影节重要组成部分的第四届北京民族电影展举行，11 部优秀的民族电影和观众见面，助推民族电影走出去。(《北青网》4 月 17 日)

19 日

• 《中国民族报》报道，据共青团中央消息，今年的大学生志愿服务西部计划全国项目整体实施规模保持在 1.7 万人左右，继续派遣 1 万名左右志愿者赴民族地区服务，实施基础教育等 7 个服务专项。

20 日

• 由北京国际电影节民族电影展组委会、中国少数民族作家学会、北京市民族事务委员会等联合主办的第二届全国少数民族题材影视剧本遴选颁奖暨创投项目签约仪式在京举行。电影剧本《德吉德》《元上都》，电视剧剧本《知青树》等 6 部作品获优秀剧本奖。少数民族题材影视剧本遴选活动系北京国际电影节民族电影展的重要组成部分。(《中国民族报》4 月 23 日)

25 日

• 湖南省民族关系分析暨民族政法工作会议在怀化市鹤城区召开。会议总结了 2012 年全省民族工作的开展情况，听取了湖南省各市（州）民宗委的工作汇报，并对 2013 年工作进行了安排部署，强调要努力促进全省民族关系和谐发展，不断提升民族政法工作的能力和水平。(《中国民族报》4 月 30 日)

26 日

• 《中国民族报》报道，近日，浙江省民宗委宣传中心成立暨中国民族报浙江记者站揭牌仪式在杭州举行。来自浙江省各市、部分县民宗局宣传工作通讯员、省民宗委各处室负责人、各处室通讯员和省级宗教团体相关人员共 50 余人参加了仪式。在仪式上，有关领导还为浙江省民宗系统通讯员颁发了中国民族报社通讯员证。

27 日

• 全国政协民族和宗教委员会调研组在深入贵州省毕节市威宁自治县、七星关区等地调研的基础上，就“推进乌蒙山片区区域发展与扶贫攻坚，促进民族地区生态文明建设与经济社会协调发展”主题，在贵阳举行调研座谈会。（《贵州日报》4 月 29 日）

28 日

• 《贵州日报》报道，近日，贵州省委党建工作领导小组办公室、省委组织部联合下发《关于加强和改进少数民族地区基层党建工作的意见（试行）》，从十二个方面对加强和改进少数民族地区基层党建工作做出规定，努力把少数民族地区基层党组织建设成为推动科学发展、后发赶超、同步小康的坚强战斗堡垒，为构建“民族团结进步繁荣发展示范区”增添助力。

30 日

• 由中国国际贸易促进委员会、青海省人民政府、陕西省人民政府、甘肃省人民政府、新疆维吾尔自治区人民政府共同主办的“2013 中国（青海）国际清真食品及用品展览会”在青海西宁城南国际展览中心开幕。同日，2013 中国—伊斯兰国家投资与经贸合作圆桌会议举行，这是该届中国（青海）国际清真食品及用品展览会的重要活动之一。来自 30 多个伊斯兰国家的使节、商协会代表和企业家以及中国同行齐聚一堂，共同探讨中国与伊斯兰国家加强互利合作、实现共同发展大计。（《青海日报》5 月 1 日）

5 月

3 日

• 《中国民族报》报道，为进一步解决部分少数民族村居的实际困难和问题，提高少数民族群众生产生活水平，近期，山东省临沂市周密部署、突出重点、调研论证，建立了 2013 年度少数民族民生项目库。

6 日

• 应西班牙格拉纳达大学邀请，青海民族文化代表团一行 5 人，在西班牙格拉纳达大学孔子学院举办了“大美青海—民族文化艺术展”。此次展览分别展出唐卡、民间刺绣、皮影、剪纸及大美青海摄影图片作品等近 50 件。（《青海日报》5 月 12 日）

7 日

• 国务院确定的 8 个经济发达城市对贵州除贵阳以外的 8 个市（州）“一对一”对口帮扶工作启动会在贵阳举行。会议强调，要进一步增强对口帮扶贵州的大局意识和责任感，准确把握对口帮扶贵州工作的新要求，围绕深入推进扶贫开发攻坚、提高基本公共服务水平、开展经济技术交流合作、加强干部人才培养交流等重点任务，广泛凝聚起助推贵州与全国同步全面建成小康社会的正能量。（《贵州日报》5 月 8 日）

• 由湖北省来凤县民宗局退休干部唐洪祥编著的《常用土家语》，经湖北人民出版社公开出版发行。此次出版的《常用土家语》，为湖北省首部土家语专著。该书共选用土家语常用词汇 20 类，常用土家语句近 3000 条，土家民歌 16 首。该专著的问世，为有效保护土家族语言文

字，尤其是对原生态土家文化的保护和传承，具有重要的现实意义。（国家民委网5月8日）

8日

• “国家民委网”报道，近日，为进一步维护少数民族的合法权益，促进民族团结和谐，浙江省景宁畲族自治县民宗局、县法院、县司法局联合制定出台了《关于加强少数民族法律援助和司法救助的规定》。《规定》明确了法律援助和司法救助的对象为：具有景宁畲族自治县户籍的少数民族公民；户籍在外地但在景宁就业或务工的少数民族公民。

10日

• 北京等六省（市）总工会对口帮扶青海省六个藏族自治州工会协调会在北京召开。北京、天津、上海、江苏、浙江、山东六省（市）总工会与青海省六个藏族自治州总工会分别签署了对口帮扶工作协议。协议涵盖经济技术、工会工作、工会干部培训、职工疗休养、农民工双向维权、职工实训基地建设、职工活动阵地建设、困难职工帮扶资金支持8个方面内容。（新华网5月15日）

12日

• 由文化部、国家民族事务委员会、国家旅游局、中国人民对外友好协会和宁夏回族自治区人民政府共同主办的第五届中国（宁夏）国际文化艺术旅游博览会在宁夏回族自治区举行。文艺旅博会主会场设在银川市，石嘴山市和青铜峡市设分会场。该届文艺旅博会以“塞上江南、中国回乡”为主题，举行三大板块八项大型活动。此项活动将于8月31日结束。

14日

• 《内蒙古日报》报道，2012年9月，内蒙古民族解放纪念馆从全国1000多个国防教育基地中脱颖而出，被国家国防教育委员会命名为“国家国防教育示范基地”。日前，“国家国防教育示范基地”揭牌仪式在内蒙古民族解放纪念馆举行。

• 国务院新闻办公室发表《2012年中国人权事业的进展》白皮书。根据白皮书，我国中央财政不断加大对民族地区的转移支付力度。白皮书指出，国家编制实施《扶持人口较少民族发展规划（2011—2015年）》，将6个10万人以上、30万人以下的民族纳入扶持范围，安排专项资金帮助人口较少民族发展经济和改善生产生活条件。（《中国民族报》5月17日）

21日

• 《中国民族报》报道，日前，北京市部署第七届首都民族团结进步奖评选表彰工作。评选活动共设有先进集体、先进个人两个奖项，共表彰400个先进模范。获奖单位（集体）和个人，将授予首都民族团结进步先进集体、首都民族团结进步先进个人等荣誉称号。

• 西藏自治区党委、政府隆重召开全区民族团结进步模范表彰大会。拉萨市宗角禄康公园便民警务站等150个集体和薄金清等210名个人荣获西藏自治区2013年民族团结进步模范集体和模范个人荣誉称号。中央统战部、国家民委专门致电祝贺。（《中国民族报》5月24日）

24 日

•《中国民族报》报道，日前，安徽省民委制定印发了《安徽省民族团结进步示范社区创建标准》。根据这一《标准》，安徽省民委确定了 33 个民族团结进步示范社区创建单位。

•国家民委与甘肃省人民政府在兰州签署协议，双方今后将努力共建甘肃民族师范学院。根据协议，国家民委将加强对甘肃民族师范学院改革发展、建设等方面的扶持，甘肃省政府把甘肃民族师范学院纳为省重点建设院校，进一步为学校发展创造有利条件。（《中国民族报》5 月 28 日）

28 日

•《中国民族报》报道，日前，上海市民宗委与市民政局联合下发了《关于进一步加强本市社区民族工作的实施意见》，《意见》提出，要把来沪少数民族的服务引导作为今后上海社区民族工作必须积极探索和实践的重要任务，不断推进以社区为基础、以本市和来沪少数民族并重的民族事务服务体系建设。《意见》体现了未来上海社区民族工作对象、格局以及方式的重要转变。

31 日

•《中国民族报》报道，近日，安徽 30 家省民委委员单位确定 41 个 2013 年度扶持民族乡村经济社会发展项目，并在 2013 年度省民族宗教工作领导小组暨省民委委员会上签订项目承诺书。本轮帮扶项目涉及少数民族乡村基础设施建设、环境综合整治、技术示范推广、民族企业发展、农业生产基地建设以及农家书屋、学校、卫生院、养老院、体育设施建设等众多领域。

6 月

6—7 日

•首届“中国·民族区域法治论坛”在广西南宁市举办。来自内蒙古、宁夏、新疆、西藏、四川、青海、甘肃、海南以及广西 9 个省（自治区）法学会的专家学者围绕主题“民族地区跨越发展与法治保障”展开热烈研讨和深入交流。（《中国民族报》6 月 11 日）

13—14 日

•由文化部非物质文化遗产司与中央民族大学联合举办的“全国民间文学类非物质文化遗产保护学术研讨会”在北京召开。来自中国社会科学院、北京大学、北京师范大学、上海复旦大学等高校和科研机构的专家学者以及来自新疆、青海、内蒙古等地的民间文学传承人逾 60 人参会，对民间文学类非物质文化遗产保护的现状和问题，以及有关它的可持续发展、传承与创新、数字化保护研究等议题进行了深入探讨，并达成了许多共识。（《中国社会科学报》6 月 17 日）

14 日

•《中国民族报》报道，安徽省财政厅、省民委、中国人民银行合肥中心支行，依据《民族特需商品生产贷款贴息管理暂行办法》相关规定，结合安徽实际联合制定印发《安徽省民族特需商品生产贷款贴息管理实施细则》。全省共有 18 家“十二五”期间定点企业享受优惠政策。

21 日

•《中国民族报》报道，我国将着力在青海、四川、云南、西藏、陕西、甘肃等六省区打造国家藏羌彝文化产业走廊。国家藏羌彝文化产业走廊是《文化部“十二五”时期文化改革发展规划》《文化部“十二五”时期文化产业倍增计划》中的重点文化产业工程。项目核心区域涉及六省区的 7 个自治州、2 个生态区，覆盖面积超过 50 万平方公里，区域内的藏、羌、彝等少数民族人数超过 600 万。

21—22 日

•在柬埔寨金边举行的第 37 届世界遗产大会上，我国的“新疆天山”和红河哈尼梯田文化景观分别入选世界自然遗产和世界文化遗产名录。至此，我国的世界遗产地数量增至 45 处，遗产地数量位居世界第二，仅次于拥有 48 处世界遗产的意大利。(《中国民族报》6 月 25 日)

26—27 日

•来自国家民委、全国 14 个省（自治区、直辖市）民（宗）委的有关负责人，以及研究少数民族特色村寨的专家、学者 100 余人，在湖南省通道侗族自治县，举行了少数民族特色村寨保护与发展经验交流会。此次经验交流会由国家民委主办，旨在搭建南方片区交流合作平台，商讨如何抓好少数民族特色村寨保护与发展，共同推进侗族村寨申报世界文化遗产。会议确定，下一步，少数民族特色村寨要在保护中开发，在开发中保护，要扩大规模、保护重点、提高档次、打响品牌，力争 5 年内建成全国保护的民族村寨 1000 个。(《中国民族报》7 月 2 日)

26—28 日

•2013 年全国民族地区职业院校学生技艺比赛展演活动在天津文化中心大剧院举行。来自全国 20 个省（自治区、直辖市）76 所学校的 600 余名师生同台竞技、切磋交流，展示教学成果，交流心得体会。(《中国民族报》6 月 28 日)

30 日—7 月 1 日

•第三届全国民族自治县（旗）科学发展经验交流会（南方片会）在重庆市秀山土家族苗族自治县召开。会议指出，加快少数自治县（旗）全面建成小康社会进程，根本在于找到并不断拓宽具有本地特色的科学发展之路，关键在于实事求是、吃透县情，深化认识自治县（旗）发展特征，找准当前科学发展的突破口。全国 11 省（区、市）民族工作部门负责同志及 60 个自治县的负责同志出席了会议。(《中国民族报》7 月 2 日)

7 月

9 日

•《中国民族报》报道，为进一步推进全国少数民族传统体育基地建设，更好地发挥民族传统体育基地在传承、发展和推广民族传统体育项目方面的作用，国家民委和国家体育总局近日联合命名了首批 12 个“全国少数民族传统体育示范基地”。这 12 家单位是：山西省临汾市翼城县北关村、内蒙古锡林郭勒盟职业学院体育系、辽宁省沈阳体育学院、吉林省延边星洲青少年体育俱乐部、江苏省南京市六合区竹镇民族中学、浙江省丽水学院、福建省福鼎市民族中学、湖南省湘西土家族苗族自治州民族体育运动学校、重庆市黔江区少数民族体育训练基地、贵州省麻江县下司龙舟训练基地、云南省民族大学体育学院、宁夏大学体育学院。

• 青海省海北州门源回族自治县建政 60 周年庆祝大会在门源县浩门古城隆重举行。全国人大民委、国家民委祝贺团参加盛典，省委常委、副省长、省党政军代表团团长王晓出席并致辞。(《青海日报》7 月 10 日)

10 日

• “2013 年中国（宁夏）—韩国友好交流周”在银川开幕。宁夏回族自治区主席刘慧、韩国驻华大使权宁世出席开幕式并致辞。该活动由宁夏回族自治区人民政府、韩国驻华大使馆共同主办，主题是“交流、合作、共赢”。开幕式上，相关部门对宁夏内陆开放型经济试验区、中阿博览会、宁夏重点招商领域和优惠政策、银川综合保税区相关情况作了专项介绍。(《宁夏日报》7 月 11 日)

11 日

• 广东省广州市民宗局召开“全市社区民族工作经验交流暨表彰先进典型大会”。全市共有 166 名街道、镇代表参加会议，5 个街道、镇进行了经验交流发言，38 名先进工作者受到表彰。从今年开始，广州市民宗局计划在前期创建的 22 个民族团结进步模范社区的基础上，用两年时间再创建 28 个模范社区，以此不断推动城市民族工作创新发展。(《中国民族报》7 月 16 日)

11—12 日

• 第三届全国民族自治县（旗）科学发展经验交流会（北方片会）在辽宁省桓仁满族自治县召开。与会代表对桓仁县进行了实地考察，并以专题论坛的形式，就民族自治县（旗）科学发展工作进行了深入交流。会议认为，自治县（旗）实现科学发展，一方面仍然面临许多特殊困难、深层次问题和挑战，仍然是我国全面建设小康社会的难点和短板；另一方面也面临十分难得的历史机遇，仍然具备前所未有的有利条件。党的十八大首次把生态文明建设与经济、政治、文化、社会四大建设并列，成为建设中国特色社会主义的“五位一体”的总布局之一，为自治县（旗）提供了前所未有的发展机遇。(《中国民族报》7 月 16 日)

16 日

• 《中国民族报》报道，近日，山东省济南市政府办公厅出台了《促进少数民族事业发展的实施意见》。《意见》提出了“十二五”期间济南市少数民族事业发展的总体目标，从加快推进少数民族经济发展、保障和改善少数民族民生、创新民族团结宣传教育机制、加强少数民族干部和人才队伍建设 4 个方面，明确了济南市少数民族事业发展的重点工作。同时指出，要从加强组织领导、加大财政扶持力度、落实产业支持政策、提高管理服务水平 4 个方面，保障各项政策措施的实施。

• 《中国民族报》报道，近日，内蒙古自治区兴安盟盟委、行署印发了《中共兴安盟委员会、兴安盟行政公署关于创建民族团结进步模范区的意见》，并出台了《中共兴安盟委员会办公厅、兴安盟行政公署办公厅争创“全国民族团结进步示范盟”工作实施方案（2013 至 2015 年）》。《意见》指出，创建工作要以构建更加和谐的民族关系为目标，以发展经济、改善民生为重点，充分利用叠加扶持政策优势，加快地区经济发展，创新社会管理，维护民族团结，促进和谐稳定。《方案》明确自 2013 年起，在全盟范围内集中开展创建活动，达到地区经济较快增长、各族人民生活水平进一步提高、社会管理和创新取得新的进展、民族文化得到繁荣发展、民族工作取得显著成效等目标。

18 日

• 青海省海北藏族自治州建州 60 周年庆祝大会在西海镇隆重召开。以国家民委副主任丹珠昂奔为团长的中央祝贺团、以省委副书记王建军为团长的省党政军代表团参加庆祝活动。(《青海日报》7 月 19 日)

20 日

• 生态文明贵阳国际论坛 2013 年年会在贵州省贵阳市开幕。中共中央总书记、国家主席习近平向论坛发来贺信。中共中央政治局常委、国务院副总理张高丽出席开幕式、宣读习近平的贺信并发表讲话。瑞士联邦主席兼国防部长毛雷尔、多米尼克总理斯凯里特、汤加首相图伊瓦卡诺、泰国副总理兼商业部长尼瓦塔隆、意大利前总理普罗迪等分别在开幕式上致辞。生态文明贵阳国际论坛是我国以生态文明为主题的国家级论坛。此次年会主题为“建设生态文明：绿色变革与转型——绿色产业、绿色城镇和绿色消费引领可持续”。(《贵州日报》7 月 21 日)

25—26 日

• 中国·青海“玛域格萨尔文化”达日论坛在青海省果洛州达日县举行。此论坛是格萨尔文化研究者与民间艺人交流研讨的重要平台，在格萨尔文化的挖掘、传承、保护和发展等方面发挥着举足轻重的作用。在论坛中，各位专家及学者从理论和实践经验对格萨尔文化进行了深入的探讨。(《青海日报》7 月 29 日)

8 月

6 日

• 《中国民族报》报道，为进一步加强对全省民族团结进步创建活动的组织领导，湖北省委、省政府日前决定，成立湖北省民族团结进步创建活动领导小组。

• 《中国民族报》报道，云南省政府出台《关于加快推进民族特色旅游村寨建设工作的意见》提出，到 2015 年年末在全省建成 150 个左右特色鲜明、功能配套、服务规范的民族特色旅游村寨，实现农民人均纯收入增长 15% 以上的目标，并将其打造成全省特色村庄体系中的亮点、民族团结进步边疆繁荣稳定示范区建设的亮点。

• 《宁夏日报》报道，近日，由宁夏回族自治区质量技术监督局起草的《穆斯林服饰通用技术要求》通过了自治区标准化技术委员会审定，以宁夏地方标准予以发布实施。该标准规定了穆斯林服饰通用技术要求的术语、定义、技术要求、标志、包装、运输、贮存等。

15 日

• 8 月 15 日正值中国人民抗日战争暨世界反法西斯战争胜利 68 周年，云南省重大标志性文化设施建设项目——滇西抗战纪念馆，在云南省腾冲县隆重开馆。展厅分为抗战后方、御敌前线、怒江对峙、绝地反攻、逐寇出境、老兵不死、祈愿和平 7 个部分，展出文物 1.2 万件，图片 1500 张。(《云南日报》8 月 16 日)

16 日

• 由中国少数民族舞蹈学会主办的 2013 年中国蒙古族舞蹈学术研讨会在内蒙古自治区锡林浩特召开。研讨会上，来自全国各地的舞蹈创作、表演、教学和理论研究方面的专家，围绕中国蒙古族舞蹈的发展历程、创作现状及发展趋势、美学价值与文化价值等进行深入交流，为蒙古族舞蹈发展建言献策。(《内蒙古日报》8 月 20 日)

• 《中国民族报》报道，近日，山东省民委召开全省民族工作座谈会，就进一步开展民族团结进步创建活动进行部署。一是在创建内容上，注重搞好结合，突出针对性。二是在创建方法上，注重贴近实际，突出时效性。三是在创建机制上，注重制度规范，突出长效性。

19 日

• 湖北省恩施土家族苗族自治州成立 30 周年庆祝大会暨促进民族地区加快发展动员大会在恩施隆重召开。全国人大常委会、国务院发电祝贺。(《中国民族报》8 月 20 日)

20 日

• 《中国民族报》报道，新疆锡伯语言学会日前成功研制出锡伯文、满文输入法。“索贝特—锡伯文满文输入法”是能够用于 MSOffice2007 及以上版本通用办公系统上的一种拼音输入法。该输入法研制成功，无疑是以现代科学技术和知识不断研究、改进、创新本民族语文学习和教学的一种新的方式方法，能够极大地促进民众特别是青少年学生学习本民族语言文字的热情，对民族语言文字的使用、维护、传承和发展将起到重要的推动作用。

21 日

• 继青藏联网工程之后，世界上穿越地质结构最复杂、最具建设挑战性的高原超高压交流输变电工程——川藏联网工程暨巴塘 500 千伏变电站奠基。据悉，川藏联网工程总投资约 69.86 亿元，包括新建昌都、巴塘两座 500 千伏变电站以及邦达、玉龙两座 220 千伏变电站，工程全线 110 千伏及以上线路 1500 公里。川藏联网工程 2015 年建成投运。(《西藏日报》8 月 22 日)

25 日

• 青海省海南藏族自治州建州 60 周年庆祝大会在共和县恰卜恰隆重举行，全国人大常委会、国务院发来贺电。中央有关部委祝贺团团长、国家民委副主任罗黎明，省党政军代表团团长、省委副书记王建军分别致辞。(《青海日报》8 月 26 日)

27 日

• 由国务院新闻办公室、云南省人民政府、中国常驻联合国日内瓦办事处和瑞士其它国际组织代表团、联合国驻日内瓦办事处共同主办的“感知中国 · 美丽云南”文化周，将在瑞士日内瓦万国宫举行。文化周包括开幕式文艺演出、中华美食欢迎招待会、图书捐赠、云南风情图片展、云南非物质文化遗产展、中国电影周、与联合国 DSR 餐厅美食交流等丰富的活动内容。文化周将于 9 月 6 日闭幕。(《云南日报》8 月 26 日)

29 日

• 甘肃省甘南藏族自治州各族群众身着节日盛装，载歌载舞，欢庆甘南州 60 岁生日。中

央祝贺团团长、国家民委副主任罗黎明出席庆祝大会并讲话。全国人大常委会、国务院致电祝贺。(《中国民族报》9月3日)

9月

3日

• 国家民委创建全国民族团结进步示范州（地、市、盟）试点活动启动仪式在新疆昌吉回族自治州举行。13个州（地、市、盟）被列为创建全国民族团结进步示范州（地、市、盟）的首批试点。它们是新疆伊犁哈萨克自治州、吉林延边朝鲜族自治州、湖北恩施土家族苗族自治州、湖南湘西土家族苗族自治州、云南西双版纳傣族自治州、云南大理白族自治州、甘肃临夏回族自治州、青海海北藏族自治州、广西南宁市、西藏拉萨市、宁夏吴忠市、贵州铜仁市、内蒙古兴安盟。13个示范州、市、盟试点所在的省（区）、州（地、市、盟）民族工作部门负责人和州（地、市、盟）分管民族工作的负责人，新疆有关部门和地、州、市有关负责人参加了该仪式。(《中国民族报》9月6日)

6日

• 青海省黄南藏族自治州建州60周年庆祝大会在同仁县隆重举行，全国人大常委会、国务院发贺电表示祝贺。中央祝贺团团长、国家民委副主任丹珠昂奔，省党政军代表团团长、省政协主席仁青加分别致辞。(《青海日报》9月7日)

• 《中国民族报》报道，近日，湖南省出台《社会工作专业人才支持边远贫困地区、边疆民族地区和革命老区专项计划实施方案》，决定从公益事业单位、高等院校和社工机构，选派社会工作专业人才到武陵山、罗霄山片区县（市、区）的福利机构，以及街道乡镇、城乡社区开展社会工作，实现社会工作服务均等化。专业人才将在湘西土家族苗族自治州古丈县、湘西州凤凰县、株洲市炎陵县、郴州市汝城县等地开展工作。

16日

• 四川省阿坝藏族羌族自治州成立60周年庆祝大会在阿坝州马尔康县隆重举行。全国人大常委会、国务院发贺电表示祝贺。中央祝贺团团长、国家民委副主任、党组副书记李昭出席大会并讲话。(《中国民族报》9月20日)

20日

• 《中国民族报》报道，从今年9月新学期开始，新疆维吾尔自治区南疆三地州（和田、喀什、克孜勒苏柯尔克孜自治州）率先在自治区实行高中阶段免费教育。从今年9月起，在继续实行普通高中国家助学金的基础上，中央财政对南疆三地州普通高中在校生实行免除学费，自治区财政对其中农村学生和城市家庭经济困难的学生免除教材费，地县两级财政承担住宿、管理费。

22日

• 记者从云南省人大常委会获悉，《云南省少数民族教育促进条例》将于10月1日起施行。条例的颁布施行，标志着民族教育工作进入到规范化、法制化轨道，为发展少数民族教育事业提供了有力的法律保障。条例共5章27条，涉及教育投入、办学形式、教育保障等多方面内容，其中尤为值得一提的是，条例对促进双语教学提出了明确规定，要求在不通或者基本不通汉语的少数民族聚居乡（镇）举办双语幼儿园，在小学阶段设置适合少数民族学生特点的双语教学课程。（云南网 9 月 23 日）

23—24 日

• 第四次全国对口支援新疆工作会议在北京召开。中共中央政治局常委、全国政协主席俞正声，中共中央政治局常委、国务院副总理张高丽出席会议并作重要讲话。会议认真贯彻党的十八大、中央新疆工作座谈会和习近平总书记重要指示精神，分析新疆工作形势，研究部署就业、教育、人才等援疆重点工作，特别是要抓住打造丝绸之路经济带的历史机遇，深入推进新疆跨越式发展和长治久安。新疆维吾尔自治区、新疆生产建设兵团、江苏省、广东省、人力资源社会保障部、教育部、中粮集团、浙江巨鹰集团代表参会并作了发言。（《中国民族报》9 月 27 日）

26 日

• 我国唯一的国家级民族出版机构——民族出版社，在北京民族文化宫举行了建社 60 周年纪念大会暨成立 60 年展览。中共中央政治局委员、国务院副总理刘延东同志就民族出版社举办 60 周年纪念活动作出重要批示。60 年来，民族出版社荣获包括中国出版政府奖先进出版单位在内的诸多荣誉，为构建社会主义民族关系、促进民族地区经济社会发展、传承民族文化，发挥了重要作用。同时举行的民族出版社成立 60 年展览，是近年北京举办的规模较大的民族出版工作成就展。（《中国民族报》9 月 27 日）

28 日

• 国务院正式批准在云南省临沧市设立边境经济合作区，定名为临沧边境经济合作区，实行现行边境经济合作区的政策。这是自 1992 年国务院批准瑞丽、畹町、河口 3 个国家级边境经济合作区以来，云南再次获批的又一个国家级边境经济合作区。（《云南日报》10 月 17 日）

10 月

1 日

• 《中国民族报》报道，近日，湖北省政府出台了《关于推进恩施市龙凤镇综合扶贫改革试点工作的实施意见》（以下简称《意见》），成立了湖北省恩施市龙凤镇综合扶贫改革试点领导小组。《意见》指出，试点工作将围绕强化规划引领作用；推进特色城镇化建设；因地制宜发展特色产业；完善公共服务体系；激活镇村要素市场；创新政策资金整合机制等六个方面重点开展。

11 日

• 《中国民族报》报道，中共中央总书记、国家主席、中央军委主席习近平给中央民族大学附属中学全校学生回信，就学校迎来百年华诞向同学们和全校教职员工表示热烈的祝贺。中共中央政治局常委、国务院总理李克强也就此作出批示。中央民族大学附属中学前身为国立蒙藏学校，成立于 1913 年。建校百年来，学校培养了大批坚定拥护民族团结和祖国统一、献身民族地区发展和民族团结进步事业的杰出人才。

15—24 日

• 中组部与北京市委联合举办西藏和四省藏区基层党组织书记对口支援培训示范班，直接培训 105 名来自藏区乡镇、村和街道、社区的党组织书记。示范班紧紧围绕推进西藏和四省藏区跨越式发展和长治久安，针对藏区基层党组织书记实际，采取专题辅导、研讨交流、现场教学等形式，开展了共筑中国梦、新农村建设、民族宗教政策、加强基层社会管理和基层党建等方面教育培训。(《青海日报》10 月 27 日)

20 日

•云南省唯一的苗族自治县——屏边苗族自治县各族人民载歌载舞，欢庆自治县成立 50 周年。全国人大民委、国家民委致电祝贺。(《云南日报》10 月 22 日)

23 日

•由国务院新闻办公室、西藏自治区人民政府、中国驻德国大使馆联合主办的“2013 德国·中国西藏文化周”暨“雪域风采”图片唐卡展览在德国首都柏林隆重开幕。此次中国西藏文化周将通过“雪域风采”图片唐卡展览、“魅力西藏”歌舞表演、“倾听西藏”藏学家活佛交流，以及西藏民俗文化演示和涉藏图书展览等形式，集中展现独树一帜、极具特色的高原文化，以及当代新西藏的发展进步。(《西藏日报》10 月 25 日)

26 日

•西藏自治区政府办公厅近日印发《西藏自治区环境保护考核办法（试行)》的通知。制定和实施《办法》，是贯彻落实中央关于西藏工作指导思想的具体体现，是新形势下加强西藏自治区生态环境保护的一项重大举措，对推进生态文明、建设美丽西藏具有重要意义。(《西藏日报》10 月 26 日)

28 日

•为期四天的 2013 中国青海（越南）商品博览会在越南国家会议中心隆重开幕。此次博览会是青海省在境外首次举办的综合性商品博览会，由青海省人民政府主办，越南工贸部支持，中国驻越南大使馆、越南工商会协办，青海省商务厅、越南工贸部贸易促进局共同承办。(《青海日报》10 月 29 日)

11 月

2—3 日

•2013 年瑶族“十月朝”暨广东省乳源瑶族自治县成立 50 周年庆祝大会简朴而热烈地举行。全国人大民委，国家民委，广东省委、省政府，韶关市委、市政府派出的祝贺团与省内外嘉宾、港澳同胞、海外瑶族同胞、乳源杰出乡贤和在乳源工作过的老领导、老前辈以及瑶汉群众参加了庆祝大会。(《中国民族报》11 月 5 日)

3 日

•中共中央总书记、国家主席习近平到地处武陵山区中心地带的湖南湘西土家族苗族自治州考察。他深入走访了土家族聚居的凤凰县廖家桥镇菖蒲塘村和纯苗族村花垣县十八洞村。习近平表示，扶贫要实事求是，因地制宜。要精准扶贫，切忌喊口号，也不要定好高骛远的目标。三件事要做实：一是发展生产要实事求是，二是要有基本公共保障，三是下一代要接受教育。各级党委和政府都要想方设法，把现实问题一件件解决，探索可复制的经验。(《中国民族报》11 月 5 日)

• 四川茂县灾后文化恢复重建重点项目——中国古羌城开城迎客。中国古羌城占地面积215万平方米，建筑面积25万平方米，拥有中国唯一国家级羌族博物馆、羌圣山等。茂县是我国最大的羌族聚居地，有近10万羌族人生活在这里，是羌民族文化传统保留最为完整的地区。（《中国民族报》11月5日）

12日

• 云南省唯一的瑶族自治县——河口瑶族自治县各族儿女欢聚民族广场，共庆口岸明珠50华诞及瑶族传统民族节日盘王节。全国人大民族委员会、国家民族事务委员会致电祝贺。（《云南日报》11月13日）

19日

• 由中华人民共和国国家民族事务委员会、中国常驻联合国代表团主办的“多彩中华——中国民族文字展”，在纽约联合国总部拉开帷幕。此次展览活动，在展示中国丰富多彩民族文化的同时，更展现了中国各民族和睦相处、和衷共济、和谐发展的美好画面。来自140多个国家的近200名来宾出席了开幕式。展览于11月21日闭幕。（《中国文物报》11月8日）

• 《中国民族报》报道，近日，中共甘肃省委办公厅、甘肃省人民政府办公厅出台了《关于进一步加强城市民族工作的意见》（以下简称《意见》）。这是甘肃省出台的第一个城市民族工作规范性文件，包含了指导思想、基本原则、工作对象、主要任务和保障措施5个方面的内容。《意见》强调，甘肃省城市民族工作的主要任务包括八个方面：一是大力发展城市民族经济；二是依法保障少数民族群众的合法权益；三是建立少数民族流动人口服务管理体系；四是正确处理影响城市民族关系的矛盾和问题；五是深入开展民族团结进步创建活动；六是加快城市少数民族文化事业繁荣发展；七是加强城市清真食品行业的监督管理；八是大力开展法制宣传教育活动。

22日

• 《中国民族报》报道，由民族文化宫主持编纂的《中国民族年鉴回溯本（1949.10—1993.12）》（以下简称《回溯本》）正式出版，这意味着《中国民族年鉴》真正打通了历史，成为一部完整的中华人民共和国民族百科全书。《回溯本》分上、下两卷，计300万字、131幅图照，辑录了1949年10月至1993年12月民族地区政治、经济、文化、教育、科技、艺术、宗教等各领域发展成就，全方位、多视角、逐层次展示了我国少数民族各项事业的发展和民族地区的变迁。《回溯本》的编纂，填补了《中国民族年鉴》创刊前的历史空白。

12月

2日

• 《格萨尔》藏译汉项目工作会议在拉萨市召开，标志着作为西藏自治区2013年重大文化工程的《格萨尔》桑珠本藏译汉项目工作正式启动。这部被誉为藏族古代社会百科全书的《格萨尔》翻译成汉文，再进一步翻译成其他文字，将扩大这部史诗的影响力。（《西藏日报》12月6日）

5日

• 作为中国文化十大新发现、非物质文化遗产普查工作重要成果，与藏族民间说唱体长篇英雄史诗《格萨尔》、蒙古族英雄史诗《江格尔》和柯尔克孜族传记性史诗《玛纳斯》等中国少数民族的三大英雄史诗并列的苗族史诗《亚鲁王》学术研讨会在贵州省贵阳市召开。80余位全国各地关注和研究亚鲁王文化的专家学者出席研讨会。(《贵州日报》12月7日)

9日

• 国家民委、国家开发银行在湖南省长沙市召开支持武陵山片区区域发展与扶贫攻坚试点工作会议，研究部署开发性金融支持武陵山片区区域发展与扶贫攻坚试点工作。加大开发性金融对武陵山片区的支持力度，对于加快武陵山片区区域发展与扶贫攻坚规划实施具有重要的意义，一是有利于打破融资瓶颈，加快基础设施和重大项目建设。二是有利于科学制定规划，引领产业结构调整和区域协调发展。三是有利于创新融资模式，更好地促进民生改善。四是有利于抓好试点示范，为全国扶贫工作大局做出更大贡献。会上，国家民委、国家开发银行与湖北、湖南、重庆、贵州四省市人民政府共同签署了推进武陵山片区区域发展与扶贫攻坚试点合作协议，确定了进一步加大开发性金融对武陵山片区加快发展的支持力度。(《中国民族报》12月13日)

19日

• 全国民委主任会议在北京举行。会议的主要任务是：深入学习中央一系列重要会议精神，深刻领会习近平总书记等中央领导同志关于民族工作的重要指示，分析当前形势，总结2013年工作，部署2014年任务，统一思想认识、凝聚智慧力量，在新的历史起点上，继续把我国民族团结进步事业推向前进。(《中国民族报》12月20日)

23日

• “中国少数民族非物质文化遗产展示周”活动在北京民族文化宫开幕。此次展览由国家民委、文化部共同主办，民族文化宫承办，是我国首次以少数民族非物质文化遗产为专题的大型展览，旨在让更多的人了解我国丰富多彩的少数民族非物质文化遗产，争取社会各界对少数民族非物质文化遗产抢救保护工作的关心和支持。此展览于12月29日结束。(《中国民族报》12月24日)

2014年

1月

9日

• 吉林省民族宗教工作会议在长春市召开。会议传达了国家民委委员全体会议、全国民委主任会议精神和全国宗教局长会议精神，并对全省民族宗教系统信息宣传工作先进集体和先进个人进行了表彰。会议提出，在新的一年，吉林省民委将深入落实党的十八届三中全会精神，全面正确贯彻党的民族宗教政策，牢牢把握“两个共同”主题和宗教工作基本方针，加快推进民族宗教事务治理体系和治理能力建设，要以坚持着眼大局、坚持文化引领、坚持群众路线、坚持依法治理、坚持改革创新等“五个坚持”做好民族工作。(《中国民族报》1月10日)

10日

• 青海三江源国家生态保护综合试验区建设暨三江源生态保护和建设二期工程启动大会在西宁隆重举行。玉树藏族自治州干部群众在通天河畔通过视频与西宁主会场连线。中共中央政治局委员、国务院副总理汪洋出席大会并讲话。他指出，三江源在保障国家生态安全、建设生态文明中，具有不可替代的战略地位。召开此次大会，主要任务是深入贯彻落实党的十八大、十八届三中全会精神，认真学习领会习近平总书记等中央领导同志关于加强生态文明建设的重要指示，认真落实国务院批准的二期工程规划要求，努力把三江源生态保护工作提高到一个新水平，为全国生态文明建设作出更大贡献。三江源生态保护和建设二期工程涉及玉树、果洛、黄南、海南4个藏族自治州的21个县和格尔木市唐古拉山镇。相较一期工程，治理面积由原来的15.23万平方公里增加到39.5万平方公里，占青海省总面积的54.6%。（《青海日报》1月12日）

•《中国民族报》报道，近日，浙江省政府办公厅下发了《关于进一步加快民族乡（镇）经济社会发展的意见》（以下简称《意见》），提出要力争缩小全省民族乡（镇）与其他乡镇的差距，推动民族乡（镇）逐步跟上全省发展步伐，以实现经济社会跨越式发展。《意见》明确了18个民族乡（镇）的发展目标。为实现目标，浙江省政府将建立健全财政投入、对口帮扶、社会支持等各项帮扶机制。同时，加大对基础设施和民族村寨建设的支持，加大对特色产业和生态建设的支持，加大对社会事业发展的支持，加强少数民族干部和人才队伍建设，全面加大对民族乡（镇）的支持力度。

17日

•《中国民族报》报道，近日，四川省甘孜藏族自治州召开推进教育跨越发展大会，今年该州将推出免费公办学前教育、免费公办特殊教育等10项举措。

2月

5日

•《西藏日报》报道，西藏自治区日前成立中国首家贝叶经研究所，专门从事对贝叶经的挖掘、抢救、整理和翻译。该研究所是国内第一个专门从事贝叶经研究的机构。贝叶经作为穿越了千年时空的宝贵资料，对于研究佛学、藏学、佛教历史、佛教绘画、古印度文化和中印文化交流史都有着巨大价值。为了在加强文物保护的同时最大程度地体现贝叶经的文献价值，西藏已编撰成共61册的《西藏自治区珍藏贝叶经影印大全》和共4册的《西藏自治区珍藏贝叶经总目录》，为今后的查阅、研究提供了保障。

11日

•《中国民族报》报道，日前，由贵州黔东南民族职业技术学院开发的全国首个少数民族技术文化数据库正式上线。该数据库用信息化技术保护和传承少数民族传统技艺，今后，刺绣、蜡染、鼓楼建造、木炭等传统生产生活技术将不会失传。据介绍，该数据库是基于多学科的基础数据平台，在数据信息的基础上叠加少数民族传统生产技术、传统生活技术、传统手工技术和其他技术传承载体等因素，集合了有关少数民族传统技术及活动的各类时间和空间信息，旨在少数民族文化建设、研究和弘扬传统文化方面发挥作用，提升少数民族文化教育和研究水平。

17日

•为全面贯彻落实《中共甘肃省委甘肃省人民政府关于深入实施“1236”扶贫攻坚行动的意见》，进一步加快少数民族和民族地区扶贫攻坚进程，实现与全国全省同步建成全面小康社会，甘肃省民委印发《贯彻〈关于深入实施“1236”扶贫攻坚行动的意见〉的实施方案》，对全省民族工作部门扶贫攻坚工作进行安排部署。《方案》明确了民族工作部门助推民族地区扶贫攻的主要措施。一是分类指导，分层推进扶贫攻坚奔小康。二是协调各相关部门，助推“1236”目标各项政策措施落实。三是着力推进兰州新区民族经济产业园建设，带动民族特色企业创新发展。四是协调组织实施劳务技能特色培训“出彩工程”。五是认真总结经验，组织实施好扶持人口较少民族发展、民族特色村寨保护与发展、兴边富民行动、民贸民品企业发展等民族特色项目。(《中国民族报》2 月 21 日)

20 日

• 甘肃省民委主任会议在兰州召开。此次会议明确了甘肃省 2014 年民族工作的十大任务，即认真组织开展民族工作重大问题调研工作；开展民族团结进步先进集体和先进个人的评选推荐工作；扎实推进少数民族劳务技能特色培训“出彩工程”；推进兰州新区“甘肃民族经济产业园”建设；推动华夏文明传承创新“少数民族文化板块”项目的建设实施；精心组织举办全省第八届少数民族传统体育运动会；组织协调好肃南裕固族自治县、阿克塞哈萨克族自治县两县成立 60 周年庆祝活动的各项工作；切实加强对各相关专项规划实施和民族政策落实情况的监督检查；全面加强城市民族工作；主动超前研究谋划“十三五”期间民族专项规划等。(《中国民族报》2 月 25 日)

3 月

4 日

• 《中国民族报》报道，日前，陕西省召开民族宗教工作会议，今年将着力抓好四项重点民族工作，促进民族团结以及少数民族和民族地区经济社会发展。四项工作包括：全力维护全省民族宗教领域和谐稳定；认真办好全省第七次民族团结进步表彰活动；大力推动少数民族经济社会事业持续发展；协调做好少数民族流动人口服务管理工作。

21 日

• 《中国民族报》报道，日前，河北省民委委员全体会议在石家庄召开。会议要求，要充分认识新时期做好民族工作的重要性，以更加深化的改革、更加宽广的开放、更加有力的创新，全面推动民族地区经济社会快速健康发展；要牢牢把握经济发展和民生改善这个重点，积极争取、用活用好资金项目和民族优惠政策，不断壮大民族地区县域经济，努力改善教育、医疗、卫生等社会事业和民族乡村发展落后的局面；要深入开展民族团结进步创建活动，加大民族政策宣传教育力度，妥善处置涉及民族宗教因素的矛盾纠纷，保护少数民族群众的合法权益，预防和减少影响民族关系的问题发生；要增强民族工作合力，切实强化担当、服务、创新意识，努力提升民族工作水平。

27—28 日

• 中共中央政治局常委、国务院总理李克强来到内蒙古赤峰市红山区、翁牛特旗和喀喇沁旗，考察了解当地经济社会发展情况。李克强走村入户、访贫问苦，深入棚户区和田间地头，了解棚户区改造和农民生产生活情况，察看便民服务、倾听群众呼声，悉心听取基层干部群众对加快发展、改善民生的意见和建议。李克强强调，改革是根本动力，发展是第一要务，要大力推动改革和发展，倾情做好保障和改善民生工作，千方百计地让各族群众得到更多实惠。(《中国民族报》4 月 1 日，《内蒙古日报》4 月 1 日)

25 日

• 延边朝鲜族自治州十四届人大常委会第九次会议在延吉召开。为进一步在全社会营造尊重民族语言习惯、支持朝鲜语言发展的良好氛围，推进民族团结进步事业、传承民族传统、弘扬民族优秀文化、发展民族特色经济，繁荣发展朝鲜族语言文字工作，会议决定，每年 9 月 2 日为延边朝鲜族自治州的“朝鲜语言文字日”。(《中国民族报》3 月 28 日)

29 日

• 《西藏日报》报道，连日来，西藏自治区各地纷纷举行“升国旗、唱国歌”、专题报告、座谈会、新旧西藏对比图片展等形式丰富的纪念活动，隆重庆祝西藏百万农奴解放 55 周年。

4 月

2—4 日

• 中国唯一的畲族自治县——浙江景宁畲族自治县成立 30 周年暨 2014 中国畲乡“三月三”庆祝活动在景宁开幕。全国人大民族委员会、国家民族事务委员会祝贺团团长魏国雄到会致辞。全国人大民族委员会、国家民族事务委员会，浙江省委、省政府发了贺电贺信。(《中国民族报》4 月 22 日)

10 日

• 历时两年编纂，传承中华民族优秀文化和新疆民族地域特色文化，帮助国内外全面了解古代西域和深入认识今日新疆的大型文献丛书——《新疆文库》正式出版发行。首批 26 卷文献在乌鲁木齐举行首发、赠书仪式。《福乐智慧》《十二木卡姆》《江格尔》《玛纳斯》等各民族经典力作首次以丛书的方式集中面世。《新疆文库》将以汉、维吾尔、哈萨克、蒙古、柯尔克孜、锡伯 6 种文字出版，面向全国和全球发行。(《新疆日报》4 月 10 日)

12 日

• 以“幸福大理、魅力白州”为主题的“大理白族文化周”在北京民族文化宫开幕。此次活动由国家民委主办，民族文化宫、云南省民委、大理白族自治州人民政府联合承办，是“民族自治州成就展”系列活动的组成部分。为庆祝《民族区域自治法》颁布实施 30 周年，国家民委决定于 2014 年至 2016 年开展“民族自治州成就展”系列活动，每年将有 10 个左右自治州在民族文化宫举办展示活动。大理白族自治州是第一个参展的自治州。(《中国民族报》4 月 15 日)

16 日

• 国家语言资源监测与研究中心少数民族语言分中心蒙古语文研究基地、自治区蒙古语言文字信息技术重点实验室在内蒙古呼和浩特民族学院揭牌。实验室的建立将进一步促进和规范蒙古语言文字信息化进程。实验室建成后，将围绕蒙古语言文字信息化发展需求和前沿技术发展趋势，承担蒙古语言文字信息化基础性、前瞻性、创造性的基础研究任务，并对应用研究提供智力支持。(《内蒙古日报》4 月 17 日)

23—24 日

• 2014 年全国民族经济工作暨民族地区经济形势分析会议在云南省德宏傣族景颇族自治州举行，会议全面贯彻落实党的十八大和十八届三中全会精神，按照中央经济工作会议、中央城镇化工作会议和习近平总书记系列讲话精神的要求，总结交流2013年民族地区经济运行和民族经济工作情况，分析当前民族地区经济形势和任务，研究部署2014年民族经济工作。（《中国民族报》4月25日）

27日

• 《西藏日报》报道，西藏首个格萨尔王多媒体资源库现已建成并投入使用。资源库包括精品说唱、艺人口述史、音乐唱腔、格萨尔赞歌、格萨尔王舞蹈、格萨尔王历史遗迹六个部分。

27—30日

• 中共中央总书记、国家主席、中央军委主席习近平近日在新疆考察工作。考察期间，习近平来到喀什和乌鲁木齐等地，深入乡村、企业、部队、学校、基层派出所、清真寺和新疆生产建设兵团，实地了解新疆经济社会发展情况，看望各族干部群众和部分长期在新疆工作的老同志，对做好新疆维护社会稳定、推进跨越式发展、保障和改善民生、促进民族团结、加强党的建设等工作进行指导。（《人民日报》5月1日）

5月

22—23日

• 中共中央政治局常委、国务院总理李克强到内蒙古自治区赤峰市考察。李克强来到污水处理厂、工业职业技术学院、国电联合动力技术（赤峰）有限公司、博物馆等单位，考察调研当地经济社会发展和第二批党的群众路线教育实践活动情况。考察期间，李克强召开了企业和金融机构座谈会，听取对当前经济形势的看法。李克强强调，各级党委、政府要始终牢记发展是第一要务、发展是解决一切问题的基础和关键，正确把握形势，增强大局意识，坚定信心、保持定力，敢于担当、主动作为，以强烈的责任意识和奋发有为的精神状态，统筹推动稳增长、促改革、调结构、惠民生，确保实现全年经济社会发展的目标任务。（《内蒙古日报》5月23日）

26日

• 国务院新闻办公室发布了《2013年中国人权事业的进展》白皮书，全面介绍了我国在促进与保障公民各项基本人权方面做出的努力和取得的进展。白皮书表示，我国的人权事业正在向更好更高的目标迈进。白皮书全文约2.1万字，从发展权利、社会保障权利、民主权利、言论自由权利、人身权利、少数民族权利、残疾人权利、环境权利、人权领域内的对外交流与合作9个方面，全面介绍了2013年我国人权事业发展取得的新进展。白皮书指出，2013年国家对少数民族继续实施倾斜性政策，少数民族依法享有和行使各项权利。少数民族的政治权利和经济社会权利得到充分保障；少数民族文化和民族地区文化繁荣发展；宗教信仰自由，民族风俗习惯得到充分尊重。（《中国民族报》5月27日）

28—29日

• 第二次中央新疆工作座谈会在北京举行。中共中央总书记、国家主席、中央军委主席习近平在会上发表重要讲话强调，以邓小平理论、“三个代表”重要思想、科学发展观为指导，坚决贯彻党中央关于新疆工作的大政方针，围绕社会稳定和长治久安这个总目标，以推进新疆治理体系和治理能力现代化为引领，以经济发展和民生改善为基础，以促进民族团结、遏制宗教极端思想蔓延等为重点，坚持依法治疆、团结稳疆、长期建疆，努力建设团结和谐、繁荣富裕、文明进步、安居乐业的社会主义新疆。这次会议全面总结了2010年中央新疆工作座谈会以来的工作，科学分析了新疆形势，明确了新疆工作的指导思想、基本要求、主攻方向，对当前和今后一个时期新疆工作作了全面部署。(《中国民族报》5月30日)

30日

• 在“六一”国际儿童节即将到来之际，中共中央总书记、国家主席、中央军委主席习近平到北京市海淀区民族小学，参加学校少先队主题队日活动，了解学生们学习和课余活动、特别是学校开展多种活动积极引导学生培育和践行社会主义核心价值观方面的情况。他首先向全国广大少年儿童祝贺节日，强调少年儿童是祖国的未来，是中华民族的希望。各方面要共同努力，让社会主义核心价值观的种子在少年儿童心中生根发芽、真正培育起来。(《人民日报》5月31日)

6月

5—11日

• 由国家民委、四川省人民政府主办，中共甘孜州委、甘孜州人民政府、民族文化宫、四川省民宗委承办的“圣洁甘孜·走进北京——四川甘孜藏区文化旅游宣传周系列活动”在北京民族文化宫举行。此次宣传周系列活动是国家民委“民族自治州成就展”系列活动之一。在《中华人民共和国民族区域自治法》颁布30周年之际举办此次宣传周活动，旨在向全国各族人民展示甘孜藏区在发展、稳定、民生等方面取得的巨大成就，展现古朴神秘的康巴文化、甘孜藏区各族同胞亲如一家、和谐发展的幸福生活。(《中国民族报》6月6日)

25日

• 由国家文化部和新疆维吾尔自治区人民政府主办，文化部艺术司、文化部对外文化联络局、自治区文化厅和乌鲁木齐市人民政府共同承办的首届中国新疆国际艺术双年展在新疆国际会展中心盛大开幕。中国新疆国际艺术双年展为国家级艺术盛会，每两年举办一次，也是全国唯一由文化部主办的双年展。首届中国新疆国际艺术双年展以“相遇丝绸之路”为主题，内容涉及绘画、影像、装置、摄影、雕塑等，参展作品700多件。(《新疆日报》6月26日)

26—27日

• 由国务院新闻办公室主办，中国社会科学院、中国外文出版发行事业局、新疆社会科学院共同承办的丝绸之路经济带国际研讨会在新疆乌鲁木齐市召开。来自中国、俄罗斯、印度、哈萨克斯坦、吉尔吉斯斯坦、阿富汗、土耳其、美国等20余个国家的百余名专家学者围绕“丝绸之路：过去、现在和未来”和“共建丝绸之路经济带，打造互利共赢的利益共同体”这两个议题展开深入交流研讨。此次以“丝绸之路经济带——共建共享与共赢共荣的新机遇”为主题的国际研讨会，必将对促进丝绸之路经济带沿途国家和地区加强沟通、合作和交流发挥重要作用。(《新疆日报》6月27日)

26日—7月5日

• 在庆祝《民族区域自治法》颁布实施30周年之际，“延边朝鲜族自治州成就展”在北京民族文化宫举行。此次成就展是“全国民族自治州成就展”系列活动之一，由国家民委主办，中共延边州委、延边州人民政府、吉林省民委和民族文化宫承办。以延边各族人民“共同团结奋斗、共同繁荣发展”为主线的这次成就展，全面反映了延边建州以来各项事业取得的辉煌成就，充分体现了延边各族人民和睦相处、共同奋进的精神风貌，集中展示了民族区域自治制度在延边的成功实践。(《中国民族报》6月27日)

7月

5日

• 满通古斯语族语言研究系列著作出版座谈暨学术研讨会在北京举行。此次会议由中国社会科学院科研局和中国社会科学出版社联合主办。与会专家认为，该系列著作对中国满通古斯语族语言的词源关系、研究发展的历史、基本词汇的系统比较做了全面整理和研究，代表着该学术领域的前沿水平，将对阿尔泰语系诸语言乃至东北亚诸民族语言以及历史文化的研究产生重要的推动作用。(《中国民族报》，中国社会科学网7月5日)

11日

• 以“改革驱动，全球携手，走向生态文明新时代——政府、企业、公众：绿色发展的制度架构和路径选择”为主题的生态文明贵阳国际论坛2014年年会在贵阳隆重开幕。中共中央政治局常委、国务院总理李克强发来贺信。中共中央政治局委员、国家副主席李源潮出席开幕式并致辞。参加开幕式的还有：中央国家机关、有关国际机构和组织、联合国有关机构、有关国际组织、兄弟省（区、市）负责人，国内外部分城市负责人和知名专家、企业家、大学校长和媒体负责人。(《贵州日报》7月12日)

16日

• 《青海日报》报道，近日，青海省首部民族团结进步地方性法规——《海北藏族自治州民族团结进步条例》（以下简称《条例》），经省人大常务委员会第十次会议批准，由州人大常务委员会公布施行。该《条例》明确规定州、县人民政府发展民族团结进步事业的职责，突出了将民族团结进步事业纳入国民经济和社会发展规划、建立和完善民族团结进步长效机制、发展民族经济、保障和改善民生、加强和改进社会治理、依法管理宗教事务、加强少数民族文化传承保护、保护和改善生态环境、维护资源地群众的合法利益等内容。

8月

1日

• 《中国民族报》报道，由西藏自治区图书馆具体负责的西藏格萨尔说唱、八大藏戏、传统舞蹈等多个“非遗”项目的全媒体资料，目前已统一录入数据库，并向公众免费开放，实现了资源共享。

3日

• 青海省河南蒙古族自治县成立60周年庆祝大会暨2014年“那达慕”大会在河南县腾格里赛马场隆重举行。身着盛装的蒙、藏干部群众喜气洋洋地从各处涌向赛马场。骑手们英姿飒爽、演员们载歌载舞，欢声笑语，河曲大草原成了一片欢腾的海洋。全国人大民族委员会、国家民族事务委员会联合向大会发来贺电。中共青海省委、省人大常委会、省政府、省政协、省军区也联合发来贺信。(《青海日报》8月4日)

5日

•《中国民族报》报道，《鄂伦春自治旗鄂伦春民族民间传统文化保护条例》经内蒙古自治区十二届人大常委会第十一次会议批准，将于今年10月1日起施行。《条例》规定，自治旗鼓励通过社会组织和个人捐赠等方式募集资金，建立民族民间传统文化基金。自治旗政府要建立民族民间传统文化传承人、传承单位命名制度，在鄂伦春族居住相对集中、原生态文化保留较好的区域设置民族民间传统文化生态保护区。自治旗教育部门应组织编写民族民间传统文化教材，学校也应根据实际开设传统文化课程。

9日

•青海省互助土族自治县全民健身中心体育场内安召旋舞，彩袖飞扬。上万名汉、土、回、藏等民族的干部群众身着节日盛装，从四面八方汇聚到这里，欢庆互助土族自治县成立60周年。全国人大民族委员会、国家民族事务委员会联合向大会发来贺电。（《青海日报》8月10日）

12日

•由国务院新闻办公室、西藏自治区人民政府联合主办的2014·中国西藏发展论坛在拉萨隆重开幕，来自世界30多个国家和地区的近百位政府官员、专家学者和各界人士出席。中共中央政治局常委、全国政协主席俞正声专门致信祝贺。该届论坛主题为“西藏发展的机遇和选择”。会议期内，与会代表将围绕“西藏的可持续发展之路”“西藏文化的传承和保护”“西藏的生态与环境保护”等作大会发言和讨论。（《西藏日报》8月13日）

15日

•青海省果洛藏族自治州建政60周年庆祝大会在玛沁县大武镇隆重举行，中央有关部门祝贺团团长、国家民委副主任丹珠昂奔到会致辞，全国人大常委会、国务院发来贺电。（《青海日报》8月16日）

22日

•青海省海西蒙古族藏族自治州建政60周年庆祝大会在德令哈市隆重举行，中央有关部门祝贺团团长、国家民委副主任丹珠昂奔到会致辞。全国人大常委会、国务院发来贺电。（《青海日报》8月23日）

9月

12日

•庆祝新疆维吾尔自治区昌吉回族自治州成立60周年暨全国民族团结进步创建活动示范州命名大会在昌吉国家农业科技园区举行。全国人大常委会、国务院发贺电，向全州各族群众致以热烈祝贺和亲切慰问。中央祝贺团副团长金星华宣读了国家民委关于命名昌吉州为全国民族团结进步创建活动示范州的决定，并向昌吉州授牌。（《新疆日报》9月13日）

15日

•新疆维吾尔自治区巴音郭楞蒙古自治州成立60周年庆祝大会暨成立60周年文艺晚会在巴州体育场举行。全国人大常委会、国务院发来贺电，向全州各族群众致以热烈的祝贺和亲切的慰问。（《新疆日报》9月16日）

18 日

• 新疆维吾尔自治区克孜勒苏柯尔克孜自治州成立 60 周年庆祝大会在克州体育中心举行。全国人大常委会、国务院发来贺电，向全州各族群众致以节日祝贺和亲切慰问。克孜勒苏柯尔克孜自治州是全国唯一以柯尔克孜族为主体的自治州。(《新疆日报》9 月 19 日)

22 日

• 在《中华人民共和国民族区域自治法》实施 30 周年前夕，纪念《中华人民共和国民族区域自治法》实施 30 周年主题展览在北京民族文化宫开幕。此次展览由国家民委、中央统战部、全国人大民委、国务院新闻办、全国政协民宗委共同举办。展览分为“民族区域自治制度的确立”“少数民族和民族地区繁荣发展”“民族团结不断巩固”3 个部分，同时还设有内蒙古自治区、广西壮族自治区、西藏自治区、宁夏回族自治区和新疆维吾尔自治区 5 个展区。展览将持续到 9 月 29 日。(《中国民族报》9 月 23 日)

23 日

• 国家民委发布《关于命名首批中国少数民族特色村寨的通知》，北京市房山区窦店村等 340 个村寨被列入首批“中国少数民族特色村寨”，并予以命名挂牌。此次命名挂牌工作将进一步扩大少数民族特色村寨品牌的影响力和辐射力，对少数民族特色村寨保护与发展工作起到重要的示范推动作用。(《中国民族报》9 月 27 日)

28—29 日

• 中央民族工作会议暨国务院第六次全国民族团结进步表彰大会在北京举行。中共中央总书记、国家主席、中央军委主席习近平，中共中央政治局常委、国务院总理李克强，中共中央政治局常委、全国人大常委会委员长张德江，中共中央政治局常委、全国政协主席俞正声，中共中央政治局常委、中央书记处书记刘云山，中共中央政治局常委、中央纪委书记王岐山出席会议。习近平在会上发表重要讲话，全面分析我国民族工作面临的国内外形势，深刻阐述当前和今后一个时期我国民族工作的大政方针。李克强就加快民族地区发展、促进全面建成小康社会作了讲话。这次会议的主要任务是：准确把握新形势下民族问题、民族工作的特点和规律，统一思想认识，明确目标任务，坚定信心决心，提高做好民族工作能力和水平。会议对 1496 个全国民族团结进步模范集体和模范个人进行了表彰，习近平等为受表彰的模范集体和模范个人代表颁奖，并与大家合影留念。在京中共中央政治局委员、中央书记处书记，部分全国人大常委会副委员长，国务委员，最高人民法院院长，最高人民检察院检察长，部分全国政协副主席出席会议。内蒙古、广西、西藏、宁夏、新疆 5 个自治区党政主要负责同志，各省区市、新疆生产建设兵团及副省级城市分管民族工作负责同志，中央和国家机关有关部门、有关人民团体主要负责人，军队及武警部队负责人，受表彰的模范集体和模范个人代表、港澳台特邀代表、民族工作荣誉代表等约 1100 人参加会议。开幕会以电视电话会议形式召开，各省区市和新疆生产建设兵团、副省级城市设分会场。(《中国民族报》9 月 30 日)

10 月

9 日

• 中美“花儿”研究现状座谈会在宁夏回族自治区银川市北方民族大学举行。来自美国印第安纳大学民俗学与音乐人类学系的博士生导师、“花儿学”领域知名学者苏独玉与宁夏部分研究“花儿”的学者、大中小学校教授“花儿”的音乐教师及“花儿”传唱人，就如何发扬传承“花儿”进行了座谈交流。“宁夏回族山花儿”是国家保护的518项非物质文化遗产代表作之一。目前宁夏有14所学校开设了“花儿”校本课程，在30个村庄设有“花儿”传承点。（《宁夏日报》10月10日）

16日

• 北方民族大学建校三十周年庆典大会在宁夏回族自治区银川市隆重举行。全国政协副主席、国家民委主任王正伟，全国人大常委会原副委员长司马义·艾买提等出席大会。（《宁夏日报》10月17日）

11月

2—15日

• “2014加拿大·中国西藏文化周”在温哥华市中心费尔蒙大酒店举行了隆重的开幕仪式，约400名贵宾、来自政府以及媒体的代表参加了开幕仪式。文化周将在温哥华、渥太华及多伦多三个主要城市举行。活动包括“魅力西藏”民族歌舞演出；“灵感高原”绘画唐卡展；以及“影像西藏”电影晚会三个主要部分，分别从歌舞演出、艺术作品、动态映像三个方面向加拿大人民展示藏文化的丰富内涵。此次活动由国务院新闻办公室、西藏自治区人民政府、中国驻加拿大使馆以及驻温哥华、多伦多总领馆共同举办，并由加拿大加中文化促进会等本地机构承办。（《西藏日报》11月8日，新华网11月16日）

20日

• 川藏电力联网工程投运仪式举行，这标志着西藏自治区昌都地区结束了长期孤网运行的历史。中共中央政治局常委、全国政协主席俞正声在京出席仪式并宣布工程投运。投运仪式在西藏昌都变电站、四川巴塘变电站设立分会场。川藏联网工程是“十二五”期间国家支持西藏经济社会发展的重大项目。川藏电力联网工程建成后，将结束西藏昌都地区长期孤网运行的历史，从根本上解决昌都地区近50万人口的用电问题。（《西藏日报》11月21日）

23日

• 全国唯一的仫佬族自治县——广西壮族自治区罗城仫佬族自治县举行庆祝建县30周年大会。全国人大民委、国家民委分别向罗城县发来贺电。广西壮族自治区向罗城县赠送了“民族团结宝瓶”贺匾。全国人大民委、国家民委祝贺团，自治区代表团参观了罗城经济社会发展成果展和仫佬族文化历史展。（《中国民族报》11月25日）

28日

• 《中国民族报》报道，近日，浙江省在开展民族工作大走访、大调研活动，广泛征询意见和建议的基础上，提出了推进少数民族和民族地区又好又快发展“四个行动计划”。一是实施“绿色发展助推计划”，促进民族地区内生发展。二是实施“特色畲寨培育计划”，建设少数民族美丽乡村。三是实施“低收入农户收入倍增计划”，加速少数民族群众增收。四是实施“绿水青山保护计划”，增强民族地区生态优势。

12月

5日

• 《中国民族报》报道，首批中国少数民族特色村寨正式挂牌。日前，国家民委副主任罗黎明赴黑龙江、吉林，为新生村、金达莱村、茶条村等少数民族特色村寨命名授牌。全国共有340个村寨作为首批“中国少数民族特色村寨”予以命名挂牌。

•《中国民族报》报道，近日，由北京师范大学社会发展与公共政策学院和中央民族大学文学与新闻传播学院联合举办的“历史、文化与认同：第一届裕固学研讨会”在京举行。会议围绕裕固族的历史、文化和认同这一主题展开，对裕固学学科建设进行了热烈研讨。

16日

•由中央民族干部学院和国防大学战略教研部联合举办的第一届“民族团结与国家安全”学术研讨会在北京举行。与会人员围绕“从民族团结视角看国家安全”“从国家安全视角看民族问题”和“促进民族团结、维护国家安全的历史经验与启示”3个专题展开深入研讨。大家从不同视角多维度阐析了对民族团结和国家安全的认识和思考，分享了各自的经验和智慧，提出了许多有价值的观点和建议，并在一些重大问题上形成了共识。来自国家民委、公安部、中联部、中央党校、国防大学、中国社会科学院、中央社会主义学院等军地相关部门机构的领导干部和有关院校、科研院所的专家学者100余人参加了会议。(《中国民族报》12月19日)

20日

•云南省怒江傈僳族自治州六库江西民族体育场变成了欢乐的海洋，身着盛装的上万各族群众，同国内外的嘉宾一道，热烈庆祝怒江傈僳族自治州成立60周年。中央祝贺团团长、国家民委副主任陈改户，云南省祝贺团团长、云南省人大常委会副主任刀林荫出席大会并讲话。全国人大常委会、国务院，中共云南省委、省人大常委会、省人民政府、省政协、省军区发来贺电，向全州各族群众致以热烈的祝贺和亲切的慰问。(《中国民族报》12月23日)

23日

•《人民日报》报道，近日，中共中央、国务院印发了《关于加强和改进新形势下民族工作的意见》，从坚定不移走中国特色解决民族问题的正确道路、围绕改善民生推进民族地区经济社会发展、促进各民族交往交流交融、构筑各民族共有精神家园、提高依法管理民族事务能力、加强党对民族工作的领导六个方面提出25条意见，旨在切实加强和改进新形势下民族工作，团结带领全国各族人民共同推进全面建成小康社会、努力实现中华民族伟大复兴的中国梦。

(供稿人：张建培)